금융법의 이론과 실무

은행법학회

발 간 사

(사)은행법학회는 은행 및 금융지주회사를 중심으로 금융업과 관련된 국내외의 규제 및 거래 법제를 연구하는 학회입니다. 또한 경영·경제학 등과의 학제적(學際的) 연구와 국내외 학술 교류 및 학계와 실무계의 상호 교류를 통한 연구 활동을 함으로써 우리나라 금융관련 법제 및 금융산업의 발전에 공헌하고자 노력하고 있습니다.

(사)은행법학회는 창립 이래 매년 국내외 은행 및 금융 관련법에 관한 학술행사를 주관하면서 정기적인 연구발표회와 정기학술대회 및 특별정책세미나의 개최, 변호사연수교육의 실시, 학회 학술지인 「은행법연구」의 발간, 대학(원)생 논문공모전 시상, 최우수 논문상 시상 등 많은 학술 및 실무지원 활동을 국내외에서 소화하였고 우리나라 현안의 법률적 문제에 대한 해답을 지속적으로 제시하여 왔습니다. 특히 최근에는 학회의 「은행법연구」 학술지가 한국연구재단의 등재후보지에서 최단기간에 등재지로 선정되는 기쁜 소식도 접하게 되었습니다. 학회 창립 후 짧은 시간 안에 이와 같은 소기의 성과를 많이 낼 수 있었음은 학회 구성원의 적극적인 참여와 헌신적인 지원이 있었기에 가능하였으며 특히 개인회원, 기관회원, 도서관회원 등의 성원과 아낌없는 지원은 학회발전의 큰 밑거름이 되었습니다.

이제 곧 학회 창립 10주년을 맞이하면서 그동안의 성과를 정리하고 학회의 소명을 다한다는 의미에서 그간의 성과를 총합할 수 있는 은행 및 금융에 관한 전문 법률서를 이번에 간행하고자 합니다. 주지하는 바와 같이 우리나라에서 금융법이라는 법체계가 형성된 것은 그리 오래되지 않았지만 이미 그 이전부터 우리의 생활에 금융이라는 부분이 차지하는 비중은 더욱더 커져가고 있습니다. 그간 전문교육의 현장인 대학교에서는 금융법의 중요성에도 불구하고 여러 사정상 풍부한 교과목 개설이 여유롭지 못하였던 반면에 관련 실무와 생활 속에서 차지하는 금융법의 비중은 더욱 커지고 있어서 실무현장에 나와서 전문적인 교육을 뒤늦게 받게 되는 경우가 많아진 것도 분명한 현실입니다. 이러한 배경 속에서 아직 금융법을 모두 총괄할 만한 기본적인 전문서조차도 부족하다는 생각은 저 혼자만의 생각이 아니었기에 이번에 많은 관련 실무자와 연구자들이 금융법의 실무에 도움을 주면서도 금융법의 발전을 위한 학술적 이론정리가 필요하다는 생각으로 발간작업을 함께하게 되었습니다. 따라서 우리나라 금융법의 기초부터 실무적 문제해결을 위한 전문 분야까지 포함시킬 수 있는 일종의 가이드북을 발간한다는 취지하에서 학회 차원의 첫 시도로서 이번에 「금융법의 이론과 실무」라는 전문서적을 발간하게 되었습니다.

「금융법의 이론과 실무」는 제목이 표현하는 그대로 은행 및 금융법에 관한 법률적 문제들을 대학의 강의실에서뿐만 아니라 법률 실무에서도 반드시 활용될 수 있는 내용이 되도록 집필하였습니다. 또한 금융법 전반을 다루면서도 법률전공자 및 실무자뿐만 아니라 비법률 전공자에게도 유익할 수 있고 문제해결에 도움을 줄 수 있는 학술적 실용서를 지향하였습니다. 그러나 금융법의 내용이 워낙 방대하기 때문에 이번에는 많은 주제와 내용 가운데 필수적인 내용들만 우선 엄선하여 해당 전문가가 개별 집필하게 되었습니다. 지면의 제한으로 인하여 더욱 많은 내용을 다루지 못한 아쉬움이 많이 남지만 이후 별도의 주제들을 포함하는 연속적인 「금융법의 이론과 실무」의 후속 간행도 계획하고 있기 때문에 추후 이를 보완할 수 있는 기회가 있을 것으로 생각합니다.

특히 이번 「금융법의 이론과 실무」의 간행을 위하여 귀중한 옥고를 제출하여 주신 25분의 개별 집필진과 이를 모아 편집과 간행을 위해 많은 수고를 마다하지 않은 본서 간행위원회의 고동원 교수, 안수현 교수, 최승재 교수, 이헌영 부문장, 오영표 변호사, 장범후 박사 등 많은 분들에게 학회의 전체 구성원을 대표하여 깊은 감사인사를 드립니다. 아무쪼록 이번에 발간하는 「금융법의 이론과 실무」가 우리나라 은행 및 금융법 관련 분야에서 등대의 역할을 하며 기본적인 방향을 제시하여 줄 수 있는 법률전문서로 인정받게 되기를 기원하며 실제로 우리나라 관련 법제도의 법률적 지원과 문제 해결에 많이 참조되고 활용되기를 희망합니다.

(사)은행법학회가 이번 전문서적을 발간하는 기회에 다시금 우리나라 금융산업의 발전 및 관련 법제도의 법률적 지원에 관한 학회의 소명을 깊이 새기고 항상 모범적인 학회가 되도록 배가의 노력을 경주하겠습니다. 이 분야에 관심을 갖는 많은 전문가 여러분들의 적극적인 학회 참여를 기대하겠습니다.

2016. 11.
사단법인 은행법학회 회장
김 병 태
(영산대학교 법과대학 교수)

머 리 말

이 책은 사단법인 은행법학회 회원들이 은행법학회가 발간하는 「은행법연구」와 다른 학술지 등에 발표한 논문들 중에서 금융 실무에 도움이 될 수 있는 글들을 추려서 모은 것이다. 「은행법연구」 학술지가 발간된 지 9년이 지나면서 게재된 논문들이 상당히 축적되었다. 이 중에서 실무에 도움이 되고 이론적으로도 깊은 논의와 분석을 하고 있는 논문들을 추려서 단행본으로 발간하는 것도 실무계와 학계에 도움이 되지 않겠느냐는 의견이 제시되었다. 그래서 만들어진 것이 이 책이다. 이를 위해 간행위원회가 구성되었다. 간행위원회는 이러한 취지에 부합하는 논문들을 선정하는 작업을 거쳐 총 21편의 논문들을 선정하였다. 선정된 논문들에 대한 저자들의 수정 및 보완 작업이 이루어졌고, 간행위원들의 최종 감수 절차도 마쳤다.

선정된 논문들을 주제별로 어떻게 분류할 것인가도 간행위원회가 고민한 사항 중의 하나이었다. 논의 끝에 크게 5개의 편으로 나누는 것으로 하였다. 금융감독법, 금융규제법, 외국은행규제법, 금융소비자보호법, 금융거래법으로 나누기로 하였다. 외국은행규제법과 금융소비자보호법은 넓게는 금융규제법의 영역으로 분류할 수도 있으나, 그 중요성을 감안하여 별도의 편으로 구분하기로 하였다. 각 편에는 총설 부분을 추가하여 전반적인 흐름을 알 수 있도록 하였다.

제1편 금융감독법 부분에서는 현안이 되고 있는 금융감독기구 체제 개편 문제를 다루는 글과 금융기관 제재 제도의 개선 방향을 제시하는 글을 실었다. 제2편 금융규제법 부분에서는 1997년 말 외환위기 이후 주요 금융 규제 관련 법들의 변천 내용과 이에 대한 심도 있는 분석을 한 글, 2008년 세계적 금융위기 이후 미국이 금융개혁 조치의 하나로서 취한 볼커 룰(Volcker Rule)을 소개하고 분석한 글, 지급결제 서비스와 관련한 일본의 제도와 우리의 제도를 비교 분

석한 글, 2011년 전면 개정된 「신탁법」에 따라 관심이 커지고 있는 신탁 거래와 관련한 「신탁법」과 「자본시장과 금융투자업에 관한 법률」의 적용 관계를 실무적인 입장에서 다룬 글, 키코(KIKO) 파생상품의 위험성과 적합성 원칙을 다룬 글, 장외파생상품 거래의 위탁 청산 문제를 분석한 글, 최근 핀테크(Fintech) 분야의 하나로 주목을 받고 있는 온라인 소액 대출 거래인 P2P(peer–to–peer) 대출 거래에 대하여 규제 방향을 제시하고 있는 글, 외국환 거래 규제의 발전 방향을 다룬 글을 실었다. 제3편 외국은행규제법 부분에서는 외국은행 국내지점 규제의 문제점과 개선 방안을 제시한 글과 외국은행 국내지점의 자본금 의제와 관련된 쟁점을 분석한 글을 실었다. 제4편 금융거래법 부분에서는 금융 실명 거래와 관련하여 중요한 대법원 판례를 분석하고 금융실무상의 법적 문제를 다룬 글, 이중상환청구권부 채권(covered bond) 발행의 법적 쟁점을 분석한 글, 옵션부이종통화예금의 실무상 법적 쟁점을 심도 있게 분석한 글, 전자금융거래와 관련하여 보이스피싱에 따른 금융기관의 책임 문제를 다룬 글, 위조된 공인인증서에 의해 체결된 전자대출약정의 유효 문제를 분석한 글, 「전자금융거래법」상 금융기관과 전자금융업자가 지는 책임의 법적 성격을 논의한 글, 선박금융의 법적 문제를 다룬 글을 실었다. 제5편 금융소비자보호법 부분에서는 외화대출 상품과 관련하여 제기되는 금융소비자 보호 문제, 파생결합증권 상품의 판매와 관련하여 실무상 제기되는 금융소비자 보호의 쟁점, 예금보험제도와 예금자 보호 문제를 다룬 글을 실었다.

이 책이 금융법의 전(全) 분야에 걸친 내용을 다루지는 못하고 있지만, 실무에서 주요 쟁점이 되는 주제들을 다루고 있고, 각 분야의 전문가들이 집필하여 깊이 있는 분석을 하고 있다는 점에서 나름대로 발간의 의미는 있을 것으로 본다. 이 책이 실무에 종사하는 분들뿐만 아니라 학계에서 연구하시는 분들, 그리고 금융법에 관심을 갖고 공부하는 학생들에게 금융법의 주요 흐름과 쟁점을 파악하고 이해하는 데 도움을 줄 수 있다면 이 책의 발간 취지가 무색하지는 않을 것이다.

이 책이 나오기까지는 많은 분들의 도움이 있었다. 우선 이 책의 발간 계획을 제안하고 발간되기까지 전폭적인 지원을 아끼지 않은 은행법학회 김병태 회장님이 없었으면 이 책이 나올 수가 없었을 것이다. 바쁜 일정 중에도 간행위원을 맡아 각 편의 총설 부분을 집필하고 선정된 논문들을 감수한 세종대학교 자유전공학부 최승재 교수님, 아이앤지증권 서울지점 이헌영 미국 변호사님, 한국외국어대학교 법학전문대학원 안수현 교수님, 신영증권 오영표 변호사님께 다시 한 번 깊은 감사의 말씀을 드린다. 특히 간사 일을 맡아 20명이 넘는 집필자들에게 연락을 하는 등 번거롭고 귀찮은 일을 매끄럽게 잘 처리해준 법령정보관리원 장범후 박사의 공헌이 상당히 컸음을 인정하지 않을 수 없다. 지면을 빌어 다시 한 번 감사의 말씀을 드린다. 그리고 출판 시장이 좋지 않음에도 불구하고 기꺼이 출판을 맡아주겠다고 하신 피앤씨미디어 박노일·김중용 사장님과 편집 일을 맡아 꼼꼼하게 챙겨주신 심성보 이사님에게도 감사드린다.

2016년 11월

간행위원장 고동원

차 례

제1편 금융감독법

제1장 총 설

제 2 장 금융감독기구의 구조 설계에 관한 소고

제 3 장 금융기관 임직원 제재제도의 문제점과 개선 방안

제 2 편 금융규제법

제 1 장 총 설

제 5 장 新신탁법 시행에 따른 자본시장법상의 법적 쟁점

제 6 장 키코 파생상품 계약의 위험성과 적합성 원칙

제 7 장 장외파생상품 위탁청산의 현황과 과제

제 8 장 온라인 소액 대출(P2P 대출) 거래 규제의 법적 과제

제 3 편 외국은행규제법

제 1 장 총 설

제 2 장 외국은행 국내지점 규제에 관한 법적 연구

제 3 장 외국은행 국내지점의 자본금 의제에 관한 법률적 규제의 문제점

제 4 편 금융거래법

제 1 장 총 설

제 4 장 옵션부 이종통화예금에 대한 자본시장법상 고찰

제 8 장 선박금융의 법적 구조에 관한 연구

제 5 편 금융소비자보호법

제 1 장 총 설

제 2 장 외화대출과 금융소비자 보호

제 3 장 파생결합증권을 둘러싼 금융소비자보호 강화방안

제 4 장 예금보험제도와 예금자 보호

제1편

금융감독법

제 1 장 총 설

Ⅰ. 금융감독법의 범위

금융감독법(financial supervision law)은 금융감독에 관련된 법이라고 할 수 있다. 금융감독법은 금융법(financial law)의 한 영역이라고 할 수 있다. 금융법은 크게 금융규제법(financial regulation law)의 영역과 금융거래법(financial regulation law)의 영역으로 나눌 수 있는데, 금융감독법은 이 중 금융규제법에 해당한다고 할 수 있다. 금융규제법은 은행 등 금융기관의 영업(은행의 경우 은행업) 규제에 관한 금융업법(financial business law)의 영역도 있지만, 금융감독기구 체제, 중앙은행 제도, 예금보험 제도, 신용정보 이용 및 보호 체계 등 금융 제도의 기반을 형성하는 금융기반법(financial infrastructure law)의 영역도 있는데, 금융감독법은 바로 금융기반법의 영역에 속한다고 할 수 있다.

금융감독법의 범위를 명확히 구분하기가 쉽지는 않지만, "금융감독"에 관련된 법이라는 점에 초점을 맞추어 그 범위를 생각해보면, 우선 금융기관을 감독하는 금융감독기구(financial supervision agency, financial supervision authority, financial regulator)를 어떻게 설립하고 운영하느냐와 관련된 금융감독기구 체제(system)에 관련된 법이 주 내용이 될 것이다.

* 고동원 집필.

다음으로 금융감독기구와 더불어 '금융안정망'(financial safety net) 기구의 역할을 하는 중앙은행(central bank)에 관련된 법도 넓은 의미에서는 금융감독법의 영역으로 분류할 수 있을 것이다. 특히 우리나라의 경우 중앙은행인 한국은행(Bank of Korea)이 설립 근거법인 「한국은행법」에 의거하여 금융감독기구와 공동으로 은행 등 금융기관에 대한 검사(inspection)를 할 수 있는 권한이 있고, 은행 및 은행지주회사에 대하여 통화 신용 정책 수행에 필요한 자료의 제출을 요구할 수 있는 권한이 있어서 일정 부분 제한된 범위에서 금융감독 업무를 수행하고 있다고 볼 수 있는데, 이러한 점에서 금융감독법의 영역에 포섭될 수 있을 것이다.

또한 금융안정망기구의 역할을 수행하고 있는 예금보험기구에 관련된 법도 금융감독법의 영역에 포함시킬 수 있을 것이다. 은행 등 금융기관이 파산 등의 사유로 예금자나 투자자 등에게 예금이나 투자금 등을 반환할 수 없는 경우에 파산 금융기관을 대신해서 일정한 한도에서 보험금을 지급하는 역할을 수행하는 예금보험기구는 부실 또는 파산 금융기관을 정리(resolution)하는 기능도 수행한다는 점에서 금융안정망 기구로서 중요한 역할을 수행하고 있다. 특히 우리나라의 경우 예금보험기구인 예금보험공사가 금융감독기구와 공동으로 예금보험제도에 가입한 금융기관(이하 "부보 금융기관"이라 한다)에 대하여 검사를 할 수 있는 권한이 있고, 부보 금융기관에 대하여 예금보험 업무 수행에 필요한 자료의 제출을 요구할 수 있는 권한이 있다는 점에서 금융감독법의 영역에 포함시킬 수 있을 것이다.

이외에도 금융감독법의 영역이라고 할 수 있는 분야는 금융감독기관이 법규 등을 위반한 금융기관 및 그 임직원에 대하여 내리는 제재(sanctions) 조치에 관련된 내용도 있다. 이하에서는 이러한 금융감독법의 영역이라고 할 수 있는 분야에 관하여 개관해보기로 한다.

Ⅱ. 금융감독기구 체제

1. 서 설

금융감독법의 영역에서 금융감독기구 체제가 제일 중요한 부분이라고 할 수 있다. 즉 금융감독기구 체제를 어떻게 가져가는지에 따라 금융감독의 결과가 달라지기 때문에 그만큼 중요한 것이다. 다시 말해서 효율적인 금융 감독이 이루어져야 금융시장 및 금융제도(system)가 안정이 되고, 더 나아가서 금융 소비자 보호를 보다 더 잘할 수 있기 때문에 금융감독기구 체제의 문제는 중요하게 되는 것이다. 그래서 금융감독에 관한 국제적인 기준을 제시하는 국제금융감독기구는 금융감독기구의 독립성을 확보할 것을 권고하고 있다.[1] 그래야 정치권이나 정부로부터 독립된 금융감독 업무를 수행할 수 있어 효율적인 금융감독이 이루어질 수 있다고 본 것이다. 이에 따라 대부분의 국가는 정부가 아닌 민간 금융감독기구 체제를 만들어 금융감독의 독립성을 확보하기 위한 노력을 하고 있다.

그러나 우리나라의 경우는 정부 기구인 금융위원회(Financial Services Commission)와 민간 기구인 금융감독원(Financial Supervisory Service)이라는 '수직적인' 이원적 금융감독기구 체제를 갖고 있어, 효율적인 금융감독이 이루어지지 못하는 문제점을 드러내고 있다. 과거 2003년 신용카드 사태, 2011년 상호저축은행 사태, 2013년 동양 사태, 2014년 개인신용정보 누출 사태 등 여러 가지 감독의 실패 사례가 나타나고 있는 것이 이를 증명하고 있다. 향후 시급히 개선 조치가 이루어져야 할 분야가 바로 금융감독기구 체제인 것이다.

금융감독기구 체제에 관련된 법은 「금융위원회의 설치 등에 관한 법률」(이하 "금융위설치법"이라 한다)이다. 이하에서는 이 법을 중심으로 하여 금융감독기구 체제에 대하여 개관해 보기로 한다. 금융감독과 금융정책 업무를 수행하는 금융위원회의 조직과 기능, 그리고 금융위원회의 산하 위원회로서 주로 자본시장 불공정 거래 조사 및 회계 감리 업무를 담당하고 있는 증권선물위원회의 조직과 기능, 금융기관에 대한 검사 및 제재 업무를 주로 담당하는 금융감독원의 조직과 업무에 대해 살펴보기로 한다. 자세한 사항은 제2장을 참고하면 될 것이다.

---

1 국제금융감독기구인 바젤은행감독위원회(Basel Committee on Banking Supervision: BCBS), 국제증권감독기구위원회(International Organization of Securities Commissions: IOSCO), 국제보험감독기구협회(International Association of Insurance Supervisors: IAIS) 등이 제시하는 국제적 기준이다.

2. 금융위원회

금융위원회는 정부 기구로서 국무총리 소속인 중앙행정기관이다(법 제3조). 금융위원회는 국무총리 소속 기관이지만 그 권한에 속하는 업무를 독립적으로 수행한다(법 제3조 제2항). 이 의미는 금융위원회가 업무를 수행함에 있어 국무총리의 지시를 받지 않는다는 것을 말한다.

금융위원회는 9인의 위원으로 구성되는 합의제 의결 기구이다(법 제4조). 9인의 위원은 4인의 당연직 위원(기획재정부 차관, 금융감독원 원장, 예금보험공사 사장, 한국은행 부총재)과 5인의 임명직 위원(위원장, 부위원장, 금융 전문가인 상임위원 2인, 비상임 민간위원 1인)이다(법 제4조 제1항, 제2항, 제3항). 합의제 의결 기구로 만든 취지가 금융감독과 관련된 이해관계자와 금융산업계의 의견을 충분히 들어 금융감독 정책을 수립하라는 취지로 이해되는데, 비상임인 민간 위원이 1인이라고 하는 것은 이러한 취지를 반영하지 못한 제도라고 판단된다. 향후 금융위원회 위원 구성에 있어서 당연직 위원제를 폐지하고 대신에 금융산업계 및 금융소비자 대표 등이 위원으로 참가할 수 있도록 하는 지배구조 개선이 이루어져야 할 것이다. 금융위원회 위원장은 국무총리의 제청으로 대통령이 임명하는데, 국회 인사 청문 절차를 거쳐야 한다(법 제4조 제2항). 그리고 금융위원회의 사무를 처리하기 위한 보좌 조직으로서 사무처가 있는데, 공무원으로 구성된다(법 제15조 제1항). 그래서 금융위원회는 정부 조직이 되는 것이다.

금융위원회는 금융정책 수립 업무뿐만 아니라 금융감독 업무도 수행한다(법 제17조). 금융위원회는 금융감독에 관련된 규정(規程, regulation) 제정권을 갖고 있어서(법 제17조 제6호) '금융감독정책(policy)' 업무를 수행하고 있다고 할 수 있다. 즉 정부가 금융감독 업무를 수행하는 셈이다. 이에 반해 다음에 보는 금융감독원은 금융기관에 대한 검사 업무를 주로 수행하므로 금융감독 집행(execution) 업무를 수행한다고 할 수 있다. 이러한 점에서 우리나라 금융감독기구 체제는 '수직적인' 이원적 체제라고 할 수 있는 것이다. 이렇게 금융감독 업무를 두 기관이 나누어서 하다 보니 두 기관 사이에 협조가 잘 이루어지지 않으면서 효율적인 금융감독이 이루어지지 못하고 있으며, 앞서 언급한 감독의 실패 사례가 자주 발생하고 있는 것이다. 그리고 이렇게 '수직적인' 금융감독기구

체제를 갖고 있는 다른 나라의 사례도 없어, 한마디로 아주 '기형적인' 금융감독기구 체제를 갖고 있다고 평가할 수 있다.

특히 금융위원회는 금융감독 업무뿐만 아니라 '금융정책' 기능도 갖고 있어, 금융감독과 금융정책 사이의 견제와 균형을 이룰 수 없는 한계도 갖고 있다. 이렇게 하나의 기관이 금융정책 기능과 금융감독 기능을 갖고 있는 사례는 일본의 경우를 제외하고는 거의 찾아볼 수 없어 국제적인 기준에도 맞지 않는 금융감독기구 체제를 갖고 있는 것이다.

이렇게 비효율적으로 조직되어 있는 금융감독기구 체제를 어떻게 개편하느냐 하는 것이 향후 최대의 과제이다. 현행 금융감독기구 체제는 2008년 이명박 정부가 출범하면서 만들어진 것인데, 그동안 학계나 시민단체에서 계속 줄기차게 개편 요구를 했음에도 불구하고 아직도 개편이 이루어지지 못한 것은 크게 아쉬운 점이다. 향후 바람직한 개편 방향으로 제시할 수 있는 것은 우선 금융위원회의 금융정책과 금융감독 기능은 분리되어야 하며, 금융위원회의 금융감독 기능은 민간 공적 기구인 금융감독기구에게 넘겨 그 금융감독기구가 명실상부하게 금융감독 업무를 수행할 수 있게 하는 것이다. 그래야 독립성과 전문성을 확보한 효율적인 금융감독이 이루어질 수 있을 것이다.

3. 증권선물위원회

금융위설치법은 "금융위원회에 증권선물위원회를 둔다"라고 하고 있어서(법 제19조), 증권선물위원회가 금융위원회 산하의 별도 위원회라는 것을 알 수 있다. 증권선물위원회는 주로 자본시장의 불공정 거래 조사와 기업회계기준 및 회계감리에 관한 업무를 담당한다(법 제19조). 자본시장의 전문성과 특수성을 감안하여 별도로 둔 위원회로 이해하면 될 것이다. 증권선물위원회는 위원장을 포함한 5인의 위원으로 구성되는데, 위원장은 금융위원회 부위원장이 겸임하며, 위원장을 제외한 1인은 상임 위원이고, 나머지 3인은 비상임 위원이다(법 제20조 제1항, 제2항). 증권선물위원회를 보좌하는 사무처 조직에 대해서는 금융위설치법이 특별히 언급을 하고 있지 않지만, 증권선물위원회가 금융위원회의 산하 위원회 조직이므로 금융위원회를 보좌하는 사무처가 증권선물위원회도 보좌하는 업무를 수행할 수 있다고 볼 수 있을 것이다.

4. 금융감독원

금융감독원은 금융기관에 대한 검사 업무를 주로 수행한다(법 제37조). 그래서 금융감독원을 금융 감독 '집행' 기관이라고 말할 수 있는 것이다. 금융감독원은 무자본 특수법인이므로(법 제24조), 공법상의 영조물법인(營造物法人)이라고 할 수 있다. 그래서 정부 기구가 아닌 민간 기구라고 성격지울 수 있다. 금융감독원 원장은 금융위원회의 의결을 거쳐 금융위원회 위원장의 제청으로 대통령이 임명한다(법 제29조 제2항). 금융감독원의 주요 업무는 금융기관의 업무 및 재산 상황에 대한 검사 업무와 금융기관 검사 결과와 관련한 금융기관 제재 업무이다(법 제37조).

이외에도 금융감독원은 금융 분쟁 조정(調停) 업무도 수행한다. 즉 금융감독원 내에 설치되어 있는 금융분쟁조정위원회를 통하여 금융 분쟁 조정 업무를 수행하고 있다. 금융분쟁조정위원회는 예금자 등 금융 수요자와 금융기관 사이에 발생하는 분쟁 조정에 관한 사항을 최종 심의·의결하는 기구이다(법 제52조, 제53조). 금융분쟁조정위원회가 제시하는 조정안을 양 당사자가 수락하는 경우에는 조정안은 재판상 화해(和解)와 같은 효력이 발생하므로(법 제55조), 소액 분쟁 사건 해결에 적합한 제도이다. 금융 분쟁 사건은 소액이고 다수의 금융소비자가 관계된다는 점에서 조정 제도가 법원보다 적합한 분쟁 해결 방법이 될 수 있다. 향후 금융 분쟁 조정 제도의 활성화를 위한 제도 개선 방안을 모색할 필요가 있다. 예를 들어, 법원에 소(訴)를 제기하기 전에 반드시 조정 절차를 거치도록 하는 '조정전치주의' 제도의 도입이라든지, 일정한 소액 사건의 경우에 한해서 조정안에 대하여 금융소비자가 이를 받아들이면 금융기관은 이에 구속받도록 하는 제도 등이 검토될 수 있을 것이다.

Ⅲ. 중앙은행의 금융감독

1. 서 설

중앙은행은 통화 신용 정책(monetary policy)을 수행하는 기관이다. 대부분의 국가에서는 정부가 직접 통화 신용 정책을 수행하지 않고, 별도의 중앙은행을 설립하여 통화 신용 정책 권한을 수행하게 하고 있다. 왜냐하면 정부가 통화 신용 정책을 수행하게 되면 독립적인 통화 정책 수립과 집행이 어렵기 때문에 정부 기구가 아닌 별도의 독립적인 중앙은행에게 통화 정책을 맡기고 있는 것이다. 중앙은행은 독점적인 화폐 발행권을 갖고 있어서 이러한 권한에 근거하여 통화량을 조절함으로써 물가 안정을 도모하는 것을 주요 목적으로 하고 있다.

우리나라의 경우 중앙은행인 한국은행은 1950년에 제정된 「한국은행법」에 근거하여 설립되어 통화 신용 정책을 수행하고 있다. 한국은행은 무자본 특수법인이어서(법 제2조), 공법상의 영조물법인(營造物法人)이라고 할 수 있다. 특히 「한국은행법」은 한국은행이 정치권이나 정부로부터 영향을 받지 않고 중립적으로 통화 신용 정책을 수행할 수 있도록 중립성 보장 조항을 두고 있다(법 제3조). 물론 선언적인 조항이기는 하지만 한국은행의 독립성을 보장하기 위한 중요한 조항이라고 할 수 있다. 여기서는 금융감독법의 영역을 개관하는 것이므로 한국은행의 기능 중 금융감독에 관련된 부분만 살펴보기로 한다.

2. 한국은행의 금융감독 권한

한국은행도 일정 부분 금융감독 권한을 행사하고 있다고 볼 수 있다. 그 이유는 한국은행은 은행이나 보험회사 및 증권회사 등의 금융기관에 대해서 자료제출을 요구할 수 있는 권한이 있고(법 제87조), 금융감독원에게 은행 및 은행지주회사에 대한 검사를 할 것을 요청할 수 있는 권한이 있으며(법 제88조 제1항), 금융감독원에 대해서 한국은행과 은행 및 은행지주회사에 대한 공동 검사를 할 것을 요청할 수 있는 권한(법 제88조 제1항)이 있기 때문이다.

한국은행은 이렇게 직접적인 검사권은 없지만 간접적인 검사권과 금융기관에 대한 자료 제출 권한이 있다는 점에서 일정 부분 금융감독 권한을 갖고 있다고 할 수 있다. 물론 이러한 감독 권한은 한국은행의 통화 신용 정책 수행을 위하여 필요한 경우로 한정되는 점(법 제87조, 제88조)은 있으나, 어쨌든 이러한 부분에 대해서는 금융감독 권한이 있다고 할 수 있을 것이다. 이렇게 한국은행에게 제한적이지만 금융감독 권한을 부여한 이유는 중앙은행으로서 최종 대출자 기능(lender of last resort)을 수행하기 위해서 통화 신용 정책 대상 금융기관에 대한 경영 상태를 파악하고 분석할 필요가 있기 때문이다. 그리고 한국은행은 금융감독원에게 금융감독원의 검사 결과를 요청하거나 검사 결과에 따라 해당 금융기관에 대하여 필요한 시정 조치를 취할 것을 요구할 수 있으며, 이 경우에 금융감독원은 이에 응하여야 하는 의무가 있어(법 제88조 제2항), 간접적인 시정 조치권을 갖고 있다고 할 수 있다.

한국은행의 자료 제출 요구 대상 기관은 2011. 9. 16. 「한국은행법」이 개정되면서 확대되었다. 즉 은행이나 은행지주회사 및 한국은행과 당좌 예금 거래 약정을 체결한 자(증권회사, 보험회사, 상호저축은행, 신용카드회사 등) 이외에도 자산운용회사, 시설대여업자, 할부금융업자 등도 자료 제출 요구 대상 금융기관에 해당된다(법 제87조, 시행령 제15조의2). 반면에 공동 검사 및 검사 요청 대상 금융기관은 은행 및 은행지주회사에 한한다(법 제88조, 제11조).

이렇게 한국은행이 간접적인 감독 권한만을 갖게 된 것은 「한국은행법」이 1997. 12. 31. 개정되면서 종전 한국은행이 수행했던 은행에 대한 직접적인 감독 및 검사 권한이 금융감독기구 체제 개편에 따라 금융감독원으로 이관되었기 때문이다.

Ⅳ. 예금보험기구의 금융감독

1. 서 설

예금보험기구도 금융안정망기구의 한 축을 형성하고 있다. 그 이유는 예금보험제도에 가입한 부보 금융기관이 파산 등의 사유로 예금자 등에게 예금 등을 반환할 수 없는 경우에 일정한 금액 이내에서 보험금을 지급하는 역할을 수행하기 때문이다. 더 나아가서 예금보험기구는 부보 금융기관이 부실하거나 파산되었을 때 자금 지원 등의 방법으로 부실 금융기관을 정리하는 기능을 갖고 있어서 부실 정리 기관의 역할도 수행한다.

우리나라의 예금보험기구는 예금보험공사이다. 설립 근거법은 「예금자보호법」이다. 1996년에 제정된 「예금자보호법」에 근거하여 1997년에 예금보험공사가 설립이 되었는데, 1997년 외환 위기가 발생하면서 다수의 은행 등 금융기관이 부실화되었을 때 예금보험공사는 부실 금융기관에 대하여 공적 자금 지원을 하면서 부실 금융기관을 정리하는 데 큰 역할을 수행하였다. 그리고 2011년 많은 상호저축은행이 부실화되었을 때도 예금보험공사는 부실 상호저축은행을 정리하는 데 큰 역할을 수행한 바 있다.

2. 예금보험공사의 금융감독 권한

예금보험공사도 예금보험금 지급 및 부실 금융기관 정리 역할을 수행하기 때문에 금융안정망기구의 하나라고 할 수 있다. 따라서 예금보험공사가 이러한 금융안정망기구의 역할을 제대로 수행하기 위해서는 부보 금융기관에 대한 경영 상태를 잘 파악하고 있어야 한다. 이러한 역할을 수행하도록 하기 위해서 「예금자보호법」은 예금보험공사에게 업무를 수행하기 위해서 필요한 범위 내에서 부보 금융기관(그러한 부보 금융기관을 자회사나 손자회사로 두고 있는 금융지주회사를 포함한다. 이하 같다)에 대하여 그 업무 및 재산 상황에 관련된 자료의 제출을 요구할 수 있는 권한을 부여하고 있다(법 제21조 제1항).

더 나아가서 예금보험공사는 부보 금융기관의 업무 및 재산 상황을 '조사'할 수 있는 권한도 갖고 있다(법 제21조 제2항). 물론 그러한 조사 권한은 아주 제한적으로 허용된다. 즉 제출된 자료를 기초로 하여 부보 금융기관이 부실 우려가 있다고 인정되는 경우나 예금보험공사가 금융감독원에 대하여 부보 금융기관에 대한 검사 등을 통하여 금융감독원으로부터 제공받은 자료의 사실 여부를 확인해줄 것을 요청했으나 확인이 이루어지지 않은 경우(법 제21조 제5항)로 아주 제한된 경우에 한한다. '조사'의 의미가 명확하지 않지만 부보 금융기관을 직접 방문해서 조사하는 것까지 포함하는 것으로 볼 수 있기 때문에 금융감독원이 수행하는 임점(臨店) 검사의 의미로 보아도 무방할 것이다.

또한 예금보험공사는 금융감독원에 대하여 부보 금융기관에 대한 검사를 할 것을 요청하거나 공동 검사를 할 것을 요청할 수 있는 권한이 있다(법 제21조 제3항). 다만 이러한 요청은 예금자 등의 보호와 금융제도의 안정을 위하여 필요하다고 인정하는 경우에 한해야 하는 제한은 있다(법 제21조 제3항). 이러한 요청을 받은 금융감독원은 반드시 응해야 하는 의무가 있다(법 제21조 제3항 단서). 그리고 예금보험공사는 예금자 등의 보호를 위하여 필요하다고 판단하는 경우에는 금융감독원에 대하여 부보 금융기관에 관련된 자료를 제공하여 줄 것을 요청할 수 있는 권한도 갖고 있다(법 제21조 제4항 본문). 예금보험공사가 업무 수행을 위해서는 금융감독원이 갖고 있는 자료도 입수할 필요가 있기 때문이다.

이러한 점에서 예금보험공사도 금융안정망기구의 하나로서 간접적으로 부보 금융기관에 대한 금융감독 권한을 갖고 있다고 볼 수 있다. 특히 예금보험공사에게 부보 금융기관에 대한 조사권까지 부여하고 있는 것은, 물론 제한적인 범위 내이기는 하지만, 그만큼 예금보험기구가 그 역할을 충실히 수행하는 것이 금융 제도의 안정을 위해서 필요하다고 인식한 것으로 볼 수 있다.

V. 금융기관 제재 제도

1. 서 설

금융감독기관이 감독 대상인 금융기관에 대하여 제재 조치를 내리는 제도에 관한 내용도 금융감독법의 영역이라고 할 수 있다. 금융감독기관이 갖고 있는 제재 조치 권한은 금융감독의 실효성을 확보하기 위해서 필요한 수단이라고 할 수 있다. 즉 금융기관이 관련 법령이나 규정 또는 지시를 위반했을 때 해당 금융기관은 물론 그 소속 임직원에 대하여 제재 조치를 내릴 수 있다.

제재 조치 사유에 대해서는 금융위설치법 및 은행법 등 각 개별 설립 근거법 등에 규정하고 있으나, 제재 조치 절차에 대해서는 관련 법에 규정되어 있지 않고 금융감독기관이 제정하는 감독규정 및 규정 시행세칙에 규정되어 있어 제재 절차의 공정성 및 투명성이 확보되지 않는다는 문제점이 지적되고 있다. 이런 점에서 이는 '법률유보원칙'에도 위반될 소지가 있어 제재 절차에 관련된 법을 제정하거나 금융위설치법 등 관련 법에 반영할 필요가 있다. 현재 제재 절차에 관한 내용은 금융위원회가 제정한 「금융기관 검사 및 제재에 관한 규정」 및 금융감독원이 제정한 「금융기관 검사 및 제재에 관한 규정 시행세칙」에 규정되어 있다. 자세한 사항은 제3장을 참조하면 된다.

2. 제재 제도의 공정성과 투명성 확보 미흡

제재 조치 사유는 금융위설치법 및 은행법 등 각 개별 설립 근거법뿐만 아니라 「금융기관 검사 및 제재에 관한 규정」에도 규정되어 있다. 주로 관련 법령이나 규정 또는 지시 등에 위반한 경우를 제재 사유로 규정하고 있다. 특히 「금융기관 검사 및 제재에 관한 규정」은 제재 사유의 하나로서 "기타 금융시장의 신용질서를 문란하게 하거나 부당·불건전한 영업 또는 업무처리를 한 경우"를 규정하고 있는데(제5조 제7호), 이것은 상당히 추상적인 사유이어서 제재권자의 해석에 따라 제재 사유가 될 수 있는 불합리성이 존재하고 있는 문제점이 있다. 결국 투명성이 미흡한 것이다. 이러한 규정 때문에 감독기관이 제재권을 남용할 수 있는 여지가 상당히 크다.

제재 절차 면에서도 공정성과 투명성이 미흡하다. 제재 절차가 법이 아닌 감독규정에 규정되어 있어 감독기관이 자의적으로 제재 절차를 규정할 가능성이 크다. 그래서 제재 절차에서 제재 대상자의 방어권이 충분히 보장되어야 하는데 현행 절차는 그러하지 못해 문제이다. 당사자에게 방어 기회를 줄 수 있는 청문(聽聞, hearings) 절차가 대표적인 예이다. 청문에서는 당사자가 의견 진술을 할 수 있고 증거 조사를 새로이 할 수 있다(「행정절차법」 제2조 제5호). 제재 대상자가 원하면 청문 절차의 기회를 주어야 하는데, 현행은 예외적인 몇 가지 경우를 제외하고는 제재권자가 필요하다고 판단하는 경우에만 청문을 개최하도록 되어 있어(「행정절차법」 제22조 제1항)[2] 사실상 청문 절차가 제대로 운영되지 않는 문제점이 있다. 특히 청문주재자도 금융감독원 관련 부서장이 맡도록 되어 있어(「금융기관 검사 및 제재에 관한 규정 시행세칙」 제60조 제3항), 청문 절차의 공정성을 확보하기가 어렵기 때문에 청문 제도의 신뢰성을 확보할 수 없는 문제점이 있다. 독립성과 전문성을 갖춘 청문주재관을 선임하여 이 청문주재관이 청문 절차를 주재하도록 함으로써 제재 대상자의 방어권이 충분이 보장되도록 하는 제도 개선이 이루어져야 할 것이다.

---

2 「행정절차법」상 금융감독기관도 행정청에 해당하고(제2조 제1호) 따라서 금융감독기관이 내리는 제재 조치도 행정청의 처분에 해당하기 때문에(제2조 제2호) 「행정절차법」이 적용되는 것이다.

또한 금융기관 임직원에 대한 제재 조치 내용이 해임 권고, 면직, 정직, 감봉, 견책, 경고, 주의 등 신분상의 제재 조치 위주로 되어 있어(「금융기관 검사 및 제재에 관한 규정」 제18조, 제19조), 사소한 법규 등의 위반에도 제재 조치가 이루어지기도 한다. 이에 따라 금융기관 임직원들이 업무를 수행함에 있어 위축이 되고, 감독기관 검사 직원들도 적발 건수(件數) 위주로 검사가 이루어질 수 있어 효율적인 검사가 이루어지지 못하는 문제점도 발생할 수 있다. 향후 금전적 제재 위주로 바꿀 필요가 있으며, 사소한 위규 사항은 각 해당 금융기관이 제재 조치를 취하도록 하고 감독기관은 중대한 위반 사유에 대해서만 제재 조치를 취하는 방향으로 개선할 필요가 있다.

제 2 장 금융감독기구의 구조 설계에 관한 소고

Ⅰ. 머리말

금융감독기구의 구조를 어떻게 설계하는 것이 바람직할지에 관한 금융감독기구 개편 논의는 크게 금융시스템의 안정성이라는 거시건전성에 관한 이슈 및 금융상품의 판매 과정에서의 금융소비자의 보호 이슈로 나뉠 수 있다.

그간 우리나라는 2008년 미국에서부터 촉발된 세계적인 금융위기 와중에 거시건전성 문제는 비교적 대비하였다고 평가되나 금융소비자 보호에는 상대적으로 소홀하였다는 지적을 받아 왔다. 문제된 금융소비자 보호실패의 대표적 사례로는 상호저축은행이 발행한 후순위채 판매과정에서의 불완전판매 관련 쟁송, 키코(KIKO) 쟁송, 동양계열사 발행 기업어음(CP)과 관련된 특정금전신탁 불완전판매, 그리고 2016년 현재 진행 중인 주가연계증권(ELS) 쟁송 등을 대표적인 경우로 들 수 있다.

이처럼 금융소비자 보호 취약문제가 지속적으로 제기되어 온 원인의 이면에는, 우리나라가 자본의 유출입이 자유로운 소규모 개방경제 체제를 취하고 있어서 금융지표의 변동성에 취약하다는 점을 무시할 수 없으나, 근본적으로는

---

* 양기진 집필.

* 「은행법연구」 제5권 제2호(2012. 11)에 게재된 저자의 논문을 대폭 업데이트·보완한 것이다.

금융감독기구 독립성·책임성을 제고할 장치 부족 및 외부 입김에 의한 제도 운용의 왜곡, 금융소비자 보호의 중요성에 관한 제반 인식의 부족, 그리고 금융소비자 분쟁에 관한 관련 법적 인프라 등의 미흡에 기인한다고 볼 수 있다. 근래 금융소비자의 보호 강화를 위하여 현행 금융감독체제를 손질하여야 한다는 주장이 수년 전부터 집중적으로 논의되고 있다.

금융감독체계의 개편과 관련하여는 (i) 거시건전성 강화를 위한 감독기관간의 권한·책무의 재조정 이슈 및 (ii) 금융소비자 보호를 강화하기 위한 협의의 금융감독기구의 구조개편 이슈가 있다. 후자 이슈 중 현행 통합금융감독기구가 금융소비자보호기능을 만족스럽게 수행하지 못한 이유로 하나의 기구에 서로 다른 기능, 즉 건전성 감독기능과 영업행위 감독기능이 부여되었다는 점을 들면서, 이 두 기능이 그 유인(誘因)상으로 매우 구별되는 기능이므로 이 두 기능을 분리하여야 한다는 주장[1]이 있다. 이와 관련하여 도입이 주장되는 소위 쌍봉형 체제(twin−peaks approach)란 금융감독기구가 건전성감독기구와 영업행위감독기구로 분리된 형태이며 영업행위감독기구가 금융소비자 보호기능을 포함한 시장을 감독하는 권한을 부여받음으로써 금융분쟁 등에 초점을 맞춘 단순한 금융소비자보호기구보다 더 권한이 부여되게 된다.

금융감독개편체제는 매우 방대한 논의이므로 이 글에서는 현행 통합형 금융감독기구의 대안으로서 쌍봉형 체제 개편안의 타당성 및 현실적합성, 금융감독기구 구조개편과 관련하여 주장되는 금융정책·감독 기능의 분리 필요성, 그리고 현행 금융감독기구의 외부로부터의 독립성 확보를 위하여 필요하다고 보이는 사항을 주로 검토한다.

1 예컨대, 전성인, "유인부합적 금융감독체계 구축방안," SIRFE Occasional Paper 09−P07, 서울대학교 금융경제연구원(2009. 11), 18면.

Ⅱ. 금융감독기구 개편논의 일반

1. 금융감독기구 개편 논의

(1) 바람직한 금융감독기구의 요소

1) 독립성, 책임성, 투명성, 무결성 등 요소 구비

Quintyn에 의하면 바람직한 금융감독기구의 요건으로 독립성, 책임성, 투명성 및 무결성 요소를 구비할 것이 요청된다.[2] 독립성은 규제수립의 자율, 감독상 자율, 기구운영의 자율 및 예산상 자율 각 측면에서 독립적이어야 함을 의미한다.[3] 또한 책임성은 감독기구 감시 기능의 대중 개방, 감독행위의 적법성 확립, 감독기구의 정치·산업·자기이익에의 포획방지, 유관기구와의 원활한 소통과 조정의 지속에 의하여 구현될 수 있다.[4] 투명성이란 감독기구의 목적, 구성, 결정내용 및 그 논거, 보유자료 등 정보가 이해관계자들에게 포괄적으로 그리고 적시에 제공되는 환경을 말한다.[5] 그리고 무결성(integrity)이란 감독기구의 임직원이 사익에 양보함이 없이 해당 기구의 목적을 수행할 수 있도록 하는 일련의 메커니즘(set of mechanisms)을 말하는 것으로 개인의 청렴도와 구분되는 개념이다. Quintyn이 언급한 이상의 4가지 요소에 덧붙여 다른 두 가지 요소로 효율성과 전문성이 추가된다.

우리 금융감독기구가 이상의 바람직한 감독기구의 전제요소를 구비하였는지에 관하여는 과거로부터 지속적으로 지적을 받아왔는바, 바람직한 방향으로의 개편을 위하여 지속적인 논의가 필요한 사안이다. 감독기구가 갖춰야 할 이상의 6가지 요소 중 금융정책·감독 기능의 분리 필요성은 굳이 분류하자면 독립성 요소에, 그리고 감독기구의 조직설계방식에 관하여 현재 진행 중인 통합형 및 쌍봉형 체제의 논란은 책임성과 효율성 요소와의 관련성이 클 것으로 보인다. 그렇다면 첫 번째의 쟁점으로, 통합형과 쌍봉형 중 어느 방안이 금융감독

---

2 Marc Quintyn, "How Much Independence for Supervisors in Financial Market Regulation?," QFinance, available at http://www.qfinance.com

3 Ibid., pp.2~4.

4 Ibid., pp.4~5.

5 Ibid., p.5.

기구의 금융소비자 보호책무와 연결되는 책임성과 효율성을 확립·유지하는 데에 더 좋은 방안이 될 것인가.

이를 판단함에 있어서 책임성의 관점에서 감독기관 간 규제중복이나 규제 사각이 존재하는지, 효율성 관점에서는 건전성감독과 금융소비자보호의 두 목적을 한 기구에서 수행하는 경우와 둘 이상의 기구에서 분담하여 수행할 경우 어느 쪽이 목적견련성 관점 및 방법·결과론적 관점에서 효과적일지를 살펴보아야 할 것이다. 이하에서는 책임성과 효율성 요소를 소개한다.

2) 금융감독의 책임성 요소

Quintyn에 의하면 금융감독의 책임성 구현을 위한 4가지 요소는 다음과 같다. 우선 (i) 대중에 의한 감시가 이뤄져야 하고(public oversight), (ii) 감독행위의 적법성(legitimacy of the agency) 확립을 위하여 책임을 부과하는 다양한 메커니즘(accountability mechanism)이 필요하다.[6] 또한 (iii) 감독기구의 지배구조에 대한 무결성(integrity of regulatory governance) 확보와 관련하여, 정치인이나 피규제자에 의하여 포획되지 않아야 함은 물론(정치포획 및 산업포획 상태가 아닐 것), 자기이익 포획(self-interest capture)에서 자유로워야 한다.[7] 이 경우 자기이익 포획에는 감독자의 권한 남용은 물론 "내 임기 중에는 안 돼(not on my watch)"와 같이 사태의 수습을 미루는 행위도 포함된다.[8] 나아가 (iv) 감독기구의 성과향상(agency performance)도 책임성 요소를 구성하는데, Quintyn은 이러한 관점에서의 책임성에 통제와 처벌만이 아니라 성과향상도 포함되며 정책기능을 갖는 정부부처와 감독기구 간의 원활한 소통을 통한 상호 피드백이 필요하다고 한다.[9] 즉 금융감독을 둘러싼 모든 이해관계자들과의 대화 및 조정(coordination)은 금융감독기구의 책임성을 높이며 사전적인 실책 방지를 통해 성과를 증진할 수 있다고 본다.[10]

6 Ibid., pp.4~5; 이 점에서 독립성과 책임은 상충이 아닌 보완관계가 될 수 있다. Ibid.
7 Ibid., p.5.
8 Ibid.
9 Ibid.
10 Ibid.

〈표 1〉 금융감독의 규제비용[11]

제도적 비용	규제기관 운영비용 감시비용
준법 비용	피규제회사가 지출해야 하는 비용
구조적 비용	경쟁의 저해 혁신의 질식 소비자 선택의 강요에 기한 비용초래 묵시적 계약에 기한 도덕적 해이 규제포획(regulatory capture) 규제확대(regulatory escalation) 공공선택의 문제(public choice theory problems)

3) 금융감독의 효율성 요소

금융감독이 효율적으로 이뤄지는지는 판단하려면 감독(규제)에 수반되는 효익·비용 부분을 고려하지 않을 수 없다. 이 경우의 규제비용은 눈에 보이는 비용에 제한되지 않고 다양한 범위에 걸쳐서 산정되며 다음 <표 1>과 같이 분류될 수 있다.

일반적으로 규제비용이라고 할 경우에는 일견 감독기구의 설치·운영에 소요되는 제도적 비용만을 생각하기 쉬우나 피규제회사에 부과되는 규제준수 비용은 물론, 나아가 도덕적 해이, 규제포획, 규제확대와 같은 구조적 비용까지 고려하여야 한다. 규제비용의 경우 오히려 준법비용이나 구조적 비용이 당장 눈에 보이지 않지만 지속적으로 사회적 비용을 초래하므로 더 문제될 수 있다.

(2) 금융감독기구의 개편 논의

2008년 출범한 현행 금융감독기구가 종래의 형식과 가장 큰 차이점은, 종전의 금융감독위원회를 금융위원회로 하고 종전의 금융정책권을 분리하여 기획재정부와 금융위원회에 분산시키는 방식을 취한다는 점이다. 그런데 현행 방식은 금융산업 육성에 관한 적극적·가시적인 금융정책 기능에 보다 소극적이며

11 김규영·양채열·이창호·조담 공역, 「금융규제: 이유, 방법 및 방향」, 학지사(2002) [원저: Goodhart, Charles, Philipp Hartmann, David Llewellyn, Liliana Rojas－Suarez, and Steven Weisbrod, 「Financial regulation: why, how and where now?」, Routledge(1998)], 193면 <표 8－1>.

비가시적인 금융감독기능이 금융정책기능에 끌려다닐 우려가 있다는 지적[12]을 받아왔다.

또한 통합감독기구의 형식을 취하고 있음에도 불구하고 현재와 같은 다층구조 — 금융위원회(합의제행정관청), 금융위원회사무국(공무원 조직[13]), 금융감독원(무자본특수법인) — 를 갖는 감독기구에서는 통합감독기구의 장점이 상당부분 흐려질 수 있다. 따라서 감독기구의 누층구조를 없애거나 최소화할 필요가 있는데 이와 관련하여 Quintyn이 언급한 독립성을 확보·유지하는 조치를 두어야 한다.[14] 구 방송위원회 사례[15]를 참조하면 통합감독기구를 공무원 조직으로 하는 것보다 현재의 금융감독원 조직(법적으로 민간인임)을 활용하는 것이 행정부로부터의 독립성 확보 및 전문성 확보에 유리할 것으로 보인다. 민간인이 감독기능을 행사할 수 있는가에 관한 반론도 있으나 고권적 기능은 공무원이 수행해야 헌법에 합치한다는 일부 견해는 오늘날에는 타당하지 않은 것으로 보이며,[16] 예를 들어 한국은행과 금융통화위원회의 관계를 참고할 수 있다. 독립성

---

12 대표적으로 고동원, "현행 금융감독기구 체제의 문제점과 개편 방향," 「성균관법학」 제24권 제2호, 성균관대학교 법학연구소(2012), 129면. [이하 고동원, 2012년 논문]

13 구 재정경제부의 금융정책국 인원이 구 금융감독위원회 사무국으로 흡수·개편되었는데 공무원 조직으로 운영되므로 행정부 내의 다른 부서와의 인사교류가 가능할 수 있다.

14 현재의 금융위원회와 금융감독원을 통합하고 금융위원회를 통합금융감독기구의 최고의사결정기구로 하자는 의견으로, 고동원, "쌍봉형(Twin Peaks) 금융감독기구 체제 도입 논의의 검토," 「성균관법학」 제25권 제1호, 성균관대학교 법학연구소(2013), 460~461면 [이하 고동원, 2013년 논문] 및 김상겸, "금융감독체계에 관한 법적 고찰: 헌법상의 경제질서의 관점에서," 「공법연구」 제31권 제3호, 한국공법학회(2003), 118면.

15 방송통신위원회는 (구)방송위원회(민간조직)와 (구)정보통신부(공무원조직)가 합쳐져서 2008년 2월에 탄생한 조직이다. 이때 (구)방송위 소속직원들(약 150명)의 일반직 공무원 일괄전환 후 청와대 일일 업무보고 등 독립성 침해사례 속출, 경직된 조직문화, 낮아진 급여 등으로 상당수 이직하였다고 보도된다. KBS 미디어포커스 2008. 5. 17 및 한국일보 2008. 5. 22 및 이데일리 2008. 6. 27(김우찬, "금융감독체계 개편방향과 각 감독기구별 지배구조,"(PPT) 「금융감독체계 개혁 방안」 토론회, 경실련 및 (사)경제정의연구소(2012. 6. 25), 15면에서 재인용).

16 독일의 경우 기본법(우리나라 헌법에 해당)에 공무원이 고권적 기능을 행사하도록 하는 명문 규정이 있음에도(기본법 제33조 제4항) 공법상 영조물법인 형태의 금융감독원(BaFin)을 두고 있다. 기본법상 명문규정이 있는 독일에서도 종전의 금융감독기구를 통합하여 2002년이라는 통합감독기구를 출범시킨 이상, 헌법에 공무원이 고권적 기능을 행사한다는 근거가 없는 우리나라에서 공권력은 공무원만 수행해야 한다는 주장은 근거가 박약하다. 미국의 경우에는 공무수탁사인 형식으로 민간의 전문성 있는 인력을 다수 사용하고 있고(치안 등), 우리나라 감독원도 법률로 위임받은 범위 내에서 행정부에 속한 권한의 일부를

확보를 감안하여 학계에서도 민간이 금융감독을 맡아야 한다는 주장이 광범위한 지지를 받고 있다.[17]

이 점에서 현행 금융위원회에서 (국내)금융정책 기능을 떼어내고 금융감독위원회로 변경하여 금융감독원 내의 위원회로 하고, 금융감독원장이 금융감독위원회 위원장을 맡도록 하며 금융위원회의 위원 구성도 전문성을 갖춘 자 중에서 민간위원을 과반수 선임하는 방식이 바람직하다. 이상을 고려하면 현행 감독기구의 체제를 다음 [그림 1]과 같이 개편하는 방식을 고려할 수 있다.

[그림 1] 금융감독기구의 체제 개편 방향[18]

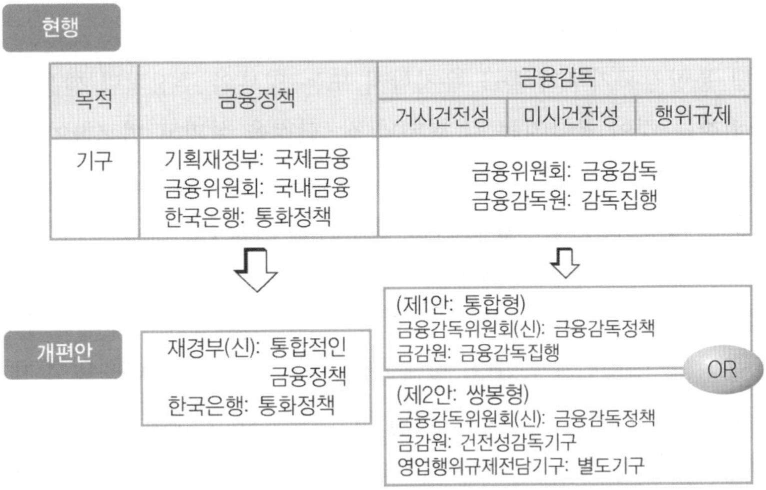

현행

목적	금융정책	금융감독		
		거시건전성	미시건전성	행위규제
기구	기획재정부: 국제금융 금융위원회: 국내금융 한국은행: 통화정책	금융위원회: 금융감독 금융감독원: 감독집행		

⇩ ⇩

개편안

재경부(신): 통합적인 금융정책
한국은행: 통화정책

(제1안: 통합형)
금융감독위원회(신): 금융감독정책
금감원: 금융감독집행

OR

(제2안: 쌍봉형)
금융감독위원회(신): 금융감독정책
금감원: 건전성감독기구
영업행위규제전담기구: 별도기구

행사한다. 이렇듯 공행정주체로서 국가간접행정기관인 영조물법인의 형태를 갖는 감독원의 고권적 행정작용이 법령상 근거가 있는 한 헌법에 위배되지 않는다는 검토로, 한명진, "독일 금융감독원의 조직과 권한에 대한 검토," 「법과 정책연구」 제15집 제1호, 한국법정책학회(2015); 영국의 경우 구 통합감독기구인 FSA(Financial Services Authority)가 공적 민간기구(public company limited by guarantee)였으나 이러한 형식의 FSA가 감독기구로서의 역할과 임무를 수행한 점에 대해서는 어떠한 법적 문제가 제기된 바 없다. 노철우, "우리나라의 금융감독체계 및 중앙은행제도 개편방안에 대한 연구 –글로벌 금융위기 이후 영국의 금융개혁 내용 및 우리나라에의 시사점을 중심으로," 「법과 기업연구」 제5권 제1호, 서강대학교 법학연구소(2015), 10~11면.

17 윤석헌 외 5인, "모델 금융감독법의 구조: 기본 내용과 법안의 제안," 「은행법연구」 제9권 제1호, 한국은행법학회(2016), 127면. [이하 '윤석헌 외 5인, 2016년 논문'으로 약칭한다.]

18 원승연, "시스템리스크와 금융감독체계의 개편 방향,"(발제문), 한국금융학회 2011년 정책심포지엄(2011. 5), 6면의 [그림 1]을 축약·수정한 것이다.

[그림 1]에서 제시된 개편안과 같이 금융정책은 새로운 재정경제부가 총괄하도록 하되, 협의의 금융감독기구의 구조 재편에는 크게 통합형(제1안) 및 쌍봉형(제2안)의 선택안이 주어질 수 있다.[19] 금융정책과 금융감독정책·집행 권한의 분리는 학계에서 크게 이견이 없는 내용으로 보이며 이제까지 제안된 「금융위원회의 설치 등에 관한 법률」(금융위 설치법) 개정(안) 상당수에 반영된 바 있다.

나아가 금융감독기구를 현행처럼 통합형으로 유지할지 또는 쌍봉형으로 개편할지와 관련하여 이하에서 바람직한 금융감독기구의 요소에 비추어 검토한다.

(3) 쌍봉형 금융감독기구의 일반적인 특성

현행 통합감독기구의 틀을 유지할지 또는 일부의 주장처럼 쌍봉형 감독기구로 개편하는 것이 좋을지는 각 형태의 장·단점을 살피고 비교하여야 할 문제이다.

쌍봉형 개편 주장의 핵심 논거는 금융감독의 대상인 각 금융회사의 특성이 다르므로 금융감독기구도 이에 따라 건전성감독기구와 영업행위규제기구로 분리하자는 것이다. 즉 쌍봉형의 도입 찬성론은 건전성감독과 영업행위규제라는 각 감독목적의 차이에 주목한다. 비대한 복합 조직에 대해 믿음을 갖지 못하는 차원에서, 포괄적이며 상충될 가능성이 있는 목적이 부여된 통합감독기구에 비하여 쌍봉형 체제하에서 잘 정의되고 잘 이해된 목적이 부여되고 책임성이 부여된 감독기구가 효율적일 수 있다고 한다.[20]

쌍봉형 감독기구의 도입을 주장한 호주의 Wallis 보고서는 이 형태를 선호하는 이유에 대하여, (i) 별도 목적을 위하여 설립된 개별 기구가 서로 다른 문화에서 최선적으로 기능할 것으로 예상되며, (ii) 금융시스템과 규제체제에서의 그간 발전과정을 감안하면 현 단계에서는 건전성감독기구와 영업행위규제기구

---

19 외환위기 이전의 기관별 감독체제로의 복귀는 바람직하지 않으므로 이를 배제하였다.

20 HIH Royal Commission, 「Report of the HIH Royal Commission」(May 2003), vol.I(a corporate collapse and its lessons) available at http://www.hihroyalcom.gov.au/finalreport/index.htm, Sec.8.3. [이하 HIH Final Report], 이는 일정범위의 책임성을 갖는 훨씬 더 크고 복잡한 조직은 효율성이 떨어질 수 있고 과도하게 관료적이며 unresponsive해질 수 있다는 점에 부분적으로 근거한다. Ibid.

의 기능과 접근방식을 복합(fusion)시키는 것은 선부를 수 있고, (iii) 건전성감독권 및 영업행위규제권을 모두 행사하는 통합감독기구는 권한이 과도하게 강할 수 있으며, (iv) 건전성감독기능 및 영업행위규제기능이 너무 광범위하다 보니 완전하게 효율성을 갖는 통합기구로 결속되기가 곤란할 수 있다고 한다.[21]

이상을 고려하면 금융감독기구의 형태를 쌍봉형으로 취할 경우 다음 <표 2>와 같은 장·단점을 생각할 수 있다.

〈표 2〉 쌍봉형 감독기구의 장·단점 비교

장점	단점
– 현행 감독기구를 기능별로 건전성감독기구와 영업행위감독기구로 분리·설치 • 통합감독의 포기비용 대비 금융소비자 보호가 훨씬 제고될 것을 기대 – 단일 금융감독기구의 감독독점을 타파할 수 있음 • 두 기구 간의 지속적인 정보교류의 강제는 양해각서(MOU) 등의 대안을 통하여 가능 – 영업행위감독기구에 시장규제 및 소비자보호를 강화하고자 하는 강한 유인을 부여할 수 있음	– 유기적·통합적 감독의 곤란성 • 건전성감독과 영업행위 감독 간의 유기적·통합적 감독 관란성 우려 • 통합감독의 포기비용 대비 금융소비자 보호의 제고 효과가 더 클지 의문 – 중복규제 또는 규제사각의 문제 • 건전성과 영업행위 감독간 담당업무가 명확히 구분되지 않을 경우 규제간섭 또는 규제사각 현상 우려 – 규제준수비용 증가 • 감독기구 수의 증가로 피규제대상인 금융회사의 준수비용이 증가 – 정보교환의 비원활 • 건전성감독기구와 영업행위감독기구 간의 원활한 정보교환에 지장이 있을 우려[22]

21 Financial System Inquiry, 「Financial System Inquiry Final Report」(Wallis report), Australian Government Publishing Service(Mar. 1997), p.545, available at http://www.fsi.treasury.gov.au

22 건전성감독기구 보유정보 중 부정적인 정보가 시장에 공개될 경우 역효과가 나타날 수 있고 해당 금융회사의 건전성에 예상치 않은 악영향을 줄 수 있어서 보유정보를 즉각적으로 공개하는 것이 곤란할 수 있다.

2. 주요국 및 우리나라 금융감독기구 현황

(1) 주요국의 금융감독기구기구 현황

주요국의 금융감독기구체제 개편 상황은 다음 <표 3>과 같다.

〈표 3〉 주요국의 금융감독기구체제 개편 상황[23]

국가	2008년 상황	2016년 기준 상황
미국	기관 및 기능별 감독체계	기관 및 기능별 감독체계를 유지하면서도 • 금융소비자보호 전담기구(CFPB) 설립 • 거시건전성정책 조정기구(FSOC) 설립
영국	통합감독기구	• 쌍봉형 체계로 전환(FSA를 PRA 및 FCA로 분리 설립) • 영란은행이 미시건전성 및 거시건전성 감독을 담당
독일	BaFin에 의한 통합감독 분데스방크가 은행감독	• 은행감독권은 분데스방크와 BaFin이 책임을 분담(분데스방크가 중점적 역할)[24]
프랑스	기능·기관별 감독체제	• 통합 건전성감독기구(ACP)의 설립 • ACP 및 AMF(Autorite de Marches Financiers; 금융시장청)으로 구성된 사실상 쌍봉형 체제
호주	쌍봉형 감독체제 (APRA 및 ASIC)	• 불변
뉴질랜드	기능·기관별 감독체제	• 쌍봉형 감독체제(RBNZ와 FMA로 구성)
스위스	기능·기관별 감독체계	• 통합감독기구(FINMA) 설립
캐나다	은행·보험 감독의 통합감독기구(OSFI) FCAC는 소비자보호기구	• 불변
일본	통합감독기구체제	• 불변

23 윤석헌 외 5인, "금융감독체계 개편, 어떻게 할 것인가?"(발제문), 한국금융학회 정기학술대회 특별정책심포지엄(2012. 6), 22면의 <표 II−1>를 수정·인용함. 출처: http://www.kmfa.or.kr [이하 '윤석헌 외 2012년 금융학회'].

24 2016년 현재 BaFin 사이트를 검색한 바에 의하면 독일 은행법 제7조[section 7 of the German Banking Act(Kreditwesengesetz - KWG)]에 의하여 독일 분데스방크와 BaFin이 책임을 분담한다. 분데스방크는 은행이 정기적으로 제출하는 보고서를 분석하고 자본 및 위험관리 절차가 적정한지를 평가하며, BaFin은 분데스방크와 협의하여 "분데스방크에 의한 신용·금

앞의 표에서 보이듯이, 호주는 쌍봉형 감독체제를 취하여 왔고 영국은 2013년 4월부터 쌍봉형 감독체제로 개편되었으며, 프랑스와 뉴질랜드는 종전에 기능·기관별 감독체제를 취하다가 이를 통합·개편하면서 쌍봉형 금융감독체제를 선택하였다.

반면 일본은 통합감독체제를 유지하고 있으며 스위스는 종전의 기능·기관별 체제에서 통합감독체제로 이행하였고, 캐나다는 감독기구를 통합형으로 유지하면서 소비자보호기구를 별도로 구성하는 체제를 유지하고 있다. 감독체제가 매우 복잡한 미국은 금융위기 이후 종전의 감독체제를 유지하면서도 금융소비자 보호기능과 거시건전성정책 조정기능을 전담하는 별도의 기구인 금융소비자보호국(Consumer Financial Protection Bureau: CFPB)을 설립함으로써[25] 협의의 금융소비자보호기능만을 따로 관장하는 기구를 운영한다.

통합감독기구 형식을 취하다가 쌍봉형 체제로 전환한 유일한 국가인 영국이 감독기구 개편을 취한 까닭은 선거결과에 따른 정치적인 이유 외에도 통합감독기구가 출범한 1997년 이후 영국 재무부－영국은행(BOE)－영국금융감독기구(FSA) 간 3당사자 규제체계에서 전체 금융시스템의 안정성 추구에 허점이 있었음도 지적된다.[26] 이에 따라서 영국 재무부는 거시건전성 관점에서 금융시스템 전체의 안정성을 추구하는 담당기구인 금융안정정책위원회(FPC)를 설치할 필요성을 지적하고 영국은행(BOE)에 이를 설치하기로 함으로써 영국은행에 거시·미시 건전성감독기능을 부여하는 것을 제안하였다.[27]

융서비스제공기관의 지속적 모니터링을 수행하고 모니터링의 품질을 담보하는 것에 관한 가이드라인"(Guideline on carrying out and ensuring the quality of the ongoing monitoring of credit and financial services institutions by the Deutsche Bundesbank)을 발간하였다. BaFin 사이트, Banks & financial services providers에 관한 설명(2016. 3. 22) https://www.bafin.de/EN/Aufsicht/BankenFinanzdienstleister/bankenfinanzdienstleister_node_en.html

25 미국의 감독체계 개편을 두고 미국이 은행에 대한 건전성 감독(Fed, FDIC)과 증권시장에 대한 행위준칙 감독(SEC)을 실질적으로 분리하여 왔고 금융위기 후 이러한 추세를 명확히 하려고 한다는 주장이 있다. 전성인, 앞의 논문, 18면의 각주 14번; 그러나 정확히 하면 금융위기 이후 미국은 (영업행위 규제는 특별히 통합하지 않은 채) 종전의 기관별 규제방식 아에서 각 감독기구에 산재되어 있던 금융소비자 보호기능만을 통합하는 방식을 취하는데 그쳤다는 것이 더 정확한 평가일 것이다.

26 오성근, "영국의 금융감독체계의 개혁 및 입법적 시사점," 「증권법연구」 제15권 제1호, 한국증권법학회(2014), 295면.

27 영국 HM Treasury, "A new approach to financial regulation; judgement, focus and

(2) 우리나라 금융감독기구 조직 현황

금융감독원의 2016년 9월 현재 조직도(국 이하 생략)는 다음과 같다.

[그림 2] 금융감독원 조직도[28] (2016년 9월 현재)

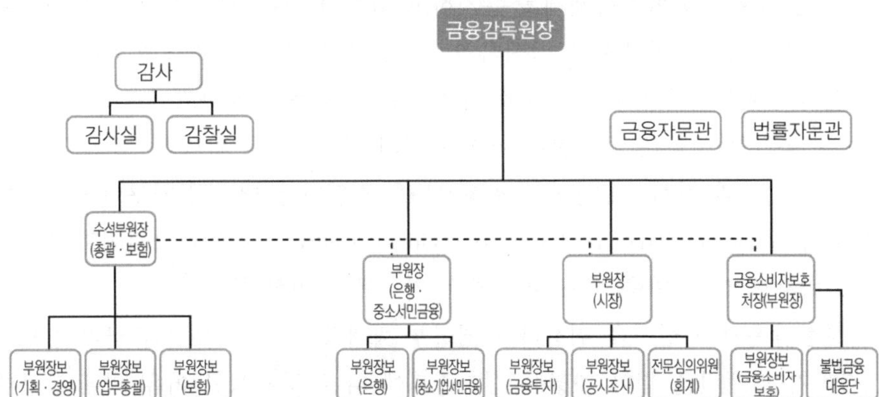

금융감독원의 현재의 조직도를 종전(2012년 10월 기준)과 비교해 보면, 가장 큰 차이점은 금융소비자보호처(이하 '금소처')의 지위이다. 금소처장의 지위가 2012년에는 부원장보였던 반면 현재에는 부원장 급으로 상향시켜서 은행·중소서민금융을 담당하는 부원장과 금융투자·공시조사·회계 등 시장을 담당하는 부원장과 동급으로 하고 있다.

금소처는 금융감독원 내의 금융소비자보호조직이다. 과거 금융소비자보호 기능은 민원을 담당하는 부수적 조직에서 담당하였으나 금융소비자 피해사례 급증 등 소비자 보호강화를 위한 별도 조직의 필요성에 따라 2012년에 조직을 개편하여 금융소비자보호처를 신설하였다. 신설 때부터 금융소비자보호처(처장: 부원장보급)는 다른 감독·검사국처럼 부원장 휘하에 두지 않고 원장 직속 부서로 두었으며[29] 현재에도 그러하다. 금융소비자보호처장은 별도의 소비자보호총

stability"(July 2010)(오성근, 위의 논문, 295~296면에서 재인용).

28 2016년 9월 기준. 금융감독원 홈페이지, 출처: http://www.fss.or.kr

29 금융위원회 사무국의 경우 금융소비자과를 중소서민금융정책관하에 중소금융과 및 서민금융과와 함께 두고 있으며 다른 국(금융정책국, 금융서비스국, 자본시장국)과 함께 사무처장 휘하에 설치되어 있다. 금융위원회 홈페이지, 출처: http://www.fsc.go.kr

괄국을 관장하는데, 분쟁조정실, 은행·비은행소비자보호국, 보험소비자보호국, 금융투자소비자보호실, 금융교육국이 소비자보호총괄국 내에 설치되어 있다.

반면 금융위원회 사무국의 경우 다음 [그림 3]에서 볼 수 있듯이 금융소비자 보호를 위한 별도의 조직이 두드러지지 않는다.

[그림 3] 금융위원회 및 사무국 조직도 (2016년 9월 현재)

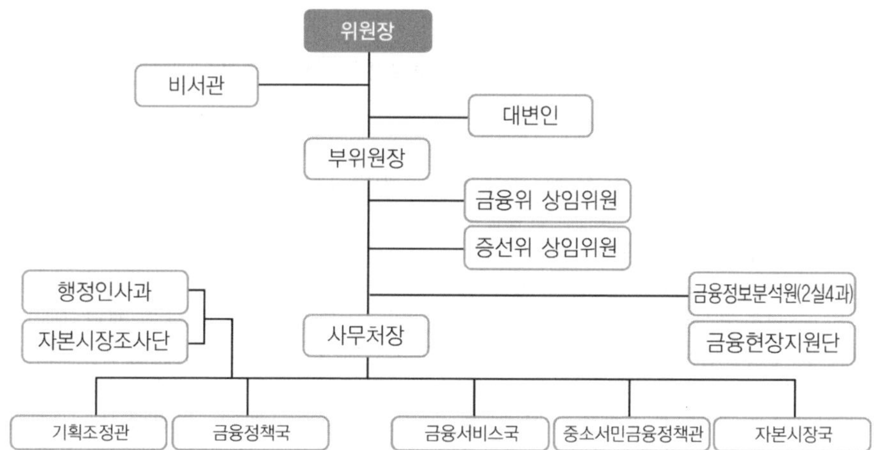

Ⅲ. 근래의 금융감독기구 개편논의 소개 및 검토

1. 쌍봉형으로의 개편 논의의 배경

금융감독기구를 쌍봉형으로 개편하여 영업행위규제기구를 별도로 설립하자는 주장의 배경에는, 현행과 같이 단일 금융감독기구가 금융회사와 건전성감독 업무와 금융소비자 보호업무를 동시에 담당하는 경우 이해상충의 가능성이 존재하여 금융소비자 보호의 요구에 효과적으로 대응하지 못한다는 인식이 있다. 즉, 금융회사의 수익성 등을 우선시하는 경향이 있는 건전성감독 때문에 금융소비자 보호를 위한 영업행위 감독을 소홀히 할 유인이 존재한다는 것이다.

실제로 KIKO(Knock In Knock Out) 및 저축은행 후순위채 등의 불완전 판매 과정에서 대규모 금융소비자 피해가 발생하였고 그 와중에서 금융감독기구가 피해 발생 확대 저지와 분쟁의 원만한 해결에 적극적으로 대처하지 못하였다는 지적이 적지 않았다. 이 점에서 금융 관련 분쟁조정, 금융소비자 교육 등을 전담하는 별도 기구를 설립하여 금융기관에 대한 건전성 감독과 금융소비자 보호감독 간의 견제와 균형을 확보하여야 한다는 논의가 힘을 얻게 되었다. 또한 금융위기를 계기로 금융소비자 보호의 중요성이 새롭게 인식되면서 미국, 영국 등 금융선진국에서 별도의 금융소비자보호기구를 설치하는 추세도 그러한 논의에 힘을 더하고 있다.

〈표 4〉 별도 금융소비자보호기구 설치 사례30

미국	영국
– 2010. 7월 금융소비자 보호 강화를 위해 「금융개혁법」을 제정, 연방준비은행 산하에 금융소비자보호국(CFPB: Consumer Financial Protection Bureau)을 신설하여 은행·비은행권에 대한 소비자보호 업무 담당 • 소비자 민원조사, 시장조사·연구, 소비자금융 관련 연방법률 시행을 위한 규정제정, 감독, 검사·제재업무 수행 • 금융소비자보호국장은 상원의 승인을 받아 대통령이 임명하며 독자적으로 예산을 수립하는 등 독립기구 수준의 독립성 보장	– 2012. 1월 금융감독체계 개편의 내용을 담은 금융서비스법안 의회 제출, 통합감독기구인 금융감독청(FSA)를 폐지하고 건전성 감독과 소비자보호 감독을 분리하는 감독체계 개편 추진 • 건전성 감독은 영란은행 산하에 설치되는 건전성감독원(PRA)이 담당 • 소비자보호감독은 독립기구로 설립되는 FCA(Financial Conduct Authority)가 담당(설립 추진 중) – FCA는 모든 금융회사의 영업행위 감독·규제를 수행하며, 금융상품 개발과정 개입·규제, 부적합 판매행위 제재 및 피해구제, 규제위반시 경고 및 혐의사실 공표 등 권한 행사

2. 국회의 논의 동향

쌍봉형, 즉 건전성감독기구에 대등한 권한과 지위를 갖는 영업행위감독기구의 별도 설치에 관한 국회 내의 논의는 주로 금융위 설치법 개정(안) 등으로 표출되어 왔다.

2008년 후반기 금융위기가 발생하면서 제18대 국회에서 감독기구 개편논

30 국회 정무위원회, 금융위원회의 설치 등에 관한 법률 일부개정법률안(정부제출) 검토보고서(2012. 9), 5면 수정·인용, 출처: http://likms.assembly.go.kr

의가 탄력을 받기 시작하였다. 제18대 국회에서 2008년 말부터 2012년 초까지 상당수의 금융위 설치법 개정(안)이 발의된 것으로 확인된다.[31] 이중 의원 발의안 일부는 별도의 외부법인으로서 금융소비자보호원을 설립하자는 입장을 취하고 있다. 이들 제18대 일부 의원 발의안처럼 외부의 별도기구로 금융소비자보호원을 설립할 경우 추가적으로 고려되어야 할 사항은, 집행부의 구성방식, 기관 설립·운영에 소요되는 재원(財源), 관련규칙 제정권 부여 여부, 금융회사에 대한 검사(요구)권의 부여 등의 문제가 될 것이다.

반면에 제18대 국회에 제출된 정부안(의안번호 1814601)은 준독립기구로서 감독원 내에 설치하자는 입장이다.[32] 1814601 정부안에 의하면 영업행위에 대한 감독은 현행대로 금융감독원이 보유하고 금융소비자보호원은 분쟁조정, 민원처리, 금융소비자 교육 등의 기능만을 수행하며 금융소비자보호원에 별도의 검사 및 제재권은 부여되지 않는다.

정부안은 금융소비자 보호기구만을 금융감독원 밖에 별도법인으로 설치할 경우의 예상 문제점을 감안한 것으로 보인다. 실제로 국회 정무위원회에서는 감독기구를 이원화할 경우, (i) 이원화에 기한 검사중복 및 분담금의 이중부담에 의한 규제준수비용 증가가 예상되고, (ii) 금융소비자 보호이슈에 관하여 금융감독원과 금융소비자보호원의 입장이 대립할 경우 감독의 혼선 및 책임소재 불분명 우려가 있으며, (iii) 건전성 감독업무와 소비자 보호업무 간에 존재할 수 있는 보완관계에 따른 시너지 상실 우려가 지적된 바 있다.[33]

한편 지난 제19대 국회에 들어와서도 금융소비자보호원 설치 관련 법개정 관련 논의가 여전히 활발히 진행되어 금융위 설치법에 관한 개정(안)이 여럿 발의되었다. 제19대 국회에 상정된 금융위 설치법 개정(안)들을 정리하면 다음 <표 5>와 같다.

---

31 의안정보시스템상 금융위 설치법 개정(안)에 관하여 총 18개 의안이 발의되었다.

32 자세한 것은, 양기진, “금융감독기구의 구조 설계에 관한 소고: 쌍봉형 감독기구의 도입검토와 금융소비자보호원 설립논의를 중심으로,” 은행법연구 제5권 제2호, 은행법학회(2012), 133~134면 및 국회 정무위원회, 앞의 검토보고서, 14면(참고자료 2).

33 국회 정무위원회, 위의 검토보고서, 11~12면.

〈표 5〉 제19대 국회 발의안들의 비교[34]

구분(의안번호)	이종걸 의원안 (1908152)	강석훈 의원안 (1907356)	민병두 의원안 (1905454)	김기준 의원안 (1902515)	정부안 (1900572)
근거 법률	금융위 설치법	금융위 설치법	금융위 설치법	금융위 설치법	금융위 설치법
평가	정책결정기구 및 집행기구 모두 이원화	집행기구만을 이원화(조직 분리)	정책결정기구만 이원화	장의 겸직을 제외하면 현행방식과 별 차이 없음	집행기구의 기능적('약한') 이원화
설치 형태	별도법인 설치 • 국무총리 소속으로 '금융소비자보호위원회'(금소위) 설치(증선위를 금소위 내부 설치) • 금융감독원으로부터 '금융소비자보호원'(금소원) 분리·설치	별도법인 설치 • 종래의 금융위 및 금융감독원 조직 계속됨 • 감독원으로부터 '금융소비자보호원' 분리·설치(금융위 및 증선위의 지도·감독 대상)	별도법인 '없음' • 금감위에 '금융소비자보호위원회'(금소위) 설치 • 신설 금소위는 감독원에 대한 지시·감독권	별도법인 '없음' • 종래의 금융위를 금감위로 변경하고 금감위에 종전과 같은 증선위 및 감사위원회(신설)을 둠	별도법인 '없음' • 감독원에 '금융소비자보호원'(금소원)을 설립
종전 조직 변경	• 금융위를 금감위로 하고 금소위를 별도설치(둘다 국무총리 소속) • 감독원에서 금소원 분리·설치	• 금융위 변동없음 • 감독원의 업무만 분리되어 금소원으로 이관	• 금융위를 금감위로 하고(국무총리 소속) 그 내부에 금소위 설치 • 금감위 위원장이 감독원장 겸임	• 금융위를 금감위로 하고(국무총리 소속) • 금감위 위원장이 감독원장 겸임	• 감독원 내에 금소원 설립
업무 분장	• 금소위: 금융기관의 영업행위 및 자본시장 감독업무 수행(cf. 금감위: 금융기관 건전성 감독업무 수행) • 금소원: 금감위와 함께 금융관련 법령제·개정시 기재부와의 협의 참여권 및 법령제·개정요청권	• 금융위: 감독원 및 금소원 지도·감독 • 감독원: 금융기관의 건전성 관련 검사·감독업무 수행 • 금소원: 금융기관의 영업행위에 대한 검사·감독 업무 및 금융관련 분쟁조정 업무 등을 수행	• 금소'위': 금융소비자 보호 위한 정책수립 등 및 금융회사 영업행위 감독·감시 관련 금감위의 주요사항에 대한 사전심의 • 금감위 및 감독원: 큰 변동 없음(금소'원' 설치 없음)	• 금소위 또는 금소원의 별도 설치 '없음'	• 금소'원': 금융분쟁조정, 금융소비자 교육·연구·조사 등을 수행, 금융기관에 대한 사실조사권 및 조치건의권을 부여

34 편의상 대표발의한 의원의 성명을 따서 의안을 호칭한다.

임원	• 금감위: 9인 이내 위원 • 금소위: 9인 이내 위원[35]	• 금융위: 10인 이내 위원 • 금소원: 7인 이내 위원	• 금감위: 9인 이내 • 금소위: 7인 이내	• 금감위: 9인 이내 (국회추천 4인 포함시킴)	
재원	*금감위 • 정부예산 *감독원&금소위 • 정부 · 금융기관 출연금 • 운영수입금	*금융위 • 정부예산 *감독원&금소원 • 좌동	*금감위 및 금소위 (금감위 산하) • 정부예산 *감독원 • 좌동	*금감위 • 정부예산 *감독원 • 좌동	*금융위 • 정부예산 *감독원 • 좌동(다만 금소원은 감독원과 별도의 예산서·결산서 작성)
별도 기구 설치시 권한 내용	*금소'원' • 금융기관의 영업행위 감독, 검사권·제재권 • 자본시장·기업회계 감독 및 조사·감리·제재권 • 금융관련분쟁조정 • 금융소비자 교육	*금소'원' • 금융기관 영업행위 및 재산상황 검사권·제재권 • 금융관련분쟁조정 및 민원처리 • 금융소비자 교육	*금소'위' • 정책수립 및 심의기관으로, 별도의 검사·제재권 없음	*해당 없음	*금소'원': 금융분쟁조정, 금융소비자 교육·연구·조사 등을 수행, 금융기관에 대한 사실조사권 및 조치건의권 부여

위 <표 5>에서 볼 수 있듯이, 금융위 설치법 개정(안)에 관한 5가지 법(안)은 큰 틀에서 각각 입장을 달리한다. 이종걸 의원안(의안번호 1908152)은 정책결정기구와 집행기구 모두를 이원화하여 완벽한 쌍봉형 형태의 감독기구를 도입하자는 입장에 가깝다. 동 의원안은 정책결정기구인 금융위를 금감위로 하고 따로 금소위를 설치하고 집행기구인 감독원의 역시 이를 분리하여 금소원을 설치하는 것을 제안한다.

한편 강석훈 의원안(의안번호 1907356)은 금융위 조직은 현상유지하고 감독원의 조직만을 이원화하여 금소원을 설치함으로써 집행기구만을 이원화하자는 안이다. 동 의원안은 의사결정을 하는 금융위 조직은 현재와 같이 그대로 가되 감독원 조직만을 분리하자는 제안인데[36] 정작 금융소비자 보호에 관한 의사결

35 국회추천 금융소비자보호전문가 2명 및 금융전문가 2면 포함.

36 강석훈 의원안의 제안이유를 보면 그간의 금융소비자들이 입은 피해에 대하여 감독원에 책임을 몰아 조직개편의 근거로 삼고 있다는 점에서 편파적일 수 있다[강석훈 의원안은

정 조직(금융위 및 금융위 사무국)은 그대로 놔두고 있으므로 설득력이 떨어진다.

반면 민병두 의원안(의안번호 1905454)은 집행기구를 놔두고 정책결정기구만을 약하게 이원화하자는 입장으로, 금융위를 금감위로 명칭변경하고 금감위 산하에 금소위를 별도로 두어 의사결정방법을 달리하자는 입장이다. 민병두 의원안의 금소위는 금감위와 별개의 조직이나(안 제4조), 금소위가 금감위 산하에 설치되며 금소위는 금융소비자 권익보호를 위한 정책 수립과 제도개선, 영업행위 감독·감시 사항에 대한 사전심의권, 금융소비자보호를 위한 금융기관의 관리·감독·감시를 위하여 금감위로부터 위임받은 업무를 수행하도록 하고 있으므로(안 제23조의2) 금감위로부터 완벽히 분리된 체제는 아닌 것으로 보인다. 그러나 조직변경 비용을 최소화할 수 있고 나아가 쌍봉형으로 갈 경우의 잠재적 문제점들을 회피할 수 있다는 점에서 상당부분 수긍이 가는 안이라고 생각한다.

김기준 의원안(의안번호 1902515)의 경우 정책결정기구와 집행기구의 장을 겸임하도록 하고 금감위(금융위의 후신)에 감사위원회를 설치하여 감독원의 업무와 회계 감사를 맡긴다는 것 외에는 현재의 경우와 조직 면에서 별다른 차이점이 없어서 현재의 조직에 가장 최소한의 변경을 가하자는 입장이다.

마지막으로 정부안(의안번호 190572)의 경우 정책결정기구인 금융위는 현재

"그동안 우리나라의 금융감독시스템은 금융회사의 건전성 감독에 집중하면서 일반 국민이 기대하는 금융소비자 보호 수준에 부응하지 못하였음. <중략> 이처럼 금융소비자 보호가 제대로 이루어지지 못하는 것은 현행 금융감독원이 '금융회사의 건전성 감독기능'과 '금융소비자 보호기능'을 동시에 수행하고 있으나, '금융소비자 보호기능'은 '금융회사 건전성 감독기능'과 상충되어 동일 기구 내에서 제대로 구현되기에는 근본적인 한계가 존재하기 때문임. 이에 따라 금융감독원과 독립된 별도의 금융소비자보호원을 신설 하여 금융회사 영업행위 감독, 금융관련 분쟁조정 등 금융소비자 보호를 전담하도록 하고, 금융감독원은 금융기관의 건전성 감독에 조직역량을 집중함으로써 감독기관 간의 견제와 균형을 확보하도록 함"(강석훈 의원안 제안이유, 1~2면)]; 주지하다시피 금융위(금융위사무국과 함께)는 금융정책 및 금융감독 업무 수행이라는 막강한 권한을 가진 브레인인 정책결정기구인 반면, 감독원은 금융위나 증선위의 "지도·감독을 받아 금융기관에 대한 검사·감독 업무 등을 수행"하는 집행기구로서 한정된 권한을 갖는다. 그간 끊임없이 발생해온 금융소비자 피해에 대하여 결론적으로 두 기구 모두 맡은바 역할을 잘 수행하지 못한 점에서 책임이 있다. 그러나 어떤 경우(동양CP 특정금전신탁 등)에는 금융위사무국 측의 귀책사유가 더 크다는 지적도 있다. 따라서 감독기구로부터 국내금융정책 수립권을 분리하고 무엇보다 정부(청와대, 기재부 등)와 정치인들의 입김으로부터 자율성을 추구할 수 있도록 시스템을 손보는 것이 중요하다.

와 같이 놓아둔 채 집행기구인 감독원에 금소'원'을 설치하고 얼마간의 권한[37]을 부여함으로써 집행기구의 '기능적' 이원화를 의도하고 있다. 즉, 정부안은 금융소비자보호업무 전담기구를 금융감독원 '내'에 설치하되, 인사·업무·권한·예산 등에 관한 독립성을 강화하여 준(準)독립기구화하고 있다. 집행기구를 따로 분리해 내자는 강석훈 의원안에 비하여 위 190572 정부안은 금소원을 감독원 내에 설치하므로 집행기구의 '약한' 분리를 제안하고 있으나 정작 금융소비자 보호에 관한 의사결정 조직(금융위 및 금융위 사무국)은 그대로 놔두고 있으므로 설득력이 떨어진다.

한편 제19대 국회에서 금융위 설치법 개정(안)과 함께 동 설치법 개정(안)이 통과되는 것을 전제로 발의된 법안은 정부가 제안한 「금융소비자 보호에 관한 법」 제정(안)(의안번호 1900573)[38] 및 민병두 의원이 대표발의한 「금융상품 판매 및 금융소비자 보호에 관한 법률」 제정(안)(의안번호 1905451)이다. 양자 모두 금융상품의 불완전판매를 방지하고 금융상품 전반에 대한 체계적인 금융소비자 보호 체계를 구축하려는 취지로 발의된 것으로, 금융상품을 금융소비자에게 판매하는 과정에서 규제 사각지대를 축소하고 영업행위 준수사항을 마련하며 금융분쟁조정 제도를 개선하고 과징금 제도를 도입하는 것을 내용으로 하고 있다. 금융소비자보호법 제정(안)은 19대국회 회기 종료로 폐기되었지만 정부(금융위)는 입법예고 절차를 거쳐 2016년 9월 현재 「금융소비자보호 기본법」 제정(안)을 다시 추진하고 있다.

현재 20대 국회에 2016년 8월말 현재 계류 중인 금융위 설치법 개정(안)들[39] 중에 금융감독기구의 조직 재편을 제안하는 법안은 없는 것으로 보이나(의안정보시스템 검색결과) 조만간 다시 논의가 이어질 수 있을 것으로 예상된다.

---

37 금융소비자보호원은 금융 분쟁 조정, 금융소비자 교육 및 연구·조사 등의 업무를 수행하며, 금융기관이 제출한 자료에 대한 사실 여부를 확인할 수 있는 사실조사권 및 금융기관에 대한 조치에 관한 건의권 등을 부여하고 있다(법(안) 제57조의9 및 제57조의10).

38 의안번호 1900573(제안자 정부, 소관위원회 제안일자 2012. 7. 6).

39 2016년 8월말 현재 채이배 의원 대표발의(안)(의안번호 2991842), 김관영 의원 대표발의(안)(의안번호 2001148) 및 변재일 의원 대표발의(안)(의안번호 2000840)이 검색된다.

3. 학계의 논의 동향: 윤석헌 외 5인의 쌍봉형 도입 논의 중심

(1) 쌍봉형 감독기구 개편(안) 소개

이하에서는 쌍봉형 금융감독기구 개편(안)에 대하여 구체적으로 제안된 바 있는 윤석헌 외 5인의 제안에 대하여 소개·검토한다. 윤석헌 외 5인은 2012년 금융학회 발표를 통해 제안한 내용(2012년 금융학회 발표를 통한 제안; 이하 '2012년 제안') 및 이후 수정하여 2016년 5월 학회지 논문을 통하여 제안한 내용(2016년 발간논문에 의한 제안: 이하 '2016년 제안') 두 가지가 있다. 두 제안 모두 쌍봉형으로 감독기구를 개편하는 것을 기반으로 이에 따른 얼개를 제시하고 있다.

다음 [그림 4] 및 [그림 5]에서 볼 수 있듯이, 윤석헌 외 5인이 제안한 쌍봉형 감독기구 체제는 크게 건전성감독기구인 금융건전성감독원(이하 '건감원')과 영업행위감독기구인 금융시장감독원(이하 '시감원')을 별도로 설치하자는 제안(강한 분리형)이다.[40] 한편 2012년 제안 내용과 2016년 제안 내용을 비교하면 일부 수정한 내용이 발견된다.

(2) 윤석헌 외 5인의 개편안 검토

다음 [그림 4] 및 [그림 5]에서 두드러진 수정내용 중 하나는 건전성감독기구인 건감원에 관한 내용이다. 2012년 제안은 건전성감독에 관하여 담당기구를 이분화하고 있었고, 어느 기구가 건전성감독을 담당할지는 해당 금융회사의 소위 금융시스템에 위해를 초래할 가능성에 따라 구분하고 있었다.[41] 즉, [그림 4]에서 볼 수 있듯이 2012년 제안에서 시감원은 행위규제뿐만 아니라 금융투자업자와 여신금융기관의 경우에는 '건전성' 감독을 맡을 것이 제안되었다. 이처럼 2012년 제안은 Type 1 및 Type 2 금융회사로 나누어 (i) 업종 성격상 시스템위험 초래 위험성이 높은 은행 및 보험회사와 시스템적으로 중요한 금융회사(significantly important financial institution; SIFI)일 경우(Type 1)에는 건감원이 건전성감독을

40 2016년 논문 제안에는 뚜렷이 나타나 있지 않으나 시감원에 합의제의결기구 형태의 '금융시장위원회'를 두고 건감원에도 합의제 의결기구 형태의 '금융건전성감독위원회'를 둔다는 점에서(윤석헌 외 5인, 앞의 2016년 논문, 130~132면), 2012년 금융학회 제안과 차이는 없다.

41 이는 소위 영국식 쌍봉형 체제를 따르는 것을 보인다. 영국의 경우 건전성감독기구에 의한 건전성 규제를 받지 않는 자(투자회사, 펀드매니저, 거래소, 보험브로커, 금융자문업자 등)에 대한 건전성 감독(관련 규칙 제정권 포함)은 시장감독기구인 FCA가 행한다. 오성근, 앞의 논문, 301면 및 307면.

[그림 4] 2012년 제안[42]

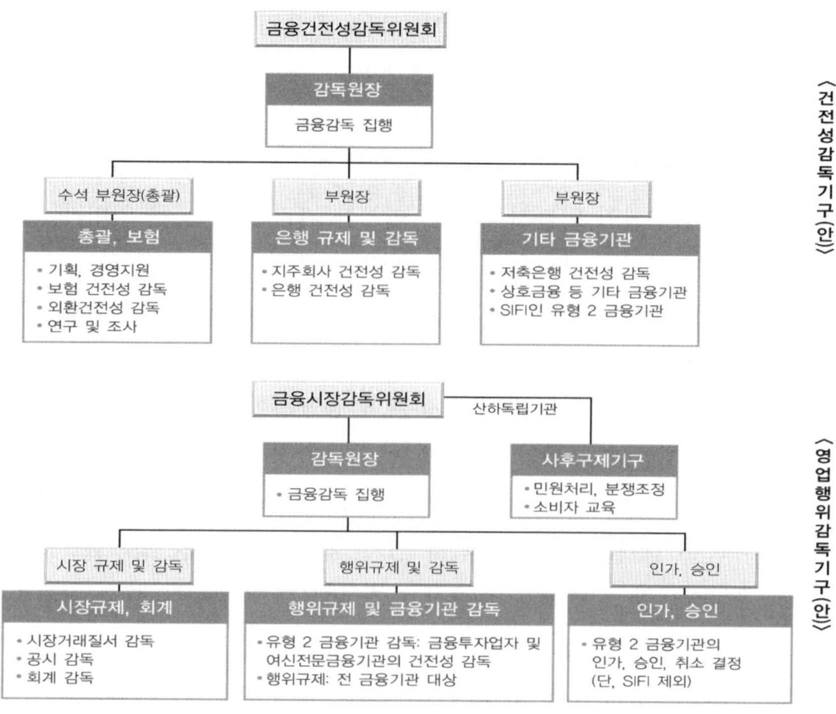

[그림 5] 2016년 제안[43]

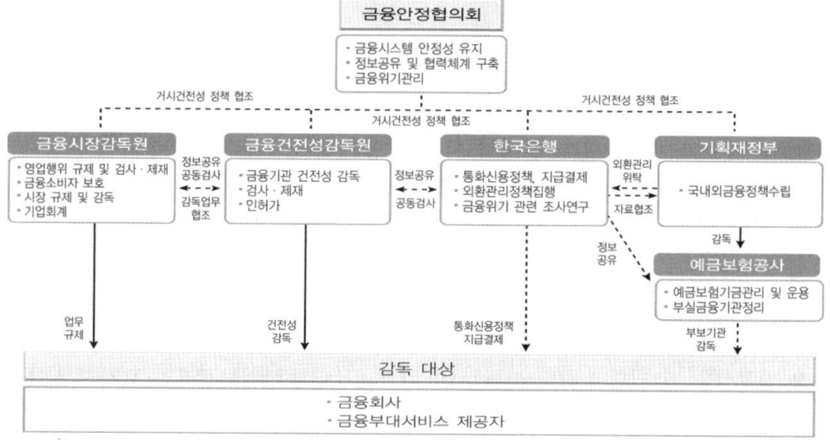

42 윤석헌 외 5인, 앞의 2012년 발제문, 51면 및 69면.

43 윤석헌 외 5인, 앞의 2016년 논문, 128면.

수행하나 (ii) 그 외의 경우(Type 2)에는 시감원에게 건전성감독을 맡기고 있었다.

반면 2016년 제안에서는 건감원이 '모든' 금융기관에 대한 건전성 감독을 통일적으로 수행하도록 하였는데[44] 이는 2012년 제안의 이분화 방식에 따른 혼란을 피하기 위한 것이라고 한다.[45] 복합금융상품이 출현하고 각 금융회사간 거래가 복잡하게 얽히면서 위험의 전이가능성이 커짐에 따라서 업종에 따라서 일률적으로 시스템 위험이 있는지 없는지 여부를 가리는 것은 큰 의미가 없을 수 있다는 점[46]에서 2016년 제안의 수정은 환영할 만하다.

또한 2012년 제안의 경우 대통령 직속 합의제 행정위원회 형태로 '금융안정위원회'를 설치하여 기재부장관을 비롯하여 건감원장 및 시감원장 등의 협의체를 제안한 반면,[47] 2016년 제안의 경우 '금융안정협의회'의 설치를 제안하고 있다.[48] 2012년 제안의 금융안정위원회는 금융안정 단계별로 감독유관기관의 업무를 배분하는 것을 주목적으로 하였던 반면, 2016년 제안의 금융안정협의회 체제에서는 감독기구들 간의 공동검사 실시, 감독정보 공유, 업무표준화, 감독공동망 구축·관리 등의 정책을 수립하고 각 업무를 지원하는 상설 실무협의체 수립이 제안됨으로써 2012년 안에 비하여 각 감독유관기구간의 원활한 상호 소통을 위한 기틀 마련을 위하여 정치하게 접근한다는 점에서 바람직하다.

---

44 다만 금융투자회사의 경우 건감원이 건전성감독을 담당하도록 하더라도 시감원의 사회경제적 역할이 더 클 수 있으므로 시감원이 주책임으로 하는 방향으로 주책임 감독기구를 지정하는 것으로 할 수 있다. 윤석헌 외 5인, 앞의 2016년 논문, 128면.

45 윤석헌 외 5인, 위의 2016년 논문, 129면; 호주의 경우 증권회사의 건전성감독은 APRA가 아니라 시장감독기구인 ASIC에게 넘겨져 있는데, ASIC은 건전성감독을 비중있게 하는 기구가 아니라서 건전성감독에 전문화할 수 없고 증권회사에 대한 건전성감독은 자본규제 등 최소규제에 머물러서 엄밀한 의미에서 증권회사에 대한 건전성감독은 이뤄지지 않고 있다는 언급도 있다. 관련된 고동원 교수의 APRA 및 ASIC 관계자와의 면담내용은 고동원, 앞의 2013년 논문, 148면.

46 특정 방향성을 띤 집단행동(herd behaviour)가 있는 경우(서브프라임 모기지 사태) 또는 금융투자회사를 Type 2로 분류하면서도 금융투자'지주회사'는 Type 1으로 분류하여 건감원의 감독대상으로 한 이유가 분명하지 않은 등의 지적이 가능하다. 자세한 논의는, 양기진, 앞의 논문, 125~127면.

47 윤석헌 외 5인, 앞의 2012년 금융학회 제안, 88~89면.

48 윤석헌 외 5인, 앞의 2016년 논문, 128면, 133~134면.

4. 쌍봉형 개편안에 관한 일반적인 문제점

(1) 다른 나라의 개편 배경 및 우리나라에서의 개편 필요성

쌍봉형 감독기구 체제를 취하는 다른 나라의 개편 배경은 어떠한가. 우선 영국의 경우 통합형 감독기구(FSA)에서 쌍봉형 체제로 개편한 이유는 과거 보수당과 노동당 간 입장 차이를 보이다가 2010년 선거결과에서 보수당이 우세해지자 보수당이 지지하는 쌍봉형 체제로 개편하게 되었음은 주지의 사실이다.[49]

반면 호주의 경우 연방과 주(州)로 나눠져 있던 감독기구를 통합하는 과정에서 단일 금융감독기구 방식은 선부를 수 있고 권한이 과도하게 강해질 것임을 경계하여 건전성감독기구(APRA) 및 영업행위감독기구(ASIC)으로 구성된 쌍봉형 체제를 취하게 된 것이다.[50] 네덜란드의 경우에도 2002년 기관별 규제체제에서 쌍봉형 체제로 전환됨으로써 감독기구를 통합하는 과정에서 쌍봉형 체제를 채택하였다.[51] 뉴질랜드 역시 영업행위 규제를 담당하는 금융시장감독원(FMA)은 종래의 증권위원회와 증권발행심사관련기관 및 연금업무담당기관이 통합하면서 확대·개편된 기구이다.

이처럼 호주, 네덜란드, 뉴질랜드는 개별 감독기구가 통합하는 과정에서 쌍봉형을 취하게 된 것이며, 영국의 경우에는 2007년 Northern Rock 은행의 파산 및 2008년 금융위기 당시 금융시스템 위험을 파악하는 데 문제가 있다는 지적으로 인하여 감독기구 개편논의에 기인한 것이다. 그러나 영국이 쌍봉형으로 전환한 것은 시스템위험을 해결하는데 쌍봉형이 적정하다는 검증에 의한 것이 아니라 2010년 5월 선거에 기한 정치적 산물이라는 점이다. 이 점에서 우리나라에서의 쌍봉형으로의 감독기구 개편논의는 이들 국가의 개편배경과 경우를 달리하고 있다고 여겨진다.

---

49 영국의 경우 정치적 선택의 산물로서의 감독기구 개편으로 이어짐에 따라서 이후 총선에서 보수당이 패배할 경우 감독기구 개편이 다시 있을 수 있다는 견해로, 오성근, 앞의 논문, 318면.

50 고동원, 앞의 2013년 논문, 141면 및 158면; 호주에서 쌍봉형 체제로의 개편방안을 제시한 Wallis Report (1997)는 호주 금융제도와 금융감독 체계의 역사적 배경을 고려할 때 통합감독기구의 설립은 아직 성급한(premature) 단계라고 하고 있다. 같은 논문, 159면.

51 고동원, 위의 2013년 논문, 142면; 네덜란드 금융시장감독원은 구 증권위원회를 확대·개편하여 설립된 영업행위 규제감독기관이다. 같은 논문, 142면.

반면 스위스의 경우 기능별 감독기구를 통합감독기구 방식으로 개편하였다. 또 다른 세계적 금융강국인 미국은 여전히 분산된 감독기구 형태를 취하고 있으며 통합형 금융감독기구 체제를 취하는 일본 금융청이나 독일 BaFin,[52] 그리고 캐나다는 여전히 통합형을 고수하고 있다.

우리나라가 쌍봉형 체제로 전환할지 문제에 관하여 중요하게 고려할 사항 중 하나는 우리의 의사소통 문화이다. 쌍봉형의 경우 양 감독기구 간 적시의 원활하고 충분한 의사소통이 매우 중요하므로 기구간 의사소통을 위한 별도의 기구를 따로 두게 된다. 그러나 별도 실무협의체를 따로 두더라도 상·하 직급간·기관간 의사소통이 원활하지 않다고 평가되는 우리 문화에 적합할지 의문이며[53] 우려스러운 부분이다.[54]

(2) 감독 중복·누락의 문제

1) 건전성·영업행위 규제의 준별 용이성 논란

A. 논 의

쌍봉형 체제하에서 건전성규제와 영업행위규제(소비자보호규제 포함)를 용이하게 구별할 수 있어야 건전성감독기구와 영업행위감독기구 중 어느 기구의 관할사항인지를 쉽게 결정할 수 있을 것이다. 그러나 많은 경우 양자의 구분이 쉽지 않다. 예컨대 금융회사의 주택담보대출 비율을 규제하는 LTV 또는 DTI 규제의 경우 과도하게 담보를 잡고 빌려주는 것을 막고자 하는 것인데, 이는 금융회사의 건전성 저해를 방지하는 측면에서는 건전성규제가 된다. 반면 LTV나 DTI와 같은 규제는 과열된 담보대출 영업행위를 일정부분 억제하고 상환능력이 불충분한 차입자(금융소비자)를 보호할 수 있다는 측면에서는 영업행위규제에도 해당할 수 있다. 이럴 경우 LTV 등 규제는 어느 기구가 주도적으로 담당할 것인가.

52 다만 은행에 관한 감독권한 일부가 분데스방크로 이전한 것으로 보인다.

53 필자는 2014년 1월 호주 APRA 직원(APRA의 국제협력부서장 C. Gaskell)을 면담할 기회를 가졌는데 Gaskell은 APRA 및 ASIC에 대하여 호주 재무부가 간섭하거나 하는 점은 없으며 세 기구는 독립적 지위에서 별다른 문제없이 소통한다고 답변하였다. 그러나 우리나라의 경우 기재부, 금융위 사무국, 감독원 간의 관계를 고려하면 과연 호주와 같이 독립적으로 원활한 소통이 가능할지는 의문이다; 그러나 이러한 호주에서도 금융사고에 있어서 의사소통의 부재가 원인으로 지목된 적이 있다. 고동원, 2013년 논문, 155면.

54 금융감독기구 간의 의사소통도 원활하지 않은 상황을 두고 볼 때 쌍봉형 체제에서의 업무협조가 쉽지 않을 것이라는 우려로, 고동원, 위의 2013년 논문, 155면.

이처럼 많은 경우 특정 규제가 어느 쪽에 해당하는지 모호할 수 있는데, 감독기구 간 해석 차이가 있을 경우 문제 — 감독중복 또는 감독누락 — 가 발생할 수 있다. 즉 두 감독기구가 서로 소관사항이라고 주장하는 감독중복 현상 또는 두 기구 모두 자신의 소관사항이 아니라고 미루는 감독누락 현상이 발생할 수 있다. 쌍봉형 감독체제를 채택할 경우 가장 우려가 되는 점이 바로 이 감독중복 또는 감독누락이다.

먼저, 동일 규제에 대하여 건전성감독기구와 영업행위감독기구 양자가 서로 관할을 주장하는 감독중복의 경우 적시·적절히 해결되지 아니하면 피규제회사의 규제준수비용(준법비용)이 증가될 것이다. 경우에 따라서 목표를 달리하는 두 감독기구가 처리방향을 놓고 극단적으로 대치하는 상황이 있을 수 있는데 이러한 경우 규제준수비용은 훨씬 커지게 될 것이다.

그럼에도 불구하고 실제로는 양 기구 간의 협의 불충분에 의한 감독누락의 경우가 더 문제가 될 것으로 보인다. 감독에 관한 사각지대가 발생하는 것 역시 건전성감독기구소관인지 영업행위감독기구 소관인지 명확한 책임분담이 이뤄지지 않아서일 가능성이 높다. 이처럼 감독중복이나 감독누락이 발생하여 피해가 발생할 경우 어느 한 기구가 나서서 책임지기보다는 상호 책임 떠넘기기 현상이 발생할 우려도 있다.

설령 쌍봉형 체제로 개편한다고 하더라도 건전성감독기구와 영업행위감독기구 간에 금융소비자들에게 더 나은 감독서비스를 제공하고자 하는 선의의 규제경쟁이 벌어질지도 의문이다. 대등한 입장의 두 기구가 수많은 현안 중에서 협의사항을 취사선택하여 그때그때 적절히 협의하기에는 한계가 있고 각자의 목표만을 추구하다가 적정규제의 수준을 넘어설 수 있으며,[55] 문제점 발견 → 상대방 기관에의 통보 → 협의 → 적정조치실행에 이르기까지 시차가 존재하므로 하나의 감독기구에서 한 수장이 처리하는 경우에 비하여 대처의 적시성이 저하될 것이므로 사회적 비용을 초래할 가능성이 있다.[56]

---

55 쌍봉형 체제에서 건전성감독기구의 경우 건전성 감독에만 치우쳐 시장의 요구와 괴리하여 과도한 규제를 부과함으로써 균형(commercial balance)을 상실한 가능성이 있다는 지적으로, 고동원, 위의 2013년 논문, 157면.

56 금융투자업자와 여신전문금융회사에 관한 건전성감독권한을 굳이 분리하여 시감원에 부여하자는 금융학회(안)은 건전성감독과 영업행위규제가 밀접한 관련성이 있다는 반증이

건전성감독기능과 소비자보호기능이 일도양단적으로 구분되기 곤란하므로 이용자 역시 양 기구 중 어느쪽이 소관인지를 잘 알 수 없을 경우 두 기구 모두에게 민원을 중복 제기하는 불편을 겪을 수 있고 기구간 관할분쟁 우려 또는 일부기구로의 민원쏠림현상 등의 부작용이 예상된다.

B. 호주 등 쌍봉형 감독체제에서의 실패사례

쌍봉형 감독기구 체제를 채택한 호주의 경우 건전성감독을 담당하는 APRA와 영업행위 규제를 담당하는 ASIC이 설치·운영되고 있으나 호주에서도 금융소비자보호가 완벽한 것은 아니다.

호주의 보험회사 업계 2위이던 HIH 보험회사는 2001년도에 약 53억 AUD로 호주 역대 최대의 파산규모로 파산하였는데, 그 감독기구측 원인으로 APRA의 적기대응 실패, APRA와 ASIC간 의사소통 결핍 및 ASIC의 소비자보호 실패가 거론된다.[57] 이에 관한 원인조사를 수행한 HIH 왕립위원회(HIH Royal Commission)는 현행 APRA와 ASIC의 책무가 일정정도 중복되고 있다고 인정하고 APRA와 ASIC의 각자의 역할과 책무에 관하여 더 명료하게 하여야 한다는 점을 우선순위의 해결과제로 언급한 바 있다.[58]

또한 호주에서 2009년에 Trio Capital라는 연금운용사가 무너졌는데 관련 피해규모가 약 1억 76백만(AUD)이며 피해자의 수 역시 6,090명에 달하는 호주 역대 가장 대규모의 퇴직연금 사기 사건이었다. 그러나 ASIC과 APRA 모두 외부 고발이 있기 전에 Trio의 사기행각을 포착하지 못하였다.[59] Trio가 다양한 기구(conduit)를 통하여 투자자들의 돈을 빼돌리는 동안 연금운용사를 감시하기 위한 회사 내·외부의 다양한 파수꾼들(gate keepers)이 그 역할을 수행하지 못함은 물론, APRA의 적기대응 실패 및 ASIC간 의사소통 결핍이 문제되었다.[60]

아닌가 생각된다.

57 전반적인 조사에 의하면 당시 APRA는 관련 정보를 적절히 평가하지 못하였고 적시 대응을 하지 못하여 HIH 파산에 큰 책임이 있으며, ASIC 역시 HIH의 부실을 제대로 알리지 못하여 금융소비자(보험계약자 및 HIH 투자자들)를 보호하지 못하였다고 인정되었다. 자세한 것은, HIH Royal Commission, op. cit.

58 Ibid., Part III(Directions for the future) Sec.8.3.

59 예컨대 2004년도에서 2009년도 사이에 APRA는 Trio가 운영하는 Astarra Strategic Fund(ASF)에 대하여 적어도 5차례의 건전성 검사를 수행하였으나 특별한 조치로 이어지지 아니하였다. Parliament of Australia, 「Inquiry into the collapse of Trio Capital and any other related matters」, (2012. 5), Sec. 4.22.

C. 소 결

금융소비자 보호기구를 별도로 설립하는 쌍봉형 체제를 옹호하여 쌍봉형 체제가 건전성감독기구와 금융소비자보호기구 간의 갈등을 표출시켜 금융부문의 문제점을 조속히 드러낼 수 있다는 입장[61]에서도 갈등의 외부화가 초래할 수 있는 부작용을 우려하여 쌍봉형 체제로의 도입은 면밀한 검토가 필요하다고 한다.[62] 특히 건전성감독기구와 소비자보호기구의 목표가 상충될 수 있으므로 감독업무를 조정할 수 있는 조정자가 필요한데, 감독중복의 문제보다 양 감독기구 모두가 잘 알지 못하거나 상대적으로 관심이 덜 가거나 또는 경계가 모호한 부문에서의 '감독누락' 문제가 더 심각한 문제가 될 수 있다고 한다.[63]

앞의 <표 5>에서 소개하였듯이 제19대 국회에서도 금융위 설치법 개정(안)들은 다양한 형태의 개편안을 제안한 바 있다. 올해 새로이 꾸려진 제20대 국회에서도 아직은 활발하지 않지만 금융위 설치법 개정을 통한 금융감독기구 조직재편에 관한 논의가 계속될 것으로 기대된다. 제20대에서도 금융감독기구 조직재편에 관한 논의를 두고 가장 쟁점이 될 소지가 큰 사항은 역시 감독기구의 '이원화'를 할 것인가 말 것인가의 여부가 될 것으로 예상된다.

이상에서 검토하였듯이 건전성감독기구와 영업행위감독기구가 동등하게 별도로 설치되는 쌍봉형 감독체제가 우리 현실에 맞지 않을 우려가 크며[64] 감독의 적시성이나 책임성 확보에 미칠 부작용이 적지 않을 것이 예상되는 상황에서 '실험적'으로 쌍봉형으로 이행하자는 주장은 수긍이 어렵다.

그러나 쌍봉형 감독체제로 개편하자는 주장의 취지를 살리는 방법은 있다. 금융소비자보호기능이 건전성감독기능과 일정부분 상충하여 소비자보호기능이 하위목표로 묻혀버릴 가능성이 있다면 소비자보호기능을 강화하는 방법을 강구할 수 있다. 지금까지 제시된 금융위 설치법 개정(안) 중 일부[65]에서 제안되었듯

60 자세한 것은 Ibid.

61 강경훈, "금융소비자 보호기구의 기능과 설계," 「금융정보연구」 제4권 제1호, 한국금융정보학회(2015), 94면.

62 강경훈, 위 논문, 94면.

63 강경훈, 위 논문, 95면.

64 긍정적인 면보다는 부정적인 면이 더 나타날 것으로 보는 견해로, 고동원, 앞의 2013년 논문, 159면.

65 예컨대 제18대 국회에서 제안된 박선숙 의원안이나 김영선 의원안이 그러하다.

이, 영업행위감독기구가 아니라 금융소비자 보호기능을 핵심목적으로 하되 영업행위 감독권은 갖지 않는 금융소비자보호원(이하 '금소원')을 감독기구의 안 또는 밖에 설치하는 것이다. 금소원이 오로지 협의의 금융소비자보호기능(교육, 민원처리, 분쟁조정 등)에 충실할 수 있도록 그 구조를 설계할 수 있다.

이는 통합감독기구에서 협의의 금융소비자보호기능만을 선별하여 독자적 별개기구로 운영하자는 것으로 각국의 감독체계 중 캐나다의 감독체제와 유사하다고 할 수 있다. 캐나다의 금융소비자청(FCAC)은 자국의 건전성감독기구와는 별개 기구로 설립되어 소비자보호기능을 수행하지만 쌍봉형 체제를 취하는 호주의 ASIC에 비하여 그 권한·임무에 상당한 차이가 있다. 캐나다의 FCAC는 피규제 금융회사의 연방법규 준수에 관한 감시권, 소비자에 대한 정보제공 기능 등을 수행하므로 FCAC를 쌍봉형 감독체제에서 말하는 영업행위감독기구로 분류할 수는 없다.[66] 캐나다는 은행 및 보험회사에 관한 감독을 연방 건전성감독기구인 금융감독청(OSFI)[67]에게, 그리고 금융소비자 보호책무를 또 다른 연방

66 구체적으로 캐나다 FCAC가 수행하는 책무는 'Financial Consumer Agency of Canada Act'에 의하여 정하여지고 있다. FCAC는 (i) 연방차원의 피규제 금융회사가 연방법규를 준수하게 하고, (ii) 피규제 금융회사가 법규와 영업행위 자율규칙 및 공약을 수행하기 위한 정책·절차를 채택하도록 촉구하고, (iii) 자율적인 행동강령과 공약을 준수하는지를 모니터링하며 (iv) 소비자들이 금융회사와 거래할 경우 소비자의 권리와 책임에 대하여 소비자들에게 정보를 제공하며, (v) 소비자들이 다양한 금융상품과 서비스를 이해하고 구매할 수 있도록 적시·객관적인 정보와 도구를 제공하며, (vi) 시장의 추세나 돌발이슈가 금융상품·서비스를 구매하는 소비자에게 미칠 수 있는 영향을 모니터링 및 평가하는 업무를 수행한다. 출처: FCAC 홈페이지, available at http://www.fcac-acfc.gc.ca/; 반면 호주 ASIC의 책무는 'Australian Securities and Investments Commission Act 2001'에 의하여 정해지고 있다. ASIC은 (i) 금융시스템의 유지·개선 업무, 투자자와 소비자의 금융시스템에의 참여를 증진하고, (ii) 절차규제에 관한 법의 효과적인 준수를 관리하며, (iii) 입수되는 정보를 신속·효과적으로 수령·처리·저장하며, (iv) 금융회사에 관한 정보를 가능한한 가급적 조속히 대중이 접근할 수 있도록 하는 것을 임무로 하고 있다. 이를 위하여 ASIC은 FCAC의 경우와 달리 강력한 권한을 부여받고 있다. ASIC은 회사 등의 등록권, 인허가권, 관장하는 법령조항의 적용배제권, 회사 등의 정보를 대중이 얻어 볼 수 있도록 하고, 금융시장의 무결성 보장을 위한 규정을 제정하고, 기만적인 공시서류를 제출하여 금융상품을 발행하는 행위의 중지명령권을 갖고, 법규위반이 의심스러울 경우의 조사 및 자료제출권 등을 가지며, 법규위반 혐의가 있는 경우 침해 고지, 법원을 통한 민사제재금 부과 등을 할 수 있다. 출처: ASIC 홈페이지, available at http://www.asic.gov.au

67 OSFI는 450개가 넘는 은행과 보험회사를 감독·규제하며 약 1,300여 개의 연방등록된 민간연금기금(private pension plans)도 감독한다. OSFI 홈페이지, OSFI at a glance, available at http://www.osfi-bsif.gc.ca

기구인 FCAC[68]에게 배분하면서, 증권회사의 감독은 주(州)당국의 감독관할로 하는 체제(부분통합형)를 취하고 있다.[69] 반면 호주의 ASIC은 영업행위감독기구로서 금융회사가 대(對)금융소비자와의 관계에서 법규준수 여부의 감시권 외에도 금융시장의 무결성 보장을 위한 규정 제정권, 허위 공시서류를 제출하여 금융상품을 발행하는 행위의 중지권 등 강력한 권한을 갖는다.

장점이 더 우월할지 여부가 매우 불분명한 쌍봉형 방식으로 전격 개편하는 대신 통합금융감독기구의 장점을 향유하면서도 금융소비자 보호기능을 강화하고자 한다면, 캐나다 방식을 취하여 협의의 금융소비자보호기구를 설립하는 방안을 채택하는 것이 바람직하다. 캐나다 방식과 같은 '약한' 분리운영방식은 지금까지 쌍봉형 체제에서 장점이자 단점으로 지적되어온 규제기관 간의 '경쟁'이나 '사각지대'에 관한 우려를 불식시킬 수 있으며 오히려 쌍봉형 체제가 궁극적으로 추구하려는 '금융소비자 보호' 목적에 순수하게 전념할 수 있을 것이다. 금소원은 통합금융감독기구 안에 설립될 수도 있고 밖에 설립될 수도 있으나, 그 목적에 충실하도록 예산, 구성 등에서 운영의 묘를 살려야 할 것이다. 만일 금소원을 별도로 통합감독기구 '외부'에 설립될 경우에는 금융소비자 보호기능과 건전성·영업행위 감독기능 간 상호 지식축적 및 보완적 관계가 있다는 점에서, 두 기구 간의 의견교류 원활화 장치를 반드시 두어야 한다.[70]

2) 건전성감독관할 분리의 타당성 검토

① 종전의 2012년 제안의 비판적 검토

A. 금융투자업자 등의 건전성감독의 관할

2012년의 금융학회(안)은 금융투자업자(증권회사)와 여신전문금융회사의 경우 수신기능을 하지 아니하므로 금융시스템에 위해를 미칠 가능성이 적다고 보

---

68 FCAC 홈페이지, "Who we regulate", available at http://www.fcac-acfc.gc.ca; FCAC는 연방차원에서 규제되는 은행, 연방차원에서 설립 또는 등록된 보험회사, 신탁회사, 대출회사, 연방신용조합 등을 관장한다. 같은 홈페이지.

69 캐나다가 호주와 같은 정도의 본래적인 쌍봉형 체제를 취하지 않으면서 협의의 금융소비자 보호기구인 FCAC를 OSFI와 별개로 설립·운영하는 이유는 명확하지 않다. 그러나 연방제 국가에서 주의 규제와 거리를 두면서도 이를 절충하면서 소비자보호기능을 수행하기 위한 것이 아닌가 짐작해본다.

70 양 감독기관 간의 교류가 효과적이어야 소비자보호와 감독·검사 간의 환류가 충분할 것이고 감독지식과 기법 역시 효과적으로 축적될 것이다.

아서 SIFI가 아닌 경우에는 시감원이 건전성감독을 하도록 하고 있었다. 그러나 이와 같은 Type 2로 분류된 금융회사라 할지라도 특정 방향성을 띤 집단행동(herd behaviour)을 보일 경우 금융시스템에 큰 파급력을 초래할 수 있다. 그러한 예의 대표적인 경우가 미국 모기지은행들의 서브프라임 모기지 관련 과다대출 행위, 그리고 이들 모기지를 유동화하여 투자은행(IB)들이 너도나도 부채담보증권(CDS)을 발행하여 미국 금융위기의 발단이 된 경우가 있다.

아래 <표 6>은 재무적 부실이 금융시스템 전반의 위기로 확산되는 유형에 대해 분설하고 있다.

또한 우리 현실에 특유한 제도로서 자본시장법은 금융투자업자에게도 자금이체업무를 허용함으로써(자본시장법 제40조 제4호) 지급결제시스템에 접근할 수 있도록 하고 있다. 따라서 자본시장법에 따라서 지급결제시스템 접근권을 취득한 금융투자업자는 시스템위험에 영향을 줄 가능성이 있다.[71]

〈표 6〉 시스템 전이효과(systemic spill-over effect)의 4가지 유형[72]

- A 타입: 어느 특정 금융회사가 개별적으로 시스템 전이효과를 미칠 수 있는 경우
- B 타입: 개별 금융회사의 규모는 작으나 특이요인(idiosyncratic factors)에 의하여 촉발될 경우 큰 그룹의 일부와 마찬가지로 함께 집단행동을 함으로써 상호연관된 변동성으로 인하여 시스템위기를 초래할 수 있는 경우[73]
- C 타입: 그다지 레버리지가 높지 않고 시스템적으로 중요한 대규모회사가 아닌 경우로서 미시건전성규제가 중요하나 추가적인 거시건전성 규제는 필요 없는 경우[74]
- D 타입: 규모가 작고 레버리지도 높지 않아서 최소한의 영업행위 규제만으로 충분한 경우

71 한국은행 문건은 금투사의 자금이체 업무는 통화신용정책의 목표(금융안정), 정책의 수단, 파급경로에 영향을 미칠 수 있음을 긍정한다. 자세한 내용으로는, 조재현(한국은행 금융결제국), "금융투자회사 자금이체 업무의 이해와 주요이슈"(PPT 자료), 한국은행(2010. 7. 2), 24면. 출처: http://public.bokeducation.or.kr

72 Markus Brunnermeier, et al, *The Fundamental Principles of Financial Regulation*(Geneva Report on the World Economy—preliminary conference draft), ICMB, 2009, p.24.

73 예컨대 헤지펀드의 경우 개별 미시건전성 규제는 중요하지 않으나 몇몇 거시건전성 규제가 필요하다. Ibid., p.24.

74 보험회사나 연금펀드와 같은 경우이다. Ibid., p.24.

B. 금융지주회사 건전성감독의 관할

2012년의 금융학회(안)은 금융지주회사에 대하여 일률적으로 건감원이 건전성감독 관할권을 갖도록 하고 있었다. 그런데 다양한 형태의 금융지주회사 유형을 정의하고 있는 「금융지주회사법」은 동법상의 금융지주회사 중 산하에 은행자회사나 보험회사자회사를 갖고 있지 않는 금융투자지주회사의 유형을 규정하고 있다(법 제2조 제1항 제6의4호). 금융투자업자를 Type 2 금융회사로 보는 2012년 금융학회(안)에 의하면 금융투자지주회사의 경우 SIFI에 해당하지 아니하는 한 시스템에 위해를 미칠 가능성이 적다. 따라서 논리적으로는 금융투자지주회사 역시 Type 2로 분류하여 건감원의 건전성감독대상으로 분류되어야 할 것인데도 2012년 금융학회(안)은 이를 예외적으로 시감원의 건전성감독관할로 하고 있었다. 또한 금융지주회사의 건전성감독관할(건감원)과 그 자회사인 여신전문금융회사나 금융투자업자의 건전성감독관할(시감원)이 분리될 경우, 하나의 지주회사에 관한 통합적인 건전성감독이 얼마나 잘 이뤄질지 역시 의문이다.

C. 건전성감독기능 분리의 문제점

2012년 금융학회(안)은 시스템 위험의 초래 위험성을 기준으로 하여 건감원 및 시감원에 피규제회사를 분류·배정하고 있었다. 그런데 오늘날 금융회사는 복합금융을 수행하며 각 금융회사끼리의 연계성이 충분히 커졌으므로 어느 유형의 회사가 시스템 위험을 초래하고 어느 유형의 회사는 시스템 위험을 초래하지 않을지 단순히 유형별로 분류하는 것은 의미가 없을 수 있다.

역사적으로 2000년대 후반의 금융위기를 통하여 앞의 <표 6>의 B 타입의 금융회사도 집단행동을 통하여 시스템 위기를 촉발할 수 있음을 이미 경험한 바 있다. 오늘날 특히 장외파생상품(OTC derivatives) 시장의 발달에 따라 은행 및/또는 비은행기관 간에 위 상품에 관한 거래를 통하여 복잡하게 얽히면서 이들 간의 '상호견련성(interconnectedness)'이 급증하였다. 미국 금융위기 때에도 시작은 모기지은행의 대출에서 시작되었으나 이 위험이 구조화상품의 제작·유통에 따라서 투자은행, 헤지펀드는 물론 연·기금과 보험회사에 광범위하게 전이되었다. 특히 서브프라임 모기지사태에서 신용보강을 제공하던 대형 보험회사는 크게 타격을 받고 미국정부의 구제금융을 받기도 하였다. 당시 여러 모기지은행 및 투자은행들이 동질적인 행보(집단행동)를 보인 쏠림 현상은 전체 시스템의 붕괴 내지 붕괴 가까운 신용경색을 초래한 바 있다.

우리나라에도 유사 사례가 적지 않다. 예컨대 2000년대 초반에 여신전문금융회사의 일종이던 신용카드회사가 당시 소비조장분위기를 틈타 갚을 여력이 되지 않는 사람들에게까지도 무분별한 카드발급을 하는 바람에 부실여신의 덩치를 키움으로써 전체 경제에 큰 위기를 초래하였다. 이처럼 어느 한 회사/부문의 재무위기가 일촉즉발로 다른 회사/부문의 재무위기로 번짐으로써 전체 시스템을 위협하는 것이 가능하다.

따라서 2012년 금융학회(안)처럼 건감원 및 시감원을 별도로 설립하여 건전성감독권을 배분하는 것은 재고할 필요가 있다. 이는 종전 기관별 감독기구의 통합 이래 통합감독기구가 이제껏 시도해왔던 규제차익을 줄이려는 시도—같은 이슈에 대하여 가급적 동질적인 규제를 함으로써 특정 금융부문이 얻는 규제차익을 줄이려는 시도—에 저해될 수 있고, 건감원과 시감원이 별도로 설립될 경우 각각 건전성관할을 갖는 피규제회사들에 대해 규제의 설정이나 집행에 관한 동질성을 담보하기 어렵다.[75]

또한 건전성감독의 적정성은 해당 금융회사와 관계를 맺고 있는 금융소비자의 보호에도 밀접한 관련성[76]이 있는데, 두 감독기구 간의 감독의 중복·누락 및 적시감독지연이 예상될 경우 금융소비자보호 제고 효과도 기대하기 힘들 것이다. 그리고 변액보험상품이나 은행의 ELS 판매와 같이 여러 금융권역을 아우르는 복합상품의 경우 쌍봉형 체제에서도 동질적이고 효율적인 감독이 원활하게 이루어질지 의문이다.

3) 정보집적 및 문제점 발견의 용이성 문제

무릇 정보의 가치는 관련성이 있는 정보가 집적될수록 그 가치가 커진다. 근래 빅데이터에 열광하는 현상은 바로 집적된 정보가 가질 수 있는 잠재적 가치가 매우 커질 수 있음을 보여준다. 이 점에서 볼 때 금융감독기구가 쌍봉형으로 나뉠 경우 감독 관련 정보가 한군데에 모이지 않음으로 인하여 치러야 할 수

---

75 나아가 피규제회사가 건감원과 시감원에 내용은 같으나 다른 서식으로 작성하여 복수로 제출해야 할 경우 그만큼 규제준수비용이 늘어날 것이 예상된다.

76 예컨대 현재 문제되고 있는 상호저축은행의 후순위채 투자자들의 경우 해당 저축은행의 건전성 유지에 문제가 없어서 제때에 상환이 가능하였다면 지금처럼 불완전판매 이슈가 크게 불거지지 않았을 것이다.

있는 사회적 비용이 만만치 않을 수 있다.

예를 들어 2013년의 동양기업어음(CP) 사태가 쌍봉형 감독기구 체제 하에서 발생하였다고 하여보자. 언론보도를 통하여 잘 알려져 있다시피, 동양 사태에서 부실한 동양그룹 계열사, 예컨대 재무사정이 악화되면서 회사채 발행이 사실상 불가능했던 동양레저와 동양인터내셔널 등의 퇴출을 막기 위하여 이들 기업이 발행한 CP를 같은 그룹 금융계열회사인 동양증권이 프라이빗뱅킹센터와 지점을 통해 투자자에게 권유하고 특정금전신탁을 설정하고 CP를 동 신탁에 편입하는 과정을 거쳐서 다수의 개인투자자들(통산 4만9천명 추산)에게 동 특정금전신탁 상품을 대량 판매하였다.[77]

쌍봉형 감독기구 상황을 가정할 경우, 위 동양CP 사태는 관점에 따라서 건전성감독기구의 관할과 영업행위감독기구의 중 어느 기구의 관할에 해당되지 않는다고 보거나 중복관할에 해당한다고 볼 소지가 모두 있다.

우선 동양그룹 내의 금융회사 아닌 일부 기업들의 재무건전성이 악화되었던 사실 그리고 이들 부실 기업들이 CP를 발행하고 특정금전신탁을 거쳐서 자본시장으로부터 자금을 공급받아 생명을 연장한 것은 그 자체로는 어느 기구의 소관이 아닐 수 있다. 또한 동양증권이 취급한 특정금전신탁에 동양그룹의 부실계열사들이 발행한 CP를 잔뜩 편입시킨 것은 그 당시로는 규정 위반에 해당하지 않았다.

이러한 상황에서 특정 비금융권 회사의 CP 발행량 증가 및 이들 CP의 유통상황, 즉 발행된 CP가 어디에서 소화되는지에 관한 부분이 쌍봉형 감독체계에서 어느 기구의 소관이 될지는 분명하지 않을 수 있다. 특정금전신탁의 설정 및 판매는 그 자체로 동양증권이라는 금융회사의 재무건전성 문제는 아니지만, 금융회사가 아닌 다른 동양그룹 계열사들의 부실위험을 시장에 전이시키는 데에 동양증권이 불완전판매로 일조하였다는 점에서 영업행위감독기구 소관이 될 수 있다. 즉, 기업어음 및 특정금전신탁에 관한 규제 강도가 약함을 악용하여 특정금전신탁에 재무상태가 부실한 동양그룹의 특정 계열사들이 발행한 CP들을 잔뜩 밀어 넣고 투자자들에게 신탁상품을 불완전판매한 점은 동양증권이라

77 사실관계에 관한 보도는, 주간동아, "특정금전신탁 시한폭탄 왜?"(2013. 10. 14), 출처: http://weekly.donga.com/List/3/all/11/96518/1

는 금융회사에 대한 영업행위감독기구의 소관에 해당한다.

그러나 동양증권에 관한 재무건전성감독을 하는 건전성감독기구 역시 건전성감독의 수행을 위하여 이들 정보들을 알고 있어야 한다. 불완전판매 행태가 누적될 경우 동양증권이 향후 투자자에 대한 법적 책임을 질 위험이 구체화되고 해당 회사의 평판이 추락될 위험이 커짐으로써 동양증권의 재무건전성에 위해가 가해지게 되므로 건전성감독기구의 관심사가 될 수 있기 때문이다.

그러나 건전성감독기구는 앉아서 이러한 위험을 인지하기 어렵다. 위험의 적시 인지를 위하여는, (i) 동양그룹 계열사 전체에 관한 재무정보를 주시하고 있어야 하며 (ii) 건전성감독기구에 생소한 특정금전신탁 판매의 규제(영업행위규제)라는 사항에 관하여도 주지하고 있어야 하며 (iii) 투자자 민원현황 등 각종 정보를 통하여 불완전판매 현황 정보 역시 파악하고 있어야 비로소 이들 정보들을 종합하여 문제발생 가능성을 적시에 파악할 수 있다. 즉, 건전성감독기구와 영업행위감독기구에 투입되는 정보가 함께 '종합되어야' 금융감독 관련 문제상황을 효과적으로 적시에 짚어내고 개입시기를 놓치지 않을 수 있는 것이다.

물론 두 감독기구 간 상설의 금융실무협의체를 통하여 이러한 문제점을 극복할 수 있다는 견해도 있을 수 있다. 그러나 건전성감독기구와 영업행위감독기구가 상호 경쟁하는 상황에서, 행태심리학적으로 우려 상황에서 자신의 약점을 상대방에게 자발적으로 내보이려고 할 유인이 적을 것이다. 상대방에게 내보여야 한다고 해도 이를 끌다가 개입의 적시성을 놓칠 우려도 크다. 예컨대 동양CP 사태가 쌍봉형 감독기구 체제하에서 터졌다고 할 경우, 영업행위감독기구가 먼저 불완전 판매 문제를 인지하더라도 상대방측 건전성감독기구에 대하여 초기단계에서 정보를 공유하고 조속히 대책을 수립하고자 협의요청을 할지, 대책 수립이 통합감독기구에 비하여 적시성있게 행해질 수 있을지, 대책 수립 과정에서 기구간 조율이 용이하게 이뤄질 수 있을지 의문이다.

(3) 감독기구 간의 갈등 또는 사각지대 문제

쌍봉형 체제에서의 가장 큰 단점은 규제의 사각지대(규제공백) 또는 규제중복이라고 할 수 있다. 호주와 뉴질랜드의 경우에서도 규제의 사각지대(underlap) 또는 규제중복이 발생한 사례들이 수차례 발견된다.[78] 게다가 이들 국가에서 각

78 고동원, 앞의 2013년 논문, 147~153면.

각 금융감독기구협의회(CoFR) 및 양해각서(MOU)를 통하여 노력하고 있음에도 불구하고 감독기구들 간의 긴밀한 업무협조 관계가 종종 이뤄지지 않고 있을 가능성도 여러 사례를 통하여 지적된다.[79]

이러한 사례를 고려할 때 우리의 금융감독기구를 쌍봉형으로 개편할 경우 이들 기구들 간 조정이 원활할 것으로 기대하기 어렵다. 이 문제의 해결을 위하여 윤석헌 외 5인의 안(2016년)은 감독기구간 양해각서를 체결하여 주책임감독기구를 선정하는 등 합의를 하고[80] 감독기구수장을 포함하는 금융안정협의회를 설치하되 세부적 실무협의를 위하여 상설 실무협의체를 둘 수 있도록 하는 안을 제안하고 있다.[81] 그러나 협의가 적시에 적절히 이루어지지 않을 경우 초래될 사회적 비용[82]이 매우 클 수 있는 반면에, 협의회기구 또는 실무협의체를 설치하더라도 협의할 현안사안(통상 부정적인 것)에 관하여 적시의 협의가 누락 없이 이뤄질 것으로 낙관할 수 없다.

(4) 소 결

건전성감독의 목적은 개별 금융회사의 재무건전성을 유지함으로써 경제 전체에 파급효과(spill-over effect) 위험을 줄이고 동시에 금융소비자보호를 추구하는 것이다.[83] 그리고 영업행위 규제는 금융회사의 대고객 영업행위[84]가 적절한지 그리고 영업관행에 관한 규제와 가이드라인의 설정과 관련되며 이를 통하여 금융소비자 보호기능을 제고하는 것이 주목적이다.[85] 즉 건전성감독이 영

---

79 자세한 것은 고동원, 위의 2013년 논문, 153~156면.

80 윤석헌 외 5인, 앞의 2016년 논문, 129면.

81 윤석헌 외 5인, 위의 2016년 논문, 134면.

82 중복되는 조사 비용 및 감독기구간 협의에 드는 시간과 비용은 당연히 예상 가능하지만, 감독의 중복·누락의 경우와 반대로 두 감독기구가 서로 하겠다고 싸우면서 의견의 일치를 보지 못하고 극단을 달릴 경우 초래될 잠재적인 사회적 비용은 훨씬 클 수 있다. 또한 이미 기술하였듯이 피규제회사에 대하여 규제비용 증대를 초래하는 반면에, 감독기구 입장에서는 감독에 필요한 정보가 한군데로 모이지 못함으로 인하여 초래될 문제도 무시할 수 없다.

83 Christian Hawkesby, "Central Banks and Supervisors: the Question of Institutional Structure and Responsibilities," *Selected Issueds for Financial Safety Nets and Market Discipline*, Centre for Central Banking Studies, Bank of England(May 2000), p.100, available at http://www.bankofengland.co.uk

84 고객에 대한 정보공개, 정직성, 무결성 및 공정한 영업관행 등을 말한다.

85 Hawkesby, op. cit., p.100.

업행위규제와 일견 다르긴 하지만 양자가 무관한 것이 아니며 목적상 상호 연관되어 있다고 할 것이다. 즉, 금융소비자의 보호를 위해서는 미시적인 건전성 감독 및 영업행위 감독이 모두 원활하여야 하며 건전성 감독 및 영업행위 규제는 금융소비자 보호라는 목적을 위한 수단성을 갖는다.

이상의 목적을 구현하기 위한 감독기구의 조직은 어느 형태가 모든 경우에 있어서 우월하다고 볼 수 없다. Wallis 보고서를 통하여 쌍봉형 감독체제를 제안한 Taylor 역시 감독기구의 구성에 단일한 해법은 없으며 규제의 구조 설계에 해당 국가의 산업 구조를 반영할 필요가 있다고 하였다.[86] 오히려 Taylor는 금융감독의 가장 핵심적인 목적을 "시스템 안정성"으로 보고 이를 위하여 미시·거시 건전성감독기구 간에 상호작용을 통하여 시스템에 가해지는 위험에 주목할 필요가 있다고 한다.[87]

감독기구 조직의 설계상 시스템위험을 관리하여 거시건전성을 유지하는 것이 중요함에는 이견이 없으나, 시스템 위험을 관리하기 위하여 어떠한 구조를 갖는 감독기구 체제(통합형 또는 분리형)가 더 효과적일지는 합의된 바가 없다.[88] 그런데 쌍봉형체제로 개편하여 현행 감독기구를 건전성감독기구와 영업행위감독기구로 분리·운영할 경우, 우리나라는 서양에 비하여 수평적인 의사소통, 정보의 개방과 운영의 투명 등 제반 환경이 충분히 확립되지 않은 문화[89]를 가지고 있다는 점에서 양 감독기구 간에 정보를 적시에 충분히 교류하고 솔직히 현안을 토의하는 감독문화가 정착될지 의문을 품지 않을 수 없다.

반면 통합감독기구 체제에서는 모든 금융감독이 하나의 지붕 아래에서 수행되므로 건전성 감독과 영업행위규제 간의 조정 문제가 크게 문제되지 않으며,[90] 복수의 감독기구 운영에서 초래될 비용을 절감함은 물론 더 크게는 금융회사들의 규제 준수비용을 줄임으로써 규모의 경제(economies of scale)를 구현

---

86 심지어 복합금융기업이 중요하지 않은 곳에서는 기관별 감독기구 구성도 적절할 수 있다고 언급하였다. Michael Tylor, "Regulatory reform after the financial crisis: twin peaks revisited," PPT presentation for Law and Finance Senior Practitioner Lectures(2011. 2. 16), p.16(lesson 6), available at http://www.law.ox.ac.uk/event=10961

87 Ibid., p.17(lesson 7).

88 원승연, 앞의 발제문, 7~8면.

89 김홍범, 「한국 금융감독의 정치경제학」(지식산업사, 2004), 113면.

90 HIH Royal Commission, op. cit., Sec. 8.3.

할 여지가 있다.[91] 그뿐 아니라 쌍봉형 감독체제에서 야기될 수 있는 중복 감독에 따른 비용 감소는 물론, 규제 사각지대(regulatory gap)가 발생할 위험을 최소화할 수 있다.[92] 나아가 다양한 금융부문에 걸쳐서 감독과 소비자보호 측면에서의 불균등성(unevenness)에 대하여는 물론, 전통적인 사업영업을 넘나들며 활동하는 대규모 금융회사의 중요성이 점점 커지는 현상에 대하여 적절한 대응책이 된다.[93]

5. 앞으로의 방향 제안

(1) 독립성 구현: 금융정책과 금융감독 담당기구의 분리

2008년 출범한 이명박 정부는 금융위원회를 출범시키면서 동 금융감독기구에 대하여 금융감독은 물론 국내 금융정책을 관장하도록 하는 권한과 책무를 부여하였다.[94] 이에 대하여는 본래 감독(브레이크) 역할을 하여야 할 기구에 대하여 정책(엑셀) 역할이라는 양립이 어려운 기능을 부여한 점은 바람직하지 않다는 지적이 제기되어 왔다.[95] 현행 감독기구의 이러한 특징은 우리나라 특유의 상황인데, 감독정책 및 관련 규제 수립에 관한 사실상의 자율권 확보에 저해된다는 점에서 Quintyn이 언급한 바람직한 금융감독기구의 요소 중 독립성 요소에 반하다.

앞서의 지적에 따라 이후 제안된 금융위 설치법 개정(안) 상당수도 금융정책권을 다시 기재부에 반환하고 따라서 종전과 같이 금융'감독'위원회로 회귀하는 것을 개편 내용으로 제시하고 있다.[96] 즉, 현재의 금융위원회의 권한에서 국내 금융정책 기능을 떼어 내어 기획재정부가 국외금융은 물론 국내금융업(산업)

---

91 Hawkesby, op. cit., p.116.

92 HIH Royal Commission, op. cit., Sec. 8.3.

93 IMF(1999)(requoted from Hawkesby, op. cit., p.109); 통합적인 건전성감독기구를 둘 경우 중앙은행과 독립된 금융감독기구는 소비자 보호에 더욱 주목하는 경향이 있으며 다소 보수적이고 위험 회피적으로 행동할 수 있다. Ibid., p.110.

94 이로 말미암아 현재 기재부는 중장기 국가발전전략수립, 경제·재정정책의 수립·총괄·조정, 예산·기금의 편성·집행·성과관리, 화폐·외환·국고·정부회계·내국세제·관세·<u>국제금융</u>, 공공기관 관리, 경제협력·국유재산·민간투자 및 국가채무에 관한 사무를 관장하고 있다(정부조직법 제27조 제1항). [밑줄은 필자가 함]

95 그러한 취지로, 노철우, 앞의 논문, 20~21면.

96 예컨대 제19대 국회에서 이종걸 의원안(의안번호 1908152), 민병두 의원안(의안번호 1905454) 및 김기준 의원안(1902515)이 금융'감독'위원회로 복귀하자는 입장을 취한다.

정책관련 권한을 가져가고 금융감독기구는 순수 금융'감독' 관련 법령 제·개정 권한 및 집행권을 행사하도록 할 필요가 있다. 따라서 이하 방향 제안에서는 '신 금감위'라는 이름으로 논의한다. 더하여 옥상옥이라는 지적을 면하기 위하여는 신 금감위의 수장이 하부 집행기구인 감독원의 수장을 겸하고 그 중간에 위치한 구 금융위 사무국 조직을 대폭 축소할 필요가 있다.

(2) 책임성 구현 A: 신 금감위 및 증선위 구성시 국회 개입

Quintyn이 제안한 금융감독의 책임성 구현을 위한 4가지 요소[97] 중 대중에 의한 감시 역시 중요하다. 대중에 의한 감시가 이뤄지려면 감독기구의 선임주체에 국민이 직·간접적으로 관여할 수 있도록 하는 장치를 둘 필요가 있다. 우리나라에서 이제까지 드러난 감독실패 사례를 보면 감독행정이 권력 등 외부로부터 영향을 받았던 경우가 많았음을 감안하면 감독기구를 외압으로부터 보호하기 위한 최소한의 장치를 갖추는 것이 급선무이다.

예컨대 신 금감위의 설치는 현재처럼 국무총리 산하로 하는 것은 불가피할 것이나, 대중의 감시 강화를 위하여 신 금감위 위원(증선위 위원 포함)의 선임시 국회에 선임에 관여할 권한을 대폭 부여할 필요가 있다.[98] 미국의 연방준비제도(Fed) 이사회의 이사들 역시 대통령이 임명하지만 미국의회의 상원에 의하여 승인 절차를 거쳐야 하며 정부로부터 철저한 독립성을 보장받는다.[99]

또한 신 금감위(증선위 포함)의 비상임위원 선임시 그 자격요건을 구체화하고, 경기부양 유인을 갖는 정부 영향력을 최소화하기 위하여 정부 관료 재직 중 또는 퇴직후 일정기간 동안 비상임위원으로의 취임을 제한할 필요가 있다.[100] 나아가 정부로부터의 독립성을 강화하고 소비자 요청에 더욱 부응하도록 하기

---

97 Quintyn, op. cit., pp.4~5.

98 쌍봉형 감독기구에 속하는 금융건전성감독원에 관한 제안이긴 하지만 비상임위원의 경우 '국회'가 추천하도록 하자는 제안은, 윤석헌 외 5인, 앞의 2016년 논문, 130면; 나아가 윤석헌 외 5인은 '국회'가 추천한 민간인들 중 비상임위원이 위원회의 '다수'를 차지하도록 설계하고 있다. 윤석헌 외 5인, 같은 논문, 130면, 132면 및 134면.

99 연방준비제도에 관한 설명, 위키백과, https://ko.wikipedia.org/wiki/%EC%97%B0%EB%B0%A9%EC%A 4%80%EB%B9%84%EC%A0%9C%EB%8F%84

100 윤석헌 외 5인, 앞의 2016년 논문, 130면; 정부관료 출신은 경기부양을 추구하게 되고 금융감독기구 종사자의 경우 건전성유지를 더 우선할 경우 금융소비자보호기구가 추구하는 목표와 상충될 우려가 있기 때문이다.

위하여 금융소비자보호기구를 설치할 경우 해당 기구의 수장을 '선출직'으로 하는 것을 긍정적으로 검토할 수 있다.[101]

한편 신 금감위(증선위 포함)의 위원 선임 과정에서 국회 통제의 실효성을 제고하기 위한 조치로 후보자의 적격성 여부 판단에 도움이 되도록 충분한 자료 공개의 필요성이 있다. 이를 위하여 위원 선임 관련 적격성 판단에 필요한 자료의 국회 공개를 의무화하되, 민간인 중에서 선출된 비상임위원의 경우 과거 소속 로펌에서 투자자, 금융회사, 정부 등을 위하여 금융관련 소송을 담당하였거나 금융회사 또는 로펌에 금융분쟁 관련 의견서 등을 작성하는 등 금융관련 분쟁에 직·간접적으로 관여한 경우 구체적인 관여내용 및 제시의견의 내용, 그리고 관여로 인하여 취득한 대가 등에 관한 목록을 제출하도록 할 필요가 있다.

(3) 책임성 구현 B: 위원의 임기 전·중·후의 이해상충 제한

Quintyn에 의하면 금융감독의 책임성 구현을 위한 세 번째 요소로 감독기구의 지배구조에 대한 무결성(integrity of regulatory governance) 확보가 제시된다. 이 점과 관련하여 Quintyn은 금융감독이 정치인이나 피규제자에 의하여 포획되지 않아야 하며(정치포획 및 산업포획 상태가 아닐 것) 동시에 자기이익에 의한 포획(self-interest capture)으로부터도 자유로워야 함을 강조한다.[102]

이 점에서 현재 공직자윤리법에 의거하여 이미 시행되고 있는 제도, 즉 퇴임후 일정기간 직무관련 피감기관에 취임할 수 없도록 하는 제도[103]를 본받아서, 금융감독기능의 중립성에 영향을 줄 수 있는 부처에 근무하였거나 근무한 자는 일정기간 동안 신 금감위(증선위 포함)의 위원이 될 수 없도록 할 필요가 있다. 또한 감독정책결정에 직접적인 영향을 미치는 신 금감위 수장 및 신 금감위 위원들의 경우 퇴임 후 금융권 취업기회를 일정기간 동안 제한할 필요가

101 1987년 개헌으로 도입된 지방자치제도하에서 지방행정기관의 장(도지사, 시장 등)을 선출하게 되었고 이로 인하여 지방행정의 중앙행정으로부터의 자율화를 일정부분 얻어낼 수 있었다. 일국의 금융감독의 독립의 중요성을 감안하면 감독기구의 수장을 선출직으로 하지 못할 이유도 없다.

102 Quintyn, op. cit., p.5

103 금융감독원 직원(내부직급 기준으로 4급 이상, 5급이 최초로 부여받는 직위임)의 경우 법상 재산등록의무 및 퇴직 전 5년 동안 소속하였던 부서 또는 기관의 업무와 밀접한 관련성이 있는 취업제한기관에 '퇴직일부터 3년간' 취업할 수 없다(공직자윤리법 제3조제1항 제13호 및 동법시행령 제3조 제4항 제15호 및 제17조).

있다.[104] 금융감독기구의 임원들이 퇴임 후의 자리를 생각하여 정치권 또는 피감대상인 금융회사와 결탁되어 중립성을 지키지 않을 소지가 있기 때문이다.[105]

나아가 이해상충 방지 소지를 불식시킬 필요를 감안하여 임기 중에 기능수행에 영향을 주는 금전 또는 기타 이해의 취득을 금지[106]하여야 함은 물론, 임기 종료 후에도 금융권 취업기회[107]를 제한함은 물론, 대가를 받고 일정한 직·간접적인 관여행위를 금지할 필요가 있다. 예컨대 일정기간(예컨대 3년간) 위원회에 계류되었던 안건 관련 쟁송에 소송대리인으로 참여하거나 쟁송에 영향을 미치기 위하여 법원 등 정부기관에 의견서를 제출하거나(로펌 등을 통한 우회적인 제출 포함) 피규제기관이나 로펌 등으로부터 대가를 취득하고 쟁송에 영향을 미칠 목적으로 특정방향으로 논문 게재 또는 언론기고를 하는 등 직·간접적인 관여 행위를 법으로 금지할 필요가 있다.

(4) 전문성 및 내부 독립성 구현: 장기간 임기 및 연임 보장

장기적인 업무수행이 보장되어야 전문적 지식의 축적은 물론 긴 안목에서 감독정책을 구상하고 수립할 수 있다. 예컨대 미국의 전반적인 은행 제도를 감독하고 규제하는 미국 연방준비제도이사회(Board of Governors)의 이사 7명의 임기는 14년이라는 장기로(다만 재임 불가) 인적자본의 축적에 유리하며 이사를 2년마다 1명씩 교체하도록 되어 있어서 급격한 정책변동을 막을 수 있다.[108]

반면에 우리의 현행 금융위원회의 임명직 위원의 경우 임기는 3년에 불과하며 한 차례만 연임 가능하여 최장 6년까지만 가능하다(금융위 설치법 제6조제1항). 이러한 구조하에서는 복잡다기한 금융감독에 관한 인적자본의 축적이 곤란

---

104 윤석헌 외 5인은 정부관료 등 일정한 자는 현직인 경우는 물론 퇴직후 3년 이내의 경우에도 비상임위원으로 취임하는 것을 금지하는 안을 제안하고 있다. 윤석헌 외 5인, 앞의 2016년 논문, 130면.

105 현행 공직자윤리법은 퇴직공작자의 취업제한조항(제17조)을 두어 퇴직일로부터 3년간 5년 동안 소속했던 부서 또는 기관의 업무와 밀접한 관련성 있는 취업제한기관에의 취업제한을 하고 있으나 공직자윤리위원회가 사실상 형식적으로 운영되어 왔다는 지적을 감안하면 법으로 명문화하는 것이 바람직하다.

106 윤석헌 외 5인, 앞의 2016년 논문, 130면.

107 사외이사나 고문에 취임하는 것을 포함한다.

108 연방준비제도에 관한 설명, 위키백과, https://ko.wikipedia.org/wiki/%EC%97%B0%EB%B0%A9%EC%A4%80%EB%B9%84%EC%A0%9C%EB%8F%84

하다. 따라서 새로 개편될 신 금감위(증선위 포함)의 수장 및 비상임위원의 임기를 지금보다 장기로 정하고(적어도 5년 이상) 연임을 보장할 필요가 있다. 예컨대 국회에서 일정기간마다(예컨대 5년) 연임적격 여부를 심사하되 별다른 문제가 없으면 최대 일정 회수(예컨대 3회) 또는 일정기간(예컨대 15년) 연임을 할 수 있도록 하는 방안도 가능하다.

현행법은 임명직 위원의 임기 만료전 해임사유로서 "이 법에 따른 직무상의 의무를 위반하여 금융위원회 위원으로서의 직무 수행이 부적당하게 된 경우"라고 정하고 있는데(금융위 설치법 제10조 제1항 제3호), 이를 좀더 구체화시킬 필요가 있다. 임명직 위원이 신 금감위의 의사결정을 통하여 관여한 사항이 사회적으로 피해를 가져온 실책(失策)으로 판명된 경우 책임을 물어 해임되는 것을 막을 수 없으나 중과실에 의한 경우에 한하도록 명시하는 것도 가능하다. 이를 위하여 신 금감위의 의사록을 별도의 사유가 없는 한 현재보다 더욱 구체적으로 공개할 필요가 있고[109] 비공개를 선택할 경우 그 이유를 보다 구체적으로 제시하도록 할 필요가 있다. 이외에도 금융감독행위의 적법성(legitimacy of the agency) 확립을 위하여 책임을 부과하는 다양한 메커니즘(accountability mechanism)의 구축이 필요하다.

(5) 외부 독립성 구현

종래 금융감독위원회 및 현행 금융위원회의 소속은 국무총리하에 두고 있으나(금융위 설치법 제3조) 우리나라 국무총리의 지위가 의원내각제의 국무총리의 지위와 전혀 다르다는 점에서, 소속의 지정은 금융감독기구의 권력기관으로부터의 독립성을 보장하는 데에 거의 도움이 되지 못한다. 외부 독립성을 구현하기 위하여는 다른 실제적인 방향으로 장치를 보완하는 것이 효과적이다.

우선, 개편된 금융감독기구의 정부로부터의 독립성 제고를 위하여 그 예산 및 결산에 관한 사항을 국회의 통제하에 두는 것이 바람직하다.

두 번째로, 청와대 등 정부로부터의 산업육성 압력을 최소화하기 위하여는, 국내 금융감독정책권을 기재부로 다시 환원시켜 경기부양이라는 상충된 역할을 금융감독기구로부터 떼어냄으로써 감독정책의 '실질적' 자율권을 보장하여 주어

---

109 미국 증권감독기구인 SEC의 경우 그 의사록(minutes) 전체를 인터넷 홈페이지상에 공개하고 있으며 이를 통하여 책임성을 제고하고 있다.

야 한다.[110]

세 번째로, 청와대가 인사권을 쥐고 있는 정부부처, 예컨대 기재부 등과 언제든지 인사교류 등 교감이 가능한 조직(현재의 금융위 사무국)을 지속시키는 것을 재고할 필요가 있다.[111] 그간 우리나라에서 발생한 위기들의 경우 대체로 유사한 패턴이 관찰되어 왔는데 정부가 경기부양을 위하여 금융을 수단화하면서 버블이 생기거나 내재된 위험이 증폭됨으로써 금융회사 부실로 이어졌고, 이 과정에서 감독기구가 금융회사들로 하여금 정부정책에 부응하도록 종용하는 경우가 있었다는 지적이 있다.[112] 이러한 청와대 등 정부의 입김은 정부와 태생적으로 교감이 쉬운 조직인 '사무국'을 통하여 전체 감독기구에 사실상 강요되는 경우가 적지 않아왔다. 특히 2008년 금융위원회가 만들어진 이래 2011년 저축은행 사태, 2013년 동양그룹 CP사태, 근래 가계부채 규모 증폭에 따른 위험 확대 등에서 감독당국이 정부가 추진해온 부채의존형 경기부양책의 위험에 제대로 경고의 목소리를 내지 못하였고[113] 결과적으로 막대한 사회적 피해로 이어졌다.

네 번째로, 낙하산 인사 관행의 억제 및 이에 관한 철저한 감시이다. 최근

---

110 우리나라 감독체계 개편의 선결 핵심과제 중 하나를 금융위(감독정책) 대 금감원(감독집행)의 이원적 기관구조로 보면서 이는 우리나라 '특유'의 기관구조적 결합의 문제로 보는 견해로, 김홍범, "다시 생각해본 금융감독체계 개편"(발제문), 금융감독체계 개편을 위한 정책 세미나, 더불어민주당 최운열 의원실 주최(2016. 9. 8), 슬라이드 8면.

111 이러한 문제인식을 반영한 의안 역시 발의되었는바, 대표적으로 제19대 이종걸 의원안은 금융기관의 건전성에 관한 금융감독정책과 금융감독집행을 일원화하기 위한 제안으로 금융감독위원회의 예산·회계 및 의사관리기능 수행에 필요한 사무조직을 '감독원' 내부에 두고 금융감독위원회 위원장이 금융감독원장을 겸임하게 함으로써(안 제15조 및 제29조) 현재의 금융위 사무처를 해체하자는 입장을 내놓은 바 있다(이종걸 의원안(의안번호 1908152); 이러한 이종걸 의원안은 2013. 7. 4. 143명의 금융학자 및 전문가들이 발표한 공동선언 취지에 상당부분 근접하여 일단 바람직한 대안으로 평가된다. 윤석헌, "금융소비자 보호를 위한 감독체계 개편," 「금융소비자연구」 제4권 제1호, 한국금융소비자학회(2014), 4면.

112 윤석헌 외 5인, 앞의 2016년 논문, 125면; 저축은행 사태의 경우 금융감독원과 금융위원회 [사무국]간 정보소통이 부실하였거나 금융위원회 [사무국]이 이를 무시 또는 부적절한 대처를 하였을 가능성에 대하여는, 윤석헌 외 5인, 앞의 2012년 금융학회 제안, 12면; 2001년 이래 저축은행에 대한 각종 규제의 완화(자세한 것은 노철우, 앞의 논문, 21면 각주 35면)는 정부측(청와대 서별관회의)에서 결정되었고 이에 대해 감독기구가 이를 받아들일 수밖에 없었던 '구조'는 결국 저축은행 사태라는 사회적 비용을 초래하였다.

113 윤석헌 외 5인, 위의 2016년 논문, 125면.

의 조선·해양 산업의 위기는 국가와 지역 경제에 대규모 파급효과를 미치고 있는데 그 중요한 원인 중 하나는 대우조선해양 사태에서 드러난 산업은행의 감시 태만이다. 법적으로 산업은행은 대우조선해양의 대주주이자 주채권은행으로서 대우조선해양을 감시할 권한 및 책무를 갖고 있었지만, 산업은행 총재는 자신보다 월등하다고 여긴 정치적 배경을 가진 대우조선해양 사장을 의식하여 대우조선해양에 대한 감시 의무를 방기하였다.[114] 이 사태로부터 얻을 수 있는 교훈은 아무리 제도가 잘 갖추어져 있어도 인사권의 독립과 같이 제도의 취지를 실질적으로 살릴 수 있는 운영의 보장이 더 중요할 수 있다는 것이다. 예컨대 낙하산 인사 등과 같이 임명권자로부터의 독립이 갖춰지지 않는 경우에는 독립성·책임성을 구현하는 감독이란 먼 나라 이야기가 된다.

이상에서 몇 가지 제안하였듯이, 금융감독기구의 독립성·책임성을 실질적으로 구현할 수 있으려면 현재보다 훨씬 강화된 장치 보강이 필요하다. 예컨대 금융정책 권한과 금융감독 권한의 물리적 분리, 비상임위원의 선임방식 및 장기임기 보장, 이해충돌 방지를 위한 재직 중 및 퇴임 후 여러 의무의 부과, 정부 등에 의한 외압을 막을 수 있는 장치 설치 및 엄중한 감시, 금융위 사무국 폐지 및 독립적인 공적 민간기구로의 운용 및 기재부 등 정부로부터의 낙하산인사 관행의 철폐 등이 훨씬 실질적이며 효과를 담보할 수 있다.

Ⅳ. 맺음말

제도가 성공하려면 해당 제도가 적용될 사회의 현실에 부합하여야 하므로 어느 제도를 일률적으로 좋거나 나쁘다고 말하기는 어렵다. 현재 논의되고 있는 금융감독기구 개편론도 마찬가지이다. 일부 개편론에서 제안되는 쌍봉형 감독기구가 월등한 장점이 있다거나 우리 현실에 맞다고 단정할 수 없고, 현재와

114 이에 대해 산업은행 전 총재의 항변에 대하여도 귀를 기울여볼 필요가 있다. “대주주라고 마음대로 할 수 있는 게 아니었다. 오히려 대우조선 사장은 산업은행보다 더 큰 배경을 갖고 있었다. CEO에 대한 인사권을 가지고 있지 않은 상태에서 대주주 역할은 제한돼 있었다. 오히려 모 사장 때는 산업은행에서 파견된 감사를 잘랐다. 그런 상태에서 정확한 회계 부실을 감지할 수 있었겠는가.” 허핑턴포스트코리아, “전직 산업은행장이 대우조선을 둘러싼 ‘관치금융’의 실체를 까발렸다”(2016. 6. 8), 출처: http://www.huffingtonpost.kr/2016/06/08/story_n_10346832.html

같은 통합금융감독기구 체제 역시 장·단점이 혼재하는 이상 어느 제도가 우리 현실에 더 적합할지는 논의가 필요한 사항이다. 또한 어느 제도이든 절대적으로 우월한 것은 없으며 제도의 운영방식에 따라서 제도의 장점과 단점 중 한 방향이 상대적으로 더 부각될 수 있다.

그간 우리나라에는 저축은행의 후순위채 불완전판매 등 크고작은 금융소비자 피해가 적지 않았다. 그러나 이러한 금융소비자 피해를 현재의 통합 금융감독기구 체제의 모순으로 일축하여 쌍봉형 감독기구 체제를 채택하면 이러한 문제가 해결될 것으로 보는 것은 큰 오산이다. 통합금융감독기구가 건전성감독에 우선순위를 둘 수밖에 없으니 결과적으로 금융소비자/투자자 보호가 소홀하게 되었다고 분석하는 것은 현행 감독기구 체제가 안고 있는 많은 문제 중 정작 중요하여 시급히 해결하여야 할 문제의 인식과는 거리가 있다. 현행 금융감독기구가 제 역할을 다하지 못한 측면도 분명 존재하지만, 이제껏 다수 금융소비자 피해를 초래한 여러 금융사고가 감독기구가 쌍봉형 체제를 취하였더라면 벌어지지 않았거나 훨씬 경미하게 발생하였을 것으로 보는 것은 문제의 근본적 해결방법이 될 수 없다.[115]

우리나라에서 금융소비자 보호실패가 빈번히 발생해왔던 이면에는 소규모 개방경제에서 변동성이 크다는 시장 구조적 요인과 소비자보호에 관한 감독철학이 무르익지 못하였던 등 제반 요소가 복합적으로 작용하여 왔지만, 무엇보다도 정부 등 외부로부터 금융감독기구의 실질적인 독립성이 확보되지 못한 점이 가장 크게 작용하였다고 판단된다.

예컨대 저축은행 후순위채 사태의 경우 그 근본원인이 된 저축은행 88클럽[116]안은 2005년 3월에 청와대 서별관회의에서 결정되었고 2006년 6월에 시행

115 비슷한 인식으로, 최근의 쌍봉형 감독체계 개편논의는 소비자보호강화라는 특정목적을 위하여 쌍봉형모형을 선택하여야 한다고 믿는 오류(모형선택의 함정)에 매몰된 것으로, 오히려 감독개편과제의 우선순위에 놓아야 할 것은 건전성감독 및 소비자보호감독 실패를 불러온 '외적' 요인이며(감독모형 형식과 관계없는 모형 외적 논의에 해당) 따라서 모형 바깥의 관련 제도의 개혁이 긴요하다고 진단하는 견해로, 김홍범, 앞의 발제문, 슬라이드 7면 및 9면.

116 고정이하 여신비율 8% 미만이고 국제결제은행 자기자본비율이 8%를 넘는 저축은행을 말한다. 한국경제, "진동수 "최중경과 일 못한다"…두 사람 '불통'에 저축銀 처리 '실기'"(2012. 10. 29), 출처: http://www.hankyung.com/news/app/newsview.php?aid=2012102950161

되었다.[117] 정부가 2005년 12월 저축은행 간 인수·합병(M&A)을 허용하고 2006년도에는 소위 '88클럽'에 여신한도 규제를 완화해준 덕에 저축은행의 총자산이 급격히 불어났다(2002년 말 25조5,000억원→5년 만에 58조원).[118] 저축은행들은 늘어난 자산의 운용을 위하여 부동산 프로젝트파이낸싱(PF) 대출에 앞다퉈 나섰고(PF 대출잔액: 2005년 말 5조4000억원→2010년 말 12조2,000억원),[119] 이렇듯 PF 대출 쏠림현상이 심화된 가운데 부동산경기가 가라앉으면서 이들 대출이 부실화되자 재무건전성을 위하여 후순위사채를 발행하였고 결국 저축은행의 재무부실은 후순위사채를 통하여 일반 투자자들의 손실로 전가되게 되었다.

저축은행 후순위채 피해 사태의 가장 큰 원인은, 여러 이유로 금융감독기구가 독립적으로 발언권을 갖지 못하는 상황에서 정부(청와대 포함)가 금융감독기구와 협의하여 결정·집행할 사안을 홀로 주도하여 시행하였고 정부로부터 독립적이지 않아 정부를 제대로 견제할 수 없는 감독기구가 저축은행에 관한 건전성 규제시점을 놓친 것으로 진단된다. 저축은행들은 정치권 등 온갖 연줄을 동원하여 퇴출되지 않기 위하여 끝까지 발버둥을 쳤고 저축은행 건전성 악화에 대한 적시 개입 및 문제 저축은행들의 퇴출이 지체되는 과정에서 저축은행이 자금조달을 위하여 대량 발행한 후순위채로 말미암아 투자자들의 대규모 피해로 확산되었다.

저축은행 피해 사태는 저축은행에 관한 정부의 대폭적·선심성 규제완화, 자산규모의 확대 및 자산운용 기회를 추구하던 저축은행의 대출 쏠림현상, 그리고 부동산 경기 하락에 동반한 저축은행의 재무적 부실 및 나아가 그 처리의 지연에 부수하여 발생한 것으로,[120] 이러한 사태의 반복을 피하고 금융감독기구가 이를 적시에 저지할 수 있도록 하기 위하여는 근본적으로는 경기부양의 유인을 갖는 정부 및 감독대상인 피규제회사로부터의 거리확보-독립성 확보가 근본이 된다.

117 김홍범, 앞의 발제문, 슬라이드 9면.

118 한국경제, 앞의 2012.10.29.자 기사.

119 한국경제, 위의 2012.10.29.자 기사.

120 20002년 신용카드 사태의 경우 내수진작이라는 정책기조에 대항하여 독립적인 목소리를 낼 수 없었던 금융감독당국은 문제 인식시점부터 본격적인 건전성관련 규제 추진시점에 이르기까지 약 1년 이상 끌게 됨에 따라 부실을 키우고 금융소비자의 피해를 초래한 내용에 관하여 자세한 것은 김홍범, 앞의 책, 102~105면.

이상에서 살펴보았듯이 금융소비자 보호강화에 관한 향후 논의에서 가장 중요하고 궁극적으로 추진될 사항은 쌍봉형 감독체제로의 개편과 같은 감독기구 자체의 모형 개편, 즉 하드웨어적인 요소가 아니다. 오히려 이제껏 이루지 못하였다고 평가할 수 있는 금융감독기구의 실질적인 독립성 확보[121](특히 정부로부터)와 함께, 금융소비자 보호를 용이하게 하는 제도적 보완에 초점을 맞추어야 한다.

이를 위하여는 금융감독기구의 독립성·책임성을 실질적으로 구현할 수 있는 장치들을 지금이라도 마련하여야 할 것이다. 앞에서 제안하였듯이 금융정책권한과 금융감독권한의 물리적 분리, 비상임위원의 선임방식 및 장기임기 보장, 이해충돌 방지를 위한 재직 중 및 퇴임 후 여러 의무의 부과, 정부 등에 의한 외압을 막을 수 있는 장치 설치 및 엄중한 감시, 금융위 사무국 폐지 및 독립적인 공적 민간기구로의 운용 및 기재부 등 정부로부터의 낙하산인사 관행의 철폐 등이 훨씬 실질적이며 효과를 담보할 수 있다.

우리나라 금융감독 실패는 금융감독기구 자체의 문제라기보다는 다른 나라의 사례에서는 볼 수 없는 금융감독기구 외부적 요인 — 금융감독정책 및 감독집행에 관한 이원적 기관구조, 금융감독기구에 금융정책(산업육성적 측면)과 금융감독정책(산업감시·규제적 측면)이라는 상충되는 역할이 부여되었다는 점 등 — 에서 유래된 점이 크다.[122] 감독기구개편논의는 이미 감독실패 원인으로 규명된 문제점들을 보완하는 것이 급선무이며, 우리 현실에 적절한지 검증되지 않은, 그리고 그 모형 자체에서 예견되는 부작용이 상당할 것이며 그 회피방안이 완전히 마련될 수 없을 것으로 보이는 쌍봉형 체제로 선뜻 개편하는 것은 금융감독체계 정립에 관한 정답이 될 수 없다.

금융소비자보호를 제고하고자 한다면, 법적 인프라를 포함한 금융소비자 보호 인프라를 하나하나 손보는 것이 시급하다. 손에 만져지지 않는 금융상품의 특성상 금융소비자는 상품의 내용을 쉽게 들여다볼 수 없으며 따라서 일반 상품의 소비자에 비하여 정보불균형 측면에서 훨씬 취약한 지위에 있다. 그러

---

121 독립성을 강조하는 문헌으로는, Marc Quintyn & Michael W. Taylor, "Regulatory and Supervisory Independence and Financial Stability," IMF Working Paper No. 02/46(Mar. 2002) available at http://www.imf.org/external/pubs/ft/wp/2002/wp0246.pdf

122 김홍범, 앞의 발제문, 10면.

므로 금융소비자 보호의 제고는 금융회사와 금융소비자 간의 정보불균형을 최대한 해소하는 것이 시발점으로, 정보불균형을 해소할 책무 및 증명책임을 금융회사에게 상당부분 전가할 필요가 있다. 또한 정보불균형 상황에서 금융소비자의 오신을 이용하여 영업을 한 금융회사에 대하여는 금융소비자들이 비교적 용이한 방법으로 회사에게 책임을 물을 수 있도록 하는 사후적 구제에 관한 인프라 역시 구축되어야 한다.[123]

나아가 사전적인 보호방안으로 금융상품 구매계약 체결 당시 금융회사가 합리적인 자료를 수집하여 금융소비자의 이행 '능력'[124]을 확인하도록 하고 확인하지 않은 경우 책임을 분담시키는 등 금융소비자를 실질적으로 보호하기 위한 법적 보완이 필요하다.[125] 금융소비자 관련 분쟁에서 법원이 담당하는 역할에 비추어 법원의 인식 역시 제고되어야 할 것이다.[126] 금융소비자 보호실패 사례를 줄이기 위한 앞으로의 과제로 사회전반적인 인식과 관행, 그리고 법적 인프라 등을 지속적으로 점검하고 적극적으로 보완하는 노력을 아끼지 않아야 할 것이다.

---

123 현행 증권관련 집단소송법 역시 분쟁을 커버하는 범위가 적으며 소송허가 요건도 엄격한 등 이제까지의 소송허가건수도 매우 적어 대폭적으로 개정이 필요하다. 이러한 인프라가 미리 구축되었다면 상당수의 우량 중소기업의 파산을 야기한 KIKO 상품에 기한 피해 발생을 상당부분 예방하였거나 은행과 중소기업이 상호 양보하는 방식으로 비교적 쉽게 분쟁을 해결할 수 있었을 것이다.

124 KIKO의 경우 그 설계상 해당 환율이 Knock−in 이상으로 올라가게 될 경우 수출 기업의 부담이 기하급수적으로 치솟게 되어 해당 기업의 도산까지 야기할 수 있었던 것이므로 KIKO의 구매기업에 KIKO를 매입할 능력(계약의 이행능력)이 부족하다고 볼 소지가 크다.

125 현행 자본시장법은 설명의무에 대하여만 배상책임 특별규정을 둔데 불과하므로 적합성 원칙 및 적정성 원칙에 관한 개선 역시 필요하다. 또한 현행법상의 설명의무 역시 많은 개선과 보완이 필요하다.

126 예컨대 KIKO 매입을 둘러싼 수많은 법정공방에서 그간 대부분의 법원이 은행 승소일변도의 판결을 내려왔다. KIKO의 구조를 들여다보면 해당 상품의 성격 자체가 금융소비자인 수출 중소기업의 환헤지에 과연 적절한 상품인가의 여부가 의문시된다. 자세한 관련 내용은 KIKO 피해기업 공동대책위원회, "전문가가 보는 KIKO", 출처: http://kiko.or.kr/learn/learn03.jsp; 그럼에도 불구하고 은행들이 대부분 승소해온 이면에는 은행권의 정부 및 학계 등에 대한 강력한 로비력 외에도 현행법상 금융소비자 보호를 위한 인프라의 미흡, 금융소비자의 취약한 지위를 감안한 자본시장법의 적극적 해석 필요성에 관한 법원의 공감대 형성 부족, 금융소비자들 중 원금손실우려 있는 금융투자상품을 구매한 투자자들을 '투기꾼'으로 격하하는 분위기, 나아가 금융투자상품 관련 위험에 대하여 금융소비자가 낙관적 인식을 하는 경향(행태경제학) 등에 관한 연구·응용 부족 등 여러 이유가 작용하지 않았을까 한다.

참고문헌 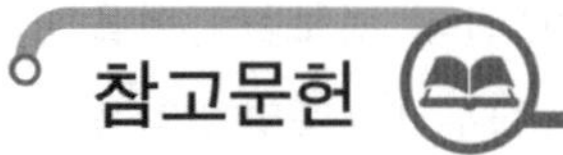 R·E·F·E·R·E·N·C·E·S

■ 국내문헌 및 자료

강경훈, "금융소비자 보호기구의 기능과 설계,"「금융정보연구」제4권 제1호, 한국금융정보학회(2015).

고동원, "현행 금융감독기구 체제의 문제점과 개편 방향,"「성균관법학」제24권 제2호, 성균관대학교 법학연구소(2012).

고동원, "쌍봉형(Twin Peaks) 금융감독기구 체제 도입 논의의 검토,"「성균관법학」제25권 제1호, 성균관대학교 법학연구소(2013).

국회 정무위원회, "금융위원회의 설치 등에 관한 법률일부개정법률안(의안번호 1900572)에 대한 검토보고서"(2012. 9), 출처: http://likms.assembly.go.kr/

국회 의안정보시스템, 출처: http://likms.assembly.go.kr/bill/main.do

금융감독원 홈페이지, 출처: http://www.fss.or.kr

금융위원회 홈페이지, 출처: http://www.fsc.go.kr

김규영·양채열·이창호·조담 공역,「금융규제: 이유, 방법 및 방향」, 학지사(2002) [원저: Goodhart, Charles, Philipp Hartmann, David Llewellyn, Liliana Rojas－Suarez, and Steven Weisbrod,「Financial regulation: why, how and where now?」, Routledge(1998).

김상겸, "금융감독체계에 관한 법적 고찰: 헌법상의 경제질서의 관점에서,"「공법연구」제31권 제3호, 한국공법학회(2003).

김우찬, "금융감독체계 개편방향과 각 감독기구별 지배구조"(PPT),「금융감독체계 개혁방안」토론회, 경실련 및 (사)경제정의연구소(2012. 6. 25), 출처: http://www.ccej.or.kr

김홍범, "다시 생각해본 금융감독체계 개편"(발제문), 금융감독체계 개편을 위한 정책 세미나, 더불어민주당 최운열의원실 주최(2016. 9. 8).

김홍범,「한국 금융감독의 정치경제학」, 지식산업사, 2004.

노철우, "우리나라의 금융감독체계 및 중앙은행제도 개편방안에 대한 연구－ 글로벌 금융위기 이후 영국의 금융개혁 내용 및 우리나라에의 시사점을 중심으로,"「법과 기업연구」제5권 제1호, 서강대학교 법학연구소(2015).

양기진, "금융감독기구의 구조 설계에 관한 소고: 쌍봉형 감독기구의 도입검토와 금융소비자보호원 설립논의를 중심으로," 은행법연구 제5권 제2호, 은행법학회(2012).127
원승연, "시스템리스크와 금융감독체계의 개편 방향,"(발제문), 한국금융학회 2011년 정책심포지엄(2011. 5), 출처: http://www.kmfa.or.kr
오성근, "영국의 금융감독체계의 개혁 및 입법적 시사점,"「증권법연구」제15권 제1호, 한국증권법학회(2014).
윤석헌, "금융소비자 보호를 위한 감독체계 개편,"「금융소비자연구」제4권 제1호, 한국금융소비자학회(2014).
윤석헌 외 5인, "금융감독체계 개편, 어떻게 할 것인가?" 한국금융학회 정기학술대회 특별정책심포지엄(2012. 6), 출처: http://www.kmfa.or.kr
윤석헌 외 5인, "모델 금융감독법의 구조: 기본 내용과 법안의 제안,"「은행법연구」제9권 제1호, 한국은행법학회(2016).
전성인, "유인부합적 금융감독체계 구축방안," SIRFE Occasional Paper 09-P07, 서울대학교 금융경제연구원(2009.11).
조재현(한국은행 금융결제국), "금융투자회사 자금이체 업무의 이해와 주요이슈"(PPT), 한국은행(2010. 7. 2), 출처: http://public.bokeducation.or.kr
주간동아, "특정금전신탁 시한폭탄 왜?"(2013. 10. 14), 출처: http://weekly.donga.com/List/3/all/11/96518/1
한국경제, "진동수 "최중경과 일 못한다"…두 사람 '불통'에 저축銀 처리 '실기'"(2012. 10. 29), 출처: http://www.hankyung.com/news/app/newsview.php?aid=2012102950161
한명진, "독일 금융감독원의 조직과 권한에 대한 검토,"「법과 정책연구」제15집 제1호, 한국법정책학회(2015).
허핑턴포스트코리아, "전직 산업은행장이 대우조선을 둘러싼 '관치금융'의 실체를 까발렸다"(2016. 6. 8.), 출처: http://www.huffingtonpost.kr/2016/06/08/story_n_10346832.html
KIKO 피해기업 공동대책위원회, "전문가가 보는 KIKO", 출처: http://kiko.or.kr

127 이 글은 필자의 글인 양기진, "금융감독기구의 구조 설계에 관한 소고: 쌍봉형 감독기구의 도입검토와 금융소비자보호원 설립논의를 중심으로," 은행법연구 제5권제2호, 은행법학회 (2012)를 수정·보완한 것임을 이미 밝혔으나 2012년 글에 있는 내용 중 소개를 생략한 부분을 언급할 필요성이 있어서 본문에 각주로 인용된 바 있으며 이 점에서 참고문헌으로 밝혀둔다.

■ 국외문헌 및 자료

BaFin 사이트, Banks & financial services providers에 관한 설명(2016. 3. 22) https://www.bafin.de/EN/Aufsicht/BankenFinanzdienstleister/bankenfinanzdienstleister_node_en.html

Brunnermeier, Markus, et al, *The Fundamental Principles of Financial Regulation* (Geneva Report on the World Economy —preliminary conference draft), ICMB, 2009, available at http://www.princeton.edu

Financial System Inquiry, 「Financial System Inquiry Final Report」(Wallis report), Australian Government Publishing Service (Mar. 1997), available at http://www.fsi.treasury.gov.au

Hawkesby, Christian, "Central Banks and Supervisors: the Question of Institutional Structure and Responsibilities," *Selected Issueds for Financial Safety Nets and Market Discipline*, Centre for Central Banking Studies, Bank of England (May 2000), available at http://www.bankofengland.co.uk

HIH Royal Commission, 「Report of the HIH Royal Commission」 (May 2003), available at http://www.hihroyalcom.gov.au/finalreport/index.htm.

Parliament of Australia, 「Inquiry into the collapse of Trio Capital and any other related matters」(2012. 5), available at http://www.aph.gov.au

Quintyn, Marc, "How Much Independence for Supervisors in Financial Market Regulation?," QFinance, available at http://www.qfinance.com

Quintyn, Marc & Michael W. Taylor, "Regulatory and Supervisory Independence and Financial Stability," IMF Working Paper No. 02/46 (Mar. 2002) available at http://www.imf.org

Tylor, Michael, "Regulatory reform after the financial crisis: twin peaks revisited," PPT presentation for Law and Finance Senior Practitioner Lectures(2011. 2. 16), available at http://www.law.ox.ac.uk

제 3 장 금융기관 임직원 제재제도의 문제점과 개선 방안

Ⅰ. 머리말

금융기관의 임직원에 대한 제재(sanction)는 금융기관 감독목적의 실효성을 확보하기 위한 사후적 감독수단으로 금융기관의 건전경영을 확보하고 금융제도의 안정성 도모를 위하여 금융기관의 임직원에게 영업상, 신분상, 금전상의 불이익을 부과하는 것을 말한다.[1]

이러한 금융기관 임직원에 대한 제재는 「금융위원회의 설치 등에 관한 법률」(이하 '금융위원회법'이라고 한다), 「은행법」, 「자본시장과 금융투자업에 관한 법률」(이하 '자본시장법'이라고 한다), 「보험업법」 등 개별 금융관련 법령과 하위규정인 「금융기관의 검사 및 제재에 관한 규정」(금융위원회 고시 제2016－30호, 이하 '제재규정'이라고 한다) 및 제재규정 시행세칙에 따라 금융위원회와 금융감독원장을 통해 이루어지게 되며, 제재를 받은 금융기관 임직원은 금융기관의 임원 선임 또는 준법감시인 선임 등에 있어 상당한 제한을 받게 된다.

이처럼 금융기관의 임직원에 대한 제재는 제재를 받은 금융기관의 임직원에 대해서 직업선택의 자유를 제한하는 효과를 발생하게 하는 등 금융기관에

* 노태석 집필.

*「은행법연구」 제6권 제1호(2013. 5)에 게재된 내용을 다소 수정·보완한 것이다.

1 금융감독원, 「2012년 금융감독제도」, 2012, 226면.

종사하는 임직원의 권리·의무에 상당한 영향을 미치는 행위로서 그 제재에 있어 절차적 적법성과 고도의 공정성이 요구된다고 할 수 있을 것이다.

그런데 이러한 금융기관의 임직원 제재에 있어 제재권한이 개별 법령상 통일되어 있지 못하고, 하위규정인 제재규정에 포괄적으로 위임되어 있으며, 또한 금융감독기관에 의한 간접적 제재조치에 대한 적절한 이의절차가 확보되어 있지 않아 제재를 받은 금융기관 임직원에 대한 권리구제에 상당한 제한이 되고 있는 실정이다.

본 논문은 이러한 금융기관의 임직원 제재제도에 대한 연구를 통하여 현행 제재제도의 문제점을 고찰해보고, 합리적이고 체계적인 제재제도의 확립을 위한 개선 방안을 마련하는 데에 그 목적이 있다. 이하에서는 현행 금융기관 임직원 제재제도에 대한 전반적인 내용을 검토한 후, 제재제도의 내용상·절차상 문제점에 대해서 고찰해보고, 그에 따른 개선 방안을 제시하고자 한다.

Ⅱ. 금융기관 임직원 제재제도 현황

1. 제재의 법적 근거

금융기관 임직원에 대한 제재는 해당 임직원의 권리·의무에 중대한 영향을 미치는 행위이기 때문에 엄격한 법률유보의 원칙이 적용된다.[2] 따라서 금융감독기관이 금융기관의 임직원에 대해서 제재를 하기 위해서는 명확한 법적 근거가 요구되는데, 현행 금융기관 임직원에 대한 제재는 금융위원회법, 은행법, 자본시장법, 보험업법 등의 개별 금융관련 법령 그리고 제재규정 및 제재규정 시행세칙에 그 법적 근거를 마련해 두고 있다.

금융위원회법은 금융위원회의 소관 사무 중 하나로 금융기관 감독 및 검사·제재에 관한 사항을 규정하고 있으며(금융위원회법 제17조 제2호), 또한 "검사대상기관[3]에 대한 업무 및 재산상황에 대한 검사결과에 따른 금융위원회법과

2 김성수, "금융감독기관의 제재조치와 권리구제", 「행정법연구」 제20호(행정법이론실무학회, 2008), 24면에서는 금융감독기관이 행하는 제재조치는 임직원에게 불리한 법적 효과를 발생시키는 불이익한 처분으로 침익적 행정행위라고 한다.

3 여기에서 말하는 검사대상기관은 다음과 같다(금융위원회법 제38조).
1. 은행법에 따른 인가를 받아 설립된 은행

다른 법령의 규정에 의한 제재 업무를 금융감독원이 수행한다"고 규정하고 있다(금융위원회법 제37조). 이에 따라 금융위원회법은 금융감독원장으로 하여금 금융기관의 장에게 해당 직원에 대한 징계를 요구할 수 있도록 하고 있으며(금융위원회법 제41조 제1항), 금융위원회법 또는 금융위원회법에 따른 규정·명령 또는 지시를 고의로 위반한 임원의 경우에는 금융감독원장이 임면권자에게 해당 임원에 대한 해임을 권고할 수 있도록 규정하고 있다(금융위원회법 제42조 전단). 그리고 금융감독원장은 해당 임원에 대한 업무집행정지를 명할 것을 금융위원회에 건의할 수 있도록 하고 있다(금융위원회법 제42조 후단).

은행법은 위에서 살펴 본 금융위원회법과 달리 금융위원회로 하여금 은행의 임원이 은행법 또는 은행법에 따른 규정·명령 또는 지시를 고의로 위반하거나, 은행의 건전한 경영을 크게 해치는 행위를 한 경우에 금융감독원장의 건의에 따라 해당 임원의 업무집행 정지를 명하거나 주주총회에 그 임원의 해임을 권고할 수 있으며, 금융감독원장으로 하여금 경고 등 적절한 조치를 하게 할 수 있게 하고 있다(은행법 제54조 제1항). 은행 직원의 경우에는 금융감독원장으로 하여금 적절한 문책처분을 할 것을 해당 은행의 장에게 요구할 수 있도록 규정하고 있다(은행법 제54조 제2항).

한편, 자본시장법의 경우에는 원칙적으로 금융투자업자의 임직원에 대한 제재 권한을 금융위원회에 부여하고 있으나(자본시장법 제422조 제1항 내지 제3항), 금융위원회는 자본시장법에 따른 제재 권한의 일부를 금융감독원장에게 위탁[4]하여(자본시장법 제438조 제4항) 임원에 대한 제재조치 중 주의적 경고, 주의

2. 자본시장법에 따른 금융투자업자, 증권금융회사, 종합금융회사 및 명의개서대행회사
3. 보험업법에 따른 보험회사
4. 상호저축은행법에 따른 상호저축은행과 그 중앙회
5. 신용협동조합법에 따른 신용협동조합 및 그 중앙회
6. 여신전문금융업법에 따른 여신전문금융회사 및 겸영여신업자
7. 농업협동조합법에 따른 농협은행
8. 수산업협동조합법에 따른 수협은행
9. 다른 법령에서 금융감독원이 검사를 하도록 규정한 기관
10. 그 밖에 금융업 및 금융 관련 업무를 영위하는 자로서 대통령령이 정하는 자

4 "위탁"이란 법률에 규정된 행정기관의 장의 권한 중 일부를 다른 행정기관의 장에게 맡겨 그의 권한과 책임 아래 행사하도록 하는 것을 말하며(「행정권한의 위임 및 위탁에 관한 규정」 제2조 제2호), "민간위탁"이란 법률에 규정된 행정기관의 사무 중 일부를 지방자치단체가 아닌 법인·단체 또는 그 기관이나 개인에게 맡겨 그의 명의로 그의 책임 아래 행사하도록 하는 것을

와 직원에 대한 제재조치 중 6개월 이내의 정직, 감봉, 견책, 경고, 주의의 제재조치를 금융감독원장으로 하여금 행사하게 하고 있다(자본시장법 시행령 제387조 제3항, 별표20 제101호). 이와 같이 금융위원회가 제재 권한의 일부를 금융감독원장에게 위탁하고 있는 것으로는 금융지주회사법과 상호저축은행법을 들 수 있는데, 금융지주회사법은 금융위원회가 금융지주회사의 임직원에 대한 제재를 할 수 있도록 규정하면서(금융지주회사법 제57조 제1항), 그 제재 권한을 금융감독원장에게 위탁하고 있으며(금융지주회사법 제63조, 시행령 제33조의3 제1항, 별표7 제53호), 상호저축은행법도 동일하게 금융위원회의 제재 권한을 금융감독원장에게 위탁하고 있다(상호저축은행법 제35조 제1항, 시행령 제26조 제1항 제17호). 이와 달리 보험업법은 보험회사의 임직원이 보험업법 또는 보험업법에 따른 규정·명령 또는 지시를 위반하여 보험회사의 건전한 경영을 해칠 우려가 있다고 인정되는 경우에는 금융감독원장의 건의에 따라 금융위원회가 제재조치를 하거나, 금융감독원장으로 하여금 보험회사의 임직원에 대하여 주의·경고·문책의 요구를 할 수 있도록 규정하고 있다(보험업법 제134조 제1항).

위에서 살펴본 바와 같이 금융기관 임직원에 대한 제재조치는 금융위원회와 금융감독원이 행하고 있으며, 그 구체적인 기준과 절차에 대해서는 금융위원회가 제정한 제재규정과 제재규정 시행세칙에 따라 이루어지고 있다.[5]

이러한 제재규정에 의하면 금융기관 임원에 대한 제재조치 중 해임권고와 업무집행의 전부 또는 일부의 정지 그리고 금융기관 직원에 대한 제재조치 중 면직요구 등은 금융위원회에 건의하여야 하며(제재규정 제18조 제2항, 제19조 제1항), 그 밖의 제재조치는 금융감독원장이 직접 제재조치를 취할 수 있다. 즉 금융기관 임직원에 대한 제재는 금융위원회와 금융감독원으로 이원화되어 금융기관 임원에 대한 제재 중 해임권고, 업무집행의 전부 또는 일부의 정지, 면직 등은 금융감독원장의 건의에 따라 금융위원회에서 조치를 취하며, 그 밖의 제재조치는 금융감독원장이 행하는 구조로 되어 있다.

의미한다(같은 조 제3호).

5 제재규정 제1조는 "이 규정은 금융위원회법 및 동법 시행령, 금융업관련법 및 그 시행령과 기타 관계법령에 의하여 금융감독원장이 실시하는 검사의 방법, 검사결과의 처리 및 제재, 기타 필요한 사항을 정함을 목적으로 한다"고 규정하고 있다.

2. 제재 대상

(1) 제재 대상자

개별 금융관련 법령과 제재규정을 살펴보면, 금융감독기관이 행하는 제재조치의 대상은 위법·부당행위를 한 금융회사의 임직원이 그 대상이 된다는 것에 이견이 없으나, 임원의 범위와 관련하여 다소 불명확한 점이 있으며, 퇴임 또는 퇴직한 임직원에 대한 제재와 관련하여 일부 문제의 소지가 있다.

임원의 범위와 관련하여 이사나 감사 등과 사실상 동등한 지위에 있는 소위 '미등기 임원'이 임원의 범위에 포함되는지 여부가 문제되는데,[6] 제재 대상자가 임원인지 직원인지 여부에 따라 제재에 있어 차이가 있기 때문에 미등기 임원이 제재에 있어서 임원인지 여부가 중요하다. 더욱이 2011년 4월 상법 개정으로 도입된 집행임원이 임원의 범위에 속하는지 여부도 불명확하기 때문에 이에 대한 논의도 필요하다고 본다.[7]

현재 법령상 임원의 범위에 대해서 명확하게 정하고 있는 것은 자본시장법과 「금융산업의 구조개선에 관한 법률」(이하 '금산법'이라고 함) 그리고 2016년 8월 1일 이후 시행되고 있는 「금융회사의 지배구조에 관한 법률」(이하 '금융사지배구조법'이라고 함)이 있는데, 자본시장법과 금산법의 경우에는 임원의 범위를 이사와 감사로 규정하고 있으나, 금융사지배구조법에서는 이사와 감사뿐만 아니라 상법상 집행임원과 업무집행책임자[8]도 임원으로 규정하고 있다(금융사지배구조법 제2조 제2호). 다만, 제재에 있어 금융사지배구조법에서는 업무집행책임자를 임원의 범위에서 제외하고, 금융회사의 직원에 포함하고 있는 점(금융사지배구조법 제35조 제1항, 제2항)에 비추어 보면, 미등기 임원은 임원으로 볼 수 없

6 금융감독원의 금융통계정보시스템으로 확인한 바에 의하면 2012년 9월말 현재 은행, 금융투자업자, 보험회사의 미등기 임원은 2,272명이 있다.

7 집행임원의 경우 주주총회에서 임면되는 것이 아니고, 이사회를 통해 임면되므로 이를 직원으로 보아야 한다는 견해가 있으며(이병화, 「축조해설 은행법」(삼우사), 2008, 335면), 법령에서 집행임원을 임원의 범위에 포함시키고 있지 않기 때문에 직원으로 보아야 한다는 견해도 있다(고동원, "금융기관 임직원 제재 절차의 공정성과 투명성 확보를 위한 법제 개선 방안", 「성균관법학」 제24권 제1호(성균관대학교 법학연구소, 2012. 3), 285면).

8 금융사지배구조법 제2조 제5호는 업무집행책임자를 이사가 아니면서 명예회장·회장·부회장·사장·부사장·행장·부행장·부행장보·전무·상무·이사 등 업무를 집행할 권한이 있는 것으로 인정될 만한 명칭을 사용하여 금융회사의 업무를 집행하는 사람이라고 규정하고 있는데, 금융사지배구조법상 업무집행책임자는 실무상 미등기 임원과 동일하다고 할 수 있다.

을 것이다.

그러나 은행법 등과 같이 임원의 범위에 대한 명확한 규정이 없는 상태에서 금융기관의 내규로는 미등기 임원을 등기임원과 마찬가지로 취급하고 있는 실정[9] 에서는 미등기 임원을 어떻게 취급해야 하는지 여부가 여전히 문제될 수 있을 것이다.

그런데 최근 이에 대해서 법원이 명확한 기준을 제시하였는데, 2015년 7월 10일 선고된 2014구합72521 판결에서는 "상법상 임원이란 주주총회에서 선임되어 등기를 마친 이사와 감사라고 보아야 하고, 은행법이 임원의 의미를 직접 규정하고 있지 않는 이상 은행법상 임원의 의미와 상법상 임원의 의미를 동일하게 해석하여야 하며, 은행법 제18조 제1항이 임원의 자격요건을 규정하면서 상법 제401조의2 제1항 제3호(이사가 아니면서 명예회장·회장·사장·부사장·전무·상무·이사 기타 회사의 업무를 집행할 권한이 있는 것으로 인정될 만한 명칭을 사용하여 회사의 업무를 집행한 자)의 업무집행지시자에 대하여도 동일한 자격요건을 규정하고 있다는 사정만으로는 업무집행지시자를 임원에 해당한다고 해석할 수는 없다"고 판시하여 등기를 마친 이사나 감사 이외의 자는 은행법상 임원이 아닌 직원임을 분명히 하였다.

이러한 점에서 현행 제재규정이 금융기관의 임원을 이사와 감사만으로 한정하고, 이사 또는 감사 등과 사실상 동등한 지위에 있는 미등기 임원의 경우 임원에 대한 제재기준을 준용하여 제재양정을 결정하면서 그 제재조치는 직원에 대한 조치를 부과(제재규정 시행세칙 제46조의3)하는 것은 법과 현실 사이의 균형을 맞춘 것으로 이해할 수 있을 것이다.

다만, 앞서 언급한 바와 같이 상법상 집행임원의 경우에는 상법상 이사나 감사와 달리 주주총회에서 선임되는 것이 아니라 이사회에서 선임되므로 위 판례의 입장에 따르면 임원으로 볼 수 없으나,[10] 금융사지배구조법의 경우에는 임

---

9 개별 은행의 「지배구조내부규범」에서는 임원의 범위에 이러한 자를 포함하고 있으며, 실제 2011년 경영현황을 보면 우리은행의 경우 15명, KB국민은행의 경우 56명, 신한은행의 경우 55명의 미등기 임원(이사 대우)을 두고 있다.

10 미등기 임원이 상법상 집행임원인지 여부에 대해서 논란이 될 수 있는데, 실무상 미등기 임원의 경우에는 대표이사가 임면하는 데 반하여, 상법상 집행임원은 이사회에서 임면되고(상법 제408조의2 제3항 제1호), 상법상 집행임원을 두는 회사의 경우 대표이사를 두지 못하는 데에 반하여(상법 제408조의2 제1항), 미등기 임원을 두고 있는 회사의 경우 대표

원의 범위에 상법상 집행임원을 포함하고 있으며, 제재에 있어서도 임원으로 취급하고 있기 때문에 법적으로 상법상 집행임원이 임원인지 여부가 불명확하므로 이에 대한 명확한 규정의 마련이 요구된다.

한편, 위법·부당한 행위를 한 금융기관 임직원이 금융감독기관의 제재조치를 받기 전에 퇴임하거나 퇴직하는 경우에는 제재를 회피할 수 있기 때문에 개별 금융관련 법령에서는 퇴임하거나 퇴직한 임직원에 대해서도 제재를 할 수 있도록 근거를 마련하여 두고 있으므로 퇴임 또는 퇴직한 임직원도 제재 대상이 된다.[11] 퇴임하거나 퇴직한 임직원에 대한 제재규정을 마련한 취지는 재임 또는 재직 중이었다면 받았을 제재를 그러한 제재조치가 있기 전에 미리 퇴임하거나 퇴직함으로써 이를 회피하는 것을 방지하기 위하여 퇴임 또는 퇴직한 임직원에 대하여도 제재조치를 할 수 있도록 하기 위함이다.

다만, 개별 금융관련 법령상의 퇴직자에 대한 제재근거 규정 이전에 이루어진 행위에 대해서도 퇴직자에서 이러한 제재규정을 근거로 제재할 수 있는지 여부가 문제될 수 있을 것이다. 실제 금융위원회는 퇴임한 은행장에 대해서 재직중 위반행위에 대해서 업무정지 3개월의 중징계 상당 조치를 한 바 있는데, 이에 대해서 대법원은 개정된 은행법을 적용한 제재처분은 행정법규 불소급의 원칙에 위배되므로 제재처분을 취소한 바 있다.[12]

(2) 제재 대상 행위

금융기관 임직원에 대한 제재 대상 행위는 개별 금융관련 법령에 따라 다소 차이가 있으나, 대체로 관련 법 또는 관련 법에 따른 규정·명령 또는 지시를 고의로 위반하거나 금융기관의 건전한 운영을 저해하는 행위를 한 경우를 규정하고 있다.

이사가 있는 점을 고려하면 실무상 미등기 임원과 상법상 집행임원은 다르다고 할 수 있다. 판례(2013구합29841 판결)도 이러한 입장에서 상법상 집행임원제도와 미등기 임원은 동일한 제도가 아니라고 하고 있다.

11 그런데 금융기관에 적용되는 「신용정보의 이용 및 보호에 관한 법률」(이하 '신용정보법'이라고 함)의 경우에는 퇴직자에 대한 제재 근거를 마련해놓고 있지 않아 신용정보법 위반의 경우에는 퇴직자에 대한 제재근거를 조속히 마련될 필요가 있다.

12 은행법상 퇴임한 임원 등에 대한 조치 통보 규정은 2008년 3월에 마련되었으나, 관련 사건의 위반행위는 2005년부터 2006년까지 이루어져 법원은 제재조치의 근거인 은행법 제54조의2가 대상행위 이후인 2008년 3월에 신설되어 행정법 불소급의 원칙에 반한다고 보았다.

〈표 1〉 개별 금융관련 법령상 임직원에 대한 제재 대상 행위

구분	제재 대상 행위
은행법 (제54조 제1항, 제2항)	• 은행의 임원이 이 법 또는 이 법에 따른 규정·명령 또는 지시를 고의로 위반하거나 은행의 건전한 운영을 크게 해치는 행위를 하는 경우 • 은행의 직원이 이 법 또는 이 법에 따른 규정·명령 또는 지시를 고의로 위반하거나 은행의 건전한 운영을 크게 해치는 행위를 하는 경우
자본시장법 (제422조 제1항, 제2항)	• 거짓, 그 밖의 부정한 방법으로 금융투자업의 인가를 받거나 등록한 경우 • 인가조건을 위반한 경우 • 제15조에 따른 인가요건 또는 제20조에 따른 등록요건의 유지의무를 위반한 경우 • 업무의 정지기간 중에 업무를 한 경우 • 금융위원회의 시정명령 또는 중지명령을 이행하지 아니한 경우 • 자본시장법 별표1 각 호의 어느 하나에 해당하는 경우(총 312개의 행위유형이 있음)
보험업법 (제134조 제1항)	• 이 법 또는 이 법에 따른 규정·명령 또는 지시를 위반하여 보험회사의 건전한 경영을 해칠 우려가 있다고 인정되는 경우
상호저축은행법 (제24조 제1항)	• 상호저축은행법 별표1 각 호의 어느 하나에 해당하는 경우(총 55개의 행위유형이 있음)
여신전문금융업법 (제53조 제4항)	• 여신전문금융업법 별표 각 호의 어느 하나에 해당하는 경우(총 57개의 행위유형이 있음)
금융지주회사법 (제57조 제1항)	• 이 법 또는 이 법에 의한 명령을 위반하여 금융지주회사 등의 경영의 건전성을 해할 우려가 있다고 인정되는 경우
금융사지배구조법 (제34조 및 제35조)	• 금융사지배구조법 별표 각 호의 어느 하나에 해당하는 경우(총 41개의 행위유형이 있음)
금융위원회법 (제41조 제1항, 제42조)	• 이 법 또는 이 법에 따른 규정·명령 또는 지시를 고의로 위반한 경우 • 이 법에 따라 금융감독원장이 요구하는 보고서 또는 자료를 거짓으로 작성하거나 그 제출을 게을리한 경우 • 이 법에 따른 금융감독원의 감독과 검사 업무의 수행을 거부·방해 또는 기피한 경우 • 금융감독원장의 시정명령이나 징계요구에 대한 이행을 게을리한 경우

앞의 <표 1>에서 보이는 바와 같이 금융기관 임직원에 대한 제재 대상 행위는 자본시장법, 상호저축은행법, 여신전문금융업법, 금융사지배구조법을 제외하고 은행법, 보험업법, 금융지주회사법, 금융위원회법 등은 “이 법 또는 이 법에 따른 규정·명령 또는 지시를 위반한” 경우를 제재 대상 행위로 하고 있어 상당히 포괄적·추상적으로 규정하고 있는데, 이는 금융시장의 급격한 변화에 탄력적으로 대응하기 위한 것으로 불가피하게 포괄적·추상적으로 규정한 것으로 이해된다.[13]

그러나 금융기과 임직원에 대한 제재는 제재를 받은 임직원에게 불이익한 법적 효과를 발생시키는 침익적 행정행위인 점을 고려하면, 법률유보의 원칙상 제재의 내용·대상·목표·범위를 법률에 보다 명확하게 규정하고 그 한계를 설정하는 것이 필요하다.[14]

3. 제재 종류

금융기관 임직원에 대해서 취해지는 제재의 종류는 임원과 직원에 따라 다르며, 개별 금융관련 법령에서 규정하고 있는 임직원에 대한 제재의 종류는 법령에 따라 다소 차이가 있다.

---

13 윤광균, “금융감독상의 제재와 적법절차에 관한 고찰”, 「저스티스」 통권 제104호(한국법학원, 2008. 6), 56면.

14 고동원, 앞의 논문, 298면에서는 이러한 포괄적 위임은 포괄위임금지원칙 또는 법률요건의 명확성 원칙에 반할 수 있음으로 보다 명확하고 구체적으로 규정하는 것이 필요하다고 한다. 그러나 법원은 제재규정이 법률의 근거가 없는 것으로서 법률유보원칙에 위배된 것은 아니라고 한다(서울행법 2005. 12. 8. 선고 2004구합36106 판결).

〈표 2〉 개별 금융관련 법령상 제재 종류

<table>
<tr><th rowspan="2">구분</th><th colspan="5">임원</th><th colspan="6">직원</th></tr>
<tr><th>해임
권고</th><th>업무집행
정지</th><th>문책
경고</th><th>주의적
경고</th><th>주의</th><th>면직</th><th>정직</th><th>감봉</th><th>견책</th><th>경고</th><th>주의</th></tr>
<tr><td>은행법</td><td>○</td><td>○</td><td colspan="2">△
(경고)</td><td>×</td><td>○</td><td>○</td><td>○</td><td>○</td><td>×</td><td>×</td></tr>
<tr><td>자본시장법</td><td>△
(요구)</td><td>○</td><td>○</td><td>○</td><td>○</td><td>○</td><td>○</td><td>○</td><td>○</td><td>○</td><td>○</td></tr>
<tr><td>보험업법</td><td>○</td><td>○</td><td>△
(문책)</td><td>△
(경고)</td><td>○</td><td colspan="4">△
(문책)</td><td>○</td><td>○</td></tr>
<tr><td>상호저축
은행법</td><td>○</td><td>○
(직무정지)</td><td>△
(문책)</td><td>△
(경고)</td><td>○</td><td>○</td><td colspan="3">△
(문책)</td><td>○</td><td>○</td></tr>
<tr><td>여신전문
금융업법</td><td>○</td><td>○
(직무정지)</td><td>△
(문책)</td><td>△
(경고)</td><td>○</td><td colspan="4">△
(문책)</td><td>○</td><td>○</td></tr>
<tr><td>금융지주
회사법</td><td>○</td><td>○
(직무정지)</td><td>△
(문책)</td><td>△
(경고)</td><td>○</td><td>○</td><td colspan="3">△
(문책)</td><td>○</td><td>○</td></tr>
<tr><td>금융사지배
구조법</td><td>△
(요구)</td><td>○
(직무정지)</td><td>○</td><td>○</td><td>○</td><td>○</td><td>○</td><td>○</td><td>○</td><td>×</td><td>○</td></tr>
<tr><td>금융
위원회법</td><td>○</td><td>○</td><td>×</td><td>×</td><td>×</td><td>○</td><td>○</td><td>○</td><td>○</td><td>○</td><td>×</td></tr>
<tr><td>제재규정</td><td>○</td><td>○</td><td>○</td><td>○</td><td>○</td><td>○</td><td>○</td><td>○</td><td>○</td><td>×</td><td>○</td></tr>
</table>

위의 <표 2>와 같이 자본시장법과 금융사지배구조법은 임원에 대해서 해임요구를 제재조치로 규정하고 있으나, 기타 금융관련 법령의 경우 임원에 대한 제재조치로 해임권고를 규정하고 있으며, 금융위원회법의 경우에는 임원에 대한 제재조치로 해임권고와 업무집행정지만을 규정하고 있는 등 금융기관 임직원에 대한 제재의 종류가 금융기관별로 차이가 있어 이를 정비할 필요가 있다.

물론 실질적으로는 하위규정인 제재규정을 통하여 제재가 이루어지기 때문에 실제 제재에 있어 큰 문제가 있는 것은 아니지만, 개별 금융관련 법령에서 정하고 있는 제재의 종류가 상이하여 일관성이 없으므로 이를 정비할 필요가 있다.

4. 제재 효과

금융기관 임직원에 대한 제재는 해당 임직원에 대해 불이익한 효과를 발생시키는데, 그 직접적 효과로 임원의 경우에는 해임, 직무정지 등을 받을 수 있으며, 직원의 경우에는 인사상 불이익과 함께 급여에 있어 제한을 받게 된다(제재규정시행세칙 제47조 제1항).[15] 그리고 제재의 간접적 효과로 제재를 받은 임직원은 금융기관의 임원 선임이나 준법감시인 선임에 있어 제한을 받는다.

금융사지배구조법 시행 전에는 개별 금융 관련 법령이 정하고 있는 임원 자격요건이나 준법감시인 선임요건에 따라 개별적으로 이루어졌으나, 2016년 8월 1일 금융사지배구조법 시행 후에는 개별 법령상 임원이나 준법감시인의 선임요건은 모두 삭제되고, 금융사지배구조법에서 정한 선임요건만이 적용된다.

금융사지배구조법에 따른 임원 선임이나 준법감시인 선임에 있어 결격요건은 다음과 같다.

〈표 3〉 금융사지배구조법에 따른 임원 선임 또는 준법감시인 선임 자격제한

구분	임원 선임 자격제한	준법감시인 선임 자격제한
금융사지배구조법	• 해임(해임요구 또는 해임권고 포함): 해임일(해임요구 또는 해임권고의 경우에는 해임요구일 또는 해임권고일)부터 5년 • 직무정지(직무정지의 요구 포함) 또는 업무집행정지: 직무정지 종료일(직무정지 요구의 경우에는 직무정지 요구일) 또는 업무집행정지 종료일로부터 4년 • 문책경고: 문책경고일로부터 3년 • 면직요구: 면직요구일로부터 5년 • 정직요구: 정직요구일로부터 4년 • 감봉요구: 감봉요구일로부터 3년	• 최근 5년간 금융사지배구조법 또는 금융관계법령을 위반하여 금융위원회 또는 금융감독원의 원장, 그 밖에 대통령령으로 정하는 기관으로부터 문책경고 또는 감봉요구 이상에 해당하는 조치를 받은 사실이 없을 것(제26조 제1항 제1호)

15 직원에 대한 제재의 직접적 효과는 면직의 경우 파면, 정직의 경우에는 정직기간+18개월간 승격·승급불허, 감봉의 경우 감봉기간+12개월간 승격·승급불허, 견책의 경우 6개월간 승격·승급이 불허된다(제재규정시행세칙 별표4).

종전에는 개별 금융관련 법령에서 각각 임원 선임 및 준법감시인 선임 자격제한 규정을 별도로 두었기 때문에 업권간 제재조치에 따른 임원이나 준법감시인 선임 제한 요건이 다소 차이가 있었으나, 금융사지배구조법으로 통합 적용됨으로써 이러한 차이가 해소되었다. 또한 은행이나 보험회사의 경우 준법감시인 선임에 있어 최근 5년간 금융관련 법령을 위반하여 감독기관으로부터 주의·경고의 요구 이상에 해당하는 조치를 받은 사실을 요구하여 상당한 엄격한 요건을 두고 있었으나, 금융사지배구조법에서는 준법감시인 선임에 있어 문책경고 또는 감봉요구 이상으로 규정하고 있어 종전에 비하여 선임기준을 상당히 완화하였다.

한편, 금융기관이 금융감독기관의 제재요구(권고)에 반드시 따라야 하는지 여부가 문제될 소지가 있다. 금융감독기관의 제재는 해당 임직원에게 직접 취해지는 것이 아니라, 해당 금융기관의 장 또는 임면권자에 의해 최종적으로 이루어지기 때문에 금융감독기관의 재재요구(권고)와 해당 금융기관의 조치 내용이 다를 수 있다. 특히 임원에 대한 해임은 주주총회의 특별결의를 요하는 사항이기 때문에(상법 제385조 제1항) 금융감독기관의 해임요구(권고)대로 이행되기 곤란한 점이 있다.

현행 제재규정이 제재요구가 그대로 이행되지 않는 경우를 감안하여 금융기관의 임원이 금융위, 감독원장, 기타 감독권자가 행한 징계요구의 이행을 태만히 한 경우에 문책경고를 할 수 있도록 규정하고 있는 점(제재규정 제18조 제1항 제3호)에 비추어 보면, 반드시 금융감독기관의 제재요구(권고)에 반드시 따라야 하는 것은 아니라고 할 수 있지만, 그 이행을 제대로 하지 않는 경우에는 별도의 제재조치를 받게 되므로 사실상 그 이행을 강제하고 있는 것으로 판단된다.

5. 제재 절차

금융감독기관이 금융기관 임직원에 대해 취하는 제재조치는 해당 임직원에 대하여 불이익을 부과하여 금융감독의 실효성을 확보하기 위한 것으로 금융감독행정에 있어 중요한 역할을 수행하지만, 제재를 받은 임직원의 권리·의무에 상당한 제약을 미치는 행위이므로 그 절차는 정당하고 공정하게 이루어져야 한다.

이에 따라 금융기관 임직원에 대한 제재 절차는 제재규정과 동 규정 시행세칙에서 구체적으로 정하고 있는데, 이를 살펴보면 다음과 같다.

〈표 4〉 금융기관 임직원에 대한 제재 절차

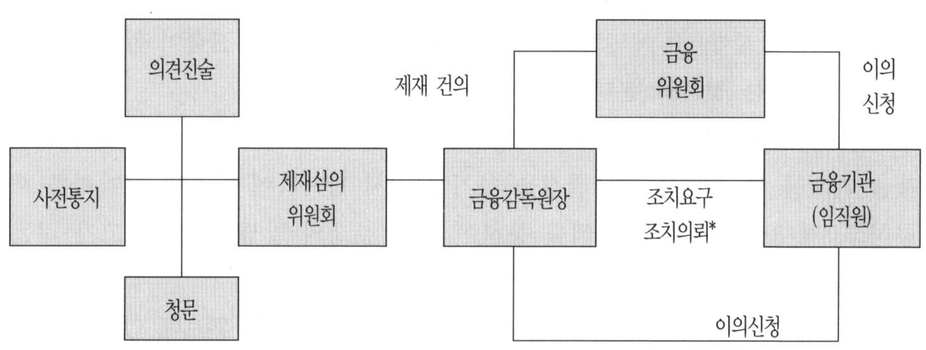

* 조치의뢰란 직원의 경미한 위규행위에 대하여 감독당국이 직접 조치하지 아니하고 당해 기관의 장이 조치대상자의 범위와 조치수준을 적의 결정하여 조치하도록 의뢰하는 제도를 말한다.

(1) 사전통지

금융기관 임직원에 대한 제재는 해당 임직원의 권리·의무에 상당한 제약을 주기 때문에 금융감독기관이 제재조치를 취하기 전에 당사자의 권익보호를 위하여 사전에 그러한 사실을 알려 이에 충분한 대비를 할 수 있는 기회를 제공하여야 한다.

이에 따라 제재규정에서는 금융감독원장이 금융기관 임직원에 대하여 제재를 하거나 금융위원회에 제재조치를 건의하고자 하는 때에는 제재의 내용 등을 제재 대상자에게 사전통지를 하도록 규정하고 있다(제재규정 제35조 제1항).[16]

이와 같은 사전통지제도는 제재 절차에 있어 필수적인 절차로 이를 제대로 이행하지 않는 경우에는 위법한 행위가 되어 제재의 공정성, 투명성을 담보할 수 없게 된다.[17]

16 행정절차법 제21조 제1항에서도 당사자에게 의무를 부과하거나 권익을 제한하는 처분을 하는 경우에 당사자에게 사전통지를 하도록 규정하고 있다.

17 김성수, 앞의 논문, 25면에서는 금융감독기관의 제재적 행정조치에 절차적 하자가 있는 경우에는 위법한 처분으로 취급된다고 한다.

(2) 의견제출 또는 청문

1) 의견제출

금융감독기관으로부터 제재에 관한 사전통지를 받은 제재당사자는 제재사유에 대한 의견을 제출할 수 있는데, 구술 또는 서면으로 의견을 제출할 수 있으며(제재규정 시행세칙 제59조 제3항), 정해진 기일까지 의견진술이 없는 경우에는 의견이 없는 것으로 본다(같은 조 단서).

이와 같이 금융감독기관이 제재조치를 취함에 있어 사전에 당사자의 의견제출 기회를 주는 것은 제재결정을 하기에 앞서 당사자에게 소명의 기회를 제공하고, 제재결정에 대한 신뢰를 통하여 사후 분쟁의 발생을 방지하고자 하는 데에 있다.

따라서 당사자가 충분한 의견제시를 할 수 있도록 제재통보에 있어 제재의 원인이 되는 사실과 제재의 내용 및 법적 근거 등을 명확하고 구체적으로 적시하여 당사자의 의견제출 기회를 충분히 보장하여야 한다.

2) 청 문

청문이란 행정청이 어떠한 처분을 하기에 앞서 당사자 등의 의견을 직접 듣고 증거를 조사하는 절차를 의미한다(행정절차법 제2조 제5호). 이러한 청문제도는 행정청의 처분으로 인하여 권리가 부당하게 침해받지 않도록 하기 위한 것으로 처분의 사유에 대하여 당사자에게 소명과 유리한 자료를 제출할 기회를 부여함으로써 위법사유의 시정가능성을 감안하고 처분의 신중과 적정을 기하려 하고자 하는 것이다.

이러한 청문을 하기 위해서는 i) 다른 법령 등에서 청문을 하도록 규정한 경우, ii) 행정청이 필요하다고 인정하는 경우에 한하여 할 수 있는데(행정절차법 제22조 제1항), 현행 금융관련 법령에서 금융기관 임직원 제재와 관련하여 청문을 실시하도록 하고 있는 것은 자본시장법과 금융사지배구조법밖에 없다. 자본시장법과 금융사지배구조법은 임직원에 대한 해임요구 또는 직원에 대한 면직요구(자본시장법 제423조 제2호, 금융사지배구조법 제36조)의 조치를 할 경우에 반드시 청문을 실시하도록 하여 당사자의 소명 기회를 부여하고 있으나, 다른 금융관련 법령에서는 이를 규정하고 있지 않기 때문에 금융감독기관의 재량에 따라 청문의 실시 여부가 결정된다고 할 수 있다. 입법론적으로 당사자의 권익 보호를 위하여 청문제도의 확대에 대한 검토가 필요하다고 본다.

(3) 제재심의위원회 심의

금융기관 임직원에 대한 제재를 심의하기 위한 기구로서 금융감독원 내에 제재심의위원회가 설치되어 있다(제재규정 제34조 제1항). 제재심의위원회는 법상 기구는 아니며, 금융감독원 내부에 설치된 심의위원회로 제재에 관한 사항이나 기타 금융감독원장이 정하는 사항 및 제재조치에 대한 이의신청 사항에 대한 심의를 수행하는 감독원장 자문기구이다(제재규정 제34조 제1항, 제2항).

제재심의위원회의 위원 구성은 당연직 3인과 위촉직 위원 12인을 합하여 총 15인으로 이루어져 있다. 당연직 3인은 제재심의담당 부원장, 법률자문관, 부의 안건 관련 금융위원회 담당국장이며(제재규정 시행세칙 제55조 제1항 제1호 내지 제3의2호), 위촉직 12인은 일정한 자격요건[18]을 갖춘 자 중에서 6인은 금융위원회의 추천을 받아 위촉한다. 위촉직 위원의 임기는 2년이며, 1차에 한하여 연임할 수 있다(제재규정 시행세칙 제55조 제4항).

제제심의위원회의 회의는 심도 있는 심의를 위하여 매회 상정안건의 분야 및 특성에 맞는 전문위원을 지명하여 운영되는데, 위촉된 민간위원 12인 중 6명을 안건에 따라 지명하여 실제 제재심의위원회에 참여하는 위원은 민간위원 6명, 당연직 3명의 총 9명으로 구성된다.[19]

제재심의위원회의 위원장은 제재심의담당 부원장이 하며(제재규정 시행세칙 제55조 제3항), 제재심의위원회 회의는 월 2회 개최되고, 회의는 재적위원 과반

18 제재심의위원회 위원의 요건은 다음과 같다(제재규정 시행세칙 제55조 제1항 제4호).
가. 금융위 설치법 제38조에 따른 검사대상기관(이에 상당하는 외국금융회사를 포함한다), 금융관계기관·단체, 소비자기본법에 의한 한국소비자원 및 소비자단체에서 합산하여 10년 이상 근무한 경력이 있는 자
나. 금융 또는 정보기술관련 분야의 석사학위 이상의 학위소지자로서 연구기관 또는 대학에서 연구원 또는 전임강사 이상의 직에 합산하여 10년 이상 근무한 경력이 있는 자
다. 판사, 검사, 변호사 또는 공인회계사의 직에 합산하여 10년 이상 종사한 경력이 있는 자
라. 기획재정부, 금융위원회, 증권선물위원회, 감사원, 금융감독원, 한국은행, 예금보험공사에서 합산하여 10년 이상 근무한 경력이 있는 자

19 제재심의위원회의 민간위원 풀(Pool)제 도입은 제재심의 공정성과 전문성 강화를 위한 조치로 내실있는 심의를 도모하기 위한 조치이다(금융감독원 보도자료, "금융감독원 제재심의위원회 개편방안", 2015. 2. 13).

수의 출석으로 성립하고 출석위원 과반수의 찬성으로 의결하되, 가부동수인 경우에는 위원장이 이를 결정하고, 회의는 대면심의·의결을 원칙으로 하며,[20] 부득이하게 서면심의·의결을 하는 경우에는 그 사유를 적시하여 시행하되 2회 연속 서면 회의는 제한한다(제재규정 시행세칙 제57조 제3항).

제재심의위원회에서 당해 금융기관의 장, 관련 임직원, 검사원, 기타 참고인은 심의회에 출석하여 의견진술을 할 수 있으며, 심의회 위원장은 참고인의 진술이 필요하다고 인정하는 때에는 참고인을 출석시켜 의견을 진술하여 줄 것을 요청할 수 있다. 이 경우 심의회에 출석한 참고인은 변호사 및 준법감시인 등의 조력을 받을 수 있다(제재규정 시행세칙 제57조 제6항).

제재심의위원회는 의사록 작성을 위한 속기록을 작성하고(제재규정 시행세칙 제57조의3 제3항), 심의회의 의사록은 금융감독원 인터넷홈페이지에 게시하여 공개하며(제재규정 시행세칙 제57조의3 제2항), 심의회의 심결서는 참석위원의 서명 또는 기명날인을 받아야 하고(제재규정 시행세칙 제57조의2), 심의결과는 금융감독원장에게 보고된다(제재규정 제58조 제1항).

2011년 제재심의위원회의 심의안건은 323건이었으나, 매년 지속적으로 증가하여 2013년 422건, 2014년에는 416건으로 전반적으로 증가하는 추세로 심의안건에 대한 심의부담이 과중되고 있는 실정이다. 내실있는 심의를 위해서 검토안건에 대한 분산·경감 방안이 시급히 요구된다.

(4) 이의신청

이의신청은 위법 또는 부당한 처분으로 인하여 권리 또는 법률상 이익을 침해당한 자가 처분청을 상대로 제기하는 불복절차를 의미하는 것으로 행정심판이나 행정소송을 통한 적극적인 권리구제절차에 앞서 당사자가 처분의 위법성이나 부당성을 환기시키고 당해 행정청은 그에 대한 재고를 통하여 자신의 행위에 대하여 스스로 시정할 수 있는 기회를 갖게 하는데 그 의의가 있다.

이러한 이의신청은 개별 법상 근거가 있는 경우에 할 수 있는데,[21] 현행 금

20 여기에서 대면의 제재 대상자와 제재심의위원회 위원과의 대면이고, 제재 대상자와 제재심의담당 직원과의 대면은 이루어지지 않는다. 심의회에서 재재대상자의 반론 또는 재반론의 기회는 원칙적으로 제공되지 않는다.

21 홍정선, 「행정법원론」(박영사, 2012), 820면.

융관련 법령 중 제재조치와 관련하여 이의신청에 관한 규정을 마련해두고 있는 것으로는 자본시장법(제425조)과 금융사지배구조법(제37조)밖에 없으며, 제재에 관한 이의신청에 대한 일반적인 근거규정은 제재규정(제37조 제1항)이 있다.

자본시장법상 이의신청은 금융투자회사의 임원이 6개월 이내의 직무정지, 문책경고, 주의적 경고, 주의를 받는 경우와 직원이 6개월 이내의 정직, 감봉, 견책, 경고, 주의조치를 받는 경우에 제재조치의 고지를 받은 날로부터 30일 이내에 그 사유를 갖추어 금융위원회에 이의를 제기할 수 있도록 규정하고 있다(자본시장법 제425조 제1항). 자본시장법상 이의신청은 임원에 대한 해임요구, 직원에 대한 면직요구를 그 대상에서 제외하고 있고,[22] 기타 제재조치는 금융위원회에 하도록 규정하고 있으나, 앞서 설명한 바와 같이 금융위원회는 임원에 대한 해임요구와 직원에 대한 면직요구를 제외한 제재조치권한을 금융감독원장에게 위탁하고 있으므로 실제 제재당사자의 이의신청은 금융감독원장이 이를 처리하게 된다.[23]

(5) 불복절차

금융감독기관의 제재조치에 불복하는 자는 소송상 방법으로 이를 다툴 수 있으나, 소송을 통한 권리구제는 시간과 비용이 많이 소요되므로 금융감독기관의 제재조치에 대한 신속한 구제를 위하여 별도의 불복절차가 마련되어 있다.

금융위원회법은 “금융위원회 또는 금융감독원이 내린 위법·부당한 처분으로 권리나 이익을 침해받은 자는 행정심판을 제기할 수 있다”고 규정(금융위원회법 제70조)하고 있으므로 금융위원회나 금융감독원으로부터 제재를 받은 금융기관 임직원은 그 제재조치가 위법·부당하다고 판단되는 경우 행정심판을 제기하여 권리구제를 받을 수 있다. 또한 이러한 제재조치를 인하여 권리·의무에 직접적인 제한을 받는 당사자는 행정심판 이외에 직접 행정소송법상 항고소송(행정소송법 제4조)을 통하여 권리구제를 받을 수도 있다. 다만, 이러한 행정심판이나 행정소송을 통하여 권리구제를 받기 위해서는 금융감독기관이 행한 제재

22 금융사지배구조법도 자본시장법과 동일하게 임원에 대한 해임요구와 직원에 대한 면직요구의 경우 이의신청 대상에서 제외하고 있다(금융사지배구조법 제37조 제1항).

23 제재심의위원회 심의사항으로 이의신청 사항이 규정되어 있고(제재규정 제34조 제2항 제2호), 금융감독원장의 이의신청 처리규정(제재규정 제37조 제3항)에 비추어 보면, 금융감독원장이 이의신청을 처리한다고 할 수 있다.

조치가 행정처분에 해당해야 한다.[24]

이와 관련하여 금융감독원장이 금융기관에 대한 검사결과를 검사서에 의해 당해 금융기관에 통보하고 필요한 조치를 취하거나 당해 금융기관의 장에게 요구하는 행위가 단순한 사실상의 통지 내지는 권고 또는 지도행위에 불과한 것인지 아니면 의무의 부담을 명하거나 기타 법률상 효과를 발생하게 하는 것으로 항고소송의 대상이 되는 행정처분인지 여부가 쟁점이 되고 있다. 특히 최근 금융위원회와 금융감독원은 금융분야 제재개혁 방안의 일환으로 금융기관 직원에 대해서 금융감독기관이 직접 제재를 하지 않고 금융기관이 자율적으로 처리할 수 있도록 조치의뢰제도를 확대하고 있는데, 이러한 조치의뢰제도의 성격이 행정처분인지 여부가 문제되고 있다.

Ⅲ. 현행 금융기관 임직원 제재제도의 문제점

1. 제재 권한 분담체계의 불합리

앞서 설명한 바와 같이 금융기관 임직원에 대한 제재 권한은 금융위원회와 금융감독원이 이원화되어 있는데, 개별 금융관련 법령에서 규정하고 있는 금융위원회와 금융감독원의 제재 권한이 일관되지 않아 제재 권한의 분담체계가 불합리함으로써 금융감독행정의 효율성을 저하시킬 우려가 있다.[25]

---

24 대법원 2008. 9. 11. 선고 2006두18362 판결 "항고소송의 대상이 되는 행정처분이라 함은 행정청의 공법상의 행위로서 특정 사항에 대하여 법규에 의한 권리의 설정 또는 의무의 부담을 명하거나 기타 법률상 효과를 발생하게 하는 등 국민의 구체적인 권리의무에 직접적 변동을 초래하는 행위를 말하는 것이다."

25 이러한 제재분담체계의 불합리성에 대해서 2012년 감사원 지적사항으로 지적된 바가 있다(감사원 감사결과보고서, "금융소비자 보호 등 금융감독실태", 2012. 2, 62면).

〈표 5〉 개별 금융관련 법령상 제재권한

<table>
<tr><th>구분</th><th>제재 조치</th><th>은행법</th><th>자본시장법</th><th>보험업법</th><th>상호저축 은행법</th><th>여신전문 금융업법</th><th>금융지주 회사법</th><th>금융위 설치법</th></tr>
<tr><td rowspan="5">임원</td><td>해임</td><td rowspan="2">금융 위원회</td><td rowspan="3">금융 위원회</td><td rowspan="2">금융 위원회</td><td rowspan="2">금융 위원회</td><td rowspan="2">금융 위원회</td><td rowspan="3">금융 위원회</td><td>금융 감독원</td></tr>
<tr><td>업무 정지</td><td>금융 위원회</td></tr>
<tr><td>문책</td><td rowspan="3">금융 감독원</td><td rowspan="3">금융 감독원</td><td rowspan="3">금융 감독원 (권한수탁)</td><td rowspan="3">금융 감독원</td><td rowspan="3">금융 감독원</td></tr>
<tr><td>주의적 경고</td><td rowspan="2">금융 감독원 (권한수탁)</td><td rowspan="2">금융 감독원 (권한수탁)</td></tr>
<tr><td>주의</td></tr>
<tr><td rowspan="6">직원</td><td>면직</td><td rowspan="6">금융 감독원</td><td>금융 위원회</td><td rowspan="6">금융 감독원</td><td>금융 위원회</td><td rowspan="6">금융 감독원</td><td rowspan="2">금융 위원회</td><td rowspan="6">금융 감독원</td></tr>
<tr><td>정직</td><td rowspan="5">금융 감독원 (권한수탁)</td><td rowspan="5">금융 감독원 (권한수탁)</td></tr>
<tr><td>감봉</td><td rowspan="4">금융 감독원 (권한수탁)</td></tr>
<tr><td>견책</td></tr>
<tr><td>경고</td></tr>
<tr><td>주의</td></tr>
</table>

위의 <표 5>에서 볼 수 있는 것처럼 금융위원회와 금융감독원의 제재권한 분담체계는 일관성이 없어 제재권한의 분담기준이 과연 무엇인지가 의문시된다. 대체로 임원에 대한 해임권고(요구), 업무집행정지와 직원에 대한 면직요구 등과 같은 중한 제재의 경우에는 금융위원회, 그 밖에 상대적으로 중하지 않은 제재는 금융감독원이 행사하는 것으로 이해되지만, <표 5>에서 볼 수 있는 듯 이러한 기준이 명확한 것도 아니다. 또한 금융위원회가 제재 권한을 금융감독원에 권한을 위탁한 경우에도 일관성이 없어 제재권한의 분담이 불합리하게 되어 있다.

이처럼 제재권한이 일관되지 못함으로써 금융기관 임직원이 동일한 위반행위를 하더라도 금융기관별, 제재 종류에 따라 제재 절차가 상이하여 제재에 있어 비효율적이고, 더 나아가 제재에 있어 형평성 문제도 야기될 수 있다.[26]

26 가령 동일한 행위로 금융실명거래를 위반하여 면직요구를 하는 경우에 은행, 보험회사, 여

2. 제재 대상에 있어 문제점

(1) 제재 대상자와 관련된 문제

1) 상법상 집행임원이 임원인지 여부

현행 제재규정은 금융기관의 임원을 이사, 감사만으로 한정하고 있으며, 미등기 임원에 대해서는 임원에 대한 제재기준을 준용하여 제재양정을 결정하면서도 제재조치는 직원에 대한 신분상 제재조치를 부과함으로써 미등기 임원은 제재에 있어 직원으로 취급하고 있다. 이러한 이유는 미등기 임원의 경우 주주총회에 의해 선임되지 않았으며, 단지 회사로부터 임원이라는 직함을 형식적·명목적으로 부여받은 것에 불과하여 법상 임원의 권한을 정당하게 행사할 수 없기 때문에 미등기 임원을 직원으로 취급하고 있는 것으로 판단된다.

이와 달리 2011년 개정 상법으로 도입된 집행임원의 경우도 이를 현행 미등기 임원과 마찬가지로 취급해야 하는지 여부가 불명확하므로 이에 대한 방안을 마련해야 할 것으로 보인다.

현행 법령에서는 임원의 범위를 이사와 감사로 한정하고 있기 때문에 엄밀히 말하면 상법상 집행임원은 임원에 포함될 수 없다.[27] 그러나 상법상 집행임원은 회사의 업무집행을 담당하는 자로서 회사와 위임관계(상법 제408조의2 제2항)에 있고, 회사가 집행임원을 선임하는 경우 이를 등기(상법 제317조 제2항 제8호)해야 한다는 점에서 임원으로 볼 여지도 상당하다.[28] 반면, 이사나 감사와 같이 주주총회에서 선임되는 것이 아니고 이사회에서 선임된다는 점에서(상법 제408조의2 제3항 제1호) 주주총회에서 선임되는 이사나 감사와 다르다.[29]

따라서 상법상 집행임원을 제재에 있어 임원으로 취급할지 여부를 명확히 하여 법적용에 있어 혼란을 최소화하여야 할 것이다. 최근 입법화되어 시행중인 금융사지배구조법의 경우에는 임원의 범위에 상법에 따른 집행임원을 임원

신전문금융회사의 직원의 경우에는 금융감독원, 다른 금융회사의 경우에는 금융위원회가 하며, 금융위원회가 하는 경우 금융감독원의 건의에 따라 제재조치를 취하지만, 금융위원회가 반드시 금융감독원의 건의에 기속되는 것은 아니기 때문에 금융위원회가 다른 조치를 취할 수도 있다.

27 고동원, 앞의 논문, 285면.

28 임재연, 「자본시장법」(박영사, 2013), 1197면도 상법상 집행임원을 임원에 포함해야 한다고 한다.

29 이병화, 앞의 책, 335면.

으로 명확하게 규정하여(금융사지배구조법 제2조 제2호) 이러한 불명확성을 해소하고 있다.

2) 퇴임 또는 퇴직한 임직원에 대한 제재근거 미흡

위법·부당한 행위를 한 금융기관 임직원이 금융감독기관의 제재조치를 받기 전에 퇴임하거나 퇴직하는 경우에는 제재를 회피할 수 있기 때문에 퇴임 또는 퇴직한 임직원에 대해서도 제재를 할 수 있도록 그 근거규정이 요구된다.

현행 개별 금융관련 법령에서는 퇴임하거나 퇴직한 임직원에 대한 제재를 위하여 "재임 또는 재직 중이었다면 제재조치를 받았을 것이라고 인정되는 경우에"라는 규정을 마련하여 퇴임하거나 퇴직한 임직원에 대해서도 제재를 할 수 있도록 하고 있다.[30] 다만, 금융위원회법, 금산법, 신용정보법, 전자금융법에서는 이러한 규정을 두고 있지 않으므로 이들 법령을 위반한 금융기관 임직원이 퇴임하거나 퇴직한 경우에는 제재를 할 수 없는 문제가 발생할 수 있으므로 조속히 관련 규정을 마련해야 할 것이다. 금융감독기관도 이러한 문제점을 인식하여 퇴직자에 대한 제재근거가 없는 신용정보법과 전자금융법에 대해서 제재근거 규정을 마련한 입법안을 추진 중에 있다.[31]

한편, 최근 법원의 판결(2015누52038)에 따르면 퇴직한 임직원에 대한 금융감독원의 제재가 금융위원회의 관여 없이 이루어져서 위법하다고 함에 따라 이에 대한 개선방안 마련이 요구되고 있다. 현행 은행법 제54조의2 제1항은 "금융위원회는 은행의 퇴임한 임원 또는 퇴직한 직원이 재임 중이었거나 재직 중이었더라면 제54조제1항 또는 제2항에 해당하는 조치를 받았을 것으로 인정되는 경우에는 그 받았을 것으로 인정되는 조치의 내용을 금융감독원장으로 하여금 해당 은행의 장에게 통보하도록 할 수 있다"고 규정하고 있는데, 동 조항의 해석과 관련하여 법원은 퇴임한 임원뿐만 아니라 퇴직한 직원에 대한 제재조치를 할 권한 역시 금융위원회에 있다고 해석하는 것이 타당하다고 판시하였다. 이에 따라 관행상 퇴직한 직원에 대한 제재조치를 취한 금융감독원의 재재가 권

---

30 은행법 제54조의2 제1항, 자본시장법 제424조 제3항, 보험업법 제135조 제1항, 상호저축은행법 제35조의3 제1항, 여신전문금융업법 제53조의5, 금융지주회사법 제57조의2 제1항.

31 금융위원회·금융감독원 보도자료, "금융분야 제재개혁 추진방안 이행을 위한 관련법 개정내용", 2016. 5. 25.

한없이 한 행위로 되어 위법한 처분을 한 결과가 되었기 때문에 이 부분에 대한 시급한 입법적 보완이 요구된다.[32]

3) 제재 관련자에 대한 명확한 근거 규정 미흡

감독기관의 제재실무에서는 당해 행위자뿐만 아니라 그 관련자도 책임의 성질·정도 등에 따라 제재를 받게 된다.[33] 그런데 위법·부당한 행위를 한 행위자 이외에 이를 관리·감독할 지위에 있는 자를 제재하는 것은 책임을 범위를 확장하는 것으로 제재조치가 갖는 불이익을 고려할 때, 명확한 법률상 근거가 필요하다.[34] 현재 이러한 관리·감독상 책임에 대해서 제재를 할 수 있도록 그 근거규정을 마련해놓은 것은 자본시장법(제422조 제3항)[35]과 금융사지배구조법(제35조 제5항) 밖에 없고, 하위법령인 제재규정에서 감독자로서 감독을 태만히 한 경우(제재규정 제5조 제6호)를 제재 대상 행위로 규정하고 있을 뿐이다.

위법·부당한 행위를 한 행위자 이외에 그 관련자까지 제재하는 이유는 금융기관은 엄격한 내부통제를 통하여 금융기관의 건전한 경영을 유지하는데, 위법·부당한 행위를 한 행위자에 대한 관리·감독상 책임을 추궁하여 금융기관의 내부통제체계를 보다 확고히 하기 위함이다. 그러나 제재는 당사자의 권리·의무에 상당한 제한을 주는 침익적 행정행위이므로 제재를 하기 위해서는 법률에 그 근거를 명확히 하는 것이 요구된다. 따라서 행위자 이외에 관련자를 제재하

---

32 금융위원회와 금융감독원은 이에 따라 은행법, 금융지주회사법, 보험업법, 자본시장법, 여신전문금융업법, 금융사지배구조법, 대부업법 등 7개 법률에 대해서 퇴직자 제재권한의 일부를 금융감독원장에게 위탁하는 근거를 마련하여 입법을 추진 중에 있다.

33 관련자는 책임의 성질·정도에 따라 행위자, 보조자, 지시자, 감독자로 구분되며, 행위자는 위법·부당한 업무처리를 실질적으로 주도한 자이고, 보조자는 행위자의 의사결정을 보조하거나 지시에 따른 자를 말하며, 지시자는 위법·부당행위를 지시 또는 종용한 자를 의미한다. 또한 감독자는 위법·부당행위가 발생한 업무를 지도·감독할 지위에 있는 자를 말한다(제재규정 시행세칙 제52조 제1항).

34 이러한 감독자 제재의 법적 성격에 대해 자기책임과 대위책임에 대한 논란이 있으며(서문식, "감독자에 대한 제재의 법 이론", 「금융법연구」 제4권 제1호(한국금융법학회, 2007), 161~162면), 감독소홀에 기인한 감독자 책임은 자기책임의 원칙에 따라 책임을 지는 것으로 이해된다.

35 자본시장법 제422조 제3항 "금융위원회는 제1항 또는 제2항에 따라 금융투자업자의 임직원에 대하여 조치를 하거나 이를 요구하는 경우 그 임직원에 대하여 관리·감독의 책임이 있는 임직원에 대한 조치를 함께 하거나 이를 요구할 수 있다. 다만, 관리·감독의 책임이 있는 자가 그 임직원의 관리·감독에 상당한 주의를 다한 경우에는 조치를 감면할 수 있다."

기 위해서는 현행 자본시장법이나 금융사지배구조법과 마찬가지로 그 제재 근거를 법률상 명확히 하는 것이 필요하다.

(2) 제재 대상 행위의 문제점

1) 고의행위만이 제재 대상이 되는지 여부

앞의 <표 1>의 개별 금융관련 법령의 제재 대상 행위를 검토해보면, 은행법과 금융위원회법의 경우 다른 법률과 달리 제재 대상 행위를 '고의로' 한 경우에 제재를 할 수 있도록 규정하고 있어 은행법과 금융위원회법의 경우에 위법·부당한 행위를 고의로 한 경우만 제재를 받는지 여부에 의문이 든다. 현행 제재실무에서는 고의·과실 여부를 불문하고 제재를 하고 있는데, 유독 은행법과 금융위원회법의 경우에만 이를 구별하여 논란의 여지가 있다.

본래 행정법규 위반에 대하여 가하는 제재조치는 행정목적의 달성을 위하여 행정법규 위반이라는 객관적 사실에 기인하여 가하는 것으로 위반자의 고의·과실 여부를 불문하고 부과할 수 있으므로,[36] 굳이 고의·과실을 구별할 필요가 없는데, 은행법과 금융위원회법의 경우에는 법문상 '고의'만을 대상으로 규정하여 특별히 '고의'만을 그 대상으로 한 것인지가 의문시 된다. 이와 같이 상위법령(은행법, 금융위원회법)에서 제재 대상을 고의행위만을 규정하고, 하위법령인 제재규정에서 과실행위까지 포함하는 경우에는 위임의 범위를 일탈한 것으로 볼 여지가 있기 때문에 이를 명확히 해야 할 것으로 판단된다.

2) 과거 행위에 대한 제재

금융감독기관은 금융기관의 건전경영 확보와 공정한 금융거래질서 확립이라는 감독목적을 달성하기 위하여 금융기관에 대한 검사를 진행하고, 그 결과에 따라 금융기관 임직원에 대한 제재를 취하게 된다. 그런데 금융감독기관이 금융기관에 대한 상시검사 또는 현장검사를 진행하였으나, 적기에 위법·부당한 행위를 적발하지 못하고, 상당한 기간이 지난 후에 이를 제재하는 것이 가능한지 여부에 대해서는 제재는 행정법규 위반이라는 객관적 사실에 대해 취해지는 것이므로 위반행위가 있는 경우에는 언제든지 제재가 가능하다고 판단된다.

그러나 과거 행위에 대해서 무한히 제재를 하게 되는 경우에는 제재조치가

---

36 대법원 2012. 6. 28. 선고 2010두24371 판결.

없을 것이라고 믿은 당사자의 신뢰와 법적 안정성을 해할 수 있으며, 금융감독기관의 검사행위에 대한 신뢰를 훼손할 수도 있으므로 행정목적 달성만 위하여 과거의 행위에 대하여 제재하는 것에 대해 적절한 제한이 필요하다고 본다.

현행 자본시장법의 경우 공시위반에 대한 과징금 부과에 있어 위반행위로 있은 때로부터 3년이 지난 경우에는 이를 부과할 수 없도록 규정하고 있고(자본시장법 제429조 제4항), 사후에 제재조치를 취하는 것은 신뢰보호의 원칙에 반할 수 있다[37]는 입장도 있으므로 과거 행위에 대한 제재를 취함에 있어 적절한 제한이 있어야 될 것으로 보인다.

3) 포괄적·추상적 제재사유의 문제

앞에서 지적한 바와 같이 제재 대상과 관련하여 개별 금융관련 법령에서 규정하고 있는 제재 사유가 너무 포괄적·추상적으로 되어 있어 감독기관의 재량이 개입할 여지가 많다는 점이다. 특히 은행법, 보험업법 등과 같이 제재사유를 "이 법 또는 이 법에 따른 규정·명령 또는 지시를 위반하거나 금융기관의 건전한 운영을 크게 해치는 행위"로 규정하여 상당히 포괄적·추상적으로 규정하고 있는 것에 대해서 비판이 상당하다. 개별 금융관련 법령에서 이와 같이 제재 사유를 포괄적·추상적으로 규정하는 것은 금융감독에 관한 사항은 상당히 전문적이고 기술적인 내용이 많으며, 금융시장의 급격한 변화에 탄력적으로 대응하기 위한 것으로 어느 정도 불가피한 면이 없지 않다.[38]

그러나 제재 사유를 너무 포괄적·추상적으로 규정하는 경우에는 금융감독기관의 재량에 따라 제재 여부가 결정될 수 있으며, 이는 법적 안정성을 크게 해할 수 있기 때문에 제재 사유를 보다 구체적이고 명확히 하는 것이 필요하다고 본다.

3. 제재 종류의 상이성

현행 제재제도는 전업주의에 기초한 업권별 규제체계에 기초하고 있기 때문에 개별 금융관련 법령에 따라 다소 차이를 보이고 있는데, 제재 종류 역시 마찬가지로 개별 금융관련 법령에 따라 상이하게 규정되어 있다(앞의 <표 2>

37 대법원 1987. 9. 8. 선고 87누373 판결.

38 고동원, 앞의 논문, 298면.

참조).

자본시장법과 금융사지배구조법은 임원에 대해서 해임요구를 규정하고 있으나, 다른 법령은 해임권고로 규정하고 있고, 금융위원회법은 임원에 대한 제재조치로 해임권고와 업무집행정지만을 규정하고 있는 등 제재의 종류가 개별 금융관련 법령에 따라 제각각이다. 다만, 제재실무에서는 제재규정을 통하여 제재의 종류를 일원화하고 있어 실무적으로는 큰 차이가 발생하는 것은 아니다.

개별 금융관련 법령에 따라 제재의 종류가 상이한 것이 개별 금융기관의 고유한 특성을 반영하여 제재의 강도나 방식에 있어 차이를 두기 위한 것으로 이해될 수도 있지만, 실제 금융감독기관이 제재를 함에 있어 제재규정을 통하여 형평성 문제를 최소화하고 있는 것으로 미루어 보면 이러한 제재종류의 차이가 금융기관의 고유한 특성을 고려한 것으로는 보이지 않는다. 특히 제재권고나 제재요구가 그 실질에 있어 아무런 차이가 없고, 그 기속 여부에 있어서도 실질적인 차이가 없기 때문에 제재의 종류가 상이한 것에 있어 어떤 특정한 행정목적을 고려한 것은 아니라고 판단된다.

이와 같이 개별 금융관련 법령상 제재의 종류가 상이함으로써 발생할 수 있는 문제는 앞의 <표 2>에서 볼 수 있는 것과 같이 상위법령에서 예정하고 있지 않은 제재조치를 하위규정인 제재규정에서 규정함으로써 위임의 범위를 벗어나는 문제가 있다. 판례의 경우 임원에 대한 해임권고 및 업무집행정지건의의 권한을 법령에서 부여하고 있다고 하여 당연히 문책경고의 권한까지 함께 주어진 것으로 볼 수 없다고 판시하여[39] 문언의 의미를 상당히 엄격하게 해석하고 있으므로 제재의 종류를 법률상 명확히 규정하는 것이 필요하며, 제재의 일원화를 위해서라도 제재의 종류를 금융기관에 따라 차이를 둘 필요는 없으며, 이를 통일적으로 규정하는 것이 요구된다.

4. 제재 효과의 문제점

(1) 임원 선임 및 준법감시인 선임 제한 규정의 문제

금융기관 임직원이 제재를 받는 경우 앞에서 살펴본 바와 같이 금융기관의 임원이나 준법감시인 선임에 있어 제한을 받게 된다. 이와 같은 제한은 제재를

---

39 대법원 2005. 2. 17. 선고 2003두14765 판결.

받은 금융기관 임직원에 대해 불이익을 줌으로써 금융시장에 대한 신뢰를 도모하고, 금융범죄의 발생을 예방하기 위한 조치로 이해된다.

금융사지배구조법 시행 전에는 금융기관의 임원 선임 및 준법감시인 선임 제한 규정이 개별 금융관련 법령에 따라 이루어져 법령에 따라서 다소 차이가 발생하였으나,[40] 금융사지배구조법에 따른 통합 적용으로 말미암아 이러한 문제가 해소되었다.

다만, 임원선임 제한 기간의 기산일과 관련하여 해임된 임원의 경우 해임된 날로부터 5년간 금융기관의 임원으로 선임될 수 없도록 규정하고 있는데, 금융감독기관의 해임요구(권고)나 면직요구조치가 있었으나, 해당 금융기관으로부터 해임되지 않은 경우에는 해임요구(권고)나 면직요구조치를 받은 날로부터 5년간 임원선임에 있어 제한을 하도록 규정하고 있다. 해임이나 면직의 경우 금융감독기관의 통보 후 상당 시일이 경과한 후에 금융기관에서 해임 또는 면직되는데, 해임이나 면직되지 않은 자의 경우에는 통보를 받은 날로부터 5년이므로 해임 또는 면직된 자에 비해 임원선임 제한 기간이 일찍 종료하게 되는 문제가 발생한다. 즉 금융감독기관의 조치를 성실히 이행한 자에 비해서 이를 제대로 이행하지 않은 자가 임원선임 제한 기간이 일찍 종료함으로써 오히려 금융감독기관의 조치를 이행하지 않은 자가 유리한 결과가 발생하게 되는 문제가 있는 것이다.

이러한 선임 제한 규정과 관련한 다른 문제점으로는 당사자가 금융감독기관의 제재조치에 불복하여 법원에 소송을 제기하여 금융감독기관의 선행조치가 취소되고, 후행조치가 이루어진 경우 그 제한 기간의 기산일이 어떻게 되는지에 여부가 관련 규정이 없어 명확하지 않다는 점이다. 대개 당사자가 제재조치에 불복하여 소송을 제기하는 경우에는 상당한 시일이 소요되기 때문에 선행조

40 종전에는 상호저축은행법의 경우 임원선임 제한 기간이 다른 법령과 상당한 차이를 보이고 있었는데, 상호저축은행법은 "상호저축은행법 또는 금융관계법령에 따라 정직·업무집행정지·직무정지의 요구에 해당하는 제재 조치를 받은 자로서 조치를 받은 날로부터 3년이 지나지 아니한 자"를 임원선임 결격요건으로 정하고 있어(상호저축은행법 제35조의2 제1항 제10호) 다른 금융관련 법령이 직무정지나 정직요구를 받은 경우에는 제한 기간으로 4년을 규정하고 있는 것과 차이가 나고 있었으며, 문책경고나 감봉의 경우에는 다른 법령이 3년의 제한 기간을 두고 있는 것과 달리 상호저축은행법(여신전문금융업법 포함)은 제한이 없어 다른 금융관계법령과 상당한 차이가 있었다.

치에 부과된 선임 제한 기간이 도과하는 일이 발생할 수도 있다. 그런데 법원에 의해서 그 선행조치가 취소되고, 금융감독기관이 동일한 위법·부당행위에 대해서 다시 제재조치를 취하는 경우에는 후행조치에 의해 다시 선임 제한 기간이 적용되면 당사자는 10년 넘게 선임 제한을 받게 되어 당사자의 권리구제에 심각한 피해가 발생하게 되는 문제가 있다.[41]

(2) 제재조치의 실효성 문제

금융감독기관의 제재조치요구에 대해서 해당 금융기관이 반드시 이에 기속되어야 하는지 여부에 대해서는 논란이 있을 수 있으나, 이에 기속되지 않는다고 보는 것이 타당할 것이다. 그 이유로는 현행 개별 금융관련 법령에서 규정하고 있는 임원 선임 자격 제한은 금융감독기관으로부터 제재요구(권고)를 받은 사실만으로 그 효과가 발생하는 것이고, 금융사지배구조법도 해임일과 해임요구일(권고일) 등을 구별하여 임원선임 제한기간을 차등하고 있는 점에 비추어 보면 해당 금융기관이 반드시 금융감독기관의 제재요구(권고)에 따라야 하는 것은 아니라고 판단된다.[42]

그런데 금융감독기관의 제재조치 특히 임원에 대한 해임요구(권고)의 경우에는 해당 임원이 한 행위가 금융기관 임원으로서 업무를 수행하기에는 적절치 않다고 판단하여 내리는 가장 중한 제재임에도 불구하고 해당 임원이 해임되지 않은 경우에는 별다른 제재수단이 없기 때문에 중대한 위법·부당한 행위를 저지른 임원이 그 임기만료 때까지 금융기관 임원으로서 업무를 수행하게 된다. 즉 금융감독기관의 해임요구(권고)가 수용되지 않는다면 금융기관 임원으로서 부적절한 자가 그대로 직무를 수행하는 것이 되어 금융감독기관이 중대한 위

41 실제 제재실무에서 이러한 일이 발생한 적이 있는데, 사례는 보험회사의 준법감시인이 금융감독원장으로부터 견책요구조치를 받았고, 당사자는 이에 불복하여 소송을 제기하여 법원으로부터 과잉조치라는 이유로 취소되었으며, 금융감독원은 견책요구보다는 한 단계 낮은 조치인 경고요구조치를 취하였는데, 소송이 상당기간 지속되어 선임 제한 기간이 도과하였다. 본래 소송을 제기하지 않았으면 선임제한 기간이 도과하여 다시 준법감시인으로 선임되는 데에 있어 장애가 없으나, 금융감독원이 법원의 판결에 따라 다시 한번 제재조치를 취함으로써 당사자가 권리구제를 받을 수 없게 된 사실이 있다.

42 다만, 해당 금융기관은 금융감독기관의 제재조치의 이행과 관련하여 보고해야 하며(제재규정 제15조 제1항), 그 이행과 관련하여 성실히 이행하지 않은 경우 제재를 받을 수 있다(제재규정 제15조 제2항).

법·부당한 행위를 한 자를 용인하는 것이 되어 매우 불합리한 결과가 되는 것이다. 위법·부당한 행위로 인하여 감독기관으로부터 금융기관 임원으로 업무를 수행하는 것이 적절하지 않다고 판단된 자가 계속해서 업무를 수행하는 것은 상당히 불합리하므로 이러한 경우에는 감독기관의 제재조치가 해당 금융기관으로 하여금 수용될 수 있도록 제재조치의 실효성 확보를 위한 법제도적 장치가 요구된다.

5. 제재 절차의 문제점

(1) 사전통지와 의견제출 절차의 문제

현행 제재규정은 금융감독원장이 금융기관 임직원에 대하여 제재조치를 하거나 금융위원회에 제재조치를 건의하고자 하는 때에는 제재의 내용 등을 제재 대상자에게 사전통지를 하도록 규정하고 있다(제재규정 제35조 제1항). 이에 따라 금융감독원장은 처분예정 내역이 적시된 사전통지서를 당사자에게 발송하게 되는데, 사전통지서에 기재된 처분의 내용 및 근거가 너무 간략하게 기재되어 당사자가 충분한 방어권을 행사하기에 곤란한 점이 있다. 물론 이러한 통지내용이 제재규정이나 행정절차법(제21조 제1항)에 반하는 것은 아니지만, 제재조치가 갖고 있는 불이익을 고려할 때, 당사자의 충분한 소명과 의견진술을 위해서 보다 명확하고 구체적으로 처분하려는 원인이 되는 사실과 처분의 내용 및 근거를 자세히 통지하는 것이 필요하다.

이러한 사전통지를 받은 제재당사자는 제재사유에 대한 의견을 제출할 수 있는데(제재규정 제35조 제1항), 이와 같이 당사자에게 의견제출의 기회를 주는 것은 제재결정을 하기에 앞서 당사자에게 충분한 소명의 기회를 제공하여 제재결정에 대한 신뢰를 통하여 사후에 분쟁의 발생을 방지하고자 하는 데에 그 목적이 있다. 따라서 제재조치에 대한 사전통지와 함께 당사자의 의견제출 기회를 충분히 제공하기 위해서는 당사자가 소명을 하기 위한 충분한 시간적 여유가 요구된다. 현행 제재규정은 이러한 의견제출기간을 10일 이상 주도록 규정(제재규정 시행세칙 제59조)하여 형식적으로는 당사자에게 충분한 시간을 부여하고 있다.[43] 그러나 실제 운용에 있어서는 이러한 절차가 제대로 준수되고 있지

---

43 제재규정(제35조 제1항)은 "상당한 기간"이라고 하고 있으나, 동 규정 시행세칙에서 이를

않고 있어 문제가 되고 있다. 이러한 원인은 제재규정 시행세칙이 금융감독원의 제재 절차를 처리하기 위한 내부적 규정으로 사무처리를 위한 행정규칙의 성격으로 보기 때문인 것으로 이해되는데, 당사자의 권리보호에 있어 중요한 사항은 법률에 명확히 규정하는 것이 필요하다.

(2) 청문절차의 문제점

현행 제재 절차에서 청문을 반드시 실시하도록 규정하고 있는 것은 자본시장법과 금융사지배구조법상 임원에 대한 해임요구와 직원에 대한 면직요구의 경우 밖에 없다(자본시장법 제423호 제2호, 금융사지배구조법 제36조). 따라서 해임요구나 면직요구 이외의 제재조치에 대해서는 청문이 실시되지 않고 있으며, 청문의 실시 여부가 금융감독기관의 재량에 달려 있다.

청문제도는 당사자에게 소명과 유리한 자료를 제출할 기회를 부여함으로써 위법사유의 시정가능성을 감안하고 처분의 신중과 적정을 기하려 하고자 하는 것으로 당사자의 권익보호 차원에서 청문절차의 확대 주장이 제기되고 있으며,[44] 제재 절차의 공정성과 투명성 확보 차원에서 청문제도를 확대해야 할 것으로 판단된다.

(3) 제재심의위원회의 운영상 문제점

현재 제재심의위원회의 회의는 당사자와 제재심의위원 간에 대면을 통한 심의를 진행하고, 당사자가 변호사 등의 조력을 받을 수 있도록 하고 있으나, 제재 대상자와 제재담당자 간의 대면을 통한 의견제시, 반론, 재반론, 탄핵 등의 기회는 원칙적으로 제공되지 않고 있다. 그리고 회의에서는 제재 대상자가 우선 의견진술을 한 후에 제재담당자가 제재 대상자의 의견진술에 대한 반론의 형식으로 심의가 진행되기 때문에 제재 대상자의 의견이 제재심의위원회에 수렴되기 힘든 구조로 이루어지고 있다. 이에 따라 제재심의위원회의 심의는 제재의 적절성 내지 타당성을 심의하는 것이 아니라 제재수준의 적절성 여부에 대한 심의를 중심으로 이루어지고 있다.[45]

"10일 이상"이라고 규정하고 있다.

44 고동원, 앞의 논문, 301~302면.

45 2012년 금융감독원의 제재내용공시를 검토해보면, 금융감독원의 제재심의실에서 올린 안건 중 제재심의위원회에서 수정의결된 건수는 28건으로 전체 처리건수의 8% 정도만이 심

또한, 제재심의위원회가 2주에 한 번꼴로 개최되는데, 심의안건은 1회 평균 15건 이상의 안건이 상정되므로 제재심의위원은 거의 하루에 1건 이상에 대한 안건을 검토하여야 한다.[46] 이와 같이 안건에 대한 충분한 심의를 위한 시간이 절대적으로 부족하기 때문에 밀도 있는 심의가 제대로 이루어지기가 상당히 어렵다고 할 수 있을 것이다. 따라서 제재심의에 있어 당사자의 권익보호와 함께 제재의 공정성과 투명성을 확보하기 위해서는 제재심의위원회의 운영방식에 대한 개선이 필요하다.

(4) 이의신청과 불복절차상의 문제점

1) 이의신청의 문제점

현재 자본시장법과 금융사지배구조법은 임원에 대한 해임요구와 직원에 대한 면직요구의 경우에는 이에 대한 이의신청을 할 수 없도록 규정하고 있다(자본시장법 제425조, 금융사지배구조법 제37조). 이에 따라 감독당국의 해임요구(권고)나 면직요구 이외의 제재조치에 대해서는 이의신청이 가능한데, 이와 같이 특별히 임원에 대한 해임요구와 직원에 대한 면직요구에 대해서 이의신청을 할 수 없도록 하고 있는 것은 임원에 대한 해임요구나 직원에 대한 면직요구조치의 경우에는 이러한 제재조치를 하기에 앞서 청문절차를 반드시 거치도록 규정하고 있기 때문인 것으로 이해된다.

이의신청은 당사자가 처분청을 상대로 제기하는 불복절차로 당사자가 처분의 위법성 또는 부당성을 환기시키고 처분청은 그에 대한 재고를 통해 시정의 기회를 갖게 됨으로써 신뢰를 제고할 수 있는데, 처분에 앞서 청문절차를 진행하였다고 하여 이의신청을 할 수 없다는 것은 타당하지 않다.

2) 불복절차의 문제점

금융감독기관으로부터 제재를 받은 금융기관 임직원은 적극적인 권리구제의 방법으로 행정쟁송을 제기할 수 있는데, 이러한 행정쟁송을 제기하기 위해서는 당해 제재조치가 행정소송법상 처분에 해당해야 한다는 점이다.

의회에서 원안과 달리 수정되었는데, 사실상 제재심의실에서 결정한 제재가 거의 그대로 처리되고 있는 실정이다.

46 실제 제재실무에서는 제재안건과 관련된 서류를 제재심의위원에게 회의 개최 1주일 전에 전달하고 있는 실정이기 때문에 1일 처리해야 하는 안건은 이보다 많을 것이다.

이러한 금융감독기관의 제재조치가 행정소송법상 처분에 해당하는지 여부에 대해서 처분에 해당하지 않는다는 견해는 제재조치는 해당 금융기관 소속 임직원의 위법사실 등에 대해 직접적으로 행정상 조치를 취하는 것이 아니라 해당 금융기관의 장(임면권자)에게 임직원의 위법사실 등을 통보하면서 그에 대해 합당한 조치를 취할 것을 요청하는 권고적 행위에 불과하고,[47] 당사자의 권리·의무나 법률상의 지위에 직접적인 변동을 가져오지 아니하는 것으로서 처분으로 볼 수 없다고 한다.[48]

반면, 금융기관의 임직원이 제재조치를 받은 경우에는 금융관련 법령에서 정한 바에 따라 일정기간 동안 임원선임의 자격 제한, 준법감시인 선임에 있어 제한을 받게 되므로 제재조치는 제재를 받은 임직원에 대한 직업선택의 자유를 직접 제한하는 효과를 발생하게 하는 등 당사자의 권리의무에 직접 영향을 미치는 행위로서 행정처분에 해당한다고 본다.[49]

금융기관 임직원에 대한 제재조치는 임면권자 또는 당해 기관의 장에 의해 최종적으로 이루어지는 것이지만, 제재를 받은 임직원의 경우 금융감독기관으로부터 제재조치를 받았다는 사실만으로 임원선임과 준법감시인 선임에 있어 직접적으로 제한을 받게 되고, 특히 준법감시인의 경우 제재를 받은 사실이 유지요건으로 되어 있기 때문에 제재를 받은 임직원의 권리·의무에 직접 영향을 미치는 행위로서 행정처분에 해당한다고 할 수 있을 것이다. 특히 상호저축은행법(제24조)나 금융지주회사법(제57조)의 경우 제재조치를 행정처분이라고 명확히 하고 있는 점에 비추어 보면, 금융감독기관의 임직원에 대한 제재조치는 그 경중에 상관없이 모두 행정처분으로 보아야 하며, 따라서 이에 대한 권리구제도 행정법상 행정쟁송의 방법을 통하여 할 수 있다고 해야 할 것이다.

---

47 금융감독기관의 요구가 법적 구속력이 없는 행정지도로 보아야 한다는 견해도 있다(백윤기, "금융행정에 있어서 법치주의 구현방안 –금융행정법의 정립과 발전방향의 모색", 「저스티스」 제33권 제4호(한국법학원, 2006), 18면). 이러한 견해에 의한 경우에는 권고나 요구는 행정지도로서 이를 당해 금융기관이 거부하여도 어떠한 불이익이 없다고 본다.

48 중앙행정심판위원회 재결 사건번호(200501190), 사건번호(200501191); 대법원 2005. 2. 17. 선고 2003두101312 판결.

49 대법원 2005. 2. 17 선고 2003두14765 판결.

Ⅳ. 금융기관 임직원 제재제도의 개선 방안

1. 제재권한 분담체계의 개선 방안

현행 금융위원회와 금융감독원의 제재권한 분담체계는 개별 법령에 따라 차이가 있어 제재의 효율성 측면에서 문제가 있다. 따라서 이에 대한 개선 방안으로 다음과 같은 방안을 고려할 수 있을 것이다.

첫째, 금융기관 임직원에 대한 제재권한을 금융위원회로 일원화하는 방안과 둘째, 금융감독원으로 제재권한을 일원화하는 방안 그리고 셋째, 중한 제재(해임 또는 면직요구)의 경우에는 금융위원회로 그 밖의 경한 제재는 금융감독원으로 하는 방안 또는 금융기관의 임원의 경우에는 금융위원회가 하고, 직원의 경우에는 금융감독원이 제재권한을 갖는 방안이 있을 것이다.

금융위원회로 제재권한을 일원화하는 방안은 제재권이라는 행정권한의 행사는 「정부조직법」상 행정기관이 행사하여야 하며, 「정부조직법」상 조사·검사·검정·관리 업무 등 국민의 권리·의무와 직접 관계되지 아니하는 사무만을 지방자치단체가 아닌 법인·단체 또는 그 기관이나 개인에게 위탁할 수 있으므로(정부조직법 제6조 제3항) 제재와 같은 침익적 행정행위의 경우에는 정부조직법상 중앙행정기관인 금융위원회가 행사해야 한다고 한다.[50] 또한 금융기관에 대한 검사를 담당하는 금융감독원이 제재결정까지 담당함에 따라 검사업무 수행자의 재량 확대와 금융감독원의 권한 비대화를 초래하고 있으므로 금융위원회가 제재권한을 행사하여 이를 견제해야 한다고 한다.[51]

반면, 제재권한을 금융감독원으로 일원화해야 한다는 견해는 금융감독원은 금융기관에 대한 검사업무 등을 수행하기 위하여 특별히 설립된 특수한 공법인으로[52] 입법기관인 국회가 제정한 법률에 따라 고유업무로서 제재업무를 수행하므로 금융감독원이 검사에 따른 제재권한을 행사하는 것은 위헌의 소지는 없고, 검사업무를 전문적으로 수행하는 기관이 그에 따른 제재를 하는 것이 금융

50 국회재정경제위원회, "금융감독원법안 검토보고서", 2003. 4, 14면.

51 국무총리실, "금융혁신TF보고서", 2012, 15면.

52 금융감독원의 법적 성격에 대해서 이를 공법상 영조물법인으로 본다(강현호, "금융감독원의 법적 성격", 「공법연구」 제31집 제3호(한국공법학회, 2003. 3), 137면).

감독의 효율성을 제고할 수 있으므로 금융감독원이 제재권한을 행사하는 것이 타당하다고 한다.[53]

이와 같은 방안은 나름대로 합당한 이유가 있으나, 금융위원회로 제재권한을 일원화하는 방안은 제재를 하기 위해서는 금융기관에 대한 검사업무가 전제되어야 하는데, 현실적으로 금융위원회가 금융기관에 대한 검사를 하기에는 무리가 있으며, 금융감독원으로 제재권한을 일원화하는 방안은 위에서 지적한 바와 같이 금융감독원의 권한 비대화를 초래하는 문제가 있으므로 금융위원회와 금융감독원간의 상호 견제와 균형을 통해 금융감독행정의 효율성을 제고하기 위하여 중한 제재의 경우에는 금융위원회가 담당하고, 그 밖의 경한 제재는 금융감독원이 담당하도록 하여 기존 제재체계의 틀을 유지하면서 제재권한 분담체계를 명확히 하는 것이 합리적인 방안이라고 판단된다.

그런데 2016년 8월부터 시행되고 있는 금융사지배구조법은 이러한 제재권한 분담과 관련하여 다소 혼란스럽게 규정하여 종전의 제재권한 분담체계보다 더 이상한 형태가 되고 있다.

금융회사지배구조법은 원칙적으로 금융기관의 임직원에 대한 제재권한을 금융위원회가 행사하도록 하면서(금융사지배구조법 제35조 제1항, 제2항), 은행의 경우에는 임원에 대한 문책경고, 주의적 경고, 주의조치는 금융감독원장이 하도록 하고(금융사지배구조법 제35조 제3항 제1호), 직원의 경우에는 금융감독원장이 제재조치를 할 수 있도록 하고 있다(금융사지배구조법 제35조 제4항 제1호). 또한 보험회사와 여신전문금융회사의 경우에는 임직원에 대한 제재조치를 금융감독원장의 건의에 따라 금융위원회가 하거나, 금융감독원장으로 하여금 임원에 대한 문책경고, 주의적 경고, 주의 그리고 직원에 대한 제재조치를 할 수 있도록 하고 있다(금융회사지배구조법 제35조 제3항 제2호, 제4항 제2호). 상호저축은행의 경우에는 금융위원회의 재재권한 일부를 금융감독원장에게 위탁하고 있는데(금융사지배구조법 제40조, 시행령 제30조 제1항 제11호) 반하여, 금융투자회사나 금융지주회사의 경우에는 이러한 위탁규정을 마련해놓고 있지 않다.[54]

---

53 금융감독원, “금융감독원 제재권한에 대한 법적 이해”, 「금융법무다이제스트」 통권 제23호, 2010, 71~72면.

54 앞의 <표 5>의 개별 금융관련 법령상 제재권한과 비교하여 보면, 금융투자회사나 금융지주회사의 경우에도 상호저축은행과 마찬가지로 제재권한에 대한 위탁규정이 금융사지

이러한 금융회사지배구조법의 제재권한 분담체계는 현행 제재권한 분담체계와 비교할 때, 오히려 더욱 혼란스럽고 불합리하게 되어 있어 금융사지배구조법의 제재권한 분담기준이 도대체 무엇인지 알 수 없을 정도이다(아래 <표 6> 참조).

〈표 6〉 금융사지배구조법상의 제재권한 분담체계

<table>
<tr><th>구분</th><th>제재 조치</th><th>은행</th><th>금융투자 회사</th><th>보험 회사</th><th>상호저축 은행</th><th>여신전문 금융회사</th><th>금융지주 회사</th></tr>
<tr><td rowspan="5">임원</td><td>해임 요구</td><td rowspan="2">금융위원회 (금융감독원장 건의)</td><td rowspan="5">금융 위원회</td><td rowspan="2">금융위원회 (금융감독원장 건의)</td><td rowspan="2">금융 위원회</td><td rowspan="2">금융위원회 (금융감독원장 건의)</td><td rowspan="5">금융 위원회</td></tr>
<tr><td>업무 정지</td></tr>
<tr><td>문책 경고</td><td rowspan="3">금융 감독원</td><td rowspan="3">금융감 독원</td><td rowspan="3">금융감독원 (권한수탁)</td><td rowspan="3">금융감 독원</td></tr>
<tr><td>주의적 경고</td></tr>
<tr><td>주의</td></tr>
<tr><td rowspan="5">직원</td><td>면직</td><td rowspan="5">금융 감독원</td><td rowspan="5">금융 위원회</td><td rowspan="5">금융위원회 (금융감독원장 건의) or 금융 감독원</td><td>금융위원회</td><td rowspan="5">금융위원회 (금융감독원장 건의) or 금융 감독원</td><td rowspan="5">금융 위원회</td></tr>
<tr><td>정직</td><td rowspan="4">금융감독원 (권한수탁)</td></tr>
<tr><td>감봉</td></tr>
<tr><td>견책</td></tr>
<tr><td>주의</td></tr>
</table>

위와 같은 방안으로는 제재를 통한 금융감독행정의 효율성을 기대하기 어렵고, 제재권한 분담체계가 기존에 비해 더욱 불합리하여 금융위원회와 금융감독원의 권한 다툼이 발생할 여지도 상당하여 조속히 개선되어야 할 것으로 보인다.

금융위원회와 금융감독원의 제재권한 분담방안으로는 중한 제재, 즉 임원에 대한 해임요구와 업무정지 그리고 직원에 대한 면직요구의 경우에는 당사자의 권리·의무를 제한하는 효과가 크므로 이에 대한 신중한 판단을 위하여 금융

배구조법 내에 마련되어야 할 것으로 보이는데, 이러한 규정이 없는 것은 입법 불비로 보인다.

감독원장의 건의에 따라 금융위원회가 최종적으로 결정하는 것으로 하고, 그 밖의 경한 제재의 경우에는 금융감독원장이 할 수 있도록 하여 적시에 위법·부당한 행위를 한 금융기관 임직원에 대한 적절한 조치가 가능하도록 하는 것이 타당하다고 판단된다. 다만, 이러한 제재권한의 행사 여부를 법률에 명확히 하여 추후 제재권한과 관련된 시비가 발생하지 않도록 해야 할 것이다.

2. 제재 관련 규정의 정비 방안

(1) 상법상 집행임원을 임원으로 포함

앞서 설명한 바와 같이 현재 개별 금융관련 법령에서는 임원의 범위에 상법상 집행임원을 임원으로 포함하고 있지 않다. 다만, 금융사지배구조법에서는 상법상 집행임원을 임원의 범위에 포함하고 있는데(금융사지배구조법 제2조 제2호), 이는 집행임원의 법적 지위를 고려할 때 타당한 조치라고 이해된다.

상법상 집행임원은 이사회에서 위임한 직무범위 내에서 해당 직무집행에 필요한 의사결정과 업무집행을 담당하는 자로서 회사와 위임관계에 있고, 집행임원을 선임하는 경우 대표이사를 둘 수 없고, 등기하여야 하며, 이사와 동일한 의무와 책임을 부담하는 점을 고려하면 그 법적 지위를 임원으로 보는 것이 타당하며 따라서 입법론적으로 개별 금융관련 법령에 임원에 대한 정의규정을 두면서 그 범위에 상법상 집행임원을 포함하도록 하여 제재에 있어서도 임원으로 취급해야 한다.[55]

(2) 퇴임 또는 퇴직한 임직원과 감독자 제재에 대한 근거규정 마련

1) 퇴임 또는 퇴직한 임직원에 대한 제재근거 마련

지난 황영기 前우리은행장의 제재처분 취소소송에서 드러난 바와 같이 퇴임 또는 퇴직한 임직원에 대한 제재는 법령에 그에 대한 제재근거가 반드시 있어야 한다. 그런데 앞에서 검토한 바와 같이 현재 금융위원회법, 금산법, 신용정보법, 전자금융법에서는 이에 대한 근거규정을 두고 있지 않다. 물론 이미 개별

55 참고로 일본의 경우 우리나라의 집행임원에 해당하는 집행역을 임원으로 포함하고 있으며(일본 회사법 제423조 제1항), 개별 금융관련 법령에서도 이사의 자격과 동등한 자격을 요구하고 있으며(일본 은행법 제7조의2 제1항, 보험업법 제8조의2), 제재에 있어서도 이사와 동일하게 취급하고 있다(일본 은행법 제27조, 금융상품거래법 제52조의2, 보험업법 제133조).

금융관련 법령에서 퇴임 또는 퇴직한 임직원에 대한 제재규정을 마련해두고 있으므로 관련 법령에 따라 제재를 하면 되므로 굳이 금융위원회법, 금산법, 신용정보법, 전자금융법에 퇴임 또는 퇴직한 임직원에 대한 제재규정을 둘 필요가 없다고 주장할 수 있을 것이다.

그러나 금융위원회법, 금산법, 신용정보법, 전자금융법은 그 입법 취지에 따른 고유한 목적이 있으며, 그러한 목적 달성을 위한 행위규제사항이 규정되어 있고, 그에 따라 재임 중이거나 재직 중인 임직원에 대한 제재규정을 마련하고 있음에도 불구하고 제재를 회피하기 위해 퇴임하거나 퇴직하는 임직원에 대한 제재규정을 두고 있지 않은 것은 합당하지 않으므로 개별 법령에 그 근거규정을 조속히 마련하여 규제공백을 없애야 한다.

2) 법률상 감독자 제재에 관한 근거규정 마련

현행 개별 금융관련 법률 중 자본시장법과 금융사지배구조법을 제외하고 감독책임에 따른 감독자 제재를 규정하고 있는 법률은 없으며, 감독자 제재에 관한 근거는 제재규정(제5조 제6호)과 제재규정 시행세칙 제52조에 있다.

감독자가 감독 소홀에 따른 책임을 지는 것은 위법·부당한 행위에 관여한 것이 아니라 이를 사전에 적극적으로 감시·감독할 책임이 있는 자가 이를 소홀히 한 행위에 대해서 그 책임을 추궁하는 것이다.[56] 그런데 이러한 감독자에 대한 제재가 단순히 제재 관련자로서 제재하는 것처럼 비추어져 논란의 소지가 있다. 따라서 감독자 책임을 추궁하기 위한 명확한 규정을 법률에 규정하여 감독자의 감독소홀에 대한 책임을 명확히 해야 할 것이다. 다만, 감독자라고 해서 사전에 위법·부당한 행위를 모두 탐지하여 이를 예방하는 것은 사실상 불가능하므로 감독자로서 책임 있는 자가 임직원에 대한 관리·감독에 상당한 주의를 한 경우에는 이를 면책할 수 있도록 하여 책임의 범위를 제한해야 할 것이다.[57]

---

56 이러한 감독자 책임의 이론적 근거는 미국 증권법(1934년 증권거래법 15(b)(4)(E), (b)(6))상 명문으로 규정하고 있는 감독소홀책임(failure to supervise liability)에 기인하고 있다(안수현, "미국증권법상 감독자책임", 「법학」 제43제 제1호(서울대학교 법학연구소, 2002), 439~440면)

57 자본시장법과 금융사지배구조법도 관리·감독의 책임이 있는 자가 그 임직원의 관리·감독에 상당한 주의를 다한 경우에는 조치를 감면할 수 있도록 규정하고 있다(자본시장법 제422조 제3항, 금융사지배구조법 제35조 제5항).

현행과 같이 당사자의 권리·의무에 관한 중대한 사항을 하위규정인 제재규정이나 제재규정 시행세칙을 하기보다는 자본시장법이나 금융사지배구조법과 같이 상위법령인 법률에 감독자에 대한 제재근거를 명확히 해야 한다. 이를 통해 감독자로 하여금 위법·부당한 행위에 대한 철저한 사전통제를 강화하여 금융기관 임직원의 위법·부당한 행위를 미연에 방지하고 금융기관의 건전한 경영과 금융거래질서 확립에 기여할 수 있을 것이다.

(3) 제재 대상 행위의 구체화·명확화

우선, 앞에서 지적한 바와 같이 현재 은행법과 금융위원회법의 경우 제재 대상 행위를 고의로 한 경우에 제재를 하도록 규정하고 있는데, 이를 삭제하여야 할 것이다. 금융기관 중 특히 은행의 경우에는 자금의 수탁자로서 고도의 주의의무를 부담하고 있으며,[58] 이러한 은행에 종사하는 임직원 역시 은행의 건전성 및 안전성을 유지하여야 할 의무가 있고, 일반회사와 달리 공공적 역할을 수행하는 은행의 임직원 역시 그에 상당하는 엄격한 의무를 부담하고 있다.[59] 따라서 이러한 의무를 저버린 행위에 대해서 고의·과실 여부를 불문하고 법규위반행위라는 객관적 사실에 기인하여 금융감독기관이 제재를 통하여 엄격한 의무준수 이행을 강제하는 것이 필요하므로 은행법과 금융위원회법에서 규정하고 있는 제재 대상 행위에서 고의를 삭제하는 것이 타당하다.

그리고 은행법, 보험업법, 금융지주회사법, 금융위원회법 등과 같이 제재 대상 행위를 단순히 '이 법 또는 이 법에 따른 규정·명령 또는 지시를 위반한 행위'로 규정하여 포괄적·추상적으로 규정하기보다는 제재 대상 행위를 구체적으로 규정하는 것이 필요하다. 물론 제재사유를 포괄적·추상적으로 규정함으로써 제재를 통한 억지 효과를 높일 수 있고, 금융환경의 변화에 능동적으로 대처할 수 있다는 이점은 있으나, 법규준수에 대한 이해를 도모하고 행위에 대한 예측가능성을 제고하기 위해서는 제재사유를 보다 명확히 하는 것이 필요하다.

---

58 맹수석, "금융기관 임원의 부실경영에 대한 책임", 「금융안정연구」 제7권 제1호(예금보험공사, 2006. 6), 79면.

59 대법원 2002. 3. 15. 선고 2000다9086 판결 "금융기관인 은행은 주식회사로 운영되기는 하지만, 이윤추구만을 목표로 하는 영리법인인 일반의 주식회사와 달리 예금자의 재산을 보호하고 신용질서유지와 자금중개기능의 효율성 유지를 통하여 금융시장의 안정 및 국민경제의 발전에 이바지해야 하는 공공적 역할을 담당하는 위치에 있는 것"이라고 한다.

다만, 제재사유를 구체적으로 자세히 규정하는 것은 현실적으로 어렵고, 오히려 보다 명확히 해야 하는 것은 준수대상인 법령이나 명령의 내용이겠지만, 제재를 받게 되는 행위내용의 범위는 어느 정도는 한정되어야 할 것으로 판단된다.

따라서 구체적인 제재사유는 개별 금융관련 법령에서 금융기관의 고유한 특성이나 업무의 성질을 고려하여 개별적으로 정해야 하지만, 적어도 현재 제재규정에서 정하고 있는 제재사유를 법률의 수준으로 끌어 올려야 한다. 제재규정상 제재사유를 살펴보면, ⅰ) 금융관련법규 위반행위, ⅱ) 업무관련 범죄행위, ⅲ) 불건전 행위로 인한 금융기관의 경영악화 초래, ⅳ) 불건전 영업행위로 인해 금융기관 또는 금융거래자의 이익을 해한 경우, ⅴ) 금융사고 등으로 인한 금융기관의 공신력 훼손 또는 사회적 물의를 야기한 경우, ⅵ) 고의 또는 과실로 업무상 장애 또는 분쟁을 야기한 경우, ⅶ) 금융시장의 신용질서를 문란행위, ⅷ) 부당·불전건한 영업 또는 업무처리를 한 경우를 들고 있는데(제재규정 제5조), 이러한 제재사유는 금융기관 임직원으로서 준수해야 할 사항을 어느 정도 구체화하고 있는 것으로 평가할 수 있다. 즉 금융기관 임직원으로 하여금 적어도 어떠한 행위가 제재의 대상되는지를 예측할 수 있을 정도로 제재사유를 구체화하고 있으므로 이를 법률에 규정하는 것이 바람직하다.

(4) 시효제도의 도입

금융감독기관이 금융기관 임직원이 저지른 행위에 대해서 언제까지 제재할 수 있는지 여부는 입법목적, 당사자의 신뢰, 법적 안정성 등을 고려하여 신중히 결정할 문제이지만, 적어도 어느 정도의 기간이 도과한 행위에 대해서는 굳이 제재가 필요한지 검토가 필요하다고 본다.

금융기관의 경우 매년 수차례에 걸쳐 감독기관의 조사 및 검사를 받게 되는데, 감독기관이 금융기관 임직원의 위법·부당한 행위를 적시에 적발하지 못하고 상당한 기간이 지난 후 이를 제재하는 경우에는 오히려 감독기관의 신뢰를 훼손할 수 있으며, 제재조치가 없을 것이라고 믿은 당사자의 신뢰와 법적 안정성을 해할 수 있고, 상당한 기간이 지난 후 감독기관이 취하는 제재조치는 사실상 그 실익이 없기 때문에 과거 위반행위에 대한 제재에 대해서는 적절한 제한이 요구된다.

현재 행정처분에 관한 시효제도를 두고 있는 것으로는 변호사, 공인회계사, 공인노무사, 변리사 등 징계에 있어 사유가 발생한 날로부터 일정기간이 지난 경우에는 징계를 할 수 없도록 하고 있으며,[60] 2005년 국가인권위원회는 행정처분에 대한 시효가 없는 「부동산중개법」 제23조에 대해서 직업선택의 자유를 침해하는 것으로 판단하여 개정을 권고한 바가 있다.[61] 또한 최근 의사면허 자격정지 처분에 시효제도를 도입하는 「의료법」 개정안이 국회에 제출되기도 하였다.[62]

금융기관 임직원 제재에 있어 시효제도가 필요한 이유는 감독기관이 무제한적으로 금융기관 임직원에 대해서 제재를 할 수 있도록 한다면 행정에 대한 신뢰의 이익과 법적 안정성을 해할 수 있으며, 금융기관 임직원의 헌법상 권리인 행복추구권, 평등권, 직업선택의 자유를 침해할 수 있기 때문에 과거 행위에 대한 무한한 제재가 이루어지지 않도록 시효제도를 도입하여야 한다. 더욱이 과징금과 같은 금전적 제재에 대해서는 시효제도를 두고 있는 것과 비교할 때,[63] 비금전적 제재인 신분상 제재의 경우에만 시효제도를 두고 있지 않은 것은 형평에 맞지 않으므로 신분상 제재에 있어서도 시효제도를 조속히 도입해야 할 것이다. 최근 금융감독기관도 이러한 점에서 금융기관 임직원(퇴임·퇴직한 임직원 포함)에 대하여 5년의 기간이 경과하면 제재하지 않도록 하는 제재시효제도 도입을 추진하고 있는데, 이는 긍정적인 입법조치라고 판단된다.[64]

(5) 제재종류의 정비

앞에서 살펴본 바와 같이 개별 금융관련 법령에서 규정하고 있는 제재의 종류가 상이하게 규정되어 있어 일관성이 없으며, 특히 감독기관이 취하는 제재요구와 제재권고가 그 실질에 있어서는 아무런 차이가 없기 때문에 굳이 이를 달리 사용할 필요가 없다. 또한 하위규정인 제재규정을 통하여 제재의 종류

60 「변호사법」(제98조의6), 「공인회계사법」(제40조의17 제2항), 「공인노무사법」(제20조 제5항), 「변리사법」(제18조 제2항)의 경우 3년의 시효를 두고 있다. 이밖에 「국가공무원법」(제83조의2 제1항)에서는 3년 또는 5년의 시효를 두고 있다.

61 국가인권위원회 보도자료, "행정처분 시효가 없는 부동산중개업법 제23조 규정은 평등권 및 직업선택의 자유침해", 2005. 8. 9.

62 박인숙의원 대표 발의 「의료법 일부개정법률안」(의안번호 1904475, 2013. 4. 10. 제출).

63 자본시장법 제429조 제4항은 위반행위가 있은 때로부터 3년이 지난 경우에 과징금을 부과할 수 없도록 하고 있다.

64 금융위원회·금융감독원 보도자료, "금융분야 제재개혁 추진방안", 2015. 8. 27.

를 일원화하고 있으나, 제재규정에 개별 법령에서 예정하고 있는 제재의 종류가 없는 경우도 있고, 그 반대의 경우도 있어 위임의 범위를 일탈하는 문제가 있으며, 문책과 문책경고, 경고와 주의적 경고, 주의 등의 제재종류가 무엇을 의미하는지가 불명확하고, 그 실질적인 차이가 무엇인지 알 수 없으므로 이를 명확하게 정비할 필요가 있다.

따라서 금융기관 임원에 대한 제재종류는 해임요구, 업무집행정지, 문책요구, 경고로 하고, 직원의 경우에는 징계(면직, 정직, 감봉, 견책)요구, 경고로 하여 제재의 종류를 단순·명료하게 규정하여 일관된 제재체계를 확립할 필요가 있다.

3. 제재 효과의 개선 방안

임원선임 제한 기간과 관련하여 감독기관으로부터 해임요구 또는 면직요구를 받고 해임 또는 면직된 자와 그렇지 않은 자의 제한 기간 기산일이 해임 또는 면직되지 않은 자에게 유리하게 되어 있어 불합리한 점이 발생하고 있는데, 이를 개선해야 할 것이다. 즉 현행 개별 금융관련 법령은 해임 또는 면직된 자의 경우에는 해임일 또는 면직일로부터 5년간 임원으로 선임할 수 없도록 하고 있는 반면, 해임 또는 면직되지 않은 자의 경우 해임요구일 또는 면직요구일로부터 5년간 임원으로 선임될 수 없도록 규정하고 있어 해임 또는 면직되지 않은 자가 해임 또는 면직된 자에 비해 선임 제한 기간이 조기에 종료함으로써 오히려 감독기관의 조치를 이행하지 않은 자가 유리한 결과가 발생하고 있다. 따라서 감독기관의 해임요구 또는 면직요구를 받고도 그대로 직을 유지하는 자는 그 임기만료일로부터 임원선임 제한 기간이 적용하는 것으로 변경하여 감독기관의 조치를 이행하지 않은 자가 유리하지 않도록 해야 한다.

한편, 감독기관의 금융기관 임원에 대한 해임요구(권고)에 대하여 해당 금융기관이 이에 반드시 기속되는 것이 아니고, 이러한 제재조치를 받은 사실 자체가 임원자격 유지요건이 아니기 때문에 중대한 위법·부당한 행위로 인하여 감독기관으로부터 해임요구(권고)를 받은 자가 제재조치에도 불구하고 그대로 직무를 수행할 수 있다. 물론 감독기관이 해당 임원에 대하여 해임요구(권고) 조치를 취하는 경우에 업무정지명령을 병과하여 이를 방지할 수도 있으나, 현행 제재규정(제18조)상 임원에 해임요구(권고)와 업무집행정지가 별도의 제재조치로 규정되어 있어 병과하기 어려운 점이 있다. 중대한 위법·부당한 행위를 하여 감독기관으로부터 금융기관 임원으로서 업무수행이 부적절하다고 판단된 자가 직무를 그대로 수행한다는 점은 용인할 수 없으므로 감독기관으로부터 해임조치를 받은 자의 경우에는 그 제재조치가 이행될 때까지 업무집행을 정지할 수 있도록 해야 할 것이다. 현재 「신용협동조합법」 제84조 제2항에서는 제재조치가 확정될 때까지 해당 임직원에 대해서 직무를 정지시키고 있는데, 이를 참조하여 감독기관의 제재조치가 이행될 때까지 해당 임직원에 대해서 직무를 정지시킬 수 있도록 입법화하여야 할 것이다. 금융감독기관에서도 이러한 문제의 해결을 위해 해임요구(권고)와 직무정지(업무집행정지)의 병과를 위한 관련 법령의 개정작업을 추진 중에 있는데,[65] 이러한 입법 개선작업이 조속히 이루어지길 기대한다.

4. 제재 절차의 개선 방안

(1) 당사자의 의견제출 절차의 개선 방안

감독기관이 제재조치를 취함에 있어 사전에 당사자에게 의견제출의 기회를 주는 것은 제재결정을 하기에 앞서 당사자에게 충분한 소명의 기회를 제공하고, 제재결정에 대한 신뢰를 통하여 사후 분쟁의 발생 여지를 최소화하기 위한 것이다. 이를 위해서는 당사자가 방어권을 원활히 행사할 수 있도록 충분한 기회와 시간을 제공할 필요가 있다.

따라서 현재 감독기관이 당사자에게 발송하는 처분예정 내역서의 기재내용을 보다 명확하고 구체적으로 기재하여 처분의 원인이 되는 사실과 처분의 근거 및 내용을 당사자가 이해할 수 있도록 해야 할 것이다. 그리고 이에 대해서 당사자가 충분한 시간적 여유를 갖고 이를 검토할 수 있도록 의견제출 기간을 충분히 제공하고 이를 제대로 준수하는 것이 필요하다.

금융감독기관에서도 재재대상자의 반론권 강화차원에서 금융기관 임직원의 충분한 소명기회를 가질 권리가 있음을 보장하고 있으며,[66] 제재대상에 해당

---

65 금융위원회·금융감독원 보도자료, "금융분야 제재개혁 추진방안 이행을 위한 관련법 개정 내용", 2016. 5. 25.

66 「금융회사 임직원 권익보호기준」.

하는지 여부를 신속하게 알 수 있도록 제재심 부의예정사실을 검사종료일로부터 90일 이내에 통보하고, 사전통지시 위규 행위사실, 근거법규, 제재 예정내용 등을 구체적으로 통보하여 대상자가 관련 내용을 충분히 파악할 수 있도록 제재심 부의안과 원칙적으로 동일한 수준으로 사전통지서를 작성하도록 하고 있다. 또한 제재심 개최 전 안건 중 본인 관련 내용을 미리 확인할 수 있도록 하여 반론권의 효과적 행사를 지원하기 위한 노력을 경주하고 있다.[67]

이와 같은 사전통지와 의견제출제도의 개선을 통하여 제재의 투명성과 공정성을 확보할 수 있을 것이며, 이러한 절차적 정당성 보장을 통하여 궁극적으로는 감독기관의 신뢰에 이바지하는 역할을 수행할 수 있을 것이다.

(2) 청문제도의 확대

앞서 설명한 바와 금융기관 임직원 제재와 관련하여 청문절차를 규정하고 있는 것은 자본시장법과 금융사지배구조법 밖에 없고, 그 대상도 해임요구 또는 면직요구로 제한되어 있다(자본시장법 제423호 제2호, 금융사지배구조법 제36조).

제재에 있어 청문제도가 필요한 이유는 감독기관의 조치로 인하여 당사자의 권리가 부당하게 침해받지 않도록 하기 위한 것으로 제재사유에 대하여 당사자에게 소명과 유리한 자료를 제출할 기회를 부여함으로써 위법사유의 시정 가능성을 감안하고 제재에 있어 신중과 적정을 기하려 하고자 하는 것이다.

그런데 현재 이러한 청문은 금융위원회로부터 해임요구 또는 면직요구를 받은 경우에만 제한적으로 실시하게 되어 있기 때문에 다른 제재조치를 받은 경우에는 청문제도를 이용할 수 있는 길이 사실상 불가능하며, 제재의 효과에 있어서 해임요구와 면직요구와 차이가 별로 없음에도 불구하고 청문을 할 수 없기 때문에 당사자의 권리 보호에 미흡한 면이 상당하다고 할 수 있다. 특히 제재를 받은 사실 자체가 자격유지 요건으로 되어 있는 준법감시인의 경우에는 제재조치가 당사자의 권리·의무에 상당한 제약을 미치는 행위이므로 제재에 있어 신중함과 적정성에 대한 충분한 고려가 있어야 한다.

따라서 금융기관 임직원에게 임원 및 준법감시인 선임에 있어 상당한 제한을 수반하는 중한 제재의 경우에는 금융기관에 상관없이 반드시 청문을 거치도

67 금융감독원 보도자료, "금융회사 임직원 권익보호기준(Bill of Rights) 제정 및 제재대상자 반론권 강화 추진", 2015. 6. 12.

록 하여 제재 절차에 있어 공정성과 투명성을 제고할 필요가 있다. 물론 이러한 청문제도의 실시는 감독기관의 부담을 증대시킬 수 있으나, 당사자의 권익 보호와 감독기관의 신뢰 확보 측면에서는 다소 부담이 되더라도 이를 확대하는 것이 필요하다고 본다.[68]

(3) 제재심의위원회의 개선 방안

최근 금융감독원은 제재심의위원회의 독립성에 대한 개선책으로 심의위원회의 위원 수를 확대하고, 외부위원의 수를 12인으로 확대하는 등의 개선을 하기도 하였으나, 여전히 제재심의위원회의 독립성에 대해서 비판이 제기되고 있으며, 그 운영과 관련하여 여러 비판이 제기되고 있는 실정이다.[69] 따라서 제재의 공정성과 투명성을 제고하고 제재에 대한 신뢰를 강화하기 위해서는 제재심의위원회에 대한 위상 강화와 함께 독립성 강화를 위한 제도적 장치의 마련이 요구된다.

우선, 제재심의위원회의 위상 강화를 위하여 현재 금융감독원의 내부기구로 되어 있는 제재심의위원회를 법상 기구화하는 것이 필요하며, 제재결정에 있어 독립성 강화를 위하여 제재심의위원회의 위원을 공개하는 것을 고려해야 한다. 현재 제재심의위원회의 위원은 재재결정의 독립성을 위하여 이해관계자의 접근을 차단하고자 이를 비공개로 하고 있으나, 오히려 이러한 은밀성으로 인하여 제재결정에 대한 오해를 유발할 수도 있으므로, 제재심의위원회를 법상 기구화 하면서 그 위원도 공개하여 외부의 상시적인 감시를 받을 수 있도록 하여 제재결정의 투명성을 제고할 필요가 있다.

또한 제재심의위원회의 운영과 관련하여 회의 운영을 당사자 대립주의에 기초한 대심구조로 할 필요가 있다. 대심제도를 도입하게 되는 경우 제재심의 과정에서 당사자간에 반론과 탄핵을 통해 심의에 대한 공정성 및 투명성을 제고할 수 있으며, 제재당사자에게 충분한 의견진술과 방어권을 보장함으로써 제재결정에 대한 신뢰를 얻을 수 있기 때문에 이를 적극적으로 도입할 필요가 있

68 금융회사지배구조법(제36조)의 경우에 해임요구와 면직요구에 대해서만 필요적 청문을 실시하도록 규정하여 금융기관에 차이를 두고 있지 않은 점은 긍정적으로 평가할 수 있으나, 임원 및 준법감시인 선임제한이 뒤따르는 다른 제재조치에 대해서 청문대상에서 제외한 점은 아쉬운 감이 있다.

69 국무총리실, 앞의 보고서, 15면.

다.[70] 다만, 모든 제재안건에 대해서 대심제도를 운영한다면 시간적 제약으로 인하여 시의적절한 제재가 이루어지지 않을 수 있기 때문에 당사자의 신청이 있거나, 중한 제재조치의 경우 또는 사실관계의 규명이 중요한 사안의 경우 등 일정한 사안을 대상으로 운영하는 방안을 강구해야 할 것으로 보인다.

그리고 제재심의의 내실화를 위하여 제재심의위원회 회의 운영을 개선할 필요가 있다. 현재 제재심의위원회의 회의는 2주에 1번 개최되며, 1회 회의에서 처리되는 안건이 평균적으로 15건 이상으로 제재심의위원회 1일 1건 이상의 안건을 검토하여야 하기 때문에 내실 있는 심의를 기대하기에는 시간적으로 어렵다고 판단된다. 따라서 심도 있는 제재심의를 위하여 3~5인으로 구성된 소위원회를 두고, 경미하고 단순한 사안의 경우에는 소위원회에서 처리하고, 중대한 사안이나 소위원회에서 제재합의가 이루어지지 않는 사안 등은 전체 회의에서 심의하도록 하여 제재심의위원회의 회의 운영을 탄력적으로 할 필요가 있으며, 자문위원회 등을 두어 필요한 경우에는 자문을 얻을 수 있도록 하여 제재심의의 질을 제고할 필요가 있다.

(4) 불복절차의 개선 방안

이의신청은 당사자가 처분청을 상대로 제기하는 불복절차로서 당사자 권리구제에 있어 중요한 수단이다. 그런데 앞에서도 지적한 바와 같이 현재 감독기관의 제재조치에 대하여 이의신청을 할 수 있도록 규정하고 있는 것은 자본시장법(제425조 제1항)과 금융사지배구조법(제37조 제1항)밖에 없고, 하위규정인 제재규정(제37조 제1항)에 그 일반적 근거를 두고 있을 뿐이다. 이에 따라 청문절차를 진행하였다고 하여 금융기관 임직원에 대한 해임요구와 면직요구에 대해서는 이의신청을 할 수 없도록 하고 있는데, 청문절차를 거쳤다고 해서 제재조치가 완벽하다고 할 수 없으며, 경우에 따라서는 제재조치가 불합리할 수도 있으므로 이에 대해서 처분청이 스스로 시정할 기회를 주도록 하여 신뢰를 제고할 수 있도록 해야 한다. 따라서 당사자의 권리·의무에 상당한 제한을 주는 제재조치에 대해서 당사자가 처분청인 감독기관에 대해서 이의신청을 할 수 있

---

70 2013년 4월 4일 금융감독원은 제재심의위원회에서 시범적으로 대심제도를 운영한 바가 있으며, 향후 이를 적극적으로 도입할 예정이라고 한다(금융감독원 보도자료, "제재심의위원회 대심제도 시범실시", 2013. 4. 7).

도록 개선해야 하며, 이의신청과 같이 중요한 권리구제수단의 경우에는 하위 법령인 제재규정보다는 법률에 이를 명시하는 것이 요구된다.

한편, 감독기관의 제재조치와 관련하여 행정쟁송을 제기하는 데에 있어 문제점은 금융감독당국의 제재조치가 항고소송의 대상인 행정처분인지 여부이다. 특히 문제가 되는 것은 감독당국의 조치의뢰제도가 처분성이 있는지 여부인데, 2015구합76735 판결에서는 조치의뢰사항으로 조치요구를 받은 은행의 직원에게는 관련 법령상 불이익이 없고, 직업의 자유를 직접적으로 제한하는 효과가 발생하지 않는다고 하여 감독당국의 조치의뢰의 처분성을 부정한 바 있다. 그런데 2015구합74593 판결에서는 금융감독원장이 금융기관에 대한 검사결과를 검사서에 의해 당해 금융기관에 통보하고 필요한 조치를 취하거나 당해 금융기관의 장에게 이를 요구할 수 있고, 금융기관이 위 요구사항에 대하여 일정 기간 내에 이를 정리하고 금융감독원장에게 이를 보고하여야 하며, 금융감독원장이 위 보고 내용에 따라 제재절차를 진행할 수 있으므로 금융감독원장의 처분에 의해 법률상 의무를 지게 되고 이를 불이행할 경우 제재처분 등의 불이익을 당하게 되므로 금융감독원장의 처분은 단순히 사실상의 통지 내지는 권고 또는 지도행위 등에 불과하다고 보기 어렵고, 의무의 부담을 명하거나 기타 법률상 효과를 발생하게 하는 것으로서 항고소송의 대상이 되는 행정처분에 해당한다고 판시한 바 있어 금융감독원장이 행하는 조치의뢰의 처분성 여부가 불명확하다.

금융감독기관의 제재조치에 대한 처분성 인정 여부는 그 실질 여부를 기준으로 판단하여야 할 성질의 것이지만, 입법적으로 상호저축은행법(제24조), 금융지주회사법(제57조)과 같이 제재조치를 행정처분이라고 명확히 하여 논란의 소지를 다소 줄이는 것이 필요하다고 본다.

이와 같이 금융감독기관의 제재조치가 엄격한 행정법상의 규율을 받는다는 것은 법치행정작용을 통해 금융행정이 보다 정교해지고, 적법절차의 강화를 통하여 금융감독의 투명성과 예측가능성을 제고할 수 있게 된다는 것을 의미한다.[71]

71 김성수, 앞의 논문, 37면; 홍준형, "금융행정의 법적 구조와 개혁방향", 「공법연구」 제29권 제2호, 한국공법학회, 2001. 2, 110면; 백윤기, 앞의 논문, 6면에서는 적법절차의 준수를 통하여 행정작용의 정당성의 확보될 수 있다고 한다.

V. 맺음말

금융기관 임직원에 대한 제재는 위법·부당한 행위를 한 임직원에 대하여 불이익을 부과하여 금융감독의 실효성을 확보하기 위한 수단으로 중요한 역할을 수행하지만, 해당 임직원에게 직업선택의 자유를 직접 제한하는 등의 효과를 발생하게 하는 등 당사자의 권리·의무에 상당한 영향을 미치는 행위이므로 그 내용과 절차에 있어 합리적이고 공정한 제도의 확립이 요구된다.

그런데 현행 금융기관 임직원 제재제도는 개별 금융관련 법령에 따라 산재해있어 일관되고 통일적인 체계를 확립하고 있지 못해 여러 가지 문제점을 내포하고 있다. 첫째, 금융위원회와 금융감독원이 행사하고 있는 제재권한의 분담체계가 불합리하게 되어 있어 감독행정의 효율성을 저하시키고 있다. 둘째, 제재 대상자에 대한 근거 규정이 미흡하고, 제재 대상 행위에 대한 명확하고 구체적인 기준이 합리적으로 정비되어 있지 않아 이에 대한 체계적인 개선이 요구되고 있다. 셋째, 제재종류가 개별 금융관련 법령에 따라 상이하게 규정되어 있어 제재종류를 통일할 필요가 있다. 넷째, 제재조치에 따른 효과가 개별 금융관련 법령에 따라 차이가 발생하고 있어 규제의 형평성에 문제가 있으며, 제재조치에 대한 실효성 확보 방안이 다소 미흡한 감이 있다. 다섯째, 제재 절차에 있어 당사자의 방어권 보장과 권리구제절차가 충분하지 못하고, 제재 절차에 있어 공정성과 투명성을 제고할 필요가 있다.

따라서 이러한 문제점을 해결하기 위해서는 근본적으로 제재에 관한 일반법을 제정할 필요가 있으며, 최소한 개별 금융관련 법령상 상이한 제재내용, 절차, 효과 등을 일관되게 규정하여 규제차익 또는 규제공백을 제거하고, 규제의 형평성을 유지해야 할 것이다. 그리고 무엇보다도 제재에 있어 공정성과 투명성을 제고하기 위한 제도적 장치를 시급히 마련하여 감독기관의 신뢰성을 제고할 필요가 있으며, 제재 절차에 있어 당자사의 권익 보호를 위한 제도를 정비하여 절차적 정당성을 확보함으로써 제재에 따른 불필요한 시비를 줄일 수 있도록 노력해야 할 것이다.

참고문헌

R·E·F·E·R·E·N·C·E·S

감사원 감사결과보고서, "금융소비자 보호 등 금융감독실태"(2012. 2).

강현호, "금융감독원의 법적 성격", 「공법연구」 제31집 제3호(한국공법학회, 2003. 3).

고동원, "금융기관 임직원 제재 절차의 공정성과 투명성 확보를 위한 법제 개선 방안", 「성균관법학」 제24권 제1호(성균관대학교 법학연구소, 2012. 3).

국가인권위원회 보도자료, "행정처분 시효가 없는 부동산중개업법 제23조 규정은 평등권 및 직업선택의 자유침해"(2005. 8. 9).

국무총리실, "금융혁신TF보고서"(2012).

국회재정경제위원회, "금융감독원법안 검토보고서"(2003. 4).

금융위원회·금융감독원 보도자료, "금융감독원 제재심의위원회 개편방안"(2015. 2. 13).

__________, "제재심의위원회 민간위원 풀(Pool)제 시행"(2015. 7. 3).

__________, "금융분야 제재개혁 추진방안"(2015. 8. 27).

__________, "금융분야 제재개혁 추진방안 이행을 위한 관련법 개정내용"(2016. 5. 25).

금융감독원 보도자료, "제재심의위원회 대심제도 시범실시"(2013. 4. 7).

__________, 「2012년 금융감독제도」(2012).

__________, "금융감독원 제재권한에 대한 법적 이해", 「금융법무다이제스트」 통권 제23호(2010).

김성수, "금융감독기관의 제재조치와 권리구제", 「행정법연구」 제20호(행정법이론실무학회, 2008).

맹수석, "금융기관 임원의 부실경영에 대한 책임", 「금융안정연구」 제7권 제1호(예금보험공사, 2006. 6).

백윤기, "금융행정에 있어서 법치주의 구현방안-금융행정법의 정립과 발전방향의 모색", 「저스티스」 제33권 제4호(한국법학원, 2006).

서문식, "감독자에 대한 제재의 법 이론", 「금융법연구」 제4권 제1호(한국금융법학회, 2007).

안수현, "미국증권법상 감독자책임", 「법학」 제43제 제1호(서울대학교 법학연구소, 2002).

윤광균, “금융감독상의 제재와 적법절차에 관한 고찰”, 「저스티스」 통권 제104호(한국법학원, 2008. 6).

이병화, 「축조해설 은행법」(삼우사, 2008).

임재연, 「자본시장법」(박영사, 2013).

홍준형, “금융행정의 법적 구조와 개혁방향”, 「공법연구」 제29권 제2호(한국공법학회, 2001. 2).

홍정선, 「행정법원론」(박영사, 2012).

제 2 편

금융규제법

제 1 장 총 설

Ⅰ. 금융규제법 개관

1. 금융업 개관

금융은 직접금융(direct financing)과 간접금융(indirect financing)으로 나누어 볼 수 있다. 직접금융이란 자금공급자가 금융투자업자, 즉 증권회사의 중개를 통하여 직접 자신의 책임으로 자금수요자와 자금거래를 하는 금융을 말하고, 간접금융이란 자금공급자와 자금수요자가 은행을 상대로 예금 및 대출 거래를 함으로써 자금공급자와 자금수요자가 직접적인 거래관계를 형성하지 않는 금융을 말한다.[1]

직접금융은 자금의 수요자인 기업이 증권발행을 통하여 자금을 조달하는데 주로 투자매매업 또는 투자중개업을 수행하는 금융투자업자가 총액인수 또는 잔액인수 약정을 체결한 후 발행되는 증권을 불특정의 일반 투자자에게 분

---

* 오영표 집필.

1 금융거래를 '자금이 이동하는 형태'에 따라 직접금융거래와 간접금융거래로 분류하기도 하는데, 직접금융거래는 자금수요자가 자기명의로 발행한 증권을 자금공급자에게 교부하고 자금을 직접 조달하는 거래이고, 간접금융거래는 은행과 같은 금융중개기관(financial intermediaries)을 통하여 자금공급자로부터 자금수요자로 자금이 이전되는 거래이다(한국은행, 「한국의 금융시장」(2012), 3면).

매하는 방식으로 이루어지므로 금융투자업자 중심의 금융이다. 직접금융에서 금융투자업자는 총액인수나 잔액인수 단계에서는 발행기업의 신용위험을 부담하나 이를 최종적으로 투자자에게 분매한 이후에는 증권의 발행기업과 투자자 간의 직접적 법률관계가 형성될 뿐 금융투자업자는 이들의 법률관계에서 완전히 이탈된다. 직접금융의 경우 투자자는 자금의 수요자인 증권의 발행기업의 성과에 연동되어 손익을 실현하므로 발행기업에 부도의 사유가 발생할 경우에 원금의 손실을 입을 수 있으나, 발행기업의 증권의 발행 및 투자자의 증권투자에 조력한 금융투자업자는 발행회사의 부도로부터 완전히 자유롭기 때문에 인수업무에 따른 수수료를 수취할 뿐이므로 수수료 의존형 사업(fee-based business)을 영위한다고 보면 된다. 직접금융의 역할을 수행하는 자본시장에 있어서는 자금의 공급자인 투자자를 보호하기 위하여 증권 발행기업의 발행공시 및 유통공시를 통한 재무정보의 제공과 증권에 대한 투자 권유시 적합성의 원칙, 설명의무 등 투자 권유 규제가 매우 중요한 역할을 수행한다.

간접금융은 예금주로부터 예금 또는 은행채의 발행을 통하여 조달한 자금을 기업 또는 가계에 대출하여 주는 은행 중심의 금융이다. 간접금융에서 자금의 공급자인 예금주는 은행이 어떠한 기업 또는 가계에 대출하는지, 기업 또는 가계에 대출한 금리가 얼마인지, 은행이 대출한 가계 또는 기업에 부도의 사유가 발생하였는지를 불문하고 예금주가 은행에 맡긴 원금과 예금계약에서 정한 이자율을 확정적으로 지급받는다. 간접금융에서 자금중개기관 역할(financial intermediary)을 수행하는 은행은 스스로 신용위험을 부담하면서 예금자의 자금을 운용하게 되는바, 이를 두고 예금자가 부담하여야 할 신용위험을 은행 자신의 신용위험으로 전환(轉換)한다고 한다.[2] 따라서 간접금융에 있어서 투자자는 은행의 신용위험에만 노출될 뿐 은행으로부터 대출받는 주체인 기업의 신용위험과는 완전히 절연(絕緣)되어 있다. 간접금융에서 은행의 수입인 예대금리의 차이(=대출이자율-예금이자율)는 예금자가 부담하여야 할 자금수요자인 기업의 신용위험을 은행이 대신 부담하는 대가로 은행이 향수하는 이익으로 보면 된다.

---

2 高野直行 編著, 「信託·證券化ファイナンス」(慶應義塾大學出版所, 2008), 55~56面.

2. 금융규제의 접근방법

금융규제는 우선 기능별 규제와 기관별 규제로 나누어 볼 수 있다. 기관별 규제란 금융기관의 유형 또는 금융상품을 기준으로 규제하는 방법을 말하는 것이고, 기능별규제란 금융기관이 수행하는 경제적 기능을 기준으로 규제하는 방법을 말한다.[3] 다음으로 금융규제는 열거주의와 포괄주의로 나누어 볼 수 있다. 금융상품의 종류나 금융업의 종류를 금융규제법에서 열거하는 열거주의와 금융규제법에서 열거하지 않고 개념을 포괄적, 추상적으로 정의하여 해당 개념에 포함되는 모든 금융업이나 금융상품을 해당 규제 대상으로 포섭할 수 있는 포괄주의가 있다.

이 4가지 금융규제 방법론은 각각 장단점을 보유하고 있다. 기관별 규제는 금융규제를 기관별로 설정함으로써 규제의 명확성은 있게 되나 동일규제임에도 기관이 다를 경우 다른 규제를 적용하는 근본적인 문제가 있다. 기능별 규제는 금융기관이 다르다 하더라도 기능이 동일할 경우 동일한 규제를 적용받는 다는 장점은 있는 반면 규제의 명확성은 다소 떨어지게 된다. 열거주의는 규제의 명확성은 있으나 모든 금융업 또는 금융상품을 규제대상으로 포섭할 수 없다는 단점이 있다. 포괄주의는 관련 금융업 또는 금융상품을 포괄적으로 규제할 수 있지만, 개념의 확대적용 가능성으로 인해 법적 명확성이 떨어지거나 개념 해석과 관련하여 실무상 다양한 쟁점을 양산하는 단점이 있다.

2009년 「자본시장과 금융투자업에 관한 법률」(이하 “자본시장법”이라 한다) 시행 전에는 모든 금융업에 대한 금융규제법은 기관별 규제와 열거주의에 기초해 있었다. 기관별 규제와 열거주의를 취하고 있었던 증권거래법이 폐지되고 기능별 규제와 포괄주의를 기본으로 하는 자본시장법이 시행됨에 따라 금융투자업의 영역은 기능별 규제와 포괄주의가 적용되고 있고, 금융투자업을 제외한 다른 금융업은 여전히 기관별 규제와 열거주의에 기초하고 있다. 한 가지 짚어두어야 할 문제는 기능별 규제와 포괄주의를 취하고 있는 자본시장법으로 인해,

---

3 금융규제에서 기능별 규제는 금융회사가 수행하는 업무의 경제적 기능 또는 위험을 기초로 한 규제라는 점에서 특정한 기관 또는 상품을 규제의 기초로 하는 기관별 규제와 구별된다(정순섭, “금융규제법체계에서 바라본 자본시장법”, BFL 제61권(서울대 금융법센터, 2013), 9면).

과거 증권거래법 시대에 문제되지 않았던 규제대상 영업행위 획정의 문제가 제기되고 있다는 것이다.[4]

3. 우리나라 금융규제법

우리나라 금융규제법으로는 은행법, 자본시장법, 보험업법, 여신전문금융업법, 상호저축은행법, 새마을금고법 및 「대부업 등의 등록 및 금융이용자 보호에 관한 법률」 등이 있다. 이 책은 우리나라 금융의 중요 부분을 차지하는 은행법, 자본시장법 및 보험업법을 중심으로 논의한다.

금융규제는 기본적으로 '규제대상 영업행위', '진입규제', '건전성규제', '영업행위규제'로 이루어진다.[5] 규제대상 영업행위란 '은행업', '금융투자업', '보험업'을 말하는 것인데, 규제대상 영업행위를 정의하는 것은 각 금융규제법의 적용범위를 획정하는 중요한 기능을 한다. 진입규제(entry regulation)는 규제대상 영업행위를 수행하는 주체, 즉 금융회사의 요건을 설정하여 그 요건을 충족한 업자만이 해당 금융업을 수행할 수 있도록 함으로써 금융소비자를 보호하고 금융시스템을 안정화하는 기능을 한다. 건전성규제(prudential regulation)는 진입하려는 혹은 진입한 금융회사의 재무적 건전성을 확보함으로써 금융시스템의 안정성을 도모하고 궁극적으로 투자자 손실을 보전하는 최종 재원을 확보하는 기능을 한다. 영업행위규제(business conduct regulation)는 금융회사가 규제대상 영업행위를 수행함에 있어서 준수하여야 하는 행위 또는 금지되는 행위를 세세하게 열거함으로써 금융회사의 행위규범을 설정하는 기능을 한다. 금융업별 금융규제의 차이를 '판매하는 금융상품의 속성'과 '판매행태의 속성'을 중심으로 비교하면 <표 1>과 같다.

---

4 이 책에서 이 문제로 인해 발생하는 주제를 다룬 논문으로는 "온라인 소액 대출(P2P 대출) 규제의 법적 과제(고동원)"와 "옵션부이종통화예금(김효연)"이 있다.

5 이 외에도 「금융회사의 지배구조에 관한 법률」상 금융회사 임원의 자격요건, 이사회의 구성 및 운영, 내부통제제도 등 금융회사의 지배구조에 관한 규제가 있다.

〈표 1〉 금융업별 금융상품의 속성 및 판매행태의 속성을 중심으로 한 금융규제비교

	금융상품의 속성			판매행태의 속성		시스템위험
	복잡성	손실위험	거래비용	지위격차	판매위탁	
은행업	단순	없음	낮음	높음	낮음	높음
금융투자업	중간 (파생: 복잡)	높음	중간	낮음	낮음	낮음
보험업	복잡	없음 (변액: 높음)	매우 높음	매우 낮음 (대출: 높음)	매우 높음	중간
필요규제	설명의무 적합성원칙	설명의무 적합성원칙	설명의무	구속성계약 금지	모집인 행위규제	건전성규제

※ 속성의 차이: 고유업무 기준으로 각 금융업권 간 상대적인 비교
※ 지위격차: 금융기관과 고객 간의 지위(힘)의 상대적 격차

아래에서는 은행업, 금융투자업 및 보험업법별 규제대상 영업행위를 먼저 살펴본 후 진입규제, 건전성규제 및 영업행위규제에 대해 상세히 설명한다.

Ⅱ. 금융업의 규제대상 행위

1. 은행업

은행업이란 예금을 받거나 유가증권 또는 그 밖의 채무증서를 발행하여 불특정 다수인으로부터 채무를 부담함으로써 조달한 자금을 대출하는 것을 업(業)으로 하는 것을 말한다(은행법 제2조 제1항). 은행은 예금을 수입한 금원을 대출로 운용하여 발생한 예금이자율과 대출이자율의 차이인 순이자마진(NIM, Net Interest Margin)을 주요한 수입원으로 하는 금융업이다.[6] 예금의 법적 성격은 '금전소비임치'로 보고, 대출의 법적 성격은 '금전소비대차'로 보는 것이 통설

---

6 상업금융업무란 대부분 요구불예금을 받아 조달한 자금을 1년 이내의 기한으로 대출하거나 금융위원회가 예금 총액을 고려하여 정하는 최고 대출한도를 초과하지 아니하는 범위에서 1년 이상 3년 이내의 기한으로 대출하는 업무를 말한다(은행법 제2조 제1항). 장기금융업무란 자본금·적립금 및 그 밖의 잉여금, 1년 이상의 기한부 예금 또는 사채(社債)나 그 밖의 채권을 발행하여 조달한 자금을 1년을 초과하는 기한으로 대출하는 업무를 말한다(은행법 제2조 제1항).

이다.[7]

은행은 예금의 수입과 대출이라는 고유업무 이외에 은행업에 부수하는 업무인 '부수업무'와 은행이 겸영할 수 있는 업무인 '겸영업무'를 수행한다. 은행의 고유업무는 ① 예금·적금의 수입 또는 유가증권, 그 밖의 채무증서의 발행, ② 자금의 대출 또는 어음의 할인, ③ 내국환·외국환이다(은행법 제27조). 은행의 '부수업무'는 금융질서를 저해하지 않는 한 금융위원회에 사전신고하고 수행하면 된다(은행법 제27조의2).[8] 은행의 '겸영업무'는 법정겸영업무, 인가겸영업무 및 기타 겸영업무로 나누어진다(은행법 제28조).

2. 금융투자업

자본시장은 거래대상인 금융투자상품, 거래업자인 금융투자업자 및 소비자인 투자자라는 3가지 요소로 구성된다. 자본시장법은 이러한 3가지 구성요소로 각 구성(matrix)된 영역별로 각기 다른 규제를 적용하는 '기능별 규제'를 기본철학으로 만들어졌다.

금융투자상품은 증권, 장내파생상품 및 장외파생상품으로 구분되고 그 구분기준으로는 원본초과손실가능성이 있으면 파생상품, 원본손실가능성이 있으나 원본초과손실가능성은 없는 증권으로 구분된다(자본시장법 제3조, 제4조, 제5조). 증권은 지분증권, 채무증권, 수익증권, 파생결합증권, 투자계약증권 및 증권예탁증권으로 구분된다(자본시장법 제4조).

금융투자업은 투자매매업, 투자중개업, 집합투자업, 투자일임업, 투자자문

---

7 다만, 외화예금, 금적립계좌 및 투자성 있는 예금 등 새로운 상품이 만들어지거나 새로운 개념이 나타남에 따라 예금의 법적 성격을 단순히 금전소비임치로 볼 것인지 아니면 금융규제목적에 따라 금전소비임치가 아닌 새로운 개념으로 재정의해야 하는 것인지에 대한 논의가 진행되고 있다("옵션부이종통화예금(김효연)"이 이러한 논의를 반영한 대표적인 논문이다).

8 과거 부수업무도 포지티브방식으로 운영하다가 2010년 은행법 개정으로 네거티브방식으로 부수업무에 대한 규제를 전면 개정하였다. 한편, 채무의 보증 또는 어음의 인수, 상호부금(相互賦金), 팩토링, 보호예수(保護預受), 수납 및 지급대행, 지방자치단체의 금고대행, 전자상거래와 관련한 지급대행, 은행업과 관련된 전산시스템 및 소프트웨어의 판매 및 대여, 금융 관련 연수, 도서 및 간행물 출판업무, 금융 관련 조사 및 연구업무 등은 사전신고조차 필요없이 은행이 수행하면 된다(은행법 제27조의2).
11. 그 밖에 은행업무에 부수하는 업무로서 대통령령으로 정하는 업무

업 및 신탁업으로 구분되고, 금융투자업자는 금융위원회로부터 6가지 금융투자업 전부 또는 일부에 대해 인가를 받거나 등록하여야 해당 금융투자업을 수행할 수 있다. 자본시장법은 6가지 금융투자업을 다음과 같이 정의한다(자본시장법 제6조). 투자매매업이란 "누구의 명의로 하든지 자기의 계산으로 금융투자상품의 매도·매수, 증권의 발행·인수 또는 그 청약의 권유, 청약, 청약의 승낙을 영업으로 하는 것"을 말한다. 투자중개업이란 "누구의 명의로 하든지 타인의 계산으로 금융투자상품의 매도·매수, 그 중개나 청약의 권유, 청약, 청약의 승낙 또는 증권의 발행·인수에 대한 청약의 권유, 청약, 청약의 승낙을 영업으로 하는 것"을 말한다. 집합투자업이란 "2인 이상의 투자자로부터 모은 금전등 투자자로부터 일상적인 운용지시를 받지 아니하면서 재산적 가치가 있는 투자대상자산을 취득·처분, 그 밖의 방법으로 운용하고 그 결과를 투자자에게 배분하여 귀속시키는 집합투자를 영업으로 하는 것"을 말한다.[9] 투자자문업이란 "금융투자상품[10]의 가치 또는 금융투자상품에 대한 투자판단[11]에 관한 자문에 응하는 것을 영업으로 하는 것"을 말한다. 투자일임업이란 "투자자로부터 금융투자상품에 대한 투자판단의 전부 또는 일부를 일임받아 투자자별로 구분하여 그 투자자의 재산상태나 투자목적 등을 고려하여 금융투자상품을 운용하는 것을 영업으로 하는 것"을 말한다. 신탁업이란 "신탁을 설정하는 자(이하 "위탁자"라 한다)와 신탁을 인수하는 자(이하 "수탁자"라 한다) 간의 신임관계에 기하여 위탁자가 수탁자에게 특정의 재산(영업이나 저작재산권의 일부를 포함)을 이전하거나 담보권의 설정 또는 그 밖의 처분을 하고 수탁자로 하여금 일정한 자(이하 "수익자"라 한다)의 이익 또는 특정의 목적을 위하여 그 재산의 관리, 처분, 운용, 개발, 그 밖에 신탁 목적의 달성을 위하여 필요한 행위를 하게 하는 법률관계인 신탁을 영업으로 하

---

9 2인 이상으로부터의 자금의 집합(pooling)을 집합투자업의 개념요소로 적용하면서 연기금의 위탁운용의 필요성을 감안하여 연기금의 경우에 한하여 1인 단독 집합투자기구를 허용하였다. 즉, 「국가재정법」 제81조에 따른 여유자금을 1개의 기금관리주체로부터 일상적 운용지시를 받지 않고 운용하여 그 결과를 기금관리주체에 귀속시키는 것도 집합투자업의 범주에 속한다.

10 투자자문자산에는 금융투자상품 이외에 부동산, 지상권·지역권·전세권·임차권·분양권 등 부동산 관련 권리, 금융기관에의 예치금 및 금지금(金地金. 한국거래소의 금지금과 부수업무로서 금적립계좌 포함)도 포함된다.

11 종류, 종목, 취득·처분, 취득·처분의 방법·수량·가격 및 시기 등에 대한 판단.

는 것"을 말한다. 집합투자업, 투자자문업, 투자일임업과 신탁업은 투자자의 자산을 운용하여 준다는 측면에서 실무상 '자산관리업'으로 칭하기도 한다.

투자자는 일반투자자와 전문투자자로 구분된다(자본시장법 제9조). 자본시장법은 일반투자자를 중심으로 투자권유규제를 설계하면서, 금융투자상품이 내재하는 투자위험(손실위험)을 충분히 인지할 수 있는 전문투자자를 상대로 금융투자상품에 대한 투자매매 또는 투자중개업을 수행할 때 투자권유규제를 적용하지 않도록 하였다. 금융투자업의 인가단위도 전문투자자만을 대상으로 하는 경우와 일반투자자와 전문투자자 모두를 상대로 금융투자업을 영위하는 경우를 나누고 있다.

3. 보험업

강학상으로 보험은 위험의 결합(pooling of risk)과 전이(transfer of risk)를 통해 우연한 사고로 인한 생명과 재산의 손실 발생 시 경제적 급여를 제공하는 기제(mechanism)로 정의할 수 있다. 보험상품이란 "위험보장을 목적으로 우연한 사건 발생에 관하여 금전 및 그 밖의 급여를 지급할 것을 약정하고 대가를 수수(授受)하는 계약"[12]으로, 생명보험상품, 손해보험상품, 제3보험상품으로 구분된다(보험업법 제2조). 생명보험상품이란 "위험보장을 목적으로 사람의 생존 또는 사망에 관하여 약정한 금전 및 그 밖의 급여를 지급할 것을 약속하고 대가를 수수하는 계약"이다(보험업법 제2조). 손해보험상품이란 "위험보장을 목적으로 우연한 사건(질병·상해 및 간병은 제외)으로 발생하는 손해(계약상 채무불이행 또는 법령상 의무불이행으로 발생하는 손해를 포함)에 관하여 금전 및 그 밖의 급여를 지급할 것을 약속하고 대가를 수수하는 계약"이다(보험업법 제2조). 제3보험상품이란 "위험보장을 목적으로 사람의 질병·상해 또는 이에 따른 간병에 관하여 금전 및 그 밖의 급여를 지급할 것을 약속하고 대가를 수수하는 계약"이다(보험업법 제2조).

보험업이란 "보험상품의 취급과 관련하여 발생하는 보험의 인수(引受), 보험료 수수 및 보험금 지급 등을 영업으로 하는 것"으로서 생명보험업·손해보험

---

12 「국민건강보험법」에 따른 건강보험, 「고용보험법」에 따른 고용보험 등 보험계약자의 보호 필요성 및 금융거래 관행 등을 고려하여 대통령령으로 정하는 것은 제외한다.

업 및 제3보험업을 말한다(보험업법 제2조). 생명보험업이란 "생명보험상품의 취급과 관련하여 발생하는 보험의 인수, 보험료 수수 및 보험금 지급 등을 영업으로 하는 것"을 말한다(보험업법 제2조). 손해보험업이란 "손해보험상품의 취급과 관련하여 발생하는 보험의 인수, 보험료 수수 및 보험금 지급 등을 영업으로 하는 것"을 말한다(보험업법 제2조). 제3보험업이란 "제3보험상품의 취급과 관련하여 발생하는 보험의 인수, 보험료 수수 및 보험금 지급 등을 영업으로 하는 것"을 말한다(보험업법 제2조). 보험회사란 금융위원회로부터 허가를 받아 보험업을 경영하는 자를 말한다(보험업법 제4조).

Ⅲ. 진입규제

1. 규제의 목적

진입규제는 금융위원회의 인허가를 얻은 금융기관만이 해당 금융업을 영위할 수 있도록 하는 규제이다. 진입규제는 부적격자의 시장진입을 원천적으로 차단하고 과당경쟁에 따른 폐해를 최소화하는 기능을 가지고 있다.

금융기관의 신규설립 시 진입규제는 사업계획의 타당성, 자본금과 주주 구성, 출자금의 적정성, 경영진의 사회적 평판, 물적 시설과 전문인력 구비를 비롯하여 각종 인허가 요건이 충족되는지를 금융위원회가 심사하여 인허가 여부를 결정하는 방법으로 이루어진다.

금융기관의 합병 및 전환 시 진입규제는 ① 합병 또는 전환의 목적이 금융산업의 합리화와 금융구조조정의 촉진 등을 위한 것일 것, ② 합병 또는 전환이 금융거래를 위축시키거나 기존 거래자에게 불이익을 줄 우려가 없는 등 금융산업의 효율화와 신용질서의 유지에 지장이 없을 것, ③ 합병 또는 전환이 금융기관 간 경쟁을 실질적으로 제한하지 아니할 것, ④ 합병 또는 전환 후에 하려는 업무의 범위가 관계 법령 등에 위반되지 아니하고 영업계획이 적정할 것, ⑤ 합병 또는 전환 후 업무를 할 수 있는 조직 및 인력의 체제와 능력을 갖추고 있을 것, ⑥「상법」, 자본시장법, 그 밖의 관계 법령에 위반되지 아니하고, 그 절차의 이행에 흠이 없을 것, ⑦ 자기자본비율, 부채 등이 적절한 수준일 것, ⑧ 주요 출자자가 충분한 출자능력과 건전한 재무상태를 갖추고 있을 것이라는 요건을 충족하는지를 심사하여 합병 및 전환을 인허가 해주는 방법으로 이루어진다(금융산업의 구조개선에 관한 법률 제4조).

금융기관의 설립, 합병 및 전환에 관한 인허가는 예비인허가와 본인허가로 나누어진다. 예비인허가는 인허가사항에 대한 사전심사 및 확실한 실행을 위해 인허가 이전에 예비적으로 행해지는 인가권자의 의사표시[13]를 말하는데, 예비인가는 인가의 효력을 가지는 것은 아니다. 본인허가는 예비인허가의 전제조건이 실제로 이행되었는지의 여부를 심사하여 최종적인 인허가 요건을 충족하였는지를 최종 결정하는 인허가를 내주는 절차이다.

2. 은행업에 대한 진입규제

은행업은 인가제로 운영된다. 은행의 인가요건은 ① 자본금이 1천억원 이상일 것(다만, 지방은행의 자본금은 250억원), ② 은행업 경영에 드는 자금 조달방안이 적정할 것, ③ 주주구성계획이 적합할 것, ④ 대주주가 충분한 출자능력, 건전한 재무상태 및 사회적 신용을 갖출 것, ⑤ 사업계획이 타당하고 건전할 것, ⑥ 발기인(개인인 경우만 해당) 및 임원이 「금융회사의 지배구조에 관한 법률」 제5조에 적합할 것, ⑦ 은행업을 경영하기에 충분한 인력, 영업시설, 전산체계 및 그 밖의 물적 설비를 갖출 것 등 7가지이다(은행법 제8조).

금융위원회는 최근 금융개혁의 하나로 '인터넷전문은행' 제도를 도입하였고 2015. 12. 2개 컨소시엄에 대해 예비인가를 내주었다.[14] 금융위원회는 예비인가를 내어 주면서 '전자금융거래(전자금융거래법; 제2조제1호에 따른 거래[15])의 방법'로 영업행위를 할 것을 조건으로 하였지만, '인터넷전문은행'의 업무범위와 관련하여 특별한 제한을 두지는 않았으므로 원칙적으로 일반 은행에 허용되는 업무를 허용하겠다는 입장으로 이해된다.[16]

한편, 금융투자업이나 보험업과 달리, 은행과 은행지주회사의 경우 동일인의 주식소유한도(10%)와 비금융주력자의 주식소유한도(4%, 지방은행의 경우 15%)

13 금융감독원, 은행업 인가 매뉴얼(2015. 7), 1면.

14 한국카카오은행과 케이뱅크은행.

15 은행이 전자적 장치(CD, ATM, 컴퓨터, 전화기 등)를 통하여 금융상품·서비스를 제공하고, 이용자는 은행 종사자와 직접 대면하거나 의사소통하지 않고 자동화된 방식으로 금융상품·서비스를 이용하게 된다.

16 향후 본인가 시에 인터넷은행의 업무범위는 최종적으로 결정될 것이다.

라는 소유규제가 있다. 예금·대출업무와 지급결제업무를 수행하는 은행이 금융시장에서 중요한 역할을 수행하고 있으며, 산업자본인 특정 주주나 특정 기업집단이 소유할 경우 생길 수 있는 폐해를 예방하기 위한 규제이다.[17]

3. 금융투자업에 대한 진입규제

금융투자업은 인가제와 등록제로 운영된다. 인가 단위가 하나인 은행업과 달리, 자본시장법은 금융투자업의 종류, 금융투자상품 및 투자자유형을 구성요소로 하는 '인가업무 단위' 또는 '등록업무 단위'별로 인가제 또는 등록제를 규정하고 있는 것이 특징적이다. 투자매매업, 투자중개업, 집합투자업 및 신탁업은 인가제로, 투자자문업, 투자일임업 및 전문사모집합투자업은 등록제로 운영된다(자본시장법 제12조, 제18조). 인가 또는 등록요건은 ① 회사 형태 요건(「상법」에 따른 주식회사), ② 자기자본 요건, ③ 사업계획의 타당성, ④ 인력과 전산설비 그 밖의 물적 설비 요건, ⑤ 임원요건, ⑥ 대주주요건, ⑦ 건전한 재무상태와 사회적 신용 요건 및 이해상충(利害相衝) 방지 체계 요건으로 구성된다(자본시장법 제12조, 제18조).

4. 보험업에 대한 진입규제

보험업은 허가제로 운영된다. 보험업법은 ① 법 제9조 제1항 및 제2항에 따른 자본금 또는 기금을 보유할 것, ② 보험계약자를 보호할 수 있고 그 경영하려는 보험업을 수행하기 위하여 필요한 전문 인력과 전산설비 등 물적(物的) 시설을 충분히 갖추고 있을 것, ③ 사업계획이 타당하고 건전할 것, ④ 대주주(최대주주의 특수관계인인 주주 포함)가 「금융회사의 지배구조에 관한 법률」 제5조제1항 각 호의 어느 하나에 해당하지 아니하고, 충분한 출자능력과 건전한 재무상태를 갖추고 있으며, 건전한 경제질서를 해친 사실이 없을 것을 허가 요건으로 하고 있다(보험업법 제6조). 한편, 보험업에 대한 진입규제는 보험업의 종류(생명보험업, 손해보험업, 제3보험업)와 종목[18]으로 나누어지고, 보험업에 대한

17 한국은행, 「한국의 금융제도」(2011. 12), 280면.

18 생명보험업의 보험종목으로는 생명보험과 연금보험(퇴직보험 포함)이 있다. 손해보험업의 보험종목으로는 화재보험, 해상보험(항공·운송보험 포함), 자동차보험, 보증보험, 재보험(再保險), 책임보험, 기술보험, 권리보험, 도난·유리·동물·원자력 보험, 비용보험, 날씨보

허가도 보험업의 종류와 종목에 따라 달라진다. 보험회사는 생명보험업과 손해보험업을 겸영하지 못하는 겸영제한제도를 유지하고 있다(보험업법 제10조).[19] 장기계약 중심으로 운영되는 생명보험과 단기계약 중심으로 운영되는 손해보험 사이의 이해상충문제를 해소하기 위한 규제이다. 생명보험과 손해보험의 겸업을 금지하는 이유는 취급하는 보험위험의 성질이 본질적으로 다르기 때문이다. 즉 생명보험은 다수 고객의 소규모 위험을, 손해보험은 소수의 대규모 위험을 인수하고 있는바, 이를 하나의 법인이 겸영할 경우 손해보험의 대규모위험이 현실화된 경우 수많은 생명보험 가입자에게 피해가 전가될 수 있기 때문이다.

Ⅳ. 건전성 규제

1. 규제의 목적

건전성 규제의 목적은 금융시스템의 안정성 유지와 금융기관의 부실경영으로 발생할 수 있는 사회적 손실을 방지하는 것이다. 건전성 규제 방법으로 자기자본 충실도 규제, 자산건전성 규제, 유동성 규제, 신용공여 규제, 경영실태평가 및 적기시정조치가 있다. 자기자본 충실도 규제는 자본금이 예기치 못한 손실을 흡수할 수 있는 완충역할을 한다. 자기자본 규모가 큰 금융기관일수록 청산하지 않고 계속 금융업을 영위할 수 있다. 그리고 자기자본이 큰 금융기관일수록 경영부실로 인해 주주들이 부담해야 손실이 크므로 자산운용에 있어서 과도한 리스크 부담행위를 억제할 수 있어 결과적으로 경영부실의 가능성을 낮출 수 있다는 점도 고려대상이다. 한편, 자산건전성 분류규제는 금융기관 보유자산의 신용리스크 정도에 대한 평가를 통해 부실자산의 발생을 예방하고 이미 발생한 부실자산의 조기정상화를 촉진함으로써 금융기관 자산운용의 건전화를 도모하는 것을 목적으로 한다.[20]

험이 있다. 제3보험업의 보험종목으로는 상해보험, 질병보험, 간병보험이 있다.

19 다만, 생명보험의 재보험 및 제3보험의 재보험, 다른 법령에 따라 겸영할 수 있는 보험종목으로서 대통령령으로 정하는 보험종목, 대통령령으로 정하는 기준에 따라 제3보험의 보험종목에 부가되는 보험은 겸영 가능하다(보험업법 제10조).

20 한국은행, 「한국의 금융제도」(2011. 12), 289면.

2. 금융기관별 건전성규제

금융기관별 건전성 규제의 상세한 내용은 너무 복잡하여 자세한 설명은 생략하고 그 내용을 요약하면 <표 2>와 같다.

〈표 2〉 금융업별 건전성 규제 비교 요약

	은행		금융투자업		보험업	
기준비율	BIS자기자본비율		순자본비율		지급여력비율	
산정방법	총자기자본 / 위험가중자산		순자본 / 필요유지자기자본		지급여력금액 / 지급여력기준금액	
반영 리스크	시장리스크 신용리스크 운영리스크		시장리스크 신용리스크 운영리스크		시장리스크 신용리스크 운영리스크 보험리스크 금리리스크	
적기시정 조치기준	경영개선권고	8%	경영개선권고	100%	경영개선권고	100%
	경영개선요구	6%	경영개선요구	50%	경영개선요구	50%
	경영개선명령	2%	경영개선명령	0%	경영개선명령	0%

※ 은행의 적기시정조치 기준의 경우 '총자본비율'을 기준으로 작성
※ 금융투자업자의 규제기준의 경우 1종금융투자업자(투자매매·중개업자) 기준으로 작성

V. 금융업에 대한 영업행위규제

1. 규제의 목적

금융업에 대한 인허가제도로 인해 금융기관만이 금융업을 수행할 수 있다. 금융기관을 이용하는 금융소비자는 금융기관을 통해서 금융거래(예금, 대출, 투자, 보험가입)를 할 수 있는데, 금융기관과 금융소비자는 능력이나 정보 면에서 격차가 크고, 금융기관과 금융소비자 사이에 이익충돌의 가능성이 있다. 금융기관이 금융소비자와 금융거래를 함에 있어서 부적절한 영업행위를 할 경우 금융소비자는 손해나 손실을 입을 수 있다. 금융 관련 법령은 금융기관이 우월적 지

위나 독점적 지위에서 금융소비자에게 부당하거나 불리한 계약관계를 형성하는 것을 막기 위해 금융기관이 준수하여야 하는 영업행위규제를 규정하고 있다. 영업행위규제에는 금융기관이 해서는 아니 되는 '금지행위규제'와 금융기관이 금융거래를 함에 반드시 지켜야 하는 '의무행위규제'가 있다. 영업행위규제는 금융상품 자체가 손실가능성을 내포하는 금융투자상품을 판매하기 때문에 불건전 영업행위로 손실을 입을 수 있는 금융투자업을 중심으로 발전하여 왔으나, 최근 은행업이나 보험업이 불건전 영업행위의 가능성과 그 피해 정도가 높은 겸영업무나 부수업무를 확대하고 있어 은행업이나 보험업에도 영업행위규제가 강화되고 있는 추세이다.

2. 은행업에 대한 영업행위규제

은행업에 대한 영업행위규제 중 대표적인 것으로 충실의무를 구체적으로 규정한 이해상충방지규제, 은행의 행위규범을 구체적으로 규정한 불건전 영업행위규제 및 은행의 독과점적 지위를 활용하여 은행이용자에게 부당한 거래를 금지하는 불공정영업행위규제가 있다.

은행과 은행이용자 간, 특정 이용자와 다른 이용자 간의 이해상충(利害相衝)을 방지하기 위하여 은행업, 집합투자업, 신탁업, 일반사무관리업 간에는 이해상충이 발생할 가능성에 대하여 인식·평가하고 정보교류를 차단하는 등 공정하게 관리하여야 하고, 이러한 이해상충을 관리하는 방법 및 절차를 내부통제기준에 반영하여야 한다(은행법 제28조의2).

① 은행이용자에게 부당하게 편익을 제공하기 위하여 자기앞수표·양도성예금증서 등을 선(先)발행하는 등 실제 자금을 수취하지 아니하였음에도 입금처리하는 행위(선입금처리행위), ② 은행이용자의 조세포탈·회계분식·부당내부거래 등 부당한 거래를 지원하기 위하여 은행이용자가 대출을 받아 그 재원을 예금하고 예금담보대출을 받게 하는 행위 또는 타인이 은행이용자 명의로 양도성예금증서 또는 「자본시장과 금융투자업에 관한 법률」 제4조 제3항에 따른 채무증권을 발행·매매하도록 하는 행위, ③ 은행이용자에게 은행업무, 부수업무 또는 겸영업무와 관련하여 금융위원회가 정하여 고시하는 정상적인 수준을 초과하여 재산상 이익을 제공하는 행위, ④ 은행과 은행이용자 간, 특정 은행이용

자와 다른 은행이용자 간에 이해상충이 발생할 수 있는 거래에 활용하기 위하여 은행업무와 관련하여 취득한 정보 등을 이용하는 행위는 모두 불건전 영업행위로 금지된다(은행법 제34조의2 및 시행령 제20조의2).

그리고 ① 여신거래와 관련하여 차주(借主)의 의사에 반하여 예금, 적금 등 은행상품의 가입 또는 매입을 강요하는 행위(구속성 계약), ② 여신거래와 관련하여 차주의 의사에 반하여 예금, 적금 등 은행상품의 해약 또는 인출(引出)을 제한하는 행위, ③ 여신거래와 관련하여 차주 또는 제3자로부터 담보 또는 보증을 취득할 때 정당한 사유 없이 포괄근담보[21] 또는 포괄근보증[22]을 요구하는 행위, ④ 여신거래와 관련하여 제3자인 담보제공자에게 연대보증을 요구하는 행위, ⑤ 여신거래와 관련하여 중소기업의 대표자·임원 등 차주의 관계인의 의사에 반하여 은행상품의 가입 또는 매입을 강요하는 행위, ⑥ 여신거래와 관련하여 차주인 중소기업, 그 밖에 금융위원회가 정하여 고시하는 차주 및 차주의 관계인에게 여신실행일 전후 1개월 이내에 은행상품을 판매하는 행위로서 해당 차주 및 차주의 관계인을 보호하기 위한 목적으로 은행상품의 특성·판매금액 등을 고려하여 금융위원회가 정하여 고시하는 요건에 해당하는 행위는 은행의 불공정 영업행위로 금지된다(은행법 제52조의2 제1항 및 시행령 제24조의4).

3. 금융투자업에 대한 영업행위규제

금융투자업자에 대한 영업행위규제는 공통 영업행위 규칙과 금융투자업자별 영업행위 규칙으로 나누어 규율되고 있다. 금융투자업의 종류별 영업행위 규칙은 개별 금융투자업의 특수성을 반영한 세부적 행위규범을 구체적으로 규정한 규제이므로, 이 글에서는 공통 영업행위 규칙 중 신의성실의무, 이해상충의 관리 및 투자권유규제를 중심으로 살펴본다.

첫째, 금융투자업자는 신의성실의 원칙에 따라 공정하게 금융투자업을 영위하여야 하고, 금융투자업자는 금융투자업을 영위함에 있어서 정당한 사유 없이 투자자의 이익을 해하면서 자기가 이익을 얻거나 제3자가 이익을 얻도록 하

---

21 현재 발생하였거나 장래에 발생할 다수의 채무 또는 불확정 채무를 일정한 한도에서 담보하기 위한 물건 또는 권리를 제공하는 것.

22 현재 발생하였거나 장래에 발생할 다수의 채무 또는 불확정 채무를 일정한 한도에서 보증하는 것.

여서는 아니 된다(자본시장법 제37조, 신의성실의무와 일반적 충실의무).

둘째, 금융투자업자는 금융투자업의 영위와 관련하여 금융투자업자와 투자자 간, 특정 투자자와 다른 투자자 간의 이해상충을 방지하기 위하여 이해상충이 발생할 가능성을 파악·평가하고, 내부통제기준이 정하는 방법 및 절차에 따라 이를 적절히 관리하여야 한다. 그리고 금융투자업자는 이해상충 가능성을 원천적으로 차단하는 방법으로 정보교류차단장치를 설치·운영하여야 한다. 즉, 금융투자업자는 금융투자업간의 이해상충 가능성이 높은 경우 금융투자상품의 매매에 관한 정보제공행위, 임원 및 직원의 겸직행위 및 사무공간 또는 전산설비 공동 이용행위를 행할 수 없다(자본시장법 제44조 및 제45조, 이해상충방지 및 정보교류차단의무).

셋째, 금융투자업자는 "특정 투자자를 상대로 금융투자상품의 매매 또는 투자자문계약·투자일임계약·신탁계약(관리형신탁계약 및 투자성 없는 신탁계약 제외)의 체결을 권유"할 때, 즉 투자권유할 때에는 '적합성 및 적정성의 원칙'을 준수하여야 하고, 고객에게 금융투자상품의 내용, 투자에 따르는 위험을 일반투자자가 충분히 이해할 수 있도록 설명하여야 하는 '설명의무'를 부담한다.

적합성의 원칙이란 "금융투자업자가 일반투자자에게 투자권유를 하는 경우에는 일반투자자의 투자목적·재산상황 및 투자경험 등에 비추어 그 일반투자자에게 적합하지 아니하다고 인정되는 투자권유를 하여서는 아니 된다는 원칙"을 말한다(자본시장법 제46조). 적합성의 원칙을 준수하기 위해 금융투자업자는 일반투자자에게 투자권유를 하기 전에 면담·질문 등을 통하여 일반투자자의 투자목적·재산상황 및 투자경험 등의 정보를 파악하고, 일반투자자로부터 서명, 기명날인, 녹취의 방법로 확인을 받아 이를 유지·관리하여야 하는 의무를 부담한다(자본시장법 제46조).

적정성의 원칙이란 금융투자업자의 투자권유행위가 수반되지 않는 경우－소위 '단순매매주문집행(execution only)에도 고객에게 부적합한 상품을 판매하여서는 아니 된다는 원칙을 말한다. 금융투자업자는 일반투자자에게 투자권유를 하지 아니하고 파생상품, 그 밖에 대통령령으로 정하는 금융투자상품(이하 "파생상품등"이라 한다)을 판매하려는 경우에는 면담·질문 등을 통하여 그 일반투자자의 투자목적·재산상황 및 투자경험 등의 정보를 파악하여야 하고, 금융투자업자는 일반투자자의 투자목적·재산상황 및 투자경험 등에 비추어 해당 파생상품등이 그 일반투자자에게 적정하지 아니하다고 판단되는 경우에는 그 사실을 알리고, 일반투자자로부터 서명, 기명날인, 녹취 등의 방법으로 확인을 받아야 한다(자본시장법 제46조의2).

금융투자업자는 일반투자자를 상대로 투자권유를 하는 경우에는 금융투자상품의 내용, 투자에 따르는 위험 등 투자판단에 중요한 사항을 일반투자자가 이해할 수 있도록 설명하여야 하는 '설명의무'를 부담한(자본시장법 제47조). 금융투자업자는 설명한 내용을 일반투자자가 이해하였음을 서명, 기명날인, 녹취, 그 밖의 대통령령으로 정하는 방법 중 하나 이상의 방법으로 확인을 받음으로써 설명의무를 이행하였음을 입증할 수 있는 증빙자료를 마련해야 한다. 나아가 금융투자업자는 설명을 함에 있어서 투자자의 합리적인 투자판단 또는 해당 금융투자상품의 가치에 중대한 영향을 미칠 수 있는 사항을 거짓 또는 왜곡[23]하여 설명하거나 중요사항을 누락하여서는 아니 된다(자본시장법 제47조).

4. 보험업에 대한 영업행위규제

보험업에 대한 영업행위규제의 주요 내용은 우선 보험계약자에게 제공하는 보험안내자료 의무기재, 설명의무, 적합성의 원칙이다. 보험상품의 경우 상품구조가 복잡하고 은행상품이나 금융투자상품에 비해 계약 체결 시 납부하는 거래비용이 높아 고객이 손쉽게 해지할 수 없기 때문에 고객에게 불측의 손해가 발생할 수 있는 점을 고려하여 보험업법은 금융투자업에 준하는 설명의무와 적합성의 원칙을 도입하였다.

모집을 위하여 사용하는 보험안내자료의 기재사항은 법으로 정해져 있고, 그 기재사항이 명백하고 알기 쉽게 작성되어야 한다(보험업법 제95조). 보험회사 또는 보험의 모집에 종사하는 자는 일반보험계약자에게 보험계약 체결을 권유하는 경우에는 보험료, 보장범위, 보험금 지급제한 사유 등 대통령령으로 정하는 보험계약의 중요 사항을 일반보험계약자가 이해할 수 있도록 설명하여야 한다(보험업법 제95조의2, 설명의무). 변액보험계약에 한하여 보험회사 또는 보험의

23 불확실한 사항에 대하여 단정적 판단을 제공하거나 확실하다고 오인하게 할 소지가 있는 내용을 알리는 행위.

모집에 종사하는 자는 일반보험계약자가 보험계약을 체결하기 전에 면담 또는 질문을 통하여 보험계약자의 연령, 재산상황, 보험가입의 목적 등 대통령령으로 정하는 사항을 파악하고 일반보험계약자의 서명(전자서명 포함), 기명날인, 녹취, 그 밖에 대통령령으로 정하는 방법으로 확인을 받아 유지·관리하여야 하며, 확인받은 내용은 일반보험계약자에게 지체 없이 제공하여야 한다(보험업법 제95조의3, 적합성의 원칙).[24]

이 외에도 모집광고 관련 준수사항 통신수단을 이용한 모집·철회 및 해지 등 관련 준수사항, 보험계약의 체결 또는 모집에 관한 금지행위, 특별이익의 제공 금지, 수수료 지급 등의 금지, 자기계약의 금지, 금융기관보험대리점등의 금지행위 등 보험상품 판매관행—보험모집인, 독립판매대리점 중심의 보험 판매 관행—에서 비롯된 다양한 영업행위규제가 있다(보험업법 제95조의4 내지 제101조).

24 다만, 변액보험 중 자본시장법 제46조를 적용받는 변액보험은 자본시장법의 규제를 받으므로 보험업법의 적용대상에서는 제외된다(보험업법 시행령 제42조의3 제2항).

제 2 장 1997년 경제위기와 IMF 구제금융이 금융법에 미친 영향

Ⅰ. 서 론

1997년 심각한 경제위기에 봉착한 우리 정부는 외환유동성 부족문제를 해결하기 위하여 1997년 11월 21일 국제통화기금(IMF)에 유동성조절자금의 지원을 요청하였다. 1997년 11월 24일부터 정부와 한국은행이 국제통화기금협의단과 협의한 후 12월 3일 한국은행총재와 부총리겸 재정경제원 장관 명의로 IMF로부터 3년간 155억 특별인출권(SDR)(미화 약 210억 달러)을 차입할 수 있는 대기성 차관(이하 "IMF 구제금융") 협약에 관한 "의향서" 및 이에 부속된 "경제프로그램각서(Memorandum on the Economic Program)"(이하 "양해각서")를 제출하였고,[1] 그 다음날 IMF이사회가 이를 승인하여[2] IMF 구제금융 협약이 체

* 박준 집필.

* 『서울대학교 *法學*』(서울대학교 법학연구소) 제55권 제1호(2014. 3)에 게재된 논문을 다소 수정한 것이다.

1 국제통화기금과의 협의 과정은 국무회의 의안(1997. 12. 제887호), 국제통화기금(IMF) 대기성차관협약을 위한 양해각서(안), 5~6면. 의향서와 양해각서의 국문본은 윤제철, 「외환위기는 끝났는가 –한국의 금융·기업 구조조정 10년–」, 제2권(비봉출판사, 2007) 부록2, 1221~1233면. 1997. 12. 3.자 의향서에 첨부된 이면약정(side letter)의 영문본은 강만수, 「현장에서 본 한국경제 30년」(삼성경제연구소, 2005), 519~521면.

2 International Monetary Fund, Press Release Number 97/55(December 4, 1997), "IMF Approves SDR 15.5 Billion Stand–by Credit for Korea".

결되었다.[3] [4] IMF 구제금융 협약은 3년 후 종료하였고 IMF로부터의 차입금중 최종잔액을 2001년 8월 23일 전액 상환하였다.[5]

이 글은 IMF 구제금융이 우리나라 금융법에 미친 영향을 살펴보고 이를 평가하는 것을 목적으로 한다. 금융법제를 금융감독, 금융산업과 금융상품의 세 분야로 나누어, IMF 구제금융 기간(1997년 12월 3일부터 3년간) 중 제정 또는 개정된 금융관련 법령[6]의 내용 중 중요한 사항을 검토대상으로 하되 관련 판례와 필요한 경우 그 기간 전후의 법령의 제정·개정도 함께 살펴본다. 이와 같은 법령의 제정·개정 내지는 법제도의 도입·변경이 어떠한 이유로 이루어졌는지와 그 이후의 금융법의 변화와 관련하여 어떠한 의미를 가지며 어떠한 과제를 남기고 있는지를 검토한다.

아래 Ⅱ.에서는 IMF 구제금융 협약을 하기 이전의 우리나라의 금융법제 개혁의 논의를 살펴보고, Ⅲ.에서는 앞에서 언급한 세 가지 분야별로 금융법제의 변화와 그 의미를 살펴본다. Ⅳ.에서는 Ⅲ.에서 살펴본 내용을 종합 정리한다.

Ⅱ. 1997년 경제위기 발생 이전의 금융법제 개혁 논의

1960년대 이후 우리나라는 정부 주도하에 경제개발을 하면서 금융을 정책수단으로 활용하여 성공적인 경제성장을 이루었으나, 경직된 규제와 과도한 정책금융 등으로 인하여 금융산업이 자율적으로 자금중개기능을 수행하지 못하고 금융의 효율성이 저하되었다.[7] 1990년대 중반 실물경제는 급격히 성장하는데

3 IMF 구제금융 협약의 법적 성질에 관하여는 박훤일, "IMF 협약과 금융구조조정의 문제점", 「경희법학」 제35권 제1호(경희대학교 법학연구소, 2000. 12), 36~37면.

4 1997. 12. 3.자 의향서를 제출한 이후 제2차(1997. 12. 24), 제3차(1998. 1. 7), 제4차(1998. 2. 7), 제5차(1998. 5. 2), 제6차(1998. 7. 24), 제7차(1998. 11. 13), 제8차(1999. 3. 10), 제9차(1999. 11. 24), 제10차(2000. 7. 12) 의향서를 제출하였고, 제10차 의향서에서 대기성차관 협약이 2000. 12. 3. 종료하는 것으로 정하였다. 이들 의향서는 http://www.imf.org에서 볼 수 있고, 한국은행 업무참고자료 2001-1, IMF와의 대기성차관 협약(영문)으로도 발간되었다. 제1차 의향서부터 제5차 의향서의 요약은 김인준, 「위기극복 경제학」(율곡출판사 2013), 107~110면.

5 재정경제부 보도자료, IMF 차입금 조기상환 완료(2001. 8. 23).

6 은행·증권·보험에 관한 법령을 중심으로 검토하며 외환과 외국인투자는 다루지 않는다.

7 금융개혁위원회, 「금융개혁 종합보고서」(1997. 12), 3~4면. 본문에 적은 내용 이외에도, 우

반하여 금융부문의 경쟁력이 취약하여 금융이 실물경제의 발목을 잡는 지경이 되었다. 과도한 규제로 인하여 금융부분의 효율성이 저하되고 수익성 보호를 위한 정부의 조치로 건전성이 약화되었으며 이러한 금융부문의 낙후가 국가경쟁력 제고에 걸림돌이 된다는 인식하에, 금융부문을 실물경제 부문과 함께 발전시키고자 1997년 대통령 직속으로 설치된 금융개혁위원회가 3차에 걸쳐 금융개혁방안을 제시하였다.[8]

금융개혁위원회는 금융개혁 1차보고서[9]에서 금융개혁의 목표를 첫째, 금융산업의 국제경쟁력 강화, 둘째, 이용자의 편의를 중시하는 금융제도 구축, 셋째, 금융체제의 안정성과 금융기관의 건전성 제고로 정하였다. 그 목표를 달성하기 위한 1차 금융개혁으로 (i) 업무영역의 확대를 통해 금융기관간 경쟁 촉진, (ii) 금융기관이 창의적 역량을 발휘할 수 있도록 경영 자율화, (iii) 시장기능을 제약하는 각종 규제 폐지, (iv) 공정경쟁을 위한 기반구축과 시장규율의 확립을 제시하였다.[10]

1차 금융개혁방안을 구체적으로 보면 금융산업에 대하여는 은행·증권·보험의 업무영역을 확대하고, 금융기관의 지배구조를 개선하여 책임경영체제를 확립하되, 업무별 한도규제를 철폐하고 자기자본 규제 등 건전성규제로 전환하는 등 금융기관의 자율성을 제고하는 것을 제시하였다. 금융상품과 거래에 관하여는 금리와 수수료 규제를 자유화하고, 주거래은행제도를 폐지하며 여신한도 규제를 개선하는 것과 해외증권발행, 해외차입, 외화대출 등 국제금융거래 규제를 완화하는 것, 벤처금융과 중소기업금융을 활성화하는 것 등을 제시하였다. 또한 규제완화와 관련하여 법령상 규제조항을 단순·명료·투명화할 것을 제시하였다.

리나라가 1995년 OECD에 가입하게 되면서 금융감독기능 통합, 중앙은행독립 및 금융개방에 관한 OECD의 견해를 무시할 수 없게 된 점도 금융개혁을 추진하게 된 계기가 되었다고 보는 견해도 있다. 전홍택, "금융개혁: 중앙은행 및 금융감독제 개편 사례", 「한국경제개혁 사례연구」(오름, 2002), 509쪽.

8 금융개혁 1차 보고서－단기과제를 중심으로(1997. 4), 금융개혁 2차 보고서(1997. 6), 금융개혁 3차 보고서(1997. 11)가 제출되었고 이를 종합하여 「금융개혁 종합보고서」(1997. 12)가 제출되었다. 금융개혁위원회의 배경과 활동에 대한 상세한 내용은 금융개혁위원회, 「금융개혁백서」(1998. 1), 간략한 설명은 윤계섭, "한국의 금융개혁", 「경영논집」 제31권(1－2)(서울대학교 경영대학 경영연구소, 1997), 41~64면.

9 금융개혁위원회, 금융개혁 1차 보고서－단기과제를 중심으로(1997. 4).

10 금융개혁위원회, 금융개혁 1차 보고서－단기과제를 중심으로(1997. 4), 요약 9~10면.

이어 제시된 2차 금융개혁방안[11]에서는 (i) 금융산업 진입에 관하여 진입자유화와 금융지주회사제도의 도입을, (ii) 금융기관의 퇴출에 관하여는 적기시정조치의 확립과 시가회계제도의 정착 및 위험자산 분류제도의 투명화, 금융기관 인수·합병의 원활화와 금융기관 파산·청산 제도의 개선, 예금보험기구의 통합 및 기능확충 등을 제시하였다. (iii) 금융감독에 관하여는 중앙은행의 독립성 강화와 총괄적 금융감독기능을 가진 금융감독위원회의 설치를 제시하였다. 특히 금융감독위원회 설치가 필요한 이유로 개혁위원회는 "금융산업의 겸업화 추세에 대응하여 복잡다기한 금융감독체계[12]를 일원화하고 기능적 감독 및 총괄감독기능을 제고할 필요"와 "금융자율화의 추세를 적극 수용하는 동시에 금융제도의 안정성과 신용질서를 확고히 유지할 필요" 및 "금융감독 체제 및 방식의 국제적 정합성 제고 필요"가 있으며, 이를 위하여 기관중심 금융감독에 기능중심감독을 접목하여 금융감독체계의 통합·일원화하고 금융감독의 중립성을 보장하며 전문성을 강화하여야 한다고 지적하였다.

금융개혁위원회가 제시한 개혁방안을 기초로 재정경제원 등 관계기관의 의견을 반영하여 작성한 '금융감독기구의 설치 등에 관한 법률안'을 비롯한 이른바 금융개혁법안들이 1997. 8. 23. 국회에 제출되었다. 당시 대통령 선거를 앞둔 시점이고 여러 관계기관의 이해관계가 얽혀 있어서 이들 법안은 국회에 계류되어 진전이 없다가 IMF 구제금융을 받게 되면서 양해각서상 이들 법안의 통과가 이행조건 중의 하나로 되어 있어 우여곡절 끝에 그중 일부가 1997. 12. 29.에 이르러서야 국회를 통과하게 되었다.[13] 아래에서 구체적인 법률과 제도의 변

---

11 금융개혁위원회, 금융개혁 2차 보고서(1997. 6).

12 당시 우리나라의 금융감독은 은행, 증권, 보험, 기타의 금융업종별로 분산된 분리감독체제를 취하고 있었다. 같은 업종에 대하여도 금융기관의 종류, 관련업무의 내용 또는 규제의 내용에 따라 소관 감독기관이 달랐다. 예를 들면 은행의 경우에는 일반은행인지 특수은행인지에 따라 또 은행계정거래인지 신탁계정거래인지에 따라 한국은행 은행감독원과 재정경제원으로 감독권한이 나뉘어 있었고, 증권의 경우에는 재정경제원이 인가를 증권관리위원회와 증권감독원이 검사를 맡고 있었고, 보험의 경우에는 재정경제원이 포괄적 감독권을 가지고 보험감독원에게 감독 및 검사권 일부를 위임하고 보험감독원을 감독하는 체제를 취하였다. 1997년말의 우리나라 금융기관 감독 검사 체계의 상세한 표는 최흥식, "VII장. 금융감독체계의 변천에 대한 정치경제적 분석", <한국의 금융제도: 주요 이슈의 회고와 과제> 서울대학교 금융경제연구원 심포지엄 자료집, 2010, 12면.

13 법안의 입안 과정과 통과 경과에 대한 상세한 설명은 최흥식, 전게논문(각주 12), 14~15면; 강만수, 전게서(각주 1), 250~261면.

화를 검토하면서 드러나듯이, 금융개혁위원회가 제시한 개혁방안은 이후 금융법의 방향을 정하는 기본틀이 되었다.

Ⅲ. IMF 구제금융 협약 이후 금융법제의 변화

1. 개 관

1997년 12월 3일자 양해각서에 담겨 있는 IMF 구제금융의 조건은 거시경제정책, 통화정책, 재정정책 등과 아울러 금융개혁, 무역자유화, 자본자유화, 기업지배구조, 노동시장의 유연성 제고, 외환 금융정보의 공개 및 금융실명제에 이르기까지 광범위한 분야에 걸쳐 있다. 특히 양해각서는 우리 정부가 취하여야 할 법제도에 관한 조치로서는 금융개혁을 가장 중요하게 언급하였다. 금융부문의 구조조정과 개혁이 핵심적인 요소임을 강조하고, 부실금융기관의 문제해결, 금융감독기구의 확립, 금융산업의 리스크 관리, 금융산업의 시장개방 등을 강조하였다.[14] 양해각서에 언급된 사항들이 법제화됨으로써 IMF 구제금융은 그 이전부터 절감하고 있던 금융개혁을 촉진하는 역할을 하였다. 양해각서에 명시적으로 언급되지 않았으나 1997년 경제위기의 극복 과정에서 법제화된 내용도 상당히 있다. 아래에서는 IMF 구제금융 기간(1997년 12월 3일부터 2000년 12월 3일까지) 중 변경된 법제를 금융감독체제에 관한 법제, 금융기관과 금융산업에 관한 법제 및 금융상품과 금융거래에 관한 법제로 나누어 검토하기로 한다.[15]

---

14 양해각서 제15항: "이 프로그램의 핵심은 금융부문의 광범위한 구조조정 및 개혁이다. 한국정부는 부실금융기관의 문제점들이 고쳐지지 않으면 전체 금융시스템에 악영향을 끼치며, 한국 금융시스템의 신뢰도를 저하시킨다는 것을 알고 있다. 그러므로 정부는 부실금융기관의 문제점을 해결하고, 금융산업의 시장개방을 위한 보다 강력하고 결정적인 행동을 취한다. 강력하고 독립적인 금융감독기관을 세우기 위한 법률제정이 이뤄져야 한다. 이는 금융기관의 건전성 감독을 강화하고, 투명성을 제고하기 위한 것이다. 회생가능성이 없는 금융기관을 퇴출하기 위한 실행계획과 일시적으로 취약하지만 자력갱생이 가능한 금융기관을 처리하기 위한 정책, 금융산업의 리스크 관리를 촉진시킬 대책이 필요하다."

15 본문에 적은 사항 이외에도 증권·선물 등 자본시장 규제도 금융법의 중요한 부분이지만 시장규제의 기본틀은 IMF 구제금융 이전부터 갖추어져 있었으므로 이 글의 검토대상에서 제외한다.

2. 금융감독체제

(1) 통합 금융감독기구

1) 양해각서

금융감독체제에 관하여 양해각서는 은행·증권·보험 등 모든 금융기관의 감독기능을 통합하는 법률을 제정하여 금융감독기구를 설치하도록 하고, 금융감독기구는 예산상 자율권을 가지며 부실금융기관의 효율적 처리를 위한 권한을 가져야 함을 강조하였다.[16]

2) 통합 금융감독기구의 설치

① 금융감독위원회의 설치

1997. 12. 31. 구 「금융감독기구의 설치 등에 관한 법률」(법률 제5490호, 이하 이 글에서 구법표시는 모두 생략한다)이 제정되어 1998. 4. 1. 시행되었다. 이 법률은 당시 기관별·업종별 감독체제하에서 한국은행 은행감독원, 증권감독원, 보험감독원이 각각 은행, 증권, 보험을 감독하고, 제2금융권은 재정경제원이 감독하는 등 "분산되어 있던 금융감독기능을 금융감독위원회 및 금융감독원으로 통합·일원화함으로써 금융감독을 효율적으로 수행"하는 것을 목적으로 하였다.[17] 이 법률에 의하여 금융감독업무(금융기관에 대한 감독과 증권·선물시장에 대한 감독 등)[18]를 수행하기 위하여 국무총리 소속하에 금융감독위원회를 두되(동법 제3조 제1항, 제17조), 금융감독위원회는 독립적으로 사무를 수행할 수 있도록 하였다(동법 제3조 제2항). 또한 금융감독위원회(또는 그 산하에 설치된 증권선물위원회)의 지시·감독하에 금융기관에 대한 검사·감독업무 등을 수행하기 위하여 무

16 양해각서 제16항: "12월 대선 후에 즉시 금융개혁법안을 처리하기 위한 임시국회를 소집한다. 법안은 다음과 같다.
- 개정 한국은행법: 물가안정을 주임무로 하는 중앙은행의 독립성 보장.
- 특수은행을 포함한 모든 은행, 증권사, 보험 등 모든 금융기관의 감독기능을 통합하는 법률. 이 기구는 운영상 예산상의 자율권을 가져야 하면, 부실금융기관을 효율적으로 처리하는 데 필요한 모든 권한을 가져야 한다. (이하 생략)"

17 「금융감독기구의 설치 등에 관한 법률」 제정이유.

18 「금융감독기구의 설치 등에 관한 법률」은 2008. 2. 29. 「금융위원회의 설치 등에 관한 법률」(법률 제8863호, 2008. 2. 29. 시행)이 되었고 동 개정시 금융위원회는 정부조직법 제2조상의 중앙행정기관이 되었고, 소관업무가 "금융정책, 외국환업무 취급기관의 건전성 감독 및 금융감독에 관한 업무"로 확대되었다(「금융위원회의 설치 등에 관한 법률」 제3조).

자본특수법인으로 금융감독원을 설립하였다(동법 제24조). 이와 아울러 「은행법」도 개정되어 은행법상 은행에 대한 감독권자가 종전의 금융통화운영위원회와 그 지시·감독을 받는 한국은행 은행감독원장에서 금융감독위원회와 그 지시·감독을 받는 금융감독원장으로 변경되었다(은행법 제44조, 법률 제5499호, 1998. 1. 13. 전부개정, 1998. 4. 1. 시행).

금융감독위원회와 금융감독원은 은행, 증권·선물(증권회사, 투자신탁회사, 투자자문회사, 선물회사 포함), 보험뿐 아니라, 종합금융회사, 상호신용금고, 신탁회사, 여신전문금융회사 등 기타 제2금융권도 포함하여 금융산업을 전반적으로 감독할 수 있게 되었다(「금융감독기구의 설치 등에 관한 법률」 제38조).[19] 또한 금융산업의 구조조정과 부실금융기관의 처리를 원활하게 하기 위하여 1998년 중 「금융산업의 구조개선에 관한 법률」이 두 차례에 걸쳐 대폭 개정(법률 제5496호, 1998. 1. 8. 개정, 1998. 4. 1. 시행; 법률 제5549호 1998. 9. 14. 개정 및 시행)되어,[20] 금융감독위원회로 하여금 부실 우려가 있는 금융기관에 대하여 다양한 적기시정조치[21]를 취할 수 있도록 하였다. 또한 광범위한 감독권한을 부여받은 금융감독위원회와 금융감독원은 업무수행시 공정성을 유지하고 투명성을 확보하며 금융기관의 자율성을 저해하지 않도록 노력할 의무를 부담하도록 하였다(동법 제2조).

② 금융감독위원회와 금융감독원의 관계

금융감독위원회는 합의제 행정기관으로 독립적으로 사무를 수행하도록 하였고(「금융감독기구의 설치 등에 관한 법률」 제3조 제2항), 금융감독위원장이 금융감독원장을 겸임하도록 함으로써(동법 제29조 제2항),[22] 금융감독위원회는 통합

19 1998년부터 2006년까지의 각 금융산업별 규제감독의 내용은 김홍범, "금융규제감독의 경과와 개선 과제", 「한국금융연구」 제21권 별책(한국금융연구원, 2007. 8), 60~69면 표1, 3, 4, 5, 6에 요약·정리되어 있음.

20 위 두 번의 개정 이외에도 2000. 1. 21. 일부 개정(법률 제6178호)으로 영업이 전부 정지되거나 계약이전이 결정된 부실금융기관의 관리인으로 예금보험공사의 임직원을 선임하고, 예금보험공사가 해산·파산한 금융기관의 최대채권자인 경우에는 예금보험공사의 임직원이 청산인·파산관재인으로 선임될 수 있도록 하였다(동법 제14조의6 및 제15조).

21 아래 III.3.4.2. 참조.

22 2008. 2. 29. 「금융감독기구의 설치 등에 관한 법률」이 「금융위원회의 설치 등에 관한 법률」로 개정될 때 금융정책기능과 감독집행기능을 분리하여 금융행정의 책임성을 강화한다는 취지로 금융위원장의 금융감독원장 겸임 제도를 폐지하여 대통령이 금융감독원장을 별도로 임명하도록 하였고(동법 제29조 제2항), 금융위원회의 금융감독원 업무에 대한 지시·감독권을 지도·감독으로 변경하였다(동법 제18조, 제24조 제1항).

금융감독기구의 의결기구로서 금융감독정책업무를 수행하고, 금융감독원은 집행기관으로서 금융감독위원회의 지시·감독하에 감독집행업무를 담당[23]하도록 하였다. 의결기구로 규정하였다고 하여 금융감독위원회가 감독권한을 직접 행사할 수 없는 것은 아니고, 금융감독업무는 본래 포괄적으로 금융감독위원회의 업무였다. 금융감독위원회는 금융감독업무에 관한 최고책임기구이고, 금융감독원은 그 보좌기관이며, 두 기관이 상호 대등적·독립적이거나 경쟁적인 관계에 있는 것은 아니었다.[24]

③ 금융감독위원회와 재정경제부의 관계

금융감독위원회는 금융기관에 대한 감독권을 가지지만 금융기관의 설립·폐쇄에 대한 인가권은 재정경제부장관[25]이 보유하였고{예: 은행법(1998. 1. 13, 전부개정 법률 제5499호, 1998. 4. 1. 시행) 제8조 제1항}, 은행업무의 범위도 재정경제부장관이 정하도록 하여 다른 금융업종과의 업무영역조정기능을 재정경제원으로 일원화하였다(은행법 제27조 제2항). 또한 재정경제부장관이 금융감독에 관한 법령 제정·개정안 제안권도 보유하였다.[26] 이와 같은 사항들은 금융감독의 독립성과 효율성의 양면에서 비판받을 사항이었고, 결국 1999. 5. 24. 「정부조직법」 개정(법률 제5982호, 1999. 5. 24. 시행)으로 "금융감독행정의 비효율성적수행과 피감사기관에 대한 중복규제를 배제하고 금융감독업무의 독립성과 일관성을 부여하여 금융업무의 건전성을 제고하려는 취지"[27]로 금융기관에 대한 인가권을 금융감독위원회로 이관하였고(동법 부칙 제3조 제38항 이하), 재정경제부장관은 금융감독 관련 법령 제정·개정안 제출시 금융감독위원회와 협의하도록 하였다(「금융감독기구의 설치 등에 관한 법률」 제64조의2). 금융감독 관련 법령 제·개정

23 김홍기, "우리나라 금융감독체계의 문제점 및 개선방안", 「상사법연구」 제31권 제3호(한국상사법학회, 2012), 184면.

24 헌법재판소 2002. 4. 25. 2001헌마285 결정.

25 당시 법률상 재정경제원장관으로 되어 있으나 「금융감독기구의 설치 등에 관한 법률」이 제정되어 시행된 1998. 4. 1.에는 재정경제원이 재정경제부로 개편되었다(정부조직법 법률 제5529호, 1998. 2. 28. 전부개정 및 시행).

26 금융개혁위원회가 제시한 개혁방안과 달라진 부분이고 재정경제원이 강력한 권한을 확보한 대표적인 예의 하나이다. 금융개혁 2차보고서, 213, 233면, 전성인/김기홍/김상조/함준호, "한국금융개혁: 평가와 정책과제", 학술진흥재단 특별정책과제 최종연구결과보고서(2001), 19면.

27 국회 행정자치위원회 수석전문위원 박봉국, 정부조직법 중 개정법률안 검토보고(1999. 4), 8면.

안 제출은 재정경제부장관의 소관사항이었다가 2008. 2. 29. 금융감독위원회가 중앙행정기관인 금융위원회로 개편됨으로써 비로소 금융감독 관련 법령 제·개정 제안을 할 수 있게 되었다{「금융위원회의 설치 등에 관한 법률」(법률 제8863호, 2008. 2. 29. 일부개정 및 시행) 제3조 제2항, 제17조 제6호}.

(2) 한국은행의 독립성 보장

1) 양해각서

양해각서는 1997년 12월 대선 후에 즉시 금융개혁법안을 처리하기 위한 임시국회를 소집하여 물가안정을 주임무로 하는 중앙은행의 독립성을 보장하는 내용으로 「한국은행법」을 개정하도록 정하였다.[28]

2) 「한국은행법」의 개정

① 한국은행의 중립성 제고

금융감독위원회 및 금융감독원의 설치로 종전 한국은행 은행감독원이 수행하던 은행감독업무를 금융감독위원회와 금융감독원이 수행하게 됨으로써 한국은행의 역할이 달라지면서 「한국은행법」도 개정되었다(법률 제5491호, 1997. 12. 31. 전부개정, 1998. 4. 1. 시행). 이 개정은 한국은행으로부터 금융감독기능을 분리하여 금융감독위원회와 금융감독원에 부여하되, 한국은행은 통화신용정책을 중립적으로 수립하여 자율적으로 집행하도록 하며 정부는 한국은행의 자주성을 존중하도록 규정하여(동법 제3조) 중앙은행의 독립성과 중립성을 보장하였다.

또한 한국은행의 정책결정기구로 금융통화위원회를 두되 종전에 재정경제원 장관이 겸임하던 의장을 한국은행총재가 겸임하도록 하고(동법 제13조 제2항), 위원도 전원 상임위원으로 하였다(동법 제13조 제4항). 한국은행 정관변경에 대하여 정부가 가지고 있던 승인권을 폐지하고 금융통화위원회가 이를 승인하도록 하였으며(동법 제8조 제2항), 재정경제원장관이 가지고 있던 금융통화위원회 회의소집권 및 의안제안권(개정전 동법 제17조)을 폐지함으로써 한국은행의 독립성의 수준을 높였다. 한국은행의 예산은 금융통화위원회의 의결을 거쳐 확정하도록 하여(동법 제98조 제1항) 예산편성의 독립성을 부여하는 한편, 한국은행의 예산 중 통화신용정책과 관련된 예산을 제외한 경비 등에 관한 예산에 대

28 양해각서 제16항. 위 각주 16.

하여는 미리 재정경제부장관의 승인을 얻도록 하여(동법 제98조 제2항) 예산편성의 자의성을 방지하도록 하였다. 또한 한국은행의 통화신용정책은 물가안정을 저해하지 않는 범위 내에서 정부의 경제정책과 조화를 이룰 수 있도록 하여(동법 제4조), 한국은행의 독립성 강화로 인한 부작용을 방지할 수 있는 장치도 두었다. 1987년 민주화 이후 여러 차례 시도되었으나 실패하였던 한국은행의 독립성 강화가 IMF 구제금융을 계기로 법률에 반영되게 된 것이다.[29]

② 책임성 장치

개정된 「한국은행법」은 독립성·중립성 강화와 더불어 한국은행의 책임성 장치를 보완하였다. 한국은행은 업무수행과 기관운영시 공공성과 투명성을 확보하도록 노력할 의무를 지며(동법 제5조), 정부와 협의하여 매년 정한 물가안정목표를 포함하는 통화신용정책 운영계획을 수립하여 공표하여야 한다(동법 제6조 제1항). 또한 한국은행은 감사원의 감사를 받으며(동법 제95조), 매년 1회 이상 통화신용정책의 수행상황에 대한 보고서를 작성하여 국회에 제출하여야 한다(동법 제96조).

③ 한국은행의 금융기관 감독

금융감독위원회와 금융감독원 설치로 금융감독업무는 이들 두 기관의 소관업무가 되었으나, 한국은행도 통화신용정책의 수행을 위하여 필요하다고 인정되는 경우 금융기관에 대하여 자료제출을 요구할 수 있고, 금융감독원에 대하여 금융기관에 대한 검사 및 공동검사를 요구하고 검사결과의 송부를 요청하거나 필요한 시정조치를 요구할 수 있도록 하였다(동법 제87조 및 제88조).

(3) 평 가

IMF 구제금융은 당시 금융감독체제의 개편의 필요성을 인식하고 있으면서도 기존의 감독기관 등 이해관계자들의 이해관계가 얽혀 정체 상태에 빠져 있던 문제를 일거에 해소하여 금융감독체제의 개편에 기여하였다고 할 수 있다.[30] 아래에서는 금융감독의 기본원리라고 할 수 있는 효율성, 독립성, 책임성의 관점에서 당시 이루어진 금융감독체제의 개편을 검토하고 남은 과제가 무엇인지

29 1987년 이후 한국은행법 개정에 관한 논의의 내용, 과정 및 각 이해관계자들의 반응에 대하여는 전홍택, 전게논문(각주 7), 485~523면.

30 전성인/김기홍/김상조/함준호, 전게보고서(각주 26), 6면.

를 살펴보기로 한다.[31]

1) 효율성 제고

① 통합금융감독체제로의 전환

우선 분산감독체제에서 통합감독체제로 전환하였다는 점은 금융감독의 효율성의 면에서 높이 평가할 수 있다.[32] 1997년 IMF 구제금융을 신청하는 상황에 이르기 전부터 당시의 금융규제, 특히 분산된 금융감독체계에 대하여는 각 금융감독기구의 자율성과 책임성의 부족, 정부에 의한 의사결정 주도, 종합적인 금융시장과 금융산업 감독기능 미흡 등의 문제, 즉 총괄감독기능이 없다는 문제가 제기된 상태였고,[33] 국제적으로도 금융의 겸업화·그룹화가 진행되고 있는 상황이었으므로[34] 분산된 금융감독체제를 통합감독체제로 전환한 것은 자연스런 선택이었다.[35] [36] 금융개혁위원회의 개혁보고서에 드러나 있듯이 금융감독체제의 변화에 대한 경제계의 요구는 강했으나 관련 기관 등 이해관계자들이 많아 쉽게 입법이 진행되지 못하다가 IMF 구제금융을 계기로 비로소 법제화되었

31 금융감독체제의 기본원리는 학자들에 따라 여러 가지로 설명된다. 독립성·책임성·투명성·염결성으로 구성된 것으로 보는 견해로는 Udaibir Das and Marc Quintyn, "Crisis Prevention and Crisis Management The Role of Regulatory Governance", IMF Working Paper WP/02/163 (September 2002), pp.8~12이 있고, 효율성·책임성·전문성·정당성으로 설명하는 견해로는 Eric J. Pan, "Structural Reform of Financial Regulation", *Transnational Law & Contemporary Problems* Vol. 19:796 (January 2011), p.808이 있다.

32 분산감독체제가 비효율적이라는 점은 2008년 미국 재무부에서 발표한 금융개혁안에서도 인정하고 있다. U.S. Department of The Treasury, *Blueprint For A Modernized Financial Regulatory Structure* (March 2008), p.140.

33 최흥식, 전게논문(각주 12), 11면.

34 1997년 영국이 금융감독청(Financial Supervisory Authority)제도를 도입할 때에도 금융의 겸업화·그룹화 현상이 통합금융감독기구가 필요한 이유의 하나로 제시되었다. Michael Taylor, "The Road from 'Twin Peaks'—and the Way Back", *Connecticut Insurance Law Journal*, Vol. 16, No. 1, p.74(2009).

35 서울대학교 금융법센터, 금융감독 선진화를 위한 감독체계 개편 방안(2012. 10), 66면.

36 통합금융감독기구 제도를 채택하는 추세에 대하여 Kenneth Mwenda, *Legal Aspects of Financial Services Regulation and the Concept of a Unified Regulator*(World Bank 2006). 글로벌 금융위기의 초기인 2008년 3월 미국 재무부가 발표한 금융규제현대화 청사진에서 업종별로 분산되고 연방과 주로 나뉜 금융감독체제의 개혁의 필요성을 역설하고, 금융규제를 시장안정규제, 건전성규제와 영업행위규제로 나누고 각 규제담당 감독기구를 설치하는 장기방안을 제시하였다. U.S. Department of The Treasury, *Blueprint For A Modernized Financial Regulatory Structure*(March 2008). 리먼브러더스의 파산 등 2008년 후반 금융위기가 심각하게 되고 위기 극복을 위한 법안이 제시되면서 이 방안은 실현되지는 않았다.

던 것이다.[37]

새로운 금융감독체제에서는 금융감독위원회가 은행·증권·보험·기타 금융업을 모두 감독대상으로 삼아 총괄적인 금융감독이 가능하게 되었다는 점에서 큰 의의를 찾을 수 있다. 그러나 새로운 금융감독체제하에서도 금융기관 설립·폐쇄에 대한 인가권과 금융감독에 관련된 법령 제정·개정안 제출권을 재정경제원이 그대로 보유하고, 금융감독위원회는 감독 검사만을 행할 수 있도록 되어 있었다. 이 점은 금융감독위원회가 통합감독기구로 활동하는 데 중대한 제한이 되는 것이었고 금융감독기구의 독립성뿐 아니라 효율성의 면에서도 비판받을 수 있는 부분이었다. 결국 앞서 본 바와 같이 1999년 5월 금융기관 설립·폐쇄 인가권은 금융감독위원회로 이관되었으나, 법령 제정·개정안 제출권은 2008년까지도 재정경제부가 계속 보유하였고 다만 금융감독위원회와 협의절차를 거치도록 하였던 점은 행정부·정치권이 독립적인 금융감독기구에 대한 권한 부여를 주저하는 모습을 잘 보여주었다고 할 수 있다.

② 불충분한 감독목표

「금융감독기구의 설치 등에 관한 법률」(법률 제5490호, 1997. 12. 31. 제정)이 금융감독위원회의 소관사무 처리시의 목표를 별도로 규정하지 않은 이상, 금융감독위원회의 업무처리시의 목표는 동법 제1조에 규정된 입법목적을 달성하는 것이라고 할 수 있다. 동법 제1조는 "건전한 신용질서와 공정한 금융거래관행의 확립" 및 "금융수요자 보호"를 입법목적으로 규정하였다. 금융감독위원회와 그 지시·감독을 받는 금융감독원은 법률상 영업행위규제 내지는 금융소비자보호를 목적으로 하고 있었고 건전성규제 및 이를 통한 금융시스템의 안정은 "건전한 신용질서 확립"에 녹아 들어 있을 뿐 구체적인 목표로 삼지는 않았다고 할 수 있다. 현행 「금융위원회의 설치 등에 관한 법률」 제1조는 종전의 입법목적에 "금융산업의 선진화와 금융시장의 안정 도모"를 추가하여 개선이 되었으나 아직 매우 추상적이라는 한계가 있다. 금융감독기구의 업무수행의 중심을 잡을 수 있도록 하기 위해서는 규제목표를 잘 설정할 필요가 있다.[38] 이와 관련해서

---

37 당시 통합금융감독체제로 개편한 것은 재정경제원이 한국은행의 은행감독권을 박탈하여 금융감독권한을 전부 재정경제원이 장악하려는 시도로 보는 견해도 있다. 전성인/김기홍/김상조/함준호, 전게보고서(각주 26), 17면.

38 감독목표와 관련하여 기업구조조정을 금융감독기구가 담당하는 데 대한 비판은 전성인/김

는 영국의 입법례를 참고할 만하다. 영국의 「2000년 금융서비스시장법」(Financial Services and Markets Act 2000)은 애초 시장의 신뢰, 공중의 이해증진, 소비자 보호, 금융범죄의 감축이라는 4가지의 목표를 들고 그 각 목표에 관하여 보다 상세한 규정을 두었다(Sections 2 (2), 3, 4, 5, 6). 「2012년 금융서비스법」(Financial Services Act 2012)으로 개정된 이후에는 금융행위청(Financial Conduct Authority)의 규제목표는 소비자보호, 시장질서유지와 경쟁의 3가지로 변경되었고, 건전성규제청(Prudential Regulation Authority)의 규제목표는 금융시스템의 안정을 확보하기 위한 피감독기관의 안전과 건전성 증진으로 정해졌다{Financial Services Act 2012 Section 6 (1)로 추가된 Financial Services and Markets Act 2000 Sections 1B (3), 2B (2), (3)}.

③ 금융감독기구의 기능별 분화 - 건전성규제와 영업행위규제

금융감독기구의 규제목표와 관련하여 단일한 통합금융감독기구를 설치하였을 때 충돌되는 규제목표를 추구함에 따른 문제가 제기된다. 즉 금융시스템 보호를 목적으로 하는 건전성규제와 금융소비자 보호에 중점을 둔 영업행위규제를 동일한 감독기관이 담당함으로써 규제목적이 충돌하게 되는 문제가 발생하게 된다. 이 문제를 해결하기 위하여 양자를 별도의 기관에서 담당하도록 하여야 한다는 주장이 1995년 영국의 Taylor 박사에 의하여 제기되었고,[39] 1997년 영국이 통합금융감독기구로 금융감독청(FSA)을 설치하는 것으로 금융감독체제를 개편할 때도 이 문제가 제기되었으나 채택되지는 않았다.[40]

금융감독위원회 제도를 도입하던 당시 우리나라에서는 금융기관의 건전성규제와 영업행위규제(또는 금융소비자 보호)의 문제를 구별하여 논의하지는 않았다. 금융감독위원회가 양자를 모두 담당하게 되었고, 2008년 금융위원회 제도로 개편될 때도 이 부분은 변화가 없었다. 국제적으로는 호주[41]와 네덜란

기홍/김상조/함준호, 전게보고서(각주 26), 29~31면과 김인준, "금융부실과 금융구조 개혁", 「경제논집」 제40권 제4호(서울대학교 경제연구소, 2001. 12), 404면.

39 Michael Taylor, Twin Peaks: A Regulatory Structure for the New Century (Center for the Study of Financial Innovation, 1995).

40 Taylor 박사가 주장하는 twin-peaks 모델은 금융감독권을 가지고 있던 영란은행의 반대로 채택되지 않았다. Michael Taylor, supra note 34, p.78.

41 「2001년 호주증권투자위원회법」(Australian Securities and Investments Commission Act 2001)에 따라 설립된 호주증권투자위원회(Australian Securities and Investments Commission, ASIC)는 시장질서와 소비자보호를 담당하고 「1998년 호주건전성감독청법」(Australian Prudential Regulation Authority Act 1998)에 따라 설립된 호주건전성감독청(Australian Prudential Regulation

드[42]가 Taylor 박사의 주장을 받아들여 건전성규제기구와 영업행위규제기구를 분리하였다. 2008년 글로벌 금융위기를 겪으면서 각국이 건전성 규제기구와 영업행위 규제기구를 분리하고 있고,[43] 우리나라에서도 이와 유사하게 감독체제를 개편하여야 한다는 견해가 제시되고 있다.[44] 우리나라에서도 최근 저축은행 사태를 통하여 건전성규제와 금융소비자 보호의 문제가 상호 충돌한다는 점이 드러나게 되었고,[45] 이는 2012년 5월 금융감독원 내에 금융소비자보호처를 별도로 설치하는 결과로 이어졌다.[46] 이러한 변화는, 건전성규제와 영업행위규제의 목표가 서로 다르고 두 규제를 같은 감독기관이 담당할 경우 규제목적의 충돌로 인하여 규제의 혼선이 발생할 수 있다는 측면 및 금융감독기구의 전문성 제고라는 측면에서 타당한 조치였다고 할 수 있다. 금융소비자보호처가 금융감독원 내의 조직으로 남건 별도의 기관으로 분리되건 건전성규제와 금융소비자보호를 위한 규제는 기본적으로는 상호 영향을 받지 않고 이루어질 수 있도록 할 필요가 있고, 다른 한편 두 감독기구 간의 협력과 조율이 이루어질 수 있는 장

Authority, APRA)은 금융기관의 건전성규제를 담당한다.

42 2002년 금융감독기구를 개편하여 중앙은행(De Nederlandsche Bank: DNB)이 시장안정성 보호를, DNB와 연금및보험감독청(Pensioen + Verzekeringskamer: PVK)이 건전성감독을, 시장감독청(Authority for the Financial Markets: AFM)이 영업행위규제를 담당하여 변형된 twin-peaks 모델을 채택한 후 2004년 PVK가 DNB에 합병됨으로써 DNB가 건전성규제를 담당하게 되었다. Henriette Prast and Iman van Lelyveld, New Architectures in the Regulation and Supervision of Financial Markets and Institutions: The Netherlands (2004), pp.14~15.

43 영국은 「2012년 금융서비스법」(Financial Services Act 2012)으로 종전의 금융감독청(Financial Services Authority)을 금융행위청(Financial Conduct Authority)과 건전성규제청(Prudential Regulation Authority)으로 개편하여 전자는 영업행위규제와 금융소비자보호를 담당하고 후자는 금융기관의 안전과 건전성 증진을 담당하며, 영란은행이 금융안정성을 담당하도록 하였다. 영국의 새로운 금융감독체제에 대한 간단한 분석은 Mads Andenas and Iris H-Y Chiu, *The Foundations and Future of Financial Regulation: Governance for Responsibility* (Routledge, 2014), pp.436~441. 미국은 금융개혁법(Dodd-Frank Wall Street Reform and Consumer Protection Act)에 따라 금융소비자보호국(Consumer Financial Protection Bureau, CFPB)을 설치하였다.

44 최흥식, 전게논문(각주 12) 56면; 윤석헌/고동원/빈기범/양채열/원승연/전성인, "금융감독체계 개편 : 어떻게 할 것인가?", 「금융연구」 제27권 제3호(한국금융연구원, 2013), 88~91면. 정경영, "금융감독체계의 문제점과 개편방안-미국 금융감독개혁법제의 시사점을 참고하여", 「금융법연구」 제9권 제2호(한국금융법학회, 2012)도 신중한 입장이지만 기본적으로 같은 취지.

45 국무총리실, 금융감독혁신방안(2011. 9. 2), 38면.

46 금융감독원 보도자료, 금융감독원 금융소비자보호처 출범(2012. 5. 15). 금융소비자보호기능을 금융감독원으로부터 분리하여 독립기구로 만들 것인지에 대하여는 아직 논의 중이다.

치도 마련될 필요가 있다.[47]

④ 금융감독위원회와 금융감독원의 관계

금융감독위원회와 금융감독원 설립시에는 금융감독원은 금융감독위원회의 지시·감독을 받아 업무를 처리하도록 하고 금융감독위원장이 금융감독원장을 겸하도록 함으로써 양 기관 간의 지위와 권한 범위의 문제가 제기되지 않게 되어 있었다. 다만, 금융감독위원회의 사무국이 확대되면서 사무국과 금융감독원의 업무범위에 관한 문제가 제기되었고,[48] 2008. 2. 29. 「금융감독기구의 설치 등에 관한 법률」이 「금융위원회의 설치 등에 관한 법률」로 개정될 때 금융위원장의 금융감독원장 겸임 제도를 폐지하여 대통령이 금융감독원장을 별도로 임명하도록 하였고(동법 제29조 제2항), 금융위원회의 금융감독원 업무에 대한 지시·감독권을 지도·감독으로 변경하였다(동법 제18조, 제24조 제1항). 이러한 개정은 금융정책기능과 감독집행기능을 분리하여 금융행정의 책임성을 강화한다는 취지로 이루어진 것이었지만, 금융감독위원회와 금융감독원이 상호 권한범위를 다투는 계기가 되었다. 금융산업정책과 금융감독정책의 분리는 합리성이 있겠으나,[49] 금융감독에 관하여 정책기능과 집행기능을 별도 기관이 담당하도록 하면서[50] 두 기관 간의 지시·감독관계를 명확하게 하지 않으면 오히려 금융감독의 효율성을 해할 뿐이다.

2) 독립성 확보

① 정치권 및 행정부로부터의 독립

금융안정성의 확보 및 금융위기의 발생 예방을 목표로 금융감독의 수준을 향상시키기 위해서는 금융감독기구가 정치적 압력을 받지 않고 독립적으로 업

47 감독목표와 기능에 따라 감독방식도 달리 개발할 필요가 있다. 손상호, 「금융감독방식의 선진화 방안」(한국금융연구원, 2004. 7. 8)은 감독방식의 개선의 필요성을 지적하고 리스크 중심의 예방적 검사 등의 방안을 제시하였다.

48 김홍기, 전게논문(각주 23), 195면 및 헌법재판소 2002. 4. 25. 2001헌마285 결정(각주 24).

49 이 점에 대한 간단한 설명은 김우찬, "실종된 금융감독체계 개편논의 다시 시작할 때", 주간 하나금융포커스, 제3권 제30호(하나금융연구소, 2013. 7. 29), 2면; 윤석헌/고동원/빈기범/양채열/원승연/전성인, 전게논문(각주 44) 82면.

50 김홍범, "금융감독체계 개편론 분석: 미국·영국·EU와 한국", 서울대 금융경제연구원 추계 컨퍼런스 발표논문(2009. 11. 23) 63~66면은 한편으로는 "금융정책업무를 떼어내 금융위원회를 순수 금융감독기구화해야 한다"고 하고 다른 한편 "하루빨리 금감원을 명실상부한 단일 통합감독기구로 정상화시켜야 한다"는 견해를 제시하였다.

무를 수행할 수 있어야 한다.[51] 특히 금융감독기구가 그 목표를 실행함에 있어서의 독립성은 '건전성규제를 할 수 있는 측면에서의 독립성(regulatory in-dependence)'과 '감독활동상의 독립성(supervisory independence)', '기관상의 독립성(institutional independence)', '예산상의 독립성(budgetary independence)'으로 나누어 살펴볼 수 있다.[52]

㉠ 금융감독위원회가 국무총리 소속하에 있지만 소관사무를 독립적으로 수행하도록 법적으로 보장받았으므로{「금융감독기구의 설치 등에 관한 법률」(법률 제5490호) 제3조 제2항}, 행정부처 내에서는 어느 정도 '기관상의 독립'을 이루었다고 볼 수 있다.

㉡ 금융감독위원회가 금융감독에 관한 규정 제정권과 검사·제재권을 보유한다는 점에서(동법 제17조), '금융안정성 확보를 위한 건전성규제를 할 수 있는 면에서의 독립성'과 '감독활동상의 독립성'이 법률상 규정되었다고 볼 수 있다. 다만, 금융기관 설립·폐쇄 인가권[53]은 1999. 5. 23.까지, 관련 법률 제정 개정안 제출권은 2008. 2. 28.까지 재정경제부가 보유하고 있었기 때문에 금융감독위원회의 소관사무에 제한이 있었고 이로 인하여 건전성규제와 감독활동상의 독립성에는 한계가 있었다.[54] 이 부분에 관하여는 1997년 경제위기 이전 금융감독권을 가지고 있던 재정경제부가 감독을 소홀히 한 결과에 대한 반성적 고려가 충분하지 않은 것으로 볼 수 있다.[55]

---

51 Marc Quintyn and Michael W. Taylor, Regulatory and Supervisory Independence and Financial Stability(IMF Working Paper WP/02/46, March 2002)는 금융감독기구의 독립성에 관한 논의를 촉발한 두 개의 요인으로, 정치적 영향으로 인한 금융감독기구의 독립성 결핍이 1990년대의 금융위기 발생에 기여하였다는 점과 적합한 금융감독체제에 관한 논의가 이루어지게 된 점을 들고 있다.

52 Quintyn과 Taylor가 전통적인 중앙은행의 독립과 관련하여 논의되는 목표설정에서의 독립(goal independence)과 목표실행상의 독립(instrument independence) 중 후자가 작동하기 위한 4가지 요소로 제시한 것들이다. Quintyn and Taylor, 전게논문(각주 51), pp.13~22.

53 Quintyn and Taylor, 전게논문(각주 51), p.19은 금융산업 진입·퇴출에 대한 인가권을 금융감독기구가 가지는 것이 이상적임을 강조하였다.

54 국회 재정경제위원회 전문위원, 금융감독기구의 설치 등에 관한 법률안 검토보고(1997. 9), 3~4면, 18~21면은 이 문제를 제기하면서 금융감독위원회를 재정경제원 소속으로 하되 인사·예산상의 독립성을 부여하는 방안을 제시하였다.

55 비은행금융기관 감독권을 가진 재정경제원이 감독을 소홀히 하여 이들이 과도한 위험을 부담하여 한국의 1997년 경제위기에 기여하였다는 점에서 한국의 1997년 경제위기는 금융감독

㉢ 금융감독위원회 위원장·부위원장은 대통령이 임명하지만, 위원장을 비롯한 위원들은 임기제로 하고(동법 제6조), 임기 전에는 원칙적으로 해임할 수 없도록 한 점(동법 제10조), 위원장·부위원장·상임위원은 국회의원·공무원·피감독기관의 임직원 기타 보수를 받는 직을 겸직하거나 영리활동을 할 수 없도록 한 점(동법 제9조), 위원장이 금융감독위원회의 예산 기타 행정사무를 총괄하고(동법 제15조 제1항) 금융감독위원회가 금융감독원의 예산 및 결산을 승인하도록 한 점(동법 제18조) 등은 인사 및 예산상의 독립성을 보장하는 법적 장치라고 할 수 있다.

이와 같이 법률상으로는 금융감독위원회의 독립성을 보장하는 여러 법적 장치를 두고 있으나, 금융감독위원장의 임기가 사실상 보장되지 않는 경우에는 정부의 정책과 정치적 압력으로부터 독립하여 업무를 수행하기가 쉽지 않다는 면에서,[56] 감독기구의 독립성은 법률에 적힌 조문의 내용뿐 아니라 실제 그 법률의 운영에 의하여 크게 영향을 받는다고 하겠다.

한편 IMF 구제금융은 금융감독의 독립성뿐 아니라 중앙은행인 한국은행의 독립성을 개선하는데 중요한 역할을 하였다. 1997년 말의 한국은행법 개정은 한국은행의 목표를 물가안정으로 명확히 하고 독립성을 강화하였다는 점에서 그 이전에 오랫동안 논의되던 중앙은행의 독립성이 입법적으로 반영된 것이라고 할 수 있다. 독립성의 강화에 균형을 맞추어 국회에 대한 보고의무를 규정함으로써 책임성 장치를 명확하게 둔 것도 바람직한 입법이었다고 평가된다.

② 피감독기관으로부터의 독립 – 규제포획(regulatory capture) 및 규제관용 (regulatory forbearance)의 문제[57]

금융감독의 독립성은 정치권·행정부로부터의 독립뿐 아니라 피감독기관으

기구의 독립성이 부족했던 사례로 제시되고 있다. Quintyn and Taylor, 전게논문(각주 51), p.6.

56 금융감독위원회의 최초 4명의 위원장의 평균임기는 1년 7개월이고 최단 8개월인 경우도 있었다. 김용재, "금융감독기구의 현황 및 문제점", 「법학논총」 제17권(국민대학교 법학연구소, 2005), 204면.

57 규제포획에 대한 이론적인 분석은 George J. Stigler, "The Theory of Economic Regulation", *The Bell Journal of Economics and Management Science*, Vol. 2, No. 1(Spring, 1971), pp.3~21. 규제관용에 대하여는 Charles Goodhart, Philipp Hartmann, David T. Llewellyn, Liliana Rojas–Suarez and Steven Weisbrod, *Financial Regulation: Why, How and Where Now?*(Routledge, 1998) pp.52~54. 국내 금융감독기구의 규제관용사례에 대한 연구는 이혜영, "금융규제개혁 과정에서 규제관용에 관한 연구: LG카드 사례를 중심으로", 「한국행정학보」 제38권 제5호(한국행정학회, 2004. 10).

로부터의 독립을 포함한다. 금융기관이 점차 대형화되고 큰 영향력을 가지게 됨에 따라 금융감독기구가 감독대상인 금융기관들에 의하여 포획되거나 관용을 베푸는 문제가 제기될 수 있다.[58] 특히 금융감독기구가 금융시장과 금융산업의 육성 및 경쟁력 강화를 규제감독의 목표로 삼았을 때 이러한 문제가 발생하기 쉽다. 저축은행 사태와 관련하여 금융감독원의 임직원이 뇌물을 받아 형사처벌된 사례가 계속 발생하고 있고,[59] 저축은행이 금융감독원의 인사에 관여하려고 하였다는 보도[60]도 있으며, 금융감독기구의 임직원이 퇴직후 금융기관의 감사 등으로 진출하는 사례[61]가 일반화되고 있다. 위와 같은 현상이 발생함은 금융감독기구가 감독대상에 의하여 포획되거나 관용을 베풀 수 있는 환경이 조성되고 있음을 의미한다. 이 문제를 방지하고 금융감독기구가 정당성을 확보하기 위해서는 금융감독기구에 대한 내외의 견제와 균형을 통하여 책임성 장치를 강화하고 금융감독기구의 업무수행의 투명성을 증진시킬 필요가 있다.[62] IMF 구제금

---

58 이 문제는 종전부터 있었다. 국회 IMF환란원인규명과경제위기진상조사를위한 국정조사특별위원회, IMF환란 원인규명과 경제위기 진상조사를 위한 국정조사결과보고서(1999. 3), 199쪽은 "금융권에 만연되어 있는 전관예우(재무관료의 금융권 진출)로 금융감독이 엄격하게 이루어지지 못하였다"고 지적하였다. 김용재, 전게논문(각주 56), 203면이 지적하는 IMF 구제금융 이전 재정경제부의 종합금융회사에 대한 감독부실("재정경제부는 금융감독의 중립성과 전문성을 저해하는 방향으로 종합금융회사들에 대한 재량권한을 남용"하고 "종합금융회사들은 이를 악용, 과도한 위험을 인수"한 점, "종합금융회사들의 단기 외채급증이 1997년 금융위기를 발생시킨 결정적인 원인으로 작용"한 점)도 금융감독기구가 피감독기관에 의하여 포획되거나 관용을 베푼 예라고 할 수 있다. 1997년 종합금융회사의 부실화와 금융감독에 대한 보다 심층적인 분석은 최두열/이연호, "금융감독과 외환위기: 종합금융회사에 대한 제도적 접근", 「한국경제연구」 제8권(한국경제연구학회, 2002. 6) 및 최두열, 「종금사에 대한 규제감독과 외환위기 발생」(한국경제연구원, 2001).

59 "저축은행 금품수수 전 금감원 간부 징역형 확정", 매일경제신문(2013. 1. 31); "저축은행 금품수수 금감원 전 간부 항소심서 징역 6년", 매일경제신문(2012. 12. 14); "부산저축은행 비리 금감원 전 국장 2심도 실형", 매일경제신문(2011. 12. 9).

60 "저축은행, 금감원 감독자 인사까지 로비", 한겨레신문(2012. 7. 30).

61 "저축은행 감사·사외이사 금감원 출신 무려 54명", 한국일보(2011. 7. 25). 미국에서의 논의는 각주 70.

62 금융감독기구가 다루는 정보가 피감독기관의 비밀스런 정보일 경우가 많아서 금융감독의 투명성의 추구에는 한계가 있다고 보고 금융감독기구에 대하여 국제기구가 외부에서 평가하도록 하자는 의견도 제시되고 있다. Goodhart, Charles A. E., "Regulating the Regulator－An Economist's Perspective on Accountability and Control", in *Regulating Financial Markets Services and Markets in the Twenty First Century*, edited by Ferran, Eilis and Goodhart, Charles A. E. (Hart Publishing, 2001), pp.163~164.

융 기간 중 이루어진 제도개혁에 있어서는 이러한 점에 대한 고려가 미흡하였고, 앞으로 개선되어야 할 부분이라고 하겠다.

③ 금융감독기구 조직의 법적 성격 문제

통합금융감독체제로 전환한 이후 금융감독제도에 대하여, 금융감독기구의 독립성을 강조하며[63] 금융감독기구의 민간조직화를 주장하는 입장이 꾸준히 제시되어 왔다.[64] 공식적 제도요인(관료조직의 순환보직)과 비공식적 제도요인(상명하복·응집력·엘리트의식과 불투명성·폐쇄성·경직성)으로 인하여 금융감독의 독립성과 책임성이 훼손될 우려가 있다는 것이다. 한편 금융감독의 효율성을 강조하는 입장에서는 국가행정기관에 의한 금융감독기능의 수행 내지는 민간조직에 의한 금융감독에 대한 행정적 통제를 선호할 것이다. 금융감독기구의 민간조직화를 주장하는 견해가 지적하는 관료조직의 문제점은 경청할 만하다. 그러나 금융감독기구를 민간조직화한다고 하여도 그 조직이 관료화되는 경우에는 마찬가지의 문제(특히 비공식적 제도요인)가 야기될 수 있다. 또한 민간조직으로 하더라도 금융감독기구의 수장 및 일부 고위 임원은 정부에 의하여 임명되지 않을 수 없고, 이 점에서는 정부조직인지 민간조직인지에 따라 독립성에 차이가 생기지는 않는다. 오히려 민간조직으로 만들어 독립성을 지나치게 강조하는 경우 금융감독기구의 설치목적과 상관없이 조직 자체의 이익을 위하여 행동하거나 규제포획 또는 규제관용이 발생할 우려와 아니면 반대로 과도한 규제 또는 규제 감독의 경직화를 초래할 우려도 있다.[65] 이 점은 단순한 우려에 그치지 않고 실제 발생하고 있는 현상이기 때문에[66] 심각하게 고려대상으로 넣어야 할 것이

63 윤석헌/김대식/김용재, "금융감독기구 지배구조의 재설계", 「상사법연구」 제24권 제2호(한국상사법학회, 2005. 8), 421~423면.

64 김홍범, 「한국 금융감독 개편론」(서울대학교 출판부 2006); 김홍범 전게논문(각주 19), 82~85면, 108~111면.

65 Quintyn and Taylor, 전게논문(각주 51), 5면. 피감독기관인 금융기관이 금융감독정책의 결정과정에서 주도적인 역할을 해 온데 따른 문제를 해소하기 위해서 금융감독기구가 금융안정의 차원에서 다양한 이해관계자의 입장을 반영하여 주도적인 역할을 해야 함을 강조하고, 금융감독기구도 금융기관과 마찬가지로 스트레스 테스트를 할 필요가 있다는 주장도 경청할 만하다. Andenas and Chiu, 전게서(각주 43), pp.68~70, 454.

66 최근의 몇 가지 언론보도를 들면, 금융제재권에 관하여 "금융소비자 보호하랬더니… 금융위-금감원 또 밥그릇 싸움", 동아일보(2013. 7. 10), "금융위·금감원, 앞에선 밥그릇싸움 뒤에선 몸집불리기", 서울경제신문(2013. 6. 30), 증권시장 불건전; 주가조작 사건 조사에 관하여, "대통령 '척결' 지시에도 부처간 밥그릇 싸움만", 매일경제신문(2013. 4. 8); 저축은

다. 금융감독기구를 정부조직으로 할 것인가 민간조직으로 할 것인가 보다 더 중요한 문제는 금융감독기구의 감독목표를 명확히 하고, 법률에 정한 독립성 보장 조항을 제대로 준수하는 것이며, 금융감독기구의 전문성, 업무의 투명성,[67] 임직원의 염결성(integrity)을 증진시키는 방안[68]을 강구하는 것이라고 하겠다.

3) 책임성(accountability)

금융감독기구가 정치권력이나 행정부로부터 독립적으로 활동한다는 점의 동전의 뒷면은 금융감독기구가 책임성을 갖추어야 한다는 점이다.[69] 특히 통합 금융감독체제에서는 통합 금융감독기구에 감독권한이 집중되어 감독권한의 남용(과다규제와 과소규제의 양면)의 우려가 있고, 감독기구가 자신의 이익을 추구할 우려가 있다[70]는 점에서 책임성이 더욱 중요해진다.[71] 금융감독기구의 책임성의 대상은 입법부, 행정부, 사법부, 피감독기관, 금융소비자 기타 공중을 들 수 있다. 책임성의 구체적인 형태는 사전·사후 보고, 각종 조치에 대한 사법심사, 감독배상책임의 부담,[72] 규정 제정·개정시 사전 공고 및 의견수렴, 업무활

행 사태 이후 금융감독체제 개편에 관하여 "장기비전 없이 땜질식 금융정책 남발…밥그릇 싸움 이제 그만", 매일경제신문(2012. 12. 31) 등.

67 투명성을 정치권으로부터의 독립성, 공중에 대한 책임성과 더불어 금융감독체제에게 정당성을 부여하는 3대 요소의 하나로 보는 견해도 있다. Pan 전게논문(각주 31), p.811.

68 금융감독기구와 행정부 조직 간의 인사교류·순환보직은 금융감독기구의 독립성뿐만 아니라 전문성확보 차원에서도 바람직하지 않다.

69 Marc Quintyn, Silvia Ramirez and Michael W. Taylor, The Fear of Freedom: Politicians and the Independence and Accountability of Financial Sector Supervisors (IMF Working Paper WP/07/25, February 2007), p.6. 금융감독기구의 책임성의 개념 및 책임성 확보 장치에 관한 상세한 논의는 Eva Hūpkes, Marc Quintyn, and Michael W. Taylor, The Accountability of Financial Sector Supervisors: Principles and Practice(IMF Working Paper WP/05/51, March 2005).

70 미국 증권거래위원회(SEC)가 자신의 이익을 추구하는 행위를 한다는 비판도 있다. 이 비판은, 미국 증권거래위원회가 기술적인 사소한 규정을 적극적으로 집행하면서 더 중요한 사기적 행위(예: 메이도프 사건)에는 별로 신경을 쓰지 않았는데, 이는 증권거래위원회 직원이 피감독기관에 취업하는 구조상 '사소한 규정의 적극 집행'이 피감독기관으로 하여금 규정준수 관련 전관 채용 수요가 증가하도록 하는 효과가 있지만 '중요한 사기사건의 조사'는 그렇지 않기 때문이라고 지적하였다. Jonathan Macey, *The Death of Corporate Reputation: How Integrity Has Been Destroyed on Wall Street*(FT Press, 2013), pp.217~220.

71 감독권한의 지나친 집중에 대한 비판은 전성인/김기홍/김상조/함준호, 전게보고서(각주 26), 33~34면.

72 금융감독기구의 감독책임에 관하여는 정순섭, "금융감독기관의 감독배상책임에 관한 연

동의 대외 공시를 통한 투명성 확보 등이 있을 수 있다. IMF 구제금융 체제하에서 이루어진 「금융감독기구의 설치 등에 관한 법률」상 금융감독위원회의 업무수행이 행정처분으로 법원의 심사를 받을 수 있다는 점과 업무수행에 있어 공정성과 투명성을 확보하여야 할 의무를 지도록 한 것은 분명하다. 그러나 그 밖의 어떠한 방법으로 누구에게 책임성을 갖추어야 하는지에 대하여는 명백하지 않다.

금융감독기구의 책임성을 확보하되 독립성을 저해하지 않도록 하기 위한 첫째 방안은 업무수행의 투명성을 확보하는 것이다.[73] 행정절차법과 행정규제기본법에 의한 법령의 제·개정, 행정처분, 규제에 대한 일반적인 통제가 있을 뿐 금융감독에 관한 별도의 법률상 장치는 별로 없다. 이 점은 2008. 2. 29. 금융위원회로 개편되면서 위원회 의사록을 공개하도록 하여 뒤늦게 개선되었다. 그러나 금융위원회 홈페이지에는 의사록만이 공개되고 구체적인 내용이 기재된 의안은 공개되지 않기 때문에 결의의 내용을 정확히 파악하기 어렵게 운영되고 있다. 금융시스템 위험을 회피하기 위하여 비밀로 해야 하거나 영업비밀 또는 개인정보로 보호해야 할 것이 아닌 한, 실질적인 투명성을 확보할 수 있도록 운영될 필요가 있다. 반면 현재 시행되고 있는 제재 내용의 공시는 금융위원회의 조치를 구체적으로 알 수 있도록 한다는 점에서 바람직하다고 할 수 있다. 또한 금융감독의 투명성 제고 및 책임성 강화의 면에서 금융감독상 중요한 사건이 발생한 경우 감독담당기관 또는 부서가 아닌 독립적인 제3자로 하여금 그 원인, 경과 및 이에 대하여 취한 대책을 조사하고 보고서를 작성하도록 하고 이를 일반 국민에게도 공개할 필요가 있다.[74]

구", 「상사법연구」 제31권 제4호(한국상사법학회, 2013), 151~231면.

73 Quintyn, Ramirez and Taylor, 전게논문(각주 69), p.11.

74 정찬우/박창균/이시연, 「상호저축은행백서」(한국금융연구원, 2012. 5)와 국무총리실 보도자료, 관계부처 합동으로 금융감독 혁신 방안 마련(2011. 9. 2)에 첨부된 금융감독혁신방안이 본문에서 언급한 유형의 보고서라고 할 수 있다. 2008년 초 주요투자은행중 하나였던 베어스턴스의 붕괴 이후 미국 증권거래위원회(SEC) 감사부서(Office of Inspector General)가 시장감독부서(Division of Trading and Markets)의 감독이 적절했는지를 조사하고 권고사항을 제시하는 내용의 보고서를 발표한 것은 감독기구 자체적으로 사후에라도 문제점을 파악하고 개선하기 위한 노력의 예라고 할 수 있다. U.S. Securities and Exchange Commission, SEC's Oversight of Bear Stearns and Related Entities: The Consolidated Supervised Entity Program(September 25, 2008).

금융감독기구의 책임성을 확보하기 위한 사전적 장치로는 각종 규정 제·개정 또는 정책수립시 이해관계자의 의견을 반영하여야 하고 이를 위해서는 형식적인 입법예고 절차에 그치지 않고 실질적인 의견을 반영하도록 할 필요가 있다. 마지막으로 책임성 확보를 위한 사전적 장치의 하나로 금융감독기구 간의 견제와 균형을 들 수 있다. 특히 금융기관이 정상적으로 운영되는 시기의 감독은 금융위원회와 금융감독원이 담당하다고 하더라도 금융기관이 부실화되어 예금보험기금이 사용되어야 할 우려가 있는 상황에서는 예금보험공사가 더 적극적으로 감독에 관여할 수 있도록 할 필요가 있다는 견해[75]도 경청할 필요가 있다. 평상시 금융기관을 감독하던 금융감독기구는 금융기관의 부실화와 관련된 감독부실이 있었던 경우에도 이를 스스로 인정하려고 하지 않을 유인이 크기 때문이다.

4) 효율성과 독립성의 조화 - 금융감독기구 간의 협력

각 금융감독기구와 정부부처가 관장한 업무는 다르고 통화신용정책과 금융감독의 독립성이 강조되지만, 금융의 안정성을 확보하고 금융위기의 발생을 방지한다는 차원에서는 금융감독위원회(현 금융위원회), 금융감독원, 한국은행, 재정경제부(현 기획재정부)가 공동의 책임을 지고 상호 협조를 강화할 필요가 있다.

한국은행 은행감독원이 관장하던 은행감독업무를 금융감독위원회와 금융감독원이 수행하게 됨에 따라 「한국은행법」 제88조는 한국은행이 필요한 경우 금융감독원에게 금융기관 검사 또는 금융감독원의 검사시 공동참여를 요구할 수 있도록 하였다. 이 조항에도 불구하고 금융감독원이 2002년 한국은행의 검사 및 공동참여 요구를 거부하는 사건이 발생하였고 이는 금융감독기구간의 협력이 쉽지 않음을 보여준다.[76] 글로벌 금융위기 발생 이후인 2009. 9. 15. '기획재정부·금융위원회·한국은행·금융감독원·예금보험공사간 금융정보 공유에 관한 양해각서'와 '한국은행과 금융감독원의 금융기관 검사에 관한 양해각서'가 체결되어 금융감독기구 간의 정보공유와 검사에 대하여는 협력의 구체적인 사

---

75 전성인/김기홍/김상조/함준호, 전게보고서(각주 26), 10, 36~38면은 예금보험공사가 부실화된 금융기관에 대한 전면적 권한을 행사하도록 해야 한다고 주장한다.

76 2011년 한국은행법 개정(법률 제11051호, 2011. 9. 16. 일부개정, 2011. 11. 16. 시행)과 동법 시행령 개정(대통령령 제23488호, 2011. 12. 16. 개정, 2011. 12. 17. 시행)으로 금융감독원은 한국은행의 요구를 받은 후 1개월 이내에 응하도록 규정되었다(동시행령 제15조의3).

항을 정하고 각 금융감독기구의 부기관장급으로 구성된 "금융업무협의회"를 설치하여 협력이 원활하게 이루어지게 한 것은 바람직한 일이다. 최근의 글로벌 금융위기에 대응한 영미의 금융감독체제 개편에서 보듯이[77] 금융감독기구들 간의 협력이 점점 중요해 지고 있고 그 협력은 관련되는 각 기관의 최고책임자들이 참여하는 형태로 이루어지는 것이 바람직하고 입법적으로 협력의무와 협력장치를 도입하는 것이 바람직할 것이다. 우리나라와 금융감독체제가 다르기는 하지만 광의의 금융감독기구 간의 협력에 관하여는 미국과 영국의 최근의 입법을 참고할 필요가 있다.

미국이 금융개혁법(Dodd－Frank Wall Street Reform and Consumer Protection Act)[78]에 따라 설치한 금융안정감시위원회(Financial Stability Oversight Council: FSOC)는 행정부(재무부), 중앙은행(연방준비제도이사회)과 각 금융감독기구의 장으로 구성된 10인의 의결권 있는 위원[79]과 5인의 의결권 없는 위원[80]으로 구성된다(동법 제111조(b)). FSOC의 목적은 금융시장 내외로부터 발생하는 금융안정성에 대한 위험을 식별하고, 금융기관을 정부가 구제할 것이라는 기대를 주주, 채권자, 기타 거래상대방이 가지지 않도록 시장규율을 증진시키고, 금융시스템 안정에 대한 위협에 대응하는 것이다(동법 제112조(a)(1)). 이를 위하여 정보수집, 금융시장 모니터, 관련 금융감독기구 간의 정보공유와 조정과 더불어 시스템적으로 중요한 비은행금융기관·금융활동·지급결제제도를 식별하고, 연방준비제도이사회에 대하여 건전정규제기준을 권고하며, 증권거래위원회·상품선물거래위원회 기타 감독기구에 대하여 중대한 유동성위험·신용위험 등을 야기할

77 최근의 영미의 금융감독체제의 변화에 대하여는 성태윤/박기영/박단비, "글로벌 금융위기 이후 영미 금융 감독체제의 변화", 「한국경제의 분석」 제18권 제1호(한국금융연구원, 2012), 1~39면; 김홍범 전게논문(각주 50), 33~45면; 노철우, "우리나라 금융감독체계의 개편 논의와 방안 －최근 영국의 금융개혁방안 및 우리나라에서의 개편 논의를 중심으로－", 「금융법연구」 9권 2호(한국금융법학회, 2012), 181~190면; 정경영 전게논문(각주 44), 130~141면 등.

78 미국의 금융개혁법에 대하여는 CCH, *Dodd－Frank Wall Street Reform Act and Consumer Protection Act－Law, Explanation and Analysis*(Wolters Kluwer, July 2010).

79 재무부장관, 연방준비제도이사회의장, 통화감독청장, 증권거래위원장, 상품선물거래위원장, 연방예금보험공사사장, 금융소비자보호국장, 연방주택금융공사사장, 전국신용조합관리위원회 의장 및 상원의 동의를 얻어 대통령이 임명하는 보험전문가의 10인.

80 금융연구소장, 연방보험사무소장과 주(州)의 보험, 은행, 증권 감독자 중에서 각 1인을 지명하여 5인으로 구성됨.

만한 활동과 관련된 감독기준을 제정·강화할 것을 권고하는 등 광범위한 권한과 책임을 가진다(동법 제112조(a)(2)).

영국은 2012년 금융서비스법(Financial Services Act 2012)에 재무부, 중앙은행(Bank of England), 건전성규제청(Prudential Regulation Authority)과 금융행위청(Financial Conduct Authority) 간의 협력에 관한 조항을 상세히 두었다. 재무부·중앙은행·건전성규제청에게 그들의 기능이 영국 금융시스템의 안정에 관련되고 공공의 이익에 영향을 주는 것인 한, 그 기능수행을 협력할 의무를 부과하였고, 특히 중앙은행이 공적자금 필요통지를 한 경우 협력의 중요성을 강조하였다(동법 제64조). 재무부와 중앙은행·건전성규제청 사이의 양해각서(동법 제65조)와 재무부, 중앙은행, 건전성규제청과 금융행위청이 유럽감독기구 기타 국제기구의 구성원으로서 또는 그와 관련된 기능을 수행하는 경우에 관한 양해각서(동법 제66조)를 체결할 의무와 그 내용에 대하여 상세히 규정하였고, 공적자금을 투입하는 상황에 관하여는 중앙은행이 재무부에게 공적자금필요에 관하여 통지할 의무(동법 제58조)와 공적자금이 투입되는 비상상황에서의 재무부의 중앙은행에 대한 지시권(동법 제60조 제61조) 등을 상세히 규정하였다.

3. 금융산업 관련 법제

(1) 개 관

1997년 경제위기 발생 전까지 정부주도의 고도성장을 추구하던 우리 경제정책하에서 금융은 그러한 정책수단의 하나에 불과한 것으로 취급되었고, 정부는 금융기관의 경영과 자금배분에 대한 직접적인 통제를 행하였다.[81] 진입장벽과 금리·수수료 규제로 수익이 보장되었으므로 금융기관, 특히 은행 등 여신취급기관은 자산의 양적인 확대를 추구하였고, 1990년대에 들어 일부 금융자율화가 이루어진 상태에서도 영업전략에는 변함이 없어, IMF 구제금융을 받기 전부터 금융개혁이 필요하다는 점이 지적되었다.[82] 1997년 4월 금융개혁위원회는 금

81 예컨대, 1961. 6. 20. 「금융기관에 대한 임시조치법」이 제정(법률 제626호)된 이후 1982. 12. 31. 폐지될 때까지 은행의 임원선임은 한국은행 은행감독원장의 승인을 받아야 했고(동법 제3조 제1항), 은행의 대주주의 의결권 행사는 발행주식 총수의 10%의 범위 내에서만 허용되었다(동법 제2조, 동법시행령 제4조).

82 금융개혁위원회, 금융개혁 1차 보고서 －단기과제를 중심으로(1997. 4), 3~5면.

융산업의 경쟁력 강화가 필요함을 역설하고, 이를 위한 방안으로 금융기관의 업무영역 확대, 지배구조개선과 건전성규제 강화를 통한 책임경영체제 확립 등을 제시하였다.[83] IMF 구제금융 기간 중 정비된 금융산업 관련 법제 중 중요한 부분은 첫째, 금융기관의 지배구조를 개선하고 책임경영체제를 확립하기 위한 법제, 둘째, 금융기관의 건전성규제와 위험관리를 강화하기 위한 법제, 셋째, 부실금융기관의 처리 특히 적기시정조치에 관한 법제와 넷째, 새로 도입된 금융지주회사 제도라고 할 수 있다.

(2) 금융기관 지배구조의 개선과 책임경영의 확립

1) 지배구조 개선의 배경

1997. 4. 제출된 금융개혁 1차보고서는 금융기관의 경쟁력을 강화하기 위한 방안의 하나로 금융기관의 지배구조의 개선을 제안하였고, 구체적으로는 이사회 기능 강화, 비상임이사의 역할 제고, 비상임이사의 구성과 선임방식은 은행 자율적 결정에 일임, 은행장·상임이사·감사의 결격사유 강화, 독립기관으로서의 감사의 기능 강화 등의 내용을 담고 있었다.[84] 당시에는 논의가 별로 없었으나 IMF 구제금융을 받고 난 이후에는 당시 금융기관(특히 은행, 종합금융회사 등)의 지배구조가 취약하여 내부 자율감시 기능과 위험관리 기능을 충분히 행하지 못하여 자금의 조달과 운용상의 만기불일치에 따른 위험, 환위험, 거래상대방의 신용위험 등의 위험을 과도하게 부담하게 되었던 점이 경제위기의 한 원인이 되었다는 지적을 받았다.[85]

한편 양해각서는 기업의 지배구조를 개선하여야 함을 강조하였고(제34항), 지배구조의 개선 차원에서 상법상 이사회 내의 위원회와 감사위원회 제도 도입(1999. 12. 31. 개정 법률 제6086호 1999. 12. 31. 시행)과 더불어 아래 2)부터 4)에서 살펴보는 바와 같이 금융기관에도 사외이사중심의 이사회, 감사위원회 및 소수주주의 권리행사 요건 완화가 입법화되었다. 금융기관에 대하여는 내부통제를 강화하기 위한 제도도 도입되었다. IMF 구제금융을 계기로 행하여진 일련의 금융기관 지배구조 개선 조치들은 최근 논의되는 「금융회사의 지배구조에 관한

83 Id., 13~106면.

84 Id., 48~51면.

85 박재하, 「은행지배구조의 평가와 과제」(한국금융연구원, 2005. 12), 2~3면.

법률」(안)의 토대를 이루었다. 또한 아래 5)에서 살펴보는 바와 같이 금융기관의 책임경영 환경을 확보하기 위하여 지배주주의 부당한 영향력 행사와 정치권 및 감독기관의 부당한 간섭을 방지하기 위한 장치도 도입되었다.[86]

2) 사외이사 제도와 감사위원회 제도의 도입

사외이사 제도가 최초로 우리나라 법률에 규정된 것은 2000. 1. 21. 개정된 「증권거래법」(법률 제6176호, 2000. 4. 1. 시행)이었다.[87] 이 개정으로 주권상장법인은 사외이사를 전체이사 수의 1/4 이상이 되도록 하여야 하고 자산총액 2조원 이상인 주권상장법인은 전체이사 수의 1/2 이상이며 3인 이상을 사외이사로 선임하여야 하게 되었다(동법 제191조의16 제1항, 동법시행령 제84조의23 제1항). 자산총액이 2조원 이상인 주권상장법인은 사외이사가 총위원의 1/2 이상인 사외이사추천위원회의 추천을 받아 선임하도록 하였고(동법 제191조의16 제3항, 제54조의5, 제2항, 제3항), 아울러 사외이사가 총위원의 2/3 이상으로 구성된 감사위원회를 설치하도록 하였다(동법 제191조의17 제1항). 또한 자산총액 2조원 이상인 증권회사에 대하여도 상장여부를 불문하고 전체이사 수의 1/2 이상이면서 3인 이상을 사외이사로 선임하여야 하고(동법 제54조의5 제1항), 아울러 감사위원회를 설치하도록 하였다(동법 제54조의6 제1항).

은행에 대하여는 2000. 1. 21. 은행법 개정(법률 제6177호, 2000. 4. 22. 시행)으로 사외이사 제도가 도입되어 은행은 이사회에 일정한 결격사유[88]에 해당하지

86 본문에서 논의하는 사항 이외에도 경영공시는 은행의 안정성과 건전성확보를 위한 기능의 면에서도 중요하다{심영, "은행의 지배구조 개선을 위한 법적 연구", 「영남법학」 제8권 제1·2호(영남대학교, 2002. 2), 253면}. IMF 구제금융 기간 중 국제통화기금과의 협의사항을 반영하여 은행의 경영공시를 확충하였으나(금융감독위원회 은행업감독규정 제38조 1999. 9. 18. 개정), 경영공시는 IMF 구제금융 이전부터 있던 제도이고 다만 분기별로 공시하고 결산후 공시에 필요한 기간을 단축하는 정도의 개선이 이루어졌을 뿐이다.

87 증권거래법에 사외이사 선임이 명시되기 전인 1998. 2. 증권거래소의 유가증권상장규정(제48조의5)에 주권상장법인은 이사총수의 1/4 이상을 사외이사로 선임할 것을 의무화하는 조항을 두었던 바 있다.

88 2000. 1. 21. 개정(법률 제6177호, 2000. 4. 22. 시행)된 은행법 제22조 제7항은 1997. 1. 13. 은행법 개정(법률 제5253호, 1997. 1. 13. 시행)시 제14조의3 제6항에 규정된 비상임이사 결격사유(여신규모 상위 5위까지의 계열기업군 소속 기업의 임원, 계열주 및 계열주의 특수관계인)를 그대로 유지하였다. 사외이사의 독립성의 관점에서 강화된 결격사유는 은행업감독규정에 규정되어 있다가, 법률에 규정할 필요성에 관한 학계의 논의{고동원, "은행 경영지배구조의 법·제도적 문제점과 개선방향", 「증권법연구」 제8권 제2호(한국증권법학회,

않는 사외이사를 3인 이상으로 전체 이사수의 1/2 이상을 두되(동법 제22조 제1항), 주주대표와 이사회가 각각 전체 사외이사의 70%와 30%를 추천하여 선임하도록 하였다(동법 제22조 제3항).[89] 이는 1997. 1. 13. 은행법 개정(법률 제5253호, 1997. 1. 13. 시행)으로 도입된 비상임이사 제도[90]의 기본틀을 유지하는 것이었다. 이러한 은행의 사외이사제도는 2002. 4. 27. 은행법 개정(법률 제6691호, 2002. 7. 28. 시행)으로 사외이사가 총위원의 1/2 이상인 사외이사후보추천위원회에서 추천하는 사람 중에서 사외이사를 선임하는 것으로 변경(동법 제22조 제3항)될 때까지 유지되었다. 또한 2000. 1. 21. 은행법 개정은 은행이 사외이사가 총 위원의 2/3 이상으로 구성된 감사위원회를 설치할 것을 의무화하였다(동법 제23조의2 제1항).

2000. 1. 21. 「보험업법」 개정(법률 제6175호, 2000. 4. 22. 시행)으로 증권회사에 관한 증권거래법 조항과 유사한 조항이 추가되어 자산총액 2조원 이상인 보험회사에 대하여는 사외이사 선임과 감사위원회 설치가 의무화되었다(동법 제12조의2, 제12조의3). <표 1>에서 보듯이 2000. 1. 21. 증권거래법·보험업법의 개정으로 정한 사외이사와 감사위원회 제도는 현행 제도 및 2012. 6. 18. 정부가 국회에 제출한 '「금융회사의 지배구조에 관한 법률」(안)'에 포함된 금융기관의 사외이사 및 감사위원회 제도의 기본틀을 이루었다고 할 수 있다.

2007), 286~287면 등}에 따라 2010. 5. 17. 은행법개정(법률 제10303호, 2010. 11. 18. 시행)에 이르러 결격사유가 법률에 규정되었다. 은행업감독규정에 규정되어 있던 결격사유에 대한 설명은 정기승, 금융회사 지배구조론(법문사, 2007), 122~124면.

89 사외이사의 선임방법과 결격사유에 관한 사항은 국내외 합작은행, 외국인이 일정한 지분비율을 보유한 은행, 동질적인 주주집단이 지배하는 은행, 정부·예금보험공사가 일정비율 이상을 출자한 은행에 대하여는 적용을 배제하였다(당시 은행법 제26조, 동법시행령 제18조). 이 적용배제조항은 몇 차례 개정을 거쳐 2010. 5. 17. 은행법 개정(법률 제10303호, 2010. 11. 18. 시행)에 이르러 지배주주가 외국인 내국인 여부에 따라 은행법 적용에 차이를 둘 이유가 없다는 이유로 완전히 삭제되었다. 국회 정무위원회 전문위원 손준철, 금융관계법률안(44건) 검토보고서(2009. 11), 77면.

90 1997. 1. 13. 은행법 개정시 도입된 비상임이사 제도에 대하여 당시 입법 제안이유에서는 "대외개방과 금융자율화 등 경영환경의 변화에 능동적으로 대처하고 은행의 경쟁력을 제고하기 위하여 … 비상임이사 중심의 이사회제도를 도입함으로써, 은행의 책임경영체제를 확립하고 은행의 구조조정 등 경영혁신을 유도하려는 데 있는 것"으로 설명하였다. 1997. 1. 13. 개정된 은행법상 비상임이사는 전체이사수의 1/2을 초과하여야 하고 대주주대표·소액주주대표 및 이사회가 각각 비상임이사의 50%, 30%, 20%에 해당하는 후보자를 추천하여 선임하도록 규정하였다(동법 제14조의3 제1항, 제3항).

〈표 1〉 금융기관과 주권상장법인의 사외이사 및 감사위원회 관련 법제의 변화

	적용대상	이사회의 사외이사 비율	사외이사의 자격/독립성	사외이사 선임절차	감사위원회 설치	감사위원의 자격
은행법 (1997.1.13.시행) (B1)	은행	비상임이사 1/2 초과	결격사유: 여신규모5위까지의 계열기업군소속 기업임원, 계열주 및 그의 특수관계인	대주주대표:소액주주대표:이사회=50:30:20 추천	없음	없음
증권거래법, 보험업법 (2000.4.시행) (A1)	**주권상장법인*/ 증권회사*/ 보험회사***	**1/2이상+ 3인 이상**	**결격사유: 최대주주의 특수관계인, 주요주주와 배우자·직계존비속, 최근 2년이내 임직원 등**	**후보추천위원회(1/2 이상 사외이사로 구성)**	**설치의무 (2/3 이상 사외이사)**	**없음**
증권거래법 (2000.4.1.시행)	주권상장법인**	1/4 이상	A1과 동일	없음	없음	없음
은행법 (2000.4.22.시행) (B2)	은행	A1과 동일	결격사유: B1과 동일 결격사유적용배제: 합작은행, 외국인투자은행, 동질적주주집단 지배은행, 정부 예보출자은행	주주대표:이사회=70:30 추천	A1과 동일	없음
은행법 (2002.7.28.시행)	은행	A1 유지	결격사유 조항 삭제	A1과 동일	A1유지	없음
증권거래법 (2004.4.1.시행) (A2)	증권회사*	A1 유지	A1 유지	A1 유지	A1유지	회계재무 전문가1인
	주권상장법인*	1/2 초과+ 3인 이상	A1 유지	A1 유지	A1유지	회계재무 전문가1인
	주권상장법인**	개정없음	A1 유지	없음	없음	없음
보험업법 (2008.1.20.시행)	보험회사*	개정없음	A1과 유사	A1 유지	A1유지	회계재무 전문가1인
상법 (2009.2.4.시행)	주권상장법인	A2와 동일	A1과 유사	A2와 동일	A2와 동일 (단, 2/3 사외이사 요건 삭제)	회계재무 전문가1인
은행법 (2010.11.18. 시행)	은행	1/2 초과+ 3인 이상	결격사유: 독립성 조항 추가-A1과 유사	A1 유지	A1유지	회계재무 전문가1인
2012.6.18. 국회제출-「금융회사의 지배구조에 관한 법률」(안)	**은행/증권회사/ 보험회사/기타 금융회사**	**1/2 초과 (예외: 1/4 이상) +3인 이상**	**결격사유: A1과 유사. 3년 이내 상근임직원/비상임이사**	**A1과 유사 (후보추천위원회를 사외이사 과반수로 구성)**	**A1과 동일**	**회계재무 전문가1인**

주: * 자산 2조원 이상인 회사, ** 자산 2조원 미만인 회사

3) 소수주주권의 강화

주권상장법인에 대하여는 IMF 구제금융을 받기 전부터 지배구조개선 노력의 일환으로 주주들이 권리를 쉽게 행사할 수 있도록 소수주주권의 행사요건을 완화하여 왔다. 다음 <표 2>에서 보듯이 1997. 1. 13. 증권거래법 개정(법률 제5254호, 1997. 4. 1. 시행)시 상법상의 소수주주권중 대표소송, 이사해임청구, 위법행위 유지청구, 주총소집청구권, 회계장부열람, 회사의 업무·재산상태 검사청구 등에 필요한 지분율 요건을 대폭 완화하고 주주제안권 제도를 도입한 이후, 1998. 2. 24. 증권거래법 개정(법률 제5521호, 1998. 4. 1. 시행)으로 다시 한 번 요건을 완화하였고, 대표소송제기에 필요한 요건은 1998. 5. 25. 증권거래법 개정(법률 제5539호, 1998. 5. 25. 시행)으로 또 한 번 완화되었다.

IMF 구제금융 기간 중 금융기관 지배구조개선의 일환으로 금융기관의 주주들은 주권상장법인의 주주들보다 더 완화된 요건으로 소수주주권을 행사할 수 있도록 하였다(<표 2>). 2000. 1. 21. 은행법(법률 제6177호, 2000. 4. 22. 시행), 증권거래법(법률 제6176호, 2000. 4. 1. 시행), 보험업법(법률 제6175호, 2000. 4. 22. 시행) 등이 개정되어 증권회사, 은행, 보험회사에 대하여는 대체로 주권상장법인의 소수주주권 행사에 필요한 지분율의 1/2만을 요구하게 하였다(증권거래법 제64조, 은행법 제17조, 보험업법 제25조). 2001. 3. 28. 증권거래법 개정(법률 제6423호, 2001. 4. 1. 시행)으로 주권상장법인에 대한 소수주주권 중 일부의 행사요건이 종전의 지분율의 1/10로 대폭 완화됨에 따라(동법 제191조의13), 금융업종별로 시차는 있으나 은행, 증권회사, 보험회사에 적용되는 소수주주권의 행사요건도 역시 다시 완화되었다(<표 2>). 2000. 1. 21. 은행법·증권거래법·보험업법의 개정으로 정한 소수주주권 행사요건 완화는 그 이후 약간의 개정이 있기는 하였으나 2012. 6. 18. 정부가 국회에 제출한 「금융회사의 지배구조에 관한 법률」(안)에 포함된 금융기관의 소수주주권 행사요건의 기본틀을 이루었다고 할 수 있다.

〈표 2〉 금융기관과 주권상장법인의 소수주주권 행사요건의 변화

	적용대상	대표소송제기(상법403조)	이사위법행위 유지청구(상법402조)	이사감사 해임청구(상법385조)	회계장부열람 청구(상법466조)	주주제안(상법363조의2)	주주총회소집 청구(상법366조)	업무재산상태 검사청구(상법467조)
상법(1998.12.27.까지)	주식회사	5%	5%	5%	5%	없음	5%	5%
증권거래법(1997.4.1.시행)(A1)	주권상장법인	1%(0.5%*) 6개월 이상 보유	1%(0.5%*) 6개월 이상 보유	1%(0.5%*) 6개월 이상 보유	3%(1.5%*) 1년 이상 보유	1%(0.5%*)◉ 6개월 이상 보유	3%(1.5%*)◉ 1년 이상 보유	3%(1.5%*) 1년 이상 보유
증권거래법(1998.4.1.시행)(A2)	주권상장법인	0.05% 6개월 이상 보유	0.5%(0.25%*) 6개월 이상 보유	0.5%(0.25%*) 6개월 이상 보유	1%(0.5%*) 6개월 이상 보유	A1과동일	3%(1.5%*)◉ 6개월 이상 보유	3%(1.5%*) 6개월 이상 보유
증권거래법(1998.5.25.시행)(A3)	주권상장법인	0.01% 6개월 이상 보유	A2와 동일	A2와 동일	A2와 동일	A2와 동일	A2와 동일	A2와 동일
상법(1998.12.28.시행)	주식회사	1%	1%	3%	3%	3%◉	3%	3%
은행법/증권거래법/보험업법(2000.4.시행)(B1)	은행/증권회사/보험회사	0.005%, 6개월 이상 보유	0.25%(0.125%■) 6개월 이상 보유	0.25%(0.125%■) 6개월 이상 보유	0.5%(0.25%■) 6개월 이상 보유	0.5%(0.25%■)◉ 6개월 이상 보유	1.5%(0.75%■)◉ 6개월 이상 보유	1.5%(0.75%■) 6개월 이상 보유
증권거래법(2001.4.1.시행)(A4)	주권상장법인	A2와 동일	0.05%(0.025%*) 6개월 이상 보유	A2와 동일	0.1%(0.05%*) 6개월 이상 보유	A1과 동일	A2와 동일	A2와 동일
증권거래법(2001.4.1.시행)(B2) 은행법(2002.7.28.시행)(B2)	증권회사/은행	B1과 동일	0.025%(0.0125%■) 6개월 이상 보유	B1과 동일	0.05%(0.025%■) 6개월 이상 보유	B1과 동일	B1과 동일	B1과 동일
상법(2009.2.4.시행)	주권상장법인	A4와 동일	A4와 동일	A4와 동일	A4와 동일	A4와 동일	1.5%(0.75%■) 6개월 이상 보유	1.5%(0.75%■) 6개월 이상 보유
2012.6.18. 국회제출 「금융회사의 지배구조에 관한 법률」(안)	은행/증권회사/보험회사/기타금융회사	B1과 동일	B2와 동일	B1과 동일	B2와 동일	B1과 동일	B1과 동일	B1과 동일

주: * 괄호 속의 숫자는 자본금 1,000억원 이상인 회사에게 적용.
■ 괄호 속의 숫자는 자산총액 2조원 이상인 회사에게 적용.
◉ 의결권 있는 주식 기준.

4) 내부통제제도의 강화와 준법감시인 제도 도입

2000. 1. 21. 은행법(법률 제6177호, 2000. 4. 22. 시행), 증권거래법(법률 제6176호, 2000. 4. 1. 시행), 보험업법(법률 제6175호, 2000. 4. 22. 시행)의 개정내용 중 중요한 사항 중의 하나가 금융기관은 내부통제기준을 정하고 준법감시인을 임명해야 한다는 것을 법률상 규정하였다는 점이다. 내부통제기준은 법령을 준수하고, 자산운용을 건전하게 하며, 고객을 보호하기 위하여 임·직원이 그 직무를 수행함에 있어서 따라야 할 기본적인 절차와 기준이다. 은행·증권회사·보험회사 모두 내부통제기준을 정하여야 하고, 내부통제기준의 준수 여부를 점검하고 내부통제기준에 위반하는 경우 이를 조사하여 감사위원회에 보고하는 임무를 수행하는 준법감시인을 두도록 하였다(은행법 제23조의3, 증권거래법 제54조의4, 보험업법 제6조의5).

1992년 COSO(Committee of Sponsoring Organizations of the Treadway Commission)가 내부통제를 '회사의 이사회 및 회사 경영진이 효과적이고 효율적인 업무처리, 재무정보의 신뢰성, 법규준수의 세 가지 목표 달성에 관한 합리적 확신을 가지기 위한 일련의 내부 절차와 과정'으로 정의하고 통제환경, 리스크 평가, 통제활동, 의사소통, 모니터링이라는 5개의 요소로 구성되는 모델을 제시하였고,[91] 1998년 바젤은행감독위원회가 대체로 COSO모델을 따라 은행의 내부통제에 관한 기본틀을 제시하였다.[92] 1997년 경제위기 전부터 금융기관의 자율적인 경영이 강조되었고 경제위기를 겪으면서 내부통제의 필요성을 절감하고 있던 차에 국제적으로 금융기관의 내부통제에 관한 기준이 제시되는 환경이 조성되어 입법화된 것으로 보인다.

5) 금융기관의 책임경영

금융기관의 이사회에 사외이사를 확충하고 감사위원회를 도입하며 소수주주권을 강화함으로써 금융기관이 주식회사로서 주주의 견제하에 주주가 선임한 이사들이 책임경영을 한다는 기본 방향이 제시되었다고 할 수 있다. 1998. 1. 13.

---

91 Committee of Sponsoring Organizations(COSO) of the Treadway Commission, Internal Control—Integrated Framework(1992).

92 Basle Committee on Banking Supervision, Framework for Internal Control Systems in Banking Organisations(September 1998).

전부개정된 은행법(법률 제5499호, 1998. 4. 1. 시행)의 개정취지에도 은행의 책임경영체제를 강화한다는 점과 금융기관의 자율성을 제고한다는 점이 언급되었다. 이러한 금융기관의 책임경영에 대하여 금융관련 법규가 다시 명시적으로 규정하고 있다. 책임경영은 경영진이 지배주주로부터의 독립과 감독기관 및 정치권으로부터의 독립이라는 두 관점에서 살펴볼 필요가 있다.

① 지배주주와의 관계에서의 책임경영

먼저 대주주의 부당한 간섭을 받지 않는 책임경영에 관하여 보면, 1998. 1. 13. 은행법 전부개정(법률 제5499호, 1998. 4. 1. 시행)시 은행의 주주는 자신이 주식을 보유하는 은행으로 하여금 건전한 금융거래질서를 저해하는 행위를 하도록 강요하거나 영향력을 행사하는 행위를 하지 못하도록 규정하였고(동법 제15조 제8항), 2002. 4. 27. 개정(법률 제6691호, 2002. 7. 28. 시행)시 대주주의 부당한 영향력 행사에 대한 보다 상세한 조항을 두었다.

즉 은행의 대주주는 그 은행의 이익에 반하여 대주주 개인의 이익을 취할 목적으로 (i) 부당한 영향력을 행사하기 위하여 당해 금융기관에 대하여 외부에 공개되지 아니한 자료 또는 정보의 제공을 요구하는 행위, (ii) 경제적 이익 등 반대급부의 제공을 조건으로 다른 주주와 담합하여 당해 금융기관의 인사 또는 경영에 부당한 영향력을 행사하는 행위, (iii) 경쟁사업자의 사업활동을 방해할 목적으로 신용공여를 조기회수하도록 요구하는 등 금융기관의 경영에 영향력을 행사하는 행위, (iv) 경쟁사업자에 대한 신용공여시 정당한 이유없이 금리, 담보 등 계약조건을 불리하게 하도록 요구하는 행위 등을 하여서는 안 되도록 규정하였고(동법 제35조의4, 동법시행령 제20조의7), 그 이후 대주주의 부당한 영향력 행사행위의 유형이 추가되고 있다. 이 조항 이외에도 대주주의 사금고화를 방지하기 위하여 대주주에 대한 여신 및 대주주 발행 주식 취득을 제한하고, 절차적으로도 이사전원의 찬성을 얻도록 하여 사외이사의 견제기능에 의존하면서 금융감독기구에의 보고와 공시를 하도록 함으로써 감독기관의 감독기능과 일반투자자 고객의 감시기능까지 작동하도록 하는 삼중 장치를 두어 부당한 대주주 여신을 규제하고자 하였다.[93]

93 2002. 4. 27. 은행법 개정(법률 제6691호, 2002. 7. 28. 시행)으로 은행의 대주주와의 거래에 대한 규제를 강화하였다. 은행은 당해 은행의 대주주(특수관계인 포함)에게 자기자본의

보험회사에 관하여는 2003. 5. 29. 보험업법 전부개정(법률 제6891호, 2003. 8. 30. 시행)시 대주주의 부당한 영향력 행사를 금지하는 내용의 조항이 추가되었다(동법 제111조 제5항).[94] 증권회사에 관하여는 2007. 7. 19. 증권거래법 개정(법률 제8527호, 2008. 1. 20. 시행)으로 유사한 내용의 조항이 추가되었고(동법 제52조의5) 이는 현행 「자본시장과 금융투자업에 관한 법률」(법률 제8635호, 2007. 8. 3. 제정, 2009. 2. 4. 시행. 이하 "자본시장법")에도 유지되어 금융투자업자의 대주주가 부당한 영향력을 행사할 수 없도록 규정되어 있다(동법 제35조).

② 정치권과 금융감독기구와의 관계에서의 책임경영

2000. 11. 13. 국무총리 훈령으로 「금융기관의 책임경영과 금융행정의 투명성 보장에 관한 규정」(국무총리훈령 제408호, 2001. 11. 13. 시행)이 제정되어 금융감독기구가 감독업무를 객관적이고 투명하게 하도록 하여 금융기관의 경영에 대한 부당한 간섭을 배제하도록 하여 금융기관이 자율적이고 책임있게 운영되도록 하였다(동 규정 제1조). 동 규정에 따르면, 금융감독기관[95]은 법령에 의한 권한을 행사하는 경우 또는 동 규정 제5조에 의한 절차에 따라 협조나 지원을 요청하는 경우를 제외하고는 금융기관[96] 및 금융사업자단체의 경영에 부당하게 간섭하는 행위를 하여서는 안 될 뿐 아니라(동 규정 제3조 제1항), 금융감독기관은 금융기관 등의 경영에 책임이 없는 자가 금융기관 등에 대하여 대출·인사·채권관리 등에 관한 부당한 청탁이나 요구를 하지 못하도록 필요한 조치를 강

25%(또는 당해 대주주의 은행에 대한 출자비율중 낮은 비율)를 초과하여 신용공여를 할 수 없도록 하고(동법 제35조의2 제1항), 전체 대주주에 대한 여신도 자기자본의 25%를 초과하지 못하도록 하였다(동법 제35조의2 제2항). 또한 은행이 대주주별로 일정한 금액(자기자본의 0.1% 또는 50억원 중 작은 금액) 이상의 신용공여 또는 대주주 발행 주식을 취득하고자 하는 때에는 재적이사 전원의 찬성을 얻어야 하고(동법 제35조의2 제4항, 제35조의3 제4항), 그 신용공여 또는 주식취득 사실을 금융감독위원회에 보고하고 컴퓨터통신 등을 통하여 공시하도록 하였다(동법 제35조의2 제5항, 제35조의3 제5항).

94 정부가 제출한 개정법률안에는 포함되어 있지 않았으나 국회 검토과정에서 이 조항의 추가 필요성이 지적되었다. 재정경제위원회 수석전문위원 김문희, 보험업법개정법률안(정부제출) 검토보고(2003. 4), 89면.

95 금융감독기관이란 재정경제부, 금융감독위원회, 금융감독원, 예금보험공사 및 이들로부터 금융기관 또는 금융사업자단체에 대한 감독·검사업무를 위탁받아 수행하는 기관을 말한다(동 규정 제2조 제3호).

96 「금융감독기구의 설치 등에 관한 법률」 제38조에 의한 검사대상기관을 말한다(동 규정 제2조 제1호).

구하여야 하고(동 규정 제3조 제2항), 금융기관이 부당한 청탁이나 간섭을 받은 사실을 재정경제부 또는 금융감독위원회에 신고하면 재정경제부장관과 금융감독위원장은 이를 시정하기 위하여 필요한 조치를 하여야 한다(동 규정 제4조 제1항, 제2항). 정부출자 금융기관에 대하여도 재정경제부장관 및 예금보험공사는 금융기관의 주주로서 권리를 행사하는 경우를 제외하고는 금융기관이 이사회를 중심으로 자율적으로 운영될 수 있도록 하여야 한다(동 규정 제6조 제1항).

(3) 금융기관 건전성규제와 여신관리 규제 강화

1) 양해각서

양해각서는 금융시스템의 기초를 다지고 금융기관의 건전성 기준을 강화해야 한다는 점을 강조하였고,[97] 이에 따라 IMF 구제금융을 받은 후 금융기관의 건전성규제를 강화하고 내부통제 및 위험관리 체제를 개선하기 위한 조치들이 행하여졌다. 특히 제6차 의향서(1998. 7. 24)[98]에 바젤은행감독위원회가 제시한 국제적 기준에 따라 건전성규제를 개선할 것을 명시하였고, 제7차 의향서(1998. 11. 13)에 자본이 불충분한 은행들의 자기자본비율 개선에 관한 구체적인 계획을 첨부하였으며,[99] 자기자본비율 8% 이상이던 은행이 그 수준 미만으로 되는 경우 금융감독위원회는 적기시정조치(prompt corrective action)를 취할 것이라고 하였다.

---

97 양해각서 제28항: "정부는 금융시스템 현안뿐만 아니라 국내 금융시스템의 기초를 다지기 위한 보다 근본적인 대책의 필요성을 인식하고 있다. 이를 위하여 시장원리를 강화하고 국제기준에 맞는 규제와 효과적인 감독을 위한 인력확충 등의 노력이 이루어질 것이다. 회계기준과 공시에 관한 규정도 국제기준에 따라 강화되면, 대형 금융기관의 재무제표는 국제적으로 인정받은 회계법인의 감사를 받게 된다. 건전성 기준은 바젤 협약 수준으로 상향조정해야 한다. 금융기관들은 건전성 기준에 입각하여 위험평가, 대출심사 등을 강화해야 한다."

98 제6차 의향서(1998. 7. 24)의 주요내용은 이규성, 「한국의 외환위기 발생·극복·그 이후」 제2판(박영사, 2007), 363~405면에 정리되어 있음.

99 제7차 의향서(1998. 11. 13)에 첨부된 경제정책 각서는 원칙적으로, 자기자본비율이 낮은 은행에 대해 1999. 3.까지 6%, 2000. 3.까지 8%, 2000. 12.까지 10%으로 개선하고, 다만 개별 기업여신이 50억원을 초과하지 않고 국제업무를 수행하지 않는 지방은행에 대하여는 1999. 3.까지 4%, 2000. 3.까지 6%, 2000. 12.까지 8%로 개선하도록 한다는 내용을 포함하고 있다. 제7차 의향서의 주요내용은 이규성, 전게서(각주 98), 562~571면에 정리되어 있음.

2) 건전성규제

은행에 대하여는 1991. 12. 31. 은행법 개정(법률 제4468호, 1991. 12. 31. 시행)으로 자기자본을 충실히 하고 적정한 유동성을 유지하는 등 경영의 건전성을 확보할 의무를 부과하였고(동법 제18조 제3항), 금융통화운영위원회가 금융기관 경영의 건전성 확보를 위한 경영지도기준을 정하여 운용할 수 있도록 하였으며(동법 제18조 제4항), 은행이 경영지도기준을 충족시키지 못하는 등 경영의 건전성을 크게 해칠 우려가 있다고 인정되는 때에는 금융통화위원회가 자본금증액·이익배당제한 등 경영개선을 위하여 필요한 조치를 요구할 수 있게 되었다(동법 제18조 제5항). 또한 위 개정 전부터 한국은행 은행감독원장은 필요한 경우 은행에 대하여 자산의 장부가격의 변경, 불건전한 자산을 위한 적립금의 보유 또는 가치없는 것으로 인정되는 자산의 손실처리를 요구할 수 있었다(동법 제34조). 그러나 이때의 건전성규제의 기준은 BIS기준과 상이하였고 그 기준도 형식적으로 적용되었다.[100]

은행의 건전 경영에 관한 이러한 은행법 조항은 IMF 구제금융을 받은 후에도 그대로 유지되었고, 다만 건전성규제를 담당할 기관이 금융감독위원회와 금융감독원장으로 변경되었다(법률 제5499호로 1998. 1. 13. 전부개정된 은행법 제45조, 제50조). 당시 은행법 제45조에 근거하여[101] 금융감독위원회는 1998. 4. 1. 은행업감독기준을 제정하여 위험가중자산에 대한 자기자본비율(이른바 BIS비율) 8%를 비롯한 각종 경영지도비율을 규정하였다(동기준 제29조 제1항).[102] 또한 1999. 2. 5. 은행법 개정(법률 제5745호, 1999. 4. 1. 시행)으로 자기자본의 개념을 종전의 '자본금과 적립금 기타 잉여금의 합계액'에서 '국제결제은행의 기준에 따른 기본자본과 보완자본'으로 변경하였다(동법 제2조 제1항 제5호).

---

100 상세한 내용은 최형규, "한국의 1997년 금융위기의 새로운 고찰: 국제금융규제기준의 파행적 시행의 원인", 「한국정치학회보」 제42집 제1호(한국정치학회, 2008 봄), 227~245면.

101 1999. 2. 5. 은행법개정(법률 제5745호, 1999. 4. 1. 시행)시 제45조 제3항에 금융감독위원회가 경영지도기준을 정함에 있어서는 국제결제은행이 권고하는 금융기관의 건전성 감독에 관한 원칙을 충분히 반영하도록 하는 조항이 추가되었다.

102 당시까지 시행되던 금융통화위원회 제정 '금융기관 감독규정' 및 '금융기관의 채권발행에 관한 규정'을 대체하는 것이었다(은행업감독기준 부칙 제2조). 자기자본비율 8%는 종전의 '금융기관 감독규정'에도 규정되어 있었으나, 새로 제정된 은행업감독기준은 종전 보다 더 다양한 경영지도비율을 요구하였다.

3) 자산의 건전성 분류와 대손충당금 적립

'은행업감독기준'은 은행 보유자산의 건전성분류를 규정하고 있는데, 1999. 9. 17.「은행업감독규정」을 개정하여 자산건전성 분류 및 대손충당금 적립제도에 관한 국제통화기금과의 협의 내용을 반영하였다. 은행 보유자산을 차주의 채무상환능력과 금융거래내용 등을 감안하여 정상, 요주의, 고정, 회수의문, 추정손실의 5단계로 분류하고 적정한 수준의 대손충당금을 적립·유지하도록 함으로써 채무상환능력에 의한 자산건전성 분류원칙을 제시하였고(동 기준 제30조 제1항),[103] 자산건전성 분류기준(동 기준 별표3)과 대손충당금 적립기준(동 기준 제30조의3)을 명시하였다. 나아가 각 은행은 자산건전성 분류 및 대손충당금 적립을 위하여 차주의 채무상환능력 평가기준을 포함한 자산건전성 분류기준 및 대손충당금 적립기준을 설정하고(동 기준 제30조 제2항), 그 분류와 적립의 적정성·객관성을 확보하기 위하여 독립된 여신심사 기능을 유지하는 등 필요한 내부통제체제를 구축하여 운영하도록 하였다(동 기준 제30조 제5항).[104] 은행은 그 기준과 실제 분류 및 적립 결과를 금융감독원장에게 보고하여야 하고(동 기준 제30조 제3항), 금융감독원장은 은행의 자산건전성 분류 및 대손충당금 적립의 적정성을 점검하고 그것이 부적정하다고 판단되면 시정을 요구할 수 있는 권한을 가진다(동 기준 제30조 제4항). 이와 같은 자산건전성 분류기준과 대손충당금 적립원칙은 2000. 8. 10.「보험감독규정」이 전면개정되면서 보험회사에도 도입되어 동일한 원칙이 적용되게 되었다(동 규정 제43조, 제44조, 별표5). 자산건전성 분류방식의 변경은 IMF가 종전의 "느슨한 자산건전성 분류방식이 기업의 차입경영을 조장하고 대기업들로 하여금 외부 환경의 변화에 취약한 재무구조를 갖게 만들어 결국 외환·금융위기를 초래하였다"고 보고 개선을 촉구하였기 때문이다.[105] [106]

---

103 건전성분류원칙에서 기준으로 삼은 차주의 채무상환능력은 미래의 채무상환능력이므로 이를 흔히 'forward looking criteria'로 부른다.

104 금융개혁을 기업부문개혁을 하기 위한 수단으로 보아 건전성규제(BIS비율 규제)와 자산건전성 분류기준 강화는 기업이 공세적으로 확장하는 것을 어렵게 하려는 목적에서 고안된 것이라고 보는 견해도 있다. 신장섭/장하준,「주식회사 한국의 구조조정 무엇이 문제인가」(창비 2004), 20면, 161면; 장하준/신장섭, "한국 금융위기 이후 기업구조조정에 대한 비판적 평가",「한국경제의 분석」 제9권 제3호(한국금융연구원, 2003. 12), 274면.

105 박훤일, 전게논문(각주 3), 48~49면.

106 Young Shim, "The Korean Financial Crisis", *Yearbook of International Financial and*

4) 동일인 및 동일계열기업군에 대한 여신한도

1999. 2. 5. 은행법 개정(법률 제5745호, 1999. 4. 1. 시행)으로 동일인 여신한도도 강화되었다. 종전에는 은행의 재무제표상의 자본금과 적립금 기타 잉여금의 합계액을 자기자본으로 하여 동일한 개인 또는 법인에 대하여는 원칙적으로 자기자본의 15%까지 대출, 30%까지 지급보증을 할 수 있어 결국 자기자본의 45%까지 여신을 제공할 수 있었다.[107] 위 은행법 개정으로 국제결제은행(BIS) 기준에 따른 기본자본과 보완자본을 자기자본으로 정의하고(동법 제2조 제1항 제5호), 각종 여신한도의 대상을 종전의 대출에서 신용공여로 변경하여 '대출, 지급보증 및 자금지원적 성격의 유가증권 매입 기타 금융거래상의 신용위험을 수반하는 금융기관의 직접·간접적 거래'가 모두 적용대상이 되도록 하였고(동법 제2조 제1항 제7호), 이 여신에는 은행계정상의 여신뿐 아니라 원본 또는 이익보전약정 신탁계정 및 종금계정상의 여신도 포함되도록 하였다(은행업감독규정 별표 2). 특정 개인이나 법인에 대하여는 원칙적으로 자기자본의 20%를 초과하는 여신을 금지하였고(동법 제38조 제3항), 특정 개인 또는 법인 및 그와 신용위험을 공유하는 자에게는 원칙적으로 은행의 자기자본의 25%를 초과하는 신용공여를 금지하여(동법 제38조 제1항) 동일인 여신한도를 대폭 강화하였다. 동일계열기업군에 대한 여신도 종전에는 자기자본의 45%까지 할 수 있었으나 위 개정으로 동일 계열기업군에 속하는 경우에는 신용위험을 공유하는 자에 해당하게 되어 결국 자기자본의 25%의 여신한도의 적용을 받게 되었다. 또한 거액여신에 대한 규제도 강화되어 종전에는 동일한 개인 또는 법인 또는 동일계열기업군에 대한 여신이 자기자본의 15%를 초과하는 경우 거액여신으로 보고 거액여신의 합계액이 자기자본의 5배를 초과하지 못하도록 규제하였는데, 위 개정으로 거액여신의 범위가 확대되어 자기자본의 10%를 초과하는 여신을 거액여신으로 보고

Economic Law, 1997, p.513은 IMF 구제금융 이전에 대손충당금 적립을 느슨하게 한 점을 지적하였고, 강만수, 전게서(각주 1), 407쪽은 "여신심사 능력이 취약한 금융기관의 대출 관행은 … 기업의 무모한 확장에 대한 견제역할을 하지 못하였다. 오히려 경기확장기에 과다한 여신을 공급하다가 경기하강기에 기업자금 사정이 어려울 때 여신을 감축하여 '기업부실 → 여신감축 → 기업도산 → 은행부실'의 악순환을 자초"했음을 지적하였다.

107 위의 한도는 신탁계정 대출에는 적용되지 않아 실제 동일인에 대한 은행의 신용위험노출은 더 커질 수 있었다. Shim, 전게논문(각주 106), p.513.

위 5배의 규제를 적용하도록 하였다(동법 제38조 제4항).[108]

(4) 부실금융기관 관련 법제

1) 부실금융기관 관련 법제 정비의 배경

IMF 구제금융을 받게 된 상황하에서는 이미 다수의 금융기관이 부실화되어 부실금융기관의 정리가 중요한 쟁점이 되었다. 양해각서도 부실금융기관의 투명한 구조조정을 강조하고 구조조정에는 금융기관의 폐쇄와 외국 금융기관에 의한 인수 합병도 허용되어야 함을 강조하여,[109] 금융기관의 부실화 우려 또는 부실화 발생시 금융감독기구가 취할 조치에 관한 법제와 아울러 예금보험제도 및 부실채권 처리에 관한 법제가 정비되었다. 이러한 제도 개선은 IMF 구제금융 이전 금융개혁위원회가 1997년 6월 제출한 '금융개혁 2차보고서'에서 이미 논의가 되고 있었다. 금융개혁위원회는 금융기관 부실화 발생시 위험의 전이에 대한 인식하에 조기 시정의 필요성을 강조하며, 각 금융산업별로 차이가 있는 적기시정조치 기준을 자본충실도에 의거하여 단순 투명화하고 금융감독기구의 재량권을 배제하여 시정조치를 의무화하는 것 등 적기시정조치의 정비를 제안하면서, 부실금융기관의 퇴출을 수월하게 할 수 있는 제도 개선을 촉구하였다.[110]

2) 적기시정조치 제도 개선

① 부실금융기관의 범위 확대

금융산업의 구조조정과 부실금융기관의 처리를 원활하게 하기 위하여 「금융산업의 구조개선에 관한 법률」이 두 차례에 걸쳐 대폭 개정{법률 제5496호, 1998. 1. 8. 개정, 1998. 4. 1. 시행(적기시정조치 관련 사항은 1998. 1. 8. 시행); 법률 제5549호, 1998. 9. 14. 개정 및 시행}되어 부실금융기관의 범위가 확대되고 적기시

108 동일인 여신한도 이외에도 대주주의 사금고화를 방지하기 위하여 대주주에 대한 여신 및 대주주 발행 주식 취득을 제한하고, 절차적으로도 이사전원의 찬성을 얻도록 하여 사외이사의 견제기능에 의존하면서 금융감독기구에의 보고와 공시를 하도록 하였다. 위 III.3.2.5.(1).

109 양해각서 제17항: "부실금융기관은 투명하고 잘 조정된 전략에 따라 구조조정되거나 자본확충이 이루어져야 한다. 금융기관의 퇴출정책에는 부실금융기관의 구조조정안 제출, 지급불능 금융기관의 폐쇄, 일정기간 중 구조조정을 하지 못한 금융기관의 폐쇄 등이 포함된다. 구조조정에는 국내 및 외국 금융기관의 인수 및 합병이 포함된다, 또 주주와 채권자간 손실을 분담하기 위한 명백한 원칙이 마련되어야 한다. (이하 생략)"

110 금융개혁위원회, 금융개혁 2차 보고서(1997. 6), 100~115면, 153~163면.

정조치에 관한 사항들이 개선되었다.

1998. 1. 8.「금융산업의 구조개선에 관한 법률」이 개정되기 전까지 부실금융기관에 해당되기 위하여는 (i) 부채가 자산을 초과하는 경우로서 감독기관이 부실금융기관으로 결정한 경우와 (ii) 예금자의 예금채권에 대한 지급이 정지상

〈표 3〉 부실금융기관의 범위

	부실금융기관의 범위	결정권자
1997. 1. 13.	(1) 채무가 재산을 초과하고 정상적인 경영이 어렵다고 판단되는 금융기관으로 결정권자가 부실금융기관으로 결정한 경우	(1) 아래 감독기관 금융통화위원회(일반은행) 증권관리위원회(증권회사) 재정경제원장관(기타) 또는 (2) 예금보험금 지급결정권자
	(2) 예금채권 지급이 정지상태에 있는 경우	별도 결정없이 자동으로 부실금융기관에 해당
1998. 1. 8. 개정	(1) 채무가 재산을 초과하고 정상적인 경영이 어렵다고 판단되는 금융기관으로서 결정권자가 부실금융기관으로 결정한 경우	금융감독위원회 또는 예금보험공사 운영위원회
	(2) 예금채권이나 다른 금융기관으로부터의 차입금(이하 "예금채권 등")의 지급이 정지상태에 있거나 외부로부터의 자금지원이나 별도 차입(통상적인 차입은 제외) 없이는 예금채권 등의 지급이 어렵다고 결정권자가 인정한 경우	금융감독위원회 또는 예금보험공사 운영위원회
1998. 9. 14. 개정	(1) 경영상태를 실사한 결과 부채가 자산을 초과하는 금융기관 또는 거액의 금융사고 또는 부실채권의 발생으로 부채가 자산을 초과하여 정상적인 경영이 어려울 것이 명백한 금융기관으로서 결정권자가 부실금융기관으로 결정한 경우	금융감독위원회 또는 예금보험공사 운영위원회
	(2) 예금자보호법 제2조제4호의 규정에 의한 예금등 채권의 지급 또는 다른 금융기관으로부터의 차입금의 상환이 정지상태에 있는 금융기관	별도 결정없이 자동으로 부실금융기관에 해당
	(3) 외부로부터의 자금지원 또는 별도의 차입(정상적인 금융거래에서 발생하는 차입 제외)이 없이는 예금 등 채권의 지급이나 차입금의 상환이 어렵다고 결정권자가 인정한 경우	금융감독위원회 또는 예금보험공사 운영위원회

태에 있는 경우 두 가지 중 어느 하나를 충족하면 되는 것으로 규정되어 있었다. 1998. 1. 8. 개정으로 (i)은 대체로 그대로 유지되었지만(다만 결정권은 금융감독위원회로 이관됨), (ii)의 경우에는 "예금자의 예금채권이나 다른 금융기관으로부터의 차입금(이하 "예금채권 등")의 지급이 정지상태에 있거나 외부로부터의 자금지원이나 별도 차입(통상적인 차입을 제외) 없이는 예금채권 등의 지급이 어렵다고 금융감독위원회 등이 인정하는 금융기관"으로 개정하여 지급정지가 발생하기 이전에 지급정지의 우려가 있는 경우에도 부실금융기관으로 정할 수 있도록 하였다. 또한 1998. 9. 14. 개정으로 종전 금융기관이 작성한 재무제표상 부채초과 여부를 판단하던 것을 경영실사를 기초로 판단할 수 있도록 하고 또한 거액의 금융사고 또는 부실채권의 발생으로 부채가 자산을 초과하여 정상적인 경영이 어려울 것이 명백한 경우에도 부실금융기관으로 정할 수 있게 함으로써(동법 제2조 제3호), 위 (i)에 해당하는 부채초과 사유인 경우 부실금융기관으로 정할 수 있는 범위를 확대하였고 (ii)의 요건의 해석상 논란이 있을 수 있는 부분을 보다 명확하게 정비하였다(아래 <표 3>).

② 적기시정조치 제도 정비

금융기관이 도산에 이르기에 앞서 재무구조가 일정한 기준을 맞추지 못하는 경우 금융감독기구가 금융기관에게 경영개선을 위한 일정한 조치를 취하도록 하는 적기시정조치 제도를 정비한 것이 IMF 구제금융으로 인한 금융산업 규제의 변화중 중요한 사항의 하나다. 1992년 은행에 대하여 적기시정조치와 유사한 제도가 도입되었다가 1997년「금융산업의 구조개선에 관한 법률」개정(법률 제5257호, 1997. 1. 13. 전부개정, 1997. 3. 1. 시행)으로 적기시정조치의 내용이 법률에 도입되었고,[111] 1998년의 두 차례에 걸친「금융산업의 구조개선에 관한 법률」개정으로 적기시정조치 제도가 정비되었다. 1998. 1. 8. 개정으로 부실 우려가 있는 금융기관 내지는 부실금융기관에 대하여 '경영개선조치'와 '경영개선명령' 두 단계의 조치를 취하도록 하면서 전자는 금융감독원장이, 후자는 금융감독위원회가 각 판단하도록 하였다. 또한 그 조치사항으로 주식소각에 관한 근거를 두어 1998년 1월 제일은행·서울은행에 대하여 자본감소 후 공적자금을

111 우리나라 적기시정조치 제도의 연혁에 대하여는 심영, "금융기관 적기시정조치 제도에 대한 소고",「법학논문집」제30권 2호(중앙대학교, 2006), 112~115면.

투입하여 증자하는 조치[112]를 취하는 법적 근거가 되었다.

1998. 9. 14. 개정[113]에서는 두 단계로 되어 있던 것을 통합하여 '적기시정조치'의 개념으로 포섭하고 조치권자도 금융감독위원회로 일원화하였다(<표 4>). 부실 우려가 있는 금융기관에 대하여 금융기관의 부실화를 예방하고 건전한 경영을 유도하기 위하여 당해 금융기관에 대하여 다양한 적기시정조치[114]를 취하되,[115] 그 기준과 내용을 고시하도록 하였다(동법 제10조 제2항)(<표 4>).[116] 여기서 특히 중요한 사항은 적기시정조치를 취할지 여부에 대한 금융감독기구의 재량을 배제하고 반드시 일정한 조치를 취하는 것을 원칙으로 한 것이다(동법 제10조 제1항). 다만, 금융감독기구가 단기간 내에 대상 금융기관이 기준을 충족시킬 것으로 판단되는 경우 또는 이에 준하는 경우[117]에는 기간을 정하여 적기시정조치를 유예할 수 있도록 하여 결정재량을 일부 제한적으로 인정하였다(동법 제10조 제3항).

112 1998. 1. 15. 금융통화위원회가 제일은행·서울은행을 부실금융기관으로 지정하고 정부와 예금보험공사에 출자를 요청하였다. 재정경제부·금융감독위원회, 「공적자금 백서－금융구조개혁의 완결을 위한 중간 점검」(2000. 9), 92면. IMF 구제금융 하에서의 적기시정조치 및 유예의 사례들에 대하여는 전선애, "적기시정조치제도의 의의와 개선방안", 「규제연구」 제15권 제1호(한국경제연구원, 2006), 79~85면.

113 개정이유에서 국제통화기금과의 합의사항을 반영하려는 것이라고 하였다.

114 개정전 법 제10조 제1항과 제11조 제1항에 규정된 조치와 거의 유사한 내용이나, 1998. 9. 14. 개정에서 '적기시정조치'라는 용어를 처음으로 사용하였다.

115 금융기관의 구조개선에 관한 법률에 규정된 적기시정조치 이외에 개별 금융산업을 규율하는 법률에서도 부실화된 금융기관의 업무 제한에 관한 조항을 두고 있다{예컨대 1998. 1. 13. 전부개정된 은행법(법률 제5499호) 제46조}.

116 금융감독위원회가 적기시정조치의 기준과 내용을 고시하도록 규정한 제10조 제2항의 위헌여부에 대하여 헌법재판소는 포괄위임입법금지를 선언한 헌법 제75조에 위반되지 않는 것으로 판시하였다(헌법재판소 2004. 10. 28. 선고 99헌바91 결정).

117 정부가 국회에 제출한 개정안에는 "기타 특별한 사유가 있다고 인정되는 때"로 되어 있었으나 국회 검토과정에서 이는 재량조항을 의무조항으로 변경하는 취지를 유명무실하게 할 우려가 있다고 지적되어 "이에 준하는 경우"로 수정되었다. 국회 재정경제위원회, 금융산업의구조개선에관한법률중개정법률안 심사보고서(1998. 9), 25, 57면.

〈표 4〉 적기시정조치 관련 법제의 변화

<table>
<tr><th colspan="7">1998. 9. 14. 개정 이전까지 - 경영개선조치와 경영개선명령의 이원적 구조</th></tr>
<tr><th></th><th colspan="3">경영개선조치(제10조 제1항)</th><th colspan="3">경영개선명령(제11조 제1항)</th></tr>
<tr><th></th><th>발동요건</th><th>조치</th><th>담당기관</th><th>발동요건</th><th>조치</th><th>담당기관</th></tr>
<tr><td>1997.3.1.</td><td>금융기관의 자기자본비율이 일정수준에 미달하는 등 재무상태가 불건전하다고 인정하는 때</td><td>요구: 주의·경고 또는 경영개선계획의 제출요구 등 필요한 조치</td><td>일반은행: 금융통화위원회
증권회사: 증권관리위원회
기타: 재정경제원장관(재량)</td><td>발동상황: 예금자보호 및 신용질서의 안정을 위하여 필요하다고 인정하는 때
대상: 부실금융기관</td><td>명령: 정상적인 경영을 위하여 필요한 최소한의 범위안에서 자본금의 증액, 보유주식의 처분 등 경영개선조치
권고: 합병, 영업의 전부 또는 일부의 양도, 제3자에 의한 당해 금융기관의 인수</td><td>일반은행: 금융통화위원회
증권회사: 증권관리위원회
기타: 재정경제원장관
(재량)</td></tr>
<tr><td>1998.1.8.</td><td>금융기관의 자기자본 비율이 일정수준에 미달하는 등 재무상태가 불건전하다고 인정하는 때</td><td>명령 또는 이행계획제출 명령: 주의, 경고, 자본금의 증액 또는 감액, 보유자산의 처분, 점포·조직의 축소, 고위험 자산의 취득금지, 영업의 일부정지등 필요한 경영개선조치</td><td>금융감독원장(재량)</td><td>발동상황: 예금자보호 및 신용질서의 안정을 위하여 필요하다고 인정하는 때
대상: 부실금융기관</td><td>명령: 제10조 제1항에서 규정하는 경영개선 조치, 주식의 일부소각(일부주주소유주식 전부소각 포함)·병합, 임원의 직무집행정지 및 관리인의 선임, 합병, 영업의 전부·일부 양도, 제3자에 의한 당해 금융기관의 인수</td><td>금융감독위원회(재량)</td></tr>
<tr><th colspan="7">1998. 9. 14. 개정 - 적기시정조치로 일원화(제10조 제1항)</th></tr>
<tr><th></th><th colspan="2">발동요건</th><th colspan="3">조치</th><th>담당기관</th></tr>
<tr><td rowspan="2">1998.9.14.</td><td colspan="2">발동상황:
(1) 금융기관의 자기자본비율이 일정수준에 미달하는 등 재무상태가 제2항의 규정에 의한 기준에 미달하거나
(2) 거액의 금융사고 또는 부실채권의 발생으로 인하여 금융기관의 재무상태가 제2항의 규정에 의한 기준에 미달하게 될 것이 명백하다고 판단되는 때

목적: 금융기관의 부실화 예방과 건전한 경영 유도</td><td colspan="3">권고·요구·명령 또는 이행계획 제출명령: 아래 적기시정조치:
1. 금융기관/임·직원 주의·경고·견책·감봉
2. 자본증가·감소, 보유자산의 처분, 점포·조직의 축소
3. 고위험 자산 취득금지, 비정상적으로 높은 금리에 의한 수신 제한
4. 임원 직무정지, 임원직무대행 관리인 선임
5. 주식소각·병합
6. 영업 전부·일부 정지
7. 합병, 제3자에 의한 해당 금융기관의 인수
8. 영업양도, 계약이전
9. 기타 금융기관의 재무건전성을 높이기 위하여 필요하다고 인정되는 조치</td><td>금융감독위원회(의무, 다만, 단기간내에 기준 충족시킬 것으로 판단되거나 이에 준하는 경우 기간을 정하여 유예 가능(제10조 3항))</td></tr>
<tr><td colspan="2">적기시정조치 중 합병, 영업양도 또는 계약이전을 명하는 경우</td><td colspan="3">권고: 다른 금융기관을 지정하여 명령의 대상이 되는 금융기관과의 합병, 영업의 양수 또는 계약이전을 권고(제11조 제1항)</td><td>금융감독위원회(재량)</td></tr>
</table>

적기시정조치 중 자본감소 및 주식 소각 또는 병합과 관련하여 금융기관이 금융감독위원회의 감자명령을 이행하거나 증자를 위하여 주식을 병합한 결과 자본금이 당해 금융기관 설립에 관한 법률에서 정한 최저자본금 미만으로 감소하는 경우 1년 이내의 기간 동안 해당 금융기관의 인가를 취소하지 아니할 수 있도록 하였다(동법 제11조 제4항). 종전에는 금융기관 설립에 관한 각종 법률상 금융기관의 자본금이 법정자본금 미만으로 되는 경우 금융기관 인가 취소사유가 되어, 부실금융기관의 자기자본이 (−)이고 계속기업으로서의 가치도 역시 (−)임에도 불구하고 자본금을 전액 감자하지 못하고 법정자본금만큼은 남겨둔 상태에서 재무구조를 개선할 새로운 자금을 투입해야 하였다. 이렇게 법정자본금만큼 남겨둔 상태에서 새로운 자금을 투입하면 기존주주가 부실경영에 따른 손해를 모두 부담하지 않을 뿐 아니라 특히 신규자금투입으로 기존주주들에게 부(富)가 이전되는 효과가 생기는 불합리가 발생한다.[118] 위 개정은 이러한 문제점을 해소하기 위한 것이었다.[119] [120] 또한 적기시정조치를 위반하거나 불이

118 헌법재판소 2004. 10. 28. 선고 99헌바91 결정도 자본감소명령을 규정하고 있는 금융산업의 구조개선에 관한 법률 제12조의 위헌 여부를 판단하면서 "부실금융기관은 대부분의 경우 증자나 감자명령 당시 사실상 지급불능의 상태에 있어 파산을 선언하는 순간 금융기관의 재산가치도 영(0)이 되어 버릴 우려가 크며 이에 따라 부실금융기관의 주식도 이미 영(0)에 가까운 상태로 그 가치가 감소된다 할 것인데, 만일 이러한 주주들이 보유하고 있는 주식을 그대로 둔 채 정부 등이 부실규모에 상당한 자금을 투입할 경우 그에 걸맞은 지분을 확보하기 어려운 반면에 기존 주주들은 새로운 자금이 투입됨에 따라 경영이 정상화되고 기업가치가 상승하여 예상하지 않던 이익을 얻게 되는 불합리한 결과가 초래된다"라고 하여 이 문제를 지적하였다. 영국의 Northern Rock과 관련된 EU의 유사한 취지의 판결로는 34940/10. Grainger and others. v. The United Kingdom App. No. 34940/10 (The European Court of Human Rights, 10 July 2012).

119 1998. 1. 경영개선조치를 받은 제일은행, 서울은행과 1998. 6. 경영개선조치에 대한 조건부승인을 받은 평화은행, 충북은행, 강원은행은 법정최저자본금 수준으로의 감자를 행하였고, 1998. 9. 11. 금융감독위원회의 승인을 받은 제주은행의 경영개선조치는 완전감자 및 증자로 되어 있었다. "제주銀 1개월內 완전減資/금감위, 조건부승인판정" 문화일보 (1998. 9. 12). 제주은행의 기존주식을 전부소각하는 내용의 감자명령의 적법성을 다툰 사건에서 대법원은 적기시정조치의 근거조항인 「금융산업의 구조개선에 관한 법률」 제10조의 합헌성 및 감자명령의 근거조항인 제12조 제3항의 합헌성을 인정하고, 재량권의 일탈·남용에도 해당하지 않는다고 판시하였다(대법원 2005. 2. 18. 선고 2002두9360 판결).

120 기존주주 보유주식을 완전히 감자할 수 있도록 입법을 하여야 한다는 점은 정부가 국제통화기금에 제출한 제5차 의향서(1998. 5. 2)에 언급되었고, 1998. 9. 14. 개정의 개정이유에서 이 부분은 국제통화기금과의 합의사항을 반영하기 위한 것임을 명시하였다. 제5차 의향서의 주요내용은 이규성, 「한국의 외환위기 발생·극복·그 이후」 제2판(박영사, 2007),

행하는 경우의 행정처분 중 계약이전 결정의 절차 및 효력에 관하여 상세한 조항을 두었다(동법 제14조 제5항부터 제9항, 제14조의2).[121]

③ 부실금융기관에 대한 자금지원

종전에는 부실금융기관을 인수·합병하거나 그 영업을 양수하고자 하는 자가 그 부실금융기관을 관할하는 예금보험기구에 자금지원을 신청할 수 있었으나, 1998. 1. 8. 개정으로 금융감독위원회가 부실금융기관이 계속된 예금인출 등으로 영업을 지속하기가 어렵다고 인정되는 경우, 정부 또는 예금보험공사에 대하여 당해 부실금융기관에 대한 출자를 요청할 수 있게 되었다(동법 제12조 제1항). 이때 신주 발행에 대한 상법의 일부 조항(제330조, 제344조 제2항, 제416조 내지 제418조)의 적용을 배제하고 이사회에서 신주 발행에 관한 사항을 결정할 수 있도록 하여 신주 발행이 원활히 이루어지도록 하였다(동법 제12조 제2항). 정부 또는 예금보험공사가 부실금융기관에 출자하기로 한 경우 금융감독위원회는 그 부실금융기관에 대하여 부실에 책임이 있는 주주들이 소유한 주식의 전부 또는 일부를 소각하거나 병합하여 자본금을 감소하도록 명령할 수 있다(동법 제12조 제3항).[122] 또한 2000. 1. 14. 「부실금융기관 대주주의 경제적 책임부

311~318면.

121 1998. 9. 14. 개정으로 계약이전의 절차와 효력에 관한 조항이 상세히 규정되기 이전에 이루어진 계약이전결정에 관하여 대법원은 "그 성질은 금융감독위원회의 일방적인 결정에 의하여 금융거래상의 계약상의 지위가 이전되는 사법상의 법률효과를 가져오는 행정처분에 해당한다. … 구 금융산업구조개선법 제14조 제2항에 의한 금융감독위원회의 계약이전결정에 따라 이루어지는 계약이전과 상법상의 영업양도는 그 목적, 법적 성질, 효과를 달리하므로 금융감독위원회가 구 금융산업구조개선법 제14조 제2항에 따라 부실금융기관에 대하여 계약이전결정을 내림에 있어 당해 부실금융기관의 주주총회의 특별결의를 거쳐야 한다고 볼 수 없다. … 금융산업구조개선법이 1998. 9. 14. 법률 제5549호로 개정되면서 제14조 제6항으로 '… 계약이전을 하는 부실금융기관의 이사회 및 주주총회의 결의를 요하지 아니한다'라는 규정이 신설되었다고 하더라도 이는 금융감독위원회의 계약이전결정에는 상법 제374조 제1항 제1호가 적용되지 아니한다는 앞서 본 법리를 명확히 선언한 확인적 규정에 불과하므로 위와 같은 규정이 금융감독위원회의 충청은행에 대한 계약이전결정 후에 신설되었다고 하여 위와 달리 해석할 것은 아니다"고 판시하였다(대법원 2002. 4. 12. 선고 2001다38807 판결).

122 헌법재판소는 「금융산업의 구조개선에 관한 법률」 제12조의 입법목적은 부실금융기관을 그대로 방치할 경우 국민경제 전체에 미치는 부정적인 효과가 매우 크므로 금융거래의 안전과 예금자보호 등 국민경제의 안정을 위하여 부실화된 금융기관에 대한 정부등의 출자를 통하여 이를 회생시키고자 하는 것이라고 판시하고, 동조 제3항에 의한 자본금감소명령은, 금융감독기관이 정부출자를 통해서라도 부실금융기관을 지원하는 것이 바람직

담 기준」을 제정하여 부실금융기관의 대주주는 금융업 관련 각종 인허가 신청시 금융기관 부실화에 따른 책임을 부담하도록 하였다.

④ 금융기관의 합병·자본감소 등의 절차의 간소화

금융기관의 합병 절차(주주총회소집 통지기간, 대차대조표 공시기간, 주주명부 폐쇄 공고기간, 채권자이의제출기간 등)를 대폭 단축하고(동법 제5조), 주식병합절차도 간소화하였다(제13조의2, 제5조의2). 또한 금융감독위원회로부터 자본금감소명령을 받은 부실금융기관은 이사회에서 자본감소를 결의할 수 있다(동법 제12조 제4항).[123] 이러한 절차 간소화의 적법성 및 헌법위반여부에 대하여 이해관계가 있는 주주들이 문제를 제기한 바 있으나, 헌법재판소는 주주총회소집 통지기간 단축 조항이 헌법에 위반되지 않는다고 판시하였고,[124] 대법원은 부실금융기관이 이사회결의만으로 자본감소를 결의한 것이 적법 유효하다고 판시하였다.[125]

하다고 판단하는 경우에 한하여 공적 자금 투입의 전제조건으로서 부실금융기관의 자본금을 실질에 맞추어 조절하는 불가피한 조치이자 동시에 기존의 주주에게 그 손실을 분담시키는 조치이고, 그 실질적 내용은 주주의 재산권을 박탈하는 조치가 아니라 감자명령 당시 자유시장에서 형성된 주식의 실질가치를 단지 확인하는 행위에 지나지 않으며, 위 조항은 주주의 재산권을 비례의 원칙에 부합하게 합헌적으로 제한하는 규정이라고 판시하였다(헌법재판소 2003. 11. 27. 선고 2001헌바35 결정).

123 신주발행과 자본감소 절차에 관한 상세한 설명과 비판은 조정래/박진표, "금융산업의구조개선에관한법률의 개선방안", 「BFL」 제7호(서울대학교 금융법센터, 2004. 9), 47~48면, 53면.

124 헌법재판소 2008. 12. 26. 선고 2005헌바34 결정은 주주총회소집 통지기간 즉 "7일의 기간이 … 불합리하게 짧은 것이라고 볼 수는 없다. 제5조 제6항, 제8항에 의해 주주총회에 참석할 주주를 확정하거나 합병에 반대하는 소수주주의 권익을 보호하는 일에 다소간의 제약이 수반될 수도 있을 것이나, 그와 같은 시간적 제약으로 말미암아 … 주주의 권리행사가 원천적으로 부정되거나 현저히 곤란해졌다고 보기도 어렵다. … 금융산업의 경쟁력 향상을 위한 산업구조의 개선이라는 입법 목적에 비추어 볼 때, 이 사건 법률조항을 두고 입법적 재량을 벗어나 주주의 재산권을 과도하게 제한한 것이라고 보기는 어렵다. … 금융산업의 경쟁력 제고라는 시대적 목표를 달성하기 위해서는 금융기관의 인수, 합병 등을 통한 금융기관의 대형화, 전문화를 지향해야 한다는 목적을 실현하기 위한 공익적 목적 및 금융산업의 경쟁력 제고와 산업 구조의 합리화를 달성하기 위해 구조조정에 있어 신속하게 대처할 필요성 등을 종합적으로 고려해 본다면 금융기관의 합병에 대한 이 사건 법률조항의 차별취급은 합리적인 이유가 있다고 할 수 있고, 자의적인 차별로서 금산법의 적용을 받는 합병회사 주주의 평등권을 침해하였다고 하기는 어렵다"고 판시하였다.

125 대법원 2010. 4. 29. 선고 2007다12012 판결은 "부실화 우려 있는 금융기관으로 하여금 이사회결의만으로 자본감소를 할 수 있도록 한 것은 자본감소 여부 결정에 관한 주주의 권한을 제한하는 결과가 되나, ① 부실화 우려 있는 금융기관을 그대로 방치할 경우 그 주

3) 기 타

① 예금보호법제의 개선과 예금보험공사의 부실금융기관 정리기능 확충

경제위기로 부실금융기관이 증가하게 되면서 「예금자보호법」을 개정하여(법률 제5492호, 1997. 12. 31. 개정, 1998. 4. 1. 시행), 금융권역별로 나뉘어 운영하던 예금보험기구를 예금보험공사로 통합하였다(동법 제2조).

또한 경제위기 발생으로 인하여 예금보험제도에 의한 보호한도(종전: 2천만원)를 없애고 1997. 11. 19.부터 2000. 12. 31.까지 예금전액을 보호하도록 하였다가{예금자보호법시행령(대통령령 제15525호, 1997. 12. 5. 일부개정 및 시행) 부칙 제4항}, 2001. 1. 1.부터는 보호한도를 은행, 증권, 보험뿐 아니라 저축은행(당시: 상호신용금고)을 포함한 소규모 저축기관들에 대하여 동일하게 5천만원으로 정하였다{예금자보호법시행령(대통령령 제16993호, 2000. 10. 31. 일부개정, 2001. 1. 1. 시행) 제18조 제6항}. 저축은행의 경우 보호한도를 낮게 정하면 예금의 이탈로 인한 연쇄파산으로 금융시스템 불안에 대한 우려 때문이었으나[126] 은행법상의 은행과 같은 수준의 예금보호한도는 저축은행 대주주 경영진의 고위험/고수익 추구 등 도덕적 해이와 예금자의 고금리 추구 현상을 가져왔고,[127] 높은 예금보호한도에 상응한 감독체제를 갖추지 않은 상태에서 고위험 사업을 추구한 저축은행들이 도산하는 사태의 원인의 하나가 되었다고 할 수 있다.

주 … 예금주, … 기업과 개인 등 다수의 이해관계자들이 상당한 재산적 손실을 입게 되어 국민경제에 미치는 부정적 효과가 크므로 그 정상화를 위해 정부가 자금지원 등의 방법으로 개입할 필요가 있는 점, ② 정부가 부실화 우려 있는 금융기관에 출자지원 등을 하면서 당해 금융기관의 기존 주식을 그대로 두면 정부는 투입한 공적자금에 걸맞은 지분을 확보하기 어려운 반면 기존 주주는 경영정상화로 인해 예상하지 못했던 이익을 얻게 되는 … 점, ③ … 자본감소에 주주총회의 특별결의를 거치도록 하면 주주의 반대로 자본감소결의 자체가 이루어지지 않을 수 있을 뿐만 아니라 가사 이루어진다고 하더라도 … 상당한 기간 동안 정부 지원이 지연됨에 따라 대량 예금인출 사태의 발생 등으로 인하여 부실화 우려 있는 금융기관의 정상화가 어렵게 될 수 … 있는 점, ④ 부실화 우려 있는 금융기관의 주식은 자본감소 … 전에 이미 재무상태의 악화로 인하여 가치가 감소해 있다고 할 것이므로 이사회결의만으로 자본감소를 한다고 하여 주주가 경제적 손실을 입는 것은 아니고, 가사 경제적 손실을 입는다고 하더라도 이사회결의에 반대하는 주주에 대해서는 주식매수청구권이 인정되고 있으므로 그 손실을 보전할 수 있는 점 등에 비추어 볼 때, 위와 같은 주주 권한의 제한은 국민경제의 안정을 실현하기 위한 필요하고 적절한 수단으로 주주 재산권의 본질적 내용을 침해하는 것이라고 할 수 없다"고 판시하였다.

126 정찬우/박창균/이시연, 전게백서(각주 74), 60~61면.

127 Id., 133면.

1997. 12. 31. 이루어진 개정에서는 예금보험공사의 부실금융기관 정리기능을 확대하여, 예금보험공사가 예금자 등의 보호와 금융제도의 안정성 유지를 위하여 필요하다고 인정하는 경우에는 금융감독원에 대하여 구체적인 범위를 정하여 부보금융기관에 대한 검사 또는 공동검사를 요청할 수 있고(동법 제21조 제3항), 예금자등의 보호를 위하여 필요하다고 인정하는 경우에는 금융감독위원회에 대하여 당해 부실금융기관에 대한 계약이전의 명령이나 파산신청 등의 조치를 취할 것을 요청할 수 있도록 하였다(동법 제36조의2 제1항). 또한 예금보험공사는 예금자등의 보호 및 금융제도의 안정성 유지를 위하여 필요하다고 인정하는 경우에는 재정경제원장관의 승인을 얻어 부실금융기관의 영업 또는 계약을 양수하기 위한 정리금융기관을 설립할 수 있고(동법 제36조의3), 예금·적금의 지급, 대출의 회수 기타 부실금융기관의 정리업무를 효율적으로 수행하기 위하여 필요한 업무를 수행할 수 있도록 하였다(법 제36조의5).

② 부실채권정리

IMF 구제금융을 신청하기 몇 달 전인 1997. 8. 22. 「금융기관부실자산등의효율적처리및성업공사의설립에관한법률」이 제정되어 1997. 11. 23. 시행되었다(법률 제5371호). 동법은 제정시에는 은행(특수은행 포함)의 부실채권을 효율적으로 정리하고 부실징후기업의 경영정상화 노력을 지원하는 것을 목적으로 하였고(동법 제1조), 이를 위하여 부실채권정리기금을 설치하고(동법 제38조 이하) 성업공사를 설립하도록 하였다(동법 제6조 이하). 경제위기를 극복하는 과정에서 동법은 수차 개정되었다(특히 중요한 개정은 1999. 12. 31. 개정[128] 및 시행된 법률 제6073호와 2001. 12. 31. 개정 및 시행된 법률 제6561호).

---

128 1999. 12. 31. 개정에서 성업공사의 명칭을 한국자산관리공사로 변경하고, 금융기관부실자산의 효율적인 처리를 위하여 한국자산관리공사가 매입할 수 있는 부실채권을 확대하였으며(동법 제2조 제2호), 종전에는 부실자산을 처리하는 과정에서 한국자산관리공사가 출자한 기업의 차입원리금상환에 대하여만 보증을 할 수 있었던 것을 개정후에는 부실기업의 경영정상화에 필요한 경우 등에도 한국자산관리공사가 지급보증을 할 수 있도록 하여 한국자산관리공사의 업무범위를 확대하였다(동법 제26조 제1항 제1호의3 다목 및 라목).

(5) 금융지주회사 제도의 도입

1) 금융지주회사 제도 도입의 배경

경제력 집중의 억제의 일환으로 1987년 4월부터 지주회사의 설립은 원칙적으로 금지되었다가{「독점규제 및 공정거래에 관한 법률」(이하 "공정거래법") 제7조의2, 법률 제3875호, 1986. 12. 31. 일부개정, 1987. 4. 1. 시행},[129] IMF 구제금융체제하에서 기업구조조정을 원활하게 수행하기 위하여 지주회사 설립의 필요성이 있었고 OECD와 세계은행 등의 권고도 있어서[130] 공정거래법을 개정하여 지주회사 설립을 허용하기 시작하였다(법률 제5813호, 1999. 2. 5. 일부개정, 1999. 4. 1. 시행). 2000년에는 금융분야에서도 "금융기관의 대형화·겸업화를 통하여 금융기관의 경쟁력을 제고하기 위하여"[131] 「금융지주회사법」이 제정되어 금융지주회사 제도가 도입되었다(법률 제6274호, 2000. 10. 23. 제정, 2000. 11. 24. 시행).

금융지주회사제도의 도입에 관하여는 IMF 구제금융 이전부터 논의가 있었다. 금융개혁위원회가 1997. 6. 제출한 '금융개혁 2차 보고서'는 "금융기관의 대형화를 용이하게 하고 부실금융기관의 정리를 원활하게 하여 금융산업의 구조조정 촉진 및 금융기관의 경쟁력 제고"에 기여한다는 점과 국제적인 추세에 발맞춘다는 점 등을 들어 순수 금융지주회사의 설립을 원칙적으로 허용할 것을 제안하였다.[132] IMF 구제금융은 이러한 제안이 입법으로 실현되는 촉매의 역할을 하였다고 할 수 있을 것이다.

2) 금융지주회사 제도의 요지

금융지주회사는 주식의 소유를 통하여 복수의 금융기관 또는 금융업의 영위와 밀접한 관련이 있는 회사를 지배하는 것을 주된 사업으로 하는 회사로서(「금융지주회사법」 제2조 제1호), 한편으로는 다양한 규제를 받고 다른 한편 효율적인 업무 수행을 위한 특별한 취급을 받는다.

---

129 지주회사는 실질적인 생산활동을 하지 않는다는 점에서 공정거래법의 기본이념에 반한다고 보았다. 1986. 11. 22. 정부가 국회에 제출한 독점규제 및 공정거래에 관한 법률 중 개정법률안의 주요골자.

130 조성봉, "지주회사제도의 주요논점", 한국경제의 실상과 현안 정책과제－2003, 제13장(한국경제연구원, 2003), 303면.

131 2000. 6. 30. 정부가 국회에 제출한 금융지주회사법안의 제안이유.

132 금융개혁위원회, 금융개혁 2차 보고서(1997. 6), 80~90면.

① 설립과 소유구조

금융지주회사는 금융감독위원회의 인가를 받도록 하고(동법 제3조), 금융지주회사 설립 촉진을 위하여 주식교환제도와 주식이전제도[133]를 새로이 도입하여 자회사의 발행주식 100%를 소유하는 금융지주회사를 쉽게 설립할 수 있도록 하였다(동법 제20조, 제31조). 은행을 자회사로 둔 은행지주회사의 경우에는 은행과 유사한 동일인 주식소유한도를 두었다(동법 제8조, 제8조의2, 제8조의5 및 제9조).

② 업 무

금융지주회사 제도 이용시 위험의 전이(轉移), 과도한 지배력 확장 등의 부작용이 발생할 우려가 있고, 금융지주회사법은 이러한 부작용을 최소화할 수 있도록 여러 장치를 두고 있다. 금융지주회사는 자회사의 경영관리업무와 이에 부수하는 일정한 업무를 영위할 수 있고 그 밖의 다른 업무는 영위할 수 없다(동법 제15조). 또한 원칙적으로 비금융회사의 주식 소유가 금지되고 있고(동법 제6조의3, 공정거래법 제8조의2 제2항 제4호), 일정한 예외적인 경우를 제외하고는 금융지주회사가 손자회사·증손자회사를 두는 것은 엄격하게 제한되어 있었다(동법 제19조). 비금융회사 지배에 대한 제한 및 손자회사·증손자회사에 대한 제한은 2009년 금융지주회사법 개정(법률 제9788호, 2009. 7. 31. 일부개정, 2009. 12. 1. 시행)으로 보험지주회사와 금융투자지주회사의 개념이 도입되면서 상당히 완화되었다(동법 제19조의2, 제20조, 제25조, 제31조, 제32조).[134]

③ 자금제공과 정보공유

「금융지주회사법」은 2002. 4. 27. 일부 개정되어(법률 제6692호, 2002. 7. 28.

---

133 주식교환과 주식이전제도는 2001. 7. 24. 상법개정(법률 제6488호)시 주식의 포괄적 교환(상법 제360조의2 이하)과 주식의 포괄적 이전(상법 제360조의15 이하)으로 도입되어 지주회사를 설립하는 주요한 방법으로 자리 잡게 되었다.

134 2009. 7. 31.의 금융지주회사법 개정(법률 제9788호)은 "금융투자업·보험업 중심의 글로벌 금융그룹을 육성하기 위한 제도적 기반을 마련"하기 위하여 비은행지주회사에 대한 규제를 완화하였다. 이 개정과 관련하여 은행·보험·금융투자의 특성을 반영하여 규제의 차별화를 주장하는 견해는 김홍기, "개정 금융지주회사법의 주요내용과 관련법제의 개선방향", 「연세 글로벌 비즈니스 법학연구」 제2권 제1호(연세대학교 법학연구원, 2010). 보험지주회사에 대한 규제완화가 시스템 안정성을 저해할 우려를 표명하는 글로는 정재욱/이석호, "보험지주회사 규제 및 감독에 관한 연구", 「한국경제의 분석」 제15권 제1호(한국금융연구원, 2009. 4),

시행) 동일한 금융지주회사에 속하는 금융기관 간에는 일정한 개인신용정보, 증권회사에 예탁한 금전과 증권에 관한 정보 등을 서로 제공할 수 있도록 하여 금융지주회사의 경영의 효율성을 높일 수 있도록 하였다. 이와 관련하여 금융지주회사, 자회사 및 손자회사는 임원 중 1인 이상을 신용정보관리인으로 선임하고 업무지침서를 작성하여 시행함으로써 개인신용정보 등을 엄격히 관리하도록 하였다(동법 제48조의2).

④ 위험전이의 방지[135]와 기타 감독

금융지주회사는 자기자본을 초과하여 자회사의 주식을 보유할 수 없고, 동일한 금융지주회사에 속하는 자회사 상호간의 신용공여는 일정한 한도를 초과할 수 없다(동법 제46조 및 제48조). 금융지주회사와 그 자회사 등은 금융감독위원회가 정하는 경영지도기준을 준수하고, 금융지주회사와 자회사 등의 연결재무제표와 주요 경영상황 등을 의무적으로 공고하여야 한다(동법 제50조 및 제55조).

(6) 평 가

1) 금융기관의 지배구조 개선

① 금융기관 지배구조 개선이 필요한 환경

위 III.3.(1)에서 언급한 바와 같이, 1960년대 이후 경제성장 과정에서 금융은 정부의 경제개발정책 수단의 하나로 취급되어 IMF 구제금융을 받은 1990년대 중반까지도 금융기관은 한편으로는 정부의 규제와 간섭하에 있었고 다른 한편으로는 진입장벽과 금리 등 거래조건의 규제의 우산하에서 영업할 수 있었기 때문에 경쟁이 없는 상황에서 금융기관과 기업의 도덕적 해이가 유발될 수 있는 환경이었다. 1990년대에 들어서면서 일부 금융자율화가 이루어졌지만 금융기관의 자율적 책임경영에 대한 인식의 부족과 함께 책임경영을 확보할 수 있는 법적 장치도 충분하지 않은 상황이었다. 정부의 경제개발정책을 지원하는 수단으로서의 금융이 아닌 민간의 실물경제의 발전과 함께 발전하는 금융산업이 되기 위해서는 금융기관의 자율적인 책임경영이 이루어져야 한다. 늦었지만

---

135 2008년 글로벌 금융위기 발생 이후 위험전이에 대하여 다시 인식하고「금융지주회사법」을 개정하여(법률 제9788호, 2009. 7. 31. 일부개정, 2009. 12. 1. 시행), "금융기관의 대형화·겸업화에 따라 발생할 수 있는 위험의 전이(轉移), 과도한 지배력 확장 등의 부작용을 방지"하는 것이 동법의 목적의 일부임을 명시하였다(동법 제1조).

IMF 구제금융을 계기로 금융기관의 지배구조가 개선된 것은 다행이라고 할 수 있다.

② 금융기관 지배구조의 금융법적 특성

IMF 구제금융의 이행조건을 상세히 기재한 양해각서는 금융기관의 지배구조에 대하여 특별한 언급을 하지 않고 일반적인 기업의 지배구조의 개선을 강조하였다(제34항). 한편 IMF 구제금융 이전인 1997. 4. 금융개혁위원회의 '금융개혁 1차보고서'는 금융기관의 책임경영체제 확립의 일환으로 금융기관의 지배구조 개선을 제시하였다. IMF 구제금융을 계기로 금융기관의 지배구조에 관한 기본틀이 잡혔다고 할 수 있는데 금융법적으로 의미가 있는 일이다.

회사의 지배구조는 경영자와 주주 간, 주주와 채권자 기타 이해관계인 간, 지배주주와 소수파주주 간의 이익충돌 문제를 다루고 좁은 의미로는 경영자와 주주 간의 대리인 문제를 다룬다.[136] 금융기관의 지배구조도 기본적으로 주식회사의 지배구조의 법리를 따라야 할 것이다. 그런데 은행 등 금융기관의 지배구조는 과도한 위험부담으로 인한 금융기관의 도산 및 이에 따른 예금자 기타 이해관계자가 입는 손해와 나아가서는 금융시스템에 초래할 위험을 방지하는 기능, 즉 금융규제법상 요구되는 기능을 행할 것이 기대된다. 이러한 점에서 금융기관의 지배구조는 금융기관에 대한 미시 건전성규제 및 금융시스템에 관한 거시 건전성규제의 일부분을 이룬다고 할 수 있다.[137] [138] IMF 구제금융 기간 중

136 김건식, 「기업지배구조와 법」(소화, 2010), 4, 30면.

137 정순섭, "금융회사의 조직규제 －금융회사 지배구조의 금융규제법상 의미를 중심으로", 「상사판례연구」 제24집 제2권(한국상사판례학회, 2011. 6), 10~11면. 박재하, 전게보고서(각주 85), 7~8면. 최근 금융위원회 보도자료, 금융회사 지배구조 선진화 방안(2013. 6. 17), 2면도 "금융회사의 지배구조 실패는 일반 기업과 달리 금융시스템의 직접적 위험요인이 될 가능성이 높은 만큼, 주주대표성을 강조하는 일반기업 지배구조와 달리 예금자, 금융감독당국 등 이해관계자에 대한 대표성과 책임성이 부각될 필요가 있다는 점"에 주목하였다고 하였다. Andenas and Chiu, 전게서(각주 43), p.387은 금융기관의 지배구조의 기본틀이 일반회사와는 다른 근거로 금융기관의 높은 부채비율, 도산시 주주 이외의 이해관계자의 손해부담, 재무상황 파악의 어려움 등을 제시하였다.

138 "외환위기 이후 금융기관의 경영형태가 소위 '관치금융'에서 주주지배금융, 즉 '시장금융'으로 전환했다"고 보고 금융기관이 주주의 이익을 극대화하는 사업이 되었기 때문에 공공성이 약화되었다는 지적도 있으나{장진호, "외환위기 10주년 금융 공공성은 어떻게 껍데기가 돼갔는가", 「노동사회」 통권 제117호(한국노동사회연구소, 2007. 1)}, 금융기관의 지배구조 개선은 금융기관의 도산 내지는 부실화와 이로 인한 예금자 등의 피해 및 시스템위험을 방지하는 데 있으므로 공공성을 확보하는 기능을 한다.

금융기관의 지배구조를 개선할 때 이러한 금융규제법적 특성에 대한 암묵적인 인식이 있었을 것으로 추측되지만 명시적인 논의가 이루어졌음을 확인할 수 있는 자료는 발견하지 못하였다.[139] 최근의 글로벌 금융위기 이후에는 금융기관의 지배구조에 대하여 국제적으로뿐만 아니라[140] 국내에서도 새롭게 논의가 이루어지고 있다.[141] 은행에 대한 지배구조의 개선과 공시가 강화되었고,[142] 2012. 6. 정부가 「금융회사의 지배구조에 관한 법률」(안)을 국회에 제출하여[143] [144] 새로운 개선방안을 제시하였다.[145] 이러한 일련의 움직임도 금융기관 지배구조의 금융규제법적인 특성에 기인한다고 할 수 있다. 금융기관의 대주주에 대하여는 일반 주식회사의 지배구조에서 특별히 문제되지 않는 일정한 적격성(충분한 출자능력, 건전한 재무상태 및 사회적 신용)을 요구하는 것(은행법 제8조 제2항 제4호,

---

139 '금융개혁 1차 보고서'는 당시 금융기관의 지배구조의 현황과 당면과제를 설명하면서 일반 기업의 지배구조만을 언급하고, 정부 개입을 배제하여 책임경영체제를 확립한다는 점을 강조하였다(43~47면). 금융위원회 보도자료, 금융회사 지배구조선진화 방안(2013. 6. 17)과 대비된다.

140 OECD, Corporate Governance and the Financial Crisis(June 2009); Basel Committee on Banking Supervision, Principles for enhancing corporate governance(October 2010) 등. 바젤은행감독위원회의 2010년 권고안의 개요는 최수정, "금융기관의 내부통제제도 강화를 위한 법적 개선방안: 은행을 중심으로", 「상사법연구」 제29권 제4호(한국상사법학회, 2011. 2), 52~60면; 최영주, "은행 CEO리스크와 지배구조에 관한 연구", 「법학논고」 제36집(경북대학교 법학연구원, 2011. 6), 146~152면. 2006년 바젤은행감독위원회의 은행지배구조에 대한 권고안의 개요는 심영, "은행 지배구조강화에 관한 소고", 「중앙법학」, 제8집 제1호(중앙법학회, 2006. 4), 461~469면.

141 구본성, "금융회사의 지배구조 개선 기본방향", 한국금융연구원 정책토론회 발표자료(2010. 6. 23); 김건식/김동원, 「금융회사 지배구조 개선방안 연구」(한국기업지배구조원, 2010. 12) 등.

142 은행법 개정(법률 제10303호, 2010. 5. 17. 개정, 2010. 11. 18. 시행)으로 이사회 독립성 강화, 감사위원회의 전문성 강화와 더불어 지배구조내부규범의 공시가 법제화되었다(동법 제22조, 제23조의2, 제23조의4).

143 금융위원회 보도자료, 「금융회사의 지배구조에 관한 법률」 제정안 입법예고(2011. 12. 15), 금융위원회 보도자료, 「금융회사의 지배구조에 관한 법률」 제정안 국무회의 통과(2012. 6. 5).

144 「금융회사의 지배구조에 관한 법률」(안)에 대하여는 벌써 상당히 많은 논의가 이루어지고 있다. 김태진, "<금융회사의 지배구조에 관한 법률(안)> 주요 내용 검토", 「기업지배구조리뷰I」 제61호(한국기업지배구조원, 2012. 3/4.); 원동욱, "금융지배구조법의 주요내용 및 향후 과제", 「금융법연구」 제9권 제1호(금융법학회, 2012); 경제개혁연대, "「금융회사의 지배구조에 관한 법률」 제정안의 문제점 및 개선방안", 「기업지배구조연구」, 제42호(경제개혁연구소, 2012 봄).

145 금융위원회, 금융회사 지배구조 선진화 방안(2013. 6. 17).

자본시장법 제11조 제2항 제6호, 보험업법 제6조 제1항 제4호 등)[146]도 이러한 금융규제법적 특성 때문이라고 할 수 있다.

금융기관 지배구조에 대한 법적인 규제는 금융규제적 특성에 근거하여 행하여지는 것이므로 그 규제는 금융규제법적 목적을 달성하는 범위 내에서 이루어져야 할 것이다. 그 범위를 넘는 부분은 회사의 일반적인 기업지배구조의 문제로 다루고 금융기관에게 자율성을 부여하는 것이 바람직할 것이다. 「금융회사의 지배구조에 관한 법률」 역시 이러한 금융기관 지배구조의 금융규제법적 특성을 반영하여 입법되어야 하고, 그 법률을 활용하여 금융감독기구, 정부, 시민단체 등이 자신의 권한을 확대하는 수단으로 삼아서는 안 될 것이다. 이러한 점에서 모범규준을 정하고 이를 '준수하거나 준수하지 않으려면 설명하라'(이른바 comply or explain)는 원칙의 도입은 금융규제법적인 면과 금융기관의 자율성을 조화시킬 수 있는 방안이다.[147]

③ 위험관리와의 연계 필요성

금융기관의 지배구조를 특별히 규율하는 것은 앞서 본 금융규제법적인 특성이 있기 때문이고, 지배구조의 개선으로 기대하는 것은 금융기관의 도산 내지는 부실화의 방지이다. 금융기관은 자본의 건전성의 유지가 중요할 뿐 아니라, 거래상대방의 신용위험, 단기로 조달한 자금을 장기로 운용하는 만기불일치 위험, 고객의 자산을 취급하는 데 따른 운영위험 등 위험의 관리가 다른 어떠한 산업보다도 중요하다. 금융규제법적인 면에서 볼 때 금융기관의 지배구조와 내부통제제도는 금융기관의 주주의 이익을 보호한다는 점에만 초점을 맞출 것이 아니라 이러한 위험의 관리를 효과적·효율적으로 할 수 있도록 만들어져야 한다.[148] [149]

---

146 보험업법은 "사회적 신용을 갖출 것" 대신에 "건전한 경제질서를 해친 사실이 없을 것"을 요구한다. 이러한 용어가 사용된 경위는 국회 재정경제위원회 수석전문위원 김문희, 보험업법개정법률안(정부제출) 검토보고(2003. 4), 37~38면.

147 금융위원회, 금융회사 지배구조 선진화 방안(2013. 6. 17)은 이 원칙을 도입한다고 밝혔다.

148 2010년 바젤은행감독위원회는 은행지배구조 개선원칙 중 6번째 원칙으로 "은행은 충분한 권한, 지위, 독립성, 인원과 이사회에의 접근성을 갖춘 효과적인 내부통제시스템과 위험관리기능(최고위험관리자를 포함함)을 가지고 있어야 한다"는 원칙을 제시하였다. Basel Committee on Banking Supervision, Principles for enhancing corporate governance (October 2010).

149 영국의 Walker보고서는 은행, 보험회사 등의 금융기관의 이사회가 위험관리에 더 적극적

④ 지배구조 개선과 책임경영 법제의 실제 운용

지배구조에 관하여 법령으로 정하여 놓는다고 하더라도 그것이 원래의 입법취지에 맞추어 운영되지 않는다면 큰 의미가 없을 것이다. 지배구조 개선 법제의 실제 운용을 보면 긍정적인 면뿐 아니라 한계를 보이는 부분이 있다.

첫째, 사외이사 제도 및 감사위원회 제도에 대한 2005년의 설문조사 결과를 보면 은행의 이사회가 1997년 경제위기 이전보다는 어느 정도 발전되었으나 몇 가지 문제가 남아 있음을 드러냈다. 특히 이사회와 경영진의 불분명한 역할분담, 정보흐름의 비효율성, 이해상충문제에 대한 안전장치 부족, 이사 교체방안 부재, 경영진 성과평가 절차 및 기준 불명확 등이 지적되었고,[150] 최근에도 사외이사의 독립성·전문성의 부족이 지적되고 있다.[151] 이러한 점들은 대부분 사외이사가 포함된 이사회의 실제 운영의 문제로서, 사외이사를 포함한 이사회 구성원의 전문성 강화와 더불어 금융기관의 특성에 대한 인식이 강조되어야 할 것으로 보인다.

둘째, 금융기관의 소수주주권 행사요건의 완화로 주주의 권리를 강화한 것이 실제 어떠한 의미를 가지는가이다. 소수주주권 행사요건 완화는 주주들의 견제기능을 강화하여 금융기관이 건전하고 합리적인 경영을 할 수 있도록 금융기관의 자율성을 제고하기 위한 장치라고 할 수 있다.[152] 기본적으로 주권상장법인에 적용되는 요건을 기초로 금융기관의 소수주주권 행사요건을 더 완화하였다. 완화된 행사요건인 최소지분율을 뒷받침할 만한 특별한 근거는 제시되지 않았고, 가능한 한 주주가 쉽게 문제를 제기할 수 있도록 하면서[153] 경영진의

으로 관여해야 한다고 주장하고 감사위원회와 별도로 리스크위원회를 둘 것, 리스크위원회는 리스크보고서를 작성하여 연차보고서에 포함시킬 것, 리스크관리의 독립성, 필요한 외부전문가의 조력을 받을 것 등을 제안하였다. Walker, David, "A review of corporate governance in UK banks and other financial industry entities Final recommendations"(26 November 2009), pp.90~106. 금융기관의 리스크 관리체계의 구축에 관한 최근의 연구로는 구정한/이시연, 「금융회사의 바람직한 리스크 지배구조에 관한 연구」(한국금융연구원, 2011. 1).

150 박재하, 전게보고서(각주 85), 9면.

151 정기승, 전게서(각주 88), 280~283면; 구본성, "금융회사 지배구조 선진화 방안", 한국금융연구원 주최 <금융회사 지배구조선진화 방안> 공개토론회 발표자료(2013. 6. 17), 17~21면 등.

152 예컨대 은행법(법률 제6177호, 2000. 1. 21. 일부개정) 개정이유.

153 구본성, 전게 발표자료(각주 151), 29, 31면은 사외이사후보추천과 관련한 주주제안권 행

위법행위 등 실체적인 판단을 법원의 판단에 맡긴 것으로 보인다. 물론 상장된 금융기관의 주주는 시장에서 손쉽게 주식을 매도할 수 있으므로 특별히 공익적 견지에서 활동하는 시민단체이거나 상당한 지분을 확보하고 주주적극주의 운동을 전개하는 주주가 아닌 한 자신의 비용을 들여 소수주주권을 행사(voice)하기보다는 매도(exit)를 택할 가능성이 크지만,[154] 소수주주권 행사요건 완화는 금융기관 최고경영진으로 하여금 주주들이 언제든지 감시권을 행사할 수 있음을 인식하도록 함으로써 경영진의 주의의무 준수에 기여할 것으로 보인다. 비상장 금융기관의 경우에는 주주의 탈퇴(exit, 즉 주식매도)가 쉽지 않으므로 강화된 소수주주권 행사(voice)를 할 유인이 커진다는 점에서 소수주주권 강화는 비상장 금융기관에서 더 의미가 있을 것이다.

위와 같은 법제의 변화와 관련하여 특기할 사항은 1997년 주주적극주의의 등장으로 제일은행의 은행장과 이사들을 상대로 하는 대표소송이 우리나라 최초의 대표소송으로 제기되었고 그 대표소송이 적법하게 유지될 수 있도록 하는데 소수주주권에 관한 법제의 변화가 기여하였다는 점이다.[155] IMF 구제금융 기간 중 제일은행 사건 이외에도 부실화된 금융기관의 이사를 상대로 한 대표소송이 여러 건 제기되었으나 기각 또는 각하되었다.[156]

셋째, 지배구조 개선과 책임경영 확보를 위한 법령의 정비만으로 충분하지 않은 것으로 볼 수 있는 사례로 저축은행 사태를 들 수 있다. 과다한 위험부담의 방지뿐 아니라 금융기관이 지배주주·경영자의 사금고화되지 않도록 하는 것도 효과적인 지배구조를 통하여 기대되는 사항이다. IMF 구제금융 기간 중 은행에 대하여는 대주주의 부당한 영향력 행사를 금지하도록 하는 내용의 입법

사요건을 0.5%에서 0.1%로, 주주대표소송 제기를 위한 지분요건을 0.005%에서 0.001%로 완화할 것을 제안하였다.

154 voice와 exit에 대하여는 Albert O. Hirschman, *Exit, Voice, and Loyalty: Responses to Decline in Firms, Organizations, and States*(Harvard University Press, 1970).

155 이 대표소송의 소제기 시점(1997. 6. 3.)에는 원고가 대표소송을 제기할 수 있는 주주요건을 충족하지 못하였으나 수차에 걸친 증권거래법 개정을 통하여 주권상장법인의 소수주주권 행사에 관한 요건이 완화되어 1심 변론종결일(1998. 6. 19)에는 그 요건을 충족하게 되었다(서울지방법원 1998. 7. 24. 선고 97가합39907 판결).

156 1998년 대동은행, 1999년 한남투자증권의 소수주주들이 제기한 대표소송은 회사가 파산하여 대표소송이 허용되지 않았다. 이에 관한 논의는 김주영, "우리나라 주주대표소송의 제소현황 및 판결경향에 관한 고찰", 「기업지배구조리뷰I」 제34호(한국기업지배구조원, 2007. 9/10).

이 이루어짐으로써 이 점의 중요성이 법률적으로도 확인되었고, 보험회사와 증권회사에 대하여도 같은 취지의 입법이 이루어졌다(위 III.3.2.5.(1)). 그런데 2000년 이후 계속 발생하는 저축은행 관련 사건들을 보면 저축은행의 지배구조는 이러한 기능을 충분히 하지 못한 것으로 보인다. 2000년~2001년에 발생한 3대 게이트[157] 사건들은 모두 당시 상호신용금고의 지배주주로서 당해 상호신용금고로부터 불법적으로 대출받아 주가조작 등의 행위를 한 것과 관련이 있다.[158] 2001년 상호신용금고의 명칭을 상호저축은행으로 변경하면서 사외이사, 감사위원회, 내부통제기준 등의 제도를 은행·증권회사·보험회사에 준하는 수준으로 도입하였다(법률 제6429호, 2001. 3. 28. 일부개정, 2002. 3. 1. 시행). 이 개정시에도 대주주의 사금고 범주를 벗어나지 못한 상호신용금고들이 상당수 있어 이를 방지하기 위한 법적 제도적 장치가 필요한 상황이었다.[159] 2011년 이후 부실저축은행 20개를 정리할 때에도 역시 지배주주 및 경영진의 사금고화가 심각한 문제이었다.[160] 「상호저축은행법」상 대주주의 부당한 영향력행사 금지 조항은 2007년에 이르러 추가되었지만(법률 제8522호, 2007. 7. 19. 일부개정, 2008. 1. 20. 시행)(동법 제12조의3), 그 이전부터 대주주에 대한 대출은 원칙적으로 금지되었으므로 위 조항이 늦게 추가되었다는 점이 대주주의 사금고화를 수월하게 하였다고 하기는 어렵다. 금융감독의 효율성을 높이기 위하여 한정된 인적 물적 자원을 은행·증권회사·보험회사 등 금융시장에서 더 중요한 역할을 하는 쪽으로 배분한 탓에 상호저축은행이 충분한 감독을 받지 못하였기 때문인 점도 있겠으나, 이와 같은 상호저축은행의 사례는 대주주가 있는 금융기관의 경우 금융기관 내의 지배구조만으로 효과적인 금융감독이 이루어지기 어렵다는 점을 잘 보여준다.[161] 특히 지배구조의 개선뿐 아니라 공적 규제가 필요한 부분이 있고 아

157 정현준 게이트(동방상호신용금고), 진승현 게이트(열린상호신용금고), 이용호 게이트(대양상호신용금고).

158 정찬우/박창균/이시연, 전게백서(각주 74), 293~297면. 진승현 게이트에 대하여는 대법원 2002. 7. 22. 선고 2002도1696 판결.

159 국회 재정경제위원회 전문위원 김문희, 상호신용금고법중개정법률안 검토보고(2000. 12), 7, 10면.

160 정찬우/박창균/이시연, 전게백서(각주 74), 298~325면. 금융위원회 보도자료, 저축은행 건전경영을 위한 추가 제도개선 방안(2012. 9. 13).

161 저축은행의 대주주의 모럴해저드에 대하여는 최영주, "저축은행 부실화에 있어 대주주의 영향과 법적 규제", 「법학연구」 제53권 제3호(부산대학교 법학연구소, 2012. 8), 193~228면.

울러 경영공시를 통하여 투명성을 높이는 조치 및 사외이사 등 지배구조가 적정하게 작동하는데 참여하는 사람들의 인식을 개선하는 작업이 함께 이루어져야 한다.

넷째, 금융기관의 책임경영체제의 확립을 법규상 강조하고 있으나 금융감독기구 또는 정치권이 금융기관의 인사[162] 또는 경영판단[163]에 관여하는 등의 문제 제기가 끊이지 않고 있고, 정부 또는 예금보험공사가 주식을 소유한 금융기관에 대하여 주주로서의 권리를 행사하는 활동과 금융감독기구로서 감독의 일환으로 이루어지는 활동이 명확히 구별되고 있는지에 대하여 의문이 발생하고 있다.[164] [165]

⑤ 제도의 변화를 뒷받침할 의식의 변화

자율적 책임경영을 위한 법제도의 개선과 이와 관련하여 주주통제에 대한 의존이 강화된 점은 정부주도형 금융이 아닌 민간주도형 금융을 전제로 하는 것으로서 개발도상국 내지는 신흥국형 경제에서 선진국형 경제 체제로 바뀌었

---

162 김인준, 전게논문(각주 38), 403, 405면; 금융감독위원회 보도자료, 한국경제, 한겨레 및 연합뉴스의 「은행장 인사」 관련 보도에 대한 해명(2002. 3. 11); 금융감독위원회 보도자료, '03.3.1자 일부언론의 「정부, 은행장인사 개입」 등 제하의 보도내용에 대한 해명(2003); "우려되는 '금융의 정치화'", 한국경제신문(2013. 7. 17); "국회 정무위 업무보고… '관치금융 판쳐', '인사개입 없었다'", 매일경제신문(2013. 6. 17); "[심층진단] 내치는 잠잠해졌는데… 정치인 칼춤에 휘둘리는 금융당국", 서울경제신문(2013. 6. 14).

163 이혜영, "재규제 관점에서 외환위기 이후 금융부문 규제개혁정책의 평가", 한국사회와 행정연구, 제15권 제1호(서울행정학회, 2004. 5), 250~251면.

164 우리금융지주의 민영화와 관련하여 공적자금관리위원회의 의결사항에 관하여 금융위원회가 보도자료, 우리금융지주 민영화 추진(2013. 6. 26)을 발표하였다. 이는 공적자금관리위원회사무국을 금융위원회에 설치하였기 때문인 것 같으나 금융위원회의 금융감독 차원에서의 업무인 것 같은 오해를 유발할 우려가 있다. 또한 그 내용을 보면 금융지주회사의 자회사 매각방법에 대하여도 구체적으로 언급하였다. 공적자금관리위원회의 업무는 예금보험공사 보유주식의 매각이므로(공적자금관리특별법 제3조 제2항 제7호) 금융지주회사가 보유한 자회사 주식의 매각이 금융지주회사의 가치에 영향을 줄 것인지 여부에 대하여 관심을 가지는 것은 당연하겠으나, 금융지주회사에 이사회를 두고 있는 이상, 자회사 주식 매각이 지주회사의 주주총회의 승인을 받아야 할 사항이 아니라면 그 매각 방법은 지주회사의 이사회에서 심의 결정할 사항일 것이다. 회사의 의사결정에 대하여 지배주주가 가지는 실질적인 영향력과 상법에 정해진 주식회사의 의사결정 절차의 차이의 문제라고 하겠다.

165 산업자본의 지배를 방지하기 위하여 동일인 주식소유한도를 두고 있는 은행에 대하여는 정부 또는 감독기구에 의한 이사회 지배 가능성이 있으므로 이사선임의 투명성을 확보하여 정부 등의 간섭 가능성을 줄여야 한다는 지적도 있다. 심영, 전게논문(각주 86), 249면.

음을 의미한다.[166] 금융기관의 주주 및 내부통제에 의존하기 위해서는 이러한 통제장치가 제대로 작동할 수 있어야 하고, 이는 단순히 법제도뿐 아니라 관련되는 사람들의 의식수준이 향상되어야 가능하다. 예컨대, 은행과 예금자, 보험회사와 보험계약자/수익자의 관계는 엄격한 의미의 법적인 신탁관계는 아니지만 이들로부터 조달한 자금은 실질적으로 수탁자적인 지위에서 운용한다는 의식이 필요하다.

2) 건전성규제와 여신관리 규제 강화

금융기관 특히 은행의 여신이 정부의 정책적인 재원분배를 지원하는 역할을 하는데 그치고, 진입규제와 이자율 기타 수수료율 규제에 의하여 수익이 사실상 보장되던 시기에는 건전성규제와 위험관리의 중요성에 대한 인식이 충분하지 않았다. 예컨대 IMF 구제금융 이전부터 자기자본비율의 준수가 요구되었으나 산정기준이 BIS기준과는 달랐고 비율을 편법적으로 계산하는 것을 계속 허용함으로써 은행의 자본부족 현상이 발생하게 되었고, 외화자산 운용에 대한 기준을 준수하는지 여부에 대한 감독도 철저히 수행되지 않았다.[167] [168] 1997년 경제위기하에서 금융기관의 부실자산이 당해 금융기관뿐 아니라 금융시장의 안정성에 영향을 줄 수 있는 상황이 발생하자 비로소 금융기관의 건전성규제와 여신관리의 중요성을 다시 인식하게 되었다고 할 수 있다. 건전성규제와 여신관리의 강화는 IMF 구제금융의 요건이기도 하였지만, 당시의 금융환경이 이에 대한 경각심을 불러일으키기 충분하였고, 당시 취하여진 건전성규제와 여신관리 규제의 강화는 당연한 결과라고 할 수 있다.

건전성규제는 금융기관의 도산 및 이에 따른 금융시스템 위험을 방지하기 위한 규제의 가장 핵심적인 부분이므로, 국제적인 기준에 맞추어 규제의 내용을 정하고 그 규제를 집행하도록 한 것은 금융감독 규제에 있어 가장 기본적인 사항을 정비한 것이라고 할 수 있다.

---

166 전홍택, 전게논문(각주 7), 478면은 "1997년 말 임시국회에서 금융개혁법률안이 통과됨으로써 개발금융체제를 시장금융체제로 전환시키는 작업은 외형적으로 일단 성공하였다"고 평가하였다.

167 재경부, 경제백서(1998), 166~168면.

168 IMF 구제금융 이전 자기자본비율이 제대로 산정되지 않은 데 대해서는 최형규, 전게논문(각주 100), 227~245면과 Shim, 전게논문(각주 106), p.514.

금융기관의 자기자본비율 산정시 가장 핵심적인 역할을 하는 자산의 건전성 분류와 여신관리는 금융기관이 부담하는 주된 위험인 거래상대방에 대한 신용위험을 관리하는 것으로 금융기관이 정부의 관여와 보호를 벗어나 자율적인 경영을 하는 단계에서는 당연히 강화되어야 할 사항이다. 자산의 건전성 분류에 있어 미래의 채무상환능력(이른바 forward looking criteria)을 기준으로 하는 제도에 대하여는, 위험관리 전문가가 부족한 상황에서 이 제도를 은행뿐 아니라 제2금융권에까지 도입하는 것은 비현실적이라는 비판도 있었다.[169] 그러나 위험을 부담하는 것을 영업으로 하는 금융기관이 위험관리를 선진적으로 정비해야 한다는 점에 대하여는 아무리 강조하여도 지나치지 않을 것이다.

금융기관의 과도한 위험부담은 일차적으로 규제자본의 사용(즉 자기자본비율이 감소한다는 점)으로 규율할 수 있지만, 자기자본비율 규제에 의존하는 것만으로는 위험의 모니터링과 적시의 위험관리가 충분하지 않을 수 있다. 특히 개별적인 거래 또는 행위 중 법규 또는 금융감독기구의 직접적인 규제가 필요한 사항(예: 동일인 여신한도)을 제외하면, 위험관리는 금융감독기구가 직접 규제 감독할 수 있는 성질의 것이 아니므로 금융기관이 내부적으로 위험을 모니터하고 관리할 수 있는 체제를 갖추어야 한다. 이러한 점에서 위 III.3.1.6.(3)에서 언급한 바와 같이 지배구조와 내부통제제도를 통하여 신용위험을 비롯한 금융기관이 노출된 각종 위험의 관리도 효과적으로 이루어지도록 할 필요가 있다.[170]

3) 부실금융기관 관련 법제의 정비

부실금융기관 관련 법제의 개선 중 가장 중요한 부분은 적기시정조치에 관한 사항이다. 이는 금융기관이 부실화되는 징후가 발생하면 조속히 적절한 조치를 취함으로써 금융기관의 부실화와 이로 인한 예금자 등 고객의 피해(예금보험으로 부보된 경우에는 예금보험공사의 부담) 및 금융시스템 위험을 방지하기 위한 것이다. 적기시정조치에 관한 법제 개선의 필요성은 이미 금융개혁위원회의 보고서에서 지적되고 있었고, IMF 구제금융은 입법을 촉진하는 계기가 되었다

169 박훤일, 전게논문(각주 3), 51면.

170 금융기관의 내부통제의 금융규제법적 의미에 대한 전반적 논의는 정순섭, "금융회사 내부통제의 금융법상 지위: 규제의 내부화·민영화의 관점에서", 「선진상사법률연구」 제49호(법무부, 2010. 1). 금융기관의 리스크 관리체계의 구축에 관하여는 구정한/이시연, 전게서(각주 149).

고 할 수 있다.

적기시정조치 법제는 (i) 부실금융기관 지정, (ii) 적기시정조치를 취할 것인지 여부의 결정, (iii) 적기시정조치의 내용의 결정의 3단계로 나누어 볼 수 있다. 부실금융기관의 지정은 자기자본비율 또는 경영실태평가의 결과에 기초하여 이루어진다는 점에서 금융기관의 부실화가 시작된 후 어느 정도 시간이 흐른 뒤에야 부실금융기관 해당 여부를 파악할 수 있다. 때로는 부실금융기관 지정이 너무 늦게 이루어지게 되는 것 아닌가 하는 우려가 있을 수 있다. 부실화의 정도를 다단계로 정하고 경영개선권고의 기준에 해당할 때 적절한 적기시정조치를 취하는 등의 운영을 통하여 이러한 우려는 해소할 필요가 있다.

적기시정조치를 취할지 여부에 대하여 금융감독기구의 재량을 배제하고 조치를 취할 것을 원칙으로 삼은 것은 금융감독기구가 규제포획 또는 규제관용의 문제에 빠질 우려를 불식시킨다는 면에서 바람직한 입법이다. 일정 기간 이내에 부실의 우려가 해소될 수 있는 경우라면 기간을 정하여 적기시정조치를 유예하는 제도도 의무조항의 경직성으로 인한 폐해를 줄이기 위하여 필요한 제도라고 할 수 있다.[171] 다만, 모든 재량적 행위가 그러하듯이 유예제도는 제도 자체보다도 어떻게 운영하는가가 더 중요하다고 할 수 있다.[172] 1998. 9. 14. 개정후 현행법에서 유지되고 있는 유예제도는 "기준에 일시적으로 미달한 금융기관이 단기간에 그 기준을 충족시킬 수 있다고 판단되거나 이에 준하는 사유가 있다고 인정되는 경우"에 제한적으로 유예를 허용하고 있으므로 이 요건에 해당하지 않는 경우에 유예조치를 취하여서는 안 된다. 금융기관의 부실정도가 심각한 경우에는 대부분 단기간에 기준을 충족하기 어려울 것이고 그렇다면 유예조치의 대상이 될 수 없을 것이다. 이러한 요건에도 불구하고 금융감독기구

171 한기정, "금산법상 적기시정조치의 법적 문제점에 대한 고찰", 「상사법연구」 제26권 제2호(한국상사법학회, 2007), 544~545면도 같은 취지. 한편 정영철, "대법 2012. 3. 15 선고 2008두4619 판결에 대한 평석: 금융위 적기시정조치에 대한 사법적 통제의 한계", 「금융법연구」 제9권 제1호(한국금융법학회, 2012. 8), 504~505면과 심영, 전게논문(각주 111), 123쪽은 유예제도의 폐지를 주장하였다.

172 이혜영, 전게논문(각주 57), 133~142면은 2003~2004년 엘지카드 사례에서 금융감독위원회가 적기에 적기시정조치를 취하지 않았음을 지적하고 그 원인과 영향을 분석하였다. 김태은, "제도의 유사성과 이질성의 원인에 관한 연구: 적기시정조치제도를 중심으로", 「한국행정학보」 제46권 제4호(한국행정학회, 2012 겨울), 256면은 2000년부터 2011년까지 증권회사와 저축은행에 대하여 적기시정조치를 유예한 9건의 사례를 요약하였다.

가 재량권을 남용하거나 근시안적인 결정을 하는 것[173]을 방지하기 위해서는 유예할 수 있는 기간을 합리적인 일정 기간으로 한정하고 유예 여부 결정시 예금보험공사 등 관계기관의 의견을 반영하도록 하며, 부실정도가 일정 수준을 넘는 경우에는 유예의 대상으로 삼을 수 없도록 할 필요가 있다.[174] 상호저축은행에 대하여는 2012. 1. 17. 상호저축은행업감독규정의 개정으로 유예기간을 3개월 이내로 정하도록 하고, 해당 상호저축은행이 제출한 경영개선계획을 예금보험공사에게 보낸 후 그 계획 승인 및 경영개선요구 유예 여부 결정 이전에 예금보험공사의 의견을 요청하도록 하는 등(상호저축은행업감독규정 제49조 제2항, 제6항, 제8항) 어느 정도 보완되었다. 은행·보험·증권회사 등에 대한 적기시정조치에 관하여는 법규상 보완이 이루어지지 않았으나 유사하게 운영되는 것이 바람직할 것이다.

한편 적기시정조치의 이행기간의 장기화에 따른 문제점도 지적되었고,[175] 권고-요구-명령의 3단계로 되어 있는 적기시정조치의 내용에 관하여는 경고-명령의 2단계로 단순화하자는 주장도 있어,[176] 효과적인 적기시정조치의 운영에 대한 심도 있는 검토가 필요하다.

마지막으로 주목할 만한 사항은 건전성규제와 더불어 부실금융기관 관련 사항도 법률상 명확하고 상세한 근거를 두어 금융규제감독의 방법면에서 법의 지배가 강화되었다는 점이다. 특히 적기시정조치에 관한 법적 근거와 적기시정조치로 취할 수 있는 조치(예: 자본의 감소, 계약이전 등)를 이행하기 위한 구체적인 내용이 법률에 규정되었고, 이러한 조항의 합헌성과 적법성에 대하여 의문

---

173 국무총리실, 금융감독혁신방안(2011. 9. 2), 6면은 "금융시장 안정을 위해 부실저축은행에 대한 적기 시정조치를 발동하는 대신 유예권을 과도하게 행사하고 M&A를 추진한 결과, 부실이 오히려 크게 확대되는 사례도 발생"하였다고 지적하였고, 전성인/김기홍/김상조/함준호, 전게 보고서(각주 26), 25면도 유사한 지적을 하였다. 전선애, 전게논문(각주 112), 97면은 2002년 경영개선명령 유예 후 1년 뒤 결국 영업인가가 취소된 김천저축은행 사례를 들고 있다.

174 국무총리실, 금융감독혁신방안(2011. 9. 2), 17~19면은 이와 유사한 내용으로 유예제도를 개선할 것으로 제시하였고, 김준경/신인석/김현욱/박창균/임경묵/강동수, "업무영역·제재·적기시정조치 개선방향에 대한 연구", 「금융연구」, 제18권 별책(한국금융연구원, 2004), 13~14면은 적기시정조치의 유예제도의 폐지와 아울러 명확한 목표설정과 발동기준의 개선 등을 제시하였다.

175 금융감독위원회 정례브리핑자료, 상호저축은행 적기시정조치 개선방안(2006. 7. 4).

176 정영철, 전게논문(각주 171), 504~505면.

이 제기되었으나 대체로 헌법에 위반하지 않고 적법한 것으로 판단되었다.[177] 다만, 관리인의 선임과 권한 등 일부 논란의 여지가 있는 조항들이 있고,[178] 적기시정조치의 요건에 관하여는 실체적인 면이나 절차적인 면에서 모두 해석의 여지가 많이 남아 있어 실제 운영상 논란이 제기될 여지가 있다.[179] 그러나 적기시정조치가 발동되는 상황의 다양성과 시급성에 비추어 법률로 모든 구체적 상황을 규율할 수 없을 것이고 어느 정도는 금융감독기구의 합리적인 운영에 의존할 수밖에 없을 것이다.

4) 금융지주회사 제도의 도입

금융기관의 지배구조의 개선, 건전성규제와 여신관리의 강화 및 부실금융기관 관련 법제의 개선은 모두 개별 금융기관의 건전성 확보를 통하여 금융시스템 리스크를 예방하기 위한 장치들이라고 할 수 있는데 반하여, 금융지주회사 제도는 금융기관의 효율성을 도모하여 경쟁력을 제고하기 위한 것이다. IMF 구제금융 이후 금융산업의 구조조정이 활발히 이루어져서 일반은행의 숫자가 대폭 감소하였고,[180] 금융지주회사 제도의 도입으로 주요 은행들이 모두 금융지주회사로 전환하는 등[181] [182] 금융기관의 대형화와 그룹화가 촉진되

---

177 각주 116, 118, 119, 121, 122, 124, 125에 언급한 헌법재판소 결정 및 대법원판결들. 하급심판결들에 대하여는 권순일, "부실금융기관의 처리에 관한 쟁송", 「BFL」 제7호(서울대학교 금융법센터, 2004. 9), 57~80면.

178 권순일, 전게논문(각주 177), 76~77면.

179 정영철, 전게논문(각주 171), 509~510면은 법원의 과도한 절차적 통제의 문제점을 잘 지적하였다.

180 1997년 말 35개이던 은행(특수은행 포함)이 2013년 12월말 7개의 시중은행, 6개의 지방은행, 농협, 수협, 중소기업은행, 한국산업은행의 17개로 재편되었고, 금융지주회사에 속한 지방은행 3곳을 제외하면 실질적으로 14개가 되었다고 할 수 있다. 공적자금관리위원회, 공적자금관리백서(2007. 8), 218면 및 금융감독원 금융통계정보시스템.

181 2013년 12월말 현재 13개의 금융지주회사가 설립되어 있고 11개가 은행을 주된 자회사로 하는 금융지주회사들이다. 우리, 신한, 하나, KB, SC, 산은, 씨티, BG, DGB, 농협, JB의 11개가 은행을 주된 자회사로 두고 있고 메리츠는 보험회사를 한국투자는 증권회사를 주된 자회사로 두고 있다(출처: 금융감독원의 금융통계정보시스템).

182 금융지주회사 제도 도입 초기에는 "부실금융기관 정리과정에서의 충격완화라는 다소 소극적인 측면이 강했다"는 지적도 받았으나{노혁준, "금융기관의 구조조정과 금융지주회사", 「BFL」 제7호(서울대학교 금융법센터, 2007. 9), 81면}, 2008년 이후에 설립된 9건은 부실금융기관 정리와 관계없이 효율성과 경쟁력을 위하여 금융지주회사 제도를 활용하고자 한 것으로 보인다.

었다.[183] [184]

금융지주회사 제도는 금융산업의 경쟁력 강화를 도모하기 위한 것이지만 지주회사 체제로 인하여 위험이 집중되거나 지주회사 체제 내에서 위험이 전이되지 않도록 하는 것이 중요하다. 특히 현행「금융지주회사법」상으로는 동일한 금융지주회사가 복수의 자회사를 통하여 예금자의 예금을 기초로 하는 전통적인 은행업무와 높은 위험을 부담하는 투자금융 업무를 행할 수 있다는 점에서 위험전이의 방지가 중요하다. 이미「금융지주회사법」은 이에 관한 여러 장치를 두고 있으므로 실제 운용을 어떻게 할 것인가가 문제다. 다른 한편 시스템 위험을 증가시키거나 고객의 이익을 해치지 않는 한 금융지주회사소속 자회사는 금융지주회사에 소속되어 있다는 점을 감안하여 효율적으로 경영할 수 있도록 할 필요가 있다. 금융지주회사 법제를 발전시키기 위해서는 위험 전이의 방지와 효율성의 증진을 어떻게 조화시킬 것인지에 대한 심도 있는 연구가 필요할 것이다.

---

183 함준호, "외환위기 10년: 금융시스템의 변화와 평가",「경제학연구」제55집 제4호(한국경제학회, 2007. 12), 417~427면은 금융구조조정과정에서 금융기관의 대형화·그룹화가 급격히 진전된 점을 지적하고 대형화·그룹화로 인하여 시스템 위험 발생소지가 상승할 가능성이 높은 것으로 판단하였다.

184 실증연구결과는 대체로 금융지주회사 제도의 이용이 금융산업의 효율성 또는 경영성과에 미친 영향은 미미하거나 부정적인 것으로 나오고 있다. 차현진/최준환, "은행산업의 구조변화가 효율성에 미친 영향",「한국은행 조사연구」, 2008−31; 한국은행, "금융지주회사의 도입효과 분석과 발전방향",「조사통계월보」(2008. 9)는 금융지주회사 제도 이용이 금융산업의 효율성 또는 경영성과에 미친 영향이 미미하거나 불분명하다고 보았고, 이명철/박주철, "금융지주회사 설립전후 투자자 반응",「대한경영학회지」제23권 제1호(대한경영학회, 2010. 2)는 투자자들이 '금융지주회사 출범이 금융지주회사와 주요 자회사인 은행의 기업가치 증대로 이어질 것'이라고 판단하지 않는다는 실증분석결과를 제시하였다. 박종원/박래수/장욱/고종권/정혜정, "복합금융그룹화가 금융그룹 및 소속금융회사의 기업가치에 미치는 효과",「금융연구」제23권 제2호(한국금융학회, 2009), 97~131면은 금융지주회사그룹 4개를 포함한 18개의 복합금융그룹을 대상으로 복합금융그룹화가 소속금융회사의 기업가치에 미치는 영향은 대체로 부정적이라는 실증분석결과를 제시하였고, 다른 한편 박종원/박래수/장욱/정혜정, "복합금융그룹화가 소속 금융회사의 부실위험에 미치는 영향",「재무관리연구」제26권 제2호(한국재무관리학회, 2009), 113~153면은 복합금융그룹에 소속된 금융회사의 부실위험은 금융그룹의 대형화와 복합화의 정도가 높을수록 낮아진다는 연구결과를 제시하였다. 정형권/강종구, "은행 대형화 및 시장집중도 상승이 은행 효율성에 미친 영향",「금융경제연구」제274호(한국은행, 2006)는 합병이나 지주회사를 통한 은행 간 통합이 비용효율성을 제고하지는 못했고 이익 효율성을 개선한 것으로 나타났으나 은행 간 통합에 따른 경쟁해소와 시장지배력 증대도 수익성 제고에 기여했을 것으로 보았다.

4. 금융상품 관련 법제

(1) 개 관

1997년 경제위기의 직접적인 영향을 받아 두 개의 중요한 새로운 금융상품에 관한 법제가 도입되었다. 은행들이 가지고 있던 부실채권을 처리하기 위한 방안 중의 하나로 도입된 자산유동화 법제와 증권투자신탁제도를 보완하기 위하여 도입된 증권투자회사 제도가 그것이다.

이 두 가지 금융상품 이외에도 새로운 금융상품에 관한 법 전반이 IMF 구제금융의 간접적인 영향을 받았다고 할 수 있다. 양해각서는 금융부문의 광범위한 구조조정 및 개혁과 더불어 신속한 자본자유화를 추진하도록 하였고, 자본자유화에는 외국인에 대한 국내 금융산업 개방(우호적 M&A허용, 국내 은행 또는 증권 현지법인의 설립 등)과 주식시장의 개방을 포함하였다. 이러한 금융산업과 주식시장의 개방은 자연스럽게 금융시장에서의 새로운 상품 개발을 통한 경쟁을 가져왔고, 기존 법제상 새로운 금융상품 개발에 장애가 되는 요소들을 제거해 나가기 시작했다. 증권거래법상 증권의 개념이 한정적이었기 때문에 증권회사의 업무개발에 한계가 있었고, 이를 해소하기 위한 증권거래법 개정이 여러 차례 이루어지다가, 결국 자본시장법상 금융투자상품이라는 개념의 도입에까지 이르게 되었다.

한편, 양해각서는 금융거래의 투명성을 보장하고 부패를 줄이기 위하여 금융실명제의 기본골격을 유지하도록 하였다. 이에 따라 1993년의 대통령긴급재정경제명령을 대체하는 「금융실명거래 및 비밀보장에 관한 법률」을 제정(법률 제5493호, 1997. 12. 31. 제정 및 시행)하여 금융실명제를 항구적인 제도로 정착시켰다. 금융실명제는 종전의 법제와 기본적으로 같은 내용이므로 자세히 살펴보지 아니하고, 아래에서는 자산유동화, 증권투자회사를 비롯한 집합투자 및 기타 새로운 금융상품 관련 법제의 3가지로 나누어 검토한다.[185]

185 본문에서 언급한 법제의 변화 이외에도 이자제한법이 1998. 1. 13. 폐지(법률 제5507호)된 점도 금융거래 관련 입법으로 특기할 사항이다. 이자제한법은 2007년 다시 제정되었다(법률 제8322호, 2007. 3. 29. 제정, 2007. 6. 30. 시행).

(2) 자산유동화 법제의 도입

1) 「자산유동화에 관한 법률」 제정의 배경

1997년 초중반 종합금융회사들을 중심으로 일부 금융기관이 외화 유동성 확보를 위하여 자산유동화거래를 시도하였으나 성공적으로 마무리하지 못하였다. 경제위기의 발생 때문에 거래가 성사되지 않았다고 할 수 있겠으나, 자산유동화거래에 대한 법적인 불확실성도 자산유동화거래가 수월하게 진행되지 못하게 된 데 기여하였다고 하지 않을 수 없었다.[186] 이후 경제위기의 발생으로 많은 부실채권이 발생하였고, 이를 보유·양수한 금융기관과 성업공사가 채권등 자산을 자본시장을 통하여 유동화하여 자금을 원활하게 조달할 수 있도록 하기 위한 목적으로[187] 1998. 9. 16. 「자산유동화에 관한 법률」(법률 제5555호, 1998. 9. 16. 시행)이 제정되었다.[188]

2) 「자산유동화에 관한 법률」상 자산유동화거래의 구조와 규제의 기본틀

「자산유동화에 관한 법률」은 자산유동화를 위한 특별목적기구(special purpose vehicle)에 해당하는 유동화전문회사 또는 신탁이 자산보유자로부터 유동화자산을 양도·신탁받아 이를 기초로 유동화증권을 발행하고, 유동화자산을 관리·운용·처분함으로써 얻는 수익으로 유동화증권의 원리금·배당금·수익금을 지급하는 구조로 자산유동화를 함을 명시하고(동법 제2조 제1호), 자산유동화를 하기 위해서는 자산유동화계획을 금융감독위원회에 등록하여야 하며(동법 제3조 제1항, 제4조), 자산유동화계획에 따른 유동화자산의 양도·신탁시에는 자산양도등록을 금융감독위원회에 하도록 하는 등(동법 제6조 제1항), 자산유동화 거래구조와 규제의 기본 틀을 규정하였다.

3) 유동화전문회사의 특별목적기구로서의 성격과 투자자 보호

「자산유동화에 관한 법률」상 유동화전문회사는 직원을 고용할 수 없고(동

186 김용호/이선지, "자산유동화거래의 법적 과제", 박준/정순섭 편저, 「자산유동화의 현상과 과제」(제1권)(소화, 2009), 95면.

187 1998. 8. 정부제출, 자산유동화에 관한 법률안 제안이유.

188 「자산유동화에 관한 법률」 제정 이외에도 부실채권과 이와 관련된 부동산 처분으로 외화자금을 조달할 수 있도록 「외국인토지법」을 개정하였다(법률 제5544호, 1998. 5. 25. 전부개정. 1998. 6. 26. 시행)(외국인의 토지취득계약에 대한 사전 허가 제도를 군사시설보호구역 등 일부를 제외하고는 사후 신고제도로 변경함).

법 제20조 제2항), 유동화자산의 관리를 자산관리자에게(동법 제10조), 기타 업무를 업무수탁자에게 위탁하며(동법 제23조), 자산유동화계획에 따른 업무 이외의 업무를 수행할 수 없도록 함으로써(동법 제20조 제1항), 유동화전문회사가 특별목적기구에 불과하다는 점을 법률상 명확히 하였다.

자산유동화회사의 특별목적기구적 성격에 비추어 투자자의 입장에서는 자산관리자의 유동화자산 관리와 업무수탁자의 수탁업무 수행이 매우 중요하다. 우선 「자산유동화에 관한 법률」은 자산관리자에게 유동화자산 구분관리의무를 부과하고(동법 제11조 제1항), 자산관리자가 위탁관리하는 유동화자산은 자산관리자가 파산하여도 그의 파산재단을 구성하지 않으며(동법 제12조 제1항), 자산관리자의 채권자가 유동화자산을 강제집행할 수 없도록 하였다(동법 제12조 제3항). 이러한 조항은 「신탁법」상 수탁자의 분별관리의무(현행 신탁법 제37조) 및 수탁자 파산시 신탁재산이 파산재단을 구성하지 않는다는 원칙(현행 신탁법 제24조)과 같은 취지의 조항이라고 할 수 있다. 유동화자산의 소유권이 자산관리자에게 이전되는 것은 아니므로 자산관리자가 신탁법상의 수탁자는 아니겠으나, 유동화자산이 현금으로 바뀔 수 있고(채권의 추심 등) 현금은 점유자에게 소유권이 귀속되는 것이 통상일 것이므로 실질적으로 신탁법상의 수탁자와 다름이 없게 된다는 점을 반영하였다고 할 수 있다. 반면 「자산유동화에 관한 법률」은 업무수탁자의 의무에 대하여 아무런 조항을 두고 있지 않다. 업무수탁자는 재산을 수탁받은 것은 아니고 유동화전문회사의 일정한 업무를 수탁받은 것이므로 신탁법상의 수탁자에 해당하지는 않겠으나, 수탁받은 업무의 수행시 선관주의의무, 충실의무, 위탁자 및 수익자의 이익에 반하는 행위를 하지 않을 의무 등은 신탁법상의 수탁자와 유사하게 부담한다고 보아야 할 것이다.

4) 자산유동화거래의 실체법적인 면에 관한 특례조항

① 진정한 매매

「자산유동화에 관한 법률」은 자산유동화 거래의 실체법적인 면에 대해서도 중요한 조항들을 두었다. 특히 자산유동화거래에서 가장 중요한 법적인 고려요소 중의 하나는 유동화자산이 원래 그 자산을 가지고 있던 자산보유자의 소유를 벗어나 유동화전문회사의 소유가 됨이 확실하여야 한다는 점이다. 자산유동화 거래를 행한 후 자산보유자가 도산하는 경우 도산절차에서 자산유동화거래가 실질적으로는 '자산보유자가 유동화자산을 담보로 제공하고 자금을 조달한 거래'로 인정될 우려가 없어야 한다. 이러한 우려를 불식시키기 위해서는 자산보유자가 유동화자산을 유동화전문회사에게 양도한 행위가 이른바 '진정한 양도(true sale)'로 인정되어야 한다. 자산유동화거래의 기원지이고 가장 활발하게 이루어지고 있는 미국에서는 진정한 양도에 해당하는지 여부에 대한 기준이 많은 판례를 통하여 어느 정도 정리되어 있다고 할 수 있겠으나,[189] 당시 우리나라에서는 그러한 기준이 확립되어 있지 않았으므로 실제 자산유동화거래에서 진정한 양도에 해당하는지 여부에 대하여 법적인 불확실성이 있었다. 이 문제를 해결하기 위하여 「자산유동화에 관한 법률」은 자산유동화를 위한 유동화자산의 양도는 일정한 요건을 갖추도록 하였고 그 요건을 갖춘 경우에는 담보권의 설정으로 보지 않는다고 명시하여(동법 제13조), 진정한 매매에 관한 안전항(safe harbor)조항을 두었다.

② 채권양도 대항력, 근저당권 피담보채권의 확정 및 소유권·저당권 취득에 관한 특례

자산유동화거래의 실체법적인 면에 관한 또 다른 중요한 조항은 채권양도시의 대항력에 관한 것이다. 대표적인 유동화자산인 채권(債權)을 유동화하기 위해서는 채권을 양도하고 양도에 필요한 대항요건 및 저당권으로 담보된 채권인 경우 저당권 취득 절차를 거쳐야 하며, 저당권실행으로 취득한 부동산의 유동화시에는 소유권이전 절차를 거쳐야 한다. 「자산유동화에 관한 법률」은 이러한 절차의 시간과 비용을 절약할 수 있도록 채권양도 대항요건에 관한 특례,[190] 근저당권의 피담보채권 확정에 관한 특례[191] 및 저당권·소유권 취득에 관한

189 미국의 진정한 매매의 법리에 대하여는 Kenneth C. Kettering, "True Sales of Receivables: A Purpose Analysis", *American Bankruptcy Institute Law Review*, Vol. 16, Issue 2(Winter 2008), pp.511~562; 윤부찬, "자산유동화와 진정한 매매의 법리", 「비교사법」 제14권 제3호(하)(통권 제38호)(한국비교사법학회, 2007), 1041~1078면; 함대영, "미국법하에서의 진정매매 이론과 그 시사점", 「인권과 정의」 제416호(대한변호사협회, 2011. 4), 6~28면.

190 채무자에 대한 대항요건은 양도인 또는 양수인이 통지함으로써 갖출 수 있고 채무자의 소재불명 등으로 주소지로 양도통지를 할 수 없는 경우 공고로 갈음할 수 있도록 하였으며(「자산유동화에 관한 법률」 제7조 제1항), 유동화자산에 대한 동법 제6조 제1항에 따른 양도등록을 한 경우 제3자에 대한 대항요건을 갖춘 것으로 보도록 하였다(동법 제7조 제2항).

191 채권의 양도인인 자산보유자가 채무자에게 근저당권의 피담보채권의 금액을 정하여 추가로 채권을 발생시키지 아니하고 그 채권의 전부를 양도 또는 신탁하겠다는 의사를 내용증명우편으로 발송한 때에는 그 발송일 다음 날에 당해채권은 확정된 것으로 보도록 하고, 다만, 채무자가 10일 이내에 이의를 제기한 때에는 확정되지 않도록 하는 채무자

특례[192]를 규정하였다.

5) 자산보유자의 자격에 대한 규제

「자산유동화에 관한 법률」 제정시에는 법률에 규정된 여러 특례조항 및 세제상의 혜택이 자산유동화 거래에 부여된다는 인식하에서[193] 이 법제도를 이용할 수 있는 사람, 즉 자산보유자를 은행, 증권회사, 보험회사 등 각종 금융기관과 성업공사, 한국토지공사, 한국주택공사, 국민주택기금 등 부동산 처분의 필요성이 있는 공기업으로 한정하였고, 국무회의 심의과정에서 "국제적 신인도가 높은 외국법인으로서 금융감독위원회가 인정하는 법인"도 포함되도록 하였다(동법 제2조 제2호).[194] [195]

그러나 이러한 제한에 대하여는 국회심의과정에서 국내 일반기업도 자금조달의 새로운 방법으로 자산유동화를 이용할 수 있어야 형평에 맞다는 이유에서 국내법인도 포함시켜야 한다는 비판을 받았고,[196] 결국 "국제적 신인도가 높은 외국법인"이 아니라 "국제적 신용도가 높은 법인"으로서 자산유동화의 필요성이 있다고 금융감독위원회가 인정하는 법인으로 문안이 변경되어 입법되었다. 금융감독위원회는 이 조항에 따라 자산유동화 제도를 이용할 수 있는 일반기업의 요건으로 주권상장법인으로서 해외에서 증권을 발행한 실적이 있고 투자적격의 신용평가등급을 받았을 것을 요구하였다(1998. 11. 13. 제정 「자산유동화업무처리에 관한 규정」 제2조 제1항). 주권상장법인에 대하여는 해외증권발행실적요건과 투자적격등급 요건이 삭제되고(2000. 4. 28. 개정과 2000. 6. 23. 개정), 투자

보호조항을 두었다(「자산유동화에 관한 법률」 제7조의2). 결국 채권자의 확정통지 발송일 다음 날 피담보채권이 확정되지만 채무자의 통지수령후 10일 이내 이의가 있으면 확정의 효력이 인정되지 않으므로 통지가 도달하지 않으면 확정의 효과가 발생할 수 없다.

192 유동화전문회사가 저당권으로 담보되는 채권을 양수하는 경우 등기·등록을 하지 않더라도 자산양도 등록시 저당권을 취득한 것으로 보며(동법 제8조 제1항) 금융기관의 부실자산정리 또는 기업구조조정을 위하여 성업공사·한국토지공사가 취득한 부동산을 자산유동화하는 경우 유동화전문회사는 소유권이전등기를 하지 않더라도 자산양도 등록시 소유권을 취득하는 것으로 간주한다(동법 제8조 제2항).

193 자산유동화 실무연구회, 「금융혁명 ABS－자산유동화의 구조와 실무」(한국경제신문사, 1999), 302~303면.

194 국회 재정경제위원회 전문위원, 자산유동화에 관한 법률안 검토보고(1998. 8), 5면.

195 "국제적 신인도가 높은"이라는 요건은 2000. 1. 21. 개정(법률 제6181호, 2000. 1. 21. 시행)시 "신용도가 우량한"으로 개정되었다.

196 국회 재정경제위원회 전문위원, 자산유동화에 관한 법률안 검토보고(1998. 8), 4~5면.

적격 신용등급을 가진 비상장법인도 금융감독위원회 등록법인인 경우에는 자산보유자가 될 수 있도록 개정되었다(2000. 6. 23. 개정). 이러한 자산보유자 자격에 대한 제한은 「자산유동화에 관한 법률」의 적용을 받지 않는 이른바 비전형유동화 거래가 발생하게 된 하나의 원인이 되었다.

6) 주택저당채권유동화

「자산유동화에 관한 법률」은 금융기관과 일반기업의 원활한 자금조달을 통한 재무구조 건전성의 개선 이외에 "장기적인 주택자금의 안정적인 공급을 통하여 주택금융기반을 확충"한다는 점도 입법목적으로 하고 있다(동법 제1조). 유동화전문회사는 특별목적기구로서 일종의 서류상 회사(paper company)에 불과하므로 장기채권인 주택저당채권의 유동화 촉진을 위해서는 실체를 가진 회사가 발행할 필요가 있다.[197] 이를 위하여 「주택저당채권유동화회사법」(법률 제5692호, 1999. 1. 29. 제정, 1999. 4. 30. 시행)을 제정하여 실체가 있는 회사인 주택저당채권유동화회사가 주택저당채권[198]을 양수하여 이를 담보로 주택저당채권담보부증권을 발행하거나, 또는 주택저당채권을 기초로 수익증권인 주택저당증권을 발행하도록 하였다(동법 제2조 제1호). 1999년 한국주택저당채권유동화주식회사가 설립되어 주택저당채권유동화 업무를 수행하다가 「한국주택금융공사법」(법률 제7030호, 2003. 12. 31. 제정, 2004. 3. 1. 시행)에 따라 설립된 한국주택금융공사가 그 영업을 양수하였다(동법 부칙 제8조, 제9조).

채권유동화계획의 등록(한국주택금융공사법 제23조), 주택저당채권 양도등의 등록(동법 제24조), 진정양도의 요건(동법 제25조), 양도의 대항요건에 관한 특례(동법 제26조), 근저당권으로 담보된 채권의 확정(동법 제27조), 저당권 취득에 관한 특례(동법 제28조) 등 유동화거래에 대한 실체법적인 사항에 관한 특례가 인정된다는 점 및 유동화대상인 주택저당채권의 구분관리, 구분관리되는 주택저당채권이 한국주택금융공사의 파산재단을 구성하지 않으며 공사의 채권자가 강제집행할 수 없다는 점(동법 제30조) 등 투자자 보호를 위한 조항들은 「자산유동화에 관한 법률」과 매우 유사하다.

197 국회 재정경제위원회 전문위원, 주택저당채권유동화회사법안 검토보고(1998. 12), 8면.

198 주택 구입 또는 건축에 소요된 대출자금과 이 자금의 상환을 위한 대출자금에 대한 채권으로서 그 주택에 설정된 저당권으로 담보된 채권.

(3) 집합투자 법제[199]

1) 증권투자회사 제도의 도입

① 제도 도입의 배경과 경과

IMF 구제금융 전까지 투자자들의 자금을 모아 전문가가 운용하는 집합적 간접투자는 「증권투자신탁업법」(법률 제2129호, 1969. 8. 4. 제정)에 따른 증권투자신탁회사가 운용하는 증권투자신탁과 「신탁법」에 따른 신탁업 인가를 받은 은행이 운용하는 합동운용 금전신탁의 형태로 이루어져 왔다.[200] 1997년 경제위기를 맞아 "신탁재산의 부실이 위탁회사로 전이되어 위탁회사의 부실을 초래하였고 신탁재산간 부당거래의 가능성이 제기되어 투자신탁제도에 대한 불신이 유발되[어] … 집합투자에 있어서 국제적 정합성을 제고하고 자본시장의 질적 고도화를 도모하기 위하여"[201] 1998. 9. 16. 「증권투자회사법」(법률 제5557호, 1998. 9. 16. 시행)을 제정하여 회사형 집합간접투자기구인 증권투자회사 제도를 도입하였다. 「증권투자회사법」을 제정할 당시 증권투자회사는 "기존의 계약형에 비하여 설립이 용이하고 운용상의 제약이 적어 투자자의 다양한 자산운용욕구에 부응할 수 있으며, 투자자가 주주로서의 권리를 지녀 투자자 보호에 보다 충실하다는 등의 이점이 있음"이 강조되었다.[202]

증권투자신탁과 증권투자회사가 실질적으로 같은 기능을 함에도 불구하고

---

199 본문에서 논의한 증권투자회사법의 제정과 펀드투자대상의 확대 이외에 펀드 환매시의 법률관계를 정리하여 분쟁발생을 감소시킨 것도 IMF 구제금융 시기의 펀드관련 법제의 변화 중 중요한 사항이다. 법률 제5558호(1998. 9. 16. 일부개정)로 개정되기 전의 증권투자신탁업법상 수익증권 소유자의 환매청구시 운용과 판매업무를 모두 담당하던 투자신탁회사는 고유재산으로 환매하여야 하고 환매가액은 장부가를 기초로 산정한 기준가격에 따랐다. 투자신탁회사가 환매한 수익증권을 다시 매각하지 못하면 이른바 미매각수익증권으로 보유하여야 했고 투자신탁회사가 부실화되는 원인이 되었다{국회 재정경제위원회, 증권투자신탁업법중개정법률안 심사보고서(1998. 9), 17면}. 1998. 9. 16. 증권투자신탁업법 개정(법률 제5558호)으로 신탁의 일부해지의 방법에 의하여 조성한 현금으로 환매청구에 응하도록 하고(동법 제7조), 위탁회사의 고유재산으로 환매할 수 있다는 조항(동법 제30조)을 삭제하며, 기준가격을 시가로 평가하도록 하였다(동법 제29조 제2항). 현행 자본시장법은 이 원칙을 유지하면서 더 상세한 조항을 두고 있다(동법 제235조, 제236조, 제238조).

200 집합적 간접투자제도의 연혁에 대하여는 김철배/박정훈/박철영/서종군/안창국/양중식/장봉기/정철, 「간접투자 해설」(박영사, 2005), 32~39면.

201 현대증권주식회사, 「투자신탁의 이론과 실무」(무한, 2002), 463면.

202 국회 재정경제위원회 전문위원, 증권투자회사법안 검토보고(1998. 12), 3면.

법적인 형태가 다르다는 이유로 별개의 법으로 규율되게 되는 문제가 있어 양 제도를 통합하여 2003. 10. 4. 「간접투자자산운용업법」(법률 제6987호, 2004. 1. 5. 시행)이 제정되었고 이는 다시 자본시장법 제정시 흡수되어 이제는 특별법[203]에서 규율하고 있는 벤처투자펀드, 구조조정펀드 등 일부 특수한 목적의 펀드를 제외하고는 자본시장법이 집합적 간접투자 제도를 총괄하여 규율하고 있다.

② 증권투자회사의 특수성

증권투자회사는 증권투자신탁과 마찬가지로 금융감독기구의 감독을 받는다.[204] 증권투자회사는 자산을 주로 유가증권 등에 투자하여 수익을 주주에게 배분하는 것을 목적으로 하는 주식회사로서 본점외의 영업소를 설치하거나 직원을 고용하거나 상근인 임원을 둘 수 없다(증권투자회사법 제2조 제1호, 제3조 제1항, 제4조 제2항)는 점에서 「자산유동화에 관한 법률」에 따른 유동화전문회사와 마찬가지로 일종의 서류상의 회사 내지는 특별목적법인이라고 할 수 있다. 따라서 증권투자회사의 자산의 운용은 자산운용회사에게(동법 제32조 제1항), 자산의 보관은 자산보관회사에게(동법 제39조 제1항), 주식의 모집과 판매는 판매회사에게(동법 제41조 제1항), 명의개서 등의 업무는 일반사무수탁회사에게(동법 제42조 제1항) 각각 위탁하도록 하였다.[205]

증권투자회사는 주식회사의 형태를 취하고는 있지만 서류상의 회사에 불과하여 특수한 지배구조를 가지고 있다. 우선 이사회는 운영이사와 감독이사로

---

203 부동산투자회사법, 선박투자회사법, 기업구조조정투자회사법, 중소기업창업지원법, 산업발전법, 사회기반시설에 대한 민간투자법, 벤처기업육성에 관한 특별조치법, 부품소재기업지원특별법, 문화산업진흥기본법, 여신전문금융업법 등.

204 증권투자회사가 증권투자를 하기 위해서는 금융감독위원회에 등록하여야 한다(증권투자회사법 제12조). 증권투자회사로부터 업무를 위탁받아 수행하는 자산운용회사도 금융감독위원회에 등록하고(동법 제33조 제1항) 일정한 행위준칙의 적용을 받으며(동법 제33조 제3항), 자산보관회사와 판매회사는 신탁업, 은행업, 증권업 등 다른 금융업 인가를 받은 회사가 행하여야 하고(동법 제39조 제3항, 제41조 제2항), 금융감독위원회와 금융감독원장은 이들 회사와 증권투자회사를 감독 검사할 수 있고 그 결과에 따라 금융감독위원회가 등록취소, 업무정지 등의 조치를 취할 수 있다(동법 제61조 제2항 및 제5항).

205 또한 증권투자회사 중 개방형은 수시로 신주발행과 환매가 이루어지게 되므로 1주당 순자산가치가 중요하고 자본금이라는 개념이 중요하지 않으므로 상법상의 주식회사와는 달리 무액면주식으로 발행할 수 있도록 하였다(증권투자회사법 제43조 제2항). 상법은 2011년 개정(법률 제10600호, 2011. 4. 14. 일부개정, 2012. 4. 15. 시행)에서 비로소 무액면주식의 발행을 허용하였다.

구성하되 감독이사의 숫자가 운영이사보다 많도록 하였고(동법 제17조), 감사는 회계법인에 소속된 공인회계사로 자격을 제한하였다(동법 제26조). 증권투자회사법 제정시에는 운영이사도 자연인일 것을 전제로 하였고 감독이사와 더불어 감사도 두도록 하였으나, 운영이사 제도는 상근임원을 두지 못하도록 한 조항과 조화를 이루기 어렵고, 감독이사 제도와 감사 제도는 기능이 중복된다고 할 수 있었다. 2003. 10. 4. 간접투자자산운용업법 제정시 투자회사의 이사를 법인이사와 감독이사로 구분하고 법인이사는 자산운용회사가 맡도록 하였으며(간접투자자산운용업법 제77조), 투자회사에 감사는 두지 않도록 하여(동법 제181조 제2항), 이러한 문제를 해소하였다.

투자신탁의 경우에는 투자자(즉 수익증권 소지자)가 수익자로서의 권리를 가지는데 반하여, 증권투자회사의 투자자는 주주이므로 상법상 주식회사의 주주로서의 권리를 행사할 수 있다. 주주는 주식회사의 기업지배구조의 중요한 일부를 이루는 주주총회를 통하여 사적 자치를 더 효과적으로 할 수 있을 것이라는 점이 증권투자회사 제도 도입의 배경이기도 하다. 증권투자회사의 주주는 서면으로 의결권을 행사할 수 있도록 하였다(증권투자회사법 제16조). 1999년말 상법상 의결권 서면 행사 제도가 도입된 것보다 1년 이상 앞서 증권투자회사법에 도입된 것이다. 또한 소수주주권의 행사요건을 주권상장법인[206]과 동일하게 완화하고 대표소송은 1주라도 소유한 주주라면 누구든지 제기할 수 있도록 하여(동법 제84조 제3항) 주주권을 강화하였다.

③ 증권투자회사 주식의 모집·판매의 규제

증권투자회사법 제정시에는 증권투자회사 주식의 모집·판매시 증권거래법상의 유가증권신고서 제도의 적용을 배제함으로써(동법 제47조 제4항), 발행시장에서의 투자자 보호가 미비한 문제점이 있었다. 그러나 2000. 1. 21. 개정(법률 제6174호, 2000. 4. 1. 시행)으로 투자설명서를 금융감독위원회에 제출하도록 하고 투자권유시 상대방에게 그 내용을 설명할 의무를 지며(동법 제9조 제2항, 제3항), 판매권유시 사용하는 광고에 포함되어야 할 내용을 정함으로써(동법 제41조의2) 이 문제는 어느 정도 해소되었다고 할 수 있다.

---

206 당시 증권거래법 제191조의13 및 제191조의14. 위 III.3.2.3.의 <표 2>.

2) 집합투자기구의 투자대상의 확대

증권투자신탁업법과 증권투자회사법은 증권투자신탁과 증권투자회사가 투자할 수 있는 대상은 유가증권, 유가증권지수(장내파생상품), 금융기관이 발행·매출·중개하는 어음, 외화증권으로 한정하였으나, 자산운용법제를 기능별규제로 개편하면서 제정된 간접투자자산운용업법에서 투자대상을 증권, 장내파생상품뿐 아니라 부동산, 실물자산 및 장외파생상품까지 확대하였다(동법 제2조 제1호, 제27조).

(4) 금융투자상품

1) 증권거래법상의 증권의 개념 — 열거주의의 문제점

종래 금융시장에서 거래되는 금융상품은 전통적인 은행이 취급하는 예금과 대출, 전통적인 보험회사가 취급하는 보험상품과 증권회사가 취급하는 증권과 선물로 구성되어 있었다. 투자자의 투자대상이라고 할 수 있는 것은 증권과 선물이었고 증권은 증권거래법에 제한적으로 열거되어 있었다.[207] 또한 장외파생상품은 외국환거래법규[208]에서 규율하고 있는 것 이외에는 금융기관의 업무범위의 문제로 규율되었다.[209] 금융혁신 과정에서 새로 도입되는 금융상품이나 투자자가 원하는 것을 충족하기 위한 새로운 금융상품을 개발하는 경우 새로운 종류의 증권을 증권거래법령상 열거된 증권의 정의에 추가하여야만 했다.

실제 「자산유동화에 관한 법률」에 따른 유동화증권 중 수익증권과 출자증권 및 주택저당채권유동화회사법에 따른 주택저당증권은 기존에 열거된 증권에

207 양해각서 제출시점인 1997. 12. 3. 현재 유효한 증권거래법(법률 제5254호, 1997. 1. 13. 일부개정, 1997. 4. 1. 시행) 제2조 제1항은 국채, 지방채, 사채, 특별법에 의하여 설립된 법인이 발행한 채권과 출자증권, 주권, 신주인수권을 표시하는 증서, 외국법인이 발행한 증권·증서로 위의 증권·증서의 성질을 구비한 것, 외국법인이 발행한 증권·증서를 기초로 발행한 증권예탁증서, 기타 대통령령으로 정하는 것을 유가증권으로 정의하였다. 증권거래법시행령(대통령령 제15516호, 1997. 11. 29. 타법개정, 1997. 11. 29. 시행) 제2조의3은 수익증권, 일정한 기업어음, 증권거래소가 정한 유가증권옵션을 추가로 유가증권으로 지정하였다.

208 외국환거래규정 제7-40조 등.

209 2002. 2. 증권거래법시행령이 개정되어(대통령령 제17518호, 2002. 2. 9. 일부개정 및 시행), 장외파생상품거래가 증권회사의 겸영업무의 하나로 포함되었다(동 시행령 제36조의2 제1항 제1호의2). 장외파생금융거래는 "유가증권시장·협회중개시장 및 선물거래법에 의한 선물시장 밖에서 행하는 통화·유가증권 또는 통화·유가증권의 가격이나 이를 기초로 하는 지수를 대상으로 하는 거래로서 재정경제부령이 정하는 거래"로 정의되었다.

속하지 않아 「증권거래법시행령」 제2조의3을 개정하여(대통령령 제16367호, 1999. 5. 27. 일부개정 및 시행) 이를 새로이 증권으로 열거하였다. 개별주식옵션을 도입하였을 때도 마찬가지로 「증권거래법시행령」 제2조의3을 개정하여(대통령령 제15687호, 1998. 2. 24. 일부개정, 1998. 4. 1. 시행) 유가증권에 새롭게 열거하여야만 하였다. 주가연계증권(ELS)와 주식워런트증권(ELW)을 처음 발행할 때도 마찬가지로 같은 조항을 개정하여(대통령령 제17907호, 2003. 2. 24. 일부개정 및 시행) 새로운 증권으로 열거하였다.

IMF 구제금융 기간 중 이루어진 금융시스템개혁은 시장원리의 강화를 기본정신으로 하였다. 이를 위해서는 금융기관의 자율적 경영과 혁신 및 상호 경쟁이 필요하였고, 새로운 금융상품의 개발은 혁신과 경쟁의 중요한 구성요소라고 할 수 있었다. 그러나 증권거래법상의 제한된 증권개념은 금융기관의 창의를 바탕으로 한 새로운 금융상품개발에 대한 장애요인이 되었다.

2) 기능적 규제로의 전환

증권 개념의 열거주의로 인한 문제를 해소하기 위한 방안의 하나로 2005년 「증권거래법시행령」을 개정하여(대통령령 제18757호, 2005. 3. 28. 일부개정, 2005. 3. 29. 시행) 어느 정도 포괄적인 파생결합증권의 개념을 도입하였다(동 시행령 제2조의3 제1항 제8호).210 파생결합증권은 "재정경제부령이 정하는 기준에 따라 (ㄱ) 유가증권의 가격·이자율 또는 이를 기초로 하는 지수의 수치, (ㄴ) 재정경제부령이 정하는 것의 가격·이자율 또는 이를 기초로 하는 지수의 수치 또는 지표, 또는 (ㄷ) 신용위험의 지표 중 어느 하나에 해당하는 것의 변동과 연계하여 미리 정하여진 방법에 따라 이익을 얻거나 손실을 회피하기 위한 계약상의 권리를 나타내는 증권 또는 증서"로 정의되었다.

파생결합증권의 기초자산은 유가증권, 신용위험과 재정경제부령이 정하는 것으로 하여 기초자산의 범위를 재정경제부령으로 쉽게 규율할 수 있도록 하는 한편, 기초자산의 종류가 무엇인지에 관계없이 파생결합이라는 성격에 기초하여 동일하게 규제하도록 하였다. 이와 같은 파생결합증권 개념의 도입은 종전에 증권의 형태 또는 발행자에 따라 규제의 대상으로 삼는지 여부가 결정되는

210 당시의 유가증권개념의 한계와 파생결합증권 개념의 도입에 관한 논의는 정순섭, "유가증권개념에 관한 일고 - 「파생결합증권」의 개념을 중심으로", 「증권선물」, 제7호(2005).

규제체계에서 파생결합이라는 기능을 중심으로 한 규제체계로 이행되는 전환점이 되었다고 할 수 있다. 이러한 기능적 규제로의 방향전환은 이후 2008년 자본시장법이 제정되어 금융투자상품의 개념이 도입되면서 분명하게 드러나게 되었다.[211] 이러한 법제도의 변화와 더불어 IMF 구제금융 시기 이후 금융시장에는 파생금융상품을 비롯한 다양한 새로운 금융상품이 등장하였다.[212]

3) 금융상품 판매제도

금융투자상품의 정의가 기능적으로 바뀌고, 다양한 금융투자상품이 개발됨과 아울러 금융투자상품의 개발자가 아닌 판매를 전문으로 하는 금융기관이 판매를 맡게 되었다는 점[213]을 주목할 필요가 있다. 우선 펀드에 관하여는 증권투자신탁업법(법률 제5044호, 1995. 12. 29. 전부개정 및 시행)에서 수익증권을 판매하는 증권회사를 판매회사로 정의한 이후(동법 제2조 제5항), 판매회사에 은행(증권투자신탁업법 개정, 법률 제5558호, 1998. 9. 16. 일부개정 및 시행)과 보험회사(간접투자자산운용업법 제정, 법률 제6987호, 2003. 10. 4. 제정, 2004. 1. 5. 시행)가 차례로 추가되었다(판매실적은 <표 5>). 또한 2003년 보험업법 개정(법률 제6891호, 2003. 5. 29. 전부개정, 2003. 8. 30. 시행)으로 방카슈랑스 제도가 도입되어 보험상품을 은행 등 다른 금융기관에서도 판매할 수 있게 되었다. 이렇게 다른 금융기관이 개발한 금융상품을 판매하는 업무가 금융기관의 주요 업무가 되는 경우 금융상품 판매시 금융기관이 어떠한 기능을 하여야 할 것인가가 문제될 수 있다. 즉 고객에 대한 조언을 곁들인 금융서비스를 제공하는 관계인가 아니면 외관상 고객

211 파생결합증권의 정의에 있는 '재정경제부령이 정하는 기준'{증권거래법시행규칙(재정경제부령 제429호, 2005. 3. 28. 일부개정 2005. 3. 29. 시행) 제1조의3 제2항}은 파생결합증권을 장외파생상품과 구별하는 기준으로 대금전액수령요건(발행자는 증권발행시 대금을 전액 수령하여야 할 것)과 추가지급의무 부존재요건(투자자는 그가 완결권을 행사하여 지급하는 경우는 제외하고 발행시 지급하는 것 이외에는 추가적인 지급의무를 부담하지 않을 것)의 두 가지 요건을 규정하였다. 이 두 가지 요건은 자본시장법상 파생상품과 증권을 구별하는 기준이 되었다. 이 요건에 관하여는 정순섭, 전게 논문(각주 210), 17~18면.

212 위에서 언급한 자산유동화증권, 증권투자회사, 파생결합증권 이외에도 변액보험, 랩어카운트(wrap account), 부동산투자펀드 기타 두 가지 이상의 상품을 합성한 하이브리드형 상품(파생연계예금) 등 다양한 금융상품이 등장하였다. 정영식, "외환위기 이후 금융신상품의 도입과 영향", Issue Paper(삼성경제연구소, 2001. 5).

213 전자통신의 발달로 금융기관 직원이 고객을 직접 대면하지 않고 온라인으로 금융상품을 판매하는 규모가 증가하고 있다는 점도 중요한 변화라고 할 수 있다. 금융감독원 보도자료, 온라인 금융상품 판매현황과 시사점(2013. 10. 8).

〈표 5〉 집합투자기구 판매잔액 (단위: 조원)[214]

연말	은행	보험회사	증권회사	자산운용사	합계*
2005	63.9	3.6	131.6		200.0
2006	87.7	5.1	134.7	3.1	231.3
2007	126.6	8.9	151.8	4.4	292.4
2008	136.6	12.6	164.4	38.4	352.9
2009	121.1	13.6	176.0	13.3	325.6
2010	96.6	12.7	182.7	10.5	304.7
2011	91.5	11.3	164.2	13.2	283.3
2012	86.2	12.9	183.1	14.4	298.2

주: * 선물회사 기타 판매회사의 판매분도 포함됨.
출처: 금융감독원 금융통계월보.

과의 사이에 대등한 당사자 간의 매매 기타 거래를 행하는 것에 불과한 것인가의 문제가 제기될 수 있다.[215]

(5) 평 가

1) 자산유동화 법제

① 자산유동화 거래의 법적 불확실성 해소

「자산유동화에 관한 법률」은 진정한 매매의 기준을 설정하고, 채권양도 대항력, 근저당권 피담보채권의 확정 및 소유권·저당권 취득에 관한 특례를 둠으로써 자산유동화거래에서 발생하는 주요한 법적 불확실성을 해소하고 비용과 시간을 절약하도록 함으로써 자산유동화거래의 활성화(<표 6>)에 기여하였다.[216] 또한 특별목적기구(special purpose vehicle)의 개념을 입법적으로 인정

214 2000년부터 2002년의 증권회사 및 은행의 수익증권 판매실적은 다음과 같다.
2000년: 증권회사 11조 4,543억원(93%), 은행 8,845억원(7%)
2001년: 증권회사 12조 2,810억원(89%), 은행 1조 5,123억원(11%)
2002년: 증권회사 14조 1,772억원(87%), 은행 2조 1,798억원(13%)
재정경제위원회 수석전문위원 김문희, 자산운용업법안(정부제출)검토보고(2003. 4), 40면.

215 미국에서는 금융기관이 종전에는 고객(client)중심으로 평판에 기초하여 영업하는 비즈니스모델에서 거래상대방(counterparty) 중심으로 매매거래(trading)에 기초한 비즈니스모델로 변화하고 있어 고객이 거래상대방에 불과하게 되고 있다고 지적하는 견해도 있다. Macey, 전게서(각주 70), p.118.

216 민법에 대한 특례조항에 대하여는 비판이 있다. (1) 채권양도의 채무자에 대한 대항력에 관한 특례조항(「자산유동화에 관한 법률」 제7조 제1항)은 너무 쉽게 채무자에 대한 대항

함으로써, 일정한 거래만을 위한 법인을 설립한다는 개념이 정착되는 데에도 기여하였다고 할 수 있을 것이다.[217]

〈표 6〉 자산유동화증권 발행실적과 발행시장 자금조달실적 비교

(단위: 조원)

연도 및 구분	1999	2000	2002	2004	2006	2008	2010	2012	2013 상반기
자산유동화증권 발행	**6.8**	**49.4**	**39.8**	**27.0**	**23.2**	**20.6**	**28.0**	**47.5**	**26.7**
직접금융실적	71.6	73.0	86.8	58.7	48.2	79.2	123.2	131	59.9
-주 식	41.1	14.3	9.3	8.3	6.5	5.0	10.3	2.3	1.7
-회사채	30.6	58.6	77.5	50.4	41.7	74.1	112.9	128.6	58.2

출처: 금융감독원.

요건을 인정하였고, (2) 근저당권의 피담보채권의 확정조항(동법 제7조의2)은 채무자가 가진 계속적 거래를 할 권리를 침해하는 결과가 되며, (3) 저당권·소유권 취득 특례조항(동법 제8조)은 이중양도시의 법률문제를 발생시킨다는 등의 비판을 받았다{김재형, 「민법론 I」(박영사, 2004), 436~450면}. (1)과 (3)의 문제가 실제 발생하는지 여부 및 얼마나 발생하는지에 대한 실증적인 조사는 보지 못하였다. (2)에 대하여는 확정통지가 반송되거나 이의가 제기되는 경우가 약 40%에 이르는 등 채무자가 실제 이의권한을 적극적으로 행사하고 있는 것으로 실무에서는 파악하고 있다{국회 정무위원회 수석전문위원 구기성, 이중상환청구권부채권 발행에 관한 법률안 검토보고서(2013. 4), 51면}. 보다 근본적으로는 피담보채권이 미확정인 상태로 근저당권을 양도할 수 없다고 하는 법리에 대한 재검토가 필요하다.

217 종전에도 여러 출자자가 일정한 사업을 위하여 설립한 특별목적법인의 자금을 횡령한 사안에 대하여 횡령죄를 인정한 사례는 있었으나(대법원 2000. 3. 14. 선고 99도4923 판결), 특별목적법인이라는 이유로 법인격이 부인되지는 않는다는 점에 관하여는 2010년에 이르러 대법원판결이 내려졌다. "특수목적회사(SPC)는 일시적인 목적을 달성하기 위하여 최소한의 자본출자요건만을 갖추어 인적·물적 자본 없이 설립되는 것이 일반적이다. 따라서 특수목적회사가 그 설립목적을 달성하기 위하여 설립지의 법령이 요구하는 범위 내에서 최소한의 출자재산을 가지고 있다거나 특수목적회사를 설립한 회사의 직원이 특수목적회사의 임직원을 겸임하여 특수목적회사를 운영하거나 지배하고 있다는 사정만으로는 특수목적회사의 독자적인 법인격을 인정하는 것이 신의성실의 원칙에 위배되는 법인격의 남용으로서 심히 정의와 형평에 반한다고 할 수 없으며, 법인격 남용을 인정하려면 적어도 특수목적회사의 법인격이 배후자에 대한 법률적용을 회피하기 위한 수단으로 함부로 이용되거나, 채무면탈, 계약상 채무의 회피, 탈법행위 등 위법한 목적달성을 위하여 회사제도를 남용하는 등의 주관적 의도 또는 목적이 인정되는 경우라야 한다"라고 판시하여(대법원 2010. 2. 25. 선고 2007다85980 판결) 특별목적기구를 적법하게 이용할 수 있음을 인정하였다. 그러나 조세와 관련하여서는 "형식상 거래당사자의 역할만을 수행하였을 뿐 … 이고, 이러한 형식과 실질의 괴리는 오로지 조세회피의 목적에서 비롯"되었다고 하여 상위의 투자자를 소득의 실질적 귀속주체로 인정하는 등(대법원 2013. 7. 11. 선고 2011두7311 판결 등) 실질을 중시하고 있다.

② 「자산유동화에 관한 법률」의 성격과 금융감독기구의 역할

「자산유동화에 관한 법률」에 따른 자산유동화는 금융감독기구에 등록하여야 하므로 유동화계획 등록 과정에서 금융감독기구의 실무가 실질적인 법규의 역할을 하게 될 수 있다. 특히 법규상 명시적인 근거 없이 금융감독기구의 실무자의 견해에 따라 자산유동화 거래구조가 크게 영향을 받을 수 있다. 금융감독기구의 실무자들은 투자자 보호와 시장질서의 차원에서 나름대로의 실무적인 견해를 갖추고 감독을 하고 있고, 이러한 실무에 대하여는 수긍할 만한 점도 있지만[218] 법치행정의 차원에서 재고하여야 할 점도 있다. 실제 「자산유동화에 관한 법률」에 의하지 않은 이른바 비전형유동화거래가 많이 증가하고 있다는 점(<표 7>에서 '상법상 유동화회사'로 분류된 것이 비전형유동화거래임)은 「자산유동화에 관한 법률」이 자산유동화 시장에서 충분한 역할을 하고 있는지에 대하여 의문을 가지게 한다.[219] 최근에는 신용파생상품 연계 비전형유동화거래가 폭발적으로 증가하고 있는데 당사자들이 비밀을 유지하고자 하는 점과 아울러 규제회피가 그 원인으로 분석되고 있다.[220] 이러한 현상은 아래 III.4.5.3.에서 언급하는 새로운 금융상품의 개발과 관련된 문제를 잠재적으로 안고 있다고 할 수 있다.[221] 또한 신용파생상품과 결합된 비등록유동화 거래에 내재한 위험에 관한 정보가 투자자 등 거래상대방에게 충분히 전달되지 않는 경우, 미국의 서브프라임 대출에 기초한 자산유동화거래에서 발생한 것과 유사하게 투자자의 과도한 위험부담에 따른 문제가 발생할 여지가 있다.[222]

---

218 박준/김용호/이미현/정순섭/황호석 좌담회, "자산유동화 10년의 회고와 전망", 박준/정순섭, 전게서(각주 186), 24면 황호석 발언.

219 「자산유동화에 관한 법률」에 따른 자산유동화거래의 한계에 대하여는 김용호/이선지/유이환, "비등록유동화거래의 실태와 법적 문제", 박준/정순섭, 전게서(각주 186), 149~156면. 비전형유동화거래의 실태에 대하여는 같은 논문, 143~148면.

220 김경무, 미공시 ABCP 시장의 현주소 신용파생상품거래의 블랙홀 되나?(한국기업평가, 2012. 9. 24), 5~7면.

221 Id., 6면은 신용등급이 미공시됨을 투자자에게 충분히 알리지 않을 경우 불완전 판매가 될 우려가 있음을 지적하였다.

222 미국의 서브프라임 대출관련한 자산유동화거래 및 이에 관한 위험정보의 흐름의 문제에 관하여는 박준, "서브프라임 대출관련 금융위기의 원인과 금융법의 새로운 방향 모색", 「국제거래법연구」 제17집 제2호(국제거래법학회, 2008. 12).

〈표 7〉 유동화회사 형태별 자산유동화증권 발행실적

연도 및 구분		2005	2006	2007	2008	2009	2010	2011	2012
금액 (단위: 조원)	유동화전문회사	18.0	15.1	10.0	8.7	19.3	11.5	13.6	19.8
	상법상 유동화회사	8.0	11.5	18.0	13.5	14.4	18.7	13.7	13.0
	기타*	4.3	3.3	3.6	4.2	11.0	7.8	8.5	20.0
	합 계	30.5	30.0	31.7	26.4	44.6	38.0	35.9	52.8
건수	유동화전문회사	188	142	69	49	81	49	51	78
	상법상 유동화회사	92	152	190	174	234	308	219	217
	기타*	11	11	9	11	18	18	21	41
	합 계	291	305	268	234	333	375	291	336

주: * 한국주택금융공사와 외국법인.
출처: 한국기업평가.[223]

③ 과 제

「자산유동화에 관한 법률」은 자산유동화라는 새로운 금융상품이 우리나라 금융시장에 정착하는 데 매우 큰 공헌을 하였다고 할 수 있으나, 이미 언급한 비전형유동화거래의 증가와 더불어 개선의 여지가 상당히 있다. 유동화전문회사나 유동화계획 원칙의 개정 등을 위하여 2010년 12월 정부가 "자산유동화에 관한 법률 일부개정법률안"을 국회에 제출하였으나 임기만료로 폐기된 바 있다. 이 개정안에 포함된 내용과 아울러 자산유동화거래와 집합투자의 구분을 어떻게 할 것인가와 같이 그동안 충분한 논의가 없었던 쟁점[224] 등 자산유동화법제의 개선에 관한 검토가 필요할 것이다.[225]

한편, 2008년 글로벌 금융위기의 발생으로 은행 등 금융기관의 경우에는 국제적으로 진정한 양도를 기초로 한 유동화증권보다는 카버드 본드가 투자자

223 김경무, 2012년 ABS 발행시장 분석(한국기업평가, 2013. 1. 17), 3면 및 김경무, 2006년 ABS 발행시장 분석 및 2007년 전망(한국기업평가, 2007), 229면. 이 통계와 금융감독원 보도자료에 기초한 <표 6>의 통계에는 차이가 있다. 이 통계는 신용평가 3사의 공시자료를 기초로 한 것이라고 밝히고 있으나, 금융감독원 통계가 무엇을 기초로 한 것인지는 명확하게 적혀있지 않다.

224 이 점에 대한 상세한 논의는 한민, "글로벌 금융위기 이후 자산유동화거래에 대한 법적 규제의 현안과 개선방향", 「상사법연구」 제32권 제4호(한국상사법학회, 2014. 2), 25~47면.

225 개정안에 대하여는 Id., 43~48면. 2010년 개정안의 내용 중 상당히 많은 부분이 2013. 9. 10. 의원입법으로 발의된 '자산유동화에 관한 법률 일부개정법률안'(성완종 의원 대표발의)에 포함되어 있다.

에게 더 매력적인 투자수단이 되게 되었다. 카버드 본드에 대한 법적인 불확실성을 해소하기 위한 입법으로 「이중상환청구권부 채권 발행에 관한 법률」(법률 제12264호, 2014. 1. 14. 제정, 2014. 4. 15. 시행)이 제정된 것은 광의의 자산유동화 거래에 대한 입법의 진전이라고 할 수 있다.

2) 집합투자 법제

① 증권투자회사 제도의 활용 미진

증권투자신탁 제도하에서도 자산운용회사는 투자신탁재산을 선량한 관리자로 관리할 책임을 지고 수익자의 이익을 보호하여야 하며 특정한 신탁재산의 이익을 해하면서 다른 신탁재산의 이익을 도모하는 행위는 금지되고 있었다(증권투자신탁업법 제17조 제1항, 제33조 제1항 제7호). 또한 수탁회사는 위탁회사의 위법한 운용지시에 대하여 시정을 요구하여야 할 의무가 있었으나(동법 제41조 제1항) 그 기능을 충분히 수행하였는지에 대하여는 의문이 있었다. 본질적으로 투자신탁은 위탁회사(자산운용회사)와 수탁회사 간의 계약이고 투자자는 수익자에 불과하였다. 펀드 별로 별개의 법인격을 가지고 있는 증권투자회사에서는 감독이사의 감독과 더불어 투자자가 주주로서의 권리를 행사하여 자산운용을 감시할 수 있다는 점에서 투자자 보호의 면에서 증권투자신탁보다 더 우위에 있을 것이라는 기대를 할 수 있었다.

그러나 2013년말 현재 투자회사의 형태로 설정된 펀드는 순자산총액 기준으로나 펀드숫자에 있어서나 투자신탁의 3% 정도에 불과하다(<표 8>). 이는 투자신탁에 비하여 투자회사가 우월한 금융상품이라고 시장에서 인정하지는 않는다는 것을 의미한다.

〈표 8〉 투자신탁과 투자회사 설립현황

		투자신탁	투자회사
2004년말	순자산총액	107조 2,669억원	2조 3,752억원
	펀드 숫자	3,836개	107개
2013년말	순자산총액	179조 5,632억원	4조 8,482억원
	펀드 숫자	3,209개	101개

출처: 금융투자협회 종합통계서비스.

법적으로는 투자회사가 별개의 법인격을 가진다는 점에서 투자자가 감시해야 할 대상이 명백하고 투자회사별로 별도의 감독이사를 둠으로써 운용회사를 더 쉽게 감독할 수 있을 것으로 볼 수 있는 여지가 있다. 그러나 투자신탁도 신탁별로 구분하여 운용하여야 하고 수탁회사가 운용회사에 대한 감시의무 위반시 책임을 부담한다는 점을 인식하면 운용회사의 감시의 면에서도 법제도상으로는 큰 차이가 없다. 투자회사의 운용과 자산 보관 등에 관한 법적 규제도 기본적으로 투자신탁과 대동소이하다. 이러한 점에서 투자회사 제도를 도입하여 투자신탁에서의 문제점을 해소하고자 하였다면 투자회사 제도 도입이 목적을 달성하였다고 할 수 있을지 의문이다. 물론, 투자회사는 각자 별도의 법인격을 가지고 있다는 점에서 법인격이 없는 투자신탁을 운용하는 경우보다는 자산운용회사가 위법·부당한 펀드 운용(예컨대 동일한 자산운용회사가 운용하는 복수의 펀드간의 펀드자산의 편출입)을 하기 어려울 것이다. 자산운용회사가 투자신탁에는 법인격이 없음을 악용하여 위법·부당하게 펀드를 운용하는 사례가 발생한다면 투자자입장에서는 투자신탁보다는 투자회사를 더 선호하는 현상이 발생할 수도 있을 것이다.

다만, 투자회사가 각 펀드별로 별개의 법인격을 가지고 있다고 하더라도 동일한 운용회사가 운용하는 투자회사의 감독이사가 동일하다면 동일한 수탁회사가 여러 투자신탁의 수탁회사로 운용회사의 운용지시를 감시해야 하는 경우에 비하여 크게 더 나을 것도 없다.[226] 동일인이 여러 증권투자회사의 감독이사를 겸임하고 있는지, 감독이사가 운용회사와 어떠한 관계에 있는지 등에 대한 실증 연구가 필요할 것으로 보인다.

---

226 미국에서는 동일한 이사진이 동일 자산운용회사가 운용하는 여러 뮤추얼펀드의 이사가 되는 경우가 많다고 한다. Sophie Xiaofei Kong & Dragon Yongjun Tang, “Unitary Boards and Mutual Fund Governance”, *Journal of Financial Research*, Vol. 31, No. 3(2008), pp.193~194. 또한 미국에서는 일반회사에서와는 달리 뮤추얼펀드의 이사회 및 사외이사가 충분한 기능을 수행하지 못한다고 보고 이사회 대신 준법감시인을 두어야 한다는 주장도 있다. John Morley and Quinn Curtis, “Taking Exit Rights Seriously: Why Governance and Fee Litigation Don't Work in Mutual Funds”, 120 *Yale L. J.* 84(2010), pp.133~135. 우리나라 투자회사의 감독이사에 대하여는 2000년 실태조사결과가 발표된 바 있고 감독이사의 전문성이 떨어지는 등 감독이사제도가 유명무실하다는 비판을 받았다. “뮤추얼펀드 감독이사제 ‘이름만 번듯’”, 중앙일보(2002. 2. 23); “뮤추얼펀드 감독 ‘사각지대’”, 한국금융신문(2000. 11. 2); “뮤추얼펀드 ‘주주는 봉’”, 동아닷컴(2001. 1. 29).

② 투자회사 개념을 활용한 다양한 투자회사 법제의 문제

증권투자회사라는 법적 형태가 도입되자 유사한 법적 형태로 투자대상만을 달리하는 투자기구를 설립할 수 있도록 하는 법들이 다수 제정되었다. 「사회간접자본시설에 대한 민간투자법」(법률 제5624호, 1998. 12. 31. 전부개정, 1999. 4. 1. 시행)(2005. 1. 27. 법률 제7386호로 「사회기반시설에 대한 민간투자법」으로 법명이 개정됨)에 따른 사회간접자본투융자회사(현행법상으로는 "사회기반시설투융자회사"), 부동산투자회사법(법률 제6471호, 2001. 4. 27. 제정, 2001. 7. 1. 시행) 제5조에 따라 건설교통부장관의 인가를 받아 설립하는 부동산투자회사, 선박투자회사법(법률 제6701호, 2002. 5. 13. 제정, 2002. 8. 14. 시행) 제13조에 따라 해양수산부장관의 인가를 받아 설립하는 선박투자회사, 문화산업진흥기본법(법률 제7940호, 2006. 4. 28. 일부개정, 2006. 10. 29. 시행) 제52조에 따라 문화관광부장관에게 등록하여야 하는 문화산업전문회사가 대표적인 예이다. 이러한 현상은 각 소관부처의 입장에서 볼 때 신탁형보다 회사형 투자기구가 특별법상의 투자기구로 활용하기 수월하기 때문일 것이다.

「사회간접자본시설에 대한 민간투자법」은 사회간접자본투융자회사에 대하여 동법에 특별히 정한 일부 사항을 제외하고는 증권투자회사법을 적용하도록 하였다(동법 제41조 제3항, 「사회기반시설에 대한 민간투자법」 제41조 제4항). 그러나 부동산투자회사, 선박투자회사 및 문화산업전문회사에 대하여는 각 관련 법률에서 규율할 내용을 별도로 정하였고 이들 투자회사에 대한 감독도 기본적으로 인가·등록을 담당하는 소관 행정부처에서 담당하도록 하였으며 다만 일부 금융감독기구가 감독 검사의 대상으로 삼을 수 있을 뿐이다.[227]

이와 같이 투자대상에 따른 투자회사별로 별도의 법률을 제정하여 규율하

---

227 부동산투자회사는 건설교통부장관의 감독을 받도록 하였다가 2004. 10. 22. 개정(법률 제7243호, 2005. 4. 23. 시행)으로 공익 또는 투자회사의 주주 보호를 위하여 필요한 경우 금융감독위원회가 감독·검사의 대상으로 삼을 수 있도록 하였다(부동산투자회사법 제39조의2). 선박투자회사는 해양수산부장관의 감독·검사를 받지만, 금융감독위원회와 금융감독원장이 선박투자회사의 건전한 운영과 주주의 보호를 위한 금융감독과 관련하여 필요하다고 인정할 때에는 감독·검사를 할 수 있도록 하였다(선박투자회사법 제45조). 문화산업전문회사의 경우에는 공모펀드인 경우에 한하여 금융감독위원회가 투자자를 보호하기 위하여 필요한 경우 감독·검사의 대상으로 삼을 수 있도록 하였다(문화산업진흥기본법 제56조의2 제6항).

는 경우, 유사한 기능을 수행함에도 불구하고 규율하는 법률의 내용과 감독기관이 상이한 데 따라 달리 규율되는 문제가 발생한다. 특히 투자대상의 특성에 따른 차이 이외의 사항에 대하여도 달리 취급하면 투자자에게 혼선을 유발할 수 있어 바람직하지 않을 것이다. 자본시장법 입법시 이 문제가 대두되어 결국 투자자 보호의 필요성이 큰 공모펀드에 대하여 자본시장법을 적용하는 것으로 하되, 그 경우에도 인가·등록은 각 소관부처에서 담당하고 감독은 원칙적으로 소관부처에서 하되 금융위원회가 공동으로 감독을 할 수 있도록 하는 일종의 타협적인 입법이 이루어졌다{자본시장법 부칙 제42조 제58항부터 제65항(법률 제8635호, 2007. 8. 3. 제정, 2009. 2. 4. 시행)}. 최소한 공모펀드인 경우에는 금융위원회의 감독을 받을 수 있게 되었다는 점에서 상당히 개선되었다고 이야기할 수 있겠으나, 근본적으로 투자회사는 투자자의 자금을 모아 운용한다는 점, 즉 자본시장에서 활동하는 투자기구라는 점에 가장 큰 특징이 있으므로 그 규제 감독의 틀은 투자대상을 중심으로 정할 것이 아니라 자본시장과 투자자 보호의 관점에서 정하는 것이 바람직할 것이다.

③ 투자대상의 확대의 효과

투자대상의 확대로 금융기관이 창의성을 발휘할 수 있는 법적 환경을 조성하였으나 다른 한편 위험도가 높은 자산에 투자하는 펀드상품의 판매에 관한 분쟁이 증가하게 되었다. 이 점에 대하여는 아래 III.4.5.3.에서 상세히 검토한다.

3) 새로운 금융상품 개발·판매에 따른 법적 과제

IMF 구제금융 기간 중 자산유동화와 증권투자회사 제도 도입을 위한 입법이 이루어졌지만, 더 중요한 것은 그 이후 금융기관의 업무 범위가 확대되고 파생금융상품을 비롯한 복잡한 금융상품이 거래되게 되었고 이러한 금융상품을 개발자가 아닌 다른 금융기관들이 판매하게 되었다는 점이다. 금융기관이 혁신을 통하여 새로운 금융상품을 개발하는 것은 경쟁적인 금융시장에서 매우 자연스러운 일이다. 금융이론과 전산의 발달에 따라 종전보다 훨씬 복잡한 내용의 금융상품이 만들어지고 금융상품의 위험이전적 기능이 확대되면서[228] 법적으로 더 심각하게 고려해야 할 사항들이 등장하였다. 우선 거래 당사자가 거래의 내

228 금융이 위험이전적 기능을 확대하는 현상에 대하여는 박준, 전게논문(각주 222), 39~43면.

용을 충분히 파악하고 거래를 하는가의 문제가 제기된다. 금융상품이 복잡하게 되는 정도에 비례하여 금융기관과 투자자의 금융상품 이해능력도 높아지면 커다란 문제가 없을 것이다. 금융기관의 이해능력을 높이는 것은 금융기관이 상호 경쟁하며 스스로 행하여야 할 사항이라고 할 수 있을 것이고, 투자자의 이해능력을 높이는 것은 금융감독기구 및 금융기관들의 자율규제기구 내지는 단체의 몫이다.[229]

그러나 금융상품거래 당사자의 이해능력이 그렇게 높아지지 않는 경우에는 복잡한 금융상품의 내용을 정확히 파악하지 못하고 거래를 한 데 따른 위험을 누가 부담할 것인가의 문제가 발생한다. 매수자가 스스로 매매목적물의 효용과 성능을 파악하여 거래 여부를 결정하는 전통적인 매매의 법리를 적용할 것인지, 고객이 전문가의 조언을 받는 거래의 법리(전문가의 선관주의의무 또는 충실의무)를 적용할 것인지 또는 그 중간의 어느 지점에 위치한 것으로 볼 것인지의 문제가 발생한다.[230]

자본시장법 시행 전에 발생한 키코사건에 관하여 대법원 2013. 9. 26. 선고 2013다26746 전원합의체 판결은 "장외파생상품은 … 손실이 과도하게 확대될 위험성이 내재되어 있고, … 은행의 권유는 기업의 의사결정에 강한 영향을 미칠 수 있으므로, 은행이 … 위험성이 큰 장외파생상품의 거래를 권유할 때에는 다른 금융기관에 비해 더 무거운 고객 보호의무를 부담"하지만, "은행 등 금융기관과 금융상품 거래를 하는 고객은 그 거래를 통하여 기대할 수 있는 이익과 부담하게 될 위험 등을 스스로 판단하여 궁극적으로 자기의 책임으로, 그 거래를

---

229 참고로 영국의 종전의 금융감독청(Financial Services Authority)의 4가지 규제목표 중 하나가 일반인의 금융시스템에 대한 이해도 증진이었고, 2010년 금융서비스법(Financial Services Act 2010)에 따라 독립기구로 소비자금융교육기구(Consumer Financial Education Body)를 설치하여 일반인의 금융지식과 이해를 높이도록 하였다. 현재는 Money Advice Service라는 이름으로 활동하고 있다. Money Advice Service, Financial Conduct Authority and HM Treasury Framework Document(April 1, 2013). Available at https://www.moneyadviceservice.org.uk/en/static/publications.

230 영국의 RDR(Retail Distribution Review) 제도와 같이 금융기관이 투자자에게 제공하는 정보가 고객에 대한 조언인지 여부 및 그 조언을 어떻게 규율할 것인지를 보다 상세히 유형화하여 규율하는 것도 고려해 볼 수 있을 것이다. Financial Services Authority, *Retail Distribution Review: Independent and restricted advice*. Available at www.fca.org.uk/static/pubs/guidance/fg12-15.pdf.

할 것인지 여부 및 거래의 내용 등을 결정하여야 하고, 이러한 자기책임의 원칙은 장외파생상품 거래와 같이 복잡하고 위험성이 높은 거래라고 하여 근본적으로 달라지는 것이 아니다"고 판시하여 금융기관의 고객보호의무와 함께 고객의 자기책임의 원칙이 적용됨을 명확하게 하였다.[231]

이와 관련하여 자본시장법은 일반원칙으로 금융투자업자의 신의성실의무(제37조)를 규정하였으나 법적인 의미에 대하여는 의문이 있다.[232] 자본시장법은 또한 구체적으로 적합성의 원칙(동법 제46조), 적정성의 원칙(동법 제46조의2) 및 설명의무(동법 제47조) 준수 등을 정하여 놓았다. 이들 조항은 기본 개념을 정하여 놓았을 뿐이므로 구체적인 사안에서 어느 정도의 의무를 부담하는가에 대하여는 논의의 여지가 남아 있다. 최근 수년간 파생상품 및 파생상품에 투자하는 펀드와 관련된 분쟁이 증가하고 있고,[233] 적합성의 원칙과 설명의무가 문제되고 있다.[234] 적합성의 원칙과 관련하여 주로 고객파악의무(know-your-customer)가

231 키코사건 대법원판결에 대하여는 진상범/최문희, "KIKO사건에 관한 대법원 전원합의체 판결의 논점-적합성 원칙과 설명의무를 중심으로(상)적합성 원칙과 설명의무를 중심으로", 「BFL」 제63호(서울대학교 금융법센터, 2014. 1); 최문희, "KIKO사건에 관한 대법원 전원합의체 판결의 논점적합성 원칙과 설명의무를 중심으로(하)-", 「BFL」 제64호(서울대학교 금융법센터, 2014. 3).

232 자본시장법 제37조의 해석에 관한 다양한 견해에 대하여는 김건식/정순섭, 「자본시장법」 제3판(두성사, 2013), 760~762쪽. 자본시장법 제37조는 금융투자업자의 신의성실의무를 규정하며 제2항에서 "정당한 사유 없이 투자자의 이익을 해하면서 자기가 이익을 얻거나 제삼자가 이익을 얻도록 하여서는 아니 된다"고 규정(2012. 7. 6. 정부가 국회에 제출하였던 「금융소비자 보호에 관한 법률안」 제10조도 유사한 내용임)하였으나, 이 조항에 의하여 금융투자업자가 부담하는 의무의 내용과 정도는 명확하지 않다. 예컨대 자산운용업은 투자자의 이익을 위하여 자산을 운용해야 하는 업무이므로 신탁사무의 성격을 가지고 있고 자본시장법은 제79조 제2항에서 별도로 충실의무를 명시하였으므로 제37조에 의존할 필요가 없다. 위 제37조 제2항을 통상 자기대리·쌍방대리 금지로 설명하나, 이는 투자중개업에 적합한 것이지 투자매매업에도 적합한지 의문이다. 투자매매업자에게 매매거래의 상대방의 이익을 추구하라고 하는 것은 매매의 본래의 성격과 어울리지 않는다. 영업의 성격을 구별하지 않고 일률적인 조항을 두는 경우 혼선이 발생할 수 있다.

233 대부분 일반투자자들과 금융기관 간의 분쟁을 다루었지만, 복잡한 금융상품을 기관투자자에게 판매한 경우의 분쟁도 있다(예: 대법원 2012. 11. 15. 선고 2011다10532 판결; 서울고등법원 2012. 6. 8. 선고 2010나104272 판결 등). 자본시장법은 금융투자업자가 일반투자자에 대한 투자권유시 적합성의 원칙과 설명의무를 준수하도록 규정하고 있으나, 전문투자자에게 투자권유하는 경우에도 민법상의 손해배상책임이 발생할 수도 있다. 반면 위험부담능력이 있는 전문투자자와의 금융상품거래에서는 일반투자자와의 거래에서와는 달리 금융기관과 전문투자자가 체결한 계약의 효력이 인정되는 범위가 넓어져야 할 것이다.

234 이 점에 관한 최근의 논의로는 박준/김무겸/김주영/이승희/전원열/정순섭 좌담회, "금융

논의되고 있고 설명의무에 관하여는 그 범위와 방법 등이 논의된다. 이와 관련하여 강조하고 싶은 것은 금융기관의 고객파악의무 못지않게 중요한 것이 상품숙지의무이다.[235] 특히 널리 거래되는 범용성 있는 금융상품이 아닌 경우에는 상품숙지의무가 더욱 중요하다. 자신이 취급하는 금융상품의 내용을 정확히 파악하지 못하면 고객에 적합한 상품인지를 제대로 판단할 수 없고, 고객에 대하여 금융상품을 제대로 설명할 수 없다는 점에서 적합성의 원칙과 설명의무를 이행하기 위한 전제라고 할 수 있다.

최근의 판례들을 보면 금융상품을 판매하는 금융기관과 담당 직원들이 금융상품의 내용을 정확하게 파악하지 못하고 있음을 보여주는 건들이 속속 드러나고 있다.[236] 이러한 현상은 금융상품의 개발자와 판매자가 분화되어 판매를 전문으로 하는 경우 더 심화될 수 있고, 구체적인 통계로 확인할 수는 없으나 판매수익률이 상대적으로 더 높을 것으로 추정되는 복잡한 금융상품의 경우 문

상품 분쟁해결의 법리", 「BFL」 제58호(서울대학교 금융법센터, 2013. 3), 6~42면. 키코 사건에 관한 대법원 전원합의체 판결로 어느 정도 정리가 되었다고 할 수 있을 것이나 아직도 논의할 여지가 많이 남아 있다. 각주 231의 문헌.

235 상품숙지의무에 대한 일반적인 논의는 안수현, "금융상품거래와 신뢰－자본시장법상 투자권유규제의 의의와 한계", 「BFL」 제61호(서울대학교 금융법센터, 2013. 9), 54~55면 및 안수현, "DLS(Derivative－Linked Securities)의 법적 과제: 금융회사의 상품조사의무 도입 시론", 「금융법연구」 제8권 제2호(한국금융법학회, 2011. 12), 91~105면.

236 대체로 다음과 같은 3가지 유형이 있는 것으로 보인다. 유형(1)은 복잡한 내용의 금융상품을 판매하는 금융기관의 영업점 직원들이 그 내용을 정확하게 파악하지 못한 경우이다. 대표적인 사례가 우리파워인컴펀드 사건이다(대법원 2011. 7. 28. 선고 2010다76368 판결과 대법원 2011. 7. 28. 선고 2010다101752 판결). 유형(2)는 복잡한 금융상품의 판매를 담당한 중앙의 전문부서 직원들이 금융상품의 내용을 정확하게 파악하지 못하였거나 파악하였어도 판매시 사용할 서류를 부실하게 작성한 경우이다. 상품설명서를 정확하게 작성하지 않았다는 이유로 판매를 담당한 금융기관의 책임을 인정한 대법원 2010. 11. 11. 선고 2008다52369 판결의 사례를 그 예로 들 수 있다. 금융상품의 판매는 금융기관의 각 영업점에서 이루어지게 되므로 금융기관은 중앙에서 판매담당직원이 판매시 사용할 서면자료를 정확하게 작성하여 제공하고 판매담당 직원이 자신이 취급하는 금융상품의 내용을 정확히 파악하도록 교육할 필요가 있다는 점에서 유형(2)는 유형(1)의 발생 원인 중의 하나이다. 유형(3)은 금융상품 자체는 복잡하지 않으나, 그 금융상품을 통하여 달성하고자 하는 목적을 금융기관 또는 그 담당직원이 정확하고 충분하게 이해하지 못한 경우이다. 유형(3)의 사례로는 금융기관(또는 그 담당직원)이 거래의 구조와 경제적 효과를 정확히 이해하고 있었는지에 대하여 의문이 제기되는 대법원 2010. 11. 11. 선고 2010다55699 판결의 사안을 들 수 있다. 유형(3)은 오래전부터 해오던 금융상품거래를 다른 용도로 사용할 때 발생할 수 있는 문제에 대하여 금융기관이 신중하게 검토하여야 함을 의미한다.

제가 발생할 우려가 더 크다.[237] 그런데 금융상품 판매는 금융기관의 중요한 수익원으로 인식되고 있고,[238] 금융감독기구도 이러한 인식하에 금융감독정책을 펴는 것으로 보인다.[239] 금융상품 판매를 단지 금융기관의 수익성의 원천이라는 관점에서만 볼 것이 아니라 금융감독차원에서는 금융기관이 금융상품의 내용을 파악하여 숙지하고 적합성의 원칙과 설명의무를 이행할 능력이 있는가의 관점[240] 및 거시적인 금융안정의 관점에서도 검토할 필요가 있다.

Ⅳ. 결 론

위 Ⅲ.에서 검토한 내용을 종합하면 IMF 구제금융 기간 중 이루어진 금융감독 법제 전반에 관한 사항 세 가지와 금융감독체제, 금융산업규제 및 금융상품에 관한 사항 세 가지로 요약할 수 있다.

첫째, IMF 구제금융 기간 중 이루어진 금융법제는 현재의 금융법제의 기본

237 최근 펀드와 파생결합증권의 온라인 판매가 크게 증가하고 있다. 금융감독원, 전게 보도자료(각주 213). 위 보도자료에 따르면 그 증가는 파생결합증권의 경우 상품에 대한 이해도가 높은 투자자들의 온라인선호에 따른 것이라고 하고 있으나, 금융회사가 고객과 대면하여 거래하지 않는다는 점에서 이른바 불완전판매의 문제 예방에 더 유의할 필요가 있다.

238 예컨대 우리나라의 펀드판매비용은 주요 18개국 중 두 번째로 높다. 신보성, "판매채널 다양화와 금융소비자 보호", 자본시장 Weekly, 2010년 1호(자본시장연구원, 2009. 12. 29 – 2010. 1. 4).

239 금융위원회, 금융감독원, 예금보험공사 등이 구성한 '저축은행 발전방향 모색 태스크포스(TF)'에서 저축은행 발전방안을 마련하면서 저축은행의 성장모델 다양화의 일환으로 펀드판매를 허용하고 방카슈랑스 판매를 활성화하는 방안이 긍정적으로 논의되고 있다고 보도되었고(연합뉴스, 2013. 8. 11), 금융위원회 보도자료, 저축은행의 건전한 발전을 위한 정책방향(2013. 9. 17)에서 펀드·보험·신용카드 등의 판매의 적극적 취급을 유도하기 위한 방안을 검토한다고 밝혔다.

240 예컨대 판매담당 임직원의 금융상품 관련 기본소양 및 취급하는 금융상품에 대한 숙지도에 관한 내부통제를 적절하게 하도록 하고, 담당 임직원에게 판매에 따른 성과보수가 지급되는 경우 투자권유시 임직원과 고객이 이익충돌되는 관계에 있기 때문에 판매에 따른 성과보수를 고객에게 알리는 등의 방법으로 이익충돌 관계에 대하여 고지하도록 할 필요가 있다. 1997년 경제위기 이후 은행원의 윤리의식이 종전에 비하여 별로 변하지 않았다는 연구결과{백자욱/권광현, "외환위기를 전후한 은행직원들의 윤리의식비교·분석", 「산업경제연구」 제15권 제6호(한국산업경제학회, 2002. 12)}는 금융상품 판매를 담당하는 금융기관 임직원의 윤리의식에만 의존할 수 없음을 보여준다.

틀을 이루었다. 금융감독체제의 면에서뿐만 아니라 금융기관의 지배구조 규제, 건전성감독 및 부실금융기관에 관한 법제 등 대부분의 기본적인 금융법제가 당시 이루어진 기본틀을 유지하고 있다. 즉 금융위기를 관리하고 있음을 보여주기 위한 것이 아니라 금융법제에 장기적으로 영향을 미치는 개혁이 이루어졌다고 할 수 있다.

둘째, IMF 구제금융 기간 중 이루어진 금융법제의 변화는 IMF 구제금융이라는 외적 요인에만 의존하여 이루어진 것은 아니다. 이 변화는 IMF 구제금융 기간 중 이루어졌으나 이전부터 이미 그 필요성이 인식되고 추진되어 오던 것들이다. 이 변화는 금융이 정부주도형에서 민간주도형으로 바뀌는 새로운 금융환경에 적합한 규제 감독의 수준을 찾아가는 과정이었다고 할 수 있다.[241]

셋째, IMF 구제금융 기간 중 내용과 방법 양면에서 금융규제가 개선되었다. 적기시정조치에 관한 법적 근거의 보완에서 보듯이 금융감독이 보다 더 충실하게 법규에 근거를 두었고,[242] 그 내용의 합헌성·적법성에 대하여 사법부의 확인을 받음으로써 법의 지배가 강화되었다고 할 수 있다. 2008년 글로벌 금융위기 발생시 우리나라의 금융감독법제 개선의 필요성은 미국 등에 비하여 상대적으로 덜 심각하였는데,[243] 이는 우리나라가 글로벌 금융위기의 중심지에서 벗어나 있었기 때문이라고 할 수도 있겠으나 IMF 구제금융시 이미 이루어졌던 법제 개선의 효과도 어느 정도는 기여하였을 것이다.

넷째, IMF 구제금융 기간 중 만들어진 통합금융감독체제는 현재의 금융감독체제의 기본틀이 되었고 효율성의 면에서 큰 진전이 있었다고 할 수 있다. 최적의 금융감독체제가 어떠한 것인지는 논란이 있는 현재진행형인 문제이지만, 어떠한 감독체제를 취하건, 감독체제를 보다 효과적으로 운영하고 금융감독기

---

241 IMF 구제금융을 계기로 은행중심의 금융에서 자본시장중시의 금융으로 변화한 것으로 보는 견해도 있으나{김홍범, 전게논문(각주 19), 71면}, 최소한 법제도의 면에서는 IMF 구제금융으로 인하여 자본시장을 중시하게 되었다고 볼 근거는 찾기 어려울 것 같다.

242 노철우, “외환위기 이후 국제금융법이 국내 사회에 미친 영향: 금융기관 구조조정을 중심으로”, 「서울국제법연구」 제14권 제2호(서울국제법연구원, 2007. 12), 73~76면은 사외이사, 감사위원회, 준법감시인, 건전성규제, 여신관리 등의 면에서 우리나라 법제도가 선진국 수준으로 제고되었고 금융산업의 경쟁력 제고에도 기여하였다고 보고 있다.

243 2007~2008년의 글로벌 금융위기 이후 우리나라 금융법제의 연도별 개정 내용은 노철우, “금융위기 극복을 위한 우리나라의 법적 대응－1997년 금융·외환위기 및 최근의 글로벌 금융위기를 중심으로－”, 「경영법률」 제23권 제3호(한국경영법률학회, 2013), 178~196면.

구의 책임성을 확보하는 것이 중요하다. 금융감독기구 또는 정치권이 금융감독을 권력의 행사라고 보는 생각은 각 기관 간의 권한 다툼의 원천이다. 이러한 생각을 버리고, 금융감독기구가 명확한 감독목표를 기준으로 상호 협력하며 책임을 다할 수 있도록 법제의 개선과 실제운영이 이루어져야 할 것이다.

다섯째, IMF 구제금융 기간 중 입법한 금융기관의 지배구조 개선, 건전성 규제 및 여신규제 강화, 적기시정조치 제도, 금융지주회사 제도 등의 기본적인 내용은 대부분 현재도 계속 유지되고 있다. 즉 당시 이루어진 조치들은 금융산업 규제의 기본틀을 형성하였다고 할 수 있다. 또한 IMF 구제금융 기간 중 이루어진 금융산업 규제에 관한 법제는 기본적으로 금융기관에 대한 건전성규제를 엄격히 하되 각 금융기관의 자율성을 확대하고 그 금융기관의 주주에 의한 통제 및 내부통제를 강화하도록 하였다. 금융기관의 지배구조에 대한 규제는 건전성규제라는 금융규제의 한 부분으로서 그 목적 달성에 필요한 범위 내에서 이루어져야 한다. 금융기관의 지배구조는 금융기관의 위험관리를 효과적으로 할 수 있도록 만들어져야 하고 자율적 경영이 실제 이루어지도록 제도가 운용되어야 한다. 그러나 저축은행 사태에서 드러난 바와 같이 자율성 확대와 내부통제에만 의존하여서는 건전성규제와 금융소비자 보호가 충분히 이루어지지 못하는 경우에는 공적 규제와 투명성 확대가 강화될 필요가 있다.

여섯째, IMF 구제금융을 계기로 자산유동화와 같은 새로운 금융상품이 법률에 반영된 것은 다양한 새로운 금융상품 개발·판매의 시발점이었다. IMF 구제금융 이후 자본시장의 발전과 금융상품 규제 완화로 다양한 새로운 금융상품이 속속 개발·판매되고 있고, 복잡한 금융상품이 등장하면서 투자자와 금융기관 간의 분쟁이 점증하고 있어 금융감독차원에서는 금융상품 판매를 단지 금융기관의 수익성의 원천이라는 관점에서만 볼 것이 아니라 금융소비자보호와 거시 건전성의 관점에서도 검토할 필요가 있다.

참고문헌  R·E·F·E·R·E·N·C·E·S

강만수, 「현장에서 본 한국경제 30년」(삼성경제연구소, 2005).

경제개혁연대, "「금융회사의 지배구조에 관한 법률」 제정안의 문제점 및 개선방안", 「기업지배구조연구」, 제42호(경제개혁연구소, 2012 봄).

고동원, "은행 경영지배구조의 법·제도적 문제점과 개선방향", 「증권법연구」 제8권 제2호(한국증권법학회, 2007).

구본성, 금융회사 지배구조 선진화 방안(한국금융연구원 주최 금융회사 지배구조선진화 방안 공개토론회 발표자료, 2013. 6. 17).

구정한/이시연, 「금융회사의 바람직한 리스크 지배구조에 관한 연구」(한국금융연구원, 2011. 1).

국무총리실, 금융감독혁신방안(2011. 9. 2).

국회 재정경제위원회 수석전문위원 김문희, 보험업법개정법률안(정부제출) 검토보고(2003. 4).

국회 재정경제위원회 수석전문위원 김문희, 자산운용업법안(정부제출) 검토보고(2003. 4)

국회 재정경제위원회 전문위원, 금융감독기구의 설치 등에 관한 법률안 검토보고(1997. 9).

국회 재정경제위원회 전문위원, 금융산업의구조개선에관한법률중개정법률안 검토보고(1998. 8).

국회 재정경제위원회, 금융산업의구조개선에관한법률중개정법률안 심사보고서(1998. 9).

국회 재정경제위원회 전문위원, 자산유동화에 관한 법률안 검토보고(1998. 8).

국회 재정경제위원회 전문위원, 주택저당채권유동화회사법안 검토보고(1998. 12).

국회 재정경제위원회, 증권투자신탁업법중개정법률안 심사보고서(1998. 9).

국회 재정경제위원회 전문위원, 증권투자회사법안 검토보고(1998. 12).

국회 재정경제위원회 전문위원 김문희, 상호신용금고법중 개정법률안 검토보고(2000. 12).

국회 정무위원회 수석전문위원 구기성, 금융소비자 보호에 관한 법률안(정부제출) 검토보고서(2012. 9).

국회 정무위원회 수석전문위원 구기성, 이중상환청구권부채권 발행에 관한 법률안 검토보고서(2013. 4).

국회 정무위원회 전문위원 손준철, 금융관계법률안(44건) 검토보고서(2009. 11).

국회 행정자치위원회 수석전문위원 박봉국, 정부조직법중 개정법률안 검토보고(1999. 4).

국회 IMF환란원인규명과경제위기진상조사를위한 국정조사특별위원회, IMF환란원인규명과경제위기진상조사를위한 국정조사결과보고서(1999. 3).

권순일, "부실금융기관의 처리에 관한 쟁송", 「BFL」 제7호(서울대학교 금융법센터, 2004. 9).

금융개혁위원회, 금융개혁 1차 보고서－단기과제를 중심으로(1997. 4).

____________, "금융개혁 1차 보고서－단기과제를 중심으로(1997. 4) 요약", 「규제연구」 1997년 봄호(통권 제19호)(한국경제연구원, 1997).

____________, 금융개혁 2차 보고서(1997. 6).

____________, "금융개혁 2차 보고서(1997. 6) 요약", 「규제연구」, 1997년 봄호(통권 제19호)(한국경제연구원, 1997).

____________, 금융개혁 3차 보고서(1997. 11).

____________, 「금융개혁백서」(1998. 1).

____________, 「금융개혁 종합보고서」(1997. 12).

김건식, 「기업지배구조와 법」(소화, 2010).

김건식/김동원, 「금융회사 지배구조 개선방안 연구」(한국기업지배구조원, 2010. 12).

김건식/정순섭, 「자본시장법」 제3판(두성사, 2013).

김경무, 미공시 ABCP 시장의 현주소 신용파생상품거래의 블랙홀 되나?(한국기업평가, 2012. 9. 24).

______, 2012년 ABS 발행시장 분석(한국기업평가, 2013. 1. 17).

______, 2006년 ABS 발행시장 분석 및 2007년 전망(한국기업평가, 2007).

김용재, "금융감독기구의 현황 및 문제점", 「법학논총」 제17권(국민대학교 법학연구소, 2005).

김용호/이선지, "자산유동화거래의 법적 과제", 박준·정순섭 편저, 「자산유동화의 현상과 과제」(제1권)(소화, 2009).

김용호/이선지/유이환, "비등록유동화거래의 실태와 법적 문제", 박준·정순섭 편저, 「자산유동화의 현상과 과제」(제1권)(소화, 2009).

김인준, "금융부실과 금융구조 개혁", 「경제논집」 제40권 제4호(서울대학교 경제연구소, 2001. 12).

김인준, 「위기극복 경제학」(율곡출판사, 2013).

김인준/이창용, 「외환위기 10년 한국금융의 변화와 전망」(서울대학교 출판부, 2007).

김재형, 「민법론 I」(박영사, 2004).
김주영, "우리나라 주주대표소송의 제소현황 및 판결경향에 관한 고찰", 「기업지배구조리뷰I」, 제34호(한국기업지배구조원, 2007. 9/10).
김준경/신인석/김현욱/박창균/임경묵/강동수, "업무영역·제재·적기시정조치 개선방향에 대한 연구", 「금융연구」 제18권 별책(한국금융연구원, 2004).
김철배/박정훈/박철영/서종군/안창국/양중식/장봉기/정 철, 「간접투자 해설」(박영사, 2005).
김태은, "제도의 유사성과 이질성의 원인에 관한 연구: 적기시정조치제도를 중심으로", 「한국행정학보」 제46권 제4호(한국행정학회, 2012 겨울).
김태진, "<금융회사의 지배구조에 관한 법률(안)> 주요 내용 검토", 「기업지배구조리뷰I」 제61호(한국기업지배구조원, 2012. 3/4).
김홍기, "개정 금융지주회사법의 주요내용과 관련법제의 개선방향", 「연세 글로벌 비즈니스 법학연구」 제2권 제1호(연세대학교 법학연구원, 2010).
______, "우리나라 금융감독체계의 문제점 및 개선방안", 「상사법연구」 제31권 제3호(한국상사법학회, 2012).
김홍범, "금융감독체계 개편론 분석: 미국·영국·EU와 한국", 서울대 금융경제연구원 추계 컨퍼런스 발표논문(2009. 11. 23).
______, "금융규제감독의 경과와 개선 과제", 「한국금융연구」 제21권 별책(한국금융연구원, 2007. 8).
______, 「한국 금융감독 개편론」(서울대학교 출판부, 2006).
노철우, "금융위기 극복을 위한 우리나라의 법적 대응 －1997년 금융·외환위기 및 최근의 글로벌 금융위기를 중심으로－", 「경영법률」 제23권 제3호(한국경영법률학회, 2013).
______, "우리나라 금융감독체계의 개편 논의와 방안 －최근 영국의 금융개혁방안 및 우리나라에서의 개편 논의를 중심으로－", 「금융법연구」 제9권 제2호(한국금융법학회, 2012).
______, "외환위기 이후 국제금융법이 국내 사회에 미친 영향 : 금융기관 구조조정을 중심으로", 「서울국제법연구」 제14권 제2호(통권 제27호)(서울국제법연구원, 2007. 12).
노혁준, "금융기관의 구조조정과 금융지주회사", 「BFL」 제7호(서울대학교 금융법센터, 2007. 9)
박재하, 「은행지배구조의 평가와 과제」(한국금융연구원, 2005. 12).
박종원/박래수/장욱/고종권/정혜정, "복합금융그룹화가 금융그룹 및 소속금융회사의 기업가치에 미치는 효과", 「금융연구」 제23권 제2호(한국금융학회, 2009).

박종원/박래수/장욱/정혜정, “복합금융그룹화가 소속 금융회사의 부실위험에 미치는 영향”, 「재무관리연구」 제26권 제2호(한국재무관리학회, 2009).

박 준, “서브프라임 대출관련 금융위기의 원인과 금융법의 새로운 방향 모색”, 「국제거래법연구」, 제17집 제2호(국제거래법학회, 2008. 12).

박 준/김무겸/김주영/이숭희/전원열/정순섭 좌담회 “금융상품 분쟁해결의 법리”, 「BFL」, 제58호(서울대학교 금융법센터, 2013. 3).

박 준/김용호/이미현/정순섭/황호석 좌담회, “자산유동화 10년의 회고와 전망”, 박준·정순섭 편저, 「자산유동화의 현상과 과제」(제1권)(소화, 2009).

박훤일, “IMF 협약과 금융구조조정의 문제점”, 「경희법학」, 제35권 제1호(경희대학교 법학연구소, 2000. 12).

백자욱/권광현, “외환위기를 전후한 은행직원들의 윤리의식비교·분석”, 「산업경제연구」 제15권 제6호(한국산업경제학회, 2002. 12).

성태윤/박기영/박단비, “글로벌 금융위기이후 영미 금융 감독체제의 변화”, 「한국경제의 분석」 제18권 제1호(한국금융연구원, 2012).

서울대학교 금융법센터, 금융감독 선진화를 위한 감독체계 개편 방안(2012. 10).

손상호, 「금융감독방식의 선진화 방안」(한국금융연구원, 2004. 7. 8).

신보성, “판매채널 다양화와 금융소비자 보호”, 자본시장 Weekly, 2010년 1호(자본시장연구원, 2009. 12. 29~2010. 1. 4).

신장섭/장하준, 「주식회사 한국의 구조조정 무엇이 문제인가」(창비, 2004).

심 영, “금융기관 적기시정조치 제도에 대한 소고”, 「법학논문집」 제30권 제2호(중앙대학교, 2006).

______, “은행 지배구조강화에 관한 소고”, 「중앙법학」 제8집 제1호(중앙법학회, 2006. 4).

______, “은행의 지배구조 개선을 위한 법적 연구”, 「영남법학」 제8권 제1·2호(영남대학교, 2002. 2).

안수현, “DLS(Derivative−Linked Securities)의 법적 과제: 금융회사의 상품조사의무 도입시론”, 「금융법연구」 제8권 제2호(한국금융법학회, 2011. 12).

______, “금융상품거래와 신뢰−자본시장법상 투자권유규제의 의의와 한계”, 「BFL」 제61호(서울대학교 금융법센터, 2013. 9).

원동욱, “금융지배구조법의 주요내용 및 향후 과제”, 「금융법연구」 제9권 제1호(금융법학회, 2012).

윤계섭, “한국의 금융개혁”, 「경영논집」 제31권(1−2)(서울대학교 경영대학 경영연구소, 1997).

윤부찬, “자산유동화와 진정한 매매의 법리”, 「비교사법」 제14권 제3호(하)(통권 38호)(한국비교사법학회, 2007).

윤석헌/고동원//빈기범/양채열/원승연/전성인, “금융감독체계 개편: 어떻게 할 것인가?”, 「금융연구」 제27권 제3호(한국금융연구원, 2013).

윤석헌/김대식/김용재, “금융감독기구 지배구조의 재설계”, 「상사법연구」 제24권 제2호(한국상사법학회, 2005. 8).

윤제철, 「외환위기는 끝났는가 －한국의 금융·기업 구조조정 10년－」 제1권, 제2권(비봉출판사, 2007).

이규성, 「한국의 외환위기 발생·극복·그 이후」 제2판(박영사, 2007).

이명철/박주철, “금융지주회사 설립전후 투자자 반응”, 「대한경영학회지」 제23권 제1호(대한경영학회, 2010. 2).

이혜영, “금융규제개혁 과정에서 규제관용에 관한 연구: LG카드 사례를 중심으로”, 「한국행정학보」 제38권 제5호(한국행정학회, 2004. 10).

_____, “재규제 관점에서 외환위기 이후 금융부문 규제개혁정책의 평가”, 「한국사회와 행정연구」 제15권 제1호(서울행정학회, 2004. 5).

자산유동화 실무연구회, 「금융혁명 ABS－자산유동화의 구조와 실무」(한국경제신문사, 1999).

장하준/신장섭, “한국 금융위기 이후 기업구조조정에 대한 비판적 평가”, 「한국경제의 분석」 제9권 제3호(한국금융연구원, 2003. 12).

장진호, “외환위기 10주년 금융 공공성은 어떻게 껍데기가 돼갔는가”, 「노동사회」, 통권 제117호(한국노동사회연구소, 2007. 1).

재정경제부·금융감독위원회, 「공적자금 백서－금융구조개혁의 완결을 위한 중간 점검」(2000. 9).

전신애, “직기시징조치제도의 의의와 개선방안”, 「규제연구」 제15권 제1호(한국경제연구원, 2006).

전성인/김기홍/김상조/함준호, “한국금융개혁: 평가와 정책과제”, 학술진흥재단 특별정책과제 최종연구결과보고서(2001).

전홍택, “금융개혁: 중앙은행 및 금융감독제 개편 사례”, 모종린/전홍택/이수희, 「한국경제개혁 사례연구」(오름, 2002).

정경영, “금융감독체계의 문제점과 개편방안 －미국 금융감독개혁법제의 시사점을 참고하여－”, 「금융법연구」 제9권 제2호(한국금융법학회, 2012).

정기승, 금융회사 지배구조론(법문사, 2007).

정순섭, “금융감독기관의 감독배상책임에 관한 연구”, 「상사법연구」 제31권 제4호(한국상사법학회, 2013).

______, “금융회사 내부통제의 금융법상 지위: 규제의 내부화·민영화의 관점에서”, 「선진상사법률연구」 제49호(법무부, 2010. 1).

______, “금융회사의 조직규제: 금융회사 지배구조의 금융규제법상 의미를 중심으로”, 「상사판례연구」 제24집 제2권(한국상사판례학회, 2011. 6).

______, “유가증권개념에 관한 일고 –「파생결합증권」의 개념을 중심으로”, 「증권선물」, 제7호(증권선물거래소, 2005).

정영식, “외환위기이후 금융신상품의 도입과 영향”, Issue Paper(삼성경제연구소, 2001. 5).

정영철, “대법 2012. 3. 15 선고 2008두4619 판결에 대한 평석: 금융위 적기시정조치에 대한 사법적 통제의 한계”, 「금융법연구」 제9권 제1호(한국금융법학회, 2012. 8).

정재욱/이석호, “보험지주회사 규제 및 감독에 관한 연구”, 「한국경제의 분석」 제15권 제1호(한국금융연구원, 2009. 4).

정찬우/박창균/이시연, 「상호저축은행백서」(한국금융연구원, 2012. 5).

정형권/강종구, “은행 대형화 및 시장집중도 상승이 은행 효율성에 미친 영향”, 「금융경제연구」 제274호(한국은행, 2006).

조정래/박진표, “금융산업의구조개선에관한법률의 개선방안”, 「BFL」 제7호(서울대학교 금융법센터, 2004. 9).

진상범/최문희, “KIKO사건에 관한 대법원 전원합의체 판결의 논점 –적합성 원칙과 설명의무를 중심으로(상) – ”, 「BFL」 제63호(서울대학교 금융법센터, 2014. 1).

차현진/최준환, “은행산업의 구조변화가 효율성에 미친 영향”, 「한국은행 조사연구」, 2008 – 31(2008).

최두열, 「종금사에 대한 규제감독과 외환위기 발생」(한국경제연구원, 2001).

최두열/이연호, “금융감독과 외환위기: 종합금융회사에 대한 제도적 접근”, 「한국경제연구」 제8권(한국경제연구학회, 2002. 6).

최문희, “KIKO사건에 관한 대법원 전원합의체 판결의 논점 –적합성 원칙과 설명의무를 중심으로(하) –”, 「BFL」, 제64호(서울대학교 금융법센터, 2014. 3).

최수정, “금융기관의 내부통제제도 강화를 위한 법적 개선방안: 은행을 중심으로”, 「상사법연구」, 제29권 제4호(한국상사법학회, 2011. 2).

최영주, “은행 CEO리스크와 지배구조에 관한 연구”, 「법학논고」, 제36집(경북대학교 법학연구원, 2011. 6).

______, “저축은행 부실화에 있어 대주주의 영향과 법적 규제”, 「법학연구」, 제53권 제3호

(부산대학교 법학연구소, 2012. 8).

최형규, "한국의 1997년 금융위기의 새로운 고찰: 국제금융규제기준의 파행적 시행의 원인", 「한국정치학회보」 제42집 제1호(한국정치학회, 2008 봄).

최흥식, "VII장. 금융감독체계의 변천에 대한 정치경제적 분석", <한국의 금융제도: 주요 이슈의 회고와 과제> 심포지엄 자료집(서울대학교 금융경제연구원, 2010).

한국은행, "금융지주회사의 도입효과 분석과 발전방향", 「조사통계월보」 제62권 제9호(한국은행, 2008. 9).

한기정, "금산법상 적기시정조치의 법적 문제점에 대한 고찰", 「상사법연구」 제26권 제2호(한국상사법학회, 2007).

한 민, "글로벌 금융위기 이후 자산유동화거래에 대한 법적 규제의 현안과 개선방향", 「상사법연구」 제32권 제4호(한국상사법학회, 2014. 2).

함대영, "미국법하에서의 진정매매 이론과 그 시사점", 「인권과 정의」 제416호(대한변호사협회, 2011. 4).

함준호, "외환위기 10년: 금융시스템의 변화와 평가", 「경제학연구」 제55집 제4호(한국경제학회, 2007. 12).

현대증권주식회사, 「투자신탁의 이론과 실무」(무한, 2002).

Andenas, Mads and Chiu, Iris H-Y, *The Foundations and Future of Financial Regulation: Governance for Responsibility*(Routledge, 2014).

Basel Committee on Banking Supervision, Enhancing Corporate Governance for Banking Organisations (September 1999). Available at http://www.bis.org/ publ/ bcbsc138.pdf

Basel Committee on Banking Supervision, Principles for enhancing corporate governance (October 2010). Available at http://www.bis.org/publ/bcbs176.pdf

____________, Framework for Internal Control Systems in Banking Organisations (September 1998). Available at http://www. bis.org/publ/ bcbs40.pdf

____________, Enhancing corporate governance for banking organisations (February 2006). Available at http://www.bis.org/publ/ bcbs122.pdf

Briault, Clive, The Rationale for a Single National Financial Services Regulator, Financial Services Authority Occasional Paper No. 2 (May 1999). Available at SSRN: http://ssrn.com/abstract=428086 or http://dx.doi.org/10.2139/ssrn.428086

Briault, Clive, Revisiting the Rationale for a Single National Financial Services Regulator, Financial Services Authority Occasional Paper No. 16 (February 2002). Available at SSRN: http://ssrn.com/abstract=427583 or http://dx.doi.org/10.2139/ssrn.427583

CCH, Dodd－Frank *Wall Street Reform Act and Consumer Protection Act-Law, Explanation and Analysis*(Wolters Kluwer, July 2010).

Committee of Sponsoring Organizations(COSO) of the Treadway Commission, Internal Control—Integrated Framework(1992).

Das, Udaibir and Quintyn, Marc, Crisis Prevention and Crisis Management The Role of Regulatory Governance, IMF Working Paper WP/02/163(September 2002). Available at http://www.imf.org/external/pubs/ft/wp/2002/wp02163.pdf

Financial Services Authority, Retail Distribution Review: Independent and restricted advice. Available at www.fca.org.uk/static/pubs/guidance/fg12－15.pdf

Goodhart, Charles A.E., “Regulating the Regulator－An Economist's Perspective on Accountability and Control”, in *Regulating Financial Markets Services and Markets in the Twenty First Century* edited by Ferran, Eilis and Goodhart, Charles A. E.(Hart Publishing, 2001), pp.151~164.

Goodhart, Charles/Hartmann, Philipp/Llewellyn, David T./Rojas－Suarez, Liliana and Weisbrod, Steven, *Financial Regulation: Why, How and Where Now?*(Routledge, 1998).

Hūpkes, Eva, Quintyn, Marc, and Taylor, Michael W., The Accountability of Financial Sector Supervisors: Principles and Practice(IMF Working Paper WP/05/51, March 2005). Available at http://www.imf.org/external/pubs/ft/wp/ 2005/wp0551.pdf

International Monetary Fund, Press Release Number 97/55(December 4, 1997), IMF Approves SDR 15.5 Billion Stand－by Credit for Korea. Available at http://www.imf.org/external/np/sec/pr/1997/PR9755.HTM

Kettering, Kenneth C., “True Sales of Receivables: A Purpose Analysis”, *American Bankruptcy Institute Law Review*, Vol. 16, Issue 2(Winter 2008), pp.511~562.

Kong, Sophie Xiaofei and Tang, Dragon Yongjun, “Unitary Boards and Mutual Fund Governance”, *Journal of Financial Research*, Vol. 31, No. 3(2008) pp.193~224.

Macey, Jonathan, *The Death of Corporate Reputation*(FT Press, 2013).

Morley, John and Curtis, Quinn, “Taking Exit Rights Seriously: Why Governance and Fee Litigation Don't Work in Mutual Funds”, 120 *Yale Law Journal* 84(2010).

Mwenda, Kenneth Kaoma, *Legal Aspects of Financial Services Regulation and the Concept of a Unified Regulator*(World Bank, 2006).

OECD, Corporate Governance and the Financial Crisis(June 2009).

Pan, Eric J., “Structural Reform of Financial Regulation”, *Transnational Law & Contemporary*

Problems, Vol. 19(January 2011), pp.796~867.

Prast, Henriette, and van Lelyveld, Iman, New Architectures in the Regulation and Supervision of Financial Markets and Institutions: The Netherlands, DNB Working Paper No. 21(2004). Available at http://www.dnb.nl/binaries/Working% 20Paper%2021_tcm46-146678.pdf

Quintyn, Marc/Ramirez, Silvia/Taylor, Michael W., The Fear of Freedom: Politicians and the Independence and Accountability of Financial Sector Supervisors(IMF Working Paper WP/07/25, February 2007). Available at http://www.imf.org/external/pubs/ft/wp/2007/wp0725.pdf

Quintyn, Marc and Taylor, Michael W., Regulatory and Supervisory Independence and Financial Stability(IMF Working Paper WP/02/46, March 2002). Available at http://www.imf.org/external/pubs/ft/wp/2002/wp0246.pdf

Shim, Young, "The Korean Financial Crisis", *Yearbook of International Financial and Economic Law* 1997.

Stigler, George J., "The Theory of Economic Regulation", *The Bell Journal of Economics and Management Science*, Vol. 2, No. 1(Spring, 1971), pp.3~21.

Taylor, Michael, "The Road from 'Twin Peaks' — and the Way Back", *Connecticut Insurance Law Journal*, Vol. 16, No.1(2009).

______________, "Twin Peaks": A Regulatory Structure for the New Century(Center for the Study of Financial Innovation, 1995).

U.S. Department of The Treasury, Blueprint For A Modernized Financial Regulatory Structure(March 2008). Available at http://www.treasury.gov/press-center/press-releases/Documents/Blueprint.pdf

U.S. Securities and Exchange Commission, SEC's Oversight of Bear Stearns and Related Entities: The Consolidated Supervised Entity Program(September 25, 2008). Available at http://www.sec.gov/about/oig/audit/2008/446-a.pdf

Walker, David, A review of corporate governance in UK banks and other financial industry entities Final recommendations(26 November, 2009). Available at http://webarchive.nationalarchives.gov.uk/+/http:/www.hm-treasury.gov.uk/d/walker_review_261109.pdf

제 3 장 볼커 룰(Volcker Rule)의 기본 구조, 최종규칙 및 그 영향

Ⅰ. 서 론

미국의 The Dodd-Frank Wall Street Reform and Consumer Protection Act (이하 '도드-프랭크법'이라 한다)[1]는 2007년 7월 미국의 서브프라임 모기지론의 문제가 구체화됨에 따라 발생한 글로벌 금융위기에서 나타난 문제점들을 해결 목적으로 2010년 7월에 21일에 제정되었다. 동법은 미국의 금융규제에 관하여 포괄적인 내용을 담고 있다. 연방감독기관은 동법에 의거하여 많은 규칙을 제정하였다. 그중에서도 동법 제619조에서 규정하고 있는 이른바 볼커 룰(Volcker Rule)은 은행조직체(banking entity)(동법 제619조(h)(1))[2] 및 별도로 지정된 비은

---

* 오성근 집필.

* 「은행법연구」 제8권 제2호(2015. 11)에 게재된 내용을 다소 수정·보완한 것이다.

1 김재형, "미국의 도드-프랭크법과 금융 기관의 M&A 동향," 「기업법연구」 제27권 제2호(통권53호)(한국기업법학회, 2013), 141면; 오성근, "도드-프랭크법상 금융감독기구 개혁 및 입법적 시사점," 「경영법률」 제22집 제4호(경영법률학회, 2012), 39면; 주강원, "장외파생상품거래의 규제에 대한 연구: 미국의 도드-프랭크법(Dodd-Frank Act)의 규제을 중심으로," 「홍익법학」 13권 1호(홍익대학교, 2012. 2), 709면; 김성천, "미국 도드-프랭크 월가개혁 및 소비자보호법과 기업지배구조의 개선," 「기업지배구조 리뷰」 제54호 1/2월(한국기업지배구조개선지원센터, 2011), 31면; 서병호, "도드-프랭크법의 주요 내용 및 시사점," 「기업지배구조 리뷰」 제55호 3/4월(한국기업지배구조개선지원센터, 2011), 26면.

2 도드-프랭크법상 은행조직체란 보험가입예금금융기관, 이를 지배하는 회사 또는 1978년 국제은행법 제8조에 의거한 은행지주회사로서 취급되는 회사 및 이러한 사업체(entity)의

행금융회사(non bank financial company)의 자기계정거래(propriety trading)(동법 제619조(h)(4))[3]와 그러한 금융기관, 금융회사와 헤지펀드 등과의 관계를 새롭게 규제하기 위하여 제정되었다.[4]

본래 볼커 룰은 2011년 10월에 원안(proposed rule)이 공표되었으나,[5] JP Morgan에 의한 런던에서의 거액손실사건 등 문제점이 발생하자 규제안에 대한 수정작업이 이루어졌다.[6] 그리하여 2013년 12월 10일 연방준비제도이사회(Board of Governors of the Federal Reserve System, FRB), 연방예금보험공사(Federal Deposit Insurance Corporation, FDIC), 통화감독청(Office of the Comptroller of the Currency, OCC), 증권거래위원회(Securities and Exchange Commission, SEC), 상품선물거래위원회(Commodity Futures Trading Commission, CFTC) 등 5개의 연방감독기관이 「자기계정거래 및 헤지펀드와 PEF의 특정지분 및 관계의 금지 및 제한」[7]에 관한 공동규칙을 공표하였는데, 이것이 이른바 도드-프랭크법 제619조에 기초한 볼커 룰의 최종규칙(final rule)이다.

최종규칙은 ① 예금보험대상기관, ② 예금보험대상기관을 지배하는 기업, ③ 1978년 국제은행법(International Banking Act of 1978) 제8조에 의거하여 은행지주회사로서 취급되는 업무, ④ 그러한 기관 및 회사들의 자회사 및 관계회사에 관하여 원칙적으로 자기계정거래를 금지하고 사모투자전문회사(Private Equity

---

자회사 또는 관계회사(affiliate)를 말한다.

3 도드-프랭크법상 자기계정거래란 은행조직 또는 연방준비제도이사회(FRB)의 감독을 받는 비은행금융회사가 본인(principal)이 되어 트레이딩계정(trading account)의 계산으로 증권, 파생상품, 상품선물매매계약, 그 증권·파생상품·상품선물계약의 옵션 또는 기타 관할 연방은행당국·SEC·CFTC가 규칙으로 정하는 기타 증권·금융상품의 매매, 취득 또는 처분을 말한다.

4 류혁선, "미국 금융지주회사 제도에 관한 고찰과 그 시사점", 「은행법학회」 제5회 정기학술대회발표 논문(2010. 4), 44면; 성희활, "국내 헤지펀드의 본격도입에 따른 규제체계 정비 방향에 대한 고찰," 「KRX Market」 제63호(한국거래소, 2010. 5), 21면.

5 SEC, File No.: S7-41-11.

6 그리고 박규찬, "볼커 룰 시행규정안이 한국의 은행에 미치는 영향 및 그 대책", 「은행법연구」 제5권 제1호(한국은행법학회, 2012. 5), 43면 이하는 볼커 룰의 원안을 분석한 후 우리나라 은행에 미치는 영향을 분석하고 있다는 점에서 학술적 그리고 실무계에서 유용성 있을 것으로 보인다.

7 Prohibition and Restrictions on Proprietary Trading and Certain Interests in, and Relationships with, Hedge Funds and Private Equity Funds(https://www.sec.gov/rules/final/2013/bhca-1.pdf) (이하 'Final Rule Version'이라고 한다).

Fund, PEF)와 헤지펀드 등에 대한 출자 등을 제한하고 있다. 그리고 이러한 제한을 하는데 필요한 컴플라이언스업무를 강화하고 있다.

이 글은 볼커 룰에 관한 위와 같은 내용을 염두에 두면서 ① 도드－프랭크법상 볼커 룰의 성립과정, ② 볼커 룰의 기본구조 및 주요 내용, ③ 볼커 룰에 대한 평가 및 그 영향 등에 대하여 개관하여 보고자 한다. 이러한 개관은 향후 우리나라에 있어서 볼커 룰에 관한 기초자료를 제공하는 데 도움이 될 것으로 판단하고 있다. 왜냐하면, 우리나라의 경우 도드－프랭크법이 제정될 당시 볼커 룰에 관한 소개가 일부 있었으나,[8] 최종규칙에 관한 내용 전반을 분석한 논문은 드문 실정이기 때문이다.[9]

Ⅱ. 성립과정

1. 제111회 연방의회 회기 중 공표

미국의 도드－프랭크법을 심의한 제111회 연방의회[10] 회기 중인 2010년 1월 21일 오바마 대통령은 강도 높은 은행규제 도입방안을 천명하였다.[11] 오바마 대통령의 개혁방안의 주된 내용은 은행 및 은행지주회사의 사업영역을 제한하고 대형 금융기관의 규모를 제한하는 것이었다. 이를 세분화하면 ① 고객이 아닌 은행의 이익을 위한 자기계정거래의 금지, ② 금융기관 간 결합 후의 부채가 전체 금융기관 부채의 10%를 넘지 않도록 규제,[12] ③ 은행 등의 금융기관에 의한 헤지펀드(Hedge Fund) 및 PEF의 소유, 투자 및 설립의 금지, ④ 상업은행과

8 박선욱, “미국의 금융개혁과 볼커 룰의 적용에 관한 연구,” 「법과 정책연구」 제10집 제3호(한국법정책학회, 2010), 1169면; 이태규, “오바마 정부의 ‘볼커 룰’에 대한 평가 및 시사점,” 「KRTI Insight」 10－03(한국경제연구원, 2010. 6), 32면; 서병호, “볼커 룰의 주요 내용과 국내 파급효과,” 「주간 금융브리프」 제19권 제16호(금융연구권, 2010), 1면; 신보성, “볼커 룰 법제화에 따른 영향과 시사점,” 「자본시장 Weekly」 2010－34호(자본시장연구원, 2010).

9 다만, 김희철, “프랍 트레이딩규제에 관한 고찰,” 「금융법연구」 제11권 제3호(한국금융법학회, 2014)는 최종규칙을 근간으로 작성된 논문이다.

10 2009년 1월부터 2011년 1월까지 개최.

11 https://www.whitehouse.gov/the－press－office/remarks－president－financial－reform

12 이태규, 전게 보고서, 1면.

투자은행의 분리 등에 있었다.[13] 이 같은 오바마 대통령의 정책발표의 배경에는, 특히 前 연방준비제도이사회 의장 폴 볼커(Paul Volcker)의 영향력이 컸다. 그리하여 이를 볼커 룰(Volcker Rule)이라고 별칭하게 되었다.

그런데 2009년 12월에 하원을 통과한 개혁법안인 Wall Street Reform and Consumer Protection Act[14]에는 기술하고자 하는 볼커 룰과 같은 내용은 포함되어 있지 아니하였다. 다만 연방준비제도이사회가 미국의 금융안정에 위협을 가한다고 판단되는 경우에 개별적인 금융지주회사의 자기계정거래를 금지하는 권한을 행사할 수 있다는 규정만이 있었다(동법안 제1117조).

오바마 대통령의 발표는 같은 날 대통령 경제회복자문위원회(President's Economic Recovery Advisory)의 위원들 중 폴 볼커와 윌리엄 도널드슨(William Donaldson)과의 회동 후에 이루어졌다. 대통령이 이와 같은 정책을 발표한 것은 예금보험 등의 공적인 안전망(safety net)의 혜택을 입고 있는 상업은행이 조직 내부에 헤지펀드와 PEF의 기능을 수행하는 것은 거액의 위험한 도박(huge risky bets)을 하는 것으로써 큰 문제를 야기할 수 있다고 보았기 때문이다.

오바마 대통령은 상업은행의 행위에 대한 규제의 공백이 있다고 지적하고, 대통령이 스스로 볼커 룰이라고 호칭한 개혁법을 추가 검토하여 줄 것을 연방의회에 요청하였다. 그리하여 도드-프랭크법 제619조 및 제619조에 의거한 최종규칙이 제정되었다. 볼커 룰이 제정된 문제의식 중의 하나는 Too Big To Fail (대마불사) 수준의 금융회사가 부실하게 되면 납세자의 부담으로 연결되고, 금융회사와 납세자 간의 이해충돌관계가 지속될 수 있다는 점에 있다. 이러한 문제의식은 도드-프랭크법 전체의 문제의식과도 공통된다.

그러나 연방의회에서 도드-프랭크법의 심의에 앞서 2009년 6월에 공개된 재무부의 "금융서비스와 규제의 개혁: 새로운 기반"이라는 보고서[15]에서는 볼커 룰에 해당하는 내용의 제언은 없었다. 다만, 투자은행을 포함한 은행과 그 자회

---

13 류혁선, 전게 논문, 7면; 성희활, 전게 논문, 21면; 오성근, "도드-프랭크법 제정 전후의 헤지펀드 관련 규제의 변화," 「증권법연구」 제12권 제2호(한국증권법학회, 2011), 142면.

14 H.R. 4173.

15 Department of the Treasury, Financial Regulatory Reform - A New Foundation: Rebuilding Financial Services and Regulation(2009. 6. 17). 이에 관한 상세한 내용은 심영, "미국 금융규제개혁의 개혁방향," 「비교사법」 제17권 제1호(한국비교사법학회, 2010), 450~460면.

사인 헤지펀드와 PEF 등의 관계가 불명료하다는 문제점만을 지적하였을 뿐이었다. 이러한 점에서 2010년 1월 21일 볼커 룰의 제정요청은 다소 의외로 받아들여졌다.

2. 금융개혁법안의 도드-프랭크법으로의 흡수

오바마 대통령이 연방의회에 제안한 추가법안은 제111회 연방의회의 상원에서 심의된 금융안정개혁법[16] 제619조에 포함되었다. 그러나 2010년 10월 상원위원회를 통과한 시점에서 금융안정개혁법 제619조는 대통령이 요구하는 내용을 포함하고 있었지만, 도드-프랭크법의 제619조에 비하여 다소 유연한 것이었고, 상세한 부분은 연방준비제도이사회 등이 작성한 규칙에 의존하고 있었다.

이에 대하여 최종적으로 성립한 도드-프랭크법의 제619조는 상원과 하원 법안의 단일화를 추구한 양원의 협의회에서 상원의 심의에서 제안된 Merkley-Levin 수정조항(Amendment)[17]을 기본으로 하여 마련되었다.[18] 이에 대한 후속조치로서 2011년 10월에 볼커 룰의 원안이 공표되었고,[19] 몇 차례 수정작업이 이루어진 후[20] 2013년 12월 10일에 정식으로 최종규칙이 성립되었다.

한편 이러한 과정을 통하여 성립된 볼커 룰은 2014년 4월 1일부터 발효되었고,[21] 컴플라이언스 프로그램은 2015년 7월 21일부터 유효하다.[22]

---

16 Restoring American Financial Stability Act(S.3217).

17 S.3217의 수정조항(http://www.merkley.senate.gov/imo/media/doc/MERKLEY-LEVIN%20AMENDMENT.pdf).

18 Jeff Merkley · Carl Levin, "The Dodd-Frank Act Restrictions on Proprietary Trading and Conflicts of interest: New Tools to Address Evolving Threats", Harvard Journal of Legistration, Vol.48, No.2(2011), pp.513~553.

19 SEC, File No.: S7-41-11.

20 박규찬, (앞의 각주 6), 43면 이하는 볼커 룰에 관한 원안이 발표되기 이전인 2011. 2. 9 시행규정안 및 원안이 마련된 이후인 2012. 4. 19. 발표된 「금지된 자기계정 트레이딩 또는 사모펀드 또는 헤지펀드 영업을 수행하는 법인에 대한 경과기관에 관한 최종시행규정(Final Rule for Conformance Period for Entities Engaged in Prohibited Proprietary Trading or Private Equity Fund or Hedge Fund Activities)」을 토대로 작성된 논문으로써 볼커 룰에 관한 미국 내에서의 흐름을 이해하는 데 도움이 된다.

21 Final Rule Version, p. ii.

22 Final Rule Version, p.10.

Ⅲ. 도드-프랭크법상 볼커 룰의 기본구조 및 주요내용

1. 개 요

볼커 룰이라고 불리우는 도드-프랭크법 제619조는 1956년 은행지주회사법(Bank Holding Act of 1956, 이하 '은행지주회사법'이라 한다)에 새롭게 제13조를 추가하도록 함과 동시에 5개의 연방감독기관(FRB, FDIC, OCC, SEC, CFTC)에 대하여 공통의 규칙을 마련하도록 요구하였다. 그 결과 추가된 은행지주회사법 제13조의 내용은 ① 총칙(In General), 동조(a), ② 조사 및 규칙작성(Study and Rulemaking), 동조(b), ③ 시행일(Effective Date), 동조(c), ④ 허용된 업무(Permitted Activities), 동조(d), ⑤ 탈법행위에 대한 감독(Anta-Evasion), 동조(e), ⑦ 헤지펀드 및 PEF와의 관계의 제한(Limitations on Relationships with Hedge Funds and Private Equity Funds), 동조(f), ⑧ 해석기준(Rules of Construction), 동조(g), ⑨ 정의(Definitions), 동조(h) 등으로 구성되어 있다. 이하에서는 그에 따른 주요 내용을 살펴보고자 한다.

2. 총칙 및 정의규정

(1) 총 칙

도드-프랭크법에서 추가하고 있는 은행지주회사법 제13조, 즉 도드-프랭크법 제619조의 총칙에서 언급하고 있는 것은 다음과 같다.

첫째, 은행조직체에 부과되는 행위의 금지, 즉 금지사항의 설정. 은행은 원칙적으로 자기계정거래가 금지된다(동조(a)(1)(A)). 그리고 헤지펀드 또는 PEF의 주식, 파트너십 또는 다른 형태의 소유권을 취득하거나 보유하는 행위와 이러한 펀드의 스폰서(sponsor)(동조(h)(5))[23]가 되는 것도 금지된다(동조(a)(1)(B)).

둘째, 연방준비제도이사회가 감독하고 있는 비은행금융회사[24]는 은행조직체에게 금지하고 있는 행위를 하는 경우에 별도의 연방감독기관이 정한 규칙에

23 헤지펀드 또는 PEF의 스폰서란 ① 해당 펀드의 무한책임사원(general partner), 경영진 혹은 수탁자로 근무하는 것, ② 해당 펀드의 이사, 수탁자 또는 경영자의 과반수를 선임 혹은 지배(그 종업원·임원·이사·대리인이 과반수 구성)하는 것 또는, ③ 법인조직, 마케팅, 판매 기타의 목적을 위하여 헤지펀드 또는 PEF와 명칭을 공유하는 것을 말한다.

24 여기에는 내국 또는 외국의 비은행금융회사를 모두 포함한다(도드-프랭크법 제102조(a)(4)).

의거 추가적인 자본(additional capital)이 요구되고, 동 행위에 대한 제한을 설정하고 있다(동조(a)(2)).

이러한 총칙에서 볼 수 있는 바와 같이 도드－프랭크법이 정하고 있는 볼커 룰의 구조는 간단하며, 미국의 금융시스템에 영향력이 큰 금융기관과 금융회사에 대하여 일부 업무의 금지와 제약을 가하는 법문 자체는 명료하다.

그러나 제111회 연방의회의 상원 및 양원협의회는 동항이 실제업무를 수행함에 있어서 미치게 될 영향력에 대한 논의는 충분히 이루어지지 아니하였던 것으로 보인다. 이로 인하여 도드－프랭크법 제619조가 금융안정감시위원회(Financial Stability Oversight Council, FSOC)에 요구한 조사·분석, 즉 동조(b)항의 조사 및 규칙 작성 규정을 보면, 볼커 룰을 실무적으로 적용하는 것이 결코 용이하지 아니함을 알 수 있다.[25] 이는 총칙규정이 실제로 업무에 미칠 영향력에 대한 분석을 결여한 채로 특정한 업무행위의 금지와 억제를 명기한 데서 발생하는 것이다.

결국 도드－프랭크법 제619조의 내용을 그대로 실무에 적용하는 것은 용이하지 아니하고, 적용하는 때에도 입법 시에는 예상하지 못하였던 영향이 자본시장에서 발생할 우려가 있는 것으로 보인다. 후술하는 동조(d)항의 허용된 업무에서도 이와 동일한 문제가 발생할 수 있다.

(2) 정의규정

도드－프랭크법 제619조는 본문에서 이용되고 있는 7개의 용어에 대한 정의를 내리고 있다(동조(h)). 7개의 용어는 ① 은행조직체(banking entity)(동조(h)(1)), ② 헤지펀드와 PEF(hedge fund and private equity fund)(동조(h)(2)), ③ 비은행금융회사(nonbank financial company)(동조(h)(3)), ④ 자기계정거래(proprietary trading)(동조(h)(4)), ⑤ 스폰서(sponsor)(동조(h)(5)), ⑥ 트레이딩계정(trading account)(동조(h)(6)),[26] ⑦ 비유동성펀드(illiquid fund) 등이 해당한다.[27]

---

25 FSOC, "Study & Recommendations on Prohibitions on Proprietary Trading & Certain Relationships with hedge Funds & Private Equity Funds"(2011. 1), pp.18~22.

26 도드－프랭크법상 '트레이딩계정'이란 주로 가까운 시기에 매각할 것을 목적 또는 단기의 가격변동에 의거 이익을 얻기 위하여 전매할 것을 의도하여 대상 증권 및 금융상품의 취득 또는 포지션을 취하는데 사용하는 계정 혹은 기타 연방은행당국(FRB·FDIC·OCC)과 SEC 및 CFTC가 규칙으로 정할 수 있는 계정을 말한다. 이에 관한 상세한 내용은 후술하는 Ⅳ.2(1) 참조.

27 이 중에서 이글에서 자주 인용되는 은행조직체(앞의 각주 2), 자기계정거래(앞의 각주 3),

5개의 연방감독기관이 볼커 룰을 규칙화하는 과정에서 장해가 된 것은 은행조직체 등의 실제업무에 비추어 금지와 제한의 대상이 되는 업무의 범위를 특정·구별하는 것이 어렵다는 데에 있었다. 그 이유 중의 하나는 도드－프랭크법 제619조(h)의 정의에서도 구할 수 있는데, 특히 '자기계정거래'와 '트레이딩계정'에 관하여는 연방감독기관이 공표한 최종규칙에서도 이 문제가 해소되었다고 보기 어렵다.

한편 다른 용어에 대하여 주의를 요하는 것은 헤지펀드 및 PEF의 정의이다. 이들은 종래부터 일반적인 용어로 사용되어 왔다. 도드－프랭크법 제619조에 따르면, 헤지펀드 및 PEF란 미국의 1940년 투자회사법(Investment Company Act of 1940)상 투자회사로서의 등록을 면제받는 회사(동법 제3조(c)(1)(7)에 의거한 회사) 또는 연방준비제도이사회 등의 연방은행당국, SEC 및 CFTC가 규칙으로 정하는 유사(similar) 펀드를 말한다(동조(h)(2)). 당해 펀드 중 PEF(1940년 투자자문업자법 제203조(m)) 이외의 것이 헤지펀드이다(동조(h)(7)(B)).

3. 허용된 업무

(1) 자기계정거래관련 업무

볼커 룰의 총칙이 은행조직체 및 비은행금융회사에 대하여 금지·제한을 가하고 있는 가운데, 도드－프랭크법 제619조(d)는 별도로 '허용되는 업무', 이른바 제외규정을 두고 있다. 도드－프랭크법 제619조상 자기계정거래에 대하여 허용되는 업무는 ① 거래가 허용되는 증권과, ② 거래의 성질 등의 조건 등으로 분류할 수 있다. 그 내용을 살펴보면 아래와 같다.

첫째, 자기계정으로 거래가 허용되는 증권은 ⓐ 미국의 국채, ⓑ 미국 연방정부의 주택증권 보증회사인 지니 메이(Ginnie Mae) 및 정부지원기관(government sponsored enterprise, GSEs)이 발행하는 증권. 여기에는 연방저당금고(Federal National Mortgage Association, FNMA, 통칭 'Fannie Mae'),[28] 연방주택대출저당금고(Federal Home Loan Mortgage Corporation, FHLMC 통칭 'Freddie

---

스폰서(앞의 각주 23) 및 트레이딩계정(앞의 각주 26)에 대하여는 관련주석 참조.

28 Fannie Mae'는 1968년 미국의 연방의회의 인가를 통하여 사적인 지분보유가 허가되는 정부지원기업이다. 미국 내의 2차 모기지시장에서 활동하며 미국내부와 국제자본시장에서 부보 증권발행을 통하여 모기지에 투자하였다(박선옥, 전게 논문, 338면 각주 7)).

Mac'),[29] [30] 연방주택대출은행(Federal Home Loan Bank, FHLB), 연방농업저당금고(Federal Agricultural Mortgage Corporation, FAMC) 및 농업신용시스템기관(Farm Credit System, FCS) 등이 포함된다(동조 (d)(1)(A)), ⓒ 주 및 지방행정기관(political subdivision)의 채무증서·참가권(동조(d)(1)(A) 후단) 등이 대상이다.

둘째, 자기계정거래가 허용되기 위한 조건으로서는 ⓐ 고객과 거래상대방으로부터 합리적인 기대되는 단기적인 수요를 초과하지 아니하는 범위에서의 인수(underwriting) 및 시장조성(market making)(동조(d)(1)(B)), ⓑ 보유 중인 포지션 및 계약과 관련되는 위험을 완화시키는 헤지행위(동조(d)(1)(C)), ⓒ 고객의 대리인으로서 행하는 거래(동조(d)(1)(D)) 등이 포함된다.

(2) 헤지펀드 또는 PEF설정 등에 관한 업무

도드－프랭크법 제619조는 은행조직체에 의한 헤지펀드 또는 PEF 등의 설정 내지 모집(offering)을 허용하고 있는데, 이를 위하여는 다음과 같은 조건을 충족하여야 한다.

1) 제619조(d)(1)(G)에 의거한 허용업무

첫째, 신의성실에 따른 신탁(bona fide trust), 수탁자로서의 업무 또는 투자조언서비스를 제공하는 행위(동조(d)(1)(G)(i)).

둘째, 위 첫 번째의 조건을 충족하고, 은행조직체의 고객에 대하여 해당 펀드를 설정·모집하는 행위(동조(d)(1)(G)(ii)).

셋째, 소액투자(de minimis investment)를 제외하고, 해당 펀드의 주식지분, 파트너십 및 기타 소유지분을 획득·보유하지 아니할 것(동조(d)(1)(G)(iii)). 여기서의 소액투자의 개념은 ① 은행조직체와 관계없는 투자자를 적극적으로 발굴하고, ② 펀드의 설정일로부터 1년 이내[31]에 은행조직체가 보유하는 소유권이 전체의 3%를 넘지 않는 수준까지 희석되어야 하고, ③ 보유하는 모든 펀드의

---

29 Freddie Mac은 1970년 연방의회의 승인을 통하여 Fannie Mac의 경쟁자로서 주식보유가 가능한 정부지원기업을 말한다(박선옥, 전게 논문, 338면 각주 7)).

30 Fannie Mae와 Freddie Mac는 2007년 기준으로 5.2조 달러의 모기지보증을 하였다. 그러나 납입자본(Equity Capital)은 보증금액의 2%미만에 불과할 정도로 부실하였다(Alan D. Morrison, "System risks and the 'too－big－fail' problem", Oxford Review of Economic Policy, Vol 27, No.3(2011), p.509).

31 다만 연방준비제도이사회에 의하여 2년 연장가능하다.

소유권이 해당 은행조직체의 Tire 1 자기자본의 3%를 초과하지 아니하는 투자를 말한다. 게다가, ④ 펀드에의 총투자잔고는 해당 은행조직체의 자산 및 유형주주자본(Tangible Equity)으로부터 공제된다(동조(d)(4)(B)).[32]

넷째, 제619조(은행지주회사법 제13조(f)(1)·(2))가 정하는 제한을 준수할 것(동조(d)(1)(G)(iv)). 이는 동조(f)의 헤지펀드 또는 PEF와의 관계의 제한을 의미한다.

다섯째, 헤지펀드 또는 PEF 등이 투자하는 펀드의 부채와 운용실적(performance)에 대하여 직접 또는 간접적으로 보증, 부채의 인수 또는 기타 보증을 하지 아니할 것(동조(d)(1)(G)(v)).

여섯째, 법인조직, 마케팅, 판매 기타의 목적을 위하여 헤지펀드 또는 PEF와 명칭을 사용하거나 공유하지 말 것(동조(d)(1)(G)(vi)).

일곱째, 헤지펀드 또는 PEF에게 직접 투자조언 등을 제공하는 자를 제외하고, 은행조직체의 이사와 종업원은 헤지펀드 등의 주식지분을 취득하거나 보유하지 말 것(동조(d)(1)(G)(vii)).

여덟째, 펀드의 투자자 및 잠재적인 투자자에 대하여 헤지펀드 또는 PEF에 대한 모든 손실은 투자자만이 부담하고 은행조직체는 부담하지 아니한다는 사실을 문서로 공시할 것(동조(d)(1)(G)(viii)).

2) 제619조(d)(1)(E) 및 동조(d)(1)(I)에 의거한 허용업무

도드-프랭크법은 제619조(d)(1)(G)에서 허용업무규정을 두는 이외에 다음과 같은 두 가지 조항을 추가하고 있다.

첫째, 1958년 소규모사업투자법(Small Business Investment Act of 1958)에 의거한 소규모사업투자회사에 대한 투자, 공공복지의 증진을 주요목적으로 하는 투자 또는 회생적격건물(qualified rehabilitated building) 등에 대한 회생적격지출(동조(d)(1)(E)).

둘째, 미국의 연방법이나 주법에 의거하여 설립된 은행조직이 직접 또는 간접적으로 지배하고 있지 아니한 은행조직에 의하여 미국 외에서만 헤지펀드 등의 지분, 파트너십 기타 지배권(ownership interest)을 취득·보유 또는 스폰서

32 이러한 공제는 도드-프랭크법 제619조가 규정하는 추가적인 자기자본을 요구할 때에 적용된다.

십에 따른 헤지펀드의 소유이익을 미국의 거주자에게 매도 권유되거나 매도되지 아니하는 업무(동조(d)(1)(Ⅰ)) 등이 그에 해당한다.

한편 도드-프랭크법 제619조에서 허용하고 있는 헤지펀드와 PEF 설정관련 업무에는 펀드의 무한책임사원(general partner), 업무집행사원(managing partner), 수탁자 및 이사가 되는 것을 포함한다(동조(d)(1)(G) 본문).

(3) 공통의 허용업무

도드-프랭크법 제619조는 연방은행당국(Federal banking agencies)인 연방준비제도이사회(FRB), 연방예금보험공사(FDIC), 통화감독청(OCC)은 물론 SEC 또는 CFTC가 규칙으로 은행조직체의 안전성, 건전성 및 미국의 금융안정(financial stability)을 촉진하고 보호하기 위하여 결정한 기타의 업무의 수행을 허용하고 있다(동조(d)(1)(J)).

(4) 허용업무로 보지 않는 경우

도드-프랭크법은 동법 제619조(d)(1)에 의거하여 허용된 업무일지라도 일정한 경우에는 허용업무로 보지 않을 수 있음을 적시하고 있다(동조(d)(2)). 그에 해당하는 업무는 다음과 같다.

첫째, 은행조직체와 고객 또는 거래상대방과의 사이에서 중대한 이해충돌을 발생시키거나 포함하는 행위(동조(d)(2)(A)(ⅰ)).

둘째, 은행조직체가 고위험자산 또는 고위험거래전략에 대한 중대한 익스포저를 직접 또는 간접적으로 발생시키는 행위(동조(d)(2)(A)(ⅱ)).

셋째, 은행조직체의 건전성과 안전성을 위협하는 행위(동조(d)(2)(A)(ⅲ)).

넷째, 미국의 금융안정성에 위협이 되는 행위(동조(d)(2)(A)(ⅳ)) 등이 있다.

연방은행당국, 즉 연방준비제도이사회(FRB), 연방예금보험공사(FDIC), 통화감독청(OCC)는 물론 SEC와 CFTC는 허용업무로 보지 않는 사항의 이행에 필요한 규칙을 제정하여야 한다(동조(d)(2)(B)). 그리고 앞의 세 연방은행당국은 허용업무를 수행하는 은행조직체의 안전성과 건전성을 확보하기 위하여 합당하다고 인정되는 경우에는 허용업무에 대한 추가적인 자기자본규제 및 분산투자의 강제(diversification requirements)를 포함하는 정량적 제한(quantitative limitations)에 필요한 규칙을 제정하여야 한다(제619조(d)(3)).

(5) 검토의견

도드-프랭크법은 총칙이 명시하고 있는 금지 또는 제한에 대한 제외규정을 두고 있는데, 이는 볼커 룰을 적용함에 있어서 혼란을 야기할 가능성이 있다. 예를 들어 허용된 업무로써 적시되어 있는 시장조성 등은 실제의 업무상으로는 금지행위와 구별하는 것이 쉽지 않다. 이는 실무의 적용상 문제이기도 하지만, 그 원인의 하나로서 앞에서 기술한 동법 제619조(h)의 '정의' 규정의 불명확성을 들 수 있다. 이 외에도 도드-프랭크법은 정부지원기관(GSEs)에 대한 직접적인 규제의 명기를 회피하고 있는데, 볼커 룰도 정부지원기관이 발행하는 증권의 취급에 대하여는 무조건으로 허용되는 업무에 포함하고 있다.

한편, 연방준비제도이사회 등의 연방감독기관이 작성한 규칙에는 없었지만, 도드-프랭크법의 제정 시에는 미국 이외의 국채 등이 제외규정에 포함되지 아니한 것은, 예를 들면, 미국계 상업은행에 의한 우리나라 국채 등의 거래에 큰 영향을 미칠 수 있을 것으로 보인다.

4. 헤지펀드 또는 PEF 등과의 관계의 제한

도드-프랭크법 제169조(d)(1)은 은행조직체 등의 헤지펀드 또는 PEF에 대한 허용업무를 명시하고 있는데, 그 경우에도 일정한 제한을 가하고 있다. 그 내용은 다음과 같다.[33]

첫째, 은행조직체가 ① 헤지펀드 등에 대하여 직접 또는 간접적으로 투자운용업자, 투자자문업자 혹은 스폰서로서의 역할을 하는 경우 또는, ② 헤지펀드 등의 설정·권유가 허용된 경우(동조(d)(1)(G)), 그 은행조직체 및 관계회사는 헤지펀드 또는 헤지펀드 등에게 지배되어 있는 펀드와의 사이에, '관계회사와의 거래규제의 대상이 되는 거래(covered transaction)(연방준비법(Federal Reserve Act, FRA) 제23A조)'를 하는 것이 금지된다(동조(f)(1)). 또한 이와 같은 거래는 연방준비법 제23B조의 규제를 받게 되어 은행조직체의 자회사와 동등한 취급을 받게 된다(동조(f)(2)).

둘째, 허용되는 서비스(permitted services)에 관한 제한을 하고 있다. 연방준

33 이 부분은 오성근, (앞의 각주 13), pp.167~168의 내용을 일부 수정하여 작성하였다.

비제도이사회는 다음과 같은 요건이 충족되는 경우에는 은행조직체가 운용, 스폰서 또는 조언을 하는 헤지펀드 등이 지분, 파트너십, 기타 소유권을 갖는 규제대상펀드와 전담중개업자(prime brokerage) 거래를 하게 할 수 있다(동조(f)(3)). 다만 이 경우 전담중개업자의 거래는 연방준비법 제23B조에 따라야 한다. 그리하여 ① 은행조직체가 설정·권유하는 펀드에 관한 제한(동조(d)(1)(G))을 준수하여야 하고(ⅰ), ② 은행조직체가 상급집행임원(chief executive officer, CEC)(또는 이와 동등한 한 자)이 일정한 요건을 충족시키고 있다는 취지를 매년 서면으로 인증하여야 하며(ⅱ), ③ 연방준비제도이사회가 당해 거래에 대하여 은행조직체가 안전하고 건전한(safe and sound) 업무 및 상황과 부합한다고 판단하여야 한다(ⅲ).

위와 같이 도드-프랭크법은 은행조직체의 이해상충거래에 대한 규제를 더욱 강화하고 있다. 그리하여 은행조직체가 헤지펀드 또는 PEF 등과 직접 또는 간접적으로 관계를 가지는 경우에는 감독기관에게 그러한 관계를 모두 밝히고 이해상충이 없다는 사실을 확신시켜야만, 해당 펀드 또는 해당 펀드에 의하여 지배되는 다른 헤지펀드 또는 PEF와 거래를 할 수 있다(동조(f)).

Ⅳ. 최종규칙의 주요내용

1. 원안과 최종규칙의 주요 異同點

볼커 룰에 관한 원안은 2011년 10월에 공표되었고, 최종규칙은 2013년 10월에 확정되었다. 최종규칙의 주요특징을 원안과 함께 감안하여 살펴보면 다음과 같다.[34]

첫째, 도드-프랭크법의 취지와 원안의 규정에서도 알 수 있는 바와 같이, 최종규칙의 규제의 목적은 예금보험 등의 정부지원을 받는 금융기관으로 하여금 위험성이 높은 사업을 영위하지 아니하도록 한다.

둘째, 원안이 공표된 이후 2012년 5월 JP Morgan이 런던에서 신용부도스왑(Credit Default Swap, CDS)[35]거래 등에서 20억 달러의 손실을 기록하는 등의 금

34 Final Rule Version, pp.13~14.

35 신용부도스왑이란 채권이나 대출금 등 기초자산의 신용위험(credit risk)을 전가하고자 하

융스캔들이 발생하자, 최종규칙은 자기계정거래를 제한하고 내부관리를 더욱 강화하는데 주안점을 두어 원안을 수정하였다.

셋째, 최종규칙은 규제대상의 거래로부터 은행조직체가 파생상품청산기관 등의 구성원으로서 행하는 거래 등을 배제하고, 그 이외에 외국은행이 행하는 자기계정거래를 폭넓게 인정하는 등 원안과 비교하여 다소 규제대상을 좁히는 조치를 취하였다.

넷째, 최종규칙은 규제대상거래에 관하여 원안보다 강화된 내부관리 및 거래·포지션확인을 요구하는 등 컴플라이언스 면에서 보다 엄격한 규제를 가하고 있다.

이러한 점을 고려하여, 이하에서는 은행조직체의 자기계정거래(최종규칙 Subpart B), 펀드투자에 대한 규제내용(최종규칙 Subpart C) 등에 초점을 맞추어 관련내용을 살펴보고자 한다.[36] 그리고 시행규칙안과 비교하면서 최종규칙에서 은행조직체의 내부통제프로그램에 대한 추가기준을 제시한 Appendix B에 대한 주요 내용을 정리하여 보고자 한다.

2. 자기계정거래의 금지 및 예외적 허용거래

(1) 최종규칙상 금융상품 및 트레이딩계정의 정의

최종규칙은 자기계정을 '은행조직체가 트레이딩계정을 통하여 하나 이상의 금융상품(financial instruments)의 매매의 주체로서 종사하는 것'이라고 정의하여 이를 원칙적으로 금지하고 있다(Subpart B 3(a)). 여기서 규제대상이 되는 금융상품은 ① 증권. 여기에는 증권에 관계되는 옵션을 포함한다. ② 파생상품. 여기에는 파생상품과 관련되는 옵션을 포함한다. ③ 장래 인수도하기로 한 상품(commodity)의 매각계약 또는 이에 관련된 계약 등이 포함된다. 다만 ⓐ 대출

는 보장매입자(protection buyer)가 일정한 수수료(premium)를 지급하는 대가로 기초자산의 채무불이행 등 신용사건(credit event) 발생 시 신용위험을 부담하는 보장매도자(protection seller)로부터 손실액 또는 일정금액을 보전 받기로 약정하는 거래를 말한다(김한준, "신용부도스왑(Credit Default Swap)의 재무적 특성과 국내외 제도적 고찰", 「경영법률」 제21권 제3호(한국경영법률학회, 2011), 243면; 정경영, "파생금융상품의 법적 성격 및 감독제도; 신용부도스왑을 포함한 신용파생상품은 보험이며 보험업법의 적용을 받는가?", 「금융법연구」 제9권 제1호(한국금융법학회, 2012), 20~21면).

36 규제대상 펀드(Covered Funds)에 대하여는 Subpart C.

(loan), ⓑ 일정한 조건을 충족하는 상품(commodity), ⓒ 외국환 또는 통화는 금융상품의 범위에서 제외하였다(Subpart B 3(c)).

트레이딩계정은 도드-프랭크법 제619조(h)(6)의 개념에 부합하도록 정의하고 있는데 다음과 같은 세 가지 조건을 충족하도록 하고 있다.

첫째, ① 단기의 전매(short-term resale), ② 단기의 가격변동(short-term price movements)을 통한 이익추구, ③ 단기의 차익이익(short-term arbitrage profits)의 실현, ④ 앞의 ① 내지 ③에서 발생하는 포지션을 헤지할 목적의 금융상품매매(Subpart B 3(b)(1)(i)). 여기서 '단기'란 원안과 마찬가지로 60일간을 말한다(Subpart B 3(b)(2)).

둘째, 은행조직체가 시장·위험·자본의 원칙(Market Risk Capital Rules)에 따라 위험자본을 산출하는 경우에는 최종규칙의 대상포지션 및 트레이딩포지션(covered positions and trading positions)인 대상금융상품의 매매를 위한 계정(Subpart B 3(b)(1)(ii)).

셋째, 은행조직체가 ① 딜러, 스왑딜러 또는 증권관련 스왑딜러인 경우에는 거래목적이 무엇이든, ② 등록이 요구되는 업무와 관련하여 금융상품을 매매하기 위한 계정, 또는 ③ 은행조직체가 미국 이외에서 딜러, 스왑딜러 또는 증권관련 스왑딜러로서 사업을 영위하는 경우에는 거래목적이 무엇이든 그 사업과 관련하여 금융상품을 매매하기 위한 계정(Subpart B 3(b)(1)(iii)).

위에서 본 바와 같이 최종규칙은 자기계정거래 및 그와 연관 있는 용어들에 관한 개념을 정의함에 있어서 도드-프랭크법 제619조와 유사한 표현을 사용하고 있다. 그리고 통화스왑 및 외환선도거래(foreign currency forwards) 등도 금융상품의 개념에 포함되도록 하여 그 적용범위를 넓히고 있으나, 명확성을 다소 결여하고 있는 것으로 보인다. 트레이딩계정을 적용함에 있어서는 제외국의 유사한 정의를 이용하지 못하도록 하고 있다.

(2) 자기계정거래에 해당하지 아니하는 거래

최종규칙은 자기계정거래에 해당하지 아니하는 거래의 정의규정이 신설되어 환매조건부채권매매(repurchase arrangements),[37] 증권대차거래(securities lending transactions), 유동성관리목적의 증권매매, 청산활동에 관계되는 거래 등은 자기

37 이를 Repo 거래 또는 RP거래라고 한다.

계정거래가 아닌 거래로 분류하고 있다(Subpart B 3(d)). 이와 관련하여 외국정부로부터 통화스왑과 외환선도거래가 규제대상이 되면 외국은행의 달러자금조달에 악영향을 미칠 수 있다는 의견도 있었다. 그러나 이 점에 관하여 최종규칙은 통화스왑과 외환선도거래가 규제대상이 될지라도, 은행조직체가 자기계정거래에 해당하지 아니하는 거래, 예를 들면 아래에서 열거하는 세 번째와 일곱 번째의 거래를 이용할 수 있기 때문에 문제될 게 없다는 입장을 취하였다.

최종규칙에서는 자기계정거래에 해당하지 아니하는 거래로서 다음과 같은 항목을 열거하고 있다(Subpart B 3(d)(1) 내지 (9)).

첫째, 환매조건부채권매매, 역환매조건부채권매매(reverse repurchase agree-ments)를 수반하는 금융상품의 매매((Subpart B 3(d)(1))).

둘째, 서면에 의한 증권대차계약에 의거한 증권의 일시적인 대차에 따르는 금융상품의 매매.

셋째, 문서화된 유동성관리계획(liquidity management plan)에 의거하여 실시되는 증권의 매매, 즉 유동성관리목적의 증권매매.

넷째, 청산기관 또는 청산대리인인 은행조직체에 의한 금융상품의 매매.

다섯째, 파생상품청산기관과 금융시장의 공익기업(financial market utility)의 구성원인 은행조직체가 행하는 청산활동.

여섯째, 기존의 인수도의무 등을 이행하기 위한 금융상품의 매매.

일곱째, 은행조직체가 대리인, 브로커 또는 자산보관자로서 행동하는 경우의 금융상품의 매매.

여덟째, 종업원 등의 보수제도를 통하여 실시되는 금융상품의 매매.

아홉째, 은행조직체가 통상의 회수업무 중에 실시하는 금융상품의 매매 등이 그에 해당한다.

(3) 유동성관리계획의 구성 내용

앞에서는 최종규칙상 자기계정거래에 해당하지 아니하는 항목을 열거하였는데, 그 중에서 세 번째 항목의 '유동성관리목적의 증권매매'란 다음의 6가지 내용을 포함하는 문서화된 유동성관리계획에 의거하여 실시되는 매매를 말한다.

첫째, 유동성관리목적으로 이용되는 증권을 특정하고, 그 금액, 종류, 리스크 특성 및 그것이 이용되는 상황을 승인하는 매매.

둘째, 특정된 증권의 매매가 유동성관리를 목적으로 하는 것이며, 단기의 전매 또는 단기이익의 취득 등을 목적으로 하는 것이 아님을 나타내는 매매.

셋째, 매매되는 증권의 유동성이 풍부하고(be highly liquid), 단기의 가격변동으로 인하여 손익이 발생할 것으로 예상되는 것이 아님을 나타내는 매매.

넷째, 매매되는 증권을 유동성관리계획에서 특정하는 방법에 의거하여 추정된 단기의 자금조달수요와 일치하는 수준으로 제한하는 매매.

다섯째, 국내외정부채 등의 거래를 허용하는 규정[38]에서 금지하고 있는 매매에 대하여 그 매매가 유동성관리목적이라는 점을 확실하게 하는데 필요한 문서화된 방침·절차, 내부관리, 분석 및 독립적인 자에 의한 검증을 포함하는 매매.

여섯째, 감독상의 요건, 자산보관자, 감독당국이 유동성관리에 관하여 기대되는 수준과 일치하는 매매.

위의 구성 내용 중 다섯 번째에서 나타나고 있는 바와 같이, 외국정부와 외국정부기관 등이 발행하는 채권의 매매에 관하여도 유동성관리계획에 기초하는 경우에는 자기계정거래에는 해당하지 아니하는 것으로서 취급한다(Subpart B 3(d)(2)).[39]

(4) 허용거래

1) 개 요

최종규칙 Subpart B는 일정한 조건을 충족시키는 것을 전제로 은행조직체의 자기계정거래에 대하여 허용되는 업무를 명시하고 있다. 이에 따르면 ① 인수관련업무, ② 시장조성업무, ③ 헤지거래, ④ 국내외정부채 등의 거래, ⑤ 고객을 대리하는 거래, ⑥ 보험회사에 의한 거래, ⑦ 외국의 은행조직체에 의한 거래 등은 허용된다.

최종규칙상 허용되는 업무는 도드-프랭크법 제619조를 답습하고 있지만, 일부 내용은 추가되었다. 이하에서는 상대적으로 중요도가 크다고 할 수 있는 앞의 ① 내지 ③의 내용을 중심으로 기술하고자 한다.[40]

---

38 이 내용은 원안에서는 없었지만, 최종규칙에서 추가되었다.

39 Final Rule Version, pp.69~70.

40 이 중에서 ① 국내외정부채 등의 거래에 대하여는 최종규칙 Subpart B 6(a)·(b), ② 고객을

2) 인수관련업무 및 시장조성업무

① 인수관련 업무

최종규칙은 다음과 같은 몇 가지 조건을 충족하는 때에는 은행조직체가 자기계정으로 인수관련업무를 영위할 수 있도록 허용하고 있는데, 그 구체적인 조건은 원안과 동일하다(Subpart B 4(a)).[41] 그 구체적인 조건을 살펴보면, 은행조직체가 인수업자로서 업무를 영위하고 있으며, ① 트레이딩 데스크(Trading Desk)[42]의 인수업무에 따른 포지션이 분배(distribution)와 관련이 있을 것, ② 트레이딩 데스크의 인수업무에 따른 포지션은 고객과 거래상대방이 합리적으로 기대하는 단기적인 수요를 초과하지 않는 범위 내에서 정해져야 하고, 그 포지션은 증권의 유동성과 시장의 상황 등을 감안하여 합리적으로 매각하거나 감소시키도록 노력할 것, ③ 최종규칙이 정하는 컴플라이언스 프로그램을 설정하고 실시할 것, ④ 보수제도는 금지되어 있는 자기계정거래를 하도록 동기를 부여하지 말아야 할 것 등이 그에 해당한다.

앞의 ①과 ②의 조건은 도드-프랭크법의 법문의 범위 내이지만, ③과 ④의 조건은 최종규칙에서 추가되었다.

② 시장조성업무

최종규칙상 시장조성업무에 관한 규정은 원안의 내용을 대폭 수정하였다.[43] 그 결과 최종규칙은 은행조직체가 다음과 같은 조건을 충족하는 경우에는 시장조성업무를 영위할 수 있도록 하고 있다(Subpart B 4(b)).

첫째, 트레이딩 데스크가 금융상품을 직접 매매 또는 시세를 제시할 수 있거나 혹은 시장 환경에 비추어 적절하게 자기의 계정에서 매수포지션(long position)을 취하여야 한다.

둘째, 트레이딩 데스크가 시장조성용으로서 갖고 있는 재고용 금융상품의 수량, 종류 및 리스크는 합리적으로 예상되는 고객과 거래상대방의 단기적인

대신하는 거래는 최종규칙 Subpart B 6(c), ③ 보험회사에 의한 거래는 최종규칙 Subpart B 6(d), ④ 외국의 은행조직체에 의한 거래에 대하여는 최종규칙 Subpart B 6(e) 참조.

41 Final Rule Version, pp.87~90.

42 인수업무에 있어서의 트레이딩 데스크는 언더라이팅 데스크(underwriting desk)를 포함하는 개념이다(Ibid., p.110).

43 Ibid., pp.151~166.

수요를 초과하지 아니하여야 한다. 이를 위하여 ① 관련시장의 유동성, 만기 및 대규모 매도의 소화능력(liquidity, maturity, and depth of the market), ② 과거의 수요, 현재 금융상품의 재고 등에 관하여 논증적인 분석(demonstrable analysis)을 할 필요가 있다.

셋째, 최종규칙이 정하는 컴플라이언스 프로그램을 도입·유지·집행하여야 한다. 그리고 컴플라이언스의 일환으로서 독립적인 입장에 있는 자는 ① 트레이딩 데스크가 직접 매매할 수 있는지의 여부, ② 트레이딩 데스크가 리스크 경감을 위하여 취할 수 있는 행동, ③ 트레이딩 데스크가 직면하는 한계, ④ 각 트레이딩 데스크의 컴플라이언스 준수상황에 관한 분석, ⑤ 거래상한선을 상회하는 거래승인 절차 등에 대하여 검증하여야 한다.

넷째, 트레이딩 데스크가 거래상한선을 초과하는 경우에는 신속히 거래상한선을 준수하는데 필요한 행동을 취하여야 한다.

다섯째, 종업원의 보수(compensation)제도가 금지되어 있는 자기계정거래를 초래하지 아니하도록 설정되어야 한다.

여섯째, 은행조직체가 필요한 면허를 취득하거나 또는 등록을 하여야 한다.

③ 검토의견

볼커 룰에 관한 최종규칙을 보면, 은행조직체의 인수업무 및 시장조성관련 업무는 공통적으로 트레이딩 데스크에 관한 규정을 조건으로 부가시켜서 허용하고 있다. 최종규칙은 트레이딩 데스크에 대하여 특정한 기능을 요구하면서, 은행조직체의 내부컴플라이언스에 의거하여 트레이딩 데스크를 관리하는 구조를 제시하고 있다. 그러나 앞에서 지적한 바와 같이 트레이딩계정 자체의 개념이 명확하지 아니하기 때문에 동일한 문제점은 여기에서도 발생할 것으로 보인다.

4) 위험을 완화시키는 헤지행위(Risk-Mitigating Hedging Activities)

최종규칙은 ① 은행조직체의 포지션과 계약, 기타 보유와 관련되는 위험을 완화시키는 헤지 행위와, ② 이러한 포지션 등과 관련하는 해당 은행조직체의 특정한 위험을 감소시킬 수 있도록 계획된 헤지행위에 대하여는 자기계정거래 금지사항에서 제외시키고 있다(Subpart B 5).[44] 다만 최종규칙은 이러한 행위가

44 Ibid., pp.348~351.

허용되기 위한 몇 가지 조건을 열거하고 있다. 그 주요 내용은 다음과 같다.

첫째, 은행조직체에는 인수 및 시장조성관련업무와 마찬가지로 위험을 완화시키는 헤지행위에 관한 문서화된 방침, 방법 및 내부컴플라이언스가 필요하다.

둘째 허용되는 헤지행위 자체는 각종 위험을 감소 내지 현저하게 경감시키는 행위이어야 하고, 해당 헤지행위가 새로운 또는 추가적인 위험을 발생시켜서는 아니 된다.

셋째, 허용되는 헤지행위는 문서화된 방침 등에 의거하여 은행조직체가 계속적인 조사, 감시 및 관리를 하여야 한다.

원안과 비교하여 최종규칙은 주요한 수정사항으로써 내부컴플라이언스 프로그램에 관련하여 다음과 같은 세 가지 사항을 추가하고 있는 점은 주목된다.

첫째, 트레이딩 데스크를 포함하여 헤지행위에 이용가능한 포지션,[45] 기법(technic) 및 방법에 대하여 합리적으로 작성된 문서로 의하여 방침과 수단을 마련하여야 한다.

둘째, 내부통제, 계속적인 감시와 관리, 승인절차 등이 포함되어야 한다.

셋째, 해당 헤지펀드행위에 따른 대상 위험의 완화에 관하여 상관분석을 포함한 분석 및 독립적인 자에 의한 상세한 검증을 하여야 한다.

이와 같이 은행조직체가 운영하여야 할 내부컴플라이언스 프로그램에 대한 요구는 원안 보다 상세하고 엄격하다. 요컨대, 은행조직체는 특정한 기능에 관한 내부컴플라이언스 프로그램을 설정·유지·시행하는 것을 조건으로 헤지행위를 인정하고 있다고 할 수 있다.

(5) 허용거래의 제한

볼커 룰에 관한 최종규칙은 은행조직체의 거래와 그 활동이 다음과 같은 조건 중 어느 하나에 해당하면 허용거래에 필요한 요건을 충족하고 있다고 하더라도 허용거래로서 인정되지 아니한다(Subpart B 7).

첫째, 은행조직체가 고객 또는 거래상대방 간의 중대한 이해충돌을 야기하는 경우.

둘째, 거래의 결과 은행조직체가 직접적 또는 간접적으로 고위험자산

---

45 그 상한선과 기한을 포함한다.

(High－Risk Asset) 또는 고위험투자전략(High－Risk Trading Strategy)을 취하는 경우.

셋째, 은행조직체의 건전성과 미국 금융시스템의 안정성을 위협하게 되는 경우 등이 그에 해당한다.

한편 위의 고위험자산 또는 고위험투자전략에 대하여는 최종규칙에서 상세한 정의를 내리고 있지 않기 때문에 금융당국의 재량적인 판단에 의존할 가능성이 높다.[46]

3. 펀드투자에 관한 규제 및 허용업무

최종규칙의 Subpart C는 펀드투자에 대한 규제 내용을 명시하고 있고, 일정한 조건을 충족하는 경우에는 예외적으로 허용업무를 열거하고 있다.

(1) 펀드의 지배권획득·보유 및 관계유지의 금지

최종규칙에 따르면, 은행조직체는 후술하는 일정한 조건을 충족하는 경우를 제외하고는, 자기를 본인(principal)으로 하여 직접 또는 간접적으로 PEF 또는 헤지펀드 등의 지배권(ownership interest)을 획득, 보유 또는 해당 펀드의 스폰서가 될 수 없다. 여기서의 지배권은 주식 지분 또는 파트너십 기타 이와 유사한 권리를 말한다. 예를 들면, 이사와 경영진 등의 지명·해임 등에 관여하는 권리 또는 해당 펀드의 이익을 수취할 수 있는 권리 등을 말한다.[47] 다만 은행조직체가 대리인, 브로커 또는 자산보관자로서만 행동하는 경우와 은행조직체의 연금(pension plan) 등에 관하여 수탁자로서 소유권을 관리하는 경우 등은 금지규정의 적용을 받지 아니한다.

(2) 대상펀드 및 제외펀드

1) 대상펀드

최종규칙은 원안의 대상펀드(covered fund)에 관한 규정을 대폭 수정하여 그 범위를 명확하게 하고자 하였다. 그 결과 최종규칙상 대상펀드는 ① 외국의 펀드(Foreign covered funds) ② 상품거래소법에 의거하여 상품선물 풀(Commodity

46 Final Rule Version, pp.495~497.

47 Ibid., pp.650~668.

pools)로 운영되고 있는 조직체 중에서 일정한 조건을 충족시키는 것, ③ 1940년 투자회사법에 의거하여 규제를 받는 조직체(Entities regulated under the Investment Company Act) 중에서 일정한 조건을 충족시키는 것 등이 그에 해당한다(Subpart C 10).

2) 제외펀드

최종규칙은 대상펀드에서 제외되는 펀드도 열거하고 있는데, 그 종류는 다음과 같이 14가지가 있다. 즉 ① 해외공모펀드, ② 은행조직체 또는 그 관계회사가 직접 또는 간접적으로 모든 소유권을 보유하고 있는 일정한 조직체, ③ 은행조직체 또는 그 관계회사와 관련이 없는 자에 의한 일정한 합작투자(Joint ventures), ④ 매수도구(acquisition vehicles), 즉 M&A 목적으로 일시적으로 이용되는 도구, ⑤ 해외연금펀드 또는 퇴직펀드(Foreign pension or retirement funds), ⑥ 보험회사의 특별계정(Insurance company separate accounts), ⑦ 은행이 구입하는 생명보험특별계정(Bank owned life insurance separate accounts), ⑧ 대출의 증권화(loan securitizations)의 발행조직체,[48] ⑨ 적격 자산유동화기업어음(Asset-backed commercial paper, ABCP)의 도관체, ⑩ 적격 커버드본드(Covered bond), ⑪ 소규모사업투자회사(small business investment companies, SBIC) 및 공익투자회사, ⑫ 1940년 투자회사법에 의거하여 등록한 투자회사 및 동법의 등록적용면제를 이용한 조직체(excluded entities) 등, ⑬ 연방예금보험공사의 파산기업관리업무 및 채무관리업무(receivership and conservatorship operations)에 관한 조직체, ⑭ 금융당국이 적절하다고 인정하는 조직체 등이 그에 해당한다(Subpart C 10).

(3) 허용업무

최종규칙은 자기계정거래에서 허용업무가 인정하고 있는 것과 마찬가지로 적용대상펀드에 관하여도 일정한 조건을 충족하는 경우에는 대상펀드의 지배권의 획득·보유 또는 대상펀드의 스폰서가 될 수 있도록 허용하고 있다. 그 조건은 다음과 같다(Subpart C 11).

---

48 보유자산에 관하여 대출(loan), 일정한 금리·외환파생상품, 일정한 증권 등에 한정하는 등의 조건이 부과되어 있다(Ibid., pp.571~572.).

첫째, 은행조직체가 신탁의 수탁자, 투자조언자(investment advisory), 상품선물 트레이딩조언자(commodity trading advisory)로서 서비스를 제공할 것.[49]

둘째, 대상펀드가 신탁의 수탁자, 투자조언자, 상품선물 트레이딩조언자(commodity trading advisory)로서 서비스를 제공하는 것과 관련하여 설정·모집될 것.[50]

셋째, 은행조직체 및 관계회사가 대상펀드의 채무와 운용성과를 직접 또는 간접적으로 보증 등을 하지 아니할 것.[51]

넷째, 대상펀드가 은행조직체와 동일한 명칭을 사용하지 아니하고, 또 그 명칭에 '은행'(bank)을 사용하지 아니할 것.[52]

다섯째, 은행조직체가 대상펀드에 관하여 명료한 공시를 할 것 그리고 관련규칙을 준수할 것 등이 그에 해당한다.[53]

한편, 자산유동화증권(asset-backed securities, ABS)의 발행자에 대하여는 별도의 규정이 마련되어 있는데, 위의 세 번째와 다섯 번째를 포함하는 일정한 조건을 충족하는 경우에 은행조직체가 자산유동화증권에 관한 증권업자로서 업무를 수행할 수 있다(Subpart C 14(a)(2)).

(4) 투자제한

최종규칙은 은행조직체가 대상펀드와 관련되는 허용업무를 영위함에 있어서는 개별적인 대상펀드와 모든 대상펀드에 부여된 각각의 투자제한규정을 준수하도록 하고 있다. 그리하여 은행조직체의 대상펀드에 대한 투자는 각 펀드의 의결권 있는 주식 수 또는 자산총액의 3%를 초과하여서는 아니 된다(Subpart C 12). 그리고 은행조직체의 모든 대상펀드에 대한 투자총액은 당해 은행조직에의 tier1 자본의 3%를 초과하여서는 아니 된다.[54]

---

49 Ibid., p.690.

50 Ibid., p.691.

51 Ibid., p.687.

52 Ibid.

53 Ibid.

54 Ibid., p.768.

4. 컴플라이언스 프로그램에 관한 규제

(1) 컴플라이언스 프로그램의 강화

볼커 룰에 관한 최종규칙은 Subpart D에서 은행조직체의 내부컴플라이언스 프로그램의 내용과 보고사항에 대하여 규정하고 있다. 그 내용은 볼커 룰에 관한 원안(proposed rule)보다 강화되었다. 최종규칙의 Subpart D는 은행조직체로 하여금 그 행동과 사업구조의 특징, 이른바 유형(type), 규모, 범위 및 복잡성 등에 맞추어 컴플라이언스 프로그램을 설정하도록 하고 있다. 그리고 최소한으로 해당 프로그램에 포함되어야할 6개의 항목을 제시하고 있고, 일정규모 이상의 자산을 보유하고 있는 은행조직체에 대하여는 추가기준을 제시하고 있다.

(2) 최저기준 및 추가기준

1) 최저기준

최종규칙은 Subpart D의 Appendix B에서 최소한으로 포함되어야 할 6개의 항목을 제시하고 있는데 그 내용은 다음과 같다(Subpart D 20(b)).

첫째, 자기계정거래 및 적용대상펀드에 관한 문서화된 방침과 절차(동조 제1항).

둘째, 컴플라이언스 준수사항을 감시할 내부관리시스템(동조 제2항).

셋째, 관리체계(management framework). 여기에는 컴플라이언스 프로그램에 대한 책임과 설명책임(Responsibility and Accountability) 등의 명시, 거래제한·전략·헤지행위·투자·인센티브보수(incentive compensation) 등에 관한 관리감독의 시행계획 등이 포함되어야 한다(동조 제3항).

넷째, 독립적인 자에 의한 검증(Independent testing) 및 컴플라이언스 프로그램의 유효성에 관한 감사(audit). 감사는 은행조직체 내부의 적격자 또는 제3의 적격자가 실시한다(동조 제4항).

다섯째, 트레이딩업무에 종사하는 직원 및 관리자 등의 훈련(training)(동조 제5항).

여섯째, 컴플라이언스 상황에 관한 기록·보관(making and keeping records). 관련 기록은 최저 5년간 보관하고, 감독기관으로부터 요청이 있는 경우에는 즉

시 제공하여야 한다(도드-프랭크법 제619조(e)(1)).

2) 추가기준

한편 최종규칙은 위와 같은 최저기준 이외에 추가기준을 제시하고 있다. 추가기준은 자기계정거래에서 허용되는 업무(Subpart B)를 행하고, 전년 말 기준으로 연결자산규모[55]가 500억 달러 이상인 은행조직체를 대상으로 한다(Subpart 20(c)(3)). 그리하여 이 자산기준에 해당하는 은행조직체는 연방감독기관의 요구사항을 문서에 의거하여 최종규칙의 Appendix B(허용된 업무의 판단기준)를 충족시켜야 한다. 즉 은행조직체는 최저기준상 내부컴플라이언스 프로그램의 유지와 관리를 조건으로 하여 복수의 자기계정거래가 허용된다. 그리고 은행조직체의 상급임원은 정기적인 조사를 하여야 하고, 최고경영자(CEO)는 컴플라이언스 프로그램의 제정, 유지, 시행, 조사, 검사 및 수정에 관하여 연차별로 입증하고 감독기관에 제출하여야 하는 점 등이 추가되었다.

(3) 검토의견

위에서 기술한 바와 같이 은행조직체는 Appendix B에 의거 내부컴플라이언스 프로그램의 이행에 대한 책임과 설명책임을 포함한 관리체계를 구축하여야 한다. 그리고 자기계정거래(Subpart B)를 업무의 하나로 삼고 있는 일정규모 이상의 은행조직체는 최종규칙의 Subpart D에 추가하여 Appendix B의 요건을 충족하는 내부컴플라이언스 프로그램을 유지함과 동시에 그 프로그램에 대한 최고경영자의 입증책임을 부과하고 있다. 이러한 점에서 최종규칙이 제시하고 있는 볼커 룰은 은행조직체의 일부의 업무를 금지하고 있는 규칙이라기보다는, 실질적으로는 은행조직체의 업무에 대한 관리체제의 수정을 요구하는 지배구조 규칙이라고 할 수 있다.

그러나 최종규칙은 내부컴플라이언스 프로그램에 관하여 포함하여야할 요건을 열거하고 있는데 불과하고, 컴플라이언스 프로그램을 포함한 은행조직체의 지배구조 프로그램의 효율성 등은 고려하지 아니하고 있다. 그리고 최종규칙이 추가한 최고경영자의 입증책임에 대하여도 구체적으로 증명하여야 할 사항이 포함되어 있지 않다. 이러한 문제는 향후에 구체적인 예가 제시될 것으로

55 외국은행은 미국 내에서의 자산규모.

기대되지만, 이러한 점 때문에 최종규칙은 완성된 형태의 지배구조 규칙이라고 부르기에는 미흡하다.

Ⅴ. 평가 및 영향 등[56]

1. 평 가

(1) Paul Volcker 등과 Merkley & Levin의 자기계정거래에 대한 인식의 차이

본래 볼커 룰의 개념은 전 연방준비제도이사회 의장이었던 Paul Volcker의 지론이었다. 예를 들면, 오바마정부가 발족하기 직전에 Paul Volcker, Tommaso Padoa－Schioppa 및 Arminio Fraga Neto 등이 중심이 된 G30의 연구회(working group)는 2009년 1월 15일 금융규제개혁보고서를 공표하였는데,[57] 이 보고서에서는 시스템상 중요한 금융기관의 자기계정거래는 높은 위험과 이해충돌의 우려가 있기 때문에 자본과 유동성에 관한 엄격한 규제를 할 필요가 있다는 제언을 하고 있다.[58] 그리고 금융기관이 자본을 보유하고 있는 헤지펀드 등은 해당 금융기관이 운영하거나 스폰서가 되는 것을 원칙적으로 금지하여야 한다고 지적하였다.[59]

이글 Ⅱ. 성립과정에서 언급한 제111회 연방의회의 상원에서 심의된 금융안정개혁법(S.3217)은 2009년의 G30의 원안에 가깝고, 미국의 양원협의회를 통하여 도드－프랭크법의 제619조에 도입된 Merkley & Levin 수정조항은 행위금지가 기초이다. 따라서 금융안정개혁법보다 엄격한 내용을 담고 있다. Merkley & Levin은 이러한 수정조항의 목적이 미국의 납세자를 보호하는 데 있다고 하고 있다. 그리고 자기계정거래 등에서 발생할 수 있는 위험과 고객 간의 이익충돌 행위를 제한하는 효과가 있을 것으로 기대하고 있다. 이 점은 Paul Volcker 등과 문제의식을 공유하는 것이다. 다만 Merkley & Levin은 자기계정거래가 세계적인 금융위기와 그 후의 경기후퇴에 중대한 역할(critical role)을 하고 있다고 분석하고 있다. 이러한 점에서 G30보다도 자기계정거래 등을 위험시하고 있다.[60]

56 볼커 룰이 우리나라 은행에 미치게 될 영향에 대하여는 박규찬, (앞의 각주 6), 72~78면.
57 G30 Report, Financial Reform: A Framework for Financial Stability(2009. 1. 15).
58 Ibid., p.21.
59 Ibid., p.59.
60 Jeff Merkley · Carl Levin, op. cit., p.515.

Merkley & Levin과 Paul Volcker 전 의장 등의 2009년(안)의 차이점은 주로 은행조직체의 자기계정거래에 대한 취급에 있는데, 자본과 유동성 등에 의한 억제를 고려한 Volcker에 대하여, Merkley & Levin 수정조항은 원칙적인 금지를 제언하고 있다. 양자의 차이는 금융위기에 있어서 자기계정거래 등의 역할에 대한 인식에서 연유한다. 이러한 점에서 볼커 룰을 평가함에 있어서는 금융위기에 있어서의 자기계정거래 등의 역할에 대한 분석이 불가결하다.

(2) 금융위기에 있어서의 자기계정거래의 역할

Paul Volcker 등과 Merkley & Levin의 인식의 차이에 대한 평가를 하기 위하여는 도드-프랭크법 제989조(b)에 의거한 정부회계감사원(Government Accountability Office, GAO)의 조사·분석결과를 인용할 필요가 있다.[61] 동 보고서는 6개 대규모은행지주회사의 자기계정거래와 헤지펀드 등에 관한 수익을 분석하고 있다. 그 분석은 2006년 6월부터 2010년 12월까지의 각 분기별 수익통계 등을 사용하고 있다.[62]

이 분석에 따르면, 6개 은행지주회사[63]는 자기계정거래 등으로부터 얻은 수익은 상대적으로 적은 반면, 금융위기 시 동 업무로부터의 손실은 컸다. 분석대상의 기간에 있어서, 예를 들면, stand-alone 자기계정거래(stand-alone proprietary trading)에서는 2007년 4/4분기와 2008년 4/4분기 등 5개 분기의 손실이 발생하였으며, 헤지펀드 등의 투자업무에서는 2008년 4/4분기 등 4개 분기에서 손실이 발생하였다.

그러나 은행지주회사의 수익전체의 관점에서 보면, 동 업무로부터 발생한 손실은 은행지주회사의 안정성을 현저하게 훼손할 수 있을 정도의 규모는 아니라고 지적하고 있다. 그리고 금융위기 시에는 오히려 대출업무와 인수업무부분에서 보다 큰 규모의 손실이 발생하였다고 결론내렸다.[64] 게다가 금융기관을

---

61 GAO, "Propriety Trading. Regulators Will Need More Comprehensive Information to Fully Monitor Compliance with New Restrictions When Implemented", GAO-11-529(2011. 7).

62 GAO, op. cit., pp.15~25.

63 Bank of America Corp, Citigroup Inc., the Goldman Sachs Group, Inc., JP Morgan Chase & Co, Morgan Stanley, Wells Fargo & Company 등이다(GAO, op. cit., 각주 5)).

64 GAO, op. cit., p.43(we found that many of thelargest losses experienced by these firms were in activities such as lending and underwriting).

〈표 1〉 최근 금융기관에서 발생한 주요 트레이딩손실

기관	발생연도	손실액(백만 달러)	자산대비비율	자기자본대비비율
Morgan Stanley	2007	9,605	28.8%	26.2%
Societe Generale	2008	7,546	12.0%	15.4%
JP Morgan Chase	2012	7,500	6.1%	8.5%
UBS	2011	2,300	3.8%	5.3%
Deutsche Bank	2008	1,879	4.0%	3.9%

출처: James R. Barth·Donald McCarthy(2013), p.68.

포함한 법인의 자기계정거래를 분석대상으로 삼은 미국의 또 다른 연구도 오래전부터 자기계정거래로 인하여 큰 손실을 본 것은 은행 이외의 법인이 많았다고 밝히고 있다.[65]

위의 표는 금융위기발생 이후 자기계정거래에서 발생한 주요 손실사례이다. 표에서 알 수 있는 바와 같이 Morgan Stanley 등에서 발생한 손실이 경영안정성을 저해할 가능성은 있었지만, 해당 업무에서 발생한 손실은 동 업종의 고유한 것이고, 경영에 현저한 악영향을 미쳤다고는 할 수 없다. 물론, 2007년 금융위기발생 시에 은행의 자기계정거래가 초래한 위험이 증가하였다는 연구보고도 있지만,[66] Merkley & Levin이 주장하였던 위기와 자기계정거래의 관계를 명확히 증명한 연구는 거의 찾아보기 어렵다. 정부회계감사원도 이러한 자기계정거래 등에 관한 포괄적인 정보수집이 필요하다고 하면서, 자기계정거래 등이 소규모라고 하면, 안정적인 수익을 얻을 수 있다고 기술하였고, 대규모 금융기

65 James R. Barth·Donald McCarthy, "What is the Likely Impact of the Volcker Rule on Markets, Business. Investors, and Job Creation?", the Journal of Private Enterprise. Vol.28, No.2(2013)(이하 'James R. Barth·Donald McCarthy(2013)'이라고 한다.), pp.63~74; James R. Barth·Donald McCarthy, "Trading Losses: A Little perspective on a Large Problem", Milken Institute(2012. 10), pp.1~12.

66 대표적으로 2013년 3월 제26회 Australasian Finance and Banking Conference에서 보고된 Michael R. King·Nadia Massoud·Keke Song의 논문. 이 논문은 이후 수정작업을 거쳐서 공표되었다. 동 논문은 은행의 위기 시에 은행의 트레이딩업무는 위험이 높아졌고, 수익성이 저하되었으며, 대리인문제가 심각하게 발생하였다고 주장하였다. Michael R. King·Nadia Massoud·Keke Song, "Does Bank Trading Activity Deliver Alpha or Just Higher Pay?"(2014. 6), pp.4~6, 48.

관의 트레이딩과 투자업무를 감독함에 있어서 연방감독기관은 새로운 도전(challenge)에 직면하고 있다고 결론 내렸다.[67]

(3) 학계에서의 부정적인 시각

미국의 학계에서는 볼커 룰의 효과에 대하여 의문을 제기하는 견해가 적지 않다. 그 논거는 ① 주요 은행의 총자산에 대한 트레이딩계정(trading book)의 비율은 볼커 룰의 제정 전에는 10%이었지만, 제정 후에는 3%로 감소하였고, ② 트레이딩업무의 수익의 변동성(volatility)[68]은 변화가 없으며, 게다가 ③ 허용된 자기계정거래의 경우, 그 트레이딩은 보다 투기적인 경향을 나타내고 있다는 점 등에 있다.[69]

(4) 검토의견

결국 종합적 판단하여 보면, 미국 정부와 연방의회가 금융위기에 대처를 함에 있어서 자기계정에 의한 거래를 특별히 위험시 하고 있는 것은 정밀한 경제적 분석을 결여하고 있는 것으로 평가된다.

2. 볼커 룰 적용의 용이성 여부

미국의 금융안정감시위원회(FSOC)는 도드-프랭크법 제619가 금지하는 행위와 허용하는 행위를 구별하는 것이 용이하지 아니하고 볼커 룰을 관할하는 연방감독기관이 통계를 기초로 하여 접근하는 것도 한계가 있다는 우려를 나타내고 있다.[70] 그리하여 금융안정감시위원회는 은행 등에게 내부감사 등 프로그램화 된 관리와 최고경영자(CEO)의 컴플라이언스 선언 등을 권유하고 있다.[71] 금융안정감시위원회의 이러한 행동들은 감독기구가 스스로 직접적인 규제의 운용을 회피하는 것처럼 보인다.

학계에서도 도드-프랭크법 제619조상의 정의가 불명확하기 때문에 볼커

67 GAO, op. cit., p.43.

68 실현수익률이 기대수익률에서 벗어날 위험(risk)의 크기를 말한다.

69 Jussi Keppo · Josef Korte, "Risk Targeting and Policy Illusions – Evidence from the Volcker Rule", 8th Annual RMI Risk Management Conference(2014. 3), pp.3~4.

70 FSOC, op. cit., p.42.

71 FSOC, op. cit., p.3.

룰을 적용하는 것이 용이하지 않다는 지적이 적지 않다.[72] 시장조성에 관하여 연구한 보고서에서도 실제로 업무를 수행함에 있어서는 허용된 시장조성업무와 금지행위를 구분하는 것이 용이하지 않을 것임을 밝히고 있다.[73] 그리고 동법 제619조가 허용하는 위험헤지(risk hedge)와 시장조성업무의 경우, 실무적으로 규제기관이 허용업무와 금지업무를 구별하는 것이 쉽지 않을 것으로 분석하고 있다.[74]

3. 영 향

(1) 시장유동성의 저하, 비용 및 도산확률의 증가

미국의 학계에서 분석하고 있는 바와 같이, 은행조직체 등은 볼커 룰에서 명백히 금지되고 있는 업무를 이미 그림자은행업(shadow banking)을 하는 별도 법인으로 분사(spin-off)시키고 있다.[75] 그리고 볼커 룰이 대상으로 삼고 있는 사채와 프라이빗 라벨 자산유동화증권(private-label ABS) 등의 증권은 그 시장 유동성이 저하될 우려가 있다는 견해도 있다.[76]

은행의 입장에서 보면, 시장조성업무는 본질적으로 자기계정거래이기 때문에 규제가 효과적일수록 ① 고객에 대한 서비스가 악화하고, ② 시장유동성 및 가격발견기능이 저하되고, ③ 시장거래에 관한 여러 비용을 증가시킨다는 분석도 있다.[77]

은행의 시장조성기능의 저하는 헤지펀드 등의 규제가 약한 업종에 의거 어느 정도 대체될 것으로 기대되는 한편, 금융시장 전체에 의도하지 아니한 체계적 위험(inadvertently increase systemic risk)을 증가시킬 것으로 예상되고 있다.[78]

72 Viral V. Acharya·Thomas F. Cooley·Matthew Richardson·Ingo Walter, Regulating Wall Street: The Dodd-Frank Act and the New Architecture of Global Finance, John Wiley & Sons, Inc(2010. 9), pp.181~212.

73 Anjan V. Thakor·John E. Simon, "THE ECONOMIC CONSEQUENCES OF THE VOLCKER RULE", Centre for Capitals Markets Competitiveness(2012. summer), pp.8~12.

74 Julian T.S. Chow·Jay Surti, "Making Banks Safer: Can Volcker and Vickers Do It?", WP/11/236, IMF Working Paper(2011. 11), pp.19~21.

75 Julian T.S. Chow·Jay Surti, op. cit., pp.3, 8, 28.

76 Julian T.S. Chow·Jay Surti, op. cit., p.14

77 Darrell Duffie, "Market Making Under the Proposed Volcker Rule", Stanford University Working Paper Series, No.116(2012. 1), p.4

시장조성자(market maker)에 대하여 추가적인 자본과 유동성을 요구하는 것은 금융시장에 부정적인 영향을 거의 없을 것으로 분석되고 있다.

시장조성업무가 위축될 것이라는 우려는 국제결제은행(Bank for International Settlements, BIS)도 동일하게 제기하고 있다. BIS는 미국을 포함한 각국의 시장에 있어서 시장조성활동에 대하여 보고하고 있다.[79] 이에 따르면, 볼커 룰의 도입 이후 ① 상대적으로 유동성이 낮은 사채시장의 거래가 활발하지 아니하고, ② 대부분의 시장에서 은행은 시장조성업무에 대한 자본배분을 축소시키고, 유동성이 낮은 자산의 재고를 감소시키고 있다. 이는 자본시장에 있어서 시장조성기능이 축소되는 것을 의미한다. 미국시장에서도, 예를 들면, SEC는 핵심 딜러(principal dealer)가 보유하고 있는 사채의 재고가 감소되고 있으며, 시장에서의 시장조성기능의 축소와 고정수익(fixed income)시장의 시장가격변동률(volatility)이 확대될 가능성을 우려하고 있다.

이 밖에도 볼커 룰은 은행의 시가총액은 감소시키는 반면, 도산확률은 증가시킨다는 연구결과도 있다.[80]

(2) 그림자은행업으로 대체가능성 및 고위험투자 유발

볼커 룰이 규제의 대상으로 삼은 업무가 규제의 대상이 아닌 그림자은행업 부문에 의하여 대체된다는 예측도 있다.[81] 해당보고서는 볼커 룰이 금융시장의 변화에 대응하지 못할 가능성을 지적하고, 금융시장전체의 위험총량은 증가할 것으로 분석하고 있다. 그리하여 볼커 룰이 단순히 은행조직체 등에게 비용만을 증가시키는 규제라고 결론내리고 있다.[82] 이 점 결과적으로 볼커 룰은 형해화 될 것이고, 사회적인 비용을 초래할 수 있음을 의미한다. 그리고 볼커 룰은 시

---

78 Ibid., p.22.

79 BIS, "Market-making and proprietary trading: industry trends, drivers and policy implications", CGFS Papers, No.52(2014. 12).

80 Sohhyun Chung · Jussi Keppo, "The Impact of Volcker Rule on Banking Profits and Default Probabilities", The University of Michigan 2013(2013), pp.101~102.

81 Carla Main, Shadow Banks, Dodd-Frank, UBS Notice: Compliance, Bloomberg(2011.2.7), http://www.bloomberg.com/news/2011-02-07/shadow-banking-dodd-frank-delays-ubs-wells-notice-compliance.html.; Charles K. Whitehead, "The Volcker Rule and Evolving Financial Markets", Harvard Business Law Review, Vol.1, Issue 1(2011), p.72.

82 Charles K. Whitehead, Ibid., p.73.

장의 유동성과 가격발견기능을 저하시킬 뿐만 아니라 투자활동의 자본비용을 증가시킴으로써 단기적이고 위험도가 높은 투자를 유발하게 된다는 지적도 있다.[83]

(3) 국채거래시장의 위축

일반적으로 개별적인 규제와 자본시장에서 나타나고 있는 현상과의 관련성을 증명하는 것은 쉽지 않다. 그러나 어느 정도 예측 가능한 경우도 있는데, 볼커 룰은 미국 이외의 국채 등을 적용제외규정에 포함시키지 아니하고 있는데, 이러한 점은 미국계 상업은행이 우리나라 또는 제3국의 국채 등의 거래에 적지 아니한 영향을 미칠 수 있을 것으로 보인다. 그리고 그로 인한 시장에서의 거래비용의 상승 등이 예상된다. 이 점 역시 비용과 수익의 관점에서 볼커 룰의 근본적이 수정을 가져오는 요인이 될지 모른다.

(4) 컴플라이언스준수비용의 증가

볼커 룰의 최종규칙은 컴플라이언스 프로그램을 강화시키고 있기 때문에 규제준수비용이 증가될 것이다. 시장조성업무를 영위하는 은행조직체 등이 컴플라이언스 관련 비용의 대부분은 볼커 룰이 각 트레이딩 데스크에게 요구하는 고객과 거래상대방의 합리적으로 기대하는 단기적인 수요예측과 연관이 있을 것으로 예상된다. 이 비용에는 범위의 경제에 의한 저하효과는 거의 기대할 수 없고, 그 업무에 대하여는 은행조직체의 내부컴플라이언스 프로그램에 의거 제한이 가해지기 때문에 규모의 경제 원리도 작동하지 아니할 것이다. 이로 인하여 은행조직체 등은 고정비용에 근접한 개개의 트레이딩 데스크의 수익성에 따라 해당하는 업무를 선별할 가능성이 있는 것으로 예상된다.

4. 최근 헤지펀드의 연이은 청산

볼커 룰이 적용된 이후 미국에서는 헤지펀드가 연이어서 청산을 결정하고 있다. 그 주요 펀드로는 타이거샤크, 타이거컨슈머, JAT캐피털매니지먼트 등 대형헤지펀드도 포함되어 있다.[84] 이 펀드들은 헤지펀드의 대표적인 펀드메니저였던 타이거펀드의 줄리언로버트슨으로부터 오랜 기간 수련을 받은 펀드매니저

83 Anjan V. Thakor · John E. Simon, op. cit., pp.13, 16, 18, 22.

84 한국경제신문, “3중고에 줄줄이 문 닫는 헤지펀드”(2015. 9. 19), A9면.

들이 설립을 하여 운용하여 온 펀드라는 점에서 다소 이례적이다.

이밖에도 세계 최대 사모펀드 블랙스톤이 투자한 헤지펀드 덴조이캐피털파트너스도 최근 운용실적 악화를 이유로 청산을 결정했다. 그리고 채권투자전문 헤지펀드 골드브릿지캐피털파트너스도 지난 4월 청산하기로 결정을 내렸다.

이러한 대형 헤지펀드들의 청산결정은 서로 이유가 다를 수 있지만, 금융감독당국의 규제 강화로 펀드 운영비가 증가하고, 운용수수료 등이 증가함에 따라 펀드의 유동성이 악화되고 있었다는 점은 공통적이다.[85] 이러한 배경에는 볼커 룰의 시행이 어느 정도는 영향을 미쳤을 것으로 추론된다.

Ⅵ. 맺음말

2007년 7월부터 시작된 금융위기 이후 미국에서는 도드-프랭크법을 중심으로 광범위하게 금융규제개혁을 추진하여 왔다. 그중에서 주목을 받고 있는 것이 동법 제619조의 볼커 룰이다. 동법 제619조에 의거하여 마련된 볼커 룰의 최종규칙은 예금보험대상기관, 예금보험대상기관을 지배하는 기업(이른바, 은행조직체(banking entity)와 비은행금융회사(non bank financial company)), 일부의 외국은행 및 이들의 자회사 및 관계회사가 자기계정거래(propriety trading)를 하거나 헤지펀드(hedge fund)·PEF(Private Equity Fund)에 대한 투자행위를 금지하거나 제한하고, 이를 실현하기 위한 컴플라이언스 프로그램을 구축하고 시행하는 것을 주된 내용으로 하고 있다. 최종규칙은 원칙적으로는 2014년 4월 1일부터 발효되었고, 컴플라이언스 프로그램은 2015년 7월 21부터 유효하다.

최종규칙에서 요구하는 컴플라이언스 프로그램의 내용을 감안하면, 볼커 룰은 미국 은행을 중심으로 규제준수비용이 높아질 것으로 예상된다. 최종규칙은 역외적용범위에 관하여 명확히 언급하지 않고 있어, 각 금융기관은 현재 처해진 상황을 감안하여 규칙의 적용범위를 설정할 필요가 있다.

이 밖에 최종규칙은 트레이딩업무를 중시하여 온 일부 미국은행의 수익에 부정적인 영향을 미칠 것으로 보인다. 이 때문에 향후 자기계정거래에 관한 지속적인 변화를 추구하는 금융기관이 등장할 가능성이 있다. 그리고 볼커 룰의

85 Ibid.

적용을 계기로 시장조성업무와 헤지거래가 과도하게 축소되고 위축되는 때에는 금융시장의 유동성이 저하되고 거래의 스프레드가 확대될 우려가 있다.

따라서 금융감독기관은 이러한 점을 고려하면서 볼커 룰을 적용하여야 하고, 그 결과가 금융기관과 금융시장에 미치고 있는 영향 등을 계속하여 주목하고 분석하여야 할 것이다. 마지막으로 볼커 룰의 최종규칙은 미국 이외의 국채 등을 적용제외규정에 포함시키지 아니하고 있는데, 이 점은 향후 미국계 상업은행이 우리나라 국채 등을 거래하는 데 적지 아니한 영향이 예상된다. 따라서 이에 대한 정부차원의 대책을 강구할 필요도 있다.

참고문헌 R·E·F·E·R·E·N·C·E·S

김성천, "미국 도드-프랭크 월가개혁 및 소비자보호법과 기업지배구조의 개선", 「기업지배구조 리뷰」제54호 1/2월(한국기업지배구조개선지원센터, 2011).

김재형, "미국의 도드-프랭크법과 금융 기관의 M&A 동향", 「기업법연구」 제27권 제2호(통권53호)(한국기업법학회, 2013).

김한준, "신용부도스왑(Credit Default Swap)의 재무적 특성과 국내외 제도적 고찰", 「경영법률」 제21권 제3호(한국경영법률학회, 2011).

김희철, "프랍 트레이딩규제에 관한 고찰", 「금융법연구」 제11권 제3호(한국금융법학회, 2014).

류혁선, "미국 금융지주회사 제도에 관한 고찰과 그 시사점", 「은행법학회」 제5회 정기학술대회발표논문(2010. 4).

박규찬, "볼커룰 시행규정안이 한국의 은행에 미치는 영향 및 그 대책", 「은행법연구」 제5권 제1호(한국은행법학회, 2012. 5).

박선욱, "미국의 금융개혁과 볼커 룰의 적용에 관한 연구", 「법과 정책연구」 제10집 제3호(한국법정책학회, 2010).

서병호, "도드-프랭크법의 주요 내용 및 시사점", 「기업지배구조 리뷰」 제55호 3/4월(한국기업지배구조개선지원센터, 2011).

성희활, "국내 헤지펀드의 본격도입에 따른 규제체계 정비방향에 대한 고찰", 「KRX Market」 제63호(한국거래소, 2010. 5).

신보성, "볼커 룰 법제화에 따른 영향과 시사점", 「자본시장 Weekly」 2010-34호(자본시장연구원, 2010).

오성근, "도드-프랭크법상 금융감독기구 개혁 및 입법적 시사점", 「경영법률」 제22집 제4호(경영법률학회, 2012).

이태규, "오바마 정부의 '볼커 룰'에 대한 평가 및 시사점", 「KRTI Insight」 10-03(한국경제연구원, 2010. 6).

정경영, "파생금융상품의 법적 성격 및 감독제도; 신용부도스왑을 포함한 신용파생상품은 보험이며 보험업법의 적용을 받는가?", 「금융법연구」 제9권 제1호(한국금융법학회, 2012).

주강원, "장외파생상품거래의 규제에 대한 연구: 미국의 도드-프랭크법(Dodd-Frank Act)의 규제을 중심으로", 「홍익법학」 13권 1호(홍익대학교, 2012. 2).

한국경제신문, "3중고에 줄줄이 문 닫는 헤지펀드"(2015. 9. 19).

Alan D. Morrison, "System risks and the 'too-big-fail' problem", Oxford Review of Economic Policy, Vol 27, No.3(2011).

Anjan V. Thakor·John E. Simon, "THE ECONOMIC CONSEQUENCES OF THE VOLCKER RULE", Centre for Capitals Markets Competitiveness(2012. summer).

BIS, "Market-making and proprietary trading: industry trends, drivers and policy implications", CGFS Papers, No.52(2014. 12).

Carla Main, Shadow Banks, Dodd-Frank, UBS Notice: Compliance, Bloomberg(2011. 2. 7).

Charles K. Whitehead, "The Volcker Rule and Evolving Financial Markets", Harvard Business Law Review, Vol.1, Issue 1(2011).

Darrell Duffie, "Market Making Under the Proposed Volcker Rule", Stanford University Working Paper Series, No.116(2012. 1).

FSOC, "Study & Recommendations on Prohibitions on Proprietary Trading & Certain Relationships with hedge Funds & Private Equity Funds"(2011. 1).

GAO, "Propriety Trading. Regulators Will Need More Comprehensive Information to Fully Monitor Compliance with New Restrictions When Implemented", GAO-11-529, (2011. 7).

G30 Report, Financial Reform: A Framework for Financial Stability(2009. 1. 15).

James R. Barth·Donald McCarthy, "What is the Likely Impact of the Volcker Rule on Markets, Business. Investors, and Job Creation?", the Journal of Private Enterprise. Vol.28, No.2(2013).

James R. Barth·Donald McCarthy, "Trading Losses: A Little perspective on a Large Problem", Milken Institute(2012. 10).

Jeff Merkley·Carl Levin, "The Dodd-Frank Act Restrictions on Proprietary Trading and Conflicts of interest: New Tools to Address Evolving Threats", Harvard Journal of Legistration, Vol.48, No.2(2011).

Julian T.S. Chow·Jay Surti, "Making Banks Safer: Can Volcker and Vickers Do It?", WP/11/236, IMF Working Paper(2011. 11).

Jussi Keppo · Josef Korte, “Risk Targeting and Policy Illusions – Evidence from the Volcker Rule”, 8th Annual RMI Risk Management Conference(2014. 3).

Michael R. King · Nadia Massoud · Keke Song, “Does Bank Trading Activity Deliver Alpha or Just Higher Pay?”(2014. 6).

Sohhyun Chung · Jussi Keppo, “The Impact of Volcker Rule on Banking Profits and Default Probabilities”, The University of Michigan 2013(2013).

Viral V. Acharya · Thomas F. Cooley · Matthew Richardson · Ingo Walter, Regulating Wall Street: The Dodd – Frank Act and the New Architecture of Global Finance, John Wiley & Sons, Inc(2010. 9).

제 4 장 지급결제서비스에 관한 법규제의 현상과 과제

Ⅰ. 들어가며

해외의 금융업계에서는 핀테크(FinTech)라고 하는 금융에 대한 IT를 응용한 새로운 기술혁신을 도입하면서 경제를 성장시키고 있다. 은행을 거치지 않고 이메일·소셜 네트워크 등의 비대면 방법을 통한 결제·송금 서비스, 대출업무(social lending), 인공지능(AI, Artificial Intelligence의)과 빅 데이터(Big Data)를 이용한 투자서비스 등 다양한 서비스가 등장하고 있다.[1] 미국에서는 실리콘밸리

* 이효경 집필.

* 「비교사법」(한국비교사법학회) 제23권 제1호(2016. 2)에 게재된 내용을 다소 수정·보완한 것이다.

1 미국의 온라인 기반의 개인 간 자금대출 중개기업으로서 렌딩클럽(Lending Club)이 제공하는 대출 중개서비스는 2014년 12월에 기업공개(IPO)를 실시하였고 시가총액은 70억 달러(7조 5천억원)에 달한다. 10억 달러(1조 2,000억원) 이상의 기업 가치를 평가받는 비상장회사를 유니콘스타트업이라고 하는데 미국 벤처캐피탈 조사회사인 CB인사이츠의 집계(CB Insights Unicorn Data(https://cb-insights-unicorn-data.silk.co/)(2016. 2. 1.방문))에 따르면 2015년 한해에만 전 세계에서 70개사 가까이 새로 등장했으며, 전체 유니콘 145개사의 절반가량이 작년에 나온 것이다(한국일보, "내년 IT업계 최대 화두, 핀테크가 창조할 금융혁신", 2015. 12. 28). 이들 유니콘 기업의 기업가치의 총액은 5,000억 달러(약 564조원)에 달하며, 그중 미국 기업이 가장 많고 그 기업 가치는 3,100억 달러(약 371조원)에 달한다. 또 미국 스타트업 정보업체 CB인사이츠에 따르면, 15개의 중국 스타트업이 유니콘 대열에 이름을 올렸다(世界で台頭巨大ベンチャー「ユニコーン」勢力図(http://vdata.nikkei.com/prj2/ni2015-globalunicorn/)(2016. 2. 2.방문)). 샤오미(Xiaomi)의 기업가치는 460억 달러(약 50조6,000억

를 중심으로 신흥기업이 대두되어 스마트폰을 활용한 대금 결제가 보급되었고, 중국에서는 최대 전자상거래 알리바바 그룹(Alibaba Group Holding Limited)의 알리페이(Alipay)라고 불리는 결제서비스를 통해 물건에서 공과금 납부까지 다양한 지급서비스를 제공하고 있다. 핀테크의 선구적인 존재라고 할 수 있는 페이팔(PayPal)은 1998년에 미국에서 설립되어 인터넷을 기반으로 대금지급 및 자금이체서비스를 제공함으로써 종래 방법보다도 송금수수료를 싸게 이용할 수 있으며 송금을 중개하기 때문에 점포에서 신용카드 번호 등을 판매자에게 제공하지 않고 이메일주소만으로 결제가 가능하다.[2] 미국에서 온라인 경매사이트로 설립된 이베이(eBay)[3]가 2002년에 페이팔을 인수하여 자회사로 편입하였으나, 전자상거래 플랫폼인 이베이보다 결제수단인 페이팔의 성장세가 두드러진 상황이 되면서 2015년 7월에 독립법인으로 상장하였다. 이를 통해 핀테크가 얼마나 중요한 존재가 되고 있는지 알 수 있다.[4]

원)를 기록해 우버(Uber)의 기업가치 680억 달러(약 78조원)에 이어 2위를 차지했으며, 한국은 2개 기업이 포함되었고 일본 기업은 한 곳도 없었다. 한국은 쿠팡(Coupang)(기업가치 50억 달러)과 옐로우모바일(Yello Mobile)(기업가치 10억 달러)이 포함되었다(世界で台頭巨大ベンチャー「ユニコーン」勢力図(http://vdata.nikkei.com/prj2/ni2015－globalunicorn)(2016. 2. 2.방문)).

2 페이팔은 초기에는 페이팔 계좌를 이용하여 상거래대금 결제 및 개인 간 송금 등 온라인 지급서비를 주로 제공하였으나 이후 금융기관과 연계한 대출중개, 실물의 선불형 직불카드 발급, 모바일 기기를 이용한 오프라인 상점의 대금결제 등으로 사업영역을 지속적으로 확대해왔다. 이용방법은 고객이 페이팔에 계좌를 개설한 후 은행예금 또는 신용·직불카드 등으로 예치(선불지급수단)한 후 수취인의 이메일 주소를 이용하여 물품대금을 결제하거나 개인 간 송금서비스를 이용한다. 신용카드 정보를 한번 입력해 두면 비밀번호 입력만으로 이용 가능하며, 또한 이름과 계좌번호(신용카드 번호) 등 정보를 판매자에게 제공하지 않고 이메일주소만으로 결제가 가능해 개인정보 보호가 가능하다. 김규수·이동규·이슬기, "국내외 비금융기업의 지급서비스 제공현황 및 정책과제", 「지급결제조사자료2014－6」(한국은행 금융결제국 결제연구팀, 2014), 16면.

3 1995. 9월 온라인 경매사이트로 미국에서 설립된 이베이는 전 세계를 대상으로 전자상거래 플랫폼 및 지급서비스를 제공하는 기업으로 당초 온라인상 개인 간 상거래를 중개하는 업무(C2C)로 시작하였으나 이후 개인과 기업(B2C), 기업 간(B2B) 상거래를 중개하는 업무로 확장하여 세계 최대의 온라인 경매 및 전자상거래 업체로 성장하였으며, 현재 이베이의 사업부문은 ① 온라인상거래(marketplaces) 플랫폼, ② 페이팔 중심의 지급결제서비스, ③ 디지털 마케팅 서비스인 GSI커머스 3개로 성장하였다. 김규수·이동규·이슬기, 앞의 글, 15면.

4 野口悠紀雄, "フィンテックなどで新サービス, 日本は消費者志向の規制緩和を", 「エコノミスト」(2015. 12. 22), 38頁.

〈표 1〉 인터넷쇼핑시 지급수단 이용현황[5]

(건, 만원, %)

		신용카드	체크·직불카드	계좌이체	휴대폰 소액결제	선불카드·전자화폐	모바일 카드	합계
건수 기준	건수	1.7	0.4	0.5	0.1	0.0	0.0	2.7
	비중	63.8	13.0	19.6	2.1	0.7	0.8	100.0
금액 기준	금액	7.8	1.4	2.7	0.1	0.0	0.1	12.1
	비중	64.7	11.4	22.1	0.9	0.1	0.7	100.0
건별 거래 금액		4.5	3.9	5.1	1.9	0.9	4.1	4.5

현재 우리나라의 온라인쇼핑과 같은 전자상거래 결제 시장의 경우 신용카드 결제비율이 계좌이체 및 무통장입금보다 압도적으로 높다(<표 1>). 하지만 최근 지급결제서비스의 트렌드는 단연 모바일 지급결제서비스의 확산이라고 할 수 있다.[6] 이는 결제·송금에 있어서 스마트폰의 보급에 따라 신규 지급결제서비스가 차례로 스마트폰상에 제공됨에 따라 모바일 결제 플랫폼이 크게 주목받고 있기 때문이다.[7] 이러한 지급결제 및 송금 서비스를 제공하는 스타트업으로 주목받고 있는 기업 중에 미국의 주요 핀테크 기업으로 스트라이프(Stripe)와 스퀘어(Square)가 있다. 미국의 스퀘어의 경우 전용 리더기를 스마트폰에 연결하여 신용카드 결제가 가능하도록 한 스퀘어 리더기 결제서비스를 실시하여 점포

5 [그림 1]의 지급수단별 월평균 이용건수는 신용카드가 1.7건(63.8%)으로 가장 많고, 계좌이체가 0.5건(19.6%), 체크·직불카드 0.4건(13.0%) 순이다. 지급수단별 이용금액도 신용카드가 7.8만원(64.7%), 계좌이체가 2.7만원(22.1%), 체크·직불카드가 1.4만원(11.4%) 순으로 나타났다. 송은영·박정현, “2015년 지급수단 이용행태 조사결과 및 시사점”, 「지급결제조사자료2016-3」(한국은행 금융결제국 결제연구팀, 2016), 26~27면.

6 고평기, “최신 글로벌 지급결제 트렌드 및 시사점”, 「지급결제와 정보기술」 제54호(금융결제원, 2013), 4면.

7 선진국에서는 모바일 지급결제서비스가 최신 기술을 적용하여 신규 지급결제서비스로 확산되고 있으며, 국내에서도 스마트폰 확산으로 모바일 지급서비스에 유리한 환경이 조성되고 있다. 국내 스마트폰 가입자는 2011년 이후 급격히 늘어나 2015년 9월말 기준 국내 전체 휴대폰 보급대수는 53.3백만 대, 스마트폰 보급대수는 42.6백만 대로 스마트폰 보급률은 79.9%에 달한다(미래창조과학부). 국내 모바일 쇼핑은 2013년 6조원 규모로 성장한데 이어 2016년에는 25조원 이상으로 늘어날 전망이다. 채규항·손화자·조민경, “2015년 모바일금융서비스 이용행태 조사결과 및 시사점”, 「지급결제조사자료2016-1」(한국은행 금융결제국 전자금융팀, 2016), 2면.

에서 카드결제용 단말기를 설치할 필요가 없어 부담을 덜 수 있다.[8]

오늘날 주요국들은 지급결제환경 변화를 수용하여 각국의 핀테크 시장은 급속도로 성장하고 있지만 일본의 경우 크게 뒤처져 있는 가장 큰 원인은 규제라고 볼 수 있다.[9] 예를 들면, 중국의 알리바바가 일본에서 개인 간 송금, 공과금 납부, 신용카드 대금결제 및 타 가맹점에 대한 지급거래 서비스, 금융기관과 연계하여 대출 중개를 제공하려고 할 때 일본의 「자금결제에 관한 법률(資金決済に関する法律)」(이하, 「자금결제법」이라 함),[10] 「대금업법(貸金業法)」[11]에 저촉된다. 또 일본에서 은행은 면허제(은행법 제2조 제1항), 자금이동업자는 등록제(자금결제법 제37조)로 되어 있어서 금융기관 등의 인허가도 복잡하다는 점이 횡단적인 서비스를 어렵게 하고 있다는 지적이 있다.[12] 유럽연합(EU)의 경우 이미 지급결제의 공통 법제를 설립하고자 2005년 10월 지급결제서비스지침(Payment Services Directive, 이하, 「PSD」라 함)[13]을 제정하고 금융기관뿐 아니라 비금융기관을 포함한 지급결제의 공통 법제를 마련하여 은행보다 완화된 규제체계 하에서 지급결제서비스를 제공하는 것이 가능하도록 하였다.[14]

일본도 2010년 자금결제법을 제정하여 송금업무와 대출업무를 은행 이외의 사업주체도 할 수 있도록 전자자금이체, 선불지급수단 발행 등 비금융기업의 지급서비스 관련 법체계를 마련하여 규제 완화를 도모해 왔다. 하지만 최근의 지급결제환경 변화를 배경으로 금융과 IT융합에 의해 다양한 지급서비스를 유연하게 전개하기 위하여 업종을 횡단하는 형식의 규제를 장래에 구축할 수

8 최규선, "주요국 핀테크 현황 및 시사점", 「지급결제와 정보기술」 제60호(금융결제원, 2015), 8면.

9 野口悠紀雄, 앞의 글, 39頁.

10 일본의 자금결제법(平成21年(2009년)6月24日法律第59号)은 2010년 4월 1일부터 시행되었다.

11 일본의 대금업법(昭和58年(1983년)5月13日法律第32号)은 1983년 5월 13일 공포되어 동년 11월 1일에 시행되었다.

12 "金融庁, 「フィンテック」普及前提の法整備を議論" 日本経済新聞2015年9月15日付.

13 DIRECTIVE 2007/64/EC OF THE EUROPEAN PARLIAMENT AND OF THE COUNCIL of 13 November 2007. (http://eur−lex.europa.eu/LexUriServ/LexUriServ.do?uri=OJ:L:2007:319:0001:0036:en:PDF)(2016. 2. 3. 방문)

14 EU의 지급결제지침에 대한 소개는 이지은, "EU의 지급서비스지침", 「신탁법의 기본문제와 외국의 지급결제제도」한국비교사법학회 동계학술대회 발표자료(2016), 55면 이하.

있도록 작년까지 개혁방향을 정리하고 올해 법 정비를 검토하고 있다.

우리나라는 금융위기 이후 지급결제영역에서는 경쟁 및 효율성 추구 방향으로 규제가 개편됨에 따라 비금융기업의 지급결제시장에 참여가 가능하다.[15] 2014년 말 국내에 핀테크가 화제로 떠오른 이후, 1년여 간 IT업계와 금융업계는 시장선점을 위한 경쟁이 지속되고 있고, 특히 간편결제서비스[16] 분야에서는 경쟁이 치열하다.[17] 비금융기업이 IT기술을 활용하여 새로운 지급수단 또는 서비스를 도입하거나 동일한 서비스를 다수 금융기관에 제공함에 따라 기존 법체계의 사각지대가 발생할 수 있고,[18] 최근 소액결제시장 혁신을 위해 규제완화 등을 추진하고 있으나 혁신을 뒷받침할 수 있는 지급결제인프라 개선 방안에 대한 논의를 보완할 필요가 있다는 지적이 제기되고 있다.[19] 지금까지는 지급결제 분야에서 소비자 보호를 하고 서비스의 수준을 유지하기 위해서 규제를 강화되어 왔지만, 현재 스마트폰을 기반으로 하는 신종 전자지급서비스가 확산됨에 따라 규제적 환경을 완화하여 창의적이고 다양한 지급서비스가 개발되고 확산될 수 있도록 지원하는 한편, 소비자 보호를 위한 대책도 마련 할 필요가 있다.[20] 이를 위하여 본고에서는 최근 일본의 지급결제서비스에 관해 제시한 개혁의 현황과 추진과제를 검토하고 이를 참고로 하여 우리나라 지급결제서비스의 법 제도 개선방향에 대한 시사점을 얻도록 한다.

---

15 송은영·박정현, “우리나라 소액결제시장 혁신을 위한 과제”, 「지급결제조사자료2015－3」(한국은행 금융결제국 결제연구팀, 2015), 2면.

16 간편결제서비스란 모바일을 포함한 온라인 상거래 시 구매자가 신용카드 정보, 계좌 정보 등의 결제정보를 최초 1회 또는 최소한의 횟수로 입력하고 결제 시에는 비밀번호 등의 인증만으로 결제를 완료하는 방식의 서비스를 통칭한다. 구매자가 사전에 본인의 결제정보를 결제서비스 제공업체 또는 금융기관의 서버에 저장하는 서버형 결제서비스와 결제서비스 제공업체의 가상계좌 등에 일정 금액을 충전한 후 결제하는 충전식 전자지갑 서비스가 이에 해당한다. 미국의 페이팔은 서버형 결제서비스, 중국의 알리페이는 충전식 전자지갑 서비스의 대표적인 사례라고 할 수 있다. 조현아, “국내외 비금융기관의 간편결제서비스 관련 동향 및 시사점”, 「지급결제와 정보기술」 제58호(금융결제원, 2014), 2면.

17 김철홍, “간편결제서비스를 돌아보다”, 「Card Business Brief」 제15권 5호(2015), 39면.

18 김규수·이동규·이슬기, 앞의 글, 100면.

19 송은영·박정현, “우리나라 소액결제시장 혁신을 위한 과제”, 1면.

20 채규항·조민경·배문선, “신종 전자지급서비스의 확산 및 제약요인과 과제”, 「지급결제조사자료2015－2」(한국은행 금융결제국 전자금융팀, 2015), 7면.

Ⅱ. 일본 지급결제제도의 법 규제의 최근 동향

1. 일본의 지급결제서비스의 현황

핀테크는 스마트폰을 이용하여 대금을 결제하거나 빅데이터 등 최신IT기술을 구사하여 인터넷상에서 융자를 해 주는 등의 금융서비스로서 세계적으로 확산되고 있다. 일본에서도 많은 IT기업이나 대형 인터넷 통신판매기업이 핀테크에 참여하고 있다. 전술한 바와 같이 해외에서 사업회사에 의한 IT를 활용한 금융관련 서비스에 대한 참여 사례가 증가해 오고 있다. 예를 들면, 온라인 몰 회사나 전자상거래사업자에 의한 출점자를 대상으로 융자 제공, 인터넷 결제서비스의 제공, IT기업에 의한 스마트폰을 이용한 결제서비스의 제공, 통신사업자에 의한 채팅서비스를 통한 소액송금서비스의 제공 등의 구체적 사례가 많이 존재한다.[21] 하지만 은행법에서 은행 및 그 자회사 등에 영향을 미치는 업무범위규제 등에 의한 제약이 있는 결과, 일본의 은행에서는 IT를 활용한 새로운 금융서비스가 충분히 제공되어 오지 않았다.[22] 그러나 일본의 은행들이 세계에서 선구적으로 도입하고 활용하고 있는 예(모바일뱅킹, 생체인증 등)도 있으며, 신기술 이용에 반드시 소극적이라고는 볼 수 없다.[23]

이와 같이 기술적 개선에도 불구하고 해외에서 본보기가 되어 세계 금융업계를 견인하는 역할을 하는 사례는 거의 없다. 여러 가지 규제대응에 일본의 은행들의 노력이 성과를 얻지 못하고 신규참가자와 비교하여 충분한 속도감을 가지고 선진기술을 이용한 상품이나 서비스의 구축을 실현하지 못한 반성도 나오기 시작하였다.[24]

일본에서도 금융계 벤처기업을 대상으로 콘테스트 형식으로 개최하고 있는 「FIBC(Financial Innovation Business)」이벤트가 있고 매년 등록기업이 증가하고

---

21 本間正人, “金融とテクノロジーの「フィンテック(FinTech)」国内法規制の最新動向”, (http://judiciary.asahi.com/fukabori/2015091700001.html)(2016. 2. 3.방문), 3면.

22 本間正人´ 앞의 글, 3면.

23 柴田 誠, “イノベーション促進とベンチャー活用がカギ: 技術的な先進性を過去十分に生かせなかった邦銀の挑戦(特集 フィンテックを取り込め)”, 「金融財政事情」 제66권 5호(金融財政事情研究会, 2015), 12면.

24 柴田 誠, 앞의 글, 12면.

있어서 점점 핀테크라는 카테고리를 확립하고 있다.[25] 다만 실제로 투자가 증가하고 있지만 미국과 비교하여 아직 규모가 작을 뿐 아니라 기업가를 육성하고 사업화에 필요한 조언을 제공하는 멘토에 한정되고 있는 것이 현실이다.[26] 하지만 페이팔이나 스퀘어 등 미국에서 성공한 벤처기업이 해외 진출을 달성하고 있고 있는 것처럼 앞으로 일본발 금융벤처의 해외진출 달성도 기대되고 있다.[27]

최근 일본의 대형은행인 미츠비시(三菱)UFJ파이낸셜그룹은 산하의 미츠비시도쿄UFJ은행의 IT부문을 확충한 후에 그룹 전체의 IT사업도 담당시킬 방침을 확고히 하였다.[28] 앞으로 중기 경영계획(2015～2017년도)의 기둥으로서 온라인 결제 등 ICT(정보통신기술)를 강화하고 IT벤처기업의 매수를 도모한다. 미츠비시도쿄UFJ은행은 현재 IT사업부를 「디지털 이노베이션 추진부」에 명칭을 변경하고,[29] 스마트폰의 보급 등으로 인터넷을 활용한 온라인결제나 인공지능에 의한 빅 데이터해석에 대응해 나가는 한편, 스마트폰에 상대편의 전화번호를 입력하는 것으로 손쉽게 송금할 수 있는 구조 등도 검토하고 있다. 미츠비시파이낸셜그룹 산하의 신탁은행이나 증권 등도 포함시키고, 금융과 ICT의 융합을 강화하면서 장래에는 국내외 IT벤처의 M&A(기업의 합병 매수)도 검토하고 있다.[30] 또 최근에 대형은형인 미즈호(みずほ)파이낸셜그룹도 금융과 IT를 연결하는 핀테크를 폭넓은 분야에 응용하기 위하여 세계적인 금융기관연합[31]에 참가하는 등 송금 등 타 분야에 대한 기술 활용과 법 규제에 대한 대응을 해나가고 있다.[32]

---

25 柴田 誠, 앞의 글, 13면.

26 柴田 誠, 앞의 글, 13면.

27 柴田 誠, 앞의 글, 13면.

28 株式会社三菱UFJフィナンシャル·グループ中期経営計画について(http://app.fisco.jp/data/brand/8306/TDNET_PDF/140120150515479423.pdf)(2015. 5. 15.)(2016. 2. 3.방문)

29 株式会社三菱UFJフィナンシャル·グループ中期経営計画について(http://app.fisco.jp/data/brand/8306/TDNET_PDF/140120150515479423.pdf)(2015. 5. 15.)(2016. 2. 3.방문)

30 三菱ＵＦＪ，ＩＣＴ事業を強化新中計　ベンチャーM&Ａも視野(http://www.sankeibiz.jp/business/news/150515/bse1505150500001－n1.htm)(2016. 2. 3.방문).

31 구글, 애플, 아마존, 인튜이트(Intuit)와 페이팔(PayPal) 등 기술 기업들이 핀테크 활성화를 위해 2015년 11월 3일 새로운 IT 금융연합 FIN(Financial Innovation Now)를 설립했다. FIN은 금융 중심이 아닌 IT 기업들이 기술로 핀테크 사업을 활성화 하겠다는 것이다. 구글·애플·아마존·페이팔, 핀테크 연합 'FIN' 설립(http://www.itnews.or.kr/?p=16556)(2016. 2. 3. 방문).

32 "みずほ, フィンテック連合に参加　仮想通貨技術狙う", 日本経済新聞2015年11月8日.

2. 일본 핀테크 결제분야기업의 현황

일본에서도 핀테크 벤처기업들이 서서히 성장하고 있다. 모바일단말기를 이용한 인터넷쇼핑에 따라 판촉·결제·여신, 개인의 자산관리나 중소기업의 경리업무 지원과 같은 분야에서 새로운 비즈니스가 등장하고 있고, 마케팅 수법에 있어서도 수수료를 무료로 하여 고객기반을 넓히고 있다.[33]

(1) 라인(LINE)

일본에서도 많은 IT기업이나 대형 인터넷 통신판매가 핀테크에 진입하고 있다. 예를 들면, 스마트폰 등 메시지를 주고받는 애플리케이션을 제공하는 라인(LINE)[34]은 스마트폰의 애플리케이션을 사용한 송금서비스를 행하고 있다. 구체적으로는 편의점이나 ATM(현금자동지급기) 등에서 애플리케이션에 입금해 두고, 동일한 애플리케이션을 사용한 자에게 수수료 없이 송금할 수 있는 구조로서 상대방 은행계좌를 알지 못하더라도 송금할 수 있다.

(2) 아마존(Amazon)

대형 인터넷통신판매업체인 아마존(Amazon)은 자사의 통신판매사이트에서 상품을 판매하는 기업을 대상으로 무담보로 최대 5,000만 엔(약 5억원)을 융자하는 사업을 행하고 있다.[35] 기업의 경영상황은 매출이나 재고 등의 데이터로부터 독자적으로 평가하여 융자할 수 있는 금액이나 금리를 제시하고 있으며 신속한 융자를 제공할 수 있는 것이 특징이다.[36]

(3) 미탭스(Metaps)

2007년 9월 설립 후 약 600억원(5,250만 달러)을 투자 받아 일본에서 가장

---

33 "日本のフィンテックベンチャー"「金融財政事情」(金融財政事情研究会, 2015. 2. 2), 27頁.

34 대형 소셜네트워크서비스(SNS) 기업인 라인은 무료대화 애플리케이션으로 세계에서 5억 6,000만 명이 이용하고 있으며, 모바일결제서비스 라인페이(LINE PAY)를 전개하고 있다. 日本経済新聞2015年12月30日.

35 일본 대형 통신판매기업인 아마존재팬은 2014년 2월 20일부터 법인의 판매사업자에게 새로운 대출 서비스 "아마존렌딩(Amazon Lending)" 제공을 시작했다. 이 서비스는 아마존마켓플레이스에 참여한 법인 판매사업자를 대상으로 하고 있고, 판매사업자의 비즈니스의 성장을 지원하기 위해서 필요한 자금을 적절히 쉽게 제공하고 있다. 아마존재팬(http://www.amazon.co.jp/gp/press/pr/20140220)(2016. 2. 3.방문).

36 "銀行のフィンテック企業買収規制緩和へ", NHKニュース2015年12月13日.

많은 벤처 투자 유치를 이끌어 낸 미탭스는 도쿄증권거래소에 기업공개(IPO)를 하며 약 350억원의 자금을 조달하였다.[37] 일본에서 모바일 원스톱 솔루션 기업인 미탭스는 모바일 광고플랫폼사업은 물론 인공지능 처리능력을 기반으로 처음으로 수수료 0% 신용카드결제서비스인 '스파이크(SPIKE)'를 출시하고 글로벌 시장 진출도 준비 중이다.[38] 작년 8월에 도쿄증권거래소 마더스에 상장하였으며, 작년 6월에 발행을 시작한 동 사의 전자상거래 사이트전용 가상화폐 '스파이크 코인'을 이용하는 기업은 1만 사에 달한다.[39]

(4) 익스체인지 코퍼레이션(ExCo)

2009년 12월부터 소셜렌딩서비스인 AQUSH를 운영하고 있는 익스체인지 코페레이션은 2014년 7월에 약 3.3억 엔의 자금을 조달하여 새로운 온라인 결제 서비스인 Paidy를 제공하고 있다.[40] Paidy는 온라인 매장에서 상품을 구입할 때 신용카드번호의 입력이나 로그인, 사전 등록 등의 절차 없이 지급할 수 있는 온라인결제서비스이다. 소비자는 성명과 메일 주소만으로 물건을 살 수 있고 지급계획도 일시불에서 36회 지급까지 유연하게 고를 수 있다. 지급시스템은 Paidy가 대금을 점포에 지급하고 이후에 사용자에게 지급을 청구하는 것으로써 점포에게는 지급불이행 리스크를 경감시켜 줄 것이다. 이 방법에 의해서 구입 과정이 단순한 상품을 구매하는 사용자도 평소보다 쉽게 상품을 구입할 수 있다.

(5) 그 밖의 Coiney, 라쿠텐(楽天)의 스마트페이(スマートペイ) 등

스마트폰을 신용카드의 결제단말기로 할 수 있는 서비스는 일본의 모바일 결제서비스인 Coiney와 라쿠텐의 스마트페이가 치열한 경쟁을 펼치고 있다. 이것은 시장규모로 보면 연간 1,000억 엔(약 1조 191억원)에 달한다고 볼 수 있으며 앞으로 크게 확대될 것으로 내다보고 있다.[41]

---

37 "모바일 솔루션 업체 미탭스, 28일 도쿄증시 상장" 이데일리 2015년 8월 28일.

38 "모바일 원스톱 솔루션 기업 미탭스, 도쿄증권거래소 상장"(http://www.datanet.co.kr/news/articleView.html?idxno=89741)(2016.2.3. 방문).

39 "フィンテックの衝撃" 日本経済新聞2015年10月27日.

40 「日本のフィンテックベンチャー」, 金融財政事情(金融財政事情研究会, 2015. 2. 2), 29頁.

41 谷口建·金井暁子, "世界で台頭するフィンテック伝統的金融業を侵食する革命", 「エコノミスト」(2015. 12. 15.), 23頁.

3. 일본의 지급결제제도에 관한 규제 — 자금결제법을 중심으로

일본의 자금결제법은 2010년 4월 1일에 시행되어 5년이 경과하였다.[42] 자금결제법에 있어서는 자금이동업자에 관한 제도가 새롭게 창설되어 지금까지 은행업의 하나로써 은행 등의 예금취급금융기관에만 인정되어 왔던 환거래를 은행 등 이외의 사업자라도 자금이동업자로서의 등록을 받는다면 영위하는 것이 가능하게 되었다.[43] 2015년 9월 30일에 자금이동업자로서 등록된 사업자는 42개사[44]이며, 시장규모는 2010년도의 약 140억 엔에서 2013년도의 약 3,300억 엔으로 확대되고 있다.[45] 대형사업회사(그룹자회사 포함) 등의 참가와 글로벌 사업을 전개하는 사업자의 참가도 증가하고 있다.[46]

금융청에서는 2014년 10월부터 금융심의회하에서 「결제업무 등의 고도화에 관한 스터디그룹」[47]을 시작하여 최근 사업 환경에 따른 결제제도에 관한 다양한 검토를 해 왔다. 2015월 4월 28일에 공표된 중간정리[48]에서는 「법 제도의 기본방향은 각 국가와 지역의 경제상황 등을 근거로 고려할 필요가 있지만 결제제도를 둘러싼 환경이 변화하는 가운데 일본에서도 비금융기업도 포함한 다양한 주체의 사업진출을 촉진해 나가는 것이 중요한 과제이며, 각종 서비스 리스크에 따른 적절한 규율의 모습을 검토하는 것이 중요하다」 등의 관점을 제시하고 있다.[49] 또 동 년 12월 2일에 개최된 금융심의회에서 「결제업무 등의 고도화에 관한 워킹 그룹」에서 결제인프라 개혁에 관한 대응방안을 제시하고 동 워

---

42 堀 天子, "資金移動サービスに関するEU·ニューヨーク州·シンガポールの法制度比較：国際的観点からみた資金移動業者の規制のあり方に関する考察 (特集 決済高度化ワーキング·グループの論点)", 「金融財政事情」 제66권 34호(金融財政事情研究会, 2015), 19頁.

43 堀 天子, 앞의 글, 19면.

44 資金移動業者登録一覧(www.fsa.go.jp/menkyo/menkyoj/shikin_idou.pdf)(2015年9月30日現在).

45 資金移動業の実績推移(www.s-kessai.jp/about/data/shikinidou%20jisseki_140904.pdf)(2014年3月31日).

46 堀 天子, 앞의 글, 19면.

47 決済業務等の高度化に関するスタディ·グループ(http://www.fsa.go.jp/singi/singi_kinyu/base_gijiroku.html#kessai_wg)(2016.2.3.방문)

48 金融審議会決済業務等の高度化に関するスタディ·グループ中間整理(http://www.fsa.go.jp/singi/singi_kinyu/kessai_wg/siryou/20150723/04.pdf)(2015年4月28日)(2016. 2. 3.방문).

49 堀 天子, 앞의 글, 19면.

킹 그룹의 보고서가 공표되었다.[50]

일본에서 핀테크에도 다양한 서비스 영역이 있지만 최근 기술 혁신이 진행되고 소비자의 생활을 크게 변화시키고 있는 결제관계(전자화폐를 포함)비즈니스에 관련되는 법률은 은행법, 대금업법(貸金業法), 출자의 수신, 예금 및 금리 등의 단속에 관한 법률(出資の受入れ, 預り金及び金利等の取締りに関する法律), 자금결제법, 외환 및 외국무역법(外国為替及び外国貿易法), 범죄에 의한 수익의 이전 방지에 관한 법률(犯罪による収益の移転防止に関する法律)(일본에서 자금세탁대책을 위한 기본적 법률)을 들 수 있다.[51] 이하에서는 요즘 국내외의 결제 비즈니스를 제공하는 자금결제법의 개요에 대해서 설명한다. 자금결제법은 ① 선불식 지급수단(=선불카드 등)의 발행에 영향을 미치는 업무, ② 소액의 환거래를 다루는 자금이동업, ③ 은행 등의 사이에서 자금결제를 담당하는 자금청산기관이 하는 자금청산업의 세 개의 업무유형을 규제하는 법률이다.[52]

(1) 정의 규정

자금결제법상 '자금이동업'이란 은행 등 이외의 자가 외환 거래(소액의 거래로서 정령으로 정하는 것에 한한다. 즉 100만 엔)를 업으로 하는 것을 말한다(자금결제법 제2조 제2항). 다른 국가의 법제도에 있어서 정의 규정을 보면 법률규제의 적용이 있는 서비스가 구체적으로 특정되어 있는 것도 있고, 또 PSD에서와 같이 적용제외로 되는 것이 열거되어 있기도 하다.[53]

---

50 「決済業務等の高度化に関するワーキング·グループ報告 ~決済高度化に向けた戦略的取組み~」日本金融庁(http://www.fsa.go.jp/singi/singi_kinyu/tosin/20151222－2.html(2016. 2. 3. 방문)

51 「범죄에 의한 수익의 이전 방지에 관한 법률」은 금융기관 등의 본인 확인, 거래기록보존 및 의심스러운 거래의 신고 등의 의무를 정하고, 자금세탁대책법이다. 일명 「범죄수익이전방지법」이라 한다. 本間正人, 앞의 글, 7면.

52 本間正人, 앞의 글, 6면.

53 PSD에서 결제서비스사업자를 결제서비스제공자(Payment Service Provider)의 하나로서 결제서비스 사업자(Payment Institution)로 정의되어 있다(Article4.4). PSD에서 결제서비스라 함은 ① 결제계좌에 대한 입금서비스, ② 결제계좌로부터의 현금인출서비스, ③ 결제계좌에 의한 결제거래의 집행, ④ 여신테두리의 설정이 있는 결제거래의 집행, ⑤ 결제수단의 발행, ⑥ 송금, ⑦ 전자상거래 등에 있어서 결제거래의 집행으로 되어 있다. 다만, 결제서비스에 해당되더라도 결제서비스지침이 적용되지 않는 것(예를 들면, 직접현금으로 지불되는 결제거래, 교섭을 위임받았거나 매매거래도 위임받은 상업대리인을 통해 지급되는 결제거래, 화폐나 경화의 전문적이고 물리적인 운송, 환전거래, 한정된 네트워크 속에서

일본의 자금이동업자가 영위할 수 있는 '환거래'(자금결제법 제2조 제2항)는 그 내용에서 은행이 영위할 수 있는 '환거래'와 동일하지만, 은행법에서도 자금결제법에서도 그 정의는 없고, 최고재판소 결정에 의해 「'환거래를 행하는 것'이라 함은 고객으로부터 격지자 간에 직접 현금을 우송하지 않고 자금을 이동하는 구조를 이용하여 자금을 이동하는 것을 내용으로 하는 의뢰를 받아 이것을 인수하는 것 또는 이것을 인수하여 수행하는 것을 말한다」고 판시된 정의를 참조할 수 있다.[54] 따라서 일본에서 자금이동업의 정의는 추상적이고 애매하다는 지적이 있지만, 자금결제법 시행 후 5년이 경과하고 자금이동업자의 등록[55]사례가 증가함에 따라 어떠한 서비스가 자금이동업으로서 등록되는지 명확히 드러나고 있고, 또 최근의 정보기술의 급속한 발전으로 새로운 결제서비스가 나오면서 오히려 구체적으로 정의를 마련함으로 인해 새로운 결제서비스 출현에 대응하지 못하는 폐해도 있을 수 있다고 지적된다.[56]

(2) 재산적 요건

다른 국가의 법제도에서 사업자에게 요구되는 재산적 요건을 보면 자본금이 서비스 유형에 따라 기준이 정해져 있는 예(PSD,[57] 뉴욕주송금업법[58])와 서비스 유형에도 불구하고 일률적 기준이 적용되는 예(싱가포르 환거래 및 송금업법)[59]가 있다.

상품이나 서비스를 구입할 수 있는 포인트를 발행하는 경우 등)에 대해서는 규제의 대상으로부터 제외되는 취지가 규정되어 있다(Article3). 堀 天子, 앞의 논문, 20면.

54 最高裁第3小法廷平成13年3月12日決定(刑集55巻2号97頁, 判例タイムズ1059号66頁); 堀 天子, 앞의 글, 25면.

55 자금결제법 하에서 자금이동업(제2조 제2항)은 내각총리대신의 등록을 받아야만 적법하게 제공할 수 있도록 한다(제37조).

56 堀 天子, 앞의 글, 23면.

57 PSD에 있어서 초기자본은 서비스의 유형에 따라 2만~12.5만 유로 이상이 필요하다(Ariticle6); 堀 天子, 앞의 논문, 20면.

58 뉴욕주에서는 뉴욕주은행법의 Article13.B(뉴욕주 송금업법)에서 송금업자(Transmitters of money)를 규제하고 있다. 사업자에게 요구되는 재산적 요건은 영업보증금 50만~75만 달러를 요구하고 있다(뉴욕주 송금업법 제643조). New York Banking Law－BNK(http://codes.findlaw.com/ny/banking－law/) (2016.2.3.방문); 堀 天子, 앞의 논문, 21면.

59 싱가포르에서는 송금업자(remittance business)는 Money－changing and Remittance Businesses Act(CHAPTER187)에서 규제하고 있다. 감독관청은 싱가폴 통화감독청(MAS)이다. 송금업자는 법인이며 자본금은 10만 싱가폴달러 이상 필요하다(제9조). 또 사무소마다 10만 싱가폴

일본은 자금이동업자에게 요구되는 재산적 요건은 자금이동업을 적정하고 확실하게 수행하기 위해 필요하다고 인정되는 재산적 기초를 가지는 것으로 규정하고(자금결제법 제40조 제1항 3호), 일률적인 기준은 정하고 있지 않다.[60] 사업자가 제공하는 서비스의 규모나 형태가 다양하고 해당 업무의 내용 및 방법마다 요구되는 재산적 기초도 다양하기 때문에 일률적인 기준은 정하지 않고 신청자가 행하려고 하는 자금이동업의 내용 및 방법을 확인함과 동시에(자금결제법 제38조 제1항 7호), 이것에 따라 필요한 재산적 기초를 가지는 것을 구체적으로 심사하는 것으로 되어 있다(자금이동가이드라인II－2－1(2)).[61]

(3) 자산보전규제와 상한규제

자산보전규제를 보면 미결제금액에 대해서 자산보전조치 또는 분별관리조치를 강구하고 있으며 이것에 의해 이용자보호를 도모할 수 있다.[62] 자금이동업자에 대해서도 그가 행하는 환거래에 관하여 부담하는 채무의 액(미달채무의 액)의 전액을 보전하도록 되어 있다(자금결제법 제43조). 미달채무의 전액 이상에 대해 이행보증금의 공탁 등의 방법에 의하여 자금이동업자는 송금 도중에 체류하고 있는 자금에 100%이상의 액을 자산보전해야 한다. 자산보전규제로서는 다른 국가에 비하여도 안정성이 높은 제도로 규정하고 있다.[63]

상한규제는 일본의 자금이동업자 대한 가장 큰 특징으로서 취급액에 관한 상한규제가 있다.[64] 즉 자금결제법에서 자금이동업은 「은행 등 이외의 자가 환거래(소액의 거래로서 정령에서 정하는 것에 한한다. 곧, 100만 엔)를 업으로서 하는

달러 이상의 보증금이 필요하다(제10조). Money－changing and Remittance Businesses Act(http://statutes.agc.gov.sg/aol/download/0/0/pdf/binaryFile/pdfFile.pdf?CompId:486b7510－0a8e－45d3－92bf－d4e23dff7e03)(2016. 2. 3.방문); 堀 天子, 앞의 논문, 22면.

60 堀 天子, 앞의 글, 24면.

61 堀 天子, 앞의 글, 24면; 金融庁HP 資金移動業者関係(http://www.fsa.go.jp/common/law/guide/kaisya/14.pdf)(2016. 2. 3.방문).

62 堀 天子, 앞의 글, 24면.

63 PSD의 경우 결제서비스이용자의 자금과 다른 자금을 분별하여 신용기관의 계좌에서 관리하도록 되어 있으며, 뉴욕주 송금업법에서는 지급수단잔고와 여행자수표잔고의 합계액 이상으로 허가할 수 있는 투자(permissible investment: 현금, 어음, 이자부채권, 감독당국이 인정하는 그 밖의 운용가능한 투자 또는 자산)의 유지를 해야 한다. 堀 天子, 앞의 글, 24면.

64 PSD, 뉴욕주 송금업자, 싱가폴송금업자에 대해서는 이러한 상한규제가 없다. 堀 天子, 앞의 글, 24면.

것을 말한다」(자금결제법 제2조 제2항)로 규정하고 있다. 실무상 글로벌 결제서비스를 전개하고 있는 사업자가 일본에 진입하는 경우 이러한 상한규제가 있는 점은 원활한 결제서비스 전개와 법인의 송금수요에 부응하기 어려운 점 등의 장애로 지적되고 있다.[65]

(4) 그 밖 자금결제법상의 업무

자금결제법상의 주된 의무는 다음과 같다. 자가형 선불식지급수단(자금결제법 제3조 제4항)의 발행자에게 관련하는 신고서 의무(자금결제법 제20조 제2항)를 규정하고 미사용 잔고가 최초에 기준액수(1,000만 엔)를 넘었을 때에 신고서가 필요하다. 또 제3자형 선불식 지급수단(자금결제법 제3조 제5항)의 발행자에게 관련하는 등록의무(자금결제법 제7조)를 규정하여 제3자형 선불식지급수단의 발행자는 사전에 관할의 재무국장 등의 등록을 받을 필요가 있다.

이용자의 보호를 위해서는 표시 및 정보제공 의무로서 선불식지급수단 또는 발행자의 웹사이트 등에서 일정한 사항(자금결제법 제13조, 선불식지급수단 부령 제21조)에 대해서 표시하고 정보의 제공을 해야 한다. 또 사전등록의무(자금결제법 제37조 내지 제40조)를 규정하여 자금이동업자는 사전에 관할하는 재무국장 등의 등록을 받을 필요가 있다. 이용자의 보호를 꾀하기 위한 조치로서는 자금이동업자는 이용자의 보호 등을 꾀하기 위한 법정 조치를 취할 필요가 있다(자금결제법 제51조).

재판외 분쟁해결제도(금융ADR제도)에 대한 대응으로 자금이동업은 재판외 분쟁해결제도의 적용 대상이 되고 있기 때문에, 자금이동업자는 법에 근거해서 자금이동업에 관련되는 불평처리조치 및 분쟁해결조치를 강구해야 한다.

4. 지급결제제도에 관한 최근 논의동향

(1) 결제업무 등의 고도화에 관한 워킹그룹[66]

2015년 12월에 금융청의 금융심의회는 지급결제제도에 대한 심도 있는 내

---

65 堀 天子, 앞의 글, 24면. 출처문헌의 저자는 자금이동업자의 취급액을 소액으로 한정할 이유가 없고 상한규제에 대해서 인상을 포함한 대응을 검토하는 것이 바람직하다고 주장한다.

66 「金融審議会決済業務等の高度化に関するワーキング·グループ報告 (案) ~決済高度化に向けた戦略的取組み~」決済業務等の高度化に関するワーキング·グループ (http://www.fsa.go.jp/singi/singi_kinyu/kessai_wg/siryou/20151217/01.pdf)(2016. 2. 3.방문).

용을 다룬「결제업무 등의 고도화에 관한 워킹그룹」보고서(案)를 공표하였다. 개별적으로 많은 논점의 주제들이 있지만 법체계와 현행제도의 재검토와 관련하여 논의되는 몇 가지 주제에 대해서 살펴보기로 한다.67

1) 업무횡단적인 법체계 구축

결제분야에 있어서 구조적 변화가 한층 가속화되고 확대되면서 정보보안이나 이용자보호 과제에 유의하고, 편리성을 높이는 서비스 제공 등을 진전시키는 환경정비를 도모하는 것을 중요한 과제로 하고 있다. 이 점에서 결제를 둘러싼 현재의 법체계가 앞으로 정세 변화에 비추어 이와 정합적으로 되어 있는지 고려하고 있다.

① 결제업무 등에 관한 현행법 체계

현행 결제업무 등을 둘러싼 법체계로서 '환거래', '예금의 수신과 대출'을 고유업무로 하는 은행에 대해서 은행법에 의한 엄격한 규제가 이루어지고 있고, 은행 고유업무의 일부 또는 그것에 인접하는 업무를 할 경우에 대해서 각종 업무 때마다 은행법에 비해서 완만한 규제하에서 업무를 실행할 수 있는 장치를 정비하고 있다. 전술한 바와 같이 결제업무 등에 대해서는 자금이동업으로서 지금까지 은행에만 인정되는 외환거래에 대해서 소액의 서비스만 할 수 있다. 자금이동업은 예금의 수신을 하지 않는 등 기존 은행의 고유업무의 일부를 행하는데 불과하고 이 같은 사업 내용 등을 토대로 등록제로 하면서 송금 도중에 있는 자금과 동액의 자산의 보전 등을 의무화함으로써 은행에 관한 엄격한 규제에 대체하고 있다. 선불식 지급수단에 대해서는 종이형(紙型), IC형에 서버형이 발행되고 있다. 이 때 은행의 고유업무인 예금이나 외환거래 해당성 등의 관점에서 선지불식 지급수단의 보유자에 대한 환불은 원칙적으로 금지되고 있다. 또 양도에 대해서는 규제하지 않고 자가형 발행자는 신고제, 제3자형 발행자는 등록제하에 미사용잔액의 2분의 1 이상의 보전의무 등 은행보다 완만한 규제로 되어 있다. 대출업무에 대해서는 대부업체는 대출을 업으로서 행할 수 있다고 되어 있지만 업무의 적정한 운영의 확보 및 자금 수요자 등의 이익의 보호를 도

67 이하의 내용은「金融審議会決済業務等の高度化に関するワーキング·グループ報告(案)~決済高度化に向けた戦略的取組み~」決済業務等の高度化に関するワーキング·グループ(http://www.fsa.go.jp/singi/singi_kinyu/kessai_wg/siryou/20151217/01.pdf)(2016. 2. 3.방문).

모하는 관점에서 등록제 하에 각종의 행위규제(과잉대출금지, 서면교부의무 등)가 마련되어 있다.

② 기본적인 과제

이러한 각 업무마다의 규제의 틀은 서로 정합적으로 되어 있지 않다. 예를 들면, IT의 진화에 의해 자금이동업이 제공하는 서비스와 서버형의 대규모인 선불카드업이 제공하는 서비스에는 유사성 보이지만, 고객으로부터 책임진 자산의 보전에 대해서 자금이동업은 그 전액을 공탁하는 것이 요구되고 있을 뿐, 선불식지급수단의 발행자에 대해서는 발행된 선불식지급수단의 미사용 잔고에 2분의 1 이상으로 하고 있는 등의 규제에 차이가 있다.

금융·IT융합의 동향을 배경으로 규제 영역에 걸쳐있는 형태로 결제서비스가 발달하는 동시에 다른 규제 영역에 있는 여러 가지 결제수단이 일체적으로 제공되고 있다. 이러한 방향성으로 결제서비스가 발전하고 있는 가운데 규제가 개별적으로 되어 있는 것은 이용자 편리의 방해가 되거나 비즈니스 선택의 왜곡을 초래해 갈 가능성도 있다. 각종 결제서비스의 기능 진화가 진행되고, 결제서비스와 융자 업무 등을 조합하는 등에 의해 종합적인 금융서비스의 제공도 출현하고 있다. 또 선불식지급수단의 예에서 볼 수 있듯이 서비스의 규모 확대가 진행할 경우 결제 네트워크 전체가 중요한 구성 요소가 될 가능성도 있지만, 현재의 각 업 법마다의 법체계는 이러한 새로운 움직임을 충분히 시야에 넣고 있는지 논의한다.

또 은행과 이용자의 사이에서 양자를 개재하는 서비스를 제공하는 「중간적 업자(PISP: Payment Initiation Service Provider)[68]」가 출현하고 있다. 이 업무에 관해서는 종래 은행을 위해서 예금 등의 수신·융자·환거래 등을 내용으로 하는

68 일본문헌에서는 PISP를 '중간적 업자'로 번역하고 있다. 우리나라에서 '지급개시서비스제공자'로 번역한 문헌은 이지은, 앞의 글, 77면; PSD개정안(PSD2)에서의 중간적 업체(PISP)규제에 대해서 살펴보면, 결제서비스이용자의 의뢰로 다른 결제서비스제공자에 개설된 결제계좌에 대한 지급 지시를 발동하는 서비스를 말한다(PSD2 제4조 제32항). 예를 들면, 온라인 숍에서 상인의 웹사이트와 이용자의 은행의 온라인시스템을 잇는 시스템을 구축함으로써 인터넷상에서 은행계좌이체에 의한 결제를 하는 서비스 등이 상정되고 있다(PSD2 전문). EU決済サービス指令等の概要(http://www.fsa.go.jp/singi/singi_kinyu/kessai_wg/siryou/20150915/02.pdf)(2016. 2. 3.방문); PSD개정안(PSD2)의 체계 및 주요내용에 대해서는 이지은, 앞의 글, 74면.

계약 체결의 대리 또는 중개를 하는 자에 대해서는 은행대리업[69]제도하에 허가제 등을 통한 규제로 대응해 왔다. 예를 들면, ATM의 제공은 계약 체결의 대리·중개에는 해당하지 않고 중요한 업무이여도 규제의 직접의 대상이 되지 않고 은행을 통한 간접규제가 이루어진다. 또 해외의 사례 등을 보면 은행에서 위탁 등을 받지 않고 고객과 중간적 업자라는 계약에 근거하여 은행계좌에 접근하고 서비스를 실행하는 형태도 존재하고 있지만, 이에 대한 은행을 통한 간접적인 규제로는 고객보호 등이 충분하게 확보되지 않을 가능성도 있다. 이러한 중간적 업자의 등장으로 은행대리업제도나 은행을 통한 간접규제로 대응하는 종래의 규제 체계는 충분한지 논의가 필요하다.

참고로 PSD를 살펴보면, 지급결제분야의 정세변화는 일본뿐만 아니라 다른 국가에서도 찾아볼 수 있으며 그 대응이 이루어지고 있다. 예를 들면, EU에서는 PSD를 책정하여 은행·선불카드(전자머니)업자·결제서비스사업자를 통한 자본요건이나 정보제공의무 등 횡단적인 규제 체계를 구축하고 있다.[70]

---

69 은행법상의 허가를 받은 법인 또는 개인이 은행의 위탁을 받아 은행 대리점으로 예금의 수신, 대출, 환율 등 은행 업무를 행하는 것을 말한다. 은행대리업무는 구체적으로는 은행에 예금계약 등의 대리·중개, 자금의 대출 등의 계약 대리· 중개, 외환거래계약대리·중개를 행하는 것을 말한다. 도입 초기엔 은행의 판매 채널을 다양화시키고 은행과 고객과의 접점을 향상시킴으로써 편리성 향상을 도모하는 것으로 기대되었다. 기존 은행대리점제도에서 은행대리점은 은행의 100% 자회사가 아니면 안 되고 은행대리업무 이외의 겸업이 금지됐다. 이 때문에 비용면에서 은행이 지점을 스스로 여는 것과 별반 다르지 않고 은행 이외의 사업 회사나 개인은 참가할 수 없어 그동안 거의 보급이 진전되지 않다. 2006년 4월에 시행된 은행법 개정으로 은행대리업무를 행할 수 있는 자의 범위가 크게 확대되고(100%자회사 규제 철폐), 또 내각총리대신의 승인으로 은행대리업무 이외의 겸업도 인정되게 되어 새로운 은행대리업제도가 창설되었다(https://www.nomura.co.jp/terms/japan/ki/ginkodairiten.html)(2016. 2. 3.방문).

70 PSD개정안(PSD2)에서 PISP의 규제내용을 살펴보면, PISP는 결제서비스제공자에 포함됨으로써 결제서비스제공자에 관한 규정(면허제, 자기 자본 규제 등)을 적용한다. 그 밖에 PISP에 관련하여 이하의 규제 등을 도입(PISP에 대한 규제)하고 있다.

- 지급인에서 자금을 보관하는 것을 금지(또한 PISP는 재산보전의무의 대상 외. 한편, 무권한거래에 관련한 책임을 커버하기 위한 보험 가입을 의무화)
- 서비스에서 얻은 이용자정보관리 등 의무화
- 지급인이나 결제계좌를 관리하는 결제서비스제공자 등 지급지시의 발동에 관한 정보제공의무화
- 무권한거래·불이행 시의 책임에 관한 규정 정비(결제계좌를 관리하는 결제서비스제공자에게 손해배상 의무 등)
- (결제계좌를 관리하는 결제서비스제공자에 대한 규제)지급인이 동의했을 경우 결제계좌

③ 결제에 관한 법체계의 바람직한 모습

법제도는 각국 지역의 경제 상황 등을 근거로 해서 고려할 필요가 있지만, 최근의 결제 분야에서의 정세변화와 이에 수반한 과제를 바탕으로 앞으로 결제를 둘러싼 법체계의 바람직한 모습으로서 이하의 관점에서 검토를 진행하고 있다.

첫째, 금융·IT융합의 진전 등에 수반하여 결제업무를 비롯한 각종의 금융서비스가 종합적으로 제공되고, 또 이용자에 있어서도 각종의 결제수단을 일체적으로 이용해 가는 것을 바탕으로 결제 비즈니스의 선택에 왜곡이 생기거나 이용자 편리에 방해가 되는 것을 회피하는 등의 관점에서 다양한 서비스가 유연하게 전개되는 것을 가능하게 하는 업무횡단적인 규제 체계의 구축을 장래 목표로 하고 있다.

둘째, 횡단적인 규제체계를 구축할 때 결제서비스의 과정에서 중간적 업자 등이 이용자와의 관계를 중심으로 볼 때 중요한 역할을 담당하고 있는 점도 충분히 고려하여야 할 것이다. 더 나아가 결제서비스의 국제적인 진출이 가속화되고 사업자가 해외진출을 지향하는 동시에 해외사업자가 국내에서 서비스를 전개하고 있는 것을 바탕으로 제도 면에서 환경정비를 하는 것이 금융서비스의 국제적인 발전과 이용자 편리성, 안전성 면에서 중요하다. 한편 전술한 바와 같이 법체계의 구축을 목표로 할 경우 그것이 오히려 혁신적인 진전에 방해가 되지 않도록 리스크에 따른 규제의 관점에서 유의하고 있다.

2) IT의 진전 등을 토대로 한 현행 제도의 재검토

IT의 진전 등을 배경으로 예를 들면, 서버형 선불식 지급수단(선불카드)의 증가와 인터넷이나 휴대가능한 단말기 등을 이용한 결제서비스가 확대되는 등 현행 법 규제가 이와 같은 움직임에 충분히 대응하지 못한 부분이 생기고 있다.

① 선불카드 관계

구체적으로는 서버형 선불식지급수단의 표시의무(자금결제법 제13조 제1항, 제2항), 공탁액의 산정(자금결제법 제14조 제1항), 업무폐지에 수반한 환급시의 공고방법(선불식지급수단에 관한 내각부령 제41조 제2항), 사업을 양도할 때 채권자

를 관리하는 결제서비스 제공자가 PISP에 대한 결제거래에 관한 정보제공을 실시하는 것을 의무화

EU決済サービス指令等の概要(http://www.fsa.go.jp/singi/singi_kinyu/kessai_wg/siryou/20150915/02.pdf)(2016. 2. 3.방문).

이의절차(은행법 제30조, 제31조, 제32조), 서버형 선불카드발행자의 가맹점 관리 의무 등(자금결제법 제10조 제1항 제3호, 제27조 제1항 제1호)[71]에 대해서 지급결제 서비스제도에 대한 앞으로의 법체계의 방식과의 정합성을 고려하여 제도의 재검토를 행한다.

② 자금 이동업의 일부 폐지에 관한 절차

현행 제도상 자금이동업에 대해서는 업무의 전부를 폐지할 경우의 신고·광고·이행 보증금환수절차 등이 규정되고 있다. 한편 업무를 일부 폐지할 경우의 절차는 규정되지 않았다. 다양한 자금이동서비스의 등장을 바탕으로 자금이동업의 일부를 폐지한 경우의 절차를 정비하고 이용자의 적절한 보호를 도모하면서 유연한 업무전개가 가능하도록 제도 정비를 실시하는 것이 적당하다.

③ 직불카드를 활용한 캐시아웃서비스

유럽과 미국 등에서는 '캐시아웃'으로 불리는 직불카드를 활용하여 소매점 계산 등에서 현금을 받는(수령에 있어서는 단말기에 비밀번호를 입력) 서비스가 있지만 일본에서는 이러한 서비스는 제공되지 않아 캐시아웃서비스를 은행 법령상 '예금인출'의 외부 위탁으로 정리하여 서비스의 제공이 가능하도록 하자는 의견이 있다.

ATM 등은 거래의 실행에 필요한 사무 처리를 정형적으로 실시하는 등 은행법령상 '예금인출'에 관련된 외부 위탁으로 하고 있다. 캐시아웃서비스도 본질적으로는 이와 동일한 것으로서 은행법령상의 '예금지급'에 관련된 외부 위탁으로 정리할 수 있다. 동시에 캐시아웃서비스를 실시할 경우에는 현금 인도가 사람의 손을 거쳐서 행해지는 것이므로 은행에 대해서 감독상 필요 시 필요한 체제 정비 등을 요구해 나간다.

---

71 신용카드거래에 대해서 2014년 8월 소비자위원회가 가맹점 관리실효성향상을 위한 조치를 강구하는 건의가 있고, 현재 관계 부처에서 할부판매법 개정을 위한 검토가 진행되고 있다. 이에 관련하여, 서버형 선불카드(전자화폐)의 이용이 확대되는 가운데, 가맹점의 악질적인 행위가 원인이 되어 피해가 발생하고 있다. 2015년 8월 18일 소비자위원회에서 "전자화폐를 이용한 거래의 악질적인 가맹점의 소비자 피해의 발생 및 회복 등을 위하여 전자화폐발행업체에 자금결제법의 의무를 포함한 가맹점관리 및 민원처리체제의 제도정비를 위한 조치를 강구하는 것" 등을 요구하는 취지의 건의가 금융청에 대해서 이루어졌다.「金融審議会決済業務等の高度化に関するワーキング·グループ報告(案)~決済高度化に向けた戦略的取組み~」決済業務等の高度化に関するワーキング·グループ(http://www.fsa.go.jp/singi/singi_kinyu/kessai_wg/siryou/20151217/01.pdf)(2016. 2. 3.방문), 11면.

3) 일본에서 신용카드거래에 관련한 할부판매법의 개정 논의[72]

은행과 연계한 핀테크기업의 업무형태 중에 신용카드거래 과정에 개입하여 부가가치를 제공하는 자도 있다. 신용카드거래와 관련하여 경제산업성은 할부판매법의 개정안을 준비중이다. 경제산업성에 설치된 위원회의 보고서[73]는 카드발행회사를 겸하지 않는 가맹점계약회사의 등장 가능성이나 가맹점계약회사와 가맹점 간에 대리점이나 주선으로서 중개하는 결제서비스제공자(Payment Service Provider)의 증가를 배경으로 ① 가맹점계약회사에 대해 등록제 도입과 적절한 관리의무 부과, 및 ② 결제서비스제공자에 대해 임의적 등록제로 하고 등록한 결제서비스제공자에 대해서 가맹점계약회사에 준하는 규제를 부과하는 한편, 등록한 결제서비스제공자와 거래를 행하는 가맹점계약회사에 대해 등록요건·행위규제의 일부경감을 제언하고 있다.

(2) 앞으로의 과제

일본은 2014년 10월부터 결제고도화 스터디그룹[74]을 발족하여 금융인프라의 질 향상의 관점에서 벤처기업에서의 시행착오를 제도에 실시하는 방안을 검토해 왔다. 앞서 살펴본 2015년 결제고도화 워킹그룹의 보고서(案)는 은행에 의한 핀테크기업에 대한 출자,[75] 휴대전화번호를 이용한 송금서비스, 은행과 이용자 사이의 중간적 업자에 대한 제도 정비, 캐시아웃서비스, 비트코인에 있어서 자금세탁규제[76]와 이용자보호 등이 논의되었다. 금융청은 보고서를 바탕으로

---

72 이하 내용은 野崎竜一·鈴木由里·三部裕幸·落合孝文, “銀行とFinTech企業によるイノベーション”, 「金融法務事情」2035号(金融財政事情研究会, 2016), 28頁.

73 産業構造審議会 商務流通情報分科会 割賦販売小委員会報告書~クレジットカード取引システムの健全な発展を通じた消費者利益の向上に向けて~2015年7月3日(http://www.meti.go.jp/committee/sankoushin/shojo/kappuhanbai/pdf/report_02_01.pdf)(2016.2.3.방문).

74 金融審議会「決済業務等の高度化に関するスタディ·グループ」中間整理(http://www.fsa.go.jp/singi/singi_kinyu/tosin/20150428－1.html)(2016.2.3.방문).

75 보고서의 큰 기둥 중 1개는 은행의 신규 업무에 관한 개별인가제도의 도입이다. 현재 은행법은 금융그룹이 할 수 있는 업무는 법령에 한정 열거되고 있다. 또 은행은 5%, 은행지주회사는 15%까지 출자규제가 있다. 법 개정으로 금융청의 인가를 받으면 열거되지 않은 업무를 출자제한을 넘어 출자할 수 있도록 한다. 다만 신규업무는 “은행이 제공하는 서비스의 향상에 이바지하는 업무 또는 그 가능성이 있는 업무”조건에서, 금융청은 구체적인 출자자로 IT벤처기업을 염두에 두고 있다. 경영 위기에 처한 상장기업의 출자 비율을 일시적으로 높이는 경우는 인가의 대상 외로 하고 있다.

76 2014년 일본에서 거래량에서 당시 세계 최대 규모의 ‘가상화폐’와 법정통화의 교환소를 경영

법 개정 절차에 들어간다. 2016년 3월 초순까지 은행법 등 관련 법령 개정안을 정기 국회에 제출할 방침이다.

최근 IT기술의 혁신으로 사업환경에 따라 국내국외를 불문하고 다양한 서비스가 출현하고 지급결제분야에서는 소비자 및 사업자 모두 편리성이 높고 신속하며 안전한 서비스의 제공을 기대하고 있다.[77]

일본에서는 지급결제분야의 규제가 소비자를 보호하고 서비스의 수준을 유지하기 위해서 필요하며 이러한 배경에는 시장정보의 불완전함이 있었다.[78] 하지만 스마트폰 이용으로 상황이 크게 변화하면서 스마트폰의 애플리케이션을 통해 시장정보의 불완전함이 극복되고, 그 결과 진입규제는 소비자보호를 명목으로 하면서 기득권익을 보호하기 위한 것이 되고 있고, 이러한 규제가 새로운 기술 도입을 방해하고 있다고 한다.[79] 일본 정부도 서서히 규제를 완화하여 사회구조를 재검토해 가는 것을 중요한 과제로 삼고 있다.[80]

금융청 보고서에서 개인결제서비스제도에 대해서는 캐시아웃에 대한 대응에 중점을 두고 있다.[81] 결제의 주변서비스가 점점 다양화하고 고도화되고 있고 스마트폰 등의 디바이스상에서 여러 가지 서비스를 통합한 편리성 높은 기능이 요구된다.[82] 따라서 보안이 가장 중요한 문제가 되고 있으며 법인, 개인 모두 인터넷뱅킹 폐해가 증가하고 있다.[83] 이것을 방지함에 있어서 은행의 노력만으로는 한계가 있고, 이용자 측의 리터러시(literacy)에 노력해야 하며 이를 과제로 삼고 있다.[84]

하던 업체가 파산한 사안이 발생하고 있다. 이런 것을 토대로 자금세탁과 테러자금공여규제와 함께 이용자 보호의 관점에서 제도적 틀을 구축하는 것도 요구되고 있다. 가상화폐에 대해서 자금세탁과 테러자금공여규제 및 이용자 보호의 관점에서 규제를 도입할 때 가상화폐와 법정통화의 매매 등을 실시하는 교환소에 대해서 등록제를 도입하고 규제 대상으로 한다.

77 堀 天子, 앞의 글, 25면.

78 野口悠紀雄, 앞의 글, 39頁.

79 野口悠紀雄, 앞의 글, 39頁.

80 野口悠紀雄, 앞의 글, 39頁.

81 パネルディスカッション, "技術革新がもたらす決済サービスの変貌", 「金融財政事情」(金融財政事情研究会, 2015), 27頁.

82 パネルディスカッション, 앞의 자료, 27면.

83 パネルディスカッション, 앞의 자료, 27면.

84 パネルディスカッション, 앞의 자료, 27면.

한편 전술한 라인페이(LINE Pay)는 은행예금계좌에서 라인계좌로 돈을 입금하면 입금자로부터 다른 사람에게 라인 내에서 간단히 자금을 이동할 수 있는 서비스이다. 하지만 이러한 라인의 송금서비스는 은행예금계좌의 플랫폼을 필요로 하는 서비스이며 은행이 이 플랫폼을 제공하고 있어서 라인 내에서만 이루어지는 송금은 거의 무료로 제공되지만 예금계좌를 유지하기 위해서는 막대한 시스템 투자나 법령준수에 대한 대응이 필요하다.[85] 따라서 이러한 수수료를 낮출 수 있는 방안이 큰 과제로 되고 있다.[86]

Ⅲ. 우리나라 지급결제서비스의 법 제도 개선방향

1. 지급결제서비스의 현황

IT기술 발전으로 인해 전 세계적으로 전자상거래 및 결제가 일상화되고 전지지급수단이 다양해지는 지급결제의 디지털화가 진행되고 있다.[87] 우리나라도 인터넷 및 스마트기기보급률이 높고 신용카드, 인터넷뱅킹 등 전자지급수단의 이용이 일찍부터 보편화 되는 등 지급결제의 디지털화가 상당히 진행되고 있다.[88] 지급수단 중 현금의 이용비중이 줄어들고 신용카드 등 비현금지급수단의 이용이 늘어나는 등 편의점, 슈퍼마켓 등에서의 소액결제에 대해서도 비현금지급수단이 현금을 빠르게 대체되고 있다.[89]

또 지급결제영역에서 경쟁 및 효율성 추구 방향으로 규제가 개편됨에 따라 비금융기업의 지급결제시장의 참여가 가능해지면서, 페이팔과 알리페이 등 비금융기업이 은행, 신용카드사 등과 제휴하여 모바일지갑, 선불지급수단 및 자체 발급카드 등의 서비스를 제공하고 있다.[90] 우리나라에서도 카카오,[91]

---

85 パネルディスカッション, 앞의 자료, 28면.

86 パネルディスカッション, 앞의 자료, 28면.

87 송은영·박정현, "우리나라 소액결제시장 혁신을 위한 과제", 2면.

88 송은영·박정현, "우리나라 소액결제시장 혁신을 위한 과제", 2면.

89 송은영·박정현, "2015년 지급수단 이용행태 조사결과 및 시사점", 11면.

90 송은영·박정현, "우리나라 소액결제시장 혁신을 위한 과제", 4면.

91 카카오(주)(Kakao Corporation)는 우리나라의 대표적인 모바일 메신저어플리케이션 개발사로 메신저 서비스 제공을 통해 확보한 방대한 사용자를 기반으로 소셜네트워크서비스 등 다양한 서비스를 제공하고 있다. 2014. 10. 1일 다음과의 합병 이후 다음카카오(DaumKakao)

[그림 1][92]

페이팔 이용자수 및 알리페이 등록자수

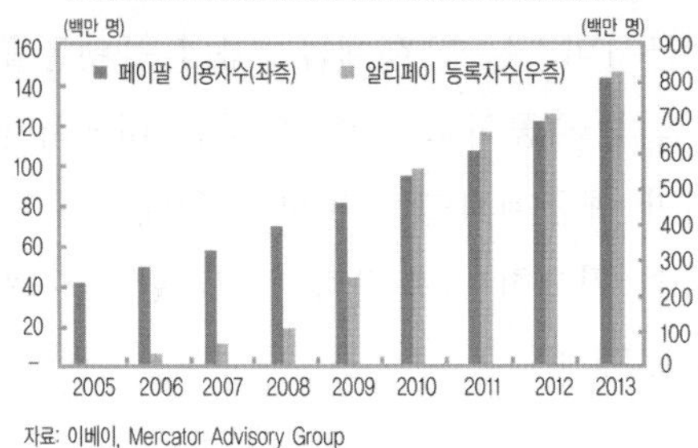

국내 주요 IT기업의 지급서비스 제공 현황

기업	플랫폼	제공서비스
카카오	뱅크월렛	소액송금, 온·오프라인 결제
	카카오페이	온·오프라인 결제
	증권플러스	주식거래, 증권정보 제공
네이버	밴드	소액송금
	네이버페이	온라인 결제, 소액송금
삼성	삼성페이	오프라인 결제

네이버,[93] 삼성 등 IT기업이 금융기관의 제휴를 통해 지급결제서비스를 본격적으로 제공하기 시작했다.[94]

2. 지급결제서비스에 관한 법규제

<표 2>에서 보는 바와 같이 전자지급수단을 법적으로 규율하고 있는 주요 법률로는 「전자금융거래법」, 「여신전문금융업법」(이하 「여신전문법」이라 함), 「전자어음의 발행 및 유통에 관한 법률」(이하 「전자어음법」이라 함), 「정보통신망 이용촉진 및 정보보호 등에 관한 법률」(이하 「정보통신망법」이라 한다) 등이 있다.[95] 현재 우리나라에는 다양한 전자지급수단이 거래되고 있고 기술적으로 새

로 사명이 변경하여, 현재 제공 중이거나 준비 중인 지급서비스가 카카오톡 플랫폼을 이용하고 있다. 2010.2월 출시된 모바일 메신저 카카오톡(Kakao Talk)은 국내 사용자 중심으로 서비스가 빠르게 확산되어 국내의 대표적인 SNS로 성장하여 2014년 현재 총가입자수가 1억 4천만 명에 달하며 국내 모바일 메신저 시장에서 90% 이상의 점유율을 기록하고 있다. 김규수·이동규·이슬기, 앞의 글, 70면.

92 송은영·박정현, “우리나라 소액결제시장 혁신을 위한 과제”, 4면.

93 네이버(Naver)는 최근에는 라인(LINE), 밴드(Band) 등 SNS도 제공하고 있으며 특히 라인이 글로벌 시장에서 다수의 사용자를 확보하고 있다. 사용자를 위한 간편구매 및 결제서비스인 네이버 체크아웃과 이를 위한 선불지급수단을 제공하고 있었지만, 2015년 3월 ‘네이버 체크아웃’을 네이버페이로 새 단장하면서 모바일 간편결제서비스 시장에 본격적으로 발을 들였다. 네이버는 지난 2009년부터 시작한 네이버 체크아웃 서비스의 경험치와 기존 1500만 명의 누적이용자, 5만여 개의 가맹점을 발판으로 고속 성장한다는 방침이다. 김규수·이동규·이슬기, 앞의 글, 76면.; 헤럴드경제 2015년 8월 20일.

94 송은영·박정현, “우리나라 소액결제시장 혁신을 위한 과제”, 4면.

95 「전자상거래 등에서의 소비자보호에 관한 법률」(이하 ‘전자상거래법’이라 한다)에서는 전자지급수단을 ‘전자결제수단’이라고 하면서(제8조) 이를 ‘전자문서’ 형태로 이루어지는 대

〈표 2〉 국내 지급서비스 규제법규 체계[96]

	은행	신용카드회사	전자금융업자/ 전자금융보조업자
제공 서비스	- 예금 및 대출 - 신용카드 발행 및 관리 - 전자화폐 발행 - 지급서비스 제공	- 신용카드 발행 및 관리 - 전자화폐 발행 - 지급서비스 제공	<전자금융업> - 전자화폐 발행 - 지급서비스 제공 <전자금융보조업> - 전자금융거래보조
규제법규	- 은행법	- 여신전문금융업법	- 전자금융거래법(2007)

로운 전자지급수단이 등장하고 있지만 많은 법률들이 각기 다른 체계와 내용으로 전자지급수단을 규율하고 있어서 이용자보호와 법률관계에 있어 많은 혼선이 초래되고 있다.[97]

우리나라에서 전자지급수단과 전자지급거래를 규율하는 전자금융거래법[98] 제2조 1호에서는 전자금융거래법의 적용범위가 규정되어 있다. 즉, '전자금융거래'라 함은 금융회사 또는 전자금융업자가 전자적 장치를 통하여 금융상품 및 서비스를 제공(전자금융업무)하고, 이용자가 금융회사 또는 전자금융업자의 종사자와 직접 대면하거나 의사소통을 하지 아니하고 자동화된 방식으로 이를 이용하는 거래를 말한다. 이와 같이 우리나라 전자금융거래법이 수단의 전자성을 전제로 선불 및 직불전자지급수단, 전자화폐, 전자자금이체, 전자채권만을 규율하고 있으며, 온라인 신용카드거래, 모바일 지급거래, 전자어음·수표거래, 전자증권거래, 전자선하증권거래, 전자보험거래 등에도 적용될 가능성이 있다.[99] 하지만 신용카드, 선불카드, 직불카드, 통신과금서비스, 전자어음 등의 주요 전자

금결제수단으로 규정(동법 시행령 제7조)하고 있는데, 사실상 국내 모든 전자지급수단이 포괄될 수 있을 것으로 본다. 김시홍, "전자지급수단의 법적 규제방안", 가천대학교 박사학위논문(2015. 12), 11면.

96 김규수·이동규·이슬기, 앞의 글, 99면.

97 김시홍, 앞의 글, 294면.

98 일본 자금결제법과 우리나라 전자금융거래법을 비교검토하고 있는 논문은 정경영, "일본 자금결제에 관한 법률에 관한 소고", 「선진상사법률연구」 통권 제51호(법무부, 2010), 44면 이하.

99 우리 전자금융거래법은 전자금융거래의 개념을 전자적 장치의 사용과 자동화된 방식에 의한 이용이라는 요건을 갖출 경우 모든 금융거래가 포함된다. 정경영, 앞의 글, 60면

지급수단에 대하여는 다른 법률에서 별도로 규율하고 있어서 해석론으로는 전자금융거래법이 적용된다고 하더라도 다른 법률과의 관계를 비추어 볼 때 적용 여지가 별로 없는 것이 현실로 지적된다.[100] 따라서 동 법의 적용범위에 규정에서 보다 상세한 규정을 둘 필요가 있고,[101] 전자금융거래에 한해서 규율범위와 다른 법률과의 관계에서 법 적용의 우선순위 등이 명확히 규정되어야 할 것이다.[102]

3. 지급결제서비스의 법 제도 개선방향

(1) 지급결제제도의 법체계의 개선

앞서 살펴본 현행 일본의 지급결제업무 등을 둘러싼 법체계에서 환거래나 예금 수신과 대출을 고유업무로 하는 은행에 대해서는 은행법에 의한 엄격한 규제가 이루어지고, 은행의 고유업무의 일부 또는 이에 접근하는 업무를 행하는 경우에는 각종 업무마다 은행법에 비해 완화된 규제하에서 업무를 실행할 수 있는 체계를 정비하고 있다. 전자지급거래를 규율하는 외국 입법례들은 최근 비금융회사들의 지급서비스업 진출에 따라 규제 형태와 수준을 많이 완화하고 있는 추세다.[103] 소규모 스타트업 등 신규사업자의 경우 기존 법 요건을 충족하는데 어려움이 있으므로 신규사업자에 대한 규제수준은 완화하되 사업 규모의 성장 정도에 따라 전자금융업자로서 갖추어야 할 요건을 차등화할 필요가 있다.[104]

또 우리나라는 카카오, 네이버, 삼성 등 비금융기업들이 IT기술을 활용하여 새로운 지급수단 또는 서비스를 도입하거나 동일한 서비스를 다수 금융기관에 제공함에 따라 기존 법체계를 적용하기 곤란한 영역이 발생할 수 있다.[105] 소비

---

100 정경영, 앞의 글, 66면; 김시홍, 앞의 글, 294면.

101 정경영, 앞의 글, 66면.

102 김시홍, 앞의 글, 294면.

103 김시홍, 앞의 글, 64면.

104 채규항·조민경·배문선, 앞의 글, 24면.

105 김규수·이동규·이슬기, 앞의 글, 100면; 전자지급거래와 관련하여 우리나라는 전자지급수단과 해당 업종 설계에 대하여 세세하고 촘촘한 세분화 방식의 규제를 취하고 있다. 이러한 규제방식은 건별(개별적), 획일적(포지티브) 규제라는 비판을 받고 있다. 김시홍, 앞의 글, 304면.

자의 지급수단 이용 편의성을 높일 수 있는 다양한 서비스가 출현될 수 있도록 시장의 진입 요건은 더욱 완화하는 한편, 서비스 제공규모증가에 따라 책임이 강화되는 규제체계를 확립하고 규제에 있어서도 포괄주의로 전환할 필요가 있다.[106] 일본의 자금결제법에서 전자지급서비스 업종이나 전자지급수단에 관한 정의나 업종을 설계를 할 때 포괄적이고 큰 카테고리별로 설계하고 있기 때문에 우리나라도 포괄주의 규제방식으로 전자금융업종 구분을 재설계할 필요가 있다.[107] 전술한 바와 같이 일본의 결제고도화 워킹그룹의 보고서(案)에서 업무 횡단적인 규제체계의 구축을 위하여 EU의 지급결제서비스지침을 참고로 하고 있다. 일본의 은행은 면허제(은행법 제2조 제1항), 자금이동업자는 등록제(자금결제법 제37조)로 되어 있어서 금융기관 등의 인허가도 복잡하다는 점이 횡단적인 서비스를 어렵게 하고 있다는 지적이 있는 반면, EU의 경우 이미 지급결제의 공통 법제를 설립하고자 PSD를 제정하고 금융기관뿐 아니라 비금융기관을 포함한 지급결제의 공통 법제를 마련하고 있다. EU는 PSD라는 공통 규제를 도입하여 은행, 전자화폐사업자, 결제서비스사업자를 대상으로 면허제를 규정하고 업무내용이나 자기자본규제를 각각 마련하고 있다. 새로운 유형의 서비스가 출현하는 경우 결제서비스의 선택을 해치지 않고 이용자의 편리성을 도모하는 유연하고 탄력적인 대처가 가능하도록 칸막이식 업종 규율을 지양하고 업종을 포괄적으로 축소 개편하고, 업무횡단적인 규제체계의 구축을 목표로 하는 것이 바람직하다고 생각된다.[108] 일본국내에서 횡단적인 규제 체계의 실적으로서 2009년에 시행된 금융상품거래법이 있다. 금융상품거래법에서는 업종마다 나누어진 규제법을 하나의 새로운 법률에 담아 정비하였고, 이러한 예에 따르는 것이 검토 가능성의 하나로 여겨지고 있다. 또 EU결제서비스 지침과 같이 각 업종에 공통되는 결제기능만을 뽑아낸 새로운 법의 테두리로 생각할 수 있다.

---

106 채규항·조민경·배문선, 앞의 글, 23면.

107 현행 전자금융거래법은 전자금융업을 7가지 업종(전자자금이체, 직불전자지급수단의 발행 및 관리, 선불전자지급수단의 발행 및 관리, 전자지급결제대행에 관한 업무, 결제대금예치, 전자지급고지, 전자화폐의 발행 및 관리)으로 세분화하여 나열하고 있다(전자금융거래법 제28조 제1항·제2항, 시행령 제15조 제3항). 채규항·조민경·배문선, 앞의 글, 23면.

108 금융위원회도 현행 7가지 종류의 전자금융업종을 3~4개로 축소개편하는 작업을 발표하고 있으나 아직 구체적인 법 개정은 이루어지지 않고 있다고 한다. 김시홍, 앞의 글, 315면.

(2) 진입규제 완화

금융위기 이후 지급결제영역에서는 경쟁 및 효율성 추구 방향으로 규제가 개편됨에 따라 비금융기업의 지급결제시장 참여가 가능해지고 있다.

일본은 은행 등 이외의 자가 환거래를 업으로서 영위할 수 있다고 정의하고 사전에 자금이동업을 등록을 할 필요가 있다(자금결제법 제37조). 자금이동업자에게 요구되는 재산적 요건은 자금이동업을 적정하고 확실하게 수행하기 위해 필요하다고 인정되는 재산적 기초를 가지는 것으로 되어 있어서(자금결제법 제40조 제1항 3호), 일본에서 자금이동업자의 시장진입규제는 획일적이지 않고 유연하다고 판단된다.

우리나라의 전자금융거래법은 시장진입을 위한 요건으로서 최소자본금 규모를 전자금융거래의 안전성을 확보하고 전자금융업 수행에 있어 발생할 수 있는 거래위험에 대비하기 위해 업무유형과 파급효과, 시장규모 등을 고려하여 적정 규모(5억원~50억원)로 설정하고 있다(전자금융거래법 제30조).[109] 앞서 살펴본 EU나 미국의 자금이동서비스의 초기 자본금액수보다도 상대적으로 높기 때문에 다른 국가와 비교하여 손색이 없도록 기준을 재설정할 필요가 있다고 생각된다.

(3) 소비자 보호 대책

IT기술의 발달, 인터넷과 모바일 서비스의 일상화 등으로 개인 간(P2P) 자금이체, 전자상거래의 신속성 및 편리성에 대한 요구 수준이 높아지는 등 지급결제서비스에 대한 소비자의 기대가 변화하고 있다.[110] 전술한 바와 같이 결제의 주변 서비스가 점점 다양화하고 고도화되고 스마트폰 등의 디바이스상에서 여러 가지 서비스를 통합한 편의성 때문에, 법인, 개인 모두 인터넷뱅킹 폐해 등 보안사고문제가 발생함에 따라서 이를 방지하기 위해서는 전자지급서비스와 관련된 소비자 교육의 향상에 노력해야 할 것이다. 또 금융기관과 비금융기업의 제휴 시 각 사의 대상 업무에 대한 책임 영역을 명확히 하여 보안 및 소비자 보호에 만전을 기할 필요가 있다.[111] 모바일 기기를 활용하여 은행과 비금융기

109 김시홍, 앞의 글, 132면.

110 송은영·박정현, "우리나라 소액결제시장 혁신을 위한 과제", 1면.

111 김규수·이동규·이슬기, 앞의 글, 104면.

업이 공동으로 제공하는 지급 또는 금융서비스, 온·오프라인을 통합한 모바일 지갑 등 기존 규제체계를 그대로 적용하기 어려운 새로운 서비스가 등장하고 있다.[112] 이러한 새로운 유형의 업자가 등장할 가능성에 대비하여 장래 이용의 확대 및 서비스 실태에 유의한 기동적 대응이 요구된다.

Ⅳ. 맺는 말

핀테크로 대표되는 최근의 IT혁신의 급속한 진전은 결제를 비롯한 금융서비스업의 앞으로의 기본 방향에 큰 영향을 끼치고 있다. 유럽과 미국의 금융기관이 이러한 환경변화에 전략적으로 움직임이 활발한 가운데 일본의 금융그룹이 이것과 필적해서 싸워 가기 위해서는 일본의 금융그룹에서도 지급결제서비스를 비롯한 여러 가지 금융서비스분야에 있어서 혁신을 촉진하기 위한 대응을 강화해 가는 것이 중요한 과제가 되고 있다. 전술한 결제업무 등의 고도화에 관한 워킹그룹의 보고서(案)에서도 나타났지만 제도에 관한 검토는 규제의 전체상이나 상호 관계 등을 충분히 검토하는 있다는 것이 중요하다.

핀테크도 다양한 서비스 영역이 있지만 최근 기술 혁신이 진행되고 소비자의 생활을 크게 변화시키고 있는 지급결제관계(전자화폐를 포함) 비즈니스에 관련되는 법제도의 바람직한 방향은 각국 지역의 경제 상황 등을 근거로 해서 생각할 필요가 있다. 최근의 결제 분야에서 시대변화와 과제에 따라 앞으로 지급결제를 둘러싼 법체계의 바람직한 방향은 다양한 서비스가 유연하게 전개되어 나갈 수 있도록 하는 업무횡단적인 규제 체계의 구축이 장래에 목표로 되어야 할 것으로 생각된다.

또 지급결제 시스템의 안정성이나 정보 보안, 이용자 보호의 확보도 중요한 과제다. 지급결제를 둘러싼 법체계가 이러한 여러 가지 과제와 정합적인 것이 될 것인지에 대하여 지급결제서비스의 발전 가능성과 방향성도 시야에 넣으면서 검토를 진척시켜 갈 필요가 있다.

---

112 김규수·이동규·이슬기, 앞의 글, 100면.

R·E·F·E·R·E·N·C·E·S

김규수·이동규·이슬기, "국내외 비금융기업의 지급서비스 제공현황 및 정책과제", 「지급결제조사자료 2014-6」(한국은행 금융결제국 결제연구팀, 2014).

김시홍, "전자지급수단의 법적 규제방안", 가천대학교 박사학위논문(2015. 12).

고평기, "최신 글로벌 지급결제 트렌드 및 시사점", 「지급결제와 정보기술」 제54호(금융결제원, 2013).

송은영·박정현, "2015년 지급수단 이용행태 조사결과 및 시사점", 「지급결제조사자료 2016-3」(한국은행 금융결제국 결제연구팀, 2016).

송은영·박정현, "우리나라 소액결제시장 혁신을 위한 과제", 「지급결제조사자료 2015-3」(한국은행 금융결제국 결제연구팀, 2015).

정경영, "일본 자금결제에 관한 법률에 관한 소고", 「선진상사법률연구」 통권 제51호(법무부, 2010).

조현아, "국내외 비금융기관의 간편결제서비스 관련 동향 및 시사점", 「지급결제와 정보기술」 제58호(금융결제원, 2014).

채규항·손화자·조민경, "2015년 모바일금융서비스 이용행태 조사결과 및 시사점", 「지급결제조사자료 2016-1」(한국은행 금융결제국 전자금융팀, 2016).

채규항·조민경·배문선, "신종 전자지급서비스의 확산 및 제약요인과 과제", 「지급결제조사자료 2015-2」(한국은행 금융결제국 전자금융팀, 2015).

최규선, "주요국 핀테크 현황 및 시사점", 「지급결제와 정보기술」 제60호(금융결제원, 2015).

柴田 誠, "イノベーション促進とベンチャー活用がカギ：技術的な先進性を過去十分に生かせなかった邦銀の挑戦 (特集 フィンテックを取り込め)", 「金融財政事情」 제66권 5호(金融財政事情研究会, 2015).

野口悠紀雄, "フィンテックなどで新サービス, 日本は消費者志向の規制緩和を", 「エコノミスト」(2015. 12. 22).

谷口建·金井暁子, "世界で台頭するフィンテック伝統的金融業を侵食する革命", 「エコノミスト」(2015. 12. 15).

堀 天子, "資金移動サービスに関するEU·ニューヨーク州·シンガポールの法制度比較: 国際的観点からみた資金移動業者の規制のあり方に関する考察 (特集 決済高度化ワーキング·グループの論点)", 「金融財政事情」제66권 34호(金融財政事情研究会, 2015).

野崎竜一·鈴木由里·三部裕幸·落合孝文, "銀行とFinTech企業によるイノベーション", 「金融法務事情」2035号(金融財政事情研究会, 2016).

"日本のフィンテックベンチャー", 「金融財政事情」(金融財政事情研究会, 2015. 2. 2).

パネルディスカッション, "技術革新がもたらす決済サービスの変貌", 「金融財政事情」(金融財政事情研究会, 2015. 9. 21).

"フィンテックの衝撃" 日本経済新聞2015年10月27日.

銀行のフィンテック企業買収規制緩和へ", NHKニュース2015年12月13日.

"みずほ´ フィンテック連合に参加 仮想通貨技術狙う", 日本経済新聞2015年11月8日.

"모바일 솔루션 업체 미탭스, 28일 도쿄증시 상장", 이데일리 2015년 8월 28일.

머니투데이, "현대·기아차,'차량공유사업'진출할까", 2016. 1. 27.

한국일보, "내년 IT업계 최대 화두, 핀테크가 창조할 금융혁신", 2015. 12. 28.

한국일보 2015년8월2일(http://www.hankookilbo.com/v/d2fd858965bd43cf878cfbf50d34081a).

「金融審議会決済業務等の高度化に関するワーキング·グループ報告(案)~決済高度化に向けた戦略的取組み~」決済業務等の高度化に関するワーキング·グループ (http://www.fsa.go.jp/singi/singi_kinyu/kessai_wg/siryou/20151217/01.pdf).

「決済業務等の高度化に関するワーキング·グループ報告~決済高度化に向けた戦略的取組み~」日本金融庁(http://www.fsa.go.jp/singi/singi_kinyu/tosin/20151222-2.html).

金融審議会決済業務等の高度化に関するスタディ·グループ中間整理(http://www.fsa.go.jp/singi/singi_kinyu/kessai_wg/siryou/20150723/04.pdf)(2015年4月28日).

決済業務等の高度化に関するスタディ·グループ(http://www.fsa.go.jp/singi/singi_kinyu/base_gijiroku.html#kessai_wg).

New York Banking Law – BNK(http://codes.findlaw.com/ny/banking-law).

Directive on Payment Services(PSD)(http://ec.europa.eu/finance/payments/framework/index_en.htm).

産業構造審議会 商務流通情報分科会 割賦販売小委員会.

報告書~クレジットカード取引システムの健全な発展を通じた消費者利益の向上に向け

て~2015年7月3日(http://www.meti.go.jp/committee/sankoushin/shojo/kappuhanbai/pdf/report_02_01.pdf).

金融庁HP 資金移動業者関係(http://www.fsa.go.jp/common/law/guide/kaisya/14.pdf).

Money-changing and Remittance Businesses Act(http://statutes.agc.gov.sg/aol/download/0/0/pdf/binaryFile/pdfFile.pdf?CompId:486b7510-0a8e-45d3-92bf-d4e23dff7e03).

EU決済サービス指令等の概要(http://www.fsa.go.jp/singi/singi_kinyu/kessai_wg/siryou/20150915/02.pdf).

資金移動業者登録一覧(www.fsa.go.jp/menkyo/menkyoj/shikin_idou.pdf)(2015年9月30日現在).

CB Insights Unicorn Data(https://cb-insights-unicorn-data.silk.co).

世界で台頭巨大ベンチャー「ユニコーン」勢力図(http://vdata.nikkei.com/prj2/ni2015-globalunicorn).

世界で台頭巨大ベンチャー「ユニコーン」勢力図(http://vdata.nikkei.com/prj2/ni2015-globalunicorn).

株式会社三菱UFJフィナンシャル・グループ中期経営計画について(http://app.fisco.jp/data/brand/8306/TDNET_PDF/140120150515479423.pdf).

三菱ＵＦＪ，ＩＣＴ事業を強化新中計，ベンチャーM&Ａも視野(http://www.sankeibiz.jp/business/news/150515/bse1505150500001-n1.htm).

구글·애플·아마존·페이팔, 핀테크 연합 'FIN' 설립(http://www.itnews.or.kr/?p=16556).

아마존재팬(http://www.amazon.co.jp/gp/press/pr/20140220).

本間正人, "金融とテクノロジーの「フィンテック(FinTech)」国内法規制の最新動向", (http://judiciary.asahi.com/fukabori/2015091700001.html)

"모바일 윈스톱 솔루션 기업 미탭스, 도쿄증권거래소 상장"(http://www.datanet.co.kr/news/articleView.html?idxno=89741).

제 5 장 新신탁법 시행에 따른 자본시장법상의 법적 쟁점

Ⅰ. 서 론

법무부는 글로벌스탠더드에 부합하는 신탁법의 현대화를 위하여 2009. 1. 19. 「신탁법 개정 특별분과위원회」를 발족하여 신탁법 전면 개정 작업을 진행하였다. 법무부의 신탁법 개정안(이하 "신신탁법"이라 한다)이 2011. 6. 28. 국회에서 통과되어 2012. 7. 26. 시행되었다. 신탁법 개정의 주요 내용은 (i) 신탁재산의 범위를 확대하고, (ii) 유한책임신탁, 자기신탁, 사업신탁,[1] 수익증권발행신탁, 신탁사채 등 새로운 신탁제도 도입함으로써 신탁제도를 활성화하고, 아울러 (iii) 수익권 양도 및 질권설정 방법, 다수의 수익자 간의 의사결정방법 등 신탁과 관련한 법률관계를 명확하게 규율하는 것이다.

신탁법이 전면적으로 개정됨에 따라 신탁업자에 대한 규제 및 투자자 보호를 위한 신탁업에 관한 법률인 『자본시장과 금융투자업에 관한 법률』(이하 "자본시장법"이라 한다)의 개정이 불가피해졌다. 금융위원회는 개정 신탁법의 내용을 반영한 「자본시장과 금융투자업에 관한 법률」 개정안을 두 차례 국회에 제

* 오영표 집필.

* 「은행법연구」 제5권 제1호(2012. 5)에 게재된 내용을 다소 수정·보완한 것이다.

1 영업을 신탁재산으로 하는 신탁을 '영업신탁' 또는 '사업신탁'이라고 칭하고 있는데, '상사신탁'을 의미하는 '영업신탁'과 개념의 혼동이 있을 수 있기 때문에 이 글에서는 '사업신탁'이라고 부르기로 한다.

출하였으나, 두 제출안 모두 18대와 19대 국회의원 임기만료로 자동 폐기되었고, 현재 금융위원회는 신탁업에 대한 전면 검토 후 자본시장법 개정안을 다시 제출할 계획을 가지고 있다. 이 글은 금융위원회가 두 번째로 국회에 제출한 자본시장법 개정안(이하 "자본시장법 개정안"이라 한다)[2]을 기준으로 신신탁법과 자본시장법의 조화로운 공존을 모색하는 관점에서 자본시장법 개정안과 관련한 주요 쟁점에 대해 논의하고자 한다.

신탁을 영업으로 할 경우 자본시장법상의 신탁업으로 규율되어 신탁업 인가가 필요하고, 신탁영업행위가 집합투자업의 정의에 포섭될 경우 신탁업이 아닌 집합투자업으로 규율되어 집합투자업 인가가 필요로 하는 등 신탁과 신탁업의 관계와 신탁업과 집합투자업의 관계는 일종의 '긴장관계'라고 할 수 있다. 신탁의 활성화를 위하여 신탁법을 전면적으로 개정하였지만, 자본시장법상의 신탁업 및 집합투자업의 개념을 엄격하게 해석할 경우 신탁제도의 활성화라는 신신탁법의 취지가 제대로 발현되지 아니할 가능성이 있다. 따라서 자본시장법이 신신탁법상 새롭게 도입한 신탁제도를 어느 범위까지 수용할지와 수용한다면 어떠한 입법정책으로 도입하여야 신탁, 신탁업 및 집합투자업이 조화롭게 운용될 수 있느냐는 매우 중요한 쟁점사항이다.

이 글에서는 우선 거시적인 관점에서 신탁, 신탁업 및 집합투자업의 관계를 어떻게 설정하는 것이 바람직한지에 대하여 살펴본다(II). 그리고 미시적인 관점에서 신신탁법이 새롭게 도입한 신탁제도가 자본시장법의 테두리 안에서 어떻게 적용될 수 있는지와 자본시장법 개정안에 문제가 없는지를 중심으로 신탁과 관련한 구체적인 법률적 쟁점에 대하여 검토한다(III).

Ⅱ. 신탁·신탁업·집합투자업 간의 관계정립

1. 신탁과 신탁업

(1) 신탁과 신탁업의 개념

개정 전 신탁법은 신탁을 "신탁설정자(이하 "위탁자"라 한다)와 신탁을 인수

2 「자본시장과 금융투자업에 관한 법률」 개정안(2012. 8. 6. 정부제출안, 의안번호 제1901057호).

하는 자(이하 "수탁자"라 한다)와 특별한 신임관계에 기하여 위탁자가 특정의 재산권을 수탁자에게 이전하거나 기타의 처분을 하고 수탁자로 하여금 일정한 자(이하 "수익자"라 한다)의 이익을 위하여 또는 특정의 목적을 위하여 그 재산권을 관리, 처분하게 하는 법률관계"로 정의하였다(개정 전 신탁법 제1조 제2항). 신신탁법은 신탁을 "신탁을 설정하는 자(이하 "위탁자"라 한다)와 신탁을 인수하는 자(이하 "수탁자"라 한다) 간의 신임관계에 기하여 위탁자가 수탁자에게 특정의 재산(영업이나 저작재산권의 일부를 포함한다)을 이전하거나 담보권의 설정 또는 그 밖의 처분을 하고 수탁자로 하여금 일정한 자(이하 "수익자"라 한다)의 이익 또는 특정의 목적을 위하여 그 재산의 관리, 처분, 운용, 개발, 그 밖에 신탁 목적의 달성을 위하여 필요한 행위를 하게 하는 법률관계"로 정의함으로써 신탁재산의 범위, 신탁의 방법 및 신탁재산의 운용방법을 대폭 확대하였다(신신탁법 제2조). 그리고 자본시장법은 금융투자업을 "이익을 얻을 목적으로 계속적이거나 반복적인 방법으로 행하는 행위로서 투자매매업, 투자중개업, 집합투자업, 투자일임업, 투자자문업 및 신탁업에 해당하는 업"으로 정의하고, 신탁업을 "신탁을 영업으로 하는 것"이라고 정의하면서 "신탁"의 정의는 신탁법 제1조 제2항의 신탁의 개념을 그대로 사용하고 있다(자본시장법 6조 제1항 및 제8항, 제9조 제23항).

신탁이라 함은 위탁자와 수탁자의 신임관계에 기하여 위탁자의 재산을 수탁자에게 이전하고 수탁자는 신탁계약에서 정한 바에 따라 신탁재산을 운용·관리·보관을 한 후 신탁의 원본 및 이익을 수익자에게 배분하여 주는 것을 말한다. 위탁자가 신탁업자에게 신탁재산을 신탁하는 목적을 기준으로 신탁을 분류하면, (i) 자산운용의 전문가인 신탁업자에게 보유자산의 운용을 맡기는 신탁(이하 "자산운용형신탁"이라 한다), (ii) 신탁업자는 위탁자의 지시에 따라 단순히 신탁재산의 보관·관리업무를 수행하는 신탁(이하 "자산관리형신탁"이라 한다), (iii) 위탁자가 자금조달을 목적으로 보유자산을 유동화하는 신탁(이하 "자산유동화형신탁"이라 한다)이 있다.[3] [4]

---

3 신탁은 자산운용형신탁, 자산관리형신탁, 자산유동화형신탁 등 다양한 신탁관계가 있음에도 불구하고 자본시장법이 이러한 다양성을 무시한 채 금융투자업의 하나로 포섭하는 것에 대하여 문제를 제기하는 견해가 있다{안성포, "신탁산업과 금융투자업의 교착", 『법학논총』제31권 제2호(전남대학교 법학연구소, 2011. 8), 155~156면 참조}.

4 부동산신탁의 경우 토지신탁(개발신탁)과 처분신탁은 자산운용형신탁이라 할 수 있고, 관

그리고 신탁은 다양한 기능을 보유하고 있다. 첫째는 재산관리기능이다. 위탁자의 재산이 수탁자에게 이전된 이후에는 수탁자가 직접 신탁재산을 관리·처분하는 권한을 보유하면서 신탁목적을 달성하기 위하여 신탁재산의 관리·처분을 수행한다. 둘째는 재산전환기능이다. 위탁자 입장에서 보면 신탁재산이 수익권으로 전환되는바, 위탁자는 수익권을 양적으로 분할하여 보유·양도할 수도 있고 선후순위로 구조화하여 질적으로 분할하여 보유·양도할 수도 있다.[5] 셋째, 도산격리기능(bankruptcy remoteness)이다. 신탁법은 위탁자 및 수탁자의 도산으로부터 신탁재산이 안전하게 보호되도록 규정하고 있다.[6] 신탁은 이러한 다양한 기능을 가지고 있기 때문에 투자신탁, 자산유동화증권의 발행, 담보부사채의 발행 등 신탁 이외의 다른 목적을 달성하기 위한 수단으로서 신탁 방식이 차용되기도 한다.

(2) 신탁법과 자본시장법의 관계

신신탁법은 신탁가능재산의 범위에 대하여 포괄주의를 채택하였다고 볼 수 있는 반면, 자본시장법 개정안은 신탁가능재산에 대하여 여전히 열거주의를 채택하고 있다. 아울러 신신탁법은 행위무능력자(미성년자, 금치산자, 한정치산자)와 경제적 무능력자(파산선고를 받은 자)를 제외하고는 수탁자의 자격에 대하여 아무런 제한을 두지 않는 반면(신신탁법 제11조), 자본시장법은 신탁을 영업으로 하는 경우 금융위원회의 인가가 필요하도록 규정함으로써 인가 받은 신탁업자만이 신탁업을 영위할 수 있다(자본시장법 제11조). 이렇듯 자본시장법이 신탁과 신탁업을 엄격하게 구분하여 규율하고 있기 때문에 신탁과 신탁업의 구분의 문제는 상당히 중요하다.

리신탁과 담보신탁은 자산관리형신탁이라 할 수 있고, 금전신탁의 경우는 대부분 자산운용형신탁이라 할 수 있다.

5 신탁의 전환기능을 (i) 권리자의 속성을 전환하는 기능, (ii) 권리자의 수를 전환시키는 기능, (iii) 수익권향유 시점의 전환기능, (iv) 재산권의 성질과 형태를 전환하는 기능으로 세분화하는 견해도 있다{안성포, “신탁제도의 발전을 위한 입법과제 –집단신탁을 중심으로”, 『비교사법』 제14권 3호(한국비교사법학회, 2007), 1025~1028면}.

6 신신탁법을 기준으로 보면, (i) 신탁재산에 대한 강제집행 및 체납처분을 금지한 제22조, (ii) 수탁자의 파산시 신탁재산이 파산재단을 구성하지 아니함을 규정한 제23조, (iii) 신탁재산에 대한 상계를 금지한 제25조 등이 신탁재산의 독립성 또는 도산격리기능을 규정한 것이라고 볼 수 있다.

우선 자본시장법도 신탁법을 적용하거나 적용을 배제하는 규정을 두고 있다는 점,[7] 신신탁법은 신탁에 관한 사법적 법률관계를 규정함을 그 목적으로 하고 있는 반면 자본시장법은 신탁을 영업으로 하는 신탁업자와 투자자의 법률관계 및 투자자 보호를 위한 각종 행정규제(신탁업자의 조직과 운영에 대한 감독)를 정함을 그 목적으로 하고 있다는 점, 신탁법도 신탁의 인수를 영업으로 하는 신탁영업에 대하여 규정하고 있다는 점[8]을 종합적으로 고려해 보면 신탁법과 자본시장법은 일반법과 특별법의 관계에 있다. 따라서 신탁을 영업으로 할 경우에는 자본시장법이 특별법으로 우선적으로 적용되고 자본시장법에서 신탁법을 준용하는 규정이 있거나 자본시장법이 규율하지 아니한 사항에 대해서는 신탁법이 적용될 것이다.[9]

(3) 신탁과 신탁업의 구분

자본시장법은 금융투자업을 "이익을 얻을 목적으로 계속적이거나 반복적인 방법으로 행하는 행위"로 정의하고, 신탁업을 "신탁을 영업으로 하는 것"이라고 정의하고 있다(자본시장법 제6조 제1항 및 제8항). 이러한 금융투자업 및 신탁업의 정의에서 도출할 수 있는 『업(業)』의 개념요소는 "영리성", "계속성 내지 반복성" 이라는 두 가지 요소이다. 이는 상법상 "상행위"에 요구되는 "영업성"과 관련된 판례(대법원 1998. 7. 10. 선고 98다10793 판결, 같은 취지의 판결 대법원 1994. 4. 29. 선고 93다54842 판결) 및 학설상 해석을 토대로 "영업"의 개념을 풀어서 쓴 것으로서 금융투자업의 행위유형에 해당하는 행위이더라도 그러한 행위가 영업활동으로 이루어진 경우에만 자본시장법의 "금융투자업"에 해당한다고 본다는 취지라 할 수 있다.[10] 결국 수탁자의 입장에서 영리목적으로 계속적 또는 반복적으로 수탁행위를 수행할 경우 이러한 수탁행위는 신탁업으로 분류되어 자본시장법의 규제대상이 된다.

---

7 신탁법을 적용한 규정으로는 신탁의 정의를 규정한 제9조 제24항, 신탁의 합병을 규정한 제116조 제2항이 있고, 현행 신탁법의 적용을 배제한 규정으로는 신탁재산과 고유재산의 구분의 예외적용을 배제한 제104조 제1항과 수익증권의 매수를 규정한 제111조가 있다.

8 개정 전 신탁법 제4조는 "신탁의 인수를 업으로 하는 때에는 이를 상행위로 한다"라고 규정하고, 제41조는 "수탁자는 영업으로서 신탁을 인수하는 경우를 제외하고는 특약이 없으면 보수를 받을 수 없다"라고 규정하고 있었다.

9 임재연, 『자본시장법』(박영사, 2016), 91면 각주 163.

10 한국증권법학회, 『자본시장법 주석서 (I)』(박영사, 2015), 34면.

수탁자가 신탁보수를 받을 경우 영리성은 쉽게 인정될 것이고,[11] 특정 수탁자가 수탁행위를 2회 이상 수행할 경우 계속성 내지 반복성 또한 쉽게 인정될 것이다. 그러면, 1회의 수탁행위를 한 수탁자에게 계속성 내지 반복성을 인정할 수 있을 것인가? 대법원은 각종 인허가를 받지 아니한 자의 영업행위에 대한 인허가 위반 사례에서 1회의 행위를 한 경우에도 계속적으로 반복할 의사가 있는 경우에는 업(業)으로 한 행위로 인정된다고 일관되게 판시하고 있다(대법원 2003. 6. 13. 선고 2003도935 판결, 대법원 1989. 1. 10. 선고 88도1896 판결 등 다수).[12] 이러한 대법원의 입장에서 보면 1회의 수탁행위를 한 수탁자라고 해서 반드시 신탁업이 아니라고 단정하기 힘들 수도 있다. 다만, 이와 관련하여 신신탁법이 다양하고 새로운 신탁제도를 도입함으로써 다양한 신탁상품의 출현과 일반 기업의 신탁을 통한 자금조달수단을 제공한다는 취지인 점에 비추어 보면 신탁업인지 여부의 판단과 관련하여 『업(業)』의 범위를 지나치게 넓게 해석하게 되면 신신탁법의 취지가 제대로 발현되지 아니할 가능성이 있다.

이와 관련하여 의미가 있는 대법원 판례가 있다. 구증권거래법위반죄(무허가[13] 영업행위)의 성립여부와 관련하여 "증권거래법에서 증권업을 허가제로 하고 있는 이유도 일반 투자자를 보호하고 국민경제의 발전에 기여하기 위하여 증권업자의 인적, 물적, 재산적 요건을 심사하고 재무건전성과 건전한 영업질서의 준수 여부를 감독하기 위한 것인바, 영리의 목적과 동종의 행위를 반복하는지 여부 외에 위 영업형태에 따라 증권발행 여부, 판매단에 참가하거나 증권인수 여부, 주문에 응하기 위하여 증권의 재고를 유지하는지 여부, 상대방의 청약

11 상사신탁에서의 영리성은 '수탁자가 유상의 보수'를 받는 경우와 수익자가 '수익권을 유상으로 취득'하는 경우에 모두 인정된다는 견해가 있다{김태진, "기업형태로서의 신탁", 『법학논총』 제31권 제2호(전남대학교 법학연구소, 2011. 8), 124면}. 한편, 금융투자업의 요건인 영리성은 반드시 이익을 추구하는 것에 국한되지 않고 수지균형을 유지하는 것도 포함하는 의미로 넓게 해석해야 한다는 견해도 있다{김건식·정순섭, 『자본시장법』(두성사, 2013), 114면}.

12 법무사가 아닌 자가 법무사의 사무를 '업으로' 하였는지의 여부는 사무처리의 반복 계속성, 영업성 등의 유무와 그 행위의 목적이나 규모, 회수, 기간, 태양 등 여러 사정을 종합적으로 고려하여 사회통념에 따라 판단하여야 할 것이고, 반복 계속하여 보수를 받고 그러한 사무를 처리하는 것은 물론, 반복 계속할 의사로써 그 사무를 하면 단 한 번의 행위도 이에 해당한다고 판시하였다(대법원 2003. 6. 13. 선고 2003도935 판결).

13 인수업무를 포함한 투자매매업에 대한 인가주의를 채택한 자본시장법과 달리 구증권거래법은 증권업에 대하여 허가주의를 취했다.

을 유인하는지 여부, 스스로 매매업자나 시장조성자로 광고하는지 여부, 부수적으로 투자자문을 제공하는지 여부, 타인의 돈이나 증권을 취급하거나 타인을 위하여 증권거래를 수행하는지 여부, 지속적인 고객을 확보하는지 여부, 타인을 위하여 거래에 참가하는지 여부 등의 제반 사정을 종합적으로 고려하여 판단하여야 한다." 판시하였는바,[14] [15] 증권업(現 금융투자업)을 영위한 행위인지 여부와 관련하여 단순히 영리의 목적과 동종의 행위를 반복하는지 여부 이외에 영업형태에 따라 여러 가지 사항을 종합하여 개별·구체적으로 판단해야 한다는 것이다.

생각건대 신탁과 신탁업의 구분에 있어서『개념적인 접근』보다는『규제의 필요성 측면에서의 접근』이 더 타당한 접근방법인 것으로 판단된다. 즉, 신탁업에 대하여 진입규제, 업자규제 및 행위규제를 부과시키는 이유는 투자자를 비롯한 신탁과 관련된 당사자 보호의 필요성이 많다는 점이다. 이러한 관점에서 보면 신탁보수를 받는 것을 전제로 다수의 참여자가 관여하게 되는 공모형 수익증권발행신탁, 공모형 신탁사채발행신탁, 사업신탁[16]의 경우에는 1회의 신탁

---

14 이러한 판단하에 "**유가증권의 매매영업**에 있어서는 영리목적으로 불특정 일반고객을 상대로 하는 반복적인 영업행위가 그 요건이라 할 것이고 **유가증권의 인수영업**에 있어서는 유가증권의 발행회사와 인수회사와의 관계상 일반고객을 상대로 할 수 없어 영리목적으로 **인적 물적시설**을 갖추고 **시장조성자**로서 반복적인 인수행위가 있으면 인수업에 해당한다"고 판시하였다(대법원 2002. 6. 11. 선고 2000도357 판결). 이 판결은 "피고인 1이 실제 발행회사로부터 회사채를 직접 인수하였음에도 형식상 증권회사나 종합금융회사가 위 회사채를 인수한 것처럼 외형을 갖추고 영리목적으로 19회에 걸쳐 합계 금 5,460억원 상당의 회사채를 인수하고 회사채를 최종적으로 매입하여 줄 일반 고객들인 투자신탁회사들과 직접 접촉하여 형식상 증권회사를 통하여 위 회사채를 다시 투자신탁회사에 매도한 일련의 과정에 비추어 피고인 1은 공소외 1 주식회사나 공소외 2 주식회사를 운영하면서 사실상 회사채 인수업무 및 매매업무를 하였다고 판단하여 피고인 1에 대한 이 사건 공소사실을 유죄로 인정한 것은 정당한 것"으로 판단하여 피고의 행위가 허가를 받지 아니하고 유가증권의 매매영업 및 유가증권의 인수영업(現 투자매매업)을 하였다고 하여 증권거래법위반죄를 인정하였다.

15 위 각주 판례의 따름판례로「회계법인이 해외전환사채 발행회사와 용역계약을 체결한 후 실제 투자자 모집을 회계법인이 수행하고 용역수수료를 모집금액에 비례하여 받은 사례」에서 각주 9 판결과 동일한 내용을 판시하면서 회계법인의 증권거래법위반죄(무허가 모집주선)를 인정한 판례도 있다(대법원 2006. 4. 27. 선고 2003도135 판결).

16 사업신탁은 회사의 특정 사업부문과 관련된 '영업'을 신탁재산으로 하여 설정된 신탁으로서 상법상 물적분할 및 분할된 신설회사의 지분매각을 통한 자금조달과 유사한 경제적 효과를 도출할 수 있다. 영업이 신탁재산이 되므로 적극재산과 소극재산 모두 신탁재산이 될 것이므로 위탁자의 기존 채권자, 신탁 이후 신규 채권자 및 신탁재산이 된 영업 부문과 관

행위를 하더라도 원칙적으로 신탁업으로 규율하는 것이 바람직하다. 반면, 일반 기업이 자금조달을 목적으로 자기신탁형 수익증권발행신탁을 수차례 설정하면서 신탁보수를 받지 아니하는 경우에는 영리성이 인정되지 아니할 것이므로 신탁업으로 규율하기는 어려울 것이다. 만약 일반 기업이 자기신탁형 수익증권발행신탁을 수차례 설정하면서 신탁보수를 받는다면 신탁업으로 규율할 것인가? 수익증권이 공모로 발행될 경우에는 투자자보호의 필요성이 많다는 점에서 신탁업으로 규율하고 수익증권이 사모로 발행될 경우에는 신탁업이 아닌 것으로 규율하는 것이 바람직할 것이다.

2. 신탁업과 집합투자업의 관계

(1) 특정금전신탁과 불특정금전신탁

자본시장법은 금전신탁을 두 가지로 나누어, "위탁자가 신탁재산인 금전의 운용방법을 지정하는 금전신탁"을 특정금전신탁이라고 정의하고 "위탁자가 신탁재산인 금전의 운용방법을 지정하지 아니하는 금전신탁"을 불특정금전신탁이라고 정의하고 있다(자본시장법 시행령 제103조). 즉, 위탁자의 운용지시권 보유 여부에 따라 특정금전신탁과 불특정금전신탁을 구분하고 있는데, 이러한 특정금전신탁과 불특정금전신탁의 구분기준은 구신탁업법의 정의를 그대로 승계한 것이다. 아울러 불특정금전신탁은 위탁자의 운용지시권이 없다는 점에 착안하여 불특정금전신탁이 집합투자와 동일한 개념으로 사용되고 있다.

위탁자의 운용지시권에 대응되는 개념으로 수탁자의 운용재량권을 상정할 수 있는바, 위탁자의 운용지시권이 보장된다는 것이 바로 수탁자의 운용재량권이 인정되지 않는다는 것을 의미하지는 않는다. 신탁은 위탁자와 수탁자의 특별한 신임관계에 기하여 위탁자가 자신의 재산에 대한 운용권한을 수탁자에게 위임하는 것이므로 수탁자의 운용권한은 신탁계약에서 위탁자가 어떻게 정하느냐에 따라 다양할 수 있다. 즉, 수탁자의 운용권한의 범위를 기준으로 신탁을 구분하여 보면, (i) 수탁자가 포괄적으로 운용재량권을 행사할 수 있는 신탁(이하 "포괄재량형 신탁"이라 한다), (ii) 수탁자가 부분적으로 운용재량권을 행사할

련된 근로자 등 다수의 당사자와 이해관계가 있다. 그리고 신탁 시점에서 해당 영업부문의 소극재산이 적극재산을 초과할 경우 수익자 보호 문제도 개입될 여지가 있다.

수 있는 신탁(이하 "부분재량형 신탁"이라 한다) 및 (iii) 수탁자가 운용재량권을 전혀 행사할 수 없는 신탁(이하 "단순관리형 신탁[17]"이라 한다)으로 구분해 볼 수 있다.[18] 특히 특정금전신탁에서 위탁자는 금전의 운용방법으로 광의의 운용대상만을 특정하고 구체적인 운용대상 및 운용대상 간의 구성비율(포트폴리오, portfolio)의 결정에 대해서는 수탁자에게 재량권이 부여되는 것이 일반적인 바([그림 1] 참조), 이러한 특정금전신탁계약은 위의 개념 분류에 의하면 '부분재량형 신탁'으로 구분할 수 있다. 따라서 금전신탁의 종류를 위탁자의 운용지시권 유무에 따라 특정금전신탁과 불특정금전신탁으로 단순하게 이분하고 위탁자의 운용지시권이 없다는 점을 중시하여 불특정금전신탁을 집합투자기구와 동일하게 취급하는 것은 바람직하지 않다. 그런데 구신탁업법, 『구간접투자자산운용업법』(이하 "구간투법"이라 한다) 및 현행 자본시장법이 금전신탁을 특정금전신

[그림 1] 특정금전신탁계약상의 운용방법(예시)

특정신탁자금 운용방법

다음의 신탁자금 운용방법(1. 내지 25.에서 정한 방법) 중에서 운용방법을 지정하여 [별표 2]의 신탁재산 운용지시서에 직접 기재하고 날인하여 주시기 바랍니다.

1. 대출금	10. 외화증권	19. 공사채형 수익증권
2. 콜론	11. 보증어음	20. 주식형 수익증권
3. 환매조건부채권	12. 자유금리기업어음*	21. 기타의 증권
4. 국채	13. 표지어음	22. 부동산의 매입 및 개발
5. 통화안정증권	14. 중개어음	23. 증권지수의 선물거래
6. 기타 금융채	15. 발행어음	24. 증권의 옵션
7. 지방채	16. 양도성예금증서	25. 기타 자본시장과 금융투자업에 관한 법률 및 동법 관계 법령에서 정한 방법
8. 사채	17. 신용카드채권	
9. 주식	18. 개발신탁수익증권	

17 자본시장법은 수탁자에게 신탁재산의 처분 권한이 부여되지 아니한 신탁인 '관리신탁'의 수익권을 금융투자상품의 정의에서 제외하되(자본시장법 제3조 제1항 제2호), 자본시장법 개정안은 관리신탁이 수익증권을 발행할 경우에는 그 수익증권은 투자자보호의 필요성이 있다고 판단하여 금융투자상품의 정의에 포함시켰다(자본시장법 개정안 제3조 제1항 제2호).

18 자본시장법 시행령이 규정하는 특정금전신탁과 불특정금전신탁의 구분 기준인 '운용방법의 지정'에 대한 해석으로도 동일한 결론을 도출할 수 있다. 즉, 위탁자가 지정하는 대상은 '운용방법'인데, '운용방법'은 금융투자상품의 종류, 종목, 비중을 포함하는 개념이므로, 위탁자는 종류로 운용방법을 특정할 수도 있고, 구체적인 종목과 비중을 특정할 수도 있다. 운용방법 지정을 '종류'로 할 경우 신탁업자는 다양한 운용재량을 가지게 되고, 운용방법을 '종목과 비중'으로 지정할 경우 신탁업자는 운용재량을 보유할 수 없게 된다.

탁과 불특정금전신탁으로 일관되게 구분하고 있으므로, 이 글에서는 이러한 개념정의를 그대로 사용하기로 한다.

(2) 불특정금전신탁의 폐지

구간투법 제정 전에는 특정금전신탁과 불특정금전신탁 모두를 신탁업자가 영위할 수 있었으나, 구간투법이 제정되면서 2004. 7.부터는 예외적인 경우를 제외하고는 신탁업자가 불특정금전신탁을 추가로 설정하는 것을 불허하였다(구간투법 부칙 제6987호 제14조 제2항). 아울러 구신탁업의 하위규범인 구신탁업감독규정은 특정금전신탁의 경우 신탁재산을 합동운용(現 집합운용)하는 것을 금지하였다(구신탁업감독규정 제12조 제4항).

이러한 규제 방향은 자본시장법하에서도 그대로 유지되었다. 즉, 자본시장법은 신탁업자가 복수의 신탁계약에 따른 신탁재산을 집합하여 운용하는 행위를 원칙적으로 금지하고 있다(자본시장법 시행령 제109조 제3항 제5호). 자본시장법의 기본적인 규제 방향은 금융투자업자와 관계하는 '투자자 수(數)'의 측면에서 『1:N의 표준형』인 집합투자와 『1:1 맞춤형』인 신탁으로 개념적으로 명확히

[그림 2] 구간투법 제정 이후 신탁과 펀드의 관계

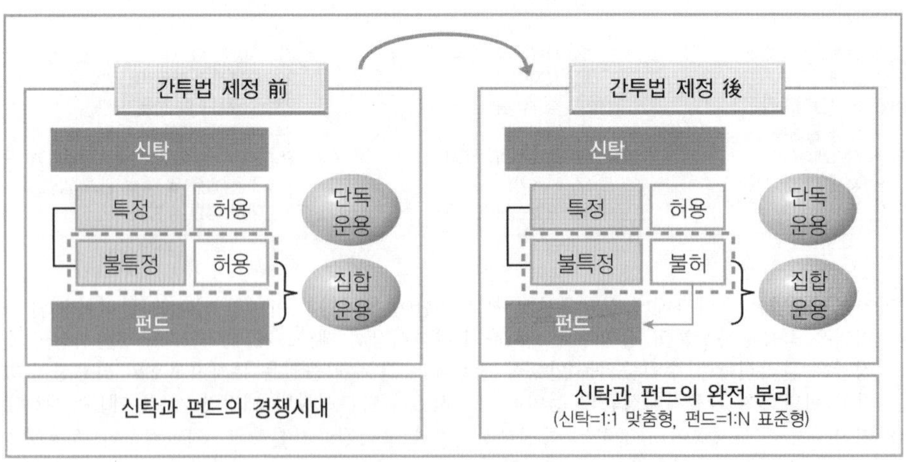

구분하는 것이다.[19]

(3) 금융투자업규정상의 신탁계약의 맞춤성 요건

금융투자업규정은 집합투자와 신탁의 구분으로 '적극적 맞춤성 요건'을 보다 구체적으로 규정하였다. '특정 증권 등의 취득과 처분을 각 계좌재산의 일정비율로 정한 후 여러 계좌의 주문을 집합하는 행위'를 원칙적으로 금지하였다(금융투자업규정 제4-93조 제21호).[20] 그리고 '금전신탁의 경우 투자자의 연령·투자위험감수능력·투자목적·소득수준·금융자산의 비중 등 재산운용을 위해 고려가능한 요소를 반영하여 투자자를 유형화하고 각 유형에 적합한 방식으로 신탁재산을 운용하지 않는 행위'를 불건전 영업행위로 규정함으로써 간접적으로 신탁계약의 『1:1 맞춤형 계약성』을 강화하였다(금융투자업규정 제4-93조 제26호).[21]

1) 비율주문과 집합운용

금융투자업규정은 각 계좌 재산의 일정비율로 특정 증권의 취득과 처분에 대한 주문(이하 "비율주문"이라 한다)이 집합하여 제출되는 방식([그림 3]의 ①)을 '집합운용'으로 분류하고, 각 계좌별 투자판단이 달리 이루어지고 단지 취득과 처분에 대한 주문만을 취합하여 제출되는 방식([그림 3]의 ②)을 '집합주문'으로 분류하겠다는 기준이 제시하였다.[22] 다만, 투자자를 위험감수능력에 따라 유형화한 경우에는 그 유형에 포함된 투자자의 주문을 모아 비율주문을 집행하는 것은 허용하였다(금융투자업규정 제4-93조 제21호).[23]

---

19 금융감독당국은 주로 투자일임업에 대한 규제 방향을 설정하면서 투자일임업에 대한 규제를 특정금전신탁에 그대로 적용하여 왔다(금융위원회의 2006. 12. 15. 정례브리핑 「간접투자·금전신탁·일임형랩의 효율적인 감독방안」, 2007. 5. 3. 보도자료 「펀드·금전신탁·투자일임 상품간의 구분기준 마련 등 감독강화방안」, 2010. 9. 15. 보도자료 「투자일임 제도개선방안」 및 2011. 10. 21. 보도자료 「투자자 보호를 위한 투자일임업 제도개선 방안 마련 – 적극적 맞춤성 요건 및 자문형 랩 운영 모범규준 제정」 참조).

20 다만, 투자자를 유형화하여 각 유형에 적합한 방식으로 신탁재산을 운용하는 경우에는 그러하지 아니하다.

21 다만, 투자자가 운용대상을 특정종목과 비중 등 구체적으로 지정하는 특정금전신탁은 제외한다.

22 이러한 기준에 의할 경우 결국 증권의 매매를 주요 운용방법으로 하는 집합투자기구와 신탁의 구분기준은 '비율주문'인지 아닌지에 따라 달라질 것이다.

23 따라서 신탁업자가 투자자를 세부적으로 유형화하고, 동일 유형의 투자자의 신탁재산으로

[그림 3] 집합운용과 집합주문의 구분 도식[24]

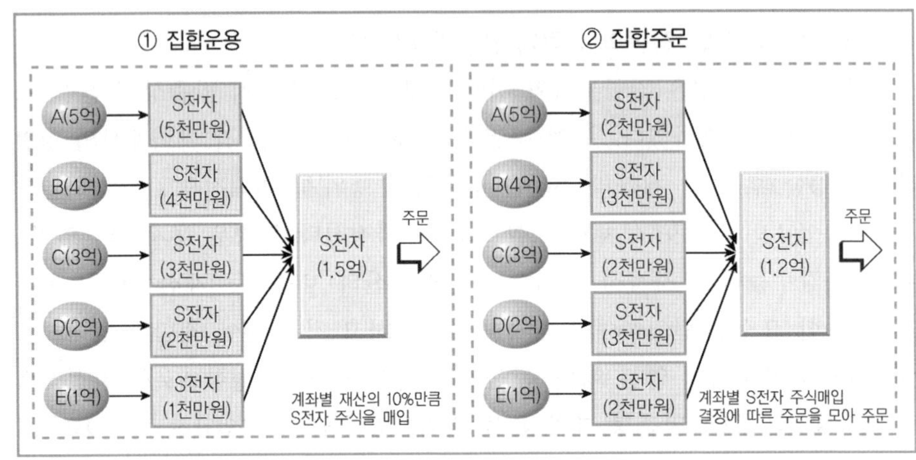

2) 투자자유형 분류 및 투자자유형별 자산배분유형군 신설

한편, 적극적 맞춤성 요건의 실효성 확보와 관련하여 중요한 것은 '투자자의 유형 분류'와 '투자자 유형과 자산배분안과의 일치(matching)'인데, 금융투자상품에 대한 투자권유에 있어서의 일반적인 투자자 유형 분류기준인 '투자목적, 투자경험 및 재산상황'에 더하여 '연령, 투자위험감수능력, 소득, 금융자산 등'을 추가하였고, 자산배분유형군 분류에 있어서도 동일 자산배분유형군 내에서 최소 2개 이상의 세부적인 자산배분유형군을 제시하도록 하였다.[25]

(4) 신탁업 및 집합투자업의 구분에 대한 바람직한 규제방향

현행 자본시장법은 '집합운용의 가부'를 기준으로 신탁업과 집합투자업을 명확히 구분하고 집합투자업의 경우 집합운용을 허용하면서 신탁업의 경우에는 집합운용을 불허하고 있다. 그리고 비율주문이라는 개념으로 신탁에서 금지되는 집합운용인지 아니면 신탁에서 허용되는 집합주문인지를 구분한다. 그러나 (i) 연혁적으로 볼 때 구간투법 제정 전 신탁업법은 집합운용이 가능하였던 불특정금전신탁을 허용하였다는 점, (ii) 집합투자에 대한 이론적 개념에는 집합운

증권을 매매할 경우 비율주문도 가능하다.

24 금융위원회의 2010. 9. 15.자 보도자료 「투자일임 제도개선방안」 참조.

25 금융위원회의 2011. 10. 21. 보도자료, 「투자자 보호를 위한 투자일임업 제도개선 방안 마련 – 적극적 맞춤성 요건 및 자문형 랩 운영 모범규준 제정」 참조.

용이라는 개념요소가 포함되어 있다고 볼 수 있으나 그렇다고 신탁의 개념에서 집합운용의 금지라는 개념요소를 도출할 수 없다는 점, (iii) 신탁업에 집합운용을 허용하더라도 이로 인하여 발생할 수 있는 투자자보호의 문제는 집합투자업에 준하는 영업행위규제를 통하여 달성할 수 있다는 점 등을 종합적으로 고려해 보면 신탁업과 집합투자업에 대한 현행 자본시장법의 입법정책이 바람직하다고 볼 수 없으며, 이로 인하여 신탁의 활성화가 저해되므로 차라리 구간투법 제정 전과 같이 집합운용형 금전신탁을 허용하되 다수의 투자자를 대상으로 영업을 한다는 점에서 투자자 보호를 위한 신탁업자의 영업행위규제의 수준을 높이는 입법정책으로 선회하는 것이 바람직하다.[26]

3. 유사신탁업자 제도 도입 관련 법적 쟁점

(1) 유사신탁업자의 개념도입

자본시장법 개정안은 신탁업자가 아닌 자가 수익증권발행신탁을 설정하거나 자기신탁을 설정할 경우 투자자 보호의 필요성이 많다고 판단하여 이러한 자를 '유사신탁업자'로 규정하고 신탁업자의 규제 중 일부를 준용하도록 하고 있다. 첫째, 유사신탁업자가 수익증권을 발행할 경우 신탁업자의 수익증권발행과 관련한 규정을 준용하고 있다(개정안 제110조의3 제1항). 둘째, 유사신탁업자가 수익증권을 발행하거나 자기신탁을 설정하는 경우에는 금융위원회의 유사신탁업자에 대한 자료제출요구권을 신설하고 유사신탁업자에게 내부통제기준을 제정하고 준수하도록 하고 있다(개정안 제110조의3 제2항 및 제3항). 셋째, 유사신탁업자가 수익증권을 발행할 경우 투자매매업에 관한 인가를 받은 것으로 간주하고 있다(개정안 제110조의3 제1항 및 제110조 제2항).[27] 이로써 자본시장법과 신탁법을 종합하여 보면, 신탁을 신탁받는 주체는 (i) 일반 수탁자, (ii) 유사신탁

26 같은 견해로 안성포, "신탁제도의 발전을 위한 입법과제 – 집단신탁을 중심으로", 『비교사법』 제14권 3호(한국비교사법학회, 2007), 1037면. 더구나 자본시장법 시행의 취지와는 달리 금융투자업자에게 단종집합투자업 이외에 종합집합투자업 인가를 적극적으로 내어주지 않는 금융감독당국의 인가정책을 보면 더욱 집합운용이 가능한 신탁을 허용하는 것이 바람직하다고 본다.

27 유사신탁업자가 수익증권을 발행하는 경우 신탁업자 아닌 자가 투자매매업인가를 받은 것으로 간주하는 것은 진입규체 측면에서 문제가 있을 수 있는데, 자본시장법 개정안 제110조의3 제1항이 자본시장법 제110조를 전부 준용하고 있으므로 해석할 수는 없어 보인다.

업자, (iii) 신탁업자로 구성된다.

(2) 유사신탁업자와 신탁업

자본시장법 개정안에 따르면 신탁업자의 경우 진입규제, 업자규제, 영업행위규제를 모두 받게 되나, 유사신탁업자의 경우 진입규제는 없고 업자규제의 일부(내부통제기준과 자료제출요구권)와 영업행위규제의 일부를 적용받도록 되어 있어 신탁업자와 유사신탁업자는 규제의 측면에서 크게 다르다(아래 [그림 4] 참조). 그런데 자본시장법 개정안은 유사신탁업자라는 개념을 신설하여 유사신탁업자에게는 신탁업자의 업자규제 및 행위규제에 대하여 준용하도록 하고 있을 뿐 정작 유사신탁업자가 수탁업무를 영업행위로 수행할 수 있느냐의 문제에 대하여 침묵하고 있다.

이와 관련하여 두 가지 견해를 생각할 수 있다. 우선, 자본시장법은 신탁업을 규율하는 법이므로 업이 아닌 행위에 대해서는 자본시장법이 적용될 여지가 없다는 점, 자본시장법 개정안이 '유사신탁업자'라는 용어로 도입한 것에 착안하여 영리목적으로 계속적 또는 반복적으로 유사신탁업을 할 수 있도록 허용하겠다는 취지로 해석될 수 있다는 점을 고려하여 유사신탁업자는 수익증권발행신탁업무 또는 자기신탁업무를 영업으로 할 수 있다는 견해(이하 "영업행위가능성설"이라 한다)가 있을 수 있다. 한편, 자본시장법 개정안은 신탁업에 대한 정의를 수정하지 아니한 채 유사신탁업자에 대한 정의만을 신설하였다는 점, 유사

[그림 4] 일반 수탁자, 유사신탁업자, 신탁업자 및 집합투자업자 간의 규제 비교

신탁법	자본시장법		
수탁자	유사신탁업자	신탁업자	집합투자업자
신탁을 인수하는 자	자기신탁/수익증권 발행신탁의 수탁자로서 신탁업자가 아닌 자	신탁을 영업으로 하는 자로서 신탁업 인가를 받은 자	집합투자를 영업으로 하는 자로서 집합투자업 인가를 받은 자
진입규제(無) 업자규제(無) 행위규제(無)	진입규제(無) 행위규제(有) 자료제출요구권(有) 내부통제기준(有)	진입규제(有) 업자규제(有) 행위규제(有)	진입규제(有) 업자규제(有) 행위규제(有)

신탁업자에게 영업으로 신탁업을 할 수 있도록 허용할 경우 신탁업과 유사신탁업의 구분이 명확하지 않아 감독규제에 문제가 있고 신탁업 인가주의를 채택한 자본시장법의 기본취지에도 맞지 않다는 점에 착안하여 유사신탁업자가 수탁행위를 영업으로 수행하는 것이 불가하다는 견해(이하 "영업행위불가설"이라 한다)가 있을 수 있다.

유사신탁업자의 신탁업무 범위를 영업행위로 수행하는 것까지 허용한다면 신탁업을 인가제로 운용하고 있는 자본시장법의 기본적인 방향에 맞지 아니하다는 점과 신탁업자의 불법행위로부터의 투자자의 손실보전을 위한 최소한의 자본규제가 필요하므로 영업행위규제의 적용만으로는 투자자 보호에 미흡하다는 점을 고려해 보면 영업행위불가설이 타당한 것으로 판단된다. 다만, 입법론적으로는 신탁업에 대한 인가제도보다는 다소 완화된 유사신탁업자에 대한 등록제도[28]를 자본시장법에 도입하여 유사신탁업자에게 유사신탁업을 영업으로 할 수 있도록 허용하되, 투자자 보호를 강화하고 유사신탁업자의 수탁행위에 대한 금융감독원의 자료제출요구권이 효율적으로 작동될 있도록 하는 것도 하나의 대안이 될 수는 있을 것이다.[29]

Ⅲ. 新신탁법 시행에 따른 자본시장법상의 법적 諸문제

1. 신탁가능재산의 포괄주의

신신탁법은 신탁가능재산의 범위를 "재산권"에서 "재산(영업이나 저작재산권의 일부를 포함한다)"으로 포괄적으로 규정하면서 영업까지 신탁재산으로 포함하고 있는 반면(신신탁법 제2조), 현행 자본시장법은 신탁업자가 수탁할 수 있는 신탁재산을 "금전, 증권, 금전채권, 동산, 부동산, 지상권, 전세권, 부동산임차권,

28 물론 신탁업자의 인가요건에 비하여 유사신탁업자의 등록요건을 상당히 완화할 필요는 있다.

29 일본 신탁업법은 우리나라 유사신탁업에 해당되는 자기신탁과 관련하여 공모일 경우 신탁업 등록을 하도록 하고 있다. 즉, 일본 신탁업법은 당해 신탁의 수익권을 다수의 자(50명 이상)가 취득할 수 있는 경우로서 정부령에서 정하는 자기신탁의 경우 자기신탁을 설정하려는 자는 내각총리대신의 등록을 받아야 한다고 규정함으로써 일종의 공모형 자기신탁을 신탁업법의 규제대상으로 일정 부분 포섭하고 있다(일본 신탁업법 제50조의2, 동 시행령 제15조의2). 다만, 최소자기자본 규모 등 등록요건은 신탁업 면허요건보다는 훨씬 완화되어 있다.

부동산소유권 이전등기청구권, 그 밖의 부동산 관련 권리, 무체재산권(지적재산권 포함)"으로 열거하고 열거되지 아니한 재산을 수탁하는 것을 금지하고 있다(한정적 열거주의, 법 제103조).[30] 그러나 신탁업의 다양화 내지 활성화를 도모하기 위하여 수탁재산의 제한과 같은 사전예방적인 규제보다는 행위규제와 같은 사후규제를 강화하여 신탁가능재산의 범위 제한을 철폐하고 모든 재산을 수탁가능한 재산으로 하는 입법이 옳다는 견지에서 신신탁법이 신탁가능재산의 범위를 확대한 것은 바람직하다. 그리고 신탁업을 규율하는 자본시장법도 같은 취지에서 신신탁법의 취지에 맞춰 자본시장법도 한정적 열거주의에서 포괄주의로 전환할 필요가 있다.

그런데 자본시장법 개정안은 신탁재산의 포괄주의를 도입하지 아니한 채 "기존 신탁가능재산에 관한 담보권"과 "기존 신탁가능재산과 관련되거나 이에 수반되는 채무"를 추가하는 정도에 그치고 사업신탁을 도입하지 아니한 것이 아쉽다. 사업신탁을 이번 자본시장법 개정안에 포함시키지 아니한 이유와 관련하여 금융위원회는 사업신탁의 경우 투자자의 피해 가능성, 신탁업자의 경영건전성 저해 우려 등을 들고 있다.[31] 그러나 투자자 피해 가능성은 신탁업자의 영업행위규제로 방지할 수 있고, 신탁업자의 경영건전성 저해 우려는 신탁업자의 건전성 규제로 충분히 방지할 수 있다고 본다.

2. 자기신탁

(1) 자기신탁 허용

개정 전 신탁법은 신탁의 설정방식으로 "위탁자와 수탁자 간의 계약" 또는 "위탁자의 유언"에 의하여 설정하는 방식만을 규정하고 있으므로 자기신탁이 가능한지 여부에 대해서는 긍정설[32]과 부정설[33]이 대립하고 있었으나 부정설이 통

30 신탁재산의 범위에 대하여 한정적 열거주의를 취하게 된 이유는, 구신탁업법이 1922년 일본의 신탁업법을 그대로 받아들인 데서 기인하는데, 신탁재산을 구신탁법처럼 재산권 일반으로 하게 된다면, 어떠한 위험이 발생하게 될지 예측할 수 없기 때문에 사전예방적 관점에서 인수할 수 있는 재산을 통상 안전하고 확실하게 관리처분할 수 있는 것으로 인정된 재산에 한정하여 신탁회사로 하여금 전형적인 신탁업에 전념하도록 하기 위한 것이었다(한국증권법학회, 앞의 책, 440면).

31 2012. 3. 22.자 금융위원회 보도자료, "자본시장과 금융투자업에 관한 법률 개정안 입법예고" 참조.

설적 견해였다(개정 전 신탁법 제2조). 다만, 투자매매업 또는 투자중개업 겸영 은행 및 보험회사의 투자자예탁금의 자기신탁(자본시장법 제74조 제1항),[34] 『자산유동화에 관한 법률』(이하 "자산유동화법"이라 한다)에 따른 신탁업자의 유동화목적의 자기신탁(자산유동화법 제16조 제2항)[35] 및 『한국주택금융공사법』에 따른 주택저당증권발행 관련 자기신탁(한국주택금융공사법 제32조)[36]은 예외적으로 허용되었다. 자기신탁을 금지한 이유는 위탁자와 수탁자가 동일인이 될 경우 신탁재산의 독립성 보장이 어렵고 사해행위 목적으로 자기신탁이 악용될 수 있기 때문이었다.

그러나 신탁선언을 통한 자기신탁이 인정되면 특수목적회사(SPC)를 설립하거나 채권자를 변경할 필요가 없이 기업이 스스로 수탁자가 되어 보유자산을 신탁재산으로 유동화하여 자금을 조달할 수 있다는 점과 신탁선언을 하게 되면

---

32 긍정설은 현행법에 신탁선언행위를 금지하는 명시적 규정이 없다는 점, 법 제1조에서 구분되어 사용되는 '위탁자'와 '수탁자'는 '위탁자 지위'와 '수탁자 지위'를 의미하는 것이지 특정인을 표시하는 것이 아니므로 동일인에게 그 지위가 귀속될 수 있다는 점, 신탁설정에 의한 실질적인 권리는 수익자에게 이전되는 것이므로 신탁선언에 의한 신탁이 적법하게 성립하였다면 그 신탁재산을 집행면탈재산이라고 볼 수 없다는 점을 근거로 들고 있다{이중기, 『신탁법』(삼우사, 2007), 34~37면; 법무부, 『신탁법 해설』(2012), 31면}.

33 부정설은 현행법 제1조와 제2조는 위탁자와 수탁자가 다른 사람임을 전제로 하고 있다는 점, 위탁자가 집행면탈의 목적으로 자기 재산을 신탁재산으로 정하여 채권자를 해할 위험이 있다는 점, 신탁선언의 의사표시 유무 또는 내용이 애매하여 법률관계가 불명화해진다는 점, 의무이행이 불완전하여지기 쉽다는 점 등을 그 근거로 들고 있다{안성포, "유동화에 따른 신탁재산의 독자성에 관한 소고", 『증권법연구』 제7권 제2호(한국증권법학회, 2006. 6), 298~299면; 법무부, 앞의 책, 31면}.

34 겸영금융투자업자 중 대통령령으로 정하는 투자매매업자 또는 투자중개업자는 제1항에 불구하고 투자자예탁금을 제1항에 따른 예치 또는 신탁 외에 신탁업자(증권금융회사를 제외한다. 이하 이 조에서 같다)에게 신탁할 수 있다. 이 경우 그 투자매매업자 또는 투자중개업자가 신탁업을 영위하는 경우에는 「신탁법」 제3조 제1항에 불구하고 자기계약을 할 수 있다(자본시장법 제74조 제1항).

35 신탁업자는 자산유동화계획에 따라 유동화자산을 양도 또는 신탁함에 있어서 「신탁법」 제3조 제1항, 민법 제563조 및 제596조의 규정에 불구하고 자기계약을 할 수 있다(자산유동화에 관한 법률 제16조 제2항).

36 한국주택금융공사법 제32조(주택저당증권의 발행 등) ① 공사는 「신탁법」 제3조 제1항에도 불구하고 채권유동화계획에 따라 자신을 수탁자로 하는 신탁을 설정하여 주택저당증권을 발행할 수 있다. <개정 2011. 7. 25>
② 제1항에 따른 신탁설정은 이를 금융위원회에 등록한 때부터 그 효력이 발생한다.
③ 주택저당증권은 무기명식(無記名式)으로 발행한다. 다만, 주택저당증권의 수익자가 청구하면 기명식으로 발행할 수 있다.
(이하 생략)

사업에 필요한 신탁재산을 자신의 사업에 계속 사용하면서 그 사업에서 얻어질 수익권을 판매하는 방식으로 용이하게 자금을 조달할 수 있다는 점을 고려하여 신신탁법은 자기신탁을 허용하였다.[37] 즉, 신신탁법은 신탁의 목적, 신탁재산, 수익자 등을 특정하고 자신을 수탁자로 정하는 위탁자의 신탁선언을 통하여 신탁을 설정할 수 있도록 하였다(신탁법 제3조 제1항 제3호).[38] 자본시장법 개정안도 투자자예탁금의 별도예치의 방법으로써 자기신탁을 명문으로 허용하고 있다(자본시장법 개정안 제74조 제2항).[39] [40] 이로써 자산유동화법에 따른 자산보유자의 적격요건과 자산의 적격요건에 해당되지 아니하는 자산을 보유한 일반 기업의 자금조달 방식이 확대되게 된다. 그리고 자기신탁은 위탁자와 수탁자가 동일인이므로 소액다수의 대출채권의 유동화에 있어서 지명채권 양도절차의 이행에 소요되는 비용을 절감할 수 있게 된다.[41]

---

37 임채웅, "신탁선언의 연구", 『BFL』 제39호(서울대학교 금융법센터, 2010. 1), 13면; 법무부, 앞의 책, 32면.

38 다만, 공익신탁을 제외하고는 자기신탁을 '공정증서를 작성하는 방법'으로 하여야 하고 신탁을 해지할 수 있는 권한을 유보할 수 없도록 함으로써 자기신탁이 악용될 수 있는 소지를 없앴다(신신탁법 제3조 제2항).

39 아울러 향후 하위법령을 개정할 때, 자기신탁에 따른 투자자 및 채권자 보호장치로서 자기신탁계정을 회계감사 대상에 포함시키고 자기신탁 계정의 분별관리의무를 강화할 예정이다(2012. 3. 22.자 금융위원회 보도자료, "자본시장과 금융투자업에 관한 법률 개정안 입법예고" 참조).

40 자본시장법은 '자기신탁'이라는 용어 대신에 '자기계약'이라는 용어를 사용하였는데, 신신탁법이 자기신탁이라는 용어를 사용함에 따라 자본시장법 개정안은 '자기계약' 대신에 '자기신탁'이라는 용어를 사용한 것이다. 아울러 은행, 보험 등 겸영금융투자업자인 신탁업자의 경우 일반 민사신탁과 달리 별도 금융감독을 받고 있으므로 투자자예탁금의 별도예치와 관련하여서는 신신탁법에 따른 공정증서 작성의무를 면제하였다(금융감독원, 2012. 3. 22. 보도자료 "자본시장과 금융투자업자에 관한 법률 개정안 입법예고" 참조).

41 등기 또는 등록되지 아니한 재산에 대하여 신탁의 공시방법과 공시의 효과에 관하여 현행 신탁법은 명시적인 규정이 없으나 신신탁법은 "다른 재산과의 분별관리 등의 방법으로 신탁재산임을 표시하면 함으로써 그 신탁재산임을 제3자에게 대항할 수 있다"라고 규정하여 입법의 공백을 해결하였다{신신탁법 제4조 제2항 및 4항, 신탁재산의 공시와 관련하여서는 이중기, "신탁재산의 공시에 관한 연구", 『홍익법학』 제11권 제3호(홍익대학교 법학연구소, 2010), 425~453면 참조}. 더 나아가 등기 또는 등록되지 아니하는 재산인 동산이나 채권의 경우 좀 더 효율적이고 객관적인 신탁의 공시방법을 찾을 필요가 있는바, 2012. 6. 11. 시행된 『동산·채권 등의 담보에 관한 법률』과 같은 방식으로 "채권신탁등기부" 또는 "동산신탁등기부"를 신설하여 활용하는 것도 하나의 대안이 될 수 있을 것이다.

(2) 자익신탁형 자기신탁

신탁법이나 자본시장법은 특별히 규정하고 있지 않으나, 해석상 일반적으로 위탁자가 수익자의 지위를 겸하는지 여부를 기준으로 위탁자가 동시에 수익자가 되는 '자익신탁'과 위탁자와 수익자가 다른 '타익신탁'이 모두 허용된다. 그런데 신신탁법 제36조[42]는 개정 전 신탁법 제29조와 마찬가지로 수탁자는 누구의 명의로도 신탁의 이익을 향수하지 못하므로 자기신탁의 경우 자익신탁의 방식을 취할 수는 없을 것이다.[43] 다만, 수탁자가 공동수익자의 1인인 경우에는 수탁자가 신탁의 이익을 누릴 수 있으므로[44] 자기신탁 위탁자 겸 수탁자 이외에 최소한 1인 이상의 다른 수익자가 있을 경우에는 자익신탁의 방식(엄밀한 의미에서 "자익－타익 혼합방식")도 가능할 수는 있다.[45] [46]

42 신신탁법 제36조는 현행 신탁법 제29조를 그대로 승계한 것으로 개정 전 신탁법 제29조의 수탁자의 이익향수금지의 취지가 충실의무의 구체적인 내용인 수탁자의 이익취득금지원칙과 수탁자가 단독수익자인 신탁의 설정금지를 규정한 것인데, 수탁자가 수익자의 지위를 겸하지 아니함에도 신탁으로부터 신탁보수 이외의 일정한 이익을 향수하는 것은 충실의무에 직접적으로 반한다고 볼 수 있으나, 수탁자가 수익자의 지위를 겸하는 경우에는 수탁자가 수익자로서 이익을 향수하는 것이므로 충실의무에 직접적으로 반한다고 볼 수 없다. 따라서 필요한 경우에는 수탁자가 수익자로서 신탁의 이익을 향수하는 것을 허용하는 것이 바람직하다. 특히, 자익신탁형 자기신탁을 허용하고자 할 경우 위탁자 겸 수탁자가 우선 수익권을 보유한 후 제3자에게 매출할 길을 허용할 필요가 있다. 신탁법 제정 당시 많이 참조하였던 일본 구신탁법과 달리 일본의 신신탁법 또한 수탁자가 수익자로서 신탁의 이익을 향수하는 것은 허용하고 있다는 점을 주목할 필요가 있다(일본 신신탁법 제8조).

43 같은 견해로는 최은순, "자기 신탁에 관한 고찰－신탁법 개정안을 중심으로", 『안암법학』(안암법학회, 2010), 225면 및 법무부, 앞의 책, 302면.

44 수탁자가 공동수익자 중 1인인 경우에는 신탁을 남용할 가능성이 많지 않으므로 신탁선언으로 자익신탁도 설정할 수 있다(법무부, 앞의 책, 303면).

45 같은 견해로 법무부, 앞의 책, 303면. 이와 관련하여서 수익권의 대부분이 자기발행 위탁자의 소유이고 다른 공동수익자의 1인이 소액의 수익권만을 가지는 구조의 신탁이 설정될 경우 이는 사실상 개정 신탁법 제36조의 취지, 즉 수탁자가 동시에 수익자의 지위를 가지는 것을 원칙적으로 금지한 취지를 몰각시킬 위험이 있다.

46 한편 위탁자 겸 수탁자가 수익자의 지위를 겸하는 자익신탁형 자기신탁에 대하여 위탁자 겸 수탁자가 취득한 수익권은 무효가 되어 그 수익권은 소멸되어 청산청구권을 취득하는 것으로 이해해야 하므로 일단 이러한 결과가 발생한 이후에는 위탁자 겸 수탁자가 그 권리를 타에 처분함으로써 그 수익권이 부활될 여지가 없으며, 나머지 다른 수익자에 관한 부분은 여전히 신탁으로서 유효하나, 이 경우에도 일부 무효의 법리를 유추적용하여 만일 이로 인하여 신탁의 목적을 달성할 수 없게 될 때에는 신탁 전체가 종료되는 것으로 보아야 한다는 견해가 있다{임채웅, 앞의 논문, 16면}. 이 견해는 자기신탁이 집행면탈의 수단으로 악용될 가능성을 배제하고자 하는 취지라는 부분에서는 공감할 수 있으나, 그렇다고 수익권을 제3자에게 매각하여 자금을 조달하고자 하는 유동화목적형 신탁을 자익신탁형

3. 수익증권발행신탁

(1) 수익증권발행신탁의 범위 확대

개정 전 신탁법은 수익증권 발행 가능성에 대하여 명시적으로 규정하지 않았기 때문에 신탁법에 따라 수익증권을 발행할 수 있는지에 대하여 견해의 대립이 있었다. 그리고 현행 자본시장법은 금전신탁에 한하여 수익증권을 발행할 수 있도록 규정하고 있다(자본시장법 제110조).[47] 신신탁법은 신탁의 종류에 관계없이 모든 신탁이 수익증권을 발행할 수 있도록 규정하고 있으므로 금전 이외의 재산신탁도 수익증권을 발행할 수 있도록 하였고(신신탁법 제78조), 자본시장법 개정안도 금전신탁계약에 한하여 수익증권을 발행할 수 있다는 현행 제110조를 개정하여 신탁의 종류와 관계없이 수익증권을 발행할 수 있도록 허용하고 있다(자본시장법 개정안 제110조). 이에 따라 신탁업자는 신탁재산을 기초로 수익증권을 발행함으로써 수익권의 유통성을 보장하는 한편 다수의 투자자로부터 자금조달이 가능하게 된다([그림 5] 참조).

한편, 수익증권발행신탁의 수익증권발행은 신탁업자의 '자기발행'에 해당되므로 현행 자본시장법 제7조 제1항에 따르면 수익증권발행은 투자매매업에 해당되지 아니한다. 자본시장법 개정안은 수익증권발행신탁의 경우 수익증권이 전전 유통되기 때문에 수익증권의 투자자를 보호할 필요가 있다는 취지에서 자기발행을 투자매매업의 개념에서 배제하는 것에 특례를 규정하여 수익증권발행신탁에서의 수익증권발행을 투자매매업으로 규율하고 있다(자본시장법 개정안 제7조 제1항). 다만, 신탁업자가 투자매매업 인가를 별도로 받아야 하는 번거로움을 없애기 위하여 신탁업자가 수익증권을 발행하는 경우에는 당해 신탁업자가 투자매매업 인가를 받은 것으로 간주하는 규정을 두고 있다(자본시장법 개정안 제110조 제2항).

자기신탁방식으로 설정하는 것을 원천적으로 막을 이유는 없다고 본다.

47 현행법상 재산신탁방식으로 수익증권을 발행할 수 있는 것은 자산유동화법에 따른 유동화증권과 한국주택금융공사법에 따른 주택저당증권이 있다(자산유동화에 관한 법률 제32조 및 한국주택금융공사법 제32조).

[그림 5] 신신탁법에 따른 신탁의 자금조달 방법

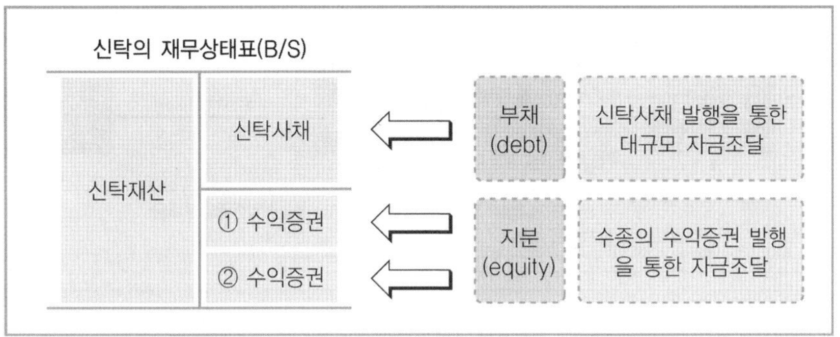

(2) 수익증권발행신탁의 법적 구조의 문제

수익증권발행신탁의 법적구조와 관련하여 우선 현재 수익증권발행이 허용되어 있는 자산유동화법상 신탁방식의 유동화증권 발행구조를 검토해 볼 필요가 있다. 자산유동화법은 자산유동화의 방식으로 재산신탁방식[48](자산유동화법 제2조 나목)과 금전신탁방식[49](자산유동화법 제2조 다목)을 규정하고 있다([그림 6] 참조).[50] 재산신탁방식의 경우 자산유동화법은 자익신탁방식인지 아니면 타익신탁방식인지 명확하게 규정하고 있지 않으나, 자산유동화 실무에서는 타익신탁방식을 주로 이용한다.[51] 재산신탁을 타익신탁방식으로 설정할 경우 자산보유자가 위탁자가 되고 신탁업자가 수탁자가 되어 신탁계약을 체결한 후 신탁업자는 수익증권을 복수의 제3자에게 발행하고 수익증권발행대금을 신탁회사가 받아 위탁자에게 신탁의 대가로 지급한다.[52] 금전신탁방식의 경우 신탁업자

48 「자본시장과 금융투자업에 관한 법률」에 따른 신탁업자가 자산보유자로부터 유동화자산을 신탁받아 이를 기초로 유동화증권을 발행하고, 당해 유동화자산의 관리·운용·처분에 의한 수익이나 차입금등으로 유동화증권의 수익금을 지급하는 일련의 행위.

49 신탁업자가 유동화증권을 발행하여 신탁받은 금전으로 자산보유자로부터 유동화자산을 양도받아 당해 유동화자산의 관리·운용·처분에 의한 수익이나 차입금 등으로 유동화증권의 수익금을 지급하는 일련의 행위를 말한다.

50 '재신신탁방식'을 '자산양도·신탁선행'으로, '금전신탁방식'을 '증권발행선행형'으로 명명하는 견해도 있다(김건식·정순섭, 앞의 책, 962면).

51 다만, 자산유동화증권발행 사례에서 신탁의 수익증권을 발행한 사례는 찾기는 힘들고, 자산보유자가 신탁의 수익권을 발행하고 유동화목적회사가 이를 기초자산으로 하여 유동화사채를 발행하는 '2단계 유동화 구조'에서의 '1차 유동화'에 주로 이용된다.

52 일본의 『자산유동화에 관한 법률』은 자익신탁방식 및 자산보유자의 수익권 매출 방식을

[그림 6] 신탁방식의 자산유동화의 거래구조

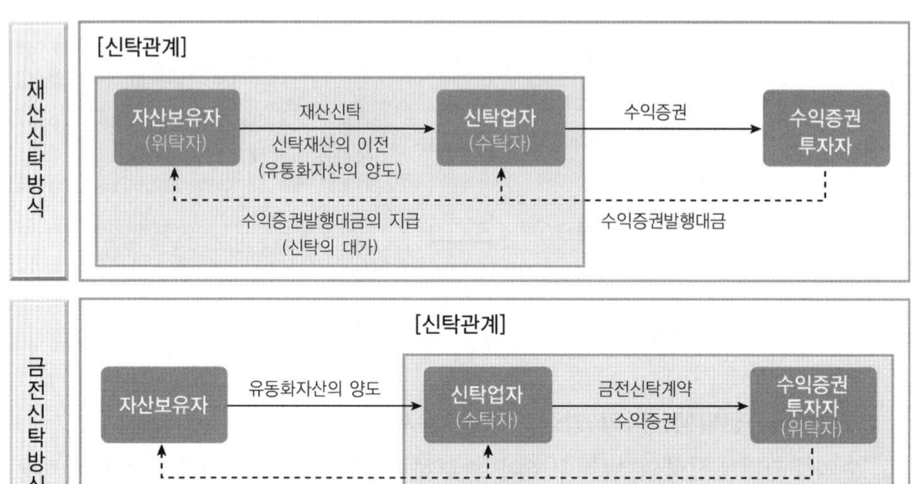

가 수익증권을 복수의 제3자에게 발행하고 그 수익증권발행대금으로 자산보유자로부터 유동화자산을 양수받는다. 금전신탁방식에서 수익증권 보유자는 위탁자 겸 수익자의 지위를 보유하게 되고, 만약 수익자가 복수이면 복수의 신탁계약이 체결되는 것이다.

수익증권발행신탁의 법적 구조로 상정해 볼 수 있는 것은 세 가지 있는데, 아래 각 구조는 각각 문제점을 가지고 있다.

첫째, 위탁자와 수탁자 사이에 위탁자는 신탁재산을 수탁자에게 이전하고 수탁자는 위탁자에게 수익증권을 발행하는 내용의 신탁계약을 체결하고 위탁자는 수탁자로부터 발행받은 수익증권을 매출하는 구조("자익신탁방식")를 생각해 볼 수 있다. 이 구조는 수익증권의 발행과 판매가 분리되어 위탁자가 수익증권 판매

취하고 있다(일본 자산유동화에 관한 법률 제2조 제13호 この法律において「特定目的信託」とは，この法律の定めるところにより設定された信託であって，資産の流動化を行うことを目的とし，かつ，信託契約の締結時において委託者が有する信託の受益権を分割することにより複数の者に取得させることを目的とするものをいう. 번역 – 이 법률에 있어서 "특정목적신탁"이라 함은 이 법률에서 정하는 바에 따라 설정되는 신탁으로서 자산유동화를 수행할 목적으로 신탁계약 체결시에 위탁자가 보유하게 되는 신탁의 수익권을 분할하여 복수의 자에게 취득하게 하는 것을 목적으로 하는 것을 말한다).

업무를 직접 수행하거나 금융투자업자에게 위탁해야 하는 번거로움이 있다.

둘째, 위탁자와 수탁자 사이에 위탁자가 신탁재산을 수탁자에게 이전하고 수탁자는 수익증권을 직접 제3자에게 발행하는 구조("타익신탁방식")를 생각해 볼 수 있다. 이 구조는 신탁재산은 위탁자가 수탁자에게 신탁한 재산이고, 수익증권발행대금이 수탁자에게로 이전되긴 하지만 신탁재산이 되는 것이 아니라 위탁자가 신탁재산 이전에 대한 반대급부를 회수하는 데 사용된다는 점에서 증권의 발행대금은 증권의 발행자에게 귀속된다는 일반적인 증권발행의 구조와 맞지 아니하는 문제가 있다.

셋째, 위탁자 겸 수익자에게 수익증권을 발행하여 납입한 수익증권발행대금이 신탁재산이 되고 수탁자는 신탁재산을 운용하여 위탁자 겸 수익자에게 이익 및 원본을 배분하는 구조("복수신탁방식")를 생각해 볼 수 있다.[53] 이 구조는 신탁재산인 금전의 집합(pooling)이 있다는 점에서 집합투자기구인 투자신탁과 구분의 문제와 신탁업의 집합운용금지라는 자본시장법과 배치되는 문제가 있다.

자익신탁방식, 타익신탁방식, 복수신탁방식 중 법률적인 측면에서 문제가 없는 방식은 자익신탁방식과 타익신탁방식이다. 자익신탁방식의 경우 수익증권을 발행받은 위탁자가 복수의 제3자에게 수익증권을 매출하는 별도의 행위가 필요한데 위탁자가 직접 매출하기는 쉽지 않을 것이므로 실제로 매출하는 다른 금융투자업자[54]에게 업무를 위탁하여야 하는 단점이 있는 반면, 수익증권 투자자를 발행시점에 모두 모집하지 못한 경우에는 위탁자가 수익증권을 보유하였다가 점진적으로 매출함으로써 수익증권을 현금화할 수 있다는 장점이 있다. 타익신탁방식의 경우 수익증권의 창출행위와 판매행위를 한꺼번에 할 수 있으므로 수익증권의 발행절차가 간단하고 이미 유동화증권발행 실무에서 많은 검증이 있었다는 점에서 유리하다고 볼 수 있다. 자본시장법 개정안은 수익증권

53 구간투법 제정 전에 은행에서 설정한 '불특정금전신탁'은 이 구조로 발행되었다.

54 한편, 자본시장법 개정안 제111조는 원칙적으로 신탁업자의 고유재산으로 수익증권을 매수하지 못하는바, 자익신탁방식으로 수익증권을 발행한 후 위탁자가 수익증권을 매출하고자 할 경우 신탁업자가 위탁자로부터 수익증권을 총액인수방식 또는 잔액인수방식으로 인수하여 매출하기는 불가능하고, 투자중개업 겸영 신탁업자가 투자매매중개업의 하나로 투자자를 물색하여 매출을 도와주는 방법(모집주선업무)은 가능한 것으로 판단된다. 입법론적으로는 수익증권발행신탁에 있어서 발행시점에서 신탁업자의 총액인수를 자본시장법 개정안 제111조의 예외로 허용하는 것이 타당할 것이다.

발행신탁의 신탁업자를 투자매매업자로 간주하도록 하고 있으므로 타익신탁방식을 염두에 둔 것으로 생각되나, 그렇다고 자본시장법 개정안이 자익신탁방식의 수익증권발행신탁을 금지한 것도 아니다. 결국 위탁자가 자신의 재산상황 및 수익증권 투자자 모집 현황 등을 종합적으로 고려하여 자익신탁방식과 타익신탁방식 중 하나를 선택하면 될 것이다.

(3) 수익증권발행신탁과 집합투자업

수익증권발행신탁의 경우 위탁자가 수탁자에게 신탁재산을 이전한다는 측면(위탁자와 수탁자 간의 관계)에서는 신탁관계로 볼 수 있으나, 수익증권을 다수의 수익자에게 발행하여 그 발행대금으로 신탁재산을 운용하여 운용수익을 배분한다는 측면(다수의 수익자와 수탁자 간의 관계)에서 보면 집합투자로 해석될 여지가 있다. 이와 관련하여 자본시장법 제6조 제5항의 집합투자의 정의규정과 자본시장법 시행령 제109조 제3항 제5호의 집합운용금지규정에 대한 검토가 필요하다.

우선, 집합운용을 금지한 자본시장법 시행령 제109조[55]를 보면, "신탁재산을 각각의 신탁계약에 따른 신탁재산별로 운용하지 아니하고 여러 신탁계약의 신탁재산을 집합하여 운용하는 행위"를 불건전 영업행위로 규제함으로써 복수의 신탁계약에 따른 신탁재산의 집합운용을 금지하고 있다. 수익증권발행신탁의 경우 위탁자와 수탁자 간에 하나의 신탁계약이 있다는 점, 신탁재산은 위탁자가 신탁한 재산 그 자체이므로 하나의 재산이라는 점, 수익증권발행대금은 신탁재산으로 편입되지 아니하고 신탁의 대가로 위탁자에게 지급된다는 점을 고려하면 수익증권발행신탁의 발행구조가 집합운용으로 해석되지 아니한다고 볼 수 있다.

그리고 자본시장법 제6조 제5항의 집합투자의 개념요소는 (i) 자금의 집합, (ii) 투자자로부터 일상적인 운용지시의 부재, (iii) 집합투자업자의 투자대상자산의 운용, (iv) 운용결과의 배분이다. 수익증권발행신탁의 경우 투자자로부터

---

55 현행 자본시장법은 원칙적으로 신탁은 집합운용을 할 수 없도록 규정하고 있다. 그러나 예외적인 경우, 즉 (i) 종합재산신탁으로서 금전의 수탁비율이 40% 이하인 경우, (ii) 신탁재산의 운용에 의하여 발생한 수익금의 운용 또는 신탁의 해지나 환매에 따라 나머지 신탁재산을 운용하기 위하여 불가피한 경우에는 집합운용할 수 있도록 허용하고 있다.

일상적인 운용지시의 부재 요건과 운용결과의 배분 요건은 쉽게 인정될 것인데, 자금의 집합요건과 투자대상자산의 운용이라는 요건의 충족 여부가 문제된다. 수익증권발행대금을 다수의 수익자로부터 받는다는 측면에서 자금의 집합요건은 충족되고, 신탁재산을 운용한다는 관점에서 보면 투자대상자산의 운용도 쉽게 인정될 수 있다는 견해가 있을 수 있다.[56] 그런데 엄밀한 의미에서 집합투자의 경우 수익증권발행대금이 집합투자재산을 구성하고 그렇게 구성된 집합투자재산으로서의 금전으로 주식, 부동산 등 투자대상자산을 취득하는 구조인 반면, 수익증권발행신탁의 경우 수익증권발행대금은 신탁재산으로 편입되지 아니하고 신탁의 대가로 위탁자에게 지급되는 구조이다. 따라서 수익증권발행신탁은 법률관계 측면에서 보면 집합투자와는 다르다고 볼 수 있으므로 수익증권발행신탁을 집합운용으로 볼 수 없다는 견해가 있을 수 있다.

생각건대 수익증권발행신탁과 투자신탁의 기본적인 구조가 다르다는 점, 수익증권발행신탁은 수익증권발행대금의 집합이 있고 이러한 수익증권발행대금은 신탁재산과 연결되어 있다는 점을 중시하여 집합투자로 판단한다면 수익증권발행신탁의 설정이 법률상 불가능해진다는 점을 고려해 보면 수익증권발행신탁을 집합투자로 판단하는 것은 무리가 있다. 한편 구간투법이 제정되기 전에는 신탁에서 집합운용이 가능한 불특정금전신탁이 허용되었다는 점, 수익자와 신탁업자의 관계 측면에서 보면 수익증권발행신탁은 자금의 집합운용이 전제가 된다는 점, 수익증권발행신탁에 한하여 신탁업자에게 집합투자기구에 대한 업자규제 및 행위규제의 적용을 전제로 자금의 집합운용을 허용하더라도 규제의 차익이 발생하지 아니한다는 점 등을 고려해 보면, 수익증권발행신탁의 경우 집합운용을 허용하는 것도 하나의 대안으로 적용할 수 있다고 본다. 결국 수익증권발행신탁을 집합투자업으로 규율하기보다는 신탁업으로 규율하되, 수

56 금융위원회는 대체적으로 집합투자의 범위를 넓게 보고 있는 것으로 판단된다. 왜냐하면 자본시장법은 집합투자의 정의를 포괄적으로 정의하고 이러한 포괄적인 정의에 해당될 수 있으나 집합투자로 규율할 필요가 없다고 판단되는 경우를 한정적으로 집합투자의 개념에서 배제하는 입법태도를 취하고 있다(자본시장법 제6조 제5항 각호 및 시행령 제6조 4항). 대표적으로 '자산유동화계획에 따라 금전등을 모아 운용·배분하는 경우'를 집합투자의 정의에서 배제한 것인데, 수익증권발행신탁이 기본적으로 자산유동화구조와 유사한 구조를 취하고 있다는 점에서 수익증권발행신탁에 있어서도 금융위원회가 같은 견해를 취할 여지도 충분히 있어 보인다.

익증권을 공모방식 또는 이에 준할 정도의 다수의 투자자에게 판매하는 경우 그 경제적 실질이 집합투자와 유사하다는 관점에서 집합투자와 관련된 업자규제 및 행위규제를 준용하는 것이 타당할 것이다. 그러나 여전히 수익증권발행신탁의 실질적인 측면이 집합투자에 해당된다고 판단될 가능성이 있기 때문에 입법론적으로는 자본시장법 시행령 제6조 제5항의 집합투자 배제조항에 수익증권발행신탁을 명기함으로써 법적 불확실성을 해소하는 것이 바람직하다.

(4) 수익증권 환매

수익증권발행신탁에 있어서 수익자는 수익증권의 환매를 신탁업자에게 청구할 수 있는지, 환매를 인정할 경우 그 환매가격을 어떻게 정해져야 하는지, 신탁재산의 현금화가 곤란하거나 불가능할 경우 신탁업자의 고유재산에 의한 환매의무가 있는지, 수익증권의 환매의 연기가 가능한지 등에 대해서는 자본시장법 개정안은 침묵하고 있다.[57] 자본시장법 제정 이후 자본시장법에 근거하여 수익증권이 발행된 사례가 없었기 때문에 이에 대한 논의가 활발하지 않았던 것이나 신신탁법 시행으로 신탁의 수익증권 발행이 활발해 질 수 있고 더욱이 공모가 가능한 수익증권의 발행이 허용된다면 집합투자증권에 준하여 환매제도를 마련해야 할 것이다. 그리고 집합투자업에 대한 규제와 마찬가지로 개방형 신탁과 폐쇄형 신탁으로 나누고 폐쇄형 신탁의 경우 신탁의 수익증권의 상장을 유도하되, 신탁업자의 고유재산에 의한 환매의무를 법적으로 금지하여 수익자의 보호와 신탁업자의 재무건전성이라는 두 가지 목적을 모두 달성하도록 하는 것이 바람직하다.[58]

(5) 투자신탁의 종류수익증권 도입

신신탁법과 자본시장법 개정안은 신탁업에 따라 발행하는 수익증권의 경우 신탁원본의 상환, 이익의 분배 등에 관하여 내용이 다른 종류의 수익권(이하 "종류수익권"이라 한다)을 발행할 수 있는 근거를 마련하였다(신신탁법 제78조 및

---

57 신신탁법은 신탁의 변경에 반대하는 수익자의 수익권매수청구권에 대해서는 규정하고 있다. 즉, 신탁의 변경에 반대하는 수익자는 수탁자에 대하여 수익권을 매수하여 달라고 청구할 수 있고, 수탁자는 신탁재산을 한도로 협의 또는 법원의 결정에 따른 매수가격(공정가액)을 수익자에게 지급하여야 한다(신신탁법 제89조).

58 그러나 이러한 방식의 규제가 가능하려면 현행 금융감독당국의 신탁업과 집합투자업의 구분에 있어서의 규제 패러다임의 변화가 필요한 것이다.

자본시장법 개정안 제110조 제3항). 그런데 현행 자본시장법상 투자신탁이 발행하는 수익증권은 신탁원본의 상환 및 이익의 분배 등에 관하여 수익증권의 좌수에 따라 균등한 권리를 가지도록 규정하고 하고 있으므로 종류수익권을 발행할 수 없다(자본시장법 제189조 제2항).[59] 투자신탁 실무에서 투자신탁의 구조에 따라 종류수익증권을 발행할 필요성이 있는바, 투자신탁의 경우에도 신탁원본의 상환 및 이익의 분배에서 내용이 다른 종류수익증권의 발행이 가능하도록 허용함으로써 투자신탁의 구조적 유연성을 높이는 것이 타당하다.

4. 자기신탁형 수익증권발행신탁

(1) 수탁자의 수익권 향수 금지 예외의 필요성

자기신탁형 수익증권발행신탁의 경우에도 자익신탁방식과 타익신탁방식을 상정할 수 있는데, 타익신탁방식은 수익자와 수탁자가 다르므로 문제될 것이 없으나 자익신탁방식은 수익자와 수탁자가 동일인이므로 수탁자의 수익권 향수를 금지하는 신신탁법 제36조에 위반된다. 다만, 앞에서 살펴본 바와 같이 공동수익자 1인이 참여할 경우에는 '자익－타익 혼합방식'으로는 신탁설정이 가능하다.

그런데 수익증권을 발행하는 자기신탁의 경우 수익증권의 발행은 금융위원회에 미리 신고를 하거나 증권신고서를 제출하여야 할 뿐만 아니라 수익증권의 기재사항이 법정되어 있는 등 투자자 보호장치가 마련되어 있는 점, 신탁업자 또는 유사신탁업자의 경우 금융감독의 대상이 되어 충실의무의 구체적인 내용인 이익취득금지의 원칙이 반드시 필요하다고 볼 수 없는 점을 고려하여 볼 때, 입법론적으로는 자기신탁형 수익증권발행신탁에 대해서는 자본시장법을 개정하여 신신탁법 제36조의 적용을 배제하여도 문제가 없을 것이다.[60] 실무상 신

---

59 다만, 자본시장법은 같은 집합투자기구에서 판매보수의 차이로 인하여 기준가격이 다르거나 판매수수료가 다른 여러 종류의 집합투자증권을 발행하는 집합투자기구를 허용하고 있고 이를 "종류형 집합투자기구"라고 규정하고 있는바(자본시장법 제231조 제1항), 이러한 종류형 집합투자기구의 경우에도 판매수수료나 판매보수의 차이로 인한 기준가격의 차이만 인정할 뿐 신탁원본의 상환이나 이익의 배분에서는 균등한 권리를 보장하여야 한다.

60 자본시장법 개정안 제111조는 신탁업자가 대통령령이 정하는 예외적인 경우에 고유재산으로 수익증권을 매수할 수 있다고 규정하면서, 이 경우 신탁법 제36조의 적용을 배제하는 조항은 두고 있다. 그러나 이 규정은 '매수'라는 용어를 사용하고 있으므로 동 조항이 자기신탁 설정시 최초 '발행'하는 수익증권을 신탁업자가 취득하는 경우에 바로 적용된다고 보기는 어렵다.

탁업자가 자금조달 목적으로 자기신탁을 설정할 경우 자기신탁의 수익증권을 신탁업자가 자익방식으로 발행한 후 이를 점진적으로 다수의 투자자에게 매출하는 방식이 가능하도록 허용할 필요가 있다.

(2) 자기신탁형 수익증권발행신탁과 위탁자의 지위이전

개정 전 신탁법은 위탁자 지위의 이전이 가능한지에 대하여 명시적으로 규정하고 있지는 않았었으나, 신신탁법에 따르면 위탁자의 지위는 신탁행위로 정한 방법에 따라 제3자에게 이전할 수 있고, 신탁행위로 위탁자의 지위 이전에 대하여 규정함이 없는 경우에도 수탁자와 수익자의 동의를 받아 제3자에게 이전할 수 있다(신신탁법 제10조). 위탁자의 지위이전이 불가능할 경우에 자산유동화 목적으로 설정된 자익신탁 형태의 투자신탁에서 수익증권이 유통할 때 위탁자와 수익자가 분리되는 문제점을 해결할 수 있도록 한 것이다.[61] 부정설은 그 논거로 위탁자의 권리는 일신전속적 성격이 강하고 타익신탁의 경우 위탁자의 지위에는 경제적 가치가 없다는 것을 들고 있으나,[62] 최근에는 신탁에서 위탁자의 지위가 일신전속적 성격보다는 재산적 성격이 강하여 비개성적이고 타익신탁의 경우에도 신탁계약의 내용에 따라서는 신탁관계 종료 후 신탁재산의 귀속주체가 될 수도 있으므로 위탁자의 지위가 경제적 가치가 전혀 없는 것은 아니다. 위탁자의 지위 이전의 필요성은 수익증권을 발행하는 신탁에서 더욱 필요한데, 자기신탁형 수익증권발행신탁에서 수익자가 위탁자를 겸할 경우 신탁의 법률관계가 명확해지므로 최초 발행시부터 위탁자의 지위를 수익증권에 화체(化體)하거나 수익자가 위탁자의 지위를 이전받고 그 지위가 수익증권의 유통을 통해 이전될 수 있도록 하는 것이 바람직하다.[63]

---

61 담보신탁에서 위탁자가 변제자력 부족으로 지급불능 상태인 경우 새로운 위탁자로부터 채권만족을 얻을 수 있어서 채권자 보호가 용이하고, 자산유동화 목적으로 설정된 자익신탁 형태의 투자신탁에서 수익증권을 유통할 때 위탁자 겸 수익자의 지위를 동시에 이전하지 못하여 위탁자와 수익자가 분리되는 문제점을 해결할 수 있는 등 부동산신탁 및 금융신탁에서 활용될 가능성이 높으므로 이를 허용한 것이다(오창석, “개정 신탁법이 신탁실무에 미치는 영향”, 『BFL』 제39호(서울대학교 금융법센터, 2010. 1), 61면; 법무부, 앞의 책, 106~107면).

62 최동식, 『신탁법』(법문사, 2006), 166~167면; 법무부, 앞의 책, 106면. 다만, 부정설도 예외적으로 비개성적인 자익신탁의 위탁자의 지위와 증권투자신탁의 위탁자의 지위에 관하여는 양도가 가능하다는 입장이다.

63 유사한 견해로 최동식, 앞의 책, 167면. 다만, 이 견해는 자익신탁의 경우에 한하여 위탁자 지위의 이전이 가능하고 위탁자의 지위를 수익증권에 화체할 수 있다는 것이다.

5. 신탁사채

(1) 신신탁법

신신탁법은 신탁재산을 근거로 한 사채의 발행을 허용하여 대규모 자금조달의 수단으로 신탁제도가 활용될 수 있도록 하였다.[64] 신탁사채를 발행하기 위해서는 (i) 수익증권발행신탁일 것, (ii) 유한책임신탁[65]일 것, (iii) 수탁자가 상법상 주식회사나 그 밖의 법률에 따라 사채를 발행할 수 있는 자일 것이라는 요건을 모두 충족해야 한다(신신탁법 제87조 제1항). 그리고 신탁사채는 신탁행위로 수탁자가 발행한다는 점과 신탁재산만으로 이행책임을 진다는 점에서 일반사채와 다르고, 신탁재산만으로 이행책임을 진다는 내용은 사채청약서, 채권(債券) 및 사채원부에 기재되어야 한다(신신탁법 제87조 제2항). 신탁사채발행의 절차와 방법은 상법상 사채의 발행규정을 준용하되, 다만 사채발행 한도에 대해서는 대통령령이 정하도록 하였다(신신탁법 제87조). 신탁사채와 수익채권의 관계가 문제되는바, 신탁사채는 신탁채권의 하나로 볼 수 있고 신신탁법 제62조에 따라 신탁채권이 수익채권보다 우선하므로 신탁사채는 수익채권에 우선한다고 보는 것이 타당하다. 실제로 입법 과정에서 수익증권과 신탁사채의 관계를 회사의 주식과 사채의 관계와 유사한 관계로 설정하였다고 한다.[66]

(2) 자본시장법 개정안

자본시장법 개정안은 신탁사채를 전혀 언급하고 있지 않다. 따라서 신탁업자가 신탁사채를 발행할 수 있는지, 발행할 수 있다면 자본시장법상의 사채에

---

64 신탁사채는 개발신탁의 유한책임신탁에서 유용하게 사용될 수 있다. 즉 개발신탁에서 유한책임신탁을 설정할 경우 향후 사업을 진행하는 데 추가로 자금을 조달할 필요가 있으나 선순위 우선수익자가 있거나 수익권에 압류 또는 가압류가 되어 있어 추가 자금조달에 담보를 제공할 수 없는 경우 새로운 담보제공의 방법으로 신탁사채를 발행할 수 있을 것이다{오창석, 앞의 논문, 80면}. 다만, 이 경우 선순위 우선수익자의 동의없이 신탁사채를 발행할 수 있는지는 별도의 법리 검토가 필요할 것으로 생각된다.

65 신탁행위로 수탁자가 신탁재산에 속하는 채무에 대하여 신탁재산만으로 책임을 지는 신탁을 '유한책임신탁'이라 한다(신신탁법 제114조). 다만, 유한책임신탁이라 하더라도 (i) 고의 또는 중대한 과실로 그 임무를 게을리한 경우, (ii) 고의 또는 과실로 위법행위를 한 경우, (iii) 대차대조표 등 회계서류에 기재 또는 기록하여야 할 중요한 사항에 관한 사실과 다른 기재 또는 기록을 한 경우 및 (iv) 사실과 다른 등기 또는 공고를 한 경우 수탁자는 제3자에게 그로 인하여 입은 손해를 배상할 책임이 있다(신신탁법 제118조).

66 법무부, 앞의 책, 667면.

대한 발행규제의 적용을 그대로 받는지 여부가 문제된다. 물론 자본시장법 시행령에 신탁사채 발행 가능성 및 관련 규제를 반영할 수는 있을 것이다. 그런데 신탁사채는 일종의 사채로 회사의 사채를 규정한 상법과 동일한 입법수준에서 정할 필요가 있기 때문에 입법론적으로는 자본시장법에서 신탁업자의 신탁사채의 발행가능성, 발행절차 및 발행공시규제에 대하여 명확하게 규정하는 것이 바람직하다. 한편 신신탁법이 신탁사채의 발행근거를 마련하고 있으므로 자본시장법 단계에서 신탁사채의 발행근거를 마련할 필요가 없다는 견해가 있을 수 있으나, 신탁업자가 아닌 자가 신탁사채를 발행하는 경우는 신탁법에 따른 것이므로 문제될 것이 없는 반면, 신탁업자가 신탁사채를 발행하는 경우 그 규모가 클 수 있고 불특정 다수에게 신탁사채가 발행될 수 있고, 전전유통의 정도가 높기 때문에 투자자 보호의 필요성이 훨씬 크므로 자본시장법이 신탁업자의 신탁사채 발행근거 및 절차를 명시적으로 마련할 필요는 있다고 본다.

한편, 신탁사채는 발행인인 수탁자의 고유재산에 대한 청구권이 없이 오로지 신탁재산에 대해서만 이행청구를 할 수 있다는 점에서 일반 사채와는 다르나, 신탁사채도 사채로서의 성격, 즉 금전의 지급청구권이 표시된 증서로서의 성격을 여전히 보유하고 있기 때문에 자본시장법상 채무증권에 속하므로 신탁사채에 대해서 자본시장법의 채무증권에 대한 발행공시규제 및 유통공시규제를 그대로 적용하면 무리가 없을 것이다. 다만, 신탁사채는 일반 회사채와는 달리 수탁자의 고유재산이 아닌 신탁재산만으로 이행책임을 진다는 점에서 증권신고서 기재사항에 있어서는 자산유동화증권[67]에 준하여 발행자인 수탁자 또는 신탁업자에 대한 정보 이외에 신탁재산 및 그 운용방법에 대한 세부적인 사항을 기재하도록 하여야 할 것이다.

(3) 신탁사채발행과 자기발행

신탁업자가 신탁사채를 발행할 경우 이는 자본시장법 제7조 제1항의 '자기발행'에 해당되므로 신탁사채의 발행은 투자매매업으로 볼 수 없다. 그런데 이는 앞에서 살펴본 바와 같이 신탁업자가 수익증권을 발행할 경우 투자매매업으

67 자산유동화증권의 증권신고서의 경우 '유동화자산에 관한 사항'과 '자산유동화계획에 관한 사항'을 구체적으로 기재하도록 되어 있다(자본시장법 시행령 제128조 및 금융투자업규정 제2-8조).

로 규율하지 아니하는 자기발행의 예외를 둠으로써 수익증권발행을 투자매매업으로 규율하는 것과는 규제의 측면에서 상당한 차이가 난다. 그런데 수익증권 발행총액은 신탁재산 평가금액의 범위 내에서만 가능하나[68] 신탁사채의 발행한도는 신탁재산 평가금액보다 더 많게 규정될 가능성이 높기 때문에[69] 신탁사채에 투자하는 투자자 보호의 필요성이 많다는 점과 신탁사채를 발행할 경우 신탁사채가 수익증권에 우선하는 채권이므로 수익증권 투자자 보호의 필요성도 많다는 점을 고려하여 보면, 신탁사채의 발행은 수익증권의 발행보다 더 엄격한 규제가 필요하다. 따라서 신탁사채의 발행도 투자매매업으로 규율하는 것이 타당하다.

(4) 신탁사채발행과 유사신탁업자

자본시장법 개정안은 투자자 보호의 필요성이 많은 수익증권발행신탁과 자기신탁을 설정하는 자가 신탁업자가 아닌 경우에 유사신탁업자로 간주하고 자본시장법상의 신탁업자의 규정의 일부를 적용하고 있으나, 신탁사채의 발행에 대하여는 특별한 언급이 없다. 신탁사채를 발행할 경우 신탁사채의 투자자와 수익증권의 투자자 모두 보호가 필요하다는 점에서 신탁업자가 아닌 자가 신탁사채를 발행할 경우 유사신탁업자로 규율할 필요가 있다. 다만, 신신탁법은 신탁사채의 발행요건으로 수익증권발행신탁일 것을 요구하고 있는바(신신탁법 제87조 제1항), 자본시장법 개정안에 신탁사채를 발행하려는 신탁업자 아닌 자를 유사신탁업자로 명시적으로 규율하지 않더라도 신탁사채를 발행하려는 수탁자는 이미 신신탁법 및 자본시장법에 따라 유사신탁업자로 규율되기 때문에 특별한 문제는 없을 것이다.

6. 再신탁과 본질업무 위탁금지와의 관계 명확화

(1) 신신탁법상의 재신탁

수탁자는 신탁행위로 달리 정한 바가 없으면 신탁 목적의 달성을 위하여 필요한 경우에는 수익자의 동의를 받아 타인에게 신탁재산에 대하여 신탁을 설정할 수 있다고 규정함으로써 재신탁을 허용하였다(신탁법 제3조 제5항).[70] 재신

68 신신탁법 제110조 제9항.

69 신신탁법 제87조 제3항은 신탁사채발행한도를 대통령령으로 정하도록 하였다.

70 현행 법제하에서 재신탁을 명시적으로 허용한 것으로는 자산유동화법에 따른 자산유동화 방식의 하나로 허용된 재신탁이 있다. 자산유동화법 제2조 1호 라목은 “유동화전문회사 또

탁은 원신탁의 수탁자가 재신탁의 위탁자가 되어 재신탁의 수탁자와 별도의 신탁계약을 체결하는 것이다. 재신탁은 수탁자가 위탁자 및 수익자와의 관계에서 수탁자로서의 법적지위를 그대로 유지한다는 점에서 수탁자변경과 구별되고, 재신탁관계에서는 수탁자가 수익자로 된다는 점에서 수탁자의 이익향수금지와 구별되는 개념이다.[71] 수익자의 동의를 요건으로 한다는 점에서 수탁자의 자기집행의무에 위반되지 아니하고, 재신탁을 허용할 실무상의 필요성은 충분이 있기 때문에 재신탁을 허용한 것이다. 예를 들면, 금전, 증권, 부동산 등을 종합적으로 수탁한 후 금전 및 증권은 신탁업자가 금융투자업자인 겸영신탁업자에게, 부동산은 부동산신탁업자에게 재신탁함으로써 종합신탁재산의 효율적인 운용을 추구할 수 있다.

(2) 재신탁과 자본시장법상 본질적 업무위탁의 금지

자본시장법 개정안은 재신탁을 허용하는 명시적 규정은 없다.[72] 일반법인 신탁법이 재신탁을 명문화 하였고, 신탁업자를 규율하는 자본시장법이 재신탁을 금지하는 규정을 두지 않고 있으므로, 일반법과 특별법의 관계에서 보면 신탁업자의 재신탁은 허용된 것으로 보는 것이 타당하다. 한편, 자본시장법은 신탁의 본질적인 업무를 제3자에게 위탁하는 것을 금지하고 있는바,[73] 본질적 업무위탁의 금지와 재신탁의 허용이 서로 모순되는 관계에 있는지가 문제된다. 재신탁이라 함은 "신탁법 제3조 제5항에 따라 신탁재산에 대하여 신탁을 다시 설정하는 것"을 말하므로, 원신탁의 수탁자가 재신탁의 위탁자가 되고 원신탁

는 신탁업자가 다른 유동화전문회사 또는 신탁업자로부터 유동화자산 또는 이를 기초로 발행된 유동화증권을 양도 또는 신탁받아 이를 기초로 하여 유동화증권을 발행하고 당초에 양도 또는 신탁받은 유동화자산 또는 유동화증권의 관리·운용·처분에 의한 수익이나 차입금 등으로 자기가 발행한 유동화증권의 원리금· 배당금 또는 수익금을 지급하는 일련의 행위"를 유동화방식의 하나로 규정하였다. 그런데 일반적으로는 신탁재산을 재신탁하는 구조가 아니라 신탁수익권을 기초로 유동화 SPC가 회사채 형식의 ABS를 발행하는 2단계 유동화방식(소위 "신탁+ABS 방식")을 사용하고 있기 때문에 소위 "신탁+신탁 방식"의 2단계 유동화방식으로 유동화증권이 발행된 사례는 찾기 힘들다.

71 오창석, 앞의 논문, 56면.

72 제1차 자본시장법 개정안 제105조의2.

73 현행 자본시장법은 신탁업의 본질적 업무인 신탁계약과 집합투자재산의 보관·관리계약의 체결과 해지업무, 신탁재산의 보관·관리업무, 집합투자재산의 보관·관리업무 및 신탁재산의 운용업무의 위탁을 원칙적으로 금지하고 예외적으로 원화자산인 신탁재산의 20%와 외화자산에 관한 운용업무만을 위탁할 수 있도록 하고 있다(자본시장법 제45조 제2항 바목).

의 수탁자가 보관하고 있는 신탁재산의 전부 또는 일부를 재신탁의 수탁자에게 이전하고 그 반대급부로 원신탁의 수탁자는 재신탁의 수탁자가 발행한 수익권을 취득하게 되는 것이다. 이에 반하여 운용업무의 위탁은 신탁재산의 소유권은 여전히 신탁의 수탁자가 보유하고 있으면서 운용만을 업무수탁자가 수행한다는 점에서 재신탁과는 다르다고 할 수 있다. 따라서 자본시장법상 재신탁의 허용과 본질적 업무의 위탁금지 간에는 상충문제가 발생하지 아니할 것이다.

그리고 재신탁이 어느 범위까지 허용될 것인지는 명확하지 않지만, 신탁유형별로 재신탁을 달리 규제할 합리적인 이유가 없으므로 금전신탁, 재산신탁 및 종합재산신탁 등 모든 신탁유형에 있어서 재신탁이 가능하다고 보는 것이 타당하다(아래 [그림 7] 참조).

다만, 자본시장법 하위규정을 개정하여 재신탁에 대한 금융위원회의 보고의무 유무, 재신탁 관련 정보제공기준 제정 요부, 재신탁의 신탁업자에 대한 원신탁의 신탁업자의 사용자책임 부담 여부,74 재신탁의 구체적인 방법·기준·절

[그림 7] 재신탁의 구조도

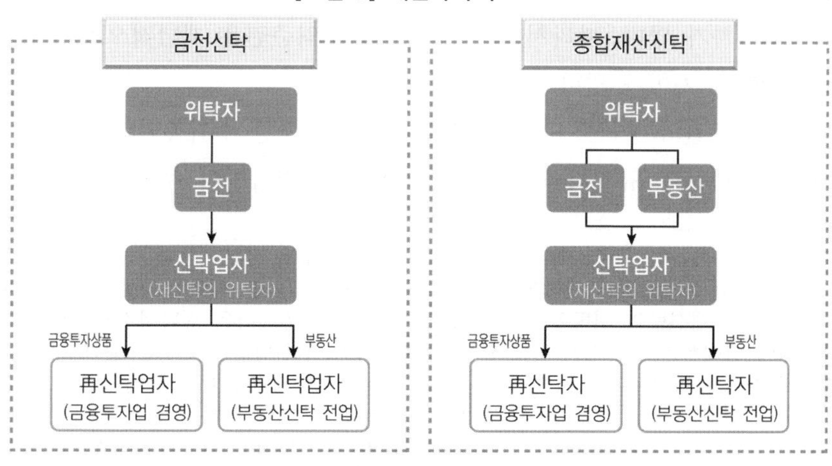

74 민법 제756조(사용자의 배상책임)
① 타인을 사용하여 어느 사무에 종사하게 한 자는 피용자가 그 사무집행에 관하여 제삼자에게 가한 손해를 배상할 책임이 있다. 그러나 사용자가 피용자의 선임 및 그 사무감독에 상당한 주의를 한 때 또는 상당한 주의를 하여도 손해가 있을 경우에는 그러하지 아니하다.
② 사용자에 갈음하여 그 사무를 감독하는 자도 전항의 책임이 있다.
③ 전2항의 경우에 사용자 또는 감독자는 피용자에 대하여 구상권을 행사할 수 있다.

차 등 재신탁 관련 감독방안 및 투자자보호를 위한 장치를 마련할 필요가 있다. 이와 관련하여서는 업무위탁과 관련한 일부 조항[75]을 준용하는 방안 또는 재신탁과 관련하여 별도의 조문을 신설하는 방안이 있을 수 있다.

7. 수익증권 개념의 재정립

자본시장법 제4조 제5항은 “수익증권”을 “제110조의 수익증권, 제189조의 수익증권, 그 밖에 이와 유사한 것으로서 신탁의 수익권이 표시된 것”이라고 정의하고 있다. 여기서 제189조의 수익증권은 투자신탁의 집합투자증권을 규정한 것이고, 제110조의 수익증권은 금전신탁이 발행하는 수익증권을 규정한 것이며, “그 밖에 이와 유사한 것으로서 신탁의 수익권이 표시된 것”은 신탁업자가 신탁계약에 따라 발행하는 “수익권증서”와 자산유동화법에 따라 발행되는 “수익증권”을 포함한 것이다. 수익권증서는 수익권이 표창된 상법상 유가증권이 아니라 수익권을 표시해주는 증거증권이고 수익권을 양도할 때 지명채권의 양도방식 및 대항요건(민법 제450조)을 갖추어야 한다.[76] 그리고 수익증권을 발행할 경우에는 금융위원회에 발행 신고를 하여야 하나 수익권증서를 발행할 때에는 별도의 신고절차가 없다. 따라서 수익권증서와 수익증권은 개념적으로나 규제측면에서 상당한 차이가 있다.

그런데 증권의 정의를 규정한 자본시장법 제4조는 수익증권의 개념에 수익권증서를 포함하여 규정하면서, 금전신탁의 신탁업자만이 수익증권을 발행할

---

75 자본시장법 제42조 제2항, 제6항 내지 제11항 참조. 특히, 자본시장법은 업무위탁의 경우 업무수탁자의 불법행위에 대하여 업무위탁자가 사용자책임을 지도록 규정하고 있는바, 재산탁의 경우 재신탁의 신탁업자의 불법행위에 대하여 원신탁의 신탁업자가 책임을 지는 것인지에 대해서는 추가적인 검토가 필요하다. 특히, 신신탁법 제43조는 신탁사무의 위임과 관련하여 수탁자는 수임자의 선임·감독에 관하여만 책임을 지도록 하고 있고 있어 재신탁의 경우에도 이를 유추적용할지 여부가 문제된다. 이에 대하여 현행 신탁법하에서의 견해이긴 하나, 신탁법 제37조 제2항(신신탁법 제42조 제2항)을 유추적용하여 재신탁은 신탁행위 혹은 수익자의 동의에 의해 허용되기 때문에 원신탁의 수탁자는 원칙적으로 재신탁 수탁자의 선임·감독에 대해서만 책임을 지고 신탁재산관리로 인한 손해에 대해서는 책임을 지지 않는다는 견해가 있다(이중기, 앞의 책, 500면; 최동식, 앞의 책, 247면).

76 신탁업 실무에서는 수익권증서가 발행된 신탁에서 수익권자가 양수자와 수익권양수도계약을 체결하고 신탁업자에게 수익권양도의 사실을 통지하면 신탁업자는 기발행 수익권증서를 회수하고 양수인 명의의 새로운 수익권증서를 발급한다. 신신탁법은 수익권의 양도 방법, 대항요건 등 수익권 양도에 대하여 명확히 규정하고 있다(신신탁법 제64조 내지 66조).

수 있다고 규정한 제110조의 수익증권은 수익권증서가 포함되지 아니한 개념으로 규정하고 있는바, 제4조의 수익증권과 제110조의 수익증권은 다른 개념이므로 이를 명확히 구별하여 규정할 필요가 있다.[77] 따라서 집합투자증권으로서의 수익증권, 신탁의 수익증권, 기타 신탁의 수익권증서를 포괄하는 "신탁증권"이라는 개념을 신설하여 현행 자본시장법 제4조 제5항의 "수익증권"을 갈음하는 것이 바람직하다.

8. 보수청구권의 우선변제권 보장의 필요성

개정 전 신탁법은 수탁자의 비용상환청구권, 손해보상청구권 이외에 보수청구권에 대해서도 우선변제권을 보장하고 있었으나(개정 전 신탁법 제42조 및 제43조), 신신탁법은 비용상환청구권 및 손해보상청구권과 달리 보수청구권에 대한 우선변제권을 명시하지 않고 있다. 따라서 수탁자의 보수청구권은 신탁사무의 처리상 발생한 신탁채권[78]과 동순위가 된 것이다.[79] 이러한 입법정책의 변화와 관련하여 현행 신탁법상 보수청구권의 우선변제권을 인정할 필요가 있는지와 우선변제권을 인정한 근거가 무엇인지에 대한 학설상 비판이 있으므로 우선변제권을 삭제할 필요가 있어서 삭제하였다고 한다.[80]

그런데 이러한 간략한 이유 설시만으로는 우선변제권을 인정하지 아니하는 근거가 충분히 설명할 수 없다고 본다. 특히 자본시장법상 신탁업자는 신탁업을 통하여 보수를 수취하는 것을 회사의 설립목적으로 하는 금융기관이므로

---

77 임재연, 앞의 책, 41면, 각주 41.

78 신탁채권이라 함은 수탁자가 신탁사무를 처리하는 과정에서 제3자가 취득한 채권으로 신탁재산 수리에 사용된 보존비용에 기한 채권, 신탁재산에 관한 조세·공과금채권, 신탁목적의 수행을 위하여 적법하게 차용한 경우 상대방의 채권, 신탁재산에 속하는 토지공작물의 하자 등으로부터 발생한 피해자의 손해배상청구권 등이 포함된다.

79 현행 신탁법에 따른 채권의 우선순위가 '① 순위: 비용상환청구권·손해보상청구권·보수청구권-② 순위: 신탁채권-③ 순위: 수익채권'인데, 신신탁법에 따른 채권의 우선순위는 '① 순위: 비용상환청구권·손해보상청구권-② 순위: 보수청구권·신탁채권-③ 순위: 수익채권'이다.

80 법무부, 앞의 책, 405~406면. 보수청구권의 내용이 단지 신탁재산관리의 비용에 상당하는 경우에는 보수청구권에 우선권을 인정하더라도 합리성이 있지만, 직업적·전문적인 수탁자가 그 서비스를 제공하고 그 대가로 보수를 청구하는 경우에는 보수는 수탁자 쪽으로서도 통상의 영업상의 이익으로서 다른 채권자에 우선하여 신탁재산으로부터 변제를 받는다는 것은 그 이유가 빈약하다는 견해도 있다(최동식, 앞의 책, 291면).

신탁보수에 대해서 우선변제권을 인정할 실익이 있고, 보수청구권에 대하여 우선변제권을 인정하지 아니할 이유 또한 없으며, 법적으로 우선변제권을 보장하더라도 신탁의 채권자에게 불측의 손해를 유발하지 아니한다는 점에서 자본시장법상 신탁업자에 대해서는 보수청구권에 대하여 우선변제권을 인정하는 것이 타당하다.

9. 신탁상품 개념 도입의 필요성

자본시장법상 고유업무인 투자매매업, 투자중개업, 집합투자업, 투자자문업, 투자일임업은 금융투자상품이라는 매개를 기초로 한 금융투자업임에 반해 신탁업은 금융투자상품과 직접적인 연관이 없이 '신탁행위'를 금융투자업의 하나로 규정한 것이다.[81] 그렇다면 신탁계약관계를 중시하지 않고 오히려 신탁계약을 통하여 발행하는 수익권증서 또는 수익권이라는 금융투자상품을 중심으로 신탁업을 규율하는 것이 자본시장법의 기본적인 태도에 적합할 수 있다.

신탁업자가 수행하는 신탁업의 경우 동일한 신탁운용방식으로 다수의 투자자를 상대로 신탁계약을 체결하여야 비용 대비 효율성, 즉 규모의 경제(economy of scale)를 실현할 수 있기 때문에 신탁실무에서는 '계약형태'보다 '신탁상품'으로 투자자에게 판매하고자 하는 필요가 생긴다. 특히 금전신탁의 경우 신탁계약을 체결하는 투자자도 일반적으로 신탁계약을 체결한다는 생각보다는 투자의 개념에서 접근한다. 그렇다면 여러 투자자로부터 신탁재산을 집합하여 운용하지 아니하는 한도 내에서 동일한 신탁재산 운용방식으로 운용되는 신탁상품의 개념을 제도적으로 도입할 실익이 있다.

아울러 특정금전신탁상품에 대한 광고를 허용할 필요가 있다. 금융투자업규정은 "특정금전신탁의 특정한 상품(신탁업자가 신탁재산의 구체적인 운용방법을 미리 정하여 위탁자의 신탁재산에 대한 운용방법 지정이 사실상 곤란한 상품을 말한

---

81 이렇게 신탁업을 금융투자업으로 분류한 것이 부당하다는 견해가 있다. 금융투자상품을 대상으로 하는 투자매매업, 투자중개업, 집합투자업, 투자일임업과 금융투자상품과 직접적인 관련이 없는 신탁업을 병렬적으로 분류하는 것은 신탁의 다양한 가능성을 무시한 것이고, 나아가 신탁의 개념에 비추어 볼 때에는 논리적으로도 적절하지 않다는 견해이다{안성포, "신탁산업과 금융투자업의 교착", 『법학논총』 제31권 제2호(전남대학교 법학연구소, 2011. 8), 156면}.

다)에 대해서 안내 설명서를 비치하거나 배포하는 등의 방법으로 불특정다수의 투자자에게 홍보하는 행위"를 불건전 영업행위로 규정하여 금지하고 있다(금융투자업규정 제4-93조 제10호). 이는 『1:1 맞춤형 계약성』 및 『위탁자의 운용지시권 보장』을 중시한 규제태도인 것이다. 위 금융투자업규정에 의하면 신탁업자는 특정금전신탁에 있어서 신탁상품에 대한 광고를 할 수 없고, 다만 신탁업 영위에 대한 광고나 일종의 '이미지광고'만을 할 수 있다는 것이다. 그러나 집합운용을 하지 아니하는 한 동일한 운용방법의 신탁상품을 다양한 투자자와의 신탁계약을 통하여 판매 및 운용한다고 하더라도 투자자 보호라는 자본시장법상의 취지를 몰각시킬 위험은 전혀 없다. 그리고 『1:1 맞춤형 계약성』 및 『위탁자의 운용지시권 보장』의 문제는 신탁상품에 대한 광고를 허용하더라도 행위규제로 충분히 보장할 수 있다. 따라서 신탁상품에 대한 광고를 법률상 금지함으로써 일반 투자자에게 다양한 신탁상품의 공급 자체를 제한하는 것으로 과도한 규제라고 생각된다.

Ⅳ. 결 론

지금까지 신신탁법 시행을 계기로 신탁, 신탁업 및 집합투자업 간의 긴장관계를 해소함으로써 신탁, 신탁업 및 집합투자의 조화로운 공존을 만들 수 있는 방안을 모색해 보았다. 이를 위해서는 신탁업과 집합투자업의 업무범위와 관련하여 다소 완화된 법령해석 또는 법률개정이 필요할 것으로 판단되며 그 내용은 다음과 같다.

첫째, 큰 틀에서 보면 구간투법 제정 전과 같이 신탁업자가 집합운용이 가능한 신탁업을 수행할 수 있도록 허용할 필요가 있다.

둘째, 첫째 방안이 힘들다면 최소한 수익증권발행신탁을 집합투자업의 개념정의에서 명시적으로 배제함으로써 수익증권발행신탁과 관련한 법적 불명확성을 해소하는 것이 바람직하다.

셋째, 수익증권발행신탁과 관련하여 환매제도를 도입함으로써 수익증권의 현금화 가능성을 높이고 자기신탁형 수익증권발행신탁에 있어서는 신신탁법 제36조에서 정한 수탁자의 이익 향수금지의 예외를 명시함으로써 수익증권발행구조의 다변화를 추구하도록 할 필요가 있다.

넷째, 집합투자업에 있어서는 신신탁법상의 종류수익증권의 개념을 도입함으로써 다양한 종류의 집합투자증권의 발행이 가능하도록 허용하는 것이 타당하다.

다섯째, 신탁상품이라는 개념을 도입하여 다른 금융투자업과의 체계적인 적합성을 구현할 필요가 있고, 더불어 신탁상품에 대한 광고를 전면적으로 허용하여 일반 투자자들이 다양한 종류의 신탁상품에 투자할 수 있는 길을 열어주는 것이 타당하다.

참고문헌 R·E·F·E·R·E·N·C·E·S

1. 단행본

김건식·정순섭, 『자본시장법』(두성사, 2013).

법무부, 『신탁법 해설』(법무부, 2012).

이중기, 『신탁법』(삼우사, 2007).

임재연, 『자본시장법』(박영사, 2016).

최동식, 『신탁법』(법문사, 2007).

최수정, 『일본 신신탁법』(진원사, 2007).

한국증권법학회, 『자본시장법 주석서 (I)』(박영사, 2015).

2. 논문

김태진, "기업형태로서의 신탁", 『법학논총』 제31권 제2호(전남대학교 법학연구소, 2011. 8).

안성포, "신탁제도의 발전을 위한 입법과제 – 집단신탁을 중심으로", 『비교사법』 제14권 3호(한국비교사법학회, 2007. 9).

______, "신탁산업과 금융투자업의 교착", 『법학논총』 제31권 제2호(전남대학교 법학연구소, 2011. 8).

______, "은행의 신탁업 및 집합투자업 영위에 대한 자본시장법 적용의 법적 문제", 『은행법연구』 제1권 제2호(은행법학회, 2008. 11).

______, "유동화에 따른 신탁재산의 독자성에 관한 소고", 『증권법연구』 제7권 제2호(한국증권법학회, 2006. 6).

오창석, "개정 신탁법이 신탁실무에 미치는 영향", 『BFL』 제39호(서울대학교 금융법센터, 2010. 1).

이중기, "신탁재산의 공시에 관한 연구", 『홍익법학』 제11권 제3호(홍익대학교 법학연구소, 2010).

임채웅, "신탁선언의 연구", 『BFL』 제39호(서울대학교 금융법센터, 2010. 1).

최은순, "자기신탁에 관한 고찰 – 신탁법 개정안을 중심으로", 『안암법학』(안암법학회,

2010. 5).

3. 기타

금융위원회, 2006. 12. 15.자 정례브리핑, 「간접투자·금전신탁·일임형랩의 효율적인 감독 방안」.

_________, 2007. 5. 3.자 보도자료, 「펀드·금전신탁·투자일임 상품간의 구분기준 마련 등 감독강화방안」.

_________, 2010. 9. 15.자 보도자료, 「투자일임 제도개선방안」.

_________, 2011. 10. 21.자 보도자료, 「투자자 보호를 위한 투자일임업 제도개선 방안 마련」.

_________, 2012. 3. 22.자 보도자료, 「자본시장과 금융투자업에 관한 법률 개정안 입법 예고」.

금융투자협회, 「신탁법 개정 설명회」, 2011. 7. 26.

__________, 「개정 신탁법 시행과 신탁산업 선진화」, 2011. 12. 19.

__________, 「새로운 신탁제도와 신탁산업 발전방향」, 2010. 12. 3.

제 6 장 키코 파생상품 계약의 위험성과 적합성 원칙

Ⅰ. 서 론

2007년 이후 글로벌 금융위기가 심화되고 우리나라 외환시장을 둘러싼 불확실성이 커지면서 미국 달러화 대비 우리나라 원화가치가 급격히 하락하여 원/달러 환율이 상승하기 시작하였다. 이 과정에서 환율 변동에 따른 위험 회피를 위해 은행과 통화 파생상품의 하나인 키코 계약(knock-in knock-out forward contracts)을 맺었던 수출 중소기업의 외환 평가손실이 급증하면서 은행과 중소기업들 간에 많은 분쟁이 이어지고 학계, 업계 및 시장참가자들로부터 키코 계약에 대한 다양한 분석이 나오고 있다.

2000년 이후 원화의 강세 현상이 해마다 지속되어 환율이 달러당 900원대까지 하락하면서 수출기업들은 다양한 환헤지 수단을 이용하여 외환관련 위험을 관리하여 왔다. 일반적으로 환변동보험, 단순 선물환 및 옵션 상품들이 주로 활용되었지만, 2006~07년부터는 맞춤선물환 계약(structured forward contracts)의 일종인 키코 계약의 이용도 점차 늘어났다. 실제 각각의 환헤지 수단별로 장단점이 다르기 때문에 기업들은 시장 상황, 이용자의 선호 및 기대에 맞춰 이에 맞는 환헤지 상품을 선택할 수 있다. 키코 계약의 경우 환율의 변동성이 안정적

---

* 이상제·김영도 공동집필.

* 「은행법연구」 제2권 제1호(2009. 5)에 게재된 내용을 다소 수정·보완한 것이다.

일 때 원화 강세에 따른 환손실 위험을 줄일 수 있고, 원화 약세에 따른 환차익에도 참여할 수 있는 상품이다.

그러나 기대와 달리 환율의 변동성이 커지면서 키코 계약과 관련한 중소수출기업의 외환 손실도 늘어나자 그동안 국회, 행정부, 언론 및 학계 등에서 키코에 대한 다양한 논의가 있었다.[1] 키코 계약 구조가 중소기업에 불공정하게 설계되어 있고, 상품에 내재된 위험성 때문에 키코 계약은 중소기업에 환헤지 수단으로 적합하지 않다는 주장도 커지게 되었다.

2008년 하반기 이후에는 키코 계약을 둘러싸고 기업과 은행 간의 법적 분쟁이 급속하게 늘어나고 있다. 모나미와 디에스엘시디의 효력정지 가처분 신청(10월 28일) 외에도 97개 중소기업이 13개 은행들을 상대로 부당이익금 반환 등에 대한 소송을 제기하는 등(11월 3일)[2] 키코와 관련한 기업과 은행 간의 법정 소송이 2009년 3월 현재 80건이 심리 중인 것으로 보도되고 있다.[3] 금형제품 수출업체 K사가 신한은행을 상대로 제기한 키코 효력 정지 가처분 신청 기각 결정(12월 18일, 조선일보 2008. 12. 31, A02면 보도 참조)이 처음 내려진 이후 2009년 3월 9일 현재까지 9건의 키코 가처분 결정이 보도되었다.

이 가운데 지난 2008년 12월 30일 모나미와 디에스엘시디가 SC제일은행을 상대로 제기한 효력 정지 가처분 신청을 법원이 인용한 결정문[4]에는 계약의 약관성 여부, 민법 및 '약관의 규제에 관한 법률'(이하 '약관규제법') 등에 따른 무효·취소·해지 사유, 그리고 설명의무 및 적합성 원칙 준수 등 불완전 판매 여부, 사정변경과 신의칙 위반 등 키코와 관련한 법적 분쟁의 쟁점들이 자세히 정

1 키코 계약에 대한 공정거래위원회의 약관 여부 심사(2008. 7), 국회 'KIKO 관련 민주당 대책위원회 간담회'(2008. 8. 18), 국민대학교 법과대학 금융법연구소가 주최한 '키코 거래의 법적 제문제에 관한 세미나'(2008. 8. 20), 민주당 환헤지피해대책위원회가 개최한 '환헤지 피해 대책 마련을 위한 공청회'(2008. 9. 8), '통화옵션계약 불성립 확인 요청의 건'에 대한 금융감독원 금융분쟁조정위원회의 분쟁 조정(2008. 10. 16), 금융위원회 및 금융감독원에 대한 국회 정무위원회의 2008년도 국정감사(2008. 10. 16~17), 국회 정무위원회가 개최한 '금융파생상품 관리 및 정책과제에 관한 공청회–KIKO 피해 대책 관련' 공청회(2008. 11. 17), 은행법학회에서의 '키코 논의'(2009. 1. 9), 증권학회가 주최한 증권사랑방 '키코 누가 무엇을 잘못했는가?'(2009. 1. 30) 등.

2 서울신문, "키코 줄소송 불보듯–은행권 비상,"(2008. 12. 31) 참조.

3 매일경제, "환율 고공 행진에 또 키코 망령,"(2009. 3. 4), A11면.

4 서울중앙지방법원 제50민사부(2008. 12. 30), 결정. 2008카합3816 옵션계약효력정지가처분 참조. 12월 30일자부터 이듬해 1월 7일까지 언론에서 실명으로 집중 보도.

리되어 있다. 이후 가처분결정들에서도 법원은 신의성실의 원칙에 반하는 계약해지 인정 요건으로 1) 계약체결 경위, 2) 계약체결 이후 경제 상황의 현저한 변화, 3) 은행의 사후적인 고객보호의무 이행 여부 및 거래상대방의 대처, 4) 계약해지 시 은행이 입을 손해의 크기 등 네 가지를 강조하고 있다.[5] 계약 체결 당시 고객에게 상품의 위험성을 은행이 제대로 설명 안하고, 사후적으로 사정변경이 크고, 은행이 고객 손실을 줄이려는 고객보호의무를 다하지 않았을 때는 키코 계약의 효력정지를 인정하겠다는 입장이다.

본고에서는 법원의 가처분 결정 내용에서 반복적으로 제기되는 쟁점인 키코 파생상품에 내재된 위험성 및 수출 중소기업에 부적합한 상품인지 여부의 적합성 원칙과 관련한 쟁점들을 살펴보고자 한다.

Ⅱ. 키코 상품의 위험성과 적합성 원칙

키코 파생상품이 중소수출기업의 환헤지 상품으로 적합한지에 대한 논란의 핵심은 키코 파생상품의 위험성과 관련되어 있다. 실제로 키코 계약에 따라 계약 당사자인 은행과 중소수출기업에 실현된 손익이나 평가 손익이 크게 차이가 나면서 비롯된 계약 구조의 불공정성 논란이 키코 상품의 위험성 및 중소기업의 환헤지 수단으로서의 적합성 논란으로 확산되고 있는 상황이다.

1. 계약구조와 가처분 결정 내용

기본적인 키코 계약은 계약기간 동안 시장환율이 어느 수준에 있느냐에 따라 계약 당사자들의 권리와 의무가 달라지는 구조로 설계되어 있다. 우선 1) 시장환율이 관찰기간 동안 계약에서 정한 하단환율과 상단환율 사이에서 움직인 경우 기업 입장에서는 계약금액만큼의 풋옵션을 보유한 경우와 동일하다. 따라서 만약 만기 시점의 시장환율이 행사환율보다 낮으면(하단환율 < 시장환율 < 행사환율) 기업은 풋옵션을 행사하여 풋옵션 계약금액만큼을 은행에 행사환율에 매도하고, 만기 시점의 시장환율이 행사환율보다 같거나 높으면(행사환율 ≤ 시장환율 < 상단환율) 풋옵션을 행사하지 않고 달러를 시장에서 시장환율에 매도하는

5 한국경제(2009. 2. 13), A12면 참조.

편이 더 유리하다. 2) 만약 시장환율이 관찰기간 동안 한 번이라도 하단환율 이하로 떨어지면[6] 해당 관찰 기간 동안의 계약은 실효(풋옵션 부분의 실효)되고 기업은 보유한 달러를 헤지하지 않고 그대로 보유하고 있는 경우와 동일하여 보유달러를 시장환율에 매도해야 하는 환위험에 노출된다. 3) 만약 시장환율이 관찰기간 동안 하단환율 이하로 떨어지지 않고, 한 번이라도 상단환율 이상으로 오르면[7] 기업은 풋옵션을, 그리고 은행은 콜옵션을 보유한 경우와 동일하고 어느 주체의 옵션이 행사될지는 만기 시점의 시장환율 수준에 따라 결정된다. 즉, 만기 시점의 시장환율이 행사환율보다 낮다면 기업이 풋옵션을 행사하여 풋옵션 계약금액만큼을 행사환율에 은행에 매도한다. 시장환율이 행사환율보다 같거나 높으면 은행이 콜옵션을 행사하여 콜옵션 계약금액만큼을 기업으로부터 행사환율에 매입한다.

키코 파생상품의 계약에서 기업과 은행이 보유한 옵션의 가치가 동일하다는 것은 단순히 미래에 발생할 수 있는 손익의 크기가 같다는 것이 아니라 향후 환율 변동의 확률적 분포(probabilistic distribution)를 고려한 기업과 은행의 기대이익이 계약시점에 동일함을 의미한다.

앞서 언급한 가처분 결정 사건에서처럼 하단 및 상단환율이 있는 키코 계약의 경우 기업은 시장환율이 하단과 상단환율에 머무를 때만 유리해 이익을 볼 환율구간이 제한되어 있고, 은행은 시장환율이 이 정해진 구간을 벗어날 때 유리해 이익을 볼 환율 구간이 이론적으로는 무한대여서 일견 은행의 이익구간이 훨씬 더 넓어 보인다. 그러나 실제로 기업의 이익이 실현될 확률이 상대적으로 높고, 반면 은행의 이익이 실현될 가능성은 매우 낮다. 따라서 기업과 은행의 기대이익이 균형을 이루도록 약정금액, 상하단 환율, 행사환율, 계약기간 등을 정한 경우 계약의 구조 자체가 기업에 대하여 부당하게 불리한 것이라고 단정하기 어렵다고 법원은 판시하였다.[8]

또한 예상하기 어렵거나 고객의 본질적 권리를 제한하는 조항이 계약 내용

---

6 정해진 하단환율 이하로 환율이 떨어져 관련 계약이 실효되는 것을 '녹아웃'(knock out)이라고 한다.

7 정해진 상단환율 이상으로 환율이 올라 관련 계약이 발효되는 것을 '녹인'(knock in)이라고 한다.

8 결정문 pp.12~13 참조.

에 들어 있는지 여부에 대해서 재판부는 계약조건들이 신의성실의 원칙에 반하여 공정을 잃은 것이라고 단정하기는 어렵다고 판시하였다(결정문 14면). 그 근거로는 우선 계약체결과정에서 기업이 계약조건들을 양해하였거나 충분히 알 수 있었던 것으로 보이고, 또 기업이 이러한 계약조건들을 받아들이는 대신 행사환율 등 다른 계약조건들을 기업에 유리하게 변경한 사실이 소명된 점을 들고 있다.

그러나 키코 계약의 구조를 설명하는 과정에서 '환율이 상승하면 기업 손실이 무한대로 확대될 가능성이 있는 점', '은행이 콜옵션을 행사하는 경우의 계약금액이 기업이 풋옵션을 행사하는 경우의 계약금액의 두 배로 되어 있는 점', 그리고 또한 일부 구조화 상품 경우 '계약기간 후반부에서 은행만 낮은 행사가격의 콜옵션을 갖고 기업은 아무런 권리도 인정되지 않는 점' 등이 기업에 대하여 불리한 것으로 여겨질 수 있다고 법원은 언급하고 있다. 이러한 판단은 키코 상품의 불완전 판매와 관련하여 내재된 위험에 대한 설명의무 및 고객에게 적합한 상품인지 여부를 판단하는 데 반복적으로 제기되는 이슈이기 때문에 좀 더 자세히 살펴볼 필요가 있다.

2. 무한 손실 가능성 판단

먼저 '환율이 상승하면 기업 손실이 무한대로 확대될 수 있다'는 점이 키코 상품에 내재되어 있는 위험 속성인지 여부는 은행의 불완전판매와 적합성 원칙 준수 여부를 판단하는 데 있어서 매우 중요한 논점이다. 그러나 손실 가능성은 키코의 계약 구조에 내재된 특수한 위험이 아니라 현물이 없는 기업이 달러를 공매도(short sale)한 거래 행위에서 비롯된 특징이다.

예컨대 주식시장에서는 일반적으로 공매도가 허용되고 있는데 주식 가격이 떨어질 것으로 예상하고 주식을 공매도한 투자자는 예상과 반대로 주식 가격이 상승할 경우에는 손실이 무한대로 확대될 수 있다. 이를 근거로 주식이라는 금융상품이 주식 가격이 오르면 손실이 무한대로 확대될 수 있는 위험한 상품으로 여길 수 있다고 말하기 어렵다. 주식을 보유하고 있는 투자자라면 그 주식 가격이 오를수록 수익이 커지기 때문이다. 즉, 주식 가격이 오를 때 손실이 무한히 확대될 가능성은 주식이라는 상품 자체에 내재된 속성이 아니라 공매도라는 거래 행위에 내재된 위험이다.

단순 선물환 거래의 경우도 달러 포지션이 없이 선물환을 매도한 기업은 환율이 상승하면 무한대로 손실을 입게 된다. 하지만 최근 호황을 경험한 조선업체 경우에서와 같이 미래에 들어올 달러 포지션의 환위험을 헤지하기 위해 선물환 매도 거래를 한 경우 환율이 상승할 때 발생하는 평가손실이 보유한 달러 포지션에서 발생하는 평가이익과 상쇄되기 때문에 선물환 매도에 따른 손실은 거래비용 정도에 불과하다. 즉, 투자자의 기대와 다르게 시장이 움직일 경우 무한대로 손실이 확대될 수 있는 특징은 어떤 특정 상품의 구조에 내재된 특성 때문이라기보다는 이들 상품을 이용하여 공매도한 거래 행위에서 비롯된 위험이다.

이를 좀더 살펴보기 위해서 이제 달러를 보유한 수출업체가 1) 환헤지를 아예 하지 않고 달러가 들어올 때마다 시장환율에 매도한 경우(오픈 포지션), 2) 선물환 계약을 통해 달러를 매도한 경우, 그리고 3) 키코 계약을 통해 매도한 경우 등 세 가지 경우에 시장환율이 변할 때 기업의 매도환율이 각각 어떻게 달라지는지 검토해 보자.

(1) 오픈 포지션과 선물환 헤지

[그림 1]은 가로축에 시장환율을 표시하고 세로축에는 기업이 달러를 매도하는 매도환율을 표시하고 있다. 먼저 환헤지를 전혀 하지 않은 경우 시장환율이 변할 때 매도환율이 변하는 관계는 그림에서 45도로 우상향하는 직선으로 나타난다. 예컨대 수출을 통해 벌어들인 달러를 그대로 시장에 매도할 경우 시장환율이 940원(x축 눈금)이면 매도환율도 940원(y축 눈금)이고, 시장환율이 970원(x축 눈금)이 되면 매도환율도 970원(y축 눈금)이 되기 때문에, 이러한 좌표들을 모두 이어보면 45도로 우상향하는 직선을 얻게 된다.

다음으로 수출을 통해 들어올 달러 포지션의 환위험을 헤지하기 위해 기업이 은행과 선물환 계약을 맺고 들어올 달러를 예컨대 940원에 매도하기로 약정하였다면, 만기에 기업이 달러를 매도하는 환율은 시장환율이 어떻게 변동하던 항상 940원이므로 그림에서는 y축 눈금 940원을 지나는 수평선으로 나타난다.

예컨대 기업A는 6개월 후 받을 수출대금 100만 달러의 환위험을 헤지하기 위해 만기 6개월, 계약환율 940원인 선물환 매도 계약을 통해 환전금액 9억 4천만원(=$1,000,000×940원)을 확정한 경우를 생각해보자. 그리고 계약 후 여러 가지 원인으로 인해 원화 강세가 발생하여 만기일에는 시장환율이 890원까지 내려갔다고 가정하자. 그러나 시장환율이 하락하더라도 선물환 매도 계약을 맺은 기업A는 시장환율과 관계없이 계약환율 940원에 달러를 매도할 수 있으므로 선물환 계약 시 확정했던 현금 흐름 9억 4천만원을 그대로 확보할 수 있다. 헤지를 전혀 하지 않았더라면 환전금액이 8억 9천만원에 불과하기 때문에 선물환 매도 계약이 5천만원 더 이익이지만, 그렇다고 당초 예상했던 현금흐름 9억 4천만원이 달라지지는 않는 회계상의 기회이익일 뿐이다. 반대로 원화 약세가 이어져 시장환율이 970원으로 오르더라도 선물환 거래의 계약환율인 940원에 팔아야 하므로 9억 4천만원만 받게 된다. 선물환 매도 계약을 맺지 않고 헤지를 전혀 안했더라면 시장에서 100만 달러를 970원에 매도하여 9천 7백만원을 받을 수 있었을 것이다. 이에 비하면 선물환 계약을 한 경우가 3천만원을 더 손해보게 된 셈이지만, 그렇다고 당초 선물환 계약 시 예상했던 현금흐름 9억 4천만원이 달라지지는 않는 기회손실일 뿐이다.

[그림 1] 오픈 포지션과 선물환 거래 시 보유 달러 매도 환율

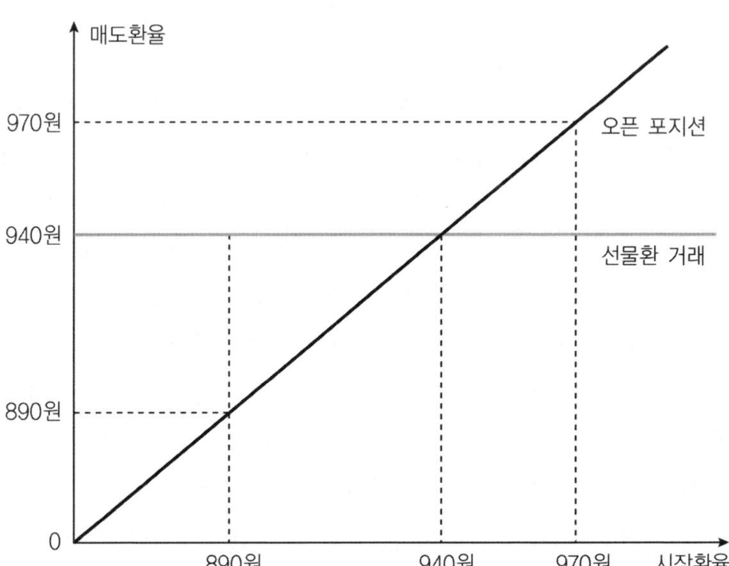

(2) 현물 포지션 없는 선물환 매도와 무한 손실

이제 들어올 달러가 하나도 없는 점만 제외하고 모든 조건이 동일한 기업B도 기업A와 똑같은 선물환 매도 계약을 했다고 가정해 보자. 이 경우 만일 원화강세로 인해 환율이 890원으로 떨어지면 선물환 계약 만기 시 기업B는 달러를 시장에서 890원에 사서 선물환 계약 상대방에게 계약환율 940원에 매도함으로써 총 5천만원의 이익을 실현할 수 있다. 하지만 반대로 시장환율이 970원으로 오르면 달러를 시장에서 970원에 매입하여 계약환율인 940원에 팔아야 하므로 3천만원의 실제 손실이 발생한다. 이러한 손실은 환율이 상승하면 할수록 무한히 커지게 된다.

(1)과 (2)의 사례를 통해 보면, 동일한 조건의 똑같은 상품인 선물환 계약이라 하더라도 이를 뒷받침할 달러 현물 포지션이 있느냐 없느냐에 따라 기업A에는 현물 포지션의 위험을 제거해주는 순기능을 하고, 반면 기업B에는 큰 손실을 입히게 되는 점을 알 수 있다. 즉, 선물환 계약을 맺은 기업이 환율 상승으로 무한한 손실을 입을 수 있는 점은 선물환 계약의 상품 구조가 아니라 선물환 계약을 어떻게 이용하였느냐는 거래 행위의 차이에서 비롯된 것이다.

사례 (2)에서 기업B의 손실이 커진 사실을 근거로 '선물환 계약은 환율이 상승할 때 손실이 무한히 확대될 수 있는 위험한 상품'이기 때문에, 기업의 환헤지 상품으로서 부적합하고, 상품의 위험성도 잘 설명해야 한다고 주장할 수 있을까? 선물환 계약이 고객의 헤지거래에 적합한 상품인지를 확인하기 위해서는 고객이 선물환 매도 계약을 뒷받침하는 달러를 보유하고 있는지 여부를 점검하면 충분할 것이다. 앞의 예에서도 보았듯이 만일 선물환 매도계약을 뒷받침할 달러를 보유하고 있다면 선물환 매도 계약은 환위험을 제거하기 위한 헤지에 적합한 상품이 되어 고객에게 설명하거나 알려줄 환율 상승 시의 위험이 따로 없다. 하지만, 충분한 달러를 보유하고 있지 않은 기업에는 선물환 매도 계약이 환율 상승 시 무한 손실을 초래하는 위험이 큰 투기 상품이 되는 것이다. 헤지 거래인지 아니면 투기 거래인지의 차이는 계약금액을 뒷받침할 현물 포지션의 보유 여부에 따라 구분되고, 현물 포지션을 보유하고 있는 경우에는 선물환 계약에 따라 환율 상승에 따른 추가적인 위험은 없는 것이다.

(3) 키코 계약과 선물환 계약

키코 계약의 구조는 이러한 선물환 거래와 비교하여 어떻게 다른가? 보유 현물의 환위험을 헤지하기 위한 선물환 거래는 계약 시점에서 환산액이 확정되기 때문에 환율 변동에 따른 기회이익을 실현하거나 기회손실을 줄일 방법이 없다. 따라서 향후 일정 기간 환율이 어떤 방향으로 어느 정도 움직일 것인가에 대한 기대를 가지고 있는 시장참여자는 선물환 방식의 헤지에서 탈피하여 이러한 기대를 바탕으로 기회 이익을 누리거나 기회 손실을 줄일 수 있는 보다 유리한 구조를 찾게 된다. 단순 선물환 거래 시의 계약환율보다 유리한 가격을 얻기 위해 단순 선물환 계약에 배리어(barrier)를 설정하거나 풋옵션과 콜옵션 등의 행사가격 및 계약금액을 조정하여 구조를 변형한 상품들을 맞춤 선물환 또는 구조 선물환(structured forward)이라고 부른다. 실제로 범위 선물환(range for-ward), 타깃 포워드(target forward), 키코 포워드 등 다양한 맞춤 선물환 구조들이 끊임없이 개발되어 시장에서 거래되고 있다.

이제 단순 선물환 계약과 키코 계약이 어떻게 다른지 비교해 보기 위해 앞의 예와 동일하게 수출금액으로 100만 달러가 들어올 기업A가 은행과 키코 거래 계약을 체결한 경우 시장환율이 변동할 때 만기에 달러를 얼마에 매도하게 되는지를 살펴보고, 이를 선물환 거래 시와 비교해 보자.

환위험 헤지를 전혀 하지 않고 100만 달러를 오픈 포지션으로 유지하면 매도환율은 시장환율과 똑같이 움직이기 때문에 그 관계는 [그림 2]에서 기울기가 1인 45도 경사의 직선으로 나타난다. 또 100만 달러를 선물환 매도 계약을 통해 헤지하면 매도환율은 시장환율에 관계없이 고정되어 있기 때문에 그림에서는 수평선으로 나타난다.

이제 풋옵션과 콜옵션의 계약 금액이 1:2 비율로 결합된 키코 계약의 경우를 생각해 보자. 1:2 비율은 콜옵션의 계약금액이 풋옵션 계약금액의 두 배라는 의미로 녹인 시 기준으로 콜옵션 계약 금액이 100만 달러인 경우 풋 옵션 계약 금액은 50만 달러가 된다.

옵션의 행사는 만기 시 시장환율이 어느 수준에 있느냐에 따라 네 가지 경우로 나누어지는데, 먼저 시장환율이 녹아웃 배리어 수준(KO)보다 낮은 구간(시장

[그림 2] 콜옵션 금액을 기준으로 헤지한 1:2 키코

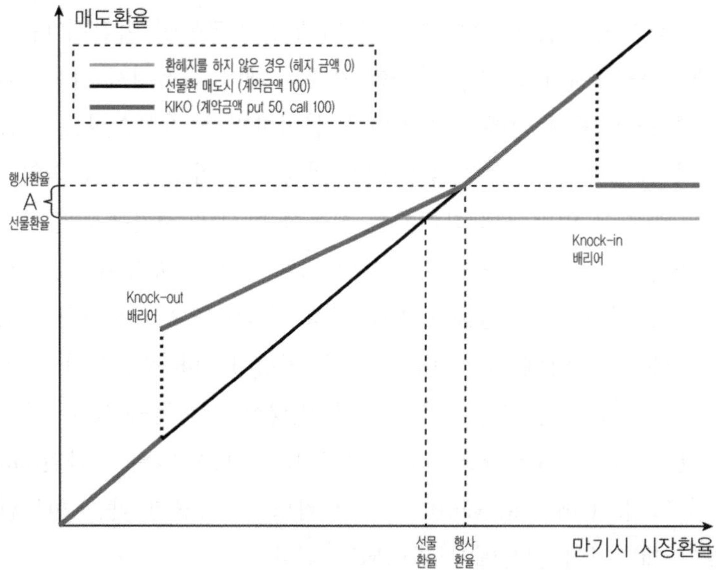

환율<KO배리어)에 있게 되면 녹아웃으로 키코 계약이 실효되고 100만 달러를 모두 시장환율에 매도해야 한다. 따라서 이 구간에서 매도환율과 시장환율 간의 관계는 오픈 포지션의 경우와 같이 기울기가 1인 45도 경사선이 된다.

두 번째로 만기에 시장환율이 KO 이상이면서 행사환율보다는 낮은 구간(KO배리어<시장환율<행사환율)에 머무를 경우 기업A는 풋옵션을 가지게 되지만, 풋옵션 계약금액이 50만 달러이기 때문에 전체 100만 달러 중 50만 달러만 행사환율에 매도할 수 있고, 나머지 헤지되지 않은 50만 달러는 시장에서 시장환율에 매도하게 된다. 따라서 전체 금액 100만 달러의 평균 매도환율은 (선물환율+시장환율)/2가 되고 따라서 매도환율과 시장환율 간의 관계는 그림에서 기울기가 1/2인 직선으로 나타난다. 즉, 헤지를 전혀 하지 않은 오픈 포지션의 경우에 비해서는 기업A가 노출된 환위험이 절반으로 줄고, 선물환 거래에 비해서는 기업A는 기회손실을 절반 정도 감수하게 된다.

세 번째로 만기에 시장환율이 행사환율 이상이고 녹인 배리어 수준(KI)보다 낮으면(행사환율<시장환율<KI배리어) 기업A는 100만 달러를 모두 시장환율에 매도할 수 있다. 따라서 그림에서 매도환율은 오픈 포지션의 경우와 같이 기

울기가 45도인 우상향 직선으로 표시된다. 이 경우 키코 매도 계약을 체결한 기업A는 환율 상승의 기회이익을 전부 누리게 되는 것과 동일한 효과를 가진다.

끝으로 만기에 시장환율이 녹인 수준 이상으로 상승하면(KI배리어 < 시장환율) 은행이 콜옵션 행사를 하게 되고 따라서 기업A는 콜옵션 계약금액 100만 달러를 행사환율에 매도해야 한다. 그러나 행사환율이 선물환 매도환율보다 기업A에 유리하게 설계되어 녹인이 되더라도 기업A는 선물환 계약으로 헤지한 경우보다 더 유리한 환율에 매도하여 위험을 헤지한다고 할 수 있다.[9] 그러나 은행이 콜옵션을 행사할 때 기업이 건네줄 계약금액만큼의 달러를 가지고 있지 못한 경우는 그 부족분을 시장에서 시장환율에 매입하여 그보다 낮은 행사환율에 건네주게 되어 그 차액만큼 실제 손실이 발생하게 된다. 따라서 환율 상승 시에 대비하여 은행이 점검해야 할 가장 중요한 고객 특성 중 하나는 녹인되었을 때 고객이 이를 커버할 수 있는 달러 포지션을 보유하고 있는지, 없으면 어떤 대응책(contingency plan)을 가지고 있는지 여부이다.

이러한 결과를 놓고 볼 때 키코 계약은 환율이 상승하는 경우 환율 상승에 따른 기회이익을 누릴 수 있고 최악의 경우에도 선물환 거래보다 유리한 환율에 매도할 수 있기 때문에 기업 입장에선 선물환 계약보다 더 유리한 상품이다. 하지만 이러한 이익의 대가로 환율이 하락하는 경우에는 선물환 거래에 비해 기회손실을 절반 정도 감수해야 되고, 나아가 녹아웃 수준 이하로 더 떨어지게 되면 전혀 헤지를 하지 않은 오픈 포지션이 되어 기회손실을 모두 떠안게 된다. 따라서 선물환 계약과 비교할 경우 키코 계약을 통해 기업A는 현재 환율을 중심으로 일정 구간에서 환율 변동 위험을 떠안음으로써 기회이익과 기회손실에 참여할 수 있는 기회를 가지게 된다. 이는 맞춤 선물환의 일종인 범위 선물환의 경우도 마찬가지다. 다만 범위 선물환의 경우 환율의 하락 폭이 큰 경우에도 손실이 일정 수준으로 제한되지만, 키코 계약의 경우 환율이 녹아웃 배리어 이하 수준으로 떨어질 만큼 환율의 하락이 클 경우 계약이 실효되어 기업A는 환위험에 전부 노출되는 차이가 있다. 즉, 키코 계약의 진정한 위험은 환율이 '급등'하

9 은행의 키코 전산시스템에서는 키코 계약의 중요한 네 가지 모수 중 다른 조건들을 입력하면 최종적으로 행사환율이 산출되지만, 이하에선 모수들의 다양한 조합에 따라 달라지는 그림을 다 표현하기 어렵기 때문에 편의상 행사환율과 선물환율 간 차이가 A만큼이라고 고정시키고 있다.

는 경우가 아니라 환율이 '급락'하여 헤지 기능이 완전히 사라지는 데 있다. 따라서 키코 계약은 환율이 녹아웃 배리어 수준 이하로 떨어질 만큼 큰 변동이 일어날 확률이 아주 작다고 기대하는 경우에 선호하는 구조화 선물환 거래이다.

(4) 키코 계약과 레버리지 효과

풋옵션과 콜옵션을 1:2로 결합한 키코 계약에서 만기 시 시장환율이 KO 이상이고 행사환율보다 낮은 구간에서는 오픈 포지션의 경우에 비해 기업A가 노출된 환위험은 절반으로 줄어든다. 하지만 선물환 거래에 비해서 기업A는 여전히 기회손실을 절반 정도 감수하게 됨은 앞서 살펴보았다. 그런데 여기서 만일 기업A가 이 기회손실의 절반을 감수하길 원하지 않고 예상 수출금액 100만 달러를 모두 풋옵션으로 보호하고 싶다면 어떻게 될까?

풋옵션 계약 금액을 100만 달러로 하면 만기에 시장환율이 행사환율 이하로 떨어지더라도 KO 배리어 수준까지 하락하지 않는 한 수출금액 전부를 행사환율에 매도할 수 있다. 즉 선물환 계약과 동일하게 완전 헤지가 가능하다. 따라서 그래프상에서 매도환율은 1/2 기울기의 직선이 아니라 기울기가 0인 수평선으로 나타난다.

그런데 풋옵션 계약 금액을 100만 달러로 하고 1:2 비율을 유지한다고 하면 녹인 시 은행이 행사하는 콜옵션의 계약금액은 200만 달러가 된다. 따라서 환율이 상승하여 만기 시 시장환율이 상단 배리어에 닿게 되면 은행은 콜옵션을 행사하고 기업A는 계약금액 200만 달러를 행사환율에 은행에 매도해야만 한다. 이 경우 기업A는 수출금액으로 충당할 수 없는 나머지 100만 달러를 외환시장에서 시장환율에 매입하여 이보다 낮은 행사환율에 은행에 매도하게 된다. 따라서 보유한 100만 달러의 평균 매도환율과 시장환율 간의 관계는 그림에서 기울기가 −1인 우하향 직선으로 나타나게 된다.[10]

결국 보유하지 않은 100만 달러를 공매도(short sale)한 투기적 거래와 마찬가지로 시장환율과 행사환율 차이만큼 손실이 발생하므로 환율이 오를수록 손실이 무한히 확대된다.

---

10 100×평균환율=100x행사환율+100×(행사환율−시장환율)=200×행사환율−100×시장환율

[그림 3] 풋옵션 금액을 기준으로 헤지한 1:2 키코

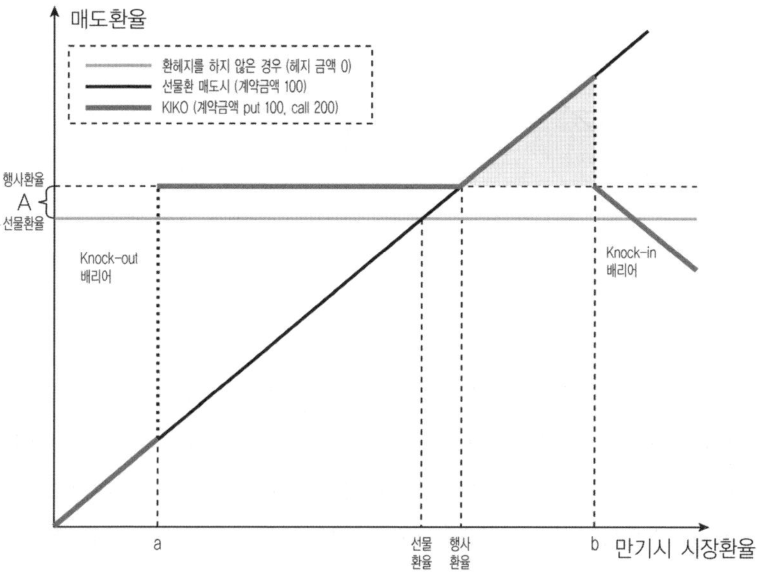

물론 행사가격 등 다른 조건들을 조정하면 풋옵션과 콜옵션의 결합비율이 1:2가 아닌 다른 비율의 결합도 가능하다. 예컨대 1:2 결합이 아닌 1:1 결합을 이용할 경우 녹인 시 발생할 수 있는 공매도 부분을 제거할 수 있다.

하지만 풋옵션과 콜옵션이 1:1로 결합된 키코 계약 구조인 경우는 콜옵션을 은행에 매도하고 받는 프리미엄이 그만큼 작기 때문에 행사환율이나 배리어 수준이 1:2 결합 경우보다 기업에 불리해진다. 만약 1:2 결합 경우와 똑같은 행사환율과 하단환율을 원하게 되면 상단환율이 더 낮아져(b → b') 그만큼 콜옵션이 행사될 확률이 커지고([그림 4] 왼쪽), 반대로 상단환율을 그대로 유지하고자 하면 하단환율이 높아져(a → a') 풋옵션이 녹아웃되어 계약이 실효될 확률이 그만큼 커진다([그림 4] 오른쪽).

[그림 4] 1:1 결합 키코 구조 비교

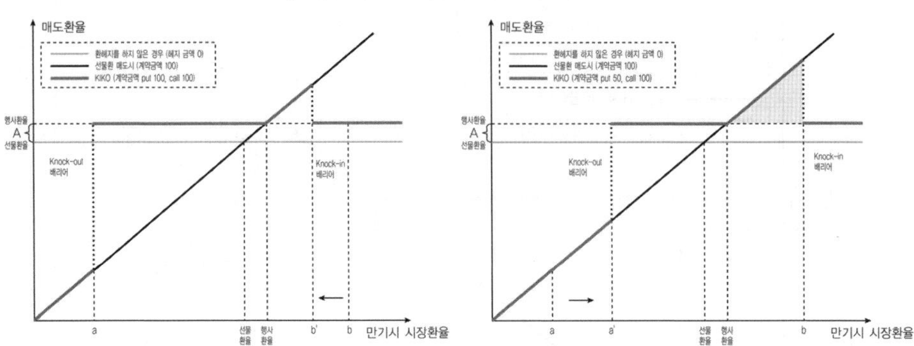

어느 경우이든 은행의 콜옵션 부분의 계약금액이 수출금액 100만 달러 이내라면 환율이 급등하여 녹인 배리어를 넘어선다고 할지라도 콜옵션 매도 금액이 수출대금으로 보호되는 소위 '보호된 콜'(covered call) 매도 구조와 동일하게 된다. 따라서 기업이 누릴 수 있는 양(+)의 이익 크기만 차이가 날 뿐 선물환 거래로 같은 금액을 매도했을 경우보다 항상 기업에 유리한 구조이다. 하지만 1:1 결합 키코 계약이라 하더라도 계약금액을 들어올 수출금액으로 뒷받침할 수 있는 수준보다 더 크게 잡으면 시장환율이 상승하여 녹인이 되면 환율이 상승할수록 손실 규모가 확대되는 위험한 투기적 거래가 된다.

위 경우들을 종합해 보면 수출기업들이 체결한 키코 계약의 계약금액이 수출금액 이내일 경우 환율 상승 시에 손실을 볼 위험은 제거될 뿐만 아니라 선물환 계약에 비해 기회이익을 어느 정도 누릴 수도 있게 된다. 따라서 키코 거래 계약에서 환율 상승 시 손실이 확대되는 위험을 통제하기 위한 가장 효과적인 장치는 투기적인 달러의 공매도가 발생하지 않도록 수출금액으로 커버할 수 있는 수준에서 콜옵션 계약금액을 맺는지 확인하는 것이다. 따라서 은행은 기업의 과거 수출 실적 추이와 기업이 제시한 수출목표액을 감안한 합리적인 수출 예상액 범위 내에서 키코 계약금액이 설정되도록 관리해야 한다. 물론 계약 당시에는 모두 수출 예상액 범위 내에서 계약이 이루어졌지만, 수출 주문 취소 등 환경 변화에 따라 사후적으로 계약금액이 수출금액을 초과하는 경우도 발생할 수 있다는 점도 유의할 필요가 있다.

3. 적정 헤지 비율

(1) 최적 헤지 비율의 법률적 정의

1:2 결합 키코 구조에서 콜옵션 계약금액을 예상 수출금액의 일정 범위 내로 맞출 경우 풋옵션 계약금액은 그 절반에 불과하여 만기 시 시장환율이 풋옵션 구간에 머무를 경우 기업은 환위험에 노출된 포지션을 일정 부분 갖게 된다. 그러면 환위험에 노출된 기업이 키코 계약을 체결할 때 헤지 비율은 어느 정도가 최적인가? 즉, 노출된 포지션 100%를 전부 헤지하는 소극적 전략이 바람직한지, 아니면 아예 환헤지를 하지 않고 노출시키는 적극적 전략이 우월한지에 대한 논의가 있을 수 있다.

헤지거래 또는 위험회피거래란 일반적으로 1) 위험회피를 하고자 하는 자(위험회피자, hedger)가 보유한 또는 보유할 예정인 자산·부채 또는 계약에 대해 미래에 발생할 수 있는 경제적 손실을 부분적 또는 전체적으로 상계하기 위한 거래나, 2) 위험회피를 하고자 하는 자의 경제적 손익의 분산을 줄일 수 있는 거래로 정의된다. 여기서 헤지 비율이라고 할 수 있는 상계 범위에 대해서는 '부분적 또는 전체적'이라고만 언급하고 있어 적정 헤지 비율에 대한 명확한 지침을 찾기 어렵다.

「자본시장과 금융투자업에 관한 법률」(이하 '자본시장법')도 비슷한 태도이다. 자본시장법 시행령 제186조의2(2009년 2월 3일 신설)에서는 자본시장법 제166조의2 제1항 1호에서 언급된 위험회피목적 거래를 정의하고 있는데, 이에 따르면 '대통령령으로 정하는 위험회피 목적의 거래'란 위험회피를 하려는 자가 보유하고 있거나 보유하려는 자산·부채 또는 계약 등(이하 "위험회피대상"이라 한다)에 대하여 미래에 발생할 수 있는 경제적 손실을 부분적 또는 전체적으로 줄이기 위한 거래로서 계약 체결 당시 ① 위험회피대상을 보유하고 있거나 보유할 예정일 것, ② 장외파생거래 계약기간 중 장외파생거래에서 발생할 수 있는 손익이 위험회피 대상에서 발생할 수 있는 손익의 범위를 초과하지 아니할 것으로 정의하고 있다.[11] 여기에서도 경제적 손실을 '부분적 또는 전체적'으로

11 제186조의2가 신설되면서 기존의 자본시장법 시행령 제186조의 1인 전문성이 낮은 일반투자자에 대해서는 위험회피 목적거래인 경우에 한해 장외파생상품거래를 허용하는 조문을 삭제하였다.

줄이기 위한 거래라고만 표현하여 적정헤지 비율을 명확히 규정하고 있지 않으나, 과도한 헤지는 허용하지 않는 것으로 판단할 수 있다.

(2) 실무적인 헤지비율의 결정

실무적으로 기업의 일반적인 환위험 관리의 도식적인 절차를 보면 먼저 기업이 감내할 수 있는 최대 손실 허용한도를 설정하는 데서 출발한다. 그 다음 이 손실한도를 달러당 최대 손실금액으로 나누어서 오픈 포지션 한도를 구한다. 예컨대 국내 매출 100억원과 수출 100억원으로 총매출액이 200억원인 기업이 매출액의 5.0%인 10억원을 목표 영업이익으로 잡고 손실은 이의 10%까지 허용할 수 있다고 하자. 그러면 손실 허용한도는 10억원×0.10=1억원이다. 현재 원/달러 환율이 940원이고 변동성이 연율로 5.0%라고 하면 95% 신뢰도 수준 하에서 1년 동안 발생할 수 있는 달러당 최대 손실(하락)폭(value at risk, 이하 VaR)은 $940\times(5.0\%/\sqrt{250})\times\sqrt{250}\times1.65=77.55$원/$이다.[12] 따라서 최대손실 허용한도 1억원을 달러당 최대 손실폭 77.55원으로 나눈 오픈 포지션 한도는 1억원/(77.55원/$)=1,289,491달러이다. 수출금액 100억원은 환율 940원으로 평가하면 10,638,298달러이므로 오픈 포지션 비율은 U$1,289,491/U$10,638,298=12.12%이고 따라서 헤지 포지션은 87.88%이다. 이러한 헤지 비율은 각 기업마다 다를 수 있는데, 그것은 기업별로 국내외 매출액의 구성, 확정된 수출계약의 크기, 헤지 만기, 예상

[그림 5] VaR 최대 손실 금액 추정

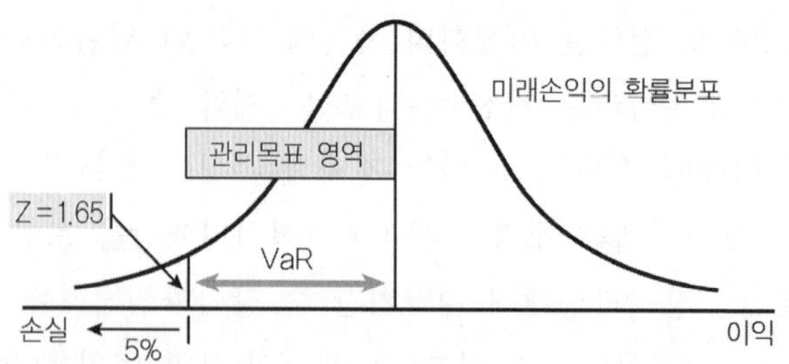

자료: 윤병길(2008)

---

12 연간 영업일수 250일 기준.

매출액의 변동성, 제품의 가격탄력성, 원가와 현재 환율 및 현금 흐름과 환율의 움직임에 대한 예측이 다르기 때문이다.

(3) 이론적인 최적 헤지 비율

이론적으로 살펴보면 외환시장의 효율성(efficient market hypothesis)에 대한 논쟁에서부터 시작하여 환관련 초과수익(alpha)을 획득할 수 있는 시장의 이례적 현상(anomaly)의 존재 여부, 이자율 평가이론(uncovered interest rate parity) 등의 성립 여부에 따라 적정 헤지 비율에 대한 결론이 달라질 수 있다.[13] 특히 환위험에 노출된 경제주체의 목적함수(objective function)가 무엇이냐에 따라 결론이 다양하게 나오고 있는 실정이다.

우선 한 극단으로 완전한 헤징이 최적이라는 분석이 있다. Solnik(1974)는 화폐와 주식시장이 연관이 없을 때를 가정하여 외국화폐에 대한 투기적인 수요는 제로이며 이럴 경우에 100% 헤지(full hedging)가 최적이라고 주장하였다. 또 Perold and Schulman(1988)도 국제적으로 주식시장과 채권시장에 다양하게 투자한 포트폴리오에서는 환위험을 100% 헤징함으로써 수익의 변동성을 줄일 수 있음을 실증적으로 입증하였는데, 이는 외국환에 대해서는 제로 순포지션(net zero position)을 가지는 것이 최적임을 의미한다.

이와는 반대로 헤징을 전혀 하지 않는 것이 최적이라는 분석도 있다. Froot(1993)은 환위험 노출기간에 대한 분석(horizon－effect)을 통해 최적 헤지 비율에 대한 결론을 도출하고 있는데, 실질 환율은 일반적인 구매력 평가설(purchasing power parity)에 따라 장기적으로 평균으로 수렴하기 때문에 장기(long－horizon)의 환위험에 노출될 경우 헤지를 하지 않는 것이 최적이라고 결론 내리고 있다.

최적 헤징 비율이 0%와 100%의 두 극단 사이에 존재한다는 분석도 다수 존재한다. Siegel(1972)는 Jensen's Inequality라는 수학적 방식을 이용하여 어느 한 국가가 아닌 모든 국가의 경제주체들이 일정 수준의 환위험에 노출되길 원

---

13 일반적으로 경제학 또는 재무학에서는 환위험에 노출된 투자자가 변동성을 감소시키거나, 또는 기대수익을 극대화시키기 위한 목적으로 환위험에 대한 헤징을 얼마만큼 해야 되는지가 주된 관심이다. 하지만 수출기업의 경우도 환위험에 대한 노출이 있고 고정된 수익률이 있는 것으로 가정할 수 있기 때문에 기존 문헌에서 다루는 적정 헤지비율을 적용해 볼 수 있다.

한다는 점을 밝혀냈는데 이를 Siegel의 역설(Siegel's paradox)이라고 부른다. 즉 경제 주체들은 0%와 100% 사이에서 헤지하기를 원한다는 결론이다. 또한 Glen and Jorion(1993), Campbell, Medeios, and Viceira(2007) 등은 환위험을 적절하게 관리할 경우 투자자의 노출된 위험이 상당히 줄어들기 때문에 0% 이상의 헤지가 최적임을 실증하였다. 또한 환위험을 완전히 헤징하는 것이 헤징을 전혀하지 않는 것보다 위험성이 더 크기 때문에 최적 헤지비율은 100% 이하에서 결정됨을 보였다. Black(1989, 1990)은 자산가격결정모형인 CAPM 모형(capital asset pricing model)을 바탕으로 환위험과 시장위험(market risk)의 비율이 경제주체의 위험선호도(risk tolerance)로 표현될 수 있으며, 따라서 환위험에 대한 최적 헤지비율은 0%에서 100% 사이에 존재하고 구체적인 비율은 경제주체의 위험선호도에 따라 달라질 수 있음을 이론적으로 증명하고, 실증적으로 약 30%에서 77% 사이에 존재하는 것으로 밝혀냈다. 결국 적정 헤지비율은 학계나 업계에서도 아직까지 명확한 결론이 내려지지 않은 채 논란이 계속되고 있는 주제이다.

(4) 키코 계약 관련 국내 기업의 헤지비율 현황

키코 계약과 관련된 분쟁이 커다란 사회적 이슈가 되면서 2008년 6월말 기준 통계가 처음 발표되었다. 이에 따르면 키코 거래가 있는 519개 업체의 계약잔액은 콜옵션 매도 기준으로 합계 101억 달러였다. 이를 각 업체들의 전년도 연간 수출액 합계 287억 달러로 나눠보면 평균 헤지 비율은 35.2%가 된다. 이 정도의 헤지 비율하에서는 환율이 상승하여 녹인이 되더라도 1:2 결합 비율하에서도 계약금액을 충분히 커버할 수 있음을 의미한다. 수출환경이 악화되어 예상한 수출목표가 차질을 빚거나 수입원자재 가격이 올라 지출이 늘어남으로써 보유하는 달러 금액이 상당폭 감소하더라도 여유가 있는 수준이다. 따라서 키코 계약을 맺은 수출기업들이 환율 급등 시 전체적으로는 선물환 거래를 통해 헤지했을 경우보다 더 유리한 환율에 달러를 매도하게 된다고 말할 수 있다.

하지만 예상 수출금액보다 몇 배에 달하는 규모의 달러 매도 계약을 한 중소기업 68개 업체와 대기업 3개 업체 등 71개 업체가 문제이다. 이들의 콜옵션 매도 계약잔액은 40억 달러로 이들의 전년도 연간 수출액 합계 24억 달러와 비교하면 평균 헤지비율이 166.7%에 달한다. 특히 과도하게 달러를 매도한 상위

〈표 1〉 수출기업의 KIKO 거래 규모[1)]

(단위 : 개, 억 달러)

구 분	업 체 수	계약잔액[2)](A)	연수출액(B)	헤지비율(A/B,%)
중소기업	480(68)	75(31)	190(16)	39.5(193.8)
대 기 업	39 (3)	26 (9)	97 (8)	26.8(112.5)
합 계	519(71)	101(40)	287(24)	35.2(166.7)

주: 1) 2008년 6월말 현재. ( ) 안은 과도헤지 업체수
2) 콜옵션 계약금액 기준
자료: 금융감독원, 민주당환헤지피해대책위 간담회 자료, 2008. 8. 18.

10개 중소기업들을 보면 연수출액의 7배 이상을 매도한 기업이 1위였고, 10위 정도의 기업도 208%로 두 배가 넘는 금액의 콜옵션을 매도하고 있다.

2008년 12월 현재 기준으로 계약잔액을 보면 과도헤지된 중소기업 수는 29개 업체에 콜옵션 매도 계약잔액은 3억 3천만 달러로 줄어들어 환율이 급등하더라도 선물환 거래 시보다 불리한 구조를 가진 계약은 전체 키코 계약잔액 37억 달러 중 8.9% 정도에 그치고 있다.

〈표 2〉 수출금액 대비 콜 옵션 계약금액 비율 상위 10개 중소기업

(단위: 백만 달러, %)

업체명	2008년중 계약금액 (콜매도 금액) (a)	2008년 예상 수출금액(b)	계약비율 (a/b)
A	24.0	3.2	743
B	19.2	4.5	428
C	17.8	4.3	416
D	12.0	3.5	343
E	87.6	33.1	265
F	74.0	32.0	231
G	34.0	15.0	227
H	2.2	1.0	220
I	14.6	6.8	215
J	122.0	58.7	208
합 계	407.4	162.1	251

(5) 은행의 사전 확인 의무

이와 관련하여 기업들이 수출금액보다 많은 달러를 매도하지 않도록 은행이 기업의 수출 현황 등을 계약하기 전에 사전에 파악하여 달러의 과도한 공매도를 방지할 수 있었을텐데 은행들이 이를 소홀히 한 책임이 있다는 지적이 제기될 수 있다. 중소기업이 많이 이용하는 환변동보험의 경우 수출보험공사만 이를 취급하고 있기 때문에 거래정보가 집중되어 환변동보험 계약금액이 수출금액의 일정 비율내에서 이루어지는지 여부를 쉽게 확인하고 이를 통제할 수 있다.

반면 키코 거래의 경우 이를 취급하는 은행이 많기 때문에 어떤 기업의 전체 키코 거래규모를 확인하기 위해서는 취급은행들 간의 거래 정보의 공유가 필수적이다. 그러나 「금융실명거래 및 비밀보장에 관한 법률」(이하 금융실명법)에서는 서면상의 요구나 동의를 받지 아니하고는 그 금융거래의 내용에 대한 정보 또는 자료를 타인에게 제공하거나 누설할 수 없고, 누구든지 금융기관에 종사하는 자에게 거래정보 등의 제공을 요구할 수 없다고 규정하고 있다(금융실명법 제4조 1항). 또한 이를 어기면 5년 이하의 징역 또는 3천만원 이하의 벌금형에 처하게 된다(금융실명법 제6조).

따라서 기업이 다른 은행과 거래한 키코 거래 내역을 알 수 없는 이러한 제도적 한계 때문에 1) 기업이 잘못된 수출관련 정보를 은행에 제공하였거나, 2) 기업과 은행 간에 합의가 있었거나, 3) 은행간 키코 거래정보 미공유 등으로 인해 수출금액을 초과하는 달러 매도계약이 발생할 수 있다.

한 기업이 복수의 은행과 키코 계약을 맺음으로써 실질적으로 달러를 공매도하게 되는 이러한 문제점을 개선하기 위해 2008년 11월 이후부터는 은행연합회 주관으로 은행간 파생상품 정보공유시스템을 구축하고, 키코를 포함한 외환파생거래 시 기업으로부터 동의서를 받아 은행간 파생상품 거래 정보공유가 가능하도록 조치하였다. 따라서 앞으로는 기업의 동의만 있으면 고객이 타행과의 거래 사실을 알리지 않고 은행에 달러를 공매도하는 투기적 거래가 어렵게 되어 있다. 물론 기업이 거래정보의 공유에 동의하지 않을 경우 정보공유가 불가능하다는 문제는 여전히 남지만, 이 경우 위험회피적인 은행의 속성상 거래정보 공유에 동의하지 않는 기업과의 거래를 꺼릴 수밖에 없어 실제 거래가 성사되기는 어려울 것으로 보인다.

4. 계약 기간과 후반부 계약 구조

(1) 장기계약의 부당성

키코 계약 기간이 통상 1년 이상의 장기이기 때문에 장기계약이 기업에 일방적으로 불리한 부당한 계약인지에 대한 논란이 있다. 계약의 해제·해지에 관하여 정하고 있는 약관의 내용 중 '계속적인 채권관계의 발생을 목적으로 하는 계약에서 그 존속기간을 부당하게 단기 또는 장기로 하거나 묵시의 기간연장 또는 갱신이 가능하도록 정하여 고객에게 부당하게 불이익을 줄 우려가 있는 조항'은 무효로 한다고 규정하고 있다(약관규제법 제9조 제5호).

일반적으로 옵션의 만기가 길수록 환율의 변동성도 커지는 것이 보통이어서 계약 기간이 길어질수록 시장환율이 하단환율과 상단환율에 도달할 가능성이 커진다. 따라서 1년 내지 3년에 걸친 장기 계약 약정이 기업에 불리할 수 있다는 문제 제기가 있을 수 있는데, 이에 대해 법원은 '전체 계약기간 동안의 기업의 풋옵션의 가치의 합계가 은행의 콜옵션의 가치의 합계와 동일하게 설계된 것으로 보이므로' 장기라는 사실만으로 기업에 부당하게 불이익을 줄 우려가 있다고 단정하기 어렵다고 판시하였다.

계약이 장기일 경우 환율 상승에 따라 콜옵션이 행사되어 기업이 손실을 볼 가능성이 높아지기 때문에 장기계약이 기업에 불리하다는 주장은 또한 앞서 2절에서 살펴보았듯이 환율이 상승하여 콜옵션이 행사될 때 달러 현물포지션이 없이 달러를 공매도한 경우가 아니라면 키코 계약은 선물환보다 유리한 가격에 기업이 달러를 매도할 수 있는 거래임을 간과하고 있다. 또 실제로 기업에 따라 선물환 거래도 계약기간이 몇 년에 걸쳐 장기인 경우도 많다.

기업이 헤지 기간을 어느 정도로 할 것인가는 기업이 판매하는 제품의 수명 주기, 수요의 가격 탄력성, 수출의 지속성 등에 따라 달라진다. 즉 시장에서 가격 경쟁이 심해 환율 하락 시 어느 정도 경쟁력을 상실하는지, 환율 변동 시 가격 재협상을 통해 가격 전가가 가능한지, 제품의 수명 주기가 짧아 신상품이 지속적으로 출시되는지, 또는 확정 가격으로 장기간 공급하는 계약이 유리한지 등 각 기업이 처한 상황이 다르기 때문에 1년 계약이 적절한지 아니면 3년 계약이 적절한지를 모든 기업에 대해 일률적으로 단정짓기 어렵다.

(2) 계약 후반부 구조

전체 계약을 A파트와 B파트로 나누어 A파트가 만기가 되는 시점에서 시장환율이 행사환율보다 같거나 높은 경우에 계약이 자동갱신되어 B파트의 계약이 발효되도록 한 조항은 부당한 자동 갱신조항이다는 주장도 있다. 이에 대해서 법원은 '환율이 상승국면에 접어들어 기업 입장에서는 계약의 종료를 원할 상황에서 이와 반대로 계약이 자동갱신되도록 한 것이므로 기업의 의사에 반하여 계약의 갱신을 강제하는 것으로 볼 여지가 있으나' 계약체결과정에서 기업이 이를 양해하였거나 혹은 충분히 알 수 있었던 것으로 보이고, '위 조항을 받아들이는 대신 행사환율 등 다른 계약조건들을 자신에게 유리하게 변경한 것으로 보이므로' 위 조항이 기업에 부당하게 불이익을 줄 우려가 있다고 단정하기는 어렵다고 판시하였다.

A파트 만기 시점에서 시장환율이 행사환율보다 같거나 높으면 기업 입장에서 A파트의 키코 계약을 더 이상 유지할 이유가 없고 종결해야 맞다. 키코 계약을 시작할 당시 판단에는 키코 행사환율이 선물환 매도환율보다 유리하여 키코를 이용했지만, 1년의 시간(A파트)이 지난 후에 실제 시장환율이 행사환율 이상이라면 그 시점에서 새로운 시장환율 수준을 반영한 선물환 매도환율이 기존의 키코 거래보다 더 유리하기 때문이다. 즉, A파트 만기 후 B파트로의 자동갱신은 기업에 부당한 자동갱신이라기보다 장기 계약에 있어서 환율이 어떻게 움직일지 모르는 불확실성에 대비하여 일정 기간(A파트)이 지난 후 시장환율 수준을 살펴보고 이에 맞춰 기업에 더 유리한 구조로 전환되도록 설계한 구조라고 평가할 수 있다.

또 추세적인 상승이 확인된 시점에서는 키코 구조 중 환율 하락에 대비하여 매입한 풋옵션의 유용성이 당연 감소하여 이를 제외하고 '보호된 콜' 매도만 남겨 둠으로써 풋옵션 매입에 따른 프리미엄 절약과 콜옵션 매도에 따른 프리미엄 수입만큼 전체 계약 기간 동안에 대해 다른 조건을 유리하게 변경할 수 있다. 그러나 여기서도 '보호되지 않은 콜'(naked call) 매도의 경우는 헤지 거래가 아니라 달러를 공매도한 투기적 거래와 마찬가지이기 때문에 시장환율이 기대와 다르게 움직일 경우 손실 규모가 무한히 커질 수 있다.

5. 설명의무와 불완전 판매

(1) 은행의 책임

자본시장법에는 금융상품 판매자가 투자자가 일반투자자인지 전문투자자인지의 여부를 확인하고, 일반투자자를 대상으로 금융상품을 판매할 경우 특정 거래상대방이 특정 금융상품을 어떻게 활용하는지에 대해 파악하고 적합한 상품만을 권유해야 된다는 '적합성 원칙'을 준수하도록 명시하고 있다(제46조). 또한 KIKO 관련 소송이 발생하던 상황에서 일반투자자에게 투자권유를 하지 않고 파생상품을 판매하려는 경우 투자목적, 재산상황 및 투자경험 등의 정보를 파악해야하다는 '적정성의 원칙'(제46조의2)이 추가적으로 도입되었다(2009년 2월). 즉, 키코 계약과 관련해서 은행은 키코 계약의 세부내용이 기업의 거래 목적인 환위험 회피에 적합한 것인지, 그리고 그 계약으로 인하여 기업이 과도한 위험에 노출되지는 않는지 등을 미리 점검해야 하고, 만일 그 계약의 내용이 기업에 적합하지 아니하다고 인정되는 경우에는 그러한 계약의 체결을 권유하지 않거나 혹은 계약의 내용을 기업에 적합하도록 변경하여 계약의 체결을 권유하여야 할 의무가 있다. 또한 설명의무(제47조)와 규정 위반 시의 손해배상책임(제48조)도 명시하고 있다.

은행업 감독규정 제88조 불건전 영업행위 금지 조항과 은행업 감독업무 시행세칙 제64조와 제65조, 은행 내규 '여신전결규정' 및 '외환 및 파생상품 업무세칙' 등에서도 고객 대상 영업행위에 대해서 구체적으로 규정하고 있다. 예컨대 은행업 감독업무 시행세칙 제64조 12호는 장외파생상품거래 시 거래상대방에게 적합하다고 보기 어려운 거래를 하거나 거래에 내재된 리스크 및 잠재적 손실에 영향을 미치는 중요한 요인 등 거래상의 중요정보를 충분하게 고지하지 아니하는 행위를 불건전 영업행위 등으로 규정하고 있다. 은행업 감독업무 시행세칙 제65조 6호 가항은 거래상대방의 영업 속성, 재무상황, 금융거래 수준, 당해 거래의 목적, 상품에 대한 이해정도 및 위험관리능력, 상품의 종류 등을 고려하여 적합하다고 판단되는 거래를 제안하도록 하고 있으며, 이어서 다항에서는 거래에 내재된 리스크 및 잠재적 손실에 영향을 미치는 중요한 요인 등 거래상의 중요 정보를 거래상대방에게 적합한 방법으로 고지하고, 비정형 파생상품거래의 경우에는 개별 거래별로 관련 리스크를 분리하여 고지하며, 손실위험 설명 시 금융변수의 변동에 따른 단순한 현금흐름 변동 이외에 평가손익의 변동과 관련된 내용을 설명토록 하는 등 금융거래와 관련된 유의사항을 명시하고 있다.[14]

이번 가처분 결정의 논증 과정을 보면 법원은 기본적으로 키코 계약이 거래구조가 이색적인 상품이고, 이를 이용하는 기업의 손실이 무제한적으로 확대될 수 있는 위험을 내포하고 있는 상품이라고 인식함으로써, 기업이 엄청난 손실을 보고 있는 현재의 사실은 은행이 계약 체결을 권유함에 있어 적합성 원칙과 설명의무 등의 준수를 다하지 못했기 때문이라고 판단하고 있는 것으로 보인다.

이 점에 관하여 법원은 환율이 급등하는 경우에 기업의 손실 위험이 확대될 수 있다는 사실은 키코의 거래 조건이 기업의 거래 목적, 재무구조 및 영업상황, 위험관리능력 등에 비추어 적합하지 않았기 때문이라고 판단하였고, 따라서 은행은 '손실 총액에 제한을 둔다든가, 환율이 일정 수준 이상으로 오르는 경우에 신청인들이 합리적인 금액을 배상하고 계약을 장래를 향하여 해지할 수 있도록 한다든가, 피신청인 은행의 녹인 콜옵션에 다시 녹아웃 조건을 둔다든가 하는 등'의 다른 거래조건을 모색하고 권유해야 할 의무가 있는데도 불구하고 그러한 의무를 충실히 이행하지 않았다고 판단하고 있다.

그러나 키코의 거래 조건은 앞에서 살펴보았듯이 수출금액을 헤지할 목적으로 이 금액내에서 달러를 매도할 경우 환율이 아무리 급등하더라도 선물환거래보다 유리한 환율로 현금흐름을 확정시키는 구조이다. 따라서 환율 상승 시 손실이 발생했다는 사실을 놓고 그 원인이 키코 파생상품에 내재된 위험성

14 은행업 감독업무 시행세칙 제65조 6호의 내용은 1) 거래상대방의 재무상황, 거래목적 등을 종합적으로 고려한 거래제안, 2) 거래상대방이 합리적인 의사결정을 하도록 충분한 정보제공, 3) 거래상대방이 거래를 할 수 있는 적법한 권한이 있는 계약체결전 점검, 4) 거래와 관련된 비용은 공정하게 부과, 5)기본계약서, 거래 성립확인서, 상품설명서, 제안서 등 거래상대방과 수수한 모든 자료 및 은행 내부에서 이루어진 거래승인 자료 보관 등을 포함하고 있다.

때문이라고 판단하는 것은 잘못이다. 환율 상승으로 인한 손실 발생은 상품 구조 때문이 아니라 상품을 공매도 수단으로 활용한 거래행위에서 비롯된 문제이기 때문이다. 어느 금융상품이든 이를 공매도한 경우 시장이 예상과 다르게 움직이면 손실 규모가 무한히 확대될 수 있다. 따라서 환율 상승 시의 손실 위험과 관련한 법원의 위와 같은 판단은 기업의 콜옵션 매도 규모가 예상 수출금액을 크게 넘지 않는 적절한 규모임을 은행이 확인하고 나면 키코 상품의 구조상으로는 손실에 대비한 다른 거래조건을 모색해야 할 이유가 없음을 간과한 것으로 보인다.

따라서 키코 계약에 따른 손실 책임이 어디에 있는지 밝히는 데 있어서는 계약에 따라 발생할 수 있는 잠재적 위험을 은행이 고객에게 충분히 설명하였는지, 또는 계약 구조를 변경하였는지 여부가 핵심이 아니라 키코 거래 기업이 달러 현물포지션을 가지고 있는지, 키코 계약 규모가 예상하는 달러 현물포지션에 비해 적정한지, 과거 비슷한 상품을 거래한 경험이 있는지, 그리고 노출된 위험을 견딜 수 있는 충분히 건전한 재무상태인지를 계약시점에 점검하였는지 등의 여부가 은행이 적합성 원칙을 준수하였는지를 판단하는 데 더 중요한 쟁점으로 생각된다. 이러한 조건들이 충족될 경우 환율이 아무리 급등하여도 기업의 손실 가능성은 제한되고, 이로 인해서 키코 계약을 체결함에 있어 명확하고 충분하게 설명해야 할 계약내용상의 위험성은 근본적으로 존재하지 않기 때문이다.

(2) 은행의 상품판매 절차

실제 은행의 일반적인 파생상품 판매 절차는 우선 고객의 수요 파악 및 파생상품 안내를 시작으로 고객의 상품 선택 및 제안서 송부, 거래조건 협의 및 거래계약의 체결, 서류작업, 그리고 사후관리 등의 순서로 순차적으로 진행된다.

상품 안내과정은 영업점의 마케팅 담당자(relationship manager)가 기업의 수요를 파악하고 거래의 적합성을 점검한 이후 단순 선물환, 풋옵션, 또는 다양한 결합비율을 가진 타깃포워드 등 여러 가지 환헤지 상품에 대하여 안내하고 설명하는 과정이다. 각 상품의 위험요소에 대해서는 상품 안내자료, 거래협의과정의 가격제안서 및 최종적인 계약 체결 과정에서 필수적으로 반복해서 설명된다. 물론 '단순히 일반적, 추상적으로 위험을 고지한 것만으로는 부족하고 나아가 최악의 경우에 어떠한 사태가 되는지를 명확하고 상세하게 설명하여 그 사태에 관하여 충분한 이해를 얻은 다음 그것을 알고서도 거래를 할 것인지를 확인해야' 할 것이고, '기업의 올바른 의사결정이나 위험인식 행위를 방해하여서는 아니 될 의무도 있다'(가처분 결정 22면).

은행에서 설명하는 특정 환헤지 상품에 기업이 관심을 가지는 경우 영업점 또는 금융공학팀 직원이 자금담당 직원 및 대표이사 등 기업의 책임자에게 각 상품별 장단점에 대하여 충분히 설명한다. 이어서 기업이 자기 기업에 적합하다고 생각하는 상품을 선택하면 그 상품의 특성과 거래조건을 보여주는 제안서(price indication)를 보낸다.

키코 계약의 경우에는 고객이 원하는 조건에 대해 은행이 고객과 협의를 한 후 최종적으로 거래 당일의 시장가격에 따라서 계약환율, 녹아웃 및 녹인 배리어 수준, 계약금액 및 풋−콜 결합비율, 계약기간 등을 확인하고 이를 녹취한 후 계약을 체결한다. 전화를 통해 구두로 계약한 계약조건을 담은 거래확인서(confirmation) 등을 고객에게 보내고 고객이 이를 확인한 후 자서 날인하여 은행과 상호교환하면 거래가 종결된다. 일반적으로 구두계약 체결 후에 서류작업을 하는 관행은 환율과 같은 시장가격이 실시간으로 변하기 때문에 시장가격을 반영한 거래가격을 미리 정할 수 없고 거래 당시의 시장가격으로 매매를 해야 하기 때문에 생겨난 것이다.[15]

사후적으로 은행은 시장가치로 평가한 거래잔액을 기업에 매월말 알려주기도 하며, 특히 환율이 급변동하는 경우 기업이 이에 대비할 수 있도록 적절한 방안을 안내하기도 하는데 이러한 사후적인 고객보호 의무를 이행했는지의 여부가 최근 법원의 가처분 기각 결정에서는 중요한 판단 근거가 되기도 하였다.

15 이러한 계약과정에서 구두계약은 서면계약과 동일한 효력을 지니고 있기 때문에 서면계약까지의 시차로 인해 발생하는 법률적 문제점은 없다.

Ⅲ. 맺음말

이번 가처분 결정에서 법원은 1) 키코 계약이 1년 내지 3년의 계약기간 동안 1개월 단위로 만기가 도래하는 각 구간마다 해당 만기시점의 시장환율을 기준으로 결제가 이루어지는 구조를 갖고 있으므로 계속적 계약에 해당한다, 2) 원/달러 환율의 내재변동성(implied volatility)'은 수출업체들과 은행이 갖는 각 옵션의 가치를 결정하는 데 핵심적인 변수였으므로 이는 계약의 기초가 되었던 객관적 사정에 해당하고, 은행과 기업 모두 환율이 계약기간 동안 일정한 범위에서 안정적으로 변동할 것이라고 전제하고 이 사건 계약을 체결한 것으로 보이므로 이는 계약의 기초가 되었던 당사자 공통의 근본적인 관념에 해당한다, 3) 환율 급등 및 내재변동성 확대는 기업이나 은행이 예견할 수 없었다, 4) 환율 급등에 따라 계약을 체결할 당시 기업이 예상하였거나 예상할 수 있었던 손실의 범위를 훨씬 넘고 기업과 은행의 거래손익 사이에 현저한 불균형이 존재한다, 5) 계약체결 당시의 내재변동성을 기초로 한 계약조건이 더는 합리성을 갖기 어렵게 된 경우에 계약조건을 변경하거나 계약을 조기에 종결하여 환율의 변동에 적응할 수 있는 장치가 결여되어 있다, 6) 복잡하고 이색적인 거래구조에 기업이 무제한의 손실을 입을 위험이 내포되어 있는데, 계약의 체결을 권유함에 있어 적합성 원칙 및 설명의무 등을 다하지 못하여 기업이 계약의 이행에 따른 엄청난 거래손실을 보게 되었으므로 신의칙에 의한 해지권을 인정하였다.

키코 계약의 구조는 앞에서 보았듯이 향후 환율의 변동성이 크지 않을 것이라고 판단하여 녹아웃을 설정하고 콜옵션을 매도하여 변동성을 팔아버린 구조이다. 향후 변동성이 클지 아니면 작을지에 대한 판단은 거래 일방 당사자의 주관적 사정 또는 거래 동기이다. 기업은 변동성이 크지 않을 것으로 예상하고 변동성을 판 것이고 이는 금융시장을 거쳐 궁극적으로 변동성이 클 것으로 예상하는 투자자가 변동성을 사게 된다. 은행은 변동성에 대해 중립적이다.

그러나 더 중요한 논점은 환율이 예상했던 변동폭 이상으로 급등하더라도 키코 계약을 체결한 기업이 반드시 실질적인 손실을 입는 것은 아니라는 점이다. 계약 당시 행사가격이 선물환율보다 높고 매도한 금액이 수출금액 이내라면('보호된 콜 매도') 선물환 거래를 통해 현금흐름을 확정하는 것보다 더 유리한 합리적인 거래이다. 단지 실질적인 손실을 입는 경우는 수출 금액을 초과하여 달러를 공매도한 투기적 거래일 경우에 환율이 예상했던 변동폭 이상으로 상승하면 손실 규모가 무한히 커진다. 즉 예상하지 못한 환율 급등에 따른 손실의 원인은 예상하지 못한 변동성 증가에 있는 것이 아니라 기업의 달러 공매도 전략에 기인하는 것이다. 또한 2~3년에 걸친 장기 계약인 경우 미래 일정 시점에서 시장환율이 선물환율보다 높아질 경우 키코 계약을 버리고 보다 유리한 선물환 거래로 전환함으로써 환율의 변동에 적응할 수 있도록 설계되어 있는 구조도 있다.

기업에 적합한 거래구조를 권유했는지, 위험 및 잠재적 손실에 영향을 미치는 가장 핵심적 요인인 달러 공매도가 일어나지 않도록 콜옵션 매도 계약금액을 기업의 예상 수출금액 범위에서 은행이 관리했는지, 거래의 중요 사항에 대해 기업에 잘 설명했는지 등은 불완전 판매에 따른 은행의 과실 여부와 결부된 문제로 사건별로 다를 수 있을 것이다.

참고문헌 R·E·F·E·R·E·N·C·E·S

김두진, "KIKO 통화옵션 거래조항의 공정성 통제," 국민대학교 법과대학 금융법연구소, 2008. 8.

김영도, "KIKO 관련 주요 이슈와 경제적 함의," 주간금융브리프, 제18권 2호, 한국금융연구원, 2008. 1.

노재선, "키코 상품의 가격 설정," 2008.11, 국회정무위원회 공청회.

박기환, "레버리지 KIKO 통화옵션－무엇이 문제인가?" 국민대학교 법과대학 금융법연구소, 2008. 8.

박의호, "키코(KIKO) 소송 관련 법적 쟁점 정리," 『금융』, 전국은행연합회, 2009. 2, pp.16~25.

박진순, "키코(KIKO) 상품구조 및 소송 현황," 은행법학회 발표 자료, 2009. 1.

박해식, "KIKO 통화옵션의 구조," 주간금융브리프, 제17권 24호, 한국금융연구원, 2008. 6.

윤병길, "기업의 환 리스크 관리 절차 및 사례," 『금융』, 전국은행연합회, 2008. 6, pp.16~23.

이상제, "KIKO 소송 관련 쟁점의 이해," 2009. 1. 8, 한국금융연구원 주례세미나.

이준행, "KIKO 가치평가 이슈 중심으로," 2009. 1, 한국증권학회 증권사랑방.

전국은행연합회, "KIKO의 이해," 2009. 2.

Black, Fischer, "Universal Hedging: Optimizing Currency Risk and Reward in International Equity Portfolios," *Financial Analyst Journal*, Vol. 44, No.3, 1988, pp.45~50.

____________, "Equilibrium Exchange Rate Hedging," *Journal of Finance*, 45(3), 1990, pp. 899~908.

Campbell, John C., Karine Serfaty－de Medeiros, and Luis M. Viceira, "Global Currency Hedging," *NBER Working Paper*, No. 13088, 2007

Froot, Kenneth A., "Currency Hedging over Long Horizons," *NBER Working Paper*, No. 4355, 1993.

Glen, J. and Philippe Jorion, "Currency Hedging for International Portfolios," *Journal of Finance* 48, 1993, pp.1865~1886.

Perold, André F. and Evan C. Schuman, "The Free Lunch in Currency Hedging: Implications for Investment Policy and Performance Standard," *Financial Analysts Journal* 44(3), 1988, pp.45~50.

Siegel, Jeremy J., "Risk, Interest Rates, and the Forward Exchange," *Quarterly Journal of Economics* 86, 1972, pp.303~309.

Solnik, Bruno H., "An Equilibrium Model of the International Capital Market," *Journal of Economic Theory* 8, 1974, pp.500~524.

제 7 장 장외파생상품 위탁청산의 현황과 과제

Ⅰ. 서 문

미국의 서브프라임 사태와 2008년 리먼브라더즈 파산 등의 여파로 전 세계적인 금융위기를 겪은 세계 각국은 G20[1]를 중심으로 이러한 금융위기의 큰 원인중 하나가 제대로 규제되지 않고 있는 장외파생상품에 있다고 보고 이에 대한 규제를 도입하기로 합의하였다.[2] 즉, 2009년 9월 25일 G20 피츠버그 정상회의는 늦어도 2012년말까지 표준화된 모든 장외파생상품은 거래소나 전자거래 플렛폼(Electronic Trading Platform)에서 체결되고, 중앙청산소(Central Counterparty, "CCP")를 통해 청산되어야 하며, 모든 장외파생상품은 거래정보저장소(Trade Repository)에 보고하도록 하고, CCP를 통해 청산되지 않는 상품은 높은 자본규제를 적용받도록 합의하였다.[3] 다만, 각국의 사정에 따라 그 시행은 2012년보다

* 이헌영 집필.
* 「은행법연구」 제7권 제2호(2014. 11)에 게재된 내용을 다소 수정·보완한 것이다.

1 G20는 선진국 및 신흥국을 포함한 20개의 회원국으로 구성되어 있다. 20개 회원국은 EU, 미국, 영국, 프랑스, 독일, 일본, 이탈리아, 캐나다, 아르헨티나, 남아프리카공화국, 호주, 멕시코, 터키, 브라질, 인도, 인도네시아, 러시아, 중국, 사우디아라비아, 한국이다. 남희경, "장외파생상품의 청산에 관한 법적 연구 −CCP 청산제도의 도입을 중심으로−" 연세대학교 대학원 박사학위 논문(서울: 연세대학교 대학원, 2012), 3면.

2 남희경, 전게논문, 3면.

3 남기남, "미국 금융규제개혁법상 장외파생상품 매매·청산·보고 인프라", 「파생금융거래와

지연되고 있으며 현재도 대부분의 나라가 추진중인 상태이다.

이 중 CCP를 통한 청산은 상대방위험(Counterparty Risk)이 도미노 식으로 전이되는 것을 방지하기 위한 것으로서 우리나라에서도 G20 합의사항에 따라 2014년 6월 30일부터 표준적인 원화이자율스왑에 대해 한국의 CCP로 인가받은 한국거래소를 통한 의무청산이 시작되었다.[4]

한국거래소의 "장외파생상품 청산업무규정"[5](이하 "청산규정"이라 한다)에 따르면 청산참가자를 일반청산회원·자기청산회원·청산위탁자로 구분하고 있는데(청산규정 제7조), 일반청산회원은 CCP의 회원으로 참가함과 아울러 청산위탁자로부터 거래의 청산을 위탁받아 처리해 주는 청산위탁서비스를 제공하는데 비해 자기청산회원은 자신의 거래 청산만을 위해 CCP의 회원으로 참가하고 청산위탁서비스는 제공하지 아니하며, 청산위탁자는 CCP의 회원으로 참가하지는 않고 일반청산회원을 통해 의무청산에 참가하게 된다.

그런데, 청산회원으로서의 청산에 대해서는 이미 여러 논문[6] 등에서 다룬 바 있으므로 여기서는 청산위탁자의 위탁청산에 대해 그 현황을 알아보고 개선과제를 살펴보고자 한다.

Ⅱ. 청산위탁의 개요

1. 청산위탁거래의 계약당사자 유형

이미 장외파생상품의 CCP를 통한 청산을 행하고 있는 다른 나라들의 청산위탁의 유형은 크게 Principal Model과 Agency Model 2가지가 있다.

법(제1권)」(박준·정순섭 편저), 소화, 2012, 320면.

4 한국거래소, 보도자료, "적격이자율스왑거래(IRS) 의무청산 시행"(배포일 2014. 6. 27) 참조.

5 한국거래소가 2013년 9월 11일 제정하였다.

6 이러한 논문에는 남희경, 전게논문과 남희경, "금융투자상품거래청산회사를 통한 장외파생상품의 청산 및 결제", 증권법연구 제13권 제2호(2012) 및 오영표, "장외파생상품중앙청산소(OTC Derivatives CCP) 도입 관련 법적 쟁점 ―장외파생상품중앙청산소의 법적 구조를 중심으로―, 인권과 정의, 2012년 8월호 및 9월호 등이 있다.

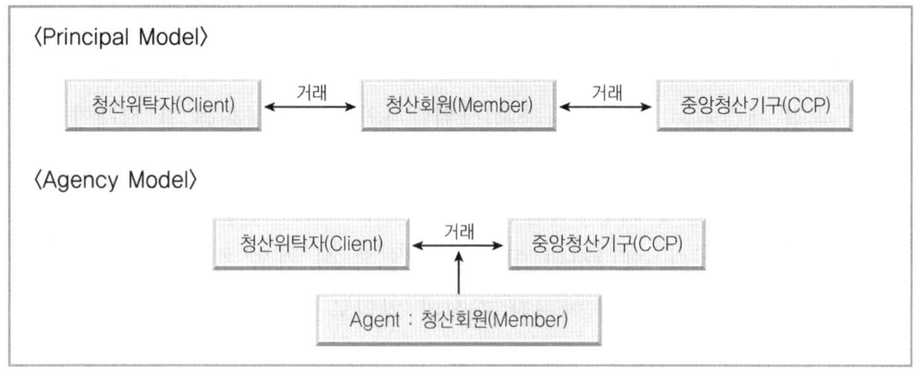

Principal Model은 청산위탁서비스의 제공자가 CCP에 대하여 직접 거래상대방이 되어 청산위탁을 처리한다. 즉, 청산위탁자가 원 상대방과의 장외파생상품 거래를 CCP의 청산회원을 통해 청산을 의뢰하면, 청산위탁자와 원 상대방간 체결되었던 거래가 청산회원 앞으로 이전되어 청산위탁자와 청산회원 간 거래가 성립됨과 동시에 청산회원과 CCP 간에는 그와 동일한 거래가 생성되어 일종이 back－to－back 거래가 창설되는 것이다.

Agency Model은 청산회원이 청산위탁자의 대리인(agent)으로서 참여하고 청산위탁자와 CCP 간의 거래를 형성시켜주는 역할만을 수행하고 CCP의 직접 상대방이 되지 아니하며 CCP의 상대방은 청산위탁자가 되는 형태를 말한다.[7] 즉 청산위탁자와 원 상대방과의 장외파생상품 거래를 청산회원에게 의뢰하면 청산위탁자와 CCP간 원 상대방과 체결되었던 거래가 이전되어 청산위탁자와 CCP 간 그와 동일한 거래가 생성되고, 청산회원은 체결대리인으로서의 역할에 그치는 것이다.

이러한 외국에서의 청산위탁의 유형에 대한 논의를 우리나라에 적용해 보면 현재 우리나라는 청산위탁에 있어서 Principal Model에 가까운 것으로 보이는데, 왜냐하면 청산규정은 위탁청산약정거래의 경우 그 거래의 성립과 동시에 일반청산회원과 그의 청산위탁자 간에는 새로이 적격원화이자율스왑거래가 성립하는 것으로 보고, 이 경우 일반청산회원은 CCP인 한국거래소와 성립한 위탁

7 오영표, “장외파생상품중앙청산소(OTC Derivatives CCP) 도입 관련 법적 쟁점 －장외파생상품중앙청산소의 법적구조를 중심으로－, 인권과 정의, 2012년 9월, 31면.

청산약정거래와 반대인 당사자 지위로 청산위탁자와 적격원화이자율스왑거래를 성립시킨 것으로 본다고 하여(청산규정 제52조 제3항), 청산위탁자와 CCP 간 거래가 직접 체결되는 것이 아니라 청산위탁자와 일반청산회원 간 거래가 체결되고 동시에 일반청산회원과 CCP 간 거래가 체결되는 것으로 규정하고 있기 때문이다. 그런데 이렇게 되면 '청산위탁자'라는 용어가 실질을 제대로 반영하고 있는지 의문이 생긴다. 왜냐하면 일반청산회원은 이 경우 자신의 명의로 타인의 계산으로 거래하는 것이 아니라 자신의 명의로 자신의 계산으로 거래하는 것이기 때문이다. 그러므로 애초에 back－to－back 구조가 아니라 결제위탁을 염두에 두고 명명하였던 '청산위탁자'라는 용어는 장기적으로는 청산제도의 실질적 관계를 반영하여 수정하는 것을 고려할 필요가 있다.

다만, 일반청산회원이 청산위탁자의 도산 등의 경우 CCP에 대해서는 그 결제책임을 지지만, CCP의 도산 등과 관련해서 청산위탁자에게 책임을 질 것인지에 대해서는 청산위탁자와 일반청산회원 간 청산위탁계약에서 정하여질 것인데 만약 CCP의 도산 등의 경우 일반청산회원이 청산위탁자에 대하여 결제책임을 지지 않는 방식으로 계약한다면 완전한 back－to－back 형식은 아니고 일종의 제한적인 책임(limited recourse) 방식의 back－to－back 거래가 된다고 볼 수 있을 것이다. 이러한 제한적인 책임 방식이 될 경우 이는 실질적으로 Principal Model과 Agency Model의 중간형태인 변형된 Principal Model이 될 것이다.

한편, 2014년 6월 27일 현재 한국거래소에 일반청산회원으로 가입되어 청산위탁서비스를 제공할 수 있는 국내 금융기관은 NH농협증권과 신한금융투자 두 기관뿐이다.[8]

2. 청산위탁거래 이전[9]방식의 법적 유형

해외의 경우를 살펴보면 청산회원 간, 청산회원과 청산위탁자 간 또는 청산위탁자상호간 장외파생상품 거래의 이전방식에는 청산회원이나 청산위탁자가 원 거래상대방과의 거래를 일단 체결하고 이를 다시 CCP나 청산위탁서비스

8 한국거래소, 보도자료, "적격이자율스왑거래(IRS) 의무청산 시행"(배포일 2014. 6. 27) 별첨 「CCP 청산제도 주요내용」 참조.

9 아래 논의에서 CCP와 권리 또는 의무의 양수도가 발생하는 것이 아니라 CCP와의 권리 또는 의무가 새로이 창설되는 경우도 편의를 위하여 '이전'이라고 표현하였다.

를 제공하는 회원에게 계약을 이전하는 Novation 방식과 원 거래상대방과 거래조건을 합의하여 CCP를 통한 청산을 의뢰하면 청산회원이나 청산위탁자가 원 거래상대방과의 거래를 생성함이 없이 곧바로 CCP나 청산위탁서비스를 제공하는 청산회원과 거래가 최초로 발생하는 Open Offer 방식이 있다.[10]

즉, 장외파생상품의 CCP 청산과 관련하여 청산회원 간 거래의 이전방식에 대해 Novation 방식은 일반적으로 (i) 양 당사자 간 장외파생상품거래에 대한 계약의 체결 및 이에 대한 CCP의 청산승인, (ii) 원 계약의 해지 및 CCP와의 신계약 체결, (iii) 다자간차감을 통한 CCP와 청산회원 간 하나의 채무(net obligation) 형성의 순서로 진행되는데 비해, Open Offer 방식은 앞의 Novation 방식에서 (i) 및 (ii)를 건너뛰고, 바로 CCP와 청산회원 간 계약을 체결하는 방식이다.[11]

우리나라에서는 앞서 살펴본 바와 같이 Principal모델을 따름에 따라 청산위탁이 결국 일반청산회원이 거래의 당사자가 되는 방식이 됨에 따라 원래 청산회원 간 거래의 이전방식에 대한 위 논의는 동시에 청산위탁거래의 이전방식에도 관련되는 문제가 된다.

청산규정에 따르면 한국거래소를 통한 청산거래의 경우 한국거래소에 채무부담신청을 하고자 하는 경우에는 청산대상거래의 당사자 쌍방이 당해 거래가 유효하게 성립되었음을 미리 확인하여야 한다고 하고 있고(청산규정 제47조 제3항), 이러한 채무부담신청이 한국거래소에 의해 수용되어 등록되면 청산대상거래의 일방 당사자인 청산회원과 한국거래소 간에 한국거래소의 지위가 해당 청산대상거래의 타방 당사자인 청산회원과 동일한 청산약정거래가 성립됨과 동시에 청산대상거래의 타방 당사자인 청산회원과 한국거래소 간에 한국거래소의 지위가 해당 청산대상거래의 일방 당사자인 청산회원과 동일한 청산약정거래가 성립된다고 하며, 이 경우 앞의 청산약정거래가 성립하는 것을 조건으로 기존 청산회원 간 청산대상거래를 합의해약하는 의사표시를 상대방 청산회원에게 행한 것으로 본다(청산규정 제52조 제1항)고 하고, 청산약정거래가 성립한 경우에는 청산회원 간, 청산회원과 청산위탁자 간, 청산위탁자 상호간 성립한 청산대상거래 및 당해 거래에서 발생한 채무는 당사자 간 합의해약의 성립에 의한 청

10 남희경, 전게논문, 135면~137면.

11 남희경, 전게논문 136면

산약정거래의 성립과 동시에 소멸한다(청산규정 제52조 제2항)고 하여 우리나라의 청산거래 이전방식은 앞의 유형 중 Novation 방식을 따르는 것으로 보인다.

다만, 우리나라의 경우 마지막에 생성되는 거래가 다자간차감을 통한 CCP와 청산회원 간 하나의 채무(net obligation)가 아니라 상기 청산규정에서 정하는 바와 같이 채무부담을 신청한 각각의 거래 별로 발생하게 되는 점이 다르다고 할 것이다.

3. 청산위탁 계약서

청산위탁서비스를 제공하는 청산회원(우리나라의 경우 일반청산회원)과 청산위탁자가 체결하는 청산위탁계약서와 관련해서는 해외에서는 장외파생상품의 표준계약서로 널리 이용되는 ISDA[12] Master Agreement에 특약(Addendum)을 추가하는 방식을 채택하는 경우가 많다.

우리나라의 경우 청산위탁계약서 양식은 은행들이 전국은행연합회를 통해 국내 법률사무소[13]에 의뢰하였고 해당 법률사무소에서는 별도의 새로운 청산위탁계약서를 창설하지 않고 세계적인 추세에 맞추어 일반청산회원과 청산위탁자 사이에 ISDA Master Agreement와 Korean Law Credit Support Annex("Korean Law CSA")를 체결하면서, ISDA Master Agreement Schedule의 Part 6에서 위탁청산과 관련한 표준문안을 반영하고 Korean Law CSA 제13조에서 청산증거금의 수수내용을 반영하는 형식을 제안하고 그에 맞게 계약서 안을 작성[14]해 주었으며 이에 대해 한국거래소도 별다른 이의를 제기하지 않았다.

4. 청산위탁 현황

2014년 6월 30일 장외파생상품거래에 대한 청산의무화가 시행된 지 2년 만에 약 800조원의 원화 이자율스왑거래가 CCP인 한국거래소를 통해 청산되었는

---

12 "ISDA"란 International Swaps and Derivatives Association, Inc.(국제스왑·파생상품협회)를 말한다.

13 구체적으로는 우리나라의 김·장 법률사무소에 의뢰하였다.

14 ISDA Master Agreement를 기반으로 한 우리나라의 청산위탁계약서는 김·장 법률사무소와 은행연합회가 ISDA에 저작권을 양도함에 따라 조만간 ISDA 홈페이지에서 찾아볼 수 있을 것이다.

데, 한국거래소는 이와 관련하여 일본 금융청으로부터 '지정외국청산기관' 면허를 취득하였고(2014년 6월 25일), 미국 Commodity Futures Trading Commission("CFTC")로부터 Derivative Clearing Organization("DCO") 등록면제를 받았으며(2015년 10월 26일), EU의 European Securities and Markets Authority("ESMA")로부터 적격 CCP(Qualified CCP) 인증(2016년 4월 22일)을 받는 등 해외 파생상품 규제당국으로부터 국제적 인증을 받아 일본, 미국 및 유럽계 금융회사들이 한국거래소를 통해 장외파생상품을 청산할 수 있게 됨으로써 향후 청산규모가 지속적으로 확대될 것으로 예상된다.[15]

Ⅲ. 청산위탁과 관련한 법규 및 해석

1. 관련법규

현재 CCP의 청산거래와 관련하여 규정하고 있는 우리나라의 법규는 금융투자업 및 자본시장에 관한 법률("자본시장법") 제166조의3과 자본시장법 시행령 제186조의3이다.

[관련 법조문 원문 참조]

자본시장법 제166조의3(장외거래의 청산의무) 금융투자업자는 다른 금융투자업자 및 대통령령으로 정하는 자(이하 이 조에서 "거래상대방"이라 한다)와 대통령령으로 정하는 장외파생상품의 매매 및 그 밖의 장외거래(그 거래에 따른 채무의 불이행이 국내 자본시장에 중대한 영향을 줄 우려가 있는 경우로 한정하며, 이하 이 조에서 "청산의무거래"라 한다)를 하는 경우 금융투자상품거래청산회사, 그 밖에 이에 준하는 자로서 대통령령으로 정하는 자에게 청산의무거래에 따른 자기와 거래상대방의 채무를 채무인수, 경개, 그 밖의 방법으로 부담하게 하여야 한다.

자본시장법 시행령 제186조의3(장외거래의 청산의무) ① 법 제166조의3에서 "대통령령으로 정하는 자"란 외국 금융투자업자를 말한다.

② 법 제166조의3에서 "대통령령으로 정하는 장외파생상품의 매매 및 그 밖의 장외거래"란 원화로 표시된 원본액에 대하여 일정한 기간 동안 고정이자와 변동이자를 장래의 특정

15 한국거래소, 보도자료, "거래소, 장외파생상품 CCP 청산 2주년 – 청산금액 800조원 육박" (배포일 2016. 7. 4).

시점마다 원화로 교환할 것을 약정하는 거래로서 기초자산, 거래의 만기 등에 관하여 금융위원회가 정하여 고시하는 요건을 충족하는 장외파생상품거래를 말한다. 다만, 법 또는 법에 상응하는 외국의 법령 등에 따라 금융투자상품거래청산회사(법 제323조의3에 따라 금융투자상품거래청산업의 인가를 받은 자를 말한다. 이하 같다)를 통한 청산이 불가능한 경우로서 금융위원회가 정하여 고시하는 거래는 제외한다.
③ 법 제166조의3에서 "그 밖에 이에 준하는 자로서 대통령령으로 정하는 자"란 외국 법령에 따라 외국에서 금융투자상품거래청산업에 상당하는 업무를 하는 자(이하 "외국금융투자상품거래청산회사"라 한다)로서 다음 각 호의 요건을 모두 충족하는 자 중에서 금융위원회가 승인하는 자를 말한다.
1. 외국금융투자상품거래청산회사가 해당 금융투자상품거래청산업에 상당하는 업무를 하기 위하여 외국금융투자감독기관의 허가·인가 또는 승인 등을 받을 것
2. 외국금융투자상품거래청산회사가 외국금융투자감독기관으로부터 금융투자상품거래청산업에 상당하는 업무와 관련하여 적절한 감독을 받을 것
3. 금융위원회가 법 또는 법에 상응하는 외국의 법령을 위반한 외국금융투자상품거래청산회사의 행위에 대하여 법 또는 법에 상응하는 외국의 법령에서 정하는 방법에 따라 행하여진 조사 또는 검사자료를 상호주의의 원칙에 따라 외국금융투자감독기관으로부터 제공받을 수 있는 국가의 외국금융투자상품거래청산회사일 것
4. 금융위원회가 외국금융투자상품거래청산회사가 소재한 국가의 외국금융투자감독기관과 상호 정보교환 및 청산대상거래 등 금융위원회가 정하여 고시하는 사항에 관한 협력약정 등을 체결하고 있을 것

2. 해 석

(1) 청산의무자

본조에서 장외거래에 대한 청산의무자는 문언 상으로는 금융투자업자이지만, 금융투자업자가 의무청산을 하기 위해서는 거래상대방도 자기의 채무를 CCP에 부담하게 하여야 하므로 실질적으로 해당 금융투자업자와 청산대상거래인 장외거래를 하게 되는 거래상대방인 다른 금융투자업자 및 대통령령으로 정하는 자도 청산에 협조하여야 한다. 시행령에 따르면 여기서 대통령령이 정하는 자란 외국 금융투자업자를 말한다(시행령 제186조의3 제1항). 자본시장법상 금융투자업자란 투자매매업, 투자중개업, 집합투자업 또는 신탁업의 인가를 받은 자이거나 투자일임업 또는 투자자문업의 등록을 한 자를 말하며(자본시장법

제8조 제1항), 외국 금융투자업자란 외국 법령에 따라 외국에서 금융투자업에 상당하는 영업을 영위하는 자를 말한다(자본시장법 제12조 제2항 제1호 나목). 그런데, 앞서 살펴본 것처럼 금융투자업자와 청산대상거래인 장외거래를 하게 되는 거래상대방으로서 대통령령으로 정하는 자의 경우 문언상으로는 청산의무가 부과되지 않는 것처럼 보이므로, 만약의 경우 여기서'거래상대방으로서 대통령령으로 정하는 자'가 CCP 청산을 거부하게 되면, 금융투자업자는 법을 위반할 수밖에 없는 상황에 처하게 된다. 그러므로 '거래상대방으로서 대통령령으로 정하는 자'도 청산의무자임을 명확히 하는 방향으로 조문을 수정할 필요가 있다.

(2) 청산대상거래

1) 청산대상 거래의 당사자

청산대상거래란 일단 금융투자업자와 다른 금융투자업자 또는 외국 금융투자업자 간 거래를 말하는데 여기서 금융투자업자 간 거래라는 문언을 가장 광의로 해석하면 어느 하나의 금융투자업에 일부라도 인가를 받은 자간 아래에서 설명하는 청산대상거래를 하게 되는 경우 그 금융투자업자가 인가받은 업과 관련이 있든 없든 모두 포함될 수 있다.[16] 한편 이를 가장 협의로 해석할 경우는 청산대상거래에 대한 업 인가를 받은 금융투자업자 간 거래로 해석할 수도 있다.[17] 한편, 외국금융투자업자와 관련해서는 각 나라의 업 인가 제도가 각각 다른 만큼 적용에 어려움이 있을 수 있으나 원칙적으로 그 외국 금융투자업자가 해당국가에서 청산대상거래관련 업무의 인가를 받은 경우가 될 것이다.[18] 그런데 금융투자상품거래청산회사로 인가[19]받은 한국거래소의 청산규정에 따르면 청산회원 또는 청산위탁자가 되어야만 한국거래소를 통하여 청산을 할 수

16 금융투자업자도 위험회피를 위한 거래의 경우 자신이 해당 거래에 대한 업의 인가를 득하지 못한 경우에도 해당 거래에 대한 업 인가를 득한 금융투자업자와의 거래는 일반적으로 인정되고 있다(자본시장법 제7조 제6항 제2호).

17 한국거래소의 'IRS CCP청산 제도 및 IT개발 관련 설명회 자료'(2012. 4. 16)인 "원화이자율 스왑 CCP 청산제도 및 IT 구축방안" 2면을 보면 "의무청산 대상이 원화 IRS로 한정되므로 의무청산자도 '이자율이 기초자산인 장외파생상품'에 대한 투자매매업 인가자로 한정"된다고 하고 있다.

18 한국거래소의 "장외파생상품 청산업무규정 시행세칙"에서는 청산위탁자가 제출하는 서약서의 첨부서류로 외국법령에 따라 외국에서 금융투자업에 상당하는 업의 인가(예비인가, 인가신청 포함)를 증명하는 서류를 제출토록 하고 있다.

19 한국거래소는 2013년 9월 11일 금융위원회로부터 금융투자상품거래청산회사 인가를 받았다.

있게 되어 있는바(청산규정 제2조 제1항 제1호), 청산회원은 장외파생상품거래[20]에 관하여 투자매매업의 인가를 받은 자(예비인가를 받은 자 또는 인가를 신청한 자도 청산회원 신청자격이 있다)(청산규정 제8조)로서 한국거래소로부터 장외파생상품거래의 청산업무에 참여할 수 있는 자격을 얻은 자를 말하며(청산규정 제2조 제3호), 청산위탁자는 금융투자업 인가를 받은 자 또는 외국금융투자업자로서 자기의 명의로 성립된 청산대상거래와 관련한 결제금액 및 청산위탁증거금의 수수, 그 밖의 결제업무를 청산회원에게 위탁한 자를 말한다(청산규정 제2조 제4호). 그런데, 청산규정에 따르면 청산위탁자가 되기 위한 요건은 다시 자본시장법 제12조 제1항에 따라 금융투자업 인가를 받은 자 또는 자본시장법 제12조 제2항 제1호 나목에 따른 외국 금융투자업자일 것(청산규정 제55조)이라고 정하고 있어 결국 청산회원의 경우는 앞서 금융투자업자 간 거래에 대한 협의의 해석에 따르는 것처럼 보이지만, 청산위탁자의 경우는 그러한 명시적 제한이 없어 보다 넓은 범위도 인정되는 것처럼 보이고 따라서 실무적으로 의무청산의 대상이 되는 자의 범위는 청산위탁자의 범위와 일치하게 된다.

2) 청산대상거래의 유형

청산대상거래는 대통령령으로 정하는 장외파생상품의 매매 및 그 밖의 장외거래(그 거래에 따른 채무의 불이행이 국내 자본시장에 중대한 영향을 줄 우려가 있는 경우로 한정된다)인데 여기서 "대통령령으로 정하는 장외파생상품의 매매 및 그 밖의 장외거래"란 원화로 표시된 원본액에 대하여 일정한 기간 동안 고정이자와 변동이자를 장래의 특정 시점마다 원화로 교환할 것을 약정하는 거래로서 기초자산, 거래의 만기 등에 관하여 금융위원회가 정하여 고시하는 요건을 충족하는 장외파생상품거래를 말한다. 다만, 자본시장법 또는 자본시장법에 상응하는 외국의 법령 등에 따라 금융투자상품거래청산회사[21]를 통한 청산이 불가능한 경우로서 금융위원회가 정하여 고시하는 거래는 제외하며(자본시장법 시

20 여기서의 장외파생상품거래라 함은 규정에 의하면 '장래의 일정기간 동안 미리 정한 가격으로 기초자산이나 기초자산의 가격·이자율·지표·단위 또는 이를 기초로 하는 지수 등에 의하여 산출된 금전 등을 교환할 것을 약정하는 계약'(자본시장법 제5조제1항제3호, 이하 '스왑거래'라 함)중에서 장외에서 이루어지는 청산회원 상호간, 청산회원과 청산위탁자간 또는 청산위탁자 상호간 행하여진 이자율스왑거래를 말한다(청산규정 제2조 제1항 제1호).

21 자본시장법 제323조의3에 따라 금융투자상품거래청산업의 인가를 받은 자를 말한다.

행령 제186조의3 제2항), 따라서 현재 청산대상거래는 관련 법령상 원화이자율스왑거래[22]로 한정되고 있다. 청산규정은 청산대상거래를 한국거래소가 금융투자상품거래청산업무를 영위함에 있어서 한국거래소가 부담할 채무의 대상이 될 수 있는 원화이자율스왑거래를 말한다고 하고(청산규정 제2조 제1항 제5호), 구체적으로 특정한 요건[23]을 갖춘 거래를 "적격원화이자율스왑거래"라 한다(청산규정 제6조 제1항).

(3) 금융투자상품거래청산회사

금융투자상품거래청산회사란 자본시장법 제6편 제2장의2에서 정한 금융투자상품거래청산회사를 말한다. 한편, 자본시장법 제166조의3에서 "그 밖에 이에 준하는 자로서 대통령령으로 정하는 자"란 외국 법령에 따라 외국에서 금융투자상품거래청산업에 상당하는 업무를 하는 자(이하 "외국금융투자상품거래청산회사"라 한다)로서 (i) 해당 금융투자상품거래청산업에 상당하는 업무를 하기 위하여 외국금융투자감독기관의 허가·인가 또는 승인 등을 받고, (ii) 외국금융투자감독기관으로부터 금융투자상품거래청산업에 상당하는 업무와 관련하여 적절한 감독을 받으며, (iii) 금융위원회가 법 또는 법에 상응하는 외국의 법령을 위반한 외국금융투자상품거래청산회사의 행위에 대하여 법 또는 법에 상응하는 외국의 법령에서 정하는 방법에 따라 행하여진 조사 또는 검사자료를 상호주의의 원칙에 따라 외국금융투자감독기관으로부터 제공받을 수 있는 국가의 외국금융투자상품거래청산회사이고, (iv) 금융위원회가 외국금융투자상품거래청산

---

22 청산대상거래가 되는 원화이자율스왑거래란 장외파생상품거래 중에서 원화로 표시된 계약금액에 대하여 장래의 특정 시점마다 고정금리이자금액과 변동금리이자금액을 원화로 교환할 것을 약정하는 거래를 말한다(규정 제2조 제1항 제2호).

23 적격원화이자율스왑거래의 요건은 아래와 같다.
1. ISDA기본계약, ISDA정의에 의거하여 체결된 원화이자율스왑거래일 것
2. 계약금액에 대한 고정금리와 변동금리를 교환하는 거래일 것
3. 대한민국 원화를 계약금액 및 결제금액의 기준통화로 할 것
4. 변동금리가 이자산출대상기간 초일의 직전 영업일(이하 이 장에서 "금리확정일"이라 한다)에 한국금융투자협회가 공시하는 세칙이 정하는 시간의 만기 91일 양도성예금증서의 연 수익률(이하 이 장에서 "기준 CD금리"라 한다)일 것
5. 계약만기가 3개월 단위로서 10년 이내일 것
6. 계약금액이 10억원 이상 1조원 이하일 것
7. 그 밖에 세칙이 정하는 요건을 충족할 것

회사가 소재한 국가의 외국금융투자감독기관과 상호 정보교환 및 청산대상거래 등 금융위원회가 정하여 고시하는 사항에 관한 협력약정 등을 체결하고 있을 것 등의 요건을 모두 충족하는 자 중에서 금융위원회가 승인하는 자를 말한다(자본시장법 시행령 제186조의3 제3항).

(4) 청산방법

청산대상거래의 청산방법과 관련하여 금융투자업자는 해당 청산대상거래에 따른 자기와 거래상대방의 채무를 채무인수, 경개, 그 밖의 방법으로 금융투자상품거래청산회사, 그 밖에 이에 준하는 자로서 대통령령으로 정하는 자에게 부담하게 하여야 한다. 청산규정은 이러한 채무의 부담을 "채무부담"이라 정의하면서(청산규정 제2조 제1항 제8호) 그 방법은 청산회원 간에는 새로이 다음 각 호의 청산약정거래가 성립하는 것으로 한다(청산규정 제52조 제1항).

① 청산대상거래의 일방 당사자인 청산회원과 한국거래소 간에 한국거래소의 지위가 해당 청산대상거래의 타방 당사자인 청산회원과 동일한 청산약정거래

② 청산대상거래의 타방 당사자인 청산회원과 한국거래소 간에 한국거래소의 지위가 해당 청산대상거래의 일방 당사자인 청산회원과 동일한 청산약정거래

이 경우 청산규정에 의한 채무부담신청은 청산약정거래가 성립하는 것을 조건으로 청산회원 간 청산대상거래를 합의 해약하는 의사표시를 상대방 청산회원에게 행한 것으로 한다(청산규정 제52조 제2항). 위탁청산약정거래의 경우에는 그 거래의 성립과 동시에 청산회원과 그의 청산위탁자 간에는 새로이 적격원화이자율스왑거래가 성립하는 것으로 보며, 이 경우 청산회원은 한국거래소와 성립한 위탁청산약정거래와 반대인 당사자 지위로 청산위탁자와 적격원화이자율스왑거래를 성립시킨 것으로 본다(청산규정 제52조 제3항).

Ⅳ. 우리나라 위탁청산의 문제점과 개선과제

1. 의무청산 대상거래의 범위

한국거래소는 장외파생상품의 의무청산제도의 시행을 처음 준비한 2년여 전부터 의무청산 대상거래를 은행 및 증권사간 거래로 한정한다고 하여 왔다.[24] 즉, 한국거래소는 의무청산대상 거래가 은행간, 은행과 증권회사 간 또는 증권회사 간 거래라고 계속하여 설명하여 왔으며 이에 따라 장외파생상품 CCP청산과 관련한 설명회도 은행과 증권회사만을 대상으로 2년여 동안 실시하여 왔다. 즉, 보험회사와 자산운용회사 등을 위해서는 장외파생상품 의무청산 시행 전까지 동 제도에 대한 제대로 된 설명회를 가진 바가 없는 것으로 알고 있다. 하지만, 앞서 살펴본 바와 같이 관련 법률의 제정 시에는 "금융투자업자간 거래"라고 규정함으로써 그 범위에 혼선을 가져왔다.

한국거래소는 제도도입 초기부터 일관되게 의무청산 대상거래를 장외파생상품에 대한 투자매매업을 받은 금융기관 간 표준형식의 원화이자율스왑거래(이하 원화이자율스왑거래를 "원화IRS"라고 간략히 표현한다) 발표하여 왔는데, 이는 여기서 금융투자업자간 거래를 해당 인가받은 업에 따라 하는 거래 즉, 장외파생상품에 대한 투자매매업자가 그 업의 범위 내에서 하는 거래라고 하여 앞서 살펴본 법규 해석 방법 중 가장 협소한 해석에 따른 것이 아닌가 추측된다.[25] 하지만 금융투자업 배제와 관련된 규정에 따라 자본시장법상 장외파생상품거래가 체결되기 위해서는 일방이 관련 업 인가를 받은 것으로 충분하다.[26] 예를 들어 은행과 기업 간 선물환거래의 경우 은행이 해당 통화관련 장외파생상품업무에 대

---

24 앞서 살펴본 바와 같이 한국거래소의 'IRS CCP청산 제도 및 IT개발 관련 설명회 자료'(2012. 4. 16)인 2면을 보면 "의무청산 대상이 원화 IRS로 한정되므로 의무청산자도 '이자율이 기초자산인 장외파생상품'에 대한 투자매매업 인가자로 한정"된다고 서술하고 있다.

25 즉, 이는 애초 한국거래소는 오로지 이자율에 대한 장외파생상품 투자매매업 인가를 받은 자만이 이자율스왑거래를 할 수 있는 것으로 생각한 때문이 아닌가 한다.

26 자본시장법 제7조 제6항 제2호는 투자매매업자를 상대방으로 하거나 투자중개업자를 통하여 금융투자상품을 매매하는 경우는 금융투자업으로 보지 않는다고 하여 해당 장외파생상품 투자매매업 인가가 없이도 그러한 인가를 받은 금융투자업자의 고객으로서 거래하는 것을 허용하고 있어 실지 거래에서는 한 당사자는 그러한 인가가 있어야 하지만 그 거래 상대방까지 동일한 인가를 요구하지는 않는다.

한 인가를 받은 것으로 충분하고 기업이 해당 업 인가를 받을 필요는 없다.

이러한 배경하에 현재 금융당국은 오히려 원래 생각하였던 은행, 증권사간의 표준형식 원화IRS뿐만 아니라 이론상 집합투자업자가 운용하는 투자신탁과 은행 또는 증권 간의 거래를 포함하여 나아가 신탁업자가 운용하는 특정금전신탁과 은행 또는 증권 간의 거래도 의무청산의 대상이라고 광의로 해석하는 입장을 견지하는 것으로 알려져 있다. 이는 2014년 10월 15일부터 위탁청산서비스를 제공하기 시작한 NH농협증권이 관련 보도자료[27]에서 보험회사 및 자산운용회사와도 청산결제 대행을 논의 중이라고 하고 있는 데서도 간접적으로 알 수 있다.

다만, 청산규정에서 청산회원의 경우는 대상거래에 대한 투자매매업 인가를 받은 자로 한정함에 따라 은행 또는 증권회사가 아닌 기타 금융투자업자의 경우 해당 규정상 대부분 청산위탁자가 될 수밖에 없으며, 따라서 금융당국의 이러한 광의적 해석은 결과적으로 주로 청산위탁과 관련하여 큰 문제가 된다. 이렇게 되면, 은행, 증권회사뿐만 아니라 집합투자업을 인가받은 자산운용회사와 은행, 증권회사와의 거래(즉, 집합투자기구와 은행/증권회사 간의 거래), 신탁업을 인가받은 보험회사와 은행/증권회사 간 거래도 CCP를 통한 의무청산 포함되게 되며, 나아가 은행의 신탁업무를 별도 고려하지 않음에 따라 은행이 고유계정이 아니라 특정금전신탁으로 다른 은행/증권회사 등과 거래하는 경우도 당연히 의무청산대상에 포함하게 되는 결과가 된다.

즉, 신탁업을 인가받은 은행의 경우 자기계산으로 하는 거래의 당사자가 될 수 있을 뿐만 아니라 투자신탁 또는 신탁계정을 위해서도 법적으로 자기명의로 거래당사자가 될 수 있는데, 만약 은행이 투자신탁이나 신탁계정을 위하여 다른 은행이나 증권회사와 표준적인 원화IRS를 하는 경우 형식적으로는 금융투자업자인 은행간 거래나 은행과 증권회사 간 거래로 되나 현재의 법령이나 청산규정에서는 이러한 거래가 제외된다는 규정은 없다. 이러한 거래들은 원래 은행이 자기계산으로 하는 거래와는 함께 상계가 되어서는 아니 되기 때문에, 만약 이러한 거래까지 포함하는 것으로 해석하면 시장에 큰 혼란이 있을 수 있으므로 이러한 거래들을 의무청산대상에 포함하기 위해서는 보다 신중하게 접

---

27 NH농협증권, 보도자료, “장외파생상품 위탁청산약정거래 서비스”(배포일 2014. 10. 15) 참조.

근하는 것이 바람직하다고 생각된다. 특히 CCP를 통한 청산은 매일 증거금을 제공 또는 변경하여야 하는데 지금까지 거의 신용으로 장외파생상품을 거래해 온 투자신탁이 이렇게 증거금을 여유자금으로 가지고 있기는 어려워 보이며, 나아가 이러한 증거금 관련 업무를 수행하여야 할 수탁은행의 업무 부담도 크게 가중될 수밖에 없어 그 실효성도 의문시된다. 더구나 장외파생상품 의무청산이 시작되고 상당한 시간이 경과한 시점까지도 한국거래소는 투자신탁이 청산될 수 있는 시스템을 갖추지 못하였었고, 현재도 특정금전신탁이 청산될 수 있는 시스템을 완비하지 못하고 있는 것으로 알려져 있다.

그러므로 이러한 혼선을 근본적으로 최소화하기 위해서는 하루빨리 자본시장법의 관련조항을 개정하여, 투자신탁이나 특정금전신탁의 거래에 대한 합리적인 의무청산제도가 준비되기 전까지는 이자율을 기초로 한 장외파생상품 투자매매업을 인가받은 은행 또는 증권회사가 자기계산[28]으로 하는 거래만을 의무청산의 대상으로 함을 명확히 하는 것이 바람직하다 할 것이다. 나아가 추후 의무청산대상 확대 등을 고려하여 현실적으로는 의무청산 대상거래의 범위 지정은 완전히 시행령에 위임하도록 하여 보다 유연성을 가지게 하여야 할 것이다.

2. 거래 상대방 리스크(Counterparty Risk)

청산위탁의 경우 형식상 청산위탁자의 거래상대방은 청산회원인바, 바젤 규정 등에 따라 위험가중자산 계산시 혜택[29]을 받기 위해서는 해당 거래의 거래 상대방 리스크가 실질적으로 CCP에 대한 리스크가 되어야 할 것이다. 이것은

28 예를 들어 은행의 경우 자기계산뿐만 아니라 투자신탁의 수탁은행으로서 또는 신탁계정을 위하여 거래당사자가 되는 경우가 많다. 이런 경우까지 의무청산의 대상으로 할 경우 금융시장에 큰 혼란이 예상되므로 원래의 입법의도대로 은행 및 증권회사의 자기계산을 위한 거래로 한정해야 할 것이다.

29 「은행업감독업무 시행세칙」 별표 3 "신용·운영리스크 위험가중자산에 대한 자기자본비율 산출 기준(바젤Ⅲ 기준)" 제322조에 의하면 청산회원은행은 자기거래와 관련한 중앙청산소에 대한 장내·외 파생상품, 증권금융거래의 거래익스포져에 대해 2%의 위험가중치를 적용하고, 위탁청산회원(즉, 위탁서비스를 제공하는 일반청산회원)은 중앙청산소의 부도시 거래 가치 변동으로 야기되는 손실에 대해 청산위탁자에게 배상해야하는 책임이 있는 경우 청산회원은행의 중앙청산소에 대한 거래 익스포저(청산위탁자의 위탁거래익스포저)에 대해 2%의 위험가중치를 적용한다.

CCP를 통한 장외파생상품청산의 가장 큰 유인 중 하나이다. 하지만, 현 청산규정에서는 문언상 이 부분이 불분명한 것으로 보이므로 일반청산회원의 파산 등의 경우 해당 위탁거래가 어떻게 처리되는지 등에 대한 검토가 필요해 보인다.

앞서 살펴본 것처럼 청산규정은 위탁청산약정거래의 경우 그 거래의 성립과 동시에 일반청산회원과 그의 청산위탁자 간에는 새로이 적격원화이자율스왑거래가 성립하는 것으로 보고, 이 경우 일반청산회원은 CCP인 한국거래소와 성립한 위탁청산약정거래와 반대인 당사자 지위로 청산위탁자와 적격원화이자율스왑거래를 성립시킨 것으로 본다. 즉, 청산위탁자와 CCP간 거래가 직접 체결되는 것이 아니라 청산위탁자와 일반청산회원 간 거래가 체결되고 동시에 일반청산회원과 CCP간 거래가 체결되는 것으로 규정하고 있다.

그렇다면, 문언상 일단 청산위탁자의 파산 등의 경우 일반청산회원이 CCP에 대해서는 그 결제책임을 진다. 이에 따라, 「은행업감독업무 시행세칙」 별표 3 "신용·운영리스크 위험가중자산에 대한 자기자본비율 산출 기준(바젤Ⅲ 기준)"(이하 "위험비율산출기준"이라 한다)은 위탁청산회원[30]은 청산위탁자와 CCP 간에 중개자로 활동하거나 거래를 보증하는 것과는 관계없이 청산위탁자에 대한 위험노출액(이하 "익스포저"라 한다)을 일반적인 장외파생거래의 양자간 거래로 간주하고 자본을 산출하도록 하고 있다(위험비율산출기준 323 참조). 그런데 청산규정 문언상 CCP의 파산 등의 경우에도 일반청산회원이 청산위탁자에게 결제책임을 져야 할 것으로 보이지만, 위에서 언급한 청산위탁계약서 내용 등을 살펴보면 현실에서는 이것이 명확하지 아니한 것 같다.

즉, 현 청산규정은 일반청산회원과 그의 청산위탁자 간에는 새로이 원화 IRS거래가 성립하는 것으로 보므로 일응 일반청산회원이 책임을 지는 것처럼 보인다. 그러나 이렇게 강제하기보다는 청산회원과 청산위탁자가 자율적으로 정할 수 있도록 해야 할 것으로 생각된다. 만약 CCP가 채무를 불이행한 경우에 언제나 청산회원이 청산위탁자에게 동일한 책임을 지도록 한다면, 이는 청산회원이 CCP의 채무에 대해 청산위탁자 앞 항상 보증을 하게 되는 것과 같은 효과가 발생하는 것이다. 그렇다면 청산회원으로서는 청산위탁자에게 그에 대한 추

---

30 위험비율산출기준에 의하면 중앙청산소와 청산위탁자 간의 금융중개를 수행할 자격이 있는 자를 말한다.

가비용을 청구할 수밖에 없을 것으로 생각되며 이는 결국 청산위탁자의 부담으로 돌아가게 될 것이다. 청산위탁자가 이러한 추가비용을 지급할 것인가에 대한 문제는 청산위탁자 자신에게 결정할 자율권을 주어야지 이를 강제하는 것은 비합리적이라 생각된다. 결국 청산위탁자가 청산회원으로부터 권리를 취득할 수는 있지만, 그 내용은 (i) 청산회원이 청산소로부터 결제를 받을 경우 청산위탁자에게 지급할 의무가 발생하지만, 청산소로부터 결제를 받지 못할 경우에는 청산위탁자에게 지급할 의무가 발생하지 않는 조건과 (ii) 청산소로부터 결제를 받는가와 무관하게 청산회원은 청산위탁자에게 책임을 지는 조건 중 선택할 수 있도록 해야 할 것이고, 따라서 이를 청산규정에서 명확히 하는 것이 바람직해 보인다.[31]

현재 국내 법률사무소가 작성한 청산위탁계약서 안은 CCP 도산 등의 경우 일반청산회원은 책임을 지지 않는 것으로 하여 일종의 제한적인 책임(limited recourse) 방식의 back-to-back 거래가 성립하는 식으로 하고 있으며, 결국 이는 청산위탁자와 일반청산회원간 합의로 정하여질 사항으로 보인다.

나아가 더욱 중요한 것은 일방청산회원의 도산 등의 경우 CCP가 일반청산회원을 대신하여 청산위탁자에게 결제책임을 질 것인가의 문제인데, 이 부분에 대해서는 청산규정과 청산위탁계약서 내용 어디에도 명시적 규정은 없다. 다만, 한국거래소는 일반청산회원의 파산 등으로 인한 결제불이행 등의 이유로 조치를 받은 청산회원(이하 "조치청산회원"이라 한다)의 청산위탁자를 보호하기 위하여 필요하다고 인정하는 경우 청산회원의 결제불이행이 발생한 날부터 기산하여 30일 이내에 결제불이행관리협의회[32]에서 정하는 기간이내에서 조치청산회원을 대리할 수 있다(청산규정 제103조 제1항 및 동 시행세칙 제76조 제1항). 이 경우 조치청산회원은 한국거래소와 청산위탁자간에 수수하는 차감결제현금 및 청산위탁증거금에 대하여 권리를 주장할 수 없다(청산규정 시행세칙 제76조 제2항).

31 이헌영, "장외파생상품 중앙청산기구(Central Counterparty, "CCP") 도입에 따른 법적 과제", 기업법연구, 2014년 6월, 114면.

32 한국거래소는 청산회원의 결제불이행으로 인한 손실을 회피하기 위한 거래, 결제불이행 청산회원의 청산약정거래의 경매시기·조건·방법 등에 관한 사항 또는 청산회원의 결제불이행으로 인한 손실의 효과적인 관리에 관한 사항 등에 관한 자문을 구하기 위하여 한국거래소와 청산회원을 위원으로 하는 결제불이행관리협의회를 구성하여 운영한다(청산규정 제106조).

또한 조치청산회원의 청산위탁자는 자기 계산의 위탁청산약정거래 전부를 청산위탁자가 지정한 다른 청산회원으로 이관할 수 있다(청산규정 시행세칙 제76조 제3항).

이러한 내용을 종합해 보면 일반청산회원의 파산 등 결제불이행시 한국거래소가 직접 개입하여 위탁거래의 이관과 차감결제현금 및 청산위탁증거금의 수수를 책임지는 것처럼 보이나, 이것이 일반청산회원의 파산 등의 경우 한국거래소가 위탁했던 거래의 모든 책임을 지겠다는 것인지는 불분명해 보이며 이 부분이 불분명할 경우 위탁청산거래의 상대방위험을 한국거래소의 위험으로 취급할 수 있는지 의문이 있다. CCP를 통한 장외파생상품 청산제도의 도입 취지 및 국제적인 규제와의 일관성을 고려하여 청산위탁거래 시 거래상대방 위험이 한국거래소의 위험과 동일시 될 수 있도록 분명히 하는 방향으로 청산규정의 명확화가 필요하다고 생각된다.

이와 관련하여 위험비율산출기준은 청산위탁자인 은행이 자기거래와 관련한 중앙청산소에 대한 장외파생상품의 거래 익스포저에 대해 2%의 위험가중치를 적용 받기 위해서는 다음의 두 가지 요건을 모두 충족하여야 한다고 한다(위험비율산출기준 324).

첫째 요건은 상쇄거래(offsetting)가 중앙청산소에 의해 청산위탁거래로서 인식되고, 다음 각 호의 사유로 손실이 발생할 경우 중앙청산소 및 청산회원은 행이 담보약정의 체결을 통해 담보를 제공해야 한다는 것이다.

(가) 청산회원의 채무불이행 또는 지급불능

(나) 청산회원의 다른 청산위탁자의 채무불이행 또는 지급불능

(다) 청산회원 및 다른 청산위탁자의 동시 채무불이행 또는 지급불능

둘째 요건은 청산위탁자는 법적 분쟁이 발생하더라도 다음 각 호의 법률에 따라 관할 구역내 법원 및 행정당국이 청산회원 또는 다른 청산위탁자의 지급불능으로 인해 발생하는 손실을 해당 청산위탁자가 부담하지 않는다는 조항이 포함된 독립적이고, 합리적인 법률 의견서를 금융감독원장의 요구 시 제출할 수 있어야 한다는 것이다.

(가) 청산위탁자, 청산회원 및 중앙청산소의 관할구역의 법률

(나) 청산위탁자, 청산회원 또는 중앙청산소의 해외지점이 관련된 경우에는 해외지점 소재 관할구역의 법률

(다) 개별 거래 및 담보물에 적용되는 법률

(라) 상기 첫째의 요건을 충족하기 위해 필요한 계약 또는 약정에 적용되는 법률

한편, 청산위탁자가 청산회원 및 다른 청산위탁자의 동시 채무불이행 또는 지급불능으로 인한 손실로부터 보호되지는 않으나, 상기 첫째 요건, 둘째 요건의 다른 모든 조건을 모두 충족하는 경우 청산위탁자는 자기거래의 익스포저에 대해 4%의 위험가중치를 적용한다. 그 이외 상기 첫째 요건 및 둘째 요건을 충족하지 않는 경우, 해당 익스포저에 대해 일반적인 양자 간 거래로 간주하고 청산위탁자인 은행은 자본을 적립해야 한다(위험비율산출기준 324).

우리나라의 경우 청산위탁자인 은행의 상기 요건들의 충족을 위해서라도 청산위탁자의 거래에 대한 CCP의 책임 여부 등을 명확히 할 필요가 있다.

3. 청산위탁계약의 일괄정산 의견(Close-Out Netting Opinion)

우리나라에서 CCP청산을 위해서는 ISDA 기본계약에 의해 체결된 장외파생상품거래가 있어야 하는데(청산규정 제6조), ISDA 기본계약서와 같은 장외파생거래 관련 계약서의 장점 중의 하나는 동 계약서를 기본계약으로 양자간 체결하는 거래들은 하나의 계약으로 취급[33]됨에 따라 채무불이행(Event of Default)과 같은 조기해지의 사유가 발생한 경우 이러한 여러 거래들의 채권·채무를 일괄정산(이하 "일괄정산"혹은 "Close－out Netting"이라 한다)한 후 그 순채권액 또는 순채무액에 대해서만 결제가 이루어지도록 되어 있다는 점이다.[34] 그런데 이렇게 되면 ISDA 기본계약서를 체결한 채권자는 실질적으로 먼저 상계권을 행사하게 되어 그 상대방이 회생절차나 파산절차 등에 들어갔을 때 채권의 행사가

33 ISDA Master Agreement상에는 Single Agreement 조항이 이에 대한 내용을 포함하고 있으며 은행법 관련 규정에서는 '거래의 상대방이 파산, 부도, 청산 등의 사건이 발생했을 시에는 양 당사자간 모든 채권·채무관계가 상계되어 하나의 채권·채무관계가 된다는 조항'이라고 표현하고 있다(은행업감독업무 시행세칙 [별표 3] "위험가중자산에 대한 자기자본비율 산출 기준"의 제2장 제5절 파생상품거래 등에서 47.(커런트익스포저 방식) 다.).

34 이헌영, 전게 논문 108면.

정지되어 있는 다른 채권자에 비해 유리한 위치에 서게 되며 따라서 채권자평등의 원칙 등의 예외를 인정받게 되는 결과가 된다. 그러므로 이러한 ISDA 기본계약서하의 당사자 간 일괄정산 합의를 해당 당사자의 파산절차 등이 진행될 그 설립국가의 파산법 등에서 인정하고 있는가는 ISDA기본계약서를 체결하는 거래당사자들에게는 가장 큰 관심사항이다.[35] 참고로 국내의 김·장 법률사무소가 ISDA에 제출하여 게시되어 있는 의견서에 의하면 우리나라에서는 기본적으로 "채무자 회생 및 파산에 관한 법률"(이하 "채무자회생법"이라 함)의 제120조 제3항 및 제336조를 근거로 회생절차나 파산절차 시 이러한 Close-Out Netting이 인정됨을 밝히고 있다.

이러한 배경하에 우리나라의 금융관련 규정에서는 금융기관과 장외파생상품 계약을 체결한 상대방에 대한 위험액을 Close-Out Netting 결과인 순위험액(Net Exposure)으로 관리하기 위해서는 관련규정[36]에서 외부의 법률의견서를 구비하도록 하고 있다.[37] 따라서 현행 규정 하에서 청산위탁자가 일반청산회원와의 위탁청산 거래를 순위험액을 기준으로 관리할 수 있기 위해서는 해당 장외파생상품 거래들에 대한 일괄정산이 일반청산회원의 회생절차나 파산 시 등에도 인정된다는 법률의견서를 구비할 필요가 있는데, 이 법률의견서는 상기 거래 익스포져에 대해 낮은 비율의 위험가중치를 적용 받기 위해 징구하는 법률의견서와 구별할 필요가 있다. 만약 이러한 의견서를 구비하지 못할 경우 결국 청산위탁자는 일반청산회원에 대한 위험액을 총액기준으로 관리할 수밖에 없게 된다.

앞서 살펴본 것처럼 우리나라 청산위탁계약서의 양식은 일반청산회원과 청산위탁자 사이에 ISDA Master Agreement 와 Korean Law CSA를 체결하면서, ISDA Master Agreement Schedule의 Part 6에서 위탁청산과 관련한 표준문안을

35 이헌영, 전게 논문, 108면.

36 시중은행의 경우 은행업감독업무 시행세칙 [별표 3] "위험가중자산에 대한 자기자본비율 산출 기준"의 제2장 제5절 파생상품거래 등에서 47.(커런트익스포저 방식) 다., 외국은행 국내지점의 경우 동 시행세칙 [별표 3-3] "위험가중자산에 대한 자기자본비율 산출 기준(구기준) 마. (2) 부외자산 (다) 상계 참조, 증권회사의 경우는 금융투자업규정 시행세칙 [별표5] 금융투자업자의 위험액 산정기준 제2장 신용위험액 24.(대체비용의 산정) 참조. 구체적 조문 내용은 논문 끝 부분의 [참고] 참조.

37 이헌영, 전게 논문, 108면.

반영하고 Korean Law CSA 제13조에서 청산증거금의 수수내용을 반영하는 형식으로 하고 있으므로 결국 이렇게 체결되는 일반청산회원과 청산위탁자 사이의 ISDA Master Agreement상 일괄정산이 인정되는지가 위에서 언급한 법률의견서의 핵심이 될 것이다.

혼선을 피하기 위해 논의내용을 간단히 정리해 보면 다음과 같다. 일단 청산대상 거래가 되는 청산회원 간, 청산회원과 청산위탁자 간 또는 청산위탁자 상호간 장외파생상품 거래도 ISDA Master Agreement에 의해 체결되어야 하지만, 위탁청산을 위해 청산위탁자와 일반청산회원 간 체결되는 청산위탁계약도 역시 ISDA Master Agreement가 된다. 예를 들어 청산위탁자인 A와 B가 ISDA Master Agreement에 근거하여 원화IRS거래를 하였다고 가정해 보자. A를 위해 위탁청산서비스를 해 주는 일반청산회원이 C라고 하면, A와 B간 거래를 위탁청산 함에 따라 발생하는 A와 C간의 거래도 역시 청산위탁계약서로서의 ISDA Master Agreement에 근거하게 된다는 것이다. 참고로 C와 CCP 간의 거래의 기본계약은 청산규정이 된다.

여기서 문제가 되는 일괄정산 법률의견서는 A와 B간 체결되는 ISDA Master Agreement에 대한 것이 아니라 A와 C간 체결되는 ISDA Master Agreement에 대한 것이다. 특히 A와 C간 체결되는 ISDA Master Agreement에는 A와 B간 체결되는 ISDA Master Agreement에는 없는 위탁청산에 대한 내용이 추가됨[38]에 따라 이러한 특별한 내용이 포함되어도 일괄정산에 문제가 없는지가 그 분석의 핵심이 될 것이다.

청산위탁자와 일반청산회원 양자가 체결하게 되는 상기 청산위탁계약의 구조상 주로 청산회원의 파산 등을 다루는 현행 채무자회생법 제120조 제2항이 적용되기는 부적합하다고 보이고,[39] 양자간 기본계약에 의해 장외파생상품을 하는 경우에 적용되는 채무자회생법 제120조 제3항의 적용 여부가 문제가 될

38 앞서 언급한 것처럼 현재 업계에서 쓰이고 청산위탁계약서는 ISDA Master Agreement의 Schedule에 Part 6을 신설하여 위탁청산과 관련한 표준문안을 반영하고 있다.

39 채무자회생법 제120조 제2항은 청산결제제도 참가자의 회생절차인 경우 청산결제제도를 운영하는 자가 정하는 바에 따른다고 되어 있는바, 업계에서 작성하고 청산규정 제54조 제2항에 따라 한국거래소에 보고된 청산위탁계약이 청산결제제도를 운영하는 자가 정하는 바로 해석될 수 있는지는 의문이 있다.

것으로 보인다. 다만, 향후 CCP의 파산 등의 경우 청산규정하의 일괄정산 인정 여부를 반영하기 위해 채무자회생법 제120조 제2항을 개정한다면, 청산위탁계약상 일괄정산 여부도 보다 간단히 그리고 명확하게 하기 위해 동 조항에 함께 그 인정여부를 규정하는 방안도 고려해 볼 수 있을 것 같다.

나아가 만약 긍정적인 상계의견을 포함하는 법률의견서가 나올 수 있다면, 청산위탁자들을 위해 이러한 법률의견서 발급과 관련된 법률비용을 CCP의 비용으로 처리하여 이를 CCP 홈페이지 등에 공시하는 것도 고려해 보아야 한다고 생각한다. 각 청산위탁자가 이러한 법률의견서를 받아야 한다면 이는 중복적인 일이 될 뿐 아니라 각 청산참가자에게 상당한 비용의 부담을 줄 수 있기 때문이다. 특히 일반적인 ISDA Master Agreement에 대한 상계의견에 비해 청산위탁계약서로 기능하는 ISDA Master Agreement의 경우 위탁청산과 관련한 특별한 조항들이 추가되어 그 내용이 더 복잡할 것이므로 상당한 법률비용이 예상되고, 또한 증거금과 관련하여 Korean Law CSA도 체결하게 됨에 따라 이러한 증거금과 관련하여 Korean Law CSA에 따른 담보의견서(Collateral Opinion)도 받을 필요성이 있을 수 있으므로 그렇게 된다면 법률비용 부담이 더욱 가중될 것이다.

4. 청산위탁자 증거금의 보호

청산규정에 따르면 거래소는 청산증거금 예탁을 위한 계좌를 일반청산회원 자신의 계산을 위한 계좌와 청산위탁자의 계산을 위한 계좌로 구분하도록 하고 있고, 또한 한국거래소는 일반청산회원의 재산과 청산위탁자의 재산을 구분 관리하도록 되어 있다(청산규정 제45조 및 제86조). 그런데 청산위탁자의 재산으로 구분하여 예탁한 청산위탁증거금이 해당 청산회원의 파산 시 법적으로 별도로 취급되어 청산회원의 채권자들로부터 보호되는지에 대해 현재로서는 명확한 법적근거가 없는 것 같다.

한국거래소는 청산위탁자의 증거금이 일반청산회원 고유의 증거금과 구분되므로 보호된다고 주장하나 이는 법상 근거는 없는 것 같다. 청산위탁증거금이 위탁받은 청산회원의 채권자들로부터 보호받기 위해서는 청산규정에서 구분예탁하는 것으로는 미흡하고 법률에서 이를 명확히 규정하여야 한다. 즉, 청산규정 차원에서 해결될 문제가 아니라 자본시장법이나 동법 시행령에서 규정해야 할 문제이다. 따라서 빠른 시간 내에 자본시장법 시행령[40] 등을 개정하여 청산위탁증거금의 보호에 대한 규정을 추가할 필요가 있다.

5. 일반청산회원의 확충 문제

현재 위탁청산서비스를 제공하는 일반청산회원은 NH농협증권과 신한금융투자 2곳뿐이고, 시중은행은 한 곳도 없는 실정이다.[41] 더욱이 위탁청산을 고려하고 있는 지방은행이나 일부 외은지점의 경우는 신용도가 은행에 비해 더 떨어지는 증권회사에 위탁하는 것에 부담을 느끼고 있다. 따라서 시중은행이 일반청산회원이 될 수 있도록 금융감독당국에서 유도할 필요성이 있으며, 좀 더 많은 일반청산회원을 확보함으로써 소수의 청산위탁업무 과점에 따른 위탁청산 수수료 상승을 방지할 필요가 있다.

Ⅴ. 결 론

우리나라에서는 지난 2014년 6월 30일부터 IRS거래에 대한 CCP를 통한 의무청산이 시작되었지만 이러한 의무청산의 중요한 부분을 차지하는 장외파생상품의 위탁청산의 경우는 의무청산 시작 후 수개월이 경과한 2014년 10월 15일부터 비로소 일반청산회원에 의해 업무가 개시되고, 자산운용회사를 통한 투자신탁이나 특정금전신탁 거래의 경우 의무청산 시장 후에도 상당기간 시스템 준비가 지연되거나 아직까지도 한국거래소에서 위탁청산 시스템이 완비되지 못하는 등 추진이 지연되고 있는 형편인 것으로 알려져 있다.

이렇게 볼 때 청산회원의 거래에 비해 청산위탁자의 거래는 아직까지도 원활히 진행되고 있지 못한 것으로 보이는바, 향후 위탁청산이 실질적으로 효과를 발휘하고 원활히 추진되기 위해서는 앞서 살펴본 바와 같은 문제점들이 하루 빨리 해결되어야 할 것으로 생각한다.

즉, 의무청산의 대상이 되는 '금융투자업자'의 범위를 명확히 하는 방향으

40 구체적으로는 자본시장법 시행령 제75조 제1항 등에 투자자예탁금으로 명시하는 것이 바람직하다고 본다.

41 한국거래소, 보도자료, "적격이자율스왑거래(IRS) 의무청산 시행"(배포일 2014. 6. 27) 참조.

로 자본시장법의 관련 조항을 시급히 개정할 필요가 있다. 현행 법문과 같이 모든 금융투자업자의 장외파생상품거래를 청산의무 대상으로 하는 것은 현재의 금융시장상황을 고려할 때 현실과 큰 괴리가 있다. 특히 투자신탁 및 특정금전신탁의 거래를 포함하는 것은 실무적으로도 큰 어려움이 있어 자칫하면 의무청산을 우회하는 방향으로 IRS시장이 왜곡될 우려가 있다. 또한 금융기관의 위탁청산업무에 혼선이 없도록 청산위탁자가 거래상대방위험(Counterparty Risk)을 CCP를 기준으로 할 수 있도록 일반청산회원의 파산 등 결제불이행의 경우 청산위탁자에 대한 CCP의 책임을 명확히 규정할 필요가 있다. 한편 청산위탁계약서와 관련한 일괄정산 법률의견서(Close－Out Netting Opinion)의 경우 동 의견서 작성과 관련하여 청산위탁자에게 상당한 법률비용이 예상되고, 각 청산위탁자가 이러한 의견서를 받게 될 경우 위탁청산을 시행하고자 하는 금융기관들의 중복적 부담이 될 것이므로 위탁청산의 원활한 실시를 위해 되도록이면 한국거래소가 그 법률비용을 부담하면서 동 법률의견서를 한국거래소의 홈페이지 등에 공시하는 방안을 적극 고려해 볼 필요가 있다고 생각된다. 그리고, 청산위탁자의 청산위탁증거금이 일반청산회원이나 한국거래소의 파산 등의 경우에 그 일반청산회원이나 한국거래소의 채권자로부터 보호될 수 있는지가 불명확하므로 자본시장법과 같은 관련 법령에 이를 명시하여 청산위탁증거금의 보호를 명확히 할 필요성 있으며, 현재 위탁청산서비스를 제공하는 일반청산회원이 단 2곳뿐이고, 더욱이 시중은행 중에는 일반청산회원이 하나도 없는 현실을 감안하여 관련 금융감독당국은 대형 시중은행을 비롯한 더 많은 금융기관들이 위탁청산서비스를 제공할 수 있도록 일반청산회원의 수를 적절히 확충하여 소수의 청산위탁업무 과점에 따른 위탁청산수수료 상승 등을 방지할 필요가 있다.

참고문헌  R·E·F·E·R·E·N·C·E·S

<단행본>

고동원, 「금융규제와 법」, 박영사 , 2008.

김건식/정순섭, 「자본시장법」, 두성사, 2009.

박준/정순섭, 「파생금융거래와 법(제1권)」, 소화, 2012.

석광현, 「국제사법과 국제소송」, 박영사, 2001.

임재연, 「자본시장법」, 박영사, 2010.

황민택, 「장외파생상품 계약 실무」, 탐진, 2010.

<논문>

남희경, "금융투자상품거래청산회사를 통한 장외파생상품의 청산 및 결제", 증권법연구 연구 제13권 제2호, 2012.

______, "장외파생상품의 청산에 관한 법적연구 –CCP 청산제도의 도입을 중심으로–" 연세대학교 대학원 박사학위 논문, 2012.

석광현, "국제재판관할에 관한 연구", 서울대학교 박사학위 논문, 2000.

오영표, "장외파생상품중앙청산소(OTC Derivatives CCP) 도입 관련 법적 쟁점 –장외 파생상품중앙청산소의 법적구조를 중심으로–, 인권과 정의, 대한변호사협회, 2012년 8월.

이헌영, "장외파생상품 중앙청산기구(Central Counterparty, "CCP") 도입에 따른 법적 과제", 기업법연구, 기업법학회, 2014년 6월.

홍선경·정성구·박일규, "장외파생상품의 중앙청산에 있어서의 도산법 문제에 대한 고찰", 『BFL』 제53호, 서울대학교 금융법센터, 2012. 5.

<기타자료>

한국거래소, 원화이자율스왑 CCP청산제도(안), 제2차 장외파생상품 청산 실무협의회 회의자료, 2011. 10. 28.

______, 원화이자율스왑 CCP청산제도(안), 제5차 장외파생상품 청산 실무협의회 회의자

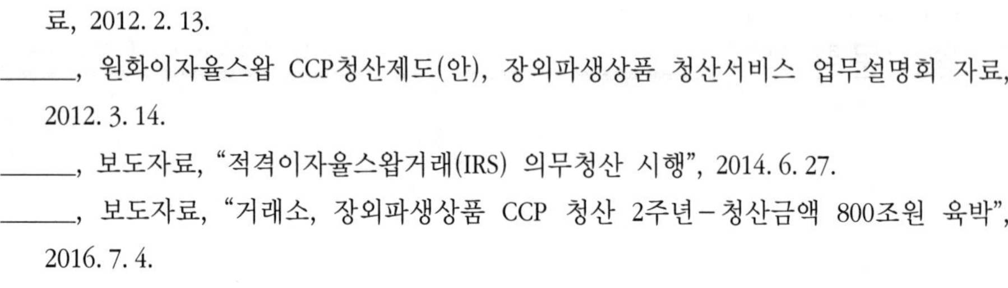

료, 2012. 2. 13.

_____, 원화이자율스왑 CCP청산제도(안), 장외파생상품 청산서비스 업무설명회 자료, 2012. 3. 14.

_____, 보도자료, “적격이자율스왑거래(IRS) 의무청산 시행”, 2014. 6. 27.

_____, 보도자료, “거래소, 장외파생상품 CCP 청산 2주년－청산금액 800조원 육박”, 2016. 7. 4.

NH농협증권, 보도자료, “장외파생상품 위탁청산약정거래 서비스”, 2014. 10. 15.

제 8 장 온라인 소액 대출(P2P 대출) 거래 규제의 법적 과제

Ⅰ. 머리말

2015년 금융권에서 큰 화두 중의 하나는 핀테크(FinTech)이다. 금융(Finance)과 기술(Technology)의 합성어이다. 금융에 기술을 접목한 금융의 혁신을 말한다. P2P 금융이 하나의 예이다. 'Peer−to−Peer'를 뜻하는 P2P는 원래 전산과 관련된 용어이다. 컴퓨터망(computer networks)에서 각 컴퓨터가 서로 다른 컴퓨터의 저장 장치(server) 역할을 함으로써 중앙 저장 장치를 거치지 않고 직접 서로 파일 등을 공유하는 체계를 말한다.[1] 이것이 금융에 접목하면 금융기관을 거치지 않고 인터넷이나 모바일 등 온라인에서 당사자 사이에 직접 금융 거래가 이루어지는 것을 말한다. 대출 거래가 그 예가 될 수 있다. 자금이 필요한 사

---

* 고동원 집필.

* 「은행법연구」 제8권 제2호(2015. 11)에 게재된 내용을 다소 수정·보완한 것이다.

1 P2P에 관한 영어 설명은 다음과 같다. "Definition of peer to peer: denoting or relating to computer networks in which each computer can act as a server for the others, allowing shared access to files and peripherals without the need for a central server." <https://www.google.com/webhp?hl=en&gws_rd=ssl#hl=en&q=peer+to+peer>. "Peer−to−peer (P2P) computing or networking is a distributed application architecture that partitions tasks or work loads between peers. Peers are equally privileged, equipotent participants in the application. They are said to form a peer−to−peer network of nodes." <http://en.wikipedia.org/wiki/Peer−to−peer>.

람이 인터넷에 자금이 필요한 사정 및 기타 본인에 관한 정보를 게시하면 이를 보고 자금을 빌려주려고 하는 사람들이 대출을 하는 거래이다. 주로 개인 사이에 거래가 이루어진다는 점에서 (물론 기업이 자금 수요자가 되기도 하고 자금 제공자가 되기도 하지만) 'Person－to－Person' 금융 거래라고 하기도 한다. 그리고 다수로부터 자금을 조달한다는 의미에서 'Crowdfunding'이라고 하기도 한다. 이러한 거래는 인터넷에서 중개운영체계(platform)를 개설해서 당사자 간의 거래를 연결시켜 주는 자에 의해 주로 이루어진다.

이러한 P2P 금융 거래에는 대출 형태의 거래(이하 "P2P 대출 거래"라 한다) 뿐만 아니라 기업이 주식이나 사채 등 증권을 발행하여 여러 투자자로부터 자금을 조달하는 형태가 있는데, 이를 증권형(equity or securities) P2P 금융 거래 또는 증권형 Crowdfunding이라고 한다. 이외에도 P2P 거래에는 기부형(donation)도 있는데, 이것은 자금을 제공하는 자가 대가를 받지 않고 자금이 필요한 자에게 자금을 지원하는 것을 말한다. 보상형(reward)도 있는데, 자금 제공 대가로 보상 차원에서 자금 조달 목적과 관련하여 발생하는 생산물 등을 지급하는 것을 말한다. 예를 들어, 영화나 음반 제작을 위한 자금 모집에서 영화표나 음반을 제공하는 거래를 들 수 있다.[2]

P2P 대출 거래는 2005년 영국에서 ㈜조파(Zopa Ltd.)라는 P2P 대출중개업자(온라인상에서 중개운영체계를 개설해서 자금 수요자와 자금 공급자 사이에 대출 거래를 연결시켜 주는 중개업자)(이하 "대출중개업자"라 한다)가 처음으로 대출 거래 중개를 시작한 이래로 미국, 중국, 독일 등 여러 국가에서 거래가 활발히 이루어지고 있으며, 그 거래 규모가 급격히 늘어나고 있는 추세이다.[3] P2P 대출 규모는 최근 5년 동안 연평균 130%의 성장률을 기록하며, 중개 대출액 규모도 크게 증가하고 있는데, 미국의 대출중개업자인 ㈜렌딩클럽(LendingClub Corporation)의 경우 중개 대출액이 2011년 3억 달러에서 2013년 21억 달러, 2014년은 92억 달러로 급증하였으며, 미국의 대출중개업자인 ㈜프로스퍼(Proper Marketplace Inc.)

2 See Section 2.7 of "FCA Policy Statement PS 14/4: The FCA's regulatory approach to crowdfunding over the internet, and the promotion of non－readily realisable securities by other media," March 2014. <http://www.fca.org.uk/your－fca/documents/policy－statements/ps14－04.pdf>.

3 KB금융지주경영연구소, "온라인 P2P대출, 새로운 투자수단으로서의 가능성," 「KB 지식비타민」, 2014. 11. 26, 1~2면.

의 경우도 중개 대출액이 2014년 20억 달러에 이르고, 영국의 대출중개업자인 ㈜조파도 2014년 중개 대출액이 9억 파운드에 이르는 등 규모가 계속 커지고 있다.[4]

우리나라의 경우도 2006년 8월 대출중개업자인 ㈜한국금융플랫폼이 머니옥션(moneyauction)이라는 대출 중개 운영 체계를 개설한 이래,[5] 팝펀딩(popfunding), 펀딩마켓(fundingmarket), 8퍼센트(8percent), 피플펀드(peoplefund), 테라펀드(terafund), 펀다(funda), 렌딧(lendit), 어니스트펀드(honestfund), 펀딩트리(fundingtree) 등 여러 중개 운영 체계가 운영 중에 있고, 2015년 10월 한국P2P금융플랫폼협회(2016년 6월에 '한국P2P금융협회'로 명칭이 변경되었다[6])가 발족[7]되는 등 관심이 커지고 있다.

P2P 대출 거래는 금융기관이 개재되지 않기 때문에 그만큼 자금 수요자 입장에서는 낮은 이자율 등 상대적으로 적은 비용으로 자금을 조달할 수 있는 장점이 있고, 자금 제공자 입장에서도 다른 금융상품에 투자하는 것보다 높은 수익을 올릴 수 있는 장점이 있다. 조달 금리 결정 방식도 경쟁 입찰 경매 방식이 이용되어(물론 선착순 고정 이자율 방식의 경매도 이용되지만) 자금 수요자가 원하는 이자율을 제시하고 자금 제공자가 거기에 맞는 이자율로 입찰하여 이자율이 낮은 순서대로 낙찰되는 경매 방식이 주로 이용되므로 낮은 이자율로 자금 조달이 가능하게 되는 장점이 있다. 또한 인터넷에서의 거래이다 보니 담보를 설정하는 것이 쉽지 않고, 소액 거래이어서 담보 설정 방식이 적합하지 않아(비용이 많이 들고 절차가 복잡하기 때문이다) 대부분 신용 대출 거래가 많이 이루어진다는 특징이 있다. 이런 거래상의 특징 때문에 저소득층이나 저신용자 등 은행이나 상호저축은행 등 제도권 금융기관으로부터 대출받기가 어려운 금융 소외 계층이 P2P 대출 거래를 많이 이용하고 있다.[8] 특히 '8퍼센트' 등 일부 대출중개업자가 중금리(연 10% 내외) 대출 상품을 개발하면서[9] 새로운 서민 금융의 역할

---

4 "금융 사각지대 低신용자들에 'P2P 대출' 인기," 조선닷컴 2015. 6. 23. 기사.

5 <http://www.moneyauction.co.kr/Home.run?>.

6 "한국P2P금융협회 22개 회원사로 발족," 아시아투데이, 2016. 6. 28. 기사.

7 "한국P2P금융플랫폼협회 발족," 헤럴드경제신문 2015. 10. 2. 기사.

8 KB금융지주경영연구소, "P2P대출, 대안적 서민금융으로서의 가능성 점검," 「KB 지식비타민」, 2014. 2. 4, 4면.

9 "중금리 대출, 중소기업 직원이 51%," 중앙일보 2015. 10. 19. 기사.

을 한다는 점에서 주목을 받고 있고 있는데, 향후 P2P 대출 거래가 더욱 활성화 될 수 있는 가능성을 보여주고 있다.

한편, 증권형 P2P 금융 거래는 2015년 7월 24일 관련 법인 「자본시장과 금융투자업에 관한 법률」(이하 "자본시장법"이라 한다)이 개정되어 2016년 2월 25일부터 시행되고 있어, 관련 법제가 정비되었다고 할 수 있다. 그러나 P2P 대출 거래는 아직 관련 법제가 정비되지 않아 법적 불안정성에 노출되어 있다. 그래서 대부업자나 상호저축은행 등의 금융기관이 개입되는 '변형적인' P2P 대출 거래가 이루어지고 있어, 거래 비용이 많이 드는 문제가 발생하고 있다. 특히 P2P 대출 거래가 향후 서민 금융의 대안으로 자리 잡을 수 있고,[10] 자금 수요자를 창업 기술 기업 등으로 넓혀나가면 정부가 추진하는 '창조경제'와 '창조금융'에도 이바지할 수 있다는 점에서 P2P 대출 거래의 법적 정비에 관한 검토가 필요하다.

그래서 이 글은 P2P 대출 거래에 관한 법적 정비 방안을 제시하고자 하는 것이다. 이를 위해서 II.에서는 P2P 대출 거래가 활성화 되고 있는 미국과 영국의 사례를 살펴봄으로써 우리나라 법제 정비에 대한 시사점을 알아보며, III.에서는 우리나라에서 실제 이루어지고 있는 P2P 대출 거래의 거래 구조를 살펴봄으로써 문제점을 살펴본다. IV.에서는 현행 관련 법률상 P2P 대출 거래가 법적 불안정성에 노출되어 있는 법적 쟁점에 관하여 논의하며, V.에서는 이를 토대로 P2P 대출 거래의 활성화를 위한 법제 정비 방안을 제시한다.

Ⅱ. 외국의 규제 동향

1. 영 국

(1) 금융감독기관에 의한 규제

영국에서는 2005년 최초로 대출중개업자인 ㈜조파가 P2P 대출 거래의 중개를 시작한 이래 펀딩서클(Funding Circle), 레이트세터(Ratesetter) 등의 대출중

10 P2P 대출 거래가 불법 대부업 시장의 축소에 기여할 수 있다는 견해는 이순호, "P2P 중개서비스를 활용한 소액신용대출 활성화 방안 검토," 「주간금융브리프」 제19권 제33호, 한국금융연구원, 2010. 8. 14~8. 20, 11면.

개업자가 가담하면서 규모가 커지고 있다.[11] 그리고 2014년 4월 P2P 대출 거래에 대한 규제감독당국이 공정거래청(Office of Fair Trading: OFT)에서 금융감독기관인 영업행위감독원(Financial Conduct Authority: FCA)으로 이관되면서 규제도 정비되고 강화되고 있다.[12]

영업행위감독원은 2개의 관련 '정책 지침'(Policy Statement)을 발표하였는데, 그중의 하나가 「소비자신용규칙」(Policy Statement PS14/3, Detailed rules for the FCA regime for consumer credit)(2014. 4. 1. 시행)이고,[13] 다른 하나는 「소액자금조달규제지침」(Policy Statement PS14/4, The FCA's regulatory approach to crowdfunding over the internet, and the promotion of non-readily realisable securities by other media)(2014. 4. 1. 시행)이다.[14] 전자는 P2P 대출 거래뿐만 아니라 다른 유형의 소비자 신용(금융) 거래의 규제에 관한 내용이며, 후자는 증권형 P2P 금융 거래와 P2P 대출 거래에 대한 규제 내용을 담고 있다.

즉 과거에는 P2P 대출 거래를 소비자 금융의 하나로 보아 관련 규제기관인 공정거래청이 불공정 대출로부터 자금 수요자를 보호하기 위한 일반적인 규제를 하는 정도이었으나, 현재는 P2P 대출 거래를 새로운 유형의 금융 거래로 보아 금융감독기관이 본격적인 규제를 하기 시작했다는 점에서 의의가 있다. 우리나라도 금융감독기관이 P2P 대출 거래 규제 감독에 본격적으로 나서야 할 필요가 있고, 이를 위한 법제 정비 방안이 필요하다는 점을 알 수 있다.

「소액자금조달규제지침」에 의하면, 대출중개업자도 영업행위감독원으로부터 새로운 인가(authorization)를 받아야 한다. 2014. 3. 31. 기준으로 공정거래청으로부터 소비자금융 업무 인가를 받고 있었던 대출중개업자는 영업행위감독원으로부터 임시 승인(interim permission)을 얻어 계속 영업을 할 수는 있지만, 2016. 4. 1. 이전에 정식 인가를 받아야 하며, 새로이 P2P 대출중개업을 영위하고자 하는 자는 영업행위감독원으로부터 인가를 받아야 한다.[15]

---

11 KB금융지주경영연구소, 앞의 자료(대안적 서민금융), 2면.

12 영국에서의 규제 동향에 대한 추가적인 설명은 서영미, "국내외 P2P 대출중개업 관련 규제 동향 및 시사점," 한국금융투자협회, 2015. 8. 5, 5~7면.

13 <http://www.fca.org.uk/static/documents/policy-statements/ps14-03.pdf>.

14 <http://www.fca.org.uk/your-fca/documents/policy-statements/ps14-04.pdf>.

15 Section 2.10 of "FCA Policy Statement PS 14/4: The FCA's regulatory approach to

(2) 차입자를 보호하기 위한 규제 조치

「소비자신용규칙」은 주로 소비자인 자금 수요자를 보호하기 위한 내용을 담고 있는데, P2P 대출 거래와 관련하여 자금 수요자인 차입자(이하 "차입자"라 한다)를 보호하기 위한 규제 내용도 담고 있다. 주요 사항을 살펴보면 다음과 같다.

첫째, 「영업원칙」(Principles for Business), 「고위경영진 체계, 제도 및 내부 통제 감독규정」(Senior Management Arrangements, Systems and Control sourcebook), 「일반규정 감독규정」(General Provisons sourcebook)에서 규정하고 있는 차입자를 보호하기 위한 '높은 수준의 규칙'(high-level rules)이 대출중개업자에게도 적용된다.[16]

둘째, 대출중개업자는 대출계약 체결 전에 대출에 따른 중요한 위험 등 대출계약의 중요 사항을 차입자에게 충분히 설명하여야 한다.[17]

셋째, 대출중개업자는 대출이 이루어지기 전에 차입자의 신용도를 파악해야 한다.[18]

넷째, 대출 권유 및 광고(financial promotion)에 관한 규칙이 P2P 대출 거래에도 적용된다(다만 위험 고지에 관한 사항은 제외된다).[19]

---

crowdfunding over the internet, and the promotion of non-readily realisable securities by other media," March 2014. 그 법적 근거는 다음과 같다. 「2000년 금융 서비스 및 시장법」(Financial Services and Markets Act 2000)에 의하면 예금 수입 업무나 증권 중개 업무 등 '규제대상업무'(regulated activities)를 영위하려면 금융감독기관으로부터 인가를 받아야 하는데(Section 19, Schedule 2), 「규제대상업무에 관한 시행령」(Financial Services and Markets Act 2000 (Regulatory Activities) Order)은 규제대상업무의 유형을 자세히 규정하고 있다. 2014년 개정 시행령은 '대출과 관련한 전산 체계를 운영하는 업무'(operating an electronic system in relation to lending)를 규제대상업무 유형의 하나로 추가함으로써(Article 36H of Financial Services and Markets Act 2000 (Regulatory Activities) (Amendment) Order 2014) P2P 대출중개업자로 하여금 인가를 받도록 하고 있는 것이다.

16 Table 6.1-Summary of rules to protect consumer borrowers obtaining credit via P2P lending platforms, Policy Statement PS14/3, Detailed rules for the FCA regime for consumer credit, Feb. 2014.

17 *Id.* at Table 6.1; see Consumer Credit sourcebook 4.3.3G, 4.3.4R and 4.3.5R and transitional provision TP 4.1.

18 *Id.* at Table 6.1; see Consumer Credit sourcebook 5.5 and transitional provision TP 4.2.

19 *Id.* at Table 6.1; see Consumer Credit sourcebook 3.2, 3.3, 3.10 and 3.11.

다섯째, 대출중개업자는 '고금리단기대출'(high-cost short-term credit: HCSTC)(P2P 대출도 여기에 해당한다)에 따른 위험을 차입자에게 고지하여야 한다.[20]

여섯째, 차입자의 주택을 담보로 하는 P2P 대출의 경우에는 차입자에게 특별한 위험(즉 채무 불이행 시 주택이 경매될 수 있다는 위험)을 알려야 한다.[21]

일곱째, 차입자가 대출계약 체결 후 14일 이내에는 이유를 불문하고 구두나 서면 통지로 대출계약을 취소할 수 있는 권리가 있다는 것을 대출계약서에 포함시켜야 한다.[22]

여덟째, 대출중개업자는 차입자가 연체한 경우에는 그 사실을 차입자에게 통지하여야 하며, 연체된 내역을 차입자에게 통지하면서 차입자가 무료로 채무 조정 상담을 받을 수 있도록 하여야 한다.[23]

아홉째, 대출중개업자는 차입자가 '고금리단기대출'(HCSTC)을 상환하기 위한 재대출(refinancing)을 받기 전에 차입자의 연체 정보를 차입자에게 알려주어야 한다.[24]

열째, 대출중개업자가 채권 추심 업무를 수행하거나 신용정보서비스에 민감한 서비스 제공 업무를 수행하는 경우에는 이와 관련된 규칙이 대출중개업자에게도 적용된다.[25]

열한째, 대출(credit arrangements)을 상환하기 위한 재대출(refinancing)과 관련된 규칙과 지침이 대출중개업자에게 적용된다.[26]

열두째, 차입자가 '고금리단기대출'(HCSTC)의 기간을 연장할 수 있는 횟수는 2회에 한한다.[27]

열셋째, '고금리단기대출'(HCSTC)을 회수하기 위하여 '지속지급기관'(Continuous

---

20 *Id.* at Table 6.1; see Consumer Credit sourcebook 3.4.1R and transitional provision TP 3.1.

21 *Id.* at Table 6.1; see Consumer Credit sourcebook 4.3.6R.

22 *Id.* at Table 6.1; see Consumer Credit sourcebook 11.2 and transitional provision TP 4.2.

23 *Id.* at Table 6.1; see Consumer Credit sourcebook 7.17 to 7.19 and transitional provision TP 4.3 to TP 4.5.

24 *Id.* at Table 6.1; see Consumer Credit sourcebook 6.7.20R and transitional provision TP 3.2.

25 *Id.* at Table 6.1; see Consumer Credit sourcebook 7 and 8.10.

26 *Id.* at Table 6.1; see Consumer Credit sourcebook 6.7.17R to 6.7.19R, 6.7.21G to 6.7.22G and 6.7.24R to 6.7.26R.

27 *Id.* at Table 6.1; see Consumer Credit sourcebook 6.7.23R and transitional provision TP 3.3.

Payment Authority: CPA)을 이용할 수 있는 횟수는 2회에 한한다.[28]

열넷째, '고금리단기대출'(HCSTC)의 일부를 회수하기 위한 목적으로 CPA를 이용하는 것이 금지된다.[29]

이처럼 P2P 대출 거래와 관련하여 대출중개업자에게 적용되는 「소비자신용규칙」은 금융소비자인 차입자를 보호하기 위한 내용이 대부분인 것을 알 수 있으며, 우리도 법제 정비를 할 때 이러한 내용이 반영되도록 할 필요가 있다.

(3) 대출중개업자에 대한 규제

「소액자금조달규제지침」은 주로 대출중개업자에 대한 규제 내용을 담고 있는데, 주요 사항은 다음과 같다.

첫째, 대출중개업자에 대해서도 최저 자본금 등 자본 건전성 규제가 적용된다.[30]

둘째, 대출중개업자는 대출자로부터 대출 금액을 받아서 차입자에게 전달하는 역할을 하므로 대출 금액을 일시적으로 보관(hold)하게 되는데, 이 때 관련 규칙인 「고객자산감독규정」(Client Assets sourcebook: CASS)상의 '고객자금운영규칙'(client money rules)이 대출중개업자에게도 적용되어, 투자자(즉 대출자)(이하 "대출자"라 한다)로부터 수령한 자금을 충분히 잘 보호할 수 있도록 대출중개업자의 자산과 고객의 자산을 분리하여 신탁자산(trust)으로 보관하여야 한다.[31]

---

28 *Id.* at Table 6.1; see Consumer Credit sourcebook 7.6.12R, 7.6.13R and transitional provision TP 3.4. and 3.5.

29 *Id.* at Table 6.1; see Consumer Credit sourcebook 7.6.14R and transitional provision TP 3.6.

30 Sections 3.6 to 3.12 of Policy Statement PS14/4, The FCA's regulatory approach to crowdfunding over the internet, and the promotion of non−readily realisable securities by other media, March 2014. 자세한 자본의 유형(주식 발행 대금, 준비금, 후순위차입금, 후순위채권 발행 자금 등)은 「투자업에 관한 임시 건전성 감독규정」(Interim Prudential sourcebook for Investment Business) 12.3.2R에 규정되어 있다. *Id.* Section 3.10.

31 *Id.* Section 3.13 to 3.22 and 3.25. ㈜조파의 경우에 신탁 자산이라는 점을 명백히 밝히고 있다. Zopa Principles (last updated 14/08/2015) Section 7.1 "We will hold in the Zopa Customers' Account the amounts you wish to lend, including amounts you have lent but have not yet been disbursed to the Borrower through the Lending Platform. These will be recorded as a credit to your Zopa Wallet which you can see by logging on to My Zopa. These amounts are held by us on trust in accordance with the applicable client money rules of the Financial Conduct Authority. In the event that interest is earned on any amounts held in the Zopa Customers' Account, we shall apportion such interest amongst the Zopa Customers on whose money this interest has accrued by crediting their respective

셋째, 대출중개업자의 파산 시 대출중개업자가 보관하고 있는 여러 고객의 자금(pooled money)을 차입자 또는 대출자 중 누구에게 분배할 것인지에 관한 문제에 대해서는 「고객자산감독규정」상의 '고객자금분배규칙'(client money distribution rules)이 적용되어, 고객 자금은 대출자를 위한 신탁자산으로서 보관되는 것이므로 대출자에게 배분되도록 하고 있다.[32]

넷째, 대출중개업자는 파산 등의 사유로 영업을 하지 못하는 상황이 되더라도 기존의 대출계약이 계속 유지되고 관리될 수 있는 체계(arrangements)를 갖추어야 한다.[33]

다섯째, 유럽연합(EU)의 「비대면판매지침」(Distance Marketing Directive)에 따르면, 일반적으로 비대면 계약 체결의 경우에는 일정한 기간 이내에는 수수료 없이 계약을 취소할 수 있는 권한을 고객에게 부여하고 있지만, 투자상품의 가격이 금융시장의 상황에 따라 변동될 수 있는 계약의 경우에는 예외가 적용되므로, P2P 대출 거래의 유통시장(secondary market)이 형성되어 있는 경우에는 대출계약 취소권이 인정되지 않는다.[34]

여섯째, 대출중개업자는 대출자가 대출(투자) 결정을 하기 위해서 필요한 정보(예상 및 실제 부도율, 투자 안전 장치 등에 관한 정보)를 대출자에게 제공해야 하며, 그러한 정보 제공은 공정·명확하고 오해가 없도록 해야 하고, 부과되는 세금에 관한 정보도 고객에게 충분하게 제공해야 한다.[35] 또한 대출중개업자가 웹사이트에 대출 조건을 게시하는 것은 투자 권유로 간주되어 「투자 권유 및 광고에 관한 시행령」(Financial Promotion Order) 및 「규제대상업무에 관한 시행령」(Regulated Activities Order)이 적용된다.[36]

Zopa Wallets accordingly on a monthly basis. We shall not keep any interest earned for our own account. The perpetuity period of any trust created pursuant to these Principles shall be 125 years." <http://www.zopa.com/principles>.

32 *Id.* Section 3.23 to 3.29. 계약이 정하는 바에 따라 차입자가 대출중개업자에게 원리금을 상환함으로써 차입자는 지급 의무를 면하게 된다. *Id.* Section 3.26.

33 *Id.* Section 3.32 to 3.36; see Section 4.1.8A of Senior Management Arrangements, Systems and Control sourcebook.

34 *Id.* Section 3.37 to 3.39.

35 *Id.* Section 3.40 to 3.34.

36 *Id.* Section 3.34.

일곱째, 대출중개업자와 소비자(즉 차입자나 대출자) 사이에 분쟁이 발생한 경우 소비자는 분쟁 조정 절차 등 분쟁 해결 절차를 이용할 수 있는 권리가 있으므로, 우선 해당 대출중개업자에게 민원(complaints)을 제기할 수 있고, 거기서 해결되지 않으면 금융분쟁조정원(Financial Ombudsman Service)에게 분쟁 조정 신청을 할 수 있다.[37]

여덟째, 대출중개업자에게 영업행위감독원에 대한 정기적인 보고 의무가 적용되어, 대출중개업자는 자본금 등 재무 현황, 보관하고 있는 고객 자금의 규모, 매분기별 대출 중개 내역, 민원 제기 현황 등을 정기적으로 영업행위감독원에게 보고하여야 한다.[38]

(4) 평 가

영국에서 P2P 대출 거래 규제의 특징은 금융감독기관이 본격적으로 규제에 나서기 시작했다는 점이다. 소비자인 차입자를 보호하기 위한 여러 가지 규제 조치가 취해졌으며, 대출중개업자로 하여금 금융감독기관으로부터 인가를 받도록 하고, 대출중개업자에게 자본 건전성 규제 및 정기적인 보고 의무 등 금융기관에 준하는 규제가 적용되기 시작했다는 점이다. 이러한 법제 정비를 통해서 영국은 투자자인 대출자와 차입자를 훨씬 두텁게 보호하는 법제를 마련하고 있다. 이러한 영국의 사례는 향후 우리가 법제 정비를 할 때 참고를 해야 할 사항이라고 생각된다.

2. 미 국

(1) 대출중개업자의 발행 어음(note)이 증권에 해당하는지 여부

미국의 경우는 2007년 대출중개업자인 ㈜프로스퍼가 출범한 이후 ㈜렌딩클럽이 가세하면서 시장이 커지고 있다.[39] 미국의 경우 P2P 대출 거래는 증권감

37 *Id.* Section 3.45 to 3.46; see Annex K of Appendix 2 of PS14/3, Detailed rules for the FCA regime for consumer credit, Feb. 2014, for DISP 2.7 6R(15).

38 *Id.* Section 3.47 to 3.50.

39 ㈜프로스퍼와 ㈜렌딩클럽의 P2P 대출 거래에 관한 자세한 내용에 대해서는 Verstein, Andrew, *Peer-to-Peer Lending Update and Regulatory Considerations*, Filene Research Institute Inc., 2008, at 2~5. 미국에서는 P2P 대출 자산을 유동화하는 사례도 있다. 2013년 10월 투자회사인 이글우드캐피탈(Eaglewood Capital)은 렌딩클럽의 대출 자산을 유동화 하여 보험회사에 매각한 바 있다. 김동우, "P2P대출 시장 현황과 전망," 「월간 금융」, 전국은

독기관인 증권거래위원회(Securities Exchange Commission: SEC)의 규제를 받고 있다.[40] 그 이유는 SEC가 2008년 ㈜프로스퍼가 발행하는 약속어음(promissory note)이 「1933년 증권법」(Securities Act of 1933)상 '증권'(security)에 해당하므로 증권발행신고서를 SEC에 제출하여야 하고, 정기적으로 공시해야 한다고 유권해석을 했기 때문이다.[41]

㈜프로스퍼가 운영하는 거래 형태를 살펴보면 다음과 같다. 차입자가 원하는 차입 금액과 이자율을 게시하면, 원하는 대출자들이 원하는 이자율과 대출 금액을 제시하여 입찰을 하고, 낮은 이자율을 제시한 대출자 순서들로 낙찰이 된다.[42] 차입자는 대출자로부터 직접 대출을 받는 것이 아니고, ㈜프로스퍼가 계약을 체결한 은행으로부터 대출을 받는다.[43] 이 대출에 따른 권리(즉 대출채권)는 분할되어 ㈜프로스퍼를 통하여 각 대출자에게 양도(sell and assign)되는데, 각 대출자는 이에 따라 ㈜프로스퍼가 발행한 '상환청구권이 없는 약속어음'(non-recourse promissory note)을 받게 된다.[44]

SEC는 이 약속어음을 「1933년 증권법」 제2조 제1항에 따른 증권, 그 중에서도 SEC v. W. J. Howey Co., 328 U.S. 293(1946) 판결에서 연방대법원이 인정한 투자계약증권(investment contracts)이라고 보았다. Howey 판결에서 연방대법원은 투자계약증권을 "오로지 타인의 노력으로부터 발생하는 수익을 기대하여 공동 사업에 자금을 투자하는 계약"이라고 해석하였다.[45] SEC가 ㈜프로스퍼가 발행한 약속어음을 투자계약증권으로 판단한 근거를 살펴보면 다음과 같다. (i) 대출자는 ㈜프로스퍼로부터 약속어음을 매입하므로 투자(대출) 행위가 있어 자금 투자 행위 요건을 충족하고, (ii) 대출자는 투자(대출)로부터 발생할 수 있

행연합회, 2015. 3, 44면.

40 미국에서의 규제 동향에 대한 추가적인 설명은 서영미, 앞의 자료, 2~5면.

41 Securities Exchange Commission, Prosper Marketplace Inc., Exchange Act Release No. 8984, Nov. 24, 2008, at 1~2.

42 *Id.* at 2.

43 *Id.*

44 *Id.*

45 An investment contract exists if there is "an investment of money in a common enterprise with profits to come solely from the efforts of others." SEC v. W. J. Howey Co., 328 U.S. 293 (1946) at 301.

는 수익을 기대하고 있고, 대출자는 수익 창출에 대한 ㈜프로스퍼의 노력에 의존하고 있어서 수익 창출에 있어서 수동적인 위치에 있으므로 타인의 노력으로부터 발생하는 수익을 기대하여야 한다는 요건을 충족하고, (iii) 대출자가 대출을 하고 차입자가 자금을 상환하기 위해서는 ㈜프로스퍼에 의존하여야 할 뿐만 아니라 대부분의 대출은 2인 이상의 대출자가 있거나 1인의 대출자가 2회 이상 대출을 하고 있고, ㈜프로스퍼는 대출자와 차입자로부터 각각 수수료를 수취하므로 '공동 사업'(common enterprise)이라는 요건을 충족하고 있다고 본 것이다.[46] 더 나아가서 SEC는 ㈜프로스퍼의 발행어음이 Reves v. Ernst & Young, Inc., 494 U.S. 56(1990) 판결에서 증권으로 간주되지 않은 어음의 유형(소비자금융 목적으로 발행된 어음이나 주택저당대출(mortgage)에 의해 담보된 어음 등)에도 해당하지 않는다고 보았다.[47]

이러한 SEC의 해석에 대해서는 찬성하는 견해[48]도 있지만 반대하는 주장도 있어 논란이 제기되고 있다. 반대하는 주장의 근거를 살펴보면, ㈜프로스퍼가 발행하는 약속어음은 ㈜프로스퍼의 상환에 의해 지급되는 것이 아니고 차입자의 상환에 의해 지급되는 것이므로 증권에 해당하지 않는다고 보는 것이다.[49] 따라서 P2P 대출 거래가 SEC의 규제 대상이 되어서는 안 된다고 주장한다.[50] 특히 수시로 발행하는 약속어음에 대해서 증권발행신고서를 제출하게 하는 것은 비용 상승을 유발시키고, 이에 따라 대출중개업자의 수익이 감소하여 결국은 P2P 대출 거래 시장이 위축될 것이라고 주장한다.[51]

다만 대출자와 차입자 둘 다 보호하기 위해서 규제의 필요성은 있기 때문

---

46 Securities Exchange Commission, *op. cit.* at 3~4.

47 *Id.* at 4.

48 Eric Chaffe & Geoffrey Rapp, "Regulating Online Peer−to−Peer Lending in the Aftermath of the Dodd−Frank Act: In Search of an Evolving Regulatory Regime for an Evolving Industry," 69 *Wash. & Lee L. Rev.* 485 (2012).

49 Andrew Verstein, "The Misregulation of Person−to−Person Lending," 45 *UC Davis L. Rev.* 445, 480~481 (2011); Paul Slattery, "Square Pegs in a Round Hole: SEC Regulation of Online Peer−to−Peer Lending and the CFPB Alternative," 30 *Yale J. of Regulation* 233 (2013).

50 Verstein, *op. cit.* at 530.

51 *Id.* at 529; Jack Magee, "Peer−to−Peer Lending in the Unites States: Surviving after Dodd−Frank," *15 North Carolina Banking Institute 139, 159, 173* (2011).

에 그 대안으로 금융소비자보호국(Consumer Financial Protection Bureau: CFPB)[2010년 도드-프랭크법(Dodd-Frank Wall Street Reform and Consumer Protection Act)에 의해 신설된 소비자 보호 기구]에 의한 규제 대상이 되어야 한다는 주장도 제기된다.[52]

(2) 규제 기관에 대한 논의

한편, P2P 대출 거래의 중요성을 인지한 미국 의회는 2010년 도드-프랭크법을 제정하면서 미국 의회의 회계감사원(GAO: Government Accounting Office)에게 P2P 대출 거래의 적절한 규제 체계를 설정하는 보고서를 제출하도록 요구하였는데, 이에 근거하여 GAO는 2011년 보고서를 발간하였다.[53] 이 보고서는 어느 특정 감독기관이 규제감독을 담당하도록 하는 결론을 제시하지 않고, SEC에 의한 규제 체계와 CFPB에 의한 규제 체계의 장단점을 분석하면서 의회의 선택에 맡김으로써 명확한 입장을 취하지 않았다. 이에 따라 앞으로 규제 체계에 대한 논란은 계속될 것으로 본다.

(3) 평 가

미국의 경우 대출중개업자가 발행하는 약속어음을 증권에 해당한다고 해석함으로써 증권감독기관이 규제 감독기관이 되었다는 점이 특징적이다. 이에 관해서는 논란이 많지만 어쨌든 P2P 대출 거래가 금융감독기관의 규제 감독 대상이 되고 있는 점은 우리도 금융감독기관이 P2P 대출 거래에 대한 규제 감독을 할 수 있도록 법제 정비를 할 필요가 있다는 시사점을 주고 있다.

Ⅲ. P2P 대출 거래의 유형

1. 서 설

P2P 대출 거래의 관련 법적 쟁점을 찾아내기 위해서는 P2P 대출 거래의 유형을 파악하는 것이 필요하다. 우선 여러 대출자가 차입자에게 직접 대출해주

52 Verstein, *op. cit.* at 527~528, 530.

53 United States Government Accountability Office, *Person-to-Person Lending: New Regulatory Challenges Could Emerge as the Industry Grows*, 2011.

는 거래가 있다. 여기에는 대출중개업자의 중개를 통하지 않고 여러 대출자가 차입자에게 직접 대출을 해주는 거래와 대출중개업자의 중개를 통하여 여러 대출자가 차입자에게 대출을 해주는 거래가 있다. 통상적으로 P2P 대출 거래라고 할 때는 후자를 말한다. 전자의 경우에는 여러 대출자와 차입자 간에 개별적인 대출 계약이 체결되는 거래 형태라 크게 법적인 논란이 제기되는 부분은 없고 보편적으로 이용되는 거래가 아니므로 이 글에서는 자세히 다루지 않기로 한다.

대출중개업자를 통한 P2P 대출 거래는 우리나라에서 현재 이용되고 있지 않은데,[54] 그 이유는, 뒤에서 자세히 논하는 것처럼, 여러 가지 법적 불안정성에 노출되어 있기 때문이다. 그래서 변형된 P2P 대출 거래가 이루어지고 있는데, 대부업자나 상호저축은행을 이용한 간접적인 형태의 대출 거래가 그 예이다. 이러한 간접적인 대출 거래 형태는 두 가지 유형이 있다. 첫째는 대부업자 또는 상호저축은행이 대출 기관으로서 차입자에게 대출을 해주고 거기서 발생하는 원리금수취권을 대출자가 매입하는 구조(이하 "원리금수취권매입형 거래"라 한다)가 있다. 둘째는 대출자가 대출중개업자에게 현금을 담보로 제공하고, 대출중개업자는 그러한 현금을 대출자인 상호저축은행에게 보증을 제공해 주어 그러한 보증을 토대로 상호저축은행이 차입자에게 대출을 해주는 거래(이하 "현금담보제공형 거래"라 한다)가 있다.

이하에서는 대출중개업자의 중개를 통한 직접 대출형 거래, 원리금취권매입형 거래 및 현금담보제공형 거래의 세 가지 거래 유형에 대해서 자세히 살펴보기로 한다. 직접 대출형 거래는 영국의 ㈜조파가 채택하고 있는 거래 구조인데, 향후 P2P 대출 거래 법제가 정비될 때 이러한 직접 대출형 거래를 전형적인 P2P 대출 거래로 정착시키기 위해서는 직접 대출형 거래 구조도 살펴볼 필요가 있어 같이 논의하기로 한다.

---

54 2012년에 팝펀딩(Popfunding)이라는 대출중개업자가 '팝다이렉트서비스'라는 직접 대출형 거래를 제공하였지만 현재는 제공하지 않고 있다. 윤민섭, 「크라우드펀딩의 제도화와 소비자보호 방안 연구」, 정책연구보고서 13-17, 한국소비자원, 2013, 48, 50면.

2. 직접 대출형 거래

(1) 대출중개업자의 중개를 통하지 않은 직접 대출형 거래

2010년 '유시민 펀드,' 2012년 문재인 대통령 후보의 '담쟁이 펀드,' 박근혜 대통령의 '박근혜 약속펀드' 등과 같은 소위 '정치인 펀드'가 전형적인 예라고 할 수 있다.[55] 대출중개업자를 통하지 않고 여러 대출자와 차입자 사이에 직접 대출 계약이 체결된다. 대출 계약의 법적 성격은 금전소비대차계약이다. 금융기관과의 대출 계약이 아니고, 개인 사이의 대출 계약이 되므로 기본적으로 민법 제598조 이하의 소비대차 조항이 적용되고, 「이자제한법」이 적용된다. 그러나 이러한 거래에서는 대출자가 차입자의 신용을 개별적으로 파악하는 것이 쉽지 않다는 점 때문에 실제 사례는 '정치인 펀드'를 제외하고는 거의 일어나지 않고 있다.

(2) 대출중개업자의 중개를 통한 직접 대출형 거래

대출중개업자의 중개를 통한 직접 대출형 거래(이하에서는 편의상 이 거래를 "직접 대출형 거래"라 하기로 한다)는 가장 전형적인 P2P 대출 거래라고 할 수 있다. 중개에 의하여 대출자와 차입자 사이에 직접 대출 계약이 체결되므로 법적 성격은 금전소비대차계약이라고 할 수 있다. 따라서 민법 제598조 이하의 소비대차 조항이 적용되고, 「이자제한법」이 적용된다. 영국의 ㈜조파가 이러한 직접 대출형 거래를 하고 있다.[56] 즉, 대출중개업자는 차입자가 제출한 자료를 토대로 하여 차입자의 대출금 상환 가능성을 분석한 후 그러한 정보를 대출자에게 제공하고, 계약 체결 이후 자금 이전 및 이자 상환 등의 업무를 수행하고, 대출자와 차입자로부터 수수료를 각각 징수한다.

3. 간접 대출형 거래

(1) 원리금수취권매입형 거래

이 거래는 우리나라 대부분의 P2P 대출중개업자가 취하고 있는 거래 구조이다.[57] 이 거래 구조에서는 대출자가 차입자에게 직접 대출을 하는 구조가 아

---

55 위의 보고서, 25면.

56 *See* Zopa Principles (last updated 14/08/2015) <http://www.zopa.com/principles>.

57 머니옥션(moneyauction), 오퍼튠(oppertune), 펀딩마켓(fundingmarket), 8퍼센트(8percent),

니고, 대부업자나 상호저축은행, 일반은행 등 금융기관(이하 "여신회사"라 한다)이 차입자에게 대출을 하고, 대출자가 그러한 대출 계약에 참가(participation)하여 대출 계약에 따른 원리금수취권을 매입하는 거래 구조이다. 원리금수취권매입형 거래는 차입자가 대출중개업자가 운영하는 사이트에 회원 가입을 하여 차입을 원하는 금액 및 상환 조건을 게시하고, 대출자도 그 사이트에 회원 가입을 하여 차입자의 대출 신청에 대하여 대출 참가하고자 하는 금액만큼 입찰 신청을 하면 경매 결과 낙찰된 금액만큼 (경매 방식이 아닌 선착순 방식에 의하는 경우도 있다) 여신회사가 대출하고, 대출자가 그 대출 금액만큼 대출에 참가하여 원리금수취권을 매입하는 구조가 된다.

이러한 거래 구조를 취하는 이유는 직접 대출형 거래 구조를 취하게 되면, 뒤에서 자세히 논하는 것처럼, 「대부업 등의 등록 및 금융이용자 보호에 관한 법률」(이하 "대부업법"이라 한다)상 법적 문제가 발생하기 때문이다. 즉 대부업법상 대출중개업자가 대부중개업에 해당될 여지가 있고, 이렇게 되면 대부중개업 등록을 해야 하는 번거로움이 있다. 설령 대부중개업 등록을 하더라도 대부업법상 대부중개업자는 미등록대부업자에게 대부 중개를 할 수 없도록 되어 있어(제11조의2 제1항) 대부업 등록을 한 대출자만을 대상으로 해서 대부 중개만을 해야 하는 결과가 되고, 이렇게 되면 사실상 영업을 할 수 없는 문제가 발생하게 된다. 그래서 여신회사가 직접 대출하는 거래 구조를 만들어내게 된 것이다. 그리고 실제는 대출중개업자가 대부업 회사를 자회사로 설립하여 그 대부업 회사가 여신회사로서 대출을 하고 있다.[58]

이러한 원리금수취권매입형 거래에서는, 대출자는 여신회사와 원리금수취권매입계약을 체결하는 것이고, 차입자와 직접적으로 금전소비대차계약을 체결하지는 않는다. 금전소비대차계약은 여신회사와 차입자 사이에 체결된다. 따라서 대출자는 차입자에 대해서 직접 상환 청구권이 없게 된다.[59] 그러다 보니 대

피플펀드(peoplefund), 테라펀드(terafund), 펀다(funda), 렌딧(lendit), 어니스트펀드(honestfund) 등이다. 팝펀딩의 소셜펀드도 상호저축은행이 대출을 해주는 원리금수취권매입형 거래 구조를 취하고 있다. <http://www.popfunding.com/pf/social_intro>.

58 예를 들어, 렌딧(Lendit) 대출중개업자는 ㈜렌딧소셜대부를 자회사로 설립하여 제휴 여신회사로 두고 있다.

59 같은 설명으로는 반기로·박훤일, "대출참가거래의 법적 성질 및 거래상 유의점," 「산은조사월보」 제483호, 한국산업은행, 1996. 2, 59면.

출자는 대출금 상환을 받음에 있어서 직접 대출형 거래보다는 불리한 지위에 놓이게 된다. 다시 말해서 대출자는 상환의 이중 위험(double risk)에 노출되어 있는 셈이다.[60] 즉 대출자는 차입자가 상환을 하지 못함에 따른 채무불이행 위험뿐만 아니라 여신회사가 파산 등의 사유로 차입자로부터 받은 상환금을 대출자에게 이행하지 못할 수 있는 위험에도 노출되어 있다. 좀 더 자세히 논하면, 대출자는 여신회사에 대해서 대출계약에 따른 원리금을 수취할 수 있는 권리만 있어서 차입자가 여신회사에게 원리금을 상환하지 않는 경우에는 여신회사는 대출자에게 지급할 의무가 없게 되므로 차입자가 상환을 하지 않으면 결국 대출자가 대출금을 회수할 수 없게 되는 위험이 있게 된다. 또한 차입자가 여신회사에 상환한 자금은 여신회사의 고유재산이 되어 여신회사가 파산하는 경우에 여신회사의 파산재단에 속하기 때문에 대출자는 일반 채권자로서 청구할 수 있는 권리밖에 없어[61] 충분한 상환을 받지 못할 위험에도 노출되어 있다.[62]

(2) 현금담보제공형 거래

이 거래는 ㈜팝펀딩이라는 대출중개업자가 취하는 거래 구조이다.[63] 이 거래 또한 직접 대출형 거래에 따른 법적 불안정성을 회피하기 위해 만들어낸 구조이다. 팝펀딩이 제공하는 P2P 대출 거래에서는 3개의 약관이 이용되고 있다. 즉 ㈜팝펀딩과 채무자(차입자)[64] 사이의 "보증위탁약관," 채무자(차입자)와 투자자(대출자)[65] 사이의 "투자위탁(부탁)약관," ㈜팝펀딩과 투자자(대출자) 사이의

---

60 같은 설명으로 한민, "신디케이티드 대출에 관한 법적 검토,"「법학논집」 제16권 제4호, 이화여자대학교 법학연구소, 2012, 214면.

61 그러나 이와 다른 견해도 있다. 즉 대출참가의 경우 대출원리금 등의 채권(債權)을 매매하는 것으로 보는 것이 타당하므로 대출참가계약에서 채권자(즉 여신회사)가 파산하는 경우에 대출참가자(즉 대출자)가 우선적 권리를 가진다고 보는 견해가 있다. 윤민섭, "P2P 금융에 관한 법적 연구,"「금융법연구」 제9권 제2호, 한국금융법학회, 2012. 12, 477면.

62 이와 같은 설명은 Philip Wood, *Law and Practice of International Finance*, Sweet & Maxwell, 2008, at 152.

63 다만 팝펀딩이 제공하는 서비스 중 "팝펀딩 소셜펀드는 법인(일반영리기업, 문화공연단체, 비영리법인, 사회적기업 등)이 사업을 영위함에 있어 필요한 자금을 대중들이 대출 혹은 후원 형태로 직접 조달해 주는 크라우드펀딩 서비스"로서 원리금수취권매입형 거래도 제공하고 있다. 즉 팝펀딩은 현금담보제공형과 원리금수취권매입형 거래 둘 다 제공하고 있다. <http://www.popfunding.com/pf/social_intro>.

64 팝펀딩 약관은 차입자를 채무자로 표현하고 있다.

65 팝펀딩 약관은 대출자를 투자자로 표현하고 있다.

"투자(담보제공)약관"이다. 대출자와 차입자 사이에 금전소비대차계약이 체결되는 것이 아니라, 차입자가 대출자에게 대출금액에 상당하는 현금을 대출중개업자에게 담보로 제공해달라고 위탁(부탁)하는 '현금담보제공위탁계약'이 체결되고, 금전소비대차계약은 대출을 실제로 해주는 여신회사와 차입자 사이에 체결된다는 점에서 간접 대출형 거래라고 할 수 있다. ㈜팝펀딩의 거래 약관을 토대로 하여 거래 구조를 좀 더 자세히 살펴보면 다음과 같다.

우선 차입자와 대출중개업자 사이에 '보증위탁계약'이 체결된다. 즉 차입자는 자신의 대출 채무에 대하여 여신회사에 예금 담보를 설정해줄 것을 대출중개업자에게 부탁하는 보증위탁계약을 대출중개업자와 체결한다.[66]

그리고 차입자와 대출자 사이에 '투자위탁계약'이 체결된다. 즉 차입자가 대출자에 대하여 자신의 대출 채무에 대한 대출중개업자의 예금 담보 설정 행위에 현금 투자의 형태로 참가해줄 것을 부탁하는 내용의 투자위탁계약이 체결된다.[67] 투자의 형태가 대출자가 대출중개업자에게 현금을 담보로 제공하는 것이므로 '현금담보제공위탁계약'이라고도 할 수 있다.

그리고 나서 차입자는 자신이 원하는 "대출액, 담보수수료율, 대출기간, 경매 마감일, 경매진행방식(이자율경쟁방식 또는 선착순낙찰방식) 등"을 대출중개업자의 사이트에 게시한다.[68] 대출자는 차입자가 게시한 차입 조건을 보고 투자를

---

66 **보증위탁약관 제2조(용어의 정의)** ③ 보증위탁계약이란, 보증(예금담보)계약의 원인이 되는 법률관계로서 채무자가 회사에 대하여 자신의 대출채무에 대한 제3자 예금담보를 설정해 줄 것을 부탁하는 내용으로 채무자와 회사 간에 체결되는 계약을 말한다.
제3조(계약의 체결) ① 회사와 채무자 간의 보증위탁계약은, 채무자가 경매를 개설할 당시에 투자자의 충족을 조건으로 표시한 위탁의 의사와 회사가 채무자에게 경매개설 절차를 제공할 당시에 투자자의 충족과 채무자에 대한 개인정보 확인절차 완료를 조건으로 표시한 수탁의 의사의 합치로 성립한다. 즉, 채무자는 경매가 낙찰되는 것을 조건으로 회사에게 자신의 대출채무에 대한 예금담보를 부탁하고 회사는 이를 승낙함으로써 성립한다.
② 채무자는 회사가 마련한 경매개설 절차에 따라 경매를 개설한 때에 회사에 대하여 보증을 위탁한 것으로 보며, 회사는 이러한 채무자의 경매개설이 회사가 마련한 절차에 따라 진실되게 이루어진 경우에 보증의 위탁을 승낙한 것으로 본다. 이러한 의사의 합치는 경매가 낙찰된 경우에 한하여 그 효력을 발생한다.

67 **팝펀딩 투자위탁(부탁)약관 제2조(용어의 정의)** ⑤ 투자(담보제공)위탁계약이란, 투자계약을 체결하는 원인이 되는 법률관계로서 채무자가 투자자에 대하여 자신의 대출채무에 대한 회사의 담보설정행위에 일정한 현금투자의 형태로 참가할 것을 부탁하고, 투자자가 이를 승낙하는 것을 내용으로 채무자와 투자자 간에 체결되는 계약을 말한다.

68 **팝펀딩 투자위탁(부탁)약관 제5조(빌리기 신청의 방법)** ③ 빌리기 신청을 하려는 대출신청

하겠다고 결정하면 대출중개업자와 '투자계약,' 즉 '현금담보제공계약'을 체결한다. 즉 대출자는 대출중개업자에게 현금을 담보로 제공하겠다는 내용의 '투자(담보제공)계약'을 대출중개업자와 체결한다.[69] 이는 차입자가 여신회사로부터 차입한 대출금에 대하여 채무불이행을 하게 되면 여신회사에 예금을 담보로 제공한 대출중개업자가 담보 의무 이행을 하게 되어 손실을 입게 되는데, 그러한 손실을 보전하기 위해 대출자가 대출 금액에 상당하는 현금을 대출중개업자에게 담보로 제공하는 것이다.[70]

현금을 담보로 제공받은 대출중개업자는 그 현금으로 여신회사에 대출중개업자 명의의 예금 계좌[71]를 개설하고, 이 예금을 여신회사에게 담보로 제공한다.[72] 그리고 대출중개업자는 여신회사와 연대보증계약을 체결한다. 즉 대출중개업자는 예금 담보 설정자로서 차입자의 채무 불이행 시에 채권자인 여신회사에 대하여 예금 담보에 따르는 의무를 이행할 것을 내용으로 하는 예금담보계약을 여신회사와 체결한다.[73]

그리고 나서 차입자는 이러한 대출중개업자의 "연대보증을 기초로([즉 대출중개업자] 명의의 제3자 예금 담보를 전제로)" 여신회사와 대출계약을 체결하게

자는 자신이 원하는 대출액, 담보수수료율, 대출기간, 경매 마감일, 경매진행방식(이자율경쟁방식 또는 선착순낙찰방식) 등을 표시하여야 하며, 이 경우 총 대출신청 금액은 1,000만원으로 제한된다. 대출금액은 최저 100만원부터 최고 1,000만원까지 50만원 단위로 선택 가능하며, 대출기간은 300만원 미만인 경우는 6, 9, 12 개월 단위 중 선택하여야 하고, 300만원 이상인 경우는 15, 18, 21, 24 개월 단위 중 선택하여야 한다. 단, 300만원 이상인 대출인 경우에는 회사가 공지하는 일정한 기준에 부합하는 신청자에 한한다.

69 **팝펀딩 투자(담보제공)약관 제2조(용어의 정의)** ④ 투자(담보제공)계약이란, 채무자의 대출계약상 채무불이행에 따른 예금담보 설정자인 회사의 담보의무 이행으로 인한 손실을 담보하기 위해 투자자가 회사에 현금 담보제공을 통한 투자를 실행하고 회사는 이를 승낙하는 것을 내용으로 회사와 투자자 사이에 체결되는 계약을 말한다.

70 위의 투자(담보제공)약관의 정의 참조.

71 투자자인 대출자 명의의 예금 계좌가 개설되는 것이 아니고, 대출중개업자의 명의로 예금 계좌가 개설됨을 유의해야 한다. 이는 투자(담보제공약관) 제2조의 "대출계약" 정의에서 "[대출중개업자] 명의의 제3자 예금담보를 전제로"로 라고 하고 있는 점에서 알 수 있다.

72 **팝펀딩 투자(담보제공)약관 제7조(회사의 권리와 의무)** ① 회사는 투자자가 제공한 투자금을 집금하여 대출을 실행하는 저축은행에 대하여 예금담보로 제공하여야 한다.

73 **팝펀딩 투자(담보제공)약관 제2조(용어의 정의)** ② 보증(예금담보)계약이란, 저축은행과 대출계약을 체결한 채무자의 채무불이행 시에 회사가 예금담보 설정자로서 채권자인 저축은행에 대하여 예금담보에 따르는 의무를 이행할 것을 내용으로 저축은행과 회사 사이에 체결되는 연대보증계약을 말한다.

된다.[74]

한편, 차입자가 채무 이행을 하는 거래 구조를 살펴보면 다음과 같다. 차입자가 원리금을 대출중개업자 사이트의 본인 명의 가상계좌로 입금하여 상환하는 경우, 대출중개업자는 이 상환 자금으로 여신회사에 변제하면(차입자는 여신회사에 직접 변제하는 대신에 이 방법으로 변제금 상환을 대행하는 것에 동의하여야 한다), 변제된 대출금에 상당하는 금액의 예금 담보금을 여신회사로부터 반환받고, 반환받은 담보금에 상당하는 현금 담보금을 대출자에게 반환하게 된다.[75]

정리하면, (i) 투자자인 대출자는 투자 금액에 상당하는 현금을 대출중개업자에게 담보로 제공하며, (ii) 대출중개업자는 담보로 제공받은 현금으로 대출중개업자 명의의 예금 계좌를 여신회사에 개설하여 이 예금을 담보로 제공하며, (iii) 대출중개업자는 차입자의 채무 불이행 시에 예금 담보로 채무를 이행하겠다는 연대보증계약을 여신회사와 체결하며, (iv) 이를 토대로 여신회사는 차입자에게 대출을 실행하는 거래 구조이다. 이 거래 구조에서는 차입자는 채무자, 대출자는 담보제공자, 대출중개업자는 연대보증인, 여신회사는 대출채권자이면서 담보권자의 지위를 각각 가지게 된다.

---

74 **팝펀딩 투자(담보제공)약관 제2조(용어의 정의)** ① 대출계약이란, 저축은행이 팝펀딩 사이트를 통하여 대출받기를 원하는 대출신청자(이하 "채무자"라 한다.)에게 팝펀딩㈜(이하 "회사"라 함)의 연대보증을 기초로(회사명의의 제3자 예금담보를 전제로) 금전을 대여해주는 계약을 말한다.

75 **팝펀딩 투자(담보제공)약관 제7조** ② 회사는 채무자가 매월 상환 기일에 대출금과 담보수수료를 팝펀딩의 가상계좌로 분할상환하는 경우에는 저축은행으로부터 변제된 대출금에 상당하는 담보금을 반환 받아 이를 각 투자자에게 반환하여야 하며, 채무자가 지급하는 담보수수료를 수취하여 투자자에게 이전하여야 한다.

팝펀딩 보증위탁약관 제5조(채무자의 권리와 의무) ③ 채무자는 저축은행에 대한 변제금과 투자자에 대한 담보수수료를 합산한 금액(총 상환금액)을 매월 분할하여 팝펀딩 사이트의 본인명의 가상계좌로 입금하여야 한다. 이 경우 매월 분할상환금 전부를 입금하지 아니하면 채무는 이행되지 않은 것으로 보며, 채무자가 위의 금액을 팝펀딩 가상계좌 외의 방법으로 지급한 경우에는 이를 팝펀딩에 통지하지 아니하는 한, 채무 이행의 효력을 주장하지 못한다.

④ 채무자는 저축은행에 대한 변제금을 상환함에 있어 채무자 본인이 저축은행에 직접 입금하는 대신 위 ③항의 방법에 의거하여 회사가 채무자의 저축은행에 대한 변제금 상환을 대행하도록 위임하는 것에 대하여 동의하여야 하며, 투자자에 대한 담보수수료 지급에 있어 채무자 본인이 직접 투자자에게 지급하는 대신 위 ③항의 방법에 의거하여 회사가 채무자의 투자자에 대한 담보수수료 지급을 대행하도록 위임하는 것에 대하여 동의하여야 한다.

이러한 거래 구조에서는 대출자는 차입자의 채무 불이행에 따르는 손실 위험뿐만 아니라, 투자자인 대출자가 제공한 현금으로 대출중개업자 명의의 예금계좌가 개설된다는 점에서 대출중개업자가 파산 등 기타의 사유로 상환을 하지 않을 위험에도 노출되는 문제가 있게 된다.

Ⅳ. 관련 법률상의 법적 쟁점

P2P 대출 거래는 아직 법제 정비가 이루어지지 않아 현행 관련 법률에 저촉되는지에 관한 법적 쟁점이 제기될 수 있다.

1. 「자본시장과 금융투자업에 관한 법률」상 대출채권이 채무증권에 해당하는지 여부

(1) 직접 대출형 거래

1) 문제의 제기

직접 대출형 거래에서 1인의 차입자가 다수의 대출자로부터 같은 조건(이율, 만기 등)으로 차입하는 경우에 대출자의 대출채권이 자본시장법상의 '금융투자상품,' 좀 더 구체적으로 금융투자상품의 하나의 유형인 '채무증권'에 해당하여 자본시장법이 적용되는지 여부가 문제될 수 있다. 자본시장법은 금융투자상품을 판매하거나 발행하는 경우에 적용되는데, 이 경우 투자자 보호를 위한 여러 가지 규제, 즉 금융감독당국에 대한 증권신고서 제출이나 공시 의무 등 여러 가지 규제가 적용된다(법 제119조).

아직 우리나라는 직접 대출형 거래는 이루어지고 있지 않지만, 향후 관련 법제를 정비할 때 직접 대출형 거래가 활성화될 수 있도록 법적인 문제를 미리 해결해야 하기 때문에 논의할 필요가 있다.

2) 「자본시장과 금융투자업에 관한 법률」상의 검토

① 금융투자상품에서 '투자성'의 의미

자본시장법은 금융투자상품을 포괄적으로 정의하고 있다(제3조 제1항, 제2항). 금융투자상품에 해당하려면 '투자성'이 있어야 하는데, 이것은 원금 손실

가능성이 있는 것을 말한다. 즉 투자성이란 "그 권리를 취득하기 위하여 지급하였거나 지급하여야 할 금전 등의 총액이 그 권리로부터 회수하였거나 회수할 수 있는 금전 등의 총액을 초과하게 될 위험"(법 제3조 제1항)을 말하는데, 이는 원금 손실 가능성을 의미한다. 원금 손실 가능성은 시장 가격의 변동에 따른 시장 위험을 의미하는 것이지, 금융투자상품 발행 주체의 신용 위험을 의미하는 것은 아니다.[76] 그리고 "… 하게 될 위험"이라고 하고 있으므로 이론적이라도 원금 손실 가능성이 있으면 투자성을 인정할 수 있을 것이다.

② 대출채권의 투자성 인정 가능성

일반적으로 대출 상품은 시장 위험에 따른 원금 손실 가능성, 즉 투자성이 없어 금융투자상품이 아닌 것으로 보고 있다.[77] 이것은 대출채권 시장이 형성되어 있지 않아 유통성이 없다는 점과 대출 상품은 자본시장법상 규제 대상 기관인 은행 등 금융기관이 갖고 있는 채권(債權)이라 투자자인 소비자를 보호하려는 자본시장법의 목적에 비추어 규제할 실익이 없다는 점 등에 근거한 것으로 보인다. 그러나 투자성이라는 것이 반드시 실제 손실 발생 가능성만을 의미하는 것은 아니고, 이론적으로 손실 가능성이 있다면 투자성을 인정할 수 있을 것이다. 그렇다면 직접 대출형 거래에서 대출자가 갖고 있는 대출채권을 만기 이전에 양도하게 되면 원금 손실 가능성이 있게 된다. 이것은 시장에서의 위험이다. 즉 투자성이 인정될 수 있는 것이다.[78] 그러면 금융투자상품에 해당한다고 볼 수 있다. 자본시장법이 투자성을 금융투자상품의 중요한 요소로 규정하는 이상 이런 해석이 가능한 것이다.[79]

③ 대출채권의 채무증권 해당 가능성

그렇다면, 다음에는 대출채권이 금융투자상품 중 파생상품이나 증권에 해당하는지를 분석해 보아야 한다. 왜냐하면 자본시장법은 금융투자상품을 파생상품과 증권으로 분류하고 있기 때문이다(제3조 제2항). 파생상품은 원금을 초과

76 임재연, 「자본시장법」 2015년판, 박영사, 2015, 27면.

77 한민, 앞의 논문, 221면.

78 같은 견해는 윤민섭, "대출형 크라우드펀딩의 개선 방안," 「은행법연구」 제6권 제2호, 은행법학회, 2013. 11, 88면.

79 이런 문제점 때문에 투자성을 금융투자상품의 개념 요소로 하는 것을 재고할 필요가 있다는 주장도 있다. 임재연, 앞의 책, 29면. 미국의 일본의 경우는 '이익의 기대'를 금융투자상품의 요소로 한다. 위의 책, 28면.

하여 손실 가능성이 있는 것을 말한다(제5조 제1항). 그런데 직접 대출형 거래의 대출채권의 경우 원금을 초과하여 손실이 발생할 가능성은 없다. 그래서 파생상품에는 해당하지 않을 것이다. 다음에는 증권에 해당되는지를 살펴보아야 하는데, 증권은 원금까지만 손실 가능성이 있는 상품을 말한다(제4조 제1항). 자본시장법은 증권의 유형을 "채무증권, 지분증권, 수익증권, 투자계약증권, 파생결합증권, 증권예탁증권"으로 분류하고 있다(제4조 제2항). 대출채권은 이 중 '채무증권'에 해당할 가능성이 있다.

자본시장법은 채무증권을 "국채증권, 지방채증권, 특수채증권, 사채권, 기업어음증권, 그 밖에 이와 유사(類似)한 것으로서 지급청구권이 표시된 것"이라고 하고 있다(제4조 제3항). "이와 유사(類似)한 것으로서 …"이라는 것에서 자본시장법의 특징인 금융투자상품 정의의 포괄성을 알 수 있다. 대출채권은 "지급청구권"에 해당한다고 볼 수 있다. 자본시장법은 "… 표시된 것"이라고 하고 있어 증서가 발행된 것으로만 한정하여 볼 여지도 있으나 증서가 발행되지 않는 경우도 있을 수 있으므로(예를 들어 주권이 발행되지 않는 경우) 증서가 발행되지 않더라도 채무증권에 해당될 수 있다고 보아야 할 것이다. 자본시장법도 "… 증권이 발행되지 않는 경우에도 그 증권으로 본다"(제4조 제9항)고 하여 이를 확인하고 있다.

④ 채무증권의 '집단성, 정형성 및 대량성' 요건 충족 여부

다음의 쟁점은 채무증권이 '집단성 및 정형성' 내지 '대량성'을 갖고 있어야 하는가의 문제이다. 일반적으로 그렇게 설명이 되고 있다. 즉 "자본시장법에 규정된 채무증권의 유형은 모두 대량으로 발행되고 거래될 수 있는 것이고, 채무가 증서에 표창된 것이라도 개별 채권자와 채무자간의 채권과 같이 대량의 발행·거래 대상이 아닌 것은 채무증권에 해당하지 않는다"라는 견해가 있고,[80] 채무증권의 한 유형인 사채를 "주식회사가 불특정 다수인으로부터 자금을 조달할 목적으로 집단적·정형적으로 부담하[는] 채무"라고 설명하고 있다.[81] 즉 채무증권은 불특정 다수인을 대상으로 하여 발행이 되는 집단성 내지 대량성과 발행조건이 동일한 정형성을 띤다고 할 수 있을 것이다. 일반적으로 이렇게 이해되

80 위의 책, 36면.
81 이철송, 「회사법강의」 제21판, 박영사, 2013, 986면.

지만 상법이나 자본시장법이 이러한 정형성이나 대량성 등에 관한 정의를 명시적으로 두고 있지 않아 반드시 그렇게 보아야 하는지는 의문이다. 물론 실제 1개의 채무증권을 발행하는 것은 거의 볼 수 없을 것이나, 이론적으로는 1개의 채무증권을 발행하는 것이 가능하다고 볼 수 있다. 그렇다면 개별 대출자와 차입자 사이의 대출채권도 채무증권에 해당한다고 볼 여지가 있다.

물론 직접 대출형 거래의 경우에는 1인의 차입자가 여러 대출자로부터 동일한 조건(이자율이나 상환 기일의 동일성)으로 자금을 차입하므로 대량성 및 정형성 요건을 충족한다고 볼 수 있다. 이는 마치 회사가 다수의 투자자에게 사채(만기와 이자율이 동일한 채무증권)를 발행하여 자금을 조달하는 것과 같은 형태가 된다. 즉 형태로 보면 사채와 크게 다르지 않은 것이다. 그렇다면 이러한 대출자의 대출채권을 채무증권으로 볼 여지가 있다.[82] 이러한 해석은 자본시장법이 금융투자상품의 정의에서 투자성(즉 이론적인 원금 손실 가능성의 존재)과 포괄성("유사한 것")을 그 요소로 하면서 발생하는 문제라고 할 수 있다.

3) 입법론: 대출채권의 자본시장법 적용 제외 필요

이렇게 되면 직접 대출형 거래에서 차입자는 자본시장법상의 공모(즉 50인 이상의 대출자로부터 대출받는 경우)에 해당하는 경우에는 금융감독당국에 대한 증권신고서 제출 등 발행 공시 의무가 적용되게 된다(제119조). 물론 공모 금액이 10억원 미만인 소액 공모인 경우에는 증권신고서 제출이 면제되지만, 재무상태와 영업 실적을 기재한 서류 등을 금융감독당국에 제출할 의무가 부과된다(제130조, 시행령 제137조). 이렇게 채무증권으로 보게 되는 경우에 차입자의 증권신고서 제출 의무 등 발행 공시 의무가 적용됨으로써 사실상 P2P 대출 거래가 거의 불가능하게 되는 문제가 발생한다. 특히 차입자가 개인인 경우에 자본시장법상의 공시 의무 등을 부과할 실익은 없다고 본다.

따라서 입법론적으로는 대출자의 대출채권을 채무증권의 범위에서 제외되도록 하여 자본시장법의 규제에서 벗어나도록 할 필요가 있다. 물론 투자자인 대출자에 대한 보호 방안이 강구되어야 할 것이나, 이는 별도의 법률을 제정하여 해결하는 것이 바람직하다고 본다.

---

82 같은 견해는 윤민섭, 앞의 보고서, 99면.

(2) 원리금수취권매입형 거래에서 대출채권 또는 원리금수취권의 채무증권 해당 가능성

원리금수취권매입형 거래의 경우는 대출자는 여신회사로부터 대출참가계약에 의거한 원리금수취권을 매입한 것이고, 여신회사가 차입자에게 직접 대출하는 것이며, 대출자가 차입자에게 직접 청구권을 갖고 있지 않으므로 자본시장법상 채무증권에 해당하지 않는다는 견해가 있다.[83] 그러나 달리 볼 여지도 있다. 우선 원리금수취권의 성격을 살펴보면, 원리금수취권도 자본시장법상의 "지급청구권"에 해당하고, 여러 다수 대출자가 동일한 조건(이자율과 만기 등)으로 여신회사로부터 원리금을 지급받을 수 있는 채권을 갖고 있어서 대량성 및 정형성의 요건도 갖추고 있어, 채무증권에 해당한다고 볼 여지도 있다.

또한 여신회사가 차입자에 대하여 갖고 있는 대출채권도 채권자가 1인이지만 여러 다수의 동일한 조건의 채권을 갖고 있으므로 대량성 및 정형성의 요건을 충족하여 채무증권이라고 볼 여지도 있다. 더 나아가서, 실질적인 거래 구조에 중점을 두어 보면, 결국 여러 대출자가 동일한 조건으로 차입자에게 대출하는 구조(예를 들어, 대출자가 이자율을 결정한다는 점 등)로 볼 수 있으므로 채무증권성을 인정할 수 있다는 주장도 있을 수 있다. 이렇게 법적 논란이 제기될 수 있으므로 입법론적으로는 원리금수취권매입형 거래도 자본시장법이 적용되지 않도록 명확하게 할 필요가 있다.

(3) 현금담보제공형 거래에서 대출채권의 채무증권 해당 가능성

현금담보제공형 거래의 경우는 대출자가 차입자에게 직접 대출하지 않고, 대출자는 대출중개업자에게 현금을 담보로 제공하고, 대출중개업자는 그 현금을 예금 담보로 여신회사에게 제공하여, 여신회사가 차입자에게 대출하는 구조를 띠고 있다. 따라서, 대출자는 물상보증인(物上保證人)의 지위에 있고, 대출자는 차입자에게 자금의 상환을 직접 청구할 수 없고, 대출자는 차입자가 여신회사에게 상환을 한 부분만큼 제공한 담보를 상환받게 되므로, 자본시장법상 채무증권에 해당하지 않는다는 견해가 있다.[84] 물론 차입자와 대출자 사이에 직접

83 위의 보고서, 99면.
84 위의 보고서, 99면.

적인 대출 계약은 존재하지 않으나, 여신회사가 차입자에게 하는 대출은 대출자가 제공하는 담보 제공과 연결되어 있는 점, 대출자가 대출의 승인과 이자율을 결정을 하는 점을 보면 실질적으로는 대출자의 대출로 볼 수 있다는 주장도 가능하다. 이렇게 보면 직접 대출형 거래와 마찬가지로 채무증권성이 인정될 여지가 있다는 주장이 제기될 수 있다.

설령 그렇게 보지 않고 여신회사가 차입자에게 한 대출을 기준으로 보더라도 하나의 여신회사가 조건이 같은 다수의 대출을 1인의 차입자에게 하는 것이어서 투자자 1인(즉 동일한 여신회사)이 이자율이나 만기 등 조건이 동일한 다수의 대출채권을 갖고 있다고 볼 수 있으므로 대량성 및 정형성 요건을 충족하여 채무증권으로 볼 여지도 있다. 이 문제 또한 입법적으로 명확히 할 필요가 있을 것이다.

2. 「대부업 등의 등록 및 금융이용자 보호에 관한 법률」의 적용 여부

이와 관련해서는 대출자가 대부업에 해당하는지 여부와 대출중개업자가 대부중개업자에 해당하는지 여부가 쟁점이 될 수 있다.

(1) 대출자가 대부업에 해당하는지 여부

대출자가 여러 번 대출하는 경우에 대부업법상의 대부업으로 등록해야 하는지가 법적 쟁점이 될 수 있다. 대부업법에 따르면, 대부업이란 "금전의 대부(어음할인·양도담보, 그 밖에 이와 비슷한 방법을 통한 금전의 교부를 포함한다. 이하 "대부"라 한다)를 업(業)"으로 하는 것을 말한다(제2조 제1호). 이 정의에 따르면, 대부업은 대출업을 영위하는 은행이나 여신전문금융회사 등 인가나 허가를 받은 금융기관도 포함되게 된다. 대부업법은 이러한 대부업을 하려는 자로 하여금 관할 시도지사에게 등록하도록 하고 있다(제3조 제1항). 물론 인허가를 받은 금융기관(대부업법은 이를 "여신금융기관"이라고 하고 있다)은 등록할 필요가 없다(제3조 제1항). 대부업을 등록하지 않은 자는 형사 처벌(5년 이하의 징역이나 5천만원 이하의 벌금) 대상이 된다(제19조 제1항).

직접 대출형 거래에서 대출자가 여러 번 대출을 하는 경우에 대부업법상의 대부업에 해당하여 등록을 하여야 하는지가 쟁점이 된다. 즉 대출자가 '업'을 하는지 여부가 쟁점이 되는 것이다. 현행 관련 법령상 '업'에 대한 명확한 정의는 없지만, 판례에 따르면, "계속성·반복성·영리성"을 그 요소로 하고 있다. 즉 대법원은 '업'의 의미를 "같은 행위를 계속하여 반복하는 것을 의미하고, 여기에 해당하는지 여부는 단순히 그에 필요한 인적 또는 물적 시설을 구비하였는지 여부와는 관계없이 금전의 대부 또는 중개의 반복·계속성 여부, 영업성의 유무, 그 행위의 목적이나 규모·횟수·기간·태양 등의 여러 사정을 종합적으로 고려하여 사회 통념에 따라 판단하여야 한다"고 판시하고 있다.[85]

따라서 이론적으로 P2P 대출 거래에서 대출자가 1회 이상 자금을 대출하면, 계속성과 반복성이 인정될 여지가 크다. 예를 들어, 2회 대출을 한다고 했을 때 계속성과 반복성을 인정할 수 있는가? 판례에 비추어보면, "계속성과 반복성"이 인정될 여지도 있다. 다른 요소인 '영리성' 여부도 판단해보면, 대출자는 수익을 목적으로 대출을 하므로 영리성이 인정될 가능성이 높다. 그렇다면 영업성이 인정되어 대부업으로 볼 가능성이 있다.[86] 이렇게 되면, 대출자는 대부업 등록을 해야 하는데, 과연 대부업 등록을 하면서 대출을 하려는 개인이 있을지 의문이 든다. 이런 면에서 P2P 대출 거래를 활성화시키기 위해서는 개인인 대출자를 대부업자의 정의에서 배제하는 입법 조치를 취해서 법적 불안정성을 해소할 필요가 있다.

한편, 현금담보제공형 거래의 경우에는 대출자가 차입자에 대한 직접적인 대출 구조를 취하고 있지는 아니하나, 전체적으로 실질적인 면을 보면 결국 대출자가 차입자에게 대출하는 것으로 볼 여지도 있으므로(예를 들어, 대출자가 이자율 및 만기 등을 결정하는 점을 볼 때) 이 경우에도 대부업에 해당하는지 여부가 여전히 문제될 수 있다.

원리금수취권매입형 거래의 경우도 마찬가지이다. 형식적으로는 여신회사가 대출을 하는 구조로 되어 있지만, 실질적으로 보면 대출자가 차입자에게 대출하는 구조로 볼 여지도 있으므로 이 경우도 대출자가 대부업에 해당하는지 여부가 문제될 수 있다.

---

85 대법원 2012. 7. 12. 선고 2012도4390 판결; 대법원 2012. 3. 29. 선고 2011도1985 판결; 대법원 2008. 10. 23. 선고 2008도7277 판결.

86 그러나 "일반적인 자금공급자에게 영업성을 인정할 수는 없다"라는 견해도 있다. 윤민섭, 앞의 논문(금융법연구), 480면.

(2) 대출중개업자가 대부중개업에 해당하는지 여부

대출중개업자가 대부업법상 대부중개업자로서 시·도지사에게 등록을 하여야 하는지도 쟁점이 된다. 대부업법상 대부중개업을 하려는 자는 시·도지사에게 등록을 하여야 한다(제3조 제1항). 대부중개업자로 등록하지 않는 자는 형사처벌(5년 이하의 징역이나 5천만원 이하의 벌금) 대상이 된다(제19조 제1항). 대부업법상 대부중개업이란 "대부중개를 업으로 하는 것"을 말한다(제2조 제2호). 대부업법상 대부중개업자는 대부업자 및 여신금융기관만의 대출을 중개할 수 있다고 보는 견해가 있으나,[87] 대부업법이 대부 중개의 대상자를 특별히 한정하여 규정하지 않고 있기 때문에(즉 법 제2조 제2호는 단지 "대부중개"라고 하고 있다) 대부업자나 여신금융기관이 아닌 자(예를 들어, 1회의 대출을 한 개인)의 대부를 중개하더라도 대부 중개에 해당된다고 보아야 할 것이다. 물론 대부중개업자는 미등록대부업자에 대해서는 대부 중개를 하지 못하도록 하고 있어서(법 제11조의2 제1항), 대출중개업자가 일단 대부중개업자로 등록을 하면 등록된 대부업자나 금융기관만을 중개할 수 있게 된다. 따라서 대출중개업자는 아직 대부업 등록을 하지 않은 개인인 대출자(즉 다수의 대출을 함으로써 대부업으로 인정될 수 있는 개인인 대출자)의 대출을 중개할 수 없으므로 사실상 대출중개업을 영위할 수 없는 문제가 있게 된다.

일반적으로 '중개'란 "체결하고자 하는 계약의 당사자 쌍방과 교섭하여 그들 간에 계약이 체결되도록 조력하는 행위"라고 할 수 있다.[88] P2P 대출 거래에서 대출중개업자가 전산운영체계(platform)를 만들어 이를 통하여 대출자와 차입자를 연결시킴으로써 대출 계약이 이루어지게 한다는 점에서 중개에 해당된다고 볼 수 있다. 즉, 직접 대출형 거래의 경우 대출중개업자가 대출자의 차입자에 대한 대출을 중개하므로 대부업법상의 "대부 중개"에 해당하고, 이를 '업'으로 하면 대부중개업자가 되어 등록을 해야 한다.

---

87 윤민섭, 앞의 보고서, 94면. 이렇게 해석하는 근거를 살펴보면, 대부업법이 대부중개업자로 하여금 미등록대부업자에게 대부 중개를 하지 못하도록 하고 있어서(제11조의2 제1항) 그렇게 보는 것으로 이해되는데, "미등록대부업자"는 대부업자이면서 등록을 하지 않는 자를 말하는 것이며, 등록 대상이 되지 않는 개인(예를 들어 1회 대출을 한 자)은 미등록대부업자가 아니므로 그러한 개인에게 대출 중개를 하더라도 대부 중개에 해당될 것이다.

88 이철송, 「상법총칙·상행위」 제13판, 박영사, 2015, 479면.

현금담보제공형 거래의 경우도 대출중개업자가 차입자로부터 현금 담보 제공을 받고 대출을 하는 여신회사에게 예금 담보를 제공하는 역할을 하지만, 전체 구조에서 실질적으로 보면 대출자가 차입자에게 대출하는 것을 중개하는 역할을 한다고 볼 여지가 있으므로 대부업법상의 대부 중개에 해당하고, 마찬가지로 이를 '업'으로 하게 되면 대부중개업자로 등록을 해야 한다고 볼 여지가 있다. 원리금수취권매입형 거래의 경우도 실질적인 면에서 보면 대출중개업자가 대출자의 차입자에 대한 대출을 중개하는 역할을 하므로 대부업법상의 대부 중개로 볼 여지가 있고, 이를 '업'으로 하게 되면 대부등록업자로서 등록을 하여야 하는 문제가 있다.

따라서 대출중개업자의 중개 행위는 대부업법상의 대부 중개로 볼 수 있고, 대부중개업 등록 여부는 이를 '업'으로 하는지 여부에 따라 달라지게 된다. 만약 대출중개업자가 대출자나 차입자로부터 별도의 수수료를 받지 않는다면 이는 영리성이 결여되어 대부중개업 등록을 할 필요는 없지만, 수수료를 대출자나 차입자로부터 받는 구조라면 이는 영업성이 인정되고, 따라서 대부중개업자로 등록하여야 할 것이다.

그런데 대출중개업자가 대부중개업 등록을 하게 되면, 미등록대부업자에게는 대부 중개를 할 수 없어서(법 제11조의2 제1항), 결국 등록 대부업자나 여신금융기관 또는 대부업을 영위하지 않는 대출자만을 중개할 수 있고, 대부업 등록을 하지 않은 개인인 대출자(즉 다수의 대출을 함으로써 대부업으로 인정될 수 있는 개인인 대출자)의 대출을 중개할 수 없게 되어 사실상 대출중개업을 할 수 없는 문제가 발생하게 된다. 이러한 문제 때문에 현재 영업을 하고 있는 대출중개업자가 직접 대출형 거래 구조를 취하지 못하고 간접적인 형태의 거래 구조를 취할 수밖에 없는 결과가 된 것이다. 또한 대부업법상 대부중개업자는 자금 수요자로부터 일체의 수수료를 받지 못하도록 하고 있어서(제11조의2 제2항), 대출중개업자가 대부중개업 등록을 하지 못하는 문제도 있다. 따라서 입법론적으로는 대출중개업자를 대부중개업자에서 제외시켜 대부업법의 적용을 받지 않도록 하는 것이 좋다고 본다.

3. 「유사수신행위의 규제에 관한 법률」의 적용 여부

직접 대출형 거래의 경우, 차입자가 불특정 다수의 대출자로부터 자금을 조달하므로 「유사수신행위의 규제에 관한 법률」(이하 "유사수신행위규제법"이라 한다)에 따른 유사 수신 행위에 해당하는지 여부가 문제될 수 있다. 유사수신행위규제법은 유사 수신 행위를 금지하고 있으며(제3조), 유사 수신 행위를 다음과 같이 정의하고 있다. 즉 "다른 법령에 따른 인가·허가를 받지 아니하거나 등록·신고 등을 하지 아니하고 불특정 다수인으로부터 자금을 조달하는 것을 업으로 하는 행위로서 다음 각 호의 어느 하나에 해당하는 행위"라고 정의를 하면서, 각 호의 행위 중의 하나로서 "장래에 출자금의 전액 또는 이를 초과하는 금액을 지급할 것을 약정하고 출자금을 받는 행위" 및 "장래에 원금의 전액 또는 이를 초과하는 금액을 지급할 것을 약정하고 예금·적금·부금·예탁금 등의 명목으로 금전을 받는 행위" 등을 규정하고 있다(제2조 제1호 및 제2호).

여기서 "각 호의 행위"를 예시적인 것으로 볼 것이냐 아니면 한정적인 것으로 볼 것이냐에 대한 해석상 논란이 있을 수 있는데, "… 로서 … 해당하는 행위"라고 하고 있으므로 한정적인 것으로 보는 것이 타당할 것이다. 따라서, 각 호의 어느 하나에 해당하는 행위에 해당하여야 유사 수신 행위가 해당될 것이다. 위 행위를 분석해보면, P2P 대출 거래에서 차입자는 인가나 허가를 받지 않고 불특정 다수인으로부터 자금을 조달하므로 일견 제2조 본문의 정의에 해당하지만, 각 호의 행위에 해당하는지 여부를 분석해보아야 하는데, 차입자의 자금 조달은 차입 행위이므로 "출자금을 받는 행위"나 "예금·적금·부금·예탁금 등의 명목으로 금전을 받는 행위"에 해당한다고 보기는 어렵다고 판단된다.[89]

그러나 다르게 해석할 가능성도 배제할 수 없으므로 이에 관한 논란은 여전히 제기될 수 있다. 예를 들어, "자금수요자가 장래에 원금의 전액 또는 이자

---

89 "P2P 대출을 위한 투자금의 수취는 계약시 원금 손실이 가능성이 명시되어 있고, 손실 발생 시 보전 약정이 없으므로 유사수신행위가 아닌 것으로 평가[됨]"이라고 보는 견해가 있는데(서병호, "P2P 대출시장 분석 및 시사점," P2P 대출시장 발전방안 공청회 발표 자료, 한국금융연구원, 2015. 11. 13, 24면), 그 근거가 타당한지는 의문이다. 설령 원금 손실 가능성이 있다하더라도 차입자가 하는 약정은 장래에 원금과 이자를 지급하기로 하는 약정임에는 틀림이 없기 때문이다.

를 포함한 금액을 지급할 것을 약정하고 금전을 수취"하기 때문에 유사수신행위규제법 제2조 제2호의 행위에 해당한다고 보는 견해가 있다.[90] 제2조 제2호의 행위는 "예금·적금·부금·예탁금 등의 명목으로 금전을 받는 행위"인데, 이 견해는 "… 등의 명목으로 금전을 받는 행위"에 중점을 두어 이렇게 보는 것으로 보인다. 그러나 차입자가 자금을 차입하면서 명시적으로 "예금·적금·부금·예탁금"이라고 하지 않는 한 이렇게 보기는 어렵다고 본다.

설령 유사 수신 행위에 해당한다고 하더라도 차입자가 이러한 행위를 "업(業)"으로 하는지 여부가 검토되어야 할 것이다. 판례는 "계속성·반복성·영리성"을 "업"의 요소로 보고 있으므로, 한 개인이 1회 이상 P2P 대출 거래를 이용하여 자금을 차입한다면, 계속성 및 반복성이 인정될 수 있겠지만, "영리성" 면에서 보면 차입자의 영리성이 있는지는 의문이다. 이런 면에서 영업성이 없다고 보아야 하고, 그렇다면 유사수신행위규제법 위반이 되지는 않을 것이다.

물론 여러 가지 요소와 상황을 고려하여야 한다는 것이 판례의 입장이라서 단언할 수 없지만, 영업성이 있다고 보아 유사수신행위규제법 위반이 된다면 사실 P2P 대출 거래가 이루어질 수 없는 문제가 발생한다. 따라서, 우선 금융당국이 유권 해석을 통하여 P2P 대출 거래가 유사 수신 행위에 해당하지 않는다는 것을 명확하게 하고, 필요하면 유사수신행위규제법에 유사 수신 행위에서 명시적으로 배제하는 조항을 두는 것이 바람직할 것이다.

4. 「자본시장과 금융투자업에 관한 법률」상 집합투자업에 해당하는지 여부

P2P 대출 거래에서 차입자가 여러 대출자로부터 자금을 조달하므로 자본시장법상 집합투자업에 해당할 수 있지 아니한가라는 의문이 들 수 있다. 그러나 자본시장법상의 집합투자에 관한 정의를 자세히 살펴보면 그렇게 보기는 어려울 것이다. 이를 분석해보면, 자본시장법은 집합투자를 "2인 이상의 투자자로부터 모은 금전등 … 을 투자자 … 로부터 일상적인 운용 지시를 받지 아니하면서 재산적 가치가 있는 투자대상자산을 취득·처분, 그 밖의 방법으로 운용하고 그 결과를 투자자 … 에게 배분하여 귀속시키는 것"이라고 하고 있다(제6조 제5항).

90 윤민섭, 앞의 보고서, 91면.

P2P 대출 거래에서 차입자가 여러 대출자로부터 자금을 조달하므로 일견 "2인 이상의 투자자로부터 모은 금전 등"에는 해당될 수는 있으나, 차입자가 대출자에게 원금과 약정한 이자를 지급하는 것이므로 금전 등을 운용하여 그 결과를 대출자에게 귀속시키는 행위가 있다고 보기는 어렵다. 따라서 집합투자업에 해당할 여지는 없을 것이다.

5. 「금융실명거래 및 비밀보장에 관한 법률」의 적용 여부

P2P 대출 거래도 하나의 금융 거래이다. 그렇다면 「금융실명거래 및 비밀보호에 관한 법률」(이하 "금융실명법"이라 한다) 적용 대상이 되는지 여부가 문제될 수 있다. 금융실명법은 적용 대상 금융 거래를 다음과 같이 정의하고 있다. 즉 "금융거래"를 "금융회사등이 금융자산을 수입(受入)·매매·환매·중개·할인·발행·상환·환급·수탁·등록·교환하거나 그 이자, 할인액 또는 배당을 지급하는 것과 이를 대행하는 것 또는 그 밖에 금융자산을 대상으로 하는 거래로서 총리령으로 정하는 것"이라고 하고 있다(법 제2조 제3호). 현재 총리령으로 정하고 있는 것은 없다. 그리고 "금융자산"을 "금융회사등이 취급하는 예금·적금·부금(賦金)·계금(契金)·예탁금·출자금·신탁재산·주식·채권·수익증권·출자지분·어음·수표·채무증서 등 금전 및 유가증권과 그 밖에 이와 유사한 것으로서 총리령으로 정하는 것"이라고 정의하고 있다(제2조 제2호). "총리령이 정하는 것"은 "신주인수권을 표시한 증서" 또는 "외국이나 외국법인이 발행한 증권 또는 증서"를 말한다(시행규칙 제2조).

검토해보면, 대출 거래와 관련한 "대출금"은 금융자산의 범위에 열거되어 있지 않다. 물론 "… 등 금전"이라고 하고 있어서, 이를 넓게 보면 금융자산의 범위에 포함된다고 볼 여지도 있지만, 이렇게 되면 모든 종류의 금전 거래가 금융거래에 해당한다는 문제점이 생기고, "… 등"이라고 하는 것은 앞에 열거한 금융자산을 통칭하는 의미로 쓰인 것으로 해석하는 것이 합리적일 것이다. 그렇다면 금융실명법상의 금융자산의 범위는 예금·적금 등 열거된 것에 한정한다고 보아야 할 것이다. 더욱이 차명 금융거래를 하거나 금융거래의 비밀 보장을 위반하는 경우에 형사 처벌이 부과되는 점(법 제6조)을 고려하면 금융거래의 범위를 좁게 해석하는 것이 타당할 것이다. 유권해석권자인 금융위원회도 금융기관의 대출 거래를 금융실명법상의 금융거래로 보지 않고 있다.[91] 특히 금융실명법은 '금융자산'을 "금융회사등이 취급하는 … 것"이라고 하고 있어서, 직접 대출형 거래의 경우 대출자나 차입자가 "금융회사등"에 해당하지 않으므로 금융실명법상의 금융거래에 해당하지 않게 된다.

현금담보제공형이나 원리금수취권매입형 거래인 경우, 대부업자가 대출을 하는 경우에는 대부업자는 금융실명법상의 "금융회사등"의 범위에 포함되지 않아(법 제2조 제1호, 시행령 제2조) 금융실명법이 적용되지 않고, 상호저축은행이 대출을 하는 경우에는 "금융회사등"에는 포함되지만(법 제2조 제1호 사목) 대출거래는 여전히 금융실명법상의 금융거래에 해당하지 않게 되므로 금융실명법 적용 대상이 되지 않게 된다.

6. 자금 세탁 방지 관련 법률들의 적용 여부

P2P 대출 거래도 금융 거래의 하나이다. 그렇다면 금융 거래와 관련하여 짚어보아야 하는 것 중의 하나로서 자금 세탁 관련 법률들이 적용되는지 여부도 살펴보아야 한다. 관련 법률들로서는 「특정 금융거래정보의 보고 및 이용 등에 관한 법률」(이하 "특정금융거래보고법"이라 한다), 「범죄수익은닉의 규제 및 처벌 등에 관한 법률」(이하 "범죄수익은닉규제법"이라 한다), 「공중 등 협박목적을 위한 자금조달행위의 금지에 관한 법률」(이하 "공중협박자금조달금지법"이라 한다)이 있다.

(1) 「특정 금융거래정보의 보고 및 이용 등에 관한 법률」의 적용 여부

우선 P2P 대출 거래가 특정금융거래보고법 적용 대상인지를 살펴보면, 특정금융거래보고법상의 "금융거래"에는 포함되는 것으로 판단된다. 그 이유를 살펴보면 다음과 같다. 특정금융거래보고법은 금융거래를 정의하면서, "금융회사등이 금융자산(「금융실명거래 및 비밀보장에 관한 법률」 제2조제2호에 따른 금융자산을 말한다)을 수입·매매·환매·중개·할인·발행·상환·환급·수탁·등록·교환하거나 그 이자·할인액 또는 배당을 지급하는 것과 이를 대행하는 것, 그 밖

91 구 재정경제부 실명(금) 4600－27, '95. 1. 21("금융기관 대출은 금융실명거래및비밀보장에 관한긴급재정경제명령 제2조에서 규정하고 있는 금융거래에 포함되어 있지 않으므로 동 긴급명령 제3조에서 규정하고 있는 실명거래대상에 포함되지 않으며, …").

에 금융자산을 대상으로 하는 거래로서 총리령으로 정하는 것"이나 또는 "「자본시장과 금융투자업에 관한 법률」에 따른 파생상품시장에서의 거래, 그 밖에 대통령령으로 정하는 것"이라고 하고 있다(법 제2조 제2호 가목, 나목). "대통령령으로 정하는 것"에는 "대출 … 에 따른 거래"라고 하고 있어서 대출 거래도 포함하고 있다. 또한 이 경우는 반드시 "금융회사등"이 거래하는 대출 거래 등이라고 하지 않고 있어서 "금융회사등"이 아닌 자가 하는 대출 거래도 금융거래에 포함된다. 금융실명법상의 금융거래가 대출 거래를 포함하지 않고 있는 것과 대조적이다.

그런데, 특정금융거래보고법은 불법재산으로 의심되는 금융거래를 금융정보분석원에 보고하도록 하고 있는데, 그 보고 의무 대상 기관을 "금융회사등"으로 한정하고 있다(법 제4조 제1항). 따라서 직접 대출형 거래에서는 대출자나 대출중개업자가 "금융회사등"의 범위에 포함되지 않기 때문에(법 제2조 제1호, 시행령 제2조) 보고 대상이 되지 않게 되는 문제점이 있게 된다. 고액 현금 거래의 금융정보분석원에 대한 보고 의무의 경우(법 제5조)도 마찬가지이다. 보고 대상 기관을 "금융회사등"이라고 하고 있어서 직접 대출형 거래에서 대출자나 대출중개업자는 보고 의무가 없게 된다. 고객 확인 의무도 "금융회사등"에게만 적용되어(법 제5조의2) 마찬가지의 문제가 발생한다.

따라서 직접 대출형 거래의 경우는 특정금융거래보고법 적용 대상이 되지 않는다고 할 수 있다. P2P 대출 거래가 자금 세탁 거래에 연루될 가능성이 있기 때문에 P2P 대출 거래도 특정금융거래보고법 적용 대상이 될 수 있도록 하여야 하므로, 보고 의무 대상 기관에 대출중개업자(대출중개업자를 포함시키게 되면 굳이 대출자나 차입자를 포함시킬 필요는 없을 것이다)도 포함시키는 입법 조치가 있어야 할 것이다.

한편 현금담보제공형 거래나 원리금수취권매입형 거래의 경우는 대부업자나 상호저축은행이 실제 대출을 하는 형태가 되는데, 이 경우에 상호저축은행은 특정금융거래보고법상의 "금융회사등"의 범위에 포함되므로 법 적용 대상이 되어 문제가 없게 된다. 다만 대부업자가 대출을 하는 경우에는 대부업자는 "금융회사등"의 범위에 포함되지 않아(법 제2조 제1호, 시행령 제2조) 법 적용 대상이 되지 않는 문제점이 있게 된다.

(2) 「범죄수익은닉의 규제 및 처벌 등에 관한 법률」의 적용 여부

P2P 대출 거래가 범죄수익은닉규제법의 적용 대상 여부인지도 살펴보면, 법 제5조 제1항은 "금융회사등"으로 하여금 금융거래와 관련하여 수수한 재산이 범죄수익 등이라는 사실을 알았을 때나 금융거래 상대방이 범죄수익 등의 은닉 및 가장 행위를 하고 있다는 사실을 알았을 때는 지체없이 관련 수사기관에 신고하도록 하고 있다. 여기서 "금융회사등"과 "금융거래"는 특정금융거래보고법상의 "금융회사등"과 "금융거래"를 말한다. 따라서 특정금융거래보고법에서 논의한 바와 같은 결론이 되는데, P2P 대출 거래는 "금융거래"에는 해당하지만 직접 대출형 거래의 대출자나 대출중개업자는 "금융회사등"의 범위에 포함되지 않기 때문에 신고 의무 대상이 되지 않는 문제점이 있게 된다. 이것 또한 입법적 개선 조치가 필요한 사안이다. 또한 현금담보제공형이나 원리금수취권매입형 거래에서는 상호저축은행 등 금융기관이 대출을 하게 되면 범죄수익은닉규제법이 적용되게 되나, 대부업자가 대출을 하게 되면 이 법이 적용되지 않는 문제점이 있게 된다.

(3) 「공중 등 협박목적을 위한 자금조달행위의 금지에 관한 법률」의 적용 여부

P2P 대출 거래가 공중협박자금조달금지법 적용 대상인지도 살펴보면, 법 제5조는 "금융회사등"으로 하여금 "금융거래제한대상자"(공중협박자금조달과 관련되어 있는 것으로 판단되는 개인·법인 또는 단체를 말한다)로 지정되어 고시된 자와 금융거래를 할 수 없도록 하고 있으며, "금융회사등의 종사자"로 하여금 금융거래와 관련하여 수수한 재산이 공중협박자금이라는 사실을 알게 되는 경우 등에는 관할 수사기관에 신고를 하도록 하고 있다. 공중협박자금조달금지법상의 "금융회사등"과 "금융거래"는 특정금융거래보고법상의 "금융회사등"과 "금융거래"를 말하므로(법 제2조 제2호, 제4조 제4항), 위에서 논의한 바와 같이, 직접 대출형 거래에서는 위의 신고 의무나 금융거래 금지 의무가 대출자나 대출중개업자에게 적용되지 않게 된다. 현금담보제공형이나 원리금수취권매입형 거래의 경우는 상호저축은행 등 금융기관이 대출을 하게 되면 공중협박자금조달금지법 적용 대상이 될 수 있으나, 대부업자가 대출을 하는 경우에는 적용 대상이 되지 않는 문제점이 있게 된다.

(4) 소 결

정리하면, 현금담보제공형이나 원리금수취권매입형 거래에서 상호저축은행 등 금융기관이 대출을 하게 되는 경우에는 위의 자금 세탁 방지 관련 법률들이 적용될 여지가 있으나, 대부업자가 대출 기관이 되면 위의 법률들이 적용될 여지가 없으며, 직접 대출형 거래에서도 위의 자금 세탁 방지 관련 법들이 적용되지 않게 되어, 자금 세탁 방지 규제의 사각 지대가 발생하게 되는 문제점이 있다. 입법적인 해결이 필요하다.

7. 「채권의 공정한 추심에 관한 법률」의 적용 여부

대출자가 대출 채권을 변제받음에 있어 채무자인 차입자에게 부당한 채권 추심 행위가 일어날 수 있다. 차입자를 보호하기 위해서는 이러한 부당한 채권 추심 행위를 막을 필요가 있다. 현재 관련 법으로서 「채권의 공정한 추심에 관한 법률」(이하 "공정채권추심법"이라 한다)이 있다. 이 법이 P2P 대출 거래의 대출자에게도 적용되는지 살펴보면 다음과 같다. 법 제2조 제1호는 "채권추심자"를 대부업법에 따른 대부업자, 대부중개업자, 대부업의 등록을 하지 아니하고 사실상 대부업을 영위하는 자, 여신금융기관뿐만 아니라 일반 "금전대여 채권자 및 그로부터 채권을 양도받거나 재양도받은 자"라고 정의하고 있다. 따라서 P2P 대출 거래에서 대출자가 대부업자가 아니더라도 이 법의 "금전대여 채권자"에 해당하므로 공정채권추심법이 적용된다. 또한 대출자로부터 대출 채권을 양도받은 자뿐만 아니라 재양도받은 자도 공정채권추심법이 적용된다. 공정채권추심법에 따르면, 채권추심자는 채권 추심과 관련하여 채무자 등을 폭행하거나 협박하는 행위 등 부당한 채권 추심 행위가 금지되고(법 제9조, 제11조, 제12조, 제13조), 위반 시 형사벌이나 과태료가 부과되므로(제15조, 제17조), 이 법에 따라 차입자에 대한 보호가 가능할 것이다.

8. 개인(신용)정보 보호 관련 법률들의 적용 여부

(1) 서 설

P2P 대출 거래에서도 차입자에 대한 신용 등급 내지 신용 평점이 필요할 수 있고, 실제 P2P 대출 거래에서 차입자의 신용 등급 제공은 필수적이고, 여기

에 더해 일부 대출중개업자는 자체적인 기준에 의해 부여한 신용 등급을 게시하기도 한다. 이렇게 하려면 대출중개업자는 차입자에 대한 신용 등급 파악이 필요하고, 차입자에 대한 신용정보 내지 개인정보를 수집할 필요가 있다. 또한 대출중개업자가 대출자의 회원 가입 승인을 위해서는 대출자의 개인정보를 파악하여야 한다. 이 경우에 관련되는 법률이 개인정보 내지 개인신용정보 또는 기업신용정보에 대해 적용되는 개인(신용)정보 관련 법률이다. 그러한 법률로는 「신용정보의 이용 및 보호에 관한 법률」(이하 "신용정보법"이라 한다), 「개인정보 보호법」, 「정보통신망 이용촉진 및 정보보호 등에 관한 법률」(이하 "정보통신망법"이라 한다)이 있다.

(2) 「신용정보의 이용 및 보호에 관한 법률」의 적용 여부

신용정보법은 신용정보 내지 개인신용정보의 수집과 이용 또는 제공과 관련하여 적용되는 법률이다. 대출중개업자가 차입자의 신용 등급을 파악하기 위해서는 신용조회회사(credit bureau: CB)로부터 차입자의 신용 등급을 제공받아야 하며, 자체적인 신용 등급을 산출하기 위해서는 차입자에 관한 신용정보를 수집해야 한다. 또한 수집한 신용정보를 다른 금융기관이나 신용조회회사 내지는 신용정보집중기관에게 제공할 필요도 있다.

신용정보법은 "신용정보제공이용자"로 하여금 개인신용정보를 수집하는 경우에는 원칙적으로 해당 개인으로부터 동의를 얻도록 하고 있고(제15조), 제3자에게 개인신용정보를 제공하려고 하는 경우에도 원칙적으로 사전에 해당 개인으로부터 동의를 얻도록 하고 있다(제32조). 따라서 대출중개업자가 "신용정보제공이용자"에 해당하는지를 살펴보아야 한다. 신용정보법은 "신용정보제공이용자"를 "고객과의 금융거래 등 상거래를 위하여 본인의 영업과 관련하여 얻거나 만들어 낸 신용정보를 타인에게 제공하거나 타인으로부터 신용정보를 제공받아 본인의 영업에 이용하는 자와 그 밖에 이에 준하는 자로서 대통령령으로 정하는 자"라고 정의하고 있다(법 제2조 제7호). 이를 분석해보면, "… 제공하거나 … 이용하는 자"라고 하고 있으므로 어느 하나에 해당되면 신용정보제공이용자에 해당한다고 할 수 있고,[92] 대출중개업자는 차입자로부터 개인신용정보

92 따라서 일부 대출중개업자는 차입자에 대한 개인신용정보를 다른 기관에게 제공하지 않는다고 게시하고 있는데, 그렇다고 해서 신용정보제공이용자에 해당하지 않는 것은 아닐 것

를 제공받아서 대출 중개라는 영업에 이용하는 자이므로 신용정보제공이용자에 해당한다고 할 수 있다.

실제 대출중개업자는 웹사이트에 게시한 '개인정보취급방침'에서 차입자로부터 개인신용정보를 수집하는 것과 수집한 개인신용정보를 금융기관 등 제3자에게 제공하는 것에 대한 동의를 얻고 있다.[93] 그런데 대출중개업자는 수집한 개인신용정보(예를 들어, 차입자의 차입 금액)를 종합신용정보집중기관에게 등록할 의무가 없는데(신용정보업감독규정 제26조 참조), 차입자의 신용 평가를 보다 정확히 하기 위해서 차입자의 신용정보(차입 금액과 연체 정보 등)도 종합신용정보집중기관에게 등록하도록 할 필요가 있다.

(3) 「개인정보보호법」의 적용 여부

차입자나 대출자가 전산운영체계(platform)를 이용하여 대출을 받거나 대출(투자)을 하려면 회원 가입을 하고 차입 신청 시나 대출(투자) 신청 시 본인의 성명이나 주민등록번호 등 개인정보를 대출중개업자에게 제공하여야 한다. 이 경우 개인정보에 관한 기본법인 「개인정보보호법」이 적용된다. 「개인정보보호법」은 "개인정보처리자"가 개인정보를 수집 또는 이용하거나 제3자에게 제공하려는 경우에는 원칙적으로 해당 개인으로부터 동의를 얻도록 하고 있다(제15조, 제17조). "개인정보처리자"는 "업무를 목적으로 개인정보파일을 운용하기 위하여 스스로 또는 다른 사람을 통하여 개인정보를 처리하는 공공기관, 법인, 단체 및 개인 등"을 의미하므로, 대출중개업자는 개인정보처리자의 범위에 속할 것이다. 따라서 대출중개업자는 「개인정보보호법」에 따라 차입자나 대출자의 개인정보를 취급하여야 한다.

(4) 「정보통신망 이용촉진 및 정보보호 등에 관한 법률」의 적용 여부

대출중개업자는 인터넷이나 모바일 등 온라인에서 차입자와 대출자로부터 개인정보를 수집하기 때문에 「정보통신망 이용촉진 및 정보보호 등에 관한 법률」(이하 "정보통신망법"이라 한다)도 적용된다. 정보통신망법은 "정보통신서비스 제공자"가 이용자의 개인정보를 이용하거나 수집하고자 하는 경우 또는 제3자

이다.

93 예를 들어 팝펀딩의 '개인정보취급방침' 제2조, 제4조.

에게 제공하고자 하는 경우에는 원칙적으로 해당 이용자로부터 동의를 얻도록 하고 있다(법 제22조, 제24조의2). "정보통신서비스 제공자"라 함은 "… 영리를 목적으로 전기통신사업자의 전기통신역무를 이용하여 정보를 제공하거나 정보의 제공을 매개하는 자"(법 제2조 제1항 제3호)이고, "전기통신역무"란 "전기통신설비를 이용하여 타인의 통신을 매개하거나 전기통신설비를 타인의 통신용으로 제공하는 것"(전기통신사업법 제2조 제6호)을 말하므로, 대출중개업자는 "전기통신서비스 제공자"에 해당할 것이다. 따라서 대출중개업자는 차입자나 대출자로부터 개인정보를 수집·이용하거나 제공할 때에 정보통신망법의 적용도 받게 된다.

9. 금융 분쟁 조정 관련 법률들의 적용 여부

(1) 서 설

P2P 대출 거래와 관련하여 관련 당사자 사이에 분쟁이 발생할 수 있다. 직접 대출형 거래에서 대출중개업자와 대출자 사이, 대출중개업자와 차입자 사이, 차입자와 대출자 사이, 원리금수취권매입형 거래와 현금담보제공형 거래에서 대출중개업자와 대출자 사이, 대출중개업자와 차입자 사이, 여신회사와 대출자 사이, 여신회사와 차입자 사이의 분쟁이 있을 수 있다. 법원에 의한 분쟁 해결 방법도 있으나 P2P 거래는 소액 거래이므로 효율적인 해결 방법은 아니다. 그래서 조정이나 중재 등 대체적 분쟁 해결 수단이 효율적일 수 있다.

현재 금융 관련 분쟁의 조정 제도는 「금융위원회의 설치 등에 관한 법률」(이하 "금융위설치법"이라 한다)에 의거하여 설치된 금융감독원의 금융분쟁조정위원회, 「소비자기본법」에 의하여 설치된 한국소비자원의 소비자분쟁조정위원회, 대부업과 관련해서 대부업법에 의하여 시·도지사 소속으로 둔 대부업분쟁조정위원회, 그리고 증권 관련 분쟁과 관련해서 자본시장법에 근거하여 자율규제기관인 한국거래소 시장감시위원회 및 한국금융투자협회에 의한 분쟁 조정 제도가 있다. P2P 대출 거래와 관련해서는 증권 관련 분쟁은 아니므로 앞의 3가지 분쟁 조정 제도를 이용할 수 있을 것인데, 해당되는지 여부를 살펴보기로 한다.

(2) 「금융위원회의 설치 등에 관한 법률」의 적용 여부

금융위설치법에 근거하여 금융감독원 내에 설치된 금융분쟁조정위원회는 "금융감독원의 검사를 받는 금융기관과 예금자 등 금융 수요자 및 기타 이해관계인 사이에 발생하는 금융 분쟁에 관한 사항"을 심의·의결하는 기구이다(법 제51조). "금융감독원의 검사를 받는 금융기관"은 은행, 금융투자업자(증권회사 등), 보험회사 등을 말한다(법 제38조). 따라서 대출중개업자는 법 제38조가 규정하고 있는 금융기관에 속하지 않으므로, 대출중개업자와 대출자 또는 차입자 사이, 또한 대출자와 차입자 사이의 분쟁은 그 관할 대상이 아니게 된다. 다만, 원리금수취권매입형 거래나 현금담보제공형 거래의 경우에 여신회사가 상호저축은행이나 일반은행이 될 때에는 금융분쟁조정위원회의 관할 대상이 되고, 여신회사가 대부업자인 경우에는 2개 이상의 시·도지사에게 등록한 대부업자 등 대형 대부업자는 금융감독원의 검사 대상이 되므로(대부업법 제12조 제3항, 시행령 제7조) 이 경우는 금융분쟁조정위원회의 분쟁 조정 대상이 된다(법 제38조 제9호).

입법론적으로는 금융분쟁조정위원회가 금융 관련 전문성이 있어 효율적인 분쟁 조정 해결 기관이 될 수 있으므로 P2P 대출 거래에서 발생하는 분쟁도 금융분쟁조정위원회가 관할 대상이 될 수 있도록 하는 것이 바람직할 것이다.

(3) 「소비자기본법」의 적용 여부

「소비자기본법」에 의한 한국소비자원 소비자분쟁조정위원회의 조정 대상은 소비자와 사업자 사이에 발생한 분쟁이다(법 제60조 제1항). "사업자"는 "물품을 제조(가공 또는 포장을 포함한다. 이하 같다)·수입·판매하거나 용역을 제공하는 자"를 말하며, "소비자"는 "사업자가 제공하는 물품 또는 용역(시설물을 포함한다. 이하 같다)을 소비생활을 위하여 사용(이용을 포함한다. 이하 같다)하는 자 또는 생산활동을 위하여 사용하는 자"를 말한다(법 제2조 제1호, 제2호). 차입자와 대출자가 소비자에 해당함은 의문이 없고, 대출중개업자 및 여신회사도 사업자에 해당할 것이다. 따라서 P2P 대출 거래에 따른 당사자들 사이의 분쟁은 원칙적으로 소비자분쟁조정위원회의 조정 대상이 될 수 있을 것이다. 다만 소비자 사이의 분쟁은 조정 대상이 아니므로 영업으로 하지 않는 대출자와 차입

자 사이의 분쟁은 조정 대상이 되지 않을 것이다. "사업자"라 함은 명시적인 문구는 없지만 영업을 전제로 하는 개념으로 보아야 하기 때문이다.

(4) 「대부업 등의 등록 및 금융이용자 보호에 관한 법률」의 적용 여부

대부업법에 의하여 시·도지사 소속으로 둔 대부업분쟁조정위원회는 "시·도지사에게 등록된 대부업자등과 거래상대방 간의 분쟁"을 조정한다(제18조 제1항). 따라서 등록된 대부업자가 여신회사로 참여하는 원리금수취권매입형 거래에서는 대부업분쟁조정위원회가 대부업자와 차입자 또는 대출자 사이에 발생한 분쟁을 조정할 수 있다.

Ⅴ. 법제 정비 방안

1. 법제 정비의 필요성

P2P 대출 거래가 저소득층 등 서민 금융을 위한 대안 금융이 될 수 있다는 점에서 이 거래를 활성화시키는 방안을 강구할 필요가 있다. 더욱이 정보 기술이 발전하면서 온라인 금융 거래가 보편화되는 추세를 감안할 때 P2P 대출 거래는 미래의 주요 금융 거래가 될 가능성도 있다. 금융기관을 거치지 않은 거래라 기본적으로 거래 비용이 적게 드는 장점이 있다. 차입자 입장에서 보아도 낮은 금리로 자금을 조달할 수 있는 장점이 있고, 투자자인 대출자 입장에서는 다른 금융상품에 비하여 비교적 높은 이자 수익을 올릴 수 있다. 물론 대규모 금융 거래가 일어나기는 쉽지 않겠지만, 그래도 기존 은행 등 금융기관이 취급할 수 없는 분야의 금융 거래가 이루어질 수 있다는 점에서 P2P 대출 거래의 활성화가 필요하다. 특히 기술력은 있지만 기존 금융기관으로부터 차입이 어려운 창업 기업에 대한 자금 조달 수단으로서 제도화된다면 정부가 추진하는 '창조경제' 및 '창조금융'에도 도움이 될 수 있을 것이다.

그런데 앞서 본 것처럼 현재 우리나라 P2P 대출 거래의 현실을 보면 여러 가지 법적인 불안정성에 노출되어 있어 거래 활성화에 장애 요인이 되고 있다. 원래 의미의 직접 대출형 거래가 이루어지지 않고, 대부업자나 상호저축은행 등 금융기관이 개재된 변형된 P2P 대출 거래가 이루어지고 있다. 그만큼 비용

이 많이 드는 문제점이 있다. 그리고 P2P 대출 거래를 활성화시키려면 투자자인 대출자를 보호하고 동시에 차입자인 자금 수요자도 보호해야 하는 것이 중요한데도 불구하고, 이에 관한 법제가 불완전하다. 차입자의 부실 정보 제공에 의한 투자자의 손실 위험을 막을 제도적인 방안이 필요하고, 차입자를 보호하기 위한 설명 의무의 도입 등 제도적 정비가 필요한데, 이에 관한 법제가 미비하다. 결국 법제 정비 방안을 마련하는 것이 긴요하다는 결론이 된다.

그러면 어떻게 관련 법제를 정비하느냐의 문제이다. 여러 가지 견해가 있을 수 있다. 해당 관련 법률들을 일일이 개정하는 방안을 생각할 수 있고, 유사한 관련 법인 대부업법을 개정하여 관련 조항을 정비하는 방안도 검토할 수 있고, 증권형 P2P 금융거래를 규율하고 있는 자본시장법을 개정하는 방안도 고려할 수 있겠고, 온라인상에서 영업을 한다는 점에서 「전자금융거래법」을 개정하는 방안도 검토할 수 있고, 아니면 새로운 법률을 제정하는 방안을 생각할 수도 있다.

2. 새로운 법률 제정 방안

관련 법들을 정비하는 방안은 모든 규제 법률들을 찾아내어 각 관련 법들에 반영하여야 한다는 점에서 번거롭다. 그리고 모든 관련 법들에 필요한 부분만 반영하기 때문에 P2P 대출 거래를 위해서 일일이 이러한 관련 법들을 검토해야 한다는 점도 비효율적이고 체계적이지 못하다는 단점이 있다. 예를 들어, 대부업법, 자본시장법, 자금세탁 방지 관련 법률들 등 여러 가지 법률들을 개정해야 하는 문제가 있다. 대부업법 개정 방안도 대부업의 특성과 P2P 대출 거래의 특성이 다르다는 점에서 좋은 방안은 아니라고 본다. 자본시장법 개정 방안도 대출 거래를 증권 규제를 기본으로 하는 법에 반영하는 것이라 좋은 방법이라고 보이지는 않는다. 「전자금융거래법」 개정 방안도 이 법이 전자 자금 이체 및 거래에 관련된 법이라 적절하게 보이지는 않는다.[94]

그렇다면 체계성을 갖추면서 규제의 명확성을 도모하여 효율적인 규제를 할 수 있는 방법은 단일 법률을 새로 제정하는 것이다.[95] 물론 새로운 법을 제

---

94 대부업법 개정이나 자본시장법 개정 방안을 제시하는 견해는 서병호, 앞의 발표자료, 65면.
95 "국내의 금융관련 법체계상으로 다수의 대출신청자와 자금제공자가 경매방식을 통해 법적

정하는 것이 절차 면에서 개정 방법보다도 까다롭고 번거로운 일일 수는 있겠지만, P2P 대출 거래를 활성화시킨다는 면에서는 거쳐야 할 과정이라고 본다. 「전자상거래 등에서의 소비자 보호에 관한 법률」(이하 "전자상거래법"이라 한다)의 개정을 통한 입법 정비를 주장하는 견해도 있지만,[96] 금융거래라는 특성상 물품이나 용역 거래가 전제되는 전자상거래법[97]의 개정 방안은 그렇게 적절하게 보이지는 않는다. 더욱이 P2P 대출 거래에 적용될 수 없는 전자상거래법의 내용을 일일이 검토하여 배제 조항을 두는 것도 번거로운 일이다. 또한 전자상거래법에 반영하게 되면 전자상거래법의 관할 부처인 공정거래위원회의 규제를 받아야 하는데, P2P 대출 거래는 금융 거래라 금융감독당국인 금융위원회 및 금융감독원이 담당하는 것이 타당하므로 이러한 점에서도 전자상거래법 개정 방안은 부적절해 보인다. 그것보다는 관련 법률을 별도로 제정하는 방안이 더 나을 것이다. 이 경우 법 명칭은 "전자 소액 대출 거래 및 중개에 관한 법률"을 고려할 수 있을 것이다. 그렇다면 단일 법률을 새로 제정할 때 어떤 내용이 들어가야 할지를 생각해보아야 하는데, 이하에서 논의하기로 한다.

3. 법률에 반영되어야 할 사항

새로 제정되는 법률에는 우선 앞서 본 것처럼 법적인 논란이 있는 사항에 대한 배제 조항을 두거나 명확하게 하는 조항을 둠으로써 법적 불안정성을 해소하는 것이 필요하다. 또한 P2P 대출 거래가 활성화되기 위해서는 투자자인

효력을 가진 대출계약을 체결하는 것이 불가능하므로 P2P금융에 관한 법률을 신설하여 이러한 계약의 체결에 관한 사항을 새롭게 규정할 필요"가 있다는 주장은 이건호, "P2P금융의 현황 및 법제도적 개선방안," 국회입법조사처 간담회 자료, 2011. 1. 10, 28면.

96 김정주·김애진, 「비투자형 크라우드펀딩 법제화의 쟁점과 입법적 개선과제」, 국회 입법조사처 현안보고서 제239호, 2014. 9. 11, 58면. 그 근거로 "① 대출형 크라우드펀딩이 온라인을 통해 이루어지고 있고, 금전대차거래 역시 현행 「상법」 제46조에서 정하고 있는 기본적 상행위에 해당하고, ② 전자거래라는 거래방식으로부터 현재의 대출형 크라우드펀딩이 가진 문제점이 파생되는 측면이 크므로 「전자상거래법」을 기본적인 규제틀로 활용하는 것이 바람직[하다]"라고 하고 있다.

97 전자상거래법 제1조의 목적 조항은 "전자상거래 및 통신판매 등에 의한 재화 또는 용역의 공정한 거래에 관한 사항을 규정함으로써 …"라고 하고 있어서, 비록 "전자상거래"가 "전자거래 … 의 방법으로 상행위(商行爲)를 하는 것"(제2조 제1호)이어서 금전대차거래도 상행위의 하나에 속하지만(상법 제46조 제4호), 재화나 용역의 거래에 해당하는 전자상거래로 한정한다고 보는 것이 타당할 것이다.

대출자와 소비자인 차입자를 동시에 잘 보호함으로써 P2P 대출 거래의 신뢰성을 확보하여야 하므로 이에 관한 추가 조항을 두면서, 대출중개업자의 영업에 대한 규제 조항을 신설하는 것이 필요하다.

(1) 관련 법률들의 적용 배제 또는 적용 조항

1) 「대부업의 등록 및 금융이용자 보호에 관한 법률」의 적용 배제 조항

첫째, 투자자인 대출자가 2회 이상 대출을 하는 경우에 대부업을 영위하는 것으로 볼 수 있다는 법적 논란이 제기되므로 이를 명확히 해야 한다. 특히 투자자가 개인인 경우 대부업자로 규제할 실익이 크지 않다는 점에서 대부업자에서 제외하는 조항을 신설해야 할 것이다. 이는 개인인 대출자는 대출을 영업으로 하려는 의사보다는 단지 투자의 수단으로 생각한다는 점에서 굳이 영업성을 인정할 필요가 없기 때문에 대부업의 정의에서 배제할 필요가 있는 것이다. 물론 개인이 아닌 법인 등 사업자가 대출을 하는 경우에는 그러한 법인 등을 대부업자에서 배제할 필요는 없을 것이다. 사업자인 경우에는 규제할 필요가 있기 때문이다.

둘째는 대출중개업자가 대부업법상의 대부중개업을 영위하는 지에 대해서는 법적 논란이 제기되므로 이를 해결할 필요가 있다. 대출중개업자도 대부중개업을 영위하고 있다고 보는 것이 타당하게 보이므로 새로운 법률에 이를 명확히 할 필요가 있는데, 인터넷상에서 전산 운영체계(platform)를 운영하는 대출중개업자의 특성을 고려할 때 일반 대부중개업자와 동일하게 규제할 필요는 없다고 본다. 따라서 대출중개업자에 대해서는 대부업법 적용을 배제하고 대출중개업자의 특성을 반영한 별도의 규제 조항, 즉 대출중개업자에게 금융감독기관에 등록을 하도록 하는 제도가 바람직할 것이다. 앞서 영국의 경우처럼 대출중개업자로 하여금 금융감독기관으로부터 인가를 받도록 하는 사례가 참고가 될 것이다.

2) 「자본시장과 금융투자업에 관한 법률」의 적용 배제 조항

대출채권이 자본시장법상의 채무증권에 해당하는지에 관한 쟁점도 해결해야 할 어려운 문제 중의 하나이다. 물론 이론의 여지가 없는 것은 아니지만, 자본시장법상의 금융투자상품의 정의, 증권의 정의 및 채무증권의 정의에 비추어

문리적 해석을 해보면, 대출채권도 채무증권으로 볼 여지가 있다. 그렇다면 자본시장법 적용 대상이 되는데, P2P 대출 거래를 자본시장법 적용 대상으로 포섭해야 할지는 고민할 필요가 있다. 증권형 P2P 금융 거래가 자본시장법 적용을 받는다는 점, 다수로부터 자금을 조달하므로 P2P 대출 거래가 증권 발행과 성격이 유사하다는 점, 단지 대출의 형태이므로 자본시장법 적용을 배제한다는 것이 합리적이지 않다는 점 등을 고려하면 자본시장법을 적용해야 한다는 주장이 타당할 수도 있다. 특히 미국의 경우도 증권법의 규제 대상이라는 점에서 설득력이 있을 수 있다.

그러나 증권 발행에 의한 자금 조달과 차입에 의한 자금 조달이 방식 면에서 차이가 있다는 점, 증권 중 주식 발행에 의한 자금 조달과 차입에 의한 자금 조달은 그 성격이 완연히 다르다는 점(주식 발행은 자본 항목, 차입은 부채 항목에 해당한다), 대출채권이 채무증권의 범위에 포함되지 않는다는 견해에 따르면 자본시장법 적용이 타당하지 않을 수 있다는 점, 미국의 경우도 증권법 규제 대상이 되는 것에 대한 비판적인 견해가 있다는 점 등을 고려하면, P2P 대출 거래를 자본시장법 적용 대상으로 하여 규제할 필요가 없다고 볼 수 있다. 특히 개인인 차입자와 대출중개업자에게 금융감독기관에 대한 증권 발행 신고서 제출 및 공시 의무를 적용하게 되면 거래 비용과 부담이 늘어나 P2P 대출 거래의 활성화에 장애 요소가 될 수 있다는 점도 고려해야 한다. 이 점이 미국에서도 P2P 대출 거래를 증권법상의 규제 대상으로 하는 것에 대한 주요 비판적인 근거 중의 하나이었다.

그렇다면 P2P 대출 거래의 대출채권을 자본시장법상의 채무증권으로 보지 않는다는 조항을 신설하여 법적 논란을 해소시키고 자본시장법 적용을 배제하는 방향이 바람직할 것이다.

3) 「유사수신행위 규제에 관한 법률」의 적용 배제 조항

차입자의 차입 행위가 유사수신행위규제법상의 해석상 유사수신행위로 보지 않는 것이 타당하다고 판단되지만, 그 반대의 견해도 있다는 점을 고려하면, 이를 명확히 할 필요가 있다. 그래서 유권해석을 통해 이를 명확히 하거나, 아니면 차입자의 차입 행위가 유사수신행위에 해당하지 않는다는 조항을 새로운

법에 추가하는 것도 고려하여야 한다.

4) 자금 세탁 방지 관련 법률의 적용 조항

P2P 대출 거래가 자금 세탁에 이용될 가능성도 있기 때문에 이를 방지하기 위한 법제 정비도 필요하다. 특정금융거래보고법상의 규제 대상이 될 수 있도록 대출중개업자를 "금융회사등"의 범위에 포함시키는 조항을 새로운 법에 두는 것이 필요하다. 공중협박자금조달금지법과 범죄수익은닉규제법의 경우도 마찬가지이다. 대출중개업자를 이들 법률상의 "금융회사등"의 범위에 포함시키는 조항을 새로운 법에 두어 이 법률들의 규제 대상이 되도록 하여야 한다.

5) 금융 분쟁 조정 제도의 적용 조항

대출중개업자와 차입자 또는 대출자 사이에 발생하는 분쟁과 관련해서는 금융위설치법에 따르면 금융감독원 금융분쟁조정위원회의 조정 대상이 되지 않는다. 결국 한국소비자원의 소비자분쟁조정위원회의 분쟁 조정 대상이 될 수밖에 없는데, 소비자분쟁조정위원회는 모든 소비자 분쟁에 관련된 분쟁 조정을 하므로 아무래도 금융에 관한 전문성이 떨어져 효율적인 분쟁 조정이 되기가 어렵다. 따라서 금융분쟁조정위원회의 분쟁 조정 대상이 될 수 있도록 새로운 법에 규정하여야 할 것이다.

(2) 차입자 보호 내용

차입자에 대한 보호 조치도 마련되어야 한다. 결국 소비자인 차입자에 대한 보호 장치가 있어야 P2P 대출 거래가 활성화될 수 있다. 그래서 영국의 경우도 소비자 신용 규제 차원에서 차입자를 보호하기 위한 여러 가지 조치를 취하고 있는 것이다.

1) 대출중개업자의 대출 계약 주요 내용 설명 의무

대출중개업자가 대출 중개를 하면서 대출 계약의 체결 전에 차입자에게 차입에 따른 위험 등 대출 계약의 주요 내용을 설명하거나 고지하도록 하는 의무 규정을 둘 필요가 있다. 그렇게 함으로써 차입자가 대출 계약의 중요 내용을 이해하고 계약 체결의 여부를 결정할 수 있기 때문이다. 특히 차입자가 채무 불이행을 했을 때 차입자의 신용도가 떨어질 수 있다는 점과 다른 금융기관에 연체 사실을 통보할 수 있다는 내용, 그리고 담보부 차입의 경우에는 담보 목적물이 경매 등을 통하여 처분될 수 있다는 사실을 차입자에게 미리 고지하도록 하는 조항도 두어야 한다.

2) 대출중개업자의 연체 사실 통지 의무

차입자가 원리금을 제때에 지급하지 않아 연체될 때는 대출중개업자가 즉시 연체 사실을 차입자에게 통지하도록 하는 조항도 두어야 한다. 차입자가 연체 사실을 모를 수도 있기 때문이다.

3) 연체 차입자에 대한 채무 조정 상담 의무화

차입자가 연체한 경우에는 채무 조정에 관한 상담을 관련 기관으로부터 무료로 반드시 받도록 하는 조항도 둘 필요가 있다. 이를 통해서 차입자가 채무 조정에 따른 회생을 도모할 수 있는 방안을 모색하도록 할 필요가 있기 때문이다.

(3) 대출자 보호 내용

투자자인 대출자를 보호하는 장치도 마련되어야 한다. 대출자 입장에서는 투자하는 것이므로 투자에 대한 신뢰가 있어야 P2P 대출 거래가 활성화될 수 있기 때문이다. 영국의 경우도 감독규정을 마련하여 대출중개업자에 대한 규제를 통해서 대출자를 보호하는 조치를 취하고 있다는 점은 앞서 본 바와 같다.

1) 차입자의 신용 등급을 필수적인 요소로 의무화

P2P 대출 거래에서 차입자의 신용 등급 제공을 필수적인 요소로 할지도 중요한 쟁점 중의 하나이다. P2P 대출 거래가 저소득층이나 저신용자 등의 서민 금융의 대안으로 이용되고 있는 실정을 보면 신용 등급을 필수적인 요소로 했을 때 이러한 서민 금융으로서의 기능을 다하지 못하는 문제도 있을 수 있지만, P2P 대출 거래의 활성화 필요성을 생각하면 신용 등급 제시를 필수적인 요소로 할 필요가 있다. 이렇게 해야 P2P 대출 거래의 신뢰가 쌓여 건전한 P2P 대출 거래가 형성되고, 궁극적으로 대출자를 보호하게 될 것이다. 물론 현재도 대부분의 대출중개업자는 차입자의 신용 등급을 필수적인 요소로 하고 있지만 법에 반영할 필요가 있다. 영국의 경우도 차입자의 신용 등급을 필수적인 제공 사항으로 규정하고 있다.

2) 차입자의 거짓 정보 제공에 대한 제재

차입자가 거짓 정보를 제공하여 대출을 받을 때 제재를 할 수 있는 근거 조항이 필요하다. P2P 대출 거래의 특성상 차입자의 신용 등급을 게시하기는 것 이외에도 차입자의 자산과 부채 내역, 소득 금액, 직업 등 개인 신상 정보를 게시한다. 더 나아가서 차입이 불가피한 사유 등을 게시하여 대출자의 감정에 호소하는 경우도 있다. 대출중개업자가 이러한 차입자의 정보를 확인하기가 어렵다. 그래서 차입자가 거짓 정보를 제공할 가능성이 크다. 따라서 차입자가 제공한 거짓 정보를 신뢰하여 대출자가 대출을 함으로써 입게 되는 손해의 발생을 막을 필요가 있다. 차입자가 그러한 거짓 정보를 제공했을 때 형사 처벌 등 제재를 할 수 있는 조항을 신설함으로써 거짓 정보의 제공 유인을 미리 차단할 필요가 있다. 거짓이라는 사실이 밝혀졌을 때 모든 P2P 대출 거래를 다시 하지 못하도록 하거나 금전적 행정제재금 부과를 신설하는 것도 생각할 수 있다.

3) 채권 추심 위임 조항

P2P 대출 거래에서 대출자의 대출 금액이 소액인 경우가 많다. 그래서 대출자가 차입자로부터 상환을 받지 못하는 경우에는 상환 청구권 행사를 할 때 들어가는 비용과 시간 때문에 상환 청구를 포기하게 되는 유인이 강하다. 그래서 대출채권의 추심을 대출중개업자나 제3의 채권추심업자에게 위임하도록 하는 조항을 둘 필요가 있다.

4) 대출자의 대출 자금을 신탁으로 설정

P2P 대출 거래에서 대출자의 대출(투자) 자금은 대출중개업자를 통해서 차입자에게 전달된다. 이 때 자금이 대출중개업자에게 머무르는 동안 대출중개업자가 파산하게 되면 대출자의 자금을 충분히 보호받지 못할 수가 있다. 이를 막기 위한 방법은 신탁을 활용하는 것이다.[98] 대출 자금을 신탁 자산으로 하여 수탁자에게 맡김으로써 대출중개업자의 파산 등의 위험에서 대출자의 자금을 안전하게 지킬 수 있게 된다. P2P 대출 거래의 신뢰성을 쌓을 수 있는 방법이다.

---

98 증권형 P2P 금융거래의 경우에도 투자자의 청약증거금을 은행 또는 증권금융회사에 예치 또는 신탁되도록 하여(자본시장법 제117조의8 제2항) 투자자의 투자 자금이 안전하게 보호되도록 하고 있다.

앞서 본 것처럼, 영국의 경우도 신탁 자산으로 보관하도록 하고 있다.

(4) 대출중개업자에 대한 규제 내용

1) 금융감독기관에 대한 등록제

대출중개업자를 어떻게 규제해야 할 것인가의 문제도 중요하다. 현재 대출중개업자는 전자상거래법에 따른 전자상거래업이나 통신판매업 등으로 등록하여 영업을 하고 있는 실정이며,[99] 관할 부처인 공정거래위원회의 규제를 받는 정도이다. 그런데, 대출중개업자가 사실상 금융 중개 기능을 한다는 점에서 넓은 의미의 금융기관으로도 볼 수 있고, 그렇다면 금융감독기관에 의한 규제를 받도록 하는 것이 타당하다. 인가를 받도록 하는 방법도 있으나, 인가 제도가 규제의 강도가 강하고 진입 규제가 까다롭다는 점에서 그보다 규제의 정도가 약한 등록제를 도입하는 것이 나을 것이라고 본다.

2) 최저 자본금 등 자본 건전성 규제 적용

대출중개업자의 자본금 규제 등 자본 건전성 규제도 적용되도록 하여야 한다. 대출중개업자가 파산 등의 사유로 영업이 중단되면 대출자와 차입자 등 거래 당사자가 피해를 입을 수 있다. 따라서 대출중개업자의 건전성 유지도 중요하다. 이를 위해서 최저 자본금 유지 조건 등 자본 건전성 규제를 할 필요가 있다. 앞서 본 것처럼, 영국의 경우도 자본 건전성 규제를 하고 있다.

3) 금융감독기관에 대한 정기적인 보고 의무

금융감독기관이 P2P 대출 거래와 대출중개업자의 영업에 대한 현황을 파악할 필요가 있다. 그래야 감독의 방향을 설정할 수 있다. 자본금 현황, 중개 대출 취급 실적, 연체율, 민원 제기 현황 등에 관한 내용을 정기적으로 금융감독기관에게 보고하도록 하는 조항을 두어야 한다.

4) 대출중개업자의 업무 및 재산 현황에 대한 금융감독기관의 검사권

금융감독기관이 대출중개업자에 대한 검사권을 갖는 조항도 필요하다. 금융감독기관이 대출중개업자의 업무와 재산에 관한 직접 검사권을 갖고 있어야 효율적인 감독이 이루어질 수 있다.

---

99 서병호, 앞의 발표자료, 21면.

5) 투자 권유 내지 광고 규제

대출중개업자가 웹사이트에 게시하는 투자 권유 내지 광고 내용에 대한 규제도 있어야 한다. 대출자가 대출중개업자의 사실과 다른 대출 광고 내지 과장 광고(예를 들어, 높은 이자율 수익을 올릴 수 있다는 내용, 정확하지 않은 실제 및 예상 부도율 등)에 현혹되어 대출을 결정하는 경우가 있을 수 있으므로 이를 막기 위한 규제가 있어야 한다. 차입자도 낮은 이자율로 차입을 할 수 있다는 광고 내용에 현혹되어 차입 결정을 할 수도 있다. 대출중개업자의 광고 내지 투자 권유에 관한 기준과 내용을 제시할 필요가 있다. 영국의 경우도 투자 권유 내지 광고에 대한 규제 조치를 취하고 있다.

6) 금융 민원 제기 및 분쟁 조정 신청에 관한 고지 의무

대출자나 차입자는 P2P 대출 거래 관련 분쟁 발생 시 우선 해당 대출중개업자에게 민원을 제기할 수 있고, 거기에 만족하지 못한 경우에는 법이 정한 금융 분쟁 조정 제도를 이용할 수 있다는 사실을 대출중개업자로 하여금 대출자와 차입자에게 개별적으로 고지하도록 하고 웹사이트에도 공지하도록 하여야 한다.

7) 대출중개업자의 영업 중단 시 대출 계약의 계속적 유지 필요

대출자와 차입자가 대출중개업자의 영업에 영향을 받지 않고 약정 기간 동안 계속 거래 관계를 유지하도록 하기 위하여, 대출중개업자가 파산 등의 사유로 영업을 계속하지 못하는 상황이 되더라도 기존의 대출 계약이 계속 유지되고 관리될 수 있도록 하는 조항을 두어야 한다.

8) 대출보증보험 판매 업무 허용

P2P 대출 거래에서 대출자가 상환을 받지 못할 위험은 항상 존재한다. 이 경우에 대출자가 보증보험을 이용하면 어느 정도 위험을 감소시킬 수 있다. 대출자가 별도로 보증보험에 가입하는 것은 번거로운 일이다. 대출중개업자가 보증보험 판매 업무를 한다면 훨씬 용이한 방법이 될 수 있을 것이다. 영국의 대출중개업자인 ㈜조파가 대출보증보험 판매 업무를 하고 있는 것을 참고할 수 있다.[100]

---

100 산은경제연구소, "인터넷을 이용한 개인간(P2P) 대출 중개 서비스," 2007. 7. 25, 13면.

(5) 차입자의 범위를 창업 기업으로 확대

원래 의미의 개인 간 금융거래라는 특성에서 나아가 차입자를 창업 기업이나 일정한 규모 이하의 중소기업으로 확대할 필요가 있다. 물론 이렇게 되면 개인 간 금융거래라는 정의를 넘어서는 것이 되지만 반드시 개인에 한정할 필요는 없다고 본다. 정부가 창조경제와 창조금융을 통해 신생 기술 창업 기업들에게 자금 조달의 창구를 확대시켜 주고자 하는 정책을 추진하고 있는 것을 고려할 때, 이들 창업 기업들이 낮은 이자율로 자금 조달을 할 수 있다면 더욱 효율적인 자금 지원이 될 수 있다. 그렇게 되면, 이미 입법화된 증권형 P2P 금융 거래 제도와 함께 다양한 자금 조달 수단이 되어 창업 기업의 활성화에 도움을 줄 수 있을 것이다.[101]

(6) 차입자의 신용정보를 종합신용정보집중기관의 집중 대상에 포함 필요

앞서 본 것처럼, P2P 대출 거래에서 차입자의 차입 정보는 종합신용정보집중기관에 집중되어 관리되지 않고 있다. 따라서 종합신용정보집중기관으로부터 신용정보를 제공받는 신용조회회사는, 대출중개업자가 직접 신용조회회사에게 차입자의 차입 정보를 제공하지 않는 한, 차입자의 신용 정보를 파악할 수가 없게 된다. 그러면 차입자에 대한 정확한 신용 평가를 하기가 어렵게 된다. 신용평가의 사각 지대가 되는 셈이다. 새로운 법에 이에 관한 조항을 추가해야 할 것이다.

(7) 대출피해보상기금의 설치

P2P 대출 거래에서는 대출자가 차입자로부터 상환을 받지 못할 위험이 상존한다. 차입자에 대한 신용정보를 정확히 파악하여 신용 등급이 일정한 수준 이상인 차입자에게만 대출을 해주는 방법도 생각할 수 있지만, 이 경우 P2P 대출 거래를 활성화시키는 데는 한계가 있다. 그렇다면 신용 등급이 낮은 차입자에게 대출을 하는 경우도 발생할 수 있는데, 이 경우에는 아무래도 부실 발생률이 상대적으로 높게 된다. 그렇게 되면 P2P 대출 거래의 신뢰성이 상실되어 거래 시장이 위축될 수 있다. 이를 보완할 수 있는 방안으로서 부실 대출 발생에

101 같은 취지의 주장은 연태훈, "P2P금융: 전망과 과제,"「주간금융브리프」 제21권 제19호, 한국금융연구원, 2012. 5. 5~5. 11, 11면.

대비한 '대출피해보상기금'을 설치하는 것을 고려할 수 있다. 즉 대출중개업자가 대출자와 차입자로부터 받는 수수료 수익 중 일정 비율을 기금에 출연하도록 하여 기금을 적립한 후 대출자의 피해 발생 시 피해 금액의 일정 비율 또는 일정한 금액을 보상해주도록 하는 것이다. 이 기금의 설치 및 운영은 대출중개업자의 단체인 협회에게 맡기는 방안을 생각할 수 있다.

4. 기타 고려 사항

(1) 차입자의 차입 금액 제한 문제

차입자의 차입 금액을 제한할 것인가의 문제가 있다. 소액 대출 거래라는 특성을 고려하면 차입 금액을 제한할 필요성이 있다고 할 여지도 있지만, 차입자의 상황에 따라 차입 금액이 커질 수도 있고, 특히 기업이 차입자인 경우에는 사업의 성격상 보다 큰 금액을 조달할 필요성도 있기 때문에 굳이 법이 개입함으로써 규제의 경직성을 가져올 필요는 없다고 본다. 대출중개업자의 자율에 맡겨두는 것이 바람직하다고 본다. 현재도 대부분의 대출중개업자는 약관을 통해서 차입 금액을 제한하여 운영하고 있다.

(2) 대출(투자) 금액의 제한 문제

대출자를 보호하기 위해서도 대출자의 대출(투자) 금액을 제한할 필요가 있는지도 쟁점이다. 차입자의 신용 등급을 필수적인 요소로 하지 않을 때 부실대출 발생률이 커진다는 점을 보면 대출자를 보호하기 위해서 대출 금액을 일정한 금액 이하로 제한하는 방안도 생각할 수 있지만, 법에서 굳이 규제할 필요는 없다고 본다. 대출중개업자가 자율적으로 판단해서 결정해도 충분하다고 본다. 그리고 투자(대출) 위험은 대출자가 떠안는 것이므로 대출자가 그러한 위험 감수 능력이 있다면 굳이 이를 막을 필요는 없다고 본다. 현재도 대부분의 대출중개업자는 약관을 통해서 1인당 투자(대출) 금액을 제한하고 있는 점을 볼 때 자율적으로 결정하도록 하는 것도 좋을 것이라고 본다.

(3) 대출자의 범위 제한 문제

대출자의 범위를 개인으로만 한정할 것인가 아니면 대부업자나 은행 등 금융기관도 허용할 것인가의 문제도 생각해볼 필요가 있다. 원래의 의미의 P2P

대출 거래를 생각하면, 개인으로만 한정하는 것이 타당할 수도 있지만, 인터넷 상의 금융 거래라는 면에서 보면 개인으로만 한정할 필요는 없을 것으로 본다. 대부업자나 금융기관도 대출중개업자를 통해서 대출을 할 유인이 있을 수 있으므로 굳이 이를 규제할 필요는 없다고 본다.

(4) 직접 대출형 거래만 허용할 것인가의 문제

관련 법제를 정비할 때 P2P 대출 거래의 원래의 의미에 충실하게 직접 대출형 거래만 허용해야 할지 여부가 문제될 수 있다. 세 가지 유형의 거래를 다 허용해서 시장이 판단하도록 하면 된다는 견해가 있을 수도 있다. 그러나 간접 대출형의 경우 대부업자 등 금융기관이 개재되기 때문에 금융기관이 수취하는 수수료 내지 이자를 생각하면 차입자가 부담하는 이자가 높아질 수밖에 없다. 그만큼 거래 비용이 많이 드는 구조가 될 수밖에 없다. 비효율적인 것이다. 직접 대출형 거래의 경우 법률 관계가 명확하고 단순하여 투자자인 대출자를 더욱 잘 보호할 수 있고, 차입자도 보다 낮은 이자율로 자금을 조달할 수 있어 효율적인 거래가 된다. 특히 현재 간접 대출형 거래를 취할 수밖에 없는 이유 중의 하나가 노출되어 있는 법적 불안정성을 해결하기 위한 것이라는 점에서 새로이 법제 정비를 할 때 이러한 법적 불안정의 문제를 해소한다면 직접 대출형 거래를 하지 않을 이유도 없다. 그렇다면 법제 정비를 할 때 직접 대출형 거래만 허용하는 방안이 바람직할 것이다.[102]

Ⅵ. 맺음말

핀테크 산업에 대한 관심이 커지면서 P2P 대출 거래도 주목을 받고 있다. P2P 대출 거래 규모가 향후에 더욱 커질 수 있다는 점에서 이에 대한 적절한 규제가 필요하다. 영국 및 미국 등 주요 선진국도 금융감독기관의 규제 체제 아래 두기 시작했다는 점에서 관련 법제 마련이 필요하다. 우리는 아직 P2P 대출 거

102 윤민섭, 앞의 보고서, 181면도 "대출형 크라우드펀딩을 정형화할 유형이 결정되면, 해당 유형만을 등록할 수 있도록 하고, 그 외의 유형에 대해서는 규제를 강화하여 시장에서 교란행위가 발생하는 것을 예방할 필요가 있다"고 하여, 직접 대출형 거래만을 염두에 두고 서술한 것으로 보인다.

래에 관한 법제가 정비되지 않아 여러 법적 불안정성에 노출되어 있다. P2P 대출 거래가 활성화되지 못하고 있는 이유 중의 하나이다. 결론은 새로운 법률을 제정하여야 한다는 것이다.

이 글에서 제시한 법제 정비 방안을 요약하면 다음과 같다. 우선 대부업법상의 법적 문제를 없애야 한다. 즉 개인인 대출자가 2회 이상 대출을 했을 때 대부업으로 볼 수 있는 가능성을 없애야 하고, 대출중개업자가 대부중개업에 해당한다고 볼 여지가 있으므로 이를 배제하는 조항을 두어야 한다. 대출채권이 자본시장법상 금융투자상품인 채무증권으로 볼 수 있는 여지가 있으므로 이 문제를 입법적으로 해결하여야 한다. 자금 세탁 관련 법률들이 대출중개업자에게도 적용될 수 있도록 하여, 이 거래가 자금 세탁에 이용되는 것을 막아야 한다. 대출중개업자가 차입자의 신용정보를 종합신용정보집중기관에게 제공하도록 하여 차입자의 신용정보를 공유하는 체계를 만들어야 한다. 금융감독원의 금융분쟁조정위원회에 의한 금융 분쟁 조정 제도도 이용할 수 있도록 근거 규정을 두어 분쟁 해결을 쉽게 할 수 있도록 해야 한다.

이외에도 차입자와 대출자를 보호하기 위한 규정도 마련하여야 한다. 차입자를 보호하기 위한 조치로서 대출중개업자가 차입자에게 대출 계약에 따르는 위험 등 계약의 중요한 내용을 반드시 설명하거나 고지하도록 하는 규정, 차입자의 연체 사실을 즉시 차입자에게 통지하도록 하는 규정, 차입자의 연체 시 채무 조정 상담을 받도록 하는 의무 규정 등을 두어야 한다. 또한 대출자를 보호하기 위한 조치로서 차입자의 신용 등급 제시를 필수적인 요소로 하는 규정, 채권 추심 위임을 반드시 의무화 하는 규정, 차입자의 거짓 정보 제공에 대한 제재 규정, 대출자의 대출(투자) 자금을 신탁자산으로 설정하는 규정 등을 두어야 한다.

더 나아가 금융감독기관이 대출중개업자에 대한 규제를 하도록 하여 건전한 거래 질서를 확보할 필요도 있다. 이를 위해서, 금융감독기관에 대한 등록제, 자본금 등 자본 건전성 규제, 금융감독기관에 검사권 부여, 금융감독기관에 대한 정기적인 보고 의무, 광고 및 투자 권유에 관한 규제, 민원 제기 및 금융 분쟁 조정 절차에 관한 고지 의무, 대출중개업자의 영업 중단 시 대출 계약의 계속적 유지 체계 마련 등의 근거 규정도 두는 것을 고려해야 한다. 그리고 대출자의 피해를 보상하기 위한 대출피해보상기금을 설치할 필요도 있다.

P2P 대출 거래가 저신용자 등 신용 소외 계층이 많이 이용되고 있는 현실을 볼 때, 향후 서민 금융의 대안으로 자리잡을 수 있고, 신생 기술 창업 기업이 이 거래를 이용하게 되면 정부가 추진하고 있는 창조경제 및 창조금융에도 이바지할 수 있다. 세계적으로뿐만 아니라 국내에서도 P2P 대출 거래 규모가 급속도록 커지고 있다는 사실을 고려할 때 이에 관한 법제가 빨리 마련될 필요가 있다.

참고문헌 R·E·F·E·R·E·N·C·E·S

김동우, "P2P대출 시장 현황과 전망," 「월간 금융」, 전국은행연합회, 2015. 3.

김정주·김애진, 「비투자형 크라우드펀딩 법제화의 쟁점과 입법적 개선과제」, 국회 입법조사처 현안보고서 제239호, 2014. 9. 11.

반기로·박휜일, "대출참가거래의 법적 성질 및 거래상 유의점," 「산은조사월보」 제483호, 한국산업은행, 1996. 2.

산은경제연구소, "인터넷을 이용한 개인간(P2P) 대출 중개 서비스," 2007. 7. 25.

서병호, "P2P 대출시장 분석 및 시사점," P2P 대출시장 발전방안 공청회 발표 자료, 한국금융연구원, 2015. 11. 13.

서영미, "국내외 P2P 대출중개업 관련 규제 동향 및 시사점," 한국금융투자협회, 2015. 8. 5.

윤민섭, "P2P 금융에 관한 법적 연구," 「금융법연구」 제9권 제2호, 한국금융법학회, 2012. 12.

______, "대출형 크라우드펀딩의 개선 방안," 「은행법연구」 제6권 제2호, 은행법학회, 2013. 11.

______, 「크라우드펀딩의 제도화와 소비자보호방안 연구」, 정책연구 보고서 13-17, 한국소비자원, 2013.

연태훈, "P2P금융: 전망과 과제," 「주간금융브리프」제21권 제19호, 한국금융연구원, 2012. 5. 5~5. 11.

이건호, "P2P금융의 현황 및 법제도적 개선방안," 국회입법조사처 간담회 자료, 2011. 1. 10.

이순호, "P2P 중개서비스를 활용한 소액신용대출 활성화 방안 검토," 「주간금융브리프」 제19권 제33호, 한국금융연구원, 2010. 8. 14~8. 20.

이철송, 「회사법강의」 제21판, 박영사, 2013.

______, 「상법총칙·상행위」 제13판, 박영사, 2015.

임재연, 「자본시장법」 2015년판, 박영사, 2015.

한민, "신디케이티드 대출에 관한 법적 검토," 「법학논집」 제16권 제4호, 이화여자대학교 법학연구소, 2012.

KB금융지주경영연구소, “온라인 P2P대출, 새로운 투자수단으로서의 가능성,” 「KB 지식비타민」, 2014. 11. 26.

_____, “P2P대출, 대안적 서민금융으로서의 가능성 점검,” 「KB 지식비타민」, 2014. 2. 4.

Chaffe, Eric & Geoffrey Rapp, “Regulating Online Peer–to–Peer Lending in the Aftermath of the Dodd–Frank Act: In Search of an Evolving Regulatory Regime for an Evolving Industry,” *69 Wash. & Lee L. Rev. 485* (2012)

Magee, Jack, “Peer–to–Peer Lending in the Unites States: Surviving after Dodd–Frank,” *15 North Carolina Banking Institute 139* (2011)

Slattery, Paul, “Square Pegs in a Round Hole: SEC Regulation of Online Peer–to–Peer Lending and the CFPB Alternative,” *30 Yale J. of Regulation 233* (2013).

United Kingdom Financial Conduct Authority, *Detailed rules for the FCA regime for consumer credit*, Feb. 2014.

_______, *The FCA's regulatory approach to crowdfunding over the internet, and the promotion of non–readily realisable securities by other media*, March 2014.

United States Government Accountability Office, *Person–to–Person Lending: New Regulatory Challenges Could Emerge as the Industry Grows*, 2011.

United States Securities Exchange Commission, Prosper Marketplace Inc., Exchange Act Release No. 8984, Nov. 24, 2008.

Verstein, Andrew, “The Misregulation of Person–to–Person Lending,” *45 UC Davis L. Rev.* (No. 2), 2011.

_______, *Peer–to–Peer Lending Update and Regulatory Considerations*, Filene Research Institute Inc., 2008.

Wood, Philip, *Law and Practice of International Finance*, Sweet & Maxwell, 2008.

제 9 장 우리나라 외환관리의 발전방향

Ⅰ. 외환관리 일반

1. 문제의 제기

오늘날 선진국들은 대부분 외환통제 정책을 폐기하였지만[1] 이들 나라들도 엄격히 외환을 통제하던 시절이 있었다. 어떤 나라가 그 나라의 경제발전 단계에 맞추어 외환규제를 완화해 나가는 것은 자연스러운 일이다. 우리나라도 1961년 외국환관리법을 제정한 이래 지속적이고 점진적으로 외환 규제를 완화하여 오늘에 이르고 있다. 이 외환자유화는 우리 스스로의 필요에 의하여 추진하는 것이 대부분이었지만 국제사회의 압력이 그 배경이 되는 경우도 있었다.

외환자유화는 기업과 개인의 대외거래에 대한 장애를 제거함으로써 거래비용을 절감하고 세계적인 교역의 확대 그리고 자본 생산성의 증가를 가져와 세계 공동의 이익에 봉사한다는 순기능이 있다. 그러나 외환자유화로 인하여

---

* 서문식 집필.

* 「금융법연구」(한국금융법학회) 제5권 제2호(2018. 12)에 게재된 내용을 다소 수정·보완한 것이다.

1 선진국들도 자금세탁 방지(Anti－Money Laundering) 목적 또는 국제테러리스트들에 대한 자금지원을 차단(Counter－Terrorism Financing)하기 위한 목적 등의 외환통제를 실시하고는 있다. 그러나 이러한 특수한 목적에 기인한 외환통제는 외환의 수급을 관리하여 국제수지 균형을 도모하고자 하는 전통적인 외환관리와는 그 성격이 다르다.

해당 국가는 국제수지 적자에 대처할 정책수단을 잃게 되고 특히 자본이동의 자유화[2]는 해당 국가의 주식시장 및 외환시장을 교란시켜 거시경제 운용을 불안케 하는 역기능도 있다. 우리는 이러한 거시경제의 불안전성을 멀지 않은 과거인 1997년 외환위기시에 그리고 2008년 금융위기[3]시에 경험한 적이 있다. 따라서 이 시점에서 우리나라 외환자유화 추진현황을 살펴보고 외환자유화 속도가 적정한지 점검해 볼 필요가 있다.

이 글은 크게 세 부분으로 구성되어 있다. 첫 번째 장에서는 외환관리(exchange control)라는 것이 무엇인지, 어떤 모습을 띠는지, 역사상 외환관리는 어떻게 생겨나고 진화하고 도전받아 왔는지, 오늘날 외환관리에 관한 국제규범은 무엇이고 우리를 어떻게 구속하고 있는지 및 우리나라에 많은 영향을 준 일본의 외환자유화 추진사례에 관한 설명을 담았다. 두 번째 장에서는 우리나라의 외환관리를 설명하였다. 우리나라의 외환관리는 어떻게 시작되었고 어떤 모습을 띠고 있었으며 어떻게 변화되어 오늘에 이르고 있는지 설명하였다. 특히 1997년 이래의 외환자유화 추진경과 및 우리의 외환자유화 단계가 어디까지 와 있는지 평가하였다. 마지막 장에서는 우리나라 외환관리의 발전방향에 대하여 고찰해 보았다. 특히 외환자유화의 순서와 속도에 대하여 나름의 의견을 피력하였다.

2. 외환관리의 의의·목적

(1) 외환관리의 의의

외환관리(exchange control)란 국가가 외환의 수요·공급에 대하여 직접적으로 통제하는 것을 말한다. 우리나라와 외국과의 상품거래, 서비스거래, 자본거래 등에 따른 자금 결제는 대부분의 경우 우리나라 통화가 아닌 미 달러화 등

---

2 외환자유화와 자본자유화의 개념을 구분하는 학자들이 있다. 외환자유화는 외환 매매단계에서의 규제 완화로 국한시켜서 보고 자본자유화는 자본의 국제적 이동을 자유롭게 하는 제반조치로 이해하는 입장이다(이천표, 한국의 외환자유화 및 자본자유화, 경문사, 1997, 5~7면). 그러나 이 논문에서는 외환자유화를 광의로 정의하여 자본자유화를 포함하는 것으로 본다.

3 미국 subprime mortgage loan 부실로 촉발된 2008년 세계 금융위기시 우리나라는 비록 원·달러 환율이 일시적으로 급등하긴 하였으나 외환보유액이 부족하지는 않았으므로 '외환위기'라고 부르기는 어려울 것이다.

외화로 이루어진다. 이는 거래당사자들이 우리나라 통화보다 미 달러화 등을 더 안전하고 가치 있다고 믿고 선호하기 때문이다. 국제결제에 주로 쓰이는 통화를 기축통화라고 부르는데 제1차 세계대전 기간 중 미 달러화가 영국의 파운드화를 대신하여 기축통화의 지위를 차지했다고 알려져 있다. 이에 따라 기축통화 보유국, 즉 미국을 제외한 대부분의 나라는 국제결제에 사용할 미 달러화를 일정 수준 확보·유지하여야 할 필요가 생기게 되었다.

외환의 수요와 공급은 우리나라와 외국 간에 거래에 따른 자금의 수수로부터 발생한다. 편의상 '우리나라와 외국 간의 거래'라고 표현하였지만 외환관리 측면에서는 국가간 경계를 기준으로 하는 장소적 개념이나 거래당사자의 국적(nationality) 보다 거래당사자의 거주성(domicile or residence)[4]을 기준으로 외환의 수요와 공급을 판단한다. 거주자와 비거주자 간에 수출·수입을 하거나 용역서비스를 제공·이용하거나 외국인 직접투자·내국인 해외투자 등의 경우에 각각 국내 외환시장에 외환이 공급되거나 수요가 발생한다. 한편 원인거래 없이 해외에 사는 친지에게 생활보조금을 주거나 받는 경우, 해외여행을 가거나 외국인 관광객이 오는 경우 또는 해외이주자가 자신의 재산을 반출·반입하는 경우 등에도 국내 외환시장에 수요와 공급이 발생한다. 거주자와 비거주자 간의 거래를 '대외거래'라고 하고 대외거래에 따른 지급·영수를 "대외지급·대외영수"라고 한다.[5]

모든 대외지급·영수는 복식부기방식으로 기록되는데 이것이 국제수지표(balance of payment)이다. 말하자면 국제수지는 우리나라 거주자의 대외거래 성적표라고 할 수 있다. 국제수지는 가급적 균형을 이루는 것이 바람직하고 심각한 불균형은 문제를 일으키는데, 국제수지 적자의 누적은 대외지불능력을 감소시켜 국가부도위기(Insolvency problem)를 초래할 수도 있고 지나친 흑자는 통화량 증가를 가져와 인플레이션을 야기할 수도 있다. 이론적으로 국제수지의 불

4 domicile(주소)은 영구히 체류하려는 의사(lives indefinitely)로 사는 곳을 의미하고 residence(거소)는 일시적으로 체류할 목적(lives for a fair amount of time)으로 사는 곳도 포함한다. 한 개인의 residence는 동시에 여러 곳에 있을 수 있으나 domicile는 오직 한곳이다.

5 우리나라 외국환거래법령에서 '지급·영수'라는 개념은 원인거래에 따른 결제(payments) 및 원인거래 없이 발생하는 지급수단의 이전(transfers)을 다 포함하며, 지급방법도 송금(remittance)이나 휴대반출(carry out)을 포함하는 광의의 개념으로 쓰이고 있다.

균형은 환율의 등락이라는 자동조절장치를 통하여 균형으로 수렴해 간다. 그러나 환율이라는 시장 기능이 제대로 작동하지 않는 경우도 많고 균형을 이루는 데는 시간이 걸리기 때문에 외환수급의 변동성이 큰 경우 국가의 다른 경제운용 목표(성장, 물가안정 등)와 충돌하는 경우가 많다. 이 경우에 국가가 직접 외환 수급에 관여하여 거시경제 목표들을 안정적으로 관리하려는 생각을 하기 마련이다. "이와 같이 경제의 대외균형을 가격기구에 일임하지 않고 정부의 직접적인 통제방식에 의하여 외환시장의 수요·공급을 조정하려는 것이 외환관리이다."[6]

(2) 외환관리의 목적

외국환거래법 제1조에서는 "이 법은 외국환거래 기타 대외거래의 자유를 보장하고 시장기능을 활성화하여 대외거래의 원활화 및 국제수지의 균형과 통화가치의 안정을 도모"함을 목적으로 한다고 하고 있다. 외환관리가 국제수지의 균형과 통화가치의 안정을 목적으로 하고 있다는 것은 쉽게 이해할 수 있다. 그러나 대외거래의 원활화를 목적으로 하고 있다는 것은 다소 수사적인 표현이라고 할 수 있다. 외국환관리법령의 많은 내용은 '대외거래의 원활화'를 목적으로 하기보다는 '대외거래를 억제'하고자 하는 내용이 많다.[7] 외환관리는 국가가 부도위기에 처하지 않도록 적정 외환보유액을 유지하기 위하여 대외지급을 억제함을 그 목적으로 하고 있다는 것이 좀더 솔직한 표현이라고 생각한다. 우리나라에 지급불능(Insolvency problem)의 우려가 없어질 때 비로소 외환관리가 필요 없게 될 것이나 그렇지 않는 한 외환관리는 존속될 것이다.

우리나라 경제를 일컬어 소위 '소규모 개방경제'라고 한다. 우리나라는 세계 10위권 교역국으로서 경제규모에 비하여 수출입규모가 큰 편이다. 즉 우리나라는 국내총생산이 국내총소비·투자를 초과하여 해외소비(수출)에 크게 의존하고 있다. 이를 국민소득 방정식으로 설명해 보면 $Y=C+I+G+(X-M)$에서 X

6 김영생, 외국환관리법, 법경사(1995), 30면.

7 현재 외국환관리법령상 자본거래 규제의 대부분은 자본거래를 가급적 못하게 하려는 것 외에 다른 목적을 찾기 어렵다. 통계작성 목적으로 자본거래의 신고의무 등이 필요하다는 견해가 있다. 그러나 외환수급통계는 한은 외환전산망을 통하여 작성되고 통계목적상 필요하다면 거래당사자로부터 사후보고를 받으면 되므로 통계목적으로 자본거래 신고의무를 유지할 필요는 없다.

는 수출(즉 해외소비)을 의미하는데 우리나라의 경우 X가 Y에서 차지하는 비중이 대략 60% 수준이다. 국내생산량을 자체적으로 소화할 수 있는 내수시장을 가지고 있지 않은 우리로서는 국내에서 생산된 물건을 해외시장에 팔아야만 하므로 우리 경제는 대외의존적일 수밖에 없다. 이에 따라 수입국들의 경기변동 또는 통상정책이 우리경제에 곧바로 영향을 미치며 유가 등 주요 수입품목의 단가 상승 및 반도체 등 주요 수출품목의 단가 하락은 곧바로 국제수지 악화로 이어져 외환위기를 야기할 수 있다. 이와 같이 대외의존도가 높은 점이 다른 나라에 비해 우리나라에 외환관리가 더 필요한 이유이다.

국제사회는 기본적으로 통상과 자본이동에 대한 장벽을 제거함으로써 국제 교역을 확대하고 자본의 생산성과 효율성을 향상시켜 세계경제의 공동 발전을 추구하고 있다. 그러나 국제사회가 이러한 이념을 각국에 무차별적으로 강요하는 것은 아니며 각국이 자국의 경제발전 단계와 외환수급 상황에 맞는 외환통제를 실시하는 것은 허용하고 있다. 따라서 한 국가가 자국의 경제상황에 맞는 외환관리를 실시하는 것은 주권국가로서 당연한 권리 행사이고 국가경제상 필요한 일이기도 하다.

3. 외환관리의 역사[8]

(1) 제1·2차 세계대전

제1차 대전 전까지 각국 정부는 외환거래에 특별한 제한을 두지 아니하였다. 영국에서는 1816년에 금본위조례(Gold Act)를 제정함으로써 금본위제도를 확립하였는데, 금본위제도란 금의 국가간 이동을 통하여 국제수지 균형이 자동으로 달성된다는 이론에 기초하고 있었으므로 속성상 외환통제와 양립할 수 없는 것이었다. 그러나 1914년 세계대전의 발발과 함께 영국은 전쟁비용 조달을 위해서 파운드화의 금태환을 정지[9]하고 1916년 초부터는 외환 투기거래와 자본유출에 대하여 법적 제한을 가하기 시작하였다. 이에 프랑스, 독일, 오스트리아, 헝가리,

---

8 이 부분은 이재웅, 외국환관리론, 법문사(1987), 31~38면에서 많은 부분을 참고하였다.

9 영국은 제1차 세계대전의 전비를 조달하기 위하여 파운드화를 제한 없이 발행할 필요가 있었고 이에 따라 파운드화의 금태환은 일시적으로 정지되었다. 금본위제하에서는 화폐발행을 한정된 자원인 금의 보유량에 연동시켰기 때문에 예컨대 은행파산이나 전쟁발발 등과 같이 긴급히 유동성 공급이 필요한 경우에도 정책당국이 필요한 조치를 취할 수 없었다.

이탈리아, 미국 등 많은 나라들이 이를 따라 외환관리를 채택하기에 이르렀다.

제1차 대전이 종료된 직후 금본위제도는 부활되었는데 이와 보조를 같이하여 외환관리도 잠시 완화되는 듯하였다. 그러나 1920년대 말 세계경제공황의 엄습 이후 주요국의 외환관리 정책이 노골화되었다. 각국이 수출상품의 가격경쟁력을 높이기 위해 경쟁적으로 자국통화 평가절하 정책을 취하였는데 이는 상대국의 소득·수요를 위축시켜 대량실업을 가져오고 세계교역의 침체를 야기하였다. 이른바 인근궁핍화(Beggar thy neighbor) 정책이라고 칭하는 이러한 자국통화 평가절하 정책, 수입제한 실시, 외환관리 강화 등은 1930년대에 일반화되었다. 특히 영국, 미국 등 국가에서는 국제 단기자본의 교란적 이동에서 초래되는 혼란을 막기 위한 안전장치로서 외국환평형기금 제도[10]를 채택함으로써 외환시장에 적극적으로 개입하기 시작하였다. 그 뒤 중국, 벨기에, 캐나다, 호주, 프랑스, 스위스 등의 순서로 동 제도를 채택하였다. 이러한 과정을 거쳐 외환시장에 직접적인 통제를 본질로 하는 외환관리제도가 본격적으로 실시되었다.

한편 독일에서는 "1931년 1월 히틀러의 나치당이 정권을 잡았는데 나치 정부는 외국인예금을 동결하고 모든 외화거래를 제국은행으로 제한하였다. 금과 외화자산의 소유자에게 자산을 제국은행에 매각토록 하고 수입업자가 쓸 수 있는 외환을 제한하고 수출업자로 하여금 수입외환을 제국은행에 예치하도록 강제하였다."[11] 아울러 외환청산시스템[12]을 구축하여 무역통제를 실시하였다.

---

10 외국환평형기금(Exchange Equalization Fund)이란 자국 통화가치의 안정을 도모하고 투기적인 외화 유출입에 따른 외환시장의 혼란을 방지하기 위해 정부가 직접 또는 간접으로 외환시장에 개입하여 외환을 매매하기 위하여 조성한 기금을 말한다.

11 양동휴·박복영·김영완 옮김, 대공황 전후 유럽경제, 동서문화사(2000), 212면. [원서는 Charles H, Feinstein, Peter Temin, Gianni Toniolo, The European Economy between The Wars, Oxford Univ.(1997)].

12 쌍무적 외환청산시스템은 독일 제국은행에 개설된 청산계좌(clearing account)를 통하여 작동하였다. 독일 수입업자가 무역거래 상대의 제국은행 계좌로 마르크를 입금하면 이 자금은 상대국에 팔린 상품 대가로 독일 수출업자에게 지불될 때까지 보관되었다. 이 계좌에 자금이 부족할 경우 수출업자는 수입 증가를 기다려야 했고, 자금이 넘칠 경우 수입업자가 수출 증가를 기다려야 했다. 무역상대국의 중앙은행은 그 나라 수출업자와 수입업자를 위하여 유사한 청산계좌를 유지하였다. 독일은 이러한 유형의 쌍무적 외환청산협정을 헝가리, 에스토니아, 라트비아, 불가리아, 그리스, 유고슬라비아, 루마니아, 체코슬로바키아, 터키 등과 체결하였다. 양동휴·박복영·김영완 옮김, 상게서, 214면.

1939년 제2차 대전이 발발하자 연합국과 동맹국들은 이전보다 더 엄격한 외환통제를 가하였는데 특히 영국에서는 전시조치로서 외환집중제도, 공정 환율에 의한 외환거래의 국가독점을 실시하였다. 이후 이러한 본격적인 외환관리가 전쟁당사국뿐만 아니라 중립국에서도 채택됨으로써 제2차 대전 말기에는 유럽, 라틴 아메리카, 일본 등 대부분의 국가에서 외환관리가 일반화되었고 이러한 외환관리의 광범위한 실시는 세계교역의 확대를 저해하는 거대한 장벽이 되었다.

(2) 제2차 세계대전 이후

제2차 대전 이후 인근궁핍화 정책에 대한 반성론이 팽배하게 되었다. 이에 따라 1945년에 발족한 국제통화기금(IMF)은 무엇보다도 전쟁 전의 폐해였던 경쟁적인 자국통화 평가절하와 외환관리를 종식시키고자 함을 주안점으로 하였다. 이에 따라 IMF는 무역 및 대외지급의 자유화를 강력히 추진하였고 그 결과 1961년 초에는 대부분의 유럽 국가들이 경상지급에 대한 제한을 철폐하고, 차별적 통화조치를 폐지하는 등 큰 성과를 거두었다. 또한 1961년에는 선진국을 중심으로 경제협력개발기구(OECD)가 설립되어 경상무역외거래 자유화규약 및 자본이동 자유화규약이 채택되는 등 외환거래 자유화에 박차를 가하게 되었다.

그러나 이러한 세계적인 자유화추세에도 불구하고 신생 독립국 및 개발도상에 있는 국가들은 여전히 외환통제를 하지 않을 수 없었다. 특히 1973년 중동전을 계기로 촉발된 제1차 석유파동은 산유국과 비산유국 간의 국제수지 불균형을 심화시켰으며 이에 따라 비산유국들이 국제수지 방어를 위하여 경상거래에 대한 제한을 강화하는 계기가 되었다. 또한 국내산업 보호를 위해 보호무역주의를 채택한 일부 개발도상국의 경우 무역장벽을 쌓고 독립적인 재정정책과 통화정책을 추구하였다.

오늘날의 외환관리는 각국의 경제적 안정도에 따라 차이가 있다. 아직도 상당수의 개발도상 국가는 외환관리를 실시하고 있으나 선진국의 경우에는 거의 자유화 조치를 완료하였다. 영국은 1979. 10월 새로 선출된 보수당정부가 외환통제를 내용으로 하는 the Exchange Control Act(1947)를 폐기함으로써 거의 60년간 지속되어 온 외환통제를 전면 폐지하였다. 일본은 1979. 12월 외국환관리법체계를 개편하여 종전까지의 원칙금지·예외자유의 법체계를 원칙자유·예외금지 체제로 전환함으로써 외환관리를 대폭 완화하였으며 1998. 4월에는 구미 선진국과 대등한 수준으로 외환거래에 관한 거의 모든 규제를 철폐한 신외환법을 시행하였다. 그러나 이들 선진국의 경우에도 어떤 정치적 또는 경제적 사태의 변화가 있을 경우에는 즉각적으로 외환관리를 실시하는 체제로 쉽게 전환할 수 있는 시스템, 즉 Safeguard는 갖추고 있다.

4. 외환관리에 관한 국제규범과 외환자유화

(1) IMF 협정

IMF(International Monetary Fund)는 1944년 7월 유엔 통화금융회의(UN Monetary and Financial Conference)에서 공식으로 설립되었다. 이 회의는 제2차 대전 후의 국제경제협력의 틀을 논의할 목적으로 45개국 정부의 대표가 미국 뉴햄프셔주의 브레튼우즈에서 모여 개최되었다. 이 회의의 결과 IMF와 IBRD(International Bank for Reconstruction and Development)가 설립되었고 금본위제에 대신하여 미 달러화에 연동하는 고정환율제[13]가 채택되었다. 이를 브레튼우즈 체제라고 부르는데 이 체제는 미처 30년을 가지 못하고 1971년 미국 닉슨 대통령이 만성적인 국제수지 적자로 인하여 금태환정지를 선언하면서 종료되었다.[14]

---

13 IMF 가맹국들에게 금(gold)값에 대비한 자국통화의 교환비율을 정하고 이 교환비율로부터 ±1% 범위 내에서, 외환시장에 개입하는 방식에 의하여, 자국통화의 교환비율을 유지하여야 할 의무를 부과하였다. 미국은 금 1온스에 35달러로 연동시키고 이 비율로 금태환을 약속하였다. 당시 미 달러는 가장 구매력이 높은 통화였고 금태환이 보장되는 유일한 통화였다. 이에 따라 다른 모든 나라의 통화가 미 달러화에 연동되는 결과가 되었고 각국은 미 달러화를 사고팔면서 자국통화의 교환비율을 맞추게 되었다. 실질적으로는 미 달러화가 금본위제하에서 금의 위치를 대신하게 된 것이다. Encyclopedia wikipedia, “Gold Standard.” (https://en.wikipedia.org/wiki/Gold_standard)

14 1971. 8월 미국의 금태환정지로 혼란에 빠진 국제통화질서를 수습하기 위하여 그해 12월 선진 10개국 대표들이 워싱턴에 있는 스미소니언 빌딩에 모여 미 달러화의 금과의 교환비율을 절하($35 → $38)하고 변동폭을 확대(±1% → ±2.25%)하는 합의를 했으나 이 조치는 임시조치에 불과하고 이행을 담보할 수단이 없어 합의대로 이행되지 않았고 각국은 변동환율제로 나아갔다. 이에 IMF는 1976.1월 자메이카의 킹스턴에서 열린 회의에서 주요 국가들이 변동환율제로 이행한 현실을 인정하여 모든 IMF 회원국들에게 자국 여건에 맞는 환율체제를 자유롭게 선택할 수 있도록 하였다. Encyclopedia wikipedia, “Gold Standard.” (https://en.wikipedia.org/wiki/Gold_standard)

유엔 통화금융회의에 참여한 사람들은 기본적으로 두 가지 문제점을 인식하고 있었다. 첫째는 1930년대에 각국이 수출상품의 가격경쟁력을 높이기 위해 자국통화 평가절하 정책을 취함으로써 각국의 소득·수요를 위축시켜 대량실업을 가져오고 세계교역의 침체를 야기해 디플레이션의 악순환을 초래하였다는 것이고, 둘째는 1930년대의 엄격한 외환통제가 세계교역의 기초가 되는 국제 지급시스템을 파괴하였다는 것이다.[15] 회의결과 외환규제가 철폐되어야 한다는 이념하에 IMF협정이 체결되었다. 동 협정 제8조에 따라 가맹국들은 경상거래에 따른 지급제한 금지, 차별적 통화조치 금지, 자국통화의 교환성 보장 의무를 지게 되었다.[16] 한편 IMF는 국제수지와 일반적 경제사정이 당장 경상거래의 자유화를 허용할 만큼 성숙되지 않은 국가의 경우에는 과도적 조치(transitional arrange-ments)로서 협정 제14조에 의거 외환통제를 유지할 수 있도록 허용하였다.[17]

---

15 "1933년부터 1944년까지 미국 국무장관이었던 Cordell Hull은 양차 대전의 원인이 각국간 경제적 차별과 무역전쟁에 기인하였다고 생각하였고 특히 나치 독일의 무역 및 외환통제 그리고 대영제국의 영연방국가에 대한 우대정책이 문제였다고 생각하였다", Encyclopedia wikipedia, "Bretton woods system." (https://en.wikipedia.org/wiki/Bretton_Woods_system)

16 Agreement of the International Monetary Fund, Article VIII – General Obligations of Members, Section 2. Avoidance of restrictions on current payments
… no member shall, without the approval of the Fund, impose restrictions on the making of payments and transfers for current international transactions.
Section 3. Avoidance of discriminatory currency practices
No member shall engage in, …, any discriminatory currency arrangements or multiple currency practices, …, except as authorized under this Agreement or approved by the Fund.
Section 4. Convertibility of foreign–held balances
(a) Each member shall buy balances of its currency held by another member if the latter, in requesting the purchase, represents (i) that the balances to be bought have been recently acquired as a result of current transactions; or (ii) that their conversion is needed for making payments for current transactions.

17 Agreement of the International Monetary Fund, Article XIV – Transitional Arrangements, Section 1. Notification to the Fund
Each member shall notify the Fund whether it intends to avail itself of the transitional arrangements in Section 2 of this Article, or whether it is prepared to accept the obligations of Article VIII, Sections 2, 3, and 4.
Section 2. Exchange restrictions
A member that has notified the Fund that it intends to avail itself of transitional arrangements under this provision may, …, maintain and adapt to changing circumstances the restrictions on payments and transfers for current international transactions that were in effect on the date on which it became a member.

우리나라는 1955. 8. 26. IMF에 가입하였는데 당시 제8조의 적용을 유보하는 조건으로 가입하여 제14조에 따라 외환관리 체제를 유지할 수 있었다. 그러나 1988.11.1. 제8조국으로의 이행을 수락하였다. 현재 우리나라의 제8조 이행상황을 보면 첫째, 우리나라는 어떠한 차별적 통화조치도 취하고 있지 않으며 둘째, 외국인이 수취한 원화를 외환으로 교환해 주는 데 장애도 없다. 다만 경상거래에 따른 지급·영수와 관련하여 '지급 등의 방법'에 대한 규제를 유지하고 있고 신고의무를 부과하고 있는데, IMF협정에서는 "지급에 대한 제한(restrictions on the making payments and transfers)이라 함은 실질적 제한(real restrictions)을 의미하므로 지급을 사실상 방해하지 않는 한 신고의무 등을 부과하는 것은 여기에서의 제한에 해당하지 않는다"고 하고 있다.[18] 따라서 우리나라는 제8조국 의무를 충실히 이행하고 있는 것이다.

IMF협정은 자본이동의 제한에 대하여는 유연한 입장을 취하여 각국의 자본이동에 대한 통제를 용인하였다.[19] 이는 전쟁 후 각국의 경제적 현실을 반영한 것이었다. 또한 "회원국의 통화가 현저히 부족한 경우[20] 및 회원국이 비회원국에 대하여는[21] 외환통제를 실시할 수 있도록 하였다. 아울러 어떤 나라가 IMF

---

18 김영생, 외국환관리법, 법경사(1995년), 39면.

19 Agreement of the International Monetary Fund, Article VI – Capital Transfers, Section 3. Controls of capital transfers
Members may exercise such controls as are necessary to regulate international capital movements, but no member may exercise these controls in a manner which will restrict payments for current transactions or which will unduly delay transfers of funds in settlement of commitments, except as provided in Article VII, Section 3(b) and in Article XIV, Section 2.

20 Agreement of the International Monetary Fund, Article VII – Replenishment and Scarce Currencies
Section 3. Scarcity of the Fund's holdings
(a) If it becomes evident to the Fund that the demand for a member's currency seriously threatens the Fund's ability to supply that currency, the Fund, …, shall formally declare such currency scarce and shall thenceforth apportion its existing and accruing supply of the scarce currency….
(b) A formal declaration under (a) above shall operate as an authorization to any member, …, temporarily to impose limitations on the freedom of exchange operations in the scarce currency.

21 Agreement of the International Monetary Fund, Article XI – Relations with Non–Member Countries

협정에 어긋나지 않게 또는 IMF의 승인을 얻어 외환관리를 시행하고 있는 경우 다른 가맹국은 이를 존중하여야 할 의무를 부과하였다."[22]

(2) OECD 규약

1) 규약의 개요

경제협력개발기구(Organization for Economic Co-operation and Development; OECD)는 1961. 10월에 선진국을 중심으로 설립된 기구로 회원국들의 경제성장, 고용, 생활수준 향상을 도모하고 다자간 세계교역을 확대하여 세계경제에 기여할 것을 목적으로 하고 있다. "OECD의 전신인 유럽경제협조기구(Organization for European Economic Co-operation; OEEC)는 1950년에 무역 자유화규약을 제정하였고 1951년에는 용역 및 무역외거래 자유화규약을, 1959년에는 자본거래 자유화규약을 채택하였다. OECD는 1961. 12월에 이상의 제 규약을 개정하여 경상무역외거래 자유화규약(Code of Liberalization of Current Invisible Operations)과 자본이동 자유화규약(Code of Liberalization of Capital Movements)을 제정하였다."[23] 이 두 규약은 OECD 이사회(Council)의 결정(decisions)[24]으로서 각 가맹국이 자국의 헌법 등에서 요구하는 비준을 마친 경우 가맹국을 기속하게 된다. 우

Section 2. Restrictions on transactions with non-member countries
Nothing in this Agreement shall affect the right of any member to impose restrictions on exchange transactions with non-members or with persons in their territories unless the Fund finds that such restrictions prejudice the interests of members and are contrary to the purposes of the Fund.

22 Agreement of the International Monetary Fund, Article VIII - General Obligations of Members
Section 2. Avoidance of restrictions on current payments
(b) Exchange contracts which involve the currency of any member and which are contrary to the exchange control regulations of that member maintained or imposed consistently with this Agreement shall be unenforceable in the territories of any member. In addition, members may, by mutual accord, cooperate in measures for the purpose of making the exchange control regulations of either member more effective, provided that such measures and regulations are consistent with this Agreement.

23 김영생, 외국환관리법, 법경사(1995년), 45면.

24 이사회(Council)는 OECD의 최고의사결정 기구로 각 가맹국의 대표로 구성된다. 각 대표는 1개의 투표권을 갖고 만장일치에 의하여 결의한다. 이사회는 각 가맹국을 구속하는 결정(Decisions)과 구속력이 없는 권고(Recommendations)를 발할 수 있다. 그러나 Decisions이 가맹국을 구속하기 위하여는 가맹국 정부의 비준이 필요하다.

리나라는 1996. 12. 12. OECD에 가입함으로써 두 규약의 적용을 받게 되었다.

이 규약들의 궁극적인 목적은 국제적 자본이동과 용역거래에 대한 모든 제한을 제거하여 OECD 국가들이 마치 한 나라의 거주자들인 것처럼 거래를 할 수 있도록 하자는 것이다. 이를 위한 방법으로 자유화를 이행하여야 할 항목을 제시하고 또한 각국이 사정에 따라 자유화를 유보할 수 있도록 하였는데 "이는 각국의 개별적 상황을 존중하는 가운데 압박과 협상에 의해서보다 이해와 설득에 의해서 시장개방을 추진하는 것이 장기적으로 사회의 복리를 증진시킬 것이라는 믿음에 기초하고 있다."[25]

이 규약은 GATS[26]와 같은 다자간 협약과 구별되는 몇 가지 특징이 있다. 첫째로 GATS에서는 각국이 이행하여야 할 시장개방 품목(bottom-up approach)을 당사국들과의 협상(bargaining and negotiation of mutual concessions under give-for-take rule)을 통하여 전체 리스트 중에서 고르는 방식으로 진행되는 데 반해 이 규약에서는 가맹국이 규제를 유지할 거래를 일방적 결정(unilateral liberalization)으로 선택한다는 점이다(top-down approach). 둘째로 이 규약에서는 한번 자유화 이행을 결정하였으면 동일한 규제를 부활시킬 수 없다(standstill approach). 최초에 설정한 자유화 유보항목은 줄이거나 제거할 수는 있어도 더하거나 확장할 수는 없는데, 현재의 규제단계에서 뒤로 갈 수는 없고 앞으로만 전진할 수 있다는 점에서 ratchet effect라 부르기도 한다. 그러나 일시적인 금융·경제상의 위기가 있는 경우 및 특정한 자본거래에 있어서는 standstill 원칙에 예외가 인정되기도 한다. 셋째로 이 규약은 시장개방의 혜택이 가맹국들에게, 그 가맹국의 자유화 이행단계가 매우 낮은 경우에도, 차별 없이 적용(Non-discrimination)되도록 규정하고 있다. 또한 거래를 제한한 경우에도 동 제한이 가맹국에 차별 없이 적용되어야 한다. GATS의 최혜국대우 규정[27]이 가맹국에 제한적으로 적용

---

25 OECD, User's Guide of OECD Codes of Liberalization of Capital Movement and of Current Invisible Operations., 2003, 7면.

26 GATS(General Agreement on Trade in Services)는 Uruguay Round 협상결과로 1995년에 효력이 발생한 WTO 협약 중 하나이다. 이는 서비스분야에서 다자간 교역을 확대하기 위한 것으로 무역거래의 다자간 교역을 확대하기 위한 GATT(General Agreement on Tariffs and Trade)에 비유된다.

27 최혜국대우(Most Favored Nation; MFN)란 조약당사국 일방이 제3국에 보다 유리한 통상조건 등을 허용한 경우 조약상대국에 자동적으로 동일한 대우를 부여하기로 한 약정을 말한

되는 것과 구별된다.

2) 규약의 구조

이 규약들은 가맹국의 의무를 규정하고 있는 본문(Article 1~Article 22)과 자유화 대상 거래(Liberalization Lists)를 규정하고 있는 부칙 A(Annex A) 및 자유화 유보 거래(Reservation Lists)를 나열한 부칙 B(Annex B)로 구성되어 있다. 각 규약 부칙 A에 나열된 자유화 목록은 각국이 취해야할 자유화 내용을 세부적으로 규정하고 있다. 자본이동 자유화규약은 자본거래 전체를 포함하고 있는 반면 경상무역외거래 자유화규약은 11개 유형의 거래만 제한적으로 규정하고 있다. 자본이동 자유화 규약 부칙 A는 다시 List A(한번 유보를 철회한 경우 다시 유보할 수 없는 거래)와 List B(유보를 철회한 경우에도 언제든지 다시 유보할 수 있는 거래로서 단기금융거래와 부동산 취득거래가 이에 해당)로 나뉜다. 각 규약 부칙 B에 나열된 유보 목록은 국가이름 알파벳 순서로 정렬되어 있으며 주기적으로 최신 자료로 대체되어 공개된다. 유보항목으로 등록된 거래는 OECD에서 주기적으로 자유화 이행 가능성을 점검하여 회원국들에게 동 제한의 폐지를 권고한다.

3) 규약의 적용대상

이 규약의 효력은 각 가맹국 정부(government authorities)에 미치고 사인(private entities)을 구속하지 않으며 거주자와 비거주자 간의 거래(operations between residents and non-residents)를 대상으로 하고 있다. 각국 정부는 거주성 여부를 판단하는데 있어 재량 권한을 가진다. 거주자와 비거주자 간의 거래제한을 폐지하자는 것이므로 거주자 간의 거래를 제한하는 것은 이 규약에서 금지하는 것이 아니다. 또한 거래 허용요건으로 특정 국적을 요구(nationality requirement)하거나 거주 또는 어떤 장소에 실재할 것을 요구(residence or local presence requirement)하는 것은 규약 위반이다.[28]

4) 규약의 내용

Article1에서는 "각 가맹국은 거래의 제한(restrictions)을 철폐하여야 한다"고

다. GATS 가맹국 간에는 최혜국대우가 자동적으로 적용되도록 하였으나 많은 예외가 허용되어 있다.

28 OECD, 전게서, 25면.

규정하고 Article 2에서 "각 가맹국은 부칙 A에 규정된 거래를 허용(grant any authorization)하여야 한다"고 규정하고 있다. 각국 정부의 외환거래를 제한하는 법령, 정책, 관행 등은 Article 1의 '제한'에 해당되는데 "검토절차(screening procedure)나 등록요구(registration requirement) 등의 조치는, 그것이 실질적으로 거래를 방해하지 않는 한, 제한으로 보지 않는다. 또한 까다로운 인허가 요구(burdensome licensing requirement)도, 그 조치들이 차별적인 방법으로 적용되는 않는 한, 제한으로 보지 않는다. 그러나 강제예치의무(compulsory deposit requirements) 부과, 고율의 이자부담을 지우는 경우(interest rate penalties) 등은, 실제 거래를 금지하는 것은 아니라고 하더라도, 제한에 준하는 것으로 본다."[29] Article 2의 '허용'의 의미는 "국내외로의 자금의 이동에 관한 외환통제(exchange control restrictions)를 하지 않는다는 것 외에 원인거래(underlying transactions) 자체가 법적·행정적 이유로 곤란하지 않아야 한다는 것을 의미한다."[30]

Article 3에서는 긴급보호조치(Safeguard)를 규정하고 있다. 즉 각 가맹국이 국민의 건강과 안전 및 공공질서를 유지하기 위하여, 국가안보상의 이익을 보호하기 위하여 또는 국제평화 및 안전과 관련된 의무를 이행하기 위하여 필요한 경우에는 유보목록에 포함되지 않은 거래에 대하여도 제한을 신설·부활하는 것을 허용하고 있다.[31] Article7에서는 이미 취한 자유화조치를 취소(derogation)할 수 있는 경우를 규정하고 있다. 각 가맹국은 자국의 경제·금융사정상 정당한 이유가 있는 경우, 자유화 조치결과 심각한 경제·금융상 혼란이 야기된 경우 및 국제수지 악화로 외환보유액 부족상황이 심각하다고 판단되는 경우에는 이미 약속·이행한 자유화조치를 취소하거나 일시적으로 정지할 수 있다.[32]

---

29 OECD, 전게서, 23면.

30 OECD, 전게서, 29면.

31 OECD Code of liberalization of capital movements(or current invisible operations), Article 3(Public order and security) The provisions of this Code shall not prevent a Member from taking action which it considers necessary for: i) the maintenance of public order or the protection of public health, morals and safety; ii) the protection of its essential security interests; iii) the fulfillment of its obligations relating to international peace and security.

32 Article 7(Clauses of derogation)

a. If its economic and financial situation justifies such a course, a Member need not take the whole of the measures of liberalization provided for in Article 2(a).

Derogation 조치는 가맹국이 OECD에 사전 통지하여 승인을 받아야만 시행할 수 있으며 최장 18월 이내에서 취할 수 있고 정기적으로 OECD의 심사를 받아야 한다는 점에서 이러한 제한이 없는 Safeguard와 구별된다.

5) 우리나라의 자유화 유보항목

2013년 현재 자유화규약 부칙 B에 등록되어 있는 우리나라의 유보목록을 보면 자본거래에 있어서는 List A 거래로서 (1) 외국인직접투자와 관련하여 기초농산물, 수산물, 전력, 금융, 교통 및 통신업을 영위하고자 하는 경우, (2) 자본시장에서 증권의 거래와 관련하여 비거주자에 의한 국내증권 취득 및 거주자에 의한 해외증권 취득, (3) 거주자에 의한 해외 집합투자증권의 취득이 있고 List B 거래로서 (1) 거주자에 의한 해외부동산 취득, (2) 거주자에 의한 해외 단기금융상품의 취득, (3) 거주자의 해외예금이 열거되어 있다. 경상무역외거래로는 (1) 보험, (2) 연금, (3) 지사무소 설치 조건, (4) 영화산업, (5) 전문직 서비스 등이 열거되어 있다.[33]

우리나라 정부는 우리나라의 외환자유화 정도를 OECD 30개 회원국 중 중상위권 수준으로 평가하고 있다. 이러한 평가의 근거로 외국인투자 지분 제한에 대하여는 유보업종은 국가마다 차이가 있으나 30개 전 회원국이 유보하고 있고, 보험사의 해외 자산운용 한도 제한도 약 17개국이 유보하고 있으며, 지급수단 수출입 제한은 우리나라 외에 이탈리아 등도 유보하고 있고, 대외채권 회수의무는 터키, 체코 등 OECD 신규가입국조차도 유지하고 있다는 점을 들고 있다.[34]

---

b. If any measures of liberalization taken or maintained in accordance with the provisions of Article 2(a) result in serious economic and financial disturbance in the Member State concerned, that Member may withdraw those measures.

c. If the overall balance of payments of a Member develops adversely at a rate and in circumstances, including the state of its monetary reserves, which it considers serious, that member may temporarily suspend the application of measures of liberalization taken or maintained in accordance with the provisions of Article 2(a).

33 각 유보항목의 제목만 열거하였다. 실제 유보리스트에는 유보항목별 구체적인 유보내용이 상술되어 있다.

34 재정경제부 보도자료, 시장친화적 외환거래시스템 구축을 위한 외환제도 개선방안, 2007. 11. 8.

5. 일본의 외환자유화 추진

(1) 일본의 외환자유화 추진 경과

일본은 우리나라 외환관리의 모델이 되었을 뿐 아니라 선진국 중 거의 유일하게 외환관리에 관한 법을 유지하고 있어[35] 일본의 외환자유화 추진 사례를 참고할 필요가 있다. 일본의 외환자유화는 크게 1980년의 Negative system으로의 전환과 1998년의 신외환법 제정의 두 단계로 이루어졌다.

당초 일본은 1949년에 「외국환 및 외국무역 관리법(외환법)」과 「외자에 관한 법률(외자법)」을 제정하여 엄격한 외환통제 체제를 구축하였다가 그 후 1964년에 IMF 8조국에 가입하고 같은 해에 OECD에 가입함으로써 외환자유화에 관한 국제규범의 구속을 받게 되었다. 그 후 1980년에 외자법을 폐지하고 외환법의 개정을 통해 외환거래를 원칙적으로 자유화하는 Negative System으로 대 전환을 추진하였는데, 그럼에도 불구하고 "여전히 국경간 자본거래를 중심으로 많은 규제가 남아 있었다. 1980년 개정 외환법은 원칙자유·예외허가를 기본으로 하였으나 (1) 특수결제에 대한 허가, (2) 자본거래에 대한 허가 및 사전신고, (3) 무역거래·직접투자 등 거래에 대한 규제가 남아 있었으며, (4) 외국환공인은행제도를 유지하여 지정된 증권회사가 수행하는 업무를 제외하고는 외화매매 및 통화관련 금융상품거래 등 모든 외국환업무를 외환공인은행이 전담하였다. 이와 같은 제한이 국제경쟁력 향상에 저해요인이 되었다고 판단한 일본 정부는 1996. 11월 일본의 금융·자본시장을 뉴욕, 런던과 같은 수준으로 발전시키기 위한 금융대개혁안을 발표하고 외환자유화를 적극 추진하여 1998. 4. 1. 외환거래에 관한 거의 모든 규제를 철폐하는 내용의 「외국환 및 외국무역법」[36]을 시행하였다."[37] 당시 일본이 전면적인 외환자유화를 시행할 경우 일본의 초저금리를 이유로 대규모 자본유출이 있을 것으로 예상되었으나 예상과 다르게 신외환법

---

35 "외환법은 영국의 경우 1979년 철폐되었으며 미국에는 처음부터 존재하지 않았음. 그 외 유럽 국가들도 1980년대 후반 들어 외환법을 실질적으로 철폐하였음," 한국금융연구원(연구위원 박해식·신용상), 「자본거래 허가제 폐지에 따른 문제점과 향후과제」, 2005. 7월, 55면.

36 1998년 「외국환 및 외국무역 관리법」 개정시 법 명칭에서 '관리'를 삭제하여 「외국환 및 외국무역법」으로 개칭하였다. 그러나 통상 '신외환법'으로 불리운다.

37 한국금융연구원(연구위원 박해식·신용상), 전게논문, 55~57면.

시행에 따른 대규모 자본유출은 없었다. 이는 일본 투자자들의 위험회피적 성향에 기인하는 것으로 분석되고 있다.[38]

(2) 일본 신외환법의 주요 내용

1) 개 요

1998년 외환법 개정으로 그때까지 남아 있던 외환거래에 대한 허가 또는 사전신고를 완전히 폐지하였다. 다만 신외환법 제1조에서 "대외거래에 필요한 최소한의 관리·조정을 실시한다"고 하여 일부 외환거래에 대하여 허가나 사전신고의 근거를 남겨두었다. 아울러 외환관리의 근간을 이루고 있던 외국환은행주의를 폐기하여 기업과 개인들이 외국환은행을 통하지 아니하고 국제거래를 할 수 있게 하였다. 다만 이렇게 될 경우 국제수지나 대외부채 통계 작성에 어려움이 있으므로 거래당사자에게 외환거래 내용을 사후 보고하도록 하였다.

2) 최소한의 관리·조정

신외환법 제21조에서는 '최소한의 관리'를 위한 허가제를 규정하고 있다. 제1항에서는 '일본이 체결한 조약 기타 국제약속(유엔안보리 제재결의 등)을 성실하게 이행하는 것을 방해하거나 국제평화를 위한 노력에 일본이 기여하는 것을 방해하는 사태가 발생할 우려가 있는 경우' 및 '일본의 평화 및 안전을 유지하기 위하여 대응조치를 강구할 필요가 있다고 각의에서 결정하는 경우'에는 주무대신[39]은 거래당사자로 하여금 당해 거래를 하는 것에 대하여 허가를 받도록 할 수 있게 하였다. 현재 이 규정에 근거하여 허가의무가 부여된 거래는 다음 두 가지 이다. 첫째는 유엔안보리 결의에 따른 제재대상자 등과의 거래[40]이고 둘째는 핵무기 관련 거래[41]이다. 동조 제2항에서는 '일본의 국제수지 균형을 유지하

38 한국금융연구원(연구위원 박해식·신용상), 전게논문, 63면.

39 외환법에 있어서 주무대신이라 함은 재무대신과 경제산업대신을 말한다. 무역거래나 역무거래와 관련하여서는 경제산업대신이 주무대신이고 무역을 제외한 거래 전반에 대하여는 재무대신이 주무대신이다.

40 '탈레반관계자, 테러리스트 등 및 리베리아 전 정권의 관계자 등에의 지불거래'와 '탈레반관계자, 테러리스트 등 및 리베리아 전 정권의 관계자 등, 이라크 전 정권 관계자 등, 말로세비치 전 유고슬라비아 대통령 및 그 관계자 와의 예금계약·신탁계약·금전대차계약·채무보증계약에 따른 채권의 발생 등에 관련되는 거래'는 재무대신의 사전허가를 받아야 한다(신외환법 제21조 1항, 외국환령 제11조 3항).

41 거주자와 비거주자 사이에 1. 핵 원료 물질의 가공 또는 저장, 2. 방사선을 조사(照射)한

는 것이 곤란하게 되는 경우, 엔화의 외국환시세에 급격한 변동을 가져오는 경우 및 일본과 이국 간 대량의 자금이동에 의하여 일본 금융시장 또는 자본시장에 악영향을 미치게 되는 경우' 주무대신은 허가제를 도입할 수 있도록 하였다. 이 제2항은 소위 유사시 안전장치(Safeguard)를 규정한 것이다.

신외환법 제19조, 제23조, 제27조, 제30조에서는 '최소한의 조정'을 위한 신고제를 운영하고 있다. 신외환법에서는 거주자나 비거주자가 특정 거래를 하고자 하는 경우 해당 거래가 '일본 경제운영에 악영향을 미칠 우려가 있는지 또는 국제평화를 해칠 우려가 있는지'를 심사하기 위하여 거래내용을 사전신고하도록 하였는데, 사전신고의 대상이 되는 거래는 (1) 대내직접투자,[42] (2) 대외직접투자,[43] (3) 기술도입계약[44]이다. 또한 거주자나 비거주자가 백만엔을 초과하는 지불수단이나 증권을 휴대 수출입하는 경우에는 세관장에게 신고하도록 하였다.[45]

3) 사후보고체제 구축

법 개정 전에는 모든 대외거래 정보가 외국환은행에 집중되므로 대외거래의 실태를 파악하는 것이 용이하였다. 그러나 1998년 외환법 개정으로 허가제와 사전신고제를 폐지하고 외국환은행주의도 폐기함에 따라 새로운 대외거래

핵연료 물질의 분리·재생 또는 방사성 폐기물의 처리, 3. 우주개발에 관한 미국과의 협력에 관한 교환공문에 근거해 일본에 이전된 기술을 제공하는 것에 관련된 거래를 하고자 하는 경우에는 재무대신의 사전허가를 받아야 한다(신외환법 제25조 3항, 외국환령 제18조 4항).

42 국가의 안전보장 등에 지장을 초래할 우려가 있는 업종이나 일본이 OECD 자본이동자유화 규약에 의거 자유화를 유보하고 있는 업종(농림수산업, 석유업, 피혁 또는 피혁제품제조업 등)에 대한 투자 및 상호주의 관점에서 일본과 조약 기타 국제 약속이 없는 나라의 외국투자가에 의해서 이루어지는 투자 등에 대하여는 사전 신고의무를 부과하였다(신외환법 제27조, 대내직접투자 등에 관한 정령 제3조, 대내직접투자 등에 관한 명령 제3조).

43 어업(수산동식물의 포획사업), 피혁 또는 피혁제품의 제조업, 무기제조업, 무기제조관련 설비제조업, 마약 제조업에 관련되는 대외직접투자에 대하여는 사전 신고의무를 부과하였다(신외환법 제23조, 외국환령 제12조, 외국환에 관한 성령 제22조 및 제24조).

44 일본 법인이 외국 법인 등으로부터 공업소유권이나 기술정보 등을 도입하려고 할 때 그 기술이 국가의 안전 등에 관계되는 1. 항공기에 관한 기술, 2. 무기에 관한 기술, 3. 화약류의 제조에 관한 기술, 4. 원자력에 관한 기술 및 5. 우주개발에 관한 기술인 경우에는 기술도입계약을 체결하기 전에 사업소관 대신에게 신고하여야 한다(외환법 제30조, 대내직접투자 등에 관한 정령 제5조 내지 제6조의2, 대내직접투자 등에 관한 명령 제5조, 제6조).

45 신외환법 제19조, 외국환령 제8조의2, 외국환에 관한 성령 제10조.

실태 파악 시스템의 구축이 필요하였다. 이에 대외거래 당사자인 거주자에게 사후 보고의무를 부과하였다. 신외환법상의 사후보고는 3가지로 구분된다. '지불 등에 관한 보고', '거래에 관한 보고', '개별업무 등에 관한 보고'가 그것이다. '거래에 관한 보고'나 '지불 등에 관한 보고'는 거래나 결제를 행한 때마다 보고하고 '개별업무 등에 관한 보고'는 1개월 사이의 상황이나 월말·연말잔고를 정기적으로 보고하는 것이다.

이 사후보고 의무는 종전에 없던 새로운 의무를 외국환거래 당사자에게 부과하는 것으로 규제완화 취지와 달리 오히려 기업과 개인을 불편하게 하는 문제가 있을 것으로 생각된다.[46]

Ⅱ. 우리나라의 외환관리

1. 연 혁[47]

우리나라 외환관리의 효시는 1946년 1월 미군정 법령 제39호로 제정된 「대외무역규칙」이다. 이 「대외무역규칙」과 그 후의 군정법령 제93호 「외국과의 교역통제」에 따라 외국무역 및 우리나라 안에서의 외환거래는 물론 대외채권·대외채무와 관련한 모든 거래에 대해 엄격한 면허제가 실시되었다. 그 후 민간무역과 외환거래가 점차 활발해짐에 따라 군정 당시의 단편적이고도 비합리적인 법규를 정비하고 보다 현실에 부합하는 외환정책을 수립하기 위해 1949년 6월 대통령령 제132호로 「대외무역거래 및 외국환취급규칙」을 제정하였다. 이 규칙에 따르면 대외무역에 의하여 취득한 외환은 우리나라 최초의 외국환은행인 조선환금은행[48]에 매각하여야 하며 동 은행으로부터 외환을 매입할 수 있는 자는 상공부장관으로부터 사전 수입허가를 받은 자나 재무부장관으로부터 외환매입 허가를 받은 자로 국한되었다.

46 필자는 일본의 외국환거래 사후보고 체제가 얼마나 잘 작동하는지 궁금하여 수시로 온라인 검색을 해 보고 있으나 아직까지 관련된 자료를 찾지 못하였다.

47 이 부분은 한국은행, 우리나라의 외환제도와 외환시장, 2003, 12~17면에서 많은 내용을 참고하였다.

48 1947. 7. 15. 정부는 전액출자로 외국환업무 전담 은행인 조선환금은행을 창설하였다. 이 은행은 1950. 6월 한국은행이 창립되면서 한국은행에 흡수되었다.

우리나라에 본격적인 외환관리 체계가 갖추어지기 시작한 것은 1961. 12. 31. 「외국환관리법」을 제정하면서부터인데 이 법은 일본의 1949년 「외국환 및 외국무역 관리법」을 거의 그대로 모방하였다. 일본의 이 법은 제2차 세계대전 직후의 외환통제가 엄격하던 시절에 만들어진 것으로 모든 대외거래 및 지급·영수에 대한 강력한 통제를 내용으로 하는 것이었다.

1960년대에는 제1차 경제개발계획 추진 이후 정부의 적극적인 수출증진 노력으로 외화획득이 늘어나면서 과거 외환의 사용을 중점적으로 관리하던 체제에서 외환의 획득과 사용에 대한 관리체제로 변경되었다. 그러나 1973년에 중동전을 계기로 촉발된 제1차 석유파동과 국재원자재가격 폭등으로 무역수지 적자가 심화됨에 따라 불요불급한 수입을 억제하고 외화자금을 최대한 확보하는데 중점을 두게 되었다. 이에 따라 외국환은행의 외화예금유치와 차관도입을 촉진하고 수출선수금 영수의 허용범위를 확대하는 한편 수입억제를 위해 수입담보금 제도를 강화하였다. 이러한 외환규제 강화조치로 1974년 하반기 이후 1976년 초까지의 어려웠던 외환사정을 극복하였으며 1976년 하반기 부터는 중동지역에 대한 해외건설 수주 급증과 세계경기 회복에 따른 수출증대에 힘입어 국제수지가 크게 개선되기 시작하였다. 이 시기에는 특히 경상거래 결제방법에 대한 규제가 중요한 쟁점이었는데 1975년에는 일정 기간 이내의 연지급수입과 분할지급수입이 허용되었고 1981년에는 수출착수금의 영수가 허용되었다. 그러나 연지급 기간이나 대응수출의무 이행기간 등은 엄격히 통제되었는데 이는 당시에 내외금리차가 컸으므로 수입대금 지급을 미루거나 수출대금을 미리 영수하고자 하는 거래 동기가 컸기 때문이었다. 즉 연지급거래는 순수한 경상거래라기 보다 자본거래의 성격이 있었다.

1980년대 중반 이후에는 경상수지가 흑자로 전환되고 해외로부터의 외화유입이 증가함에 따라 해외여행경비 등 경상 외화지급과 해외직접투자 등 자본거래와 관련한 외화의 유출에 대한 제한도 완화되기 시작하였다. 1989.1.1.에는 해외여행 전면 자유화 조치가 시행되었으며 1982년 이래 이익금 유보한도 확대 등 해외직접투자 요건 및 절차가 완화되었다. 1990년대에는 자본자유화가 적극 추진되었다. 1992. 1월 외국인에 대해 국내주식시장을 개방하고 그 후 1997. 12월까지 6차례에 걸쳐 외국인주식투자 한도를 점진적으로 확대하였는데 그 때마다 한도까지 외화가 유입되어 왔다. 이에 따라 우리나라는 외화가 필요할 때마다 외국인 주식투자 한도 확대조치를 적절히 사용할 수 있었다. 외국인의 국내 채권투자에 대하여도 1994. 6월 일부 상장채권 등에 한정하여 일정한도 내에서 투자를 허용하였다가 1997. 12월에 이르러서 동 투자한도도 폐지하였다.

1997년말 외환위기 이후 정부는 외환자유화를 본격화하였다. 1997. 12월 환율의 일일 변동제한폭을 폐지함으로써 완전한 자유변동환율제로 이행하였으며 1998. 7월 비상장주식 및 비상장채권에의 투자를 전면 허용함으로써 외국인의 국내증권투자를 완전 자유화하였다. 한편 1998. 6월에는 외환거래를 2단계에 걸쳐 전면 자유화하는 계획을 발표하고, 1999. 4월 제1단계 외환자유화 조치로 「외국환관리법」을 폐지하고 「외국환거래법」으로 대체하였으며, 2001. 1월 제2단계 외환자유화 조치를 시행하여 제1단계 자유화조치 때 유보된 여행경비, 해외이주비 및 해외예금 등의 한도 폐지 등 개인의 외환거래를 자유화하였다. 2002. 4월에는 제1·2단계 외환자유화 조치에도 불구하고 남아있는 외환규제를 3단계에 걸쳐 추가로 완화하여 외환자유화를 마무리하고자 하는 계획을 발표하여 현재 진행 중에 있다.

2. 기본원칙 및 규율체계

1) 3가지 기본원칙

1929년 대공황과 양차 세계대전을 거치면서 대부분의 국가에서 정립된 외환관리(exchange control)의 모습은 다음과 같은 것이었다. 즉, 거주자가 획득한 모든 또는 특정 외화(foreign exchange)를 자국통화를 대가로 특정 환율(at specified rate)로 정부 또는 그 대리인에게 매각하게 하고 그렇게 하여 집중(central pool)된 외화를 정부의 정책목표에 부합하게 외화를 사용하려는 자에게 허가나 인가(licensing) 등을 통하여 배분하는 것이다.[49] 1949년 일본의 「외국환 및 외국무역관리법」및 1961년 우리나라의 「외국환관리법」도 이러한 모습을 따르고 있다. 이에 따라 외환집중원칙, 실수요원칙 및 외국환은행주의를 기본 원칙으로 삼고 있다.

---

49 Bernard S. Meyer, Recognition of Exchange Controls after the International Monetary Fund Agreement, Yale Law Journal, 1953 May, p.867(62 Yale L. J. 870).

외환집중의 방법으로는 매각, 예치, 보관, 등록의 방법이 있다. 매각방식에 의한 집중이 가장 강력한 방식이고 순서대로 보다 완화된 방식의 집중이라 할 수 있다. "우리나라의 외환집중제는 1948년의 예치집중제로부터 시작되었다. 이러한 예치집중제는 1949. 6월 「대외무역거래 및 외국환취급규칙」(대통령령 제132호)의 제정으로 예치 또는 매각집중제로 되었다가 1961. 2월 「외환계정에 관한 규정」(금통위 규정)의 제정으로 매각집중제를 확립하였다.

이러한 집중의무에 대한 예외가 시작된 것은 1978. 12월부터인데 이때부터 해외여행시 사용하고 남은 3천 달러 이내의 외화에 대해 집중의무가 면제되었다. 1988. 3월에는 송금을 받은 것 등의 사유로 취득보유하게 된 5천 달러 이내의 외화에 대해 집중의무가 면제되었으며 1988. 11월에는 보유하게 된 사유를 불문하고 5천 달러 이내 외화에 대해 집중의무가 면제되었다. 1986년부터 1988년까지 경상수지 흑자를 기록함에 따라 외환관리에 여유가 생기게 되었는데 이에 따라 1990. 3월 전년도의 대외거래 규모가 1억 달러 이상인 기업에 한해 연간 10만 달러의 한도 내에서 원화를 대가로 외화를 매입하여 국내에서 외화예금으로 소유하는 것을 허용하였다. 나아가 대외거래 규모가 크고 잦은 종합무역상사에 대해 잔액기준 500만 달러에 한해 외화를 해외에 보유하는 것을 허용하였다.[50] 1994. 6월부터는 매각·예치의무를 폐지하고 미화 5만 달러 초과금액에 대하여만 등록·보관의무를 부과하였다가 1995. 2월 이 등록·보관의무마저 폐지하여 외환집중제를 완전 폐기하였다. 이후 정당하게 취득한 외화의 자유로운 보유가 허용되었다.

외환집중제 폐지를 보완하는 수단이 채권회수의무제[51]이다. 거주자는 비거주자에 대하여 보유하고 있는 채권을 추심하여 회수할 의무가 있으며 이를 위반하면 처벌을 받게 된다. 채권회수의무가 없으면 거주자가 채권추심을 소홀히 하기 쉽고 재산의 해외도피 가능성도 커지므로 채권회수의무란 가장 완화된 형태의 외환집중제라고도 말할 수 있다.

실수요원칙이란 실제 수요가 있는 자에게만 외화를 배분하여 불요불급한

---

50 이천표, 한국의 외환자유화 및 자본자유화, 경문사(1997), 70~71면.

51 외국환거래법 제7조(채권의 회수의무)에서는 "기획재정부장관은 외환시장의 안정과 외환거래의 건전화를 위하여 비거주자에 대한 채권을 보유하고 있는 거주자로 하여금 그 채권을 추심하여 국내로 회수하게 할 수 있다"고 규정하고 있다.

데 외화가 낭비되거나 투기거래에 쓰이는 것을 방지하기 위한 것이다. 현물환의 경우 실제 대외지급 등 수요가 있는 경우에만 외화를 매입할 수 있었으나 1994. 2. 25. 거주자가 거주자계정에 예치할 목적으로 외국환을 매입하는 경우에는 실수요 여부를 묻지 않도록 하였다. 이에 따라 환차익을 얻을 목적의 대규모 현물환매매도 가능하게 되었다. 한편 동일자로 거주자가 소지할 목적으로 최근 3개월간 외화매각실적 범위 내에서 외화를 매입할 수 있도록 하였다. 이어 1996. 6. 1.에는 매각실적이 없는 경우에도 2만 달러 이내에서 거주자의 소지목적 외국환매입을 허용하였다가 2001. 1. 1. 거주자의 소지목적 외화매입한도(2만 달러)를 폐지함으로써 비로소 현물환거래 실수요원칙이 폐지되었다. 그러나 외환위기시인 1997. 10. 30. 정부는 한시적인 조치로 거주자의 예치목적 또는 소지목적의 외국환매입을 금지시키는 한편 실수요가 있어 외국환을 매입하고자 하는 경우에도 매입일로부터 5일 이내에 반드시 사용하도록 하여 환차익 목적의 외환매매를 엄격히 금지시킨 바 있다.[52]

선물환, 스왑거래 등 파생상품거래에서는 실수요원칙이 오랫동안 유지되었다. 수출입 등 외환거래의 수요가 있는 경우에만 파생금융거래를 허용하는 "이 원칙은 오랫동안 외부 투기세력으로부터 국내 외환시장을 방어하던 중요한 안전장치의 하나였고 사실상 1997년 아시아 외환위기시 외부의 헤지펀드 등이 한국외환시장을 직접 공격할 수 없었던 안전판의 하나로 작용하였다."[53] 그러나 이 파생금융거래 실수요원칙도 1999. 4월 제1단계 외환자유화 조치시 폐지되었다.

외국환은행주의는 거주자의 모든 대외지급·영수는 반드시 외국환은행을 통하여서만 거래하게끔 한 것이다. 이를 위해서 '은행'과 구별되는 '외국환은행'이라는 개념을 신설하고 외국환은행은 소정의 자본·시설 및 전문인력을 갖추어 정부에 등록하도록 하였다. 거주자가 외국환은행을 통하지 아니하고 지급·영수하고자 하는 경우에는 한국은행 신고사항으로 지정하여 규제하였다.[54] 이에 따라 모든 대외거래는 외국환은행에서 확인·관리가 가능하게 되었고 외국

---

52 재정경제원 공문, 국금 41271-245, 연지급수입기간 자유화 등 통첩, 1997. 10. 30.

53 김용덕, 아시아 외환위기와 신국제금융체제, 박영사(2007), 106면.

54 외국환거래법 제16조(지급 등의 방법의 신고)에서 "외국환업무취급기관을 통하지 아니하고 지급 등을 하는 경우 … 기획재정부장관에게 신고하여야 한다"고 규정하고 외국환거래규정 제5-11조 3항에서 그 사무를 한국은행 총재에게 위탁하였다.

환은행은 외국환거래의 당사자이자 외국환관리기관이 되어 지급·영수시 확인, 자본거래의 신고접수, 국제수지 작성을 위한 대외거래 정보의 제공[55] 등 외환관리의 핵심 역할을 하고 있다. 그러나, 2009. 2. 4. 외국환거래법 개정 이후 비은행금융기관의 외국환업무 취급범위가 크게 확대[56]됨에 따라 엄격한 의미의 외국환은행주의는 퇴색되었다. 다만, 아직까지도 비은행금융기관을 포함한 외국환업무취급기관에게만 외국환업무를 허용하고 있고 비금융기관에 대하여는 외국환업무를 불허하고 있으므로 완화된 형태의 외국환은행주의, 즉 '외국환업무취급기관주의'라고 부를 만한 원칙은 남아있다고 할 수 있다.

2) 중첩적 규율체계

1949년 일본의「외국환 및 외국무역 관리법」및 1961년 우리나라의「외국환관리법」은 기본적으로 3중의 중첩적 규제로 설계되었다. 원인거래(underlying transactions)단계에서의 규제, 대외지급·영수(foreign exchange transactions)단계에서의 규제 및 지급수단의 수출입(non-transactions)단계에서의 규제가 중첩적으로 적용된다.

수출입을 하고자 하는 자는 대외무역법에 의하여 수출입신고 등을 하여야 하고 해외예금거래를 하고자 하는 자는 외국환거래법이 정한 바에 따라 신고 등을 하여야 한다. 이것이 원인거래 단계에서의 규제이다. 신고 등을 마친 자가 외화를 지급하고자 하는 때에 외국환은행이 인정된 거래(permitted transactions)에 따른 지급인지 아닌지(즉 원인거래에 대한 신고 등을 이행하였는지 또는 신고 등을 요하지 아니하는 거래인지)를 심사한다. 이것이 외화의 지급·영수단계에서의 규제이다.[57] 한편 공항과 항만 등에서 외화지급수단을 수출입하고자 하는 경우에는 세관에 신고하여야 한다. 이것이 지급수단의 수출입단계에서의 규제이다.

---

55 세계적으로 국제수지(Balance of Payment)통계를 전수조사 방식으로 작성할 수 있는 나라가 많지 않다. 우리나라는 전수조사방식에 의해서 국제수지 편제가 가능한바, 이는 엄격히 유지되어온 외국환은행주의 및 외국환은행에 우수한 인력들이 근무하였기에 가능하였다.

56 체신관서, 투자매매업자, 투자중개업자, 집합투자업자, 투자일임업자, 신탁업자, 보험사업자, 신용협동조합 등 비은행 금융기관이 외국환업무 취급범위가 크게 확대되었다. 예를 들어 투자중개업자의 '고객 투자자금 환전을 위한 대외지급수단의 매매' 등이 그 것이다.

57 원인거래에 대한 신고 등이 이행된 경우 지급·영수에 장애가 없으므로 "원인거래에 대한 규제를 충족시킨 경우 지급·영수단계에서의 규제는 없다"라고 말할 수도 있다. 그러나 외국환 규제 체계를 전체적으로 이해하기 위해서는 3중 규제체계로 이해하는 것이 훨씬 편리하다.

예를 들어 수입거래를 한 후 수입대금을 외국환은행을 통한 송금방식에 의하지 않고 휴대 수출하여 지급하고자 하는 경우를 가정해 보자. 이러한 거래를 하고자 하는 자는 먼저 수입신고(원인거래단계에서의 규제)를 하고 외국환은행을 통하지 아니한 지급방법 등의 신고(지급·영수단계에서의 규제)를 한 후 공항이나 항만에서 세관에 지급수단 수출신고(지급수단 수출입단계에서의 규제)를 하여야 한다.[58]

이와 같이 한 건의 거래가 3중의 규제를 받게 된다는 점에서 3중의 중첩규제라고 말할 수 있다. 우리나라의 복잡한 외국환관리규정을 이해하기 위해서는 3중의 중첩규제에 대한 이해가 필수적이다. 주의할 것은 모든 대외 지급·영수가 원인거래를 수반하지는 않는다는 것이다. 예를 들어 해외에 사는 친지에게 생활보조금을 지급하거나, 해외이주비, 재외동포 재산반출, 해외체제비, 유학생 경비 등을 송금하고자 하는 경우에는 원인거래라 할 만한 것이 없으므로 원인거래단계에서의 규제는 없고 지급·영수단계에서의 규제가 유일한 규제이다.

3. 우리나라의 외환자유화 추진

(1) 외환자유화 추진 경과

우리나라는 1997년 외환위기시 IMF로부터 구제금융을 받게 됨에 따라 IMF가 요구한 외환자유화 조치를 적극 추진하기로 약속하였다.[59] 이에 따라 1998년

---

58 외국환거래규정 6-2조 1항 5호 가목에서 외국환은행을 통하지 아니한 지급방법의 허가를 받은 경우에는 지급수단수출입 신고를 면제하고 있다. 그러나 면제의 의미는 일단 규제대상에 포함되었다가 해소되었다는 의미이므로 당초에는 중첩규제로 설계되었다는 것을 뒷받침해 준다.

59 강만수, 현장에서 본 한국경제 30년, 삼성경제연구소(2005), 480~484면에 'IMF 자금지원 경제프로그램 양해각서(요약)'가 수록되어 있다. 외환부문 합의사항은 아래와 같다.

> 2. 자본자유화
> 현재의 자본자유화 일정은 다음 사항에 관한 단계적 조치를 통해 앞당겨져야 함
> - 외국인주식투자한도는 1997년말까지 50%까지, 1998년말까지는 55%까지 확대
> - 외국은행이 국내은행 주식을 4% 초과하여 매입하고자 할 경우 감독당국의 승인이 필요 한 바, 은행부문의 효율성과 건전성 제고에 도움이 된다면 이를 허용
> - 외국인의 국내 단기금융상품 매입을 제한 없이 허용함
> - 국내 회사채시장에 대한 외국인투자를 제한 없이 허용
> - 외국인 직접투자에 대한 제한은 절차간소화를 통하여 더욱 축소되어야 함
> - 민간기업의 해외차입에 대한 제한 철폐

6월 외환거래를 2단계에 걸쳐 전면 자유화하는 계획을 발표하고 1999년 4월 제1단계 외환자유화 조치를 시행하여 우선 기업과 금융기관의 대외영업 원활화와 관련된 거래를 중점 자유화하고 「외국환관리법」을 폐지하고 「외국환거래법」으로 대체하였다. 2001. 1월에는 제2단계 외환자유화 조치를 시행하여 주로 개인의 외환거래에 대한 규제를 폐지하여 대외활동을 원활히 하도록 하였다. 2002. 4월에는 제1·2단계 외환자유화 조치 이후 남아있는 외환규제를 3단계에 걸쳐 자유화하기 위하여 「외환시장중장기 발전방향」을 발표하였다. 2002. 7. 1. 외국환거래규정 개정을 거쳐 1단계(2002~2005) 조치의 대부분을 완료하고 2단계(2006~2007) 및 3단계(2008~2009) 조치를 이행 중 2008년 금융위기를 맞아 더 이상의 외환자유화 조치는 보류된 상태이다.

(2) 외환자유화의 의미

'자유화(liberalization)'의 의미는 OECD 자유화 Code에서 추론할 수 있다. Code의 Article1에서는 "각 가맹국은 거래의 제한(restrictions)을 철폐하여야 한다"고 규정하였는데 여기서 "제한"이란 "검토절차(screening procedure)나 등록(registration) 요구 등의 조치는 그것이 실질적으로 거래를 방해하지 않는 한 제한으로 보지 않는다. 또한 까다로운 인허가(licensing) 요구도 그 조치들이 차별적인 방법으로 적용되는 않는 한 제한으로 보지 않는다. 그러나 강제예치의무 부과, 고율의 이자부담을 지우는 경우 등은 실제 거래를 금지하는 것은 아니라고 하더라도 제한에 준하는 것으로 본다"[60]고 설명하고 있다. 우리나라 정부가 '자유화'를 어떻게 정의하고 있는지는 분명하지 않다. 우리나라는 외환규제와 관련하여 허가·인가·등록·신고(수리)·보고·통보제 등을 운용하고 있는데 허가와 인가 이외의 사항을 '자유화'된 것으로 이해하고 있는 듯하다.[61] 그러나 OECD Code Article1에서 지적하듯이 어떤 거래가 자유화되었는지 아닌지는 규제행위의 종류나 명칭보다는 그 실질이 중요하다 할 것이어서 신고대상 거래의 경우에도 신고(수리)기관이 사실상 신고(수리)를 받아주지 않는다면 자유화되었다고 보기 어려울 것이다.

---

60 OECD, 전게서, 23면.

61 재정경제부는 보도자료(2001. 1. 1. 및 2006. 5. 19.)에서 '인가제'를 '등록제'로 바꾼 경우 및 '허가제'를 '신고제'로 바뀐 경우를 외환자유화 조치 사례로 열거하고 있다.

(3) 분야별 외환자유화 이행 경과

1) 대외지급

IMF의 설립목표가 경상거래에 대한 지급제한 철폐에 있는 만큼 경상거래에 대한 지급제한은 국제사회에서 그 정당성을 인정받기 어렵다. 이에 따라 1999. 4. 1. 제1단계 외환자유화 조치시 그 때까지 남아 있던 기업의 대외영업활동과 관련된 지급제한(컨설팅 대가지급, 10%초과 무역외중개 수수료, 해외 R&D관련 유지활동비 지급시 신고의무 등)을 폐지함으로써 모든 대외경상지급은 은행에 지급의 사유와 금액을 입증하는 자료를 제출하는 것만으로 가능하게 하였다.[62]

개인의 대외지급(증여성송금, 여행경비, 유학경비, 해외이주비, 재외동포 국내재산반출)에 대하여는 한도규제가 있었는데[63] 2002. 7. 1.부터 이 한도를 폐지하고 그 보완수단으로 증여성송금(1만 달러 초과), 체재·유학비(10만 달러 초과), 여행경비휴대반출(1만 달러 초과)시 국세청에 통보하도록 하여 사후관리를 강화하는 방향으로 나아갔다.[64] 그러나 2006. 1. 1.부터는 다시 5만 달러 초과(연간누적기준) 증여성 송금시 신고의무가 부활되었고, 이후 2007. 12. 16.부터는 '증여성송금'이 '증빙서류 없는 지급'이라는 명칭으로 대체되었다.[65]

2) 결제방법

수출선수금, 수출착수금, 수출연불금, 수입선금금, 수입연지급금, 수입분할지급금 등 일정기간을 초과한 결제에 대하여는 1999. 4. 1. 제1단계 외환자유화 조치시 상당부분 규제를 완화하였다.[66] 그럼에도 불구하고 아직 대부분의 규제가 남아있다.

---

62 재정경제부 보도자료, 외국환거래자유화 세부추진방안, 1999. 3. 27.

63 증여성 송금(건당 5천 달러), 해외여행경비(1만 달러), 해외체재비·유학비(현지정착비 5만 달러·2만 달러 등), 해외이주비(4인가족 기준 1백만 달러), 재외동포의 국내재산반출(연간 1백만 달러 이내).

64 당초 개인의 대외경상지급한도는 2001. 1. 1. 폐지되었으나 정부는 급격한 외화유출을 우려하여 고액 대외송금(증여성송금 건당 5만 달러, 해외체재·유학비 건당 10만 달러) 및 여행경비의 휴대반출(건당 5만 달러)에 대하여는 한국은행의 확인을 받도록 하였다가 다시 2002. 7. 1. 폐지하였다(재정경제부 국제금융국, 외환제도선진화계획, 2002. 6. 20).

65 재정경제부 보도자료, 시장친화적 외환거래시스템 구축을 위한 외환제도 개선방안, 2007. 11. 8.

66 재정경제부 보도자료, 외국환거래자유화 세부추진방안, 1999. 3. 27.

상계, 상호계산 및 다자간상계 방법에 의한 결제에 대하여는 1999. 4. 1. 제1단계 외환자유화 조치시 한국은행총재의 허가사항에서 단순 신고사항으로 완화하였다.[67] 이후 2001. 1. 1.에는 국내에 본사를 둔 본지사에 한해 다자간 상계(multinetting)[68]를 한은 신고 후 할 수 있도록 하였으며[69] 2002. 7. 1.에는 해외에 본사를 둔 다국적기업의 본지사간, 지사간 및 계열사가 아닌 기타 기업 간 다자간 상계도 신고 후 할 수 있도록 하였다.[70] 2007. 12. 16.에는 50만 달러 이하 상계시 신고대상기관을 한국은행에서 외국환은행으로 변경하였다가[71] 2014. 1. 1.에 이르러 모든 상계신고는 외국환은행에 신고하도록 하였다.[72]

제3자 지급방법 규제는 한국은행 신고사항으로 계속 운영되어 오다가 2015.1.1.부터 2천 달러 초과 1만 달러 이내의 제3자지급에 대하여는 외국환은행 신고사항으로 완화하였다.[73] 제3자지급 규제는 규제의 목적과 내용이 불분명하여 논란이 있는 분야로서 어떤 사안이 문제가 될 때마다 임기응변식으로 해당 사례를 제3자지급 신고면제사항으로 추가하다보니 당초 2~3개에 불과하는 신고면제사유가 현재 25개로 증가하였다.

3) 지급수단수출입

미화 1만 달러 상당액을 초과하는 원화를 휴대 수입시 한국은행 허가를 받아야 했던 것을 2002. 7. 1. 세관에 신고하는 것으로 간소화하였다.[74] 이후 2009. 2. 4. 휴대수출입 여부 및 금액규모를 불문하고 모든 지급수단 수출입신고는 세관

67 재정경제부 보도자료, 외국환거래자유화 세부추진방안, 1999. 3. 27.

68 상계(netting)란 다국적기업의 본사와 지사 또는 지사 상호간에 발생하는 채권·채무를 개별적으로 결제하지 않고 일정기간 경과 후에 차액만을 정기적으로 결제하는 제도로서 두 본지사간에 일어나는 양자간 상계(bilateral netting)와 3개 이상의 본·지사 간에 일어나는 다자간 상계(multi-netting)가 있다. 다자간 상계의 경우 그룹내에 중앙집중적인 상계센터(netting center)를 설립하여 동 센터에서 자회사 간의 채권·채무 상계금액을 총괄관리하는 방식으로 운영된다.

69 재정경제부 보도자료, 제2단계 외환자유화 세부 추진방안, 2000. 12. 15.

70 재정경제부 국제금융국, 외환제도 선진화 계획, 2002. 6. 20.

71 재정경제부 보도자료, 시장친화적 외환거래시스템 구축을 위한 외환제도 개선방안, 2007. 11. 8.

72 기획재정부 보도자료, 외국환거래규정 개정규정 고시, 2013. 12. 18.

73 기획재정부 국제금융정책국, 국민과 기업의 외환거래 편의 제고를 위한 외환분야 규제 개선방안, 2014. 7. 31.

74 재정경제부 국제금융국, 외환제도 선진화계획, 2002. 6. 20.

신고로 일원화함으로써 지급수단 수출입과 관련하여 한국은행신고는 더 이상 남아있지 않게 되었다. 또한 2009. 2. 4. 외국환거래법 제17조를 개정하여 지급수단 수출입 신고대상에서 '귀금속'을 제외하였는바, 이는 귀금속의 전통적인 지급수단으로서의 역할이 축소된 현실을 반영한 것이다.[75]

4) 자본거래

① 해외직접투자

1999. 4. 1. 기업의 해외직접투자에 대하여 1975년 이래 유지되어 온 「해외투자심의위원회」의 사전 심의제를 폐지하여 은행에 신고함으로써 가능하도록 하였고 금융기관의 해외직접투자에 대하여는 재경부 허가사항에서 재경부 신고수리사항으로 관련 절차를 완화하였다. 2005. 7. 1. 해외투자활성화방안의 일환으로 기업의 금융보험업에 대한 투자한도(3억 달러)를 폐지하였고 2006. 3. 2. 개인의 해외직접투자한도(1천만 달러)도 폐지하였다. 2007. 12. 16. 해외직접투자금액의 일부(1만 달러까지)에 대하여는 신고 전 지급을 허용하였으며 2008. 9. 1.에는 금융기관의 해외직접투자 및 해외지사 설치 신고수리 업무가 기재부장관 및 한국은행으로부터 금융위원회로 이관되었다.

② 해외부동산취득

1999. 4. 1. 이전에는 해외직접투자관련 부동산 취득 등에 한하여 한국은행 허가를 받아 취득할 수 있었으나 1999. 4. 1. 영리법인의 모든 해외부동산 취득이 한국은행 신고수리로 가능하게 되었다. 그러나 개인의 경우에는 해외장기체재자의 주거용 주택 취득을 제외하고는 여전히 투자용 취득은 제한되었다. 2005. 7. 1, 2006. 3. 1, 2006. 5. 22. 등 3차례에 걸쳐 해외투자활성화방안의 일환으로 거주자(법인 및 개인)의 해외부동산 취득규제를 완화하였다. 2005. 7. 1. 주거용 주택 취득요건이 완화(본인이 2년 이상 체재 목적으로 30만 달러 이내 취득 → 본인 및 배우자가 2년 이상 해외체재 목적으로 50만 달러 이내 취득)되었다. 2006. 1. 9.에는 동 취득한도가 100만 달러로 확대되었고 신고수리기관도 한국은행에서 외국환은행으로 변경되었다가 2006. 3. 1. 동 한도마저 폐지되고 귀국일로부터 3년내 처분의무도 폐지되었다. 2006. 5. 22. 거주자가 투자용으로 100만 달러 이내

75 국회 기획재정위원회, 외국환거래법 일부개정법률안 검토보고, 2008. 12.

의 해외부동산을 외국환은행 신고로 취득할 수 있도록 하였다. 2007. 2. 26.에는 동 취득한도를 300만 달러로 확대하였다가 2008. 6. 2. 동 한도를 폐지함으로써 거주자의 투자용 해외부동산 취득이 전면 자유화되었다.

③ 채무의 보증

외국환거래법에서 채무의 보증을 제한하는 이유는 대지급 발생으로 인한 외화유출 또는 외화유출을 목적으로 보증을 가장하는 행위를 방지하기 위한 것으로 생각된다. 거주자와 비거주 간에 발생할 수 있는 보증행위의 양태 중 규제 필요성이 있는 거래는 1. 거주자(채권자)와 비거주자(채무자) 간의 거래에 대하여 거주자가 보증하는 행위, 2. 거주자(채무자)와 비거주자(채권자) 간의 거래에 대하여 거주자가 보증하는 행위, 3. 비거주자(채권자)와 비거주자(채무자) 간의 거래에 대하여 거주자가 보증하는 행위뿐이다.[76] 이 중 1.의 거래에 대하여는 2001. 1. 1. 한국은행 허가사항에서 한국은행 신고사항으로 완화되었으나 2. 및 3.의 거래는 2001. 1. 1. 외국환거래법 부칙 제2조에서 규정한 자본거래 일몰제의 시행으로 2006. 1. 1. 한국은행 신고사항으로 완화되었다.

④ 거주자의 해외예금·신탁

2001. 1. 1 이전에는 해외예금예치한도(수출입업자 5억 달러, 법인 5백만 달러, 개인 연간 5만 달러)가 있었으나 이를 폐지하고 은행 신고만으로 해외예금이 가능하도록 하였다. 다만 거주자가 건당(동일자, 동일인 기준) 미화 5만 달러를 초과하여 국내에서 송금한 자금으로 예금·신탁하고자 하는 경우에는 한국은행에 신고하도록 하였다. 아울러 거주자의 해외예금 현황을 파악할 목적으로 지정거래은행제[77] 및 국세청통보제 및 한국은행 연1회 잔액보고제를 도입하여 운영하고 있다. 그러나 해외예금을 할 때마다 은행 또는 한국은행에 신고를 이행한다는 것은 사실상 어려운 일이어서 이 신고는 거의 일어나지 않는다.

---

76 채권자, 채무자, 보증인이 각각 거주자 또는 비거주자인 경우의 수는 모두 8가지(2×2×2)인데 이 중 외화가 유출되거나 외화의 유입을 방해하는 거래로서 규제의 필요성이 있는 거래는 본문에서 설명한 3개의 거래이다. 기타 거래유형으로서 세 당사자가 모두 거주자이거나 비거주자인 경우는 순수한 거주자간 거래 또는 비거주자간 거래로서 규제의 대상이 아니며, 채권자 또는/및 채무자가 거주자이고 보증인이 비거주자인 경우에는 외화가 국내에 유입되는 거래로서 규제의 필요성이 적다.

77 외환관리의 편의를 위하여 거래당사자로 하여금 특정 거래와 관련하여 하나의 외국환은행을 지정하고 그 은행을 통하여만 거래하도록 하는 것을 말한다.

⑤ 거주자의 외국증권 취득

거주자가 외국증권을 취득하는 경우는 증권회사를 통하는 경우와 증권회사를 통하지 않는 경우로 구분할 수 있다. 증권회사를 통하는 경우는 외화증권투자전용외화계정을 통하여 투자자금을 송금하거나 회수하여야 한다. 기관투자가의 경우 투자대상 외화증권에 제한이 없다. 일반투자가의 경우 투자대상 외화증권에 제한이 있었으나 2006. 8. 3. 동 제한이 폐지되었다. 거주자가 증권회사를 통하지 않고 외국증권을 취득하는 경우에는 한국은행에 신고하여야 한다.

1999. 4. 1. '역외펀드'라는 개념이 최초로 도입되어 거주자가 역외펀드에 출자하는 경우에는 한국은행에 거주자의 비거주자로부터 증권취득신고를 하도록 하였다. 이후 2001. 11. 6. '역외펀드'를 '역외금융회사'[78]로 개칭하고 해외증권투자(포트폴리오투자)의 하나로 분류되어 왔던 것을 해외직접투자로 새로 분류하여 한국은행에 신고하도록 하였다. 아울러 역외금융회사의 주식 또는 출자지분을 취득하지 않고도 사실상 지배력을 행사할 수 있는 우회적 투자(부채성증권 매입, 대출, 보증 및 담보제공 등)에 대하여도 신고대상에 포함시켰다. 또한 거주자의 해외현지법인 및 그 자회사 등이 역외금융회사를 설립하는 경우에도 신고토록 하여 관리대상에 포함하였다.[79]

⑥ 외국인 직접투자

정부는 1992. 12월 외자도입법 개정으로 외국인투자에 대해서 원칙인가, 예외신고주의에 의하도록 하던 것을 원칙신고, 예외인가주의를 취함으로써 외국인투자 절차를 간소화하였다. 1994. 7. 1.부터는 종전에 한국은행에서 하던 외국인투자 신고수리 업무를 외국환은행에 이관하여 신고대상 업종인 경우 투자비율, 투자금액에 관계없이 모두 외국환은행 신고로 가능하게 하였다. 외국인투자제한업종[80]의 경우에도 1998. 4. 1. 이후 제한의 범위와 내용을 계속 축소하고 있다.

---

78 직접 또는 자회사 등을 통하여 증권, 채권 및 파생금융상품에 투자하여 수익을 얻는 것을 주된 목적으로 외국법에 따라 설립된 회사(설립중인 회사 및 계약형태를 포함한다)로서 설립준거법령지역에 실질적인 경영활동을 위한 영업소를 설치하지 않은 회사를 말한다(외국환거래규정 제1-2조 제15호).

79 금융감독원 보도자료, 역외금융회사에 대한 관리·감독 변경, 2001. 11. 5.

80 OECD 「자본이동자유화규약」 부칙 B에 명시된 우리나라의 자유화 유보내용의 범위를 고려하여 지식경제부장관이 주무부장관과 협의하여 고시하는 업종을 말한다(외국인투자촉진법 제4조 제4항).

⑦ 외국인 간접투자

우리나라는 1992. 1월 외국인에 대해 국내주식시장(상장주식)을 개방하였다. 처음에는 종목별로 1인당 3%, 외국인 전체로는 10%의 기본한도를 규정하였다. 그 후 투자한도를 점차 확대하여 오다가 1998. 5월 한도를 폐지하여 완전히 자유화하였다. 1994. 6월에는 일부 상장채권 등에 한정하여 일정 투자한도 내에서 외국인의 국내채권투자를 허용하였다가 1997. 12월에 이르러서는 동 투자한도를 폐지하였다.

이후 1998. 7월에는 외국인투자자의 비상장주식 및 비상장채권 투자를 허용함으로써 외국인의 포트폴리오투자를 전면 허용하였다. 한편 비거주자가 간접투자전용계정을 통하지 않고 거주자로부터 증권을 취득하는 경우에는 영리법인으로부터 취득 시에는 한국은행 신고사항이고 기타의 경우에는 한국은행 허가사항이었으나 2001. 1. 1. 한국은행 신고사항으로 일원화하였다.

⑧ 비거주자의 국내예금·신탁

비거주자가 국내에서 예금이나 신탁을 하고자 하는 경우에는 대외계정, 비거주자외화신탁계정(이상 외화), 비거주자원화계정, 비거주자자유원계정, 비거주자원화신탁계정, 투자전용 대외계정, 투자전용 비거주자원화계정을 이용하여야 한다. 이와 같이 계정을 구분하여 관리하는 이유는 외화자금의 흐름을 용이하게 감시하기 위함이다. 비거주자자유원계정은 원화가 국제거래에 따른 결제통화로 사용되게 하기 위하여 만든 것으로 경상거래에 따른 원화결제자금을 입출금할 수 있는 계정이다. 2001. 1. 1. 이전에는 단기투기성자금의 유입을 막기 위하여 비거주자 원화예금·신탁의 만기를 1년 이상으로 했으나 2001. 1. 1. 동 제한을 폐지하였다.

⑨ 거주자의 외화차입

1998. 7월 영리법인의 1년 초과 중장기 외화차입은 은행 신고(3천만 달러 초과시 재경부 신고)로 가능하도록 조치하였고 1년 이하 단기외화자금 차입은 외국인투자기업 등 일부를 제외하고는 한국은행의 허가를 받도록 하여 제한하였다. 1999. 4. 1.에는 재무구조가 우량한 영리법인의 경우 1년 이하 단기차입도 은행 신고로 가능하도록 완화하였다. 2001. 1. 1.에는 개인 및 비영리법인의 장단기 차입을 재경부 허가사항에서 한은 신고사항으로 완화하였다. 외국환은행이 업

무로서 외화차입을 하는 데는 원래 제한이 없었고, 다만 1년 초과 1천만 달러 초과 외화차입은 재정경제부에 신고하도록 하였는데 동 금액기준은 1998. 6. 29. 5천만 달러로 상향 조정되었다.

현지금융은 외화차입이라는 점에서 같지만 '외국에서 사용하기 위하여' 차입하는 것으로서 차입자금이 국내에 예치되거나 국내로 유입될 수 없다는 점에 특색이 있다. 현지금융 차입주체는 거주자와 비거주자가 있을 수 있는데 차입주체가 비거주자인 경우에는 우리나라 외채에 계상되지 않는다. 그러나 거주자(국내기업 본사)의 보증을 받아 비거주자(국내기업 현지법인)가 차입한 경우 결국 우리나라가 대외 지불 부담을 지게 되므로 외채통계가 대외부담을 정확히 반영하지 못하는 문제점이 있다. 거주자의 현지금융과 관련하여서는 1999. 4. 1. 현지금융 용도제한(해외증권투자, 해외부동산취득, 해외지점설치비, 회원권구입비, 부동산임대·분양자금, 해외투자펀드자금)을 폐지하고 보증·담보제공 조건부 현지금융은 98년말 잔액 이내에서만 운용하도록 하였으나 동 한도 제한은 자본거래 일몰제의 시행으로 2006. 1. 1. 폐지되었다.

⑩ 비거주자의 원화거래

헤지펀드 등 환투기세력들이 국내에서 원화를 대량으로 차입하여 외환시장에서 매각하는 방식으로 원화 고평가 시기에 환투기 수단으로 악용할 수 있다는 점에서 정부는 비거주자의 원화차입을 자유화하는 데 특히 주의하고 있다. 1999. 4. 1. 비거주자의 1억원 초과 원화차입은 재경부 허가(1억원 이하는 한국은행 신고)를 받도록 하였으며 비거주자의 만기 1년 미만 원화증권발행은 재경부 허가(1년 이상 원화증권발행은 재경부 신고)를 받도록 제한하였다. 2001. 1. 1.에는 실수요 거래를 허용하는 차원에서 한국은행 신고로 가능한 비거주자에 대한 원화대출 한도를 1억원에서 10억원 상향 조정하였다가 2006. 1. 1. 동 한도를 폐지하여 한국은행 신고로 일원화하였다. 한편 비거주자가 거주자로부터 원화증권을 차입하는 경우에는 100억원 초과 차입시 한국은행 허가사항이었으나 2006. 1. 1. 한국은행 신고사항으로 완화하였고 2007. 1. 1. 동 기준금액을 500억원으로 확대하였다.

⑪ 파생금융거래

1991. 12월 외국환관리법 개정시 '금융선물거래'의 개념을 처음 도입하여

장내 및 장외 금융선물거래에 대한 규제근거를 분명히 하였다. 규제의 골자는 외국환은행의 금융선물거래는 제한하지 않으나, 외국환은행 외의 거주자의 금융선물거래는 실수요 범위 내에서 특정요건을 충족하는 경우만 허용하고 그 외의 경우에는 재정경제원장관의 허가를 받도록 하는 것이었다. 이후 1999. 4. 1. 제1단계 외환자유화 조치시 "금융선물거래'라는 용어를 '파생금융거래'로 대체하고 실수요 제한을 폐지하여 투기적 목적의 거래도 가능하도록 하였다. 또한 기본적으로 외국환업무취급기관의 파생금융거래 및 외국환업무취급기관을 거래상대방으로 하는 파생금융거래는 규제하지 않는 체제를 유지하였다. 그러나 비정상적인 위험한 거래는 제한하였는데 (1) 외국환업무취급기관의 신용위험과 연계된 파생금융상품(total return swap 등) 거래는 한국은행 신고사항으로 운영하다가 2007. 12. 17. 이 신고의무 일부를 면제하였고,[81] (2) 프리미엄이 20%를 초과하는 옵션거래, 파생금융거래를 이용한 사실상의 대차거래, 기 체결된 파생금융거래에서 발생한 손실을 새로운 파생금융거래의 가격에 반영하는 거래(historical rate rollover) 등은 한은 신고사항으로 운영하고 있다.

5) 채권회수의무

거주자의 비거주자에 대한 채권은 이를 국내로 회수하여야 한다. 만약 국내에 반입하여야 할 재산을 국외에서 은닉 또는 처분하여 도피시킨 때에는 외국환거래법에 따라 처벌받거나 「특정경제범죄가중처벌등에관한법률」상의 재산국외도피의 죄에 의거 처벌될 수도 있다. 채권자인 거주자는 한국은행의 허가(2007. 12. 17. 이후에는 한국은행 신고)를 받아 회수의무를 면제받거나 회수기간을 연장할 수 있다. 회수대상 채권의 범위와 회수의무 기간은 확대되어 왔는데 2001. 1. 1.에는 회수대상채권을 건당 5만 달러 초과 채권으로 하되 면제 및 회수기간을 연장 받을 수 있는 채권의 범위를 수출채권뿐 아니라 용역채권 및 자본거래채권까지 포함시켰다. 또한 회수대상채권을 국내로 회수하지 않고 해당 자본거래 신고를 거쳐 해외예금·증권투자 등으로 활용하는 것도 허용하였다.

81 외국환은행이 아닌 외국환업무취급기관의 경우 아직 이 신고의무 일부가 남아있다(외국환거래규정 제2－14조 제6호 등). 또한 신용파생상품의 경우 신고의무 외에 거래일로부터 5영업일 이내에 한국은행총재에게 거래내역을 보고할 의무가 있으므로(외국환거래규정 제2－10조의2, 제2－24조) 규제가 완전히 없어진 것은 아니다.

2002. 7. 1.에는 회수대상 대외채권의 금액을 5만 달러에서 10만 달러로 상향조정하였다가 2006. 3. 2.에는 50만 달러로 확대하였다. 2006. 1. 1.에는 대외채권 회수기한을 6월에서 1년 6월로 연장하였다가 2015. 1. 1.부터는 3년으로 더 연장하였다.

6) 외국환업무취급기관의 업무범위

종전 외국환업무를 취급할 수 있는 기관은 은행(종금사 포함)중 외국환업무 인가를 받은 기관에 한정되었었다. 1999. 4. 1. 정부는 은행뿐 아니라 모든 금융기관이 외국환업무를 취급할 수 있도록 외국환업무 취급을 인가제에서 등록제로 전환하고 은행은 모든 외국환업무를 취급할 수 있도록 하고 종금사는 외화예금을 제외한 일반예금의 예수, 일반신용장의 발행과 대외지급결제업무를 취급할 수 있도록 하고 증권사·투신사·보험사 등에게는 우선 고유 업무 수행과 관련된 환전업무 위주로 허용하고 향후 고유 업무와의 관련성에 따라 추가 허용하기로 하였다. 2001. 1. 1. 보험사의 외국환업무에 거주자의 외화표시보험, 비거주자와의 보험 업무를 포함하고 시설대여업자의 업무범위에 외화표시 시설대여를 포함하였다. 2002. 7. 1.에는 할부금융업자의 업무범위에 외화대출, 외화표시할부금융 업무를 포함하였다. 2008. 7. 25.에는 자기자본이 3천억원 이상인 증권사의 업무범위에 신용파생거래를 포함하였으며 2012. 4. 30.에는 증권사에 고객의 투자자금 환전 외에 M&A중개·주선 및 대리업무와 관련한 현물환거래도 취급하도록 허용하였고,[82] 2015. 3. 31.에는 증권사에 대하여 일정 범위 내에서 외화대출 및 외화표시 지급보증업무를 허용함으로써 증권사의 외국환업무 범위를 지속적으로 확장하였다.[83] 이후 2016. 3. 22.에 이르러 은행 이외의 외국환업무취급기관의 외국환업무를 획기적으로 확대하여 기본적으로 해당 업법에서 허용하는 업무를 수행하기 위하여 필요한 외국환업무는 허용하되 다만 일부 허용되지 않는 외국환업무에 대하여는 명시적으로 열거하여 제외하도록 하는 소위 네거티브 규제 방식으로 전환하였다.[84]

---

82 기획재정부 보도자료, 증권사의 외국환업무 범위 확대 등 외국환거래규정 개정, 2012. 4. 16.
83 기획재정부 보도자료, 3월말부터 대형증권사의 외화신용공여 가능해져, 2015. 3. 30.
84 기획재정부 보도자료, 금융사들 원화·외화 구별 없이 사실상 모든 업무 가능, 2015. 12. 10.

(4) 외환자유화의 부작용과 보완방안

외환자유화 조치의 부작용으로 거시경제의 불안전성 및 불법자금의 유출입이 예상되므로 우리 정부는 이러한 부작용을 최소화할 수 있는 보완책을 다각도로 마련하여 추진 중에 있다.

1) 외환전산망을 통한 외환유출입모니터링 체제 구축

정부는 금융기관·기업 등 거래당사자의 외환거래내용을 전산으로 총괄 집중 관리하고 이들 정보를 가공하여 관계기관에서 활용할 수 있도록 하는 외환전산망을 '99. 4월 구축하였다. 이 시스템은 국내외 외화자금 유출입 동향 등 제반 외환거래 및 시장 움직임에 관한 신속한 모니터링, 각종 불법거래 조사 등에 이용된다. 외환전산망 참가기관은 외환정보 집중기관(한국은행), 외환정보 보고의무기관(외국환업무취급기관 등) 및 외환정보 이용기관(한국은행, 재정경제부, 국세청, 관세청, 금융정보분석원, 금융감독원, 예금보험공사 및 국제금융센터 등) 등의 3개 그룹으로 구분되며 이들 각 참가기관은 집중기관을 중심으로 전산망으로 연결되어 자료를 상호 교환할 수 있는 시스템을 형성하고 있다.

2) 유사시 안전장치(safeguard)

정부는 외국환거래법 제6조에 근거 천재지변·전시·사변, 국내외 경제사정의 중대하고도 급격한 변동 기타 이에 준하는 사태 발생시 다음의 조치를 취할 수 있다; (1) 증여성송금, 해외여행경비 등에 한도를 부과하거나 전면 정지할 수 있는 대외지급정지, (2) 보유외화를 은행 등에 매각하도록 의무를 부과하는 외환집중제 도입. 또한, 국제수지·국제금융상 심각한 어려움에 처하거나 처할 우려가 있는 경우 및 국내외 자본이동으로 인하여 거시경제정책을 수행하는 데 심각한 지장을 초래하거나 초래할 우려가 있는 경우 다음의 조치를 취할 수 있다; (1) 해외예금·증권투자 등 자본거래에 대한 허가제 도입, (2) 유출입자금에 대해 일정부분 무이자 예치의무를 부과하는 가변예치의무제도(VDR; variable deposit requirement) 실시. 이 것은 내외금리차로 인한 자본유입 급증시 일정부분을 무이자로 예치하게 하여 외자유입을 억제하고 외채구조를 개선할 수 있도록 하는 것을 말한다.[85]

---

85 칠레는 거주자의 해외차입에 대해 20~30%의 VDR 실시(91. 6월)한 바 있으며 콜롬비아는

3) 자본도피, 탈세, 불법자금세탁 방지

외환자유화조치에 따라 파생될 수 있는 불법자금의 유출입을 방지하고 금융거래를 이용한 불법자금의 세탁행위를 차단하는 한편 UN, OECD 등 국제기구의 자금세탁방지제도 강화노력에 동참하기 위하여 재정경제부 소속으로 2001. 11월 금융정보분석원(KoFIU: Korea Financial Intelligence Unit)을 설치하였다. 금융정보분석원에서는 금융기관이 보고한 자금세탁 혐의거래 정보 및 고액현금거래 정보, 외국 FIU로부터 제공받은 정보 및 외국환거래 정보 등을 정리·분석한 후 조사·수사가 필요한 경우 검찰청, 경찰청, 국세청, 관세청, 금융위원회, 중앙선관위 등 법집행기관에 제공한다. 자금세탁 방지 관련 금융기관의 보고의무는 다음 세 가지로 구성되어 있다. 첫째, 혐의거래 보고(STR; Suspicious Transaction Report)인데 금융기관은 불법재산 또는 자금세탁행위라고 의심이 가는 거래인 경우 금융정보분석원에 보고하여야 한다. 둘째, 고액현금거래보고(CTR; Currency Transaction Report)로서 동일 금융기관에서 동일자 동일인 기준 2천만원 이상의 현금(외화 제외)을 지급하거나 영수한 경우에는 금융기관은 금융정보분석원에 보고하여야 한다. 또한 금융기관은 고객주의의무(CDD; Customer Due Diligence)가 있어 고객이 계좌를 신규개설하거나 2천만원 또는 미화 1만달러 이상 일회성 거래를 하고자 하는 경우 고객 신원사항을 확인하여야 하며 자금세탁행위를 할 우려가 있다고 판단되는 경우 고객 신원사항을 확인하고 실제 당사자가 맞는지 및 금융거래목적을 확인하여야 한다.

4. 우리나라 외환자유화에 대한 평가

우리나라는 1999. 4. 1. 이후 수차례에 걸친 조치로 외환자유화가 상당히 진전되었다. 경상거래에 대한 지급제한은 전부 폐지되었으나 일부 지급방법에 대한 규제(일정한 기간을 초과하는 결제, 상계·상호계산, 제3자 지급)가 남아 있어 향후 추가 조치가 필요하다. 또한 개인의 대외지급(증빙서류 없는 지급, 여행경비, 유학경비, 해외이주비, 재외동포 국내재산반출)에 대한 규제도 대폭 완화되었다. 그러나 자본거래와 관련하여서는 일부 자유화된 측면이 있음에도 불구하고 전체

18개월 이하 해외차입에 대해 47%의 VDR 실시(93. 6월)한 바 있다.

적으로는 사전신고제의 골격을 유지하고 있어 1998년 외환위기 전과 비교하여 큰 변화가 없는 상황이다.

2001. 1. 1. 제2단계 외환자유화 조치시 자본거래를 Negative 체제로 전면 전환하였다고 하지만[86] 여전히 신고면제 사항이나 은행신고 사항을 나열하고 그 외의 경우에는 한국은행의 신고를 받도록 함으로써 사실상 Positive 방식으로 운영되고 있다.[87] 이런 점에서 보면 우리나라의 외환자유화는 자본거래가 전면적으로 Negative 체제로 전환된 일본의 1980년 법 개정 이전 단계로 보인다. 또한 정부에서는 신고와 신고수리를 엄격히 구분하여 신고수리에서 신고로 변경한 경우에는 규제가 완화된 것으로 보고 있으나 실제 실무에서는 양자가 다르게 운용되지 않았으므로 이러한 구분은 무의미하였다. 강학상 신고수리란 행정관청이 타인의 행위를 유효한 것으로 받아들이는 행위를, 신고란 소위 '수리를 요하지 않는 신고'로서 형식적 요건을 갖추고 있는 한 신고서가 접수기관에 도달한 때에 그 효력을 발생하고 행정관청의 별도의 행위를 필요로 하지 않는 것이라고 한다.[88] 그러나 실무상 이러한 구분은 없었으며 신고의 경우도 신고수리와 같이 처리되어 왔다.[89]

86 재정경제부 보도자료, 제2단계 외환자유화 세부추진방안(외국환거래규정개정), 2000. 12. 15.

87 사실 1991. 12. 27. 외국환관리법 개정시에도 정부는 대외거래의 원칙자유, 예외제한 체제로의 전환을 천명하였으나 실제로 Negative체제로의 전환은 일어나지 않았다. 그 이유에 대하여 "자본거래의 관리체계는 Positive System과 Negative System의 중간 방식을 취하고 있는데, 이는 국내외금리차 등 우리나라의 제반 경제여건을 고려하여 아직도 자본거래의 자유화를 제약하는 요인이 상존하고 있다고 판단되기 때문이다"라고 설명하는 견해가 있다(황건일, 외국환관리법 해설, 범신사(1993년), 28면).

88 김남진·김연태, 행정법 I, 법문사(2014 제18판), 258면; 박균성, 행정법론(상), 박영사(2013 제12판), 328면; 홍정선, 행정법원론(상), 박영사(2014), 374~376면.

89 현행 외국환거래법상 신고 및 신고수리를 강학상의 신고 및 신고수리 개념에 맞추어 운영하는 것도 문제가 있다. 신고내용에 대한 형식적인 심사도 하지 아니하고 신고서가 접수되는 것만으로 신고의 효력을 부여한다면 외국환관리 목적상 일부러 신고의무를 부과한 목적을 달성할 수 없을 것이다.

Ⅲ. 외환관리 발전방향

1. 외환자유화의 필요성과 위험성

(1) 필요성

과거 경제개발에 필요한 외자를 확보하기 위하여 엄격한 외환관리가 필요하였으나 이제 우리경제가 성장함에 따라 만성적인 외자부족 문제는 해소되었다고 할 수 있다. 1997. 12. 18. 39.4억 달러까지 감소하였던 우리나라 외환보유액은 2016.4말 현재 3,724.8억 달러로 세계에서 7번째로 외환보유액이 많은 나라가 되었다.[90] 따라서 이제 우리 경제규모에 맞게 외환규제를 완화할 필요가 있다. 그렇지 않으면 몸에 맞지 않게 작은 옷을 입은 것처럼 기업과 개인의 대외거래를 불편하게 할 수 있다.

외환규제는 거래당사자의 거래비용을 증가시켜 대외교역을 위축시키고 자본의 수출입을 막아 자본생산성을 떨어뜨릴 수 있으므로 이를 제거하여 세계공동의 이익에 기여할 필요가 있다. 또한 우리 국민들의 외환자유화에 대한 욕구도 무시할 수 없다. 한 예로 1989년의 해외여행 자유화 조치는 그동안 억눌려왔던 국민들의 해외여행에 대한 욕구를 충족시켜 주어 우리 국민들의 자긍심을 키우는 긍정적인 결과를 가져왔다.

(2) 위험성

그러나 외환자유화는 국제수지 균형을 위한 정책수단으로 외환수급 통제를 포기한다는 의미이고 이에 따라 자본유출입에 따른 충격은 환율의 변동으로 흡수하여야 하는데 환율의 급격한 변동은 한 국가의 안정적인 거시경제 운용을 어렵게 한다. 국가가 외환시장에 개입하여 환율의 변동성을 줄이려는 노력은 할 수 있으나 자본자유화가 이루어져 국가 간 자본이동이 활발하게 이루어지고 외환시장이 개방되어 국제투기자본의 영향을 크게 받는 상황에서 자국통화 가치를 장기간 방어하는 것은 불가능하다. 이에 따라 국제수지 적자의 누적으로 충분한 외환보유고를 확보하지 못한 경우 국가경제가 국제 환투기세력의 먹잇감이 되고 그들에게 국가의 경제주권을 내줘야 하는 상황이 올 수도 있다.

---

90 한국은행 보도자료, 2016년 4월말 외환보유액, 2016. 5. 3.

자본자유화가 되면 각국에 자본이 필요 없을 때 자본이 유입되고 자본이 필요할 때 자본이 유출된다. 이는 마치 금융기관이 자금이 필요 없는 기업에 대출을 해주고 경영난에 처하여 자금이 꼭 필요할 때는 대출금을 회수해 가는 것과 같다. "성장잠재력이 높다고 여겨지는 나라들이 자본자유화를 실시하면 이들 국가로 대규모 자금이 유입되기 시작한다. 대규모로 유입된 자금은 주식시장, 부동산에 투자되고 과소비를 가져와 경기가 과열되고 물가와 임금이 오르게 된다. 이러한 상황이 어느 정도 진행되면 수출감소와 수입증가로 이어져 경상수지 적자를 시현하게 된다. 경상수지 적자는 해외로부터의 자본유입으로 메워질 수밖에 없고 이로 인해 외채는 늘어나게 된다. 이러한 상황이 한동안 지속되다가 어떤 대내외적인 요인에 의하여 시장의 심리가 부정적으로 바뀌면 곧 대규모의 자금이 일시에 빠져나가게 되고 외환위기가 현실화되는 것이다."[91]

자유방임적인 자본이동의 문제점을 지적하는 학자들은 1997년 동아시아의 외환위기는 자본이 급속히 유입되었다가 일시적으로 급속히 유출되면서 발생하였으며 이러한 현상은 자본이동의 속성 자체에서 비롯되는 것으로 건전한 거시경제 운용이나 금융시스템의 유지로도 막을 수 없다고 주장한다. 2001년 노벨경제학상 수상자 조지프 스티글리츠 교수는 외환자유화의 위험성을 다음과 같이 경고하였다.[92]

> "자본계정 자유화야말로 1997년 동아시아 경제위기의 가장 중요한 단일요인이었다고 나는 믿는다. 이러한 결론에 도달하게 된 것은 1997년 동아시아 위기뿐 아니라 지난 25년간 대략 100건에 이르는 다른 경제위기 사례에서 무엇이 일어났는지 보았기 때문이다. 자본계정 자유화가 너무도 많은 경우에 위험을 가져온다는 것이 점점 명백해지고 있다. 심지어 강력한 은행, 성숙한 증권시장과 기타 기구들을 갖추었을 때도 위험요소가 될 수 있다. 국내외 투자가들이 투자자금을 회수함에 따라 엄청난 자금유입이 자금유출로 바뀐 사태를 감당할 수 있을 국가는 하나도 없을 것이다.
>
> 자본시장 자유화 주창자들은 자본시장 자유화가 자본조달의 원천을 다양하게 허용함으로써 각국의 경제안정성을 높여줄 것이라고 주장한다. 그러나 자본시장 자유화가 개발도상국이나 지구촌의 경제안정이라는 경제적 이익에 도움이 됨을 시사

---

91 김용덕, 아시아 외환위기와 신국제금융체제, 박영사, 2007, 199~201면.

92 송철복 역, 세계화와 그 불만, 세종연구원(1996), 180~186면(원서는 Joseph E. Stiglitz, Globalization and its Discontents, 2002. 6).

하는 어떤 이론과 근거도 존재하지 않으며 오히려 그 반대의 증거가 존재한다. 자본흐름은 경기흐름을 좇아 움직이므로 자본은 불경기 때에는 나라 밖으로 빠져나가고 호경기 때에는 나라 안으로 들어와 인플레이션 압력을 가중시키는 법이다. 해당 국가들로서는 외부자본이 필요한 바로 그 때에 자본 유출이 일어난다. 자본시장 자유화는 개발도상국들을 투자가들의 이성적·비이성적 변덕에 휘둘리게 만들었다. … 두 대형 개발도상국(인도와 중국)이 지구 차원의 경제위기에서 참화를 면했던 것은 결코 우연이 아니었다. 두 나라 모두 자본통제를 하고 있었던 것이다.

(3) 소 결

2008년 미국의 서브프라임 모기지론 부실에서 연유한 세계 금융위기는 우리나라 금융기관에도 막대한 손실을 끼쳐 미국의 금융부실에 전혀 원인을 제공한 바 없는 우리나라의 경제운용을 심각히 어지럽혔다. 우리나라가 다른 나라에 비하여 더욱 어려움을 겪는 원인은 대외의존적인 경제구조에 있다. 우리나라는 유가급등이나 수출부진 등 경상수지 악화요인이 있으면 곧바로 외환위기로 이어진다. 1997년 외환위기도 1996년의 대규모 경상적자(△230억 달러)가 선행하였고 2008년의 어려운 외환사정도 2008년 상반기중 대규모 경상수지 적자에 기인한 바 크다. 특징적인 것은 외환위기 전에는 언제나 정부가 외화유출 촉진 정책을 편 적이 있다는 것이다. 1996년의 기관투자가에 의한 외화증권 투자확대 정책과 2006년 투자용 해외부동산 취득 전면 허용 등이 그러한 정책인데 이는 한 치 앞을 내다보지 못한 조치라고 할 수 있다.

2008년 미국발 금융위기의 여파로, 미국식 금융자본주의 모델을 도입해 유럽의 금융허브라는 찬사를 듣던 아이슬란드가 국가부도 위기에 처하여 충격을 던져주고 있다. 아이슬란드는 금융을 성장전략 산업으로 정하고 모든 외환규제를 없애고 외국돈을 끌어 모아 유럽의 부동산과 기업에 투자하여 2000년대 금융 강국으로 불리었으나 금융위기가 터지자 외국자본은 썰물처럼 빠져나가고 환율이 급등하여 서민들의 삶에 치명타를 안겼다. 금융산업에 집중해 모든 규제를 풀고 외국 돈을 끌어 모았다가 된서리를 맞은 아이슬란드의 현실은 우리에게도 많은 시사점을 준다.[93]

이와 같이 볼 때 외환자유화는 국제적인 압력이나 시대적인 유행에 떠밀려

---

93 경향신문기사, 파산직면 아이슬란드 '시장 무한개방의 실패,' 2008. 10. 19.

성급히 추진할 일이 아니다. 어디까지나 우리의 최고이익이 무엇인지를 냉정하게 따져서 차분히 추진할 일이다. 세계 어느 나라도 자국 경제정책의 독립성을 훼손하면서 까지 외환자유화를 추진하지는 않을 것이다. 외환자유화는 세계경제 발전을 위한 국제적인 협조 및 통상과 자본이동의 원활화를 통한 우리 기업의 경쟁력 강화라는 하나의 과제와 안정적인 국가경제 운용이라는 상반된 다른 과제 사이에서 선택의 문제이다. 외환자유화는 우리 경제가 외화유출입의 변동성을 감내할 수 있는 범위 내에서 추진하여야 한다.

2. 우리나라 외환관리의 발전방향

(1) 총 론

외환관리 발전방향에 관한 문제는 결국 외환자유화의 속도와 순서에 관한 문제이다. 상기한 외환자유화의 위험성에도 불구하고 우리나라가 국제사회에서 고립되어 살 수는 없으므로 외환자유화를 피할 수는 없으나 다만 그 속도와 순서에 대해서는 우리의 최고이익이 무엇인지에 따라서 적절히 조절할 수 있을 것이다.

장기적으로 우리나라의 외환자유화 추진 단계는 일단 완전한 Negative 체제로 나아간 뒤 다음으로 1998년 일본의 신외환법 체계와 같이 '① 외국과의 조약이나 국제협약을 준수하기 위하여 또는 ② 우리나라의 평화와 안전을 유지하기 위하여' 필요한 경우를 제외하고 모든 외환거래를 자유화하는 방향으로 갈 수밖에 없다고 생각한다. 그러나 외환자유화의 부작용을 최소화할 수 있도록 보완대책은 강구하여야 한다. 우리나라는 1999. 4월 금융기관·기업 등 거래당사자의 외환거래내용을 전산으로 총괄 집중 관리하는 외환전산망을 구축하였는바 이를 통한 모니터링 체제를 계속 유지하는 것이 필요하다. 우리나라의 외환전산망은 외국환은행의 적극적인 협조하에 모든 대외거래가 입력되므로 세계 어느 나라의 그것보다 우수하다고 할 수 있다. 또한 2001. 11월 금융정보분석원이 설립되어 금융기관이 보고한 자금세탁 혐의거래 정보 및 고액현금거래 정보 등을 분석·조사하는 기능을 하고 있는데 불법 외환거래와 관련하여 금융정보분석원의 역할이 계속 강조되어야 할 것이다.

단기적으로는 외환자유화의 속도와 순서를 적절히 조절하여야 하는데 첫째, 외화유출입의 변동성에 관련이 없으면서도 기업과 개인의 대외거래를 지나치게 불편하게 하는 규제가 먼저 완화되어야 할 것이다. 둘째, 정형화된 거래로 대외거래에 따른 리스크가 작거나 측정 가능한 자본거래를 먼저 완화하고 리스크가 크거나 측정이 곤란한, 예를 들면 파생상품거래 같은, 거래가 나중에 자유화되어야 한다. 셋째, 국제 환투기세력들에 의해 환투기에 이용될 수 있는 거래는 마지막에 자유화되어야 한다. 넷째, 규제를 회피하기 위한 방법으로 이용될 수 있는 거래를 자유화하는 데에는 신중하여야 한다. 다섯째, 외국환은행주의 또는 외국환업무취급기관주의 같이 외환관리의 근본체계와 관련된 규제를 자유화하는 데에는 신중을 기하여야 한다. 세부 항목별로 살펴보면 다음과 같다.

(2) 거래별 외환자유화 순서와 속도

1) 일정기간을 초과하는 경상거래 결제

일정기간을 초과하는 수출대금의 선수 및 연불, 일정기간을 초과하는 수입대금의 선급 및 연지급의 경우에는 한국은행 신고사항으로 운영하고 있는바 이 규제의 취지는 일반적으로 내외금리차를 이용한 비정상적인 결제방법을 억제하고자 하는 것으로 알려져 있다. 이 규제의 취지를 "leads and lags(settlement)에 의한 외환시장에의 영향을 고려하여 결제를 위한 신용공여에 대하여 정상적인 관행을 유지할 필요가 있기 때문이다"라고 설명하는 견해가 있다.[94]

규제의 취지가 이러하고 다른 규제 목적이 없다면 오늘날 우리나라는 내외금리차가 거의 없어졌으므로 leads and lags settlement에 대한 거래동기가 없어졌고 따라서 이 규제가 불필요한 상황이 되었다. 또한 무엇보다 경상거래에 대한 지급제한은 국제사회에서 최고의 악으로 생각하는 것인 만큼 이 규제를 유지하는 명분도 약하다. 따라서 조속히 폐지하여야 할 것으로 생각된다.

2) 상계·상호계산

정부가 거주자의 대외거래에 따른 결제 여부 또는 정상적으로 결제하였는지 등을 확인하기 위하여 상계나 상호계산에 대하여 신고의무를 부과하는 것은 일응 필요하다고 할 수 있다. 그러나 이 신고는 외환관리 목적상 그 효용에 비하여 거래당사자에게 너무 큰 부담을 지우고 있다. 상계는 거래당사자의 의사

94 황건일, 외국환관리법 해설, 법신사(1993), 211면.

표시만으로 효력이 발생하고 외국환은행에서 지급 또는 영수가 일어나지 않으므로 이 신고의무는 간과되기 일쑤여서 법 위반사례가 많이 발생하고 있다. 한편 정부가 상계신고 내용을 외환거래 모니터를 위하여 사용하는 경우도 거의 없는 것으로 보인다. 이와 같이 규제 효용에 비하여 외환거래당사자를 지나치게 불편하게 하는 신고는 폐지하던지 아니면 사후보고로 완화하는 것이 필요하다.

3) 제3자 지급

제3자지급 규제는 규제의 취지가 불분명하며 실무상 어떤 결제행위가 제3자지급에 해당하는지 여부를 판단하는 것조차도 쉽지 않다.[95] 또한 외국환은행을 통하지 않는 결제인 상계나 상호계산과 달리 제3자 지급의 경우 많은 경우에 외국환은행을 통하여 결제가 일어나므로 외국환은행에 송금인, 수취인, 송금은행, 수취은행, 거래일자, 거래금액 등의 모든 기록이 남는다는 점에서 이 신고를 받지 않더라도 정부가 거주자의 대외거래 결제 여부 또는 정상결제 여부를 모니터하는 데에 지장이 없다. 이 역시 폐지하거나 완화하는 것이 필요하다.

4) 원화의 수출입

지급수단 수출입 규제와 관련하여 내국통화의 경우에도 미화 1만 달러 상당액을 초과하는 경우에는 관할세관의 장에게 신고하도록 하고 있는바 이 규제가 왜 필요한지 의문이다. 원화의 수출입은 외화 유출입의 변동성과 관련이 없다. 최근 들어 중국 등 일부 지역에서 원화가 유통되고 있다고 하는데 우리나라 통화가 외국에서 유통된다는 것은 우리에게 좋은 일이며 우려할 일이 아니다. 이는 원화가 국제화되고 있다는 증거이며 우리의 국력신장을 보여주는 것이기도 하다. 또한 원화의 수입을 제한하는 것 역시 우리나라가 발행한 법정통화의 유통성을 스스로 제한하는 것이므로 바람직하지 않다. 원화의 수출입규제는 모두 폐지하는 것이 옳다.

5) 비거주자간 원화표시 거래

우리나라는 비거주자간 원화표시 자본거래에 대하여도 규제하고 있다. 그러나 비거주자 간에 어떤 거래를 함에 있어 표시통화 또는 지급금액 결정통화를 원화로 한다고 하여 우리나라 외환유출입에 영향을 주지 않는다. 또한 비거

95 서문식, 외국환거래법상 제3자지급 규제의 연혁, 금융법연구 제23호(2014), 한국금융법학회.

주자 간 거래에 있어서 원화를 결제통화로 하는 경우는 거의 발생하지 않으나, 설사 있다고 하여도 원화가 국제결제에 쓰이는 것이니만큼 원화 국제화 차원에서 장려하여야 할 일이지 억제하여야 할 일이 아니다. 더구나 비거주자 간 원화표시 거래는 외국에서 비거주자 간에 발생하는 것이 대부분이므로 사실상 우리 법의 집행력이 미치지 않는 곳에서 발생하는 거래이다. 외국에 있는 비거주자로서는 대한민국에 이러한 규제가 있는지 알 수도 없고 알려고 하지도 않을 것이다. 외환관리 목적상 규제목적이 불분명하고 사실상 집행이 불가능한 이 규제 역시 폐지하여야 한다.

6) 본사의 보증을 받은 비거주자 현지금융

비거주자(주로 국내기업 해외현지법인)가 외국에서 사용하기 위하여 외화를 차입하고 국내본사가 보증하는 경우 국내본사는 우발채무만 부담하므로 본사 대차대조표내에 부채로 계상되지 않는 경우가 대부분이고 또한 우리나라의 대외부채에도 계상되지 않는다. 그러나 해외 현지법인의 채무불이행시 본사에서 대지급하여야 하므로 결국 우리나라가 대외지급 부담을 지는 것은 거주자의 외화차입과 다를 바 없다. 1997년 외환위기 당시 비거주자 현지금융의 전모가 파악이 곤란하여 우리나라의 대외부담 관리에 애로가 있었다. 본사보증에 의한 비거주자의 현지금융은 대외 채무부담 관리 차원에서 현행과 같이 신고사항으로 유지하는 것이 필요하다.

7) 파생금융상품 거래

당초 파생금융상품은 금리나 환율의 변동으로부터 예상치 못한 손실을 피하기 위한 목적으로 고안되었다. 그러나 오늘날 파생금융상품은 진화하여 전통적인 선도, 선물, 옵션, 스왑거래뿐 아니라 신용파생상품 등으로 갈수록 복잡해지고 있으며 당초 목적인 헤지뿐 아니라 투기목적으로 거래되고 있다. 또한 높은 레버리지 효과로 인하여 적은 금액의 거래로 막대한 손실을 부담해야 하는 경우가 많으며 거래구조가 복잡하여 리스크의 여부 및 양을 측정하기도 곤란하다. 그 한 예로 1997. 2월 SK증권, 한남투신 및 LG금속은 말레이시아에 역외펀드인 다이아몬드펀드를 설립하여 J.P. Morgan과 태국 바트화 채권을 기초자산으로 하는 Total Return Swap 계약을 체결하였는바, 바트화 폭락으로 거액의 손실을 입은 경험이 있다. 1995년에는 223년 전통의 영국 베어링은행이 닉 리슨이라는 27세 청년의 파생금융거래로 인하여 파산하였다. 2008년에는 프랑스 제2위은행인 소시에떼제네랄 은행이 파생금융상품 투자로 72억 달러의 손실을 입었다고 발표했다. 또한 2008년 미국발 금융위기도 무분별한 신용파생상품의 거래에서 기인한 바 크다. 이와 같이 위험성이 큰 파생금융상품 거래를 자유화하는 데에는 아무리 신중하여도 지나치지 않다.

8) 비거주자 원화차입·원화증권 발행

비거주자에게 단기 원화차입이나 원화증권발행을 허용할 경우 환투기 수단으로 악용될 수 있다. 주로 원화 고평가기에 헤지펀드 등 환투기세력들이 원화를 차입하여 달러를 매집하여 원화 약세를 유도한 뒤 원화 약세가 실현되면 보다 적은 달러로 원화를 매입하여 원리금을 상환하고 남는 달러는 대외송금함으로써 환차익을 실현하는 구도이다. "1997년 동아시아 외환위기 때 태국은 환투기세력들이 바트화를 빌려 달러를 사들이자 하루짜리 금리를 한때 2,000%까지 높여 방어하고자 하였으나 결국 실패하였다. 또한 인도네시아, 홍콩의 경우에도 같은 방식으로 환투기세력으로부터 공격을 받자 국내 경제의 혼란을 무릅쓰고 급격히 금리를 인상하지 않을 수 없었다."[96] 이와 같이 비거주자에 의한 원화차입 거래는 환투기세력들에게 이용되어 국내금융시장의 교란을 가져올 위험성이 있으므로 외환자유화의 마지막 단계에서 허용되어야 할 것이다.

9) 역외금융회사

내국인이 해외에 펀드[97]를 설립하여 국내에 투자하는 경우가 많다. 세칭 '검은머리 외국인'이라 불리는 것으로서 이러한 역외금융회사는 독점규제 및 공정거래에 관한 법률에 의한 출자총액 제한을 회피하거나, 외국환거래법상 자본

---

96 정규재·김성택, 실록 외환대란; 이 사람들 정말 큰일 내겠군, 한국경제신문사(1998), 328~338면.

97 '펀드'는 법적으로 정의된 용어가 아니라 시장에서 일반적으로 사용하는 용어로서 '투자를 위하여 모은 자금을 보유하고 있는 법적 실체' 정도의 의미로 쓰이고 있다. 이 '펀드'의 법적 형태는 펀드가 설립된 국가에서 허용하는 것이어야 하고 국가마다 허용하는 법적실체의 종류가 다르므로 다양한 모습을 띠고 있다. 따라서 corporation, partnership, trust, 계약형 투자신탁, 회사형 투자신탁, Limited Liability Company등 여러 가지 법적 형태가 있을 수 있다. 예를 들어, 미국에서 투자 vehicle로 많이 이용되는 소위 PEF(Private Equity Fund)의 법적 형태는 Limited Partnership이다.

거래 규제 회피 또는 작전세력에 의한 주가조작 목적 등 다양한 목적으로 규제를 회피하기 위한 수단으로 설립되는 경우가 많다. 이런 거래를 제한 없이 허용할 경우 국내 규제를 무력화시키거나 불법거래에 동원될 수 있으므로 현재와 같이 신고사항으로 운영하여 일정한 제한을 두어야 한다.

10) 외국환은행주의

외국환은행주의는 모든 외환거래를 외국환은행을 통하여 거래하도록 강제하고 외국환은행이 모든 대외거래 기록을 보관·관리하도록 한 것으로서 우리나라 외환관리의 근간을 이루고 있으므로 향후에도 그 골격은 유지되어야 할 것으로 생각된다. 우리나라의 경우 2009. 2. 4. 외국환거래법 개정 이후 비은행금융기관의 외국환업무 취급범위가 크게 확대됨에 따라 엄격한 의미의 '외국환은행주의'는 퇴색되었고 대신 '외국환업무취급기관주의'라고 불러야 할 제도로 대체되었는바, 적어도 이 '외국환업무취급기관주의' 만큼은 유지할 필요가 있다.

일본은 1998년 신외환법 개정·시행으로 외국환은행주의를 포기하여 외국환은행을 통하지 아니한 거래를 허용하는 대신 국제수지나 대외부채 통계 작성을 위하여 외환거래 사후 보고의무를 부과하였는바, 이 제도 시행에 따른 사회적 비용이 작지 않을 것으로 생각된다. 또한 외국환은행주의 폐지로 인하여 어떤 이득이 있는지 분명하지 않다. 외환자유화가 추진될수록 보완대책으로 외환거래 모니터링을 위한 외환전산망을 구축하는 것이 중요한데 이는 외국환은행주의 또는 외국환업무취급기관주의를 유지하여 모든 대외거래가 이들을 통하도록 강제하는 경우에만 가능하다.

11) 대외채권회수의무

대외채권회수의무는 전통적인 외환집중제가 폐지된 지금 외환의 국내 집중을 강제하는 완화된 형태의 외환집중제라고 할 수 있다. 이 회수의무가 있음에 따라 거주자들은 대외거래 결과 취득한 외화를 국내로 들여와야 하고 대외지급이 필요하면 다시 국내에서 외화를 송금할 수밖에 없는 구조가 만들어진다. 이 대외결제 경로에 외국환은행이 일종의 차단기 역할을 하면서 외환의 유출입을 모니터하는 것이 현재의 외환관리 시스템이다. 만약 이 의무가 없다면 거주자들은 외화를 국내로 들여오지 않고 계속 외국에서 보유하려 할 것이고 이렇게 되는 경우 외화의 유출입이 국내 외국환은행을 경유하지 않으므로 거주자가 보유하는 외환의 규모를 정확히 파악할 수 없고 대외거래의 적정성을 모니터할 수도 없는 등 현재의 외환관리 시스템은 작동하기 어렵다. 외환거래의 불편을 줄이기 위하여 언젠가 이 규제를 폐기하는 시점이 오겠지만 그 시점은 우리나라가 사실상 외환관리를 포기하는 시점이어야 할 것이다. 대외채권회수의무와 같이 외환관리시스템의 근본이 되는 규제를 폐지하는 데에는 신중을 기하여야 한다.

(3) 유사시 안전장치(Safeguard)의 적극 활용

외환자유화를 추진하면서도 비상시에는 언제든지 외환관리 체제로 복귀할 수 있는 준비가 되어 있어야 한다. 유사시 외환통제는 국제적으로도 인정[98]되고 실제 빈번하게 사용[99]되고 있으며 우리나라 외국환거래법 제6조에도 명시되어 있다. 이 조항은 박제된 법이 아니라 살아있는 법으로 필요하면 언제든지 꺼내서 쓸 수 있어야 한다.

3. 결 론

이상에서 외환관리(exchange control)라는 것이 무엇인지, 세계 역사상 외환관리는 어떻게 생겨나고 어떻게 변천되어 오늘에 이르고 있는지, 외환관리에 관한 국제규범이 무엇이고 각국을 어떻게 구속하고 있는지, 우리나라 외환관리

98 OECD 자본자유화 규약 Article3 (Safeguard)에서는 각 가맹국이 국민의 건강과 안전 및 공공질서를 유지하기 위하여, 국가안보상의 이익을 보호하기 위하여 또는 국제평화 및 안전과 관련된 의무를 이행하기 위하여 필요한 경우에는 유보목록에 포함되지 않은 거래에 대하여도 제한을 신설·부활하는 것을 허용하고 있다. Article7 (Derogation)에서는 각 가맹국이 자국의 경제·금융사정상 정당한 이유가 있는 경우, 자유화 조치결과 심각한 경제·금융상 혼란이 야기된 경우 및 국제수지 악화로 외환보유액 부족상황이 심각하다고 판단되는 경우에는 이미 약속·이행한 자유화조치를 취소하거나 일시적으로 정지할 수 있다고 규정하고 있다.

99 1990년대 각국의 자본통제 사례: 브라질(1993. 6월: 핫머니 유입억제, 1997년: 외화대부 최소만기 3년에서 1년으로 단축), 칠레(1991년: 자본유입에 대한 20% 무이자 준비금 적립 의무화), 콜롬비아(1992년: 해외차입에 대하여 무이자 지급준비금 적립 의무화), 말레이시아(1994. 1월: 비무역 관련 스왑과 선물환 매도 금지, 1998. 9월: 자본거래 유입 제한. 유입된 자본은 말레이시아 내에서 1년간 보유 의무화), 태국(1995년: 비거주자 바트화예금 지급준비율 7% 적용), 베네수엘라(1989년: 외환위기로 외환시장 폐쇄, 1994. 1월: 자본유출 금지). 김영생, 글로벌시대의 신외환론, 두남출판사, 2004, 615면.

는 어떻게 생겨나고 변천되어 왔는지 및 우리나라 외환관리의 나아갈 방향에 대하여 살펴보았다. 또한 외환규제 및 규제폐지의 역사적 경험과 사례들을 살펴보고 외환자유화의 필요성과 위험성을 분석하였다. 위의 사례들은 자국의 이익만을 앞세운 과도한 외환관리 또는 자국의 경제발전 단계에 맞지 않는 급격한 외환자유화는 모두 심각한 문제를 야기한다는 교훈을 주고 있다. 따라서 요체는 우리나라의 경제수준에 맞게끔 외환자유화의 순서와 속도를 조절하는 일이다. 이를 위해서 평소 심도 있는 연구 및 논의가 필요할 것으로 생각된다.

참고문헌 R·E·F·E·R·E·N·C·E·S

강만수, 현장에서 본 한국경제 30년, 삼성경제연구소, 2005.
김영생, 외국환관리법, 법경사, 1995.
김영생, 글로벌시대의 신외환론, 두남출판사, 2004.
김용덕, 아시아 외환위기와 신 국제금융체제, 박영사, 2007.
대외경제정책연구원, 외환위기 이후 한국의 금융국제와 진전과 향후과제, 2004.
송철복 역, 세계화와 그 불만, 세종연구원, 1996.
양동휴·박복영·김영완 옮김, 대공황 전후 유럽경제, 동서문화사, 2000.
이재웅, 외국환관리론, 법문사, 1987.
이종덕, 외환제도론, 법문사, 2007.
이천표, 한국의 외환자유화 및 자본자유화, 경문사, 1997.
서문식, 외국환거래법상 제3자지급 규제의 연혁, 금융법연구 제23호, 한국금융법학회, 2014.
정규재·김성택, 실록 외환대란; 이 사람들 정말 큰일 내겠군, 한국경제신문사, 1998.
한국경제연구원(최두열), 제2단계 외환자유화와 향후 정책방향, 2001.
한국금융연구원(박해식·신용상), 자본거래 허가제 폐지에 따른 문제점과 향후과제, 2005.
한국은행, 우리나라의 외환제도와 외환시장, 2003.
한국은행(이희원·박성진), 최근 개인의 대외지급 현황 및 평가, 외환국제금융리뷰, 2004.
황건일, 외국환관리법 해설, 범신사, 1993.

Bernard S. Meyer, Recognition of Exchange Controls after the International Monetary Fund Agreement, Yale Law Journal, 1953 May(62 Yale L. J. 870).

Charles H, Feinstein, Peter Temin, Gianni Toniolo, The European Economy between The Wars, Oxford Univ.(1997).

Joseph E. Stiglitz, Globalization and its Discontents, 2002. 6.

OECD, User's Guide of OECD Codes of Liberalization of Capital Movements and of Current Invisible Operations, 2003.

OECD Code of Liberalization of Capital Movement, 1961.

OECD Code of Liberalization of Current Invisible Operations, 1961.

제 3 편

외국은행규제법

제 1 장 총 설

Ⅰ. 외국은행의 국내 영업 개관

무역에서뿐만 아니라 서비스에 있어서도 국경 간 거래(cross－border business)가 활발해지고 있는 현대에 있어서 은행업의 경우도 자국의 범위를 벗어나서 다른 나라에서 활동하고 있는 자국 법인(자국 법인의 외국 자회사 등 계열사를 포함한다. 이하 같다)과 자국민인 개인 고객을 대상으로 한 서비스를 제공함은 물론 나아가 타국 법인과 타국민인 개인 고객을 직접 대상으로 하는 대외적인 서비스의 제공도 확대되고 있다. 이는 포화 상태에 이른 자국내 은행서비스 수요를 타개하기 위한 것일 수도 있고, 대외 거래의 확대에 따라 영업 범위를 전 세계적으로 넓혀가는 자국 법인이나 개인을 지원하기 위한 것일 수도 있다. 현재 우리나라에 진출해 있는 다수의 외국은행 국내지점들이 자국 회사들의 국내 진출을 지원하거나 국내에 설립된 자국 회사의 자회사들에게 자국 모회사의 보증 등을 기초로 신용을 공여하고 있으며, 일부는 국내에 들어와 있는 자국 근로자들의 해외 송금 업무를 취급하고 있다. 또한 일부의 대형 외국은행 국내지점들은 해당 은행이 가진 전 세계적인 영업망을 기반으로 다국적기업화 되어 가고 있는 국내 대기업들에게 글로벌한 자금 관리 등의 서비스를 제공하겠다면서 접

* 이헌영 집필.

근하고 있다.

이렇게 보면, 우리나라 은행들의 해외 진출과는 반대 관점에서 외국은행들의 국내 진출은 어떻게 보면 자연스러운 현상이라고 할 수 있을 것이다. 그런데 외국은행들의 국내 진출은 우리나라 은행법에 따르면 형태에 따라 자회사 형식을 취할 수도 있고, 지점이나 대리점 혹은 사무소의 형식을 취할 수도 있다(은행법 58조).[1] 현재 한국씨티은행이나 한국스탠다드차타드은행 같은 경우는 자회사(즉, 현지법인) 형식을 취하고 있고, 대부분의 다른 외국은행들은 지점 형태를 통해 영업을 하고 있으며, 여러 외국은행들이 국내에 사무소를 개설하고 있으나 대리점 형태를 통해 영업하고 있는 외국은행은 없는 상황이다. 외국은행의 자회사인 은행들은 법상은 독립적 법인이고 사실상 대주주가 외국은행이라는 것 외에는 국내 일반은행과 크게 다를 바가 없다. 외국은행 국내사무소의 경우에는 원칙적으로 영업 활동을 할 수 없으므로 크게 문제되는 경우가 없다. 따라서 현재 우리나라의 금융규제와 관련하여 가장 문제가 되는 것은 지점 형태로 진출한 외국은행, 즉 외국은행 국내지점이라고 할 수 있다. 따라서 제3장에서는 외국은행 국내지점에 대한 국내 규제상의 문제점들과 그 개선방안에 대해 심도 있게 다루고 있다.

Ⅱ. 외국은행 국내지점에 대한 규제

「은행법」은 외국은행 국내지점에 대한 규제와 관련된 별도의 장(제9장)을 두고 그 장 밑에 6개의 조문[2]을 두어 외국은행 국내지점에 대한 특칙 규정을 두

1 **제58조(외국은행의 은행업 인가 등)** ① 외국은행(외국 법령에 따라 설립되어 외국에서 은행업을 경영하는 자를 말한다. 이하 같다)이 대한민국에서 은행업을 경영하기 위하여 지점·대리점을 신설하거나 폐쇄하려는 경우에는 제8조제2항 및 제55조에도 불구하고 대통령령으로 정하는 바에 따라 금융위원회의 인가를 받아야 한다.
② 금융위원회가 제1항에 따른 인가를 하는 경우에는 제8조제4항 및 제5항을 준용한다.
③ 외국은행이 제1항에 따라 인가를 받은 지점 또는 대리점을 다른 시·도로 이전하거나 사무소를 신설하려는 경우에는 미리 금융위원회에 신고하여야 한다.
[전문개정 2010. 5. 17.]

2 은행법 제9장에는 각주 1의 제58조 외에 아래와 같은 5조문이 있다.
제59조(외국은행에 대한 법 적용) ① 제58조제1항에 따라 인가를 받은 외국은행의 지점 또는 대리점은 이 법에 따른 은행으로 보며, 외국은행의 국내 대표자는 이 법에 따른 은행의

고 있다.

은행법에는 외국은행의 본점이 해산 또는 파산하였거나 은행업을 폐업한 경우 또는 은행업의 인가가 취소된 경우에는 그 외국은행의 지점에 대한 은행업 인가도 그 사유가 발생한 날에 취소된 것으로 간주하여(제60조) 외국은행 본점과 국내지점이 일체임을 확인하는 내용도 있지만, 외국은행의 지점이 청산을

임원으로 본다. 다만, 제4조, 제9조, 제15조, 제15조의3부터 제15조의5까지, 제16조, 제16조의2부터 제16조의5까지, 제48조의2 및 제53조의2는 적용하지 아니한다. <개정 2016.3.29.>
② 하나의 외국은행이 대한민국에 둘 이상의 지점 또는 대리점을 두는 경우 그 지점 또는 대리점 전부를 하나의 은행으로 본다.
[전문개정 2010. 5. 17.]
제60조(인가취소 등) ① 금융위원회는 외국은행의 본점이 다음 각 호의 어느 하나에 해당하게 되면 그 외국은행의 지점 또는 대리점에 관한 제58조제1항에 따른 인가를 취소할 수 있다.
1. 합병이나 영업의 양도로 인하여 소멸한 경우
2. 위법행위, 불건전한 영업행위 등의 사유로 감독기관으로부터 징계를 받은 경우
3. 휴업하거나 영업을 중지한 경우
② 외국은행의 지점·대리점 또는 사무소는 그 외국은행의 본점이 제1항 각 호의 어느 하나에 해당하게 되면 그 사유가 발생한 날부터 7일 이내에 그 사실을 금융위원회에 보고하여야 한다.
③ 외국은행의 본점이 해산 또는 파산하였거나 은행업을 폐업한 경우 또는 은행업의 인가가 취소된 경우에는 그 외국은행의 지점 또는 대리점에 대한 제58조제1항에 따른 인가는 그 사유가 발생한 날에 취소된 것으로 본다. 다만, 금융위원회는 예금자 등 은행이용자의 이익을 보호할 필요가 있는 경우 취소된 날을 달리 정할 수 있다.
[전문개정 2010. 5. 17.]
제61조(인가취소 시의 지점폐쇄 및 청산) ① 외국은행의 지점 또는 대리점이 제53조, 제60조제1항 또는 제3항에 따라 인가가 취소되거나 취소된 것으로 보게 되는 경우에는 그 지점 또는 대리점은 폐쇄되며 대한민국에 있는 재산의 전부를 청산하여야 한다.
② 법원은 제1항의 경우에 이해관계인이나 금융위원회의 청구 또는 법원의 직권으로 청산인을 선임하거나 해임할 수 있다.
③ 제1항에 따른 청산에 관하여는 「상법」 제620조 제2항을 준용한다.
[전문개정 2010. 5. 17.]
제62조(외국은행의 국내 자산) ① 외국은행의 지점 또는 대리점은 대통령령으로 정하는 바에 따라 자산의 전부 또는 일부를 대한민국 내에 보유하여야 한다.
② 외국은행의 지점 또는 대리점이 청산을 하거나 파산한 경우 그 자산, 자본금, 적립금, 그 밖의 잉여금은 대한민국 국민과 대한민국에 주소 또는 거소(居所)를 둔 외국인의 채무를 변제하는 데에 우선 충당되어야 한다.
[전문개정 2010. 5. 17.]
제63조(자본금에 관한 규정의 적용) 외국은행의 지점 또는 대리점에 대하여 이 법 중 은행의 자본금에 관한 규정을 적용할 때에는 대통령령으로 정하는 바에 따른다.
[전문개정 2010. 5. 17.]

하거나 파산한 경우 그 자산, 자본금, 적립금, 그 밖의 잉여금은 대한민국 국민과 대한민국에 주소 또는 거소(居所)를 둔 외국인의 채무를 변제하는 데에 우선 충당되어야 한다고 함으로써(제62조) 국내지점을 외국은행 본점과 별도로 취급하는 내용도 있다. 이는 일면으로는 외국은행 본점과 국내지점을 하나로 보고 규율하여야 할 필요가 있고, 다른 면에서는 외국은행 본점과 국내지점을 별도로 보고 규율하여야 할 필요가 있는 현실을 은행법이 반영한 것이라고 할 수 있다. 현재 외국은행 국내지점에 대한 규제와 관련하여 발생하는 대부분의 문제들은 특정 사안과 관련하여 외국은행 본점과 국내지점을 하나로 보고 규율하여야 할지 아니면 별도로 보고 규율하여야 할지에 대해 규제 당국과 규제 대상인 외국은행 국내지점 간 의견 차이에서 비롯된다고 하여도 과언이 아닐 것이다. 이는 이 장의 글에서 외국은행 국내지점이 상법상의 지위(외국회사의 지점으로 국내영업소로서의 지위)와 은행법상의 지위(국내은행과 동일한 지위)를 동시에 보유함으로써 발생하는 혼란으로 표현되기도 하였다.

Ⅲ. 외국은행 규제의 개선과제

이 장의 글에서 지적한 바와 같이 외국은행 국내지점의 경우는 본점의 자본금이 아니라 영업기금을 자본금으로 의제하여 은행의 신용공여한도와 같은 업무 한도 규제에 있어서 동 영업기금을 기준으로 그 한도를 정하고 있으나, 우리나라에서 국내 일반은행 지점의 경우에는 본점의 자본금을 기준으로 신용공여한도를 정하고 있는바, 외국은행 국내지점에 대한 차별적 기준의 적용이 정당한지가 문제될 수 있다. 또한, 국내 일반은행의 경우에는 추가 지점 설치에 별다른 제한이 없으나, 외국은행의 경우에는 추가로 지점을 설치하는 경우 지점마다 설립 인가를 받아야 하는 차이가 있다.

나아가, 외국은행 국내지점은 사실상 외국은행의 일부에 불과하므로 본점의 여러 가지 지원을 받을 수밖에 없고, 또한 전행적 차원에서 본점의 업무를 일부 분담할 수밖에 없는 상황임에도 본점에 대한 업무 위탁이나 본점으로부터의 업무 수탁을 제3자와의 업무위수탁과 동일하게 규제하여 일일이 사전 또는 사후적으로 보고토록 하거나 심지어는 본질적 업무의 위탁으로 보아 이론상 위탁 자체를 허용하지 않는 것은 외국은행의 입장에서는 자행의 전체적이고 일관적인 운영을 저해하는 것으로 보여질 수도 있다.

또한, 유럽 등 겸업은행제도(universal bank system)를 채택하고 있는 국가에서 진출한 외국은행 국내지점은 우리나라의 전업주의 유산이 아직 많이 남아있어서 본점에서 영위하고 있는 업무를 전면적으로 영위하지 못하고 있다. 왜냐하면 국내에서 증권업, 즉 「자본시장과 금융투자업에 관한 법률」(이하 "자본시장법"이라 한다)하에서 증권의 투자매매업이나 투자중개업에 속하는 업무는 금융감독당국에서 외국은행 국내지점에게 아직 매우 제한적으로만 인가해 주고 있기 때문이다. 이에 따라 겸업은행제도 국가의 소재 외국은행이 우리나라의 규제 환경 하에서 본점의 업무를 전면적으로 영위하기 위해서는 국내에 은행지점 외에 증권지점을 별도로 설립할 수밖에 없다. 이는 기관별 규제가 아니라 기능별 규제를 도입하겠다는 자본시장법의 원래 제정 취지와도 거리가 있는 것이다.

위의 사항들을 포함하여 외국은행 본점과 국내지점을 별도로 보아야 한다는 관점에서 과도하게 규율함에 따라 발생하는 여러 문제점들이 이 장에서 논의되고 있다.

Ⅳ. 향후 전망

최근 금융감독당국은 대대적인 규제 개혁을 추진하면서 시장으로부터 애로 사항을 널리 청취하고 있으며, 그 과정에서 외국은행 국내지점이 겪고 있는 문제점들에 대해서도 여러 차례 의견 수렴을 한 바 있다. 금융감독당국의 규제 개혁 노력에 대한 시장의 평가는 역대 어느 시기보다도 우호적이며 실질적인 규제 완화를 체감하는 경우도 여러 번 있었다. 하지만, 계열사 사이인 은행(지점) 및 증권사(지점) 간 과도한 정보차단벽(firewall) 문제, 겸직금지 문제, 업무위수탁제한 문제 등 그동안 누적되어온 외국금융기관 관련 문제점들이 아직 해결되지 못하고 있고, 국제적인 금융규제의 환경도 워낙 빠르게 변화하면서 이를 국내에 도입하는 과정에서 야기되는 문제점들도 많다. 예를 들면, 유럽에서 대형 금융기관 도산 시 국민들의 세금을 원천으로 한 구제금융(bail-out) 대신 그 금융기관의 채권자들이 일정 정도 책임지게 하는 손실분담(bail-in) 조항을 유럽 금융기관의 국내지점들이 고객과의 약관에 반영하는 문제, 전 세계적인 장외파생상품 규제인 중앙청산소(Central Counterparty: CCP)를 통한 청산, 거래저장소(Trade Repository: TR)에 대한 보고, 중앙청산소를 통해 청산되지 아니하는 거래에 대한 담보제공 의무화 문제 등도 산적해 있는 상황이다.

위와 같은 문제들은 기본적으로 외국은행의 본점과 국내지점이 하나의 법적 실체이므로 본점에 적용되는 규제가 국내지점에도 그대로 적용되는데, 그 규제가 외국은행 국내지점에 적용되는 국내 규제와 충돌하면서 발생하는 것이다. 향후 금융감독당국과 외국은행 국내지점간 보다 활발한 의사소통을 통해 이러한 규제상 문제점들을 현명하게 해결해 나가기를 기대하며, 이 장에서의 논의가 그 해결에 일조할 것이라 믿어 의심치 않는다.

제 2 장 외국은행 국내지점 규제에 관한 법적 연구

Ⅰ. 머리말

은행업은 대표적인 규제산업으로 각국을 비롯하여 우리나라의 경우에도 은행 산업의 진입단계에서부터 여러 가지 규제 장치를 마련하고 있다. 특히 우리의 경우 외국 금융기관이 국내에 진출하는 방법은 현지법인(subsidiary)을 설립하거나 지점(branch) 또는 사무소(representative office)를 설치하는 것이다.

규제적인 측면에서 우리나라에 진출한 외국은행은 그 형태에 따라 현지법인은 국내은행과 동일한 규제, 지점은 그 성격에 따른 별도의 차별적인 규제, 사무소는 진입 규제 이외에 별다른 규제가 없는 형태를 띠고 있으나, 이러한 접근방식은 국가와 지역에 따라 다소의 차이가 있다. 미국의 경우에는 금융위기 이후에 미국 국내 금융시장에 영향을 미치는 외국은행을 포함한 대형은행에 대하여 보다 강화된 건전성 규제를 하는 방향으로 나아가고 있어 현지법인이나 지점 등 그 진출형태에 따른 차별적인 규제가 그다지 큰 의미가 없는 데 비하여, 유럽의 경우에는 유럽경제지역 내에서의 경제적인 통합의 진전으로 국경을 초월하는 영업(cross border business)에 대한 규제를 어떻게 조화롭게 운용할지에 상당부분 초점이 맞추어져 있으며, 따라서 진출 형태 및 국가 상호간의 영업

---

* 이종호 집필.
* 「은행법연구」 제6권 제1호(2013. 5)에 게재된 내용을 다소 수정·보완한 것이다.

에 대한 규제가 상당히 발달해 있다.

우리나라의 외국은행 국내지점(이하 "외은지점"이라 한다)에 대하여는 기본적으로 「은행법」이 적용되며, 동 법에서는 외은지점을 "은행법에 따른 은행"으로 본다고 규정(제59조 제1항)함으로써 법인 형태의 은행과 마찬가지로 「은행법」이 적용된다는 사실을 명확하게 규정하고 있다. 하지만, 외은지점의 본질적인 성격인 해외에서 설립된 본점의 국내 영업소라는 점은 무시할 수 없는 사실임에도 불구하고 감독 및 규제의 목적상 외은지점을 「은행법」상 별도의 은행으로 간주하는데서 문제가 비롯된다. 즉, 「은행법」은 기본적으로 법인 형태의 은행을 대상으로 제정된 법률이어서 지점 형태의 외은지점에게는 적용하기 어려운 조항도 있다. 물론 「은행법」에서는 일부 조항의 적용을 배제하고 있지만 명확하게 규정하지 아니한 부분도 있어 논란의 대상이 되고 있다. 이의 근본적인 해결을 위하여 외은지점에 적용되는 별도의 법률을 제정하는 것도 고려할 수 있겠지만, 현행 우리나라의 「은행법」 체계의 큰 틀을 바꾸지 않는 범위에서는 외은지점의 독립적 지위와 종속적 지위를 기준으로 합리적으로 구분하여 규제한다면 대다수의 문제점을 해결하는 것이 가능할 것으로 보인다.

이하 제II장에서는 외은지점의 설립 및 폐쇄 인가, 영업 관련 규제 등 외은지점에 대한 감독 및 규제의 현황을 살펴보고, 제III장에서는 현재 논란이 되고 있는 쟁점 사항에 대하여 부문별로 그 문제점 및 개선방안을 검토하며, 「은행법」상 외은지점에 대하여 준용이 가능한 조항을 재정리하는 등 외은지점 전반에 대한 감독·규제상의 바람직한 운영 방안을 제시하고자 한다.

Ⅱ. 외은지점에 대한 감독 및 규제 현황

1. 서 론

(1) 외국은행의 현황

외국은행[1]의 현지법인 설립과 관련하여서는, 과거 우리나라의 경제협력개

1 본 논문에서 언급하는 우리나라의 외국은행의 개념은 완전자회사로서 해외금융기관이 국내에 설립한 현지법인과 해외금융기관이 국내에 지점의 형태로 진출하거나 사무소를 설립한 것을 말하며, 기존에 설립된 국내은행에 대하여 일정부분 지분을 투자한 것은 제외한다.

발기구(OECD) 가입을 계기로 '1998년 말까지 경제협력개발기구(OECD) 회원국가 은행과 증권회사의 현지법인 설립을 허용한다'는 개방 계획을 발표(1996년 12월)하고, 1997년 말 외환위기 이후 해외자본의 국내은행에 대한 출자 등을 유도하기 위해 외국인의 은행 주식 취득 제한을 대폭 완화(1998년 1월)하였다.[2] 이후 1998년 2월 국제통화기금(IMF)과 외국은행의 현지법인 설립 허용에 합의하였고, 2004년 11월 미국 씨티은행이 한미은행을 인수하였으며,[3] 2005년 4월 Standard Chartered Bank가 뉴브리지캐피탈로부터 제일은행을 인수하여 같은 해 9월 'SC제일은행'으로 사명을 변경한 이후 2012년 1월 11일 '한국스탠다드차타드은행'으로 은행명을 재변경하였고, 2016년 4월 6일 'SC제일은행'으로 브랜드명을 변경하여 지금까지 영업 중에 있다.[4]

한편, 1967년 법적으로 외은지점 설립이 허용되면서 미국의 체이스맨해턴은행(Chase Manhattan Bank)등 5개 외은지점[5]이 최초로 서울에 지점을 설립[6]한 이후 1993년 중 52개의 외국은행(점포수는 74개)의 진출로 그 수가 가장 많았으나, 해외 본점간의 합병 및 1997년 외환위기로 인한 철수 등으로 그 수는 점진적으로 감소하였다.[7] 2015년 6월말 현재에는 16개국으로부터 39개 은행(점포수

---

2 단계별(10%, 25%, 33%)로 금융위의 승인을 얻어 한도초과보유가 가능하다(「은행법」 제15조 제3항).

3 2004. 10. 29. 당시 금융감독위원회로부터 한미은행과 씨티은행과의 영업양수도 본인가를 취득하였고, 2004. 11. 1. 한미은행은 씨티은행 한국지점의 영업을 양수하고 (주)한국씨티은행으로 상호를 변경하였다(금융감독위원회/금감원, "한미은행과 씨티은행 국내지점의 영업양수도 인가," 보도자료(2004. 10. 29) 및 한국씨티은행 사이트 <http://www.citibank.co.kr/> 한국씨티은행소개－연혁 참고).

4 스탠다드차타드은행 사이트 <http://www.standardchartered.co.kr/gw/index.html> 은행연혁 참조.

5 1967. 7. 21. The Chase Manhattan Bank, N.A.; 1967. 9. 4. The Bank of Tokyo, Ltd.; 1967. 9. 8. Citibank, N.A.; 1967. 10. 20. The Mitsubishi Bank, Ltd.; 1967. 12. 1. Bank of America, NT & SA가 지점을 개설하였다[남명수/정우택, "외국은행 국내지점의 영업활동에 대한 특혜 및 규제," 「연구논문집」 제1집(인하대학교 산업경제연구소, 1987. 5), 352면].

6 한국은행, 「한국의 금융제도」(2011. 12), 83면.

7 2013년 7월 5일 HSBC은행은 2013년 7월 8일부터 한국 내 개인금융업무의 폐지를 추진할 계획이라고 발표하면서 기존에 영업 중인 11개 지점 중 10개 지점을 폐쇄하고 기업분야에 특화하기로 하였으며, 금융위는 2014년 2월 5일 제2차 금융위원회 회의에서 10개 지점의 폐쇄에 대하여 본인가를 의결하였다[금융감독원, "HSBC의 국내 소매금융 철수계획 발표 관련," 보도자료(2013. 7. 5); HSBC, "HSBC, 한국내 개인금융업무 폐지 추진 계획 수립, 핵심사업인 기업금융(GB&M) 업무에 주력," News Release(2013. 7. 5) 참조].

는 46개 지점)이 진출하여 영업 중이며,8 전체 외은지점의 총자산은 299.4조원으로 국내 일반은행(13개) 및 특수은행(5개)을 포함한 전체 은행의 총자산(2,698.2조원)의 11.1%, 종사인원은 3,133명으로 전체 은행 120,672명의 2.6% 수준이다.9

〈표 1〉 한국 내의 은행의 수, 인원 및 점포현황

(단위: 개, 명)

	2014년 6월말			2015년 6월말		
	은행수	점포수[1)]	종사인원[2)]	은행수	점포수[1)]	종사인원[2)]
국내은행	18	7,600	119,033	18	7,480	117,539
일반은행	13	5,510	87,608	13	5,412	85,634
특수은행[3)]	5	2,090	31,425	5	2,068	31,905
외은지점	39	47	2,967	39	46	3,133
합 계	**57**	**7,647**	**122,000**	**57**	**7,526**	**120,672**

1) 본점(1개로 취급), 해외지점, 해외현지법인, 해외사무소 포함.
2) 해외직원 포함, 직원외인력 제외.
3) 수협의 경우 신용사업종사자 기준.
자료: 금융감독원, "2015. 9월 정기국정감사 업무보고 자료", 2015. 9. 14.

〈표 2〉 한국내의 은행의 총자산[1)] 현황

(단위: 조원, %)

	2012년말	2013년말	2014년말	2015년6월말
국내은행	2,031.3(90.9)	2,101.4(91.6)	2,288.3(90.5)	2,398.8(88.9)
일반은행	1,373.9(61.5)	1,405.7(61.3)	1,482.1(58.6)	1,558.1(57.7)
특수은행	657.4(29.4)	695.7(30.3)	806.2(31.9)	840.7(31.2)
외은지점	204.1(9.1)	192.2(8.4)	238.9(9.5)	299.4(11.1)
합 계	**2,235.4(100.0)**	**2,293.6(100.0)**	**2,527.2(100.0)**	**2,698.2(100.0)**

1) 은행계정총자산+신탁계정총자산+종금계정총자산-계정간상호거래.
자료: 금융감독원, 2015. 9월 정기국정감사 업무보고 자료

---

8 국가별로는 미국·영국·중국계가 각각 5개, 프랑스계·일본계가 각각 4개, 싱가포르계가 3개, 독일·스위스·호주계가 각각 2개씩, 나머지 네덜란드·캐나다·스페인·인도·파키스탄·필리핀·이란계가 각각 1개씩 진출해 있다(금융위원회, "임종룡 금융위원장, 「외은지점 주최 CEO 간담회」 참석 - 국내 제도의 국제적 정합성 제고를 위한 의견청취 및 현장답변," 보도자료(2015. 9. 4), <참고1>).

9 금융감독원, "2015. 9월 정기국정감사 업무보고 자료", 2015. 9. 14, Ⅱ. 주요금융통계에서 발췌.

(2) 외국은행에 대한 규제의 변천

그동안의 외국은행에 대한 규제의 변천을 살펴보면, 1990년대 들어 금융개방화 진전 등에 따라 외국은행의 국내시장 진입규제가 점진적으로 완화되었으며 이에 따라 1994년 4월 외은지점 설치 시 심사요건인 경제적 수요심사(economic needs test: ENT) 제도가 폐지되었다.[10] 1995년 5월에는 외국은행이 사무소를 먼저 설치해야 국내에 지점을 설치할 수 있었던 사무소 전치주의 요건도 삭제하였다.[11] 하지만, 지금까지 실제로는 외국은행이 지점인가를 신청하기 이전에 사무실부터 개소하도록 권고하고 있었으나, 2015년 9월 4일 임종룡 금융위원장은 외은지점 및 사무소의 CEO 주관으로 개최한 간담회에서 외국계 금융회사의 영업상 애로 등을 청취하고 주요 제기 사항에 대하여 답변하는 과정에서 사무소를 우선 설치한 후 지점설치 인가를 신청할지, 바로 지점설치 인가를 신청할지 여부를 외국은행이 자율적으로 판단토록 하겠다고 언급하였다.[12] 한편, 1997년 2월에는 총 자산 기준으로 세계 500대 이내 은행이어야 한다는 외은지점 설치 기준도 폐지하였다.[13] 2004년 7월에는 종전에 「은행업인가지침」에서 정하고 있었던 외은지점 설치 요건 중 개발도상국 은행의 국내진입을 사실상 제한하고 있는 '국제업무 취급경험' 요건도 삭제하여 개도국 은행도 국내진입을 할 수 있도록 허용하였다.[14]

사무소 설립에 관하여는 외국은행이 사무소를 신설하려는 경우에는 금융위원회에 신고하도록 하고(「은행법」 제58조 제3항), 금융감독원장으로 하여금 (1) 본국 감독당국의 적법한 설립동의가 있을 것, (2) 본국에서 은행업 영위를 인가

10 정찬형/도제문, 「은행법」(박영사, 2003), 354면; 이종호, "외국은행 국내지점에 대한 감독규제의 현황과 개선과제," 「은행법연구」 제6권 제1호, 121면.

11 한국은행, "외국은행 국내진출의 결정요인 및 국내은행 경영성과에 미치는 영향," 보도자료(공보 2002-3-3호, 2002. 3. 5), 2면.

12 헤럴드 경제, "외국계 은행 국내 진입장벽 대폭 낮춘다"(2015. 9. 4), 21면; 문화일보, "국내 시중銀, 중국투자 쉬워진다"(2015. 9. 4), 17면; 금융위원회, "임종룡 금융위원장, 「외은지점 주최 CEO 간담회」 참석-국내 제도의 국제적 정합성 제고를 위한 의견청취 및 현장답변," 보도자료(2015. 9. 4).

13 한국은행, "외국은행 국내진출의 결정요인 및 국내은행 경영성과에 미치는 영향," 보도자료(공보 2002-3-3호, 2002. 3. 5), 2면.

14 금융감독원, "국내에도 현지법인 은행 설립할 수 있는 길 열려," 보도자료(2004. 7. 22).

받고, 감독당국으로부터 체계적인 감독을 받고 있을 것, (3) 외국은행의 전반적인 경영상태가 양호하며 국제적인 신인도가 인정될 것이라는 기준에 적합한지 여부를 심사하도록 하고 있다(「은행업감독규정」제10조의2 제2항). 2015년 8월말 현재 16개국으로부터 20개의 사무소가 진출하여 있다.15

외국은행(현지법인, 외은지점 및 사무소)을 규제하고 있는 법규로는 기본적으로 「은행법」이 있고, 「은행법 시행령」과 금융위원회(이하 "금융위"라 한다)가 제정한 「은행업감독규정」, 금융감독원장이 제정한 「은행업감독업무시행세칙」이 있다. 외국은행 현지법인에 대하여는 국내법상 설립된 은행이므로 국내은행에 적용되는 규제와 차이가 없지만, 외은지점에 대하여는 「은행법」상 '제9장 외국은행의 국내지점'하에 제58조(외국은행의 은행업 인가 등), 제59조(외국은행에 대한 법 적용), 제60조(인가취소 등), 제61조(인가취소 시의 지점폐쇄 및 청산), 제62조(외국은행의 국내자산), 제63조(자본금에 관한 규정의 적용)를 두어 진입과 퇴출 및 영업과 관련하여 외은지점에 특별히 달리 적용할 필요가 있는 부분만 제외하고 일반적인 감독 및 검사에 대하여는 국내은행과 비교하여 거의 차이가 없다. 사무소에 대하여는 영업을 하지 않는다는 점을 감안하여 진입 시 신고 외에는 영업행위에 대한 특별한 감독은 없으며, 지위의 변동에 따른 신고의무만을 부과하고 있다(「은행업감독업무시행세칙」 제99조 제6항).

이와 같이 우리나라의 경우 외국은행에 대한 감독 및 규제에 대하여는 앞서 언급한 바와 같이 현지법인은 국내은행과 동일한 규제, 외은지점은 그 성격에 따른 별도의 차별적인 규제, 사무소는 진입 규제 이외에 별다른 규제가 없는 형태를 띠고 있다.

따라서 이 장에서는 현지법인에 대한 감독 및 규제까지 논하는 것은 그 범위가 지나치게 확장될 우려가 있으며 사무소의 경우에는 별다른 규제가 없어, <표 3>과 같이 일반은행에 적용되는 규제와 외은지점에 적용되는 규제와의 차이점만을 간단하게 살펴보고 이하 외은지점을 중심으로 논의하기로 한다.

---

15 미국·일본·프랑스·이탈리아가 각각 2개, 독일·스페인·캐나다·인도·필리핀·사우디·요르단·카타르·UAE·오스트리아·브라질·몽골에서 각각 1개씩 진출해 있다[금융위원회, "임종룡 금융위원장, 「외은지점 주최 CEO 간담회」참석 — 국내 제도의 국제적 정합성 제고를 위한 의견청취 및 현장답변," 보도자료(2015. 9. 4), <참고1>].

〈표 3〉 일반은행과 외은지점에 대한 규제의 차이

구분	규제 내용	일반은행	외은지점
설 립	■ 자본금	1천억 (지방 250억원)	갑기금: 30억원
	■ 지점추가설치 인가	×	○
	■ 지점이전 인가	×	○
	■ 지점폐쇄 인가	×	○
업무범위	■ 고유업무: 여·수신	○	○
	■ 겸영업무: 신탁, 카드	○	○
	■ 부수업무	○	○
감독·검사	■ 금융채 발행	○	×
	■ BIS비율	○	○
	■ 원화유동성커버리지비율 (외화유동성)	○ (○)	○ (×)
	■ 지급준비율	○	○
	■ 유가증권 투자한도	○	○
	■ 경영 공시	○	○
	■ 경영실태평가	CAMEL－R	ROCA
	■ 국내자산 보유의무	×	○
	■ 폐쇄시 국내채무 우선변제 의무	×	○

2. 외은지점 설립 및 폐쇄 인가

(1) 외은지점의 설립 인가

1) 설립절차 개요

외은지점의 설립절차는 금융위에 설립 예비인가 신청→금융위의 설립 예비인가→금융위에 설립 인가 신청→금융위의 설립 인가→관할 등기소에 영업소 설치 등기→관할 세무서에 사업자 등록→영업기금으로서의 갑기금 도입→외국환업무 등록(외국환업무 영위 시)→금융위에 외은지점 영업 개시 보고의 순으로 이루어진다. 아래에서는 관련 법규를 중심으로 살펴보기로 한다.

2) 설립인가 절차

외국은행이 국내지점을 최초에 설립하는 경우에 은행법령에 따라 금융위의 인가가 필요하며(「은행법」 제58조, 「은행법 시행령」 제24조의8, 「은행업감독규정」 제5조의4 <별표 2-5>), 추가로 지점을 설치하는 경우에도 신설시마다 별도로 금융위의 인가가 필요하다.

「은행법」 제58조 제1항에서는 "외국은행이 대한민국에서 은행업을 경영하기 위하여 지점·대리점을 신설하거나 폐쇄하려는 경우에는 대통령령으로 정하는 바에 따라 금융위원회의 인가"를 받도록 규정하며, 자세한 인가기준 등에 관한 사항은 시행령에 위임하고 있다. 시행령에서는 해당 외국은행 본점 및 대표자에 관한 사항을 확인하도록 하고(시행령 제24조의8 제1항), 인가의 세부요건·인가신청서류, 그 밖에 필요한 사항은 금융위가 정할 수 있도록 위임하였다(동 시행령 제24조의8 제3항). 이에 따라 금융위가 제정한 「은행업감독규정」에서는 인가요건 및 절차에 관하여 자세히 규정하고 있다.[16] 동 규정에 의하면 외은지점의 설립절차와 관련하여서는 일반은행과 마찬가지로 예비인가와 본인가 제도를 채택하고 있다(「은행업감독규정」 제5조의4 제4항). 이는 예비인가와 본인가, 그리고 실제 영업개시에 이르기까지 많은 비용과 시간이 소요되므로 예비인가 이후에 이러한 준비를 할 수 있도록 하기 위한 타당하고 합리적인 절차라고 볼 수 있다.

예비인가에 필요한 제출 서류는 ① 예비인가신청서, ② 신청금융기관의 대표자로 서명한 자가 적법한 대표자임을 증명하는 서류, ③ 본국에서 은행업영위를 인가 받은 사실을 증명할 수 있는 서류, ④ 경영층 명단 및 주요 이력, ⑤ 한국 내 지점 설치가 신청금융기관의 본국 관련 법규 등에 저촉되지 않음을 증명하는 서류, 본국 감독당국의 승인서류, ⑥ 최근 3년간 영업현황 및 연차보고서, ⑦ 최근 3년간 BIS기준 자기자본비율 및 명세, ⑧ 지점 운영 계획 및 영업계획, ⑨ 신청금융기관의 국제업무 취급 현황 및 기 진출 해외점포에 대한 관리현황 및 관리계획, ⑩ 신청금융기관의 한국과의 거래관계, ⑪ 추진일정 등의 신

16 2010. 11. 5. 「은행업감독규정」의 개정(금융위원회고시 제2010-39호, 2010. 11. 18. 시행)으로 종전의 「은행업인가지침」이 폐지되고 동 내용은 「은행업감독규정」에 흡수되었다.

청서 및 첨부서류를 금융위에 제출하여야 한다(「은행업감독규정」제5조의4 제1항). 금융위는 예비인가 신청이 있는 경우 동 신청사실을 보도자료, 인터넷 등을 통해 공고하고 의견수렴 절차를 거치며 필요시 공청회를 개최할 수 있다(「은행업감독규정」<별표 2-7> (예비)인가절차의 흐름도). 금융감독원장은 신청내용의 진위 여부를 확인하는 등 신청내용이 인가 심사 기준에 부합하는지를 심사하며, 신청내용의 확인 등을 위하여 필요시 실지 조사를 한다(「은행법시행령」<별표 3> 제44호 및 「은행업감독규정」<별표 2-7>). 금융위는 신청인의 예비인가 신청에 대하여 예비인가 여부를 결정하고, 예비인가 시에 조건을 붙일 수 있으며(「은행법」 제11조의2 제3항), 예비인가를 거부하는 경우에는 서면으로 통보한다(「은행업감독규정」<별표 2-7>). 금융감독원장은 인가심사와 관련하여 사업계획 등의 타당성을 평가하기 위하여 필요하다고 판단되는 경우에는 평가위원회를 구성·운영할 수 있으며(「은행업감독규정」 제7조), 금융감독원장은 인가를 받고자 하는 자에 대하여 인가절차, 심사기준, 신청 및 첨부서류 등 제반 문의사항을 서면으로 안내하거나 면담·협의할 수 있다(「은행업감독규정」 제8조).

제2단계의 절차인 인가에 필요한 신청서류로는 ① 인가신청서, ② 신청금융기관의 대표자로 서명한 자가 적법한 대표자임을 증명하는 서류, ③ 대한민국 내의 영업활동에 있어 대한민국의 법령, 정부관계당국, 금융위, 금융감독원의 명령·지시 및 금융기관 상호간의 협약사항을 준수할 것을 서약하는 서약서, ④ 신청금융기관의 정관, ⑤ 설치하고자 하는 지점의 대표자가 될 자의 성명과 권한 및 그 권한을 표시하는 정당한 위임장과 이력서, ⑥ 본국에서 은행업영위를 인가 받은 사실을 증명할 수 있는 서류, ⑦ 경영층 명단 및 주요 이력, ⑧ 한국 내 지점 설치가 신청금융기관의 본국 관련 법규 등에 저촉되지 않음을 증명하는 서류, 본국 감독당국의 승인서류, ⑨ 최근 3년간 영업현황 및 연차보고서, ⑩ 최근 3년간 BIS기준 자기자본비율 및 명세, ⑪ 지점 운영 계획 및 영업 계획, ⑫ 신청금융기관의 국제업무 취급 현황 및 기 진출 해외점포에 대한 관리현황 및 관리계획, ⑬ 신청금융기관의 한국과의 거래관계이다(「은행업감독규정」<별표 2-6> 예비인가 및 인가 신청서류). 동 인가신청에 대하여 금융위는 인가심사기준에 부합하는지 여부에 대하여 심사한 후 인가 여부를 결정하며(「은행법」 제11조의2 제4항), 금융감독원장은 예비인가와 마찬가지로 신청내용이 인가 심사 기준에 부합하는지를 심사하고, 신청내용의 확인 등을 위하여 필요시 실지 조사를 할 수 있다(「은행법시행령」 <별표 3> 제44호 및 「은행업감독규정」 <별표 2-7>). 신청인은 인가일로부터 6개월 이내에 그 인가 대상 행위를 실행하여야 하며, 금융위가 그 기한을 따로 정하거나 그 기간을 연장한 경우에는 그 기한 이내에 그 인가받은 영업을 시작할 수 있다(「은행업감독규정」 제5조 제12항 및 동 규정 제5조의4 제4항). 따라서, 인가일로부터 6개월 이내의 기한 내에 인가행위를 실행하지 못하는 경우에는 인가의 효력은 없어진다고 보아야 하며, 이 경우 설립절차를 처음부터 다시 진행하여야 할 것이다.[17]

3) 인가 심사 기준

금융위가 외은지점의 설립 인가를 하고자 하는 경우에는 당해 외국은행 본점 및 대표자에 관한 사항을 확인하여야 하며(「은행법시행령」 제24조의9 제1항), 금융위는 인가의 세부 요건 등 필요한 사항을 정할 수 있다(「은행법시행령」 제24조의9 제3항). 인가 심사 기준은 (ⅰ) 외국은행 본점에 관한 사항, (ⅱ) 외은지점에 관한 사항 및 (ⅲ) 외은지점의 대표자에 관한 사항으로 구분되어 있다.

외은지점을 최초로 설립하는 경우의 인가기준으로는 우선 외국은행 본점에 관한 사항으로 ① 본국 감독당국의 적법한 설립동의가 있어야 하며, ② 본국에서의 은행업 인가 및 본국 감독당국의 체계적인 감독을 받아야 하고, ③ 재무상태 및 경영상태가 양호하며 국제적인 신인도가 인정되어야 하며, ④ 외국은행지점의 운영에 필요한 업무능력을 보유하고 모든 국내외 영업점을 체계적으로 관리하고 있어야 한다(「은행업감독규정」 <별표 2-5> 외국은행의 지점 등 신설 폐쇄 인가 심사기준 Ⅰ. 1. 가). 종전에는 '국제업무 취급경험'을 심사요건으로 요구하였으나 「은행업인가지침」 개정시(2004. 7. 23) 이는 삭제되었고, 총자산기준 세계 500대 이내 은행이어야 한다는 요건도 1997년 2월에 폐지되었음은 이미 앞에서 기술하였다.

설립하는 해당 외은지점에 관한 사항으로는 ① 지점의 운영에 필요한 영업기금, 조직 및 인력을 구비하여야 하고, ② 업무범위 및 규모에 부합하는 영업시설 및 전산체계를 구축하며, ③ 리스크관리, 내부통제 및 필요한 여신심사체

17 고동원, 「금융규제와 법」(박영사, 2008. 8), 438면.

계를 구비하여야 하고, ④ 은행지점의 영업계획의 타당성이 인정되며, ⑤ 외국은행의 국내지점, 본점 및 관계회사의 영업활동과 관련하여 감독상 필요한 정보를 충분히 제공할 수 있어야 한다(「은행업감독규정」<별표 2-5> 외국은행의 지점 등 신설폐쇄 인가 심사기준 Ⅰ. 1. 나).

외은지점 대표자에 관한 사항으로는 경영에 관한 충분한 지식과 경험, 성실성 등 경영능력을 구비하고 법규준수 면에서 하자가 없을 것을 요한다(「은행업감독규정」<별표 2-5> 외국은행의 지점 등 신설폐쇄 인가 심사기준 Ⅰ. 1. 다).

추가로 지점을 설치하는 경우에는 ① 국내에 이미 설치된 당해 외국은행지점의 경영상태 및 관계법규 준수상태가 양호할 것, ② 추가지점의 운영에 필요한 영업기금, 조직, 업무운영체계 및 내부통제제도를 갖출 것, ③ 추가지점의 영업계획의 타당성이 인정될 것을 요건으로 한다(「은행업감독규정」<별표 2-5> 외국은행의 지점 등 신설폐쇄 인가 심사기준 Ⅰ. 2. 나). 외국은행 추가지점의 대표자에 관한 사항으로 추가지점의 대표자는 경영에 관한 충분한 지식과 경험, 성실성 등 경영능력을 구비하고 법규준수 면에서 하자가 없을 것을 요한다(「은행업감독규정」<별표 2-5> 외국은행의 지점 등 신설폐쇄 인가 심사기준 Ⅰ. 2. 다). 이와 같이 추가지점에 대하여는 최초지점 설치 시 인가요건에 대한 심사를 통해 인가를 완료하였으므로 다시 동일한 내용의 인가요건에 대한 심사를 생략하고 간소화된 절차를 밟도록 하고 있다.

하지만, 위에서 살펴본 바와 같이 외은지점의 설립인가와 관련한 규정의 상당부분이 감독당국의 감독 규정에 위임되어 있다. 감독당국이 시장의 상황변화에 능동적으로 대처할 필요가 있는 부문에 대하여는 감독당국에게 재량권을 부여하는 것이 효율적이라 할 수 있겠지만, 설립 인가 요건과 절차는 해당 외국은행에게는 큰 영향을 미치는 가장 기본적인 사항이므로 그 근거를 법률에 명확히 규정하는 것이 바람직하다.

4) 영업소 설치 등기 및 관할 세무서 사업자 등록

금융위의 설립 인가를 얻은 외은지점은 「상법」의 규정에 따라 관할 등기소에 외은지점 영업소 설치 등기를 하여야 한다(법 제614조). 따라서, 「상법」 및 「상업등기법」(제111조 내지 제113조)에 따라 관할 등기소에 관련 서류를 갖추어 영업소 설치 등기를 하여야 한다.[18] 추가 외은지점이 기존 외은지점과 같은 행정구역에 있는 경우에는 별도의 등기를 할 필요는 없고, 추가 외은지점 지점장의 지배인 등기만 하면 되지만, 추가 외은지점이 기존 외은지점과 다른 행정구역에 있는 경우에는 추가 외은지점에 대한 별도의 영업소 설치 등기를 관할 등기소에 해야 하며, 사업자 등록을 관할 세무서에 하여야 한다.[19]

한편, 외은지점이 영업소 설립 등기를 한 이후에는 「부가가치세법」에 의거하여 설립 인가서 사본 등을 첨부하여 관할 세무서에 사업자 등록을 하여야 한다(동법 제5조, 동법 시행령 제7조 및 제8조).

5) 영업기금으로서의 갑기금 도입

영업기금은 갑기금과 을기금으로 구분되는데, 갑기금은 외국은행 본점이 한국은행에 외화자금을 매각하여 공급한 원화자금, 당해 외은지점의 적립금에서 전입된 자금, 기존지점의 이월이익잉여금에서 추가지점에 전입하는 자금을 포함한 금액으로 지점마다 30억원 이상을 유지하도록 하고 있다(「은행업감독규정」 제11조). 갑기금 감액 시에는 일반은행 자본금 감소신고의 심사기준을 준용하여, 자본금 감소의 불가피성이 있고 예금자보호에 지장이 없는 경우에 인정하고 있다(「은행업감독규정」 제13조 제4항).

을기금은 동일인 신용공여한도 등 영업규제와 관련하여 정책적으로 인정되는 광의의 자본금으로 한국은행 스왑자금, 본·지점 장기(상환기간 1년 초과) 차입금 중 국내운용액 등으로 구성되며, 대차대조표상 자본총계의 2배 이내로 제한[20]하고 있다(「은행법 시행령」 제26조, 「은행업감독규정」 제11조 제4항). 또한, 외은지점은 예금자 및 거래관계자의 보호를 위해 영업기금(갑기금과 을기금을 포함한 금액)에 상당하는 원화 및 외화자산을 국내자산으로 보유하여야 한다(「은행법」 제62조, 동법 시행령 제25조, 「은행업감독규정」 제12조).

외은지점이 갑기금을 인정받고자 하는 경우에는 금융감독원장이 정하는

18 고동원, 전게서, 440면.

19 고동원, 전게서, 449면.

20 위험가중자산에 대한 자기자본비율 산출시 보완자본의 한도는 기본자본의 100% 범위 내에서 자기자본에 산입할 수 있는바, 을기금 산정 시 대차대조표상 자본총계의 2배 이내로 제한하고 있는 것과는 차이가 있다(「은행업감독규정시행세칙」 <별표 3-3> 위험가중자산에 대한 자기자본비율 산출기준 참조).

바에 따라 금융감독원장에게 신청서 또는 신고서를 제출하여야 하며, 최초 지점의 설립에 따른 갑기금은 금융위가 인정하므로, 금융위는 외은지점의 설립인가 절차와 동시에 갑기금 인정절차를 거쳐야 한다(「은행업감독규정」 제13조).

또한, 외은지점의 설치를 위하여 외국은행 본점이 한국은행에 외화자금을 매각하여 당해 지점에 공급한 원화자금을 갑기금의 하나로 보고 있으므로, 금융위의 갑기금 인정을 받고 나서 신청인인 외국은행 본점은 한국은행에 외화자금을 매각하여 원화자금을 조달하여야 한다. 이 경우 실무적으로 한국은행은 신청인으로부터 외은지점의 등기부 등본, 금융위의 설립 인가서 사본 및 금융위의 갑기금 인정서 사본 등을 서류를 징구하고 있는데, 금융위의 설립인가서 및 갑기금 인정서는 예비인가 시가 아닌 인가 시에 발급되므로, 영업 개시 준비에 필요한 자금을 인가 후에만 도입할 수밖에 없어 문제점이 발생한다는 주장도 있으나,[21] 동 문제는 국내에 진출한 외국은행 사무소의 경우도 동일하며, 예비인가 이전의 준비단계에서 영업 준비에 필요한 자금은 어떻게 도입할지에 대하여도 같은 문제가 발생한다. 실무상으로는 외은지점에 대한 인가절차 또는 갑기금의 문제가 아닌 「외국환거래법」상 비거주자의 자본거래 등으로 기획재정부장관에게 신고를 통하여 해결하고 있다(동법 제18조, 「외국환거래규정」 제9-33조 및 제9-34조).

6) 외국환업무 등록

최초 외은지점이 외국환업무를 영위하고자 하는 경우에는 「외국환거래법」에 따라 외국환업무를 하는 데에 충분한 자본·시설 및 전문 인력을 갖추고 미리 기획재정부장관에게 등록하여야 한다(동법 제8조 제1항, 동법 시행령 제13조, 「외국환거래규정」 제2-1조 제1항 및 동 <별지 제2-1호 서식>). 한편, 외국환업무 등록과 관련하여 외국환업무 취급기관의 국내 영업소를 신설하고자 하는 경우에는 금융위에 신설하고자 하는 날의 7일 전까지 신고하도록 하고 있는데(「외국환거래법시행령」 제16조 제1항 및 「은행업감독규정」 제62조 제1항), 외은지점도 이에 해당하는지 의문이 있을 수 있다. 하지만, 국내 영업소 신설의 경우에 별

21 이에 대하여 한국은행이 예비인가 후에 갑기금을 도입할 수 있도록 명시적인 규정을 두고, 예비인가 시에 갑기금 인정서를 부여하는 등의 개선방안을 제시하고 있다(고동원, 전게서, 452면).

도로 금융감독원에 신고토록 하는 것은 국내 금융기관의 경우, 본점이 외국환업무 취급기관으로 등록을 한 후에 지점을 설립하여 외국환업무를 취급하고자 하는 경우에 신고만으로 가능하도록 하는 취지이므로, 외은지점의 경우에는 외국환업무취급기관의 본점으로 보아 별도의 신고는 필요 없는 것으로 판단된다.[22]

추가 외은지점이 외국환업무를 영위하고자 하는 경우에 추가 외은지점에 대한 외국환업무를 별도로 등록하여야 하는지, 아니면 기존 외은지점이 이미 등록을 하였으므로 별도의 등록이 필요 없는지 의문이 있을 수 있으나, 추가 외은지점을 외국환업무취급기관의 국내 영업소로 보기 어렵고, 추가 외은지점에 대하여 별도의 인가 제도를 유지하고 있는 점을 고려할 때 별도의 등록서류를 구비하여 외국환업무 등록을 하는 것이 타당한 것으로 보인다.[23]

7) 영업 개시 보고

외은지점 설립 인가 시에는 그 조건으로 인가 대상 행위를 실행하고 나서 금융위에 보고를 하도록 명시하고 있다.[24] 인가 대상행위의 실행과 그 시기에 대하여 논란이 있을 수 있으나 영업개시 시점을 실행일로 보아 보고를 하는 것이 타당하다.[25] 추가 외은지점의 경우도 동일하게 영업을 개시한 후에 보고하여야 한다.[26]

(2) 외은지점의 폐쇄 인가

1) 폐쇄절차 개요

외은지점의 폐쇄절차는 금융위에 폐쇄 예비인가 신청 → 금융위의 폐쇄 예

---

22 같은 견해로 고동원, 전게서, 444면.

23 같은 견해로 고동원, 전게서, 450면.

24 "귀행의 ○○지점 신설인가 신청에 대하여 「은행법」 제58조에 의거 아래와 같이 인가되었음을 통보하오니, 신설인가일(××××.××.××.)로부터 6개월 이내에 이를 실행하고 실행일이 속한 달의 다음달 10일까지 동 실행 결과를 우리 위원회로 통보하여 주시기 바랍니다"라고 인가서에 기재되어 있다.

25 같은 견해로 고동원, 전게서, 445면.

26 이 경우도 마찬가지로 인가서에는 "귀행의 추가지점 설치 인가신청에 대하여 「은행법」 제58조에 의거 아래와 같이 인가되었음을 통보하오니, 인가일(××××.××.××.)로부터 6개월 이내에 이를 실행하고 실행일이 속한 달의 다음달 10일까지 동 실행 결과를 우리 위원회로 통보하여 주시기 바랍니다"라고 기재되어 있다.

비인가→금융위에 폐쇄인가 신청→외은지점의 자산·부채 이전 및 처분→금융위의 폐쇄인가→기획재정부에 외국환업무 폐업 신고(외국환업무 영위 시)→외은지점 영업 폐쇄→금융위 및 금융감독원에 외은지점 영업 폐쇄 보고→관할 세무서에 폐업 신고→관할 법원에 청산 절차 개시 및 청산인 선임 결정 신청→관할 등기소에 외은지점 폐쇄 등기 및 청산인 선임 등기→채권 최고 신고→법인세 신고→청산 대금 본점 송금→청산보고서 작성 및 본점의 청산보고서 승인→청산 종결 등기의 순으로 이루어진다. 아래에서는 외국은행이 스스로 국내 지점을 폐쇄하고자 하는 경우의 절차에 대하여 관련 법규를 중심으로 살펴보기로 한다.

2) 폐쇄 인가 절차

외은지점을 폐쇄하는 경우에도 설립 시와 마찬가지로 감독당국의 인가가 필요하다(법 제58조 제1항). 이에 따라 시행령에서는 폐쇄에 따른 자산 및 부채의 정리계획이 적정하고 국내 예금자 등 채권자 보호에 지장을 주지 아니할 것과 내국인 근무 직원에 대한 퇴직금 지급 등의 조치계획이 적정할 것을 심사기준으로 규정하고 있다(시행령 제24조의8 제2항). 이는 국내 예금자 등 채권자 및 근로자 보호에 만전을 기하기 위함이다.

「은행업감독규정」에서는 인가요건 및 절차에 관하여 자세히 규정하고 있는바, 동 규정에 의하면 인가 절차도 예비인가와 본인가를 거치도록 하고 있다(「은행업감독규정」 제5조의4 제4항). 실무적으로는 감독당국이 예비인가 절차를 생략하여 본인가 절차 하나로 처리하고 있으며, 신청인이 원하는 경우에는 두 단계의 절차를 거칠 수도 있다.[27] 그리고 외은지점이 겸영업무로서 신탁업을 영위하고 있는 경우에는 「자본시장 및 금융투자업에 관한 법률」(이하 "자본시장법"이라 한다)에 의한 신탁업 폐지 승인 신청도 하여야 한다(자본시장법 제417조 제1항 제6호 및 동법 시행령 제370조).

외은지점 폐쇄 예비인가에 필요한 서류는 ① 예비인가 신청서, ② 신청금융기관의 대표자로 서명한 자가 대표자임을 증명하는 서류, ③ 인가신청 전월말 및 신청일 현재 당해지점의 대차대조표, ④ 자산 및 부채의 내용을 기재한

27 고동원, "외국은행 국내지점의 폐쇄에 대한 규제 및 법적 문제점," 「인권과 정의」 제341호(대한변호사협회, 2005), 104면.

서류, ⑤ 지점폐쇄 및 청산 절차에 관한 일정, ⑥ 당행 지점 직원과 자산부채에 대한 조치계획, ⑦ 추진 일정 등이 있으며, 인가에 필요한 서류는 ① 인가신청서, ② 신청금융기관의 대표자로 서명한 자가 적법한 대표자임을 증명하는 서류, ③ 인가신청 전월말 및 신청일 현재 당해지점의 대차대조표, ④ 자산 및 부채의 내용을 기재한 서류, ⑤ 예금자에 대한 조치와 그 자산 부채에 대한 조치를 기재한 서류, ⑥ 당해지점 직원에 대한 조치를 기재한 서류 및 조치내역을 확인할 수 있는 서류 등을 금융위에 제출하여야 한다(「은행업감독규정」 제5조의4 제1항, 동 규정 <별표 2-6> 및 <별표 2-7>). 기타 절차는 외은지점의 신설 시의 인가 절차와 동일하다.

3) 폐쇄 인가 심사 기준

외은지점의 폐쇄 인가 심사 기준으로 (i) 폐쇄에 따른 자산 및 부채의 정리계획이 적정하고 국내 예금자 등 채권자 보호에 지장을 주지 아니할 것, (ii) 내국인 근무 직원에 대한 퇴직금 지급 등의 조치계획이 적정할 것을 규정하고 있으며, 이 기준을 충족하는지 심사하여야 한다(「은행법 시행령」 제24조의9 제2항 및 「은행업감독규정」 제5조의4).

4) 자산·부채 이전 및 처분, 외국환 업무 폐업 신고

영업을 폐지하고 청산 절차를 거쳐 청산 대금을 본점으로 송금하기 위해서는 외은지점의 자산 및 부채를 제3자에게 처분하거나 현금화하는 것이 필요하므로 관련 자산 및 부채의 양도계약을 체결하여야 한다. 이 경우 지명채권의 경우에는 「민법」에 따라 채무자에게 양도 통지를 하거나 채무자로부터 승낙을 얻는 등 대항요건을 갖추어야 할 것이다(동법 제450조 제1항). 마찬가지로 부채를 양도하는 경우에는 해당 채무의 대한 채권자의 승낙을 얻어야 양도의 효력이 발생한다(동법 제454조 제1항).

외국환업무를 영위하는 외은지점은 외국환거래 관련 법규에 따라 외국환업무등록변경신고서를 외국환업무를 폐지하고자 하는 날의 7일 전까지 기획재정부장관에게 제출하여야 한다(「외국환거래법」 제8조 제4항, 동법 시행령 제16조 제2항, 「외국환거래규정」 제2-1조 제2항).

5) 외은지점의 영업 폐쇄 및 폐쇄 보고, 신고

폐쇄 인가를 받은 외은지점은 인가일로부터 6개월 이내에 영업을 폐쇄하여야 하며 그 사실을 금융위에 보고하여야 한다. 이는 금융위가 인가 시에 붙이는 조건에 따른 것으로 볼 수 있다.

또한, 「부가가치세법」에 의거하여 외은지점이 영업을 폐지한 후에는 지체 없이 사업자등록증과 폐업신고 확인서(이 경우 지점 폐쇄 인가서 사본으로 확인이 가능하다)를 첨부하여 사업장 관할 세무서장에게 폐업 신고를 하여야 한다(동법 제8조 제6항 및 동법 시행령 제13조 제2항).

6) 청산 절차의 개시

폐쇄 인가에 따라 영업을 폐쇄한 이후에는 「상법」의 규정에 따른 청산 절차를 거쳐야 한다. 「상법」 제620조 제1항 및 제3항에서는 외국회사가 자발적으로 영업소를 폐쇄한 경우에 법원이 청산개시 명령을 할 수 있도록 하고 있는데, 실무적으로는 예금자 등 국내 채권자를 보호하기 위하여 법원은 청산개시 명령을 내리고 청산인을 선임하고 있다.[28] 이 경우 법원은 금융감독원장 또는 금융감독원 소속 직원 1명을 청산인으로 선임하게 된다(「은행법」 제57조 제1항). 청산개시가 되면 성질상 적용되지 않는 경우를 제외하고는 「상법」상의 주식회사의 청산 절차에 관한 규정(제535조 내지 제537조, 제542조)이 준용된다. 이렇게 청산 절차를 거치게 하는 이유는 외은지점을 폐쇄하면서 국내에 있는 자산이 국외로 반출될 가능성이 있어 국내 채권자를 보호할 필요가 있기 때문이다. 외은지점 청산의 경우에는 「상법」 규정 이외에도 「비송사건절차법」도 적용된다(제128조).[29] 법원의 청산 절차 개시 및 청산인 선임 결정 이후에는 외은지점은 관련 서류를 갖추어 관할 등기소에 외은지점 폐쇄 등기 및 청산인 선임 등기를 하여야 한다(「상법」 제542조 및 제253조 제1항).

7) 채권 최고 신고

외은지점의 채권자 보호를 위하여 「상법」 규정에 따라 외은지점의 채권자에 대하여 채권을 신고할 것을 최고하여야 한다. 즉, 외은지점의 청산인은 취임

28 상게 논문, 108면.

29 상게 논문, 108면.

한 날로부터 2개월 이내에 외은지점의 채권자에 대하여 일정한 기간 내에 채권을 신고할 것과 그 기간 내에 신고하지 아니하면 청산에서 제외될 뜻을 2회 이상의 공고로써 최고하여야 한다(「상법」 제620조 제3항 및 제535조 제1항). 그리고 청산인은 알고 있는 채권자에 대하여는 각별로 그 채권의 신고를 최고하여야 하며 그 채권자가 신고하지 아니한 경우에도 이를 청산에서 제외하지 못한다(「상법」 제620조 제3항 및 제535조 제2항).

한편, 「은행법」에서는 청산 시에 국내 채권자 등에 대한 우선 변제 의무를 규정하고 있다. 즉 외은지점이 청산되는 때에는 "그 자산, 자본금, 적립금, 그 밖의 잉여금은 대한민국 국민과 대한민국에 주소 또는 거소(居所)를 둔 외국인의 채무를 변제하는 데에 우선 충당되어야 한다"고 규정하고 있다(「은행법」 제62조 제2항). 이는 외은지점이 청산되는 경우에 금융기관으로서 그 영향이 일반 기업에 비하여 크고, 우리나라 신용질서에 미치는 영향도 커서, 외은지점이 보유하고 있는 자산만큼은 해외 채권자에 우선하여 국내 채권자에게 변제하도록 함으로써 국내 채권자를 보호하도록 하고 있는 것이다.[30]

8) 법인세 신고

「법인세법」에 의거하여 외은지점은 영업을 폐지한 날로부터 3월 이내에 당해 사업연도의 소득에 대한 법인세의 과세표준액과 세액을 세무조정계산서 등을 첨부하여 관할 세무서에 신고하여야 한다(「법인세법」 제8조 제5항, 제97조 제1항, 제60조 제1항 및 제2항).

9) 청산 대금 본점 송금

외은지점의 폐쇄에 따른 청산 대금의 송금 시에는 「외국환거래규정」에 따라 외국기업국내지사폐쇄신고서를 지정거래 외국환은행의 장에게 제출하고, 외은지점의 영업소 관할 세무서장이 발급한 납세증명을 제출하여야 한다(동 규정 제9-37조 제1항 및 제2항). 하지만, 은행연합회 외환전문위원회에서 마련한 취급지침에 의하면 ① 외국기업국내지사폐쇄신고서 사본, ② 공인회계사 감사필 청산 보고서 등, ③ 납세증명서(관할 세무서장 발급), ④ 영업기금도입액, 이익잉여금 및 기타 적립금 명세표, ⑤ 예금 잔액 증명서, ⑥ 청산종결 등기부 등본을 청

30 한국은행 은행감독원, 「은행법 해설」(한국은행, 1993), 252면.

산 대금 송금 신청 시에 외국환은행의 장에게 제출하도록 하고 있다.[31] 따라서 실무적으로 청산 대금의 본점 송금은 청산종결 등기 이후에나 가능한 것으로 판단된다.

10) 청산보고서의 작성 및 본점의 승인, 청산 종결 등기

「상법」상 외국회사의 경우에는 본점의 사원총회(또는 주주총회)의 청산 종결에 대한 계산서(즉, 청산보고서)에 대한 승인이 있어야 하는 것으로 해석하므로(동법 제264조, 제 542조 제1항 및 제620조 제2항), 법 조문에 충실하면 청산보고서에 대하여 본점의 사원총회(주주총회)의 승인이 있어야 할 것으로 생각되나, 실무적으로는 주주총회의 결의에 갈음하여 이사회 결의에 의한 청산보고서 승인을 얻고 있는데, 이는 법원이 본점의 이사회 결의에 의하여 승인된 청산보고서도 청산 종결 등기의 첨부 서류로 받아주고 있기 때문이다.[32]

마지막으로 외은지점은 앞서 기술한 청산절차가 종료한 후에 본점의 승인을 받은 청산보고서를 첨부하여 청산 종결 등기를 하여야 한다(「상법」 제620조 제3항 및 제2항, 동법 제542조 제1항, 동법 제264조).

(3) 외은지점의 당연 폐쇄

한편, 「은행법」에서는 외은지점의 당연 폐쇄 사유에 대하여도 규정하고 있다. 즉, (i) 외은지점이 거짓이나 그 밖의 부정한 방법으로 은행업의 인가를 받거나, 인가 내용 또는 인가 조건을 위반한 경우, 영업정지 기간에 그 영업을 한 경우 등으로 인하여 금융위의 의결에 의하여 은행업 인가가 취소된 경우(법 제53조 제2항 및 제60조 제1항 제2호), (ii) 당해 외은지점의 본점이 합병·영업의 양도로 인하여 소멸하거나 휴업 또는 영업을 중지하여 이에 따라 금융위의 의결에 의하여 당해 외은지점의 설립인가가 취소된 경우(법 제60조 제1항 제1호 및 제3호), (iii) 외은지점의 본점이 해산 또는 파산하였거나 은행업을 폐업한 경우 또는 은행업의 인가가 취소되어 그 사유가 발생한 날에 당해 외은지점의 설립 인가가 취소된 것으로 간주되는 경우(법 제60조 제3항)에는 당해 외은지점은 당연히 폐쇄되며, 국내에 있는 재산의 전부에 대하여 반드시 청산하여야 한다(법 제

31 전국은행연합회 외국환전문위원회, 「외국환 거래업무 취급지침」(2015. 1. 1. 현재), 127면.
32 고동원, 「금융규제와 법」(박영사, 2008. 8), 475~476면.

61조 제1항). 법원은 이 경우에 이해관계인 또는 금융위의 청구에 의하거나 직권으로 청산인을 선임하거나 해임할 수 있다(법 제61조 제2항). 또한 이 경우에는 「상법」상 주식회사의 청산절차에 관한 일부 규정(제535조 내지 제537조, 제542조)이 준용된다(「은행법」 제61조 제3항, 「상법」 제620조 제2항). 마찬가지로 이렇게 청산 의무를 부여한 것은 국내채권자를 보호하기 위한 것이다.

한편 「은행법」에서는 외은지점의 폐쇄일을 언제로 보아야 하는지에 대한 명확한 규정이 없어 문제가 될 수 있는데, 외은지점의 본점의 해산, 파산, 폐업, 인가 취소된 경우 당해 외은지점의 인가는 그 사유가 발생한 날에 취소된 것으로 간주하므로 그 사유가 발생한 날에 폐쇄되는 것으로 볼 수 있다.[33] 하지만 이러한 해석은 국내채권자 보호에 다소 문제가 있다. 동 규정에 의하면 해산, 파산, 폐업, 인가취소가 발생한 날에 외은지점의 인가도 당연히 취소되는데, 파산과 같이 그 사유가 발생한 시점은 해당국가의 법에 따라 다소 차이가 있을 수 있다. 즉, 해당 국가의 법률에서 해산, 파산, 폐업, 인가취소와 그 전 단계인 신청 등과는 시간적인 간격이 있는 경우가 많고 이미 해산, 파산, 폐업, 인가취소가 된 이후에는 채권자 보호가 불가능하기 때문이다.[34] 이에 대하여는 관련 문제점 및 개선방안에서 후술하기로 한다.

또한 외은지점이 국내에 2개 이상의 지점이 있는 경우에 일부 지점의 인가조건 위반 등으로 해당 지점이 폐쇄되는 경우(법 제53조 제2항)에 그 지점에 대하여 청산절차를 거쳐야 하는지 의문이 있을 수 있으나, 일부 지점이 폐쇄되더라도 국내에 다른 지점이 있고, 그 존속지점이 폐쇄되는 지점의 자산 및 부채를 승계하므로 폐쇄되는 지점에 대한 청산절차는 필요 없는 것으로 판단된다.[35]

---

33 같은 견해로 고동원, 전게서, 477면.

34 실제로 세계적 금융위기의 촉발이 되었던 2008. 9. 15(월) Lehman Brothers 파산 이후 독일 소재 자회사(Lehman Brothers Bankhaus AG)에 대하여 독일연방금융감독청(BaFin)이 당일자로 지급유예(moratorium)를 선언하고, 2008. 11. 12. 프랑크푸르트 법원(Amtsgericht Frankfurt am Main)에 파산신청(Insolvenzantrag)을 하였을 때, 국내법상 이를 '본점의 파산'으로 볼 수 있는지에 대한 논란이 있었고, 추석연휴 다음 날인 2008. 9. 16(화) 07:40~07:50 금융위원회는 제4차 임시회의를 개최하여 리먼브러더스 뱅크하우스 서울지점에 대한 영업일부정지와 리먼브러더스 인터내셔날증권 서울지점에 대한 영업 일부정지 조치를 하였다(금융위원회, 제4차 임시금융위원회 의사록, 2008. 9. 16. 참고).

35 같은 견해로 고동원, 전게서, 477~478면.

3. 외은지점의 영업 관련 규제

(1) 영업행위 규제

외은지점은 영위할 수 있는 업무의 범위에 대하여는 국내 일반은행과 아무런 차이가 없다. 인가 시에도 '은행법에 의한 은행업'으로 인가를 하고 있으므로 외은지점도 국내은행과 동일하게 고유업무, 겸영업무, 부수업무를 영위할 수 있다. 고유업무는 "은행법 또는 그 밖의 관계 법률의 범위에서 은행업에 관한 모든 업무"를 말하며, 자금의 중개라는 은행의 본질적 기능에 따른 업무로 예·적금의 수입 또는 유가증권, 그 밖의 채무증서의 발행과 자금의 대출 또는 어음의 할인, 그리고 내국환·외국환 업무를 말한다(「은행법」 제27조). 부수업무는 은행업무에 부수하는 업무를 말한다. 「은행법」은 은행이 운영할 수 있는 부수업무의 범위를 사전에 열거하지 아니하고, 원칙적으로 은행업무에 부수하는 업무의 영위를 허용하되 예외적으로 제한하는 네거티브 방식을 채택하고 있다.[36] 「은행법」은 은행의 무분별한 부수업무 영위를 사전에 방지하기 위하여 은행으로 하여금 부수업무를 운영하려는 날의 7일전까지 금융위에 신고하도록 하고 있다(「은행법」 제27조의2 제2항). 금융위는 부수업무가 은행의 경영건전성을 해치거나, 예금자 등 은행이용자의 보호에 지장을 가져오거나 금융시장의 안정성을 해치는 경우에는 신고 받은 부수업무의 운영을 제한하거나 시정할 것을 명할 수 있다(「은행법」 제27조의2 제4항).

은행이 운영할 수 있는 겸영업무는 금융관련 법령에서 인가·허가 및 등록을 받아야 하는 업무로 파생상품 매매·중개업무, 국채증권, 지방채증권 및 특수채증권의 인수·매출업무, 집합투자업, 투자자문업, 신탁업, 보험대리점 업무, 신용카드업 등으로 다양하다(「은행법 시행령」 제18조의2 제2항). 이러한 유형의 업무를 운영하려는 경우에는 관련법에 따른 인가·허가 및 등록을 신청할 때 「은행법」상 겸영업무 영위에 따른 신고 절차를 동시에 진행하여야 한다(「은행법」 제28조 제2항 제1호). 그 밖에 겸영업무로는 해당 법령에서 은행이 운영하도록

---

36 2010년 11월 18일 이전 「은행법」은 은행이 영위할 수 있는 부수업무를 「은행업무 중 부수업무의 범위에 관한 지침」(금융위 고시)에서 구체적으로 열거하는 포지티브 체제를 채택하고 있었다.

한 업무(은행법」 제28조 제1항 제2호)와 그 업무를 운영하여도 은행 경영건전성 등을 해할 우려가 없는 금융업무로 유동화전문회사의 유동화자산 관리의 수탁업무 및 채권추심 업무의 수탁업무, 기업의 인수 및 합병의 중개·주선 또는 대리업무, 증권의 투자 및 대차거래 업무, 대출 및 대출채권매매의 중개·주선 또는 대리업무, 신용정보서비스, 사채관리서비스 등의 업무가 있으며(「은행법 시행령」 제18조의2 제4항, 「은행업감독규정」 제25조의2 제3항), 이 경우에도 그 업무를 운영하려는 날의 7일전까지 금융위에 신고하여야 한다(「은행법」 제28조 제2항 제2호). 마찬가지로 금융위는 그 업무가 은행의 경영건전성을 해치거나, 예금자 등 은행이용자의 보호에 지장을 가져오거나 금융시장의 안정성을 해치는 경우에는 신고 받은 겸영업무의 운영을 제한하거나 시정할 것을 명할 수 있다(「은행법」 제28조 제3항).

아울러 외은지점은 위에서 열거한 은행 업무의 수행 시에는 다음과 같은 의무를 준수하여야 한다.

1) 이해상충관리의무

외은지점은 「은행법」에 따른 업무를 영위할 때 외은지점과 이용자간, 특정 이용자와 다른 이용자간의 이해상충을 방지하기 위하여 일정한 업무 간[37]에는 이해상충이 발생할 가능성에 대하여 인식·평가하고 정보교류를 차단하는 등 공정하게 관리하여야 한다. 외은지점은 이해상충을 관리하는 방법 및 절차 등을 내부통제기준에 반영하여야 한다(「은행법」 제28조의2 제2항, 동법 시행령 제18조의3 제2항, 「은행업감독규정」 제25조의3).[38] 외은지점은 이해상충을 공정하게 관리하는 것이 어렵다고 인정되는 경우에는 그 사실을 미리 해당 이용자 등에게 충분히 알려야 하며, 그 이해상충이 발생할 가능성을 내부통제기준이 정하는 방법 및 절차에 따라 은행이용자 보호 등에 문제가 없는 수준으로 낮춘 후 거래를 하여야 하며(「은행법」 제28조의2 제3항), 그 이해상충이 발생할 가능성을 낮추는 것이 어렵다고 판단되는 경우에는 거래를 하여서는 안된다(「은행법」 제28조

37 은행의 업무·집합투자업·신탁업·일반사무관리회사업무 間, 투자자문업과 증권의 투자·대차거래 업무 間을 말한다(「은행법 시행령」 제18조의3 제1항).

38 이는 2016년 8월 1일부터 시행된 「금융회사의 지배구조에 관한 법률」(법률 제13453호) 제24조에 따른 내부통제기준에 반영하여야 한다.

의2 제4항). 금융위는 은행이용자 보호 등을 위하여 필요하다고 인정되는 경우에는 이해상충에 관한 내부통제기준의 변경을 권고할 수 있다(「은행법」 제28조의2 제5항).

2) 불공정 영업행위 금지

외은지점은 여신취급과 관련하여 차주의 의사에 반하여 예금가입 등을 강요하는 구속행위(구속성예금), 차주 또는 제3자로부터 담보를 취득할 경우 포괄근담보를 요구하는 행위, 차주 또는 제3자로부터 보증을 요구할 경우 포괄근보증을 요구하는 행위, 제3자 담보제공자에 대하여 연대입보를 요구하는 행위 등 은행이용자의 권익을 부당하게 침해하거나 건전한 금융거래질서를 문란케 할 우려가 있는 불공정한 영업행위를 금지하고 있다(「은행법」 제52조의2, 동법 시행령 제24조의4, 「은행업감독규정」 제88조의2).

한편, 2016년 3월 29일 일부 개정된 「은행법」(법률 제14129호)에서는 실제 자금을 수취하지 않았음에도 입금 처리하는 행위 등 은행이용자에게 부당하게 편익을 제공하는 행위, 제52조의3 제1항에 따른 은행상품을 비정상적으로 취급하여 은행이용자의 조세포탈·회계분식·부당내부거래 등 부당한 거래를 지원하는 행위, 은행업무, 부수업무 또는 겸영업무와 관련하여 은행이용자에게 정상적인 수준을 초과하여 재산상 이익을 제공하는 행위, 그 밖에 은행업무, 부수업무 또는 겸영업무와 관련하여 취득한 정보 등을 활용하여 은행의 건전한 운영 또는 신용질서를 해치는 행위 등 은행 및 임직원이 예금자 보호·신용질서 유지·은행의 건전경영을 저해하는 불건전 영업행위를 하지 않도록 명시하였고(제34조의2 제1항 신설), 은행이 금융사고 예방대책을 마련하여 내부통제기준에 반영토록 하고 임직원의 준수 의무와 금융사고 발생 시 은행의 보고·공시 의무를 명시하였다(제34조의3 신설).[39] 동 개정 규정은 공포 후 4개월이 경과한 2016년 7월 30일부터 시행되었다.

3) 광고규제

외은지점은 예금, 대출 등 은행이 취급하는 상품에 관하여 광고하는 경우 그 은행의 명칭, 은행상품의 내용, 거래조건 등이 포함되도록 하여야 한다(「은행

---

39 금융위원회, "「은행법」 및 「금융지주회사법」 개정안 국회 통과," 보도참고자료(2016. 3. 3), 3면.

법」 제52조의3 제1항). 또한, 은행은 은행이용자의 합리적 의사결정을 위하여 이자율의 범위 및 산정방법, 이자의 지급 및 부과시기, 부수적 혜택 및 비용을 명확히 표시하여 은행이용자가 오해하지 않도록 하여야 한다(「은행법」 제52조의3 제2항). 아울러, 은행은 광고의 제작 및 내용에 관하여 지켜야 할 사항을 내부통제기준에 반영하고, 광고에 대하여 준법감시인의 사전확인을 받아야 한다(「은행법 시행령」 제24조의5 제1항).

(2) 금지 업무

1) 유가증권 투자한도 규제

외은지점의 경영안정성을 도모하기 위하여 가격변동 위험이 큰 주식이나 유동성 위험 또는 금리변동 위험이 큰 장기 채권에 대한 보유는 은행이 흡수 가능한 자본규모 이내로 제한할 필요가 있다. 이에 따라 외은지점은 지분증권, 상환기간 3년[40]을 초과하는 기타 유가증권(국채, 통안증권 제외) 투자를 해당은행 자기자본의 100% 이내로 제한하고 있다(「은행법」 제38조 제1호, 동법 시행령 제21조의2 제1항). 다만, 기업구조조정 촉진을 위하여 회생절차 개시 결정을 받은 기업, 기업개선작업 대상기업, 기타 은행 공동으로 정상화를 추진 중인 기업에 대한 대출금 등을 출자로 전환함으로써 취득한 주식(「금융산업의 구조개선에 관한 법률」 제11조제 6항 제1호) 또는 정부가 원리금의 지급을 보장한 채권(「금융산업의 구조개선에 관한 법률」제11조 제6항 제2호) 등은 동 한도 산정 시 제외된다(「은행업감독규정」 제59조). 이 경우 외은지점의 자기자본은 본점이 한국은행에 외화자금을 매각하여 해당 지점에 공급한 원화자금, 「은행법」 제40조에 따른 지점적립금, 이월이익잉여금, 지점이 외화자금을 한국은행에 매각하여 조달한 원화자금, 상환기간 1년을 초과하는 차입금 중 국내 운영자금 등으로 금융위가 인정한 영업기금을 자본금으로 본다.[41]

---

40 상환기간 3년을 정함에 있어 그 기준을 유가증권 발행 당시의 만기일로 볼 것인지 투자 시점에서의 잔존기간으로 볼 것인지가 문제될 수도 있으나 자금의 고정화 방지라는 규제의 취지에서 볼 때 유가증권이 환가를 통해 현금화되는데 소요되는 기간으로 보아야 하므로 잔존기간을 기준으로 함이 타당할 것이다(한국은행 은행감독원, 전게서, 143면 참조).

41 외은지점의 자본금과 관련하여서는 후술하는 제3장 외은지점에 대한 감독·규제의 개선방안 중 제2절 1. 본점 자본금의 인정 문제 참고.

2) 업무용 부동산 한도

과도한 업무용 부동산 소유에 따른 자금의 고정화를 방지하기 위하여 「은행법」에서는 업무용 부동산 소유한도를 자기자본의 60% 이내로 제한하고 있다(「은행법」 제38조 제3호, 동법 시행령 제21조의2 제5항). 업무용 부동산이라 함은 영업소, 사무소 등 영업시설, 연수시설, 후생복리시설 그리고 위 시설용도로 사용할 토지, 건물 및 그 부대시설을 말한다(「은행법 시행령」 제21조의2 제4항). 외은지점이 업무용 부동산을 새로 취득하지 아니하였음에도 불구하고 손실발생 등으로 부득이 하게 자기자본이 감소하여 동 한도를 초과하게 된 경우에는 초과하게 된 날로부터 1년 이내에 그 한도에 적합하게 하여야 한다. 다만, 은행이 초과 보유한 업무용 부동산의 규모, 부동산시장의 상황 등에 비추어 부득이하다고 인정되는 경우에는 금융위는 해당은행의 신청에 따라 그 기간을 연장할 수 있다(「은행법 시행령」 제21조의2 제6항).

3) 비업무용 부동산 소유금지

외은지점은 업무용 부동산이 아닌 비업무용 부동산의 소유가 원칙적으로 금지된다(「은행법」 제38조 제2호). 소유물 또는 기타 자산 중 법에 의하여 보유가 금지되거나 저당권 등 담보권의 실행으로 인하여 취득한 자산의 경우 법의 규정에 부합되지 아니하는 날로부터 3년 이내에 처분하여야 한다. 다만, 공매유찰 및 공매보류 등의 사유로 비업무용 부동산의 처분 연기보고를 한 경우에는 연기보고일 이후 1년 이내에 처분하여야 한다(「은행법」 제39조, 「은행업감독규정」 제58조 제1항). 이에 따라 종전에는 은행이 업무용 부동산에 대해서만 임대가 가능하였으나, 앞으로는 비업무용 부동산에 대해서도 그 부동산을 처분하여야 하는 날까지 임대가 가능하도록 함으로써 은행이 보유한 부동산을 탄력적으로 운영할 수 있도록 허용하였다(「은행법 시행령」 제18조 제1항 제1호).[42] 또한, 금융기관은 비업무용 부동산을 처분함에 있어 공정을 기할 수 있도록 매각절차 및 매각방법 등에 관한 내부지침을 마련하여야 한다(「은행업감독규정」 제58조 제4항).

4) 부당대출 금지

직접·간접을 불문하고 해당 은행의 주식을 담보로 하는 대출, 직접·간접

42 「은행법 시행령」(대통령령 제27290호, 2016. 6. 28, 일부개정) 제·개정 이유 참고.

을 불문하고 해당은행의 주식을 매입시키기 위한 대출을 금지하고 있으나 외은지점에는 적용의 여지가 없고, 금융위가 정하는 소액대출을 제외한 외은지점의 임·직원에 대한 대출을 금지하고 있다(「은행법」 제38조 제6호). 상품 또는 유가증권에 대한 투기를 목적으로 하는 대출, 직접·간접을 불문하고 정치자금의 대출도 금지하였으나 2010년 5월 17일(법률 제10303호, 2010년 11월 18일 시행) 「은행법」 제38조(금지업무)의 전문개정으로 삭제되었다.43

(3) 건전성 규제

1) 경영지도비율 규제

「은행법」에서는 외은지점을 하나의 은행으로 간주하고 그 영업기금을 자본금으로 의제함으로써(「은행법」 제63조, 동법 시행령 제26조) 「은행법」상 자기자본에 관한 규정을 적용하고 있는데, 이렇게 의제된 자기자본은 동일인신용공여한도, 동일차주신용공여한도, 거액신용공여한도, 유가증권투자한도, 업무용부동산소유한도, 국내자산보유의무, 외국환포지션한도 등 「은행법」상 규제의 기준이 된다.

감독당국은 규정에서 정한 경영지도비율이 악화될 우려가 있거나 경영상 취약부문이 있다고 판단되는 외은지점에 대하여는 이의 개선을 위한 계획 또는 약정서(commitment letter)를 제출토록 하거나 해당 외은지점과 경영개선협약(MOU)을 체결함으로써 경영건전성을 조기에 개선토록 지도하고 있다(「은행업감독규정」 제26조 제3항).

특히, 바젤은행감독위원회 자기자본비율을 적기시정조치의 발동요건으로 운용하여 은행의 경영실태 평가의 큰 축을 손실흡수력에 집중하고 있으며, 유동성 커버리지 비율(LCR) 및 원화예대율 위반시 위반사실과 향후 준수계획을 공시토록 규정하고 있다(「은행업감독규정」 제41조 제3항). 한편, 유동성 커버리지 비율(LCR) 및 원화예대율을 위반한 금융기관이 위반일로부터 2년 이내에 재위반한 경우에는 위반재발 사실과 금융감독원장과의 약정서 체결내용을 공시토록 하고 있다. 외화유동성 위반시에도 마찬가지로 위반은행은 위반사유서 및 달성계획을 금융감독원장에게 제출하여야 한다.44

---

43 투기를 목적으로 하는 자금의 대출금지 규정과 정치자금 대출 금지 등은 현실과 맞지 않는 규제라는 이유로 삭제하였다[「은행법」(법률 제10303호) 제정·개정 이유 참고].

44 금융감독원, 「금융감독개론」, 2016 개정판(2016. 2. 15), 189면.

〈표 4〉 경영지도비율 및 주요 업무규제한도

구 분	관련법규	규제(지도)비율
바젤은행감독위원회 자기자본비율	「은행업감독규정」 26조	8% 이상
원화유동성비율[1] → 유동성커버리지비율	〃	100% → 60% 이상
원화예대율	〃	100% 이내
동일인신용공여한도	「은행법」 제35조	자기자본 20% 이내
동일차주신용공여한도	「은행법」 제35조	자기자본 25% 이내
거액신용공여한도	「은행법」 제35조	자기자본 5배 이내
업무용 부동산소유한도	「은행법」 제38조 등	자기자본 60% 이내
유가증권투자한도	〃	자기자본 100% 이내
국내자산보유의무	「은행법」 제62조 등	영업기금 이상

1) 원화유동성규제 비율은 2015. 1월부터 유동성 커버리지 비율(Liquidity Coverage Ratio)로 대체되었으며, 외은지점의 경우 2015년 20%, 2016 30%, 2017년 40%, 2018년 50%, 2019년 이후에는 60% 이상을 유지하여야 한다.

2) 외화 건전성 관리

① 서 설

우리나라는 금융기관의 외환건전성 감독을 위하여 원화 유동성 커버리지 비율(LCR) 규제와는 별도로 외화유동성 비율 규제제도를 시행하고 있다. 즉, 기간별로 외화자산과 외화부채의 만기 불일치 정도를 나타내는 7일, 1개월 만기 불일치(gap) 비율과 잔존만기 3개월 이내 외화부채 대비 외화자산 비율을 나타내는 3개월 외화유동성비율 등의 최저기준을 설정하여 운용하고 있으며, 만기 1년 이상 중장기 외화대출에 대하여는 상환기간이 1년을 초과하는 외화자금으로 조달토록 하는 중장기 외화대출 재원조달비율을 관리하고 있다(「은행업감독규정」 제64조 및 제65조).[45] 그러나 외은지점에 대하여는 본점의 외화유동성 지원능력

45 외화유동성비율 산출 시에는 외화자산의 회수가능성을 정확하게 계산하기 위하여 외화자산 유형별로 유동화 가중치를 부여한다. 유동성 자산 및 부채는 대차대조표상 난내계정 외화자산·부채와 해외지점과 해외현지법인, 역외계정의 외화자산·부채가 모두 포함된다(「은행업감독규정시행세칙」 <별표 14> 외화유동성비율 등 산정방법 참조).

〈표 5〉 외화유동성 비율

<table>
<tr><th>구 분</th><th>내 용</th><th>관련법규</th><th>규제비율</th></tr>
<tr><td>3개월
외화유동성비율</td><td>잔존만기 3개월 이내 외화자산 / 잔존만기 3개월 이내 외화부채</td><td>「은행업감독규정」
제64조</td><td>85% 이상</td></tr>
<tr><td>7일
만기불일치비율</td><td rowspan="2">(기간별 외화자산 − 기간별 외화부채) / 총 외화자산</td><td rowspan="2">〃</td><td>△3% 이상</td></tr>
<tr><td>1개월
만기불일치바율</td><td>△10% 이상</td></tr>
<tr><td>중장기
외화자금관리비율</td><td>1년초과 외화조달잔액 / 1년이상 외화대출잔액</td><td>「은행업감독규정」
제65조</td><td>100% 이상</td></tr>
</table>

을 감안하여 동 규정의 적용을 배제하고 있다(「은행업감독규정」 제68조).

② 외화 유동성 규제의 필요성 여부에 관한 논의

이와 같이 국내 금융기관과는 달리 외은지점에 대하여 외화유동성 규제가 배제됨에 따라 외은지점들은 외화 또는 원화운용을 위한 재원으로 본·지점 등으로부터 단기로 외화를 조달하는 것이 가능하며, 이를 통해 금리재정거래 등은 물론 국내 금융기관의 외화유동성 비율 준수를 위한 거래 상대방이 되어 상대적으로 이익을 본다는 불만이 국내 금융기관으로부터 꾸준히 제기되어 왔다. 외은지점에 대하여 유동성비율 규제를 적용한다면 국내 금융기관과의 외화유동성 규제에 대한 형평을 유지할 수 있고, 중장기 외화자금관리 지도비율에 미달하는 외은지점이 동 비율준수를 위하여 외화대출을 줄이지 아니하고 단기차입금을 장기차입금으로 대체하는 경우에는 일정규모의 단기외채 감축효과도 있을 것이다. 또한, 외은지점에 대한 외화유동성 규제 도입이 외국투자자의 국내 금융거래에 대한 규제강화 신호로 인식되어 외은지점들이 국내 금융시장에 대한 포지션을 일정부분 축소할 경우 단기외채가 줄어들 가능성도 있다.

그러나 외화유동성 비율 규제는 금융회사의 외환건전성 확보를 위해 외화자산·부채의 만기불일치를 규제하는 건전성 감독수단으로 외은지점에 대하여 동 규제를 도입한다 하더라도 외은지점들은 단기차입 기간을 3개월 초과~1년 이내로 조정하거나, 외환스왑 등을 통해 외화유동성 비율을 준수할 수 있는 등 규제의 회피가 가능하다. 또한, 중장기 외화자금 관리비율 규제의 경우 외은지점들이 비율 준수를 위해 장기차입금을 늘리지 아니하고 외화대출을 줄이는 방식을 취하는 경우에는 자금유출이 급격히 늘어날 수 있어 외화유동성 비율 규제는 외은지점에 대한 단기외채 감축을 위한 정책수단으로서 실효성이 거의 없어 보인다. 한편, 외은지점은 본점차원에서 유동성을 종합관리 하고 유사시 본점의 유동성 지원이 가능하므로 개별 외은지점에 대하여 별도의 규제를 하는 것은 원화 유동성 커버리지 비율 규제와는 달리 그다지 필요성이 없어 보인다. 또한 영국, 독일, 프랑스, 미국, 일본 등 주요국의 경우에도 외화유동성을 별도로 규제하지 않고 있어 이를 도입하는 경우 국내은행의 해외영업점에 대한 상호주의 원칙에 반하게 되고, 정부의 동북아 금융중심지 추진에도 부담이 될 수 있다.

이러한 측면에서 금융기관 외화자산·부채의 만기불일치를 규제하는 외화건전성 감독수단으로 외화유동성 비율 규제를 외은지점에 도입하는 경우에는 단기외채의 억제 또는 감축효과는 미미할 것으로 보이며, 오히려 국내 금융시장에 부정적 영향[46]을 미칠 가능성이 높은 것으로 판단될 뿐만 아니라, 외은지점들이 국내 외환·금융시장에서 유동성 공급자(liquidity provider)의 역할을

〈표 6〉 외은지점과 국내은행 간의 원화·외화 규제차이

구 분	내 용	외은지점	국내은행
외 화	외국환포지션	○	○
	외화유동성 비율	×	○
	외화갭 비율	×	○
	중장기외화자금관리 비율	×	○
원 화	바젤은행감독위원회 자기자본비율	○	○
	원화 유동성 커버리지 비율	○	○
	동일인 및 동일차주 신용공여한도	○	○
	거액신용공여한도	○	○

46 규제 도입으로 기존 외은지점의 금리재정거래 등이 청산될 경우 단기외채는 일부 감소할 수 있으나 이 과정에서 채권금리가 상승하고 이는 스왑포인트·베이시스가 확대되고 이는 다시 환율이 상승하여 금융시장에 충격을 줄 우려가 있다.

담당[47]하고 있는 점을 고려할 때 동 규제를 외은지점에 적용하는 것은 신중을 기할 필요가 있다고 본다.

3) 외국환포지션 한도 규제

외국환포지션은 외화자산(매입)과 외화부채(매각)의 차액을 말하며, 현물과 선물의 외화자산·부채의 차액을 산정하는 것을 종합포지션, 선물 외화자산·부채의 차액만을 산정하는 것을 선물환포지션이라 한다. 외국환은행인 은행의 경우 종합포지션은 자기자본의 50%, 선물환포지션은 자기자본의 40%(외은지점의 경우 200%)[48]를 넘지 않도록 한도를 관리하여야 한다(「외국환거래규정」 제2-9조의2).

정부는 그동안 외환위기를 겪으면서 자본유출입 변동성을 높여온 주요 원인인 은행의 과도한 단기차입을 줄이고, 불요불급한 외환수요를 억제하는 한편, 은행의 외환부문 건전성 관리를 강화하고자 「자본변동성 완화 방안」을 마련하였고,[49] 그중의 하나로 선물환포지션 제도를 도입하였다.[50] 국내의 조선사, 자산운용회사 등은 환율하락위험을 회피하기 위해 장래에 받을 수출대금을 미리 은행에 매도하였고(선물환매도), 선물환을 매입한 은행은 장래에 달러를 받는 시점에서 환율이 하락하는 경우 손실을 보게 되므로 선물환을 매입한 시점에서 달러를 차입하여 이를 매도하고 추후에 달러를 받아 차입금을 상환하는 거래구조를 취하게 되는바, 2006년~2007년 총외채 증가(1,953억 달러)의 약 절반 정도가 국내은행과 외은지점의 선물환매입 등에 의한 것으로 추정되었다.[51] 그동안 은행은 종합포지션만을 규제받아 선물환을 매입하더라도 이에 상응하는 현물환을

47 외은지점 대신 국내은행들이 외화차입을 통해 기업 선물환매수 헤지를 했을 경우 리만사태 이후 신용경색 상황을 극복하기가 훨씬 어려웠을 것이라는 지적도 제기된다.

48 브렉시트(Brexit) 등에 따른 대외 리스크 확대에 적극 대응하기 위하여 정부는 외환건전성 관리 강화의 일환으로 2016. 7. 1.부터 선물환포지션 한도를 국내은행은 30% → 40%, 외은지점은 150% → 200%로 확대하기로 하였다[기획재정부, "「2016년 하반기 경제정책방향」 -일자리 창출과 구조개혁 가속화-," 보도자료(2016. 6. 28)].

49 기획재정부, 금융위원회, 한국은행, 금융감독원, "거시 건전성(Macro-Prudential Measures) 제고를 위한 '자본유출입 변동 완화방안'," 합동 보도참고자료(2010. 6. 13) 참조.

50 자본유출입 관리강화를 위하여 선물환포지션 제도 도입, 외화대출 관리 강화, 외환건전성 관리 강화를, 자본유출입 대응능력 확충을 위하여 자본유출입 모니터링 강화, 금융안전망 구축, 외환보유액 관리방안을 마련하였다.

51 기획재정부, 금융위원회, 한국은행, 금융감독원, 앞의 합동 보도참고자료, 5면.

매도하면 종합포지션과는 무관하게 선물환을 제한 없이 매수할 수 있었으므로 단기외채 증가의 주요한 요인이 되었는바, 이를 억제하기 위하여 선물, 외환, 통화스왑, 차액결제선물환(NDF) 등 통화관련 모든 파생상품을 포함한 선물환포지션 한도를 신설하여 운영하게 되었다. 2010년 6월 최초 도입당시에는 전월 말 자기자본의 250%(국내은행 50%)로 한도를 설정하였으나 2011년 6월 제1차 한도 조정시 200%(국내은행 40%),[52] 2012년 11월 제2차 한도 조정시 150%(국내은행 30%)로 축소하였으며 이는 1개월의 유예기간을 거쳐 2013년 1월 1일부터 적용하였다.[53] 하지만, 2016년에 들어서 국제유가 하락과 중국발 경기하락 위기의 충격, 유럽 은행의 건전성 악화 등의 영향이 복합적으로 작용하면서 국제금융시장이 출렁이고 있고, 이에 따라 안전자산 선호현상이 부각되었다. 이에 따라 우리나라를 포함한 신흥국 통화가치가 전반적으로 약세를 보이고, 2016년 6월 23일 영국이 유럽연합(EU)에서 탈퇴한다는 이른바 브렉시트(Brexit)가 결정되자 안전자산에 대한 선호 현상이 더욱 가속화되었다. 이에 우리도 외환건전성을 강화하는 방편으로 외환유입을 촉진하고 유출을 막는 방향으로의 거시건전성 3종 세트(선물환 포지션한도제도, 외국인 채권투자 비과세 폐지,[54] 외환건전성 부담금)을 개편하려는 움직임이 가시화되었으며, 선물환포지션의 한도를 상향 조정키로 결정하였다.[55] 이에 정부는 2016년 6월 28일 대통령 주재로 국민경제자문회의 겸 경제관계장관회의를 개최하여 「2016년 하반기 경제정책 방향」을 확정·발표하는 자리에서 2016년 7월 1일부터 브렉시트(Brexit) 등에 따른 대외 리스크 확대에 적극 대응하기 위하여 선물환포지션 한도를 국내은행은 30% → 40%, 외은지점은 150% → 200%로 확대하기로 결정하였다.[56]

---

52 기획재정부, 금융위원회, 금융감독원, 한국은행, "외국환은행의 선물환포지션 한도를 20%씩 축소," 합동 보도자료(2011. 5. 19) 참조.

53 기획재정부, 금융위원회, 한국은행, 금융감독원, "외국환은행의 선물환포지션 한도 축소," 합동 보도참고자료(2012. 11. 27) 참조.

54 2011. 11. 1.부터 시행되었으며 채권투자 급증을 억제하기 위해 외국인의 국채·통안채 투자시 종전의 이자소득과 양도차익에 대한 비과세 혜택을 폐지하고, 국내투자자와 동일하게 이자소득세(14%), 양도소득세(양도차익의 20%) 부과하고 있다.

55 서울경제신문, "선물환포지션 한도 첫 상향조정 유력"(2016. 2. 22), A03면.

56 기획재정부, "「2016년 하반기 경제정책방향」 – 일자리 창출과 구조개혁 가속화–," 보도자료(2016. 6. 28).

〈표 7〉 외국환포지션 한도(2016. 7월 현재)

구 분	규제대상	관련법규	한 도
종합포지션	현물+선물	외국환거래규정 제2-9조의2	자기자본의 50% 이내
선물환포지션	선물	〃	국내은행: 자기자본의 40% 이내
			외은지점: 자기자본의 200% 이내

4) 외환건전성 부담금

외환건전성 부담금제도는 세계적 금융위기 이후 자본유출입 변동성을 완화하기 위해 선물환포지션한도 제도, 외국인채권투자 비과세 폐지와 함께 도입한 조치로 금융회사 등의 과도한 외화부채 증가를 억제하기 위해 비예금성외화부채를 대상으로 국외에서 빌린 외화에 세금(은행세, bank levy)을 매기는 제도로서 2011년 8월 1일부터 시행되었다(「외국환거래법」(제10618호), 2011. 4. 30. 일부개정).

시중은행 및 외은지점, 농협은행, 수협신용사업부문 한국산업은행, 한국수출입은행, 중소기업은행 및 한국정책금융공사 등 외국환은행을 대상으로 하며, 부과요율은 0.5% 한도 내에서 만기별로 차등 적용하였다.[57] 즉, 만기가 1년 이하는 0.2%, 1년 초과~3년 이하는 0.1%, 3년 초과~5년 이하는 0.05%, 5년 초과는 0.02%를 적용하였다(「외국환거래법 시행령」(대통령령 제23041호) 제21조의3). 부과 대상은 은행의 전체 외화부채에서 외화예수금을 제외한 비예금성외화부채의 잔액(하루 평균 기준)이다(동 시행령 제21조의4). 다만 경과성, 미확정, 정책자금 처리 등 일부 외화부채 계정과목은 동 제도에서 제외하였다.[58] 그러나 지방은행이 부담금 납부대상 은행으로부터 차입한 비예금성외화부채에 대해서는 기본요율의 50%를 적용한다.[59] 징수한 부담금은 외국환평형기금에 적립한 후 금융위기 시 금융기관에 대해 예치·예탁·대여 또는 스왑 방식으로 외화유동성을 지원할 수 있도록 하였다(동법 제11조의2 제4항).

57 기획재정부, "12. 2. 28, 외환건전성부담금 최초 수납," 보도자료(2012. 3. 5), 1면.

58 기획재정부, "'11. 8. 1일부터 외환건전성부담금 시행 -자본이동 변동성 관리를 위한 3중 대응체계 구축 완료-," 보도자료(2011. 8. 1), 2면.

59 위의 자료, 3면.

당초 도입 시에는 만기별 리스크 유발 가능성의 차이를 고려하여 계약만기에 따라 부과요율을 차등 적용하였는데 이에 대하여 실질적으로 위험이 동일한 외화부채를 다르게 취급한다는 논란이 제기되었으며,[60] 2015년 7월 1일 개정 시행된 「외국환거래법 시행령」(대통령령 제26341호)에서는 이를 개선하여 외환건전성부담금의 부과요율을 비예금성외화부채 등의 잔존만기를 기준으로 하여 산정하도록 변경하였다(동 시행령 제21조의3). 또한, 비예금성외화부채 등의 잔액을 남아 있는 만기가 1년 이하인 비예금성외화부채 등의 월말 잔액을 기준으로 산정하도록 하고, 외국환거래를 촉진하는 역할을 수행하는 외국환업무취급기관에 대해서는 2015년 사업연도에 한정하여 원화·위안화 현물환시장에서의 일평균 거래금액의 2배에 상당하는 금액 등을 외환건전성부담금 부과 대상에서 제외하였다(동 시행령 제21조의4). 아울러 부과대상에 투자매매업자, 투자중개업자, 보험회사 및 여신전문금융회사를 추가하되 2015년 7월 1일 이후 발생한 비예금성외화부채 등의 잔액이 사업연도 종료일 현재 미화 1천만 달러를 초과하는 기관으로 한정하였다(동 시행령 제21조의7).

외환건전성부담금은 미국 달러화로 징수하는 것을 원칙으로 하며 시중 외화유동성 상황이 악화되는 경우 원화 납부도 허용토록 하였다.[61] 사업연도 종료 후 4개월 이내에 한은이 각 부과대상자에게 고지하고, 납부의무자는 5개월 이내에 이를 납부해야 한다(동 시행령 제21조의6). 경영상 어려움 등이 있으면 연 2회 분납이 가능하며 이의신청은 납부고지일로부터 15일 이내에 할 수 있다(동 시행령 제21조의7).

동 제도의 도입으로 본점으로부터 자금을 차입하여 영업을 하는 외은지점들의 특성상 그 부담은 클 수밖에 없었는바, 우리나라의 기업들의 국제 실물거래를 지원하는 역할을 하는 투기성이 없는 무역금융 자금의 공급에 필요한 외화자금과 국내 외환시장에 영향을 미치지 아니하는 역외 계좌 차입금만이라도

60 계약만기는 다르나 잔존만기가 동일한 경우, 실질적으로 차환 위험이 같은 부채를 다르게 취급하는 문제가 발생할 수 있는바, 예를 들어 신규 발행된 3년물 채권과 발행 후 3년이 경과한 6년물 채권은 위험도가 동일하나 현재 전자는 10bp, 후자는 2bp로 부담금 부과하게 된다[기획재정부, “거시경제 금융회의 개최 결과,” 보도참고자료(2015. 2. 6), 별첨2 외환건전성 부담금 개편 방안, 2면].

61 위의 자료, 4면.

외환건전성부담금 부과대상에서 제외하여 달라는 주장이 꾸준히 제기되었음에도 현재까지 이를 수용하지 않고 있다. 그리고, 외은지점은 장기차입을 유도하려는 외환건전성 부담금제도의 취지를 고려하지 아니하고 그때그때의 시장상황에 따라 외환을 차입하는 등 동 제도의 취지에 따르지 않는 영업행태를 보이기도 하였다.

그러나, 그동안의 논란에도 불구하고 동 제도의 도입 이후 우리의 외환건전성은 개선되었으며 이를 반영하듯 유럽, 미국, 일본 등 세계 주요국의 신용등급이 하락하는 가운데서도 한국의 국가신용등급 전망이 상향조정되었고, IMF 등 국제사회의 평가도 과거에 비해 긍정적으로 바뀐 것으로 평가하고 있다.[62] 또한, 2013년 11월 8일 신제윤 금융위원회 위원장은 러시아 중앙은행(Central Bank of Russia, 모스크바)에서 열린 금융안정위원회(Financial Stability Board) 총회에 참석하여 거시건전성 3종 세트, 외환 스트레스테스트 강화, 외화안전자산 보유비율제도 등 세계적 금융위기 이후 시행된 우리나라의 외환변동성 안정화 조치를 적극적으로 소개하기도 하였다.[63]

Ⅲ. 외은지점에 대한 감독·규제의 개선 방안

1. 서 론

지금까지 살펴본 바와 같이 외국은행에 대한 감독 및 규제는 나라마다 차이가 있다. 우리나라는 국내에 진출한 외국은행에 대하여 현지법인의 경우는 국내은행과 차이가 없으며, 사무소는 영업을 하지 않는 이유로 몇 가지 점을 제외하고는 별다른 쟁점이 없고, 외은지점에 대하여만 여러 가지 쟁점이 있다는 점을 지적하였다. 그 쟁점의 핵심은 지점을 「은행법」상 별개의 은행으로 간주하지만 「상법」상으로는 본점에 종속하는 영업소라는 사실로부터 발생하는 것이며 앞서 서술한 바와 같이 다른 나라의 경우에도 이와 유사한 고민을 하고 있다는 사실을 알 수 있다. 예를 들면, 독일의 경우에도 독립된 지위(Trennungslösung)와 종속적 지위(Einheitslösung)에 따라 그 수행하는 업무에 허가가 필요한지 여부

62 권순우·신창목 외, 「SERI 전망 2012」(삼성경제연구소, 2011. 12), 242면.

63 금융위원회, “금융안정위원회(FSB) 모스크바 총회 참석 결과,” 보도자료 (2013. 11. 11), 3면.

를 구분하고 있다. 즉, 지점의 독립된 지위가 인정되는 경우에는 수행하는 업무에 대하여 원칙적으로 해당 지점 또는 본점이 허가를 받아야 하지만, 지점의 본점에 대한 종속적 지위가 인정되는 업무에 대하여는 지점이 본점의 업무를 수행하는 것으로 보아 별도의 허가 문제는 발생하지 않는다.

이 장에서는 그동안 외은지점의 감독 및 규제와 관련하여 실무상 논란이 되고 있는 쟁점을 검토하고 이에 대한 개선방안을 제시해 보고자 한다.

2. 외은지점의 설립 및 폐쇄 규제의 개선방안

(1) 본점 자본금의 인정 문제

1) 외은지점의 자본금

외은지점의 감독 및 규제와 관련하여 가장 많은 논란이 되는 부분이 본점의 자본금을 인정할 것이냐는 문제이다. 이는 본점에 종속하는 하나의 영업소로서 '종속적 지위'를 인정할 것이냐, 아니면 국내에서의 별도의 '독립된 지위'를 인정할 것이냐의 문제로 우리나라의 「은행법」에 따르면 지점을 하나의 '은행'으로 간주하고(「은행법」 제59조) 갑기금과 을기금으로 구성된 지점자본금[64]을 기준으로 신용공여 한도, 유가증권 투자 등의 각종 영업 규제를 하고 있는 등 '독립된 지위' 이론에 따르고 있는 것으로 볼 수 있다. 즉, 국내에 진출한 외은지점을 독립된 하나의 '은행'으로 보고 「은행법 시행령」 제26조에서 규정하는 범위의 영업기금을 국내에 보유토록 하는 등 차단막(ring-fencing)[65]을 엄격하게 적용

---

64 「은행법」제63조에 따라 외국은행의 지점에 대해서는 (ⅰ) 외국은행의 지점 설치 및 영업행위를 위하여 그의 본점이 한국은행에 외화자금을 매각하여 해당 지점에 공급한 원화자금, (ⅱ) 법 제40조에 따른 해당 외국은행의 지점 적립금에서 전입하는 자금, (ⅲ) 외국은행의 지점을 추가로 설치하기 위하여 이미 국내에 설치된 외국은행의 지점 이월이익잉여금에서 전입하는 자금, (ⅳ) 외국은행의 지점이 한국은행에 외화자금을 매각하여 조달한 원화자금, (ⅴ) 외국은행의 본점 또는 국외지점으로부터 상환기간이 1년을 초과하는 조건으로 차입한 자금 중 국내에서 운용하는 자금의 어느 하나에 해당하는 것으로서 금융위가 인정한 영업기금을 자본금으로 본다(「은행법 시행령」 제26조).

65 해외지점이 실행한 거래에서 발생한 손실에 대한 본점의 채무이행의무를 제한하는 조항을 의미하는 것으로 정치적 차단막과 상업적 차단막으로 구분할 수 있다. 정치적 차단막(political ring fencing) 이란 전쟁, 내전, 정부의 대외지급정지 조치 등 비경제적 요인으로 지점의 채무이행이 불가능할 경우 본점 및 여타지점의 채무이행의무를 제한하는 것을 말하며, 상업적 차단막(commercial ring fencing) 이란 특정 해외지점에서 부도 발생시 본점 및 여타 지점의 채무이행 의무를 제한하는 것을 말한다. 그러나, 현행 「금융투자업규정」에

하는 것을 원칙으로 하고 있다.

지점 자본금제도는 경제개발 초기 단계에서 외화자금 조달 수단으로 활용하기 위하여 도입하였으나 현재에는 대외 교역 규모 확대, 국제수지 흑자 등에 따라 지점 자본금을 통한 외자유치 필요성은 감소하였다. 또한, 동 제도는 외은지점의 영업활동에 직접적인 영향을 미치게 되고 각종 업무 규제 한도의 기준이 되고 있다. 한편, 금융 감독 당국은 외은지점의 국내기업에 대한 여신 확대를 위하여 '상환기간 1년을 초과하는 조건으로 차입한 자금 중 국내에서 운용하는 자금'을 영업기금의 범위에 포함시켜 자본금을 확대시켰으나,[66] 대차대조표상 부채항목인 '본·지점 장기차입금'을 지점자본금으로 의제하는 것은 회계의 일반 원칙[67]에 맞지 아니하는 등 독립된 지위의 이론과 일치하는 않는 측면도 있다. 또한, 본·지점 차입금은 고정적인 것이 아니라 수시로 변동하는 금액이며 적용환율이 변동하는 경우에는 자본금액이 이에 따라 변동하게 되는 등 각종 영업 규제의 기준이 되는 지점자본금액의 변동으로 의도하지 않게 영업규제 한도를 위반하는 사례가 다수 발견되고 있다.[68]

2) 다른 나라의 사례

미국에서는 지점의 경우에 본점의 자본금을 인정하고 있다.[69] 하지만, 동일

따르면 장외파생상품 인가 신청시 외국 금융투자업자 국내지점은 장외파생상품 거래로부터 발생하는 모든 채무에 대한 본점의 유동성 지원 확약서를 제출하는 경우에는 위험관리의무를 면제하고 있어(제3－51조의2), 외은지점의 장외파생상품 거래에 대해서는 본점의 보증을 통하여 거래상대방인 국내 투자자가 보호받을 수 있도록 하고 있다.

66 「은행법 시행령」 제26조 제5호(대통령령 제17231호, 2001. 6. 8, 일부개정).

67 금융감독원/전국은행연합회, 「은행회계해설(上)」(2010. 12), 17면 참조.

68 노바스코셔 서울지점은 2007. 1. 8.~2009. 12. 13. 기간 중 ㈜○○에 대한 신용공여한도를 최저 145억 8백만원, 최고 552억 44백만원 초과하여 동일인 신용공여한도 위반으로 2010. 11. 30. 금융위로부터 기관경고 및 임원에 대한 주의적 경고의 제재조치를 받았고, OCBC은행 서울지점은 2008. 9. 30. ~ 2008. 11. 18. 기간 중 ○○(주)에 대한 신용공여한도를 최저 28억 1백만원, 최고 42억 62백만원 초과하여 2010. 11. 18. 금융위로부터 과징금 99백만원과 임원에 대한 주의적 경고의 제재조치를 받았다(금융감독원 사이트 <http://www.fss.or.kr/> 검사결과 제재내용 공시자료 참조).

69 12 U.S.C. §3102 (b) Rules and regulations; rights and privileges; duties and liabilities; exceptions; coordination of examinations
In establishing and operating a Federal branch or agency, a foreign bank shall be subject to such rules, regulations, and orders as the Comptroller considers appropriate to carry out this section, which shall include provisions for service of process and maintenance of

인 신용한도 규제 등에서 비교 우위가 있는 도매금융 업무에 치중하도록 유도하는 대신 예금보호대상이 되는 수신 업무를 하지 못하도록 하여 우리나라의 여신전문회사와 같은 방향으로 규제를 하고 있다. 이에 반하여 현지법인의 경우에는 소규모 자본금을 통한 지역사회에서의 여·수신 등 소매금융 업무에 치중하도록 유도하고 있다. 또한, 지점의 경우에 본점의 자본금을 인정하는 대신 미국 내에서의 건전영업을 위하여 자산유지의무(AMR) 및 담보제공의무(APR)를 부과하고 있다.[70] 이와 같이 본점자본금을 인정하더라도 그에 따른 규제의 방식은 우리나라의 경우와 많은 차이가 있는 것을 알 수 있다.

독일의 경우에는 본점이 지점에 제공한 영업자본금(Betriebskapital)과 유보된 잉여금의 합계액에서 본·지점 계정을 공제한 이후의 금액을 자기자본(Eigenmittel)으로 정하고, 이를 기준으로 각종 규제 비율을 산정하고 있어 우리나라와 유사한 방식으로 규제를 하고 있다.[71]

필리핀의 경우에는 '영구납입자본금(permanently assigned capital)'이라는 개념을 도입하여 2014년 이전에는 2억1천만 페소에 해당하는 달러화 자금을 영구

---

branch and agency accounts separate from those of the parent bank. Except as otherwise specifically provided in this chapter or in rules, regulations, or orders adopted by the Comptroller under this section, operations of a foreign bank at a Federal branch or agency shall be conducted with the same rights and privileges as a national bank at the same location and shall be subject to all the same duties, restrictions, penalties, liabilities, conditions, and limitations that would apply under the National Bank Act to a national bank doing business at the same location, except that (1) any limitation or restriction based on the capital stock and surplus of a national bank shall be deemed to refer, as applied to a Federal branch or agency, to the dollar equivalent of the capital stock and surplus of the foreign bank, and if the foreign bank has more than one Federal branch or agency the business transacted by all such branches and agencies shall be aggregated in determining compliance with the limitation; (2) a Federal branch or agency shall not be required to become a member bank, as that term is defined in section 221 of this title; and (3) a Federal agency shall not be required to become an insured bank as that term is defined in section 1813(h) of this title. The Comptroller of the Currency shall coordinate examinations of Federal branches and agencies of foreign banks with examinations conducted by the Board under section 3105(c)(1) of this title and, to the extent possible, shall participate in any simultaneous examinations of the United States operations of a foreign bank requested by the Board under such section.

70 12 C.F.R. §28.20.

71 독일 Kreditwesengesetz §10 및 §13.

납입자본금으로 국내에 송금하여 현지통화로 환전하여야 하였으나, 2014년 「외국은행진입전면허용법률」의 제정으로 동일한 형태의 국내은행에 적용되는 최소자본금의 규정에 따르도록 하였다.[72] 즉, 겸업은행, 상업은행, 저축은행에 적용되는 최소자본금을 지점의 영구납입자본금으로 보유하고 각종 영업규제의 기준으로 사용하고 있다.

3) 소 결

이와 같이 지점의 자본금에 대한 규제 제도는 정책 결정의 문제로서 나라에 따라 규제하는 방식에서 차이가 있다. 우리의 경우 외은지점에 대하여 본점의 자본금을 인정하는 경우에는 국내은행과 비교하여 영업력이 월등한 외은지점이 국내 금융시장을 잠식할 우려가 있으며, 부실이 발생하는 경우에 채권자 보호의 문제가 발생할 수도 있다. 물론, 미국과 같이 본점의 자본금을 인정하면서 수신업무를 규제하거나 건전성 담보조치를 취할 수도 있을 것이다.

이론적으로 우리의 「은행법」상 외은지점은 독립된 지위의 이론에 따르고 있으므로 외은지점의 신용공여한도는 지점 자체의 의제된 자본금을 기준으로 산정하는 것이 타당하다. 그러나, 국내지점을 폐쇄하는 경우 해당 지점의 채무초과로 국내지점의 영업기금으로 채무를 전액 변제하지 못하는 경우에 본점을 대상으로 청구권을 행사할 수 있는지 여부가 문제가 될 수 있다. 법률적으로 외은지점은 「상법」상의 영업소로서 본점의 종속적 지위를 인정하여야 하므로 본점에 대한 청구권이 당연히 인정될 것이나, 채무자(본점)의 입장에서는 우리나라 「은행법」상 외은지점의 독립된 지위를 주장하며 책임을 부인하는 주장이 제기될 여지도 있다. 그러므로 법적으로 명확한 조치가 필요한 부분이다. 예를 들어, 현행 「은행법 시행령」 제26조의 자본금 의제 관련 규정을 개정하여 동 규정은 「은행법」상 감독과 규제의 목적임을 명백히 한다면 이러한 논란을 피할 수 있을 것이다.

우리나라의 경우도 국제금융시장과의 통합이 진전되고, 국내은행의 생산성 및 건전성 향상, 주요국 은행의 국제적 위험 관리 등으로 본점자본금 제도를 도입할 수 있는 여건이 성숙되었으므로 이의 도입을 적극 검토할 필요가 있다는

---

72 Manual of Regulation of Banks §X105.4. b.(3).

주장도 있다.[73] 하지만, 제도 도입으로 인하여 발생 가능한 여러 가지 문제점을 고려하지 않고 단순하게 본점의 자본금을 인정하는 것은 곤란하고, 이에 대한 충분한 보완 대책이 강구되어야 한다. 예를 들어, 제3자 부채의 일정 비율(예를 들어 2~5%)을 유동성이 높은 자산으로 보유토록 하는 자산담보예치제도(pledged assets requirement), 본점 경영위기 등 비상시 외은지점이 국내 보유하는 자산이 제3자 부채를 상회하도록 하는 자산유지의무(minimum asset maintenance requirements),[74] 본점의 자본적정성 등 재무상태 및 본점의 지원능력 등을 평가하여 외은지점에 대한 감독·검사에 활용하는 본점에 대한 감시제도(strength of support assessment: SOSA), 매년 자체 설정한 영업한도를 사전 보고토록 하고 이를 준수토록 의무화 하는 등의 제도 도입을 검토할 수 있다. 또한, 다른 나라 감독당국과의 공동감시단(supervisory college)을 통한 정보교류 등 국내에 진출한 외은지점의 본점에 대한 상시감시체계를 구축하는 것도 필요할 것이다.

(2) 영위업무에 대한 인가제도의 차별화

1) 현행 인가제도의 문제점

2015년 6월말 현재 국내에 진출한 외은지점은 16개국으로부터 39개 은행(점포수는 46개)이 진출하여 있으나, 은행업 인가 시에는 국내은행과 마찬가지로 신청서에 따른 업무의 제한 없이 "은행법에 의한 은행업"으로 모든 업무를 수행할 수 있는 인가서를 부여하고 있다. 현실적으로 은행별로 영업 특성에 따라 특화된 업무를 영위[75]하고 있으나 그 특성 및 규모에 따른 진입규제의 차별이 없

---

73 이와 같은 견해로 김병태, "외국은행 국내지점의 자본금 의제에 관한 법률적 규제의 문제점,"「법조」제579호(법조협회, 2004. 12), 82면.

74 미국 FDIC는 외은지점에 대하여 '본·지점관련 자산을 제외한 제3자 자산/본·지점 관련 부채를 제외한 제3자 부채' 비율이 100%(또는 90%)을 유지하도록 요구하고(Part 346.20 of the FDIC's Rules and Regulations), 싱가포르 금융감독청(MAS)은 싱가포르에 소재하는 외국은행을 대상으로 역내계정(Domestic Banking Unit)의 예수금 대비 현지 적격자산(Eligible Assets)을 일정비율로 유지토록 하는 Minimum Asset Maintenance Requirements 제도를 2007. 6. 6. 도입하였다(MAS Notice 640).

$$\text{AMR ratio} = \frac{\text{Eligible Assets}}{\text{Non-bank liabilities}}$$

* Eligible Assets: 싱가포르 거주자앞 현금성자산, 국채, 유가증권, 대출금 등

* Non-bank liabilities: 전일자 비은행고객 예수금 잔액

75 은행의 특성에 따라 금융시장의 불균형 또는 대내외 금리차 등을 이용한 차익거래 중심의

고, 모든 지점에 동일한 인가(full-licence)를 하고 동일한 업무를 허용하고 있다.

또한, 외은지점이 다수의 추가 지점 설치 시 최초 설립지점이 본점 역할을 하고 기타 지점이 영업점 역할을 함으로써 사실상 현지법인처럼 운영되고 있으며, 취급업무 범위에 관계없이 모든 업무를 수행할 수 있도록 인가하고 있어 외은지점 업무특성에 따른 구분 및 감독이 곤란하게 된다.

즉, 일부 외국은행은 파생상품업무, 국내에 근로중인 자국민의 급여송금 또는 기업금융 업무에만 특화하기를 희망하나 모든 업무를 수행할 수 있는 인가권을 부여함으로써 감독법규상에 준수하여야 할 필요가 없는 규제까지 적용받게 되는 문제가 발생한다. 예를 들어 한국에 거주하는 외국노동자의 본국 송금업무, 환전 업무를 위주로 영업하는 소규모의 필리핀계 은행[76]이 대규모의 파생상품거래를 주 수입원으로 하는 은행에 적용되는 전산설비, 위험관리 조직의 설치, 관련 내규 및 시스템정비 등의 규제를 적용할 필요는 없을 것이다. 이는 은행업 인가의 범위에 제한을 두지 않는 결과로 수행하지도 않을 업무에 대한 인가를 모두 받은 외은지점의 입장에서도 결코 바람직하지는 않을 것이다.

2) 다른 나라의 사례

이에 대하여는 추가지점의 설치를 5개까지로 제한하는 필리핀의 사례와,[77] 인가 단위를 구분하여 인가하는 자본시장법을 참고할 수 있다.

또한, 홍콩의 경우에는 1981년 이래로 수신업무에 차등을 둔 3가지 은행인가제도(three-tier system)를 유지하고 있는바, 모든 종류의 예금수취 및 당좌수표 발행을 포함한 「은행법」상 허용된 모든 업무를 취급하는 인가은행(licensed banks), 인가은행과 예금수취회사와의 중간 단계로 기한에 제한을 받지 않고 일정규모 이상(HK$50만, 만기제한 없음)의 예금수취 업무만 가능한 제한인가은행(restricted licence banks), 우리나라의 저축은행과 여신금융회사의 중간 형태로

영업을 하는 그룹과 대출·무역금융 등 기업금융 중심의 영업을 하는 그룹, 기타 보호예수·수출입 등 특정업무만을 위주로 영업을 하는 그룹으로 구분할 수 있다.

76 동 은행은 일본 등 다른 나라에서 은행이 아닌 일반회사(환전소 등) 형태로 진입하고 있으나, 국내에서는 진출 당시 이것이 불가능하여 은행업 인가를 받아 영업하고 있다.

77 필리핀에서는 1994년 외국은행진입자유화법의 제정으로 최대한 3개의 지점과 통화위원회가 지정한 지역에 3개까지의 추가지점(additional branches) 설치가 가능하였으나, 2014년 제정된 외국은행진입전면허용법률에 의하면 5개까지의 추가지점(sub-branches)을 별도의 지역제한 없이 설치할 수 있도록 규제가 완화 되었다.

일정규모 이상(HK$10만, 만기 3개월 이상)의 제한적인 형태의 예금수취만 가능하여 소매금융보다는 기업금융 및 대출 위주의 업무를 수행하며 은행 명칭을 사용하지 못하는 예금수취회사(deposit-taking companies)로 구분된다. 이와 같은 차등 인가제도는 일반 대중으로부터 예금을 수취하는 은행일수록 부실화 시 사회에 미치는 영향이 크므로 보다 엄격한 진입요건을 부여하고 건전성 감독도 강화하기 위한 것이다.[78]

싱가포르의 경우도 일반상업은행(commercial bank)은 완전은행(full bank), 도매은행(wholesale bank)과 역외은행(offshore bank)으로 구분하여 인가하고 있으며, 필리핀의 경우에도 외국은행은 「일반은행법」(General Banking Law)상 요구불예금의 수취, 예금 및 대출 업무, 수표 발행 및 신용장거래, 외환거래, 유가증권의 매매 등 일반적인 은행 업무를 수행하는 상업은행(commercial banks), 일반 상업은행의 업무 이외에 직접 또는 자회사를 통해 간접적으로 투자은행의 업무까지 영위할 수 있는 겸업은행(universal banks), 그리고 「저축은행법」(Thrifts Banks Act)상의 저축은행(thrift banks)로 구분하여 진출하고 있다. 이들은 허가요건 및 영위업무상 차별적인 감독과 규제가 적용된다.

3) 소 결

따라서, 보다 효율적이고 맞춤형 감독을 위해서는 일정 개수 이상 추가 지점을 개설하는 경우에는 현지법인화하거나 업무 범위에 따른 지점 형태 및 인가 절차를 차등화 하는 것이 바람직하다. 앞서 언급한 다른 나라의 사례를 참고하여 동일한 인가(full-licence)를 할 것이 아니라 은행의 특성에 따라 차등 인가 제도를 도입할 필요가 있으며, 차등 인가 제도를 도입하는 경우 은행업 인가를 활용하여 은행과 금융투자회사 간의 규제차익을 악용하는 문제[79]도 해결할 수 있다.

---

78 홍콩 「은행법」(Cap 155 Banking Ordinance) Section 2, 14, 16 and Schedule 1 및 홍콩금융감독청(Hong Kong Monetaty Authority) website <http://www.hkma.gov.hk/gdbook/eng/l/licensed_bank.htm> 참조.

79 자본시장법상의 금융투자업자에 비해 외화 관련 업무 취급이 용이한 은행업으로 인가를 받아 파생상품업무를 영위함으로써 금융투자업자와의 규제차익을 악용할 소지가 있으며, 이는 단기로 자금을 차입하여 국채 등으로 운영하다 국제금융 시장 여건에 따라 자금이탈을 주도하며 국내 외화유동성 악화의 원인을 제공할 수도 있다.

또한, 외은지점은 영업특성에 따라 3개 집단으로 분류(투자은행그룹, 기업금융그룹, 기타 그룹)되고 업무그룹별 위험 수준에 맞추어 검사주기 및 검사투입 인력 규모 등을 차등화 하여 운영하고 있으나,[80] 감독 규제와 관련하여서는 업무특성이나 규모에 관계없이 영업기금, 국내자산보유의무, 건전성비율, 업무규제 한도 등에 대하여 동일한 규제를 적용하고 있다. 그러나, 위험 규모가 크고 단기자금 유출입으로 국내 외화유동성 악화의 원인이 되는 투자은행그룹 등에 대해서는 보다 강화된 규제를 할 필요가 있으며, 단순 외화송금업무만을 취급하는 외은지점에 대해서는 완화된 감독규제를 적용하는 차등화 규제방안이 필요하다. 따라서, 외은지점에 대한 인가를 차등화하는 경우에는 그에 따른 감독 및 규제도 차별화되어야 할 것이다.

(3) 외은지점의 대표자의 자격요건

외은지점의 국내 대표자는 「은행법」 제59조 제1항(외국은행에 대한 법적용)에 의거 「은행법」상의 임원으로 간주된다. 따라서, 「은행법」(제18조)에서 규정하는 임원의 자격요건을 충족하여야 할 것이다.[81] 이는 외은지점에 대한 감독과 규제의 목적상 외은지점의 독립된 지위 이론을 적용하여야 할 대표적인 부문이다.

하지만 「은행법」에서는 외은지점의 대표자가 이를 충족할 것을 명시하고 있지 않아 논란이 되고 있다. 다만, 「은행업감독규정」＜별표 2-5＞ 외국은행의 지점 등 신설폐쇄 인가 심사기준(제5조의4 관련)에서 "외국은행의 국내지점 대표자는 경영에 관한 충분한 지식과 경험, 성실성 등 경영능력을 구비하고 법규준수 면에서 하자가 없을 것"을 심사기준으로 운용하고 있고, 추가지점을 설립

80 금융감독원의 2012년도 외은지점에 대한 검사계획에 따르면 파생거래 잔액이 100조 원 이상인 대형 투자은행(총 15개, 2012년 검사대상은 6개)에 검사 역량을 집중하고, 여타 은행은 업무 특성을 감안하여 검사인력 및 검사기간을 탄력적으로 운용하고 대형 투자은행에 대한 검사주기를 기존 3년에서 2년으로 단축 운영하며 위험 관리실태 등을 기준으로 우량·소규모 은행에 대해서는 검사주기를 차등화하고 있다.

81 동 규정은 2015년 7월 31일 제정되고, 2016년 8월 1일부터 시행되는 「금융회사의 지배구조에 관한 법률」(법률 제13453호) 제5조에 의하여 대체되었다. 동 법률은 글로벌 금융위기 이후 전 세계적으로 금융회사의 바람직한 지배구조에 관한 중요성이 강조되고 있고, 금융회사의 이사회와 감사위원회의 역할 강화 등 금융회사의 지배구조에 관한 규율을 강화할 필요성이 제기됨에 따라, 이사회의 사외이사 비율, 임원의 자격요건 등 개별 금융업권별로 차이가 나는 지배구조에 관한 사항을 통일적이고 체계적으로 규정하여 금융업 간의 형평성을 제고하기 위하여 제정되었다.

하는 경우에도 마찬가지로 "외국은행 추가 국내지점의 대표자는 경영에 관한 충분한 지식과 경험, 성실성 등 경영능력을 구비하고 법규준수 면에서 하자가 없을 것"을 요건으로 하고 있다.

대표자의 자격요건의 충족은 상당히 중요한 사항으로서 법에서 규정하는 것이 타당하며, 외은지점에 대하여 「은행법」상 은행으로서 지위를 인정하고 있으므로, 「은행법」 제18조(임원의 자격요건 등)를 준용하여 자격요건을 충족할 것을 명시적으로 규정하고, 이에 대한 확인서도 「은행업감독규정」 <별표 2-6> 예비인가 및 인가신청서류로 규정할 필요가 있다.

또한, 추가지점의 대표자의 지위에 관하여 앞서 언급한 바와 같이 「은행업감독규정」에서는 최초 지점의 대표자와 동일한 자격요건을 심사하는 것으로 하고 있어 최초지점의 대표자와 동일하게 「은행법」상 임원으로 간주하는지가 의문이 될 수 있다. 하지만 「은행법」상 "외국은행의 국내대표자는 이 법에 따른 은행의 임원으로 본다"고 하고 있어 추가지점의 대표자를 별도로 국내대표자로 선임하거나 공동대표자로 임명하지 않는 한, 추가지점의 대표자는 「은행법」상의 임원의 지위를 가지는 것으로 보기는 어렵다.[82] 등기부상으로도 임원에 관한 사항에서 "대한민국에서의 대표자 ○○○", 지배인에 관한 사항에서 "지배인 △△△"으로 최초지점의 대표자와 추가지점의 대표자를 구분하여 등기하고 있다.

(4) 복수의 금융업 진출 시의 대표자

외은지점의 본점이 겸업은행(universal banking) 업무를 영위하고 국내에 은행, 증권, 보험업 등 복수의 금융업에 진출하는 경우에는 국내의 관련법에 따라 각각 인가를 받고 지점장도 별도로 임명하고 있다. 하지만 본점 차원에서는 은행, 증권, 보험 등 영업의 형태에 따라 개별적인 관리가 아닌 국내에 진출한 금융기관 전체를 대상으로 내부경영을 감독·조율하고 대외적으로 국내 진출 지점들을 대표하는 역할을 수행하는 대표자(chief country officer)를 임명하는 것이 일반적이다.

이는 겸업은행 업무를 영위하는 유럽계 은행[83]의 조직체계상 본점(또는 지

82 같은 견해로 고동원, 「금융규제와 법」(박영사, 2008. 8), 460면.

83 전통적으로 독일, 이탈리아, 프랑스 등 서구제국은 겸업은행제도를, 미국, 일본, 우리나라 등은 전업은행제도를 채택하여 왔으나 20세기 후반부터 전 세계적으로 겸업주의가 대세를 이루게 되었다(강병호, 「금융기관론」, 제14개정판(박영사, 2008), 34면; 김용재, 「은행법원

역본부)의 상급자가 한국에 진출한 금융업을 모두 통할하므로 국내에서 업무전반을 책임지는 최고 책임자를 두는 것이 편리하기 때문에 발생할 수 있다. 그러나 국내법상으로는 권역별로 업무가 엄격히 분리되어 있을 뿐만 아니라, 「은행법」상 임원 겸직 금지[84] [85] 및 업무위탁금지 등의 규제로 인하여 법규상으로 대표자의 지위를 인정하는 것은 곤란하다. 즉, 본점 인사의 방문 시 영접, 영업활동 보고, 대외활동 등 "사실상"의 역할을 하는 것은 가능하겠지만, 실제 내부경영에 권한을 행사하는 것은 불가능하다. 그럼에도 불구하고 투자은행 업무를 영위하는 일부 외은지점의 지점장 또는 사업부문 대표자가 본점의 지시에 보다 충실하여 이를 간과하고 업무를 수행하다가 관련 법규에 위반하여 처벌을 받을 수도 있으므로 이들 대표자의 권한은 제한적인 범위 내에서 인정되어야 한다.[86]

(5) 외은지점 국내대표자의 권한과 책임

국내에 복수의 지점을 설치하는 경우 각각의 지점마다 지점장을 선임하고 있으나 통상 서울지점 대표자가 여타 다른 지점을 통할하고 국내에 진출한 전체 점포를 대표하는 역할을 담당하고 있다. 이는 국내은행의 경우 은행장이 본점뿐만 아니라 나머지 지점을 통할하는 것과 유사하다.

「은행법」은 추가 지점을 포함한 모든 외은지점을 「은행법」상의 하나의 '은

론」, 제2판(박영사, 2012. 9), 335면).

84 은행의 임직원은 한국은행, 다른 은행 또는 「금융지주회사법」 제2조 제1항 제5호에 따른 은행지주회사의 임직원을 겸직할 수 없다. 다만, 「은행법」 제37조 제5항에 따른 자은행의 임직원이 되는 경우에는 겸직할 수 있다(「금융회사의 지배구조에 관한 법률」 제10조 제3항).

85 「은행법」상 금융기관은 동종 영업을 목적으로 하는 주식회사로서 자본금을 비롯한 영업규모가 비교적 큰 은행의 임·직원이 신설된 소규모 은행이나 지방은행 등의 임·직원이 될 경우 건전한 경쟁을 통한 발전을 제약할 우려가 있기 때문에, 금융기관 임·직원과 한국은행 또는 다른 금융기관 임·직원의 겸임을 금지하는 것이다(한국은행 은행감독원, 전게서, 189면 참조).

86 금융회사는 금융회사의 은행의 임직원이 직무를 수행할 때 따라야 할 기준 및 절차인 내부통제기준을 마련하도록 하고 있으며(「금융회사의 지배구조에 관한 법률」 제24조 제1항), 내부통제기준에는 업무의 분장 및 조직구조, 경영의사결정에 필요한 정보가 효율적으로 전달될 수 있는 체제의 구축에 관한 사항 등이 포함되어야 한다(「금융회사의 지배구조에 관한 법률 시행령」 제19조 제1항). 그러나 일부 외은지점에서 지점장을 배제하고 은행 본점 및 지역본부 등이 은행 업무에 대한 의사결정 권한을 직접 행사하는 등 지점장의 통할기능 및 내부통제시스템이 취약한 것으로 나타나 이러한 문제점을 해소하기 위하여 금융감독원은 2012년 1월 지점장 직무권한 및 내부통제체제를 재정비토록 지도한 바 있다(금융감독원, "지점장 업무통할 관련 내부통제기능 재정비," 외은기획-00034, 2012. 1. 31).

행'으로 간주[87]하면서도 다수 지점 진출 시 외은지점의 대표자 및 대표지점의 역할과 책임에 대해서는 침묵하고 있어 대표지점 및 대표지점장에게 국내영업 및 내부통제 관련 총괄책임을 부과할 수 있는지가 불명확하다. 예를 들어, 타 지점의 사고 및 내부통제 미흡과 관련하여 해당 지점 지점장에게만 책임을 물을 것인지 서울지점의 대표지점장에게도 통할 책임을 물을 수 있는 것인지 등에 대한 의문이 생길 수 있다.

금융기관에 대한 제재의 경우에는 기관 제재가 엄격한 요건과 절차를 요하는 침익적 행정행위(侵益的 行政行爲)라는 점에서 법적인 통할책임이 없음에도 대표지점에 대하여 기관 제재를 하는 것은 자기책임의 범위를 초과하는 것이다. 그러나 이에 대해서는 대표지점인 서울지점이 복수의 지점을 대표하는 점과 대표지점을 중심으로 지점 전부를 하나의 '은행'으로 본다는 「은행법」의 취지에 비추어 볼 때, 서울지점에 기관제재를 하는 것이 타당하다는 견해가 있다.[88]

그러나, 법률유보(法律留保)의 원칙에 비추어 볼 때 명확한 근거 없이 대표지점인 서울지점을 제재하는 것은 적절하지 아니한 것으로 판단되며, 특히 불이익 행정처분인 경우 그 근거가 되는 행정법규는 엄격하게 해석·적용할 필요가 있다. 다만, 대표지점인 서울지점의 지점장은 「상법」 제614조에 의한 대한민국에서의 대표자로서 대표이사의 지위를 보유한다고 볼 여지도 있으므로 「상법」상 이사의 회사에 대한 책임(동법 제399조), 제3자에 대한 책임(동법 제401조)이 적용된다는 주장이 제기될 수도 있겠다.[89] 따라서, 복수의 지점이 있는 경우에는 한국 내 대표지점 및 대표지점장의 권한과 책임에 대하여 명확히 규정하여 해석상 혼란의 여지를 없애는 것이 보다 바람직할 것이다.

또한, 현행 「은행법」상 외은지점장의 법적 권한 및 책임에 관하여 명시적으로 규정하고 있지는 않다.[90] 다만, 외은지점장은 「상법」 제614조에 따른 외국

---

87 하나의 외국은행이 대한민국에 둘 이상의 지점 또는 대리점을 두는 경우 그 지점 또는 대리점 전부를 하나의 은행으로 본다(「은행법」 제59조 제2항).

88 정찬형/도제문, 「은행법」, 제2판(박영사, 2005), 382면.

89 이 또한 외은지점의 법적 지위가 본점에 종속하는 영업소에 해당하므로 국내지점의 사법적 행위에 대한 법률효과는 「상법」에 따르며, 감독 등과 관련하여서는 「은행법」에 따르게 되는 혼란에서 비롯되는 것으로 볼 수 있다.

90 「은행법」을 포함하여 「보험업법」, 자본시장법 등에서도 외국 금융기관 지점 대표자의 권한과 책임에 관한 명시적인 규정은 없다.

회사의 국내대표자로서 영업에 관한 모든 행위(업무집행, 대표권 등)를 할 수 있는 권한[91]을 가지며, 업무수행과 관련하여 법령위반, 임무해태 등으로 은행의 건전경영을 저해할 경우 「은행법」등에 따라 신분상의 제재가 가능하다.[92]

그러나 외은지점이 「은행법」상 하나의 은행이기는 하지만 실제로는 독립된 별개의 법인이 아니라 본점에 종속된 조직에 불과하므로 내부적인 지배구조도 본점 중심으로 설계되어 있어 지점장의 권한은 상당히 제한되며, 일부 외은지점의 경우에는 준법감시인이 지점장의 통할을 받지 않는 경우도 있다. 은행의 성격(투자은행, 기타 은행), 지점장의 출신 성분(상품매매 담당자, 외국인 여부) 등에 따라 지점장의 권한에도 상당한 차이가 있다. 실제로, 투자은행의 경우 자금(trading), 영업(sales), 인사, 내부감사 등에 관한 의사결정은 본점(지역본부 포함)이 주로 행사하고, 기업금융 업무를 주로 영위하는 은행의 경우에는 지점장이 상대적으로 많은 권한을 행사하고 있다.

지점장이 지점 업무에 대하여 포괄적인 권한을 행사하지 못하는 경우에는 지점장의 통제력 약화에 따른 금융사고의 개연성이 높고 지역본부의 독단에 따른 불법행위의 발생가능성이 증대되며,[93] 본점(지역본부 포함)이 주요 의사결정 권한을 행사하는 경우 권한의 위탁에 해당되므로 금융관련 법규에 저촉될 우려도 있다.[94] 또한 위규사항 적발 시 추후 재발방지 등을 위해서는 지점장에게도 감독책임을 물을 필요가 있으나, 해당 지점장은 직무권한이 위임되어 있지 않

91 회사를 대표하는 사원은 회사의 영업에 관하여 재판상 또는 재판 외의 모든 행위를 할 권한이 있다(「상법」 제209조 제1항). 제209조와 제210조의 규정은 외국회사의 대표자에게 준용한다(「상법」 제614조 제4항).

92 「은행법」제59조에 따라 외국은행의 국내대표자는 은행의 임원(경영진)으로 간주되므로 일반은행과 동일하게 임원의 자격요건, 겸직제한 및 제재규정이 모두 적용된다. 따라서 외은지점장은 「상법」등에 따른 민사책임(제3자에 대한 손해배상책임), 형사책임(특별배임죄, 독직죄 등)을 부담하고 「은행법」, 자본시장법 등 금융관련법에 따른 신분상의 제재(해임권고 내지 주의)를 받을 수 있다.

93 알비에스은행 서울지점은 투자중개업에 대한 인가 없이 2010. 12. 10. 알비에스은행 본점(런던)과 국내 자산운용회사간의 외화표시 구조화채권의 매매를 중개하여 기관(주의) 및 임직원(감봉 1명, 견책상당 1명, 주의상당 2명)에 대하여 2011. 9. 6. 제재조치를 받았으며, 이는 서울지점의 감독자인 지역본부의 직원이 직접 거래과정을 통제, 지시한 것으로 밝혀졌다(금융감독원 사이트 <http://www.fss.or.kr/> 제재내용공시 참조).

94 금융기관은 인가받은 금융업의 본질적 업무를 제3자에게 위탁하는 것이 금지되어 있다(「금융기관의 업무위탁 등에 관한 규정」 제3조 제1항, 자본시장법 제42조 제1항 참조).

음을 근거로 감독책임이 없음을 주장하며 제재조치에 반발할 가능성도 있고, 위법행위자 및 감독자가 해외에 근무하는 경우 현실적으로 제재가 불가능하기도 하다.[95] 나아가 지점업무에 대한 집행권한의 일부를 지점장이 배제된 채 본부(지역본부 포함) 또는 타 직원이 보유하는 것은 외은지점을 본점과 독립된 하나의 은행으로 보고 국내대표자를 「은행법」상의 임원으로 간주하는 「은행법」의 규정과 부합하지 않아 규제 및 감독 효과가 저하된다. 또한, 실제 권한을 보유한 최고책임자가 지점장으로 임명되지 않는 경우에는 실질적 권한 행사에도 불구하고 「은행법」상 임원(경영진) 자격 제한을 받지 않아 규제를 회피하는 결과를 초래한다. 외은지점의 이러한 점은 감독 측면이 보다 중시되므로 독립된 지위의 이론을 충실히 따르는 것이 필요하다.

무엇보다 중요한 것은 은행의 주요 업무에 대하여 집행 권한을 보유한 자가 지점장으로 선임되도록 할 필요가 있으며, 권한이 분산되는 경우에는 공동지점장 체제도 고려할 수 있을 것이다.[96] 또한 내부통제기준에 업무분장 및 조직구조가 명시되도록 하고, 지점의 모든 업무가 반드시 준법감시 대상에 포함되어야 할 것이며, 준법감시인은 지점장의 통할을 받도록 하고 모든 업무처리 결과가 지점장에게 보고되도록 내부통제 체제를 구축하여야 한다. 위법 사항이 지점장의 역할 수행 소홀에 기인하는 경우에는 지점장에게도 감독 책임을 부과토록 하고 관련자가 본점 등 국외에 근무하는 경우에는 본점 및 해당지역 감독당국에 위법 부당 사항을 통보하여 지점장 및 실질 권한 보유자에 대한 제재의

95 2010. 11. 11.(옵션만기일) 도이치은행과 한국도이치증권 임직원들이 짜고, 장 마감 직전 주가가 떨어지면 이익을 보는 KOSPI200지수 풋옵션을 대량으로 매수한 다음, 2010년 중 매수차익거래를 통하여 보유하고 있던 KOSPI200 구성 199개 종목 2.44조원의 주식을 동시호가 시간(14:50~15:00)에 동시호가 직전 가격 대비 4.5%~10% 낮은 가격으로 7회에 걸쳐 매도 주문을 내어 그 10분 동안 KOSPI200지수를 7.11p(254.62p → 247.51p) 떨어뜨리고, 이로 인하여 위와 같은 옵션 포지션에 따른 옵션 수익 448억 7,873만원을 부당이득으로 취득한 사례의 경우에도 홍콩 및 미국에서 이에 가담한 관련 직원에 대한 제재는 이루어지지 않았으나, 2015. 11. 24. 서울중앙지법 제31민사부는 도이치증권측이 금융사(KB손해보험, 메리츠화재해상보험, 흥국화재해상보험, 신한생명보험, 흥국생명보험)에게 총 281억원의 손해배상금을 지급하라는 내용의 화해권고 결정을 확정하였다(서울경제신문, "도이치증권에 '옵션쇼크' 첫 배상 판결"(2015. 11. 25) 참고).

96 이는 은행관련 법규상 금지되어 있지 아니하며 실제 일부 외은지점의 경우 공동지점장을 두는 곳도 있다. 다만, 공동지점장의 경우 직무권한이 명확히 구분되어 있지 아니한 경우에는 위반사항에 대하여 공동책임을 부담하게 될 수도 있을 것이다.

실효성을 확보하도록 하여야 할 것이다. 감독당국에서도 현장 검사 시 지점장 직무의 적정성, 준법감시인의 역할 등을 중점 검사 항목에 포함하여 집중 점검하도록 하고, 점검결과 미흡한 것으로 판단되는 경우에는 경영유의사항으로 지적하여 이를 개선토록 유도해 나갈 필요가 있다. 나아가 지점장 신규 선임 보고 시 지점장의 권한을 표시하는 위임장을 제출하도록 하여 자격요건 충족여부 등에 대하여 심사하고,[97] 이에 관한 확인서를 외국은행 지점의 인가 심사기준의 하나로 운영하는 것도 효과적인 방안이 될 것이다.[98]

(6) 외은지점 파산 등에 따른 거래 고객 보호 강화

외은지점은 예금자 및 이해관계자를 보호하기 위하여 영업기금(갑기금, 을기금)에 상당하는 자산을 국내에 보유토록 규정하고 있다(「은행법」 제62조). 이는 1991년 12월 31일 도입된 것으로 외국은행의 국내지점을 체계적으로 관리하기 위하여 외국은행의 국내지점에 대한 별도의 장을 신설하였다.[99] 또한 외은지점 청산 또는 파산 시 외은지점이 보유하고 있는 자산은 대한민국 국민과 대한민국 내에 주소 또는 거소가 있는 외국인의 채권에 대한 변제에 우선 충당토록 하고 있다(「은행법」 제62조). 아울러 국내자산이 영업기금 상당액에 미달할 경우 외은지점은 90일 이내에 이를 보전하여야 하며, 필요시 금융감독원장은 30일 이내에 보전하도록 명령할 수 있다(「은행업감독규정」 제12조). 금융위는 국내자산 보유의무를 위반한 외은지점에 대하여 위반금액의 100분의 2 이하의 과징금을 부과할 수 있다(「은행법」 제65조의3). 외은지점 폐쇄 시에는 금융위의 인가를 받아야 하며(「은행법」제58조 제1항), 폐쇄 인가 시 금융위는 폐쇄에 따른 자산·부채의 정리계획이 적정하고 국내 예금자 등 채권자 보호에 지장을 주는지 여부를 심사[100]하므로 청산 또는 파산 시와 마찬가지로 외은지점의 자산, 자본금,

---

97 현재는 금융감독원에서 정한 서식에 따라 'OO은행 OO지점 대표자로 임명한다'는 외국은행장 명의의 위임장만 첨부하고 있다.

98 같은 견해로 고동원, 「금융규제와 법」(박영사, 2008. 8), 458면.

99 법제처 사이트 <http://www.law.go.kr> 「은행법」[시행 1991. 12. 31.] [법률 제4468호, 1991. 12. 31, 일부개정] 제·개정 이유 참조.

100 외국은행지점의 폐쇄 시에는 (i) 폐쇄에 따른 자산 및 부채의 정리계획이 적정하고 국내 예금자 등 채권자 보호에 지장을 주지 아니할 것, (ii) 내국인 근무 직원에 대한 퇴직금 지급 등의 조치계획이 적절할 것을 인가 심사기준으로 운용하고 있다(「은행업감독규정」 <별표 2-5> 외국은행의 지점 등 신설·폐쇄 인가 심사기준).

적립금, 잉여금은 국내 채권자의 채무를 변제하는 데 우선 충당하여야 한다. 법원은 외은지점 청산 시 금융감독원 직원 1인을 청산인으로 선임하고(「은행법」제57조 제1항), 선임된 청산인은 외은지점의 자산·부채 청산에 간여한다.

본점 청산 등으로 외은지점이 강제 청산하게 된 경우는 리먼브러더스 뱅크하우스 서울지점[101]과 메릴린치 인터내셔널은행 서울지점[102] 2건으로 모두 자산이 부채를 초과하여 국내 채권자 보호에는 문제가 없었다. 하지만, 만약 부채가 자산을 초과하는 일이 발생하는 경우에는 영업기금만큼 국내에 자산을 보유하도록 한 제도로는 채무변제에 충분하지 못할 우려가 있으며, 이 경우 고객이 직접 본점을 상대로 국제파산절차 등에 따라 채권을 청구하여야 하나 절차가 복잡하고 시간이 과다하게 소요될 우려가 있다. 따라서, 본점 경영악화 등 비상시에는 외은지점의 국내자산을 국내채권자 보호에 필요한 최소한의 수준 이상으로 보유하도록 하는 등의 자산유지의무 강화방안을 강구할 필요가 있다.

또한, 리먼브러더스 뱅크하우스 서울지점의 사례에서와 같이 독일에 소재하는 Lehman Brothers Bankhaus AG 본점에 대하여 독일 연방금융감독청이 파산신청(Insolvenzantrag)을 한 경우에, 이를 국내 「은행법」상 당연 인가취소사유에 해당하는 '본점의 파산의 사유가 발생한 날'로 볼 수 있는지에 대하여 논란이 있을 수 있다. 독일법상으로는 파산신청은 파산과 청산으로 이어지는 과정의

101 미국의 대표적인 투자은행인 Lehman Brothers는 악성 부실 자산과 부동산 가격 하락으로 가치가 떨어지고 있는 금융 상품에 대한 과도한 투자로 2007년 발생한 서브프라임모기지 사태의 직격탄(2008년 들어 주가가 95%나 하락)을 맞아 결국 2008. 9. 15. 미 연방파산법원에 파산보호를 신청하였으며, 독일에 소재하는 자회사인 Lehman Brothers Bankhaus AG에 대하여 독일 연방금융감독청(BaFin)이 2008. 9. 15. 지급유예(moratorium)를 선언하고 2008. 11. 12. 파산신청을 하였으며, 국내에서는 추석연휴 다음날(2008. 9. 16) 금융위가 리먼브러더스 뱅크하우스 서울지점에 대하여 영업을 정지하였고, 2009. 3. 17.에는 서울지점의 인가를 취소, 2009. 8. 21. 서울지방법원은 청산인을 선임하였다. 2008. 8월말 기준으로 총 자산은 1조 8,181억, 총 부채는 1조 7,698억원으로 자산이 부채를 483억원 초과하였다(이종호, 전게 논문, 151면 각주 77).

102 미국에 본사를 둔 세계적인 금융투자회사 메릴린치앤드컴퍼니(Merrill Lynch & Co., Inc.)는 총 자본 규모가 U$348억에 달하고 40개국에서 U$1조의 자산을 운영하였으나 2007년 비우량 주택담보 대출사태 부실로 총 U$500억에 이르는 손실을 본 후 뱅크오브아메리카에 매각되었다. 이에 따라 2009. 12. 18. 금융위는 BOA 서울지점과 메릴린치 서울지점의 영업양수도 및 메릴린치 서울지점의 폐쇄를 인가하였고, 2010. 4. 26. 서울지방법원은 청산인을 선임하였다. 2009. 11월말 기준으로 서울지점의 총 자산은 1조 7,442억, 총 부채는 1조 6,453억원으로 자산이 부채를 989억원 초과하였다(이종호, 상게 논문, 151면 각주 78).

하나로 우리나라의 법제상 파산으로 보더라도 크게 무리가 없으며, 실제 파산 선고까지는 상당한 시간이 소요되고, 국내채권자 보호를 위하여도 광범위하게 확대 해석할 필요가 있는 점 등을 감안하여 파산 등의 조치를 신청한 날을 본점의 해산, 파산 또는 폐업의 '사유가 발생한 날'로 보며, 동 사유가 발생한 날에 영업이 정지되고, 실제 해산, 파산, 폐업이 결정된 날에 인가가 취소되는 것으로 운영할 필요가 있다.

이와 같이 파산과 같은 사유가 발생한 시점은 해당국가의 법률에 따라 차이가 있을 수 있으며, 해산, 파산, 폐업, 인가취소와 그 전 단계인 신청 등과는 시간적인 간격이 있는 경우가 많아 국내 채권자 보호에 문제가 발생할 우려가 있다. 실무적으로는 일단 우선 영업을 정지하여 관련 자산을 동결시키지만, 앞서 서술한 바와 같이 이러한 내용을 법률에서 명확하게 규정하는 것이 바람직하다.

참고로 독일의 경우에는 해외 금융기관이 독일 내에 영업소를 보유하거나 재산이 있는 경우에는 파산채권자는 파산채무자의 독일 내 재산에 대하여 파산신청을 할 수 있으므로(Partikularverfahren),[103] 한국 내 소재하는 외은지점의 재산이 한국 내 채권자의 채무변제에 충분하지 못할 우려가 있는 경우에는 본점에 대한 청구가 가능한 것으로 판단된다.

(7) 「예금자보호법」상의 출연금과 관련한 문제

외은지점도 국내은행과 동일하게 「예금자보호법」상의 부보금융기관에 해당하고(「예금자보호법」제2조 제1호 자목), 외은지점의 영업기금은 자본금으로 의제되므로 외은지점은 영업을 개시한 때로부터 1개월 이내에 영업기금의 1%에 해당하는 금액을 출연금으로 납부하여야 한다(「예금자보호법」제24조 제4항 및 동법 시행령 제14조 제1항).

하지만 외은지점이 설립 당시 처음부터 영업에 필요한 자금을 모두 본점으로부터 공급받는 경우는 없으며, 설립진행상황, 영업의 확대정도 등에 따라 점진적으로 자본금을 늘리는 것이 일반적이다. 따라서, 최초 영업기금 도입 시에는 최소한의 자본금인 30억원만 공급받고 이에 해당하는 출연금을 납부한 이후

103 독일 파산규정(Insolvenzordnung) §354 참조.

에 나머지 자금을 공급받더라도 출연금의 산정기준은 출연금 납부당시의 영업기금만을 대상으로 산정하므로, 일단 최소한의 자본금을 들여온 이후 「예금자보호법」에 따른 출연금을 납부하고 실제 필요한 영업자금을 나중에 공급받더라도 출연금을 추가적으로 납부토록 강제할 방법이 없다. 하지만, 미국과 달리 국내에 진출한 외은지점을 예금자보호 부보금융기관으로 운영하는 한 이에 상응하는 출연금을 납부하도록 하는 것이 타당할 것이다. 그러므로, 외은지점 인가신청 시 제출한 지점의 운영 계획 및 영업 계획에 따른 영업기금을 기준으로 출연금을 납부토록 하는 것이 합리적인 것으로 판단된다.

그리고, 추가지점을 설치하는 경우에도 추가지점에 대하여 출연금을 납부하여야 하는지에 대하여 의문이 있다. 납부의무가 없다고 보는 견해는 (ⅰ) 「은행법」상 복수의 지점을 두는 경우에는 그 전부를 하나의 은행으로 보며, 「예금자보호법」상 일반은행과 동일한 기준에 따라 부보금융기관은 외은지점 전체를 대상으로 하는 것이 형평에 맞으며, (ⅱ) 「예금자보호법」상 예금보호기금에 납부하는 보험료도 전체 지점의 예수금을 기준으로 하고 있으며, (ⅲ) 외은지점의 영업기금 산정방식도 복수의 지점의 영업기금을 합산하고 있다는 점(「은행업감독규정」 제11조 제8항)을 근거로 들 수 있다. 이에 반하여 납부의무가 있다고 보는 견해는 (ⅰ) 외은지점의 갑기금은 지점마다 30억원 이상을 요구하고 있으며(「은행업감독규정」 제11조 제3항), (ⅱ) 「은행법」상 명시하고 있지 않지만 추가지점의 설립시마다 인가를 받도록 하고 있고, (ⅲ) 부보금융기관이 설립인가 또는 허가를 받은 때에 출연금을 납부하도록 하고 있는 점(「예금자보호법 시행령」 제14조 제1항)을 들 수 있다.[104] 실무적으로 예금보험공사는 추가 외은지점 개설시마다 출연금을 징수하고 있는바, 이는 예금자보호의 측면에서도 납부의무가 있는 것으로 보는 것이 타당하다고 본다. 하지만, 보다 명확하게 규정하여 논란의 소지를 제거하는 것이 바람직하다.

---

104 고동원, 「금융규제와 법」(박영사, 2008. 8), 459~460면.

3. 외은지점 영업규제의 개선방안

(1) 업무의 위·수탁 문제

1) 개 설

외은지점은 그 성격상 해외에 있는 본점과의 업무 연계성을 무시할 수 없으며 본점의 지시와 감독에 따라 업무를 수행하는 것이 일반적이어서 그 업무의 상당부분을 본점 또는 타 지점에 위탁하거나 수탁을 받아서 처리하고 있다. 하지만, 본·지점 간의 업무 위·수탁 과정에서 본점 등에 부당하게 이익을 이전하거나, 고객의 정보를 유출하거나, 국내에 설치한 지점을 형해화시키는 등의 우려가 있어 이를 방지하기 위한 엄격한 기준을 운용하고 있다.

업무 위·수탁과 관련한 금융위의 규정인 「금융기관의 업무위탁 등에 관한 규정」(이하 "업무위탁규정"이라 한다)에 따르면, "외국 금융기관 국내지점의 국내외 본·지점 간의 용역 또는 시설 등의 공급계약은 이 규정에 의한 업무위탁 또는 수탁으로 간주한다"고 하고(제2조 제4항), "인가받은 금융업의 본질적 요소[105]를 포함하는 업무를 위탁"하는 것을 금지하고 있다(제3조 제1항 제1호). 또한, 자본시장법에서는 금융투자업자는 투자자 보호 또는 건전한 거래질서를 해할 우려가 있는 업무를 제3자에게 위탁하지 못하도록 하고 있다.[106] 이러한 규정은 일반적으로 은행이 업무를 수행하면서 제3자에게 자신의 본질적인 업무를 위탁하거나 투자자 보호를 해할 우려가 있는 업무를 제3자에게 위탁하지 못하도록 하는 것으로 타당한 규정이라고 할 수 있다.

하지만 외은지점의 경우에는 조금 달리 바라볼 필요가 있다. 예를 들면, 지금까지 문제가 되는 것으로 대부분의 외은지점이 국내기업에 대한 여신취급 시 내부적으로는 여신 규모에 따라 차등적으로 본점의 승인을 얻어 취급하거나 모

---

105 본질적 요소에 해당하는 사항으로 대출의 경우 "대출심사 및 승인행위"를 규정하고 있다(업무위탁규정 <별표 1> 인가등을 받은 금융업의 본질적 요소).

106 금융투자업자는 금융투자업, 제40조 각호의 업무 및 제41조 제1항의 부수업무와 관련하여 그 금융투자업자가 영위하는 업무의 일부를 제3자에게 위탁할 수 있으나 투자자 보호 또는 건전한 거래질서를 해할 우려가 있는 것으로 대통령령으로 정하는 업무를 제3자에게 위탁하여서는 아니된다(자본시장법 제42조 제1항). 법 제42조 제1항 단서에서 "대통령령으로 정하는 업무"란 투자매매업인 경우에는 가. 투자매매업 관련 계약의 체결과 해지업무, 나. 금융투자상품의 매매를 위한 호가 제시업무를 말한다(자본시장법 시행령 제45조 제2호 가목·제47조 제1항 제1호 가목·나목).

든 여신에 대하여 본점의 승인을 거쳐 취급하고 있다. 은행 내부적으로 볼 때 이러한 업무 처리는 위험 관리를 본점 차원에서 통합적으로 할 수 있으므로 보다 효과적이며, 국내 은행의 경우도 마찬가지로 해외에 진출한 지점의 업무에 대하여 국내 본점의 승인을 거쳐 업무를 처리하고 있다. 또한, 파생상품거래 규모가 수백조 원에 이르는 대형 외은지점들의 경우에 국내에 전문 인력 등이 없어 지역 본부 또는 본점 파생거래부서에서 거래를 대신하는 경우가 있다. 하지만 전자의 경우(여신취급 시 본점의 승인)는 본질적인 업무의 위탁으로 업무위탁 규정을 정면으로 위반한다고 할 수 있으나 이를 적발하여 제재한 사례가 없으며, 파생상품거래업무 위탁(특히 제3자의 호가 제시)의 경우에는 자본시장법에서 금지하고 있는 부당업무위탁으로 엄격하게 제재하고 있다.[107] 이와 같이 동일한 수준의 위반 사항에 대하여 상황에 따라 위반이 되기도 하고, 위반이 되지 않기도 하는 등 원칙 없는 법 적용이라는 비판이 제기될 수도 있다.

본점의 입장에서는 우리나라에 설치한 지점이 본점에 종속하는 하나의 영업소로서 종속적 지위를 가지고 있으므로 그 영업에 있어서도 당연히 지점을 포함한 효율적인 위험 관리를 할 필요성이 인정되며, 본점에서의 지시 사항을 지점이 거부하기도 어려운 입장도 감안하여야 할 것이다. 따라서 감독당국에서 이러한 행위를 법규 위반으로 계속 적발하여 제재한다고 하여도 결국 국내에 있는 담당 직원만 처벌을 받고 이러한 행태가 근절되지 않는 것이다.

외은지점을 「은행법」상의 별도의 은행으로 간주하는 것은 감독과 규제의 목적상 필요에 의해서 하는 것이지 외은지점의 영업을 억제하기 위한 것은 아니다. 그렇다면 외은지점 영업의 내용에 따라 별도의 독립된 지위의 이론을 적용할지 아니면 본점에 종속하는 종속적 지위의 이론을 적용할지를 판단하여야 하는바, 외은지점에 대한 본점과의 업무의 위·수탁과 관련하여서는 종속적 지위의 이론이 적용가능한 대표적인 예가 될 수 있다.

---

107 도이치은행 서울지점은 2007. 9. 18. 삼성생명㈜과 만기 5년의 비정형통화스왑계약(계약금액 200억원, 1건)을 체결하면서 한국도이치증권 직원으로 하여금 호가 제시 및 거래 집행 업무를 담당하게 함으로써 파생상품매매업무를 부당하게 위탁하는 등 파생상품거래업무를 제3자 앞으로 부당하게 위탁하여 제재조치를 받았다(금융감독원, 검사결과제재 공시자료 참고).

2) 다른 나라의 사례

이에 대하여는 독일의 「은행법」상 업무위탁과 관련한 규정을 참고할 수 있는바, 독일의 경우 원칙적으로 본질적 업무의 위탁이 가능하도록 하지만, 이로 인하여 추가적인 위험이 발생해서는 아니 되며,[108] 업무위탁으로 인하여 발생하는 모든 책임은 위탁기관이 부담하도록 하고 있다. 즉, 금융기관은 은행업무, 금융서비스업무, 기타 금융기관의 전형적인 업무를 수행하는 데 있어서 필요한 본질적인 업무나 프로세스를 제3자에게 위탁할 수 있으나, 동 위탁으로 인하여 지나친 위험이 발생하지 아니하도록 적절한 조치를 취하여야 하고, 업무의 위탁으로 인하여 영업 및 서비스제공의 적정성, 영업에 필요한 조직의 적합성을 침해하여서는 아니 된다(「은행법」 §25b Abs.1). 또한, 업무의 위탁으로 인하여 발생하는 책임을 수탁기관에 부담시키는 것은 아니 되며, 모든 책임과 규정 준수 의무는 위탁기관이 부담한다(「은행법」 §25b Abs.2). 아울러, 업무의 위탁으로 인하여 연방금융감독청의 감독 권한이 침해받아서는 아니 된다고 하고 있다(「은행법」 §25b Abs.3). 이와 같이 독일의 「은행법」에서는 자율적으로 모든 업무의 위탁을 허용하고 있지만 이로 인하여 문제가 발생하는 경우에는 그에 대한 책임을 위탁기관이 부담하도록 하는 방식(원칙허용, 사후점검 및 책임부과 방식)으로, 우리의 경우와 같이 처음부터 위탁이 가능한 업무와 불가능한 업무를 구체적으로 구분하여 사전 규제하는 방식과는 차이가 있다.

3) 후선 업무 및 전산 설비의 위탁

후선 업무(back office)를 본점 또는 해외 계열사에게 위탁하는 것과 관련하여 감독당국은 후선업무는 본질적 업무가 아니므로 제3자에게 위탁할 수 있도록 허용하고 있다. 하지만 감독당국이 제시한 「금융회사 업무 위·수탁 해설서」(2007. 12)에도 불구하고 후선업무에 대한 명확한 설명이 없어 관련 어느 범위까지 위탁 가능한지에 대하여 논란이 있었다.[109] 이에 대한 감독당국의 분명한 지

108 독일 「은행법」 §25b Abs.1 “Ein Institut muss … einer Auslagerung von Aktivität und Prozessen auf ein anderes Unternehmen, die für die Durchführung von Bankgeschäften, Finanzdienstleistungen oder sonstigen institutstypischen Dienstleistungen wesentlich sind, angemessen Vorkehrungen treffen, um übermäßige zusätzliche Risiken zu vermeinden.”

109 이금호, “외은지점 감독규제 개선과제,” 은행법학회 2013년 10월 특별정책세미나 발표자료(2013. 10. 18), 25면.

침이 필요하다.

그리고, 전산 설비의 본점 위탁과 관련하여서는 그동안 업무위탁규정 외에 전자감독규정의 “전산시설 등 IT업무 위탁 시 보안성 심의 조건 및 절차”를 준수해야 하였다. 하지만 정보처리나 전산설비 위탁의 허용 여부 및 그 기준과 절차 등 여전히 명확하지 않은 문제가 있어 이를 해결하기 위하여 금융위는 2013년 6월「금융회사의 정보처리 및 전산설비 위탁에 관한 규정」을 제정하였다. 이에 의하면, 금융기관이 정보처리를 제3자에게 위탁하는 것이 원칙적으로 가능하나, 외은지점의 경우는 그 위탁대상을 본·지점 및 계열회사로 한정하였으며(규정 제4조 제1항), 외은지점을 포함한 금융기관은 금융위의 승인을 얻어 정보처리의 위탁과 관련한 전산설비를 국외의 본·지점 및 계열회사에 위탁할 수 있도록 하였다(규정 제6조 제1항). 또한, 감독당국은 전산업무를 제3자에게 위탁하고자 하는 금융기관의 업무 편의를 제고하기 위하여 2014년 11월「정보처리 및 전산설비 위탁 관련 FAQ」를 마련하였다.

또한, 2015년 7월 22일 금융위는 기존의「금융회사의 정보처리 및 전산설비 위탁에 관한 규정」을 개정하여「금융회사의 정보처리 업무 위탁에 관한 규정」으로 변경하면서 몇 가지 제도 개선을 하였다. 과거에 정보처리 위탁은 금감원에 보고하고 전산설비 위탁은 금융위 승인대상으로 이원적으로 운영하던 것을 정보처리 도구인 전산설비에 대한 별도 승인제도를 폐지하여 규율 대상은 “정보처리 위탁”, 규율체계는 “금감원 보고”로 일원화하였다(제7조). 또한, 정보의 성격 및 보호가치 등을 고려하지 않고 모든 정보 처리의 위탁을 사전보고대상으로 규정하던 것을 정보처리 위탁 시 금감원 사후보고를 원칙으로 규정하되, 보다 엄격한 점검이 필요한 개인고객의 금융거래정보처리 위탁의 경우에는 예외적으로 금감원에 사전보고토록 하였다(제7조). 아울러, 정보처리 국외위탁 수탁자를 본점·지점·계열사로 제한하고 재위탁을 원칙적으로 금지하던 것을 정보처리 국외위탁 시 기존의 수탁자 제한조항을 삭제하여 IT전문회사 등 제3자에 대한 위탁을 허용하였으며, 원칙적으로 재위탁을 허용하되, 최초 위탁시의 준수사항 적용 및 책임관계(연대책임)를 명확히 하였다(제4조). 또한, 정보처리 위탁계약 시 금융당국이 제시한 표준계약서를 따르도록 규정하여 금융회사의 자율성을 침해한다는 지적이 있었는바, 이를 금융회사별 또는 업권별 특수성을 반영할 수 있도록 위탁계약서에 반드시 포함해야 할 기본사항만을 규정하였다(제4조). 공고일(2015. 7. 22)로부터 시행된 동 개정규정에 따라 감독당국은 금융회사의 정보처리 업무 위탁을 통한 비용절감과 핵심 업무 집중에 따른 업무효율성 증가로 금융 산업의 경쟁력 제고에 기여하고, 국제적 기준에 따른 규제 체계의 합리화 및 금융제도의 선진화로 행정의 투명성 및 예측가능성이 제고될 것으로 보고 있다.[110] 하지만, 현행과 같이 구체적인 사안에 대하여 사전 규제하는 방식은 개별 사안이 적용되는 경우에는 명확한 장점이 있지만 미리 예측하지 못하거나 새로이 발생하는 영역에 대하여는 법률상의 공백이 발생할 수밖에 없다는 단점이 있다.

4) 소 결

물론 감독당국의 지금까지의 노력은 업무위탁으로 인하여 발생하는 문제를 최소화시키면서 금융기관 업무의 효율성을 제고하고자 하는 것이지만, 금융기관별 특수성을 고려하지 않은 채 일률적인 규제를 함으로써 여전히 극복하기 어려운 한계를 내포하고 있다. 문화적인 차이로 인하여 현실적으로 쉽지는 않겠으나 독일의 규제방식과 같이 본질적인 업무를 포함한 모든 업무에 대한 위탁을 광범위하게 허용하고, 그 대신 그로 인하여 발생하는 문제에 대하여 위탁기관에 전적으로 책임을 부과하는 '원칙허용, 사후점검 및 책임부과 방식'으로의 전환을 적극적으로 검토해야 한다.

(2) 대출 및 예금의 중개

1) 개 설

외은지점은 본점의 지시에 따라 영업을 중개하는 경우가 많이 있다. 즉, 국내 여유자금을 가진 고객을 모집하여 본점에 예치토록 하거나 자금이 필요한 고객(특히 기업)에게 지점의 여신한도 부족으로 이를 직접 대출하지 못하고 본점의 대출을 주선하는 것이 대표적이다.

이와 관련하여 문제가 되는 것은 이러한 업무가 은행의 고유업무인 예금 및 대출에 내재된 업무로 볼 수 있는 것인지, 아니면 은행의 부수업무 또는 겸영업무로서 수행 가능한 것인지, 국경을 초월하는 영업행위로서 문제는 없는지,

110 금융위원회·금감원, "「금융회사의 정보처리 및 전산설비 위탁에 관한 규정」 개정안 금융위 의결," 보도자료(2015. 7. 22).

은행업무의 범위 내에서 허용 가능한 업무인지 등 여러 가지 법적 쟁점이 발생한다.

은행업무의 범위와 관련하여서는 2010년 5월 17일 「은행법」을 개정하면서(2010년 11월 18일 시행) 은행업무의 범위 규정체계를 개편하여 과거의 부수업무 중 은행업과 관련이 없는 금융업무로서 인가·신고가 필요한 업무는 겸영업무로 분류하면서 종전의 인가제에서 신고제로 변경하고, 그 밖의 업무는 부수업무로 재편하였다. 2014년 2월 11일에는 은행의 수익원을 다변화하기 위하여 신디케이트론을 하려는 은행이 대출에 참여할 금융회사를 모집하는 것을 허용하는 등 기업에 대한 다른 금융회사의 대출중개를 은행이 영위 가능한 겸영업무로 추가하였으며, 실버바 판매 대행을 사전신고 없이 가능한 부수업무로, 은(銀) 적립계좌 매매를 사전신고 후 가능한 겸영업무로 허용하는 등, 업무의 범위를 점진적으로 확대하고 있다.[111]

2) 대출의 중개

대출의 중개와 관련하여 2014년 「은행법 시행령」(대통령령 제25176호, 2014. 2. 11. 일부개정)의 개정으로 "법, 금융관련법령 또는 외국 금융 관련 법령(이 법 또는 금융관련법령에 상당하는 외국의 금융 관련 법령을 말한다)에 따라 금융업을 경영하는 자(이하 이 호에서 "금융업자"라 한다) 또는 기업으로부터 대가를 받고 기업에 금융업자의 대출을 중개하는 업무"가 겸영업무의 하나로 인정되었다(동 시행령 제18조의2 제4항 제8호). 동 규정에서 대주인 금융업자의 범위는 "금융업을 경영하는 자"로서 명확하지만, 차주인 '기업'의 범위에 '금융기관'이 포함되는지 논란이 될 수 있다. 왜냐하면 실무적으로는 금융기관 간의 대출의 중개업무가 보다 일상적으로 발생 가능하기 때문이다.

현재 '기업'이라는 용어는 사용하고 있는 법률은 「독점규제 및 공정거래에 관한 법률」, 「기업구조조정 촉진법」, 「채무자 회생 및 파산에 관한 법률」 등이 있으며, 이들 법률에서 기업은 회사를 말하고 있다.[112] 또한, 「상법」상 회사의

---

111 「은행법 시행령」(대통령령 제25176호, 2014. 2. 11. 일부개정, 2014. 3. 1. 시행), 제·개정 이유 참고; 금융위원회, "「은행법 시행령」 및 「은행업감독규정」 개정안 예고," 보도자료(2013. 10. 18).

112 "기업집단"이라 함은 동일인이 다음 각목의 구분에 따라 대통령령이 정하는 기준에 의하여 사실상 그 사업내용을 지배하는 회사의 집단을 말한다(「독점규제 및 공정거래에 관한

개념은 합명회사, 합자회사, 유한책임회사, 주식회사, 유한회사 등을 말하므로(「상법」 제170조), 은행법규에서 달리 정하지 않은 이상 회사 형태의 차주인 경우에는 '기업'에 해당하는 것으로 보아 금융기관 등에 대한 대출의 중개도 제한이 없는 것으로 보는 것이 합리적이다.[113]

이와 관련하여 대출채권의 매매의 중개가 가능한지에 대한 논란이 있을 수 있다. 즉, 최초의 대출을 대주와 차주 간에 중개하는 것뿐만 아니라 이미 발생한 대출채권을 매각 또는 매수하는 것과 관련한 중개도 기신고한 대출의 중개에 포함되는지 의문이 발생한다. 참고로 자본시장법에서는 금융투자업자의 업무의 범위에 "대출채권, 그 밖의 채권의 매매와 그 중개·주선 또는 대리업무; 대출의 중개·주선 또는 대리업무"(자본시장법 시행령 제43조 제5항 제8호 및 제9호)를 규정하면서 대출의 중개와 대출채권의 매매 중개를 구분하고 있다.

하지만, 대출의 중개와 대출채권의 매매의 중개는 신규대출과 이미 발생한 채권이라는 점 외에 업무의 성격상 차이가 없으며, 이를 인정한다 하더라도 크게 문제가 될 것은 없는 것으로 판단된다. 즉, 자본시장법 시행령에서는 이 두 가지 업무를 구분하여 규정하고 있지만 은행법에서는 대출채권의 매매 중개를 별도로 규정하고 있지 않다는 사유로 이를 허용하지 않는 것은 형평에 맞지 않고, 실무적으로도 외은지점을 포함한 국내 은행들이 신디케이트 대출거래와 관련하여 해외 금융기관과의 대출채권 매매 중개를 할 기회가 많은데 이를 인정하지 않는다면 국제적인 거래확대의 기회를 활용하지 못하는 결과를 초래할 수 있다. 또한 2015년 말 유효기간이 만료되어 폐지된 이후 2016년 3월 18일 다시 제정된 「기업구조조정촉진법」에서는 '채권금융자'를 상거래채권을 제외한 모든 금융 채권을 보유한 자로 확대하여 해외 금융기관을 법 적용대상에 포함시켰는바(동법 제2조 제2호),[114] 해외로 채권매각을 인정하지 않을 이유가 없는 것으로 판단된다. 따라서, 「은행법 시행령」에서 겸영업무의 하나로 허용하고 있는 '대출의 중개' 업무에는 금융기관 간의 중개업무도 당연히 포함되고, 동 업무에는

법률」 제2조 제2호), "기업"이라 함은 채권금융기관으로부터 신용공여를 받은 회사로서 … (「기업구조조정촉진법」 제2조 제4호).

113 한지은/이헌영, "은행의 업무범위 확대논의와 그 검토," 은행법학회 제16회 정기학술대회 발표 자료(2015. 11), 19면.

114 금융위원회/금융감독원, "기업구조조정촉진법 설명회 관련 Q&A"(2016. 3. 30), 1면.

'대출채권의 매매의 중개' 업무도 포함되는 것으로 해석하는 것이 보다 합리적일 것으로 보인다.

이에 대하여 최근 금융위는 금융규제개혁의 일환으로 "대출중개와 대출채권매매의 중개·주선 또는 대리 업무"를 은행의 겸영업무의 하나로 포함하는 「은행법 시행령」을 개정한 것은 바람직한 조치인 것으로 판단된다.[115]

3) 예금의 중개

금융위는 국내거주자의 예금거래 중개 시 국내거주자의 범위에 별도의 제한 없이 중개가 가능한 것으로 해석하고 있다.[116] 즉, 기존 부수업무 신고(2012. 11월) 내용은 국내거주자와 외은지점의 해외 본·지점간의 예금거래 중개이므로 국내 거주자의 범위가 과거 신고당시의 중개대상(예: 한국은행)에 한정되지 않는다고 밝히고 있다. 하지만, 이는 지금까지는 기관투자자 등을 대상으로 한 중개행위의 시도가 있었으므로 별다른 문제가 없었으나, 향후 일반 개인을 대상으로 예금 중개가 발생하는 경우에는 채권자보호의 문제가 발생할 수 있으며, 은행업 인가를 받지 않는 외국은행이 국내에서 예금을 수취하는 것과 동일한 결과를 가져올 수 있으므로 신중한 접근이 요구된다.

이에 대한 독일의 규제 현황을 살펴보면, 독일 「은행법」상으로는 국경을 초월하는 금융거래행위가 기관투자자나 은행 간에 이루어지는 경우에 별도의 규제 대상이 아닌 것으로 운용하고 있으나, 그 외의 경우에는 수동적인 서비스 제공 자유의 원칙(passive Dienstleistungsfreiheit)과 적극적 서비스제공에 따른 규제(aktive Dienstleistungsfreiheit)로 구분하여 고객이 해외에 있는 금융기관을 찾아 서비스를 요구하는 경우에는(금융기관의 입장에는 수동적, 즉 'passiv') 아무런 규제 없이 당사자 간의 자유로운 거래를 허용하지만, 해외 금융기관이 국내에 진출한 점포망 등을 통하여(예를 들어, 중개를 통하여) 서비스를 제공하고자 하는 경우에는(금융기관의 입장에는 능동적, 즉 'aktiv') 독일 국내법에 따라 허가를 요하는 것으로 규정하고 있다. 이는 우리의 경우에도 적용이 가능한바, 국내 기관

---

115 「은행법 시행령」(대통령령 제27290호, 2016. 6. 28. 일부개정, 2016. 7. 30. 시행) 제18조의2 제4항 제8호.

116 금융위원회, "임종룡 금융위원장 「외은지점 주최 CEO 간담회」참석-국내 제도의 국제적 정합성 제고를 위한 의견청취 및 현장답변," 보도자료(2015. 9. 4), 5면.

투자가 등이 외은지점의 중개를 통해 해외 본점에 예금하는 행위는 별도의 제한 없이 가능한 것으로 하더라도 크게 문제가 없을 것이나, 개인의 경우까지 이러한 서비스를 확대하는 경우에는 예금자보호의 문제가 발생할 수 있으므로 엄격한 제한이 필요할 것이다. 가능하면 지점이 예금거래의 당사자가 되어 고객에 대하여는 국내법에 따른 보호 장치를 제공하고, 지점은 본점과 back-to-back 거래 등을 통해 위험을 회피하도록 하는 것이 바람직할 것이다.

(3) 외은지점의 구조화예금 취급

1) 구조화 예금의 개념과 문제점

최근 금융기술의 발달 등에 힘입어 복합금융상품이 등장하면서 다수의 외은지점이 구조화예금을 취급하면서 고객보호 등의 문제가 발생하였다. 일반적으로 예금이라 함은 원본보장을 기초로 한 민법상의 소비임치계약(「민법」 제702조)으로 이는 판례를 통해 정립된 개념이다.[117] 하지만, 자본시장법에서 '투자성 있는 예금'이라는 개념이 도입(자본시장법 제77조)되면서 그 범위가 모호하여 논란이 되고 있다. 금융감독원은 외은지점의 구조화예금 취급과 관련하여 "외은지점의 구조화예금 취급 관련 유의사항 통보"(외은검삼-00033, 2012. 12. 20), "구조화예금 취급 관련 유의사항 통보"(특은상시-00203, 2013. 10. 29)를 통하여 구조화예금을 "이자지급이 금리, 환율, 주가지수, 신용 등 시장변수에 연동되고 만기 전 중도해지가 가능한 상품" 또는 "금융회사, 연기금 등을 대상으로 판매하는 파생상품이 내재된 예금"으로 정의하면서, 구조화예금 중도해지 시 발생하는 비용의 정확한 산출근거를 사전에 약정하여 계약서 등에 명시하고, 중도해지 시 고객이 부담하는 비용한도를 사전에 명확하게 약정하여 손실범위가 원본을 넘지 않도록 하며, 외은지점이 중도해지를 요청할 경우에는 중도해지 시 발생하는 비용을 고객에게 부당하게 청구하지 않도록 유의하고, 신용을 연계한 예금의 경우 구체적인 상품에 따라 파생결합증권의 성격을 가질 수 있으므로 자본시장법상 인가 없이 취급하지 않도록 주의할 것을 통보하였다. 또한, 예금자가 부담하는 중도해지비용의 세부내역 및 산출근거를 사전적으로 명시하고, 이자율 결정방법, 은행의 중도해지권 보유, 예금자의 중도해지로 인한 비용이 경과이자를 초과할 수 있다는 사실 등 예금자에게 불리한 주요 계약내용을 구

117 대법원 1985. 12. 24. 선고 85다카880; 대법원 1977. 4. 26. 선고 74다646 등.

체적으로 고지 및 설명하며, 구조화예금은 자본시장법 제3조 제1항에 의한 원본손실위험(투자성)이 발생하지 않도록 유의할 것을 통보하였다.

이와 같이 감독 당국에서 상정한 구조화예금은 개인고객을 대상으로 판매한 주가지수 연계예금(ELD), 금융기관 등 기관을 대상으로 판매한 일반구조화예금,[118] 신용연계예금[119]이 있으며 중도해지 되지 않을 경우에는 예금자 및 예금유치은행 모두에게 이익이 되는 구조를 가지고 있다. 그러나, 개인대상 구조화예금은 중도해지 시 수수료만 차감되어 원금이 보장되며, 금융감독원의 약관심사 및 수수료 공시 등을 통해 상품 간 비교가 가능하고 계약내용이 명확하지만, 기관대상 구조화예금은 일반구조화예금의 경우 중도해지 시 모든 비용을 고객이 부담하여 원금 손상이 발생함에도 비용 내역이 명확하지 않고 성품 설명도 충분치 않아 예금자 피해 및 분쟁 발생 소지가 있으며, 신용연계예금의 경우에는 파생결합증권의 성격을 가지므로 자본시장법상 인가가 필요하다는 문제가 발생하였다.

현재 감독 당국의 입장은 구조화예금에 대하여 기존의 예금의 정의에 충실하여 가급적 원본이 보존되도록 하며, 원금의 손상이 발생할 수 있는 경우에는 그러한 내용을 사전에 고객에게 충분히 설명하여 이로 인한 분쟁이 발생하지 않도록 조치를 취한 것으로 보인다. 하지만, 앞서 언급한 '투자성이 있는 예금'의 개념이 도입되면서 기존의 예금의 특징인 '원본 보존'의 개념에 혼란이 발생하였으며, 자본시장법 제77조 제1항에서 "은행이 투자성 있는 예금계약 … 을 체결하는 경우 … 금융투자업 인가를 받은 것으로 본다"고 하여 당연히 은행이 취급 가능한 상품으로 규정하고 있으므로 예금의 개념에 원본보존성을 필수적인 요소로 주장하기가 어려운 상황이 되어 버렸다.[120]

118 은행 또는 고객의 중도해지 요청시 고객이 모든 비용(헤지코스트, 은행의 손실 등 은행이 예금과 관련하여 취한 포지션의 재설정, 종결 등에 따르는 모든 비용을 포함)을 부담하고 한도도 정하지 않아 원금 또는 원금 이상의 손실이 발생 가능한 것으로 예금자는 은행의 중도해지권 수용대가로 고금리를 수령하며 예금유치은행은 시장리스크 노출 없이 수익을 획득할 수 있다.

119 일반구조화 예금에 신용위험을 연계하여 예금자가 고금리를 수령하는 대신에 준거자산 부도시 신용위험을 부담하는 것으로 신용연계채권(Credit Linked Note)과 동일한 구조로 예금자는 부도위험이 낮은 준거자산의 신용위험을 인수하는 대가로 프리미엄을 가산한 금리를 수령하며 예금유치은행도 원금 담보로 수익을 획득할 수 있다.

120 임재연, 「자본시장법」(박영사, 2015), 263면; 김건식/정순섭, 「자본시장법」(두성사, 2009),

2) 다른 나라의 사례

해외의 경우에도 유사한 사례를 참고할 수 있다. 미국의 경우에는 「상품선물현대화법」(Commodity Futures Modernization Act 2000: CFMA)에서 증권형 복합상품과 예금형 복합상품으로 구분하고 예금형 복합상품에 대하여 (ⅰ) 복합상품의 발행자는 당해 복합상품의 인도와 거의 동시에 매각대금을 전액 수취함, (ⅱ) 복합상품의 매입자 혹은 보유자는 당해 복합상품의 존속기간 동안 또는 그 만기에 상기 (ⅰ)의 규정에 따라 지급된 매입대금 외에는 증거금, 결제금 기타 명목을 불문하고 추가적인 지급의무를 부담하지 않음, (ⅲ) 복합상품의 발행자는 당해 복합상품의 조건에 따라 시가평가에 의한 증거금 의무를 부담하지 않음, (ⅳ) 복합상품은 상품거래소법의 적용을 받는 선물거래나 그에 대한 옵션으로 판매되지 않음 등의 4가지 요건을 충족하는 상품을 '주로 은행상품인 복합상품'(a hybrid instrument that is predominantly a banking product)이라 하여 Commodity Exchange Act(상품거래소법)이 적용되지 않음을 명시하였다(CFMA 제405조).[121]

일본의 경우에는 우리와 마찬가지로 예금에 대한 정의가 없고 예금을 취급할 수 있다는 은행업 인가조항으로부터 구조화예금의 판매권원이 도출되는 것으로 보고 있다.[122] 다만, 일본「은행법」 제13조의4는 「금융상품거래법」상 투자자 보호조항 등은 은행의 특정예금에 준용됨을 명시하고 있고, 특정예금이란 "금리, 통화의 가격, 동법 제2조 제14항에 규정한 금융상품 시장에 있어서 시세 그 밖의 지표에 관계된 변동에 의하여 그 원본에 관하여 손실이 생길 우려가 있는 예금 또는 정기 적립금 등으로서 내각부령[123]이 정한 것을 말한다"고 하고

56면.

121 정순섭, "복합금융상품의 법적 연구에 관한 연구," 「민사판례연구」 제27권(박영사, 2005. 2. 28), 930~931면.

122 일본「은행법」 제10조(업무의 범위) (1) 은행은 다음에 언급한 업무를 운영할 수 있다.
1. 예금 또는 정기 적립금 등의 인수

123 일본「은행법 시행규칙」 제14조의11 4(특정예금 등) 법 제13조의4에 규정한 내각부령으로 정한 것은 다음에 정한 것으로 한다.
1. 예금자 등이 예입 기간 중도에 해약을 한 경우에 위약금 그 밖에 이것에 준한 것(이하 이 호에 있어 「위약금 등」이라고 한다)을 지급한 것이 된 예금 등으로서, 해당 위약금 등 금액을 해당 해약시점에 있어 해당 예금 등의 잔액으로부터 공제한 금액이 금리, 통화의 가격, 금융상품 시장에 있어서 시세 그 밖의 지표에 관계된 변동에 의하여 예입금액을 밑돌 우려가 있는 것

있다.[124]

이와 같이 미국에서는 파생결합예금의 기준을 명확히 하여 동 상품을 파생 규제에서 배제하고 있으며, 일본에서는 파생결합예금은 「은행법」상의 예금으로 원칙적으로 「은행법」의 규제를 받지만 투자자보호와 관련하여서만 우리의 자본시장법에 해당하는 「금융상품거래법」의 규정을 준용하는 방법으로 증권업 등 다른 금융투자업과의 충돌을 해결하였다.[125]

2) 소 결

우리의 「은행법」에서는 일본의 경우와 같이 파생결합예금에 대하여 명시적으로 규정하고 있지 아니하며, 자본시장법에서는 '투자성이 있는 예금'이라는 개념의 도입으로 지금까지의 파생결합예금에 대한 규제에 혼란을 가져 오고 있다. 과거 감독당국의 지도공문(외은검삼－00033, 2012. 12. 20)에서는 "신용을 연계한 예금의 경우 구체적인 상품에 따라 파생결합증권의 성격을 가질 수 있으므로 자본시장법상 인가 없이 취급하지 않도록 주의할 것"이라고 하였으므로, 해석상으로는 모든 구조화예금이 반드시 파생결합증권은 아니고 신용연계예금의 경우 파생결합증권에 해당할 가능성이 높다는 점을 지적하고 있다. 신용연계예금 중 신용사건(credit event) 발생 시 예금의 반환대신 대상 자산이 되는 증권을 교부할 수 있는 조건의 신용연계예금이 있다면 예금이 증권 양도의 결과를 발생시킬 수 있다는 점에서 파생결합증권으로 인정될 가능성이 높고, 신용사건의 결과로 원본이 차감되어 현금으로 반환되는 신용연계예금의 경우는 다른 구조화예금과 차이가 없으므로 이를 파생결합증권으로 보기는 어렵다.[126]

현재 '투자성 있는 예금'으로 분류되는 것은 외화양도성예금증서(외화CD)뿐이며,[127] 이 경우에도 증서의 교부라는 전통적인 증권의 성격을 감안한 것으로

---

2. 예금 등 중, 외국 통화로 표시된 것
3. 예금 등 중, 그 인수를 내용으로 한 거래에 금융상품거래법 제2조 제22항 제3호(로를 제외한다)에 언급한 거래(통화의 매매에 관계된 것에 한한다)가 부수된 것

124 김효연, "옵션부 이종통화예금에 대한 자본시장법상의 고찰," 「은행법연구」 제2권 제2호(은행법학회, 2009. 11), 190면.

125 이헌영, "은행의 복합금융상품으로서 구조화예금 취급과 관련한 법적 문제," 「은행법연구」 제9권 제1호(은행법학회, 2016. 5), 14~16면.

126 이헌영, 상게 논문, 24~25면.

127 홍영만, 「자본시장법 유권해석」(세경사, 2009), 5~10면.

판단된다. 결국 파생결합예금의 규제에 대한 혼선은 금융시장의 발달에 따라 복합금융상품이 급속히 증가하는 현실을 법률의 규제가 미처 따라가지 못하는 문제점을 보여 주는 것이며, 은행업에 있어 전업주의를 채택하고 있는 우리나라의 금융제도와도 관련이 있다.

이는 입법적으로 일본과 같이 「은행법」상의 예금으로 규정하면서 투자자보호와 관련하여서 자본시장법상의 투자자 보호 규정을 준용하거나, 「은행법」에 별도의 규정을 마련하는 방법으로 해결할 수 있을 것이나, 잠정적으로는 기존의 감독 당국의 지도공문에 따른 투자자 보호 규제를 적용하는 것이 필요하다.

(4) 옵션부 이종통화예금

1) 기본구조 및 문제점

옵션부 이종통화 예금은 자본시장법 제정 이전부터 외국계은행을 위주로 판매되던 상품[128]으로 예치기간을 1개월부터 6개월 미만으로 하여 약정하는 정기예금과 통화옵션이 결합된 상품으로 원화 또는 외화를 정기예금으로 예치하면서 예치통화와 관련하여 옵션을 매도하여 만기 시 행사 가격과 시장가격을 비교하여 옵션매수자인 은행은 만기 원리금의 지급을 기준통화가 아닌 대체통화로 지급할 권리를 보유하고 고객은 통화옵션의 매도 프리미엄을 정기예금에 대한 이자와 함께 수취하는 구조이다.

즉, 만기환율과 상품가입 당시 고객이 정한 행사환율을 비교하여 행사환율 대비 시장환율상 기준통화가 약세인 경우에는 은행은 지급통화를 기준통화로 반환하며, 행사환율 대비 시장환율상 기준통화가 강세인 경우에는 지급통화를 행사환율을 적용한 대체통화로 교환하여 반환하게 된다. 따라서, 옵션부 이종통화예금은 환율의 변동에 따라 만기 시 기준통화가 대체통화에 비해 옵션행사가격을 기준으로 강세인 경우 은행은 옵션을 행사한 가격을 적용한 대체통화로 반환하게 되어 고객에게 불리해질 수도 있고 극단적인 경우에는 원본의 손실이 발생할 우려가 있다.

이러한 구조의 옵션부 이종통화예금은 자본시장법 제정 이후에 앞서 언급한 구조화예금의 경우와 마찬가지로 기존에 은행이 취급하던 원본에 이자를 부

128 최초판매는 1999년 한국씨티은행에서 "Premium Account"라는 상품으로 판매한 것으로 확인된다(김효연, 전게 논문, 181면).

리하는 예금과는 분명히 차이가 있고, 자본시장법 제77조의 '투자성이 있는 예금'에 해당될 여지가 있는 등 자본시장법의 적용 논란이 있어 현재에는 이의 판매가 중단된 것으로 알려져 있다.[129]

옵션부 이종통화예금에 대한 주요 논점은 첫째, 자본시장법 제정 이전부터 판매하여 온 은행의 예금상품이라는 주장으로 예금통화가 행사가격에 비하여 약세로 가는 경우에도 일단은 이자를 감안한 원리금을 확정한 이후 행사가격을 적용하여 환전한 것에 불과하므로 예금통화 기준 원리금 자체가 계산되지 않고 바로 대체통화 금액으로 변환하는 것과는 다르며, 만약 조건부 예금이라고 한다면 조건 적용 이전의 원리금은 정상적으로 원금이 보존된 상태에서 정상적인 이자가 부리된 것이고, 그러한 기준에서는 원본이 보전되는 정상적인 예금에 조건이 붙은 것으로 「은행법」상의 통상적인 예금과 차이가 없다는 것이다. 하지만 이렇게 해석하는 경우 옵션 자체는 장외파생상품으로 자본시장법상의 별도 규제를 받아야 하지 않느냐는 문제가 있을 수 있고, 일반투자자를 대상으로 판매하는 장외파생상품은 위험회피의 목적으로만 투자가 가능한데 일반투자자의 옵션부 이종통화예금 가입은 위험회피의 목적으로 보기 어려우므로 판매가 불가능하다는 문제가 발생한다.[130]

둘째로, 옵션부 이종통화예금은 이론상 중도해지 또는 만기 시 예치원금에 손실이 발생할 수 있는 투자성이 존재하며 가능한 최대손실액은 지급된 금액 범위내의 손실이므로 "파생결합증권"에 해당하고, 파생결합증권의 발행은 전업 금융투자회사만이 영위할 수 있는 업무이므로,[131] 은행은 이를 영위할 권한이 없어 이의 판매를 허용하여서는 안 된다는 입장이다.[132]

2) 현행 규정에 따른 해석방안

자본시장법 제77조에서는 "은행이 투자성이 있는 예금계약을 체결하는 경

129 임재연, 전게서, 263면.

130 한지은/이헌영, 전게 논문, 14면.

131 자본시장법 시행령 <별표 1> 비고 제1호에서는 "제7조 제1항 각 호의 파생결합증권은 1−1−1 또는 1−1−2의 금융투자업 인가를 받은 자가 1−3−1 또는 1−3−2의 금융투자업인가를 받은 경우만 해당한다"라고 규정하여 가장 넓은 투자매매업 인가를 받은 자만 파생결합증권의 발행이 가능하고, 따라서 동 업무는 전업계 금융투자업자만 할 수 있는 업무라는 것이다.

132 김효연, 전게 논문, 183면.

우에는 제12조에 따라 투자매매업에 관한 금융투자업 인가를 받은 것으로 본다"고 하고, 같은 조에서 "… 제3편 제1장은 투자성 있는 외화예금계약을 체결하는 경우에 대하여는 적용하지 아니한다"라고 하여 옵션부 이종통화예금이 '투자성 있는 예금'에 해당하는 경우에는 은행이 당연히 취급할 수 있고, 또한 '외화예금'에도 해당하는 경우에는 자본시장법 제3편 제1장의 투자자 보호를 위한 발행 공시 규제 대상에서 제외할 수 있다.

동 규정의 "금융투자업 인가를 받은 것으로 본다"는 것은 자본시장법상 별도의 인가를 받지 않아도 되지만 투자판매에 있어서는 투자자 보호 규제, 발행 공시 규제 등의 적용을 받아야 한다는 것으로, 기존에 투자성 있는 예금을 판매하여 온 은행의 입장을 고려하여 자본시장법과의 조화를 도모한 것으로 볼 수 있다. 이에 대하여는 앞서 설명한 구조화 예금의 경우와 동일한 주장과 논리적인 접근이 가능하므로 이에 대하여 다시 상술하는 것은 생략한다. 결론적으로 자본시장법 제77조가 존재하지 않았던 시기에도 은행은 「은행법」상 옵션부 이종통화예금을 취급하였고, 부수업무로 파생결합예금을 취급함에 아무런 문제가 없었는데, 새롭게 자본시장법의 시행으로 파생결합증권은 요건을 갖춘 전업 금융투자업자만 취급할 수 있다는 것은 부당하며, 그러한 측면에서 은행의 기존 입장을 옹호하는 "금융투자업 인가를 받은 것으로 본다"는 것은 타당한 조치이다.[133]

한편, 옵션부 이종통화예금이 자본시장법 제77조에서 말하는 '투자성 있는 외화예금'에 해당하는지에 대하여도 논란이 있는바, 외화예금이라 함은 외환거래법 제3조 제1항 제16호 다목에서 정하는 외국환 업무의 하나로 "외화로 표시되거나 지급되는 거주자와의 예금"이라고 볼 수 있다. 옵션부 이종통화예금의 경우 (i) 외화로 예금하고 외화 또는 원화로 지급받는 경우, (ii) 원화로 예금하고 외화로 지급받는 경우에는 충분히 '투자성 있는 외화예금'으로 볼 여지가 있겠으나, (iii) 원화로 예금하고 원화로 받는 경우에는 변환통화가 외화라 하더라도 외화예금으로 볼 수 있는지 문제가 된다. 이는 최초의 예치통화가 원화이므로 한국은행의 「금융기관 지급준비규정」에 따라 원화 지급준비금을 쌓게 되므로 외화예금으로 분류할 여지가 더욱 약해진다. 하지만 예금통화가 원화라 하더라도 투자위험의 측면에서는 다른 외화예금과 동일하고 고객으로서는 외화

133 같은 견해로 김효연, 전게 논문, 192면; 이헌영, 전게 논문, 21면.

로 지급받을 가능성에 항상 노출되어 있으므로 외화예금으로 분류하더라도 크게 문제가 되지는 않을 것으로 보인다.[134] 또한 동일한 옵션부 이종통화예금을 예금통화와 지급통화가 원화인지 여부에 따라 자본시장법 제3편 제1장에 따른 증권신고서를 제출하기도 하고 면제하기도 하는 것으로 해석하는 것은 불합리하다.

3) 소 결

따라서, 현행 자본시장법과 「은행법」 규정으로는 완벽한 해석과 법 적용이 곤란하기는 하지만 옵션부 이종통화예금은 자본시장법 제77조에 따른 '투자성 외화예금'으로 은행에서 취급하는 것이 가능하며, 증권신고서 의무조항을 면제할 수 있는 것으로 판단된다.

옵션부 이종통화예금의 경우도 구조화예금의 경우와 마찬가지로 금융시장의 발달에 따라 복합금융상품의 등장이 빈번해지는 상황에서 규제가 현실을 따라가지 못하는 데서 발생하는 문제이며, 은행산업과 증권산업이 엄격히 분리되어 운영되는 우리나라의 금융시장에서 은행 상품 및 금융투자 상품의 성격을 동시에 가지는 회색지대(grey zone)에서 출현하는 복합금융상품의 규제를 어떻게 정리하느냐 하는 것이 그 논의의 핵심이다.

결국 옵션부 이종통화예금을 인정하느냐의 여부는 정책적인 문제로서 은행업의 지속적인 발전을 위하여 기존 은행권역에서의 기득권(일종의 "stand still 원칙")을 인정해 주는 것이 필요하며, 규제가 현재의 금융상황을 적절히 반영하지 못하는 경우 시장으로부터 철저히 외면당할 수도 있다는 점을 유의하여야 할 것이다.

(5) 외은지점의 「역외영업 가이드라인」

1) 외은지점 역외영업의 문제

2014년 4월 21일 골드만삭스증권 서울지점은 금융투자상품의 무인가 투자중개행위에 적극 가담한 사실로 인하여 감독 당국으로부터 기관주의와 4명의 개인에 대한 견책 조치를 받았다.[135] 동 사건은 2013년 골드만삭스 홍콩법인이

---

134 김효연, 전게 논문, 195면.

135 금융감독원, 검사결과제재 참조 <http://www.fww.or.kr/fss/kr/announce>.

말레이시아 공기업 채권을 국내 기관 투자가등에게 판매하는 과정에서 국내의 인가를 받은 서울지점을 통하지 않고 직접 영업해오다 제재조치를 받은 것으로 홍콩법인이 채권인수 및 중개수수료를 사전에 떼고 서울지점에는 단순 인건비만 분배하면서 양측이 성과급의 배분 문제를 놓고 마찰을 빚은 사실이 금융당국에 제보되면서 비롯되었다.[136]

동 사건에 대하여는 그동안 금융기관의 역외영업(cross-border business)에 대한 명확한 기준이 없어 골드만삭스 홍콩법인이 국내 자본시장법상 인가를 받지 않고 국내 기관투자가에게 해외채권을 직접 판매한 무인가 영업행위에 대하여 (i) 골드만삭스 서울지점이 기관투자자를 상대로 전화, 이메일 또는 직접 방문하여 투자권유 업무를 수행하고, (ii) 홍콩법인 영업을 위한 매매 주문 정보를 전달하였을 뿐만 아니라, (iii) 홍콩법인 소속 직원에게 전산설비 등의 업무설비를 제공하였다는 사유로 자본시장법 제45조(정보교류의 차단)를 위반한 것으로 처벌하였다.

외국금융기관의 국내 영업과 관련하여서는 다양한 형태가 있을 수 있다. (i) 첫째는, 투자권유나 투자광고 등 매매유인 행위 없이 국내의 고객이 매입의사를 밝히고 거래가 이루어지는 경우를 들 수 있는바, 이는 해외투자에 따른 절차를 준수하였는지는 논외로 하고 외국금융기관을 무허가 영업행위로 처벌하기는 어려울 것이다. 자본시장법에서는 "국내거주자를 상대로 투자권유 또는 법 제57조에 따른 투자광고를 하지 아니하고 국내 거주자의 매매에 관한 청약을 받아 그 자를 상대방으로 하여 금융투자상품을 매매하거나 그 자의 매매주문을 받아 금융투자상품의 매매를 중개·주선 또는 대리하는 행위"에 대하여 금융투자업의 적용을 배제하고 있다(자본시장법 시행령 제7조 제4항 제6호 나목). (ii) 둘째로, 역외에서 국내 고객을 상대로 투자권유를 하는 경우도 있을 수 있는바, 이는 실제 수행한 업무의 내용에 따라 국내법을 위반하는 경우가 종종 발생할 수 있다. 자본시장법에서는 예외적으로 외국 투자매매업자나 외국 투자중개업자가 국외에서 "투자매매업자를 상대방으로 하여 금융투자상품을 매매하거나 투자중개업자를 통하여 금융투자상품의 매매를 중개·주선 또는 대리하는 행위"에 대하여 금융투자업의 적용을 배제하고 있다(자본시장법 시행령 제7조 제

136 머니투데이, "금융당국, 골드만삭스 편법영업 재발방지책 마련키로"(2015. 4. 17).

4항 제6호 가목). (iii) 셋째로, 외국금융기관이 국내에서 자신의 지점 또는 자회사가 아닌 제3의 국내 중개업자를 통하여 영업하는 경우도 가능한바, 자본시장법에서는 해당 파생결합증권을 국내에서 매매하는 경우 투자중개업자를 통하여 전문투자자에게 그 파생결합증권을 매도하도록 하고, "이 경우 투자매매업자나 투자중개업자는 증권에 관한 투자매매업이나 투자중개업 인가를 받은 자로서 장외파생상품에 관한 금융투자업인가를 받은 자로 한정"하고 있다(자본시장법 시행령 제7조 제4항 제5의2호 라목). (iv) 넷째로, 실제로 발생가능성이 가장 높은 사례로서 외국금융기관이 국내에서 자신의 지점 또는 자회사를 통하여 영업을 하는 경우이다. 이는 외은지점과 본점의 공동 영업행위로서 외은지점의 본·지점을 위한 대출 및 예금의 중개행위, 장외파생상품의 중개행위 등을 상정할 수 있는바, 대출 및 예금의 중개행위에 대하여는 앞서 논술한 바와 같고 본·지점과 국내 거주자간의 장외파생상품을 중개하는 것이 앞서 언급한 골드만삭스 홍콩법인이 서울지점을 통하지 않고 직접 영업해오다 제재조치를 받은 사례와 관련되는 것으로 볼 수 있다. 이에 대하여는 그동안 명확한 기준이 없어 실무상 혼란이 있었으나, 2015년 10월 15일부터 「역외영업가이드라인」을 제정·시행하여 업무처리 지침을 제공하고 있다.

2) 「역외영업 가이드라인」(cross-border guideline)

「역외영업 가이드라인」(이하 "가이드라인"이라 한다)은 "자본시장법 시행령 제7조 제4항 제6호에 따라 자본시장법의 적용을 받지 않고 외국 투자매매업자 또는 외국 투자중개업자가 국내 거주자를 상대로 영위할 수 있는 구체적인 업무의 방법을 안내"하는 것을 목적으로 하며(제1조), "외국 투자매매업자 또는 외국 투자중개업자가 이 가이드라인에 따라 국내 거주자를 상대로 영업을 하는 경우 투자매매업 또는 투자중개업으로 보지 아니 한다"(제4조)라고 하여 별도의 인가를 받지 아니하고 허용 가능한 업무의 범위를 제시하고 있다. 다만, 동 가이드라인은 "금융위원회, 금융위원장 및 금융감독원 원장의 판단을 구속하지 아니 한다"(제2조)라고 하여 가이드라인의 규범력에 한계를 인정하고 있다.[137]

동 가이드라인에 위하면 역외에서 투자권유를 통한 영업과 관련하여 "외국

---

137 이헌영, "외은지점 및 해외본점(계열사 포함)의 한국내 영업 업무범위," 은행법학회 제16회 정기학술대회 발표 자료(2015. 11), 14~15면.

투자매매업자 또는 외국 투자중개업자는 한국에서 투자매매업을 인가받은 자를 상대방으로 하여 국외에서 금융투자상품을 매매하거나 금융투자상품의 매매를 중개·주선·대리할 수 있는데"(가이드라인 제5조), 이 경우 외국 투자매매업자 또는 외국 투자중개업자는 설립된 국가 법령에 따라 당해 국가에서 투자매매업자 또는 투자중개업에 상당한 업무 범위 내에서 국내 투자매매업자와 거래할 수 있다(가이드라인 제5-1조). 영업방법은 "국외에서 통신수단을 사용하는 방법으로 이루어져야 하며"(가이드라인 제5-2조), 국내 투자매매업자를 방문하지 못하는 것을 원칙으로 하고, 예외적으로 (i) 국내 투자매매업자가 외국 투자매매업자 또는 외국 투자중개업자의 상품설명을 듣기 위해 방문을 요청하여 방문, (ii) 국내 투자매매업자가 외국 투자매매업자 또는 외국 투자중개업자를 방문, (iii) 국내 투자매매업자가 외국 투자매매업자 또는 외국 투자중개업자로부터 매수한 상품을 국내 거주자에게 매도하는 경우 국내 투자매매업자의 상품설명을 보조하기 위하여 국내 투자매매업자를 동반하여 국내 거주자를 방문, (iv) 외국 투자매매업자 또는 외국 투자중개업자가 제6-2조 제2항(일상적·의례적 방문, 투자권유 없이 국내 투자중개업자의 상품설명을 보조하기 위해 국내 투자중개업자를 동반한 방문)에 따라 국내 투자매매업자를 방문하는 경우에는 국내 투자매매업자 또는 국내 투자매매업자의 고객을 직접 접촉할 수 있다(가이드라인 제5-3조).

국내 투자중개업자를 통한 영업의 경우에 외국 투자매매업자 또는 외국 투자중개업자는 국내 투자중개업자를 통하여 국외에서 국내 거주자를 상대로 금융투자상품을 매매하거나 금융투자상품의 매매를 중개·주선·대리할 수 있는바(가이드라인 제6조 제1항), 이 경우 외국 투자매매업자 또는 외국 투자중개업자는 국내 거주자를 상대로 투자권유를 할 수 없으며, 국내 투자중개업자가 독립적으로 투자권유를 하여야 한다(가이드라인 제6조 제2항). 외국 투자매매업자 또는 외국 투자중개업자는 설립된 국가 법령에 따라 당해 국가에서 투자매매업 또는 투자중개업에 상당한 영업 범위 내에서 국내거주자와 거래할 수 있으며(가이드라인 제6-1조), 외국 투자매매업자 또는 외국 투자중개업자의 영업은 국외에서 통신수단을 사용하는 방법으로 이루어져야 한다(가이드라인 제6-2조 제1항). 다만 예외적으로 일상적·의례적 방문, 투자권유 없이 국내 투자중개업자의 상품설명을 보조하기 위해 국내 투자중개업자를 동반한 방문은 허용된다(가이드라인 제6-2조 제2항).

투자권유 또는 투자광고가 없는 영업과 관련하여서는 외국 투자매매업자 또는 외국 투자중개업자는 국내 거주자를 상대로 투자권유 또는 투자광고를 하지 아니하고 그 자의 매매에 관한 청약을 받아 그 자를 상대방으로 하여 당해 금융투자상품을 매매하거나 그 자의 매매주문을 받아 당해 금융투자상품의 매매를 중개·주선·대리할 수 있다(가이드라인 제7조). 외국 투자매매업자 또는 외국 투자중개업자는 전문투자자가 필요한 금융투자상품의 범위를 제시하며 취급하는 금융투자상품을 안내해 줄 것을 요청하는 경우 당해 전문투자자가 요청한 범위내에서 취급하는 금융투자상품을 무상으로 단순히 안내할 수 있으며(가이드라인 제7-1조 제1항), 이 경우 외국 투자매매업자 또는 외국 투자중개업자는 전문투자자가 요청한 근거자료를 확보하여야 하고, 당해 전문투자자를 상대로 투자권유를 하여서는 아니 된다(가이드라인 제7-1조 제2항).

3) 다른 나라의 사례

참고로, 역외 영업행위에 대하여는 독일의 사례를 참고할 수 있는바, 독일의 경우 「국경을 초월하는 영업행위에 대한 허가지침」에서 "수동적인 서비스제공 자유의 원칙"(passive Dienstleistiungsfreiheit)에 따라 찾아 온 고객에 대한 서비스는 제한 없이 제공이 가능하지만, 금융기관이 고객을 찾아 가는 경우에는(aktive Dienstleistungsfreiheit) 사전에 허가를 받도록 하고 있다. 한편, 독일의 경우에는 허가가 필요 없는 사례를 보다 구체적으로 열거하고 있는바, 단순히 기존여신의 연장, 신상품의 안내 등 기존 고객과의 관계 유지를 위하여 활동하는 것은 허가가 필요 없는 범주에 포섭하고 있으며, 신디케디트론의 경우에는 차주가 대부분 기관투자자로서 차주의 요청에 따라 조건을 제시하는 방식(소위 "미인대회")이므로 이 경우도 허가가 필요 없는 것으로 보고 있고, 일반 개인고객이 아닌 기관투자자의 요청으로 외국금융기관이 국내 고객을 방문한 경우에는 고객의 요청에 따른 것으로 보아 허가가 필요는 것으로 보는 등 일반 개인고객과 기관투자자와의 거래를 구분하고 기관투자자와의 거래는 보다 넓게 허용하고 있다. 그밖에 외국금융기관이 국내 고객과 자금이체 업무를 수행할 목적으로 국내 금융기관에 계좌를 개설하는 경우, 외국금융기관이 국내 고객을 대상으로 금융상품 제공시 상품의 내용이 단순한 안내인지, 판매를 목적으로 한 것인지 등 이에 대한 판단이 쉽지 않은 경우도 있으나 결론적으로 객관적 사실과 주변의 정황을 종합적으로 고려하여 고객의 요청에 의한 수동적인 서비스의 제공인지 금융기관의 적극적인 서비스 제공인지를 구분하여 판단하여야 한다는 것이 독일의 통설이다.[138] 이는 독일의 경우에도 모든 사례에 완벽하게 적용되는 합리적인 기준을 설정하는 것이 그만큼 어렵다는 점을 보여 주고 있다.

4) 소 결

이와 같이 국제금융거래의 활성화로 외국금융기관이 국내 자회사나 지점을 통하여 외국 본사나 본점과 공동으로 영업을 하는 사례가 점점 늘어가는 추세임에도 그동안 이에 대한 규제나 지침이 없어 어디까지가 허용 가능한 업무이고 어디까지가 불가능한 업무인지에 대한 혼란이 있었으나, 이에 대한 감독당국의 관심으로 가이드라인이 제정되어 어느 정도 방향이 제시된 상황이다.

하지만, 외국 투자매매업자 또는 외국 투자중개업자의 역외업무는 해외에서의 통신수단을 통하여서만 가능하도록 하고, 직접 방문 등 접촉을 제한적으로 허용하고 있으나, 화상회의 등 정보통신기술(ICT)의 발달로 물리적인 접촉의 의미가 과거에 비하여 퇴색된 현실을 감안할 때 얼마나 실효성이 있는지 의문이며, 외국 투자매매업자 또는 외국 투자중개업자가 국내 투자 중개업자인 국내 지점이나 자회사를 통하여 국내의 다른 투자중개업자를 접촉하는 경우에는 동 가이드라인을 어떻게 적용할지 모호하다. 그리고, 투자권유나 투자광고가 없는 역외영업의 가이드라인의 경우 외국 투자매매업자 또는 외국 투자중개업자는 당해 전문투자자가 요청한 범위 내에서 무상으로 단순 안내할 수 있으나 그 요청 근거자료를 확보하여야 하고, 당해 전문투자자를 상대로 투자권유를 하여서는 아니 된다고 하고 있으나, 국내의 감독당국이 이를 위반한 외국 투자매매업자 또는 외국 투자중개업자에 대하여 어떻게 처벌할 수 있는지 등 동 가이드라인을 실제 적용하는 과정에서 해결하여야 할 사항이 많은 것으로 판단된다.

---

138 BaFin, "*Merkblatt – Hinweis zur Erlaubnispflicht nach §32 Abs. 1 KWG in Verbindung mit §1 Abs. 1 und Abs. 1a KWG von grenzüberschreitend betriebenen Bankgeschäft und/oder grenzüberschreitend erbrachten Finanzdienstleistungen*"(1. April 2005), <http://www.bafin.de/SharedDocs/Veroeffentlichungen/DE/Merkblatt/mb_050401_grenzueberschreitend.html>.

우리의 경우도 쉽지는 않겠지만 독일의 사례를 참고하여 외국 투자매매업자 또는 외국 투자중개업자의 역외영업의 허용 가능 범위에 대한 일반적인 원칙을 설정하고 구체적인 사례를 제시하여 가이드라인에 대한 이해의 폭을 넓히는 것이 바람직하겠다. 다만, 동 가이드라인이 제정·시행된 지 얼마 지나지 않았으므로 향후 시행과정을 보아 가며 발생 가능한 예외적인 사례를 모두 포섭하여 감독규정 등 상위규정으로 제정한다면 업무처리 기준이 보다 명확해 질 것으로 판단된다.

(6) 외은지점의 본·지점 거래 문제

외은지점이 본점에 대하여 여신을 제공하는 경우 이를 실무적으로는 본·지점계정으로 회계처리하고 있으나, 「은행업감독규정」＜별표 2＞ ‘신용공여의 범위’에서 규정하고 있는 신용공여규제 대상에 본·지점계정은 포함되어 있지 않다. 이는 국내은행의 경우 본·지점을 동일한 법인체로 보아 본·지점계정을 신용공여규제 대상에서 제외하고 있으나, 외은지점은 「은행법」상 별도의 ‘은행’으로 간주하므로 신용공여규제 대상에서 제외하는 것은 「은행법」상 별도의 ‘은행’으로 간주하는 규정과 모순되는 결과를 초래한다.

이 문제도 외은지점이 본점에 종속하는 국내 영업소로서의 지위와 감독과 규제의 목적상 별도의 ‘은행’으로 간주하는 「은행법」상의 지위를 동시에 보유함으로써 발생하는 것으로 볼 수 있다. 즉, 국내 영업소라는 종속적 지위를 강조하는 경우에는 국내은행과 동일하게 본·지점 계정으로 신용공여규제 대상에서 제외하는 것이 맞고, 별도의 독립된 ‘은행’이라는 측면에서는 신용공여규제 대상에 포함시키는 것이 논리적으로 타당할 것이다. 이에 대한 판단은 현행 「은행법」상 본점의 자본금이 지점의 자기자본으로 인정되지 아니하며, 회계처리 및 영업에 대한 감독 및 규제 측면에서도 본점과 분리되어 있는 등 독립성이 강조되고 있음을 감안하여야 할 것이다. 따라서 외은지점의 본·지점계정에 대한 신용공여한도와 관련하여서는 그 독립성을 강화하는 방향으로 관련 규정을 명확히 할 필요가 있다. 정책적인 측면에서도 외은지점이 본래의 인가 취지에서 벗어나 단순히 국내에서 자금을 조달하여 해외의 본·지점에 신용공여를 하는[139]

139 조선일보, “중국계 은행, 한국서 한달간 1兆 넘게 빨아들여”(2013. 12. 10), B03면 참고.

본점의 paper-company로서의 역할을 차단하고 외환시장의 왜곡을 방지할 수 있는 순기능도 기대할 수 있다. 하지만 현행 외은지점의 본·지점 계정이 신용공여 규제대상에 모두 포함되는 경우 이로 인하여 발생하는 부작용도 있으므로 이는 본점 자기자본 인정 여부와 연계하여 검토하여야 할 문제이다.

본점에 대한 신용공여와 관련하여 또 한 가지는 문제가 되는 것은 위험가중치의 적용이다. 지점이 본점에 대하여 신용공여를 하는 경우 해당 본점이 OECD 국가이거나 일정 등급 이상의 국가에 해당하는 경우에는 낮은 위험가중치가 적용된다. 즉, OECD 국가신용도등급(0~1등급), 외부신용평가기관 신용등급(AAA~AA-) 등 일정 등급 이상 국가의 은행에 대하여 신용공여를 하는 경우 자기자본비율 산출시 낮은 위험가중치를 적용하고 신용공여규제 대상에서도 제외하고 있다.

그러나, 일부 국가 은행의 경우(특히 중국계 은행) OECD 국가에 해당되지 아니하여 신용환산율[140] 적용 시 불합리한 점을 들어 우리나라에 대한 경제적 기여도에 비해 업무규제가 지나치다고 주장하며 자국의 국제적·경제적 위상을 감안하여 여타 OECD 국가들과 동일한 규제를 적용해 줄 것을 요구하였다. 이는 2009년 7월 금융감독원의 검사과정에서 중국계은행 서울지점이 동행 상해지점과의 업무협약서 및 상해지점이 전송한 국제 은행 간 통신(SWIFT: Society for Worldwide Interbank Financial Telecommunication)에 따라 국내기업을 수익자로 하여 발급한 선수금 환급보증서는 차주인 중국 소재 기업에 대한 서울지점의 신용거래로서 동일인 신용공여 한도관리 대상임을 지적하였을 때, 중국정부는 이것이 非OECD 국가에 대한 차별적인 금융정책에 따른 것이라고 주장하면서 논란이 되었다.

현실적인 측면에서 G2에 속하는 경제대국의 은행들에 대하여 단순히 OECD 국가가 아니라는 사유로 불이익을 준다는 것은 합리적인 규제로 보기 어려우며,

---

140 신용환산율(Credit Conversion Factor)은 BaselⅡ(표준법)상 난외항목의 명목금액을 신용환산금액*으로 변환하는 변수로서 난외항목의 종류에 따라서 100%, 50%, 20%, 0%가 적용된다. 이는 1999년 '신용공여' 개념 도입 당시 은행의 한도준수 부담 증가를 일부 완화해 주기 위해 감독당국은 예외적으로 신용환산율 적용을 허용하였다. 미국, 영국, 일본 등 선진국은 신용환산율을 적용하지 않는다.

* 부외항목 명목금액 100억원×신용환산율 50%=신용환산금액 50억원

금융위가 경영지도기준 등을 정함에 있어 국제결제은행(BIS)의 권고사항을 반영하도록 규정[141]하고 있어 이는 금융위의 단순한 유권해석으로 볼 수 있기 때문이다. 다행히 최근 금융위는 신용공여 산출시 국가별 위험가중치 적용을 합리화하여 향후 중국에 대한 위험가중치를 현재의 20%에서 0%로 적용할 것을 밝히고 있어 이러한 문제는 조만간 해결될 수 있을 것으로 기대된다.[142]

(7) 본·지점 간 거래에 따른 수익배분

본·지점이 업무를 분담하여 공동으로 처리하는 경우 본점과의 거래에 정상가격을 적용(arm's length principle)하고 업무기여도에 따라 수익 및 비용을 배분하는 것이 원칙이다.[143] 하지만, 대부분 본점 지침에 의거 지점에 일정비율 이하의 수익을 배분하고 있으며, 수익의 배분과 관련하여 나름대로 기준이 갖추어진 파생상품거래의 경우에는 장외파생상품거래 해외 기장 시 서울지점의 수익기여도에 따라 서울지점에 대한 수익배분이 이루어진다.

수익배분 방법은 크게 이익분배방식(profit share method), 비용보상방식(cost plus method), 혼합방식으로 세분화되어 있다. 이익분배방식은 파생상품 판매 활동으로 인해 발생한 수익을 직접 판매 지점에 보상하는 방식이고, 비용보상방식은 파생상품 판매 활동에 소요된 비용을 기준으로 일정 이익을 추가하여 보전하는 방식이다. 혼합방식은 앞서 두 가지 방식을 결합한 것으로 이익분배방식으로 산출된 금액과 비용보상방식을 통해 산출된 금액 중 큰 금액을 지급하는 방식이다. 해외기장에 따른 수익의 배분 시기는 월별, 분기별, 연간 등으로 현금 정산되며 외은지점별로 다소의 차이가 있다. 해외 은행과 국내 거주자간의 파생상품거래에 있어서 국내 외은지점의 영업(marketing)·판매(sales) 역할이 거래 성사에 미치는 중요성을 감안하면 이익분배방식이 보다 바람직하며 대부분의 외은지점이 이 방식을 따르고 있다.

물론 대부분의 외은지점은 본점의 지침에 따라 나름대로의 수익배분 기준

---

141 금융위가 경영지도기준을 정할 때에는 국제결제은행이 권고하는 은행의 건전성 감독에 관한 원칙을 충분히 반영하여야 한다(「은행법」 제34조 제3항).

142 금융위원회, "임종룡 금융위원장, 「외은지점 주최 CEO 간담회」참석-국내 제도의 국제적 정합성 제고를 위한 의견청취 및 현장답변," 보도자료(2015. 9. 4), 6면.

143 금융감독원, "외국계 금융회사의 국내영업단위와 특수관계자 간의 거래에 관한 모범규준"(2007. 9)(금융감독원 사이트 <http://www.fss.or.kr/fss> – 금융법규 – 모범규준) 참조.

을 가지고 수익을 배분하고 있지만 이의 타당성에 대하여 검토된 적은 없다. 이로 인하여 감독당국 및 세무당국은 외은지점 감사 시마다 항상 이의 적정성에 대하여 문제를 제기하고 있어 논란이 되고 있다. 따라서 수익배분기준, 수익배분시기 등에 관한 국제금융 관행을 전반적으로 조사하여 감독당국과 과세당국이 모두 인정할 수 있는 합리적인 기준을 마련하는 것이 필요할 것이다.

(8) 외은지점에 대한 경영실태평가 및 활용

금융감독당국은 금융기관의 경영상태를 파악하기 위하여 경영실태를 평가하는 분석 수단을 활용하고 있다. 경영실태평가는 각 금융기관의 경영실적, 경영의 건전성, 경영진의 경영능력, 법규준수 상황 및 위험 관리실태 등 다양한 평가부문을 종합적이고 통일적인 방식에 따라 일정한 등급으로 평가하여 금융기관의 경영상태를 객관적으로 확인하는 방법의 하나이다.[144] 일반은행 본점 및 현지법인에 대해서는 그동안 CAMELS 방식을 운영하였으나, 제도 개선을 통하여 2012년 4분기부터 CAMEL－R 방식으로 변경하여[145][146] 자본적정성(Capital Adequacy), 자산건전성(Asset Quality), 경영관리적정성(Management), 수익성(Earnings), 유동성(Liquidity), 위험 관리(Risk Management)를 평가하고 있으나(「은행업감독규정」 제

144 경영실태평가는 1996년 우리나라가 BIS와 OECD에 가입하면서 금융기관에 대한 감독·검사업무의 체계를 선진국 수준으로 맞추고자 은행에 도입(1996. 10월)하면서 다른 금융기관에도 확대 적용되었다. 1999. 1월에는 증권회사, 2000. 1월에는 보험회사와 여신전문회사 및 신용협동조합(농·수협 및 산림조합은 2001년 1월부터), 2000. 4월에는 종합금융회사, 동년 7월과 8월에는 상호저축은행과 특수은행, 12월에는 금융지주회사, 2001. 4월에는 자산운용회사(2015년 4월 폐지), 그리고 2004년부터는 신협중앙회에 대하여 적용되었다. 한편, 2009. 2. 4. 자본시장법의 시행으로 모든 금융투자업자에 공통적으로 적용될 수 있는 경영실태 평가제도를 개편하여 2009. 4월부터 적용하고 있는바, 동 평가제도의 가장 큰 특징은 규제차익 방지를 위해 평가지표를 통합하되 영업별 특성을 반영하기 위해 평가부문을 공통평가부문과 업종평가부문으로 구분하였다[금융감독원, 「금융감독개론」, 2016 개정판(2016. 2. 15), 221면].

145 일반은행이 아닌 특수은행의 경우에는 은행별 설립목적에 따른 영업의 특수성이 있고, 이로 인해 경영상 일반은행과는 다른 점이 있으므로 경영평가방식은 일반은행에 적용되는 틀(CAMEL－R)을 따르되, 기관별 특성에 맞게 조정하여 CACREL 방식에 따라 평가하고 있는데, CACREL은 자본적정성(Capital Adequacy), 자산건전성(Asset Quality), 법규준수(Compliance), 위험관리(Risk Management), 수익성(Earnings), 유동성(Liquidity)의 6개 부문으로 구성된다(금융감독원, 상게서, 223면).

146 세계적 금융위기 이후 부각되었던 은행산업의 문제점을 상시적으로 평가하고 이의 개선을 유도할 수 있도록 '은행경영실태평가' 체계를 개편하였다(금융위원회 고시 제2012－18호, 2012. 8. 8).

33조 제3항 제1호), 외은지점 및 국내은행 국외지점에 대해서는 ROCA 방식에 따라 리스크관리(Risk Management), 경영관리 및 내부통제(Operational Controls), 법규준수(Compliance), 자산건전성(Asset Quality) 등 4개 부문을 평가한다(「은행업감독규정」 제33조 제3항 제2호).

한편, 경영실태평가 이후의 외은지점의 재무건전성을 평가하기 위하여 분기별로 AELS 방식의 간이계량평가제도[147]를 실시하고 있다. AELS는 자산건전성(Asset Quality), 수익성(Earnings), 유동성(Liquidity), 모은행 지원능력(Ability to Support of a parent bank) 등 4개 부문으로 구성된다. 간이계량평가결과 계량등급이 악화되는 경우에는 비계량평가항목을 감안하여 종합평가등급을 조정할 수 있으며, 즉각적인 시정조치가 필요한 경우 비계량평가항목을 감안하지 아니하고 평가등급을 조정할 수 있다.

하지만, 외은지점의 경영실태평가방식인 ROCA 방식의 평가 시 계량지표는 자산건전성(Asset Quality)만 포함되는 반면, 분기 계량평가에는 종합평가 시 고려되지 않는 수익성(Earnings), 유동성(Liquidity), 모은행 지원능력(Ability to Support of a parent bank)이 포함되어 있어 계량평가와 종합평가 간 일관성이 결여되는 문제가 있다. 따라서 종합평가에 계량항목을 추가하는 등 분기 계량평가와 종합평가 일관성 확보를 위한 평가방식 변경이 필요하다.

경영실태평가는 일반적으로 적기시정조치[148](경영개선권고, 경영개선요구, 경영개선명령 등), 자회사 출자요건, 검사계획에 활용되고 있으나 일반은행과 달리 외은지점의 경우 감독당국의 바젤은행감독위원회 자기자본비율(capital adequacy ratio) 지도기준인 8%를 훨씬 초과하는 65.32%(2015년 6월말 기준 39개 외은지점의 산술 평균)에 달해[149] 적기시정조치에 활용한다는 것이 의미가 없으며, 자회사

147 간이계량평가제도는 1998. 9월 일반은행에 도입한 이후 2000. 3월에는 특수은행, 2000. 9월에는 외은지점 및 해외점포, 2003. 4월에는 증권회사, 2003. 12월에는 보험회사에 적용되었다.

148 적기시정조치제도는 1974년 덴마크가 「상업은행 및 저축은행법」(CBSBA) 제정시 최초 도입하였으며, 미국이 1980년대 초 시작된 금융회사의 도산 및 이로 인한 예금보험기금 고갈사태 발생 이후 덴마크의 제도를 차용하여 1991년 「연방예금보험공사 개혁법」(FDICIA) 제정 시 도입하면서 국제적으로 주목받기 시작하였다. 우리나라에는 1992년 7월 은행권에 최초로 도입되었으며, 1998년 4월 외환위기를 극복하는 과정에서 은행 구조조정을 촉진하기 위해 감독당국의 재량권을 축소하고 실효성을 강화하는 방향으로 운영방법이 개선되었다(금융감독원, 「금융감독개론」, 상게서, 231면 참조).

149 2015. 6월말 기준 39개 외은지점 중 BIS비율이 가장 높은 곳은 OCBC은행 서울지점

출자요건,[150] 검사계획[151] 등에도 제대로 활용되지 못하고 있다. 다만, 추가지점 설치인가 심사요건 중 외은지점에 관한 사항에서 "국내에 이미 설치된 당해 외국은행지점의 경영상태 및 관계법규 준수상태가 양호할 것"에 대한 판단기준으로 최직근 검사 결과 경영실태 종합평가등급 및 법규준수부문이 각각 2등급 이상이 되어야 하는 것으로 운영하고 있다. 또한, 분기별 간이계량평가(AELS) 등급이 최직근 종합평가등급 대비 2분기 연속 하락하는 경우 종합평가등급 조정여부 검토 대상[152]에 해당된다.

이와 같이 외은지점의 경우 본점의 자금지원으로 언제든지 BIS비율을 높이는 것이 가능하여 경영실태평가 결과가 적기시정조치 등에 활용될 여지도 거의 없다.[153] 또한, 분기별 간이계량평가와 종합평가시의 비계량평가의 연관성이 크지 않는데도 계량평가 결과로 종합평가 등급을 조정하는 것은 실효성이 적을 뿐만 아니라 실제로 계량평가 결과에 따라 종합평가등급 조정 여부를 검토한

(450.24%)이고 가장 낮은 곳은 크레디트스위스은행 서울지점(11.09%)이다(은행연합회 사이트 <http://www.kfb.or.kr/> 각 외국은행 국내지점별 경영공시자료 참조).

150 은행이 자회사에 출자하기 위하여는 은행의 최근 경영실태 평가결과가 1, 2등급이어야 하고, 이미 출자한 자회사의 최근 경영실태 평가결과가 1~3등급이어야 한다. 또한 금융지주회사가 새로이 자회사 등을 편입하기 위하여는 금융지주회사 및 자회사 등의 경영실태평가 결과 종합평가등급이 2등급 이상에 해당하고 편입대상회사의 경영실태 평가결과 종합평가 등급이 3등급 이상이어야 한다(「은행업감독규정」제50조). 하지만 외은지점의 경우에는 독립된 법인격을 인정할 수 없으므로 이 규정을 적용하기 곤란할 것이다(후술하는 자회사에 대한 출자 가능 여부 참조).

151 2010년에는 체계적 위험이 큰 대형금융회사(systemically important financial institutions)에 대해 매년 종합검사를 실시하였으나, 「검사선진화 방안」(2011. 8월)에 따라 건전성이 양호한 금융회사에 대해 종합검사를 2~3년 주기로 실시하고 우량부문에 대한 검사는 최소화 하는 등 탄력적인 검사를 위해 경영실태평가를 활용하고 있다(금융감독원, 「금융감독개론」, 2013 개정판(2013. 12. 30), 227면 참조).

152 경영실태평가후 계량지표에 의해 외국은행지점에 대해 분기별로 실시하는 간이 평가결과 또는 은행 현지법인 및 국외지점에 대해 반기별로 실시하는 간이 평가결과가 (i) 분기 또는 반기별로 실시하는 계량지표에 의한 간이 평가등급이 최직근 경영실태 종합평가등급보다 2등급이상 악화된 경우, (ii) 분기 또는 반기별로 실시하는 계량지표에 의한 간이 평가등급이 최직근 경영실태 종합평가등급보다 2회 연속해서 악화되는 경우, (iii) 기타 경영상태가 심각하게 악화되었다고 판단되는 경우 비계량평가항목을 감안하여 당해 평가등급의 조정여부를 판단할 수 있다(「은행업감독업무시행세칙」 제28조).

153 외은지점은 국내외 우량기업을 대상으로 여신을 제공하여 자기자본비율이 매우 높을 뿐만 아니라(부실여신이 거의 없다), 자기자본비율이 적기시정조치 수준에 가까이 하락하는 경우에도 본점으로부터 자금지원이 가능해 국내 일반은행과 같이 적기시정조치를 받는 상황이 발생하기 어렵다.

사례도 없다. 따라서, 외은지점의 경우 경영실태평가 제도를 폐지하거나 동 제도를 유지하는 경우에는 국내채권자 보호를 위한 수신규제 등에 활용하는 등 외은지점에 대한 경영실태평가 제도의 운영과 그 활용 등에 대한 전반적인 점검이 필요하다.

(9) 중소기업 의무 대출 비율 규제

중소기업 의무 대출 비율 제도는 금융시장에 접근할 가능성이 낮은 중소기업에게 자금을 원활히 공급하기 위하여 한국은행이 금융기관의 자금 증가액의 일정 비율 이상을 중소기업에 대출하도록 의무화하는 제도이다. 시중은행은 원화금융자금대출 증가액의 45% 이상, 지방은행은 60% 이상, 외은지점은 35% 이상을 중소기업에게 지원하도록 하고 있으며, 「한국은행의 금융기관대출규정」제2조제1호에 의한 총액한도 대출을 받지 않기로 한 외은지점은 원화금융자금대출금 증가액의 25% 이상을 중소기업에 지원하여야 한다(한국은행 금융통화운영위원회, 「금융기관 여신운영규정」 제2조). 그리고 의무대출비율을 준수하지 않을 때 한국은행의 총액한도대출에서 차감하는 방식으로 실효성을 확보하고 있다(「금융기관 여신운영규정」 제3조).

동 규제는 은행의 이윤추구라는 측면보다는 은행의 공공성 차원에서 최소한의 사회적 책임을 추구하기 위한 정책적인 조항이다. 따라서 외은지점 역시 다국적 기업의 우량 자회사 등에게만 대출하던 관행에서 벗어나 자체적인 신용평가 등을 통해 국내 중소기업에게 대출할 의무가 있다고 볼 수 있다.

그러나, 동 규제는 과거 공급자 우위의 금융상황 하에 자금지원에서 소외된 중소기업을 지원한다는 점에서 사회적 정의에 부합하는 면이 있으나, 현재와 같이 수요자 중심의 시장으로 변모된 경제 상황에서 이를 계속 유지한다는 것은 다소 비현실적인 측면이 있다. 또한, 지금까지는 외은지점이 다국적 중소기업 대출을 통해 동 비율을 겨우 충족하였으나, 「중소기업기본법 시행령」 개정(대통령령 제19189호, 2005. 12. 27)[154]으로 2009년 1월부터 일정규모(자산 5,000

154 동 시행령의 개정으로 상장·비상장 여부에 관계없이 자산 5천억 이상 법인이 발행주식의 30% 이상 직접 소유한 기업을 중소기업에서 제외하였으며 동 부칙에서 개정조문의 적용을 받는 기업에 대하여 3년간 적용을 유예함(부칙 <제19189호> ② (경과조치) 이 영 시행당시 종전의 규정에 의하여 중소기업에 해당하는 기업이 이 영의 시행으로 인하여 중소기업에 해당하지 아니하게 되는 경우(「독점규제 및 공정거래에 관한 법률」 제14조 제1

억원) 이상 다국적기업의 자회사가 중소기업에서 제외됨에 따라 동 비율준수가 쉽지 않으며, 한국은행으로부터 자금지원을 받는 총액대출이 없는 외은지점의 경우 경영실태평가 시 법규준수의 세부 항목으로 중소기업대출비율 준수 여부를 반영하는 외에 동 비율을 지키지 않아도 실효성 있는 제재조치가 없어[155] 외은지점에 동 제도를 유지하는 것이 과연 합리적인지 의문이다. 실제로 앞서 기술한 바와 같이 국내은행과 달리 2015년 6월말 기준 39개 외은지점의 바젤은행감독위원회 자기자본비율의 산술 평균치가 65.32%에 달한다는 것은 위험자산에 대한 투자를 거의 하지 않는다는 것이고, 내부신용평가 결과 등급이 낮은 중소기업에 대한 대출을 꺼린다는 것이다.

따라서 별다른 유인(incentive)도 없고 이를 준수하지 않는 경우에 실효성 있는 제재도 곤란한 중소기업 의무 대출을 강요하는 것보다는 시장의 경쟁원리에 따른 대출이 이루어질 수 있도록 하는 것이 보다 바람직할 것이다.

4. 외은지점에 대한 「은행법」 준용 규정

「은행법」에서는 제9장에서 외은지점에 대하여 적용되는 규정(제58조 내지 제63조)과 적용을 배제하는 규정(「은행법」 제4조, 제9조 및 제15조)을 두고 있어 그 이외의 다른 규정들은 적용이 되는 것인지, 아니면 적용이 되지 않는 것인지 해석상 논란이 되고 있다.

(1) 자회사에 대한 출자 가능 여부

「은행법」에서는 자회사에 관한 출자를 규제하는 규정(「은행법」 제37조)이 외은지점의 경우에도 적용되는지에 대하여 명확하게 규정하고 있지 않아 논란이 되고 있다. 이는 은행이 타 회사의 지분을 15% 초과 취득하는 경우에는 자회사로 보고 있으므로(동법 제37조 제2항)[156] 외은지점이 타 회사의 의결권 있는

항의 규정에 의한 상호출자제한기업집단에 속하는 회사를 제외한다)에는 이 영 시행일부터 3년간은 이를 중소기업으로 본다).

155 중소기업대출비율을 달성하지 못한 금융기관에 대하여 한국은행은 한국은행의 대출한도 감축 및 기존대출금 회수의 조치를 한다(한국은행 금통위, 「금융기관 여신운영규정」 제3조).

156 2016. 6. 28. 「은행법 시행령」(대통령령 제27290호)의 개정으로 금융위가 정하는 업종에 속하는 회사 등에 출자하는 경우에는 은행의 자회사 출자한도를 종전 자기자본의 100분의 15에서 100분의 20으로 상향 조정함으로써 은행의 해외진출 등에 필요한 출자수요 증가에 탄력적으로 대응할 수 있도록 하였다.

지분의 15%를 초과하는 투자를 하는 경우에 발생할 수 있다. 아울러 이론적으로는 본점이 자산을 지점으로 모두 이전한다면 기존에 본점이 소유하던 자회사를 외은지점이 보유하게 되는 결과를 가져올 수도 있다.

「은행법」에서는 은행의 자회사에 관한 규정인 제37조 제2항을 외은지점에 명시적으로 배제하고 있지 않으므로 법적으로나 이론적으로도 자회사에 대한 투자가 가능한 것인지 의문이 있을 수 있다. 이에 대하여는 자회사를 둘 수 있다는 견해와 그렇지 않다는 견해로 나누어 살펴볼 수 있는바, 자회사를 둘 수 있다는 견해는 (ⅰ) 「은행법」에서 이를 금지하지 않고 있다는 점, (ⅱ) 「은행법」상 외은지점도 국내 은행이므로 「은행법」 제37조를 적용하는 데 문제가 없다는 점을 들 수 있으며, 자회사를 둘 수 없다는 견해는 (ⅰ) 「은행법」상 금지하고 있지는 아니하지만 관련 규정인 「은행업감독규정시행세칙」에서 자회사와 관련되는 규정의 적용을 배제하고 있는 점(동 세칙 제3조), (ⅱ) 「외국인투자촉진법」은 국내 지점을 폐쇄하여 국내 법인으로 전환하는 경우 해당 지점의 청산자금으로만 출자를 하도록 하고 있는 점(동법 제2조 제8호 마목)을 감안할 때 이에 대한 반대해석으로 지점의 청산자금 이외의 자금으로는 현지법인을 설립할 수 없다는 점, (iii) 외은지점이 경우 본점의 자본금이 아닌 금융위가 인정하는 영업기금을 자본금으로 의제하고 있어서(「은행법시행령」 제26조) 국내 은행의 경우와는 차이가 있다는 점, (iv) 독립적 법인격이 없는 지점 자체가 자회사를 소유한다고 하는 것은 지점의 성질상 허용하기 어렵다는 점을 들 수 있다.[157]

금융감독원장이 제정한 「은행업감독규정시행세칙」에서는 명시적으로 자회사 관련 규정을 배제하고 있는 점을 볼 때, 감독당국은 외은지점은 자회사를 보유할 수 없다는 입장을 취하고 있는 것으로 이해된다. 독일의 경우에는 지점이 자회사를 설립할 수 있는지와 관련하여 독일 「은행법」에서 이를 부인하고 있지 않으므로 이론적으로는 가능하겠지만, 실제 지점이 지분 투자 등을 통해 자회사를 보유하는 경우는 없는 것으로 보고 있다.[158]

우리의 경우도 마찬가지로 지점이 다른 회사의 지분을 보유하는 경우에 실제로 자회사를 보유할 목적으로 지분을 취득하기보다는 단순히 투자 목적인 경

157 고동원, 「금융규제와 법」(박영사, 2008. 8), 400~401면.

158 Boos/Fischer/Schulte－Mattler, *op. cit.*, §53 Rn. 47.

우가 대부분일 것으로 판단된다. 따라서 실제로 이러한 상황이 발생하는 경우는 매우 드물겠지만 이를 자회사로 보아 자회사 취득 승인 절차를 밟도록 한다면 이는 지나치게 형식논리에 따른 무리한 법 적용이라는 비난을 받을 수 있다. 따라서, 논란의 소지를 없애기 위해서는 「은행법」에 명시적으로 외은지점은 자회사를 둘 수 없도록 규정하는 것이 바람직하다.[159]

(2) 추가지점에 대한 신설 인가 및 규제

「은행법」상 외국은행이 지점을 신설하는 경우에는 인가를 받아야 하는 점(「은행법」 제58조 제1항)과 외국은행이 둘 이상의 지점을 두는 경우 그 지점 전부를 하나의 은행으로 보는 점(동법 제59조 제2항)은 명백하지만, 추가지점에 대하여 최초 지점을 설치하는 경우와 동일하게 금융위의 인가를 받아야 하는지에 대하여 「은행법」상 명확하게 규정하고 있지 않아 다소 의문이 있을 수 있으나, 「은행업감독규정」의 외국은행의 지점 등 신설·폐쇄 인가 심사기준에 따르면 추가지점의 신설인가 시에는 심사사항의 일부를 생략하는 점으로 미루어 볼 때 당연히 인가를 전제로 한 것으로 보아야 한다.[160]

외은지점에 대하여 이와 같이 은행단위의 포괄적 인가가 아니라 영업소 단위의 인가를 요구하는 이유에 대하여 다소 논란이 있을 수 있는바, 국내은행의 경우에는 본점 등 경영의 주체가 「은행법」 시행지인 국내에 소재하기 때문에 직접 감독당국의 권한이 미칠 수 있음에 반하여 외국은행의 국내지점의 경우에는 각 영업소가 외국에 소재하는 본점에 직접 종속하므로 국내에 진출한 영업소의 하나를 지정하여 감독함으로써 감독의 효력이 타 영업소까지 미치게 하는 것은 용이하지 않기 때문에 영업소마다 개별적으로 감독하지 않으면 규제의 실효를 거두기 어렵다는 주장도 있다.[161] 그러나, 규제의 실효성 측면보다는 영업소 단

---

159 같은 견해로 고동원, 전게서, 402면.

160 최초지점 신설인가와 추가지점 신설인가는 금융위의 인가절차를 거쳐야 한다는 점은 동일하나 추가지점 신설 인가시에는 외국은행 본점 및 국내지점에 관한 심사사항 중 일부가 생략된다(「은행업감독규정」 <별표 2-5> 외국은행의 지점 등 신설·폐쇄 인가 심사기준). 참고로, 2011. 9. 1. 이전에는 금융위의 인가권한이 금융위원회 위원장에게 위임(「금융위원회 운영규칙」(별표) 위원장에 대한 권한위임사항)되어 절차가 완화되어 있었으나, 「금융위원회 운영규칙」 일부개정(금융위원회 고시 제2011-16호, 2011. 9. 1)으로 인가권한이 금융위로 환원되었다.

161 정찬형/도제문, 「은행법」 제2판(박영사, 2005), 379면.

위의 인가제도가 없다면 현지법인을 설립한 이후에 아무런 제한 없이 추가로 지점을 설치하는 것과 차이점이 없어지게 되어 규제차익의 남용을 방지하기 위한 사유가 보다 크다고 할 수 있겠다.

「은행법」 제7차 개정(1991. 12. 31. 법률 제4468호) 이전에는 은행감독원장의 '외국금융기관 국내지점의 성격결정'(1977. 12. 13, 은행감독원장 결정)에 따라 외국은행이 2개 이상의 지점을 둘 경우 이를 각각 독립된 은행으로 간주하여 「은행법」을 적용하였던 경우도 있었으나,[162] 현재는 외국은행이 대한민국 내에 2개 이상의 지점 또는 대리점을 두는 경우 지점 또는 대리점 전부를 단일체로 인정하여 하나의 은행으로 보고 있다(「은행법」 제59조 제2항). 따라서 각종 한도 규제나 겸영업무 신고[163] 등은 해당 외은지점 전체를 대상으로 판단하는 것이 타당하지만 추가지점에 대한 인가제도 운영이라는 취지에서 볼 때는 당초 인가신청서상 운영계획대로 운영되고 있는지를 파악하기 곤란하므로 설립되는 추가지점에 대하여 별도의 재무제표 작성의무를 부과하는 등 추가지점에 대한 규제를 제도화할 필요가 있다.

참고로 독일의 경우에는 다수의 지점을 설치하는 경우에 지점 전체를 하나의 금융기관으로 보지만 모든 지점에 대하여 허가를 필요로 하지 아니하고 최초 신설 지점에 대하여만 감독당국의 허가를 얻도록 하고, 추가지점에 대하여는 신고제도로 운영하고 있다(독일 Kreditwesengesetz §53 Abs.2 Nr.7). 이는 유럽의 경우에 감독당국 간의 정보교환 등을 통한 효율적인 감독이 가능하기 때문인 것으로 추측된다.

(3) 금융채의 발행 가능 여부

「은행법」 제59조 제1항(외국은행에 대한 법적용)에서 금융채 발행에 관한 규정인 제33조(사채 등의 발행)를 명시적으로 배제하고 있지 아니하다. 그렇다면 외은지점이 회사채 등 금융채를 발행할 수 있는 것인가? 하지만 회사채, CP 등 유가증권을 발행할 수 있는지 여부에 대한 재정경제부(현 기획재정부)의 답변에

---

162 이병화, 「축조해설 은행법」(삼우사, 2008), 363면.

163 최초지점에서 은행업이 아닌 업무의 겸영신고를 하거나 은행업에 부수하는 업무에 대한 신고를 하는 경우에는 다른 지점은 별도의 신고 없이 동 업무를 수행할 수 있는 것으로 보아야 한다(2010. 5. 17, 은행법 개정으로 종전의 인가제도에서 신고제도로 변경되었다).

서는 "지점 명의로 유가증권을 발행한다는 것은 지점이 법적 주체가 되어 사채를 발행하는 것을 뜻함. 그러나, 지점(본점의 경우도 마찬가지임)은 회사의 영업소 중 하나로서, 영업활동의 본거가 되지만 제3자와 법률행위의 법적 효력이 귀속되는 법적 주체는 아님. 따라서, 지점 명의로 유가증권을 발행하는 것은 불가능하다고 판단됨"이라고 공식적으로 답변을 하였으며(2005. 6월 법무심의관실), 법무부에서는 외은지점을 포함한 외국기업의 국내지점은 지점명의로 외화증권을 발행할 능력이 없는 것으로 유권 해석한 사례가 있다(법무심의관실-3470, 2005. 7. 5). 이는 외은지점이 경제적으로는 본점에 종속한다는 종속적 지위를 강조한 것으로 단순한 「은행법」상의 감독 및 규제 차원만의 문제가 아니라 금융채 발행과 관련한 여타 법규와의 문제도 있으므로 타당한 해석이라고 판단된다. 하지만 보다 명확하게 하기 위해서는 「은행법」에서 이를 배제하는 규정을 추가하는 것이 바람직하다.

(4) 소 결

위에서 언급한 바와 같이 「은행법」상 적용되는 규정과 적용이 배제되는 규정이 명확하지 않은 관계로 여러 가지 혼란이 발생하고 있다. 독일의 「은행법」과 같이 보다 자세한 준용규정이 필요하다. 예를 들면, 적용배제규정인 제4조(법인)와 관련된 규정인 제7조(은행 해당여부의 결정)도 적용 여지가 없고, 제9조(최저자본금)와 관련한 규정인 제8조(은행업의 인가)의 자본금과 관련한 요건은 제58조(외국은행의 은행업 인가 등)에서 제8조 제2항을 이미 적용 배제하고 있으며, 제10조(자본금 감소의 신고)는 외은지점이 법인이 아니고 자본금이 없는 관계로 적용이 곤란하다. 또 다른 적용배제규정인 제15조(동일인의 주식보유한도 등)와 관련하여 제3장의 주식에 대한 규정(제15조 내지 제16조의5)도 적용이 곤란하다. 법인 형태의 은행을 전제로 이사회와 감사위원회에 대하여 규정하고 있는 제22조(이사회의 구성), 제23조(이사회의 권한), 제23조의2(감사위원회의 설치 등), 제23조의4(지배구조내부규범), 제23조의5(소수주주권의 행사), 제24조(감사위원회 위원 후보의 추천), 제25조(이해관계자의 의결권 제한)도 적용이 배제되어야 할 것이다.[164]

---

164 동 규정들은 2016년 8월 1일부터 시행된 「금융회사의 지배구조에 관한 법률」(법률 제13453호)에 통합 규정되면서 은행법에서는 삭제되었다.

제5장의 은행업무(제27조 내지 제33조의5) 중에서는 앞서 언급한 바와 같이 제33조(사채 등의 발행) 및 바젤은행감독위원회의 자본 규제개혁 방안을 반영한 조건부자본증권 관련 규정(제33조의2 내지 제33조의5)을 제외하고는 외은지점에 모두 적용이 되어야 할 규정들이다. 제6장의 건전경영의 유지를 위한 규정(제34조 내지 제43조의3)도 외은지점에 동일하게 적용되어야 하겠으나, 앞서 밝힌 바와 같이 제37조(다른 회사에 대한 출자제한 등)는 이론적으로는 적용이 가능하나 현실적인 적용은 곤란한 것으로 보아야 할 것이다. 제7장의 감독·검사(제44조 내지 제54조의2)와 관련한 규정은 국내은행을 전제로 규정하고 있는 부문[제47조(정관변경 등의 보고), 제48조의2(대주주 등에 대한 검사), 제53조의2(경영참여형 사모집합투자기구 등에 대한 제재 등), 제54조의2(퇴임한 임원 등에 대한 조치내용의 통보)]에 대하여는 적용을 배제하거나 일부 내용을 수정하여 적용하고 나머지는 모두 적용하여야 할 것이다. 제8장 합병·폐업·해산(제55조 내지 제57조)과 관련한 규정은 제58조(외국은행의 은행업 인가 등)에서 제55조를 배제하고 있고, 제61조(인가취소 시의 지점폐쇄 및 청산)에서 절차를 규정하고 있으므로 제56조(인가취소에 의한 해산)를 적용할 필요가 없으나, 제57조(청산인 등의 선임)는 적용이 가능하고, 실제로 금융감독원 소속 직원이 청산인으로 선임되고 있다. 제10장 보칙(제64조 내지 제65조의2)에 관한 규정은 외은지점에도 동일하게 적용이 가능하다. 제11장 과징금 등의 부과 및 징수(제65조의3 내지 제65조의11), 제12장 벌칙(제66조 내지 69조)과 관련한 규정은 외은지점에 적용이 되는 규정을 위반하는 경우에는 동일하게 적용이 가능하다.

기타 인가시의 신청서 제출과 관련한 제11조(신청서 등의 제출)는 제58조(외국은행의 은행업 인가 등)에서 별도로 규정하므로 적용이 필요하지 않으나, 제11조의2(예비인가)는 실제로 예비인가 절차를 마련하여 운용하고 있음에도 이에 대한 근거가 없어 논란의 소지가 있으므로 적용을 명시하는 것이 필요하다. 또한, 인가에 따른 공고절차를 규정하고 있는 제12조(인가 등의 공고)도 당연히 적용이 되어야 할 것이다.

제13조(국외현지법인 등의 신설)와 관련한 규정도 앞서 언급한 바와 같이 특수한 상황에서 본점자산을 지점으로 모두 이전하는 경우 기존에 본점이 소유하던 자회사를 외은지점이 보유하게 되어 이론적으로는 외은지점이 국외현지법인

을 보유하는 것이 가능할 수도 있을 것으로 보이나, 실제로 이는 발생가능성이 매우 낮으며 금융위의 신고사항으로 되어 있으므로 굳이 적용 가능한 규정으로 운영할 필요는 없을 것으로 판단된다.

제14조(유사상호 사용 금지)는 상호권의 보호와 관련한 규정으로 은행이 아닌 자가 은행업 또는 은행업무라는 문자를 사용하지 못하도록 규제하는 것은 타당하며 이는 당연히 외은지점도 보호를 받는 규정이다. 하지만, 은행으로 인가를 받았음에도 은행과 관련 없는 문자를 사용하는 경우에는 어떻게 하여야 할지 논란이 될 수 있다. 국내은행의 경우에는 인가심사 시 이에 대한 통제가 가능하지만, 외은지점의 경우 본점과 본점 감독당국의 지침에 따라 상호를 사용하는 것이 보통이며, 본국에서의 지침에 따라 우리나라의 일반통념에 반하는 상호를 사용할 것을 고집할 수 있다. 참고로 독일의 「은행법」(§§39~42, §43 Abs.2, 3)에서는 은행의 명칭은 본점과 본국 감독당국의 고유한 권한에 속하는 것으로 본점에서 사용하는 명칭을 지점에서 동일하게 사용하는 것을 허용하고 있다. 따라서 이러한 일이 발생하는 경우에는 본국 감독당국 간의 협의를 통해 원만히 해결하는 것이 바람직할 것이다.

기타 앞서 논술한 바와 같이 제18조(임원의 자격요건 등)와 제20조(임원 등의 겸직제한), 제21조의2(비공개정보 누설 등의 금지) 규정도 외은지점에 적용하는 것이 필요하며, 내부통제기준을 정하고 준수할 것을 정하고 있는 제23조의3(내부통제기준 등)도 당연히 적용되어야 할 규정이다.[165]

이상과 같이 외은지점에 대하여 「은행법」상 준용이 가능한 규정과 적용을 배제하는 규정을 보다 명확히 규정한다면 그간의 논란을 상당 부분 해소할 수 있을 것으로 본다.

Ⅳ. 맺음말

최근 금융위에서는 국내에 진입하려는 외국은행에 대한 진입장벽을 보다

---

165 제18조(임원의 자격요건 등)와 제20조(임원 등의 겸직제한), 제23조의3(내부통제기준 등)의 규정은 2016년 8월 1일부터 시행된 「금융회사의 지배구조에 관한 법률」(법률 제13453호) 제5조(임원의 자격요건), 제10조(겸직제한) 및 제24조(내부통제기준)에 통합 규정되면서 은행법에서는 삭제되었다.

낮추고 진입단계에서의 자율성을 제고할 계획을 발표하였다.[166] 이에 의하면 그동안 외국은행이 국내에 진입하기 위해서는 사무소 설치 이후에 지점설치 인가의 수순을 밟아야 하였으나 앞으로는 자율적으로 판단하여 사무소 또는 지점설치 인가를 신청할 수 있도록 하며, 인가 심사요건 중 외국은행 본점에 대한 '국제적 신인도'도 영위하는 업무범위 등을 고려하여 보다 탄력적으로 운영하기로 하였다. 가령, 외부신용평가 등급, 자산규모, 해외 지점 수 중 1개 이상을 충족해야 한다고 규정했던 조건을 예금자 보호 필요성이 크지 않다면 해외 증권시장 상장 등 다양한 기준으로 판단하기로 하였다. 또한, 신용위험 가중치 국가 대상 기준을 현행은 신용공여 산출대상에서 제외되는 위험가중치 0% 국가를 'OECD 국가' 등으로 한정하고 있으나 적격 외부 신용평가기관의 신용등급 일정 수준(AA－ 이상) 이상 또는 OECD 신용등급(0~1등급)에 따라 위험가중치 0%를 적용하기로 하였다. 따라서 중국의 경우 현재 20%의 위험가중치를 적용하고 있으나 향후 0% 적용이 가능하여 非OECD 국가(중국 등)에 대한 신용공여한도 규제 차별에 따른 문제점이 해결될 전망이다. 이와 함께 원화예대율 규제도 완화되어 현재는 원화예수금 산정 시 본·지점의 차입금은 인정하지 않고 있으나, 본·지점의 계약만기 1년을 초과하는 장기차입금은 예수금에 포함하여 기업금융 등 자산운용의 제약을 완화하여 주기로 하였다. 또한, 국내거주자의 예금거래 중개 시 '국내거주자'의 범위에 별도의 제한이 없다는 점을 확인함으로써 '국내거주자'의 범위가 과거 부수업무 신고당시의 중개대상(예: 한국은행)에 한정되지 않고 예금거래 중개가 가능토록 하였다. 나아가 은행의 장외파생상품 취급 시 자본시장법과 「은행업감독규정」상의 투자자보호 관련 규제가 중복으로 적용되는 점을 개선해 현재 진행 중인 금융규제개혁 작업단 논의를 통해 이를 원칙적으로 일원화하기로 하는 등 은행업, 금융투자업 등 업권별로 전업주의 또는 겸업주의 체계가 국가마다 달라 발생하는 애로사항에 대해서는 이해상충이 발생하지 않는 범위 내에서 적극적으로 개선해 나가겠다고 밝혀[167] 외은지점의 국내 영업에 따른 법적인 불확실(legal risk)이 보다 많이 해소될 것으로 전망된다.

166 금융위원회, "임종룡 금융위원장, 「외은지점 주최 CEO 간담회」 참석－국내 제도의 국제적 정합성 제고를 위한 의견청취 및 현장답변," 보도자료(2015. 9. 4).

167 상기 금융위원회 보도자료 참고.

하지만 앞서 살펴본 바와 같이 외은지점의 규제와 관련한 문제는 「은행법」상의 6개의 조문으로 이를 해결하려는 데에서부터 시작되고 있으며, 외은지점을 「은행법」의 감독목적상 별개의 은행으로 간주하지만 「상법」상으로는 본점에 종속하는 영업소라는 태생적인 한계에서부터 여러 가지 혼란이 발생한다.

그중 본점 자본금의 인정 문제는 가장 해묵은 사안으로서 본점의 자본금을 인정해 달라는 주장을 수용하는 경우 국내은행 산업의 잠식 우려가 있으며, 부실이 발생하는 경우에는 국내 채권자 보호의 문제가 발생할 수 있어 그리 간단하게 해결하기는 어렵다. 그리고 본점의 자본금을 인정하는 방식으로 제도 개편을 한다면 미국의 경우와 같이 외은지점에 대하여 소매금융 업무를 하지 못하도록 할 것인지 여부를 검토하여야 할 것이고, 본점 자본금 인정에 따른 보완대책으로 일정 규모 이상의 자산유지의무 제도 도입, 외은지점의 폐쇄시 해당지점의 채무초과로 국내지점의 영업기금으로 채무 전액을 변제하지 못하는 경우의 대책 마련 등 이와 관련된 감독 제도의 전반을 손보아야 하는 부담도 있다. 그러므로 다른 나라의 사례에서 보듯이 본점의 자본금을 인정하지 않더라도 그에 상응하는 감독·규제 장치를 마련한다면 크게 문제가 없고, 본점 자본금을 인정하는 제도가 반드시 우월한 제도라고 보기도 어려우므로 현행의 제도를 그대로 유지하더라도 별 무리는 없을 것으로 판단된다.

외은지점에 대한 인가제도와 관련하여서는 「은행법」상 모든 영업을 영위할 수 있는 인가제도보다는 영업특성에 따른 인가절차를 차별화하는 것을 검토할 필요가 있으며, 그에 따른 감독 및 규제도 차별화하는 것이 보다 효율적일 것으로 판단된다.

외은지점의 대표자의 자격요건은 인가의 기본적인 요건이므로 현행 감독규정이 아닌 법에서 규정하는 것이 바람직하며, 추가지점의 대표자의 지위에 대하여도 명확하게 할 필요가 있다. 또한, 국내 대표자의 권한과 책임도 명확히 하여 권한에 부응한 책임을 부담토록 하여 실효성 있는 내부통제가 이루어지도록 하는 것이 바람직하다. 외은지점의 청산·파산 시 지금까지는 별다른 문제가 없었으나 파산의 사유가 발생한 시점에 대한 해석이 국가별로 차이가 있을 수 있어 국내채권자 보호가 미흡하므로, 이를 관련 법률에서 명확하게 규정하는 것이 필요하고, 본점 경영 악화 시 일정 규모의 자산유지 의무를 부과하는 등 국내 재산이 국내 채권자의 채무변제에 충분하지 못할 경우를 대비한 대책 마련이 필요하다. 한편, 「예금자보호법」상의 출연금 납부 의무 규정도 명확치 아니하므로, 인가 신청 시 제출한 지점의 운영 계획 및 영업 계획에 따른 영업기금에 상응하는 출연금을 납부토록 하는 것이 필요하다.

현재까지 많은 논란이 되고 있는 업무의 위·수탁 허용 문제와 관련하여서는 금융위의 「금융기관의 업무위탁 등에 관한 규정」과 전산업무 위탁과 관련된 「금융회사의 정보처리 업무 위탁에 관한 규정」으로 외은지점에 대한 업무 위·수탁을 상당부분 허용하고 있으나 아직까지 모호한 부문이 많아 업무처리에 혼선이 발생하고 있다. 특히, 현행 규정이 위·수탁과 관련한 구체적인 문제에 대하여 완벽한 지침서의 기능을 못하고 있고, 외은지점의 반복되는 민원을 해결하지 못한다면 독일의 사례를 참고하여 '전면허용, 사후점검 및 책임을 강화'하는 방식으로 발상을 전환할 필요가 있다. 업무의 위탁으로 인하여 지나친 위험이 발생하지 아니하도록 적절한 조치를 취하도록 하고, 모든 책임과 규정 준수 의무는 위탁기관이 부담하도록 한다면 능력을 벗어나는 과도한 위탁으로 인한 문제는 발생하지 않을 것으로 보인다. 예금의 중개 행위에 대하여는 금융위의 해석상 별도의 제한 없이 중개가 가능한 것으로 보고 있으나, 기관투자자와 일반 개인을 대상으로 한 예금 중개는 구분하여 판단할 필요가 있으며, 대출의 중개행위에 대하여는 규정상 명확하지 아니하지만 금융기관 간의 중개업무도 당연히 포함되는 것으로 해석하는 것이 바람직하다. 그동안 논란이 되었던 대출채권매매의 중개·주선 또는 대리 업무가 은행의 겸영업무의 하나로 포함된 것은 그나마 다행이라고 생각된다.

자본시장법 제77조의 '투자성 있는 예금'의 개념 도입으로 혼란을 가져온 외은지점의 구조화예금의 취급과 관련하여서는 기존에 감독당국의 지도공문을 준수하면서, 장기적으로는 일본과 같이 「은행법」상의 예금으로 규정하면서 투자자보호와 관련하여 자본시장법상의 투자자 보호 규정을 준용하거나, 「은행법」에서 별도의 규정을 마련하는 것이 필요하다. 아울러, 이종통화예금의 경우 금융기술의 발달과 더불어 은행 및 금융투자 상품의 성격을 동시에 가지는 복합금융상품의 출현이 보다 활성화될 것으로 예상되므로 은행산업의 지속적인 발전을 위하여 기존에 은행에서 판매하던 상품을 인정하는 방향으로 법률적인 논쟁을 조속히 마무리하는 것이 바람직하다. 외은지점의 역외영업과 관련하여서는 최근 「역외영업 가이드라인」이 제정되어 역외영업과 관련한 업무처리 지침을 제공하고 있으나, 일반적인 원칙이 제시되지 않아 문제의 소지가 있다. 독일의 사례를 참고하여 일반 원칙과 개별 사례를 제시하는 방향으로 개선한다면 업무처리 기준이 보다 명확해질 것으로 판단된다.

외은지점의 본·지점 간의 거래와 관련한 신용공여는 외은지점의 독립성을 강화하는 방향으로 규정을 명확히 할 필요가 있으므로 이를 신용공여규제 대상에 포함하는 것이 논리적으로 타당하지만, 이는 본점의 자기자본 인정 여부와 연계하여 검토하여야 하며, 본·지점 간의 수익 배분과 관련하여서는 합리적인 수익 배분 기준을 마련하는 것이 필요하다. 외은지점의 경영실태 평가 및 활용의 문제는 외은지점에 대하여는 그다지 유용성이 없으므로 이의 적용을 배제하는 것도 고려해 보아야 하며, 중소기업 의무 대출 비율도 현실성이 없는 규제이므로 이의 폐지를 검토할 필요가 있다.

외은지점의 「은행법」 준용 규정과 관련하여 자회사에 대한 출자 가능 여부, 금융채의 발행 가능 여부 등에 대하여 「은행법」에서는 침묵으로 일관하고 있어 이론적으로 논란이 되고 있는바, 동 규정을 포함하여 「은행법」상의 다른 규정도 외은지점에 준용이 되는지를 명확하게 재정리할 필요가 있다.

이상과 같이 외은지점에 대한 감독·규제와 관련하여 여전히 논란이 되고, 해결하지 못한 문제들이 많이 남아있다. 사안별로 구체적인 개선방안을 제시하였지만 이의 근본적인 해결을 위해서는 미국의 International Banking Act of 1978, Foreign Bank Supervision Enhancement Act of 1991과 같이 별도의 법률을 제정하거나,[168] 필리핀의 「외국은행진입자유화법」, 「외국은행진입전면자유

168 미국의 경우 1978년까지는 외국은행에 대하여 州별로 인가를 하고 연방차원의 감독과 규제는 거의 없었으나 1978년 International Banking Act of 1978의 제정으로 연방준비위원회(Federal Reserve Board)가 외국은행의 국내영업에 대한 감독권한을 보유하게 되고 내국민대우 원칙에 따라 국내은행과 동일한 수준의 감독을 하였다. 1991년에는 BCCI(Bank of Credit and Commerce International)의 회계부정으로 인한 금융스캔들로 국제 금융시장에서 활동하는 금융기관에 대한 효율적인 감독이 강조되면서 Foreign Bank Supervision Enhancement Act of 1991를 통하여 외국은행에 대한 감독을 보다 강화하였다(Daniel K. Tarullo, "Regulation of Foreign Banking Organization," Speech delievered at the Yale School of Management Leaders Forum, New Haven, Connecticut(November 28, 2012), p. 3-4).

화법률」도 참고할 수 있을 것이다. 하지만 현행 우리나라의 「은행법」체계의 큰 틀을 흔들지 않는 방향에서는 독일의 「은행법」을 참고하여 외은지점의 감독·규제 목적상 적용되는 "독립체의 개념(Trennungslösung)"과 본점에 종속하는 "단일체의 개념(Einheitslösung)"에 따라 합리적으로 구분한다면 그동안의 논란을 종식시킬 수 있을 것으로 판단된다.

무릇 입법이라는 것은 규제라는 틀을 이용하여 우리가 사는 사회의 부조리와 불합리를 정화하여 합리적인 질서를 구현하기 위한 절차이다. 그러다 보니 항상 현실에 뒤처지게 마련이며 상황이 발생한 이후 또는 그러한 상황이 예측되는 경우에 입법화가 이루어진다. 그러나 최근 2008년 발생한 국제적인 금융위기 사태에서 보듯이 상황이 발생한 이후에는 일반 국민 전체가 피해를 보고 이를 원상회복하기 위한 사회적 비용이 엄청나기 때문에 위험이 현실화되기 이전에 이를 예방하기 위한 노력이 어느 때보다 절실하다.

외은지점에 대한 규제도 마찬가지로 국제적인 이해관계를 기초로 수익을 추구하는 영리기업으로서 외국은행의 국내에서의 경제활동의 자유, 한국의 금융발전에 대한 기여가능성 등의 순기능뿐만 아니라 국내금융시장에서의 부당한 이익창출, 국내 금융시장에 대한 혼란 등 역기능도 감안하여야 한다.

외은지점이 국내금융시장에서 차지하는 비중은 2015년 6월말 현재 자산규모 기준으로 국내은행의 11.1% 수준에 불과하기는 하지만, 필리핀 등 타 국가에 비하여 여전히 높은 상황이다. 따라서, 외은지점의 설립 및 폐쇄 규제, 영업 규제, 「은행법」 준용 규정 등에 대한 개선방안 등에 대한 심도 깊은 논의를 통하여 이의 해결방안을 모색하고, 이를 통해 우리나라 외은지점에 대한 규제 수준도 한 단계 발전시킬 필요성이 있다.

참고문헌

R·E·F·E·R·E·N·C·E·S

단행본

강병호, 「금융기관론」, 제14개정판(박영사, 2008).

고동원, 「금융규제와 법」(박영사, 2008. 8).

권순우·신창목 외, 「SERI 전망 2012」(삼성경제연구소, 2011. 12).

금융감독원, 「금융감독개론」, 2013 개정판(2013. 12. 30.).

금융감독원, 「금융감독개론」, 2016 개정판(2016. 2. 15.).

금융감독원/전국은행연합회, 「은행회계해설(上)」(2010. 12).

김건식/정순섭, 「자본시장법」(두성사, 2009).

김용재, 「은행법원론」, 제2판(박영사, 2012. 9).

이병화, 「축조해설 은행법」(삼우사, 2008).

임재연, 「자본시장법」(박영사, 2015).

전국은행연합회 외국환전문위원회, 「외국환 거래업무 취급지침」(2015. 1. 1. 현재).

정찬형/도제문, 「은행법」(박영사, 2003).

__________, 「은행법」 제2판(박영사, 2005).

한국은행, 「한국의 금융제도」(2011. 12).

한국은행 은행감독원, 「은행법해설」(한국은행, 1993).

홍영만, 「자본시장법 유권해석」(세경사, 2009).

Boos/Fischer/Schulte-Mattler, Kreditwesengesetz, C. H. Beck Mchn. 4. Auflage(2012).

논문 등

고동원, "외국은행 국내지점의 폐쇄에 대한 규제 및 법적 문제점," 「인권과 정의」 제341호(대한변호사협회, 2005).

금융감독위원회/금감원, "한미은행과 씨티은행 국내지점의 영업양수도 인가," 보도자료(2004. 10. 29).

금융감독원, "외국계 금융회사의 국내영업단위와 특수관계자간의 거래에 관한 모범규

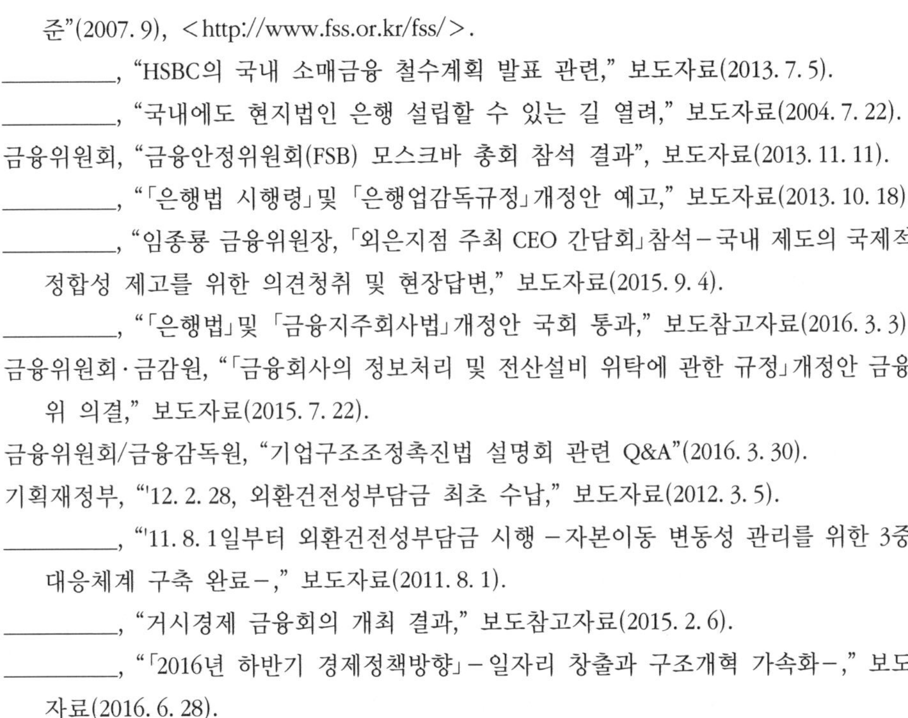

준"(2007. 9), <http://www.fss.or.kr/fss/>.

_________, "HSBC의 국내 소매금융 철수계획 발표 관련," 보도자료(2013. 7. 5).

_________, "국내에도 현지법인 은행 설립할 수 있는 길 열려," 보도자료(2004. 7. 22).

금융위원회, "금융안정위원회(FSB) 모스크바 총회 참석 결과", 보도자료(2013. 11. 11).

_________, "「은행법 시행령」및 「은행업감독규정」개정안 예고," 보도자료(2013. 10. 18).

_________, "임종룡 금융위원장, 「외은지점 주최 CEO 간담회」참석－국내 제도의 국제적 정합성 제고를 위한 의견청취 및 현장답변," 보도자료(2015. 9. 4).

_________, "「은행법」및 「금융지주회사법」개정안 국회 통과," 보도참고자료(2016. 3. 3).

금융위원회·금감원, "「금융회사의 정보처리 및 전산설비 위탁에 관한 규정」개정안 금융위 의결," 보도자료(2015. 7. 22).

금융위원회/금융감독원, "기업구조조정촉진법 설명회 관련 Q&A"(2016. 3. 30).

기획재정부, "'12. 2. 28, 외환건전성부담금 최초 수납," 보도자료(2012. 3. 5).

_________, "'11. 8. 1일부터 외환건전성부담금 시행 －자본이동 변동성 관리를 위한 3중 대응체계 구축 완료－," 보도자료(2011. 8. 1).

_________, "거시경제 금융회의 개최 결과," 보도참고자료(2015. 2. 6).

_________, "「2016년 하반기 경제정책방향」－일자리 창출과 구조개혁 가속화－," 보도자료(2016. 6. 28).

기획재정부, 금융위원회, 한국은행, 금융감독원, "거시 건전성(Macro－Prudential Measures) 제고를 위한 '자본유출입 변동 완화방안'," 합동 보도참고자료(2010. 6. 13).

기획재정부, 금융위원회, 금융감독원, 한국은행, "외국환은행의 선물환포지션 한도를 20% 씩 축소," 합동 보도자료(2011. 5. 19).

기획재정부, 금융위원회, 한국은행, 금융감독원, "외국환은행의 선물환포지션 한도 축소," 합동 보도참고자료(2012. 11. 27).

김병태, "외국은행 국내지점의 자본금 의제에 관한 법률적 규제의 문제점," 「법조」 제579호(법조협회, 2004. 12).

김효연, "옵션부 이종통화예금에 대한 자본시장법상의 고찰," 「은행법연구」 제2권 제2호(은행법학회, 2009. 11).

남명수/정우택, "외국은행 국내지점의 영업활동에 대한 특혜 및 규제," 「연구논문집」 제1집(인하대학교 산업경제연구소, 1987. 5).

머니투데이, "금융당국, 골드만삭스 편법영업 재발방지책 마련키로"(2015. 4. 17).

문화일보, "국내 시중銀, 중국투자 쉬워진다"(2015. 9. 4).

서울경제신문, "도이치증권에 '옵션쇼크' 첫 배상 판결"(2015. 11. 25).

__________, “선물환포지션 한도 첫 상향조정 유력”(2016. 2. 22).

이금호, “외은지점 감독규제 개선과제,” 은행법학회 2013년 10월 특별정책세미나 발표자료(2013. 10. 18).

이종호, “외국은행 국내지점에 대한 감독규제의 현황과 개선과제,” 「은행법연구」 제6권 제1호(은행법학회, 2013. 5).

이헌영, “은행의 복합금융상품으로서 구조화예금 취급과 관련한 법적 문제,” 「은행법연구」 제9권 제1호(은행법학회, 2016. 5).

_____, “외은지점 및 해외본점(계열사 포함)의 한국내 영업 업무범위,” 은행법학회 제16회 정기학술대회 발표 자료(2015. 11).

정순섭, “복합금융상품의 법적 연구에 관한 연구,” 「민사판례연구」 제27권(박영사, 2005. 2. 28).

조선일보, “중국계 은행, 한국서 한달간 1兆 넘게 빨아들여” (2013. 12. 10).

한국은행, “외국은행 국내진출의 결정요인 및 국내은행 경영성과에 미치는 영향,” 보도자료(공보 2002-3-3호, 2002. 3. 5).

한지은/이헌영, “은행의 업무범위 확대논의와 그 검토,” 은행법학회 제16회 정기학술대회 발표 자료(2015. 11).

헤럴드 경제, “외국계 은행 국내 진입장벽 대폭 낮춘다”(2015. 9. 4).

BaFin, “Merkblatt – Hinweis zur Erlaubnispflicht nach §32 Abs. 1 KWG in Verbindung mit §1 Abs. 1 und Abs. 1a KWG von grenzüberschreitend betriebenen Bankgeschäft und/oder grenzüberschreitend erbrachten Finanzdienstleistungen,” (1. April 2005), <http://www.bafin.de/SharedDocs/Veroeffentlichungen/DE/Merkblatt/mb_050401_grenzueberschreitend.html>.

HSBC, “HSBC, 한국내 개인금융업무 폐지 추진 계획 수립, 핵심사업인 기업금융(GB&M) 업무에 주력,” News Release(2013. 7. 5).

Tarullo, Daniel K., “Regulation of Foreign Banking Organization,” Speech delievered at the Yale School of Management Leaders Forum, New Haven, Connecticut(November 28, 2012).

제 3 장 외국은행 국내지점의 자본금 의제에 관한 법률적 규제의 문제점

Ⅰ. 문제의 제기

우리나라 최초의 외국은행 국내지점은 미국의 체이스 맨해튼 은행(Chase Manhattan Bank)이 1967년 7월 21일 개설한 서울지점이다.[1] 이후 정부의 진입규제 완화정책 등에 힘입어 외국은행[2]의 국내 진출은 많은 수적인 증가와 함께 취급업무 영역도 확대되어 왔으며 꾸준히 그 수적 증가를 보여왔으나, 최근 일부 일부 외국계 지점이 철수하거나 영업을 축소하고는 있지만 본 논문의 "[별첨 1] 2015년말 기준 외국은행의 국내지점 설립 현황"에서 살펴볼 수 있는 바와 같이 2015년 말 기준으로 17개국의 42개 외국은행으로부터 49개의 지점이 우리나라에 진출해 있다.[3] 법적으로 외국은행은 지점의 형태 이외에도 사무소나 대리점 또는 자회사인 현지법인 형태로도 국내진출이 가능하다.[4] 다만, 사무소는 은행

---

* 김병태 집필.

* 「법조」(법조협회)(2004. 12)에 게재된 내용을 다소 수정·보완한 것이다.

1 정찬형/도제문, 「은행법」(2003. 9), 354면.

2 여기서의 외국은행은 은행법 제58조 제1항의 '외국은행'(외국법령에 의하여 설립되어 외국에서 은행업을 영위하는 자)을 의미한다.

3 금융감독원, "15년도 외국은행 국내지점 영업실적(잠정)," 보도자료 (2016. 3. 7). 기타 외국금융기관의 국내진출에 관한 역사적 고찰과 설립방법 등에 대해서는 Byung-Tae Kim, Korea's Banking Law Reform: Post Asian Crisis (Kluwer Law International, 2003), pp.117~137.

4 김병태, "외국은행의 진입유형과 기준에 관한 고찰: 한국과 미국의 법적규제를 중심으로,"

의 업무를 취급하지 못하기 때문에 그리고 대리점은 비록 법적으로는 허용된 형태이지만 그 사례가 전혀 없으며, 합작투자 또는 자회사 형태로의 현지법인은 1983년 3월 국내기업과 미국의 은행이 합작하여 설립한 한미은행의 예와 2004년 3월 씨티은행이 동 한미은행의 주식을 인수하여 자회사로 만든 예[5]가 있을 뿐이므로 현재 외국은행의 국내진출에 있어서 가장 중요한 비중을 차지하는 것은 지점 형태의 외국은행 국내지점이다.

특히 외국은행의 지점에 대한 규제와 감독은 각 국가의 금융정책과 경제상황에 직접적으로 연관되어 있기 때문에 국가마다 그 규제의 방법이나 내용은 서로 다르다. 국제적인 측면에서도 외국은행의 규제와 감독에 대해서는 금융시장개방의 일정과 방법을 정하고 단지 국내은행과 외국은행을 차별하여 규제하지 않을 것을 요구하고 있으며[6] 금융감독기구의 최소한의 권한과 국가간 감독기능의 조화와 협력 등을 다루고 있을 뿐이다.[7]

우리나라도 외국은행 국내지점에 대한 규제는 국제적인 조화를 이루면서도 한편으로는 우리의 사정에 맞게 외국은행 국내지점에 대한 특별한 법규정들을 두고 있다. 즉, 외국은행은 상법상 외국회사에 해당되어 대한민국에서 성립된 동종 또는 가장 유사한 회사로 간주되며 은행법에서는 금융위원회의 인가를 받은 외국은행의 국내지점은 은행법에 의한 국내의 금융기관과 동일하게 보기 때문에[8] 그 성질이 허용하는 한 국내의 은행에게 적용되는 상법과 은행법의 대부분 규정들이 외국은행 국내지점에도 그대로 적용된다. 따라서 외국은행의 국내지점은 국제적으로 요구되는 내국민대우를 원칙적으로는 보장받고 있다. 그러나 외국은행의 내국민대우 원칙에 대한 예외로서 외국은행 국내지점을 경우에 따라서 유리하게 또는 불리하게 대우하고 있는 경우가 있다. 특히 외국은행

경희법학 제39권 2호(2004. 12. 31) 참조.

5 금융감독원, "씨티그룹에 대한 (주)한미은행의 주식 취득 승인," 보도자료(2004. 3. 26).

6 예컨대, 「금융서비스무역에 관한 일반협정(GATS)」의 금융서비스시장 개방과 내국민대우 또는 OECD의 내국민대우 원칙 등이 있다.

7 예컨대, 바젤은행감독위원회(Basel Committee on Banking Supervision)의 외국은행 설립과 감독에 관한 원칙으로서는 "Authorization Procedures for Banks' Foreign Establishments (1983. 3)", "Principles for the Supervision of Banks' Foreign Establishments(the "Concordat") (1983. 5)", "Core Principles for Effective Banking Supervision(1997. 9)" 등이 있다.

8 상법 제621조 및 은행법 제59조 제1항.

에 차별적이고 불리한 사항들은 점차 상대국과 국제적인 감시의 대상이 되기 때문에 우리나라 금융시장의 보호와 국내 은행업의 생존만을 중시하였던 외국은행 규제의 일부 내용에 대해서는 새로운 검토가 필요하다.

외국은행을 차별하고 있는 대표적인 규제로서는 은행법상의 외국은행 국내지점에 대한 자본금 의제 관련 규정을 들 수 있다. 은행법은 외국은행 국내지점이 인가된 은행영업을 위하여 일정한 자산을 보유할 것을 요구하지만 이 자산이 단순히 영업을 위한 자금이라는 점을 넘어서서 본점 전체의 자본금을 무시한 채 지점의 영업기금만을 중심으로 규제의 기준으로 삼고 있다. 이는 마치 국내지점이 독립된 별개의 은행으로 간주되고 있는 것이다. 예컨대 외국은행 국내지점의 영업기금을 자본금으로 의제하여 이를 국내지점이 보유하도록 하면서 은행의 지급보증한도 또는 신용공여한도와 같은 업무한도 규제에 있어서 동 영업기금을 기준으로 그 한도를 정하고 있는 것이다. 반면에 우리나라 일반은행 지점의 경우에는 외국은행 국내지점의 경우처럼 지점의 자산을 기준으로 신용공여한도를 정하는 것이 아니라 '본점의 자본금(엄밀히는 자기자본) 총액'을 기준으로 신용공여한도를 정하고 있기 때문에 외국은행 국내지점에 대한 차별적 기준의 적용이 본점과 지점의 법률관계에서 정당한 기준으로 볼 수 있을 것인가가 문제이다. 더 나아가 우리나라는 외국은행 국내지점의 문제를 국내지점의 영업기금 기준으로 해결하여 국내지점을 독립된 주체로 취급하고 있기 때문에 만일 국내지점의 자산인 영업기금을 초과하는 부채가 발생하거나 예금 지급불능의 사태가 발생한다면 국내지점의 자산만이 책임의 대상이 된다는 모순이 발생할 수 있으므로 상법상의 법률원칙에 따라 외국은행 본점 또는 본점의 총 자산이 최종적인 책임의 주체가 될 것인지를 살펴볼 실익이 있다.

따라서 여기서는 은행법상의 자본금 의제 규정과 관련하여 외국은행 국내지점이 본점과의 관계에서 지점으로서 어떠한 법률적인 지위와 성격을 지니고 있고 우리나라에서 어떠한 일반적인 대우를 받고 있는가를 우선 검토한 후에 외국은행 국내지점의 영업기금을 자본금으로 의제하는 내용과 동 자본금을 기준으로 하는 업무한도 규제에서 발생될 수 있는 몇 가지 문제점들을 고찰하고자 한다.

Ⅱ. 외국은행 국내지점의 대우와 법적 지위

1. 내국민대우와 자본금 의제 규정

우리나라에서 외국은행의 국내지점은 국제적인 내국민대우 원칙에 따라 법적으로 국내은행과 동일한 대우를 받는 것이 원칙이다.[9] 외국은행 국내지점에 대한 내국민대우와 금융시장의 개방은 지난 1997년 말 IMF 등과의 합의사항을 이행하면서 「금융서비스무역에 관한 일반협정(GATS)」의 협약사항과 OECD 가입에 따른 약속 등을 구체화시키고 있는 것이다. 1997년 한국의 금융위기 이후 금융시장의 개방화와 외국은행의 내국민대우는 더욱 가속화되었으며 최근에는 금융시장의 전면적 개방화와 외국금융기관에 대한 여러 가지의 규제를 완화 또는 제거시킴으로써 외국은행이 지점이나 자회사 형태로 한국시장에 진출하는 것이 더욱 쉬워졌다. 다만 국가의 대내외 금융정책 및 국내 금융사정에 따라서 그리고 외국은행의 한국 내 지점이라는 특성 때문에 외국은행 국내지점은 국내은행과 비교하여 예외적인 우대조치를 받기도 하였고 다른 한편으로는 차별적인 대우를 받기도 하였다.

외국은행의 규제와 감독의 측면에서, 외국은행 국내지점은 처음부터 경제개발계획 추진에 따른 소요 외화자산의 원활한 도입과 선진 금융기법의 습득을 목적으로 그 설치가 허용되었기 때문에[10] 일반적으로 국내은행에 비하여 오히려 많은 우대조치를 받았다. 예컨대, 외국은행 국내지점은 1980년대 전반까지만 하더라도 외자조달창구로서의 역할이 중시되어 스왑(SWAP)한도의 확대적용을 받았고 스왑수익율이 보장되었으며 한국은행 유동성규제 대상에서 제외되는 등 여러 측면에서 우대를 받았다.[11] 그러나 1985년 2월부터 국내지점의 한국은행과의 스왑거래 시 일정률의 수익을 보장하여 주는 스왑수익률이 단계적으로 인하되었으며 1986년 8월부터는 스왑한도도 지속적으로 축소되었다.[12] 또한 과거에

---

9 「금융서비스무역에 관한 일반협정(GATS)」의 금융서비스시장 개방과 내국민대우, OECD의 내국민대우 원칙 및 은행법 제59조 제1항. 외국은행에 대한 내국민대우의 일반적인 논의는 Byung-Tae Kim, *id.* 참조.

10 Wendy Dobson & Pierre Jacquet, Case Studies: South Korea, Financial Services Liberalization in the WTO(Institute for International Economics, 1998. 6) 참조.

11 김종선/김종오, 「금융시장론」(2004. 2), 337면.

12 1997년 말 우리나라가 금융위기를 겪으면서 필요한 외환보유액을 보충하기 위하여 외국은

외국은행 국내지점은 중소기업 의무대출이 면제되는 혜택을 받았으나 1985년 3월부터 국내의 일반은행과 마찬가지로 '중소기업대출 의무비율제도'[13]가 적용되기 시작하여 그 우대조치가 철폐되었다. 이와 같이 1980년대 후반 경상수지가 개선되면서부터 국내은행과 동등한 경쟁 여건을 조성한다는 차원에서 외국은행 국내지점에 대한 기존의 우대조치들은 일반적으로 축소 또는 폐지되어왔다.

반면에 외국은행 국내지점의 차별적 규제에 있어서도 국내은행과 동일한 경쟁을 보장하는 방향으로 지속적으로 규제를 폐지 내지는 완화시켜 나가고 있다. 물론 아직도 차별적인 규제가 일부 남아 있기는 하지만 국내지점의 진입부터 이후의 은행업무에 제한적이었던 이전의 규제들이 점차 완화됨으로써 외국은행 국내지점은 원칙적으로 국내의 은행들이 은행법상 영위하는 업무를 거의 동일한 조건으로 취급하고 있다. 예를 들어 우리나라의 금융서비스분야에 대한 WTO 양허조건 중의 하나로 1994년 4월 외국은행의 사무소 및 지점의 설치시 심사요건이었던 '경제적 수요심사(Economic Needs Test) 제도'를 폐지하였고 1995년 5월에는 외국은행이 사무소를 먼저 설치해야 국내에 지점을 설치할 수 있었던 '사무소 전치주의' 요건도 삭제하였으며 1997년 2월에는 외국은행이 국내에 최초로 지점을 설치하고자 하는 경우 총자산 기준으로 세계 500대 이내 은행이어야 한다는 외국은행의 국내지점 설치기준도 폐지하였다.[14] 최근 2004년 7월에는 외국은행의 국내지점 설치요건 중 개발도상국 은행의 국내진입을 사실상 제한하고 있었던 '국제업무 취급경험' 요건을 삭제하여 개발도상국의 은행도 국내진입을 할 수 있도록 하였다.[15] 또한 외국은행 국내지점에 대한 한국은행의 재할인 및 대출이 점차 확대 허용되어 1985년 3월부터는 무역어음 담보대출, 1986년 8월부터는 상업어음재할인, 1988년 8월부터는 지준 및 교환결제부족 지원예금의 수혜가 가능하게 되었으며 1999년 8월에는 국내은행으로 한정

행에 대한 스왑한도를 한때 인상하기도 하였다. 그러나 외환보유액이 순조롭게 확충되자 1999년 5월에는 스왑수익률을 다시 인하하였다.

13 한국은행의 「금융기관여신운용규정」 제2조에 따라 현재 중소기업대출 의무비율은 시중은행이 원화금융자금대출 증가액의 45%, 지방은행이 60%, 외국은행 국내지점은 35%(한국은행으로부터 상업어음재할인을 수혜하지 않는 경우는 25%)로 되어 있다.

14 한국은행, "외국은행 국내진출의 결정요인 및 국내은행 경영성과에 미치는 영향", 보도자료(공보 2002-3-3호)(2002. 3. 5).

15 금융감독원, "국내에도 현지법인 은행 설립할 수 있는 길 열려", 보도자료(2004. 7. 22).

하였던 한국은행의 '지점별 총액한도대출제도'상의 배정 대상에 외국은행 국내지점도 포함시켰다. 국내지점의 은행업무에 있어서도 1986년 9월에는 양도성예금증서(CD) 발행 업무가 허용되었으며 1985년 9월에는 불특정금전신탁업무 취급이 처음으로 인가된 데 이어 1991년 6월에는 특정금전신탁업무와 금전외신탁업무도 취급할 수 있게 되어 국내지점의 전반적인 신탁업무 역시 허용되었다.[16] 신용카드업무는 1994년 7월 뱅크 오브 아메리카(Bank of America)가 처음 취급한 바가 있었으나 씨티은행 서울지점이 1997년 7월 신용카드업무의 인가를 받음으로써 국내지점의 업무분야로 본격화되었다.[17] 또한 1992년 7월에는 외국은행 국내지점이 금융결제원의 회원 또는 준회원으로의 가입이 허용됨에 따라 다른 국내은행들과 함께 어음교환이나 지로업무 및 타행환 시스템과 같은 금융전산망사업 등에 참여할 수도 있게 되었다.

이와 같이 외국은행의 내국민대우 원칙에 따라 외국은행 국내지점에 대한 우대조치는 축소되거나 철폐되고 있고 차별적인 규제조치 역시 불합리한 내용을 적극적으로 개선시켜 나가고 있으나 다만 외국은행이라는 특성에 따른 규제와 감독의 필요상 그리고 국내은행과 비교하여 무제한적으로 획일화된 내국민대우 자체는 불가능하다는 이유로 일부의 규제는 불가피하게 여전히 남아 있다.[18] 외국은행 국내지점의 일정한 자산을 자본금으로 의제하여 이를 기준으로 하는 자기자본에 따라 지급보증한도 또는 신용공여한도와 같은 업무한도를 정하고 있는 것은 그 대표적인 예로서 내국민대우 원칙의 예외적인 사항이다. 외국은행 국내지점은 외국회사와 금융기관이라는 두 가지 특수성을 함께 지니고 있기 때문에 상법에서 일반 외국회사로서만 다룰 수 없는 부분이 있고 따라서 은행법에서 특히 외국은행 국내지점에 대한 자산의 관리와 규제를 다루는 것은 반드시 필요하지만 그 방법과 내용에 있어서는 논란의 여지가 있다. 실제로 이미 국내에 진출하였거나 진출을 계획하고 있는 외국금융기관들이 가장 많은 불만을 갖고 있는 부분이 국내지점의 자본금 의제 및 이와 관련된 업무한도의 규제이다.[19]

---

16 김종선/김종오, 앞의 책, 337면 및 한국은행, 「우리나라의 금융제도」(1999. 12) 참조.

17 Bank of Korea Press Release, *Preliminary Authorization of Credit Card Business to Citi Bank Branch* (1997. 6. 20).

18 *Cf.* Wendy Dobson & Pierre Jacquet, *id.*

19 European Union Chamber of Commerce in Korea, *Trade Issues and Recommendations:*

2. 외국은행 국내지점의 법률상 지위

(1) 법률적 지위의 일반적 내용

외국은행 국내지점은 상법상 외국은행이라는 외국회사의 지점에 해당하며 국내 영업소로서의 지위를 갖는다. 외국은행은 상법이 규정하고 있는 외국회사에 해당되기 때문에 상법 제621조의 규정에 따라 상법에서 특별히 규정하는 외의 다른 법률의 적용에 있어서는 법률에 다른 규정이 없으면 대한민국에서 성립된 동종 또는 가장 유사한 회사로 보게 된다. 상법상의 외국회사중 특히 외국은행 국내지점에 대해서는 은행법이 따로 정하고 있다. 은행법 제59조에서는 외국은행 국내지점 등이 영업소의 설립인가를 받은 후에는 은행법의 은행으로 보고 있으므로 국내지점의 신설인가를 취득한 후에는 특별한 법규정이 없는 한 국내은행과 동일하게 은행법의 적용을 받게 된다. 따라서 외국은행 국내지점은 은행법상 국내은행에 속하고 상법상 지점으로서의 영업소에 해당하기 때문에 본·지점은행간 및 국내지점과 제3자 간에는 지점에 관한 일반적인 법률관계와 효과가 발생한다.

상법상 영업소란 상인의 영업활동의 중심을 이루는 일정한 장소 또는 기업활동의 중심지로서 기업의 존재와 활동을 공간적으로 통일하는 일정한 장소를 의미하며 영업활동의 공간, 독립적 영업단위, 시간적 계속성과 고정적 설비 등의 요건을 갖춰야 한다.[20] 상법상 영업소의 종류는 본점과 지점뿐이고 본점과 지점은 동일한 상인에 속한다. 본점은 기업활동 전체의 지휘명령의 중심지로서의 지위를 가진 영업소이고 지점은 본점에 종속되어 지휘를 받으면서도 부분적으로는 독립된 기능을 하는 영업소를 말한다. 은행법에서는 '은행' 또는 '외국은행'에 대한 정의만 두고 있을 뿐이고[21] 따로 이들의 영업소에 관한 구체적인 정의를 두고 있지 않으므로 상법상 본점과 지점의 영업소 의미가 그대로 외국은행에 적용된다. 따라서 외국은행 국내지점은 외국은행 본점의 지휘명령을 받으

2004 of Banking Committee(2004), <http://www.euccк.org/trade/2004/question/el/banking.htm>; Department of the Treasury of the U.S.A., National Treatment Study: 1998 (1998. 11), p.322.

20 정찬형, 「상법강의(상)」(2015), 141면; 최준선, 「상법총칙·상행위법」(2011), 141면; 최기원, 「상법학신론(상)」(2003. 8), 152~153면; 김성태, 「상법(총칙,상행위)강의」(2002. 9), 228~229면.

21 은행법 제2조 제1항 2호 및 제58조 제1항.

면서 우리나라에서 부분적으로 독립적인 은행업을 영위하기 위하여 은행법 제58조 제1항에 의거 금융위원회의 인가를 받은 국내 영업소라고 말할 수 있다.

은행법은 국내은행과 마찬가지로 외국은행의 지점, 대리점, 사무소 등을 인정하고 있다. 이 중 외국은행의 대리점은 상법 제87조의 대리상에 해당하여 외국은행의 위임을 받아 그 외국은행을 위하여 은행업의 전부 또는 일부를 국내에서 대리하는 영업소이지만 실제로는 그 예가 없으며 외국은행의 사무소는 외국금융기관이 은행업에 관한 정보의 수집 및 제공, 금융경제동향조사, 본·지점 또는 고객과의 업무연락 등의 사무를 수행하기 위하여 직원을 상주시키고 있는 영업소 이외의 시설을 말하므로[22] 은행업을 영위하는 영업소는 아니다. 따라서 현재 외국은행이 은행법에 따라 영업소로서의 의미를 갖는 경우는 일반적으로 외국은행의 '국내 자회사' 또는 '국내지점'의 경우에 한정된다.

외국은행 국내지점은 우선적으로 은행법이나 기타 금융관련법의 적용을 받으며 동 법률에서 달리 특별히 규정하고 있는 사항이 없는 경우에 일반적인 상법의 적용을 받는다.[23] 그러나 은행법은 주로 외국은행 국내지점의 설립인가와 업무규제 및 감독에 관한 사항들을 규정하고 있으므로 국내지점의 일반적인 사적 법률관계는 상법의 규정에 따라 해결할 수밖에 없는 법률적인 지위를 갖는다. 은행법과 상법에서 인정되는 외국은행 국내지점의 중요 법률관계는 다음과 같다.

1) 은행법상 국내지점

은행법이 규정하고 있는 외국은행 국내지점의 규제와 감독 중 특히 외국은행이 국내지점을 설치하기 위해서는 금융위원회의 인가를 받아야 하고(은행법 제58조 제1항) 금융위원회의 지점설치 인가를 받은 국내지점은 은행법에 의한 금융기관으로 간주하여 이때 국내지점의 대표자는 은행법에 의한 금융기관의 임원으로 본다.[24] 국내지점의 자발적인 폐쇄 역시 금융위원회의 인가가 필요하며(동법 제58조 제1항) 외국은행 본점에 일정한 사유가 있으면 국내지점의 인가

22 은행업감독규정 제4조.

23 은행법 제3조.

24 다만 외국은행 국내지점에 대해서는 은행법 제4조, 제9조 및 제15조의 규정들이 적용되지 않기 때문에 국내지점은 법인이 아니라도 상관없으며 최저자본금 제한이나 동일인의 주식보유한도 등의 제한을 받지 않는다(은행법 제59조 참조).

를 취소할 수 있고(동법 제60조 제1항)25 외국은행의 본점이 해산 또는 파산하였거나 은행업을 폐지한 경우 또는 은행업의 인가가 취소된 경우에는 국내지점에 대한 인가는 당해 사유가 발생한 날에 취소된 것으로 본다(동법 제60조 제3항). 또한 국내지점의 자산의 전부 또는 일부를 대한민국 내에 보유하여야 하며(동법 제62조) 이 자산은 갑기금과 을기금으로 구성된 영업기금으로 하여 자본금으로 의제하고 있다(동법 제63조 및 동법 시행령 제26조).

2) 상법상 국내지점

반면에 은행법의 국내지점에 대한 규제와 감독과는 달리 국내지점의 사법적 영업행위에 대한 법률관계와 효과는 상법의 규정에 따른다. 따라서 국내지점의 은행업무로 인한 채무이행의 장소는 당해 국내지점이 되고(상법 제56조) 국내지점은 등기소 및 법원의 관할 결정의 기준이 된다(상법 제34조, 민사소송법 제5조와 제12조 및 비송사건절차법 제129조). 지점영업을 위해서는 지배인에 해당하는 국내지점 대표자를 선임하고(상법 제10조, 제13조 및 은행법 제59조) 지점에 있어서의 등기가 없는 이상 본점에 있어서의 등기를 지점거래에 원용할 수 없고 상업등기의 대항력을 결정하는데 국내지점이 독립적 단위가 되며(상법 제35조 및 제38조) 지점만을 독립적인 단위로 양도, 양수의 목적으로 할 수 있다(상법 제374조 제1항). 또한 본·지점은 동일한 외국은행에 속하므로 국내지점의 채권자는 일반채권이나 지점의 표현대표자 경우로 인한 채권 또는 불법행위채권 등을 불문하고 모두 외국은행의 본점에 대하여 그 청구권을 행사할 수 있다(상법 제395조, 민법 제35조 및 제756조).

(2) 국내지점의 독립적 법인격 인정 여부

외국은행 국내지점은 크게 상법상 외국회사의 국내지점에 해당되지만 이미 논한 바와 같이 은행법에서는 이에 대한 특별한 규정들을 두어 일반 외국회사의 한국지점과는 다르게 취급하고 있다. 기본적으로 외국은행 국내지점의 법적 지위는 영업소로서 지점에 해당하므로 국내지점에 대한 취급과 법률관계 역

25 금융위원회는 외국은행의 본점이 (i) 합병영업의 양도로 인하여 소멸한 경우, (ii) 위법행위, 불건전한 영업행위 등의 사유로 인하여 감독기관으로부터 징계를 받은 경우 또는 (iii) 휴업하거나 영업을 중지한 경우 등에는 당해 외국은행의 국내지점에 관한 지점설치인가를 취소할 수 있다(은행법 제60조 제1항).

시 지점의 법적 성격에 맞게 이루어져야 한다. 문제는 은행법이 외국은행 국내지점의 규제와 감독에 있어서 지점의 법적 성격상 존재할 수 없는 자본금 개념을 도입하고 있다는 것이다.[26] 즉, 예금자 보호와 외국금융기관이라는 특성을 이유로 정책적이고 편의적인 규제와 감독 수단으로서 국내지점의 일정한 자산을 영업기금으로 하고 이를 국내 일반은행의 자본금과 같이 의제하여 자본금에 관련된 문제를 해결하고 있기 때문에 마치 국내지점이 자본금을 갖는 독립된 법인격에 해당하는 영업소로 볼 수 있는지에 대하여 의문이 제기될 수 있다. 그러나 자본금 개념은 본점과 지점을 합쳐 금융기관 전체에 대해 성립될 수 있는 개념이지 각 영업소로서의 지점별 자본금은 성립할 수 없다. 우리나라 일반은행의 본·지점 관계에서는 지점의 독립적 법인격을 부인하여 지점별 자본금은 인정하지 않으며 자본금에 기초한 업무 한도는 지점이 아니라 본점의 총 자기자본을 기준으로 정하고 있다. 따라서 외국은행의 경우에도 외국은행 본점과 독립된 자본금을 갖기 위해서는 별개의 독립된 법인격을 지니는 자회사 또는 현지법인 형태의 금융기관만이 가능할 수 있고 국내지점으로서는 원칙적으로 자본금이라는 법률적 개념이 존재할 수 없다.

외국은행 국내지점의 경우 지점이 본점과 어떠한 법적 관계를 갖는가 즉, 독립적인 지위가 어느 정도 인정되는가에 대하여 은행법은 명확한 규정을 두고 있지 않다. 다만 은행법 제59조에서 금융위원회의 인가를 받은 외국은행의 지점은 은행법에 의한 은행으로 보고 있어서 독립적인 법인격을 인정하는 듯하면서도, 단서 조항에서 예외적으로 제4조의 법인성을 갖출 필요가 없다거나 제9조의 최저자본금과 제15조의 은행주식의 동일인의 보유한도 규정이 적용되지 않는다고 하고 있고 또한 본점의 은행업 중단 등 일정한 사유가 발생하면 국내지점의 인가를 취소할 수 있거나 취소한 것으로 간주한다고 하여 간접적으로 외국은행 국내지점은 외국은행 본점에 종속된 영업소임을 암시하고 있다. 그러나 은행법 제63조 및 동법 시행령 26조에서 결정적으로 국내지점의 영업자산을 자본금으로 의제하고 이를 기준으로 국내지점의 업무한도를 정하고 있어서 마치 국내지점이 본점과는 독립된 별개의 영업소로 간주되는 듯하여 외국은행 국내지점의 법적 독립성 인정 여부에 대하여 큰 혼란을 야기하고 있다.

---

26 은행법 제63조 및 동법 시행령 제26조.

외국은행 국내지점과 본점과의 관계를 어떻게 볼 것인가는 국내지점의 책임 문제와 우리나라 감독 당국의 규제에 있어서 매우 중요하다. 만일 국내지점을 본점에 종속하여 본점의 일부로 본다면 국내지점의 책임 소재와 감독당국의 규제의 대상은 최종적으로 본점이 기준이 될 것이고 만일 국내지점을 본점과는 법적으로 독립된 별개의 영업소로 본다면 마치 자회사처럼 취급하여 국내지점만이 기준이 되고 본점은 원칙적으로 지점의 행위에 대한 책임과 규제의 대상이 될 수 없다. 이 문제와 관련하여 우리나라에서는 아직 직접적인 사례가 발생한 적이 없지만 다음과 같이 '간접적으로' 관련 판례와 금융위원회의 입장을 살펴보면 상호 이견을 보이고 있다.

비록 외국은행 국내지점의 독립적 법인격을 다투는 직접적인 사례는 아직 없지만 간접적으로 일반 외국회사 국내지점의 경우에서 우리 대법원은 "외국법인이 국내지점을 설치하여 지점등기를 마쳤더라도 그 국내지점이 외국법인과 별개의 법인격체가 되는 것은 아니므로 국내지점이 독자적으로 과세처분의 상대방이 될 수는 없고, 설령 과세관청이 외국법인 국내지점 명의로 과세처분을 하였더라도 특단의 사정이 없는 한 이는 외국법인 국내지점이 아니라 외국법인을 과세당사자로 한 처분이라고 보아야 한다"[27]고 판시하여 국내지점은 독립된 법인격이 아니라 외국회사에 종속된 영업소에 불과하다는 것을 명확히 하였고 이는 우리 상법상 당연한 귀결이라고 생각한다. 그러나 외국은행 국내지점의 감독기관인 금융위원회는 "외국은행 본점 등은 현행 「규정」상 서울지점과는 별도의 법인격을 가진 제3자에 해당되므로 서울지점의 후선업무 등을 본점 등에 위탁할 경우 반드시 필요한 약정을 체결함으로써 업무위탁 관련 규정 위배, 수익배분에 관한 마찰 등을 예방할 필요성이 크다"[28]고 하여 외국은행 국내지점이 본점은행과는 법적으로 독립된 별개의 은행에 해당하는 것으로 보고 있다. 생각건대 법률상의 본·지점관계를 고려하여 볼 때 위 판례의 견해가 타당하며 금융위원회의 견해는 업무감독 기능에 치중한 나머지 지점의 본질적인 법적 성격을 혼동한 결론이라고 생각한다.

외국의 예를 보면, 미국의 경우에도 외국은행의 지점과 본점은행과의 독립

27 대법원 1989. 8. 8. 선고 88누9978 판결.

28 금융감독원, "금융감독정보", 제2002－35호(2002. 9. 2~9. 7), 35면 참조.

성 인정 여부에 대하여는 견해가 나뉘어 있다.[29] 미국의 판례는 외국은행 본점과 지점의 거래에 있어서 지점은 별개의 독립적인 회사로 간주되어야 한다는 입장을 견지하고 있으나[30] 한편으로는 지점의 영업상 독립성을 인정하면서도 외국은행 본·지점간의 전체적인 관계는 종국적으로 지점의 채무에 대한 책임이 본점에 있으므로 독립성을 인정할 수 없다고 보고 있다.[31] 그러나 미국 판례의 전체적인 입장은 외국은행의 지점이 영업적 측면에서는 본점과 독립하여 지점 자체의 회계장부를 보유하고 있고 지점에서 예탁금을 수령하고 지급하기 때문에 그 독립성이 인정될 수 있지만 지점의 법률적인 책임 여부를 다툴 때에는 지점의 법률적인 독립성을 부정하여 본점에 종속된 것으로 보는 경향이 강하다. 미국에서 외국은행의 규제와 감독에 관한 기본법인 「국제은행법(International Banking Act of 1978)」 역시 영업적인 측면에서 외국은행의 지점을 독립적인 영업소로 취급하는 규정들을 두고 있지만[32] 여신한도 등과 같은 업무한도는 본점의 자본금을 기준으로 하고 있기 때문에[33] 지점의 법률적인 독립성은 부정하고 본점에 종속된 것으로 보고 있다. 따라서 미국에서는 지점의 독립성과 관련하여 지점의 책임을 본점에 물을 수 있을 것인가라는 논의는 계속되고 있어도 지점의 여신한도 또는 신용공여한도는 법률이 명백히 본점의 자본금을 기준으로 한다고 정하고 있으므로 우리와 같은 지점의 자본금 의제 문제와 이를 기준으

---

29 Edward L. Symons, Jr. & James J. White, Banking Law(West Publishing Co., 1991), p.774.

30 Pan−American Bank & Trust Co. *v.* National City Bank of New York, 6 F.2d 762(1925). 그러나 이 사건 이후 대표적으로 U.S. *v.* BCCI Holdings(Luxembourg), S.A., 48 F.3d 551, 554, 310 U.S.App.D.C. 375, 378(D.C.Cir. Mar. 3, 1995) 사건에서는 위 사건과 반대의 입장을 보이기도 하였으나, First Nat. Bank of Boston(Intern.) *v.* Banco Nacional de Cuba, 658 F.2d 895, 900+ (2nd Cir.(N.Y.) Aug. 4, 1981) 등과 같은 다수의 사건에서는 외국은행 지점의 독립성을 긍정하는 입장을 보이고 있다.

31 Sokoloff *v.* National City Bank of New York, 130 Misc. 66 N.Y.Sup.(1927). 그러나 동 판례 역시 이후 Edelmann *v.* Chase Manhattan Bank, N.A., 861 F.2d 1291, 1296+ (1st Cir. (Puerto Rico) Aug. 22, 1988)에서 번복되기도 하였으나, 앞의 U.S. *v.* BCCI Holdings(Luxembourg), S.A. 사건 및 Perez *v.* Chase Manhattan Bank, N.A., 474 N.Y.S.2d 689, 691+, 463 N.E.2d 5, 7+, 61 N.Y.2d 460, 468+ (N.Y. Mar. 30, 1984) 사건 등에서는 Sokoloff 판결에 동조하는 입장을 보이고 있다.

32 미국 12 U.S.C. §3102.

33 미국 12 U.S.C. §3102 (b) 및 PricewaterhouseCoopers LLP, A Regulatory Guide for Foreign Banks in the United States(2003~2004 Edition)(2003), p.51.

로 하는 신용공여한도에 관한 논란의 여지는 낮은 편이다.

결국 우리나라의 경우에도 은행의 지점은 본점은행의 연장선상에 있는 은행의 영업소로서 본점은행 전체의 일부에 불과하다고 볼 것이다. 외국은행 국내지점의 경우에도 외국은행 본점의 일부로서 한국이라는 특정지역에서 은행업을 영위하기 위한 본점의 지역적인 영업소에 불과하다. 따라서 상법과 은행법이 외국은행 국내지점에 대하여 취하고 있는 독립성의 의미는 영업적, 경제적 측면에서 독립된 영업소를 의미하는 것이지 본점과 독립된 별개의 법인격 또는 회사를 의미하는 것은 아니라고 볼 것이다. 그러므로 지점은 독립된 영업소로서 상법과 은행법상의 법률상 의의를 가지지만 소송능력과 같은 독립한 법인격을 전제로 하는 당사자능력을 갖지는 못한다.[34] 다만, 은행법에서 편의주의적인 규제의 방식으로 국내지점의 자본금 의제 규정을 두고 있으면서 본점은행을 무시한 채 국내지점의 자본금을 기준으로 업무한도를 정하고 있는 것은 후술하는 바와 같이 일부 논란의 여지가 있다.

Ⅲ. 외국은행 국내지점에 대한 자본금 의제의 내용

1. 자본금의제의 의의

외국은행 국내지점은 외국은행이 한국 내에 설치한 영업소에 불과하므로 현지 자회사와는 달리 국내지점에는 독립적으로 자본금이라는 개념이 존재할 수 없다. 그러나 국내지점은 은행업의 업무수행 특성상 일정한 기본 자금의 확보가 필수적이고 외국은행의 지점이라는 또 다른 특성으로 인하여 국내 규제와 감독의 필요에 의하여 국내의 보유자산이 일반은행의 규제에 있어서 기준이 되는 자본금으로 편의상 의제되고 있다.

이와 같이 외국은행 국내지점의 영업기금을 자본금으로 의제하는 의의는 국내지점의 자금의 흐름을 확인하고 외국의 본점과 영업적으로 독립된 한국의 영업소로서 국내지점을 규제 및 감독하고 의무의 주체를 정하는데 있어서 기준을 찾고자 하는 것이다. 또한 특정된 기본자산을 국내에 의무적으로 보유하도

34 정찬형/도제문, 앞의 책, 140면; 최기원, 앞의 책, 155면.

록 하여 은행업무로 인한 책임을 다하도록 하기 위함이다. 따라서 외국은행 국내지점은 자산의 전부 또는 일부를 대한민국 내에 보유하여야 하고 청산 또는 파산하거나 기타 채무부담이 발생하는 경우 영업기금에 상당하는 국내지점의 재산을 대한민국 국민과 대한민국 내에 주소 또는 거소가 있는 외국인에 대한 채무변제에 우선 충당하여야 한다.[35]

2. 영업기금의 자본금의제 방식과 범위

은행법은 외국은행 국내지점의 일정한 자산을 '영업기금'으로 정하고 국내지점의 영업활동에 대한 규제와 감독에 있어서 동 영업기금을 일반은행의 자본금으로 의제한 뒤 자기자본[36]에 따른 업무한도를 정하고 있다. 국내지점의 자본금 의제에 관한 규제에 대해 은행법에서는 그 근거 규정만을 두고 있을 뿐이며 이에 대한 상세한 내용은 은행법시행령에 위임하고 있고 다시 동 시행령은 필요한 구체적인 사항들을 금융위원회의 「은행업감독규정(2016. 6. 28. 최종 개정)」에 위임하여 정하도록 하고 있다.

우리나라에서 외국은행 국내지점의 영업기금을 어떻게 자본금으로 의제하여 규제하고 있는지를 구체적으로 살펴보면, 은행법 제63조에서 외국은행 국내지점의 경우 은행법상 금융기관의 자본금에 관한 규정을 적용함에 있어서는 대통령령이 정하는 바에 따라 일반 국내은행의 지점 또는 상법상의 외국회사의 지점과는 다르게 취급할 수 있도록 하고 있다. 따라서 외국은행 국내지점의 경우 다음과 같이 모두 5가지 종류의 국내지점 자금만이 금융위원회가 인정하는 영업기금으로 편입될 수 있고 편의상 이 영업기금이 규제의 기준이 되는 외국은행 국내지점의 자본금으로 의제된다.[37]

첫째, 외국은행 국내지점의 설치 및 영업행위를 위하여 그의 본점이 한국

---

35 은행법 제62조.

36 상법상 자본이란 일반적인 액면주식 발행의 경우 '발행주식의 액면총액'이지만(상법 제451조 제1항) 은행법은 이에 대한 특칙으로서 '국제결제은행의 기준에 따른 기본자본과 보완자본의 합계액'을 자기자본으로 정하고 있다(은행법 제2조 제1항 제5호). 단, 은행법 제2조의 '국제결제은행 기준'은 엄밀히 말해서 '바젤은행감독위원회의 자기자본비율'을 의미한다. 이에 대한 상세한 논의는 Byung-Tae Kim, *id.,* p.133 참조.

37 은행법시행령 제26조. 금융감독위원회가 국내지점의 영업기금을 인정할 때에는 당해 국내지점의 경영의 건전성 및 자본의 충실화정도 등을 고려하게 된다(은행업감독규정 제13조).

은행, 한국산업은행, 한국수출입은행, 중소기업은행, 농협은행, 수협은행, 기타 은행법에 따른 인가를 받은 은행 등에 외화자금을 매각하여 당해 지점에 공급한 원화자금(은행법 시행령 제26조 제1호). 이 자금은 외국은행 본점의 외화자금 국내매도를 통하여 국내지점의 은행업 영업을 위한 기초 자본조달을 의미한다.

둘째, 은행법 제40조의 규정에 의한 당해 외국은행 국내지점의 적립금에서 전입하는 자금(은행법 시행령 제26조 제2호). 이 자금은 은행법상 결산순이익금의 100분의 10이상을 자본금 총액에 달할 때까지 적립하여 만들어진 이익준비금의 자본전입을 의미한다.

셋째, 외국은행 국내지점을 추가로 설치하기 위하여 이미 국내에 설치된 국내지점의 이월이익잉여금에서 전입하는 자금(은행법 시행령 제26조 제3호). 이 자금은 국내지점의 손익계산서상 처분 가능한 이익잉여금을 자본전입하는 것을 의미한다.

넷째, 외국은행 국내지점이 한국은행에 외화자금을 매각하여 조달한 원화자금(은행법 시행령 제26조 제4호). 이 자금은 외국은행 국내지점의 스왑거래를 통한 자본조달을 의미한다.

다섯째, 외국은행의 본점 또는 국외지점으로부터 상환기간이 1년을 초과하는 조건으로 차입한 자금 중 국내에서 운용하는 자금(은행법 시행령 제26조 제5호). 이 자금은 외국은행 본·지점간의 장기 차입금이 제한적으로 자본전입되는 것으로서 국내지점의 신용공여한도 기준이 되는 영업기금의 범위를 확대시켜 주기 위하여 지난 2001년 6월 8일 은행법시행령 제26조의 개정을 통하여 새로이 추가되었다.

외국은행 국내지점은 금융위원회로부터 인정받은 위 5종류의 영업기금을 갑기금과 을기금으로 구분하여 운용하여야 한다.[38] 국내지점의 영업기금을 갑기금과 을기금으로 구분하는 이유는 국내지점의 운영과 예금에 대한 책임을 확보하기 위해서는 국내지점으로 하여금 기본적인 최소 자금을 확보시키는 것이 필요하고 이를 위하여 순수한 자본금에 해당하는 갑기금과 자본금은 아니지만 신용공여한도 등에서 자본금으로 의제하여 그 한도를 확대시켜 줄 수 있는 명목상 자본금의 구분이 필요하기 때문이다. 갑기금은 대차대조표에 자본금으로

38 은행업감독규정 제11조 제1항.

표시되는 항목으로서 일반 금융기관의 기본자본에 해당하고 을기금은 대차대조표에 본지점계정으로 표시되는 명목상의 자본금인 보완자본에 해당하며 기본자본과 보완자본에서 공제항목을 차감하여 산정한 것이 국내지점의 자기자본이 된다.[39]

외국은행 국내지점의 갑기금과 을기금에 대한 구체적인 내용은 은행법시행령과 은행업감독규정에서 정하고 있다. 외국은행 국내지점의 갑기금은 은행법시행령 제26조 제1호 내지 제3호에 해당하는 자금으로 구성되기 때문에[40] (i) 국내지점의 설치 및 영업행위를 위하여 그의 본점이 한국은행 등에 외화자금을 매각하여 당해 지점에 공급한 원화자금, (ii) 은행법 제40조의 규정에 의한 당해 국내지점의 적립금에서 전입하는 자금 및 (iii) 국내지점을 추가로 설치하기 위하여 이미 국내에 설치된 국내지점의 이월이익잉여금에서 전입하는 자금 등으로 구성된다. 다만, 국내지점의 갑기금은 기본적인 은행영업을 위하여 지점마다 최소 30억원 이상이 되어야 한다.[41] 따라서 한국에 국내지점이 2개 이상 설치된 경우에는 각 지점마다 30억원 이상의 갑기금을 지녀야 하고 각 지점의 갑기금을 전부 합한 금액이 국내지점의 전체 자본금으로 의제된다.

반면에 외국은행 국내지점의 을기금은 5가지 종류의 영업기금 중 나머지 2가지의 자금으로 구성된다.[42] 즉, 을기금은 (i) 국내지점이 외화자금을 환매조건부로 한국은행에 매각하여 보유·운용하는 원화자금과 (ii) 국내지점이 그의 본점 또는 국외지점으로부터 상환기간이 1년을 초과하는 조건으로 차입한 자금 중 국내에서 운용하는 자금 등을 합하여 산출한다. 이 중 두 번째의 본·지점간 1년 초과의 장기차입금 중 국내운용액은 은행법시행령의 개정에 따라 추가적인

---

39 은행업감독규정 제2조 및 별표 1. 외국은행 국내지점의 경우를 정리하면 다음과 같으며 동 자기자본이 결국 신용공여한도 등의 기준이 된다.

> 외국은행 국내지점의 자기자본=① 기본자본+② 보완자본−③ 공제항목
> * ① 기본자본=갑기금+자본잉여금+이익잉여금
> ② 보완자본=을기금+기타 보완자본
> ③ 공제항목=영업권 상당액 등

40 은행업감독규정 제11조 제2항.

41 은행업감독규정 제11조 제3항.

42 은행업감독규정 제11조 제4항.

영업기금으로 편입되었기 때문에 2001년 7월 2일 은행업감독규정 개정을 통하여 기존의 한국은행 스왑자금 외에 추가로 을기금에 편입되었다.[43] 다만, 국내지점의 을기금은 대차대조표상 '자본총계의 100분의 200'을 초과할 수 없기 때문에[44] 갑기금, 대차대조표상의 자본잉여금, 이익잉여금 및 자본조정의 합계액인 자본총계의 2배를 초과할 수 없다.

Ⅳ. 몇 가지 문제점의 고찰

1. 자본금 의제와 업무한도 규제의 문제

현행 은행법상 외국은행 국내지점의 영업기금은 자본금으로 의제되어 은행업무의 한도에 직접적인 영향을 끼치고 있기 때문에 영업기금을 중심으로 하는 자본금의 인정범위는 곧 국내지점의 영업활동과 밀접한 연관성을 갖는다. 만일 지점의 법적 성격에 맞게 지점의 지급보증한도 또는 신용공여한도와 같은 업무한도를 외국은행 본점 전체의 자본금 기준으로 한다면 지점의 업무한도도 늘어나 폭넓은 은행업무의 취급이 가능해질 것이다. 그러나 은행법은 국내지점의 자본금을 다룰 때에 본점의 전체 자본금은 무시하고 지점의 갑기금과 을기금으로 구성된 영업기금을 자본금으로 의제하고 있어서 기본자본의 갑기금과 보완자본의 을기금을 합하여 조정된 국내지점의 '자기자본'이 업무한도 규제의 기준이 된다.

이러한 자본규제는 기본적으로 개별국가의 정책적인 사항이므로 우리나라의 금융환경과 경제여건 및 금융정책에 따라 그리고 예금자를 보호할 목적으로 국내지점 영업의 독립성에 기초하여 적절하게 영업기금을 규제하는 것은 가능하다고 생각한다. 국제적으로도 외국은행 지점의 자본금 의제 여부에 대하여 특별한 제한이나 기준을 두고 있지는 않다. 바젤은행감독위원회의 외국은행 설립에 관한 여러 지침들과 은행감독에 관한 핵심원칙[45]도 단순히 모국과 유치국

43 금융감독원, 「2001 연차보고서」(2002. 3), 32면.

44 은행업감독규정 제11조 제4항. 2001년 7월 은행업감독규정의 개정으로 을기금 한도가 '갑기금, 자본잉여금 및 이익잉여금 중 제준비금 합계액의 6배 이내'에서 '대차대조표상 자본총계의 2배'로 변경되었다.

45 앞의 '각주 7' 참조.

감독당국의 외국은행 감독 권한과 기능에 대해서만 규율하고 있고 단지 유치국 금융기관의 환경에 기초하여 외국은행의 지점에 대해 건전성 규제를 하도록 요구하고 있으므로 외국은행 지점의 영업상 독립에 기초한 자본금 의제에 대하여는 각 나라의 자율적인 규제에 따르고 있다. 외국의 예를 보면, 대부분의 OECD 국가들은 우리와 같이 외국은행 지점의 자산에 대한 규제를 하고 있지만 신용공여한도와 같은 업무한도의 규제에 있어서는 우리와 다르게 본점의 전체 자본금을 기준으로 하고 있는 것이 일반적이다.[46]

이와 같은 우리나라의 규제 상황에서 외국은행의 가장 큰 요구사항 중 하나는 본점 자본금을 지점거래에서 인정하여 주어야 한다는 것이며 만일 현재대로 지점의 영업기금을 계속 지점 영업의 기준이 되는 자본금으로 의제한다면 그 범위를 더욱 확대시켜 주어야 한다는 것이다.[47] 결국 은행법의 국내지점에 대한 현재의 자본금 의제와 관련 규제가 바뀌지 않는다면 다음과 같이 몇 가지 논란이 일어날 수 있다.

첫째, 외국은행 국내지점의 독립성과 관련하여, 본점과 분리되어 국내지점의 영업기금만을 자본금으로 보는 법률 자세는 일견 외국은행 자회사의 자본금 규제와 혼동하고 있다는 법률상 모순이 지적될 수 있다. 그러나 외국은행 자회사는 우리나라 은행법의 일반 금융기관에 해당하고 처음부터 최저자본금 등 일반은행과 동일한 요건과 규제가 적용되는 반면에, 국내지점은 편의적인 규제의 목적상 영업기금만을 자본금으로 의제하는 것뿐이고 독립성이라는 것이 별개의 법인격을 의미하는 것이 아니라 영업적인 독립성을 의미하는 것으로 해석한다면 현행 은행법하에서도 양자는 구별의 실익이 있다고 생각한다. 다만, 은행법은 자본금 의제에서 더 나아가 이를 기준으로 국내지점의 영업규제까지 하고 있으므로 외국은행 국내지점을 자회사처럼 규제한다는 비난을 면하지 못한다.

둘째, 외국은행 국내지점의 내국민대우와 관련하여, 국내지점의 제한적인

---

46 다만 터키나 싱가포르와 같은 소수의 일부 국가만이 우리와 유사하게 외국은행 지점의 자산이나 지점의 의제된 자본금을 기준으로 여신한도를 정하고 있다고 한다(황선인/김인배/신인석, 「은행서비스 시장의 개방현황 및 외국은행 진입에 따른 효과분석」, 대외경제정책연구원 정책연구(01-03)(2001. 12), 33면; 국민일보, "외국은 국내지점 자기자본 기준 확대"(2001. 6. 29)).

47 *Cf.* European Union Chamber of Commerce in Korea, *id.*

자본금 의제로 인하여 우리나라에서 외국은행 국내지점의 국내은행과의 경쟁력은 처음부터 제한받게 되고 이는 내국민대우 원칙에도 상반되는 문제가 발생한다. 더욱이 자본금 의제를 위한 영업기금의 범위를 극단적으로 제한한다면 외국은행의 차별적인 대우라는 지적은 면하기 어렵다. 따라서 국내지점의 영업기금을 상향 조정하는 것이 국제적으로 요구되는 내국민대우에 맞는 처우가 될 것이다. 다만, 외국은행 국내지점은 지점으로서 금융기관의 최저 자본금 규정의 적용을 받지 않기 때문에 영업기금의 한도는 일반은행의 자기자본 기준 이내에서 적절한 수준을 유지하여야 할 것이다. 만일 국내지점의 목적이 자본금의 확대를 통한 영업확대에 있다면 외국은행은 사정에 따라 영업기금을 증액하거나 국내지점을 추가 설치할 수 있고 또는 국내지점을 자회사로 변경할 수 있을 것이다.

셋째, 외국은행 국내지점의 신용공여한도와 관련하여, 국내지점의 신용공여한도가 편의적으로 의제된 국내지점의 자기자본에 기초하여 제한되기 때문에 국내지점의 자기자본 내용과 크기가 국내은행과는 차이가 있음에도 불구하고 국내지점이 우리나라 일반은행의 신용공여한도와 동일한 규제를 받는 것은 불합리하다는 점이 지적될 수 있다. 은행법상 은행 등 일반 금융기관의 신용공여한도 등의 업무한도 기준은 건전성 규제를 위하여 '은행'의 자기자본에 두고 있는 반면에,[48] 외국은행 국내지점의 경우에는 '국내지점'의 영업기금을 자본금으로 보고 있기 때문에[49] 국내지점 역시 일반은행들과 마찬가지로 의제된 자기자본을 기준으로 신용공여한도 등을 정하게 된다. 은행법은 다만 편의적으로 국내지점의 영업기금을 지점의 자본금으로 의제하고 있을 뿐인데 더 나아가 이를 기준으로 신용공여한도까지 규제를 하고 있기 때문에 국내 일반은행의 지점에 대한 신용공여한도 규제가 본점은행 전체의 자본금을 기준으로 하고 있는 것과는 대조적이다.

이러한 법 규제는 비록 외국은행에 대한 국내에서의 규제와 감독이라는 특

48 예컨대 은행법상 동일차주에 대한 신용공여한도(제35조 제1항), 대주주에 대한 신용공여한도(제35조의2 제1항), 동일인 등에 대한 신용공여한도(제35조 제3항), 거액신용공여한도(제35조 제4항) 등은 모두 '은행의 자기자본'을 기준으로 10%, 20% 및 25% 등의 신용공여한도 제한을 두고 있다.

49 은행법 제63조 및 동법 시행령 제26조.

수성으로 인하여 어느 정도 인정될 수 있다고 하더라도 법 논리적으로는 문제가 있다. 외국은행 국내지점이 지점으로서의 영업소인 점을 고려한다면 국내지점의 신용공여한도는 당연히 국내은행과 동일하게 외국은행 '본점' 전체의 자본금을 기준으로 하여야 법률 원칙에 맞다. 미국과 같이 외국은행 지점의 미국 내 자산에 대한 규제를 하면서도 여신한도 등은 외국은행 지점이 별개의 독립된 법인격이 아니라는 점을 고려하여 외국은행 본점의 전체 자본금을 기준으로 하고 있음은 참고할 만하다.[50]

자본금 의제에 따른 신용공여한도와 같은 업무한도의 규제는 이와 같이 지점의 법적 성격에 따른 문제에 그치지 않고 다시 국내지점의 업무를 축소시키는 결과를 낳는다. 만일 외국은행 본점의 자본금을 기준으로 신용공여한도를 정하게 되면 보다 큰 한도범위를 가질 수 있지만 국내지점의 영업기금만을 기준으로 신용공여한도를 정한다면 그만큼 축소된 신용공여한도를 가질 수밖에 없다. 우리나라는 이러한 문제에 대해 국내지점의 영업기금인 자본금을 기준으로 신용공여한도를 정하는 규제를 그대로 유지하되 간접적인 방법으로 영업기금의 인정범위를 확대시켜 주어 신용공여한도를 늘려줌으로써 국내지점의 영업기금에 기초한 자본금 기준으로 인한 불이익을 일부 보상하고 있다. 그 예로써 지난 1991년 12월 31일 은행법을 개정하여 하나의 외국금융기관이 대한민국 내에 2이상의 지점을 두는 경우 당해 지점 전부를 하나의 금융기관으로 볼 수 있게 하였다.[51] 따라서 2개 이상의 지점이 있는 경우 모든 국내지점의 영업기금의 합이 당해 외국은행 국내지점의 자본금으로 의제되고 신용공여한도 등의 범위가 그 만큼 커지게 되었다. 또한 외국은행 국내지점의 신용공여한도의 기준이 되는 영업기금의 범위를 확대시켜 주기 위하여 2001년 6월 은행법시행령 제26조를 개정하여 1년 초과의 본·지점간 장기차입금중 국내운용액을 을기금에 추가시키기도 하였다.[52]

이와 같이 그나마 영업기금을 늘려주어 신용공여한도를 확대시키는 정책은 현행 자본금 의제 제도를 고수하는 한 어쩔 수 없지만 외국은행 국내지점의

50 미국 12 U.S.C. 3102 (b) 및 Hall S. Scott & Philip A. Wellons, International Finance: Transactions, Policy and Regulation(7th Ed., Foundation Press, 2014), p.112.

51 은행법 제59조 제2항.

52 금융감독원, 「2001 연차보고서」, 32면.

규제에 얼마나 효과를 볼 것인지는 미지수이다. 또한 법률원칙까지 무시한 국내지점의 신용공여한도 규제가 무한정 영업기금을 늘리는 방향으로 나아가는 것도 무리수로 보인다. 이미 외국은행의 국내 자회사 진출이 본격적으로 허용된 상태에서 자회사의 진출이 허용되지 않던 시대에 정책적 규제 목적으로 만들어진 국내지점에 대한 자본금 의제와 신용공여한도 규제의 정책은 새로운 조정이 필요하다고 생각한다. 외국은행 자회사의 존재를 이제 의식한다면 국내지점의 규제는 지점의 성격에 맞게 본점은행 전체의 자본금을 기준으로 신용공여한도를 정하고 반면에 자회사는 현지법인의 자본금을 기준으로 신용공여한도를 정한다면 외국은행에 대한 전체적인 규제의 조화가 이루어질 것이다.

2. 국내지점 폐쇄와 관련된 문제

외국은행 국내지점의 폐쇄 역시 금융위원회의 인가를 필요로 한다. 이때 금융위원회는 예금지급의 충분성 등을 심사하여 폐쇄를 인가한다. 따라서 금융위원회는 국내지점의 폐쇄인가 신청 시에 국내지점의 폐쇄에 따른 자산 및 부채의 정리계획이 적정하고 국내 예금자등 채권자보호에 지장을 초래하지 않는지 그리고 내국인 근무직원에 대한 퇴직금지급 등의 조치계획이 적정한지 여부를 심사하여 폐쇄인가를 결정한다.[53]

그러나 국내지점 폐쇄 시 지점의 채무초과로 국내지점의 자본금인 영업기금으로 예금지급이나 기타 채무를 전액 변제하지 못하는 경우에 대하여 은행법은 명확한 규정을 두고 있지 않다.[54] 국내지점이 우리나라에서 영업을 하는 동안 국내지점의 영업기금을 자본금으로 의제하여 동 자본금을 규제의 기준으로 삼고 있기 때문에 이러한 법 해석과 논리대로라면 국내지점의 영업기금만이 채무변제에 충당될 수 있다는 모순에 빠질 수 있다. 즉, 국내지점의 영업기금을 자본금으로 의제한 후 모든 규제를 국내지점의 자본금을 기준으로 하고 있는

53 은행법시행령 제24조의9 제2항 참조.

54 국내지점의 채무초과 발생은 지점폐쇄 시에만 발생하는 것이 아니고 지점의 영업행위 중에도 발생할 수 있으나 지점의 영업행위 중의 채무초과 발생은 은행법상 적절한 건전성 규제와 영업기금 보전 의무가 있으므로 특히 문제가 되지는 않을 것이다. 그러나 지점의 폐쇄 시에는 국내지점이 영업을 종료하고 모든 재산을 청산하기 때문에 잔존재산으로 모든 채무를 변제하지 못하는 경우 특히 문제의 소지가 크므로 여기서는 지점폐쇄 시 국내지점과 본점의 책임을 문제로 삼고 있다.

은행법의 태도로 인하여 국내지점의 채무에 대한 책임 역시 동 자본금에 국한하여 생각할 수밖에 없다는 해석이나 주장이 외국은행으로부터 나올 수 있다.

외국은행 국내지점은 그 영업기금을 우리나라에서 보유하여야 하고 폐쇄 시에는 대한민국 내에 있는 재산의 전부에 대하여 청산하여야 하며[55] 그 자산, 자본금적립금, 기타 잉여금은 대한민국 국민과 대한민국 내에 주소 또는 거소가 있는 외국인에 대한 채무변제에 우선 충당하여야 하므로[56] 어느 정도 국내예금자와 채권자의 보호를 위한 사전적 규제가 이루어져 있다. 이처럼 은행법은 국내지점이 영업을 하는 동안 재산보전 의무를 부과하고 있고 폐쇄 시에는 금융위원회의 인가를 받도록 하여 어느 정도 문제의 발생을 방지하고 있으며 실제에 있어서도 외국은행 국내지점을 우리나라에서 폐쇄하는 경우 채무변제를 다하지 못한 사례는 아직까지 없었다. 그러나 국내지점의 영업기금을 초과하는 채무지급불능은 언제라도 발생할 수 있고 자진 폐쇄의 경우뿐만 아니라 금융위원회의 인가취소 또는 본점은행의 사유나 기타의 사유로 인한 자동인가취소가 발생할 수도 있으며 외국은행이 아예 금융위원회의 폐쇄인가 절차를 무시하고 국내지점을 철수시키는 경우도 발생할 수 있으므로 어떠한 상황에서라도 국내예금자를 포함하는 채권자의 보호는 중요한 문제이다.

법률적으로 외국은행 국내지점은 외국법에 의하여 설립되어 외국에서 은행업을 영위하는 자의 한국 내 지점이므로 국내지점과 본점과의 관계에 있어서 국내지점은 독립된 권리주체가 될 수 없다. 또한 국내지점은 상법상 영업소로서 지점에 해당하므로 본점에 종속되어 업무적으로 독립적이지 법적으로 본점과 독립된 별개의 법인체는 아니다. 따라서 외국은행의 국내 규제와 감독이라는 특성으로 인하여 편의적으로 국내지점의 '영업상' 독립성이 인정되고 있을 뿐이므로 자본금 의제와 그에 따른 규제 역시 이러한 맥락에서 이해하여야 할 것이다. 결국 외국은행 국내지점은 당해 지점거래로 인한 채권자에 대하여 1차적인 채무부담을 지지만 본점은행과 독립된 법인체로서 채무부담을 지는 것은 아니며 외국은행 본점은 국내지점의 채무이행이 불가능한 경우 언제라도 최종적인 채무부담을 지는 주체가 되어야 한다. 따라서 만일 우리나라의 채권자가

55 은행법 제61조 제1항.

56 은행법 제62조 및 은행업감독규정 제12조.

국내지점으로부터 채권전액을 확보하지 못하는 경우에는 외국은행 본점에 대하여 직접 청구권을 행사하는 것도 가능하고[57] 외국은행 본점은 국내지점의 모든 법률적 책임과 의무의 최종적인 주체가 된다.

Ⅴ. 결 론

은행법상 외국은행 국내지점의 자본금 의제와 신용공여한도와 같은 업무한도 규정은 우리나라가 외국은행의 자회사를 일반적으로 인정하지 않았던 시대에 만들어진 편의주의적인 법규정이며 외국은행의 내국민대우 원칙에도 상반되는 제도이다. 현재에는 외국은행의 자회사 설립이 국내은행의 주식인수, 합작투자 또는 100%의 실질적인 현지법인을 통하여 가능하여졌기 때문에[58] 현재 외국은행의 자회사 법률원칙과 혼돈되어 있는 외국은행 국내지점의 규제는 시대에 맞게 수정될 필요가 있다.

첫째, 우리나라 입장에서 외국은행 국내지점의 국내 자산에 대한 건전성 규제와 감독은 필수적이다. 따라서 자본금 의제의 내용 자체는 영업소로서의 지점이 일정한 국내자산의 보유가 필요하고 국내 예금주를 보호하기 위해서 그리고 국내 감독과 건전성 규제의 필요에 의하여 자산관리 측면에서 일부 수정하여 존치하는 것은 필요하다고 본다. 다만, 지점인 점을 고려하여 '자본금' 규제라는 용어보다는 '자산' 규제라는 용어를 사용하는 것이 바람직하다고 생각한다.

둘째, 외국은행 국내지점의 신용공여한도 등의 업무한도는 국내지점의 영업기금을 기준으로 할 것이 아니라 지점이라는 법률적 성격에 맞게 외국은행 본점의 전체 자본금을 기준으로 하여야 할 것이다. 이로써 외국은행 국내지점과 외국은행의 자회사에 대한 전체적인 법리 구성도 조화를 이룰 수가 있다. 다만, 외국은행 본점의 자본금을 기준으로 국내지점의 신용공여한도를 적용하게

57 정찬형/도제문, 앞의 책, 364면은 그 이슈가 본 논문과 다르지만 이와 같은 결론에는 같은 견해인 것으로 보인다.

58 은행법상으로는 지난 1998년 4월부터 외국금융기관의 자회사 설립이 가능하였으나 최근 2004년 7월 금융위원회가 「은행업인가지침」을 개정하여 외국금융기관의 자회사 설치에 관한 구체적인 기준을 마련함으로써 지점을 자회사로 재편하거나 새로이 자회사를 설립하여 국내에 진출하려는 외국금융기관의 수는 더욱 늘어날 전망이다(금융감독원, "국내에도 현지법인 은행 설립할 수 있는 길 열려", 보도자료(2004. 7. 22) 참조).

되면 국내지점의 신용공여한도가 확대되기 때문에 국내은행의 경쟁력 약화가 우려된다. 따라서 국내은행의 경쟁력 향상을 위한 경영전략이 필요할 것이며 외국은행 국내지점의 확대된 신용공여한도에 대하여는 보다 엄격한 여신감독과 검사절차가 이루어져야 할 것이다.

참고문헌

R·E·F·E·R·E·N·C·E·S

국민일보, “외국은 국내지점 자기자본 기준 확대”(2001. 6. 29).

금융감독원, “2004년 상반기중 외국은행 국내지점 영업실적”, 보도자료(2004. 8. 18).

금융감독원, “국내에도 현지법인 은행 설립할 수 있는 길 열려”, 보도자료(2004. 7. 22).

금융감독원, “금융감독정보”(제2002-35호)(2002. 9. 2~9. 7).

금융감독원, “씨티그룹에 대한 (주)한미은행의 주식 취득 승인”, 보도자료(2004. 3. 26).

금융감독원, 「2001 연차보고서」(2002. 3).

김병태, “외국은행의 진입유형과 기준에 관한 고찰: 한국과 미국의 법적 규제를 중심으로,” 경희법학 제39권 2호(2004. 12. 31).

김성태, 「상법(총칙, 상행위)강의」(2002. 9).

김종선/김종오, 「금융시장론」(2004. 2).

정찬형, 「상법강의(상)」(2015).

정찬형/도제문, 「은행법」(2003. 9).

최기원, 「상법학신론(상)」(2003. 8).

최준선, 「상법총칙·상행위법」(2011. 8).

한국은행, “외국은행 국내진출의 결정요인 및 국내은행 경영성과에 미치는 영향”, 보도자료(공보 2002-3-3호)(2002. 3. 5).

한국은행, 「우리나라의 금융제도」(1999. 12).

황선인/김인배/신인석, “은행서비스 시장의 개방현황 및 외국은행 진입에 따른 효과분석”, 대외경제정책연구원 정책연구(01-03)(2001. 12).

Bank of Korea Press Release, Preliminary Authorization of Credit Card Business to Citi Bank Branch(1997. 6. 20).

Basel Committee on Banking Supervision, Authorization Procedures for Banks' Foreign Establishments(1983. 3).

Basel Committee on Banking Supervision, Core Principles for Effective Banking Supervision (1997. 9).

Basel Committee on Banking Supervision, Principles for the Supervision of Banks' Foreign Establishments(the "Concordat")(1983. 5).

Byung-Tae Kim, Korea's Banking Law Reform: Post Asian Crisis(Kluwer Law International, 2003).

Department of the Treasury of the U.S.A., National Treatment Study: 1998(1998. 11).

Edward L. Symons, Jr. & James J. White, Banking Law(West Publishing Co., 1991).

European Union Chamber of Commerce in Korea, Trade Issues and Recemmendations: 2004 of Banking Committee(2004), <http://www.eucck.org/trade/2004/question/el/banking.htm>.

Hall S. Scott & Philip A. Wellons, International Finance: Transactions, Policy and Regulation (7th Ed., Foundation Press, 2014).

PricewaterhouseCoopers LLP, A Regulatory Guide for Foreign Banks in the United States (2003-2004 Edition)(2003).

Wendy Dobson & Pierre Jacquet, Case Studies: South Korea, Financial Services Liberalization in the WTO(Institute for International Economics, 1998. 6).

<판례>

대법원 1989. 8. 8. 선고 88누9978 판결.

Edelmann v. Chase Manhattan Bank, N.A., 861 F.2d 1291, 1296+ (1st Cir.(Puerto Rico) Aug. 22, 1988).

First Nat. Bank of Boston (Intern.) v. Banco Nacional de Cuba, 658 F.2d 895, 900+ (2nd Cir.(N.Y.) Aug. 4, 1981).

Pan-American Bank & Trust Co. v. National City Bank of New York, 6 F.2d 762(1925).

Perez v. Chase Manhattan Bank, N.A., 474 N.Y.S.2d 689, 691+, 463 N.E.2d 5, 7+, 61 N.Y.2d 460, 468+ (N.Y. Mar. 30, 1984).

Sokoloff v. National City Bank of New York, 130 Misc. 66 N.Y.Sup.(1927).

U.S. v. BCCI Holdings (Luxembourg), S.A., 48 F.3d 551, 554, 310 U.S.App.D.C. 375, 378 (D.C.Cir. Mar. 3, 1995).

[별첨 1] 2015년말 기준 외국은행의 국내지점 설립 현황

구분	국가명(은행수)	은행명	인가일자	개설일자
북미 (2개국, 6개 은행)	미국(5)	제이피모간 체이스	67.05.16	67.07.21
		뱅크오브아메리카	67.10.20	67.12.01
		뉴욕멜론	88.07.28	88.07.30
		웰스파고	97.03.20	97.05.02
		스테이트스트리트	01.03.27	01.05.30
	캐나다(1)	노바스코셔	78.03.04	78.03.27
유럽 (6개국, 15개 은행)	영국(5)	홍콩상하이 서울지점	84.12.10	84.12.10
		모건스탠리은행	05.07.05	05.09.07
		골드만삭스인터내셔날	06.06.23	06.09.01
		바클레이즈	01.12.19	02.01.21
		알비에스은행(RBS plc)	79.01.17	79.03.16
	프랑스(4)	크레딧 아그리콜 서울	74.07.22	74.08.03
		BNP파리바	76.07.23	76.10.04
		유바프	79.05.08	79.07.09
		소시에테제네랄(SG은행)	83.12.08	84.01.05
	스페인(1)	BBVA은행	11.07.20	11.09.01
	네덜란드(1)	아이엔지	91.09.19	91.10.19
	독일(2)	도이치	78.04.26	78.07.08
		바덴뷔르템베르크주립	08.02.15	08.05.15
	스위스(2)	크레디트스위스	97.06.05	97.07.01
		UBS	98.10.22	99.01.02
아시아 (7개국, 19개 은행, 26개 지점)	일본(4)	도쿄미쓰비시 UFJ은행 서울	67.08.05	67.10.20
		미즈호	72.01.17	72.02.07
		미쓰이스미토모	82.01.21	82.02.04
		야마구찌 부산	86.04.03	86.07.12
	중국(6)	중국 서울지점	93.12.03	94.01.19
		안산지점	03.08.11	03.08.19
		대구지점	06.08.07	06.08.28

		구로지점	08.05.30	08.06.05
		중국공상 서울지점	97.11.06	97.12.09
		부산지점	02.04.29	02.05.28
		대림지점	10.07.02	10.08.29
	중국(6)	건대지점	12.12.12	12.12.28
		중국건설 서울지점	03.12.11	04.02.04
		중국교통 서울지점	05.05.30	05.08.01
아시아 (7개국, 19개 은행, 26개 지점)		중국농업 서울지점	11.11.30	12.01.09
		중국광대은행	15.12.16	–
	싱가포르(3)	DBS	81.10.04	81.10.04
		대화	84.12.03	85.01.07
		OCBC	91.01.17	91.03.11
	인도(2)	인도해외	77.09.06	77.09.19
		스테이트뱅크오브인디아(SBI)	15.10.21.	–
	파키스탄(1)	파키스탄국립	87.03.19	87.06.01
	인도네시아(1)	인도네시아느가라(BNI)	15.11.04	–
	필리핀(1)	메트로 서울지점	96.10.17	97.04.10
		부산지점	99.10.12	00.01.01
	이란(1)	멜라트	01.02.22	01.05.28
호주 (2개 은행)	호주(2)	호주뉴질랜드	87.01.12	87.01.31
		맥쿼리은행	09.12.11	09.12.14
계	17개국, 42개 은행, 49개 지점 (중국·중국공상 각 4개, 필리핀 메트로 2개, 그 외 은행 각 1개 지점)			

자료: 금융위원회·금융감독원, "중국광대은행 서울지점 신설 인가 및 외은지점 설립현황," 보도참고자료(2015. 12. 16).

제 4 편

금융거래법

제 1 장 총 설

Ⅰ. 금융거래의 혼융(convergence)과 금융거래법의 복잡성의 증가

금융거래는 전통적으로는 은행, 보험, 증권, 신탁, 인수금융 등 일련의 거래유형들이 서로 분리되어 있었고, 높은 관련성을 가지고 있지는 않았다. 그러나 오늘날의 금융거래는 은행, 보험, 증권, 신탁이 서로 혼융되면서 상호간의 관련성이 높아지고 있다. 금융거래법 영역의 다양한 거래를 이 책에 모두 담을 수는 없어서 이 중에서 중요한 주제들을 중심으로 해서 선별하였다. 이하의 내용은 본서의 금융거래법을 세부적으로 읽어나가기 전에 이 책에서 언급되고 있는 주제들을 일별하는 용도로 사용하면 한다.

Ⅱ. 이 책의 각 부분의 요약

1. 금융실명제[1]

금융실명제는 긴급조치의 형식으로 시작되었지만 우리 금융거래에서 큰 영향을 미친 중요 사건이었다. 1993년 8월 12일 제정된 "금융실명거래 및 비밀

* 최승재 집필.

1 이 부분은 제2장(오시정 집필)을 요약하여 소개하는 것이다.

보장에 관한 긴급재정경제명령"에 의하여 시행에 들어간 금융실명제하에서, 출연자 또는 예금계약체결행위자와 명의자가 다른 예금계약의 예금주를 누구로 보아야 할 것인지에 관하여 대법원 판례는 두 단계를 거쳐 진화하였다.

제1단계는 원칙적으로 명의자를 예금주로 보아야 하지만, 금융회사 등과의 사이에 출연자 또는 예금계약체결행위자를 예금주로 하기로 하는 명시적인 약정 또는 묵시적인 약정이 있으면, 그 약정에 따라 예금계약상의 예금주 명의에 불구하고 출연자 또는 예금계약체결행위자를 예금주로 보아야 한다는 것이다(대법원 1996. 4. 23. 선고 95다55986 판결).

제2단계는 금융회사 등과의 사이에 출연자 또는 예금계약체결행위자를 예금주로 하는 명시적인 약정이 있는 경우만 예금계약상의 예금주 명의에 불구하고 출연자 또는 예금계약체결행위자를 예금주로 보아야 하고 그 이외의 경우는 모두 명의자를 예금주로 보아야 한다는 것이다. 제1단계에서는 묵시적 합의가 있는 경우에도 출연자 또는 예금계약체결행위자를 예금주로 보고 있음에 대하여 제2단계에서는 명의자를 예금주로 보아야 한다는 점에서 차이가 있다(대법원 2009. 3. 19. 선고 2008다45828 전원합의체 판결).

대법원의 이런 판례 변화를 통해서 금융실명제는 자리를 잡아 가고 있다. 이런 실명제는 부동산실명제에 대한 「부동산 실권리자명의 등기에 관한 법률」과 함께 거래에서 실명제를 도입한 중요한 양대 축이다. 하지만 여전히 주식의 경우에는 실권리자(출연자)가 실질주주로서 주주인 것으로 보는 대법원 판례는 확고하다. 주식의 경우에는 명의신탁도 유효라고 보고 있다. 향후 주식의 경우에도 이와 같은 금융거래에서의 실명제의 경향성에 같이 갈 것인지 살펴볼 필요가 있다.

2. 전자금융거래의 활성화

(1) 전자금융거래법[2]

전자금융거래의 활성화는 우리의 일상생활에 큰 변화를 주었지만, 다른 한편으로 보이스피싱과 사기 범죄의 발생이라는 부정적인 문제를 야기하였다. 피해자와 금융회사간의 민사 분쟁은 주로 무권한자에 의해 이루어진 전자자금 이

2 이 부분은 제5장(최승재 집필)을 요약하여 소개하는 것이다.

체 거래에 따른 피해자의 손해에 대해서 금융회사가 전자금융거래법 제9조에서 따른 손해배상책임을 부담하는지 여부, 나아가 금융회사의 손해배상책임 면책 요건으로서의 이용자의 고의·중과실의 의미와 범위를 중심으로 논의가 이루어져왔다.

대법원 2014. 1. 29. 선고 2013다86489판결은 이와 관련해서 의미 있는 판결이다. 대법원은 이 판결에서 "전자금융거래법 제9조, 전자금융거래법 시행령 제8조 등에서 정하는 '고의 또는 중대한 과실'이 있는지 여부는 접근 매체의 위조 등 금융사고가 일어난 구체적인 경위, 그 위조 등 수법의 내용 및 그 수법에 대한 일반인의 인식 정도, 금융거래 이용자의 직업 및 금융거래 이용경력 기타 제반 사정을 고려하여 판단할 것이다"라고 하면서, 고객인 甲이 금융기관인 乙 주식회사 등에서 예금계좌를 개설하여 금융거래를 하면서 인터넷뱅킹서비스를 이용하여 왔는데, 丙이 전화 금융사기(이른바 보이스피싱)를 통하여 甲에게서 취득한 금융거래 정보를 이용하여 甲 명의의 공인인증서를 재발급받아 다른 금융기관들로부터 대출서비스 등을 받은 사안에서, 甲이 제3자에게 접근 매체인 공인인증서 발급에 필수적인 계좌번호, 계좌비밀번호, 주민등록번호, 보안카드번호, 보안카드비밀번호를 모두 알려준 점 등 제반 사정에 비추어, 甲의 금융거래정보 노출행위가 전자금융거래법 등에서 정한 금융사고의 발생에 이용자의 '중대한 과실'이 있는 경우에 해당한다고 본 원심 판단을 수긍하였다. 전자금융거래법 제9조 제2항, 제3항 및 동법 시행령 제8조는 입법형식이라는 면에서 매우 특이한 유형이라고 생각한다. 왜냐하면 법문에서 과실 유형을 열거하고 있기 때문이다. 사실 일부 면책의 대상이 되는 사용자의 고의나 과실을 법에 명문의 규정(제9조 제3항)을 두어 한정하는 방식은 입법기술적으로 바람직한 방식으로 생각되지는 않는다. 고의나 과실과 같은 주관적 구성 요건은 개별적인 사안에 따라서 구체적으로 판단하여야 할 것이지 사전에 입법적으로 금융기관의 면책대상이 되는 사유를 일부 또는 전부에 대하여 규정할 것은 아니다.

하지만 현행법인 이상 전자금융거래법 제9조가 금융기관에게 무과실 책임을 지우면서도 예외적으로 일정한 경우에는 입법적으로 면책 규정을 두어 제한된 경우에만 금융기관의 면책을 허용하려는 입법 의도는 명확하므로 이런 점에서 동법 시행령 제8조와 결합하여 예외적인 면책 규정을 해석한 대법원 2014. 1.

29. 선고 2013다86489 판결은 타당한 해석론이라고 본다.

(2) 전자금융거래법 제9조상의 무과실책임의 타당성[3]

한편 이 책에서는 전자금융거래법 제9조상의 '금융기관 또는 전자금융업자의 책임'에 관하여 무과실책임 규정의 타당성에 대한 논의도 한다. 전자금융거래법 제9조는 전자금융거래에 있어서 접근매체의 위조 또는 변조로 인하여 발생한 사고에 관하여 금융기관 또는 전자금융업자에 대하여 일정한 제한하에 무과실책임(無過失責任)을 부과하는 것으로 이해할 수 있다. 이 조문에 대하여 금융기관에게 무과실책임을 인정하는 것이 민법의 기본원칙인 과실책임주의로부터의 일탈로서 타당하지 않다는 많은 비판이 있었는데, 필자는 제한적으로 무과실책임을 부과하는 우리 입법의 태도가 타당하다는 입장에 서 있다. 필자는 전자금융거래법 제9조는 중과실의 유형이나 위조 또는 변조의 개념과 유형, 입증책임 등을 둘러싸고 더 많은 논의가 이루어져야 하며, 현재로서는 출발점에 서 있다고 본다. 특히 현재로서는 그간 이미 이용되어 오던 약관이 법제화된 성격이 강하기 때문에 금융기관으로서 감당할 수 없는 많은 문제가 갑자기 발생할 것으로 생각되지는 않는다. 결론적으로 전자금융거래법 제9조가 민법상의 대원칙으로서의 과실책임주의를 일탈하고 있다는 비판은 오해에서 기인한 것이라는 점이다. 오히려 기존의 판례와 민법이론에 부합하며 합리적 이해 조절을 시도한 것으로 이해되는 것이 옳다고 보고 있다. 이런 논의는 전자금융거래법뿐만 아니라 금융거래법에서의 책임 문제에서 전자금융거래법 제9조와 같은 무과실책임 규정을 도입할 때 참고가 될 것이다.

(3) 전자대출약정의 효력 및 그에 따른 대출금채무의 귀속[4]

실무적으로는 위와 같은 무권한자의 전자자금 이체 이전에 그가 피해자 명의로 금융회사와 전자대출약정을 체결하는 사례가 빈번히 일어나고 있으며, 이로 인하여 피해자와 대출 금융회사 간에 전자대출약정의 효력 및 그에 따른 대출금채무의 귀속에 대한 분쟁이 지속적으로 증가하고 있다.

이용자가 인터넷뱅킹의 방법으로 금융회사로부터 대출을 받고자 하는 경

3 이 부분은 제7장(김제완 집필)을 요약하여 소개하는 것이다.
4 이 부분은 제6장(문동주 집필)을 요약하여 소개하는 것이다.

우에는 공인인증서가 그 대출거래의 수단으로 기능한다. 따라서 인터넷뱅킹을 통해 대출을 받기 위해서 이용자는 그 이전에 공인인증서 발급대행기관인 은행으로부터 공인인증서를 발급 받아야 한다. 공인인증서 발급 절차를 구체적으로 살펴보면, 일반적으로 이용자는 은행에 전자금융거래신청서를 제출함과 동시에 대면에 의한 본인확인절차를 거친 후 컴퓨터에서 공인인증서 발급 프로그램을 내려 받고 은행이 정한 전자금융거래 관련 약관에 동의하고 공인인증서 발급에 필요한 신원확인사항을 모두 입력한 후에 공인인증서를 발급받게 된다. 이렇게 발급된 공인인증서를 통해서 이용자는 금융기관의 관련 약관에서 정하는 바에 따라, 공인인증서로 본인 확인을 거친 후 전자대출약정서상에 전자서명을 함으로서 금융기관에 대해서 청약의 의사표시를 한다.

만약 오프라인 거래에서 권한 없는 제3자가 신청인을 사칭하여 그의 명의로 금융회사와 대출계약을 체결한 경우에는, 동 약정은 위조의 법리에 따라 피모용자(被冒用者)와의 관계에서 일반적으로 그 효력이 부인되고, 민법 제126조에 따른 표현대리 책임의 성부가 문제될 것이다. 그러나 전자금융거래의 영역에서는, '전자'대출약정 체결 당시 대면에 의한 본인 확인 절차가 이루어지지 않고 동 약정 이전에 본인 확인 절차를 거쳐서 발급된 접근 매체인 공인인증서를 통해서 본인 확인이 이루어질 수밖에 없는데, 전자금융거래를 위해 사용되는 전자문서에 대해서는 「전자문서 및 전자거래기본법」이 적용되고, 동법 제7조 제2항 및 제3항이 타인에 의해 모용(冒用)된 전자문서의 효력 및 그 귀속문제에 대해서 별도로 정하고 있는 점 등을 고려하면 결국, 권한 없는 타인에 의해 (재)발급된 공인인증서를 그 본인 확인 수단으로 금융기관과 체결된 전자대출약정의 효력과 그 채무 귀속의 문제의 해결책은 위 조항에 대한 합리적인 해석론의 전개를 통해서 도출되어야 한다.

현재까지의 관련 하급심 판결들은 성명 불상자가 보이스피싱에 의해 위조된 공인인증서를 그 수단으로 피모용자 명의로 전자문서인 전자대출거래약정을 체결한 경우, 피모용자인 이용자가 사전에 전자금융거래에 적용되는 관련 약관에 동의한 적이 있는지 여부에 따라 기계적으로, 사전 동의가 있었던 경우에는 동법 제7조 제2항 제1호에 따라 당해 대출약정의 효력을 긍정하는 반면, 사전에 동의한 바 없는 경우에는 위조되었거나 부정한 방법으로 발급된 공인인증서로 본인확인이 이루어졌다는 점을 근거로 당해 전자대출약정의 효력을 원칙적으로 부정하면서 민법 제126조 권한을 넘은 표현대리의 적용 여부만을 검토하고 있다. 이러한 주제에 대해서 본서에서 저자가 전개하는 동 조항의 법적 의미를 고찰함과 아울러 위조된 공인인증서를 통해 체결된 전자대출약정의 효력과 그 귀속의 문제에 대한 해석론은 참고가 된다.

3. 구조화 예금의 일종으로서 옵션부 이종통화예금[5]

「자본시장과 금융투자업에 관한 법률」(이하 "자본시장법")의 "증권"의 개념(자본시장법 제4조)이 매우 포괄적이고, 증권의 일종으로서 "투자성 있는 예금"("투자성예금")이라는 개념도 자본시장법 제77조에 도입되었는데 그 정의나 범위가 모호하여 혼란이 발생하고 있다. 투자성 예금, 특히 구조화예금은 파생상품과 예금이 결합된 것으로 이런 구조화예금의 하나로 문제가 된 것이 옵션부 이중통화예금이다. 이와 같은 상품은 파생상품이 전통적인 금융상품의 일부 요소로서 거래되는 것(embedded derivatives)이고, 이 경우 동 파생상품요소의 분리 가부는 특정상품의 복합금융상품으로서의 본질에 결정적인 영향을 미치지 않는다. 복합금융상품은 증권형 복합금융상품과 예금형 복합금융상품으로 나누어 볼 수 있는데, 상당수 은행들이 취급하고 있는 주식연계예금은 대표적인 예금형 복합금융상품이다.

2009년 2월 4일 자본시장법이 시행됨에 따라 기존 증권회사들이 증권거래법상 영위하던 증권업 외에 은행이 별도의 근거 법령 없이 영위하던 파생거래업무나 신탁업법에 의하여 영위하던 신탁업무, 간접투자자산운용업법에 의하여 영위하던 펀드판매 업무 등도 금융투자업에 포함되어 은행은 겸영금융투자업자로서 자본시장법의 규율을 받게 되었다. 또한 자본시장법은 동법의 적용을 받게 되는 금융투자상품의 정의를 포괄적으로 정의함에 따라 고객이 금융기관에 지급한 금액이 약정한 반환시기에 지급받게 되는 금액보다 크게 되는 모든 경우를 투자성이 있는 금융투자상품을 의미하는 것으로 해석되게 되었다.

이처럼 자본시장법이 금융상품을 포괄주의로 규율하는 이유는 지금은 예상할 수 없으나 향후 출현할 수 있는 투자성 있는 상품도 동법의 규율범위에 포

5 이 부분은 제4장(김효연 집필)을 요약하여 소개하는 것이다.

함시키고 감독의 사각지대를 없애는 것이라고 할 수 있다. 또 투자상품과는 별개의 법리로 규율되는 예금이나 보험 중에서는 일부 투자성상품의 성향이 결합하는 복합상품이 존재하기 때문에, 예금이나 보험이 금융투자상품과 어떻게 구별할 것인가가 중요한 논제가 된다. 시장에는 어느 하나의 영역에 속하는 것으로 보기 어려운 경계선상에 있는 상품이 등장하고 있다. 이런 경계선상의 상품의 하나가 "옵션부 이종통화예금"이다.

옵션부 이종통화 예금은 그 예치기간을 1개월부터 6개월 미만의 단기 약정 정기예금과 통화옵션(고객의 매도포지션)이 결합된 상품으로서 만기 시 행사가격과 시장가격을 비교하여 옵션매수권자인 은행은 만기 원리금의 지급을 기준통화가 아닌 대체통화로 지급할 권리를 보유하고, 고객은 통화옵션의 매도 프리미엄을 정기예금에 대한 이자와 함께 수취하게 되는 구조를 갖는다. 현재 일부에서는 옵션부 이종통화예금은 투자성이 존재하며 동 투자성 즉 가능한 최대 손실액은 지급된 금액 범위내의 손실이므로 "파생결합증권"에 해당하고, 파생결합증권의 발행은 전업 금융투자회사만이 영위할 수 있는 업무이고, 이종통화예금은 금융투자상품의 분류 중 "파생결합증권"에 해당하는 이상, 은행이 이러한 "파생결합증권" 또는 "파생결합예금"업무를 영위할 수 있다는 법적 근거가 없으므로 은행이 본건 예금을 판매하는 것은 허용될 수 없다는 입장에 있다. 이에 따라 은행법에 근거하여 은행이 영위하여 오던 파생결합 예금은 자본시장법 제77조에 대한 해석 및 파생결합증권의 허용 인가에 대한 논의로 더 이상 판매가 중지된 상태에 있다. 자본시장법상 은행 예금과 금융투자상품을 분류하기 위한 투자성 판단의 기준이 보다 구체적으로 정립될 필요가 있다. "투자성"의 요소를 판단하는 객관적인 잣대를 마련하고, 자본시장법 제77조의 해석에 있어서 전업계 금융투자회사에게 허가된 파생결합증권의 매매와 은행이 영위할 수 있는 "투자성 있는 예금"은 분명히 독립된 영역으로 규율될 필요가 있다.

이와 관련된 논란은 2016년 현재에도 완전히 정리되지는 않은 것 같다. '옵션부 이종통화예금'과 같은 경계선에 있는 상품들은 지속적으로 생길 것이고, 이런 경우 자본시장법의 입법 취지에 충실한 해석은 금융거래법의 관점에서는 가급적으로 이런 유형의 상품을 긍정적으로 취급함으로써 시장 내에서의 상품의 다양성을 담보하고 수요자가 가지는 다양한 수요를 충족시킬 수 있도록 하는 것이다. 이런 점에서 이런 논의가 검토될 필요가 있음을 이 책의 관련 서술을 통해서 이해할 수 있다.

4. 커버드본드[6]

커버드본드는 주로 유럽 대륙의 은행들이, 자국의 커버드본드에 관한 특별법에 근거하여, 부동산담보대출채권(mortgage loans)이나 공공부문대출채권(public-sector loans) 등과 같은 일정한 우량 자산의 집합(cover pool)을 담보자산(cover assets; collateral)으로 하여 발행해 오고 있는 채권(債券)으로서, 발행은행이 도산하는 경우 커버드본드 소지인들이 그 담보자산에 대하여 우선변제권(preferential claim)을 가지는 채권을 말한다. 「이중상환청구권부채권의 발행에 관한 법률」(약칭 '이중상환채권법')의 제정 이전에는 「자산유동화에 관한 법률」 등을 활용하여 복잡한 구조화 과정을 거쳐 법정커버드본드와 유사한 법적·경제적 효과를 가진 담보 구조를 만들어 내었으나, 「이중상환청구권부채권 발행에 관한 법률」이 제정됨에 따라 커버드본드 담보 구조의 두 가지 요건, 즉 담보자산에 대해 커버드본드 소지인들이 우선변제권을 가져야 한다는 우선변제권 요건과 커버드본드 발행은행이 도산하더라도 커버드본드가 기한의 이익을 상실하지 않고 발행조건에 따라 계속해서 원리금지급이 되도록 할 것이라는 발행조건상의 일정에 따른 원리금지급 요건을 모두 충족시키는 담보 구조를 만들어 낼 수 있게 됨으로써, 독일의 커버드본드인 Pfandbriefe의 담보구조와 같은 단순하고 간명한 담보구조에 의한 법정커버드본드를 발행할 수 있게 되었다. 따라서, 우리나라 커버드본드의 법적 안전성과 투명성이 크게 제고될 수 있게 되었고, 또한 복잡한 구조화 과정에서 발생하는 비용을 절감할 수 있는 효과를 낼 수 있게 되었다. 이 책의 커버드본드에 대한 서술은 커버드본드를 활용하고자 하는 실무자에게 도움이 될 것이다.

5. 선박금융과 특수한 유형의 금융거래[7]

금융거래는 대규모 자금조달을 위한 특수한 형태의 금융이 있다. 가장 대

---

6 이 부분은 제3장(최성현 집필)을 요약하여 소개하는 것이다.

7 이 부분은 제8장(정대 집필)을 요약하여 소개하는 것이다.

표적인 것이 인수금융이다. 기업의 인수를 위한 필요 자금을 조달하기 위한 금융이 인수금융인데, 이 과정에서 다양한 구조화가 이루어진다. 이러한 인수금융 이상으로 복잡한 형태를 가지기도 하는 것이 선박금융이나 항공기금융이다.

선박금융을 둘러싼 법률문제는 대단히 다양하고 복잡하다. 또한, 외국계 금융기관이 선박금융 자금조달의 주된 역할을 하고, 편의치적과 같은 해운업의 특수한 현상 등이 선박금융의 문제를 국제적인 성격의 것으로 만든다. 기본적으로 신조선과 관련된 선박금융은 대출계약, 선박건조계약, 선수금환급보증계약, 해상운송계약, 해상보험계약 등으로 복잡하게 얽혀 있다. 선박금융을 둘러싼 법적 분쟁과 관련하여 개별적인 계약의 문제로 접근하는 것도 중요하지만 보다 합리적이고 타당한 법적 해결을 위해서는 선박금융의 법적 구조를 전체적으로 이해할 필요가 있다.

향후 경제사정의 변동의 영향으로 해운회사 또는 조선소의 경영악화가 초래될 경우에는 선박금융과 관련한 다양한 법률문제들이 발생할 수 있다. 이러한 관점에서 이 책에 실린 선박금융 관련 글은 선박금융과 관련된 법적 분쟁의 해결에 실마리를 제공하고, 이 분야에서 선박금융 기법을 활용함에 있어서 필요한 법적 아이디어를 제공한다.

특히 최근 대법원이 독립적 은행보증의 의미에 대한 판결을 선고하고 있다. 대법원 2014. 8. 26. 선고 2013다53700 판결에서 대법원은 원심을 파기 환송하면서 독립적 은행보증에 있어서 권리남용법리의 적용 범위와 한계에 대한 법리를 설시하였다. 즉 대법원은 "은행이 보증을 함에 있어서, 보증금 지급조건과 일치하는 청구서 및 보증서에서 명시적으로 요구하고 있는 서류가 제시되는 경우에는 그 보증이 기초하고 있는 계약이나 그 이행제공의 조건과 상관없이 그에 의하여 어떠한 구속도 받지 않고 즉시 수익자가 청구하는 보증금을 지급하겠다고 약정하였다면, 이는 주채무에 대한 관계에서 부종성을 지니는 통상의 보증이 아니라, 주채무자인 보증의뢰인과 채권자인 수익자 사이의 원인관계와는 독립되어 그 원인관계에 기한 사유로는 수익자에게 대항하지 못하고 수익자의 청구가 있기만 하면 은행의 무조건적인 지급의무가 발생하게 되는 이른바 독립적 은행보증(first demand bank guarantee)이라고 할 것이다. 이러한 독립적 은행보증의 보증인으로서는 수익자의 청구가 있기만 하면 보증의뢰인이 수익자에 대한 관계에서 채무불이행책임을 부담하게 되는지 여부를 불문하고 그 보증서에 기재된 금액을 지급할 의무가 있으며, 이 점에서 독립적 은행보증에서는 수익자와 보증의뢰인 사이의 원인관계와는 단절되는 추상성 및 무인성이 있다. 다만 독립적 은행보증의 경우에도 신의성실의 원칙이나 권리남용금지의 원칙의 적용까지 완전히 배제되는 것은 아니라고 할 것이므로, 수익자가 실제로는 보증의뢰인에게 아무런 권리를 가지고 있지 못함에도 불구하고 위와 같은 은행보증의 추상성과 무인성을 악용하여 보증인에게 청구를 하는 것임이 객관적으로 명백할 때에는 권리남용에 해당하여 허용될 수 없는 것이고, 이와 같은 경우에는 보증인으로서도 수익자의 청구에 따른 보증금의 지급을 거절할 수 있다고 할 것이나(대법원 1994. 12. 9. 선고 93다43873 판결 참조), 앞서 본 원인관계와 단절된 추상성 및 무인성이라는 독립적 은행보증의 본질적 특성을 고려하면, 수익자가 보증금을 청구할 당시 보증의뢰인에게 아무런 권리가 없음이 객관적으로 명백하여 수익자의 형식적인 법적 지위의 남용이 별다른 의심 없이 인정될 수 있는 경우가 아닌 한 권리남용을 쉽게 인정하여서는 아니 될 것"이라고 판시하였다.

선박금융에서도 이 문제가 등장한다. 독립적 은행보증의 독립추상성의 원칙에도 불구하고 수익자의 부당한 지급청구에 대해서는 보증은행이 보증금의 지급을 거절할 수가 있다. 대부분의 국가에서는 독립적 은행보증의 독립추상성을 존중하면서도 수익자의 "명백히 불공정한(manifestly unfair)" 지급청구에 한해서 보증은행의 지급거절을 인정하고 있다. 지급거절의 사유로는 첫째 보증조건의 불이행을 들 수 있다. 예를 들면, 지급개시일 이전의 지급청구 또는 유효기일 이후의 지급청구 등을 들 수 있다. 둘째, 명백한 사기(manifest fraud)를 들 수 있다. 예를 들면, 수익자의 명백한 사기가 있고 보증은행이 이러한 사실을 알았을 경우에는 보증금의 지급을 거절할 수 있다. 이와 관련하여 대법원은 수익자의 보증금 지급청구가 권리남용임이 객관적으로 명백할 때 보증은행은 보증금의 지급을 거절할 수 있다고 판시하고 있다. 이런 선박금융을 둘러싼 다양한 법적 논의들을 이 부분의 서술을 통해서 이해할 수 있다.

Ⅲ. 금융거래법의 향후 전개 및 과제

금융거래법은 향후 다양한 결합상품이 나오면서 전통적인 은행, 보험, 증권, 파생상품, 신탁상품 등의 경계선을 걸치는 여러 상품들이 등장할 것이다. 이 과정에서 이 상품들을 규제적인 관점에서의 인가 관련 쟁점이 발생할 것이지만 2009년 자본시장법의 개정 취지를 감안함과 동시에 금융거래법에서 지속적인 금융 혁신을 도모하기 위해서는 이런 경계선에 있는 복합상품들이 지속적으로 시장으로 용이하게 진입할 수 있도록 하는 것이 필요하다고 본다.

다른 한편 이런 금융혁신이라고 불리는 융합이 가지고 올 상품의 복잡화 과정에서 자칫 금융상품 투자자들의 희생이 발생할 우려가 있으므로 금융투자자 보호의무 내지 고객보호의무의 적절한 활용이 필요하다. 이는 법원의 과제라고 할 수 있다. 우리 법원은 개별 금융거래법의 영역에 설명의무, 적합성의 원칙 등의 고객보호의무의 세부적인 내용이 규정되기 전에도 판례법을 발전시켜왔다. 금융거래법은 바로 이런 혁신의 조장과 금융상품 투자자의 보호라는 양자의 균형이 필요한 영역이다.[8]

한편 이를 위해서 불법행위법 일반에서의 과실상계 및 책임제한의 문제 등 일반 민사법리와의 정합성을 담보하면서도 이들과 구별되는 점을 보완하기 위한 법리 개발도 학계와 실무 모두에서 고민하여야 할 과제이다.

---

8 이 책에서 언급되지 않은 주제들로서 금융거래법에 대한 추가적인 문헌이 필요한 연구자나 실무자들에게 최승재, 「금융거래법」, 피앤씨미디어(2016) 참조.

제 2 장 금융실명거래에 관한 판례의 변천과 금융실무상의 법률관계

Ⅰ. 머리말

예금계약 등 금융회사등[1]과의 금융거래를 거래자의 실지명의로 하는 것을 금융실명거래라고 한다. 우리나라에서는 1993년 8월 12일 "금융실명거래 및 비밀보장에 관한 긴급재정경제명령"이 제정됨으로써 금융실명거래를 의무화한 금

* 오시정 집필.

*「은행법연구」 제2권 제2호(2009. 11)에 게재된 내용을 다소 수정·보완한 것이다.

1 "금융회사등"이란 다음 중의 어느 하나에 해당하는 것을 말한다(금융실명법 제2조 제1호).

① 「은행법」에 따른 은행
② 「중소기업은행법」에 따른 중소기업은행
③ 「한국산업은행법」에 따른 한국산업은행
④ 「한국수출입은행법」에 따른 한국수출입은행
⑤ 「한국은행법」에 따른 한국은행
⑥ 「자본시장과 금융투자업에 관한 법률」에 따른 투자매매업자·투자중개업자·집합투자업자·신탁업자·증권금융회사·종합금융회사 및 명의개서대행회사
⑦ 「상호저축은행법」에 따른 상호저축은행 및 상호저축은행중앙회
⑧ 「농업협동조합법」에 따른 조합과 그 중앙회 및 농협은행
⑨ 「수산업협동조합법」에 따른 조합과 그 중앙회 및 수협은행
⑩ 「신용협동조합법」에 따른 신용협동조합 및 신용협동조합중앙회
⑪ 「새마을금고법」에 따른 금고 및 중앙회
⑫ 「보험업법」에 따른 보험회사
⑬ 「우체국예금·보험에 관한 법률」에 따른 체신관서
⑭ 그 밖에 대통령령으로 정하는 기관

융실명제가 전격적으로 시행되게 되었고, 이후 위 긴급명령 형식의 금융실명제를 보완하여 이를 항구적인 제도로 정착시키기 위해 1997년 12월 31일 금융실명거래 및 비밀보장에 관한 법률(이하 "금융실명법"이라 한다)이 제정되었다.

금융실명제가 시행되기 전에는 실명에 의하지 않은 예금계약이 금지되어 있지 않았기 때문에 실명에 의하지 않은 예금계약을 당연히 유효한 것으로 보고 그러한 예금계약의 예금주를 누구로 볼 것인지가 문제로 되었다. 그러나 금융실명제가 시행된 이후에는 실명에 의한 예금거래가 금융회사등의 의무로 되어 있기 때문에 금융회사등이 이에 위반하여 실명에 의하지 않은 예금계약을 체결하는 경우 그 예금계약의 효력이 유효한지 여부가 먼저 문제로 된다.

다음에 실명에 의하지 않은 예금계약을 무효로 보는 경우에는 이후 출연자와 금융회사등 등 관련 당사자 사이의 법률관계를 어떻게 볼 것인지의 문제가 발생한다. 또한 유효로 볼 경우에는 그 예금계약의 예금주를 누구로 볼 것인지를 비롯하여, 예금의 지급 또는 예금채무와 대출채권의 상계와 관련한 법률관계를 어떻게 이해할 것인지, 당해 예금을 대상으로 양도나 담보권의 설정 또는 민사집행이나 체납처분이 있은 경우 예치 금융회사등으로서 어떻게 대응하여야 하는지, 예금자보호법에 의한 예금보호한도의 적용이나 비실명예금의 소득세와 과징금의 원천징수는 어떻게 하여야 하는지 그리고 형사법상의 법률관계는 어떠한지 등의 문제가 발생한다.

한편, 금융회사등과 예금계약을 체결하는 당사자 관계는 출연자와 계약체결행위자 및 명의자의 3당사자로 구분하여 볼 수 있는데, 실명에 의하지 않은 예금계약의 유효성 여부와 그 예금주를 누구로 보아야 할 것인지 등에 관하여 논하려면 그에 앞서 이들 예금계약의 3당사자 사이에 구체적으로 어떠한 유형의 예금계약이 체결되는지 분석해 볼 필요가 있다.

그리고 비실명예금의 예금주를 누구로 볼 것인지에 관하여는 금융실명제의 시행을 전후하여 크게 3기로 나누어 볼 수 있다. 제1기는 금융실명제가 시행되기 전의 시기이고, 제2기는 금융실명제가 시행된 이후로부터 2009년 3월 19일 선고한 2008다45828 대법원 전원합의체 판결이 나오기 전까지의 시기이며, 제3기는 위 대법원 전원합의체 판결이 나온 이후의 시기이다.

비실명예금계약에 관한 제1기로부터 제3기까지의 근본적인 차이점은 당해 예금계약의 예금주를 누구로 볼 것인지에 있으며, 그 밖의 법률관계는 예금주를 누구로 보는지에 따라 그 결론이 달라지게 된다. 제1기는 당해 예금을 사실상 지배하고 있는 출연자를 예금주로 보고 있는 반면, 제2기는 명의자를 원칙적인 예금주로 보되 출연자와 금융회사등 사이에 당해 예금의 예금주를 출연자로 하기로 하는 명시적 또는 묵시적 약정이 있는 때에는 예외적으로 출연자를 예금주로 보고 있으며, 제3기는 출연자를 예금주로 하기로 하는 명시적인 약정이 있는 경우만 당해 예금의 예금주를 출연자로 보고 그 이외의 경우는 모두 명의자를 예금주로 보고 있다는 점에 특징이 있다.

본고에서는 먼저 금융회사등과 예금계약을 체결하는 위 3당사자 사이에 구체적으로 어떤 유형의 예금계약이 체결되는지 분석하여 이들 유형의 예금계약 중 금융실명법에서 정하고 있는 실명거래에 위반되는 것이 어느 유형인지 구별해 낸 후, 그 예금계약이 유효한 것인지 여부와 유효하다고 할 경우 그 예금주를 누구로 볼 것인지를 금융실명제가 시행되기 전의 시기인 제1기와 금융실명제가 시행된 이후 2009년 3월 19일 대법원전원합의체 판례가 나오기 전의 제2기 및 이후의 제3기로 구분하여 판단해 본 후 위에서 열거한 제반 문제에 대한 법리 적용과 그에 따른 관련 당사자의 실무적 대응방안을 제3기를 기준으로 하여 알아보기로 한다.

Ⅱ. 금융실명거래에 위반한 예금계약의 유형

금융회사등과 예금계약을 체결하는 당사자 관계는 출연자와 계약체결행위자 및 명의자의 3자로 구분하여 볼 수 있는데, 실제로 이들이 당사자로서 금융회사등과 예금계약을 체결하는 유형을 분석하여 보면 다음과 같다.

우선 금융회사등과 예금계약을 체결함에 있어서 출연자, 예금계약체결행위자 및 명의자의 3자 모두가 동일인으로 일치하는 경우와 출연자, 계약체결행위자 및 명의자가 달라 일치하지 않는 경우이다. 그리고 출연자, 계약체결행위자 및 명의자가 일치하지 않는 경우는 다시 다음의 유형으로 구분하여 볼 수 있다.

첫째는 출연자와 명의자가 같고 예금계약체결행위자가 다른 경우이다. 예를 들면 A(출연자)의 부탁을 받은 B(예금계약체결행위자)가 금융회사등 S와 A의 명의로 예금계약을 체결하고 A의 자금을 입금하는 경우[2]가 이에 해당한다.

둘째는 예금계약체결행위자와 명의자가 같고 출연자가 다른 경우이다. 예를 들면 A(출연자)의 부탁을 받은 B(예금계약체결행위자 겸 명의자)가 금융회사등 S와 B의 명의로 예금계약을 체결하고 A의 자금을 입금하는 경우가 이에 해당한다.

셋째는 출연자와 예금계약체결행위자가 같고 명의자가 다른 경우이다. 예를 들면 A(출연자 겸 예금계약체결행위자)가 금융회사등 S와 B의 명의로 예금계약을 체결하고 A의 자금을 입금하는 경우[3]가 이에 해당한다. 그리고 이 경우는 다시 A가 금융회사등 S와 B를 명의자로 하여 예금계약을 체결함에 있어서 B의 승낙을 받은 경우(이른바 명의차용의 경우)와 받지 않은 경우(이른바 명의도용 또는 모용의 경우)[4]의 2가지 유형으로 나누어 볼 수 있다. 비실명예금거래로서 가장 많이 이용되는 것이 바로 이 유형이다.

넷째는 출연자와 예금계약체결행위자 및 명의자가 모두 다른 경우이다. 예를 들면 A(출연자)의 부탁을 받은 B(예금계약체결행위자)가 금융회사등 S와 C의 명의로 예금계약을 체결하고 A의 자금을 입금하는 경우가 이에 해당한다. 그리고 이 경우도 다시 B가 C를 명의자로 하여 예금계약을 체결함에 있어서 C의 승낙을 받은 경우(이른바 명의차용의 경우)와 받지 않은 경우(이른바 명의도용 또는 모용의 경우)의 2가지 유형으로 나누어 볼 수 있음은 셋째의 경우와 같다.[5]

---

2 이런 경우 A와 B가 명의자와 특별한 가족관계이면 S는 증빙서류에 의하여 그 가족관계를 확인하고 양 자의 실명확인을 한 후 B의 명의로 예금계약을 체결하고, A와 B가 특별한 가족관계가 아니면 S는 B가 A에게 B의 명의로 예금계약을 체결할 것을 위임하는 인감증명서를 첨부한 위임장을 제출받고서 양 자의 실명확인을 한 후 B의 명의로 예금계약을 체결하고 있다.
특별한 가족관계란 명의자와 출연자가 ① 배우자, ② 직계존비속, ③ 외조부모, ④ 외손자, ⑤ 배우자 부모(사위, 며느리 포함)의 관계에 있는 경우를 말한다[금융실명거래 업무해설(전국은행연합회 수신전문위원회, 2008.10), 11면]. 그리고 가족관계의 확인은 ① 주민등록등본, ② 제적등본, 가족관계증명서, ③ 의료보호증(지자체가 발급하고 가족관계가 표시된 의료보호증에 한함), ④ 가족관계가 표시된 구 의료보험증 중의 하나로 하면 된다(앞의 금융실명거래 업무해설, 11면).

3 이 경우의 예금거래 실무도 주2)의 경우와 같다.

4 명의모용의 경우는 명의차용의 경우보다 발생가능성이 훨씬 적다. 명의모용에 의한 타인명의의 예금계약은 출연자와 명의자가 특별한 가족관계(주2 참조)인 경우(이 때에는 출연자가 주민등록등본이나 가족관계증명서에 의하여 명의자의 승낙이 없어도 명의자의 명의로 예금계약을 체결이 가능하다), 출연자가 명의자의 위임장 등을 위조하여 금융회사등을 기망하는 경우 또는 금융회사등이 명의모용을 묵인하는 경우에만 가능하기 때문이다.

5 이 유형은 예금계약체결행위자인 B가 금융회사등 S와 예금계약을 체결하는 때에 자신이

다섯째는 출연자와 예금계약체결행위자가 같으나 명의자가 가명이나 허무인인 경우이다. 예를 들면 A(출연자 겸 예금계약체결행위자)가 금융회사등 S와 A의 실명이 아닌 가명이나 이 세상에 존재하지 않는 허무인의 명의로 예금계약을 체결하고 A의 자금을 입금하는 경우가 이에 해당한다.

여섯째는 출연자와 예금계약체결행위자가 다른 경우로서 예금계약체결행위자가 가명이나 허무인[6]의 명의로 예금계약을 체결하는 경우 예를 들면 B(예금계약체결행위자)가 A(출연자)의 부탁을 받아 가명이나 허무인의 명의로 예금계약을 체결하고 A의 자금을 입금하는 경우가 이에 해당한다.

금융회사등과 체결한 예금계약에 있어서 출연자와 예금계약체결행위자 및 명의자의 3자 모두가 동일인으로 일치하는 경우는 정상적인 실명거래에 해당된다. 이에 대하여 출연자와 예금계약체결행위자 및 명의자가 서로 다른 여러 경우는 그 예금계약이 금융실명법에서 정하는 실명거래에 위반한 것인지 여부를 검토할 필요가 있는데 이하에서 순차로 알아보기로 한다.

첫째의 유형, 즉 출연자와 명의자가 같고 예금계약체결행위자가 다른 경우는 예금계약체결행위자가 출연자를 대리하여 출연자의 명의로 예금계약을 체결한 것으로 보아야 하므로 금융실명법에서 정하는 실명거래에 위반한 것이 아니다.[7]

출연자로 행세하였다면 B가 출연자 겸 예금계약체결행위자가 되고(다만 이 경우 B는 A에 대한 관계에서 위임사무에 반하는 행위를 한 것이 되지만 이는 A와 B 사이의 내부관계에 지나지 않는다), A의 대리인으로서 행세하였다면 A가 출연자 겸 예금계약체결행위자가 되므로(대리행위의 본인에 대한 귀속효과에 따라) 본질적으로는 셋째의 유형과 다르지 않다. 본고에서는 허무인을 광의의 의미로 사용하는 것을 원칙으로 하고 필요한 경우에 한하여 협의의 허무인과 사망한 자를 따로 분리하여 사용하기로 한다.

6 허무인은 광의와 협의의 두 가지 의미가 있다. 광의의 허무인은 사망한 자까지를 포함하는 개념이고 협의의 허무인은 사망한 자를 제외한 개념이다. 사망한 자의 경우 사망신고가 되지 않은 상태에서는 이를 알지 못하는 금융회사등에 의하여 실존하는 자로 취급될 수 있으나 예금계약체결시 이미 사망하였다면 실존하지 않는 자이므로 넓은 의미에서 허무인으로 보아야 한다. 그러나 협의의 허무인은 이 세상에 존재한 적이 없는 자임에 대하여 광의의 허무인에 해당하는 사망한 자는 예금계약체결 전에는 이 세상에 존재하고 있었으나 예금계약체결 당시에는 이 세상에 존재하지 않은 자라는 점에서 구분된다. 가명이나 허무인(사망자 포함) 명의의 예금계약은 금융회사등이 이를 묵인하거나 출연자의 속임수로 금융회사등이 알지 못한 경우에 이루어질 수 있다.

7 첫째의 유형에 있어서 B가 A명의로 S와 예금계약을 체결함에 있어서는 자신이 A의 대리인임을 밝히는 경우와 자신이 A인 것처럼 행세하는 경우의 2 가지 유형이 있다. 그리고 이에

둘째의 유형, 즉 예금계약체결행위자와 명의자가 같고 출연자가 다른 경우 예컨대 A(출연자)의 부탁을 받은 B(예금계약체결행위자 겸 명의자)가 금융회사등 S와 B의 명의로 예금계약을 체결하고 A의 자금을 입금한 경우는 예금계약체결행위자인 B가 A의 예금으로 할 의사로써 자신의 명의를 A에게 빌려준 것이라면 비실명거래(즉 이 경우는 A가 B에게 부탁하여 타인명의의 비실명예금을 한 것으로 볼 수 있다)에 해당하여 실명거래에 위반한 것이 되지만, B가 A로부터 받은 자금을 횡령할 의사 등에 기하여 자신의 예금으로 할 의사로써 자신의 명의로 한 것이라면 이는 실명거래에 해당된다고 할 것이므로 실명거래에 위반한 것으로 볼 수 없다.

셋째의 유형, 즉 출연자와 예금계약체결행위자가 같고 명의자가 다른 경우 예컨대 A(출연자 겸 예금계약체결행위자)가 금융회사등 S와 B의 명의로 예금계약을 체결하고 A의 자금을 입금하는 경우와 넷째의 유형 즉 출연자와 예금계약체결행위자 및 명의자가 모두 다른 경우 예컨대 A(출연자)의 부탁을 받은 B(예금계약체결행위자)가 금융회사등 S와 C의 명의로 예금계약을 체결하고 A의 자금을 입금하는 경우는 전형적인 비실명거래에 해당되는 것으로 실명거래에 위반한 것으로 보아야 한다. 다만 셋째의 유형에 있어서 A가 자신의 예금으로서가 아니라 B의 예금으로 할 의사로 B의 명의로 금융회사등 S와 예금계약을 체결한 경우라면 실명거래에 위반한 것으로 볼 수 없다.[8] 이 경우는 명의자만이 금융회사등에 대하여 예금반환청구권을 가지고 출연자는 금융회사등에 대하여 직접적으로는 어떠한 권리도 가지는 것이 아니기 때문이다. 또한 같은 취지에서 넷째

따른 S은행의 업무처리는 B가 A의 대리인임을 밝힌 경우는 A와 B의 주민등록증이나 주민등록등·초본에 의하여 양 자 모두의 실명확인을 하고 그 증빙서를 비치하여 두고, B가 A의 대리인임을 밝히지 아니하고 A인 것으로 행세하는 경우에는 구태여 B의 신분을 밝히려 하지 아니하고 A의 실명확인과 그 증빙서 비치로 그치는 것이 보통이다. 그런데 이 후자의 경우와 관련하여서는 B가 A의 명의로 예금계약을 체결하였다는 형식면에서 실명거래 위반이 아닌가 하는 의문이 들 수 있다. 그러나 이 경우는 ① B가 자신의 예금으로 할 의사로 A의 명의로 예금계약을 체결한 것이 아니라는 점, ② 대리관계의 표시 없이 대행에 의한 대리도 인정된다는 점, ③ 예금계약 당시 B와 S 사이에 B의 예금으로 하겠다는 명시적 또는 묵시적인 합의가 없었다는 점 등에 비추어 B의 예금으로 볼 여지가 없고 당연히 A의 예금으로 보아야 하므로 실명거래 위반이라고 할 수 없다.

8 김재형, "금융거래의 당사자에 관한 판정기준", 『저스티스』, 통권 93호(한국법학원, 2006. 8), 21면.

의 유형에 있어서 B가 자신의 예금으로서가 아니라 C의 예금으로 할 의사로 C의 명의로 금융회사등 S와 예금계약을 체결한 경우도 실명거래에 위반한 것으로 볼 수 없다.

다섯째의 유형, 즉 출연자와 예금계약체결행위자가 같으나 명의자가 가명이나 허무인인 경우 예컨대 A(출연자)가 금융회사등 S와 A의 실명이 아닌 가명이나 허무인의 명의로 예금계약을 체결하고 A의 자금을 입금하는 경우와 여섯째의 유형 즉 출연자와 예금계약체결행위자가 다른 경우로서 예금계약체결행위자가 가명이나 허무인의 명의로 예금계약을 체결하는 경우 예컨대 B(예금계약체결행위자)가 A(출연자)의 부탁을 받아 가명이나 허무인의 명의로 예금계약을 체결하고 A의 자금을 입금하는 경우는 명의자가 실재하는 인물의 실명이 아니라는 점에서 실명거래에 위반한 것으로 보아야 한다.

그런데 위 둘째와 셋째 및 넷째 유형의 경우는 다섯째나 여섯째 유형의 경우와는 달리 명의자가 실제하고 그 명의자의 명의로 예금계약이 체결된다는 점에서 금융실명법에서 말하는 실명에 의한 거래로 볼 수 있지 않은가 하는 의문이 들 수 있다. 그러나 실명거래란 자신의 예금으로 하고자 하는 거래자의 실명을 의미하므로 거래자가 아닌 명의자의 실명에 의한 예금계약은 실명거래가 아니라고 보아야 한다. 대법원도 1998. 8. 21. 선고 98다12027 판결에서 「구 금융실명거래및비밀보장에관한긴급재정경제명령 제3조 제1항에서 말하는 '거래자의 실명에 의한 금융거래'라 함은 금융거래계약에 따라 금융회사등에 대하여 금융자산 환급청구권을 갖는 계약상의 채권자인 거래자 자신의 실명에 의한 거래를 의미하는 것이므로, 가명에 의한 거래는 물론 거래자 자신이 아닌 타인의 실명에 의한 거래는 '거래자의 실명에 의한 금융거래'에 포함되지 않는다」고 판시하고 있다.

Ⅲ. 비실명예금계약의 유효성

1. 실명제 시행 전

금융실명제가 시행되기 전에는 실명에 의하지 않은 예금계약을 금지하는 법률규정을 두지 않았다. 이는 고도성장 정책을 추진하는 과정에서 투자재원의 조달을 위하여 실명과 비실명예금을 구분하지 않고 가능한 모든 시중 자금을 제도금융권으로 유도하기 위한 조치가 필요한 시대상황을 반영한 것이라고 할 수 있다.[9] 따라서 이 때에는 실명에 의하지 않은 예금계약도 당연히 유효한 것으로 취급되었으며, 이와 같은 비실명예금에 있어서 문제가 되는 것은 그 비 실명예금의 예금주를 누구로 볼 것인가 하는 점이었다.

금융실명제가 시행되기 전에 이루어진 비실명예금의 유효성 여부에 대하여 직접 언급한 판례는 없다. 그러나 이 시기의 판례는 모두 실명에 의하지 않은 예금의 예금주를 뒤에 설명하는 바와 같이 명의자가 아닌 출연자로서 당해 예금을 실질적으로 지배하고 있는 자로 보고 있는데, 이는 실명에 의하지 않은 예금계약의 유효성을 당연한 전제로 한 것이라는 점에서 이 시기에 있어서의 판례는 비실명예금의 유효성을 긍정하고 있는 것으로 보아야 한다.

2. 실명제 시행 후

(1) 문제의 소재

실명에 의하지 않은 예금계약은 고도성장에 필요한 민간자금을 제도금융권으로 끌어 들일 수 있는 장점은 있는 반면 부정한 자금의 은폐나 조세포탈 또는 비자금 조성 등에 이용됨으로써 경제정의의 실현과 국민경제의 건전한 발전을 저해하는 부작용을 가져오는 단점이 있다.

그러나 어느 정도의 경제성장이 이루어지고 자본시장이 활성화된 시점에 있어서는 금융거래의 투명성을 제고함으로써 사회부조리의 제거와 조세형평성 도모 등 경제정의를 실현하는 것이 장기적으로 국민경제의 건전한 발전에 도움이 된다. 이에 정부는 1993년 8월 12일 이후부터 모든 금융거래를 실명에 의하여 하도록 법제화한 것이다.

금융실명제가 시행되었다고 하여 실명에 의하지 않은 예금이 발생할 수 없는 것은 아니다. 출연자가 금융회사등 직원과의 합의하거나 금융회사등의 직원을 기망하는 방법으로 실명에 의하지 않은 예금계약을 할 수 있는 것이기 때문

---

9 오영준, “금융실명제하에서 예금계약의 당사자 확정방법”, 『사법』 8호(사법연구지원재단 2009. 6), 225면.

이다. 이에 따라 금융실명제가 시행된 이후에도 여전히 현실의 금융거래에 있어서는 금융회사등이 아는 상태에서 또는 모르는 상태에서 실명에 의하지 않은 많은 예금계약이 이루어지고 있다.

그런데 금융실명제의 근거가 되는 현행 금융실명법은 금융회사등에게 실명에 의한 금융거래를 의무화하는(동법 3①) 한편, 비실명금융자산에 대한 차등과세(동법 5)와 이를 위반하는 금융회사등의 임원 또는 직원에 대한 과태료부과(동법 7)의 불이익을 가하고 있을 뿐, 이를 위반하여 체결한 비 실명예금계약의 효력에 대하여는 아무런 규정을 두고 있지 않아 그 사법(私法)상 효력 여부가 문제로 된다.

(2) 학 설

금융실명법 제3조 제1항을 단속규정으로 보아 유효로 보아야 한다는 것이 통설이었으며, 그 논거로는 ① 실지명의의 금융거래를 요구하고 있는 금융실명거래및비밀보장에관한긴급재정경제명령(1993. 8. 12 제정) 제3조 제1항(현재는 금융실명법 3①)의 취지가 재산의 은닉, 탈세 등을 목적으로 한 무기명 또는 허무인 명의의 예금을 막고자 하는 데 있을 뿐만 아니라, 그 규정을 위반한 경우에 관하여 금융회사등의 임원·직원에 대하여만 과태료의 제재를 가할 뿐 무효라고 규정하고 있지 않아 동 긴급재정경제명령 제3조 제1항은 효력규정이 아니고 단속규정으로 보아야 한다는 점,[10] ② 위 긴급재정경제명령이 제3조 제3항에서 「실명확인을 하지 아니하였거나 실명이 아닌 것으로 확인된 기존금융자산을 지급·상환·환급·환매 등(이하 "지급 등"이라 한다)을 하여서는 아니 된다」고 규정하고 있는 목적이 기본적으로는 금융자산의 흐름을 국가가 더 잘 파악할 수 있게 하자는 데 있다고 본다면, 이는 예금주와 금융회사등 간의 사법적 관계를 직접 규율하려는 것은 아니며, 위 제3조 제3항의 규정도 효력규정이라기보다는 예금지급 등에 관한 절차적 규정으로 이해함이 상당하다는 점,[11] ③위 긴급재정경제명령 관련규정은 국가가 예금주와 금융회사등간, 또는 출연자와 예금명의

---

10 송덕수, "금융실명제하에 있어서 예금계약의 당사자 내지 예금채권자의 결정", 『판례실무연구 Ⅱ』(박영사, 1998. 11), 352면.

11 윤진수, "계약 당사자의 확정에 관한 고찰 —특히 예금계약을 중심으로", 『판례실무연구 Ⅱ』(박영사, 1998. 11), 386면; 곽민섭, "금융실명제하에서 예금계약의 예금주 확정", 『재판실무연구』 1998(광주지방법원, 1999. 1), 68면.

자 간의 사법적 관계를 직접 규율하고자 하는 효력규정이 아니라 금융실명제를 위반한 행위자에게 일정한 제재를 가함으로써 실명거래를 유도하고 이를 통하여 금융거래의 투명성을 확보하려는 취지에서 제정된 단속규정으로 보아야 한다는 점,[12] ④ 금융실명제의 취지가 실지명의에 의한 금융거래를 실시하고 그 비밀을 보장하여 금융거래의 정상화를 기하고자 함에 있으나 금융실명거래를 위반한 금융회사등의 임직원에 대하여 500만원 이하의 과태료에 처할 뿐 효력 유무에 관한 규정이 없다는 점[13] 등이 제시되고 있다.

이에 대하여 소수설은 금융실명법 제3조 제1항을 단속규정으로 보는 것에는 통설과 견해를 같이하지만 비실명예금계약의 경우를 금융회사등이 통모한 경우와 그렇지 않은 경우로 나누어 후자의 경우는 유효로 볼 수 있지만 전자의 경우는 무효로 보아야 한다고 하며, 그 논거로는 ① 전자의 경우는 금융실명제의 궁극적 목적 달성을 위해 무효로 볼 이익이 더 크고 금융실명법 제3조 제1항을 단속규정으로 보더라도 당사자들이 고의적으로 재산을 은닉하여 탈세를 하고 금융실명법과 예금자보호법을 잠탈하기 위하여 탈법행위를 한 경우에는 그 사법상의 효력이 부정될 수 있다는 점, ② 어떤 법규정이 강행규정이 아니라고 하더라도 이에 위반하여 계약이 체결된 경우에 일정한 사유가 추가되면 사법상의 계약을 무효로 만들 수 있으며 이는 대법원 2001. 12. 11. 선고 2001다33604 판결에서도 보여주고 있다는 점을 들고 있다.[14]

(3) 판 례

금융실명제가 시행된 이후에 이루어진 비실명예금계약에 대하여 대법원은 2001. 12. 28. 선고 2001다17565 판결에서 「비실명거래자에게 실명전환의무를 부과하며 이를 위반하는 경우 금융회사등의 임원 또는 직원에 대하여 과태료 부과처분을 하고, 실명전환의무위반자에게 과징금 부과처분을 하도록 규정하고 있더라도 비실명금융거래계약의 사법상 효력에는 영향이 없다」고 판시하여 그 유효성을 인정한 바 있다.

---

12 문성관, “금융실명제하에서의 출연자와 예금명의자가 서로 다른 경우 예금주의 인정 기준 및 출연자의 예금반환채권의 행사방법”, 『재판실무연구』 2001(광주지방법원, 2002. 1), 32면.

13 오창수, “금융실명제하에서의 예금주 명의신탁과 출연자와 명의자의 관계”, 『판례연구』 15집 상(서울지방변호사회, 2001. 8), 120면.

14 김재형(주8), 32~33면.

또한 2009. 3. 19. 선고 2008다45828 대법원전원합의체 판결도 다수의견은 이전의 판례와 동일한 입장에서 비실명예금계약의 유효성을 긍정하고 있다. 그러나 소수의견은 이전의 판례와는 달리 예금명의자의 명의로 실명확인 절차까지 마쳐지고 그 명의로 예금계약이 체결되어 금융실명법이 요구하는 요건을 갖춘 예금계약의 외관이 따로 있음에도 불구하고, 이를 무시하고 실명확인 절차를 거친 자 이외의 다른 사람을 예금주로 하는 예금계약은 이를 무효로 보아야 한다고 주장하며, 그 논거로 ① 자신의 실명을 감춘 채 이루어지는 비실명 금융거래는 음성적인 자금거래를 확대시키고 경제구조를 왜곡시킬 뿐만 아니라, 정치·경제·사회·문화 등 각 분야에도 부정적인 영향을 미쳐 불건전한 자금 행태, 비자금 조성, 부동산 투기 등 각종 사회 부조리·부패의 근원으로 작용하며, 금융소득종합과세의 회피나 상속세·법인세 등의 조세포탈, 각종 범죄수익금의 은닉, 자금세탁행위 등에 이용될 수 있는 등 정치·경제·사회·문화적으로 폐해가 심대하므로 이를 엄격히 규제할 필요성이 매우 크다는 점, ② 실명에 의하지 않은 예금계약의 유효성을 긍정한다면 실명에 의한 금융거래를 정착시킴으로써 금융거래를 정상화하여 그동안 만연하던 각종 부조리와 부패, 탈세, 탈법, 불법 등 반사회적 행위를 방지하고, 금융거래를 정상화하여 경제정의가 정착될 수 있는 기반을 마련함으로써 국민경제의 건전한 발전을 이루려는 금융실명법의 입법 목적은 크게 훼손된다는 점 등을 이유로 금융실명제가 시행된 이후에는 실명거래에 위반된 예금계약은 이를 무효로 보아야 한다는 점, ③ 금융실명법 제3조 제1항은 "금융회사등은 거래자의 실지명의(이하 '실명'이라 한다)에 의하여 금융거래를 하여야 한다"고 규정함으로써 실명확인 절차를 거칠 것을 예금계약의 효력요건으로 규정한 것이고, 위 규정의 취지에 반하는 예금계약의 효력을 부정하는 강행규정이라고 보아야 한다는 점 등을 들고 있다.[15]

---

15 대법원 2009. 3. 19. 선고 2008다45828 전원합의체 판결에서 박시환 대법관은 다음과 같이 주장하고 있다.

금융실명법은 실지명의에 의한 금융거래를 실시하고 그 비밀을 보장하여 금융거래의 정상화를 기함으로써 경제정의를 실현하고 국민경제의 건전한 발전을 도모함을 그 목적으로 하여 제정된 법으로서(제1조), 금융회사등은 거래자의 실명에 의하여 금융거래를 하여야 한다고 규정하고 있다(제3조 제1항). 자신의 실명을 감춘 채 이루어지는 비실명 금융거래는 음성적인 자금거래를 확대시키고 경제구조를 왜곡시킬 뿐만 아니라, 정치·경제·사회·문화 등 각 분야에도 부정적인 영향을 미쳐 불건전한 자금 행태, 비자금 조성, 부동산 투

기 등 각종 사회 부조리·부패의 근원으로 작용하며, 금융소득종합과세의 회피나 상속세·법인세 등의 조세포탈, 각종 범죄수익금의 은닉, 자금세탁행위 등에 이용될 수 있는 등 정치·경제·사회·문화적으로 폐해가 심대하므로 이를 엄격히 규제할 필요성이 매우 크다.

그런데도 출연자 등이 예금명의자를 대리하여 예금명의자 명의로 실명확인 절차를 거쳐 예금계약을 하면서 금융회사등과의 합의하에 출연자 등을 예금주로 하기로 약정하고 그에 관한 증거를 명확히 남겨둘 경우 등에는 그 출연자 등이 예금계약상의 예금반환청구권을 갖는 예금계약의 당사자가 될 수 있다고 해석한다면, 실명에 의한 금융거래를 정착시킴으로써 금융거래를 정상화하여 그동안 만연하던 각종 부조리와 부패, 탈세, 탈법, 불법 등 반사회적 행위를 방지하고, 금융거래를 정상화하여 경제정의가 정착될 수 있는 기반을 마련함으로써 국민경제의 건전한 발전을 이루려는 금융실명법의 입법 목적은 크게 훼손된다. 위와 같이 금융실명법을 위반하여 금융회사등과의 합의하에 자신의 실명을 감추고 타인 명의로 예금계약을 체결하면서 자신을 예금주로 삼기로 약정하는 자는, 필시 불건전한 자금 수수, 비자금 조성, 탈세 및 각종 범죄수익금의 은닉, 자금세탁행위 등 탈법적·불법적인 목적으로 이러한 행위를 할 가능성이 높다. 이러한 행위는 명백히 금융실명법이 규제하려는 유형의 행위에 속하는 것으로서, 공익에 현저히 반하는 반사회적인 행위라고 아니할 수 없다. 금융실명법 제3조 제1항은 바로 이러한 행위를 적절히 규제하고 금융실명법 제1조가 밝힌 입법 목적을 달성하기 위한 필수불가결한 수단으로서 실명확인 절차를 규정하고 있는 것이다. 위와 같이 공익에 현저히 반하는 반사회적인 행위를 규제하고 금융실명법의 입법 목적을 달성하기 위하여 필수불가결한 수단인 실명확인 절차의 실효성을 확보하기 위해서는, 금융실명법 제3조 제1항을 위반한 임직원이나 금융회사등에게 금융실명법 제7조, 제8조에 의한 과태료를 과하는 것만으로는 부족하다. 1993. 8. 12. 금융실명거래 및 비밀보장에 관한 긴급재정경제명령이 시행되고 그 뒤 금융실명법이 제정·시행된 지 상당히 오래 기간이 경과하였음에도 최근까지도 타인 명의의 예금계좌를 이용한 각종 비자금 조성, 불건전한 자금 수수, 조세포탈 등의 탈법·불법이 끊이지 않고 있다는 사실은 금융실명법 제3조 제1항을 단속규정으로 해석하는 데에서 오는 한계를 단적으로 드러내는 것이다. 따라서 출연자 등이 금융회사등과의 합의하에 실명확인 절차 없이 가명 등으로 예금계약을 체결하면서 자신을 예금주로 하기로 하는 약정은 물론이고, 출연자 등이 예금명의자 명의로 실명확인 절차를 거쳐 예금계약을 하면서도 금융회사등과 사이에 실명확인 절차를 거친 예금계약을 무력화하고 배후에 있는 출연자 등을 예금주로 하기로 하는 약정 등 역시 금융실명법 제1조의 입법 목적을 훼손하는 것이므로, 이러한 사법상 약정의 실현에는 결코 법원이 협조하여서는 아니 된다. 금융실명법 제3조 제1항은 이러한 취지에서 "금융회사등은 거래자의 실지명의(이하 '실명'이라 한다)에 의하여 금융거래를 하여야 한다"고 규정함으로써 실명확인 절차를 거칠 것을 예금계약의 효력요건으로 규정한 것이고, 위 규정의 취지에 반하는 예금계약의 효력을 부정하는 강행규정이라고 보아야 한다.

그렇다면 출연자 등이 예금명의자 명의로 실명확인 절차를 거쳐 예금계약을 하면서, 금융회사등과의 합의하에 출연자 등을 예금계약상의 예금반환청구권을 갖는 예금계약의 당사자로 하기로 별도로 약정한 경우 등에는, 그 별도의 약정에 관하여 당사자들이 명확한 증명력을 가진 구체적이고 객관적인 증거를 남겨 두었는지 여부와 관계없이, 그러한 별도의 약정 자체는 강행규정인 금융실명법 제3조 제1항에 위반되어 효력이 없는 것으로 보아야 한다. 그리고 그 별도의 약정이 효력이 없다고 보는 이상, 그러한 약정의 존재는 출연자 등이 예금명의자를 대리하거나 또는 예금명의자가 직접 참석하여 예금명의자 명의로 실명확인 절차를 거쳐 체결한 금융회사등과 예금명의자 사이의 예금계약에 아무런 영향을 이에 대하여 다수의견에 대한 보충의견은 다시 소수의견에 대하여 ① 금융실명법의 규정들을 해석함에 있어서는 그 입법 목적과 입법 취지를 충분히 존중할 필요가 있음은 두말할 나위가 없지만, 본래의 입법 목적과 입법 취지를 벗어나 공익적 목적을 이유로 법률적 근거 없이 국민의 재산권 행사가 제한당하지 않도록 해석하는 것 역시 중요하고, 그렇게 해석하는 것이 법률에 의한 기본권 제한의 원칙을 천명한 헌법 제23조 제1항의 규정에 합치하며 실질적 법치주의의 이념에도 부합한다는 점, ② 부동산 실권리자명의 등기에 관한 법률(이하

미치지 못할 뿐만 아니라, 출연자와 예금명의자, 금융회사등 등 관련 당사자들의 내심의 의사도 출연자 등을 예금주로 하는 예금계약이 효력을 인정받지 못할 경우에는 예금명의자를 예금주로 하는 예금계약이라도 형성시키려는 의사였다고 보는 것이 합리적일 것이므로, 결국 이러한 경우에는 금융회사등과 예금명의자 사이의 예금계약만이 유효하게 성립할 뿐이어서, 예금반환청구권을 갖는 예금계약의 당사자는 예금명의자라고 할 것이다. 한편, 출연자 등이 예금명의자로부터 대리권한을 수여받지 않고 예금명의자 명의로 예금계약을 한 경우(명의 도용의 경우)에는 예금명의자 명의의 예금계약은 무권대리에 해당하게 되어 효력이 없고, 결국 그 경우에는 예금명의자와 출연자 등 양측 모두 예금계약이 효력을 발생할 수 없게 될 것이다.

다만, 금융실명법 제3조 제1항을 강행규정으로 보고 실명확인 절차를 거치지 않은 예금계약을 무효로 하는 입장을 관철하게 되면, 출연자 등이 예금명의자 이름으로 예금계약을 체결하면서 금융회사등과 사이에 출연자 등을 예금계약의 당사자로 하기로 하는 별도의 약정을 하기는 하였으나 그 예금명의자에 대한 실명확인 절차를 거치지는 않은 경우, 또는 예금명의자와 출연자 등이 일치되는 통상의 예금계약 체결에서 예금명의자에 대한 실명확인 절차를 거치지 않은 경우에 이를 모두 강행규정 위반으로 무효로 보게 되어, 전자의 경우 출연자 등은 물론 예금명의자에 대한 관계에서도 예금계약이 무효로 되고, 후자의 경우 그 예금명의자의 예금 역시 무효로 되어 유효한 예금계약이 전혀 없게 되는 결과가 된다. 그러나 금융실명법 제3조 제1항을 위와 같이 모든 경우에 예외 없이 강행규정으로 적용하여, 실명확인 절차를 거치지 않은 모든 예금명의자 명의의 예금계약을 무효로 하고 예금으로 입금한 돈은 부당이득 반환 등의 법리에 의하여 처리하는 것이 적절한 것인지에 대하여는 더 나아가 검토해 볼 여지가 있으므로 이 사건에서는 그 점에까지 나아가 판단하지는 않기로 한다(이와 같은 경우에는 실제 예금주의 명의로 예금계약이 이루어졌다는 점에서는 금융실명법 제1조의 입법 목적을 훼손하거나 같은 법 제3조 제1항의 규정 취지에 정면으로 위반되지 않는다고 볼 측면도 있으므로 그와 같은 경우에까지 위 규정을 강행규정으로 보아 그 예금계약 전부를 무효로 볼 필요까지는 없다고 해석할 여지도 있어 보인다).

반면에 이 사건과 같이 예금명의자의 명의로 실명확인 절차까지 마쳐지고 그 명의로 예금계약이 체결되어 금융실명법이 요구하는 요건을 갖춘 예금계약의 외관이 따로 있음에도 불구하고, 이를 무시하고 실명확인 절차를 거친 자 외의 다른 사람을 예금주로 하는 예금계약을 인정하는 것은 금융실명법의 취지에 정면으로 반하는 것으로서, 최소한 그와 같은 경우에는 위 금융실명법의 규정을 강행규정으로 적용하여 실명확인 절차를 거친 예금명의자 이외의 예금계약은 이를 유효한 예금계약으로 허용할 수 없다고 보아야 할 것이다.

'부동산실명법'이라고 한다)이 제3조 제1항에서 "누구든지 부동산에 관한 물권을 명의신탁약정에 의하여 명의수탁자의 명의로 등기하여서는 아니 된다"고 규정하고, 그 제4조 제1항에서 "명의신탁약정은 무효로 한다"고 규정하고 있는 데 반하여 금융실명법은 제3조 제1항은 금융회사등은 거래자의 실명에 의하여 금융거래를 하여야 한다고 규정하면서, 위 규정을 위반한 금융거래의 효력에 관하여는 아무런 규정을 두지 않고 있지 않은 점, ③ 예금거래와 같은 금융거래는 국민의 일상생활에서 대량적·반복적으로 이루어지므로 만일 금융실명법에 위반한 예금거래의 효력을 일률적으로 부정할 경우에는 국민의 일상생활과 재산권 행사에 매우 큰 영향을 미치게 된다는 점, ④ 실명에 의하지 아니한 예금계약을 그 구체적·개별적 동기, 경위 및 목적 등을 살피지 아니한 채 그 자체로 무효로 하지 않으면 아니 될 정도의 반사회성을 띠고 있는 행위라고 일률적으로 단정할 수는 없다는 점, ⑤ 다수의견이 결코 실명확인 절차를 거치지 아니한 예금계약의 사법적 효력을 언제든지 유효로 보아야 한다는 입장을 취하고 있는 것은 아니며, 금융회사등과 출연자 등 사이의 예금계약이 범죄수익금 등의 은닉·보관이나 뇌물 등의 제공을 위하여 체결된 경우 등에는, 이러한 개별 예금계약의 동기, 목적, 경위 및 내용과 금융회사등의 인식 및 관여 정도 등을 따져서 당해 예금계약을 민법 제103조에 의하여 무효로 하는 것이 얼마든지 가능하다는 점 등을 논거로 하여 비판하고 있다.[16]

---

16 대법원 2009. 3. 19. 선고 2008다45828 전원합의체 판결에서 차한성 대법관은 박시환 대법관의 소수의견에 대하여 다음과 같이 비판하고 있다.

가. 계약의 자유는 사적 자치가 실현되는 가장 중요한 수단으로서, 이는 계약체결의 자유·상대방 선택의 자유·방식의 자유·계약의 변경 또는 해소의 자유를 포함한다. 다만, 이러한 계약의 자유는 공동체의 전체 질서와의 관계에서 제약을 받을 필요가 있는 경우가 있다. 그리하여 헌법 제23조 제1항은 "모든 국민의 재산권은 보장된다. 그 내용과 한계는 법률로 정하여야 한다"고 규정하고, 제2항은 "재산권의 행사는 공공복리에 적합하도록 하여야 한다"고 규정함으로써, 재산권 행사의 내용에 포함될 수 있는 계약의 자유 역시 법률의 규정에 의하여 규제될 수 있도록 하고 있다.

금융실명거래 및 비밀보장에 관한 법률(이하 '금융실명법'이라고 한다)은 그 제1조에서 밝히는 바와 같이 실명에 의한 금융거래를 실시하고 그 비밀을 보장하여 금융거래의 정상화를 기함으로써 경제정의를 실현하고 국민경제의 건전한 발전을 도모함을 목적으로 하여 제정된 법으로서, 예금계약과 같은 금융거래의 자유를 일부 제한하는 것을 내용으로 하고 있다. 이러한 금융실명법의 규정들을 해석함에 있어서는 그 입법목적과 입법 취지를 충분히 존중할 필요가 있음은 두말할 나위가 없지만, 본래의 입법목적과 입법 취지를 벗어나 공익적 목적을 이유로 법률적 근거 없이 국민의 재산권 행사가 제한당하지 않도록 해석하는 것 역시 중요하고, 그렇게 해석하는 것이 법률에 의한 기본권 제한의 원칙을 천명한 헌법 제23조 제1항의 규정에 합치하며 실질적 법치주의의 이념에도 부합한다.

나. 금융실명법 제3조 제1항은 금융회사등은 거래자의 실명에 의하여 금융거래를 하여야 한다고 규정하면서, 위 규정을 위반한 금융거래의 효력에 관하여는 아무런 규정을 두지 않고 있다. 이를 위반한 경우 그 제7조, 제8조에서 금융회사등의 임직원 및 금융회사등에게 500만원 이하의 과태료를 과하도록 할 뿐이다. 이는 부동산 실권리자명의 등기에 관한 법률(이하 '부동산실명법'이라고 한다)이 그 제1조에서 부동산등기제도를 악용한 투기·탈세·탈법행위 등 반사회적 행위를 방지하고 부동산거래의 정상화와 부동산가격의 안정을 도모하여 국민경제의 건전한 발전에 이바지함을 목적으로 한다고 밝히면서, 그 제3조 제1항에서 "누구든지 부동산에 관한 물권을 명의신탁약정에 의하여 명의수탁자의 명의로 등기하여서는 아니 된다"고 규정하고, 그 제4조 제1항에서 "명의신탁약정은 무효로 한다"고 규정하며, 그 제5조 제1항 제1호에서 위 제3조 제1항을 위반한 명의신탁자에 과징금을 부과하도록 하고, 그 제6조 제2항, 제1항에서 과징금을 부과받은 자에 대하여 일정한 요건하에 다시 2차례에 걸친 이행강제금을 부과하도록 하며, 그 제7조에서 위 제3조 제1항을 위반한 명의신탁자, 명의수탁자 및 그 교사자, 방조자를 각 징역형 또는 벌금형에 처할 수 있도록 규정하고 있는 것과 대비된다.

예금거래와 같은 금융거래는 국민의 일상생활에서 대량적·반복적으로 이루어지므로 만일 금융실명법에 위반한 예금거래의 효력을 일률적으로 부정할 경우에는 국민의 일상생활과 재산권 행사에 매우 큰 영향을 미치게 된다. 따라서 만일 입법자가 금융실명법 제3조 제1항을 위반한 예금계약의 사법상 효력을 부정할 의도를 가지고 있었다면, 그 중대성과 파급효를 고려하여 당연히 부동산실명법 제4조 제1항과 같이 그 사법적 효력을 부정하는 명문의 규정을 두었을 것이라고 봄이 합리적이다. 그러나 금융실명법은 같은 법 제3조 제1항을 위반한 행위의 사법적 효력을 부정하는 규정을 두지 않고 있다. 이러한 점은 입법자가 위 조항을 강행규정으로 의도하지 아니하였다는 점을 잘 나타낸다.

다. 한편, 실명에 의하지 아니한 금융거래가 정치자금 수수, 비자금 조성, 탈세 및 각종 범죄수익금의 은닉, 자금세탁행위 등 탈법·불법 등의 행위에 이용될 우려가 있으므로 이를 규제하기 위하여 금융실명법이 제정되었다는 별개의견의 견해에는 동의할 수 있다. 그러나 실명에 의하지 아니한 예금계약을 그 구체적·개별적 동기, 경위 및 목적 등을 살피지 아니한 채 그 자체로 무효로 하지 않으면 아니 될 정도의 반사회성을 띠고 있는 행위라고 일률적으로 단정할 수는 없다. 또한, 예금계약의 반사회성 여부를 판단하면서 출연자 등의 동기나 목적 등만을 참작하고 그 계약의 상대방인 금융회사등의 인식이나 관여의 정도 등을 고려하지 아니한 채 그 예금계약을 일률적으로 반사회적 행위에 해당한다고 보아 무효로 보는 것이 가능한지도 의문이다. 비교법적으로 보더라도 실명확인 절차를 거치지 아니하였다는 사정만으로 예금계약을 반사회적 행위라고 보아 그 사법적 효력을 부정하는 입법례를 쉽게 찾아보기 어렵다는 점도 이를 뒷받침한다.

만일 금융실명법이 실명확인 절차를 거치지 아니한 출연자 등과 금융회사등의 예금계약이 그 자체로 반사회성을 현저히 띠는 행위라고 전제하였다면, 금융회사등의 임직원 및 금융회사등뿐만 아니라 그러한 행위를 한 출연자 등도 강력하게 제재하는 규정을 두었을 것이라고 봄이 합리적이다. 그러나 금융실명법 제3조 제1항은 실명확인

(4) 소 결

실명에 의하지 않은 예금계약의 효력에 대하여는 그 유효성을 긍정하는 것이 종래의 통설이었다. 다만 소수설은 금융회사등과 통모하여 이루어진 비실명 예금계약의 경우에 한하여 이를 무효로 보아야 한다고 하나, 이는 이 예금계약이 비실명예금계약이라는 이유보다는 당사자들이 고의적으로 재산을 은닉하여 탈세를 하고 금융실명법과 예금자보호법을 잠탈하기 위하여 탈법행위를 한 결과라고도 볼 수 있다는 점에서 유효설과 반드시 반대되는 것이라고 할 수 없다. 즉 유효설에 의하더라도 이와 같은 예금계약에 대하여는 민법 제103조에서 규정하는 반사회질서의 법률행위로서 무효화할 수 있는 것이다.

또한 판례도 유효라는 것을 당연한 전제로 이 경우의 예금주를 누구로 볼

절차를 이행할 주체로서 금융회사등만을 규정하면서 위 조항을 위반한 금융회사등 임직원 및 금융회사등에 대하여 과태료의 제재를 가할 뿐, 출연자 등에 대하여는 그와 같은 행정적 제재나 형사처벌을 가하지 않고 있다. 이는 명의신탁 행위를 강력하게 규제하여 그 사법상 효력을 부정하고, 명의신탁자 및 명의수탁자 쌍방을 형사처벌하도록 한 부동산실명법과 명확히 대비된다. 이러한 사정들을 고려하면, 금융실명법의 입법 취지가 금융실명법 제3조 제1항을 위반한 예금계약을 무조건 반사회성을 가진 행위로 취급하고 있다고 보기 어렵다.

그렇다면 실명에 의하지 아니한 예금계약의 사법적 효력을 부정하는 명문의 효력규정이 없는 상태에서 이를 일률적으로 반사회적 행위라고 단정하여 그 사법적 효력을 일률적으로 부정하여야 한다는 해석론은, 입법론으로서는 고려할 수 있을지 몰라도 법률에 의한 기본권 제한을 천명한 헌법 제23조 제1항의 규정 취지나 실질적 법치주의의 이념에 비추어 볼 때 해석론으로서 가능한 한계를 벗어난 것이다.

그리고 다수의견이 결코 실명확인 절차를 거치지 아니한 예금계약의 사법적 효력을 언제든지 유효로 보아야 한다는 입장을 취하고 있는 것은 아니다. 금융회사등과 출연자 등 사이의 예금계약이 범죄수익금 등의 은닉·보관이나 뇌물 등의 제공을 위하여 체결된 경우 등에는, 이러한 개별 예금계약의 동기, 목적, 경위 및 내용과 금융회사등의 인식 및 관여 정도 등을 따져서 당해 예금계약을 민법 제103조에 의하여 무효로 하는 것이 얼마든지 가능하다. 다수의견은 법률적 근거 없이 금융실명법 제3조 제1항만을 근거로 하여 당해 예금계약을 일률적으로 무효로 하는 해석론을 채용할 수 없다는 입장일 뿐, 실명확인 절차를 거치지 아니한 예금계약이 반사회성을 띤다고 인정될 경우에는 민법 제103조를 적용하여 무효로 할 수 있음을 당연히 전제하고 있는 것이다.

라. 결국, 금융실명법 제3조 제1항을 강행규정이라고 해석하면서, 이에 위반한 예금계약을 일률적으로 무효라고 보는 별개의견의 견해는, 금융실명법 제1조의 입법 목적을 지나치게 강조한 나머지 금융실명법의 입법 목적과 입법 취지를 벗어나 계약의 자유를 과도하게 제한하는 것이고 헌법 제23조의 제1항의 규정 취지나 실질적 법치주의의 이념에 부합하지 아니하는 측면이 있으므로, 다수의견의 입장에서는 이러한 해석론을 받아들일 수 없다.

것인지에 대하여 판단하였었다. 그런데 대법원 2009. 3. 19. 선고 2008다45828 전원합의체 판결에서 박시환 대법관이 출연자와 명의자가 다른 예금계약으로서 예금명의자의 명의로 실명확인 절차까지 마쳐진 경우는 이를 무효로 보아야 한다는 의견을 제시하고 이에 대하여, 차한성 대법관이 다수의견에 대한 보충의견으로 박시환 대법관의 무효의견에 대하여 비판의견을 제시함으로써 그 유효성 여부가 주목을 받게 되었다.

생각건대 실명에 의하지 않은 예금계약의 효력에 대하여는 무효설이건 유효설이건 위 대법원판례에서 두 분의 대법관이 충분히 그 논거를 제시한 것으로 생각된다. 따라서 여기에서의 문제는 두 분이 제시한 논거 중 어느 것이 보다 타당한가 하는 것이라고 할 수 있는데 필자로서는 차한성 대법관의 의견에 찬성한다.

물론 유효설에 의하더라도 타인명의나 가명 또는 허무인 명의에 의한 예금계약의 목적이 민법 제103조에서 규정하는 선량한 풍속 기타 사회질서에 위반한 사항을 내용으로 하는 법률행위에 해당하면 무효임은 당연하다고 할 수 있다. 문제는 선량한 풍속 기타 사회질서에 위반한 사항을 내용으로 하는 법률행위로써 무효가 되는 예금계약의 목적이 무엇인가 하는 점이다. 비실명예금계약의 목적으로는 세금우대이용, 금융소득종합과세회피, 동일인 거래한도 회피, 예금자보호법에 의한 보호, 강제집행면탈, 비자금 기타 범죄수익금의 은닉, 범죄수행자금의 조성, 불법적인 탈세 등을 들 수 있으나 이들 목적 중 어느 것이 특정한 예금계약을 무효로 하는 것인지를 판단하기는 용이한 일이 아니다.

생각건대 비실명예금계약에 있어서 출연자나 명의자에게 위와 같은 목적이 있다고 하더라도 그러한 목적이 표시되지 않아 예치금융회사등이 이를 알지 못한 때에는 그 예금계약은 유효인 것으로 보아야 한다. 또한 위와 같은 목적이 표시되어 예치금융회사등이 이를 알았다고 하더라도 비실명예금계약의 목적이 세금우대이용, 금융소득종합과세회피, 동일인 거래한도 회피, 예금자보호법에 의한 보호, 강제집행면탈인 경우는 예금계약 자체는 유효로 보고, 그 목적에 따른 제재는 세금추징, 예금자보호배제, 강제집행면탈죄 처벌 등 개별법에서 정하고 있는 바에 따라 별개로 처분하는 것이 타당하다고 본다. 따라서 비실명예금계약 자체가 무효로 되는 경우는 그 목적이 비자금 기타 범죄수익금의 은닉, 범죄수행자금의 조성, 불법적인 탈세인 경우 등과 같이 불법의 정도가 커서 선량한 풍속 기타 사회질서의 위반에 명백하게 해당하고 이와 같은 목적을 금융회사등이 알고서 예금계약을 체결한 경우로 한정하여야 할 것으로 본다.

Ⅳ. 비실명예금계약의 예금주

1. 문제의 소재

실명에 의하지 않은 예금계약을 무효로 보는 경우에는, 출연자는 금융회사등에 대한 예입행위가 불법원인급여에 해당하는 등의 특별한 사정이 있는 경우를 제외하고는, 금융회사등에 대하여 그 입금액을 부당이득으로 반환청구할 수 있을 뿐 예금계약의 내용에 따른 예금반환청구권은 가지지 못한다.

그러나 실명에 의하지 않은 예금계약이라도 이를 유효로 보아야 한다는 점에 대하여는 앞에서 본 바와 같다. 그리고 실명에 의하지 않은 예금계약을 유효로 보는 경우에는 그 예금계약상의 예금주를 누구로 보아야 할 것인지의 문제가 발생하게 되는데 이에 관하여 이하에서 자세히 알아보기로 한다.

2. 금융실명제 시행 전

(1) 학 설

출연자 또는 예금계약체결행위자와 명의자가 다른 비실명예금계약의 예금주를 누구로 볼 것인지에 대하여는 객관설과 주관설 및 절충설로 견해가 나뉘어 있었다.

객관설은 스스로의 출연에 의하여 자기의 예금으로 하는 의사로 금융회사등에 대하여 스스로 또는 대리인·사자를 통하여 예금계약을 한 자를 예금주로 보는 견해이고, 주관설은 예금계약 당시에 예금계약체결행위자[17]가 특별히 다

17 일부 학설에서는 객관설의 내용을 설명하면서 비실명예금의 예금주로서 예입행위자라는 용어를 사용하고 있다(이준상, 『금융판례연구(1982~1991)』(박영사, 1992. 10), 76면; 곽민섭(주10), 56면).

그러나 이는 정확한 용어의 사용이라고 할 수 없으며 예금계약체결행위자라는 용어로 대체되어야 한다. 예입행위와 예금계약체결행위는 서로 구분되는 개념으로서 그 의미가 다르기 때문이다. 즉 예금계약체결행위는 금융회사등에 특정한 예금계좌를 개설하여 입출

른 사람이 예금주임을 명시적 또는 묵시적으로 표시한다거나 또는 금융회사등이 실질상의 권리자를 알지 못하는 한 예금계약체결행위자를 예금주로 보는 견해이다. 그리고 절충설은 원칙적으로 객관설에 의하여 출연자가 예금주이지만 예금계약체결행위자가 자기의 예금이라는 것을 명시적 또는 묵시적으로 표시한 때에는 예금계약체결행위자가 예금주라고 보는 견해이다.[18]

객관설은 그 논거로서 예금계약은 적어도 예금주의 인정에 관한 한 계약이론을 그대로 적용할 수 없는 특수한 계약이라고 한다. 즉 당좌예금의 경우에는 당좌거래계약을 체결함에 있어 예금주의 신용을 조사하여 신중을 기하게 되므로 예금주가 누구인가의 문제는 생기지 않으나, 보통예금이나 정기예금 등의 경우에는 예금을 하고 하는 자가 있으면 은행은 그가 누구인지 묻지 않고 예금을 받으며 기명식예금의 경우에는 예금명의자의 주소, 성명을 제출케 한다 하여도 대량으로 반복적으로 이루어지는 만큼 신속하고 정형적으로 처리하여야 할 필요상 하나하나의 예입에 대하여 누가 예금주이며 예입행위자가 예금주 본인인가 대리인인가를 따로 조사하지 않는 것이 일반적이고, 또한 보통의 경우 예금통장이나 예금증서 및 계출인감을 가지고 예금반환을 구하면 은행은 이를 거절하지 아니하므로 예금주가 누구인가를 따로 조사하지 아니하며, 은행의 입장에서도 은행은 예금주 이외의 제3자에게 예금을 반환하여도 예금반환청구자가 통장이나 증서 및 인감을 소지한 경우에는 최소한 준점유자에 대한 변제로서 면책될 것이므로 은행보호의 측면에서 예금주가 누구인가를 확정하는 문제는 그다지 필요성이 없다고 한다.[19] 또한 이상의 논거에 더하여 위 예금거래의

금거래를 하려는 법률행위임에 대하여 예입행위는 예금계약체결행위에 의하여 개설된 특정한 예금계좌에 일정액의 금전을 입금하는 사실행위로서 양자는 서로 구분되는 행위인 것이다.

따라서 특정한 예금계좌의 예금주가 예금계약체결행위자(또는 출연자)인가 명의자인가 하는 문제는 당해 예금계좌의 개설을 위한 예금계약체결시에 결정되는 것으로 보아야 하고, 그 이후 이미 개설된 특정한 예금계좌에 입금된 예금은 그 예입행위자가 누구인지에 불구하고 그 특정한 예금계좌의 예금주에게 귀속하는 것으로 보아야 한다. 예컨대 B가 A 명의로 S은행에 개설한 예금계좌에 C가 1천만원을 입금하였다고 하면 그 1천만원은 A(명의자를 예금주로 보는 경우) 또는 B(예금계약체결행위자 또는 타인을 통해서 자신의 예금계좌를 개설하려고 하는 최초 입금액의 출연자를 예금주로 보는 경우)의 예금이지 C의 예금이 아닌 것이다.

18 이준상(주17), 76면; 윤진수(주11), 375면; 곽민섭(주11), 56면.

19 곽민섭(주11), 56면; 박성철, “기명식예금에 있어서의 예금주의 인정”, 『판례연구 Ⅲ』(부산

실정을 놓고 볼 때 예입행위자를 예금주라 하는 주관설은 뻔히 예상되는 허다한 비표시(非表示) 사자(使者)·대리인을 예금주라 하는 것이 되어 심히 현실과 괴리된 이론이라 아니할 수 없고, 이렇게 사실과 부합치 아니하는 예금주 판정을 하고 나면 이 왜곡을 수정구제하기 위하여 법이론상 우원(迂遠)한 이론구성이 요구되지 아니할 수 없게 됨은 필연이라고 하면서, 예금거래의 특수성을 인정하고 바로 출연자를 예금주로 인정하는 객관설이 타당하다고 하는 의견도 있다.[20]

이에 대하여 주관설의 입장에서는 예금주가 누구인가의 문제는 예금계약의 효과를 누구에게 귀속시킬 것인가라는 문제에 지나지 않는데 통상의 계약이론대로 한다면 이는 계약 자체에 의해서 결정되어야 하고, 따라서 계약당사자가 예금주로 할 것으로 합의한 자가 당연히 예금주가 되어야 하나 객관설에 의하면 계약시에 표시되지도 않고 채무자인 은행이 알지도 못하는 출연자가 예금주로 되므로 통상의 계약이론에 맞지 않는다고 객관설을 비판한다.[21] 또한 객관설의 결론은 민법상의 기본원칙인 현명주의(顯名主義)의 예외를 인정하는 것이지만, 무기명예금의 경우는 은행으로서는 특별한 사정이 없는 한 예금주가 누구인지를 알 수 없으며, 알려고도 하지 않는다는 이유로 현명주의 예외를 인정하는 객관설이 타당하지만 기명식예금의 경우는 은행의 입장에서 예금주를 누구로 확정하는 것에 관하여 무관심하다고 볼 수 없다는 이유로 현명주의 예외를 인정하는 객관설이 타당하지 않다고 하면서, 기명식예금의 경우 순수하게 이론상으로만 본다면, 은행이 출연자 아닌 예금계약상의 명의자가 예금주라고 믿었고, 그와 같이 믿은 것이 예금계약 체결 당시의 제반 사정에 비추어 별 잘못이 없다면 이처럼 은행이 예금주라고 믿은 사람을 예금주라고 인정하는 것이 이론적으로 타당하다는 견해도 있다.[22]

판례연구회, 1993), 261~262면.

20 이준상(주17), 99면.

21 김병재, "기명식예금에 있어서 예금채권자의 판정기준", 『민사판례연구 IX』(박영사, 1987. 2), 85면.

22 윤진수(주11), 381면. 그리고 이 견해는 은행의 입장에서 예금주를 누구로 확정하는 것에 관하여 무관심하다고 볼 수 없다는 이유로 「은행거래의 실제를 본다면 예금주가 누구인가 하는 것은 단순히 그 예금을 누가 찾아갈 수 있는가 하는 면에서만 의의를 가지는 것이 아니다. 가령 은행으로서는 대출을 함에 있어서 예금을 담보로 하는 경우가 많다. 그리고 근

우리나라의 학설은 객관설이 통설이다. 다만 앞에서 본 바와 같이 이론적인 면에서 주관설이 타당하다는 견해가 있으나 이 견해도 「객관설이 판례로서 확립된 현재에 있어서, 굳이 이에 반대할 실익은 없다고 생각된다」고 함으로써 현실의 거래실무에 있어서는 객관설에 따른 예금주 결정에 반대하지 않는다.[23]

(2) 판 례

비실명예금계약의 예금주를 판단하는 기준에 관하여 대법원은 실명제가 시행되기 전에는 객관설의 입장을 취하여 왔다. 즉 비실명예금계약의 예금주가 누구인가에 관한 최초의 판례에 해당하는[24] 1972. 5. 9. 선고 72다266, 276 판결에서 대법원은 「제3자 명의를 모용하여 은행에 금원을 예치한 경우에 있어서 예금계약 당사자는 은행과 실제 예입한 자이므로 그 예금채권자는 그 명의 여

래의 예금 가운데에는 대출의 한 방법으로서 일정 금액의 한도 내에서는 예금계좌가 마이너스가 되는 것을 허용하는 경우도 있는데, 이러한 각 경우에는 은행으로서는 진정한 예금주가 누구인가에 관하여 확인을 한 다음 거래를 하는 것이다. 그러므로 이러한 각 경우에는 은행으로서는 진정한 예금주가 누구인가에 관하여 확인을 할 정당한 이익을 가지고, 또 실제로도 그러한 거래를 함에 있어서 예금주가 누구인가에 대하여 조사를 하고 있는 것이다. 물론 객관설의 입장에서도 이러한 경우에 예금의 출연자가 아닌 자를 예금주로 믿은 은행을 보호하기 위하여 채권의 준점유자에 대한 변제에 관한 규정(민법 제470조)을 적용하거나 이를 유추 적용함으로써 은행을 면책시키고 있으나, 이는 계약체결 후의 사후적인 문제로서 이것만을 가지고 예금주 확정에 관한 은행의 이익을 부정할 수는 없는 것이다. 나아가 이러한 채권의 준점유자에 대한 변제의 법리만으로는 은행의 정당한 이익을 보호하기에 충분하다고 하기도 어렵다. 즉 은행예금의 변제에 있어서 채권의 준점유자라고 하기 위하여는 원칙적으로 예금통장과 그에 찍힌 인영과 같은 인장을 소지하여야 한다고 하는 것이 판례이다(대법원 1985. 12. 24. 선고 85다카880 판결). 근래에는 예금계약을 체결함에 있어서 비밀번호(암부호)의 사용이 보편화되어 있으므로 이 또한 알아야 할 것이다. 그런데 가령 예금통장상의 명의자가 자신이 예금주인데 긴급한 사정이 있다고 하면서 통장 등이 없이 예금의 지급을 요구하여 이를 믿은 은행측이 그에게 예금을 지급하여 주었다고 한다면 어떻게 될 것인가? 이 경우에 은행으로서는 명의자를 예금주라고 믿은데 과실이 없다고 본다면 위 지급이 채권의 준점유자에 대한 변제라고 보아 유효하다고 할 여지도 있다. 그러나 다른 한편으로는 판례가 명의자일 뿐 예금통장 등을 소지하지 않고 있는 자는 채권의 준점유자가 아니라고 하여 그에 대한 지급의 효력을 부정할 가능성도 있다. 그러나 예금의 출연자가 제3자에게 그 사람 명의로 예금을 할 것을 승낙하여 그 제3자 명의로 예금이 된 경우에, 은행이 그 제3자의 예금이라고 믿은데 과실이 없다면 과연 은행의 그 제3자에 대한 변제가 예금통장 등의 소지인에 대한 것이 아니라는 이유만으로 무효로 보는 것이 타당한지는 의심스럽다」고 한다.

23 윤진수(주11), 383면.

24 전경근, "금융실명제하에서의 예금당사자 확정 —판례를 중심으로", 『비교사법』 7권 1호(통권12호)(한국비교사법학회, 2000. 6), 41면.

하에 불구하고 예입한 본인이다」라고 판시하였고, 이후 1987. 5. 12. 선고 86다카2903 판결에서는 「부(夫)가 자금을 출연하여 처(妻)의 명의로 정기예금을 하였다면 정기예금의 출연자와 예금행위자는 부라 할 것이고 부가 처의 사자 또는 대리로 위 정기예금을 하거나 처에게 자금을 증여하여 처를 위하여 예금행위를 한 사실에 관한 주장입증이 없다면 정기예금의 예금주로 된 처는 명의상 예금주에 불과하고 실질적인 예금의 지배자는 자금을 출연하고 나아가 예금행위를 한 부이다」라고 판시한 바 있으며, 1987. 10. 28. 선고 87다카946 판결에서는 「금융회사등에 대한 기명식예금에 있어서는, 명의의 여하를 묻지 아니하고, 또 금융회사등이 누구를 예금주라고 믿었는가에 관계없이, 예금을 실질적으로 지배하고 있는 자로서 자기의 출연에 의하여 자기의 예금으로 한다는 의사를 가지고 스스로 또는 사자, 대리인을 통하여 예금계약을 한 자를 예금주로 봄이 상당하다」라고 판시한 후 실명제가 시행되기 전에 예치된 모든 타인 명의 예금에 대하여 동일한 내용을 판결을 한 바 있다.[25]

(3) 객관설에 따른 예금주 결정의 문제점

비실명예금계약의 예금주 판단에 관한 금융실명제 시행 전의 통설·판례인 객관설에 대하여는 주관설의 입장에서 앞에서 언급한 바 있는 일반의 계약이론에 부합되지 않는다는 비판이 있었고, 또한 현실적으로도 객관설에 의하면 자신의 신분 노출을 꺼리는 자가 가명이나 허무인 또는 차명으로 예금계약을 체결하고서도 법률상 정당한 예금주로서의 권리를 행사할 수 있게 되어 조세포탈, 뇌물 등 부정한 자금의 수수 또는 비자금의 조성과 같은 사회적 부조리가 용이하게 발생할 수 있는 여건을 조성해주는 문제점이 있었다.[26]

3. 실명제 시행 이후

(1) 문제의 소재

비실명예금의 예금주 결정에 관하여 통설·판례가 객관설을 취함에 따라

25 대법원 1988. 12. 27. 선고 88누10060 판결; 대법원 1992. 1. 21. 선고 91다23073 판결; 대법원 1992. 6. 23. 선고 91다14987 판결; 대법원 1995. 8. 22. 선고 94다59042 판결; 대법원 1996. 6. 14. 선고 94다57084 판결 참조.

26 오영준(주9), 226면.

발생하는 사회적 부작용의 문제점을 해소하고자 정부는 1993년 8월 13일 금융실명거래 및 비밀보장에 관한 긴급재정경제명령에 의하여 금융회사등과의 금융거래를 반드시 거래자의 실지명의로 하도록 하는 이른바 금융실명제를 전격적으로 시행한 후 이를 항구적인 제도로 정착시키기 위하여 국회는 1997년 12월 31일 금융실명거래 및 비밀보장에 관한 법률(이하 "금융실명법"이라 한다)을 제정하였다.

그러나 금융실명제가 시행되었다고 하여 비실명의 예금계약이 체결될 수 없는 것은 아니다. 출연자 또는 예금계약체결행위자가 금융회사등 직원과의 합의하에 또는 금융회사등의 직원을 기망하여 가명이나 허무인 또는 타인 명의로 예금계약을 체결할 수 있는 것이기 때문이다. 이에 따라 실제로 금융실명제가 시행된 이후에도 금융회사등이 아는 상태에서 또는 모르는 상태에서 많은 비실명의 예금계약이 이루어지고 있는 것이 현실이다.

그리고 앞에서 본 바와 같이 금융실명제가 시행된 이후에 이루어진 비실명 예금계약이라도 그 유효성을 인정받을 수 있다면 다음의 문제는 그 비실명예금계약의 예금주를 누구로 볼 것인지라고 할 수 있는데, 이에 대하여는 견해가 대립되어 있고 판례도 2009. 3. 19.을 전후 하여 변화하고 있다.

(2) 학 설

금융실명제가 시행된 이후 2009.3.19. 대법원판결 전까지의 학설은 실명확인을 거친 예금계약의 예금주가 누구인지에 관하여는 종전의 객관설에 따라 결정할 수가 없고 특별한 사정이 없는 한 그 예금계약의 명의자로 보아야 한다는데 일치되어 있으며,[27] 그 논거로는 ① 금융실명제 실시 전의 예금주 결정에 관한 객관설은 금융회사등이 예금계약을 체결함에 있어서 예금주가 누구인지를 확인하지 않으며, 따라서 예금하는 사람으로서는 얼마든지 자신의 실명 아닌 제3자 이름으로 예금할 수 있었다는 점을 들어 금융회사등 측의 의사는 예금주의 명의 여하를 묻지 않고 실제의 출연자와 예금계약을 체결하려는 의사를 가

27 윤진수(주11), 386면; 곽민섭(주11), 70면; 송덕수(주10), 354면; 이충상, "금융실명제 시행 이후 예금의 출연자(지배자)와 명의자가 다를 경우 누구를 예금자로 볼 것인가", 『판례실무연구 Ⅱ』(박영사, 1998. 11), 426면; 정인숙, "금융실명제시행 이후 예금계약상의 예금주", 『실무연구 Ⅳ』(서울지방법원 남부지원, 2005. 12), 113면.

진다고 해석하고 있었지만, 금융실명제가 실시된 이후에 있어서는 금융회사등의 의사를 이처럼 해석할 근거가 사라지게 되었고, 그에 따라 금융실명제하에서의 금융회사등은 예금자가 누구인가를 확인하여야 할 뿐만 아니라 그러한 확인절차를 거치지 않으면 예금을 지급할 수 없게 되었으므로 금융회사등으로서는 특별한 사정이 없는 한 실명확인을 한 예금명의자와 예금계약을 체결할 의도를 가지고 있었다고 보아야 할 것이라는 점,[28] ② 차명거래를 하여도 형사상 업무방해죄로 처벌되지 아니하는 터에 민사상 예금주의 결정에 있어서도 긴급명령의 시행으로 달라지는 것이 없다고 보면 긴급명령은 너무나 존재의의가 없게 되므로, 계약의 해석에 있어서 긴급명령을 매개로 하여 종전과 다른 해석이 가능하면 가급적 긴급명령의 의미를 살리는 것이 바람직하다는 점, ③ 실명제의 시행 이후에도 여전히 차명거래가 성행하고 있는데 가능하면 차명거래에 대하여 불이익을 줄 필요가 있고 부동산실권리자명의등기에 관한 법률에서 명의신탁자에게 불리한 규정을 둔 것과 가급적 맥락을 같이 할 필요가 있다는 점 등을 들고 있다.[29]

그러나 명의자가 아닌 출연자 또는 예금계약체결행위자를 예금주로 보아야 하는 특별한 사유가 무엇인지에 관하여는 다음과 같이 학설이 나뉘어 있다. 제1설은 계약당사자가 예금명의자가 아닌 출연자(또는 예금계약체결행위자)에게 예금반환채권을 귀속시키기로 하는 명시적 또는 묵시적 약정을 한 경우라고 하고,[30] 제2설은 예금계약을 체결할 당시에 금융회사등이 출연자(또는 예금계약체결행위자)가 자신의 명의가 아닌 타인의 명의로 예금계약을 체결하는 것임을 알고 있는 경우라고 하며,[31] 제3설은 예금계약을 체결할 당시에 금융회사등이 출연자(또는 예금계약체결행위자)가 자신의 명의가 아닌 타인의 명의로 예금계약을 체결하는 것임을 알 수 있었던 경우라고 한다.[32]

---

28 윤진수(주11), 386~387면.

29 이충상(주27), 426~427면.

30 이충상(주27), 428~429면; 정인숙(주27) 115면; 이의영, "타인명의 예금의 법률관계와 보전처분", 『저스티스』 통권 127호(한국법학원, 2009. 2), 120면; 김재형(주8), 28면; 김유진, "금융실명제하에서의 예금주의 인정", 민사판례연구(22집)(2000), 박영사, 231면.

31 윤진수(주11), 387~389면; 곽민섭(주10), 71면.

32 송덕수(주10), 353~355면.

제1설은 그 논거로서 ① 긴급명령 제2조 제4호 제3조 제1항·제3항 등의 규정을 효력규정으로 보기는 어렵고 단속규정으로 보아야 할 것이므로, 위와 같이 명시적 또는 묵시적 약정을 한 경우 위 규정들 때문에 그 약정의 사법적 효력까지 무효로 된다거나 위 규정들에 의하여 곧바로 명의자가 예금주로 되는 것으로 약정내용이 바뀌는 것으로 볼 것이 아니라는 점, ② 다른 계약의 명의신탁에 있어서는 그 계약의 상대방이 명의신탁의 사실을 알고 있었다 하더라도 상대방은 계약의 유효를 전제로 하여 출연을 하는 것이 보통이기 때문에 상대방의 이익을 보호하기 위하여 명의자를 계약의 당사자로 인정할 필요성이 있으나, 예금계약의 명의신탁에 있어서는 그 상대방인 금융회사등이 아무런 출연을 하지 않아 명의자(예금의 지배자)에게 예금을 반환함으로써 출연자가 입을 커다란 불이익에 불구하고 금융회사등과 명의자를 보호할만한 특별한 이익이 없어 명의자를 계약의 당사자로 인정할 필요성이 적다는 점, ③ 예금주를 출연자로 하기로 한 약정에는 금융회사등이 예금을 명의자에게 반환하지 아니하고 출연자에게 반환하기로 하는 내용이 포함되어 있다고 할 수 있는데 이러한 합의를 무효라고 할 것은 아니라는 점 등을 들고 있다.

제2설은 그 논거로서 ① 금융회사등이 출연자가 따로 있음을 안 때에는 마땅히 그 출연자의 명의로 예금계약을 체결함이 합당한데도 예금의 확보만을 위하여 출연자 아닌 자의 명의로 이를 일단 수신하고 나중에 그 명의자에게 예금을 지급하는 것은 도덕적 비난이 될 뿐만 아니라 금융자산의 실보유자를 확인하려는 금융실명제의 취지에도 어긋나므로 그 금융회사등에게 보호할 만한 신뢰가 있다고 하기 어렵다는 점, ② 예금계약을 체결할 당시에 금융회사등이 출연자(또는 예금계약체결행위자)가 자신의 명의가 아닌 타인의 명의로 예금계약을 체결하는 것임을 알고 있는 경우에도 명의자를 예금주로 인정하는 것은 실제의 출연자에게 지나친 불이익을 가져오게 된다는 점, 즉 출연자로서는 비록 제3자의 명의를 빌렸다 하더라도 그 예금의 관리는 자신이 하는 것이 보통이고 제3자가 임의로 금융회사등으로부터 예금을 찾는 것까지 허용할 의사를 가진다고 보기는 어려울 것이며, 금융회사등으로서도 이러한 출연자의 의사를 알 수 있음에도 불구하고 그 예금의 명의자가 자신이라는 사실을 이용하여 임의로 지급청구를 하는 경우에 이에 응한다고 하는 것은 출연자에게 커다란 불이익을 입히는 것이 된다는 점, ③ 위와 같은 경우에 단순한 예금명의자를 예금주로 취급하는 것은 금융실명제의 취지에도 어긋난다는 점, 즉 금융실명제가 과연 누가 금융자산의 보유자인가를 확인하려는 데 있다면 이는 단순한 명의자만의 실명확인으로는 부족하고 실제로 그 자산을 출연한 자의 실명확인이 있어야 하는데, 대법원 1997. 4. 17. 선고 96도3377 판결이 차명거래에 기한 실명확인이 업무방해죄가 되지 않는다고 한 것은 금융회사등이 실명확인자가 실질적인 권리자인지의 여부를 조사·확인할 것이 요구되지 아니하고 또 그러한 조사·확인을 할 수 있는 수단도 마련하여 두고 있지 아니하기 때문이라는 것이지, 금융회사등이 그러한 차명사실을 아는 경우에도 그와 같은 명의자의 실명확인만 확인하여도 무방하다는 취지로까지 볼 수 없는 것이라는 점, ④ 예금주의 명의에 불구하고 출연자와의 사이에 예금계약이 성립하였다고 볼 수 있는 것은 이른바 '합의에 의한 거짓 표시(falsa demonstratio)'에서 찾을 수 있다는 점. 즉 이 경우에 양 당사자 사이에는 실제의 출연자를 예금주로 하는 데 대하여 의사의 합치가 있었고, 실제로 예금을 한 자는 대리인에 불과하며, 그 예금 명의는 합의에 의한 거짓 표시에 불과하다는 점 등을 들고 있다.

제3설은 그 논거로 출연자가 타인의 명의를 빌려(합의차명) 또는 임의로(명의모용) 그 타인명의로 예금계약을 체결하면서 금융회사등과 미리 합의한 바가 없으면, 제반사정하에서 은행이 누구를 예금주로 생각했어야 하는가에 의하여 예금주를 결정하여야 하는데, 이 경우 보통예금 등의 경우는 금융회사등으로서는 누가 예금주이든 이해관계가 없다는 점을 들고 있다.

(3) 판 례

1) 2009. 3. 19. 대법원판결 전

금융실명제 실시 이후 실명확인을 거친 예금계약의 예금주가 누구인지에 관한 최초의 판례는 대법원이 1996. 4. 23. 선고한 95다55986 판결이다. 이 판결에서 대법원은 「금융실명거래및비밀보장에관한긴급재정경제명령 제3조 제1항은 "금융회사등은 거래자의 실지명의에 의한 금융거래를 하여야 한다"고 규정하고 있으므로, 금융회사등에 예금을 하고자 하는 자는 원칙적으로 직접 주민등록증과 인감을 지참하고 금융회사등에 나가 자기 이름으로 예금을 하여야 하나, 대리인이 본인의 주민등록증과 인감을 가지고 가서 본인의 이름으로 예금하는 것이 허용된다고 하더라도, 이 경우 금융회사등으로서는 자기가 주민등록증을 통하여 실명확인을 한 예금명의자를 위 재정명령 제3조에서 규정한 거래자로 보아 그와 예금계약을 체결할 의도를 가지고 있었다고 보아야 하므로, 예금명의자가 아니고 예금통장도 소지하지 않은 예금행위자에 불과한 자는 금융실명제가 시행된 후에는 극히 예외적인 특별한 사정이 인정되지 않는 한 예금채권을 준점유하는 자에 해당될 수가 없다」고 판시한 바 있다.

이어 대법원은 1998. 1. 23. 선고 97다35658 판결에서 「금융실명거래및비밀보장에관한긴급재정경제명령 제3조 제1항에 의하면, 금융회사등에 예금거래를 하는 자는 원칙적으로 직접 주민등록증과 인감을 지참하고 금융회사등에 나가 자기의 이름으로 예금을 하여야 하나, 대리인이 본인의 주민등록증과 인감을 가지고 가서 본인의 이름으로 예금하는 것이 허용된다 하더라도, 이 경우 금융회사등으로서는 주민등록증을 통하여 실명 확인을 한 예금명의자를 위 재정명령 제3조에서 규정한 거래자로 보아 그와 예금계약을 체결할 의도를 가지고 있었다고 하여야 하므로, 금융회사등이 예금 명의자의 주민등록증을 통하여 실명확인을 하고 그 명의의 예탁금계좌를 개설한 경우에는 그 예탁금의 예금주는 예금 명의자인 것으로 보아야 한다」고 판시하였고, 1998. 11. 13. 선고 97다53359 판결에서는 「금융실명거래및비밀보장에관한긴급재정경제명령이 시행된 후에는 금융회사등에 예금을 하고자 하는 자는 원칙적으로 직접 주민등록증과 인감을 지참하고 금융회사등에 나가 자기 이름으로 예금을 하여야 하고, 대리인이 본인의 주민등록증과 인감을 가지고 가서 본인의 이름으로 예금하는 것이 허용된다고 하더라도, 이 경우 금융회사등으로서는 특별한 사정이 없는 한, 주민등록증을 통하여 실명확인을 한 예금명의자를 같은 명령 제3조 제1항 소정의 거래자로 보아 그와 예금계약을 체결할 의도라고 보아야 할 것이지만, 특별한 사정으로서 출연자와 금융회사등 사이에 예금명의자가 아닌 출연자에게 예금반환채권을 귀속시키기로 하는 명시적 또는 묵시적 약정이 있는 경우에는 출연자를 예금주로 보아야 한다」고 판시한 바 있으며, 이후의 대법원판결도 같은 판결을 한 바 있다.[33]

---

33 대법원 2000. 3. 10. 선고 99다67031 판결; 대법원 2001. 6. 12. 선고 2000다70989; 대법원

이상의 대법원판례를 분석해 보면 ① 금융회사등에 예금을 하고자 하는 자는 원칙적으로 직접 주민등록증과 인감을 지참하고 금융회사등에 나가 자기 이름으로 예금을 하여야 하는 것이므로 원칙적으로 예금명의자를 예금주로 보아야 하나, ② 특별한 사정으로 출연자와 금융회사등 사이에 예금명의자가 아닌 출연자에게 예금반환채권을 귀속시키기로 하는 명시적 또는 묵시적 약정이 있는 경우에는 출연자를 예금주로 보아야 한다는 내용으로 요약해 볼 수 있다.

어떠한 경우에 출연자와 금융회사등 사이에 예금주를 명의자가 아닌 출연자로 하기로 하는 묵시적인 합의가 있는 것으로 볼 수 있는가에 관하여는 금융실명법이 비실명거래를 금지하고 그 위반행위에 대하여 제재수단을 마련하고 있는 점에 비추어 매우 제한적으로 인정해야 할 것이나[34] 대법원은 상당히 너그럽게 인정하고 있었다.[35]

2) 2009. 3. 19. 대법원판결

대법원이 2009. 3. 19. 선고한 2008다45828 전원합의체 판결은 「금융실명거래 및 비밀보장에 관한 법률에 따라 실명확인 절차를 거쳐 예금계약을 체결하고 그 실명확인 사실이 예금계약서 등에 명확히 기재되어 있는 경우에는, 일반적으로 그 예금계약서에 예금주로 기재된 예금명의자나 그를 대리한 행위자 및 금융회사등의 의사는 예금명의자를 예금계약의 당사자로 보려는 것이라고 해석하는 것이 경험법칙에 합당하고, 예금계약의 당사자에 관한 법률관계를 명확히 할 수 있어 합리적이다. 그리고 이와 같은 예금계약 당사자의 해석에 관한 법리는, 예금명의자 본인이 금융회사등에 출석하여 예금계약을 체결한 경우나 예금명의자의 위임에 의하여 자금 출연자 등의 제3자(이하 '출연자 등'이라 한다)가 대리인으로서 예금계약을 체결한 경우 모두 마찬가지로 적용된다고 보아야 한다. 따라서 본인인 예금명의자의 의사에 따라 예금명의자의 실명확인 절차가 이루

2002. 2. 26. 선고 99다68096 판결; 대법원 2002. 5. 14. 선고 2001다75660 판결; 대법원 2005. 6. 24. 선고 2005다17877 판결; 대법원 2006. 2. 9. 선고 2005다63634 판결; 대법원 2007. 6. 14. 선고 2004다45530 판결 참조.

34 김재형(주8), 28면.

35 대법원 1998. 11. 13. 선고 97다53359 판결; 대법원 2000. 3. 10. 선고 99다67031 판결; 대법원 2002. 5. 14. 선고 2001다75660 판결; 대법원 2005. 6. 24. 선고 2005다17877 판결; 대법원 2006. 2. 9. 선고 2005다63634 판결; 대법원 2007. 9. 7. 선고 2006다25202 판결 참조.

어지고 예금명의자를 예금주로 하여 예금계약서를 작성하였음에도 불구하고, 예금명의자가 아닌 출연자 등을 예금계약의 당사자라고 볼 수 있으려면, 금융회사등과 출연자 등과 사이에서 실명확인 절차를 거쳐 서면으로 이루어진 예금명의자와의 예금계약을 부정하여 예금명의자의 예금반환청구권을 배제하고 출연자 등과 예금계약을 체결하여 출연자 등에게 예금반환청구권을 귀속시키겠다는 명확한 의사의 합치가 있는 극히 예외적인 경우로 제한되어야 한다. 그리고 이러한 의사의 합치는 금융실명거래 및 비밀보장에 관한 법률에 따라 실명확인 절차를 거쳐 작성된 예금계약서 등의 증명력을 번복하기에 충분할 정도의 명확한 증명력을 가진 구체적이고 객관적인 증거에 의하여 매우 엄격하게 인정하여야 한다」고 판시한 바 있다.

이 대법원판결은 특정한 예금의 출연자와 명의자가 다른 경우 그 이전의 대법원판결이 금융회사등과 출연자 사이에 명시적인 합의는 물론이고 묵시적인 합의가 있는 경우까지 출연자를 예금주로 보아야 한다고 한 것을 명시적인 합의가 있는 경우만 출연자를 예금주로 보고 묵시적 합의가 있는 경우는 명의자를 예금주로 보아야 한다고 변경한 점에 그 의의가 있다. 그리고 위와 같이 종전의 판결을 변경한 이유로 대법원은 다음과 같은 점을 들고 있다.

① 일반적으로 계약의 당사자가 누구인지는 그 계약에 관여한 당사자의 의사해석의 문제에 해당한다. 의사표시의 해석은 당사자가 그 표시행위에 부여한 객관적인 의미를 명백하게 확정하는 것으로서, 계약당사자 사이에 어떠한 계약내용을 처분문서인 서면으로 작성한 경우에는 그 서면에 사용된 문구에 구애받는 것은 아니지만 어디까지나 당사자의 내심적 의사의 여하에 관계없이 그 서면의 기재 내용에 의하여 당사자가 그 표시행위에 부여한 객관적 의미를 합리적으로 해석하여야 하며(대법원 1995. 6. 20. 선고 94다51222 판결; 대법원 2002. 6. 28. 선고 2002다23482 판결 등 참조), 이 경우 문언의 객관적인 의미가 명확하다면, 특별한 사정이 없는 한 문언대로의 의사표시의 존재와 내용을 인정하여야 한다(대법원 2002. 5. 24. 선고 2000다72572 판결; 대법원 2004. 4. 28. 선고 2003다39873 판결 등 참조).

② 뿐만 아니라 대량적·반복적으로 이루어지는 예금계약과 같은 금융거래는 금융회사등에 의하여 정형적이고 신속하게 취급되어야 하며, 예금계약에 기

한 예금반환청구권 등이 누구에게 귀속되는지를 명확히 하여 금융거래를 투명하게 함으로써 금융거래의 정상화를 기할 필요가 있다. 이를 위하여 제정된 금융실명거래 및 비밀보장에 관한 법률(이하 '금융실명법'이라고 한다)은 예금계약에 기한 예금반환청구권을 갖는 예금주 등이 누구인지를 명확히 하기 위하여 실명확인 절차를 마련하였고, 그에 따라 예금계약의 체결에 앞서 실명확인 절차를 거쳐야 하게 되었으므로, 예금계약에 의하여 발생되는 예금반환청구권을 갖는 예금주가 누구인지는 실명확인 절차에 의하여 객관적으로 확인된 당사자의 의사에 기초하여 해석하여야 한다.

즉, 금융실명법은 실지명의에 의한 금융거래를 실시하고 그 비밀을 보장하여 금융거래의 정상화를 기함으로써 경제정의를 실현하고 국민경제의 건전한 발전을 도모함을 그 목적으로 하여 제정된 법으로서(제1조), 실명을 주민등록표상의 명의, 사업자등록증상의 명의, 기타 대통령령이 정하는 명의로 정의하고 있으며(제2조 제4호), 금융회사등은 거래자의 실명에 의하여 금융거래를 하여야 하고(제3조 제1항), 거래자의 실명에 의하지 아니하고 거래하는 경우 그 임직원 및 금융회사등 등에게 과태료를 과하도록 하고 있다(제7조, 제8조). 나아가 위 법 시행규칙에서 개인과 법인 그리고 법인이 아닌 단체 등으로 구분하여 실명거래의 확인방법을 규정하고 있는데, 예컨대 개인의 경우 주민등록증, 주민등록증에 의하는 것이 곤란한 경우에는 국가기관, 지방자치단체 또는 교육법에 의한 학교의 장이 발급한 것으로서 실명확인이 가능한 증표 또는 주민등록표등본과 신분을 증명할 수 있는 증표에 의하도록 정하고 있다(위 법 시행규칙 제3조 제1호).

1993. 8. 12. 금융실명거래 및 비밀보장에 관한 긴급재정경제명령에 의하여 실명에 의한 금융거래가 의무화된 이래, 위와 같이 금융실명법이 제정·시행됨에 따라 금융실명법이 정하는 일부 소액송금 등의 예외적인 경우(제3조 제2항)를 제외하고 원칙적으로 모든 금융거래는 실명거래의 확인 절차를 거쳐야 한다는 사정은 우리 국민 모두에게 널리 인식되어 왔다. 이에 따라 금융회사등의 예금계약 관련 기본약관에서는 금융회사등뿐 아니라 고객에게 실명거래의무와 함께 실명확인증표 등의 제출요구에 응할 의무를 부과하여 왔고, 이제 예금거래에서는 예금계좌 개설시마다 실명을 증명할 수 있는 증표 원본에 의하여 예금

명의자의 실명을 확인한 다음 거래원장, 예금거래신청서, 예금계약서 등에 '실명확인필'을 표시하고 확인자가 날인 또는 서명하는 실무가 확고하게 자리 잡고 있으며, 예금명의자가 직접 금융회사등에 출석하지 아니하고 대리인에 의하여 예금계약을 체결하는 경우에도 본인 및 대리인 모두에 관하여 실명확인증표를 받고 있다.

또한, 2005. 1. 17. 개정된 특정 금융거래정보의 보고 및 이용 등에 관한 법률은 금융회사등 등의 고객주의의무에 관한 규정을 신설하여, 금융회사등 등이 금융거래를 이용한 자금세탁행위를 방지하기 위한 합당한 주의로서 고객이 계좌를 신규로 개설하거나 대통령령이 정하는 금액 이상으로 일회성 금융거래를 하는 경우 거래당사자의 신원에 관한 사항을 확인하고, 실제 거래당사자 여부가 의심되는 등 고객이 자금세탁행위를 할 우려가 있는 경우 실제 당사자 여부 및 금융거래 목적을 확인하도록 하고 있는데(제5조의2), 위 법 시행령의 규정에 따르면 금융실명법이 정하는 실명 이외에 주소와 연락처 등도 확인하도록 함으로써(위 법 시행령 제10조의4) 금융실무에서 고객을 확인하는 절차 등을 더욱 강화하고 있는 추세이다.

따라서 예금계약과 같은 금융거래 계약의 경우에는 다른 계약의 경우보다 훨씬 더 실명확인 절차를 통하여 객관적으로 표시된 예금명의자 및 금융회사등의 의사에 기초하여 예금계약의 당사자, 즉 예금반환청구권을 갖는 예금주를 정하여야 한다.

③ 특히 금융실명제가 시행되기 전에는 당시의 거래실정이나 금융거래 관행상 예금을 하고자 하는 자는 물론 금융회사등도 예금명의에 대하여 별 의미를 부여하지 않았고 예금명의자가 누구인지 등을 조사하지도 않았으므로, 금융회사등의 의사는 예금주의 명의 여하를 묻지 않고 실제로 자금을 출연하고 예금을 지배하는 자와 예금계약을 체결하려는 의사라고 해석할 여지가 있었고, 예금명의에 대한 금융회사등의 신뢰는 보호될 여지가 없었다. 그러나 금융실명제가 시행된 후에는 특별한 사정이 없는 한 주민등록증 등을 통하여 실명확인을 한 예금명의자가 금융실명법 제3조 제1항 소정의 '거래자'로서 금융회사등과 예금계약을 체결할 의사를 표시한 것으로 보아야 하고, 또한 대량적·반복적으로 이루어지는 예금거래를 신속하고 정형적으로 처리하여야 하는 금융회사등

으로서도, 출연자가 누구인지 여부 및 출연자와 예금명의자의 내부관계가 어떠한지에 구애받음이 없이 예금계약의 당사자 확정을 둘러싼 분쟁을 방지하고 법률관계를 명확히 하기 위하여 실명확인을 통하여 계약체결 의사를 표시한 예금명의자를 계약당사자로 받아들여 예금계약을 체결한 것이라고 보아야 하므로, 이와 같이 합치된 쌍방의 의사 및 그에 관한 금융회사등의 신뢰는 존중되어야 한다.

4. 소 결

(1) 비실명예금계약의 예금주 판단의 기준

출연자 또는 예금계약체결행위자와 명의자가 다른 예금계약이 체결된 경우에 그 예금주를 누구로 볼 것인가에 관하여, 학설이나 판례는 금융실명제가 실시되기 전에는 당해 예금을 실질적으로 지배하고 있는 출연자 또는 예금계약체결행위자로 보고 있었음에 대하여, 금융실명제가 실시된 이후에는 원칙적으로 명의자를 예금주로 보되 특별한 경우에 한하여 예외적으로 출연자 또는 예금계약체결행위자를 예금주로 보는 것으로 바뀌었다.

그런데 출연자 또는 예금계약체결행위자를 예금주로 보는 특별한 경우를 어느 범위에서 인정할 것인지에 대하여 학설상으로는 ① 계약당사자가 예금명의자가 아닌 출연자(또는 예금계약체결행위자)에게 예금반환채권을 귀속시키기로 하는 명시적 또는 묵시적 약정을 한 경우로 보아야 한다는 견해, ② 예금계약을 체결할 당시에 금융회사등이 출연자(또는 예금계약체결행위자)가 자신의 명의가 아닌 타인의 명의로 예금계약을 체결하는 것임을 알고 있는 경우로 보아야 한다는 견해, ③ 예금계약을 체결할 당시에 금융회사등이 출연자(또는 예금계약체결행위자)가 자신의 명의가 아닌 타인의 명의로 예금계약을 체결하는 것임을 알 수 있었던 경우로 보아야 한다는 견해로 의견이 갈려 있었다.

그러나 금융실명제의 입법취지가 예금계약의 당사자(특히 예금주)가 누구인지를 투명하게 들어나도록 함으로써 금융거래를 정상화시키려는 데 있다는 점을 고려할 때 예금명의자가 아닌 출연자(또는 예금계약체결행위자)를 예금주로 인정하는 특별한 경우를 가장 좁게 보는 ①의 견해가 타당하다고 할 수 있다.

이에 따라 2009년 3월 19일 전의 대법원판례는 ①의 견해를 채택하고 있었으나 2009년 3월 19일의 대법원판례는 ①의 견해보다 그 범위를 더욱 좁혀 계약당사자가 예금명의자가 아닌 출연자(또는 예금계약체결행위자)에게 예금반환채권을 귀속시키기로 하는 명시적 약정을 한 경우로 한정하여 출연자(또는 예금계약체결행위자)를 예금주로 보도록 판례를 변경하였다.

그리고 2009년 3월 19일 대법원판례의 소수의견을 개진한 박시환 대법관은 「금융실명거래 및 비밀보장에 관한 법률 제3조 제1항은 실명확인 절차를 거칠 것을 예금계약의 효력요건으로 규정한 것이고, 위 규정의 취지에 반하는 예금계약의 효력을 부정하는 강행규정이라고 보아야 한다. 따라서 출연자 등이 예금명의자 명의로 실명확인 절차를 거쳐 예금계약을 하면서, 금융회사등과의 합의하에 출연자 등을 예금계약상의 예금반환청구권을 갖는 예금계약의 당사자로 하기로 별도로 약정한 경우 등에는, 그 별도의 약정에 관하여 당사자들이 명확한 증명력을 가진 구체적이고 객관적인 증거를 남겨 두었는지 여부와 관계없이, 그러한 별도의 약정 자체는 강행규정인 금융실명거래 및 비밀보장에 관한 법률 제3조 제1항에 위반되어 효력이 없는 것으로 보아야 한다. 결국 이러한 경우에는 금융회사등과 예금명의자 사이의 예금계약만이 유효하게 성립할 뿐이어서, 예금반환청구권을 갖는 예금계약의 당사자는 예금명의자이다」라고 하면서 계약당사자가 예금명의자가 아닌 출연자(또는 예금계약체결행위자)에게 예금반환채권을 귀속시키기로 하는 명시적 약정을 한 경우라도 그 예금계약의 예금주를 명의자로 보아야 할 것이라고 한다.

금융실명거래를 확실하게 정착시키기 위해서는 박시환 대법관의 견해처럼 실명거래에 위반한 예금계약을 무효로 하는 것이 타당하다고 생각한다. 다만 이는 어디까지나 입법적인 측면에서의 의견이고, 현행 금융실명거래 및 비밀보장에 관한 법률의 해석론으로는 차한성 대법관이 2009년 3월 19일 대법원판례에서 다수의견에 대한 보충의견[36]으로 개진한 바와 같은 이유로 타당하다고 할 수 없다. 또한 박시환 대법관이 실명거래에 위반한 예금계약을 무효로 보면서 이 경우의 예금주를 명의자로 보아야 한다고 하는 것은 명의자가 예금계약 당시 당해 예금계약의 예금주가 될 의사가 없었다는 점에서 모순이 아닌가 생각된다. 특히 명의모용에 의한 타인명의 예금계약에 있어서 그 명의자는 예금계

36 본고 Ⅲ. 2. (3) 참조.

약체결 당시 자신의 명의로 예금계약이 체결되는 사실을 전혀 알지 못하고 있었다는 점에서 더욱 그러하다고 할 수 있다.

(2) 여러 비실명예금계약의 예금주 판단

2009년 3월 19일 대법원판례에 따라 출연자와 계약체결행위자 및 명의자가 일치하지 않는 여러 예금계약의 유형에 적용하여 그 예금주가 누구인지를 판단하여 보면 다음과 같다.

첫째의 유형, 즉 출연자와 명의자가 같고 예금계약체결행위자가 다른 경우는 예금계약체결행위자가 출연자를 대리하여 출연자의 명의로 예금계약을 체결한 것으로 보아야 하므로 명의자를 예금주로 보아야 한다.

둘째의 유형, 즉 예금계약체결행위자와 명의자가 같고 출연자가 다른 경우, 예컨대 A(출연자)의 부탁을 받은 B(예금계약체결행위자 겸 명의자)가 금융회사등 S와 B의 명의로 예금계약을 체결하고 A의 자금을 입금한 경우는 B와 S 사이에 A(출연자)를 예금주로 하기로 하는 명시적인 합의가 있은 때에 한하여 예외적으로 A를 예금주로 보아야 하고 그 이외의 경우는 모두 B(명의자)를 예금주로 보아야 한다.

셋째의 유형, 즉 출연자와 예금계약체결행위자가 같고 명의자가 다른 경우 예컨대 A(출연자 겸 예금계약체결행위자)가 금융회사등 S와 B의 명의로 예금계약을 체결하고 A의 자금을 입금하는 경우는 A와 S 사이에 A(출연자)를 예금주로 하기로 하는 명시적인 합의가 있은 때에 한하여 예외적으로 A를 예금주로 보아야 하고 그 이외의 경우는 모두 B(명의자)를 예금주로 보아야 한다.

넷째의 유형, 즉 출연자와 예금계약체결행위자 및 명의자가 모두 다른 경우 예컨대 A(출연자)의 부탁을 받은 B(예금계약체결행위자)가 금융회사등 S와 C의 명의로 예금계약을 체결하고 A의 자금을 입금하는 경우는 B와 S 사이에 A(출연자) 또는 B(예금계약체결행위자)를 예금주로 하기로 하는 명시적인 합의가 있은 때에 한하여 예외적으로 A 또는 B를 예금주로 보아야 하고 그 이외의 경우는 모두 C(명의자)를 예금주로 보아야 한다.

다섯째의 유형, 즉 출연자와 예금계약체결행위자가 같으나 명의자가 가명이나 허무인인 경우이다. 예컨대 A(출연자)가 금융회사등 S와 A의 실명이 아닌 가명이나 허무인의 명의로 예금계약을 체결하고 A의 자금을 입금하는 경우는 예치 금융회사등과 A(출연자)를 예금주로 하기로 하는 명시적인 약정이 없다 하더라도 A(출연자)를 예금주로 보아야 한다. 이 경우는 명의자가 실재하는 인물이 아니어서 예금주가 될 수 없기 때문이다.

여섯째의 유형, 즉 출연자와 예금계약체결행위자가 다른 경우로서 예금계약체결행위자가 가명이나 허무인의 명의로 예금계약을 체결하는 경우 예컨대 B(예금계약체결행위자)가 A(출연자)의 부탁을 받아 가명이나 허무인의 명의로 예금계약을 체결하고 A의 자금을 입금하는 경우는 A와 B 중 누구를 예금주로 할 것인지 예치 금융회사등과 명시적인 합의가 있으면 그 자를 예금주로 보아야 하고, 그러한 명시적인 합의가 없으면 A와 B 중 예금통장이나 신고인감 및 비밀번호를 소지하고서 당해 예금을 사실상으로 지배하는 자를 예금주로 보아야 한다. 이 경우도 명의자가 실재하는 인물이 아니어서 예금주가 될 수 없기 때문이다.

(3) 명시적 약정의 유무에 대한 판단기준

2009년 3월 19일 대법원판례에 의하면 금융회사등과의 명시적인 합의가 있으면 그 합의에 따라 명의자가 아닌 출연자 또는 예금계약체결행위자를 예금주로 보아야 하는데, 여기에서 다시 문제가 되는 것은 현실의 예금거래에 있어서 구체적으로 어떠한 경우에 예치 금융회사등과의 명시적인 합의가 있는 것으로 볼 수 있는가 하는 점이다.

이에 관하여 위 대법원판례는「이러한 의사의 합치는 금융실명거래 및 비밀보장에 관한 법률에 따라 실명확인 절차를 거쳐 작성된 예금계약서 등의 증명력을 번복하기에 충분할 정도의 명확한 증명력을 가진 구체적이고 객관적인 증거에 의하여 매우 엄격하게 인정하여야 한다」는 기준을 제시하고 있다.

한편, 실무에서는 금융회사등이 예금계약의 체결시에 예금주 명의를 특정한 법인의 대표자 개인 이름으로 표기하고 그 옆의 괄호 안에 법인의 명칭을 기재[예컨대 홍길동(○○주식회사)]하거나, 또는 임의단체의 대표자 개인 이름으로 표기하고 그 옆의 괄호 안에 법인 아닌 사단의 명칭을 기재[예컨대 홍길동(○○동창회)]하는 경우가 있는데, 이 경우 금융회사등이 당해 예금계약의 예금주를 개인 홍길동이 아닌 ○○주식회사나 ○○동창회로 하기로 하는 명시적인 합의를 한 것으로 볼 수 있는지 문제로 된다.

이에 대한 결론을 구하기 위해서는 먼저 법인이나 임의단체[37]의 자금을 대상으로 그 대표자 등과 예금계약을 체결하는 경우에 금융회사등이 그 예금주 명의를 어떻게 표기하고 또한 그 후속 사무를 어떻게 처리하는지 그 유형을 구체적으로 나누어 살펴볼 필요가 있다.

첫째는 설립등기 전(설립등기가 완료되더라도 법인세법에 의한 사업자등록증을 교부받기 전도 마찬가지임)의 법인이 소유하는 자금을 예치하면서, 그 예금주를 발기인 대표자 개인 명의로 하고 그 옆에 법인 명칭을 부기[예컨대 홍길동(○○주식회사)]하는 경우이다. 이 경우는 사업자등록증이 교부되면 사업자등록증에 기재된 법인명 및 사업자등록번호로 변경(사업자등록증 사본 보관)하는 실무처리를 하고 있는데,[38] 이는 금융회사등과 예금주 사이에 예금주를 명의자가 아닌 출연자로 하기로 하는 명시적인 합의가 있는 전형적인 경우에 해당하는 것으로 보아야 한다. 따라서 이 경우는 전산입력 등 그 후속사무의 처리를 개인의 예금이 아닌 법인 또는 임의단체의 예금으로 하여야 할 것으로 본다. 그리고 이 경우는 아직 당해 법인의 사업자등록번호가 나오지 않아 부득이 발기인 대표자 개인 명의로 하였다가 사업자등록번호가 나온 후 법인 명의로 변경하는 것인 점에서 금융실명법이 금지하고 있는 비실명거래로 볼 수 없는 정상적인 업무처리인 것으로 보아야 한다.

둘째는 이미 설립되어 법인세법에 의한 사업자등록증까지 교부받은 법인 또는 부가가치세법에 의한 고유번호나 소득세법에 의한 납세번호를 부여받은

---

37 임의단체란 금융회사등의 입장에서 볼 때 개인과 법인(국가·지방자치단체 포함) 이외에 금융실명법에 의하여 실명확인이 필요한 예금계약의 상대방을 총칭하는 용어이다. 동창회나 종중 등 법인 아닌 사단이나 장학기금 등의 법인 아닌 재단이 이에 해당된다. 임의단체는 부가가치세법에 의한 고유번호나 소득세법에 의한 납세번호를 부여받은 단체와 그 이외의 단체로 구분해 볼 수 있다. 임의단체와 예금계약시 금융회사등은 그 상대방이 고유번호나 납세법호를 부여받은 임의단체이면 그 단체명과 고유번호 또는 납세번호로 거래하되 그 단체와 대표자의 실명확인증표 사본을 보관하여야 하고, 고유번호나 납세법호를 부여받지 않은 임의단체이면 단체명을 부기한 대표자 명의로 거래하되 대표자의 실명확인증표 사본과 임의단체 확인서류 원본 또는 사본을 보관하여야 한다(금융실명거래 업무해설(주1), 17면 참조).

38 금융실명거래 업무해설(주2), 16면 참조.

임의단체(법인 아닌 사단 등)가 소유하는 자금을 예치하면서 그 예금주를 대표자 개인 명의로 표기하고 그 옆에 법인 또는 임의단체의 명칭을 부기[예컨대 홍길동(○○주식회사) 또는 홍길동(○○동창회)]하고서, 전산입력 등 그 후속사무의 처리를 개인의 예금이 아닌 법인 또는 임의단체의 예금으로 한 경우이다. 그러나 이 경우는 명의자와 출연자가 다른 타인 명의의 예금이 아니라 처음부터 출연자가 예금주인 예금으로 보는 것이 타당하다고 생각한다. 이 경우는 예치 금융회사등이 그 예금주를 법인 또는 임의단체로 보아 후속 업무처리를 하고 있고 또한 그 예금주의 표시를 단순히 대표자 개인의 성명으로만 하지 아니하고 그 옆에 법인 또는 임의단체의 명칭을 병기하고 있어, 이를 명의자와 출연자가 다른 예금으로 보기보다는 예치 금융회사등이 예금주 표시를 부적절하게 하였다고 보는 것이 보다 타당하다고 할 것이기 때문이다.

셋째는 둘째에 해당하는 법인 또는 임의단체(법인 아닌 사단 등)가 소유하는 자금을 예치하면서, 예금주를 그 대표자 개인 명의로 하고 그 옆에 법인 또는 임의단체의 명칭을 부기하고, 전산입력 등 그 후속사무의 처리를 법인 또는 임의단체의 예금이 아닌 개인의 예금으로 한 경우이다.

이에 관하여는 개인인 대표자의 요청이 있고 그에 따라 금융회사등이 개인의 이름 옆에 법인이나 법인 아닌 사단의 명칭을 부기하는 것을 금융회사등과 예금계약체결행위자 사이의 명시적인 합의로 보아 법인 또는 임의단체를 예금주로 보아야 한다는 견해와 단순히 개인의 이름 옆에 법인이나 임의단체의 명칭을 부기하는 것은 명의자인 대표자 개인이 법인 또는 임의단체로부터 위임을 받아 당해 법인 또는 임의단체가 소유하는 자금을 관리하고 있다는 사실을 금융회사등이 알고 있음에 지나지 않는 것으로 보아 대표자 개인을 예금주로 보아야 한다는 견해가 있을 수 있다. 어느 견해가 타당하다고 할 것인지는 그 판단이 매우 어려운 문제이나 필자의 의견을 말한다면, 금융회사등과 명의자 및 법인이나 임의단체 사이의 거래과정을 좀 더 관찰하여 판단할 필요가 있다고 본다.

우선 예금계약체결 당시에 금융회사등이 예금계약체결행위자인 대표자의 실명확인증표 사본과 함께 법인 또는 임의단체 확인서류[39]를 징구한 경우는 금

39 법인의 경우는 사업자등록증 원본이나 고유번호증 원본 또는 사본이 이에 해당되고 임의

융회사등과 예금계약체결행위자 사이에 출연자를 예금주로 하기로 하는 명시적인 합의가 있는 것으로 보아야 할 것으로 생각한다. 또한 예금계약체결 후 당해 법인 또는 임의단체의 임직원(예금 명의자인 대표자 포함)이 그 임직원의 자격에서 예금의 지급청구를 해 왔음에도 금융회사등이 그 지급에 응하는 사무처리를 해온 경우는 금융회사등과 예금계약체결행위자 사이에 출연자를 예금주로 하기로 하는 명시적인 합의가 있는 것으로 보아야 할 것으로 생각한다. 이에 대하여 예금계약체결 후 명의자 개인 자격에서의 예금지급청구에만 응하는 사무처리를 해온 경우는 금융회사등과 예금계약체결행위자 사이에 출연자를 예금주로 하기로 하는 명시적인 합의가 있는 것으로 볼 수 없다고 생각한다.

그리고 이 셋째의 경우는 어느 경우이건 법인 또는 임의단체를 예금주로 할 수 있음에도 대표자 개인을 예금주로 하였다는 점에서 둘째의 경우와 달리 금융실명법이 금지하고 있는 타인명의의 비실명거래에 해당하는 것으로 보아야 한다.

넷째는 부가가치세법에 의한 고유번호나 소득세법에 의한 납세번호를 부여받지 않은 임의단체가 소유하는 자금을 예치하면서, 그 예금주를 대표자 개인 명의로 하고 그 옆에 법인 또는 임의단체의 명칭을 부기하고, 전산입력 등 그 후속사무의 처리를 법인 또는 임의단체의 예금이 아닌 개인의 예금으로 한 경우이다. 이에 관하여도 위 셋째의 경우와 마찬가지로 견해가 갈릴 있으나 다음과 같이 경우를 나누어 볼 필요가 있다.

우선 예치 금융회사등이 예금계약체결행위자인 대표자의 실명확인증표 사본과 함께 임의단체 확인서류[40] 원본 또는 사본을 징구한 경우는 금융회사등과 예금계약체결행위자 사이에 출연자를 예금주로 하기로 하는 명시적인 합의가 있는 것으로 보아야 할 것으로 생각한다. 다음에 금융회사등이 예금계약체결행위자인 대표자의 실명확인증표 사본을 징구하고 임의단체 확인서류는 징구하지 않은 경우는 위 셋째의 경우에 준하는 것으로 보는 것이 타당하다고 생각한다.

단체의 경우는 고유번호증이나 납세번호증 원본 또는 사본이 이에 해당된다(금융실명거래 업무해설(주2), 16~17면 참조).

40 임의단체 확인서류는 ① 단체 정관 또는 조직과 운영에 관한 규정, ② 대표자임을 입증할 수 있는 서류(등록증, 회의록, 의사록 등), ③ 조직구성권 명부이다(금융실명거래 업무해설(주2), 17면 참조).

한편, 위 셋째와 넷째의 유형에 해당하는 사례에 관하여 참고가 될 판례로는 대전지방법원 홍성지원 2006. 11. 24. 선고 2005가합388 판결을 들 수 있다. 이 판례는 Y종중의 대표자 A가 Y종중의 소유에 속하는 자금을 예치하고자 은행거래신청서에 예금주명: Y종중 대표 A로 기재하여 S은행에 예금거래를 신청하였고, S은행이 예금통장에 예금주를 A(Y종중)으로 기재하고 은행거래신청서 및 통장의 거래인감으로 종중 대표자의 직인과 종중원인 D의 도장을 함께 날인한 예금계약에 있어서[41] 그 예금주를 누구로 보아야 할 것인지에 관한 사안에서, ① A가 거액의 금원은 S은행에 예치하고 있어 S은행의 지점장 및 담당직원이 A와의 거래관계를 유지하기 위하여 A 및 A와 함께 S은행을 방문한 종중원 D 등과 각별한 친분관계를 맺어온 점, ② A는 거액의 종중 자금을 예치할 당시 D 등과 함께 S은행을 방문하여 종중 명의로 예치할 수 있는지에 관하여 문의한 점, ③ 당시 은행거래신청서 및 통장에는 모두 A의 이름 뒤에 종중의 명칭이 부기되어 있고, 거래인감으로 A의 개인 도장을 신고하지 아니하고, 종중 대표자 직인과 종중원인 D의 개인 도장을 함께 거래인감으로 신고한 점, ④ 이 사건 예금을 비롯하여 종중 자금을 예치하기 위한 계좌를 개설하거나 만기 후 새로운 계좌를 개설함에 있어 A가 S은행에 찾아온 경우는 드물고 대부분 종중원인 D 또는 H 등이 찾아와 그와 같은 절차를 취하였던 점, ⑤ 일반적으로 고객의 입장에서 개인의 고유한 예금임에도 굳이 종중의 예금이라고 통장 등에 부기하고 거래인감으로 종중 대표자의 직인과 종중원의 개인도장을 신고함으로써 처분가능성을 스스로 제한할 이유가 거의 없는 점, ⑥ 만일 이 사건 예금이 A의 개인 예금이라고 한다면 D 등이 어떠한 자격에서 A의 개인 예금에 관한 업무를 처리하는지에 관하여 S은행의 담당직원이 이를 의심하고 그 자격을 명확히 하여 거

41 이와 같이 예금계약을 체결한 것은 (1) Y종중의 대표자 A의 개인 명의가 아닌 Y종중의 이름으로 예금계좌를 개설할 수 있는지에 대한 문의에 대하여 S은행의 담당직원이 단체를 예금주로 표시하여 예금거래를 하기 위해서는 그 단체가 부가가치세법에 의한 고유번호를 부여받은 단체이거나 소득세법에 의한 납세번호를 부여받은 단체여야 하고, 단체의 실명을 확인할 수 있도록 고유번호증 원본이나 납세번호증 원본, 대표자의 실명확인증표 등의 서류가 필요하고, 그러한 구비서류가 없다면 단체 명의로 계좌를 개설할 수는 없고 단체의 대표자 개인의 명의로 예금계좌를 개설할 수 있고 그 단체명은 예금주 표시 아래에 부기하는 형태로 표수할 수 있다고 안내하여 주었고, (2) 그러자 Y종중의 대표자 A는 Y종중의 고유번호증 등의 서류가 없다고 하면서, Y종중의 대표자인 A 개인의 명의로 계좌를 개설하고 Y종중의 명칭은 A의 이름 아래에 부기하여 달라고 한 데 기인하였다.

래함이 상당함에도 이 사건에서는 D 등이 이 사건 예금거래를 주로 수행함에 있어 S은행의 임직원들이 아무런 의문을 표시하지 아니한 채 종중원들인 이들의 업무처리를 정상적인 것으로 용인하였던 것을 알 수 있다는 이유로 「S은행과 A 사이에 이 사건 예금에 관한 계약을 체결함에 있어서 A가 Y종중을 예금명의인으로 하기 위한 소요서류를 제출하지 못함으로 인하여 A 개인 명의로 예금계약을 체결하더라도, 이 사건 예금반환채권은 실제 출연자인 Y종중에 귀속시키기로 하는 약정[42]이 있었다고 할 수 있으므로 이 사건 예금의 예금주는 이 사건 예금거래계약 당시 A가 대표자로 있던 Y종중이라 할 것이다」고 판시한 바 있고, 이 판결은 이후 항소심(대전고등법원 2007. 12. 12. 선고 2007나536)과 상고심(대법원 2008. 6. 12. 선고 2008다5431 판결)에서도 그대로 유지되어 확정된 바 있다.

Ⅴ. 비실명예금의 지급

1. 문제의 소재

특정한 예금계약에 있어서 출연자와 예금계약체결행위자[43] 및 명의자가 다른 경우라도 앞에서 본 바와 같은 기준에 따라 그 예금계약의 예금주가 출연자

42 이 약정을 명시적인 약정의 의미로 볼 것인지 아니면 묵시적인 약정의 의미로 볼 것인지는 2009년 3월 19일 대법원판례와 관련하여 중요한 의미를 가진다. 묵시적인 약정의 의미로 본다면 이 사건에서 출연자인 △△은행을 예금주로 볼 수 없고 여전히 명의자인 A를 예금주로 보아야 할 것이기 때문이다. 그러나 이 사건에서는 당해 판결의 이유인 ③~⑥에 비추어 볼 때 명시적인 약정으로 보는 것이 타당하다고 본다.

43 출연자와 예금계약체결행위자는 동일인이 아닌 경우가 있는 점은 이들이 당사자로서 금융회사등과 예금계약을 체결하는 유형(Ⅱ. 금융실명거래에 위반한 예금계약의 유형) 중 넷째 유형으로 앞에서 설명한 바 있다. 그러나 이 유형의 법률관계는 그 실질에 있어서 앞에서 본 셋째의 유형과 같다는 점도 앞에서 이미 설명한 바 있다(앞의 주1 참조). 즉 예컨대 A(출연자)의 부탁을 받은 B(예금계약체결행위자)가 금융회사등 S와 C의 명의로 예금계약을 체결한 경우에, B가 자신을 출연자로 하여 금융회사등 S와 예금계약을 체결하였다면 B를 출연자 겸 예금계약체결행위자로 보면 되고(물론 이 경우 B는 A와의 관계에서 위임사무를 위반한 것이 되지만 이는 A와 B 사이의 내부관계에 지나지 않고 금융회사등 S와 B의 관계에는 영향을 미치지 않는다), A의 대리인으로서 금융회사등 S와 예금계약을 체결하였다면 A를 출연자 겸 예금계약체결행위자로 보면 되므로 셋째의 유형과 다르지 않다. 따라서 이하에서는 출연자와 예금계약체결행위자가 같은 경우만을 출연자로 표시하여 설명하고 출연자와 예금계약체결행위자가 다른 경우는 이에 준하는 것으로 보아 별도로 설명하지 않기로 한다.

또는 명의자로 결정되는 점은 앞에서 본 바와 같다. 그러나 이러한 예금계약의 경우는 그 예금주가 누구인가에 관하여 당사자 사이의 내부관계와 예치 금융회사등에 대한 외부관계가 다르다는 점에서 다음과 같은 문제가 발생하게 된다.

첫째의 문제는 명의자가 예금주로 인정되는 경우에 출연자가 명의자와의 내부관계에 기하여 직접 예금을 지급받으려고 하거나, 출연자가 예금주로 인정되는 경우에 출연자가 예금을 지급받으려면, 그 지급에 앞서 반드시 예금주를 출연자로 바꾸는 실명전환이 필요한가 하는 점이다.

둘째의 문제는 출연자와 명의자가 다른 예금에 있어서 출연자는 예치 금융회사등에 대한 관계에서 어떤 방법으로 자신의 권리를 구제받을 수 있는가 하는 점이다. 이 경우는 다시 명의자가 예금주로 인정되는 경우와 출연자가 예금주로 인정되는 경우로 나누어 검토할 필요가 있고 또한 이들 양자의 경우는 다시 출연자가 타인의 명의로 예금계약을 체결함에 있어서 명의자의 승낙을 얻은 경우 즉 명의차용의 경우와 승낙 없이 무단으로 명의를 사용한 경우, 즉 명의모용(도용)의 경우로 나누어 검토할 필요가 있다.

셋째의 문제는 명의자가 예금주로 인정됨에도 예치 금융회사등이 출연자에게 예금을 지급한 경우 또는 출연자와 예치 금융회사등 사이에 명시적인 합의[44]가 있어 명의자가 아닌 출연자가 예금주로 인정됨에도 예치 금융회사등이 명의자에게 예금을 지급한 경우에 예치 금융회사등은 어떠한 요건을 구비하여야 선의지급으로 면책될 수 있는가 하는 점이다.

2. 비실명예금의 실명전환

(1) 문제의 소재

1993. 8. 12. 제정된 금융실명거래 및 비밀보장에 관한 긴급재정경제명령은 금융회사등에게 이 긴급명령의 실시 이후 거래자의 실지명의에 의하여 금융거

44 출연자와 예금계약체결행위자 및 명의자가 다른 예금계약의 예금주를 누구로 볼 것인가에 대하여는 실명제가 시행되기 전(제1기)과 시행된 이후 2009. 3. 19. 대법원판례가 나오기 전(제2기) 및 이후(제3기)의 3 시기 별로 출연자나 예금계약체결행위자가 예금주로 인정되는 범위가 다르다는 점은 앞에서 이미 설명한 바 있다. 그러나 일단 예금주로 인정되는 범위가 결정되면 그 이후 예금주로 인정되지 않는 자의 권리구제수단이나 예금주 아닌 자에게 지급한 예치금융회사등의 면책에 관한 법리는 동일하게 적용된다. 따라서 이하에서는 2008. 3. 19. 대법원판례가 나온 이후인 제3기를 기준으로 하여 설명하기로 한다.

래를 하여야 하는 의무를 부과하고(제1조) 이에 위반하는 금융회사등의 임원 및 직원에 대하여는 소정의 과태료를 부과하도록 하는(제13조, 제14조) 한편, 위 긴급명령 시행 전에 실명에 의하지 아니하고 거래한 기존금융자산의 거래자에 대하여는 소정기한 내에 실명전환하도록 의무화하고(제5조) 이를 위반하는 경우에는 세제상의 불이익(제9조)을 받도록 한 바 있다.

위 긴급명령을 대체하여 제정된 금융실명법은 금융회사등에게 동법 실시 이후에도 거래자의 실지명의에 의하여 금융거래를 하여야 하는 의무를 부과하고(제3조) 이에 위반하는 금융회사등의 임원 및 직원에 대하여는 소정의 과태료를 부과하도록 한 것은 위 긴급명령의 경우와 같다. 또한 금융실명법은 위 긴급명령 시행 전에 실명에 의하지 아니하고 거래한 기존금융자산 중 동법 시행 전까지 실명확인 되지 아니한 금융자산의 명의인에 대하여는 금융회사등으로 하여금 동법 시행 후 최초의 금융거래가 있는 때에 그 명의가 실명인지의 여부를 확인하도록 하고(부칙 제5조 제1항), 실명확인 되지 아니하였거나 실명이 아닌 것으로 확인된 기존금융자산에 대한 지급·상환·환급·환매 등을 하여서는 아니 되는 것으로 규정하는 한편(부칙 제5조 제2항), 동법 시행 이후 실명전환자에 대한 과징금부과와 세제상의 불이익(부칙 제6조~제8조) 등에 관하여 규정하고 있다.

그런데 금융실명법은 위 긴급명령의 시행 전에 실명에 의하지 아니하고 거래한 금융자산의 경우와는 달리 위 긴급명령의 시행 이후에 실명에 의하지 아니하고 거래한 금융자산에 대하여는 실명전환이 필요한지의 여부에 대하여 아무런 규정을 두고 있지 않다. 여기에서 금융실명제 시행 이후에 실명에 의하지 아니하고 이루어진 예금계약에 관하여 실명전환 없이 예금의 입출금 등 금융거래를 계속할 수 있는지 여부가 문제로 된다.

(2) 학 설

금융실명제 시행 이후에 실명에 의하지 아니하고 이루어진 예금계약에 관하여 실명전환 없이 예금의 입출금 등 금융거래를 계속할 수 있는지 여부에 대하여는 긍정설[45]과 부정설[46]로 학설이 나뉘어 있다.

---

45 곽민섭(주11), 73면.

46 김재형(주8), 22~23면; 이의영(주30), 129면; 윤진수(주11), 389면; 문성관(주12), 41면; 고영태, "금융실명제 시행 이후 예금주명의를 신탁한 경우의 법률관계", 『판례연구 13집』(부

긍정설은 그 논거로 금융실명법 제정 전의 긴급명령의 경우는 「금융회사등은 제2항의 규정에 의한 확인을 하지 아니하였거나 실명이 아닌 것으로 확인된 기존금융자산을 지급·상환·환급·환매 등(이하 "지급등"이라 한다)을 하여서는 아니된다(제3조 제3항 본문)」고 하는 규정이 있었으나 그 대체입법으로 제정된 금융실명법에서 이 규정이 삭제되었다는 점을 들고 있다. 즉 이 설은 금융실명법에 의하여 위 긴급명령 제3조 제3항이 삭제된 이상 다시 원칙으로 돌아가 출연자 자신이 예금주라는 사실을 증명하여 예금을 청구하면 금융회사등은 그에게 예금을 지급하여야 한다고 해석하는 것이 타당하고, 만일 그렇지 않고 출연자는 실명을 정정한 다음 예금지급을 청구할 수 있다고 해석하면 출연자에게 불필요한 절차만 한 단계 더 요구하는 셈이 되어 부당하다고 한다. 또한 이 설은 긴급명령 적용 당시 실명확인미필 또는 비실명이었는데 금융실명법 시행 후 출연자가 예금지급을 청구하는 때에도 긴급명령 제3조 제3항과 관련한 같은 금융실명법 제3조의 규정을 긴급명령 적용 당시까지로 소급하여 적용하는 것을 부정할 이유가 없으므로 금융회사등은 이에 응하여야 할 것이라고 한다.[47]

부정설은 그 논거로 ① 금융실명제가 실시되기 전에는 비실명거래가 유효하게 행해졌고 출연자가 예금채권자로서 권리를 행사할 수 있었으므로 금융실명제를 실시하면서 예금주의 명의를 실명으로 전환한 다음에 예금을 지급하도록 정한 것으로 볼 수 있으나, 금융실명제가 실시된 후에는 제3조 제1항에 따라 비실명거래가 허용되지 않기 때문에 실명전환절차를 두지 않은 것으로 보아야 한다는 점,[48] ② 예금계좌를 개설하는 것뿐만 아니라 예금 등 금융자산을 상환하는 것도 금융실명법상의 금융거래에 해당되는 것으로 보아야 한다는 점,[49] ③ 실명전환이 필요하다고 하여야 실명전환절차를 통하여 차명계좌를 이용한 출연자에게 과징금의 징수, 소득세의 추가부담 등의 불이익을 가할 수 있어 기존의 계약이론과 소송법의 테두리를 크게 벗어나지 않으면서도 금융실명제의 취지를 살릴 수 있다는 점[50] 등을 들고 있다.

산판례연구회, 2002. 2), 75면.

47 곽민섭(주11), 73면.

48 김재형(주8), 22~23면.

49 이의영(주30), 129면.

50 김유진(주30), 247면.

(3) 소 결

금융실명법에 의하면 금융회사등은 거래자의 실지명의에 의하여 금융거래를 하여야 하는데(제3조 제1항) 이는 예금계약의 체결시는 물론이고 예금의 지급시에도 적용되는 것으로 보아야 한다. 즉 금융회사등은 예금계약체결시에는 출연자와 명의자가 다른 거래임을 알지 못하였다 하여도 나중에 이를 알게 되었다면 예금주를 명의자에서 출연자로 변경한 후에 예금을 지급하여야 한다고 보는 것이 금융실명제의 취지에 부합하는 해석이라고 본다.

다만 금융회사등이 예금주를 명의자에서 출연자로 변경한 후에 예금을 지급하여야 함에도 그 변경 없이 사실상 출연자에게 예금을 지급하였다면, 그 지급사유가 어떠하든 출연자나 명의자는 금융회사등에 예금의 원상회복이나 손해배상을 청구할 수 없는 것으로 보아야 한다. 이 경우 금융회사등이 실명제 위반에 따른 제재를 받는 것은 별론으로 하고 예금 자체는 결과적으로 실질적인 귀속자에게 지급된 것이기 때문이다.[51]

3. 출연자의 권리구제 수단

(1) 명의자가 예금주인 경우

1) 명의차용의 경우

① 학 설

출연자와 명의자가 다른 예금계약에 있어서 명의자가 예금주로 인정되는 경우에 출연자는 어떠한 방법으로 자신의 권리를 구제받을 수 있는지에 관하여는 학설이 나뉘어 있다.

제1설은 출연자로서는 명의자를 상대로 예금채권의 양도를 구하고 이를 양도받아 예치 금융회사등을 상대로 예금반환을 구하여야 한다고 한다. 그리고 이 경우 출연자가 명의자를 상대로 예금채권의 양도를 구할 수 있는 법률적인 근거로는 출연자와 예금명의자 사이의 명의신탁약정을 들고 있다. 즉 양자 사이의 명의신탁약정에 의하여 명의자는 출연자의 요구가 있으면 금융회사등에 대한 예금반환채권을 출연자에게 양도할 의무가 있다고 보아야 한다는 것이다.[52]

---

51 윤진수(주11), 390면; 정인숙(주27), 128면.

52 윤진수(주11), 390면.

제2설은 출연자로서는 명의자와 예치 금융회사등을 상대로 예금주명의변경절차의 이행을 구하고 이를 통하여 예치 금융회사등을 상대로 예금반환을 구하여야 한다고 한다. 이 설은 그 논거로 출연자와 명의자의 법률관계를 계약명의신탁으로 보는 이상 예금반환채권을 행사하고자 하는 출연자의 의사는 위와 같은 법률관계를 종식시키고자 하는 의도, 즉 명의신탁의 해지의사표시로 보아야 할 것이고, 이러한 출연자의 명의신탁해지 의사표시에 따라 명의자가 출연자에 대하여 부담하게 되는 의무는 예금계약의 한 당사자로서 가지고 있던 모든 권리와 의무를 포괄적으로 출연자에게 양도할 의무, 즉 계약당사자로서의 지위를 양도할 의무라는 점을 들고 있다. 그리고 이 설은 명의자가 출연자에 대하여 부담하는 계약당사자로서의 지위를 양도할 의무의 이행은 예금명의를 출연자로 변경하는 절차를 금융회사등에 신청하는 것으로 나타날 수 있다고 하며, 그에 따라 출연자는 명의자를 상대로 계약당사자로서의 지위를 양도할 것을 법률상 청구하기 위하여 "예금명의자는 금융회사등에 대하여 예금명의를 출연자 명의로 변경하는 예금명의변경 신청절차를 이행하라"는 형태의 소송이 가능하다고 한다. 다만 위와 같은 계약명의신탁의 해지의사표시만으로는 예금계약의 당사자가 변경되는 효력이 대외적으로 발생하는 것은 아니므로, 출연자는 예금계약의 나머지 한 당사자, 즉 금융회사등을 상대로 예금계약당사자 지위를 출연자로 변경하는 것에 대한 승낙을 구하여야 하고, 이 경우 다른 계약에서와 달리 금융회사등으로서는 이를 승낙할 의무가 있다고 본다.[53] 또한 위와 같은 논거 이외에 금융실명거래법에서 정한 금융실명제 관련 규정을 절차규범으로 이해하고 차명계좌를 이용한 출연자에게 과징금의 징수, 소득세의 추가부담 등의 불이익을 가하는 등 금융실명제의 취지를 살릴 수 있다는 점을 들어 제2설이 타당하다는 견해도 있다.[54]

제3설은 출연자로서는 명의자를 상대로 예금채권양도청구, 명의변경청구 또는 내부적 약정에 기한 금원지급청구(약정금청구) 등을 할 수 있는데 이 중 어느 청구를 할 수 있는지는 출연자와 명의자 사이의 내부적 법률관계에 의하여 정해진다고 한다. 다만 이 경우 출연자가 가지는 권리는 예금에 관한 권리가 내

53 김유진(주30), 241~243면.
54 정인숙(주27), 126면.

부적으로 출연자에게 귀속되는 명의신탁관계가 아니라 예금은 내부적으로도 예금주에게 귀속되고 단지 그 예금 상당액을 추후 명의자에게 반환청구할 수 있는 채권적 권리라고 한다.[55]

제4설은 모든 경우에 대하여 일률적으로 출연자의 권리를 설명하려는 것은 타당하지 않으므로 명의신탁약정이 유효한 경우와 그렇지 않은 경우 등과 같이 구체적인 사정에 따라 나눠볼 필요가 있다고 하면서, 예금주명의로 출연자로 변경할 수 있는 경우는 명의신탁약정이 유효하고 그 명의신탁약정에서 차명약정이 해지되면 예금주명의를 출연자로 바꾸기로 하는 합의가 있는 경우에 한하는 것으로 보아야 한다고 한다. 그리고 명의신탁약정이 유효하나 그 명의신탁약정에서 차명약정이 해지되면 예금주명의를 출연자로 바꾸기로 하는 합의가 없거나 명의신탁약정이 무효인 경우는 출연자는 명의자에 대하여 예금채권 자체의 반환청구를 할 수는 없고 명의자의 명의로 입금되어 있는 예금을 명의신탁약정에서 정하는 바에 따라 또는 부당이득의 법리에 따라 반환청구하는 방법으로 구제받는 수밖에 없다고 한다.[56]

제1설에 대하여는 다음과 같은 비판이 있다. 첫째는 금융회사등의 약관상 예금채권의 양도금지에 관한 특약이 있는 경우에는 위와 같은 이론을 적용하는 데 있어서 문제가 따른다는 점이다. 대법원도 1998. 11. 10. 선고 98다20059호 판결에서 "은행거래약관상 예금채권의 양도금지특약이 포함되어 있다고 하더라도 은행이 이러한 약관내용에 관한 명시, 설명의무를 위반하여 예금계약을 체결하였다면 위 특약을 예금계약의 내용으로 주장할 수 없다"고 판시한 바 있고, 실제로 금융회사등 측에서 약관내용의 설명의무를 게을리하여 그 효력이 부인되는 경우가 대부분이라고 하더라도 양도금지특약이 항상 무효로 된다고 볼 수는 없고 또는 이를 예정하여 이론을 전개할 수는 없다는 것이다. 둘째는 채권양도에 의한 출연자의 예금채권행사를 허용한다면 금융실명제의 의미를 전혀 살릴 수 없게 되는 문제가 있다는 점이다. 즉 차명계좌를 이용한 출연자가 명의자로부터 예금반환채권을 양도받아 이를 행사할 수 있다고 한다면, 다른 사유로 명의자로부터 예금채권을 양도받은 채권자의 권리행사방법과 구별되지 아니하여 출연자

55 오영준(주9), 269면.
56 이의영(주30), 126~128면.

로서는 금융실명제 실시를 강제하기 위한 제도적인 장치, 예컨대 실명전환에 따른 과징금의 징수(긴급명령 제7조 제1항; 금융실명거래법 부칙 제6조) 또는 차명계좌이용에 따른 소득세의 추가부담(긴급명령 제9조; 금융실명거래법 제5조)이라는 불이익을 피하여 아무런 제한 없이 예금채권을 행사할 수 있게 된다는 것이다.[57]

② 판 례

대법원은 2001. 1. 5. 선고 2000다49091 판결에서 「금융실명거래및비밀보장에관한긴급재정명령(1993. 8. 12. 대통령긴급재정경제명령 제16호, 1997. 12. 31. 법률 제5493호 금융실명거래및비밀보장에관한법률로 대체) 시행 이후 예금주 명의를 신탁한 경우, 명의수탁자는 명의신탁자와의 관계에 있어서 상대방과의 계약에 의하여 취득한 권리를 명의신탁자에게 이전하여 줄 의무를 지는 것이고, 위 명령 제3조 제3항은 단속규정일 뿐 효력규정이 아니라는 점에 비추어 볼 때, 출연자와 예금주인 명의인 사이의 명의신탁약정상 명의인은 출연자의 요구가 있을 경우에는 금융회사등에 대한 예금반환채권을 출연자에게 양도할 의무가 있다고 보아야 할 것이어서 출연자는 명의신탁을 해지하면서 명의인에 대하여 금융회사등에 대한 예금채권의 양도를 청구하고 아울러 금융회사등에 대한 양도통지를 할 것을 청구할 수 있다」 판시함으로써 제1설의 입장을 채택하고 있다.

③ 소 결

예금주를 명의자에서 출연자로 변경하는 방법은 제1설에 따라 예금반환채권의 양도를 구하는 방법에 의하건 제2설에 따라 예금주명의변경을 구하는 방법에 의하건 무방하다고 보아야 한다.[58] 그 이유로는 ① 거래자의 실지명의에 의하여 금융거래를 하여야 하는 것은 금융회사등에 부여된 의무일 뿐이고 또한 이에 위반하는 예금계약도 사법상 유효로 인정되고 있는 점, ② 부동산거래에 있어서 중간생략등기의 유효성이 인정되는 것과 마찬가지로, 예금거래에 있어서 그 거래과정이 실제와 맞지 않다 하더라도 지급 당시 출연자와 명의자가 일

---

57 김유진(주30), 240~241면; 문성관(주12),

58 한경환 "예금에 대한 강제집행" 『재판자료(제117집) 민사집행법 실무연구 Ⅱ』(법원도서관, 2009), 672~676면의 내용은 「출연자는 예금채권의 양도를 구하는 것과는 별도로 예금명의자와 금융회사등을 상대로 예금명의변경절차의 이행을 구하고, 이를 통하여 금융회사등을 상대로 예금반환을 구할 수 있는가?」라는 문제를 제기한 후 이를 긍정하고 있어 이와 같은 견해인 것으로 보인다.

치되어 있으면 실명거래 위반이라고 할 수 없는 점, ③ 비실명예금의 실명전환에 따른 과징금의 부담(긴급명령 제7조 제1항; 금융실명거래법 부칙 제6조) 또는 비실명계좌이용에 따른 고율의 소득세부담(긴급명령 제9조; 금융실명거래법 제5조)이라는 불이익은 그 실질적인 위반 여부에 따라 부과하는 것이지, 예금반환채권양도의 형식으로 실명전환을 했다고 해서 면제되는 것이 아니라는 점, ④ 출연자와 명의자가 불일치하는 것인지에 대한 실질적 심사권이 없고 또한 실질적인 심사를 할 수도 없는 금융회사등으로서는 당사자가 합의하여 채권양도통지를 하여오면 이를 유효한 것으로 받아들일 수밖에 없고, 비실명거래로 인하여 출연자가 받는 불이익은 진정한 채권양도인지 아니면 비실명예금의 실명전환인지 여부가 사실로 분명하게 밝혀진 경우 후에 비로소 적용할 수밖에 없는 것이라는 점 등을 들 수 있다.

위 여러 학설을 검토하건대 제1설에 대한 비판내용 중 첫째는 예치 금융회사등의 권리를 해하지 않는 한 합리적인 예금반환채권의 양도를 금융회사등이 불허할 수 없는 것이라는 점에서 그리고 둘째는 위 ③, ④의 논거에 비추어 타당하다고 할 수 없다. 이 점에서 제1설과 판례가 예금반환채권의 양도를 구하는 방법으로 차명예금을 출연자의 예금으로 실명전환 할 수 있다고 한 것은 옳다고 할 수 있다. 또한 제2설이 예금주명의변경을 구하는 방법으로 차명예금을 출연자의 예금으로 실명전환할 수 있다고 하는 것도 옳다고 할 수 있다. 그러나 만일 제1설이나 제2설이 예금반환채권의 양도를 구하는 방법이나 예금주명의변경을 구하는 방법으로만 차명예금을 출연자의 예금으로 실명전환을 할 수 있다고 한다면 이는 옳다고 할 수 없다.

그리고 예금채권양도청구나 예금주명의변경청구는 예금주명의를 실명거래에 부합하도록 출연자로 바꾸는 수단에 지나지 않은 것이라는 점에서 출연자로서는 그 원인이 명의신탁약정의 해지에 따른 것이건 아니면 부당이득반환의 법리[59]에 의한 것이건 묻지 않고 양자 중 어느 것이든 선택하여 행사할 수 있는

59 명의신탁약정이 선량한 풍속 기타 사회질서에 위반한 사항을 내용으로 하는 법률행위(민법 제103조)에 해당하는 경우에는 명의신탁약정 자체가 무효이므로 출연자는 명의자에 대하여 명의신탁약정에 따른 예금채권양도청구나 예금주명의변경청구를 할 수 없고 부당이득반환의 법리에 따라 예금채권양도청구나 예금주명의변경청구를 할 수 없다. 그런데 이 경우 출연자의 명의차용이 불법원인급여에 해당하는 때에는 부당이득반환의 법리에 따른

것으로 보아야 한다. 즉 명의신탁약정에 이들 청구권의 행사에 관한 내용이 있지 않거나 명의신탁약정 자체가 무효인 경우라도 아직 명의인에게 예금지급이 이루어지지 않은 상태라면 출연자는 명의인에 대하여 그 선택에 따라 예금채권양도청구나 예금주명의변경청구를 할 수 있는 것으로 보아야 한다. 이 점에서 제3설에서 출연자와 명의자 사이의 내부관계에 따라 예금채권양도청구, 명의변경청구 또는 내부적 약정에 기한 금원지급청구(약정금청구) 등을 할 수 있게 된다고 하는 것은 타당하지 아니하고 또한 제3설과 제4설에서 출연자가 명의자에 대하여 가지는 권리가 금융회사등에 대한 예금반환채권이 아니라 명의자의 명의로 입금되어 있는 예금이라고 한 것 역시 타당하지 않다고 할 것이다.

한편, 위와 같은 출연자의 청구에 대하여 명의자가 이에 응하지 않는 경우에는, 출연자는 명의자에 대하여 가지는 예금채권양도청구권 또는 예금주명의변경청구권을 피보전권리로 하고 명의자를 채무자·금융회사등을 제3채무자로 하여, 명의자에 대하여는 예금채권의 처분 및 추심 금지를 구하고 금융회사등에 대하여는 예금주명의변경 및 지급금지를 구하는 가처분명령을 관할법원에 신청하여 그 명령이 있으면 집행절차를 취하여 두고서, 명의자를 피고로 하여 예금채권양도청구 또는 예금주명의변경청구의 소를 제기한 후 그 승소판결을 받아 이를 금융회사등에 제시하는 방법으로 자신을 예금주로 실명전환하면 될 것으로 본다.

2) 명의모용의 경우

① 학설·판례

명의모용은 명의자가 출연자와 금융회사등이 자신도 알지 못한 상태에서

예금채권양도청구나 예금주명의변경청구도 할 수 없는 것으로 보아야 한다(민법 제746조 본문). 다만 이 경우 불법원인이 명의자(수익자)에게만 있는 때에는 출연자는 명의자에 대하여 예금채권양도청구나 예금주명의변경청구를 할 수 있을 것이나(민법 제746조 단서), 명의차용이 그 성격상 출연자의 이익을 위한 것이라는 점에서 해당되는 경우가 거의 없을 것으로 본다. 한편 명의신탁약정이 선량한 풍속 기타 사회질서 위반으로 무효이고 또한 불법원인급여에 해당하면 예치금융회사등에 대한 예금반환청구권은 결국 명의자에게 귀속될 수밖에 없다. 그러나 이 경우에도 차명예금계약 자체가 선량한 풍속 기타 사회질서 위반으로 무효이고 또한 불법원인급여에 해당하면 명의자도 예치금융회사등에게 예치금의 반환을 청구할 수 없으며 결국 이 예치금은 예치금융회사등에 귀속될 수밖에 없다고 할 것이다. 다만 이 경우 예치금융회사등이 실명거래위반 및 사회질서위반 등에 의하여 제재를 받는 것은 별론으로 한다.

자신의 명의로 예금계약을 체결한 것이라는 점에서 출연자와 명의자 사이에 아무런 내부적인 계약관계가 없다는 특징이 있다.

그런데 이 경우 출연자의 예금반환채권 행사방법에 대하여는 논의가 활발하지 않으며, 단지 명의자는 법률상 아무런 원인 없이 예금채권을 취득한 결과가 되었으므로 출연자가 명의자에 대하여 부당이득반환을 구할 수 있고 부당이득반환의 방법으로 예금채권을 양도하고 금융회사등에 대하여 채권양도통지를 하라고 할 수 있을 것이라고 하는 견해60가 있을 뿐이다. 또한 정확하게 이 문제를 다룬 판례도 있는 것 같지 않다.

② 소 결

명의모용에 의한 예금계약의 경우 명의인은 자신이 예금계약의 당사자가 되기 위한 어떠한 행위도 한 바 없었고 또한 당사자가 되려는 의도가 전혀 없었기 때문에 예금계약의 당사자가 될 수 없으며, 그에 따라 출연자는 명의신탁약정 등 내부적인 계약에 따라 명의자에게 예금반환채권의 양도나 예금주명의변경을 구할 수 없다.

그럼에도 불구하고 이 경우 명의자가 출연자가 입금한 예금을 계속 보유하는 것은 명의자가 부당이득을 한 것으로 보아야 할 것이고, 따라서 출연자는 부당이득의 법리에 따라 명의자에게 예금반환채권의 양도나 예금주명의변경을 청구할 수 있다고 할 것이다. 그리고 이 경우 명의자가 응하지 않는 경우 출연자의 대응방안 및 예치금융회사등과의 법률관계 등은 명의차용의 경우에 있어서와 같다.

(2) 출연자가 예금주인 경우

1) 학 설

출연자와 명의자가 다른 예금계약에 있어서 출연자와 금융회사등 사이에 예금반환채권을 출연자에게 귀속시키기로 하는 명시적인 약정이 있어 출연자가 예금주로 인정되는 경우의 출연자는 예금주의 명의를 자신으로 변경하지 않고서도 예금주로서 바로 예치 금융회사등에 대하여 예금의 지급을 청구할 수 있지 않은가 생각할 수가 있다.

60 정인숙(주27), 127면.

그러나 이 경우도 금융실명법에서 규정하는 실명에 의하지 않은 금융거래에 해당하고, 실명에 의하지 않은 금융거래의 경우 예치 금융회사등은 앞에서 이미 설명한 바와 같이 실명전환을 한 후에 그 예금주에게 예금을 지급하여야 하는 것이므로 출연자 명의로의 실명전환이 필요한 것으로 보아야 한다.

따라서 이 경우에 문제가 되는 것은 출연자로의 예금주명의변경에 명의자의 동의가 필요한지의 여부라고 할 수 있다. 특히 명의차용의 경우는 명의자도 자신의 명의로 예금계약이 체결되어 있음을 알고 있다는 점에서 출연자로의 예금주명의변경에 명의자의 동의가 필요한지의 여부가 문제로 된다.

이에 관하여는 긍정설과 부정설로 견해가 나뉘어 있다. 긍정설은 출연자는 명의자의 동의를 받아 실명전환의 정정을 요구할 수 있고, 명의자가 동의하지 않으면 명의자와 금융회사등을 공동피고로 삼아 명의자에 대해서는 실명전환에 동의할 것을 구하고 금융회사등에 대해서는 명의자의 동의가 있을 것을 조건으로 하여 실명전환의 정정 및 예금의 지급을 구하는 소송을 제기하면 된다고 한다.[61] 반면에 부정설은 명의자는 이 경우의 예금에 대해 아무런 권리관계가 없으므로 출연자가 명의자에 대해 실명전환의 동의를 구할 아무런 근거가 없다는 이유로 예금주가 출연자임이 분명한 사안이라면 실명전환에 대해 명의인의 동의 유무를 따질 필요가 없다고 한다.[62]

2) 소 결

출연자와 명의자가 다른 예금계약에 있어서 출연자가 예금주로 인정되는 경우는, 명의자가 예금주가 아니라는 것이 분명하다는 점에서 출연자로의 예금주명의변경에 명의자의 동의를 요하지 않으며, 이는 명의차용의 경우이건 명의모용의 경우이건 가명이나 허무인 명의이건 마찬가지인 것으로 보아야 한다. 가명이나 허무인 명의와 명의모용의 경우 명의자는 출연자가 예금주인 예금계약에 전혀 관여되어 있지 않고, 명의차용의 경우 명의자는 예금계약에 관하여 예치 금융회사등과는 아무 관련이 없거나 관련이 있어도 출연자를 예금주로 하는데 명시적으로 동의하고 있어[63] 당해 예금에 관하여 아무런 권리도 가진 것으

61 고영태(주46), 75면; 김유진(주30), 247~248면; 윤진수(주11), 75면; 정인숙(주27), 127면.
62 이의영(주30), 129면; 김재형(주8), 25면.
63 이는 2009. 3. 19. 대법원판례가 출연자와 예금주가 다른 예금계약의 예금주를 출연자로 인

로 볼 수 없기 때문이다.[64]

4. 예금주 아닌 자에게 지급한 경우의 법률관계

(1) 명의자가 예금주인 경우

1) 문제의 소재

2009. 3. 19. 대법원판례에 의하면, 출연자가 자신의 예금으로 할 의사로써 타인의 명의로 예금계약을 체결하거나, 타인이 출연자의 부탁을 받아 출연자의 예금으로 할 의사로써 자신의 명의로 예금계약을 체결한 경우라도, 그 예금계약의 예금주는 계약체결시에 예치 금융회사등과 출연자를 예금주로 하기로 하는 명시적인 약정을 하지 않은 이상 명의자가 예금주로 인정되기 때문에, 예치 금융회사등으로서는 비록 그 예금계약의 출연자와 명의자가 다르다는 사실을 알았다고 하더라도 그 명의자에게 예금을 지급함으로써 예금채무를 면하게 된다.[65]

그러나 실무에 있어서는 예치금융회사등이 출연자와 명의자가 다르다는 사실을 알고 있다는 점에서, ① 출연자의 요청에 따라 출연자로의 예금주 명의 변경 없이 출연자에게 예금을 지급하는 경우와 ② 무권리의 제3자를 출연자로 잘못 알고 그 제3자의 요청에 따라 예금주 명의를 출연자로 변경하고서 제3자에게 예금을 지급하는 경우가 있을 수 있다.

그런데 위 ①의 경우에 있어서 그 지급을 어느 범위까지 유효로 볼 수 있

정하기 위해서는 예치 금융회사등과 출연자(명의자가 예금계약을 체결하는 경우에는 명의자) 사이에 출연자를 예금주로 하기로 하는 명시적인 약정이 있는 경우로 한정하고 있기 때문이다.

64 명의모용에 의한 예금계약 자체가 선량한 풍속 기타 사회질서 위반으로 무효이고 또한 불법원인급여에 해당하면 출연자는 예치금융회사등에게 예치금의 반환을 청구할 수 없으며 결국 그 예치금은 예치금융회사등에 귀속될 수밖에 없음은 명의차용의 경우와 같다. 다만 이 경우 예치금융회사등이 실명거래위반 및 사회질서위반 등에 의하여 제재를 받는 것은 별론으로 한다.

65 따라서 이 경우 명의차용의 경우는 명의자와의 약정에 따라 그리고 명의모용의 경우는 부당이득반환의 법리에 따라 명의자에게 예금반환채권양도나 예금주명의변경을 청구할 수 있는 출연자로서는 명의자가 자신의 청구에 응하지 않으면 동 청구권을 피보전권리로 하고 명의자를 채무자, 예치 금융회사등을 제3채무자로 하여 「예금처분 및 추심금지가처분」을 신청하여 그 청구권을 보전할 필요가 있다. 고영태(주46), 76~77면; 이의영(주30), 125면; 정인숙(주27), 129면; 김유진(주30), 249면.

는지, 유효로 볼 수 없다면 예치 금융회사등이 어떠한 기준에 따라 선의지급으로 면책될 수 있는지 문제로 된다. 그리고 위 ②의 경우는 무권리자에 대한 지급이라는 점에서 그 유효성을 인정받을 수 없지만 예치 금융회사등이 어떠한 기준에 따라 선의지급으로 면책될 수 있는지 문제로 된다.

2) 학 설

위의 문제에 대한 학설상의 논의는 활발하지 않은 것 같다. 다만 위 ①의 경우와 관련하여 「예금명의자로부터 위임받은 사람에 대한 예금지급은 유효하다. 예금명의자라고 보이거나 예금명의자로부터 수령권한을 위임받은 사람(대리인)이라고 보이는 경우(예금통장, 거래인감, 비밀번호 등을 소지하고 있는 경우)에는 채권의 준점유자에 대한 변제이론이 적용될 것이다」라고 하는 견해[66]와 ②의 경우와 관련하여 「실명전환이 출연자의 의사에 기하지 않고 이루어졌다면 원칙적으로 예금주가 변경되는 효력은 인정될 수 없을 것이지만 그 실명전환자에 대하여 금융회사등이 예금을 지급한 때에는 채권의 준점유자에 대한 변제규정(민법 제470조)을 유추적용하여 금융회사등을 보호하여야 할 것이다」라는 견해[67]가 있을 뿐이다.

그러나 위의 견해도 대리인에 대한 변제나 채권의 준점유자에 대한 변제의 일반론일 뿐 구체적인 사안에서 어떠한 경우에 대리인에 대한 변제로서 유효하고 또한 무권리자에 대한 지급의 경우 어떠한 기준에 따라 어떠한 경우에 채권의 준점유자에 대한 변제로서 금융회사등이 면책될 수 있는지에 대하여는 언급하지 않고 있다.

3) 판 례

금융실명제가 시행된 이후 출연자와 명의자가 다른 예금으로서 명의자가 예금주로 인정되는 경우에 명의자가 아닌 자에게 지급한 금융회사등이 채권의 준점유자에 대한 변제로서 면책될 수 있는지 여부에 대하여 판시한 대법원판례를 보면 다음과 같다.

첫째는 대법원 1996. 3. 23 선고 95다55986 판결이다. 이 판결에서 대법원은

---

66 오영준(주9), 268면.
67 윤진수(주11), 391면.

「금융실명거래및비밀보장에관한긴급재정경제명령 제3조 제1항은 "금융회사등은 거래자의 실지명의에 의한 금융거래를 하여야 한다"고 규정하고 있으므로, 금융회사등에 예금을 하고자 하는 자는 원칙적으로 직접 주민등록증과 인감을 지참하고 금융회사등에 나가 자기 이름으로 예금을 하여야 하나, 대리인이 본인의 주민등록증과 인감을 가지고 가서 본인의 이름으로 예금하는 것이 허용된다고 하더라도, 이 경우 금융회사등으로서는 자기가 주민등록증을 통하여 실명확인을 한 예금명의자를 위 재정명령 제3조에서 규정한 거래자로 보아 그와 예금계약을 체결할 의도를 가지고 있었다고 보아야 하므로, 예금명의자가 아니고 예금통장도 소지하지 않은 예금행위자에 불과한 자는 금융실명제가 시행된 후에는 극히 예외적인 특별한 사정이 인정되지 않는 한 예금채권을 준점유하는 자에 해당될 수가 없다」고 판시한 바 있는데, 이는 금융실명제가 시행된 이후에 있어서 예금채권의 준점유자에 대한 변제의 문제를 최초로 다룬 판례라는 점에 그 의의가 있다.[68]

둘째는 대법원 2004. 4. 23. 선고 2004다5389 판결이다. 이 판결에서 대법원은 「① 민법 제470조에 정하여진 채권의 준점유자라 함은, 변제자의 입장에서 볼 때 일반의 거래관념상 채권을 행사할 정당한 권한을 가진 것으로 믿을 만한 외관을 가지는 사람을 말하므로 준점유자가 스스로 채권자라고 하여 채권을 행사하는 경우뿐만 아니라 채권자의 대리인이라고 하면서 채권을 행사하는 때에도 채권의 준점유자에 해당한다. ② 예금주의 대리인이라고 주장하는 자가 예금주의 통장과 인감을 소지하고 예금반환청구를 한 경우, 은행이 예금청구서에 나타난 인영과 비밀번호를 신고된 것과 대조 확인하는 외에 주민등록증을 통하여 예금주와 청구인의 호주가 동일인이라는 점까지 확인하여 예금을 지급하였다면 이는 채권의 준점유자에 대한 변제로서 유효하다」고 판시한 바 있는데, 이는 ① 채권자의 대리인이라고 하면서 채권을 행사하는 때에도 채권의 준점유자에 해당한다고 한 점, ② 채권의 준점유자에 대한 변제로서 면책될 수 있는 사례를 제시한 점에 그 의의가 있다.

셋째는 대법원 2006. 12. 21. 선고 2004다41194 판결이다. 이 판결에서 대법원은 「예금의 지급을 청구하기 위해서는 예금통장과 인감이 날인되고 비밀번호

68 이후 대법원 2002. 6. 14. 선고 2000다38992 판결도 동일한 내용의 판시를 하고 있다.

가 기재된 예금청구서를 은행에 제출하여야 하며, 금융회사등은 예금청구서에 날인된 인장과 통장에 날인된 인장이 동일하고, 비밀번호가 같다고 인정될 경우에만 예금을 지급하여야 하며, 한편 금융회사등이 예금주가 아닌 자나 예금통장을 소지하지 아니한 자에게 예금을 지급하는 경우, 그 예금지급이 유효하게 되기 위하여는 위와 같이 예금지급을 청구한 자가 예금주로부터 정당한 권한을 위임받았다는 점을 입증하거나, 정당한 권한을 위임받았다는 점을 입증하지 못하더라도 채권의 준점유자에 대한 변제로서 유효하다는 점을 입증해야 할 것인데, 예금명의자도 아니고 예금통장도 소지하지 않은 예금행위자에 불과한 자는 금융실명제가 시행된 이후에는 극히 예외적인 특별한 사정이 인정되지 않는 한 예금채권을 준점유하는 자에 해당될 수가 없다」고 판시한 바 있는데, 이는 채권의 준점유자에 대한 변제로서 유효하다는 점에 대한 입증책임이 금융회사등에 있다는 점을 다룬 판례라는 점에 그 의의가 있다.

4) 소 결

① 학설·판례의 한계

앞에서 살펴본 학설은 출연자와 명의자가 다른 예금계약에 있어서 출연자와 금융회사등 사이에 예금반환채권을 출연자에게 귀속시키기로 하는 명시적인 약정이 있어 출연자가 예금주로 인정되는 사안에서 금융회사등이 예금주 아닌 자에 예금을 지급하는 여러 유형을 모두 제시하고 있지 못하고 있을 뿐만 아니라 제시된 유형에 있어서의 법률관계도 구체성이 없는 일반론을 제시하고 있을 뿐이다.

위 학설에 비하여 판례는 어느 정도 구체성 있는 내용을 제시하고 있으나 역시 금융거래 실무상 발생할 수 있는 여러 경우에 모두 적용될 수 있는 것이 아니어서 한계가 있다. 따라서 이하에서는 좀 더 구체적으로 명의자 이외의 자가 금융회사등에 예금의 지급청구를 하는 여러 유형을 파악하여 이들 각 유형의 경우에 그 지급청구에 응한 금융회사등이 유효한 변제로서의 효력을 인정받기 위하여 어떤 요건을 구비하여야 하는지 그리고 유효성을 인정받을 수 없는 경우 채권의 준점유자에 대한 변제로서 면책 받을 수 있기 위하여 어떤 요건을 구비하여야 하는지 알아보기로 한다.

명의자 이외의 자가 금융회사등에 예금의 지급청구를 하는 유형으로는 ① 제3자가 예금통장과 신고한 거래용 인감을 절취 등의 방법으로 소지하고 비밀번호를 알아내어 명의자로 위장하거나 대리인을 사칭하여 금융회사등에 예금의 지급청구를 하는 경우(제1유형), ② 출연자가 타인의 명의로 예금계약을 체결하고서 예금통장과 신고한 거래용 인감 및 비밀번호를 명의자에게 넘기지 아니하고 보유한 상태에서 이에 의하여 예금의 지급청구를 하는 경우(제2유형), ③ 명의자가 출연자의 부탁을 받아 자신의 명의로 예금계약을 체결하고서 예금통장과 신고한 거래용 인감 및 비밀번호를 출연자에게 인도하여 주고 출연자가 이에 의하여 예금의 지급청구를 하는 경우(제3유형)를 들 수 있다.

② 제1유형의 경우

제1유형은 예를 들면 B명의의 예금을 A가 예금통장과 예금거래용 신고인감을 절취하고 그 비밀번호를 알아내어 예치 금융회사등 S를 기망하여 S로부터 예금을 지급받은 경우라고 할 수 있다. 이 경우에 S가 A에 대한 예금지급을 가지고 B에게 대항할 수 있는지 여부를 판단하려면 다음의 2가지 면에서 검토를 요한다. 첫째는 민법상의 표현대리가 성립되어 유효한 변제가 될 수 있는지 여부이고 둘째는 채권의 준점유자에 대한 변제로서 면책될 수 있는지 여부이다.

첫째의 문제에 관하여는 S의 A에 대한 예금지급은 무권리자에 대한 지급이고, 또한 A의 예금지급청구가 민법상의 표현대리 행위로 인정받을 수가 없어 B에 대한 유효한 변제가 될 수 없다. A에 대한 예금지급이 민법상의 표현대리가 되려면, ① A가 B명의의 예금을 지급청구를 할 수 있는 대리권이 있다고 S가 믿을 만한 외형적인 요소[69]가 있어야 하고 또한 ② A의 예금지급청구시 S가 A의 대리권 없음에 관하여 선의이고 과실이 없어야 하는데,[70] 비록 S가 A의 대리권 없음에 관하여 선의이고 과실이 없다 하더라도 A와 B 사이에 아무런 관계가 없어(즉 S가 A를 B의 대리인이라고 믿을 만한 합당한 사유가 없어), 표현대리의 성립

69 민법은 그러한 사유로 3가지를 규정하고 있다. 첫째는 B가 S에게 A로 하여금 예금지급청구에 관한 대리권을 수여하겠다는 의사표시를 하고서 실제로는 A에 예금지급청구에 관한 대리권을 수여하지 않은 경우(민법 제125조 본문)이고, 둘째는 예금계약의 체결 등 예금지급청구 이외의 대리권은 있으나 예금지급청구의 대리권은 없어 대리권의 범위를 초과한 경우(민법 제126조 본문)이며, 셋째는 전에는 예금지급청구에 관한 대리권이 있었으나 이번 예금의 지급청구시에는 그 대리권이 소멸하여 없는 경우(민법 제129조 본문)이다.

70 민법 제125조 단서, 제126조 단서, 제129조 단서.

을 인정할 수가 없기 때문이다.

둘째의 문제를 판단하려면 먼저 채권의 준점유자에 대한 변제의 성립요건을 검토할 필요가 있다. 채권의 준점유자에 대한 변제가 성립되려면 ① S가 A를 B로 알거나 B의 대리인[71]이라고 믿을 만한 외형적인 요소가 있어야 하고 또한 ② A가 무권리자임에 대하여 선의이고 과실이 없어야 한다(민법 제470조). 제1유형에 있어서 A가 예금통장과 예금거래용 신고인감 및 비밀번호를 소지하고 있다는 것은 위 ①의 요건을 구비한 것으로 볼 수 있다. 문제는 S가 위 ②의 요건 즉 A가 무권리자임에 대하여 선의이고 과실이 없는 것으로 볼 수 있는가 하는 점이다.

생각건대 A가 예금통장과 예금거래용 신고인감 및 비밀번호를 소지하고 있어 S가 A를 예금주 본인 또는 대리인으로 믿었다고 하면 일반적으로는 과실이 없는 것으로 보아야 할 것이다.[72] 그러나 특별한 예외적인 경우 예컨대 비록 예금통장과 예금거래용 신고인감 및 비밀번호를 소지하고 있다 하더라도 그 예금의 지급청구가 통상의 거래관념에 비추어 적절한 것이 아니어서 그 청구자가 정당한 변제수령권한을 가지고 있지 않다고 의심할 만한 특별한 사정이 있는 경우에는 금융회사등으로서는 그 대리권의 존부 등에 관하여 본인에게 확인하는 등 상당한 주의의무를 하여야 하고 이를 게을리한 때에는 과실지급이 되어 면책될 수 없는 것으로 보아야 한다. 대법원도 2007. 10. 25. 선고 2006다44791 판결에서 「절취한 예금통장에서 제1예금인출이 행해진 후 단시간 내에 거래지점을 바꿔가면서 행해진 제2예금인출이나 제3예금인출과 관련하여 은행 직원이 단순히 인감 대조 및 비밀번호 확인 등의 통상적인 조사 외에 당해 청구자의 신원을 확인하거나 전산 입력된 예금주의 연락처에 연결하여 예금주 본인의 의사를 확인하는 등의 방법으로 그 청구자가 정당한 예금인출권한을 가지는지 여부

71 제3자가 예금주의 대리인이라고 하면서 채권을 행사하는 때에도 채권의 준점유자에 대한 변제로서의 효력이 생겨 금융회사등이 면책될 수가 있다는 것이 판례(대법원 2004. 4. 23. 선고 2004다5389 판결 참조)임은 이미 앞에서 살펴본 바 있다.

72 판례는 예금통장을 소지하고 있지 않은 자는 비록 출연자로서 예금계약을 체결한 자라 하더라도 채권의 준점유자가 될 수 없다고 하고(대법원 1996. 4. 23. 선고 95다55986 판결; 대법원 2002. 6. 14. 선고 2000다38992; 대법원 2006. 12. 21. 선고 2004다41194 판결 참조), 또한 이 점은 신고인감을 소지하지 않고 있거나 비밀번호를 알지 못하고 있는 경우도 마찬가지인 것으로 보아야 한다.

를 조사하여야 할 업무상 주의의무를 부담하는 것으로 보기 위해서는 그 예금의 지급을 구하는 청구자에게 정당한 변제수령권한이 없을 수 있다는 의심을 가질 만한 특별한 사정이 인정되어야 한다. 그리고 그러한 특별한 사정이 있다고 볼 것인지 여부는, 인감 대조와 비밀번호의 확인 등 통상적인 조사만으로 예금을 지급하는 금융거래의 관행이 금융회사등이 대량의 사무를 원활하게 처리하기 위한 필요에서 만들어진 것이기도 하지만, 다른 한편으로는 예금인출의 편리성이라는 예금자의 이익도 고려된 것인 점, 비밀번호가 가지는 성질에 비추어 비밀번호까지 일치하는 경우에는 금융회사등이 그 예금인출권한에 대하여 의심을 가지기는 어려운 것으로 보이는 점, 금융회사등에게 추가적인 확인의무를 부과하는 것보다는 예금자에게 비밀번호 등의 관리를 철저히 하도록 요구하는 것이 사회 전체적인 거래비용을 줄일 수 있는 것으로 보이는 점 등을 참작하여 신중하게 판단하여야 한다」고 판시하고 있다.

이상의 내용을 종합하여 제1유형에 있어서 채권의 준점유자에 대한 변제로 S가 면책될 수 있기 위한 요건 중 ②의 요건, 즉 A가 무권리자임에 대하여 S가 선의이고 과실이 없다고 할 수 있는지 여부를 판단하려면 다시 지급청구를 받은 예금을 (1) 입출금이 자유로운 예금 (2) 적립식 예금 및 거치식 예금으로 나누어 볼 필요가 있다. 예금거래 실무상 (1) 입출금이 자유로운 예금의 경우는 예금계약의 체결시에만 실명확인을 하고 예금의 지급시에는 실명확인을 하지 않는 반면 (2) 적립식 예금 및 거치식 예금의 경우는 예금계약의 체결시는 물론이고 예금의 지급시에도 실명확인을 하고 있어 예금의 지급청구를 하는 자에 대한 확인방법에 차이가 있기 때문이다.

따라서 (1) 입출금이 자유로운 예금의 경우는 특별한 사유가 없는 한 S가 A를 B 또는 B의 대리인으로 믿은데 과실이 없어 채권의 준점유자에 대한 변제로서 면책되는 것으로 보아야 할 것이지만 (2) 적립식 예금 및 거치식 예금의 경우는 지급시에 실명확인을 하고 있어 A를 B로 잘못 알 수가 없는 것이 보통이고 설령 잘못 알았다 하더라도 실명확인상의 과실이 있어 면책될 수 없다고 할 것이다. 또한 A가 B의 대리인이라 하는 경우 S는 인감증명서가 첨부된 위임장 등에 의하여 그 예금지급청구의 대리권이 있는지 확인하는 것이 통상의 실무처리이므로 A가 단순히 예금통장과 신고인감을 소지하고 있고 비밀번호를 알고 있다는 것만으로는 S가 지급에 응해서는 채권의 준점유자에 대한 변제로서 면책될 수 없는 것으로 보아야 한다.

③ 제2유형의 경우

제2유형에 있어서 출연자가 타인의 명의로 예금계약을 체결하는 방식은 다시 2가지로 구분해 볼 수 있다. A가 B의 명의로 S와 예금계약을 체결하는 경우를 예로 들면 첫째는 A가 S에게 B의 대리인이라고 밝히고서 예금계약을 체결하는 경우이고 둘째는 A가 자신의 신분을 밝히지 아니하고 B로 행세하여 예금계약을 체결하는 경우이다.

예금거래 실무상 첫째의 경우는 A와 B가 명의자와 특별한 가족관계[73]이면 S는 증빙서류[74]에 의하여 그 가족관계를 확인하고 양 자의 실명확인[75]을 한 후 B의 명의로 예금계약을 체결하고, A와 B가 특별한 가족관계가 아니면 S는 B가 A에게 B의 명의로 예금계약을 체결할 것을 위임하는 인감증명서를 첨부한 위임장을 제출받고서 양 자의 실명확인을 한 후 B의 명의로 예금계약을 체결하고 있다. 둘째의 경우는 실명거래에 위반되는 것이므로 S가 예금명의자 본인확인을 철저히 한다면 발생할 수 없다. 따라서 둘째의 경우는 금융회사등이 알면서도 이를 묵인하거나[76] 또는 A의 위장에 의하여 S가 A를 B로 잘못 안 경우에 한하여 발생할 수 있다.

그런데 제2유형에 있어서 출연자인 A가 예금계약체결 후 예금통장과 신고인감 및 비밀번호를 B에게 인도하지 아니하고 가지고 있는 상태에서 그 예금통장과 신고인감 및 비밀번호를 이용하여 S에게 예금의 지급청구를 하고 이에 응하여 S가 A에게 예금을 지급한 경우 그 예금지급이 B에 대한 예금지급으로서

73 특별한 가족관계의 구체적인 내용은 주2) 참조.

74 가족관계의 확인방법에 대하여는 주2) 참조.

75 본인이나 대리인의 실명확인은 주민등록증으로 하는 것을 원칙으로 하되 ① 운전면허증, ② 공무원증, ③ 여권, ④ 학생증, ⑤ 노인복지카드(경로우대증), ⑥ 장애인복지카드(장애인등록증 포함), ⑦ 선원수첩, ⑧ 공익근무요원증, ⑨ 장기하사관 이상의 신분증, ⑩ 비밀취급인가증, ⑪ 군 운전면허증, ⑫ 국가(독립, 5.18 등)유공자(유족 포함)증, ⑬ 새터민임시신분증 등으로도 할 수 있다(금융실명거래 업무해설, 11면).

76 알면서도 묵인한 경우는 2009. 3. 19. 대법원판례 전의 시기에는 S와 A가 A를 예금주로 하기로 하는 묵시적 합의를 한 것이 되어 A를 예금주로 보아야 한다는 견해가 있을 수 있으나 2009. 3. 19. 대법원판례 이후의 시기에는 명시적 합의가 없는 한 A를 예금주로 볼 수 없으므로 B를 예금주로 보아야 한다.

효력을 발생할 수 있는지 그리고 효력을 발생할 수 없다면 선의지급으로서 면책될 수 있는지 문제로 된다.

이에 관하여는 예금의 종류를 (1) 입출금이 자유로운 예금, (2) 적립식 예금과 거치식 예금으로 분류하고 그리고 출연자와 명의자 사이의 관계가 ① 특별한 가족관계인 경우와 ② 특별한 가족관계가 아닌 경우로 분류하여 검토할 필요가 있다.

먼저 입출금이 자유로운 예금의 경우는 그 지급시에 실명확인을 하지 아니하므로 A와 B 사이의 관계가 ① 특별한 가족관계인 경우이건 ② 특별한 가족관계가 아닌 경우이건 A가 예금통장과 신고인감 및 비밀번호를 소지하고서 예금의 지급청구를 하여 S가 그에 응하였다고 하면 A를 B 본인 또는 B의 대리인이라고 믿은데 과실이 있다고 할 수 없을 것이므로 다른 특별한 사유가 없는 한 표현대리가 성립되어 B에 대한 유효한 변제가 되거나 채권의 준점유자에 대한 변제로서 면책되는 것으로 보아야 한다.

다음에 적립식 예금과 거치식 예금으로 A와 B 사이의 관계가 특별한 가족관계가 아닌 경우는 예금계약의 체결시는 물론이고 지급시에도 실명확인을 하고 아울러 그 대리권을 증명하는 인감증명서를 첨부한 위임장을 받고 있으므로, 예금계약체결시 받는 위임장상에 A가 그 예금계약의 해지 및 지급청구에 관한 대리권까지 포함되어 있지 않은 이상, A가 예금통장과 신고인감 및 비밀번호를 소지하고서 예금의 지급청구를 하였다고 하여 S가 그것만으로 그 지급청구에 응한 때에는, 표현대리가 성립될 수 없음은 물론이고 채권의 준점유자에 대한 변제로서 면책될 수도 없는 것으로 보아야 한다.

문제는 적립식 예금과 거치식 예금으로 A와 B 사이의 관계가 특별한 가족관계인 경우이다. 이 경우는 현재의 실무상 S는 예금계약체결시에 A와 B의 실명확인만 할 뿐 B로부터 인감증명서가 첨부된 위임장을 받고 있지 아니하고 그 지급시에도 A가 예금통장과 신고인감 및 비밀번호를 소지하고 있으면 A의 실명확인만 하고 별도로 B로부터 인감증명서가 첨부된 위임장을 받지 않고 A의 지급청구에 응하고 있다.

이상의 실무처리는 2009. 3. 19. 대법원판례가 나오기 전에는 나름대로 타당성이 있었다. 즉 종전의 대법원판례는 S와 A 사이에 명시적으로는 물론이고 묵시적으로라도 예금주를 출연자인 A로 할 약정이 있었다면 그 명의에 불구하고 예금주를 A로 보아야 한다고 하였기 때문에 S로서는 B가 자신의 예금임을 주장하더라도 A를 예금주로 하기로 하는 묵시적 약정이 A와의 사이에 있었음을 이유로 B의 주장을 배척할 수가 있었다.[77] 이에 따라 이 경우 S는 일차적으로 A가 예금주임을 주장하고 그 지급의 유효성을 주장할 수 있고, 이것이 여의치 않더라도 다시 이차적으로 채권의 준점유자에 대한 변제로서 면책을 주장할 수 있어 상대적으로 지급의 안전성을 기할 수 있었다고 할 수 있다.

그런데 2009. 3. 19. 대법원판례는 종전의 판례를 변경하여 묵시적인 합의를 인정하지 아니하고 명시적인 합의가 있은 경우만 출연자인 A를 예금주로 인정하기 때문에 2009. 3. 19. 이후 S는 A와의 사이에 A를 예금주로 하기로 하는 명시적인 합의가 있었음을 입증하지 않는 한[78] A가 예금주임을 이유로 B의 주장을 배척할 수가 없고 이 경우는 오로지 채권의 준점유자에 대한 변제로서 면책을 주장할 수밖에 없게 되었다.

그러나 앞에서 이미 살펴본 바와 같이 예금계약체결에 관한 대리권이 있다고 하여 당연히 예금계약의 해지 및 지급청구에 관한 대리권까지 있는 것으로 볼 수가 없고, 또한 예금통장과 신고인감 및 비밀번호를 소지하고 있다고 하여 그것만으로 바로 표현대리의 성립이나 채권의 준점유자에 대한 변제로서 면책의 효력이 생긴다고 할 수 없으므로, 현재에 있어서는 아무리 특별한 가족관계에 있다고 하더라도 출연자가 만기에 예금통장과 신고인감 및 비밀번호를 소지하고 있는 것만으로 예금의 지급청구에 응하는 것은 적절한 업무처리라고 할 수가 없다.

따라서 2009. 3. 19. 이후는 적립식 예금과 거치식 예금의 경우는 예금지급시에 출연자와 명의자가 특별한 가족관계에 있건 없건 구분하지 아니하고 동일

---

77 A와 B가 특별한 가족관계의 관계에 있지 않다면 S는 B로부터 인감증명서가 첨부된 위임장을 받기 때문에 이러한 주장을 할 수 없으나 특별한 가족관계에 있는 때에는 인감증명서를 첨부한 위임장을 받고 있지 않아 외형상으로는 대리관계인지의 여부가 분명하지 않기 때문에 이와 같은 주장이 가능하다고 할 수 있다.

78 그러나 현재의 금융거래 실무상 금융회사등이 출연자와 이와 같은 명시적인 합의를 하는 경우는 거의 없고 설혹 금융회사등의 담당직원과 구두상의 합의를 하였다고 하더라도 그 직원이 부인하는 경우에는 이를 증명하기가 어려워 이와 같은 명시적인 합의로 출연자가 예금주가 되는 경우는 찾아보기가 쉽지 않을 것이다.

하게, 예금지급청구자에게 명의자로부터 그 예금지급청구에 관한 대리권을 수여받았는지 여부를 확인한 후 예금지급을 하도록 실무처리지침을 변경해야 할 것으로 생각한다.

한편 제2유형 둘째의 경우 즉 S가 A를 B로 알고 B의 명의로 예금계약을 체결한 경우도 (1) 입출금이 자유로운 예금, (2) 적립식 예금과 거치식 예금으로 나누어 볼 필요가 있다. 우선 입출금이 자유로운 예금의 경우는 그 지급시에 실명확인을 하지 않으므로 A가 예금통장과 신고한 거래용 인감 및 비밀번호를 소지하고서 예치 금융회사등에 예금의 지급을 청구함으로써 C가 A에게 예금을 지급한 때에는 표현대리의 성립이나 채권의 준점유자에 대한 지급으로 면책될 소지가 크다고 할 수 있다.

이에 대하여 적립식 예금과 거치식 예금의 경우는 지급시에도 실명확인을 하므로 그 실명확인 결과 지급청구자와 명의자가 다르게 나타나면 그 지급청구자가 과연 명의자를 대리하여 예금의 지급청구를 할 권한이 있는지 확인해 보아야 하고, 단지 지급청구자가 예금통장과 신고한 거래용 인감 및 비밀번호를 소지하고 있다고 해서 당연히 지급청구를 할 수 있는 대리권이 있다고 단정해서는 아니 되며, 별도로 인감증명서를 첨부한 위임장에 의하여 대리권의 존부를 확인하고서 예금의 지급청구에 응하는 것이 안전하다고 할 것이다.

④ 제3유형의 경우

제3유형 예컨대 B가 A의 부탁을 받아 S와 B의 명의로 예금계약을 체결한 경우는 예금계약체결행위자와 명의자가 같다는 점에서 예금계약체결행위자와 명의자가 다른 제2유형과 구별된다. 특히 제3유형의 경우는 금융회사등이 출연자가 따로 있다는 사실을 알지 못하는 경우가 대부분이라는 점에 특색이 있다.

제3유형의 경우도 대상예금이 입출금이 자유로운 예금이면 제1유형이나 제2유형과 다르게 취급할 이유가 없으므로 그 지급청구를 받은 금융회사등으로서는 제1유형이나 제2유형의 경우와 동일하게 취급하면 된다. 그리고 대상예금이 적립식 예금과 거치식 예금인 경우도 실명확인 과정에서 명의자와 지급청구자가 다르다는 사실이 드러날 것이므로 제2유형 둘째의 경우와 동일하게 취급하면 된다.

(2) 출연자가 예금주인 경우

금융회사등 S가 출연자 A와 B의 명의로 예금계약을 체결하면서 그 명의에 불구하고 예금주를 A로 하기로 하는 명시적인 합의를 한 경우에는 그 명의에 불구하고 예금주가 A이므로 S는 반드시 A에게 예금을 지급하여야 하고[79] 명의자인 B에게는 비록 그가 예금통장과 신고인감 및 비밀번호를 소지하고 있다고 하더라도 예금의 지급을 하여서는 아니 된다. 이 경우는 B가 명의자임에 불구하고 예금주가 아니라는 점을 S가 알고 있는 상태이어서 표현대리의 성립이나 채권의 준점유자에 대한 변제 자체가 성립될 수 없기 때문이다.

가명이나 허무인 명의의 예금인 경우는 금융회사등 S와의 명시적인 합의에 의하여 예금주로 하기로 한 자(즉 출연자 또는 예금계약체결행위자)가 있으면 예금주 명의를 그 자로 변경한 후 그 자에게 예금을 지급하여야 한다. 이 경우는 S로서는 명시적인 합의가 있었기 때문에 다른 자를 예금주로 잘못 알았다고 할 수 없기 때문이다. 이에 대하여 명시적으로 합의한 자가 없으면 S로서도 예금주를 특정할 수가 없으므로 다음과 같이 처리하여야 할 것으로 본다.

첫째로 예금통장과 신고인감 및 비밀번호를 소지하고서 당해 예금을 사실상으로 지배하는 자가 예금의 지급을 청구하면 그 자를 예금주로 인정하여 그 자를 예금주로 명의변경한 후 그 자에게 지급할 수밖에 없으며, 이 경우는 만일 무권리자에게 예금지급이 이루어졌다 하더라도 S로서는 채권의 준점유자에 대한 변제(민법 제487조 단서)로서 면책을 주장할 수 있다고 할 것이다. 둘째로 예금주라고 주장하는 자가 여러 명이고 그들 사이에 분쟁이 발생한 경우에는 과실 없이 채권자가 누구인지를 알 수 없다는 것을 사유로 하여 공탁함으로써 채무를 면할 수도 있다. 셋째로 명의인이 예금계약체결시 사망신고 되지 않은 사망자로서 그 상속인이 사망신고 후 예금지급을 청구해 옴으로써 그를 정당한 상속인으로 알고 예금지급에 응한 때에는 S는 채권의 준점유자에 대한 변제로서 면책을 주장할 수 있다고 본다.

---

79 물론 이 경우 S은행이 A에게 예금지급을 하려면 B에서 A로의 예금주 명의변경이 필요함은 앞에서 설명한 바 있다.

Ⅵ. 비실명예금에 대한 강제집행과 체납처분

1. 문제의 소재

명의자와 출연자가 다른 예금계약 예컨대 출연자 A가 금융회사등 S와 B를 명의자로 하여 체결한 예금계약의 경우, 그 예금주는 명의자인 B가 될 수 있음은 물론이고 출연자인 B가 될 수도 있는 특징이 있으며, 어떠한 경우에 명의자 A 또는 출연자 B가 예금주가 되는가는 금융실명제가 시행되기 전과 금융실명제가 시행된 이후 2009년 3월 19일 대법원판례가 나오기 전 및 나온 이후에 있어서 차이가 있다는 점은 이미 설명한 바 있다.

그런데 위의 예금계약에 있어서 출연자 A가 아닌 명의자 B가 예금주로 인정되면 A는 B와의 사이에서 출연자라는 내부관계에 기하여 예금반환청구권 또는 예금주명의변경청구권을 가지게 되는데, 이 경우 명의자 B의 채권자 G 또는 출연자 A의 채권자 K가 B 또는 A에 대한 채권에 기하여 당해 예금이나 예금반환청구권 등에 어떠한 방법으로 집행보전과 강제집행을 할 수 있는지 문제로 된다.

또한 위의 예금계약에 있어서 명의자 B가 아닌 출연자 A가 예금주로 인정되면 출연자 A의 채권자 K는 예금주 명의가 B로 되어 있는 예금을 A에 대한 채권에 기하여 어떠한 방법으로 집행보전과 강제집행을 할 수 있는지 문제로 되고, 명의자 B의 채권자 G는 금융회사등의 예금원장상 B의 명의로 되어 있는 예금에 대하여 집행보전과 강제집행을 한 경우에 그 효력을 인정받을 수 있는가 하는 점이 문제로 된다.

이하에서는 명의자의 채권자가 하는 강제집행과 출연자의 채권자가 하는 강제집행으로 나누어 그 구체적인 절차와 효력 및 예치 금융회사등의 대응방안에 관하여 알아보기로 한다.

2. 명의자의 채권자가 하는 강제집행

(1) 명의자가 예금주인 경우

명의자가 예금주인 경우 예컨대 출연자 A가 금융회사등 S와 B를 명의자로 하는 예금계약을 체결하면서 그 예금주를 A로 하기로 명시적으로 약정하지 않은 경우에 있어서, 명의자 B의 채권자 G는 집행권원이 있으면 압류 및 추심명령이나 압류 및 전부명령 등 통상의 강제집행절차에 따라 채권의 만족을 구하면 되고, 집행권원이 없으면 가압류절차를 취한 후 집행권원을 얻어 압류 및 추심명령이나 압류 및 전부명령 등의 강제집행절차에 따라 채권의 만족을 구하면 되며, 예치 금융회사등으로서도 일반의 예금에 대한 경우와 동일하게 대응하면 된다.[80]

(2) 출연자가 예금주인 경우

출연자가 예금주인 경우 예컨대 출연자 A가 금융회사등 S와 B를 명의자로 하는 예금계약을 체결하면서 그 예금주를 A로 하기로 명시적으로 약정한 경우에 있어서, 명의자 B의 채권자 G는 이 예금을 대상으로 강제집행절차를 취할 수 없는 것이 원칙이다. 그러나 이 경우 금융회사등 S의 예금장부상에 기재되어 외형상으로 나타나 있는 B와 S 사이의 예금계약은 A와 S 사이에 이루어진 통정허위표시로서 무효이지만 이 무효는 선의의 제3자에게 대항할 수 없는 것이므로(민법 제108조 제2항),[81] 만일 G가 그와 같은 무효 사실을 알지 못하고 압류 및 전부명령을 받아 그 압류 및 전부명령이 S에게 송달된 때에는 A는 자신이 예금주라고 하여 G에게 대항할 수 없는 것으로 보아야 한다.[82]

다만 이 경우 압류 및 전부명령을 송달받은 S로서는 G의 선의 여부에 관하여 A와 다툼이 발생한 때에는 과실 없이 채권자인 예금주가 누구인지를 알 수

---

80 오영준(주9), 271면; 정인숙(주27), 129면; 고영태(주46), 76면; 한경환(주58), 677면; 김유진(주30), 248면.

81 통정허위표시로서 무효를 선의의 제3자에게 대항할 수 없다고 할 때 제3자는 선의이기만 하면 되고 과실의 유무는 묻지 않는 것인지의 문제가 있으나 대법원은 2006. 3. 10. 선고 2002다1321 판결에서 「민법 제108조 제2항에 규정된 통정허위표시에 있어서의 제3자는 그 선의 여부가 문제이지 이에 관한 과실 유무를 따질 것이 아니다」라고 판시한 바 있다. 또한 통정허위표시에 있어서 제3자가 악의라는 사실에 관한 주장·증명책임을 누가 부담하는지에 관하여 위 판례는 「민법 제108조 제1항에서 상대방과 통정한 허위의 의사표시를 무효로 규정하고, 제2항에서 그 의사표시의 무효는 선의의 제3자에게 대항하지 못한다고 규정하고 있는데, 여기에서 제3자는 특별한 사정이 없는 한 선의로 추정할 것이므로, 제3자가 악의라는 사실에 관한 주장·입증책임은 그 허위표시의 무효를 주장하는 자에게 있다」고 판시한 바 있다(대법원 2007. 11. 29. 선고 2007다53013 판결도 같은 취지임)

82 윤진수(주11), 390면; 정인숙(주27), 129면; 오영준(주9), 271면; 고영태(주46), 76면; 한경환(주58), 678면; 김유진(주30), 248면; 이의영(주30), 129면.

없다는 것(민법 제487조 단서)을 이유로 하여 공탁을 하면 될 것이다.[83] 그리고 A의 이의나 다툼이 없는 상태에서 S가 G에게 예금을 지급한 후에 A가 G의 선의 여부에 관하여 다투어 A의 주장이 정당하다고 판명된 경우에도 S는 채권의 준점유자에 대한 변제로서 면책을 주장할 수 있는 것으로 보아야 한다.

금융실명제가 시행되기 전 대법원 1972. 5. 9. 선고 72다266,267 판결은 「제3자 명의를 모용하여 은행에 금원을 예치한 경우에 있어서 예금계약 당사자는 은행과 실제 예입한 자이므로 그 예금채권자는 그 명의 여하에 불구하고 예입한 본인이고, 따라서 위 제3자 명의의 예금채권에 대하여 발령한 압류 및 전부명령은 피압류 및 전부채권이 존재하지 않는 무효의 명령이다」라고 판시한 바 있는데, 이 판례가 금융실명제가 시행 중인 현재에 있어서도 그대로 적용되어 위의 예에서 A가 자신이 예금주라고 하여 G에게 대항할 수 있는지 문제로 된다.

그러나 위 판례상의 사건은 금융실명제 시행 전의 것으로 이 시기에는 예금 명의자에 예금당사자 특정의 기능을 인정하지 않고 있어 이를 통정허위표시에 의한 예금계약이라고 할 수 없음에 반하여, 금융실명제가 시행된 이후에는 실명확인을 거친 명의자가 원칙적인 예금주라는 점에서 예외적으로 실명확인을 거친 명의자 이외의 자를 예금주로 하기로 금융회사등과 합의하였다면 이는 통정허위표시에 의한 예금계약에 해당하는 것으로 보아야 한다.[84]

그런데 여기에서 G가 그와 같은 무효 사실을 알지 못하고 가압류를 하였다거나 또는 압류 및 추심명령을 받아 그 압류 및 전부명령이 S에게 송달된 때에도 A는 자신이 예금주라고 하여 G에게 대항할 수 없는 것으로 보아야 하는지

83 이에 관하여 참고가 될 수 있는 대법원판례로는 「예금계약의 출연자와 예금명의자가 서로 다르고 양자 모두 예금채권에 관한 권리를 적극 주장하고 있는 경우로서 금융회사등이 그 예금의 지급시는 물론 예금계약 성립시의 사정까지 모두 고려하여 선량한 관리자로서의 주의의무를 다하여도 어느 쪽이 진정한 예금주인지에 관하여 사실상 혹은 법률상 의문이 제기될 여지가 충분히 있다고 인정되는 때에는 채무자인 금융회사등으로서는 민법 제487조 후단의 채권자 불확지를 원인으로 하여 변제공탁을 할 수 있다고 보아야 한다(대법원 2004. 11. 11. 선고 2004다37737)」고 판시한 것을 들 수 있다.

84 윤진수(주11), 390면; 한경환(주58), 678면. 다만 이 분들은 금융회사등과 명의자가 통모하여 출연자의 예금으로 하기로 약정한 경우(즉 합의차명의 경우)만 통정허위표시에 의한 예금계약이 되는 것처럼 설명하고 있으나, 그 이외에 금융회사등과 출연자가 통모하여 출연자의 예금으로 하기로 약정한 경우(즉 명의모용의 경우)도 통정허위표시에 의한 예금계약이 되는 것으로 보아야 한다.

문제로 된다. 그러나 가압류 또는 압류 및 추심명령의 경우는 B와 S에게 잠정적으로 예금의 처분과 지급을 금지하는 것일 뿐이거나 또는 G에게 추심권이 부여된 것일 뿐이고 예금반환채권의 이전을 가져오는 것이 아니므로 그 예금은 여전히 A에게 귀속되어 있는 것으로 보아야 하고, 그에 따라 A는 자신이 예금주라고 하여 G에게 대항할 수 있는 것으로 보아야 한다. 또한 압류 및 추심명령을 송달받은 S로서는 당초 대상 예금을 그 명의에 불구하고 A의 것으로 하기로 명시적으로 약정한 바 있어 선의 지급을 주장할 수 없으므로 G의 추심에 응해서는 아니 된다.

한편, 가명이나 허무인 명의의 예금계약에 있어서는 이들의 채권자가 존재할 수 없으므로 이들에 의한 집행보전이나 강제집행도 있을 수가 없다. 그러나 허무인이 사망신고를 하지 않은 사망자이면 그 사망자의 채권자나 사망자의 상속인의 채권자가 사망자나 상속인의 예금으로 보아 집행보전이나 강제집행을 해올 수가 있는데, 이 경우 사망자의 채권자나 사망자의 상속인의 채권자가 통정허위표시의 무효는 선의의 제3자에게 대항할 수 없다는 민법 제108조 제2항의 규정에 의하여 그 집행보전이나 강제집행의 유효성을 인정받을 수 있는지 문제로 된다.

이에 관하여는 명의자가 허무인이라는 점을 강조하면 민법 제108조 제2항의 적용을 부정할 수밖에 없다. 그러나 비록 명의자가 허무인이라도 당해 예금계약의 당사자가 출연자(또는 예금계약체결행위자)와 예치 금융회사등 사이에 이루어진 통정허위표시라 할 것이고 또한 그 명의자가 예금계약체결 전에는 실존하는 자이어서 그 명의자의 채권자나 상속인의 채권자라는 제3의 이해관계인이 존재하므로 민법 제108조 제2항의 적용을 긍정하는 것이 타당하다고 할 것이다. 그리고 이 경우 민법 제108조 제2항의 적용효과와 금융회사등의 대응방안은 출연자가 예금주인 일반의 경우와 마찬가지인 것으로 보면 된다.

3. 출연자의 채권자가 하는 강제집행

(1) 명의자가 예금주인 경우

명의자가 예금주인 경우 출연자는 명의자와의 내부관계에 따라 명의자에게 예금양도청구나 예금주명의변경청구를 할 수 있으므로, 출연자의 채권자는 출연자가 명의자에 대하여 가지는 이 예금양도청구권이나 예금주명의변경청구권이라는 채권적인 청구권을 대상으로 강제집행절차를 취하여야 할 것으로 본다. 이하에서는 A가 금융회사등 S와 B의 명의로 체결한 예금계약에 있어서, A의 채권자 K가 A에 대한 채권에 기하여 A가 B에 대하여 가지는 예금양도청구권이나 예금주명의변경청구권에 강제집행을 하려고 하는 경우를 예로 들어 좀 더 구체적으로 설명하기로 한다.

A가 B에 대하여 가지는 예금양도청구권이나 예금주명의변경청구권을 대상으로 하여 K가 자신의 채권에 대한 만족을 구하는 방법으로는 2가지가 있다. 첫째는 K가 채권자대위권에 기하여 A를 대위하여 A가 B에 대하여 가지는 예금양도청구권이나 예금주명의변경청구권을 행사하는 방법이고,[85] 둘째는 A가 B에 대하여 가지는 예금양도청구권이나 예금주명의변경청구권이라는 재산권을 대상으로 직접 강제집행절차는 취하는 방법이다.

첫째의 방법은 다음과 같다. 우선 K는 A를 대위하여 B에게 예금양도나 예금주명의변경을 청구하고 B가 이에 응하면 S에게 신청하여 A 명의로의 예금주명의변경을 하도록 한다. A 앞으로의 명의변경이 이루어지면 이후는 일반의 지명채권을 대상으로 하는 집행보전 및 강제집행절차를 취하면 된다. 그러나 B가 A로의 명의변경에 응하지 않으면 K는 A를 대위하여 A가 B에 대하여 가지는 예금채권양도청구권 또는 예금주명의변경청구권을 피보전권리로 하고 B를 채무자·S를 제3채무자로 하여, B에 대하여는 예금채권의 처분 및 추심 금지를 구하고 S에 대하여는 예금주명의변경 및 지급 금지 구하는 가처분을 구하여 그 집행절차를 취하여 두고서, B를 피고로 하여 예금채권양도청구 또는 예금주명의변경청구의 소를 제기한 후 그 승소판결을 받아 이를 금융회사등에 제시하는 방법으로 예금주를 A로 명의변경하도록 한다. 그리고 이후는 일반의 지명채권을 대상으로 하는 집행보전 및 강제집행절차를 취하면 된다.

둘째의 방법은 다음과 같다. 우선 K는 A에 대한 금전채권을 피보전권리로 하고 A를 채무자·B와 S를 제3채무자로 하여, A에 대하여는 B에 대한 예금채권

85 오영준(주9), 271면; 정인숙(주27), 129면; 고영태(주46), 76면; 한경환(주58), 677면; 김유진(주30), 248면. 그러나 이 분들은 출연자 A의 채권자 K는 채권자대위권에 기하여서만 A에 대한 채권의 만족을 구할 수 있는 것으로 설명하고 있으나, 그 이외에 둘째의 방법에 의하여서도 채권의 만족을 구할 수 있는 것으로 보아야 한다.

양도청구권 또는 예금주명의변경청구권의 처분 및 A 명의로의 명의변경청구를 금지하고, B에 대하여는 A 명의로의 명의변경청구 및 추심을 금지하며, S에 대하여는 A 명의로의 명의변경청구 및 지급을 금지하는 가처분을 구하여 그 집행절차를 취하여 두고서, A에 대한 금전채권에 관하여 집행권원을 득하면 A가 B에 대하여 가지는 예금채권양도청구권 또는 예금주명의변경청구권에 대하여 압류 및 추심명령을 받아 B로 하여금 S은행에 예금주를 A를 변경할 것을 청구하도록 한다. 이 청구에 따라 예금주명의가 A로 변경되면 그 이후는 일반의 지명채권을 대상으로 하는 강제집행절차를 취하면 된다. 그러나 B가 A 명의로의 예금주변경신청에 응하지 않으면 K는 추심명령에 따른 추심권에 기하여 B를 피고로 하여 예금채권양도청구 또는 예금주명의변경청구의 소를 제기한 후 그 승소판결을 받아 이를 S에게 제시하는 방법으로 예금주를 A로 명의변경하도록 한다. 그리고 이후는 일반의 지명채권을 대상으로 하는 강제집행절차를 취하면 된다.

첫째의 방법은 둘째의 방법보다 절차가 간편하다는 장점이 있으나 A가 무자력 상태에 있어야만 취할 수 있다는 단점이 있다. 이에 대하여 둘째의 방법은 A가 무자력 상태에 있을 것을 요하지 않는 장점이 있으나 그 절차가 매우 번거로운 단점이 있다.

(2) 출연자가 예금주인 경우

출연자가 예금주로 인정되는 예외적인 경우 예컨대 출연자 A가 금융회사 등 S와 B를 명의자로 하는 예금계약을 체결하면서 그 예금주를 A로 하기로 명시적으로 약정한 경우에 있어서, A의 채권자 K는 A가 S에 대하여 가지는 예금채권을 대상으로 집행보전 및 강제집행의 절차를 취하는 방법으로 자신이 A에 대하여 가지는 채권의 만족을 구할 수 있다.[86]

그런데 출연자가 예금주로 인정되는 예외적인 경우라 할지라도 금융회사 등의 예금장부상으로는 명의자가 예금주로 되어 있으므로, 위의 예에서 S는 B 명의로 되어 있는 예금주의 명의를 A로 변경(즉 실명전환)하지 않고서는 예금의 지급을 할 수 없다.[87] 따라서 여기에서 문제가 되는 것은 A의 채권자 K가

---

86 오영준(주9), 271면.

87 정인숙(주27), 130면; 고영태(주46), 76면.

어떤 방법으로 B 명의로 되어 있는 예금주를 A의 명의로 변경할 수 있는가 하는 점이다.

그러나 2009. 3. 19. 대법원판례 이후로는 금융회사등의 명시적인 약정이 있는 경우에만 출연자가 예금주로 인정되기 때문에 그 명의자가 예금에 대하여 아무런 권리를 가질 수가 없고, 그에 따라 위의 예에서 B 명의로 되어 있는 예금을 A로 변경하는데 B의 동의를 받을 필요가 없이 A 단독으로 S은행에 A 명의로의 예금주변경을 청구할 수 있다고 할 것이다.[88] [89]

따라서 이 경우 K로서는 A가 S에 대하여 가지는 예금채권을 대상으로 가압류를 신청하여 그 집행절차를 취하여 두고서, A에 대한 채권에 관하여 집행권원을 득한 후, A를 집행채무자로 하고 S를 제3채무자로 한 압류 및 추심명령이나 압류 및 전부명령을 신청하여 그 명령이 S에게 송달되면, S에게 채권자대위권에 의한 A 명의로의 예금주명의변경신청과 함께 해당 예금의 지급청구를 하는 방법으로 채권의 만족을 구하면 될 것으로 본다.

4. 체납처분

(1) 명의자가 예금주인 경우

명의자가 예금주인 경우 명의자의 체납조세를 징수하려고 하는 징수기관은 통상의 체납처분절차에 따라 체납처분절차를 진행하면 되고, 예치 금융회사등으로서도 통상의 체납처분이 있는 경우와 마찬가지로 대응하면 된다.

문제는 출연자의 체납조세를 징수하려고 하는 징수기관이 출연자의 체납조세를 징수하려면 어떠한 절차를 취하여야 하는가 하는 점이다. 이에 관하여는 명의자가 예금주인 경우 출연자는 명의자와의 내부관계에 따라 명의자에게 예금양도청구나 예금주명의변경청구를 할 수 있으므로, 징수기관으로서는 체납조세의 자력집행권에 기하여 예치금융회사등에 명의자 앞 예금지급을 금지하는

88 그 이유 등 자세한 내용은 본고 Ⅴ. 3. (2) 참조.

89 2009. 3. 19. 전에는 대법원판례가 S와 A 사이에 묵시적인 합의가 있는 때에도 예금주가 출연자인 A로 인정되었다. 그런데 이 경우는 묵시적 합의의 존부를 객관적인 기준에 의하여 명확하게 판단할 수 없어 해당 예금의 예금주 인정에 관하여 명의자와 출연자 및 금융회사등 사이에 분쟁이 발생할 수 있고, 그에 따라 해당 예금에 관하여 명의자에게 아무런 권리가 없다고 단정 지을 수 없어, 금융회사등으로서도 명의자를 배제하고 출연자의 청구만으로 예금주 명의를 명의자에서 출연자로 변경하기 곤란한 점이 있다.

보전절차를 취한 다음, 출연자가 명의자에 대하여 가지는 이 예금양도청구권이나 예금주명의변경청구권을 압류한 후, 이 압류된 예금양도청구권이나 예금주명의변경청구권에 기하여 직접 출연자 앞으로의 예금주명의변경과 예금지급청구를 하는 방법으로 체납처분절차를 취하여야 할 것으로 본다. 이 경우 예치금융회사등이 징수기관으로 예금지급금지 보전처분이나 예금지급청구를 받을 때까지 명의자에 대하여 대항할 수 있는 사유가 있으면 이를 징수기관에 대하여도 대항할 수 있음은 물론이다.

(2) 출연자가 예금주인 경우

출연자가 예금주인 경우 조세징수기관은 출연자의 체납조세징수를 위하여 이 예금을 대상으로 체납처분절차를 취할 수 있음은 당연하다고 할 것이다. 그러나 출연자가 예금주로 인정되는 경우라 할지라도 예치 금융회사등의 예금장부상으로는 명의자가 예금주로 되어 있으므로, 예치 금융회사등으로서는 예금주의 명의를 출연자로 변경(즉 실명전환)하지 않고서는 예금의 지급을 할 수 없다. 따라서 이 경우 징수기관은 예치 금융회사등에 명의자에 대한 예금지급을 금지하는 보전조치와 함께 출연자가 예치금융회사등에 대하여 가지는 예금채권을 대상으로 체납처분절차를 취한 후 예치 금융회사등에 출연자를 대위한 예금주 명의변경과 함께 예금의 지급을 청구하여야 한다. 이 경우 예금주 명의변경청구에 명의자의 동의는 요하는가의 문제가 있으나 명의자는 예금주로서의 권리를 가지지 않으므로 부정하는 것이 타당하다.

출연자가 예금주인 경우 조세징수기관은 명의자의 체납조세징수를 위하여 이 예금을 대상으로 체납처분절차를 취할 수 없음은 당연하다고 할 것이다. 문제는 이 경우 통정허위표시의 무효는 선의의 제3자에게 대항할 수 없다는 민법 제108조 제2항의 규정을 조세징수기관에 대하여서도 적용할 수 있는가 하는 점이다. 그러나 민법 제108조 제2항은 사법적(私法的)거래에 적용되는 것이지 공법관계인 조세징수에는 적용되지 않는 것으로 보아 부정하는 것이 타당하다고 생각한다.

5. 소 결

명의자와 출연자가 다른 예금계약에 있어서 명의자가 예금주로 인정되는 경우 명의자의 채권자는 통상의 집행보전 및 강제집행절차에 따라 자신의 채권에 대한 만족을 구하면 된다.

그러나 이 경우 출연자는 명의자와의 내부관계에 따라 명의자에게 예금양도청구나 예금주명의변경청구를 할 수 있으므로, 출연자의 채권자는 출연자가 명의자에 대하여 가지는 이 예금양도청구권이나 예금주명의변경청구권이라는 채권적인 청구권을 대상으로 집행보전과 강제집행절차 취할 수 있는데 그 방법으로는 2가지가 있다. 첫째는 출연자의 채권자가 채권자대위권에 기하여 출연자를 대위하여 출연자가 명의자에 대하여 가지는 예금양도청구권이나 예금주명의변경청구권을 행사하는 방법이고, 둘째는 출연자가 명의자에 대하여 가지는 예금양도청구권이나 예금주명의변경청구권이라는 재산권을 대상으로 직접 집행보전과 강제집행 절차는 취하는 방법이다.

한편, 명의자와 출연자가 다른 예금계약에 있어서 출연자가 예금주로 인정되는 경우 출연자의 채권자는 출연자가 명의자에 대하여 가지는 예금반환청구권을 대상으로 바로 집행보전 및 강제집행의 절차를 취할 수 있으나, 이에 기하여 예치 금융회사등에 대하여 예금의 지급청구를 하려면 예금주명의를 출연자로 변경하는 청구를 함께하여야 한다. 다만 이 경우 예금주명의 변경신청은 채권자대위권에 기하여 출연자의 채권자가 직접 예치금융회사등에 하면 되고 명의자의 동의는 받을 필요가 없다.

반면에 명의자의 채권자는 이 예금을 대상으로 강제집행절차를 취할 수 없는 것이 원칙이다. 그러나 명의자의 채권자가 이 예금을 명의자의 예금으로 알고서 압류 및 전부명령을 받아 그 효력이 발생하였다면 그 압류 및 전부명령은 출연자에 대하여도 유효하게 효력을 발생하는 것으로 보아야 한다. 이 경우 명의인과의 예금계약은 통정허위표시로서 무효이지만 이 무효는 선의의 제3자에게 대항할 수 없는 것이기 때문이다.

그러나 가압류 또는 압류 및 추심명령의 경우는 명의자와 예치금융회사등에게 잠정적으로 예금의 처분과 지급을 금지하는 것일 뿐이거나 또는 명의자의 채권자에게 추심권이 부여된 것일 뿐이고 예금반환채권의 이전을 가져오는 것이 아니므로 그 예금은 여전히 출연자에게 귀속되어 있는 것으로 보아야 하고, 그에 따라 출연자는 자신이 예금주라고 하여 명의자의 채권자에게 대항할 수 있는 것으로 보아야 한다.

그리고 가명이나 허무인명의의 예금인 경우는 그의 채권자가 있을 수 없으므로 통정허위표시의 무효를 대항할 수 없는 선의의 제3자의 존재를 생각할 수 없으나, 허무인 중 사망한 자는 예금계약체결 전에는 실존하였던 인물이라는 점에서 그의 채권자나 그 상속인의 채권자를 통정허위표시의 무효를 대항할 없는 선의의 제3자에 해당할 수 있는 것으로 보아야 하고, 이 경우 그 해당 여부나 해당되는 경우의 효력 및 금융회사등의 대응방안은 처음부터 실존하는 명의인의 채권자가 집행보전 및 강제집행을 하는 경우와 마찬가지인 것으로 보아야 한다.

Ⅶ. 비실명예금의 양도와 담보제공 및 상계

1. 문제의 소재

출연자와 명의자가 다른 예금에 있어서 예금의 양도와 관련하여 문제로 되는 것은 (1) 명의자가 예금주로 인정되는 경우에 ① 명의자가 예금의 양도함에 있어서 출연자 동의가 필요한지, ② 양수인이 그 양수를 가지고 예치 금융회사등에 대항할 수 있는지, (2) 출연자가 예금주로 인정되는 경우에 ① 출연자가 예금의 양도를 하려면 어떻게 하여야 하는지, ② 명의자가 예금의 양도를 한 경우에 그 효력이 어떠한지 등이라고 할 수 있다.

또한 출연자와 명의자가 다른 예금에 있어서 예금의 담보제공과 관련하여 문제로 되는 것은 예금의 양도에 있어서와 동일하다고 할 수 있다. 다만 예금의 담보제공에 있어서는 그 담보취득자가 예치금융회사등인 경우와 예치금융회사등이 아닌 경우 양 자 사이에 있어서 어떠한 차이가 있는지 하나 더 문제로 된다.

그리고 출연자와 명의자가 다른 예금에 있어서 예치금융회사등이 출연자나 명의자에 대하여 대출금채권을 가지고 있는 경우에 상계로써 명의자 또는 출연자에게 대항할 수 있는지 문제로 된다. 이하에서 순차로 알아보기로 한다.[90]

2. 예금의 양도

(1) 명의자가 예금주인 경우

1) 명의자의 예금양도

출연자와 명의자가 다른 예금에 있어서 명의자가 예금주로 인정되는 경우 명의자가 예금의 양도를 하려면 출연자와의 내부관계(즉 명의신탁관계)에 있어서는 출연자의 동의를 받아야 한다. 그러나 예금의 양수를 받는 제3자는 명의자가 출연자의 동의 없이 예금을 양도한 경우라도 그 예금양수를 가지고 출연자에게 대항할 수 있는 것으로 보아야 한다. 또한 이 경우 예금양수인은 양수 예금에 관하여 출연자와 명의자 사이에 명의신탁약정이 있다는 사실을 알고 있었다 하더라도 무방하다. 출연자가 명의자에 대하여 가지는 예금반환청구권이나 예금주명의변경청구권은 당사자 사이의 채권적청구권에 지나지 않기 때문이다. 다만 명의자(양도인)의 배신행위에 제3자(양수인)가 적극 가담한 경우 그 양도행위는 선량한 풍속 기타 사회질서에 위반되는 법률행위(민법 제103조)에 해당하여 무효라 할 것이므로 제3자는 그 예금양수를 가지고 출연자에게 대항할 수 없는 것으로 보아야 한다.[91]

---

90 이하의 장에서 다루는 사항에 대하여는 학설상의 논의가 활발하지 않고 판례도 많지 않으므로 별도로 학설·판례를 소개하고 중간 결론(小結)을 내는 형식을 취하지 아니하고 바로 필자의 의견을 중심으로 논의를 전개하기로 한다.

91 부동산을 대상으로 하는 명의신탁은 부동산실권리자명의 등기에 관한 법률에 의하여 원칙적으로 무효이나(제4조 제1항, 제2항) 예외적으로 유효로 인정되는 배우자간 명의신탁 등의 경우(제8조)는 명의수탁자가 대상 부동산의 소유권을 유효하게 취득하고 단지 내부관계에서 명의신탁자가 명의수탁자에 대하여 부동산의 소유권이전을 청구할 수 있는 채권적 권리를 가지는데 지나지 않는다. 따라서 이 경우 명의수탁자가 명의신탁자와의 명의신탁약정에 반하여 명의수탁부동산을 제3자에게 매각하는 경우 그 제3자는 명의수탁자와 명의신탁자 사이에 명의신탁약정이 있다는 사실을 알고 있는지 여부를 묻지 않고 명의수탁부동산의 소유권을 취득하게 된다. 그러나 이 경우라도 명의수탁자(양도인)의 배신행위에 제3자(양수인)가 적극 가담한 경우 그 부동산매매계약은 반사회적 법률행위로써 무효라는 것이 대법원판례이다. 즉 대법원 2008. 3. 27. 선고 2007다82875 판결은 「부동산 실권리자명의 등기에 관한 법률 제8조의 특례가 적용되는 종중 등의 명의신탁에 있어서 명의수탁자

한편, 금융회사등이 거래처와 예금계약을 체결할 때에는 그 양도에 관하여 사전에 금융회사등의 동의를 받도록 하는 약정을 하고 있는데,[92] 이 약정에 따라 명의자가 제3자에게 예금의 양도를 하면서 예치 금융회사등의 동의를 요구하는 경우 예치 금융회사등이 출연자와 명의자 사이의 명의신탁약정을 이유로 명의자의 동의청구를 거절할 수 있는지 문제로 된다. 이에 관하여는 출연자와 명의자 사이의 명의신탁약정이 선량한 풍속 기타 사회질서 위반으로 무효인 경우라면 몰라도 유효로 인정되는 경우라면 이를 거절할 수 있다고 보는 것이 타당하다고 생각한다. 다만 그렇다고 하여 명의자의 동의청구에 대하여 출연자가 금융회사등에 거절을 청구할 수 있는 권리를 가지는 것으로 볼 수는 없다. 실명거래를 하지 않은 출연자에게 이러한 권리를 인정하는 것은 금융실명제의 취지에 반하는 것이기 때문이다. 다만 명의자의 예금양도는 출연자와의 합의에 의한 것이 아니면 출연자에 대한 배신행위가 되는 것이 보통일 것이므로 동의해야 할 특별한 사유가 없는 한 거절하는 것이 합리적인 업무처리라고 본다.

그런데 여기에서 한 가지 더 문제가 되는 것은 명의자가 예치금융회사등의 동의를 받지 아니하고 제3자에게 대상 예금을 양도하고 그 통지를 하여온 경우 예치금융회사등으로서는 대상 예금이 제3자에게 이전된 것으로 인정하여야 하는가 하는 점이다. 민법 제449조 제2항[93]에 의하면 명의자가 예치금융회사등의

는 신탁재산을 유효하게 제3자에게 처분할 수 있고 제3자가 명의신탁사실을 알았다 하여도 그의 소유권취득에 영향이 없는 것이기는 하지만, 특별한 사정이 있는 경우, 즉 명의수탁자로부터 신탁재산을 매수한 제3자가 명의수탁자의 명의신탁자에 대한 배임행위에 적극 가담한 경우에는 명의수탁자와 제3자 사이의 계약은 반사회적인 법률행위로서 무효라고 할 것이고, 이때 제3자가 명의수탁자의 배임행위에 적극 가담하는 행위란 수탁자가 단순히 등기명의만 수탁 받았을 뿐 그 부동산을 처분할 권한이 없는 줄을 잘 알면서 명의수탁자에게 실질소유자 몰래 신탁재산을 불법처분 하도록 적극적으로 요청하거나 유도하는 등의 행위를 의미하는 것이다(대법원 1992. 3. 31. 선고 92다1148 판결; 대법원 1992. 6. 9. 선고 91다29842 판결 등 참조)」고 판시한 바 있다. 위와 같은 부동산 명의신탁의 법리는 출연자와 명의자 사이의 예금주명의신탁에 대하여도 그대로 적용될 수 있다고 본다.

92 즉 은행의 경우는 예금거래기본약관에 다음과 같은 규정을 두어 예금거래계약을 체결하고 있다.

예금거래기본약관 제12조(양도 및 질권설정) ① 거래처가 예금을 양도하거나 질권설정하려면 사전에 은행에 통지하고 동의를 받아야 한다. 다만, 법령에 의하여 금지되는 경우에는 양도나 질권설정을 할 수 없다.

② 입출금이 자유로운 예금은 질권설정할 수 없다.

93 민법 제449조(채권의 양도성) 제2항에는 「채권은 당사자가 반대의 의사를 표시한 경우에

동의를 받도록 한 약정에 반하여 예금을 양도하였다 하더라도 그 양수인인 제3자가 양수를 받을 때에 그러한 약정을 알지 못하였다면 제3자는 예치금융회사등에 예금양수의 효력을 주장할 수 있도록 되어 있다.

그러나 예금의 양도를 하려면 사전에 예치금융회사등의 동의를 받아야 하는 약정이 있다는 것을 양수인인 제3자가 알지 못하였다고 하는 사실은 제3자가 주장·입증하여야 한다. 대법원은 2003. 12. 12. 선고 2003다44370 판결에서 「은행거래에서 발생하는 채권인 예금채권에 관한 법률관계는 일반거래약관에 의하여 규율되어 은행은 일반거래약관인 예금거래기본약관에 각종의 예금채권에 대하여 그 양도를 제한하는 내용의 규정을 둠으로써 예금채권의 양도를 제한하고 있는 사실은 적어도 은행거래의 경험이 있는 자에 대하여는 널리 알려진 사항에 속한다 할 것이므로, 은행거래의 경험이 있는 자가 예금채권을 양수한 경우 특별한 사정이 없는 한 예금채권에 대하여 양도제한의 특약이 있음을 알았다고 할 것이고, 그렇지 않다 하더라도 알지 못한 데에 중대한 과실이 있다고 보아야 한다」고 하고 있기 때문이다.

따라서 실제에 있어서 예치금융회사등의 동의 없이 예금을 양수받은 제3자가, 예금의 양도를 하려면 사전에 예치금융회사등의 동의를 받아야 하는 특약이 있다는 사실을 알지 못하였다고 주장·입증하여, 예치금융회사등에게 예금양수를 가지고 대항할 수 있는 경우는 거의 없을 것으로 생각한다.

2) 출연자의 채권양도

출연자와 명의자가 다른 예금에 있어서 명의자가 예금주로 인정되는 경우 출연자는 예금주가 아닐 뿐만 아니라 예치금융회사등의 예금원장상 예금주로 기재되어 있지 않다는 점에서 예금 자체를 양도할 수는 없다고 본다. 다만 출연자가 명의자에 대하여 가지는 예금반환청구권이나 예금주명의변경청구권은 출연자가 가지는 재산권에 속하는 것이므로 이를 양도할 수 있으나 이는 예금의 양도가 아니다. 따라서 출연자가 예치금융회사등에 명의자의 명의로 예치되어 있는 예금을 양도하려면 그에 앞서 그 예금주명의를 명의자에서 출연자로 변경하는 절차를 선행하여야 한다.

는 양도하지 못한다. 그러나 그 의사표시로써 선의의 제3자에게 대항하지 못한다」고 규정되어 있다.

(2) 출연자가 예금주인 경우

1) 명의자의 예금양도

출연자와 명의자가 다른 예금에 있어서 출연자가 예금주로 인정되는 경우 명의자는 비록 예치금융회사등의 예금원장상으로는 예금주로 기재되어 있다 할지라도 예금주가 아니므로 예금의 양도를 할 수 없는 것으로 보아야 한다.

그러나 예치금융회사등의 예금원장상으로는 명의자가 예금주로 기재되어 있다는 점에서 명의자가 이를 제3자에게 양도하고 이를 예치금융회사등에 통지하여 올 수 있는데 이 경우 제3자가 출연자나 예치금융회사등에 대하여 그 예금양수를 가지고 대항할 수 있는지 문제로 된다.

우선 명의자는 예치금융회사등에 대한 관계에서 예금주가 아니므로 예치금융회사등에 제3자에 대한 예금양도의 동의를 요구할 수가 없고 또한 양도인으로서 예금양도의 통지를 할 수 있는 권리도 없다. 또한 2009년 3월 19일 이후는 예치금융회사등과의 명시적인 약정이 있는 경우에 한하여 예금주 명의에 불구하고 출연자가 예금주로 인정될 수 있다는 점에서 예치금융회사등이 명의자를 예금주로 잘못 알고 예금양도에 동의를 해주거나 양도통지를 유효한 것으로 받아들였다 하더라도 그 효력을 인정받을 수 없다.

따라서 위와 같은 경우에 문제가 되는 것은 제3자가 출연자의 예금임을 알지 못하고서 명의자로부터 예금을 양도받고 명의자가 그 양도사실을 예치금융회사등에 통지하였을 때, 제3자가 그 예금양수의 효력을 출연자와 금융회사등에 대항할 수 있는가 하는 점이라고 할 수 있다.

우선 위의 경우 명의자를 예금주로 하는 예금계약은 통정허위표시로서 무효라 할 것이지만 통정허위표시의 무효는 선의의 제3자에게 대항할 수 없는 것이므로(민법 제108조), 이 점만을 보면 제3자가 그 예금양수의 효력을 출연자와 예치금융회사등에 대항할 수 있을 것으로 보인다. 그러나 예금계약에는 예금주가 예금양도를 하려면 그 양도사실을 예치금융회사등에 통지하여 동의를 받도록 약정되어 있어,[94] 제3자가 예금양도를 받을 때에 그러한 사실을 알지 못하였던 경우에 한하여 예금의 양수를 가지고 예치금융회사등에 대항할 수 있다는 (민법 제450조 제1항) 제약이 따른다.

---

94 주 84) 참조.

그런데 다른 한편으로 「은행거래의 경험이 있는 자가 예금채권을 양수한 경우 특별한 사정이 없는 한 예금채권에 대하여 양도제한의 특약이 있음을 알았다고 할 것이고, 그렇지 않다 하더라도 알지 못한 데에 중대한 과실이 있다(대법원 2003. 12. 12. 선고 2003다44370 판결)」는 것이 판례이므로 실제에 있어서 제3자가 명의자로부터의 예금양수를 가지고 예치금융회사등에 대항할 수 있는 경우는 자신이 선의·무과실로 명의자로부터 예금양수를 하였다는 사실을 주장·입증하는 경우에 한정된다고 할 것이다.

그리고 가명이나 허무인명의 예금인 경우는 그가 예금양도를 한다는 것 자체가 있을 수 없으므로 통정허위표시의 무효를 대항할 수 없는 선의의 제3자의 존재를 생각할 수 없다. 그러나 허무인 중 사망한 자는 예금계약체결 전에는 실존하였던 인물이라는 점에서 그의 상속인이 예금양도를 하는 경우 그 양수인을 통정허위표시의 무효를 대항할 없는 선의의 제3자에 해당될 수 있는 것으로 보아야 하고, 이 경우 그 해당 여부와 효력 및 금융회사등과의 관계에 대하여는 처음부터 실존하는 명의인이 예금양도를 한 경우와 마찬가지인 것으로 보면 된다.

2) 출연자의 예금양도

출연자와 명의자가 다른 예금에 있어서 출연자가 예금주로 인정되는 경우라도 그 상태에서는 예치금융회사등의 예금원장상 명의자가 예금주로 기재되어 있어서 예금양도를 할 수가 없다.

따라서 위와 같은 경우에 출연자가 예금양도를 하려면 그에 앞서 예치금융회사등에 청구하여 그 예금주명의를 명의자에서 출연자로 변경하는 절차를 선행하여야 하며 그 이후는 일반의 예금양도방법과 동일한 것으로 보면 된다.

3. 예금의 담보제공

(1) 명의자가 예금주인 경우

1) 명의자의 담보제공

출연자와 명의자가 다른 예금에 있어서 명의자가 예금주로 인정되는 경우 명의자가 예금의 담보제공을 하는 경우의 법률관계는 다음에 설명하는 담보제공에 관한 특수사항을 제외하고는 예금의 양도를 하는 경우의 법률관계와 동일한 것으로 보면 된다.

첫째로 입출금이 자유로운 예금의 경우는 예금계약상의 약정에 의하여 질권설정이 금지되어 있다.[95] 이는 만일 이를 인정하게 되면 그 담보적 효력으로 인하여 그 예금의 출금에 일정한 제약이 생기게 되어 입출금이 자유로워야 하는 성질에 반하는 결과가 되기 때문이다. 그리고 이 질권설정을 금지하는 특약을 위반하여 한 질권설정의 효력은, 양도를 제한하는 특약을 위반하여 한 양도의 효력과 동일한 것으로 보면 된다.

둘째로 명의자가 예치 금융회사등에 담보제공하여 예치 금융회사등이 담보취득한 경우 그 담보취득은 유효한 것인가. 우선 예치 금융회사등이 출연자와 명의자 사이에 명의신탁약정이 있음을 알지 못하고 담보취득한 경우에 그 담보취득이 유효한 것임은 당연하다. 문제는 출연자와 명의자 사이에 명의신탁약정이 있음을 알고 취득한 경우에도 유효한가 하는 점이다.

그러나 출연자와 명의자 사이의 명의신탁약정은 그 당사자 사이에서 채권적인 효력을 가지는 데 지나지 않는 것이므로, 예치 금융회사등이 출연자와 명의자 사이에 명의신탁약정이 있음을 알고서 담보취득한 경우도 유효한 것으로 보아야 한다. 또한 실제에 있어서 명의자가 예금담보대출을 신청해온 경우 예치 금융회사등이 이를 거절하는 것도 적절하지 않다. 다만 예치 금융회사등이 명의자의 배신적 행위에 적극 가담하여 담보취득이 이루어진 경우 그러한 담보취득은 반사회적 법률행위(민법 제103조)가 되어 무효라고 할 것이다.[96]

2) 출연자의 담보제공

출연자와 명의자가 다른 예금에 있어서 명의자가 예금주로 인정되는 경우 출연자는 예금주가 아닐 뿐만 아니라 예치금융회사등의 예금원장상 예금주로 기재되어 있지 않다는 점에서 예금 자체를 담보제공할 수는 없다고 본다. 다만 출연자가 명의자에 대하여 가지는 예금반환청구권이나 예금주명의변경청구권은 출연자가 가지는 재산권에 속하는 것이므로 이를 담보제공할 수는 있으나 이는 예금의 담보제공이 아니다. 따라서 출연자가 예치금융회사등에 명의자의

95 즉 은행의 예금거래기본약관 제12조(양도 및 질권설정) 제2항에는 「입출금이 자유로운 예금은 질권설정할 수 없다」고 규정되어 있다.

96 그 이유는 각주 83) 참조.

명의로 예치되어 있는 예금을 담보제공하려면 그에 앞서 그 예금주명의를 명의자에서 출연자로 변경하는 절차를 선행하여야 한다.

(2) 출연자가 예금주인 경우

1) 명의자의 담보제공

출연자와 명의자가 다른 예금에 있어서 출연자가 예금주로 인정되는 경우 명의자가 예금의 담보제공을 하는 경우의 법률관계는 담보제공에 관한 다음에 설명하는 특수사항을 제외하고는 예금의 양도를 하는 경우의 법률관계와 동일한 것으로 보면 된다.

첫째로 입출금이 자유로운 예금의 경우의 양도와 질권설정은 전자의 경우는 예치 금융회사등의 동의가 있으면 가능한 반면 후자의 경우는 금지되어 있다는 점에서 구분된다. 질권설정을 금지한 이유는 만일 이를 인정하게 되면 그 담보적 효력으로 인하여 그 예금의 출금에 일정한 제약이 생기게 되어 입출금이 자유로워야 하는 성질에 반하는 결과가 되기 때문이다.

그러나 제3자와 명의자 사이에 이루어진 질권설정이라도 그 제3자가 질권설정 당시에 ① 예금계약상의 특약에 의하여 질권설정이 금지되어 있다는 사실에 대하여 선의·무과실이고, ② 명의자와 예치 금융회사등 사이의 예금계약이 통정허위표시로서 무효라는 사실에 대하여 선의라면 유효한 것으로 보아야 한다. 다만 실제에 있어서 위 ①②의 사항을 모두 충족시키는 경우는 매우 드물 것으로 생각된다.

둘째로 명의자가 예치 금융회사등에 담보제공하여 예치 금융회사등이 담보취득한 경우 그 담보취득은 유효한 것인가. 그러나 예치 금융회사등이 예금계약체결시 출연자를 예금주로 하기로 명시적인 약정을 하고 있는 경우라면 통정허위표시의 제3자로서 선의라고 주장할 수가 없다는 점에서 당연히 무효인 것으로 보아야 한다.

문제는 출연자가 이미 사망하였으나 사망신고가 되지 않은 자를 명의자로 하여, 자신이 그 명의자인 것으로 행세함으로써 예치 금융회사등이 이를 알지 못하고 예금계약을 체결하였다가, 그 명의인의 상속인이 당해 예금을 상속받은 것으로 하여 예금담보대출을 신청해 옴으로써, 당해 예금을 담보로 취득한 경우 그 담보취득의 효력을 인정받을 수 있는가 하는 점이다. 그러나 이 경우 예치 금융회사등은 예금계약의 당사자가 아니라 담보취득자라는 제3의 지위를 가지는 것이므로, 통정허위표시의 제3자로서 선의인 경우 그 담보취득의 효력을 인정받을 수 있을 것으로 본다.[97] 다만 이와 같은 결론에 대하여는 예치 금융회사등이 실명확인에 과실이 있다는 이유로 반대하는 의견이 있을 수 있으나 통정허위표시의 무효를 가지고 대항할 수 없는 제3자는 선의인 것으로 충분하고 과실 여부를 묻지 않으므로 그러한 반대 의견은 타당성이 없다고 생각한다.

2) 출연자의 담보제공

출연자와 명의자가 다른 예금에 있어서 출연자가 예금주로 인정되는 경우라도 그 상태에서는 예치금융회사등의 예금원장상 명의자가 예금주로 기재되어 있어서 예금의 담보제공을 할 수가 없다.

따라서 위와 같은 경우에 출연자가 예금의 담보제공하려면 그에 앞서 예치 금융회사등에 청구하여 그 예금주명의를 명의자에서 출연자로 변경하는 절차를 선행하여야 하며 그 이후는 일반의 예금담보제공 방법과 동일한 것으로 보면 된다.

---

97 금융실명제가 시행되고 있는 현재와는 달리 금융실명제가 시행되기 전에는 예금계약을 체결함에 있어서, 금융회사등이 예금주의 실명확인을 할 필요가 없었기 때문에 출연자와 명의가 다른 예금계약이 얼마든지 이루어질 수 있었고, 금융회사등으로서도 출연자와 명의자가 다르다는 사실 자체를 알 수 없는 경우가 많았다. 그래서 이 시기에는 출연자와 명의자가 다른 예금계약을 명의자에 대한 관계에서 통정허위표시로서 무효인 예금계약으로 보지 아니하고, 금융회사등이 출연자와 명의자 중 누구를 예금주라고 믿었는가에 관계없이 예금을 실질적으로 지배하고 있는 자를 예금주로 보아야 한다는 것이 통설·판례이었다. 이에 따라 대법원판례는 출연자를 예금주로 보아야 하는 예금을 대상으로 그 명의자의 채권자가 압류·전부명령을 받은 사안에서 「제3자 명의를 모용하여 은행에 금원을 예치한 경우에 있어서 예금계약 당사자는 은행과 실제 예입한 자이므로 그 예금채권자는 그 명의 여하에 불구하고 예입한 본인이고, 따라서 위 제3자 명의의 예금채권에 대하여 발령한 압류 및 전부명령은 피압류 및 전부채권이 존재하지 않는 무효의 명령이다(대법원 1972. 5. 9. 선고 72다266,267 판결)」라고 판시함으로써 그 효력을 인정하지 않았다. 따라서 이 시기에는 출연자가 예금주인 예금을 예치 금융회사등이 그 명의자의 예금으로 오인하여 명의자에게 예금담보대출을 한 경우에 관하여도 그 담보취득의 유효성을 인정받을 수 없었다.

4. 상 계

(1) 명의자가 예금주인 경우

1) 명의자에 대한 채권과의 상계

출연자와 명의자가 다른 예금에 있어서 명의자가 예금주로 인정되는 경우 예치 금융회사등이 명의자에 대하여 대출채권을 가지고 있다면 예치 금융회사등은 명의자에 대한 대출채권과 예금채무를 대등액에서 상계할 수 있는 것으로 보아야 한다.

따라서 예치 금융회사등으로서는 출연자가 명의자와의 명의신탁약정을 해지하고 명의자와 공동으로 예금주명의의 변경을 청구해온 경우라도, 명의자에 대하여 예금담보대출 등의 대출채권이 있어 그 대출채권과 예금채무를 상계할 필요가 있으면 그 해당액의 범위에서 명의변경신청을 거절할 수 있다고 할 것이다.[98]

2) 출연자에 대한 채권과의 상계

출연자와 명의자가 다른 예금에 있어서 명의자가 예금주로 인정되는 경우 출연자는 예금주가 아닐 뿐만 아니라 예치금융회사등의 예금원장상 예금주로 기재되어 있지 않다는 점에서 그 상태에서 출연자에 대한 대출채권과 예금채무의 상계는 할 수 없는 것으로 보아야 한다.

다만 이 경우 출연자는 명의자와의 명의신탁약정을 해지함으로써 명의자에 대하여 예금반환청구권이나 예금주명의변경청구권을 가지게 되므로, 예치 금융회사등으로서는 출연자가 명의자에 대하여 가지는 위 청구권을 채권자대위권을 행사하는 방법이나 강제집행을 하는 방법으로 행사하여 대상 예금을 출연자의 명의로 변경하는 절차를 선행시킨다면 상계를 할 수 있다고 할 것이다.[99]

(2) 출연자가 예금주인 경우

1) 명의자에 대한 채권과의 상계

출연자와 명의자가 다른 예금에 있어서 출연자가 예금주로 인정되는 경우

98 김유진(주30), 244면.

99 예치 금융회사등이 대상 예금을 출연자의 명의로 변경하는 구체적인 절차는 본고 Ⅵ. 3. (1) 참조.

명의자는 비록 예치 금융회사등의 예금원장상으로는 예금주로 기재되어 있다할지라도 예금주가 아니므로 예치 금융회사등은 대상 예금채무를 명의자에 대한 대출채권과 상계할 수 없는 것으로 보아야 한다.

그런데 위 예금에 있어서는 예치 금융회사등의 예금원장상으로는 명의자가 예금주로 기재되어 있다는 점에서, 예치 금융회사등이 대상 예금채무를 명의자에 대한 대출채권과 상계처리한 경우 그 효력을 긍정할 수 있는 것인지 문제로 된다.

우선 예치금융회사등과의 명시적인 약정으로 예금주 명의에 불구하고 출연자가 예금주로 인정되는 경우는 상계와 관련하여 예치 금융회사등을 선의자로 보호할 필요성이 없다고 할 것이므로 부정하는 것이 타당하다고 할 것이다. 그리고 명의자가 가명이나 허무인인 경우는 금융회사등이 그에 대하여 채권을 가질 수 없다는 점에서 상계를 하여야 할 경우가 발생될 수 없다.

한편 예금계약체결시 명의자가 사망한 자로서 금융회사등과의 명시적인 약정이 없이도 출연자가 예금주로 인정되는 경우에 있어서는, 사망자의 상속인에 대하여 채권을 가진 예치 금융회사등이 당해 예금을 그 상속인이 상속받은 예금으로 알고 상계할 수가 있는데, 이 경우 상계의 유효성을 인정받을 수 있는지 문제로 된다. 그러나 포괄적인 지위 승계라는 상속의 성격상 이 경우의 예금은 상속재산으로 볼 수 없어 상계의 유효성을 부정하는 것이 타당하다고 할 것이다.

그러나 위의 경우 예치 금융회사등이 출연자와 명의자가 다르다는 사실을 알지 못하고 명의자의 상속인으로부터 상속예금을 담보로 하는 대출신청을 받아 대출하였다 예금의 만기에 대출채권과 예금채무를 상계처리한 경우에 그 상계의 효력을 인정받을 수 있는지 다시 문제로 되는데,[100] 이에 관하여는 당해 예금담보대출시 명의자가 예금주가 아니라는 사실에 대하여 예치 금융회사등이 선의·무과실이었다면 민법 제470조(채권의 준점유자에 대한 변제)의 규정을 유추적용하여 면책되는 것으로 보는 것이 타당하다고 생각한다.

100 이에 관하여는 금융실명제가 시행되기 전에는 출연자와 명의자가 다른 타인명의 예금의 일반적인 문제로서 논의되고 있었다[박성철(주19), 259면].

2) 출연자에 대한 채권과의 상계

출연자와 명의자가 다른 예금에 있어서 출연자가 예금주로 인정되는 경우라도 그 상태에서는 예치금융회사등의 예금원장상 명의자가 예금주로 기재되어 있어서 예치금융회사등으로서는 당해 예금과 출연자에 대한 대출금의 상계를 할 수가 없다.

따라서 위와 같은 경우에 예치 금융회사등이 당해 예금을 출연자에 대한 대출채권과 상계하려면 그에 앞서 그 예금주명의를 명의자에서 출연자로 변경하는 절차를 선행하여야 하며 그 이후는 일반의 상계의 경우와 동일한 것으로 보면 된다. 그리고 이 경우 예금주의 명의를 출연자로 변경하는 것은 예치 금융회사등이 일방적으로 할 수 있다고 할 것이다. 이 경우는 2009년 3월 19일 대법원판례상 출연자 이외의 자가 예금주로 인정될 가능성이 없고, 명의자는 당해 예금에 대하여 아무런 권리가 없는 자이어서 예금주 명의변경과 관련하여 분쟁이 생길 가능성이 없기 때문이다.

Ⅷ. 예금자보호법에 의한 보험금지급

1. 문제의 소재

금융회사등이 영업정지나 파산 등으로 고객의 예금을 지급하지 못하게 될 경우 예금보험공사가 그 금융회사등을 대신하여 예금주에게 일정한도까지의 예금을 직접 지급해주는 예금보험제도[101]가 예금자보호법에 의하여 시행되고 있다.

예금보험제도의 적용에 있어서 금융실명제와 관련하여 문제가 되는 것은 ① 금융실명제를 위반한 비실명예금, ② 1인이 수인의 명의로 분산하여 예치한 예금, ③ 수인이 하나의 계좌에 예치한 예금에 대한 예금보험제도가 적용 여부

101 예금보험은 "동일한 종류의 위험을 가진 사람들이 평소에 기금을 적립하여 만약의 사고에 대비한다"라는 보험의 원리를 이용하여 예금자를 보호하는 제도로서, 예금자보호법에 의해 설립된 예금보험공사가 평소에 금융회사등으로부터 보험료(예금보험료)를 받아 기금(예금보험기금)을 적립한 후, 금융회사등이 예금을 지급할 수 없게 되면 금융회사등을 대신하여 예금을 지급하게 된다[오영준(주9), 275면].

와 적용방법이라고 할 수 있다. 이하에서는 먼저 예금자보호법에서 정하고 있는 보험금지급의 기준에 관하여 알아본 후 순차로 위 문제에 관하여 설명하기로 한다.

2. 보험금 지급의 기준

예금보험공사의 보험금 지급대상은 부보금융회사등에 대한 예금 등 채권이다. 부보금융회사등이란 예금보험에 가입한 예금자보호법 제2조 제1호에서 규정하는 금융회사등을 말하고, 예금 등 채권이란 「예금자 등이 예금 등 금융거래에 의하여 부보금융회사등에 대하여 가지는 원금·원본·이자·이익·보험금 및 제 지급금 기타 약정된 금전의 채권(예금자보호법 제2조 제4호)」을 말한다. 그리고 예금자 등이란 「부보금융회사등에 대하여 예금 등 채권을 가진 자(예금자보호법 제2조 제3호)」를 말한다.

예금보험공사는 부보금융회사등에 보험사고가 발생한 때에 당해 부보금융회사등의 예금자 등의 청구에 의하여 보험금을 지급한다(예금자보호법 제31조 제1호). 보험금의 지급한도는 각 부보금융회사등별로 1인당 5천만원이다(예금자보호법 제32조 제2항, 동법시행령 제18조 제6항). 지급한도 5천만원에는 원금과 소정의 이자를 합한 금액이고, 소정의 이자는 약정이자와 공사 결정이자(예금보험공사가 시중은행 1년 만기 정기예금의 평균금리를 감안하여 정한 이자)중 적은 금액이다.

5천만원(외화예금 포함)은 예금의 종류별 또는 지점별 보호금액이 아니라 동일한 부보금융회사등 내에서 예금자 1인이 보호받을 수 있는 총 금액이다. 이때, 예금자 1인이라 함은 개인뿐만 아니라 법인도 대상이 되며, 예금의 지급이 정지되거나 파산한 부보금융회사등의 예금자가 해당 부보금융회사등에 대출이 있는 경우에는 예금에서 대출금을 먼저 상환(상계)시키고 남은 예금을 기준으로 보호한다.[102]

---

102 지급한도 5천만원에 대한 이상의 내용은 예금보험공사 홈페이지(https://www.kdic.or.kr) 참조.

3. 보험금 지급 여부가 문제되는 경우

(1) 비실명예금

비실명예금은 금융실명거래 및 비밀보장에 관한 법률에서 규정하는 금융실명제를 위반한 예금계약에 따라 발생한 예금으로, 이와 같은 예금에 대하여도 예금자보호법에 의한 보험금을 지급하여야 하는지 문제로 된다.

비실명의 예금계약이라도 원칙적으로 그 사법상의 효력에 영향이 없다는 것이 통설·판례인 바, 이와 같이 사법상의 효력이 유효인 예금계약상의 예금은 예금자보호법에 의한 예금보호의 대상이 되는 것으로 보아야 한다. 즉 예금계약이 유효인 이상 명의를 차용한 예금이건 명의를 도용한 예금이건 또는 가명이나 허무인 명의의 예금이건 그리고 예치금융회사등이 명의차용이나 도용 또는 가명이나 허무인 명의의 예금임을 알고 있었건 모르고 있었건 묻지 않고, 또한 그 예금계약의 예금주가 누구이건 묻지 않고 모두 예금자보호법에 의한 예금보호의 대상이 되는 것으로 보아야 한다.

그러나 예외적으로 비실명의 예금계약이 무효로 되는 경우, 즉 비실명예금계약의 목적이 비자금 기타 범죄수익금의 은닉, 범죄수행자금의 조성, 불법적인 탈세인 경우 등과 같이 불법의 정도가 커서 선량한 풍속 기타 사회질서의 위반에 명백하게 해당하고 이와 같은 목적을 금융회사등이 알고서 예금계약을 체결한 경우, 그 무효인 예금계약의 예금주가 금융회사등에 대하여 가지는 부당이득반환청구권은 예금자보호법에 의한 예금보호의 대상이 되지 않는 것으로 보아야 한다.

(2) 1인이 수인의 명의로 분산 예치한 예금

예금자보호법에 의하여 보호받을 수 있는 예금은 각 부보금융회사등당 1인 5천만원을 한도로 한다. 따라서 1인이 5천만원을 초과하는 자금을 여러 부보금융회사등에 5천만원씩 분산 예치하면 각 별로 5천만원씩 예금보호를 받을 수 있다.

그러나 1인이 하나의 부보금융회사등에 여러 계좌를 가지고 있더라도 예금보호를 받을 수 있는 금액은 5천만원을 초과할 수 없다. 여기에서 한 사람이 자신의 자금을 동일한 부보금융회사등에 자신과 자신의 가족 등의 타인 명의로 분산 예치하는 경우가 발생하게 되었는데, 이 경우 각 예금 명의자별로 5천만원씩 예금보호를 받을 수 있는지 문제로 된다.

이에 관하여는 우선 형식적으로는 예금주의 명의가 다르기 때문에 각 예금 명의자별로 5천만원씩의 예금보호를 받을 수 있을 것으로 생각할 수가 있다. 그러나 예금보험공사는 이 경우의 예금주가 출연자로 인정되고 그가 동일 부보금융회사등에 다른 예금계좌를 가지고 있어 이들 여러 계좌의 예금합계가 5천만원을 초과하면 동일인의 예금으로 보아 5천만원까지만 예금보호를 해주는 실무처리를 하여 오고 있었다.

한편 금융실명제가 시행되기 전까지는 특정한 예금계약의 명의자에 불구하고 출연자가 당해 예금을 실질적으로 지배하고 있으면 그 출연자를 예금주로 보아야 한다는 것이 통설·판례이었고, 금융실명제가 시행된 이후 2009. 3. 19. 대법원판례 전까지는 금융회사등과의 사이에 출연자를 예금주로 하기로 하는 명시적 또는 묵시적인 합의가 있으면 역시 그 출연자를 예금주로 보아야 한다는 것이 통설·판례이었다. 이에 따라 타인 명의로 예금을 분산 예치한 출연자가 예금명의에 불구하고 예금주로 인정됨으로써 예금보험공사로부터 예금보호를 받지 못하는 경우가 제법 발생하게 되었다.

그런데 2009. 3. 19. 대법원판례에 의하여, 명의자와 출연자가 다른 예금계약의 예금주를 출연자로 보아야 하는 경우가, 금융회사등과의 사이에 출연자를 예금주로 하기로 하는 명시적인 합의가 있은 때로 한정됨으로써, 명의자와 출연자가 다른 예금계약의 예금주가 대부분 명의자로 인정될 수밖에 없게 되었다. 따라서 2009. 3. 19. 이후는 출연자가 자신의 자금을 가족 등의 타인 명의로 분산 예치하더라도 금융회사등과의 명시적인 합의가 있는 극히 예외적인 경우 이외에는 자신이 예금주로 인정되지 않고 명의자가 예금주로 인정된다는 점에서 이제는 당연히 분산 예치한 인원 수만큼의 예금보호를 받을 수 있는 것인지 여부가 새로이 문제로 되었다. 이에 관하여 다음과 같은 견해가 주장되고 있다.[103]

---

103 각 견해의 내용은 오영준(주9), 277~279면 이하에 잘 설명되어 있어 이하에 그 내용을 약간 보완하여 제시하기로 한다. 그런데 오영준 판사님은 이하 각 견해의 내용이 미확정 사건에 대한 평석이라는 점을 들어 어느 견해가 타당한지에 대하여 자신의 의견을 제시하지 않겠다고 밝히고 있다.

제1설은 예금계약무효설이다. 이 설은 예금자가 동일 부보금융회사등에 1인당 보험금 지급한도 5천만원을 초과하여 예금보험공사로부터 보험금지급을 받을 목적으로 자신의 다른 예금 등을 인출하여 타인 명의로 예금계좌를 개설하는 행위는 반사회질서행위 내지 탈법행위이므로 그 예금계약 자체를 무효로 해야 한다는 입장이다.

제2설은 보호적격 전면 부정설이다. 이 설은 특별한 사정이 없는 한 그 예금계약 자체를 무효로 볼 필요는 없고, 예금자의 예금계약이 예금자보호법의 보호를 받기 위한 목적으로 "타인 명의로 계좌 분산" 등을 한 경우에는 보험금을 청구할 보호적격을 부정하면 충분하다는 입장이다. 누가 부보금융회사등에게 예금반환청구권을 갖는가의 문제와 예금보험공사가 그 예금반환청구권을 보험금으로 보호할 필요가 있는가의 문제는 별개이므로 후자를 부정하기 위하여 전자의 권리까지 부정할 필요가 없다고 한다. 이 점에서 제1설은 과잉적인 측면이 있다고 비판하고, 또한 제1설에 의하면 당해 예금을 압류·전부 받은 제3자의 권리까지 부정하게 되는 결과가 될 수 있다는 문제점을 지적한다. 요컨대 예금자보호법의 보호를 받기 위한 목적으로 한 "타인 명의로 계좌 분산"의 경우에는 보험금청구의 보호 적격을 결여한 것으로 보거나 신의칙위반 등으로 구성하여 보험금청구를 배척하면 충분하다는 입장이다.

제3설은 보호적격 전면 긍정설이다. 이 설은 예금계약의 예금주로 확정된 예금명의자를 예금자보호법의 보호대상에서 제외할 법적 근거가 없고, 이를 제외한다면 예금명의자를 예금계약의 예금반환청구권이 귀속되는 예금주로 인정한 결과를 부정하는 셈이어서 부당하다는 입장이다. 예금자보호법 제2조 제3호, 제29조 제1항, 제31조 제1항 등에 의하면 엄연히 "예금채권을 가진 예금자"가 보호대상이므로 예금계약상 예금반환채권의 권리자인 예금명의자는 당연히 예금자보호법에 의한 보호를 받을 수 있다고 한다. 이와 달리 예금주로 인정되는 예금명의자를 보험금 지급대상에서 제외하고 실제 출연·관리자를 예금보호 대상자로 삼으려면 이에 대한 명문의 근거규정이 있어야지 그러한 근거규정이 없음에도 그 예금이 실제 누구에 의하여 출연되고 관리되었는지 등을 조사하여 보험금 지급대상에서 제외하는 것은 법적 근거가 없는 해석이라고 비판한다. 또한 실제로는 밝혀지지만 아니하였지 예금명의자와 출연자가 일치하지 아니한 사례가 많고, 예금자 명의를 특히 가족이나 친족 간에 분산 예치하여 두는 것이 흔한데, 이 경우 보험금청구를 부정한다면 일반 국민들을 "보험사기 범죄자"로 보는 것과 마찬가지여서 부당하다고 지적한다. 더욱이 예금보험공사는 예금보험료를 산정함에 있어서 부보금융회사등에 예금계좌를 개설한 예금명의자의 숫자가 얼마인지 실제 예금계좌 수가 얼마인지를 고려하지 않고, 단지 "분기별 평균 예금잔액"을 가지고 위험률을 산정하여 보험료를 받고 있는데, 그 보험료는 그 예금을 운용한 수익으로 납부하는 것이므로 그 보험료는 실질적으로 예금주의 예금원리금에서 징수되어 이미 납부된 것으로 볼 수 있다고 한다. 그런데 예금보험공사가 위와 같이 "예금잔액"을 기준으로 보험료를 납부 받은 후 정작 보험사고가 터졌을 때에는 그 예금의 출처가 어디이고 그 예금의 경제적 수익자가 누구인지를 가려 보험금청구를 부정하겠다는 것은 모순된 행위를 하는 것이라는 입장이다.

제4설은 보호적격 제한적 긍정설이다. 이 설은 예금명의자를 예금주로 보게 된다면 그 예금의 실제 출연자나 사용자가 누구인지 관계없이 그 예금주는 보호적격이 인정되어야 한다는 점에서 제3설이 기본적으로 타당하나 극히 예외적인 경우에는 그 보호를 부정할 수 있다는 입장이다. 즉 예금주로 인정된 예금명의자의 보험금청구가 신의칙 등에 반하는지는 "예금의 실제 출연·관리자"가 누구인지를 기준으로 판단할 문제가 아니라 "보험사고 발생률"이 높은 부보금융회사등을 고의적으로 역선택하여 자신은 고수익을 취하는 한편 "예금명의 분산"을 통하여 "보험금 지급한도"를 초과한 보험혜택을 받으려는 비윤리성과 악의성 여부를 기준으로 판단하여야 한다는 입장이다.

생각건대 2009년 3월 19일 이후라도 출연자와 명의자가 다른 예금에 있어서 출연자가 예금주로 인정되는 경우(즉 출연자와 금융회사등 사이에 출연자를 예금주로 하기로 하는 명시적인 합의가 있는 경우)에, 해당 부보금융회사등에 출연자의 다른 예금이 있고 그 예금의 합계가 5천만원을 초과하면 그 초과금에 대하여 예금보호를 받을 수 없는 것으로 보아야 한다. 문제는 명의자의 예금으로 인정되는 원칙적이고 통상적인 경우이나 이 경우에 관하여는 제3설의 견해가 타당하다고 생각한다.

(3) 수인이 하나의 계좌에 예치한 예금

공동명의 예금, 즉 여러 명의 예금주가 1개의 부보금융회사등과 예금계약을 체결하면서 여러 명을 예금주로 하는 1개의 계좌를 개설한 경우에 예금자보호법에 의하여 예금보호를 받을 수 있는 한도는 각 예금주당 5천만원씩인 것으로 보아야 한다. 예금자보호법에 의한 예금보호는 계좌의 수를 기준으로 하지 아니하고 예금주의 수를 기준으로 하는 것으로 보아야 하기 때문이다.[104]

그런데 여러 명이 1개의 부보금융회사등과 예금계약을 체결하면서 그 예금주를 공동명의로 하지 아니하고 그중 1인의 명의로 한 경우에 예금자보호법에 의하여 어떻게 예금보호를 받을 수 있는가 하는 점이 문제로 된다. 예를 들어 A와 B가 부보금융회사등 S와 A의 명의로 예금계약을 체결하고 A의 자금 4천만원과 B의 자금 6천만원 합계 1억원을 예치한 경우에 ① 이 예금을 A 1인의 예금으로 볼 것인지 아니면 A와 B의 공동예금으로 볼 것인지, ② A와 B의 공동예금으로 본다면 그 예금보장 한도를 1계좌 5천만원으로 보아 이를 각자의 예금액으로 안분하여 A 2천만원, B 3천만원의 예금보호를 받는 것인지 아니면 여러 명이 각각 5천만원을 한도로 하여 각별로 A 4천만원, B 5천만원의 예금보호를 받는 것인지 문제로 된다.

①의 문제에 관하여는 1억원의 예금 중 6천만원에 대하여 출연자가 다른 타인명의의 예금으로 보아 그 예금주를 결정하면 될 것으로 본다. 그리고 타인명의의 예금주를 명의자와 출연자 중 누구로 볼 것인지에 대하여는 이미 앞에서 자세히 설명한 바 있으므로 그에 따르면 된다. 다만 2009년 3월 19일 이후는 금융회사등과의 명시적인 합의가 있은 경우에 한하여 출연자가 예금주로 인정되고 그 이외의 경우는 명의자가 예금주가 되므로, 위 사례의 경우는 대부분 A 1인의 단독 예금이 되고[105] A와 B의 공동예금이 되는 경우는 매우 드물 것으로 생각된다.

104 기세룡, “예금자보호법에 의한 보험금의 지급한도”『민사법연구』13집 2호(대한민사법학회, 2005. 12), 251면.

105 A 1인의 단독 예금이 되면 예금보험공사로서는 A에게 5천만원의 한도에서 예금보호를 해주면 된다. 그리고 이 경우에 예금보호를 받은 5천만원을 A와 B 사이에 어떻게 분배하는 가는 전적으로 A와 B 사이에서 해결되어야 할 문제이고 예금보험공사나 S가 관여할 사항이 아니다.

②의 문제에 관하여는 예금자보호법에 의한 예금보호가 1인당 5천만원이라는 점에서 A와 B가 각각 5천만원을 한도로 하여 각별로 A 4천만원, B 5천만원의 예금보호를 받는다고 보는 것이 타당하다고 본다. 대법원도 위 사례와 같은 사안에서 「예금자보호법 제31조 제1항에서는 보험금을 예금자의 예금 등 채권액에서 채무의 합계액을 공제한 금액으로 하고, 제2항에서는 보험금의 한도를 '1인당 국내총산액 등을 고려'하여 정하고 있어 지급하는 보험금 또는 그 한도를 정함에 있어서 예금자 또는 사람을 기준으로 하고 있음이 명백하고 계좌를 기준으로 하고 있다고 볼 수 없는 점에 비추어 볼 때, 보험금의 지급한도 5,000만원은 예금자 1인당 지급한도를 정한 것이라고 보아야 할 것이지, 계좌 1개당 지급한도를 정한 것이라고는 볼 수 없다(2005. 9. 28. 선고 2005다32760 판결)」고 판시한 바 있다.

Ⅸ. 소득세와 과징금의 원천징수

1. 문제의 소재

금융실명제의 입법목적 중의 하나는 실명거래의 의무화를 통하여 금융소득에 대한 종합과세를 시행할 수 있는 기반을 조성하여 소득계층 간 공평과세를 도모하려는데 있다. 금융소득에 대한 종합과세란 이자 및 배당소득을 종합소득에 합산하여 누진세율로 과세하는 제도를 말하며(소득세법 제14조, 제129조),[106] 금융회사등은 종합소득에 합산된 이자 및 배당소득을 원천징수하도록 되어 있다(소득세법 127조).

이에 따라 금융실명거래 및 비밀보장에 관한 법률에서는 실명에 의하지 아니하고 거래한 금융자산에서 발생하는 이자 및 배당소득에 대하여는 통상의 경우보다 높은 원천징수세율을 적용하도록 하고 있고(금융실명법 제5조), 또한 종전의 긴급명령[107]시행 전에 금융거래계좌가 개설된 금융자산의 실명전환의무(금융실명법 부칙 제5조)와 이를 위반한 경우의 과징금부과 및 통상보다 높은 세율에 의한 소득세 원천징수의 제재를 가하도록 하고 있다(실명거래법 부칙 제6

106 오영준(주9), 274면.
107 금융실명거래 및 비밀보장에 관한 긴급재정경제명령(1993. 8. 12. 제정).

조, 제7조).

그런데 금융실명법은 긴급명령 시행 이후 개설된 비실명 금융자산에 대한 실명전환에 관하여 아무런 규정을 두고 있지 않아 이들 비실명 금융자산을 실명전환하는 경우에 금융회사등이 어떠한 실무처리를 하여야 하는지가 문제로 된다. 또한 이자 및 배당소득의 원천징수와 관련하여서는 출연자와 명의자가 다른 예금에 있어서 명의자를 예금주로 인정하면서도 그 이자 및 배당소득을 실질과세의 원칙에 따라 출연자의 것으로 보아 출연자의 다른 이자 및 배당소득과 합산하여 원천징수할 수 있는지 등의 문제도 제기된다. 이하에서는 먼저 금융실명법에서 규정하는 금융회사등의 소득세 및 과징금 원천징수 내용에 대하여 알아보고 순차로 위 문제에 대하여 설명하기로 한다.

2. 금융회사등의 소득세 및 과징금 원천징수

실명에 의하여 거래한 금융자산과 실명에 의하지 않은 금융자산으로부터 발생하는 이자 및 배당소득에 대하여는 차등과세 된다. 즉 실명에 의하지 아니하고 거래한 금융자산에서 발생하는 이자 및 배당소득에 대하여는 소득세의 원천징수세율을 100분의 90[특정채권(特定債券)[108]에서 발생하는 이자소득의 경우에는 100분의 20(2001년 1월 1일 이후부터는 100분의 15)]으로 하며, 소득세법 제14조 제2항의 규정에 의한 종합소득과세표준의 계산에 있어서 이를 합산하지 아니한다(금융실명법 제5조).

금융회사등은 종전의 긴급명령 시행 전에 금융거래계좌가 개설된 금융자

---

108 특정채권이란 다음 중의 하나에 해당하는 채권을 말하여, 금융회사등은 금융실명법 시행일 이후 1998년 12월 31일 사이에 재정경제부장관이 정하는 발행기간·이자율 및 만기 등의 발행조건으로 발행된 이들 채권의 거래에는 실명확인을 아니할 수 있는 특례가 인정되어 있다(금융실명법 제3조 제2항 제3호).

i) 고용안정과 근로자의 직업능력향상 및 생활안정등을 위하여 발행되는 대통령령이 정하는 채권

ii) 외국환관리법 제14조의 규정에 의한 외국환평형기금채권으로서 외국통화로 표시된 채권

iii) 중소기업의 구조조정지원등을 위하여 발행되는 대통령령이 정하는 채권

iv) 자본시장과 금융투자업에 관한 법률 제329조에 따라 증권금융회사가 발행한 사채

v) 기타 국민생활안정과 국민경제의 건전한 발전을 위하여 발행되는 대통령령이 정하는 채권

산(이하 "기존금융자산"이라 한다) 중 이 법 시행 전까지 실명확인되지 아니한 금융자산의 명의인에 대하여는 이 법 시행 후 최초의 금융거래가 있는 때에 그 명의가 실명인지의 여부를 확인하여야 하며, 만일 확인을 하지 아니하였거나 실명이 아닌 것으로 확인된 기존금융자산에 대한 지급·상환·환급·환매 등을 하여서는 아니 된다(금융실명법 부칙 제5조 제1항, 제2항).

금융회사등은 기존금융자산의 거래자가 이 법 시행 후 그 명의를 실명으로 전환하는 경우에는 종전의 긴급명령 시행일 현재의 금융자산 가액에 100분의 50을 적용하여 계산한 금액을 과징금으로 원천징수하여 그 징수일이 속하는 달의 다음 달 10일까지 정부에 납부하여야 하고(금융실명법 부칙 제6조 제1항),[109] 재정경제원장관(현재는 기획재정부)은 제1항의 경우 금융회사등이 징수하였거나 징수하여야 할 과징금을 기한 내에 납부하지 아니하거나 미달하게 납부한 경우에는 그 금융회사등으로부터 납부하지 아니한 과징금 또는 미달한 과징금 외에 그 과징금의 100분의 10에 해당하는 금액을 가산금으로 징수한다(금융실명법 부칙 제6조 제3항).

금융회사등은 이 법 시행 후 실명으로 전환된 기존금융자산에서 발생한 이자 및 배당소득에 대하여는 다음 ①~③에 의한 소득세 원천징수 부족액의 합

---

109 다만 기존금융자산의 거래자가 대통령령이 정하는 사유로 인하여 실명전환을 하는 것이 곤란하다고 인정되는 경우에는 그 사유가 소멸된 날부터 1월 내에 실명전환하는 경우 제1항의 규정에 불구하고 과징금을 부과하지 아니한다(금융실명법 부칙 제6조 제2항).

그리고 여기에서 "대통령령이 정하는 사유"라 함은 기존금융자산의 거래자 중 1993년 10월 12일 현재 다음 중의 하나에 해당하는 자로서 직계존비속(미성년자를 제외한다. 이하 이 조에서 같다) 및 배우자가 없거나 직계존비속 및 배우자가 다음 중의 하나에 해당하는 사유가 있는 경우로서 법 시행일 이후에도 그 사유가 계속되고 있는 경우를 말한다.

i) 질병 등으로 의료법에 의한 의료기관에 입원하고 있거나 전염병예방법에 의한 예방시설에 격리수용되고 있는 경우
ii) 군인 또는 경찰공무원이 법령에 의하여 영내에 거주중이거나 함선에 승선중인 경우
iii) 교도소·구치소·소년원·소년감별소·감호시설·보호지도소 등에 계속하여 수용·구류·감호 등을 받고 있는 경우
iv) 소송의 계속 또는 상속절차의 진행 등으로 실명전환의 대상이 되는 금융자산의 정당한 명의인이 될 자가 확정되지 아니한 경우
v) 선원 등이 외항선박에 승선하여 출국중인 경우
vi) 해외에 이주하여 영주권·장기체류자격 등을 취득한 경우
vii) 공무·상용·유학·연수 등을 목적으로 국외에 체재중인 경우
viii) 기타 위 i) 내지 vii)에 준하는 부득이한 사유가 있다고 명백히 인정되는 경우

계액을 원천징수하여 실명전환일이 속하는 달의 다음 달 10일까지 정부에 납부하여야 하며(금융실명법 부칙 제7조 제1항), 이 경우 원천징수하는 소득세액은 실명전환일 현재의 해당 금융자산가액을 한도로 하고(금융실명법 부칙 제7조 제2항), 이에 따라 금융회사등이 소득세를 원천징수하여 납부한 경우에는 소득세법 제158조(원천징수납부 불성실가산세) 제1항의 규정을 적용하지 아니한다(금융실명법 부칙 제7조 제3항).

① 이 법 시행일 이후 발생한 이자 및 배당소득에 대하여는 제5조에서 규정하는 원천징수세율을 적용하여 계산한 소득세 원천징수액에서 기원천징수한 소득세액을 차감한 잔액

② 1993년 10월 13일이후 이 법 시행일전까지 발생한 이자 및 배당소득에 대하여는 종전의 긴급명령 제9조의 규정에 의한 원천징수세율을 적용하여 계산한 소득세 원천징수액에서 기원천징수한 소득세액을 차감한 잔액

③ 1993년10월 12일까지 발생한 이자 및 배당소득에 대하여는 종전의 긴급명령 제8조제1항의 규정에 의하여 계산한 소득세 원천징수액

3. 긴급명령 시행 후의 비실명예금에 대한 과징금징수

금융실명제 시행 이후에 실명에 의하지 아니하고 이루어진 예금계약에 관하여 실명전환 없이 예금의 입출금 등 금융거래를 계속할 수 있는지 여부에 대하여는 긍정설과 부정설로 학설이 나뉘어 있으나 부정설이 타당하다는 점에 대하여는 앞에서 이미 설명한 바 있다.[110]

한편, 비실명예금을 실명전환하는 경우 금융회사등은 실명전환한 예금에서 발생하는 이자소득에 대하여는 세율을 100분의 90[특정채권(特定債券)에서 발생하는 이자소득의 경우에는 100분의 20(2001년 1월 1일 이후부터는 100분의 15)]으로 한 소득세의 원천징수를 하여야 한다(금융실명법 제5조).

문제는 금융회사등이 금융실명제 시행 전의 비실명예금을 소정기한까지 실명전환하지 아니한 경우에 원천징수하는 과징금(금융실명법 부칙 제7조 제1항)을, 금융실명제 시행 이후의 비실명예금을 실명전환 하는 경우에도 원천징수하여야 하는가 하는 점이다.

110 Ⅴ. 2. 비실명예금의 실명전환 참조.

그러나 과징금의 원천징수와 같은 재산적인 불이익을 가져오는 것은 법률에 그 근거가 있어야 하나, 과징금의 원천징수에 관한 금융실명법 부칙 제7조의 규정은 금융실명제 시행 전에 금융거래계좌가 개설된 금융자산에 대하여서만 적용되는 것이 문언상 명백하고,[111] 달리 금융실명법 등에 금융회사등이 이를 원천징수하도록 하는 아무런 규정이 없으므로 부정하여야 할 것으로 본다.[112]

4. 출연자에 대한 이자소득의 원천징수

(1) 명의자가 예금주인 경우

출연자와 명의자가 다른 예금에 있어서 명의자가 예금주로 인정되는 경우에 금융회사등으로서는 출연자와 명의자가 다르다는 사실을 알지 못한 경우에는 이를 명의자의 이자소득으로 보아 소득세법에 의한 일반의 원천징수를 하면 된다. 문제는 출연자와 명의자가 다르다는 사실을 알고 있는 경우 또는 출연자로부터 실명전환 청구를 받은 경우에 예치 금융회사등으로서 소득세의 원천징수를 어떻게 하여야 하는가 하는 점이다.

이에 관하여는 출연자와 명의자가 다른 예금에 있어서 명의자가 예금주로 인정되는 경우라 하더라도, 출연자의 존재나 그의 명의자와의 내부적 약정에 의한 권리행사까지 부정하는 것이 아닌 이상, "실질과세의 원칙"에 따라 배후에 있는 금융자산의 출연자를 이자소득이나 배상소득의 실질적 이득자로 보아 금융소득종합과세를 하는 것이 가능할 수 있다는 견해가 있다. 또한 이 견해는 이와 같은 경우에 소득세법 제16조 제1호(비영업대금의 이익) 또는 제13호(금전의 사용에 따른 대가의 성격이 있는 소득)를 적용하는 방안을 생각해 볼 수 있다고 하면서, 이는 출연자가 비금융업자인 예금명의자로부터 내부 약정 등에 따라 "이자"를 수취하는 것을 포착하여 이를 '비영업대금의 이익' 또는 '금전의 사용에 따른 대가의 성격이 있는 소득'으로 보아, 그 이자에 대하여 종합소득세를 과세하는 방안이라고 한다. 아울러 대법원 1999. 4. 9. 선고 98도 판결도 피고인이 차명계좌를 통하여 갑에게 50억원을 은닉시키고 갑으로부터 이자 조로 받은

111 김재형(주8), 22면.

112 이와 관련하여 현행 금융실명법에 금융실명제 시행 이후에 개설된 차명계좌를 실명으로 전환할 경우의 과징금 징수 및 그 징수율, 징수액 산정의 기준시점 등에 관하여 명확한 규정을 두지 않는 것은 입법상의 미비라고 하는 견해도 있다[김유진(주30), 223면].

금원에 대하여 이자소득세(종합소득세)를 내지 않은 것을 조세포탈죄로 처벌하고 있다고 한다.[113]

생각건대 "실질과세의 원칙"에 따라 배후에 있는 금융자산의 출연자를 이자소득이나 배당소득의 실질적 이득자로 보아 금융소득종합과세를 하는 것이 가능할 수 있다는 위 견해는 타당하다고 생각한다. 출연자와 명의자가 다른 예금계약의 예금주를 명의자로 보는 것과 "실질과세의 원칙"에 따라 그 실질적인 소득자에게 금융소득종합과세를 하는 것은 별개의 사항이라 할 것이기 때문이다.

그러나 예치 금융회사등이 출연자와 명의자가 다르다는 것을 알고 있지만 이를 증명할 수단이 없고 그 명의자가 자신의 예금임을 주장하는 이상은 그 이자소득을 출연자의 것으로 보아 소득세를 원천징수할 수 없는 것으로 보아야 한다. 금융회사등으로서는 예금계약의 실질관계를 조사하여 소득세를 원천징수할 수 있는 권한이나 의무가 없기 때문이다. 다만 출연자가 명의자의 동의를 받는 등의 방법으로 예금주명의변경을 신청해와 그 예금주의 명의를 출연자로 변경하는 경우에는 처음부터 출연자의 예금으로 보아 소득세를 원천징수할 수 있다고 할 것이다.

그런데 비실명예금을 실명전환하는 때에는 예금에서 발생하는 이자소득에 대하여는 세율을 100분의 90으로 한 소득세의 원천징수를 하는 한편, 소득세법 제14조 제2항의 규정에 의한 종합소득과세표준의 계산에 있어서 이를 합산하지 아니하도록 되어 있기 때문에(금융실명법 제5조), 실제에 있어서는 출연자의 예금으로 하여 원천징수하건 명의자의 예금으로 하여 원천징수하건 차이가 생기지 않는다.

그러나 출연자가 예금주명의변경신청에 의한 비실명예금의 실명전환이 아니라 명의자로부터 예금반환채권을 양수 받은 방식으로 예금주의 지위를 찾아오는 경우에는 비실명예금의 실명전환 사실이 명확하게 들어나지 않기 때문에 예금계약의 실질관계를 조사할 수 있는 권한이나 의무가 없는 금융회사등으로서는 일반의 소득세율에 따른 소득세의 원천징수를 할 수밖에 없다고 할 것이다. 다만 이 경우 세무당국이 세무조사를 하여 출연자에게 금융실명법 제5조에서 규정하는 비실명자산소득에 대한 차등과세를 할 수 있을 것이나 이는 예치

113 오영준(주9), 274면.

금융회사등의 업무가 아니다.

그리고 소득세법 제16조 제1호(비영업대금의 이익) 또는 제13호(금전의 사용에 따른 대가의 성격이 있는 소득)를 적용하여 과세하는 방안도 가능하다고는 생각하나 이는 세무당국이 할 업무로서 예치 금융회사등이 관여할 사항은 아니라고 본다.

(2) 출연자가 예금주인 경우

출연자와 명의자가 다른 예금에 있어서 출연자가 예금주로 인정되는 경우가, 2009년 3월 19일 이후는 예치 금융회사등이 출연자를 예금주로 하겠다는 명시적인 합의를 한 경우로 한정되므로, 예치 금융회사등으로서는 비실명예금이라는 사실을 알지 못하였다고 할 수가 없다. 따라서 이 경우 예치 금융회사등은 반드시 출연자의 명의로 실명전환한 후 출연자의 금융소득으로 원천징수하되, 금융실명법 제5조에서 규정하는 바에 따라 세율을 100분의 90으로 한 소득세의 원천징수를 하여야 한다.

그런데 출연자가 예금주인 경우라 하더라도 외형상으로는 명의자가 예금주로 되어 있다는 점에서 현실의 실무에 있어서는 예치 금융회사등이 이 경우의 이자소득을 명의자의 것으로 보아 일반의 소득세율에 따른 소득세의 원천징수를 하는 수가 있을 수 있다.[114] 그러나 이는 조세의 원천징수의무자가 정당한 사유 없이 그 세를 징수하지 아니하는 것이 되어 예치 금융회사등과 그 업무처리자가 1년 이하의 징역 또는 그 징수하지 아니한 세액에 상당하는 벌금으로 처벌받게 된다(조세범처벌법 제11조, 제3조).

X. 형사법상의 법률관계

1. 문제의 소재

금융실명법상의 실명거래 위반과 관련하여서는 3가지 형사법상의 문제가 있다. 첫째는 실명거래에 위반한 예금이 이루어진 경우 그 예금관계인들(출연자,

---

114 특히 종합소득세의 경우는 소득이 많을수록 누진세율이 적용되어 많은 세금을 내게 되므로 출연자보다 소득이 적은 명의자의 예금으로 하여 명의자의 소득을 기준으로 세금을 내려고 하는 유혹을 받게 된다.

예금계약체결행위자, 명의자) 및 금융회사등의 임원 또는 직원이 어떠한 형사처벌을 받는지이다. 둘째는 금융회사등이 예금관계인들의 기망으로 제3자를 출연자로 알고 출연자의 명의가 아닌 제3자 명의의 예금을 받아들인 경우 그 예금관계인들에 대하여 형법 제314조 제1항에서 규정하는 업무방해죄[115]가 성립하는지 여부이다. 셋째는 타인명의 예금에 있어서는 그 명의가 자신으로 되어 있음을 이용하여 명의자가 예치 금융회사등으로부터 예금을 인출하여 임의로 소비하는 경우가 발생할 수 있는데 이 경우 명의자가 형사처벌을 받게 되는지 또 받는다면 어떠한 형사처벌을 받게 되는지 여부이다. 이하에서 순차로 알아보기로 한다.

2. 실명거래 위반자에 대한 형사처벌

1993년 8월 12일 제정된 "금융실명거래 및 비밀보장에 관한 긴급재정경제명령"이나 1997년 12월 31일 제정된 금융실명법에는 실명거래 위반자에 대한 형사처벌 규정이 없었고 단지 금융회사등의 임원 또는 직원에게는 500만원 이하의 과태료를 부과하는 규정밖에 없었다.

그러나 위와 같은 제재수단으로는 실명거래 위반에 따른 정치·경제·사회·문화적 폐해를 방지하기 위한 금융실명법의 목적을 달성하는데 매우 미흡하다는 비판이 꾸준히 제기되어 왔고, 나아가 실명거래에 위반한 예금관계인들에 대하여 다음 항에서 설명하는 업무방해죄의 성립 여부까지 논의된 바 있으나 판례는 업무방해죄의 성립을 인정하지 않았다.

이에 2014년 5월 28일 금융실명법의 개정이 이루어져 실명거래를 위반한 자 중에서 「특정 금융거래정보의 보고 및 이용 등에 관한 법률 제2조 제3호에 따른 불법재산의 은닉, 같은 조 제4호에 따른 자금세탁행위 또는 같은 조 제5호에 따른 공중협박자금조달행위 및 강제집행의 면탈, 그 밖에 탈법행위를 목적으로 타인의 실명으로 금융거래를 한 자(금융실명법 제3조 제3항)와 금융거래를 알선하거나 중개한 금융회사등에 종사하는 자(금융실명법 제3조 제4항)에게 5년

115 업무방해죄란 허위의 사실을 유포하거나 기타 위계 또는 위력으로써 사람의 업무를 방해하는 때에 성립하는 범죄로서 5년 이하의 징역 또는 1천 500만원 이하의 벌금에 처하도록 되어 있다(형법 제314조).

이하의 징역 또는 5천만원 이하의 벌금에 처하되 징역형과 벌금형을 병과할 수 있도록 하는 형사처벌 제도를 신설하여(금융실명법 제6조) 2014년 11월 29일부터 시행하도록 하였다.

3. 실명거래에 위반한 예금관계인의 업무방해죄 해당 여부

실명거래 위반자에 대한 형사처벌제도가 신설된 개정 금융실명법이 시행에 들어간 2014년 11월 29일 전에는 실명거래를 위반하더라도 예금주에 대하여 예금으로부터 발생하는 이자에 대한 소득세가 중과되고 금융회사등의 임원 또는 직원에게 500만원 이하의 과태료가 부과되는 정도의 제재밖에 없었고, 이는 실명거래의 실효성을 떨어뜨리는 요인이 되었다.

이에 금융회사등의 직원을 속이고 타인명의의 예금을 한 자를 금융회사등의 실명거래업무를 방해한 것으로 보아 형법 제314조에서 규정하는 업무방해죄로 형사처벌할 수 있는지 여부가 문제로 되었다. 그리고 이 문제는 실제에 있어서는 비실명예금의 실명전환과 관련하여, 비실명예금의 실명전환이 출연자의 명의가 아닌 제3자의 명의로 이루어진 경우에, 실명전환 신청 당사자의 기망으로 예치 금융회사등이 그 제3자를 출연자로 알고 그 실명전환 신청을 받아들였다면, 이들 실명전환 신청인들에 대하여 형법 제314조 제1항에서 규정하는 업무방해죄[116]가 성립하는지 여부로 제기되었다. 비실명예금의 실명전환은 그 명의자에서 당해 예금의 실질적인 권리자인 출연자에게로 이루어져야 한다. 그런데 현실에 있어서는 출연자의 명의가 아닌 제3자의 명의로 실명전환이 이루어지는 경우가 있는데 이는 또 다른 사람으로의 차명예금이 새로이 이루어진 것이라고 할 수 있기 때문이다.

비실명예금을 제3자 명의로 실명전환한 경우 이들 실명전환 신청인들에 대하여 형법 제314조 제1항에서 규정하는 업무방해죄가 성립하는지 여부에 관하여 대법원은 1997. 4. 17. 선고 96도3377 전원합의체 판결[117]에서 「금융실명거래

---

116 업무방해죄란 허위의 사실을 유포하거나 기타 위계 또는 위력으로써 사람의 업무를 방해하는 때에 성립하는 범죄로서 5년 이하의 징역 또는 1천500만원 이하의 벌금에 처하도록 되어 있다(형법 제314조).

117 이 판결은 금융실명거래및비밀보장에관한긴급재정경제명령의 시행 전에 전직대통령이 비실명으로 해둔 예금을 동 긴급재정경제명령의 시행 후에 재벌총수가 자신의 명의로

및비밀보장에관한긴급재정경제명령의 목적과 관계 규정의 취지를 종합하여 보면, 기존 비실명자산의 거래자가 위 긴급명령의 시행에 따라 이를 실명전환하는 경우 금융회사등으로서는 실명전환사무를 처리함에 있어서 거래통장과 거래인감 등을 소지하여 거래자라고 자칭하는 자의 명의가 실명인지 여부를 확인하여야 하고 또 그것으로써 금융회사등으로서의 할 일을 다하는 것이라 할 것이고, 그가 과연 금융자산의 실질적인 권리자인지 여부를 조사·확인할 것까지는 없다고 할 것이므로, 실명전환사무를 처리하는 금융회사등의 업무는 실명전환을 청구하는 자가 권리자의 외관을 가지고 있는지 여부를 확인하고 그의 명의가 위 긴급명령에서 정하고 있는 주민등록표상의 명의 등 실명인지 여부를 확인하는 것일 뿐이지, 나아가 그가 과연 금융자산의 실질적인 권리자인지 여부를 조사·확인하는 것까지 그 업무라고 할 수는 없다. 따라서 기존의 비실명예금을 합의차명에 의하여 명의대여자의 실명으로 전환한 행위는 위 긴급명령에 따른 금융회사등의 실명전환에 관한 업무를 방해한 것이라 할 수 없다」고 판시함으로써 부정하는 입장을 취하고 있다.

그러나 이 대법원판례에 대하여는 결론에는 찬성하나 그 이유를 다르게 제시하는 의견과 반대하고 업무방해죄의 성립을 긍정하여야 한다는 견해가 있다. 먼저 다른 이유로 업무방해죄의 성립을 부정하여야 한다는 견해로는 ① 외형적으로 금융회사등의 업무수행 자체가 방해되지 않았으므로 업무방해죄가 성립하지 않는다고 하거나, 그렇지 않다 하더라도 재판 또는 수사과정이나 관청의 인·허가처분과 관련하여서는 허위진술, 허위기재, 허위신고 또는 허위자료제출 등의 행위가 있더라도 공무집행방해죄에 해당하지 않는다고 하는 판례이론을 원용하여 실명전환에 관한 업무를 처리함에 있어 거래자의 확인은 금융회사등의 책무이니 만큼 허위의 실명전환청구인을 거래자로 잘못 알고 실명전환을 해주었다면 이를 금융회사등의 불충분한 심사에 기인한 것이어서 이를 위계에 의한 것이라고 볼 수 없으므로 업무방해죄가 성립하지 한다는 견해,[118] ② 금융실

실명전환한 행위가 동 긴급재정경제명령에 따른 금융회사등의 실명전환에 관한 업무를 방해함으로써 형법 제314조 제1항에서 규정하는 업무방해죄를 구성한다고 하여 검찰이 기소한 사건에 대한 것이다.

118 이근우, "비실명예금의 차명예금전환과 업무방해", 『국민과 사법: 윤관 대법원장 퇴임기념』(박영사, 99. 1), 787면.

명거래및비밀보장에관한긴급재정경제명령은 그 핵심적 개념인 '실명'의 정의에 관한 제2조 제4호의 규정에서 위 긴급명령에 의하여 폐지된 구 금융실명거래에 관한법률(이하 구법이라 한다) 제2조 제4호와 마찬가지로 실명이라 함은 '주민등록표상의 명의, 사업자등록증상의 명의 등 대통령령이 정하는 명의'를 말한다고 명백히 규정하여 구법을 따르고 있는데, 구법의 입법취지는 어디까지나 무기명, 가명으로 되어 있는 금융자산의 양성화에 초점이 있는 것이었고, 구법상의 실명이란 전체적으로 무기명, 가명에 대칭되는 용어로 사용된 것이었을 뿐 이른바 차명에 대칭되는 개념은 아니었으며, 이러한 구법의 입법취지나 구법 하에서의 실명의 개념설정은 위 긴급명령에서도 그대로 타당한 것이라고 보아야 한다. 또한 위 긴급명령과 그 하위 법규의 관련 규정들을 살펴보더라도 위 긴급명령의 취지는 어디까지나 금융거래의 명의인만을 거래자라고 보고 그 명의를 실명에 의하도록 하여 금융거래관계만을 규율하고자 하는 것일 뿐이고, 거래자가 차명관계에 있는지 여부나 차명관계에서 실권리자가 누구인지 여부 등 차명관계에 관하여는 어떠한 규율도 하고 있지 아니함이 분명하다. 따라서 위 긴급명령에서 말하는 거래자란 금융거래에 있어서 '자기의 명의로 금융회사등의 상대방이 된 자 또는 되는 자'를 말하는 것으로 보아야 하고, 반드시 자금의 실소유자 또는 금융자산의 사실상의 권리자만을 의미한다고 할 수 없다. 그렇다면 위 긴급명령 하에서는 그 제2조 제4호에서 정의한 실명이 아닌 명의 또는 무기명에 의한 기존 금융자산만이 기존 비실명자산으로서 위 긴급명령 제5조 제1항에 의하여 실명전환의 대상이 되고 차명거래에 의한 기존 금융자산이라도 그 명의가 위에서 말한 실명이라면 이는 기존 비실명자산에 속하지 아니하여 실명전환의 대상이 아니라고 보아야 하므로, 기존 비실명자산의 실권리자와 명의대여의 약정을 맺은 명의자가 거래자가 되어 그 명의로 실명전환을 하였다고 하더라도 이를 들어 위 긴급명령에 따른 금융회사등의 실명전환의무 이행을 방해한 것이라고 할 수는 없다는 견해가 있다.[119]

이에 대하여 업무방해죄의 성립을 인정하는 견해로는 ① 금융실명거래및비밀보장에관한긴급재정경제명령은 제5조 제1항에서 기존 비실명자산의 거래자에게 실명전환의무를 부담시키고 있으면서도 그 법조항에서 말하는 거래자가

119 대법원 1997. 4. 17. 선고 96도3377 전원합의체 판결 보충의견.

누구인가에 관하여 특별한 규정을 두고 있지는 않으나 금융회사등에 예금 등 금융자산의 거래계좌를 개설하는 것은 이를 개설하는 자와 금융회사등이 그 금융자산에 관하여 소비임치 등의 금융거래계약을 체결하는 것으로 해석되므로, 여기의 거래자는 그 금융거래계약에 따라 금융회사등에 대하여 금융자산 환급청구권 등의 권리를 갖는 계약상의 채권자로 풀이하여야 한다. 또한 위 긴급명령 제3조 제1항은 금융회사등은 거래자의 실명에 의하여 거래를 하여야 한다고 규정하는 한편, 제3조 제2항에서 위 긴급명령 시행 후 최초의 금융거래가 있는 때에 기존 금융자산의 명의가 실명인지 여부를 확인하도록 규정하고 있는바, 그 문언 해석상으로나 규정취지에 비추어 보더라도 '거래자의 실명에 의한 금융거래'라 함은 거래자 자신의 실명에 의한 거래임이 명백하고, 금융회사등은 기존 비실명자산에 대한 실명전환사무를 처리함에 있어서 그 금융자산의 명의가 거래자의 실명으로 전환되는지 여부를 확인하여야 할 의무가 있음은 명백하므로, 금융회사등이 기존 비실명자산에 대하여 실명전환청구를 받았을 때 실명전환을 청구하는 자가 그 금융자산의 권리자, 즉 거래자인지 여부를 조사·확인하는 업무는 금융회사등이 담당하는 실명전환업무의 가장 기본적인 업무 내용을 이룬다고 할 것이다. 따라서 기존 비실명자산의 권리자 아닌 자가 허위신고로써 그 명의를 전환시켰다면 이는 금융회사등의 정상적인 실명전환업무를 방해한 것으로서 위계에 의한 업무방해에 해당된다고 보아야 한다는 견해,[120] ② 금융실명거래및비밀보장에관한긴급재정경제명령의 목적이 실지명의의 금융거래를 실시하여 금융거래의 정상화를 기함으로써 경제정의를 실현하고 국민경제의 건전한 발전을 도모하기 위한 것임을 고려한다면, 위 긴급명령에서 말하는 실명에 이른바 합의차명이 포함되지 아니한다고 보아야 함은 다언을 요하지 아니하며, 이는 위 긴급명령의 목적이 결국 투명한 금융거래를 실시하여 금융소득을 종합하여 합당한 조세를 부과함으로써 경제정의와 건전한 경제발전을 꾀하겠다는 데에 있는 점, 위 긴급명령 제8조, 제9조, 제11조, 제15조 제3, 4항이 모두 기존 차명자산도 기존 비실명자산에 해당되어 실명전환의 대상이 됨을 전제로 하여 규정하고 있는 점에 비추어 보아도 명백하다. 따라서 금융회사등의 기존 비실명자산에 대한 실명전환업무는 그 실질거래자의 실명으로 전환하는 것

120 대법원 1997. 4. 17. 선고 96도3377 전원합의체 판결 반대의견1.

이 본래의 정상적인 업무인 것이고, 위 긴급명령에서 그 실명을 주민등록표상의 명의, 사업자등록증상의 명의 등으로 전환하도록 규정한 것은 위와 같이 위 실명이 실질거래자인 것을 전제로 하여 실명전환 업무처리 방식으로써 실질거래자의 여러 가지 명의 중 어느 것을 실명으로 할 것인가 하는 그 실명을 확인 표시하는 방법을 규정한 것에 불과한 것이다. 결국 합의차명이 실명으로 허용된다면 모르되, 위에서 본 바와 같이 합의차명은 실명에 해당되지 아니하므로, 합의차명에 의한 실명전환은 금융회사등에 대하여 위계에 의한 업무방해가 된다는 견해[121]가 있다.

생각건대 대법원판례와 결론이 같지만 그 이유를 달리하고 있는 ①의 견해는 금융회사등의 업무수행 자체가 방해되지 않았다고 보는 이유에 대한 설명이 없고 또한 금융회사등의 불충분한 심사가 위계에 의한 업무방해로 발생할 수 있다는 점에서 타당하지 않고, ②의 견해는 출연자와 명의자의 합의에 의한 차명에 의한 예금은 비실명예금이 아니라는 데에서 출발하나 실명거래를 이와 같이 보면 금융실명제는 사실상 유명무실하게 된다는 점에서 타당하다고 할 수 없다.[122] 그리고 대법원판례와는 반대결론인 ①의 견해는 그 이유로써 금융회사등은 기존 비실명자산에 대한 실명전환사무를 처리함에 있어서 그 금융자산의 명의가 거래자의 실명으로 전환되는지 여부를 확인하여야 할 의무가 있음이 명백하다는 점을 들고 있으나, 금융회사등의 실명확인의무는 주민등록증 등에 의한 형식상의 확인의무이지 실질적인 확인의무가 아니어서 형식상의 확인의무를 충족시키는 한 업무방해를 하였다고 볼 수 없고 또한 그와 같은 신청에 의한 실명전환으로 금융회사등이 특별히 피해를 입었다고 할 수 없다는 점에서 타당하다고 할 수 없고, ②의 견해는 합의차명에 의한 실명전환이 어떤 이유로 모든 경우에 금융회사등에 대하여 위계에 의한 업무방해가 된다는 것인지에 대한 설명이 없다는 점에 타당하다고 할 수 없다. 결론적으로 합의차명에 의한 실명전환을 업무방해죄로써 처벌할 수 없다는 대법원판례에 찬성하고자 한다. 다만 이는 비 실명예금계약을 한 자나 합의차명에 의한 실명전환을 한 자에 대한 처

121 대법원 1997. 4. 17. 선고 96도3377 전원합의체 판결 반대의견2.

122 대법원 1998. 8. 21. 선고 98다12027 판결도 거래자의 실명에 의한 금융거래에 포함되지 않는다고 판시한 바 있다(본고 Ⅱ. 참조).

벌규정이 없는 현행 법제상 여기에 형법상의 업무방해죄를 적용하여 처벌할 수 없다는 것일 뿐 그와 같은 입법이 적절하다는 것은 아니다. 따라서 앞에서 설명한 바와 같이 2014년 5월 28일 금융실명법을 개정하여 실명거래 위반자에 대한 형사처벌 제도를 마련한 것은 입법적으로 매우 타당하다고 본다.

4. 명의자가 예금을 인출하여 임의로 소비한 경우

(1) 예금인출 및 임의소비의 유형

출연자와 명의자가 다른 예금에 있어서 명의자가 출연자의 동의 없이 예금을 인출하여 임의로 소비한 경우 명의자에 대하여 어떠한 범죄가 성립하는지 문제로 된다. 이에 관하여는 그 유형을 명의자가 예금주인 경우와 출연자가 예금주인 경우로 분류한 후 이를 다시 ① 출연자가 명의자에게 금전의 보관을 위탁하고 명의자가 그 보관방법으로 금융회사등과 자신의 명의로 예금계약을 체결하고 예치하였다가 인출하여 임의로 소비한 경우, ② 출연자가 명의자와 합의하에 금융회사등과 명의자의 명의로 예금계약을 체결하고 예치하였다가 인출하여 임의로 소비한 경우, ③ 출연자가 명의자 동의 없이 그 명의를 도용하여 금융회사등과 명의자의 명의로 예금계약을 체결하고 예치하였다가 인출하여 임의로 소비한 경우로 분류하여 검토할 필요가 있다.

(2) 명의자가 예금주인 경우

①의 경우는 명의자가 출연자로부터 위탁받아 보관하고 있는 금전을 임으로 소비한 것이 되어 형법 제355조 제1항에서 규정하는 횡령죄가 성립하는 것으로 볼 수 있다. 대법원도 2000. 8. 18. 선고 2000도1856 판결에서 「타인의 금전을 위탁받아 보관하는 자가 보관방법으로 금융회사등에 자신의 명의로 예치한 경우, 금융실명거래및비밀보장에관한긴급재정경제명령이 시행된 이후 금융회사등으로서는 특별한 사정이 없는 한 실명확인을 한 예금명의자만을 예금주로 인정할 수밖에 없으므로 수탁자 명의의 예금에 입금된 금전은 수탁자만이 법률상 지배·처분할 수 있을 뿐이고 위탁자로서는 위 예금의 예금주가 자신이라고 주장할 수는 없으나, 그렇다고 하여 보관을 위탁받은 위 금전이 수탁자 소유로 된다거나 위탁자가 위 금전의 반환을 구할 수 없는 것은 아니므로 수탁자가 이

를 함부로 인출하여 소비하거나 또는 위탁자로부터 반환요구를 받았음에도 이를 영득할 의사로 반환을 거부하는 경우에는 횡령죄가 성립한다」고 하여 횡령죄의 성립을 긍정하고 있다. 다만 ①의 경우는 명의자가 출연자로부터 위탁받은 금전의 보관목적이기는 하지만 자신의 예금으로 할 의사로써 스스로 금융회사등과 예금계약을 체결한 것이라는 점에서 비 실명예금이 아닌 실명예금으로 보아야 할 것이므로 비 실명예금의 횡령에 해당하지는 않는다.

②의 경우는 출연자가 명의자와 합의한 내용이 무엇인지에 따라 다르게 보아야 한다. 우선 명의자는 단순히 명의만을 빌려주고 금전의 인출을 하더라도 출연자의 개별적인 동의 없이는 임의로 소비할 수 없는 경우라면 명의자는 자신의 명의로 개설된 계좌에 출연자의 자금을 보관하는 지위에 있다고 할 것이므로 횡령죄의 성립하는 것으로 보아야 한다. 다음에 명의자가 단순히 명의만을 빌려준 것이 아니라 자금의 관리까지 위임 받은 경우라면 형법 제355조 제2항에서 규정하는 배임죄가 성립한다고 할 것이다.

③의 경우는 출연자와 명의자 사이에 아무런 합의가 없이 출연자의 자금이 출연자의 점유를 이탈하여 명의자가 처분할 수 있는 예금계좌에 입금된 것으로 볼 수 있다는 점에서 형법 제360조 제1항에서 규정하는 점유이탈물횡령죄가 성립하는 것으로 보는 것이 타당하다고 생각한다.

다만 위 ①②③의 경우 출연자가 뇌물, 배임증재 등 불법적인 범죄행위에 사용할 목적으로 명의자 명의로 예금계약을 체결하고 자금을 예치한 경우라면 불법원인급여(민법 제746조 본문)가 되어 출연자가 명의자에 대하여 반환청구를 할 수 없을 것이므로 명의자가 이를 인출하여 소비하더라도 횡령죄 등이 성립하지 않을 수 있다.[123]

(3) 출연자가 예금주인 경우

출연자가 예금주인 경우는 예치 금융회사등이 출연자에 대한 관계에서 명의자에게 예금을 지급할 수 없는 것이므로 위 ①②③ 어느 경우이든 출연자의 동의 없이 금융회사등이 명의자에게 예금을 지급하는 사례가 발생하기는 어렵다.

123 오영준(주9), 273~274면.

그러나 드물지만 금융회사등의 착오로 명의자에게 예금이 지급되는 사례가 발생할 수 있는데 이 경우 명의자에 대한 예금지급은 출연자에 대한 관계에서 무효가 되고 금융회사등은 출연자에게 여전히 예금반환채무를 부담하게 되므로 명의자는 금융회사등을 기망하여 재물의 교부를 받은 것이 되어 형법 제347조에서 규정하는 사기죄가 성립하는 것으로 본다.

XI. 맺음말

1993년 8월 12일 제정된 "금융실명거래 및 비밀보장에 관한 긴급재정경제명령"에 의하여 시행에 들어간 금융실명제하에서, 출연자 또는 예금계약체결행위자와 명의자가 다른 예금계약의 예금주를 누구로 보아야 할 것인지에 관하여 대법원판례는 두 단계를 거쳐 진화하였다.

제1단계는 원칙적으로 명의자를 예금주로 보아야 하지만 금융회사등과의 사이에 출연자 또는 예금계약체결행위자를 예금주로 하기로 하는 명시적인 약정 또는 묵시적인 약정이 있으면 그 약정에 따라 예금계약상의 예금주 명의에 불구하고 출연자 또는 예금계약체결행위자를 예금주로 보아야 한다는 것이다(대법원 1996. 4. 23. 선고 95다55986 판결).

제1단계의 대법원판례는 비실명예금계약도 유효하다는 것을 전제로 그 예금주를 누구로 보아야 할 것인지에 대한 기준을 제시하였다는 점에 그 의의가 있다. 그러나 제1단계의 대법원판례는 금융회사등과의 사이에 출연자 또는 예금계약체결행위자를 예금주로 하기로 하는 묵시적인 약정이 있는 경우에도 명의자가 아닌 출연자 또는 예금계약체결행위자를 예금주로 보아야 한다고 함으로써 다음과 같은 두 가지의 문제점을 가지고 있었다. 첫째는 비실명예금계약을 체결하고서도 그 출연자가 큰 불이익이나 위험부담 없이 여전히 예금주로서의 권리를 행사할 수 있어 현실의 금융거래에 있어서 비실명예금계약이 성행하게 될 소지가 있다는 점이고, 둘째는 묵시적인 합의의 그 존부에 대한 판단이 쉽지 않다는 점에서 법률관계를 복잡하게 하고 그에 따라 관련 당사자 사이에 많은 법률적인 분쟁을 초래할 수가 있다는 점이다.

제2단계는 금융회사등과의 사이에 출연자 또는 예금계약체결행위자를 예금주로 하기로 하는 명시적인 약정이 있는 경우만 예금계약상의 예금주 명의에 불구하고 출연자 또는 예금계약체결행위자를 예금주로 보아야 하고 그 이외의 경우는 모두 명의자를 예금주로 보아야 한다는 것이다. 제1단계에서는 묵시적 합의가 있는 경우에도 출연자 또는 예금계약체결행위자를 예금주로 보고 있음에 대하여 제2단계에서는 명의자를 예금주로 보아야 한다는 점에서 차이가 있다(대법원 2009. 3. 19. 선고 2008다45828 전원합의체 판결).

제2단계의 대법원판례는 금융실명법에 의한 금융실명제를 우리 사회에 정착시키기 위한 보다 진일보한 판례라고 할 수 있다. 이 제2단계 판례는 첫째로 비실명의 예금계약을 체결함으로써 출연자가 입을 수 있는 불이익[124]과 위험부담[125]을 높여 비실명예금계약을 체결하려는 유혹을 줄일 수 있게 되었고 둘째로 비실명예금의 예금주 판단을 간단·명료하게 할 수 있게 함으로써 이를 둘러싼 관련 당사자 사이의 법률분쟁을 최소화할 수 있게 되었다는 점에 그 의의가 있다.

제2단계의 대법원판례에 의하여 비실명예금계약의 발생소지가 줄어들 수는 있다고 하여도 비 실명예금계약의 유효성을 인정하고 있는 현재의 판례만으로는 금융실명제를 금융거래에 확실하게 정착시키는 데에 한계가 있다. 이에 2014년 5월 28일 금융실명법의 개정이 이루어져 실명거래위반자에 대한 형사처벌제도가 신설되어 2014년 11월 29일부터 시행되었다.

그러나 아직 금융실명제 위반자에 대한 제재의 내용은 부동산실명제 위반자에 대한 제재의 내용에 비하여 미흡해 보인다. 따라서 보다 근본적으로는 부동산명의신탁약정과 그에 따른 부동산등기를 부동산실권리자명의 등기에 관한 법률에서 무효로 하고 아울러 그 당사자에 대하여 과징금부과와 형사처벌을 하고 있는 것과 마찬가지로, 비실명예금계약을 위한 출연자와 명의자 사이의 예금주명의신탁약정과 이에 기초한 금융회사등과 출연자 사이의 비실명예금계약

124 명의자가 예금주로 인정되는 경우 명의자와의 분쟁이 생기면 출연자가 자신의 명의로 실명전환을 하지 않고서는 예금의 지급을 받을 수 없고 이 과정에서 비실명예금이라는 것이 노출되어 고율의 소득세를 원천징수 당하는 불이익을 받게 된다.

125 명의자가 자신의 예금임을 주장하면 출연자로서는 그 실질관계에서 자신이 예금주임을 주장·입증하지 않으면 예금 자체를 잃을 수 있고, 명의자가 예금을 인출하여 소비하여 버리고 무자력해지면 그 예금에 해당하는 재산적인 손실을 입을 수 있다.

을 무효화하고 아울러 형사처벌 이외에 과징금을 부과할 수 있도록 추가적으로 금융실명법을 개정하는 입법조치가 필요하다고 생각한다. 다만 모든 실명거래 위반 예금에 대하여 과징금을 부과하도록 하는 것은 지나치게 과도한 제재가 될 수 있으므로 비실명예금의 폐해가 클 것으로 보이는 일정액 이상의 경우로 한정하는 것이 좋을 것으로 생각한다.

참고문헌 R·E·F·E·R·E·N·C·E·S

고영태, “금융실명제 시행 이후 예금주명의를 신탁한 경우의 법률관계”, 『판례연구』, 13집(부산판례연구회, 2002. 2).

곽민섭, “금융실명제하에서 예금계약의 예금주 확정”, 『재판실무연구』, 1998(광주지방법원, 99. 1).

기세룡, “예금자보호법에 의한 보험금의 지급한도”, 『민사법연구』 13집 2호(대한민사법학회, 2005. 12).

김병재, “기명식예금에 있어서 예금채권자의 판정기준”, 『민사판례연구 Ⅸ』, (박영사, 1987. 2).

김유진, “금융실명제하에서의 예금주의 인정”, 『민사판례연구』 22집(박영사, 2000).

김재형, “금융거래의 당사자에 관한 판정기준”, 『저스티스』 통권 93호(2006. 8).

문성관, “금융실명제하에서의 출손자와 예금명의자가 서로 다른 경우 예금주의 인정 기준 및 출손자의 예금반환채권의 행사방법”, 『재판실무연구』2001(광주지방법원, 2002. 1).

박성철, “기명식예금에 있어서의 예금주의 인정”, 『판례연구 Ⅲ』(부산판례연구회, 1993).

송덕수, “금융실명제하에 있어서 예금계약의 당사자 내지 예금채권자의 결정”, 『판례실무연구 Ⅱ』(박영사, 98. 11).

오영준, “금융실명제하에서 예금계약의 당사자 확정방법”, 『사법』 8호(사법연구지원재단, 2009. 6).

오창수, “금융실명제하에서의 예금주 명의신탁과 출연자와 명의자의 관계”, 『판례연구』, 15집 상(서울지방변호사회, 2001. 8).

윤진수, “계약 당사자의 확정에 관한 고찰 －특히 예금계약을 중심으로”, 『판례실무연구 Ⅱ』(박영사, 98.11).

이근우, “비실명예금의 차명예금전환과 업무방해”, 『국민과 사법: 윤관 대법원장 퇴임기념』(박영사, 99. 1).

이의영, “타인명의 예금의 법률관계와 보전처분”, 『저스티스』 통권 123호(한국법학원, 2009. 2.)

이충상, "금융실명제 시행 이후 예금의 출연자(지배자)와 명의자가 다를 경우 누구를 예금자로 볼 것인가", 『판례실무연구 Ⅱ』(박영사, 98. 11).

정재규, "금융실명제하에서의 예금채권의 준점유자에 대한 변제의 인정 여부", 『재판실무연구』 1996(광주지방법원, 97. 1).

전경근, "금융실명제하에서의 예금당사자 확정: 판례를 중심으로", 『비교사법』 7권 1호(통권12호)(한국비교사법학회, 2000. 6).

정인숙, "금융실명제시행 이후 예금계약상의 예금주", 『실무연구 Ⅳ』(서울지방법원 남부지원, 2005. 12).

최동열, "실명확인과 대리권확인과의 관계", 『대법원판례해설』, 54호(2005 상반기)(법원도서관, 2006. 1).

한경환 "예금에 대한 강제집행", 『민사집행법 실무연구Ⅱ』, 재판자료 제117집(법원도서관 2009).

금융실명거래해설(전국은행은행연합회 수신전문위원회, 2008. 10).

제 3 장 커버드본드(Covered Bonds)의 담보구조

Ⅰ. 머리말

2008년 9월 16일자 미국의 월스트리트저널[1]은 미국 서브프라임 모기지 사태(US subprime mortgage crisis)[2]의 정점을 알리는 듯한 리만 브라더스(Lehman Brothers Holdings Inc.)의 회생절차신청[3] 뉴스를 대서특필하면서, 서브프라임 모기지 사태의 중심에 자리잡고 있는 자산유동화업무(asset securitization)의 주축이었던 투자은행(investment banks)으로부터 예금업무와 대출업무로 대변되는 전통적인 은행업무의 주축인 상업은행(commercial banks)으로의 힘의 균형의 이동과 더불어, 미국에서의 주택담보대출의 주요 재원조달수단인 주택저당증권(mortgage-backed securities; 이하 MBS)의 역할 축소와 그 대체수단으로서 커버드본드(covered bonds)의 역할 증가를 예견하고 있다.

---

* 최성현 집필.

*「은행법연구」 제2권 제1호(2009. 5)에 게재된 내용을 다소 수정보완한 것이다.

1 Carrick Mollenkamp & Mark Whitehouse, *Old-School Banks Emerge Atop New World of Finance*, Wall Street Journal, September 16, 2008, at A1.

2 미국 서브프라임 모기지 사태의 원인과 전망에 관한 글로는 신용상/구본성/하준경/이규복/송재은/이윤석, 서브프라임 모기지 사태의 분석과 전망(한국금융연구원, 2007) 등 참조.

3 리만 브라더스의 보도자료는 http://www.lehman.com/press/pdf_2008/091508_lbhi_chapter11_announce.pdf 참조. 우리나라의 언론보도에서는 주로 파산보호신청이라고 표현되었으나, 정확하게는 미국 파산법(Bankruptcy Code)상의 Chapter 11 절차개시신청을 말하며, 이는 우리나라 통합도산법상의 회생절차개시신청에 상응하는 제도이다.

커버드본드는 주로 유럽대륙의 은행들이, 자국의 커버드본드에 관한 특별법제도에 근거하여, 부동산담보대출채권(mortgage loans)이나 공공부문대출채권(public-sector loans) 등과 같은 일정한 우량 자산의 집합(cover pool; 이하 담보풀)을 그 담보자산(cover assets; collateral)으로 하여 발행해 오고 있는 채권(債券)으로서, 발행은행이 도산하는 경우 커버드본드 소지인들이 그 담보자산에 대하여 우선변제권(preferential claim)을 가지는 채권을 말한다[4]. 우리말로 간단히 말하면 담보부 은행채(bank bonds)[5]이며, 더 넓게는 일종의 담보부사채(secured corporate bond)[6]라고 할 수 있다. 또, 커버드본드는 은행이 보유하고 있는 부동산담보대출채권 등 일정 자산의 집합을 증권 발행을 위한 담보로 사용한다는 개념에 기초하고 있다는 점에서는 MBS와 유사하지만, MBS와는 달리 담보자산이 별도의 특수목적기구(Special Purpose Vehicle; 이하 SPV) 등으로 이전되지(off-balance sheet securitization; [그림 1]) 않고 발행은행의 재무제표에 계속 남아 있다는 점에서(on-balance sheet securitization; [그림 2])[7] MBS와는 근본적인 차이를 가진다.[8] 따라서, 커버드본드 소지인들은, 발행은행이 도산되지 않고 정상적으로 운영되고 있는 경우에는 통상적인 무담보은행채에 있어서와 같이 커버드본드의 원리금을 그 발행은행의 일반적인 현금흐름으로부터 상환받지만,

---

4 European Covered Bond Council(ECBC), About Covered Bonds Background, *available at* http://ecbc.hypo.org/content/default.asp?PageID=311

5 Bernd Volk, *RMBS vs. Covered Bonds, in* European Covered Bond Fact Book(3rd edition, August 2008), European Covered Bond Council(ECBC), at 65, *available at* http://ecbc.hypo.org/Content/Default.asp?.

6 See UK HM Treasury, Proposals for a UK Recognized Covered Bonds legislative framework, July 2007, at 5, *available at http://www.hm-treasury.gov.uk/d/consult_*coveredbonds230707.pdf (last visited Nov. 22, 2008).

7 *See* Orazio Mastroeni, *Pfandbrief-style products in Europe*, BIS Papers No. 5(2001), BIS, at 46, *available at* http://www.bis.org/publ/bppdf/bispap05b.pdf. 그러나, 후술하는 바와 같이 일부 구조화커버드본드의 경우에는 담보자산이 SPV로 이전되는 구조를 가지고 있다.

8 Cristina Costa, *The economics & financial importance of mortgage bonds*, in Mortgage Banks and the Mortgage Bond in Europe(4th edition, November 2003), European Mortgage Federation(EMF), at 27-28, available at http://212.3.246.147/docs/1/OCFBNBJBOOFKBBMENKMJJMNMPDB69DBKPWTE4Q/EMF/Docs/DLS/2003-00428.pdf(last visited Nov. 22, 2008); US Department of Treasury(US Treasury), Best Practices for Residential Covered Bonds, at 7-8, available at http://www.treas.gov/press/releases/reports/USCoveredBondBestPractices.pdf [hereinafter *US Best Practices for Residential Covered Bonds*](last visited Nov. 22, 2008).

발행은행이 도산한 경우에는 담보자산으로부터 우선적으로 원리금을 변제받을 수 있게 되므로, SPV에 이전된 담보자산으로부터만 원리금의 변제를 받을 수 있는 MBS의 경우와는 달리, 발행은행에 대한 상환청구권(full recourse right)과 담보자산에 대한 우선변제권(preferential claim)이라는 이중소구권(dual recourse)을 가지게 된다.[9] 이와 같은 이중소구권의 특징으로 인해, 커버드본드는 일반적으로 그 발행은행 자체의 신용등급보다 높은 신용등급을 받을 수 있어,[10] 발행

[그림 1] MBS

부동산담보 대출 채무자들
부동산담보 대출
대출원리금 지급
대출은행
특수목적기구 (SPV)
대출채권 풀(pool)
MBS 발행
투자자들
대출채권 매각

[그림 2] 커버드본드

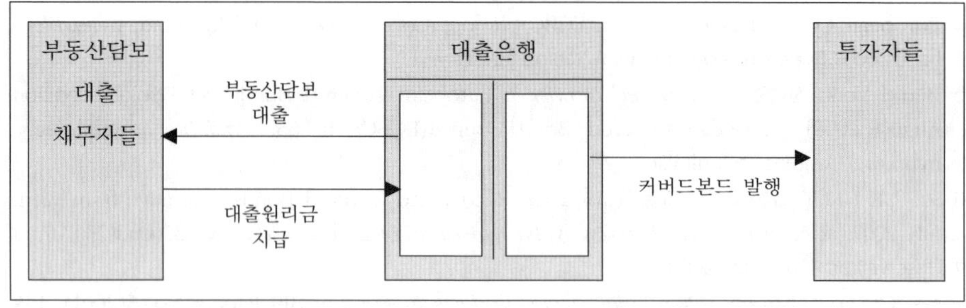

9 US Best Practices for Residential Covered Bonds, *Id.*, at 7; ECBC, ECBC Essential Features of Covered Bonds, *available at* http://ecbc.hypo.org/content/Default.asp?PageID=367 [hereinafter *ECBC Essential Features of Covered Bonds*]; European Commission, Report of the Mortgage Funding Expert Group(December 22, 2006), at 45, *available at* http://ec.europa.eu/internal_market/finservices－retail/docs/home－loans/mfeg/final_report－en.pdf

10 Fitch Ratings, *ABCs of U.S. Covered Bonds*, U.S. and Canada Special Report (September 3, 2008), at 1(이 보고서에 의하면, Fitch가 신용등급을 매긴 커버드본드의 약 95%가 AAA 등급을 받았다. *Id.*)

은행으로서는 낮은 비용으로 장기자금을 조달할 수 있는 이점이 있고, 투자자들[11]은 국공채 이외에도 우량등급의 안전자산에 투자할 수 있는 기회를 가질 수 있게 되는 이점이 있다.[12]

커버드본드는 유럽대륙에서는 수세기 전부터 주택담보대출 등의 재원조달 수단으로 널리 사용되어 왔으나, MBS 제도가 발전되어 있는 미국과 영국에서는 몇 년 전까지만 해도 전혀 주목을 받지 못했었다.[13] 영국에서는 2003년 영국의 HBOS(Halifax Bank of Scotland)가 최초로 계약법 등 일반법제도하에서 구조화기법(securitization techniques)을 사용하여 유럽대륙 각국의 특별법제도에 근거한 커버드본드와 유사한 법적·경제적 효과를 가진 커버드본드를 발행한 후 뒤이어 몇몇 은행이 커버드본드를 발행하였으며, 나아가 커버드본드에 관한 EU 입법상의 우대조치의 혜택을 받기 위해[14] 그 후 약 3년간의 준비를 거쳐 Regulated Covered Bond Regulations 2008[15]라는 이름의 법률을 제정하여 2008년 3월 6일부터 시행하였는바, UK 커버드본드의 투명성을 제고하고 규제규범으로서의 틀을 강화 강화하기 위해 2011년 11월 및 2012년 11월 두 차례에 걸쳐 이 법률을 개정하여 2013년 1월 1일부터 시행하고 있다.[16] 미국에서는 2006년에 Washington Mutual Bank[17]가 역시 구조화기법을 사용하여 최초로 커버드본드

---

11 커버드본드 투자자로는 은행, 투자펀드, 연기금, 보험회사, 중앙은행 등의 기관투자가가 주를 이루고 있다. Ralf Grossmann, *Overview of Covered Bonds*, in European Covered Bond Fact Book(3rd edition, August 2008), ECBC, at 59~60, *available at* http://ecbc.hypo.org/Content/Default.asp?

12 *Id.*, at 51.

13 Jeremy Jennings−Mares and Peter Green, *Finance: Covering your assets*, legalweek.com, September 18, 2008, *available at* http://www.legalweek.com/Articles/1163513/Finance+Covering+your+assets.html

14 UK HM Treasury, EXPLANATORY MEMORANDUM TO THE REGULATED COVERED BOND REGULATIONS 2008(2208 No. 346), *available at* http://www.opsi.gov.uk/si/si2008/em/uksiem_20080346_en.pdf. 영국의 커버드본드는 인정된 시장기준에 기초하고 있으며 높은 수준의 법적 확실성의 혜택을 받고 있었다. 그러나, 특별 공적 감독을 규정하는 법제도의 부재로 인해 UCITS Directive 제22조 제(4)항에 부합하지 않아 UCITS 및 CRD에 근거한 더 높은 투자한도 및 유리한 위험가중치의 혜택을 받을 수 없었다. HM Treasury, *supra* note 6, at 8.

15 Available at http://www.hm−treasury.gov.uk/d/si_coveredbonds_030708.pdf[hereinafter *UK Regulations*].

16 2016 European Covered Bond Fact Book(11th edition, August 2016), ECBC, at 485,

17 미국 시애틀에 본점을 둔 저축대출은행(savings and loan association)으로서, 미국의 서브

를 발행하였으며, 그 다음 해인 2007년 Bank of America가 동일한 구조를 사용하여 커버드본드를 발행한 적이 있을 뿐 활성화되지 못하였다.[18] 그러나, 최근 미국 서브프라임 모기지 사태로 인해 그 기능이 거의 마비되어 있는 미국의 주택담보대출시장에서 커버드본드가 주택담보대출의 추가적인 재원조달수단으로 활용될 수 있고, 주택담보대출시장의 유동성을 확대할 수 있으며, 나아가 은행들의 자금조달수단을 다양화함으로써 그 재무구조를 강화하는데 도움이 될 수 있다는 인식이 확산되기 시작하면서 미국에서도 그 발행에 커다란 관심을 가지게 되었다.[19] 그리하여, 미국에서는 연방예금보험공사(Federal Deposit Insurance Corporation; 이하 FDIC)가 2008년 7월 15일에 커버드본드에 관한 FDIC의 최종정책문서(Final FDIC Covered Bond Policy Statement)[20]를 발표한데 이어 재무부(United States Department of the Treasury; 이하 US Treasury)도 2008년 7월 28일 주택담보대출 커버드본드에 관한 모범규준(Best Practices For Residential Covered Bonds)[21]을 발표하여, 커버드본드 발행은행 도산시의 커버드본드의 효력에 관한 법적 불확실성을 제거하고 커버드본드 구조에 대해 기본적인 통일성을 부여함으로써 미국에서의 커버드본드시장의 성장을 도모하고 있다.[22] 그 후 2011년의 United States Covered Bond Act와 2013년의 Protecting American Taxpayers and Homeowners (PATH) Act 두 건의 법안에 의한 커버드본드제도의 입법화 시도가 있었으나 아직까지 최종적인 법률제정에까지는 이르지 못하고 있다.[23]

프라임 모기지 사태의 여파로 손실이 확대되고 있던 중에 2008. 9. 15.부터 10일간 계속된 이 은행의 대규모 예금인출사태로 인해 결국 OTS(미국저축은행감독청)에 의해 FDIC(미국연방예금보험공사)의 청산관리(receivership)에 들어간 후 즉시 JPMorgan Chase에 인수되었다. Office of Thrift Supervision, OTS Fact Sheet on Washington Mutual Bank (September 25, 2008), *available at* http://files.ots.treas.gov/730021.pdf

18 Sabine Winkler, *The US covered bond market: A long way from infancy to maturity*, The Pfandbrief 2007/2008(12th edition, 2007, Berlin), Association of German Pfandbrief Banks, at 41−42, *available at* http://www.pfandbrief.org/d/bcenter.nsf/0/C5BD9AB6096E0178C125735D00546DD5/$FILE/EN%20_PBFB%202007.pdf

19 US Best Practices for Residential Covered Bonds, *supra* note 8, at 3.

20 Available at http://www.fdic.gov/news/news/press/2008/pr08060a.html

21 *See* US Best Practices for Residential Covered Bonds, *supra* note 8.

22 US Best Practices for Residential Covered Bonds, *supra* note 8, at 6.

23 European Covered Bond Council, 2016 ECBC European Covered Bond Fact Book(11th edition, August 2016), at 495.

우리나라에서는 2008년부터 은행들이 보유하고 있는 주택담보대출채권을 담보로 하는 커버드본드의 해외발행에 대한 관심이 고조되어 왔으며,[24] 그에 따라 유럽의 커버드본드 제도를 소개하는 국내 문헌도 속속 발표되었다.[25] 국내 은행들이 커버드본드를 발행하고자 하는 직접적인 이유는 미국 서브프라임 모기지 사태와 그로 인한 국제적인 신용경색의 여파로 야기된 국내 은행들의 해외차입여건악화를 극복하기 위해 중장기 외화자금의 조달수단을 다양화하는 데 있으나,[26] 보다 더 근본적인 이유는, 저축시장의 상품형태가 예금에서 투자로 바뀌면서 은행의 수신 비중이 감소됨에 따라[27] 은행의 조달비용이 상승하고 유동성위험이 높아지는 한편,[28] 2008년부터 적용되는 신바젤협약(Basel II)[29]과

24 한국은행, 금융안정보고서(2008. 10), 38~39면.

25 예를 들면, 장철영, Covered Bond 시장 및 도입효과에 관한 연구, 주택금융월보 통권 제44호(2008. 3), 한국주택금융공사; 이다니엘, 해외 커버드본드 현황과 시사점, 월간 하나금융 제213호(2008. 5), 하나금융연구소; 권기문, 은행의 'Covered Bond' 도입 필요성과 전망, 금융(2008. 7), 전국은행연합회; 김형준, Covered Bond 발행 구조, Issue Report(2008. 7. 2), 한국기업평가; 정소민, 유럽의 커버드본드제도에 관한 고찰, BFL 제30호(2008. 7), 서울대학교 금융법센터; 김신근, Covered Bond에 대한 이해, KBP Fixed Income Weekly 제08-31호(2008. 8. 11), 한국채권평가; 김필규, covered bond 도입에 대한 논의와 관련하여, 자본시장 Weekly 2008-34호(2008. 8. 19~8. 25), 한국증권연구원; 이미현, 담보부사채발행의 활성화, BFL 제31호(2008. 9), 서울대학교 금융법센터.

26 한국은행, 앞의 보고서, 38면.

27 어느 나라나 마찬가지이지만, 우리나라도 은행의 주택담보대출은 전통적으로 가장 안정적이고 저렴한 은행의 자금조달수단이라고 할 수 있는 고객의 예금을 그 재원으로 하여 왔다. 그러나, 예금의 수취를 위해서는 많은 수의 지점망을 필요로 하는 등 간접적인 비용도 적지 않을 뿐만 아니라 예금을 재원으로 하는 주택담보대출은 단기 예금과 장기 대출의 만기불일치로 인하여 은행의 자산부채관리에 어려움을 가져올 수도 있다. 또한, 예금보다는 고수익을 올릴 수 있는 자산에 투자하고자 고객들의 경향에 따라 우리나라도 예금의 감소를 경험하여 왔으며, 그 결과 은행들은 보다 저렴한 방법으로 주택담보대출의 재원을 조달하기 위하여 그리고 자신들의 대출자산을 매각함으로써 자기자본비율을 개선하기 위하여 점차적으로 은행채, MBS 등 자본사장에 눈을 돌리게 되었다.

28 김형준, 앞의 보고서, 3면.

29 Basel I과 Basel II하의 주택담보대출채권에 대한 위험가중치 및 최소 소요자기자본을 비교하면 다음과 같다:

기준	위험가중치	최소 소요자기자본*
Basel I	50%	4억원
Basel II 표준방법	35%	2.8억원
Base II 기초내부등급	15%	1.2억원
Basel II 고급내부등급	7%	0.56억원

2011년부터 발효되는 국제회계기준(IFRS)[30] 등 규제의 변화로 부외거래(off-balance transactions)가 그 이점이 감소되거나 제약을 받을 것이 예상되면서 MBS 발행을 통한 자금조달[31]도 어려워질 것에 대비하여 은행의 유동성을 확보하는 데 있었다.[32]

한편, 2011년 6월 29일 우리 정부는, 외환위기 이후의 저금리 기조, 풍부한 시중 유동성, 부동산가격 상승 기대심리, 금융회사의 대출확대 경쟁 등이 복합적으로 작용한 결과 가계부채가 큰 폭으로 증가함에 따라 취약한 대출구조와 저신용층의 상환여력 문제 등 가계부채 잠재위험요인을 개선하지 않을 경우 향후 우리 경제 및 금융시장에 불안요인으로 작용할 가능성이 있다고 판단하여, 가계부채가 향후 경제 및 금융시장 불안요인으로 작용하지 않도록 가계부채 연착륙을 도모하기 위한 가계부채 연착륙 종합대책[33]을 발표하면서, 그 대책의 하나로 고정금리 비거치식 분할상환 활성화를 유도하고 은행의 장기자금조달을 지원하기 위한 방안으로 커버드본드 발행 활성화방안을 제시하고 그 세부 후속조치의 일환으로 「은행의 우선변제권부채권(커버드본드) 발행 모범규준」을 제정·시행하였는데, 그 후 커버드본드의 법적 안전성과 투명성을 제고하기 위한 특별법 제정의 필요성이 더욱 부각됨에 따라 「이중상환청구권부 채권 발행에 관한 법률」을 제정하여 2014년 4월 15일부터 시행하고 있다.[34]

---

* 최소소요자기자본＝위험가중자산대비BIS최소소요자기자본비율(0.08)×위험가중치×주택담보대출잔액(100억원)

(표: 유윤주, 주택저당대출자산 유동화 시스템 개성방안, 한국증권연구원, 2005, 129면)

30 2011년부터 발효될 국제회계기준의 적용시, 잔여이익의 보유(후순위채권 보유), 조기정산요구권(clean-up call), 하자담보책임(put-option), 자산관리자와 자산보유자의 겸업 등의 경우에 해당되면, 유동화자산이 자산으로 처리되면서 부외처리가 불가능해진다. 김신근, 앞의 논문, 20~22면.

31 지금까지 국내 은행들은 주택담보대출을 기초자산으로 한 MBS 발행에도 적극적이지 않았는데, 이는 은행들이 예금을 통한 저리의 자금을 충분히 확보하고 있었기 때문에 MBS 등 자금조달방법의 다양화에 대한 필요성을 크게 느끼지 못하고 있었고, 주택담보대출의 이자율 또한 대부분 변동금리방식이어서 이자율위험 관리 필요성도 낮았으며, 또한 은행간 외형 경쟁으로 인하여 보유에 따른 자본비용부담이 높지 않은 우량자산인 주택담보대출을 기초로 한 MBS 발행의 실익이 낮다고 판단하였기 때문이다. 김형준, 앞의 보고서, 3면.

32 김신근, 앞의 보고서, 22면.

33 금융위원회, 가계부채 연착륙 종합대책, 2011. 6. 29.

34 「이중상환청구권부 채권 발행에 관한 법률」의 제정 경과에 대해서는 김용호·윤수진·최용

본고에서는 커버드본드의 발행과 관련한 법적 측면의 문제, 그중에서도 커버드본드 소지인들의 담보자산에 대한 우선변제권의 문제에 대해서 고찰해보고자 한다. 커버드본드가 담보부사채의 일종이라면, 그 소지인들이 우선변제권을 가진다는 것은 우리나라는 물론 어느 나라에서도 당연한 것이지만, 커버드본드 소지인들이 가지는 우선변제권이 실현되는 과정이, 아래에서 설명하는 바와 같이, 일반적인 담보권의 그것과 다른 방식을 통해 이루어지고 있기 때문이다. 이하에서는, 위와 같은 논점을 보다 명확히 인식하기 위해 먼저 커버드본드의 개념과 전반적인 특징을 먼저 살펴보고, 법정커버드본드제도의 원형이라고 할 수 있는 독일의 법제도하에서의 커버드본드 소지인들의 우선변제권이 실현되는 과정을 살펴본 다음, 영국과 미국에서는 어떠한 방식으로 독일의 커버드본드와 유사한 담보구조를 가진 커버드본드를 고안했는지를 살펴보고, 마지막으로 우리나라에서는 「이중상환청구권부 채권 발행에 관한 법률」의 시행 이전에는 어떠한 방식으로 그와 같은 법적 효과를 가진 담보구조를 만들어 낼 수 있는지에 대해 살펴본 다음 현행 「이중상환청구권부 채권 발행에 관한 법률」상의 커버드본드의 담보구조에 대해 검토해 보고자 한다.

Ⅱ. 커버드본드의 개념 및 특징

1. 커버드본드의 개념

커버드본드(covered bond)[35]라는 용어는 독일의 Pfandbrief, 스페인의 Cdulas 또는 프랑스의 Obligation foncire와 같이 유럽대륙의 은행들이 각각 자기 나라의 특별입법에 근거하여 발행해 온, 유사하면서도 각자 특이한 성격을 가지고 있는 여러 담보부사채들을 통칭하기 위해 시장참여자들이 만들어 낸 포괄적용어(umbrella term)로서 법적으로 정의된 용어는 아니다.[36] 그리고, 최근에는 영국

호, 「이중상환청구권부 채권 발행에 관한 법률」의 제정과 커버드본드의 법률관계, BFL 제65호(2014.5), 115~116면 참조.

35 커버드본드(covered bond)라는 용어는 담보로 사용되는 대출채권의 집합(pool of loans)이 담보 풀(cover pool)로 불리는 데서 연유한다. Douglas J. Lucas, Frank J. Fabozzi, Laurie S. Goodman, Andrea Montanari, and Armin Peter, *Covered Bonds: A New Source of U.S. Mortgage Loan Funding?*, The Journal of Structured Finance, Fall 2008, at 44.

이나 미국, 캐나다, 네덜란드 등에서와 같이 특별법에 근거하지 않고 일반법에 따라 구조화기법을 이용한 커버드본드도 발행되고 있으므로 이를 포괄하는 개념으로 사용되고 있으며, 경우에 따라서는 특별법에 근거하여 발행하는 커버드본드를 법정커버드본드(statutory covered bonds)라 하고, 일반법에 따라 또는 특별법에 근거하는 경우라도 구조화기법을 이용하여 발행한 커버드본드는 구조화커버드본드(structured covered bonds)라고 하여 편의상 구분하여 부르기도 한다.[37]

커버드본드는 유럽에서 채권(bond)에 대한 신뢰가 떨어졌던 17세기의 경제불황기에, 자금을 조달할 수 있는 안전한 금융상품의 필요성에서 부동산을 채권형태로 유동화시키려는 시도에 그 기원을 두고 있으며,[38] 독일에서 7년 전쟁 후 공공사업(public works projects)의 필요자금을 조달하기 위해 1770년에 Pfandbrief라는 이름으로 처음 발행되었다. 커버드본드는 초기에는 주로 농업자금을 조달하기 위한 수단으로 사용되었으나 후에는 주거용 및 상업용 부동산 시장에 집중하게 되었다.[39] 19세기에 들어 커버드본드는 유럽의 거의 모든 국가가 커버드본드제도를 가지게 될 정도로 성행을 하였으며, 민간회사들과 은행들의 파산이 많았던 19세기 말에는 금융시스템을 안정화시키는 데 있어서도 중요한 역할을 수행하였다.[40] 그러나 20세기 중반에 들어서는 은행간 시장이 발달하

---

36 Louis Hagen, *Covered Bond The Unknown Species, in* The Pfandbrief Europe's biggest bond market(8th edition, 2003), Association of German Mortgage Banks, at 30−31, *available at http://www.pfandbrief.org/d/bcenter.nsf/0/A6F65D0CD89DFF77C12570FA0058096C/* $FILE/fbpfandbrief_ 2003_e.pdf. 그러나 누가 언제부터 이 용어를 사용하였는지에 대해서는 알려져 있지 않다. *Id.*

37 See Michelle Bradley, *General Law Based Frameworks: Structured Covered Bonds, in* European Covered Bond Fact Book(3rd edition, August 2008), ECBC, at 36−39, *available at* http://ecbc.hypo.org/Content/Default.asp?. 영국과 네덜란드의 경우에는 최근 커버드본드에 관한 특별법이 제정되었으므로, 이 법에 근거하여 발행하는 커버드본드는 법정커버드본드라고 할 수 있으나 구조화기법을 이용하여 발행되므로 구조화커버드본드이기도 하다.

38 Dieter Bellinger, *Historical development of the mortgage bond system, in* Mortgage Banks and the Mortgage Bond in Europe(4th edition, November 2003), European Mortgage Federation, at 33−36, *available at* http://212.3.246.147/docs/1/LGAPGOKDOBAFMFDALMNAONKLPDB69DBKPWTE4Q/EMF/Docs/DLS/2003−00428.pdf

39 US Best Practices for Residential Covered Bonds, *supra* note 8, at 9.

40 Ralf Grossmann, *supra* note 11, at 52.

고 그와 함께 성장한 예금 기반이 부동산담보대출의 재원으로 사용되면서 유럽의 많은 나라에서 그 중요성을 잃게 되었다.[41] 그러나 유동성이 있는 상품에 대한 투자자의 수요를 충족시키고 또한 증가된 공공부문대출에 대한 재원을 조달하기 위하여 1995년 벤치마크 형태의 독일 Jumbo Pfandbrief[42]가 발행되면서 상황이 반전되었다.[43] 나아가 유로화의 탄생으로 인해, 통화에 관한 다양성을 더 이상 추구할 필요가 없게 된 투자자들은 유동성이 풍부한 금융상품을 찾는데 집중하게 되었고, 은행들은 국제적인 자본 투자자들을 유치하기 위해 신용도가 높고 유동성이 풍부한 채권을 통한 새로운 자금조달수단을 찾게 되면서 경쟁력 있는 자본시장상품을 만들기 위해 자신들의 커버드본드제도를 재활성화시켰으며, 또한 활황의 주택시장으로 인해 늘어나고 있는 부동산담보대출 재원의 주요 조달수단으로 사용하게 되었다.[44] 그 결과 오늘날에 와서는 거의 모든 유럽국가에서 커버드본드제도를 찾아볼 수 있게 되었으며,[45] 2007년말 현재 유럽에서의 커버드본드의 잔액은 EUR 2.1조에 이르고 있다.[46]

이와 같은 유럽의 오랜 전통에도 불구하고, 커버드본드에 관한 공통적인 정의는 아직도 존재하지 않는다.[47] 그러나 커버드본드의 안전상품으로서의 공

41 *Id.*

42 Jumbo Pfandbrief는 발행통화를 유로화로 하고, 5~10년의 만기일시상환 및 연1회의 이자지급 방식으로, 발행금액을 대부분 10억 유로로 하여 발행되며, 최소 5개 이상의 은행이 매도가격과 매수가격을 동시에 제시하는 방식(bid/ask (two－way) prices)으로 시장조성을 하는 바, 이 벤치마크 커버드본드 시장은 유럽에서는 정부채시장 다음으로 큰 채권시장이다. *Id.*, at 58~59.

43 *Id.*, at 52.

44 *Id.*

45 *Id.*

46 *Id.*, at 51. 그러나 커버드본드도 2007년 중반 이후의 글로벌 금융위기의 영향을 피할 수 없었다. 2008년 9월 중순까지는 낮은 발행수량, 짧아진 만기, 그리고 더 높아진 스프레드에도 불구하고 신규발행이 계속되기는 했으나, 2008년 9월 중순 리만 브라더스의 파산으로 글로벌 금융위기가 심화되면서 유통시장의 스프레드는 더욱 확대되었으며 2008년 11월 중순 현재 신규발행도 중단되어 있는 상태이다. European Central Bank, Covered Bonds in the EU Financial System(December 2008), at 23－25, *available at* http://www.ecb.int/pub/pdf/other/coverbondsintheeufinancialsystem200812en_en.pdf

47 EU 국가들의 공통입법의 계획은 입법의 통일주의 대신 상호인정주의를 채택한 1985년의 역내시장통합백서(White Paper on the Internal Market)에 따라 유럽위원회(European Commission)가 이를 포기하였다. Cristina Costa, *supra* note 8, at 18. 그리고, 유럽의 커버드본드 관계인협회인 ECBC도 유럽 각국의 커버드본드의 다양성을 존중하여 커버드본드의

통적인 특징은 1985년의 EU Directive 85/611(Directive on Undertaking for Collective Investments in Transferable Securities(양도성있는 증권에 대한 집합투자령); 이하 UCITS Directive)에 반영되었는바, UCITS Directive 제22조 제(4)항은 EU에서 발행되는 채권이 특별취급을 받을 수 있는 커버드본드로서 인정되기 위해 갖추어야 할 요건으로서 (i) 발행기관이 은행(credit institution)[48]일 것, (ii) 특별법제도에 근거하여 발행되었을 것, (iii) 발행기관은 공적기관에 의한 특별감독을 받을 것, (iv) 적격담보자산의 기준이 법률에 정하여져 있을 것, (v) 소지인들의 청구권이 커버드본드의 전 기간 동안 충분한 적격담보자산에 의하여 담보될 것, 그리고 (vi) 발행은행이 도산한 경우에는 소지인들이 담보자산으로부터 우선변제를 받을 권리를 가질 것을 요구하고 있다.[49] 또한, EU Directive 2006/48/EC (Capital Requirement Directive; 이하 CRD)는 커버드본드가 (i) UCITS Directive 제22조 제4항의 요건을 충족할 것, (ii) 담보자산은 구체적으로 정해진 형태 및 신용등급의 자산으로만 구성될 것,[50] (iii) 부동산담보대출을 담보자산으로 한 커

정의를 내리고 있지 않으며, 다만 그 공통적이고 본질적인 특징을 설명하고 있다. See ECBC Essential Features of Covered Bonds, *supra* note 9.

48 EU의 BCD(Banking Consolidation Directive; Directive 2006/48/EC; 일반적으로 CRD라고 부르기도 한다) 제4조 제(1)항에 의하면, credit institution은 일반인으로부터 예금 기타 반환의무있는 자금(repayable fund)을 받아 자신의 계산으로 신용을 공여하는 것을 영업으로 하는 회사로 정의하고 있다. 이를 일반적인 의미에서의 은행의 정의에 해당하는바, 본고에서도 이를 단순히 은행으로 번역하였다.

49 ECBC, About Covered Bonds Regulatory Framework of Covered Bonds, *available at* http://ecbc.hypo.org/content/default.asp?PageID=311. 이러한 요건을 갖춘 커버드본드에 대해서는, 투자펀드(UCITS)가 커버드본드 발행인당 투자한도를 당해 펀드 자산의 5% 대신 25%까지 투자를 확대할 수 있는 우대조치가 적용된다. *Id.*

50 CRD상의 커버드본드의 적격담보자산의 종류는 다음과 같다: (i) 유럽지역의 중앙정부, 중앙은행, 공공기관, 지방정부 등이 발행하거나 보증한 자산이거나 유럽외 지역의 중앙정부, 중앙은행, 국제기관, 공공기관, 지방정부 등에 대한 대출 또는 이들이 보증한 자산 중 AA 등급 이상인 자산(A 등급일 경우 커버드본드 발행금액의 20% 이하일 것), (ii) 신용등급 AA 등급 이상 기관으로부터의 대체자산(substitute assets), 커버드본드 발행금액의 15%를 넘지 않는 대출 등, (iii) LTV가 80% 이하인 주거용 부동산 담보대출, 유동화기구가 발행한 선순위 RMBS(유동화기구 자산의 90% 이상이 LTV 80% 이하인 모기지와 신용등급이 AA 이상이고 커버드본드 발행금액의 20%를 넘지 않는 증권으로 구성된 경우), (iv) LTV가 60% 이하인 상업용 부동산 담보대출, 유동화기구가 발행한 선순위 CMBS(유동화기구 자산의 90% 이상이 LTV 60% 이하인 모기지와 신용등급이 AA 이상이고 커버드본드 발행금액의 20%를 넘지 않는 증권으로 구성된 경우), (v) LTV가 60% 이하인 선박대출. 김필규, 앞의 논문, 2면.

버드본드의 발행인은 담보부동산 평가 및 감시에 관한 최저 기준을 준수할 것이라는 요건(Annex VI, PART 1, paragraph 68-70)을 만족시키는 경우에는, 이를 보유하는 은행이 감소된 위험가중치(reduced risk weighting)의 적용을 받도록 하고 있다.[51] 위와 같이 EU의 UCITS Directive 제22조 제(4)항은 유럽 커버드본드의 최소기준을 정하고 있는 반면, CRD는 커버드본드의 담보물로서의 적격자산의 범위를 제한하고 있는바, 이 기준과 범위가 사실상 커버드본드의 개념적 요소로 인정되고 있다.

2. 커버드본드의 특징

커버드본드는 그 발행의 기초가 되는 담보자산과 이를 기초로 발행된 커버드본드의 소지인들의 권리를 두 축으로 하고 있다고 할 수 있다. 따라서, 커버드본드의 특징을 설명함에 있어서도 담보자산과 관련된 특징과 커버드본드 소지인들의 권리에 관한 특징으로 나누어서 살펴보고자 한다.

(1) 담보자산과 관련한 특징

1) 적격담보자산(eligible cover assets)

담보자산은 커버드본드의 가치를 결정하는 핵심적 요소이다. 커버드본드의 담보자산으로서의 적격성을 가지는 자산으로는 대출채권(loans), 채권(bonds) 및 이와 유사한 금융상품은 물론 담보자산의 이자율 및 통화 리스크 헤지를 위한 파생상품(derivatives)도 포함되나, 지분증권(equity securities), 부동산, 실물상품(commodities) 또는 유형자산(tangible property)은 포함되지 않는다.[52] 가장 일반적인 담보자산으로는, EU CRD에 규정되어 있는 바와 같이, 주거용 또는 상업용 부동산 담보대출채권(또는 주거용 또는 상업용 부동산 담보대출채권에 의해 담보되는 MBS), 선박담보대출채권 및 공공부문대출채권이다.[53] 대부분의 담보 풀은 또

---

51 ECBC, *supra* note 45. CRD의 요건에 맞는 대부분의 커버드본드의 경우, Basel I 또는 Basel II의 표준방법하에서는 일반적으로 10%의 위험가중치가 적용되나, Basel II의 내부등급법하에서는 커버드본드 보유은행이 이 커버드본드의 손실위험을 내부적으로 어떻게 추정하느냐에 따라 위험가중치가 달라진다. *See* Fritz Engelhard, *Covered Bonds and the EU Capital Requirements Directive, in* European Covered Bond Fact Book(3rd edition, August 2008), ECBC, at 68~71, *available at* http://ecbc.hypo.org/Content/Default.asp?

52 ECBC Essential Features of Covered Bonds, *supra* note 9.

53 *Id.*

한 현금예금도 포함한다.[54] 미국의 주택담보대출 커버드본드에 관한 모범규준(Best Practices For Residential Covered Bonds)에서는 주택에 대해서만 담보자산 적격성을 인정하고 있다.[55] 나라에 따라서는 기본담보자산(regular cover assets; 보통 부동산담보대출채권, 공공부문대출, 선박대출 및 선순위 MBS)과 대체담보자산(substitute cover assets)을 구별하여 규정하기도 하며, 이 경우 대체담보자산에는 보통 양적 제한이 가해진다.[56] 최근에는 담보자산에 관한 투명성 확보를 위한 담보자산 내역의 공개의무에 대한 중요성이 부각되고 있다.[57]

2) 담보자산의 평가 및 LTV 기준

모든 커버드본드는 담보자산의 건전성 최저기준(minimum cover asset quality standards)을 정하고 있다. 법정커버드본드의 경우, 이 최저기준은 법령에 정해져 있으나 계약에 의해 보완될 수도 있으며, 구조화커버드본드의 경우에는 그 발행조건을 규율하는 계약에서 정해진다.[58] 또한 대부분의 나라들은 부동산 평가에 관한 법률규정 또는 적어도 일반적으로 인정된 원칙을 가지고 있으며, 대부분의 경우 부동산평가는 부동산담보대출가능금액(mortgage lending value)이나 보수적인 시장가격(prudent market value)에 기초하고 있다.[59] 단일 자산에 대한 LTV(Loan－to－Value) 한도도 또한 나라마다 서로 유사한바, 예컨대 주거용 부동산 담보대출의 경우에는 보통 60% 내지 80%의 범위 내에서 결정되고 있다.[60] EU CRD 또한 담보자산의 건전성에 대한 최저기준을 부과하고 있는바, CRD의 적용을 받는 투자자들의 경우 CRD에 부합하는 담보 풀을 가진 커버드본드만 감소된 위험가중치의 적용 혜택을 받을 수 있다.[61]

3) 자산부채관리 가이드라인(asset-liability management guidelines)

담보자산 건전성의 최저기준에 부합하는 담보 풀 자산의 가치는 적어도 이

---

54 *Id.*
55 US Best Practices for Residential Covered Bonds, *supra* note 8, at 12.
56 Ralf Grossmann, *supra* note 11, at 56.
57 *Id.*
58 ECBC Essential Features of Covered Bonds, *supra* note 9.
59 Ralf Grossmann, *supra* note 11, at 56.
60 *Id.*
61 ECBC Essential Features of Covered Bonds, *supra* note 9.

를 담보로 발행된 커버드본드의 가치와 동일하여야 한다.[62] 대부분의 나라의 경우, 담보비율원칙(cover－principle)[63]이라고 하여 담보 풀의 가치는 커버드본드의 가치보다 초과담보(overcollateralization)라고 알려져 있는 일정금액만큼 초과할 것을 요구하고 있으며, 이는 커버드본드에 활용되고 있는 유일한 신용보강(credit enhancement) 또는 신용리스크 완화수단(credit risk mitigation tool)으로서 기능하고 있다.[64] 초과담보의 최소수준은 특별법 또는 커버드본드를 규율하는 계약에 의해 정해지며, 경우에 따라서는 위 두 가지의 혼합에 의해 정해질 수도 있다.[65] 특정 커버드본드제도에서는 암묵적으로 또는 명시적으로 순현재가치(net－present value)에 의한 자산부채관리규칙을 도입하고 있다.[66]

또한, 커버드본드는 고정금리의 만기일시상환 방식으로서, 발행은행은 위에서 설명한 최저기준에 부합하는 담보 풀 자산의 가치가 커버드본드의 만기시까지 항상 커버드본드의 가치와 동일하거나 그 이상으로 유지되도록 해야 한다. 따라서, 발행은행은 만기가 된 담보자산 또는 채무불이행이 발생한 담보자산은 이를 보상하기 위해 다른 적격자산을 담보 풀에 추가시키거나 다른 적격자산으로 교체시켜야 하는 의무를 부담한다.[67] 이러한 의미에서 커버드본드의 담보 풀은 동적 담보 풀(dynamic cover pool)이며, 이와 같은 담보 풀의 동적 성격으로 인해, 위기테스트시나리오(stress test scenarios)를 포함한 보다 정확한 자산부채관리가 필요하게 되고, 또한 일반적으로 MBS보다 장기의 만기를 가질 수 있다.[68] MBS의 경우, 이와 반대로, 은행은 유동화자산이 SPV로 이전된 후에는 유동화자산 중에 채무불이행이 있는 자산이 있다 하더라도 이를 교체할 의무를 지지 아니하며,[69] 이러한 의미에서 유동화자산의 풀은 정적 담보 풀(static cover pool)이다.[70] 따라서, 유동화자산의 부실율이 MBS 발행시의 예상치보다 높은 경

---

62 *Id.*

63 Ralf Grossmann, *supra* note 11, at 56.

64 *Id.*

65 ECBC Essential Features of Covered Bonds, *supra* note 9.

66 Ralf Grossmann, *supra* note 11, at 56.

67 ECBC Essential Features of Covered Bonds, *supra* note 9.

68 Bernd Volk, *supra* note 5, at 65~66. 발행은행이 도산한 경우에는 담보 풀은 확정되며 더 이상 추가 또는 교체가 이루어지지 아니한다. *Id.*, at 65.

69 ECBC Essential Features of Covered Bonds, *supra* note 9.

우에도, 그 종국적인 손실은 은행이 부담하는 것이 아니라 MBS 투자자가 부담하게 된다.[71]

4) 발행은행에 대한 특별감독

담보 풀(cover pool)에 관한 발행은행의 의무에 대한 감독은 금융시장 등의 일반적 안정, 일반 고객의 이익, 예금보호 등에 관련된 일반적 감독과 대비되는 의미에서의, 커버드본드 소지인들의 이익을 위한 특별감독을 말한다.[72] 담보 풀과 관련한 특별감독의 내용과 정도는 나라마다 다르지만, 전형적인 특별감독의 수단에는 (i) 담보 풀 특별감시인(special cover pool monitor), (ii) 담보 풀 특별감시인에 의한 담보 풀의 정기적 감사, (iii) 발행은행의 도산시 커버드본드 소지인들에 대한 발행조건상의 일정에 따른 지급을 보장하기 위한 담보 풀의 계속적인 관리 및 유지 등이 포함된다.[73]

특별법제도에 있어서는, 특별감독의 임무는 보통 공공기관에 부여되며 발행은행은 커버드본드 발행에 대한 허가를 얻어야 한다. 많은 국가들의 경우, 이 공공기관은 은행감독기관이다. 이 공공기관들은 또한 담보 풀 특별감시인을 선임 또는 승인하며, 담보 풀에 대한 감사를 수시로 수행한다.[74] 특별감독은 UCITS Directive 제22조 제(4)항의 조건으로 되어있으며, 특별감독의 적용을 받는 커버드본드는 특정 투자자들에게 유리한 투자한도의 적용을 받도록 하고 있다. 또한, CRD의 적용을 받는 투자자들의 경우, 특별감독을 받는 커버드본드만 낮은 위험가중치 적용을 혜택을 받을 자격이 있다.[75]

일반법제도에 근거하여 발행된 커버드본드의 경우, 특별감독은 계약에 의해 정해진다. 따라서, 발행은행은 담보 풀을 감사하기 위한 외부 감사인을 임명하고, 또한 외부 수탁인(trustee)을 커버드본드 소지인들의 이익을 보호하기 위하여 임명하며, 발행조건을 정한 계약문서는 수탁인의 동의 없이는 변경될 수 없도록 하는 것 등의 내용이 약정된다.[76]

---

70 Bernd Volk, *supra* note 5, at 65~66

71 ECBC Essential Features of Covered Bonds, *supra* note 9.

72 *Id.*

73 *Id.*

74 *Id.*

75 *Id.*

(2) 커버드본드 소지인들의 권리와 관련한 특징

1) 은행에 대한 상환청구권(full recourse right)

커버드본드는 공적 감독 및 규제를 받는 은행[77]이 발행하였거나 또는, 은행이 직접 발행하지 않은 경우라 하더라도, 그 소지인들이 그 발행은행에 대해 상환청구권(full recourse right)을 가지도록 하는 구조를 가지고 있어야 한다.[78]

대부분의 커버드본드는 은행에 의해서 직접 발행되며, 따라서 그 은행은 커버드본드의 발행주체로서 그 원리금을 지급할 무제한적이고 무조건적인 의무를 지게 된다.[79] 그러나, 예컨대, 미국의 주택담보대출 커버드본드에 관한 모범규준(Best Practices For Residential Covered Bonds)에서 규정하고 있는 SPV구조에서는, 커버드본드는 담보자산을 보유하고 있는 은행이 직접 발행하는 것이 아니라 SPV를 통해 발행하며, 그 SPV는 커버드본드 발행대금을 채권매입의 형태로 은행에 대여한다. 이러한 구조에서도 커버드본드 소지인들은 실질적인 의미의 발행은행에 대하여, 비록 간접적이기는 하지만 SPV를 통하여, 상환청구권을 갖게 된다.[80] EU CRD의 적용을 받는 투자자들의 경우에는, 은행이 직접 발행한 커버드본드를 보유하는 경우에만 감소된 위험가중치 적용의 혜택을 받을 수 있다.[81]

은행에 대한 상환청구권은 MBS와 커버드본드의 결정적인 차이점이다. MBS 소지인들은 SPV에 이전된 유동화자산으로부터 나오는 현금흐름에 대해서만 청구권을 갖는다. 따라서, 유동화자산으로부터 나오는 현금흐름이 MBS 원리금 상환에 충분하지 아니한 경우에도, MBS 소지인들은 은행에 대해서는 하등의 상환청구권을 가지지 않는다.[82]

---

76 *Id.*

77 은행(credit institution)은 예금수취, 신용공여 또는 지급결제 등 하나 또는 둘 이상의 은행업무를 수행할 수 있는 허가를 받은 금융기관이다. 은행은 금융시스템에서 차지하는 중요성으로 인해 일반 회사와는 달리 신용, 유동성, 이자율 및 운영 위험의 관리 기준을 설정하고 있는 공적 감독 및 규제의 대상이 된다. *Id.*

78 *Id.*

79 *Id.*

80 *Id.*

81 *Id.*

82 *Id.*

2) 담보자산에 대한 우선변제권(preferential claim)

우리 국내은행들이 발행하고자 하는 커버드본드가 일종의 담보부사채라고 한다면, 우리의 법관념상 그 담보부사채권자들인 커버드본드 소지인들이 담보자산에 대하여 다른 채권자들보다 우선변제를 받을 권리를 가진다는 것은 전혀 새롭거나 놀라운 일이 아니다. 담보권의 본질적 효력은 사실 담보물에 대한 우선변제적 효력에 있는 것이기 때문이다. 우리나라에서 가장 빈번히 사용되고 있는 약정담보권인 저당권과 질권에 있어서도 담보권자의 담보물에 대한 우선변제권이 인정되고 있다.[83] 우리 민법상의 질권이나 저당권의 경우, 이들 담보권자의 우선변제권은 당사자간의 담보권설정계약의 체결에 의해 부여되며, 채무자가 채무불이행을 한 경우 담보권자가 담보권의 실행에 의해 담보물을 환가하여 다른 채권자들보다 먼저 변제를 받을 수 있고,[84] 담보제공자가 파산절차에 들어간 경우에는 별제권을 행사하여 우선변제를 받을 수 있으며,[85] 그리고 담보제공자가 회생절차에 들어간 경우에 있어서는 담보권도 권리변경이 될 수 있으나 적어도 무담보채권자보다는 우월한 입장에 있게 된다.[86]

그러나, 커버드본드의 경우 특기할 만한 것은, 일반적으로 커버드본드 소지인들의 우선변제권이 부여되고 실현되는 방법 또는 과정이 일반적인 담보권의 그것과 다르다는 점이다. 각국의 법정커버드본드는 발행인이 도산하는 경우 담보자산에 대한 커버드본드 소지인들의 권리를 다른 채권자들로부터의 청구권에 비해 우선적으로 보호하기 위해 서로 다른 기법을 사용하고 있다.[87] 스페인 등 일부 국가의 경우에는 커버드본드 소지인들의 보호는 일반 도산절차에 따라 파산재단 내에서의 우신변제권을 통하여 달싱된다.[88] 그러나, 대부분의 법정커버드본드는, 일반 도산절차에 대한 특별 도산절차를 정한 특별법에 따라, 발행은행이 도산하는 경우 담보 풀 및 이를 담보로 하여 발행된 커버드본드를 발행은행의 대차대조표에서 분리시키는 도산절연(segregation of assets and bank-

83 민법 제329조, 제355조 및 제356조.

84 민법 제338조, 제353조 및 제363조.

85 채무자회생 및 파산에 관한 법률 제411조.

86 채무자회생 및 파산에 관한 법률 제193조 참조.

87 Ralf Grossmann, *supra* note 11, at 57.

88 *Id.*

ruptcy remoteness)을 통하여 발행은행의 도산이 커버드본드 소지인들의 권리에 영향을 미치지 않도록 함으로써 우선변제권을 부여하고 실현하고 있으니, 이것이 바로 법정커버드본드의 핵심적인 특징이다.[89] 달리 말하면, 담보 풀과 커버드본드는 그 발행은행이 도산하는 경우 은행의 다른 자산 및 채무로부터 분리되어(ring-fenced),[90] 발행은행의 파산재단의 일부로서 관리되거나 청산되지 아니하며, 그리하여 담보자산은 커버드본드 소지인들의 원리금지급에만 사용 가능하게 된다. 구조화커버드본드의 경우에는 법정커버드본드와 달리 당사자간에 담보권을 설정하는 계약을 체결함으로써 커버드본드 소지인들에게 담보자산에 대한 우선변제권을 부여한다.

그리고, 법정커버드본드이든 구조화커버드본드이든 한가지 중요한 공통의 특징은 커버드본드는 발행인이 도산한 경우 자동적으로 기한의 이익이 상실되지 않고 커버드본드의 원리금이 발행조건상의 원리금 지급기일에 계속해서 지급되도록 한다는데 있으니,[91] 이는 모든 커버드본드의 핵심적인 특징이 된다. 법정커버드본드의 경우에는 이 특징이 위에서 본 바와 같이 특별법에 의하여 담보자산을 파산재단으로부터 분리시키는 파산절연을 통하여 달성한다. 구조화커버드본드의 경우, 영국에서는 담보 풀을 커버드본드에 관한 발행은행의 의무를 보증하는 SPE로 이전시킴으로써 발행은행의 파산재단으로부터 절연시키는 방법을 통하여 달성하고 있으며, 미국에서는 아래에서 보는 바와 같이 또 다른 구조를 통하여 이를 달성하고 있다.

따라서, (i) 커버드본드 소지인들의 담보자산에 대한 우선변제권의 확보 및 (ii) 발행은행의 도산시 담보자산으로부터의 커버드본드 원리금의 발행조건상의 지급일정에 따른 계속적 지급이라는 두 가지 특징을 모두 갖추는 것이 커버드본드의 담보구조의 요체라고 할 수 있으며, 이하에서는 독일, 영국 및 미국의 커버드본드는 각각 어떠한 방식을 통하여 위 두 가지 특징을 다 갖추게 되는지를 자세히 살펴보기로 한다.

---

89 Sabine Winkler, *supra* note 16, at 44.

90 *Id.*

91 Ralf Grossmann, *supra* note 11, at 57.

Ⅲ. 커버드본드의 담보구조

1. 독일 Pfandbriefe의 담보구조

(1) 담보자산의 등록과 커버드본드의 발행

독일의 커버드본드(Pfandbriefe)는 Pfandbriefgesetz(Pfandbrief Act; PfandBG; 이하 Pfandbrief Act)라는 특별법에 근거하여 발행된다.[92] 이 Pfandbrief Act는 독일의 도산법(Insolvenzordnung; German Insolvency Act)에 대한 특별법으로서의 지위를 가지며 따라서 그에 우선한다.[93] 발행은행은 먼저 담보자산으로서의 적격성을 가진 대출채권을 그 담보물과 함께 담보자산등록부(cover registers)에 등록한다.[94] 담보자산등록부에의 담보자산 등록의 법률적 효과는, 아래에서 보는 바와 같이, 발행은행이 도산하는 경우 파산재단과는 별도의 법적 재단(Sondervermgen)을 구성할 자산으로 확인된다는 데 있다.[95] 담보자산등록부는 커버드본드의 종류별(즉, Mortgage Pfandbriefe, Public Pfandbriefe 및 Ship Pfandbriefe)로 각각 별도로 작성·유지되며,[96] 각각의 담보자산등록부에 등록된 담보자산(cover assets)의 전체를 일괄적으로 일컬어 담보 풀(cover pool)이라 한다.[97] 커버드본드는 이 담보 풀에 있는 담보자산을 기초로 하여 발행되며 또 이에 의해 담보되는 것이다.[98] 담보자산등록부의 일상적 관리는 발행은행에 의해

---

92 Ute Foshag, *Legal Framework of the German Pfandbrief, in* German Pfandbrief 2006 Recent developments and international comparison(July 2006), Bundesverband Offentlicher Banken Deutschlands, at 125, *available at www.voeb.de/download/publikation*_pfandbrief 2006－en.pdf(last visited Nov. 22, 2008); Louis Hagen, *The Legal Framework for Issuing Pfandbriefe, in* The Pfandbrief 2008/2009 Facts and Figures about Europe's Covered Bond Benchmark(13th edition, 2008), Association of German Pfandbrief Banks, at 7, *available at* http://www.pfandbrief.org/d/internet.nsf/tindex/en_ordercenter.htm?OpenDocument&168DEDF89010CB18C125712B004BFEB9; Wolfgang Klberer & Otmar Stcker, *The Issuer's perspective Germany, in* European Covered Bond Fact Book(3rd edition, August 2008), ECBC, at 135, *available at* http://ecbc.hypo.org/Content/Default.asp?

93 Pfandbrief Act ㎜30－36; Wolfgang Klberer & Otmar Stcker, *supra* note, Id.

94 Pfandbrief Act 5(1).

95 Wolfgang Klberer & Otmar Stcker, *supra* note 90, at 137.

96 Pfandbrief Act 5(1).

97 Louis Hagen, *supra* note 90, at 7.

98 *Id.*; Ute Foshag, *supra* note 88, at 128.

수행되지만, 담보자산의 적격성 및 담보자산등록부에의 등록의 감독은 담보자산감시인(cover pool monitor)[99]에 의해 이루어진다.[100] 담보자산등록부의 사본은 정기적으로 감독기관에 송부되어야 한다.[101]

발행은행이 도산상태에 들어가지 아니한 정상적인 경우에 있어서는, 커버드본드는 발행인의 무담보사채(unsecured debt)와 다르지 않다.[102] 커버드본드의 원리금은, 담보자산인 대출채권의 원리금이 정상적으로 회수되고 있는지 여부에 불문하고, 발행은행의 영업활동 전체의 현금흐름에서 지급된다. 다만, 발행은행은 앞에서 설명한 바와 같이 자산부채관리 가이드라인을 계속해서 준수해야 하므로 담보 풀은 동적인 성격을 지닌다.[103]

(2) 발행은행의 도산, 담보 풀의 분리 및 커버드본드의 계속지급

담보 풀은 발행은행이 도산절차에 들어가지 않는 한 발행은행의 일반재산에 속한다.[104] 그러나, 발행은행이 도산[105]하는 경우에는, Pfandbrief Act의 규정에 의해, 담보자산등록부에 등록되어 있는 담보자산은 발행은행의 파산재단으로부터 제외된다.[106] 이 담보자산은 도산절차의 개시에 의해 영향을 받지 않으

99 독일의 모든 Pfandbrief 은행에는 1인의 담보자산감시인(cover pool monitor) 및 최소한 1인의 부감시인(deputy)이 임명되어야 한다. 커버드본드에 대해 적격자산이 담보로 제공되는지 그리고 담보자산이 각각의 담보자산등록부에 정히 등록되는지를 감시하는 것이 이들의 임무이다. 이들은 BaFin(독일의 연방금융감독기관)에 의해 임명되고(또한 객관적인 사유가 있는 경우에는 BaFin은 그 임명을 철회할 수도 있다), BaFin에 대해 자신들의 업무 중 알게 된 사실 등의 정보를 BaFin에 제공하여야 하지만, BaFin의 지시에 구속되지는 아니한다. 따라서, 담보자산감시인은 독립적인 감시기구라 할 수 있다. Louis Hagen, *supra* note 90, at 8~9; Pfandbrief Act 7.

100 Wolfgang Klberer & Otmar Stcker, *supra* note 90, at 137.

101 *Id.*

102 ABN AMRO, Liquid covered bonds(6th edition, July 2006), at 5.

103 *Id.*, at 6.

104 *Id.*

105 도산절차개시의 이유는 지급불능(illiquidity), 채무초과(overindebtedness) 및 지급불능의 임박(imminent illiquidity)이다(German Banking Act 46b, German Insolvency Code 17 이하). Jochen Seitz, Peter Maier & Ralf Burmeister, *Case Study: Security mechanism for Pfandbrief creditors and regulator's options to intervene in case of (imminent) insolvency of a Pfandbrief Bank, in* German Pfandbrief 2006 Recent developments and international comparison(July 2006), Bundesverband Offentlicher Banken Deutschlands, at 140, *available at* www.voeb.de/download/publikation_pfandbrief2006-en.pdf

106 Pfandbrief Act 30(1).

며,[107] 자동적으로 별도의 법적 재단(separate legal estate)을 구성한다([그림 3] 참조).[108] 따라서, 커버드본드는 발행은행이 도산하더라도 자동적으로 그 기한의 이익이 상실되지도 않으며 그 원리금은 발행조건상의 일정에 따라 지급된다.[109] 위와 같이 담보 풀이 별도의 재단을 구성한다는 법률의 규정에 의해, 커버드본드 소지인들은 담보자산으로부터 우선적으로 변제받을 권리(preferential claim)를 가지게 되는 것이다.[110] 즉, 독일의 Pfandbrief 소지인들이 가지는 담보자산에 대한 우선변제권은 당사자간의 담보약정에 의해 발생하는 것이 아니라, 발행은행이 도산한 경우에 있어, 도산법에 대한 특별법의 지위를 갖는 법률에서 담보재산을 분리하여 관리한다는 규정에 의해 발생하는 법정담보권이라 할 수 있다.

발행은행에 대하여 도산절차가 개시되면, 파산재단으로부터 분리된 커버드본드의 담보 풀은 파산재단의 일반 도산관재인과는 별도의 특별 담보자산관리인(Sachwalter; cover pool administrator)이 관리하게 된다.[111] 담보자산관리인은 발행은행 감독기관의 청구에 따라 관할법원이 임명하지만, 담보자산의 관리·처분권은 법률에 의해 자동적으로 그에게 이전된다.[112] 담보자산관리인은 만약

[그림 3]

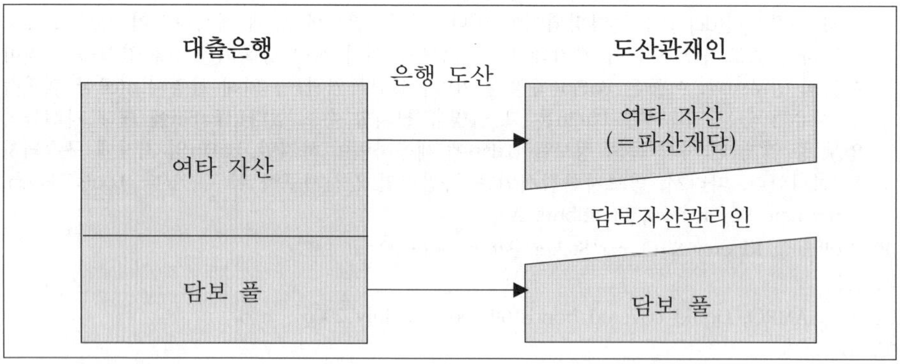

대출은행
은행 도산
도산관재인
여타 자산
여타 자산 (=파산재단)
담보자산관리인
담보 풀
담보 풀

출처: vdp.

---

107 Pfandbrief Act 30(1).

108 Wolfgang Klberer & Otmar Stcker, *supra* note 90, at 138.

109 *Id.* 다만, 담보 풀은 정적(static)으로 바뀌어 더 이상 담보자산의 추가교체는 일어나지 않는다. *See supra* note 66.

110 Jochen Seitz, Peter Maier & Ralf Burmeister, *supra* note 103, at 139.

111 Pfandbrief Act 30(2).

112 Pfandbrief Act 30(2).

발행은행의 도산이 예상되고 커버드본드 소지인들의 보호를 위해 필요한 경우에는 도산절차가 개시되기 전이라도 임명될 수 있다.[113] 담보자산관리인은 커버드본드의 소지인들의 청구권이 발행계약상의 일정에 따라 만족될 수 있도록 보장하기 위하여 담보자산인 모든 대출채권의 원리금을 각 대출채권계약상의 조건에 따라 수령하여 커버드본드 소지인들의 원리금을 그 발행조건상의 일정에 따라 지급할 수 있으며,[114] 나아가 담보 풀의 유동성을 확보하기 위하여 담보자산을 개별적으로 처분할 수도 있다.[115] 이와 같은 형태의 관리는 커버드본드의 원리금이 전부 상환될 때까지 계속되며, 잉여금이 있는 경우에는 발행은행의 파산재단으로 이전된다.[116]

(3) 담보 풀의 도산 및 발행은행의 도산절차에의 참가

담보 풀에 대하여 도산사유가 발생한 경우에는, 감독기관의 청구에 의해, 별도의 도산절차가 개시될 수 있다.[117] 담보 풀에 대해 별도의 도산절차가 개시되면, 커버드본드의 기한의 이익이 상실되며 즉시 담보자산의 청산이 이루어진다. 만약 커버드본드 소지인들이 이 담보 풀의 도산절차에서 자신들의 채권을 전부 변제받지 못한 경우에는, 이들은 무담보채권자의 자격으로 자신의 잔여채권을 발행은행의 도산절차에서 청구할 수 있다(full recourse).[118]

2. 영국 Regulated Covered Bonds의 담보구조

(1) 커버드본드의 발행 및 담보권의 설정

독일 등과 달리 커버드본드에 관한 특별법을 가지고 있지 아니하였던 영국에서는 2003년 HBOS가 계약법, 담보법, 도산법 등의 일반법제도하에서 구조화기법(securitization techniques)을 사용하여 법정커버드본드와 유사한 법적경제적 효과를 가진 구조화커버드본드를 발행한 이래 다른 은행들도 계속해서 동일한 구조로 커버드본드를 발행해 왔다. 커버드본드의 발행 및 감독에 관한 특별법

---

113 Pfandbrief Act 30(5).
114 Pfandbrief Act 30(1).
115 Pfandbrief Act 30(2).
116 Louis Hagen, *supra* note 90, at 15.
117 Pfandbrief Act 30(6).
118 Louis Hagen, *supra* note 90, at 15; Wolfgang Klberer & Otmar Stcker, *supra* note 90, at 138.

으로 삼기 위해 영국의회가 제정하여 2008년 3월 6일부터 시행된 Regulated Covered Bonds Regulations(이하 UK Regulations)도 그 때까지 영국의 은행들이 사용하여 왔던 구조와 동일한 구조의 커버드본드 발행만을 인정하고 있으며,[119] 이 UK Regulations에 근거하여 발행되는 Regulated Covered Bonds(이하 영국 구조화커버드본드) 구조의 주요 요소는 이 법하에서도 여전히 계약에 의해 정해지도록 되어 있다.[120]

영국 구조화커버드본드의 담보구조([그림 4])의 특징은 담보자산이 SPV로 이전된다는데 있다. UK Regulations에 따르면, 영국 구조화커버드본드는 은행만이 발행할 수 있다.[121] 따라서 커버드본드는 발행은행의 직접적이고 무조건적인 채무이며,[122] 커버드본드 소지인들의 입장에서는 발행은행에 대한 원리금 상환

[그림 4]

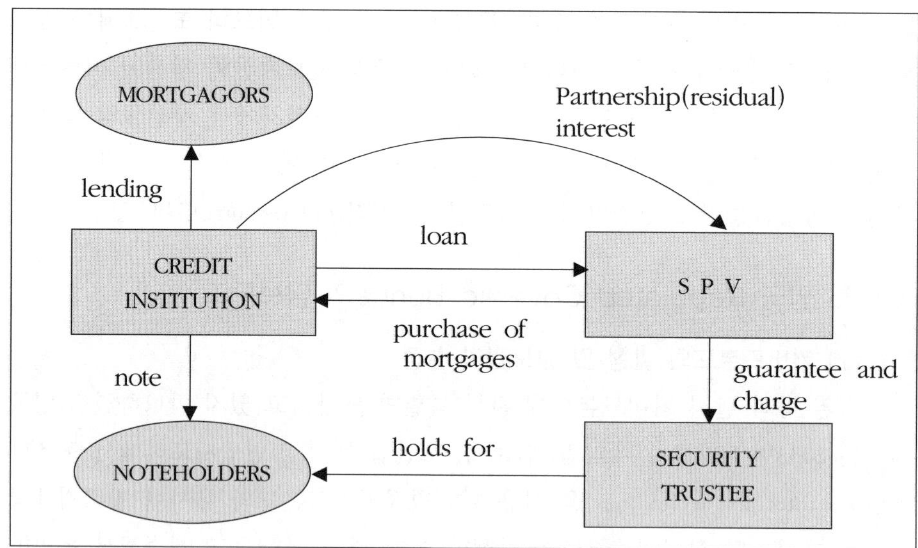

출처: HM Treasury.

119 Mayer Brown, *UK Regulated Covered Bond Regulations 2008*, Finance Legal Bulletin (March 2008), at 4, http://www.mayerbrown.com/publications/article.asp?id=4305&nid=6

120 Fritz Engelhard, *The Issuer's perspective United Kingdom, in* European Covered Bond Fact Book(3rd edition, August 2008), European Covered Bond Council(ECBC), at 277, *available at* http://ecbc.hypo.org/Content/Default.asp?

121 UK Regulations 9(a).

122 Fritz Engelhard, *supra* note 118, at 278.

청구권(full recourse)을 가지게 된다. 또한 모든 담보자산은, 발행은행이 도산한 경우 그 도산절차로부터 절연(bankruptcy remoteness) 되도록 하기 위하여, 진정매매(true sale)의 방식으로 SPV로 이전시키며, 이 SPV가 커버드본드 소지인들에 대하여 발행은행의 원리금 지급채무를 보증함과 동시에 이 보증채무를 담보하기 위하여 자신이 이전받은 담보자산에 대하여 커버드본드 소지인들을 위하여 담보권을 설정함으로써 커버드본드 소지인들의 담보자산에 대한 우선변제권(preferential claim)을 부여하는 구조를 취하고 있다.

커버드본드는 은행이 발행하며, 은행은 그 발행대금을 SPV[123]에 대출한다. 지금까지 발행된 영국 구조화커버드본드의 경우 모든 SPV는 Limited Liability Partnerships Act 2000에 따른 LLP(limited liability partnership)의 형태로 설립되었으며, 발행은행은 이 파트너십의 구성원의 하나로 참가하였다.[124] SPV는 이 대출금을 발행은행으로부터 담보자산, 즉 다수의 저당권담보부 대출채권을 매입하는데 사용한다.[125] 지금까지 SPV가 담보자산을 매입하는 방식으로는 대부분 대출채무자에 대한 서면통지 없이 형평법상의 양도방식(equitable aasignment)[126]에 의해 담보자산에 대한 실질적 소유권(beneficial interest)만을 취득하고 법적소유권(legal title)은 발행은행에 남도록 하는 방법으로 행하여졌다.[127] 또한, SPV의 담보자산 매입은 진정매매(true sale) 방식에 의함으로써 SPV가 매입을 한 후에는 발행은행의 채권자, 도산관재인 또는 청산인 그 누구에게도 담보자산에 대한 반환청구권이 인정되지 아니하는 구조에 의하여야 한다.[128] 그리고, SPV가 발행은행으로부터 매입하는 담보자산의 원금총액은 커버드본드의 발행대금총액, 즉 발행은행이 SPV에 한 대출금액보다 많아야 하며, 이 차이금액이 SPV에

123 SPV는 LLP 또는 회사이어야 하며 또한 그 주사무소 및 주요 이해관계의 중심지(registered office and center of main interests)가 영국에 있어야 한다. UK Regulations 21(1).

124 Mayer Brown, *supra* note 117, at 4.

125 *Id.*

126 *See* Thomas W. Albrecht & Sarah J. Smith, *Corporate Loan Securitization: Selected Legal And Regulatory Issues*, 8 Duke J. of Comp. & Int'l L. 411, 433~435.

127 예외적으로, 지금까지 발행된 영국의 구조화커버드본드 중의 하나는 대출채권계약서상의 대출채권 양도제한 조항 때문에 대출은행이 명의신탁(bare trust)을 선언하는 방식으로 SPV가 대출채권의 실질적 소유권을 취득하였으며, 또 다른 경우에는 대출은행이 현물출자(contribution in kind)를 하는 방식으로 SPV가 대출채권을 취득하였다. Mayer Brown, *supra* note 117, at 4.

128 HM Treasury, *supra* note 6, at 7.

매각된 담보 풀의 초과담보(overcollateralization)를 구성하게 된다.[129] 초과담보 금액은 담보 풀의 질과 커버드본드가 받고자 하는 신용등급에 따라 결정되며, 초과담보에 대한 대가는 SPV에 대한 발행은행의 지분권(membership interest)의 부여 형태로 SPV가 발행은행에 지급한다.[130] 발행은행으로부터의 대출에 대한 대가(consideration)로, SPV는 커버드본드상의 발행은행의 채무를 보증하며, 이 보증채무를 담보하기 위하여 자신의 자산(대부분이 발행으로부터 이전받은 담보자산으로 구성됨) 위에 담보수탁인(security trustee) 앞으로 담보권을 설정한다.[131] 담보자산은 발행은행 및 SPV가 유지하는 담보자산등록부(cover register)에 기재되어야 하며, 이 등록부는 감독기관인 FSA의 검사의 대상이 된다.[132] SPV는 커버드본드의 만기까지 커버드본드 소지인들의 청구권을 담보할 수 있는 금액으로 담보 풀을 유지할 의무를 부담하며, 담보비율테스트(asset coverage test)가 매월 실시된다.[133] 또한 커버드본드 소지인들에 대한 원리금지급에 충분한 담보 풀을 유지하기 위해 필요한 경우에는, SPV는 담보자산으로부터 나오는 현금흐름을 가지고 발행은행으로부터 담보자산 또는 기타 적격자산을 추가로 매입해야 하며, 이를 위해 발행은행은 지속적으로 담보자산을 SPV에 매각할 의무를 진다.[134]

(2) 발행은행의 도산 및 커버드본드의 계속지급

발행은행이 도산하는 경우, 담보자산은 발행은행과는 별도의 SPV에 이미 이전되어 있으므로 발행은행의 파산재단에 속하지 않으며 도산절차로부터 영향을 받지 않는다.[135] 그리고 발행은행의 도산관재인은 각 대출채무자에게 대출채권의 양도사실을 통지함으로써 그 때까지 발행은행이 보유하고 있던 담보자산의 법적소유권(legal title)을 SPV에 이전하여야 한다.[136] 또한 SPV는 커버드본드 수탁인으로부터 커버드본드 원리금의 지급지시통지를 전달받게 된다. 그러나, 이 통지의 전달에 의해 SPV의 원리금 지급의무가 그 기한의 이익이 상실되는

129 *Id.*
130 *Id.*
131 *Id.*, at 8.
132 Fritz Engelhard, *supra* note 118, at 281.
133 HM Treasury, *supra* note 6, at 8.
134 *Id.*
135 *Id.*, at 28.
136 UK Regulations 26.

것은 아니며, SPV는 이 때부터 커버드본드의 원리금을 발행조건에서 정한 지급기일에 맞추어 지급해 나갈 의무를 지게 된다.[137] 이러한 지급금액은 SPV가 담보자산인 대출채권의 원리금으로 받은 금액 및 담보자산의 처분으로 받은 금액을 그 재원으로 한다.[138]

(3) SPV의 도산 및 발행은행 도산절차에의 참가

SPV에 대하여 도산사유가 발생한 경우에는 SPV의 커버드본드 원리금 지급의무의 기한의 이익이 상실되며, 따라서 SPV는 그 자체의 도산절차를 통하여 커버드본드의 원리금을 지급하게 된다. 만약 커버드본드 소지인들이 이 SPV의 도산절차에서 자신들의 채권을 전부 변제받지 못한 경우에는, 이들은 무담보채권자의 자격으로 자신의 잔여 채권을 발행은행의 도산절차에서 청구할 수 있다(full recourse).[139]

3. 미국의 Residential Covered Bonds의 담보구조

(1) 커버드본드의 발행 및 담보권의 설정

US Treasury의 주택담보대출 커버드본드에 관한 모범규준(Best Practices For Residential Covered Bonds)은 커버드본드는 은행에 의해 직접 발행될 수도 있고(직접발행구조) 또 은행의 도산으로부터 절연되는 SPV를 통하여 발행될 수도 있도록(SPV 구조) 규정하고 있다.[140] 어느 구조하에서든, 커버드본드의 최종 담보자산인 주택담보채권[141]으로 구성된 담보 풀은 은행의 재무제표에 남아 있어야 한다.[142] 이 요건은 초과담보에 대한 FDIC의 권리를 보호함과 동시에 영국의 구조화 커버드본드 구조와는 달리 담보자산을 SPV에 이전하는 복잡한 구조를 피하기 위해서 이다.[143] 2006년의 Washington Mutual Bank 및 2007년의 Bank of

---

137 HM Treasury, *supra* note, at 8.

138 *Id.*

139 Fritz Engelhard, *supra* note 118, at 282.

140 US Best Practices for Residential Covered Bonds, *supra* note 8, at 11.

141 주택담보대출 커버드본드에 관한 모범규준(Best Practices For Residential Covered Bonds)은 현재로서는 일정 요건을 갖춘 주택담보대출만을 담보자산으로 인정하고 있다. *Id.*, at 12.

142 US Best Practices for Residential Covered Bonds, supra note 8, at 11.

143 Mayer Brown, *US Treasury Issues Best Practices for Residential Covered Bonds*, Capital Market Update(July 30, 2008), at 2.

America 모두 SPV구조를 사용하였으며, 직접발행구조는 미국의 현행법하에서 작동가능한 것인지 아직 시장에서 검증되지 아니한 상태이기 때문에, 이하에서는 SPV구조의 커버드본드(이하 미국의 커버드본드)에 대해서 그 담보구조를 살펴보고자 한다.

커버드본드에 관한 특별법을 가지고 있지 않은 미국의 은행들은 커버드본드를 발행함에 있어 (i) 담보자산인 주택담보대출채권을 은행이 계속 보유하면서도 그 위에 (채무자 및 제3자에 대한) 대항요건을 갖춘 제1순위 담보권(first priority perfected security)을 설정해 주는 것이 가능하도록 되어 있는 미국 통일상법전(Uniform Commercial Code; 이하 UCC)의 규정[144] 및 이와 같은 담보권을 취득한 자는 은행이 도산한 경우에도 일정한 조건하에 그 담보권을 실행할 수 있도록 하는 미국 FDIC의 규정들 및 해석[145]에 의존하는 한편,[146] (ii) 영국의 커버드본드에서 사용되어 시장에서 인정을 받은 구조화기법(securitization techni-ques)의 장점들을 결합하고 있다.[147] 위 (i)의 측면에서만 보면, 커버드본드 소지인들에 대한 우선변제권 부여라는 면에서는 구태여 영국의 커버드본드에 있어서와 같이 SPV를 만들어 담보자산을 이에 이전시키는 복잡한 구조화기법을 사용할 필요가 없이[148] 담보자산을 은행이 계속 보유하면서 직접 발행할 수도 있는 법제도를 가지고 있다. 그리하여, 미국의 커버드본드는 위에서 본 바와 같이 초과담보에 대한 FDIC의 권리를 보호함과 동시에 영국의 구조화 커버드본드 구조와는 달리 담보자산을 SPV에 이전하는 복잡한 구조를 피하기 위해서 담보 풀

144 Revised UCC §9-312(a).

145 *See* FDIC's Statement of Policy on Foreclosure Consent and Redemption Rights(June 16, 1992), FDIC's Advisory Opinion 89-49, and FDIC의 Statement of Policy Regarding Treatment of Security Interests After Appointment of the FDIC as Conservator or Receiver (March 23, 1993). American Securitization Forum, *U.S. Covered Bonds A Discussion Paper for the Federal Deposit Insurance Corporation*, at 5, *available at* http://www.americansecuritization.com/uploadedFiles/ASF%20Covered%20Bonds%20Discussion%20Paper%20Final.pdf

146 *See* Sabine Winkler, *The Issuer's perspective United States, in* European Covered Bond Fact Book(3rd edition, August 2008), ECBC, at 291, *available at* http://ecbc.hypo.org/Content/Default.asp?(last visited Nov. 22, 2008); American Securitization Forum, *Id.*

147 Sabine Winkler, *supra* note 17, at 46.

148 따라서 미국 커버드본드 구조는 진정매매(true sale)나 SPV의 보증을 사용되지 아니하며, 도리어 담보권의 설정이라는 전통적인 방식 위에 기초하고 있다고 할 수 있다.

은 은행의 재무제표에 남아 있는 구조를 취하고 있다. 그러나, 은행이 도산한 경우에는 커버드본드의 기한의 이익이 상실되어 그 소지인들로서는 커버드본드 발행조건상의 기일에 맞추어 계속 원리금을 지급받을 수 있도록 할 수가 없다는 문제는 여전히 남는다. 따라서, 미국의 커버드본드가 구태여 구조화기법을 사용하여 SPV구조를 택하게 된 것은, 단순히 담보자산을 은행의 다른 자산으로부터 분리(segregation)하는데 있는 것이 아니라, 은행이 도산하는 경우 커버드본드의 기한이익이 상실되는 위험(acceleration risk)을 방지하기 위한 것이었다.[149] 그 결과 2006년의 Washington Mutual Bank 및 2007년의 Bank of America에 의해 처음으로 사용된 아래 그림과 같은 구조([그림 5])가 탄생하게 되었다.

[그림 5]

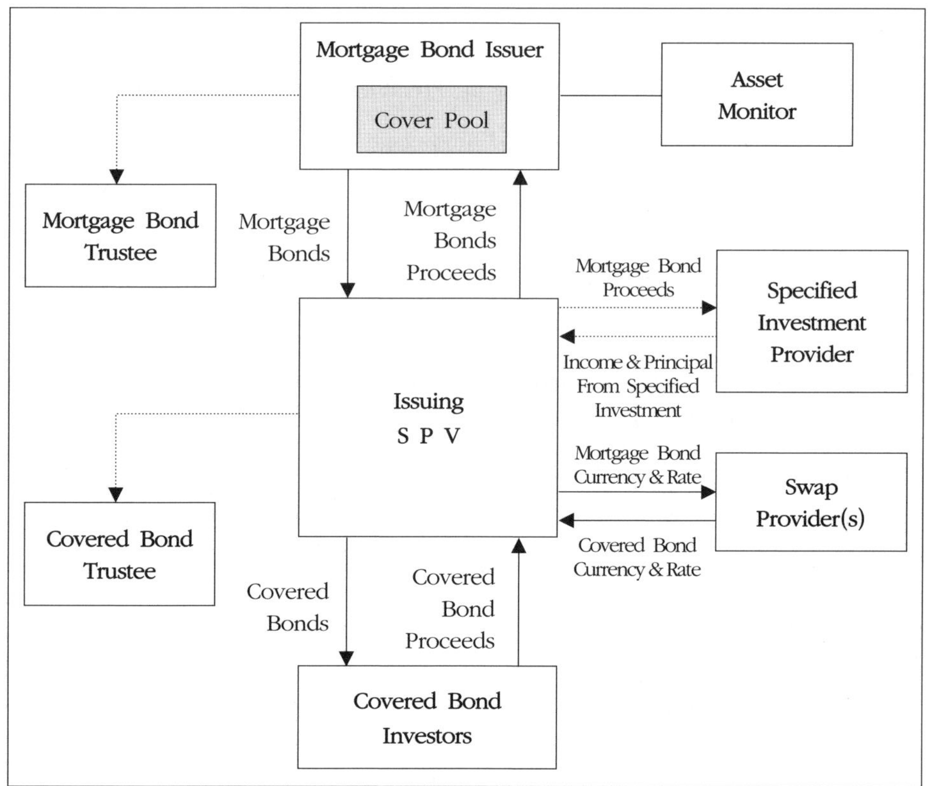

출처: US Treasury.

149 Mayer Brown, *supra* note 141, *Id.*

커버드본드를 발행하려고 하는 은행은 먼저 SPV에 모기지본드(mortgage (collateralized) bond)를 발행한다. 따라서, 그 은행은 모기지본드(mortgage bond) 소지인인 SPV에 대하여 직접적이고 무조건적인 채무를 부담하며, SPV는 그 은행에 대하여 모기지본드(mortgage bond) 원리금의 상환청구권(full recourse)을 갖는다. 그리고 모기지본드(mortgage bond)는 은행의 재무제표에 있는 담보자산으로 구성된 담보 풀에 의하여 담보된다. 담보 풀은 은행이 담보비율테스트(Asset Coverage Test)의 지속적인 준수 및 신용평가회사의 승인에 따라 항상 적격담보자산을 담보 풀에 추가 또는 교체할 수 있다는 점에서 동적(dynamic)인 성격을 갖는다. 은행은 모기지본드(mortgage bond)상의 의무를 담보하기 위하여, 그 소지인인 SPV를 수익자로 하여 모기지본드수탁인(Mortgage Bond Indenture Trustee)에게 담보 풀 위에 대항요건을 갖춘 제1순위 담보권(first priority perfected security interest)을 설정해 준다.[150]

커버드본드는 SPV에 의해 발행된다. SPV[151]의 유일한 목적은 커버드본드를 발행하여 그 발행대금으로 모기지본드(mortgage bond)를 매입하는 데 있다. 커버드본드의 원금 및 주요발행조건은 매입 모기지본드의 그것과 동일해야 한다. 또한, 모기지본드(mortgage bond)와 커버드본드 사이의 이자 및 통화 불일치를 해결하기 위해 SPV는 자격이 있는 상대방과 스왑계약을 체결한다. SPV는 커버드본드상의 의무를 담보하기 위하여, 커버드본드 소지인들을 수익자로 하여 커버드본드수탁인(Covered Bond Indenture Trustee)에게 모기지본드(mortgage bond) 위에 대항요건을 갖춘 제1순위 담보권(first priority perfected security interest)을 설정해 준다.[152] 커버드본드 소지인들은 커버드본드 발행인인 이 SPV를 통하여 담보 풀을 보유하고 있는 은행에 대하여 간접적으로 상환청구권(full recourse)을 가지며, 또한 모기지본드(mortgage bond) 위에 설정받은 담보권을 통하여 은행이 보유하고 있는 담보 풀에 대하여 우선변제권(preferential claim)을 갖는다.

---

150 Sabine Winkler, *supra* note 17, at 47.

151 SPV는 이 SPV로는 주로 델라웨어 법정신탁(Delaware statutory trusts)이 이용된다. 이 SPV는 담보자산 보유은행의 지배를 받지 않으며 또한 관계회사도 아니며, 따라서 담보자산 보유은행이 도산하는 경우에도 파산법상으로 이 은행과 통합(consolidation)되지도 않는다. *Id.*, at 45.

152 Sabine Winkler, *supra* note 17, at 47.

(2) 자산보유은행의 도산과 커버드본드의 계속지급

모기지본드(mortgage bond) 발행인인 은행이 도산하는 경우에는 파산법(U.S. Bankruptcy Code)의 적용을 받는 대신 FDIC에 의한 보전관리절차(conservatorship) 또는 청산관리절차(receivership)의 적용을 받게 된다.[153] FDIC는 보전관리인(conservator) 또는 청산관리인(receiver)의 자격에서 커버드본드와 관련하여서는 (i) 커버드본드 거래를 추인(affirmation)하여, 모기지본드(mortgage bond)상의 원리금 지급일정에 따라 지급을 계속하거나 또는 모기지본드(mortgage bond)상의 채무를 포함한 은행의 모든 자산과 부채를 제3자에게 매각할 수도 있으며, 또는 (ii) 커버드본드 거래상의 의무의 이행을 거절(repudiation)할 수 있으며, 이 경우에는 모기지본드(mortgage bond)는 그 기한의 이익이 상실되어 즉시 만기가 도래하며, FDIC는 실제의 직접적 손해배상금(actual direct compensatory damages)으로서 커버드본드의 원금 및 FDIC가 보전관리인(conservator) 또는 청산관리인(receiver)으로 임명된 날까지 발생한 이자의 합계금액을 담보 풀의 가치의 범위 내에서 모기지본드수탁인(Mortgage Bond Indenture Trustee)에게 지급해야 한다.[154] 만약 FDIC가 보전관리인(conservator) 또는 청산관리인(receiver)으로 임명된 후 자동정지기간(stay period)[155] 동안에 커버드본드상의 이자지급 등 의무를 이행하지 아니하거나, 또는 커버드본드 거래상의 의무이행을 거절(repudiation)하였으나 그에 따른 실제의 직접적 손해배상금을 자동정지기간 내에 지급하지 않는 경우에는, 모기지본드수탁인(Mortgage Bond Indenture Trustee)은 SPV를 대리하여 자구권(self-help remedies)을 행사하여 담보 풀 위에 가지고 있는 담보권을 실행할 수 있다.[156] FDIC의 이행거절로 인하여 수령한 실제의 직접적 손해

---

153 Cadwalader, *What are Covered Bonds and Why Should You Care*, Clients & Friends Memo(September 10, 2008), at 3, *available at* http://cwt.com/assets/client_friend/091008CoveredBonds.pdf

154 Sabine Winkler, *supra* note 144, at 294.

155 미국 연방예금보험공사법(Federal Deposit Insurance Act) §11(e)(13)(c)에 의하면 FDIC가 보전관리인(conservator)으로 임명된 때에는 그 후 45일 동안 그리고 청산관리인(receiver)으로 임명된 때에는 그 후 90일 동안은 담보권의 실행이 자동정지(automatic stay)된다. 단, 이 기간들은 FDIC의 커버드본드에 관한 FDIC의 최종정책문서(Final FDIC Covered Bond Policy Statement)에 따른 커버드본드 거래의 경우에는 10일로 단축될 수 있다. *Id.*

156 *Id.*

배상금 또는 담보 풀에 대한 담보권실행으로 취득한 수령금에 의해 SPV의 채권이 전부 변제되지 않는 경우에는, SPV는 변제받지 못한 금액에 대해서는 은행의 청산절차에서 무담보채권자가 된다.[157]

모기지본드(mortgage bond) 발행인인 은행이 도산하더라도, 이로 인해 커버드본드가 자동적으로 채무불이행의 상태에 빠져 기한의 이익이 상실되는 것은 아니다. 커버드본드 수탁인(Covered Bond Indenture Trustee)은 FDIC로부터 받는 모든 수령금(FDIC의 커버드본드 원리금 지급금액 또는 FDIC의 이행거절로 인하여 수령한 실제의 직접적 손해배상금) 또는 담보 풀에 대한 담보권실행으로 취득한 수령금을, 커버드본드 발행조건상의 기일에 맞추어 커버드본드 소지인들에게 원리금을 지급할 수 있도록 하기 위하여, 특정금융상품(Specified Investment)에 예치해야 한다. 특정금융상품은 재무적으로 건전한 금융기관과의 보증투자계약(guaranteed investment contract account), 선도계약(forward contract) 또는 예금계약을 말한다. 이 특정금융상품에 예치되는 금액으로 커버드본드상의 원리금을 그 지급기일에 맞추어 지급할 수 있는 한, 커버드본드는 기한의 이익이 상실되지 않는다. 이와 같은 특정금융상품에의 예치를 통한 커버드본드 원리금의 계속적 지급이 미국 커버드본드 담보구조의 핵심특징이라고 할 수 있다.

(3) SPV의 도산

커버드본드 수탁인(Covered Bond Indenture Trustee)이 FDIC로부터 받는 수령금(FDIC의 이행거절로 인하여 수령한 실제의 직접적 손해배상금 및 SPV가 발행은행의 도산절차에 무담보채권자로 참가하여 배당받는 금액) 또는 담보 풀에 대한 담보권실행으로 취득한 수령금이 커버드본드의 원리금을 전부 지급할 수 없는 것으로 판명되는 경우에는, 커버드본드 수탁인은 커버드본드의 기한의 이익상실을 선언하며, SPV도 도산절차에 들어가게 된다.[158]

---

157 *Id.*
158 *Id.*, at 295.

Ⅳ. 우리나라의 커버드본드 담보구조

1. 「이중상환청구권부 채권 발행에 관한 법률」 제정 이전의 구조화 커버드본드의 담보구조

(1) 개 관

지금까지 살펴본 바와 같이, 커버드본드의 담보구조의 특징은 (i) 커버드본드의 소지인이 담보자산으로부터 우선변제를 받을 수 있다는 권리를 가진다는 기본적인 요건(이하 우선변제권 요건) 외에, (ii) 담보자산이 발행은행의 도산절차에 영향을 받지 않도록 함으로써, 커버드본드의 기한의 이익이 상실되지 않고, 커버드본드의 원리금이 발행조건상의 지급일정에 따라 지급되도록, 즉 커버드본드의 소지인들이 커버드본드의 발행조건상의 이자지급 일정대로 계속해서 이자를 지급받고 만기에 원금을 상환받을 수 있도록 하는 요건(이하 발행조건상의 일정에 따른 원리금지급 요건)을 모두 갖추는 데 있다. 이와 같은 두 가지 요건을 모두 갖춘 담보구조를, 독일의 Pfandbriefe로 대표되는 법정커버드본드의 경우에는, 커버드본드에 관한 특별법상의 규정에 의해, 발행은행의 도산시에 담보자산을 발행은행의 파산재단으로부터 분리하여 도산절차의 영향을 받지 않게 함으로써 만들어내고 있고, 영국의 구조화커버드본드의 경우에는 담보자산을 별도의 법인격체인 SPV로 이전시키는 한편 계약을 통해 발행은행이 도산하더라도 커버드본드의 기한이익이 상실되지 않으며 SPV가 계속해서 원리금을 지급하도록 의무를 지우는 방법으로 만들어내고 있으며, 그리고 미국의 구조화커버드본드의 경우에는 영국과는 달리 담보자산을 SPV로 이전시키지 아니하면서 그 위에 담보권을 설정함과 동시에 이 담보권을 SPV에 다시 담보제공하는 전통적 방법을 사용하면서도, 은행의 도산은 파산법의 적용을 받지 않고 FDIC의 관리하에 들어간다는 특이한 법체제를 이용하고, 나아가 특정금융상품(Specified Investment)을 통하여 커버드본드의 원리금이 발행조건상의 일정에 따라 지급되도록 하는 방식으로 만들어내고 있다. 이와 같이, 각 국의 커버드본드는 자국의 법체제의 환경하에서 서로 다른 담보구조를 가지고 발행되고 있다.

우리나라의 경우, 국내 은행이 자신이 보유하는 주택담보대출채권을 담보로 하여 커버드본드를 발행함에 있어서는, 커버드본드가 기본적으로 담보부사채라는 점에 비추어, 그 근거법으로서는 일단 담보부사채의 발행에 관한 일반법인 담보부사채신탁법[159]을 고려해 볼 수 있었다. 담보부사채신탁법은, 사채를 위하여 물상담보권[160]을 설정하고자 할 때에는 그 사채를 발행하는 회사와 신탁업자[161]와의 신탁계약에 의하여 이를 발행하여야 하며,[162] 이와 같은 신탁계약에 의하여 설정된 물상담보권은 신탁증서에 기재한 총사채권자를 위하여 신탁업자에 귀속하고,[163] 신탁업자는 총사채권자를 위하여 담보권을 보존실행해야 한다고 규정함으로써,[164] 총사채권자를 위하여 제3자가 담보권을 보유할 수 있는 담보신탁제도를 인정하여 간이한 방법으로 담보권을 설정[165]할 수 있는 길을 열어 두고 있다.[166] 그러나 사채가 그 만기 도래에도 불구하고 변제되지

---

159 법률 제8863호.

160 담보부사채신탁법상 사채를 위하여 설정할 수 있는 물상담보권은 (i) 동산질권, (ii) 증서있는 채권질권, (iii) 주식질권, (iv) 부동산저당권 기타 법령이 인정하는 각종의 저당권으로 한정되어 있으며(담보부사채신탁법 제4조), 주택담보대출채권 위에 설정하는 물상담보권을 설정한다면 이는 위 (ii)에 해당한다.

161 신탁업법에 의한 신탁회사 또는 은행법에 의한 금융기관으로서 금융위원회에 등록한 자를 말한다(담보부사채신탁법 재5조).

162 담보부사채신탁법 제3조.

163 담보부사채신탁법 제60조 제1항.

164 담보부사채신탁법 제60조 제2항.

165 담보권의 설정(creation of security interests)과 담보권의 제3채무자 기타 제3자에 대한 대항요건의 구비(perfection of security interests)는 서로 별개의 문제이다. 예컨대 은행이 담보부사채신탁법에 따라 사채를 발행하면서 자신이 보유하고 있는 다수의 주택담보대출채권(근저당권으로 담보된 채권) 위에 질권을 설정하고자 하는 경우를 가정하면, 담보권의 설정은 은행과 신탁업자의 신탁계약에 의하여 간이하게 이루어질 수 있다. 그러나, 우리 민법상 대출채권 위에 설정된 질권을 가지고 대출채권의 차주 및 제3자에게 대항할 수 있기 위하여는, 확정일자 있는 서면으로, 대출채권의 차주에게 질권설정의 사실을 통지하거나 대출채권의 채무자로부터 승낙을 받아야 하며(민법 제349조), 또한 대출채권을 담보하고 있는 근저당권에까지 질권의 효력이 미치게 하기 위하여는 근저당권등기에 질권의 부기등기를 하여야 하는바(민법 제348조), 담보부사채신탁법에서는 이러한 사항에 대해서는 특별한 규정을 두고 있지 않기 때문에, 결국 민법에 따라 위와 같은 통지(승낙) 절차 및 부기등기절차를 밟을 수밖에 없는 문제점이 있다.

166 즉, 이 경우에는 담보권과 그 피담보채권인 사채권의 보유자가 달라지게 된다. 즉, 우리 민법은 저당권은 그 담보한 채권과 분리하여 타인에게 양도하거나 다른 채권의 담보로 하지 못한다(제361조)고 규정하고 있는 바와 같이 담보물권은 그 피담보채권과 분리될 수 없는 부종성(附從性)의 원칙에 입각하고 있으나, 담보부사채신탁법에서만 이 원칙의 예외를 인정하고 있는 것이다. 한국주택금융공사법상의 주택저당채권담보부채권(동법 제31조)도

아니하거나 사채발행회사가 해산한 때에는 신탁업자는 지체없이 사채권자집회의 결의에 의하여 담보권을 실행하여야 한다[167]고 규정하고 있을 뿐, 그 담보권의 효력에 대해서는 특별한 규정을 두지 않고 있다. 따라서, 신탁업자가 총사채권자를 위하여 가지는 담보권은 그 담보권의 종류에 따라 그 담보권을 규정하고 있는 일반법인 민법 등의 규정에 따라 우선변제권을 가질 뿐이며, 담보부사채의 발행회사가 도산한 경우에 있어서는 그 도산절차에 참가하여 우선변제권을 행사할 수 밖에 없어, 커버드본드의 담보구조의 두 가지 요건 중 발행조건상의 일정에 따른 원리금지급 요건을 충족시킬 수 없기 때문에, 국내 은행이 이 법률에 근거하여 직접 커버드본드를 발행하는 것은 불가능하였다.[168] 다만, 아래에서 보는 바와 같이, SPV로의 대출채권 이전을 통한 자산유동화 기법을 이용하여 커버드본드를 발행하는 경우에는, 담보부사채신탁법에 따른 담보부사채가 담보권설정의 한 방법으로 또는 커버드본드 그 자체로 활용될 여지는 있었다.

결국, 독일 등에서와 같이 커버드본드에 관한 특별법이 없고, 또한 미국에서와 같이 은행이 도산법상 특별히 취급될 수 있는 법제를 가지고 있지 않은 우리나라의 현행법상 위와 같은 커버드본드 담보구조의 두 가지 요건을 모두 충족시킬 수 있는 방법은, 영국의 구조화커버드본드에 있어서와 같이, 우선 발행은행의 도산절차로부터 절연되는 SPV를 이용하여 담보자산을 발행은행으로부터 분리시킨 후 그 담보자산에 담보권을 설정함으로써, 커버드본드 소지인들에게 우선변제권을 보장함과 동시에, 담보자산이 발행은행의 도산절차로부터 영향을 받지 않도록 하는 방법밖에는 없었다. 그리고 담보자산을 발행은행의 도산절차로부터 절연시키기 위한 방법으로는 (i) 판례법상의 담보신탁[169]을 이용

일종의 담보부사채이나, 이에 대해서는 부종성원칙의 예외가 인정되고 있지 아니하다.

167 담보부사채신탁법 제71조.

168 또한, 담보부사채신탁법이 커버드본드의 근거법으로 직접 사용될 수 없는 것에서 나아가, 담보부사채신탁법이 담보부사채를 발행함에 있어서는 반드시 준수하여야 하는 강행법규의 성질을 지닌 것이어서, 이에 근거하지 아니한 커버드본드의 발행이 무효가 아니냐 하는 의문이 발생할 수도 있다. 김용호/선용승, 국제금융을 위한 담보수단 개관 및 몇 가지 관련문제, BFL 제10호(2005. 3), 서울대학교 금융법센터, 113~115면 참조. 그리하여, 담보부사채신탁법 제3조는 이를 임의규정화 하거나 또는 그 적용범위를 한정하여 명시하는 것이 필요하다는 의견이 제시되고 있기도 하다. 한민/박종현, 신탁과 도산법 문제, BFL 제17호(2006. 5), 서울대학교 금융법센터, 33면.

169 담보신탁에 대해 잘 정리하고 있는 한민/박종현의 앞의 논문은 담보신탁의 구조를 다음

하는 방법과 (ii) 자산유동화를 위하여 제정된 자산유동화에 관한 법률[170] 또는 한국주택금융공사법[171]에 따라 유동화전문회사 또는 한국주택금융공사나 신탁회사와 같은 SPV를 통한 자산유동화[172]를 이용하는 방법이 있었다.

(2) 판례법상의 담보신탁에 따른 담보구조

대법원 판례[173]에 의하면, 위탁자가 자신의 재산을 수탁자에게 관리처분신탁하여 당해 재산에 대한 소유권을 대내외적으로 수탁자에게 완전히 이전한 다음 수탁자로 하여금 이 신탁재산 위에 위탁자의 채권자를 위하여 담보권을 설정하도록 하는 경우, 이 신탁재산은 수탁자가 소유하는 재산이므로 그 위에 설정된 담보권은 제3자가 제공한 담보에 해당하기 때문에 위탁자의 도산절차로부터 영향을 받지 않는다. 따라서 금융기관이 보유하는 자산에 대하여 관리처분신탁계약을 체결한 후 이 신탁재산에 대한 질권을 설정하는 방식으로 금융기관이 담보부사채를 발행하면, 사채발행자인 금융기관이 사채원리금에 대하여 상환의무를 부담하는 동시에 담보물인 신탁재산은 사채를 발행한 금융기관의 도산절차

과 같이 설명하고 있다: 담보신탁의 일반적인 형태를 보면, ① 채무자가 채권자와 차입계약을 체결하고, 자금을 차용함에 있어 채무자가 위탁자가 되어 신탁을 설정하고, ② 수익권은 선순위수익권(또는 제1종 수익권)과 후순위수익권(또는 제2종 수익권)으로 구성되며 채권자는 선순위수익권을, 채무자는 후순위수익권을 취득한다. ③ 정상적인 기간 동안에는 신탁재산과 관련한 배당이 후순위수익권자에게 행하여지나 일정한 사유(차입계약에 정해진 기한의 이익 상실 등)가 발생하면 신탁계약에 정해진 방법에 따라 선순위수익권자에게 신탁재산의 배당이나 원본교부가 행하여지고, ④ 그와 같이 신탁재산이 선순위수익권자에게 배당교부되는 경우 그 한도에서 채무자의 차입금채무가 소멸한다. 만약 차입계약에 따른 원리금이 모두 변제된 경우에는 신탁계약을 해지하여 신탁재산 또는 그 처분대금을 후순위수익권자에게 교부하게 된다. 한민/박종현, 앞의 논문, 30면.

170 법률 제9071호.

171 법률 제7030호.

172 물론 자산유동화는 반드시 이들 특별법상의 SPV를 통해서만 할 수 있는 것은 아니다. 이 법들은 기본적으로 규제법이 아닌 지원법적 성격을 갖고 있으므로 반드시 이 법을 따를 필요는 없으며, 기존의 법체계에 따라 유한회사 형태의 유동화전문회사를 설립하는 등의 방식으로 자산유동화를 하는 것도 얼마든지 가능하다. 다만, 이들 특별법에 따른 자산유동화에 대해서는 여러 가지 절차상의 편의나 투자자보호를 위한 실체법적인 규정이 마련되어 있고 조세 관련 법령상의 조세감면혜택이 부여되고 있는바, 이들 법률에 의하지 않은 자산유동화에 대해서는 그러한 혜택이 주어지지 않을 뿐이다. 자산유동화 실무연구회, 금융혁명 ABS, 한국경제신문사, 1999, 297~298면.

173 대법원 2001. 7. 13. 선고 2001다9267 판결; 대법원 2002. 12. 26. 선고 2002다49484 판결; 대법원 2003. 5. 30. 선고 2003다18685 판결.

로부터 절연되는 소위 구조화커버드본드의 발행이 가능하다고 할 수 있었다.[174]

그러나, 무엇보다도 위의 담보신탁은 자산유동화에 관한 법률에서 말하는 신탁에 해당되지 아니하여 그 절차상의 특례[175] 적용을 받을 수 없기 때문에,[176] 저당권부대출채권을 수탁자에게 이전하는 과정 및 신탁재산인 대출채권에 대하여 질권을 설정하는 과정에서 각 채무자를 상대로 대항요건(각 대출채권 채무자에 대한 확정일자 있는 통지(또는 승낙) 및 저당권에 대한 부기등기절차)을 일일이 거쳐야 하는 절차상의 번거러움이 있었다.[177] 따라서, 위와 같은 점에 대한 절차상의 특례가 인정되는 자산유동화에 관한 법률 또는 주택저당채권 유동화회사법에 따른 자산유동화에 비해 이용될 가능성이 적었다.

(3) 자산유동화에 의한 담보구조

자산유동화 기법을 이용하여 커버드본드를 발행하는 경우에는, 먼저 자산유동화에 관한 법률 또는 한국주택금융공사법에 따라 유동화전문회사 또는 한국주택금융공사나 신탁회사와 같은 SPV에 담보자산(근저당권담보부 대출채권)을 진정양도(true sale) 또는 신탁[178]의 방식으로 이전[179]함으로써 일단 은행이 도산

---

174 이미현, 앞의 논문, 81면.

175 아래 주 178 참조.

176 자산유동화에 관한 법률상 신탁에 관하여는 특별한 요건을 정하고 있지 아니하나, 유동화거래는 담보부차입을 의도하는 것이 아니므로 유동화거래에서의 신탁은 신탁법상의 신탁으로서 담보신탁이 아닌 진정신탁이어야 함이 원칙이라고 할 수 있다. 한민/박종현, 앞의 논문, 29~30면.

177 이미현, 앞의 논문, 82면.

178 현행 신탁법상 신탁은 담보목적으로 설정된 것인지 또는 진정목적으로 설정된 것인지를 불문하고 신탁재산의 소유권은 수탁자에게 귀속되어 위탁자의 재산을 구성하지 않기 때문에, 자산유동화거래에서 양도인의 도산으로부터 유동화자산을 절연시키기 위한 진정양도의 요건을 정하고 있는 자산유동화법 제13조를 신탁을 이용한 자산유동화거래에 있어서는 적용할 필요가 없다. 조영희, 파산절연과 자산유동화에 관한 법률 제13조에 관한 소고, BFL 제31호(2008. 9), 서울대학교 금융법센터, 83~89면.

179 자산유동화에 관한 법률은 원활한 자산유동화를 도모하기 위해 유동화자산의 SPV로의 이전과 관련하여 현행 민법상 요구되는 요건과 절차에 대한 몇 가지 특례를 인정하고 있는바, 은행이 근저당권에 의해 담보된 대출채권을 SPV로 양도(신탁을 포함한다. 이하 같다)하는 경우에 있어서는 다음과 같은 특례가 인정된다: (1) 첫 번째 특례는 대출채권양도의 대항요건에 관한 특례이다. 먼저 (i) 대출채무자에 대한 대항요건을 갖추기 위해 채권양도통지를 함에 있어서는 양도인인 은행뿐만 아니라 양수인인 SPV도 통지를 할 수 있으며, 나아가 대출채무자의 소재불명 등으로 통지가 불가능한 경우에는 신문공고에 의해 통지를 할 수 있다((동법 제7조 제1항). 그리고, (ii) 대출채무자 외의 제3자에 대한 대

하더라도 이 담보재산이 은행의 도산절차로부터 절연되도록 해 놓은 다음(물론 자산유동화에 관한 법률 또는 한국주택금융공사법에 특별히 규정되어 있지 아니한 담보자산의 교체[180]나 추가, 담보자산의 감시 등에 관해서는 커버드본드 발행계약상 은행 및 SPV에 구속력있는 의무를 부과해 두어야 한다), 기본적으로 (i) 은행이 직접 커버드본드를 발행하고, SPV는 커버드본드 소지인들에 대하여 은행의 커버드본드상의 채무를 연대보증함과 동시에 은행으로부터 이전받은 담보자산 위에 커버드본드 소지인들 앞으로 담보권(질권)을 설정하여 주는 구조([그림 6]; 이 구조에서는, SPV가 담보자산을 양수받을 자금이 없기 때문에 이 자금을 은행으로부터 차입하여 이 대출금을 가지고 담보자산의 양수자금으로 사용하게 되며, 따라서 은행의 입장에서는 이 SPV에 대한 대출채권이 자신의 자기자본비율에 미치는 영향을 고려해

항요건은 동법 제6조 제1항의 규정에 따라 금융위원회에 은행 또는 SPV가 채권양도의 등록을 한 때에 이를 갖춘 것으로 본다(동법 제7조 제2항). (2) 두 번째 특례는 근저당권에 의해 담보되는 대출채권의 확정통지제도이다. 현행 판례(대법원 1996. 6. 14. 선고 95다53812 판결) 및 대법원 등기예규(1997. 9. 9. 제정 제880호 근저당권에 관한 등기사무처리지침)에 의하면 자산보유자인 은행이 SPV에 근저당권담보부 대출채권을 양도하기 위해서는 근저당권이 담보하는 대출채권의 금액을 먼저 확정하여야 한다. 그러나, 이를 위해 채무자로부터 일일이 승낙을 받을 필요 없이, 은행이 대출채무자에게 근저당권에 의하여 담보되는 대출채권의 금액을 정하여 추가로 대출채권을 발생시키지 아니하고 그 대출채권의 전부를 양도하겠다는 의사를 기재한 통지서를 내용증명우편으로 발송한 때에는, 대출채무자가 10일 이내에 이의를 제기하지 않는 한, 통지서를 발송한 날의 다음 날에 당해 대출채권은 확정된다(동법 제7조의 2). (3) 세 번째 특례는 저당권의 이전에 관한 특례이다. 저당권에 의해 담보된 채권을 양도하려면 저당권도 함께 양도하여야 하며(민법 제361조) 또한 저당권의 양도는 저당권이전의 부기등기를 하여야 그 효력이 발생한다(민법 제186조). 그러나 자산유동화에 관한 법률에 의하면, 저당권 이전의 부기등기 없이도, 은행 또는 SPV가 금융위원회에 채권양도의 등록을 한 때에 근저당권 양도의 효력이 발생한다(동법 제8조 제1항).

180 담보자산의 교체를 위해서는 SPV가 은행으로부터 이전받은 근저당권담보부 대출채권을 다시 은행으로 반환해야 하는바, 자산유동화에 관한 법률에 의하면, 그 반환이 있은 때에는, 은행으로부터 SPV로의 양도에 있어서와 마찬가지로, 지체없이 그 사실을 금융위원회에 등록해야 하며(동법 제6조 제1항), 이 반환에 대해서도 채권양도의 대항요건에 관한 동법상의 특례 규정이 동일하게 적용된다(동법 제7조 제1항 본문 및 제2항). 이 때 SPV로부터 은행으로의 저당권 이전을 위해 부기등기가 필요한지에 대해서는 자산유동화에 관한 법률상 특별한 규정이 없으므로 이견이 있을 수 있으나, 동법상의 특례규정에 따라 은행으로부터 SPV로의 저당권 이전등기가 경료되어 있지 않은 상태에서 저당권이 다시 은행으로 복귀되는 경우이므로, 구태여 은행으로부터 SPV로의 저당권 이전등기를 경료한 다음 다시 SPV로부터 은행으로의 저당권 이전등기를 하는 절차를 취할 필요는 없을 것이라고 하는 취지의 견해가 있다. 김용호, 자산유동화 실무상의 몇 가지 문제, 「금융거래법강의 II」(법문사, 2001), 372면.

야 하는 문제가 발생한다[181])와, (ii) SPV가 커버드본드를 발행하면서 은행으로부터 이전받은 담보자산 위에 커버드본드 소지인들을 위하여 담보권(질권)을 설정하고, 은행은 커버드본드 발행인인 SPV의 커버드본드상의 채무를 연대보증(은행의 커버드본드 소지인들에 대한 상환의무 부담)하는 구조([그림 7])를 생각할 수 있었다.

[그림 6]

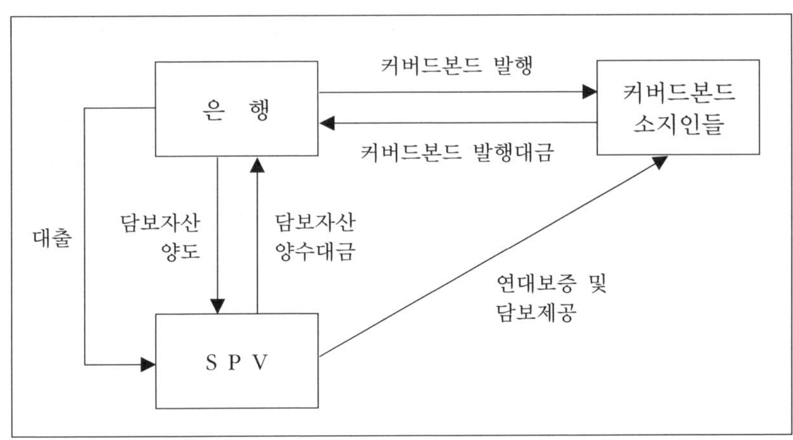

[그림 7]

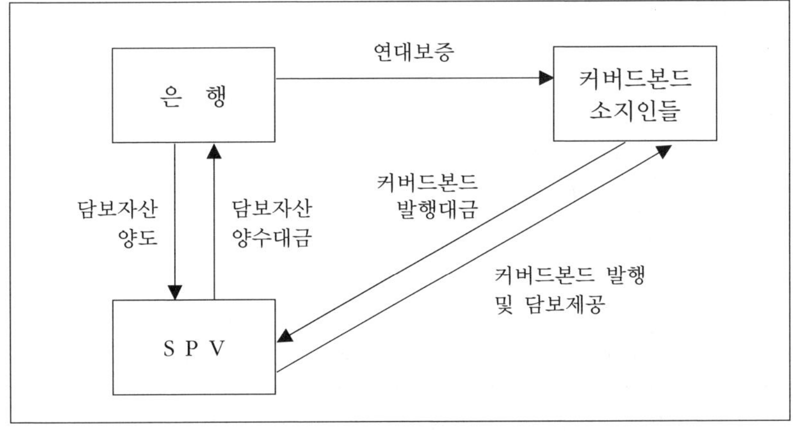

181 위 주 31 참조.

그런데 위와 같은 두 가지 구조 모두의 경우, 담보수탁(security trust) 제도가 없는 우리의 현행법하에서는, (a) 다수의 주택담보대출채권으로 구성되는 담보자산 위에 (b) 다수의 커버드본드 소지인들을 위하여 직접 담보권(질권)을 설정해 주는 것은 절차상 거의 불가능하다는 문제점이 있었다. 그리하여, 위와 같은 담보권 설정의 절차상의 문제를 해결하기 위해 다음과 같은 구조를 생각해 볼 수 있었다.

첫째, 위 (i) 또는 (ii)의 구조 어느 경우이든, 그리고 커버드본드의 국내발행에 있어서는, SPV를 두 개 설립하여, 먼저 SPV 1에 자산유동화에 관한 법률에 따라 담보자산을 이전하고, 이 SPV 1 역시 자산유동화에 관한 법률에 따라 SPV 2에 유동화사채 또는 수익권증서를 사모로 발행하며, SPV 2는 이 유동화사채 또는 수익권증서를 가지고 (i) 은행이 발행하는 커버드본드의 담보로 커버드본드 소지인들에게 제공하거나([그림 8]), 또는 (ii) 자신이 발행할 커버드본드를 담보부사채신탁법에 따른 담보부사채의 형태로 발행하는 방법([그림 9])이다.[182]

[그림 8]

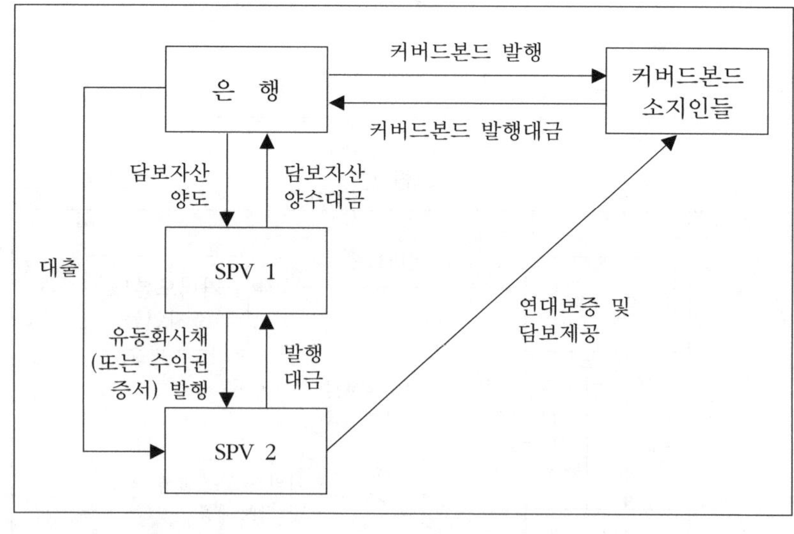

182 자산유동화에 관한 법률 제6조 제1항 제2호 다목은 SPV가 유동화증권의 투자자를 위하여 제3자에게 유동화자산에 대한 질권 또는 저당권을 설정하거나 해지하는 경우에는 그 사실을 금융위원회에 등록하도록 하고 있는바, 위 규정은 담보부사채신탁법에 따라 담보부사채를 발행하는 경우를 예정한 것으로 해석되고 있다. 김재형, 자산유동화에 관한 법률의 현황과 문제점, 금융거래법강의 II(법문사, 2001), 333~335면; 김용호/선용승, 앞의 논문(주 167), 113면 참조.

[그림 9]

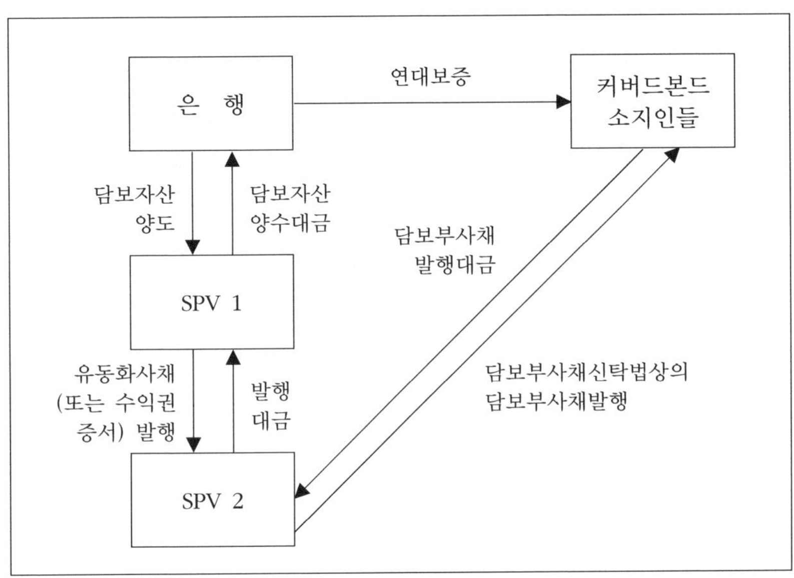

둘째, 위 (i) 또는 (ii)의 구조 어느 경우이든, 그러나 커버드본드를 해외에서 발행하는 경우에 한해, SPV를 국내와 국외에 각각 설립하여, 국내 SPV에 자산유동화에 관한 법률에 따라 담보자산을 이전하고, 이 국내 SPV는 해외 SPV에 역시 자산유동화에 관한 법률에 따라 유동화사채 또는 수익권증서를 사모로 발행하며, 해외 SPV는 이 유동화사채 또는 수익권증서를 가지고 (i) 은행이 발행하는 커버드본드의 담보로 커버드본드 소지인들에게 담보로 제공([그림 10])하거나, (ii) 자신이 발행하는 커버드본드의 담보로 제공하는 방법([그림 11])이다. 물론, 이 경우 적어도 해외 SPV는 담보수탁(security trust) 제도가 있는 등 담보권의 설정 및 대항요건 구비에 편리한 법제도를 가진 나라에 설립되어야만 했다.[183]

183 유동화증권을 이와 같은 방식을 통하여 해외에서 발행한 경우의 거래구조 및 유동화자산에 대한 담보권설정 절차와 관련된 문제에 대해서는, 김용호/선용승, 앞의 논문(주 167), 109~113면 참조.

[그림 10]

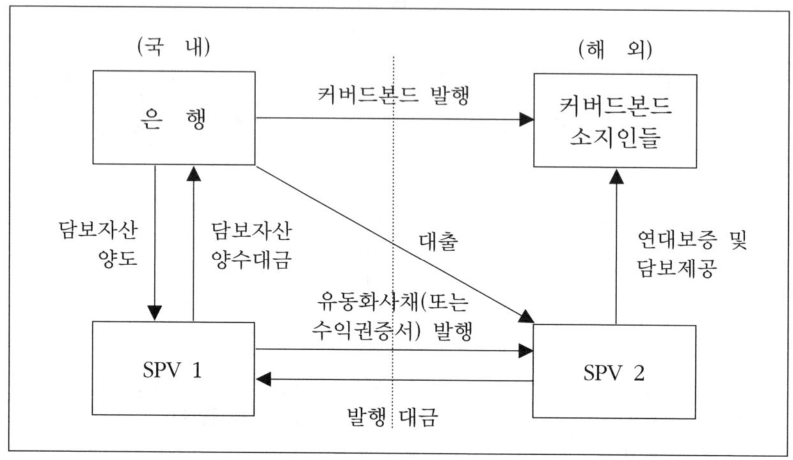

[그림 11]

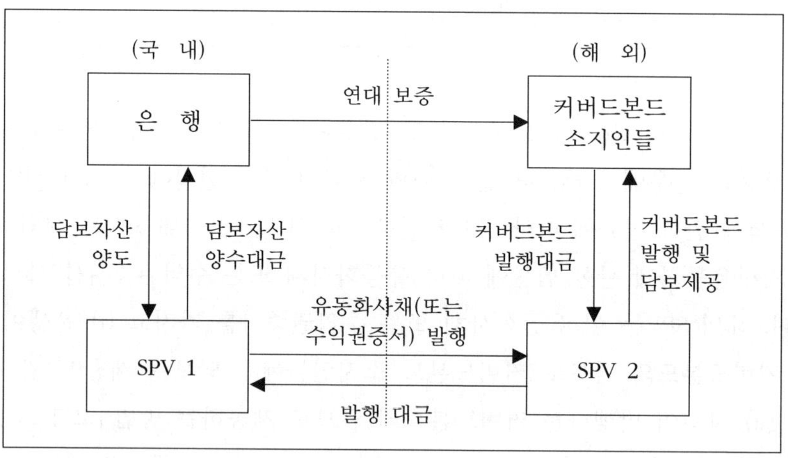

2. 이중상환청구권부 채권(법정커버드본드)의 담보구조

(1) 담보자산의 등록과 커버드본드의 발행

은행이 이중상환청구권부 채권을 발행하기 위해서는 먼저 그 발행계획에 관한 사항[184]과 그 원리금 상환을 담보하기 위한 자산[185]에 관한 사항[186]을 금융

184 발행계획에 관한 사항은 (i) 이중상환청구권부 채권을 발행하는 금융회사의 명칭, 소재지,

임원 및 대통령령으로 정하는 주요 주주에 관한 사항, (ii) 자본금, 대차대조표 등 적격 발행기관 요건에 관한 사항, (iii) 발행 시기, 발행 총액, 금리, 만기 등 발행조건에 관한 사항, (iv) 발행기관의 자금조달과 자금운용 구조, 이중상환청구권부 채권 발행을 통하여 조달한 자금의 운용계획(발행기관의 안정적인 자금 확보 또는 가계부채 구조개선 등에 적합할 것)에 관한 사항, (v) 기초자산집합에 포함된 채권의 채무자 보호에 관한 사항, (vi) 기초자산집합의 규모를 확대하여 추가로 이중상환청구권부 채권을 발행할 계획이 있는 경우 추가 발행한도 및 발행 예정기한 등 추가 발행계획에 관한 사항, (vii) 이중상환청구권부 채권의 상환에 필요한 자금마련 계획에 관한 사항, 그리고 (viii) 이중상환청구권부 채권의 발행, 유통 및 상환과 관련한 계획으로서 금융위원회가 정하여 고시하는 사항을 말한다(「이중상환청구권부 채권발행에 관한 법률」§6①i 및 동시행령 §5②).

185 이중상환청구권부 채권의 담보가 될 수 있는 자산은 크게 기초자산, 유동성자산 및 기타자산으로 구분되며, 각각 다음과 같은 요건을 갖추어야 한다(이중상환청구권부 채권발행에 관한 법률」§5①):

1. 기초자산
   가. 다음의 요건을 모두 충족하는 주택담보대출채권
      1) 「주택법」 제2조제1호에 따른 주택을 담보로 하는 대출일 것
      2) 담보인정비율(주택 담보가치 대비 대출비율)이 100분의 70 이하인 대출일 것
      3) 대출 실행 당시의 총부채 상환비율(채무자의 연간 소득 대비 연간 대출 원리금 상환액의 비율)이 100분의 70 이하인 대출의 비중이 금융위원회가 정하여 고시하는 기준 이상일 것
      4) 1순위 저당권 또는 1순위 근저당권에 의하여 담보된 대출일 것
      5) 주택에 설정된 담보권이 저당권인 경우 대출금 전액이 저당권으로 담보되어 있고, 주택에 설정된 담보권이 근저당권인 경우 채권최고액이 금융위원회가 정하여 고시하는 기준 이상일 것
      6) 주택담보대출의 채무자가 이중상환청구권부 채권을 발행하는 금융회사에 대하여 현재 또는 장래에 상계할 수 있는 채권액이 금융위원회가 정하여 고시하는 기준 이상인 대출의 비중이 금융위원회가 정하여 고시하는 기준 이하일 것
      7) 「채무자 회생 및 파산에 관한 법률」에 따른 파산절차 또는 회생절차가 신청되거나 개시된 자 또는 「기업구조조정 촉진법」에 따른 채권금융기관, 채권은행의 공동관리 또는 주채권은행에 의한 관리절차가 신청되거나 개시된 자에 대한 대출이 아닐 것
   나. 국가, 지방자치단체 또는 법률에 따라 직접 설립된 법인에 대한 대출채권
   다. 국채증권, 지방채증권 또는 특수채증권(법률에 따라 직접 설립된 법인이 발행한 채권)
   라. 선박, 항공기를 담보로 하는 대출채권으로서 담보인정비율 등 대출의 위험관리를 위하여 다음의 요건을 갖춘 채권
      1) 담보인정비율(선박 또는 항공기의 담보가치 대비 대출비율)이 100분의 70 이하일 것
      2) 담보목적물인 선박 또는 항공기가 금융위원회가 정하여 고시하는 기준 이상을 보험금액으로 하는 보험에 가입되어 있을 것
   마. 위 가의 요건을 충족하는 주택담보대출채권을 기초 또는 담보로 하여 발행된 다음의 자산으로서 그 지급순위가 1순위인 것

위원회에 등록하여야 하는데,[187] 이와 같이 이중상환청구권부 채권의 원리금 상환을 담보하는 자산으로서 금융위원회에 등록된 자산을 기초자산집합(커버풀, Cover Pool)이라 한다.[188] 이 등록은 등록신청서류 제출일에 「자본시장과 금융투자업에 관한 법률」 제119조에 따른 증권신고서가 금융위원회에 제출되어 수리된 것으로 보고, 대통령령으로 정하는 기간(10일)이 경과한 날에 효력이 발생한다.[189]

금융위원회에의 기초집합자산 등록의 법률적 효과는, 아래에서 보는 바와 같이, 발행은행이 파산하거나 회생절차가 개시되는 경우 그 기초자산집합은 발행은행의 파산재단 또는 회생절차의 관리인이 관리 및 처분권한을 가지는 채무

---

1) 「자산유동화에 관한 법률」에 따른 유동화증권
2) 「한국주택금융공사법」에 따른 주택저당채권담보부채권
3) 「한국주택금융공사법」에 따른 주택저당증권

2. 유동성 자산
가. 현금(아래의 기타자산에 포함되는 현금은 제외)
나. 다른 금융회사 등이 발행한 만기 100일 이내의 양도성예금증서
다. 3개월 이내에 현금으로 쉽게 전환할 수 있는 자산으로서 다음과 같은 요건을 갖춘 자산
1) 신용등급 등을 고려하여 금융위원회가 정하여 고시하는 국가가 발행한 국채증권
2) 외국 법령에 따라 설립된 금융회사 중 신용등급 등을 고려하여 금융위원회가 정하여 고시하는 요건을 충족하는 금융회사가 발행한 것으로서 위 나의 양도성예금증서에 준하는 자산
3) 금융회사 등 또는 외국 금융회사에 예치된 만기 3개월 이내의 예금·적금

3. 기타자산
가. 기초자산 및 유동성자산으로부터의 회수금
나. 기초자산 및 유동성자산의 관리, 운용 및 처분에 따라 취득한 금전과 그 밖의 재산권
다. 이중상환청구권부 채권 발행계획에 따라 환율 또는 이자율의 변동, 그 밖에 기초자산집합과 관련한 위험을 회피하기 위하여 체결한 파생상품 거래로 인하여 취득하는 채권

186 기초자산집합에 관한 사항은 (i) 기초자산의 종류와 명세, (ii) 유동성 자산의 종류와 명세, (iii) 파생상품 거래계약의 종류와 명세, (iv) 기초자산집합에 포함되는 자산의 평가총액과 평가내용, (iv) 이중상환청구권부 채권의 총채권액(상환된 금액은 제외)에 대한 기초자산집합의 유지 비율(담보유지비율), (vi) 기초자산집합의 관리·유지 방법, (vii) 기초자산집합의 처분 사유 및 방법, (viii) 수탁관리인에 관한 사항(기초자산집합에 대한 수탁관리인을 선임한 경우만 해당), (ix) 기초자산집합 감시인에 관한 사항, (x) 일시적인 차입에 관한 사항을 말한다(「이중상환청구권부 채권발행에 관한 법률」§6①ii 및 동시행령 §5③).

187 「이중상환청구권부 채권발행에 관한 법률」§6①.

188 「이중상환청구권부 채권발행에 관한 법률」§2iv.

189 「이중상환청구권부 채권발행에 관한 법률」§6⑤.

자의 재산을 구성하지 아니하며[190] 또한 발행은행에 대하여 기업구조조정 관리절차가 개시된 경우 그 기초자산집합은 관리대상이 되는 재산을 구성하지 아니하는 별도의 재산으로 확인되며[191] 그 이중상환청구권부 채권의 소지인은 그 기초집합자산으로부터 제3자에 우선하여 변제받을 권리(우선변제권)를 가지게 된다는데 있다.[192] 즉, 이중상환청구권부 채권은 이 기초자산집합을 기초로 하여 발행되며 또 이에 의해 담보되는 것이다. 따라서 이중상환청구권부 채권의 소지인들이 가지는 담보자산에 대한 우선변제권은 당사자간의 담보약정에 의해 발생하는 것이 아니라 「이중상환청구권부 채권의 발행에 관한 법률」 위와 같은 규정에 의해 발생하는 법정담보권이라 할 수 있다.[193]

발행은행은 이중상환청구권부 채권의 각 발행계획별 기초자산집합을 발행은행의 다른 자산과 구분하여 관리하여야 할 뿐만 아니라 다른 발행계획으로 등록된 기초자산집합과도 구분하여 관리하여야 하며,[194] 이를 위해 각 발행계획별 기초자산집합의 관리에 관한 장부를 따로 작성하고 갖춰 두어야 한다.[195] 그리고 발행은행은 기초자산집합의 평가총액이 담보유지비율 이하로 내려갈 것으로 예상되거나 기초자산집합에 포함되는 자산이 담보자산의 적격요건을 충족하지 못하는 경우 지체 없이 기초자산 및 유동성 자산을 추가하거나 교체하여 담보유지비율과 자산의 적격요건을 준수하여야 한다.[196] 이와 같은 기초자산집합

---

190 「이중상환청구권부 채권발행에 관한 법률」§12①.

191 「이중상환청구권부 채권발행에 관한 법률」§12③.

192 「이중상환청구권부 채권발행에 관한 법률」§13①.

193 주택담보대출 등과 같이 근저당권에 의하여 담보된 대출채권이 기초자산집합에 편입되어 금융위원회에 등록되더라도 그 근저당권이 양도되거나 그 근저당권의 피담보채권이 확정되는 것은 아니므로, 그 대출채권의 채무자는 아무런 영향을 받지 아니하며 그 근저당권의 채권최고액 한도 내에서 추가 대출을 받을 수 있다. 이러한 경우 이 추가대출채권과 이중상환청구권부 채권 중 어느 채권이 그 근저당권에 대하여 우선적인 권리를 가지는지가 문제되는데 「이중상환청구권부 채권 발행에 관한 법률」은 제16조 제1항에서 근저당권으로 담보된 채권이 기초자산집합의 기초자산으로 등록된 경우 등록 이후에 해당 근저당권에 따라 담보되는 채권이 추가로 발생하게 된 때에는, 기초자산집합으로 등록된 채권이 등록 이후 발생된 채권보다 해당 근저당권의 실행, 변제충당 및 그 밖의 권리의 실행에 있어서 우선한다는 특례조항을 두어 기초자산의 금융위원회에의 등록시점을 기준으로 이중상환청구권부 채권과 추가대출채권의 우선순위를 결정하는 것으로 규정하고 있다.

194 「이중상환청구권부 채권발행에 관한 법률」§8①.

195 「이중상환청구권부 채권발행에 관한 법률」§8②.

196 「이중상환청구권부 채권발행에 관한 법률」§8③.

의 관리와 투자자 보호를 위한 업무는 발행은행이 수행하는데, 발행은행은 이러한 업무를 수행하기 위하여 수탁관리인을 선임할 수도 있다.[197] 발행은행이 수탁관리인을 선임한 경우에는 그 선임 사실을 금융위원회에 알려야 한다.[198]

기초자산집합의 일상적 관리는 위와 같이 발행은행 또는 발행은행이 선임한 수탁관리인에 의해 수행되지만, 담보자산의 적격성 평가와 금융위원회에의 등록의 감독등의 업무[199]는 발행은행으로부터 독립적인[200] 지위를 가지는 기초자산집합 감시인에 의해 이루어진다.[201] 기초자산집합 감시인은 업무수행을 위하여 필요한 자료를 제공해 줄 것을 발행은행에 요청할 수 있으며,[202] 업무수행에 관한 보고서를 분기별로 작성하여 금융위원회에 제출하고 이를 발행은행 및

---

197 「이중상환청구권부 채권발행에 관한 법률」§8⑤.

198 「이중상환청구권부 채권발행에 관한 법률 시행령」§7④.

199 기초자산집합 감시인은 구체적으로 다음과 같은 업무를 담당한다(「이중상환청구권부 채권발행에 관한 법률」§11①):

1. 기초자산집합에 대한 회계감사
2. 기초자산집합에 포함되는 자산의 적격요건 및 담보유지비율 유지 여부에 대한 실사·평가
3. 발행기관의 발행계획 및 관계법규 준수 여부에 대한 점검·평가
4. 발행기관의 기초자산집합에 대한 관리가 우선변제권자의 권리를 침해하는 요인이 없는지에 대한 점검
5. 1 내지 4의 업무와 관련하여 발행기관의 기초자산집합 관리·유지 및 우선변제권자 보호에 부적절한 사항이 있는 경우 발행기관에 대한 시정 요구
6. 1 내지 5의 업무와 관련하여 수탁관리인에 대한 업무의 지시·감독(기초자산집합에 대한 수탁관리인을 선임한 경우만 해당)
7. 기초자산집합의 처분, 경매신청, 그 밖의 권리행사 등 우선변제권의 실행을 위하여 필요한 재판상 또는 재판 외의 행위 전부

200 기초자산집합 감시인은 기초자산집합의 적격성을 독립적으로 감시하기 위하여 선임되며(「이중상환청구권부 채권발행에 관한 법률」§9①), 또한 그 선임은 발행은행이 하지만 그 선임에는 금융위원회의 승인이 필요하며, 그 해임에는 금융위원회의 승인 또는 이중상환청구권부 채권의 총채권액의 100분의 75 이상을 보유하는 채권자의 동의를 필요로 한다는 점에서(「이중상환청구권부 채권발행에 관한 법률」§9①,④) 발행은행으로부터 독립적인 지위를 갖는다고 할 수 있다.

201 기초자산집합감시인은 발행은행의 기초자산집합에 대한 관리가 우선변제권자의 권리를 침해하는 요인이 없는지에 대한 점검, 발행은행의 기초자산집합 관리·유지 및 우선변제권자 보호에 부적절한 사항이 있는 경우 발행은행에 대한 시정 요구 등의 업무를 수행하기 때문에 통해 이중상환청구권부 채권 소지인의 이익을 보호하는 기관으로서의 성격도 갖는다. 구기성, 이중상환청구권부채권 발행에 관한 법률안 검토보고서(2013.4), 국회 정무위원회, 41면 참조.

202 「이중상환청구권부 채권발행에 관한 법률」§11③.

열람을 요청하는 우선변제권자에게 제공하여야 한다.[203]

발행은행이 도산상태에 들어가지 아니한 정상적인 경우에 있어서는, 이중상환청구권부 채권은 발행은행의 은행채와 다르지 않다. 이중상환청구권부 채권의 원리금은, 담보자산인 대출채권 등의 원리금이 정상적으로 회수되고 있는지 여부에 불문하고, 발행은행의 영업활동 전체의 현금흐름에서 지급된다. 이중상환청구권부 채권의 소지인은 기초집합자산에 대한 우선변제권에도 불구하고 지급기일에 발행은행에 대하여 그 채권의 지급을 청구할 수 있으며, 발행은행은 우선변제권을 이유로 그 지급의 전부 또는 일부를 거절하거나 유예하지 못한다.[204]

(2) 발행은행의 도산 및 이중상환청구권부 채권의 계속지급

이중상환청구권부 채권의 발행은행이 파산하거나 회생절차가 개시되더라도, 그 기초자산집합은 발행은행의 파산재단 또는 회생절차의 관리인이 관리 및 처분권한을 가지는 채무자의 재산을 구성하지 아니하며, 또한 강제집행 및「채무자 회생 및 파산에 관한 법률」에 따른 보전처분·중지명령 또는 포괄적 금지명령의 대상이 되지 아니한다.[205] 또한 발행은행에 대하여 기업구조조정 관리절차가 개시된 경우라도 그 기초자산집합은 관리대상이 되는 재산을 구성하지 아니한다.[206] 따라서 발행은행에 대한 회생절차 또는 기업구조조정 관리절차에 따라 채무의 면책·조정·변경이나 그 밖의 제한이 이루어진 경우에도 이중상환청구권부 채권의 소지인의 우선변제권에는 영향을 미치지 아니한다.[207] 따라서, 이중상환청구권부 채권은 발행은행이 도산하더라도 자동적으로 그 기한의 이익이 상실되지도 않으며 그 원리금은 발행조건상의 일정에 따라 지급된다.[208] 그리고 발행은행은 이중상환청구권부 채권의 상환되지 아니한 잔액이 존속하는 한「이중상환청구권부 채권 발행에 관한 법률」에서 정하는 경우를 제외하고는

203「이중상환청구권부 채권발행에 관한 법률」§11②.

204「이중상환청구권부 채권발행에 관한 법률」§14.

205「이중상환청구권부 채권발행에 관한 법률」§12①②.

206「이중상환청구권부 채권발행에 관한 법률」§12③.

207「이중상환청구권부 채권발행에 관한 법률」§12④.

208 다만, 기초자산집합은 정적(static)으로 바뀌어 더 이상 담보자산의 추가교체는 일어나지 아니한다.

기초자산집합을 처분하거나 다른 채무에 대한 담보로 제공해서는 아니 되며, 이를 위반한 처분 또는 담보제공은 이중상환청구권부 채권의 소지인에 대해서는 효력이 없다.[209]

발행은행에 대하여 파산절차, 회생절차 또는 기업구조조정 관리절차가 개시되면, 기초자산집합은 발행은행이나 수탁관리인이 아닌 기초자산집합 감시인이 관리하게 된다. 기초자산집합 감시인은 이중상환청구권부 채권의 소지인들의 채권이 발행계약상의 일정에 따라 만족될 수 있도록 보장하기 위하여 담보자산인 모든 대출채권 등의 원리금을 그 대출거래계약 등의 계약상의 조건에 따라 수령하여 커버드본드 소지인들의 원리금을 그 발행조건상의 일정에 따라 지급할 수 있으며, 나아가 담보 풀의 유동성을 확보하기 위하여 담보자산을 개별적으로 처분할 수도 있다. 이와 같은 형태의 관리는 커버드본드의 원리금이 전부 상환될 때까지 계속되며, 잔여분이 있는 경우에는 이를 발행은행, 파산관재인이나 회생절차 관리인에게 이전하여야 한다.[210]

(3) 이중상환청구권부 채권의 지급불능, 기초집합자산의 처분 및 발행은행의 도산절차에의 참가

발행은행이 이중상환청구권부 채권의 전부 또는 일부를 변제하지 못하는 경우, 기초자산집합의 처분사유가 발생한 경우, 또는 이중상환청구권부 채권에 대한 기한 이익 상실 사유가 발생한 경우에는, 기초자산집합 감시인은 기초자산집합을 처분하여 이중상환청구권부 채권 소지인의 채권 변제에 충당할 수 있다.[211]

기초자산집합을 처분하는 경우, 주택담보대출채권과 같은 채권을 제3자에게 매각하는 때에는 그 채권 양도의 대항요건을 갖추어야 하는데, 우리 「민법」은 채무자에 대하여는 양도인의 통지 또는 채무자의 승낙, 그리고 제3자에 대하여는 확정일자 있는 증서에 의한 통지 또는 승낙을 그 각각의 대항요건으로 규정하고 있다.[212] 그러나 이와 같은「민법」상의 채권양도 대항요건을 갖추기 위해

209 「이중상환청구권부 채권발행에 관한 법률」§12⑤.
210 「이중상환청구권부 채권발행에 관한 법률」§13⑥.
211 「이중상환청구권부 채권발행에 관한 법률」§13③.
212 「민법」 제450조.

서는 많은 시간과 비용이 소요되므로 「이중상환청구권부 채권 발행에 관한 법률」은 이에 관한 특례조항을 두고 있다. 즉, 채무자에 대하여는, 기초집합자산의 처분사유가 발생하는 경우,[213] 발행은행 또는 감시인은 기초자산집합의 등록사실과 감시인의 처분권한에 관한 내용(이하 "등록사실 등"이라 한다)을 해당 기초자산집합에 포함되는 채권의 채무자에게 통지하거나 채무자가 승낙하면 등록사실 등에 관하여 대항요건을 갖춘 것으로 보며, 또한 발행은행 또는 감시인이 채무자에게 일정한 주소[214]로 2회 이상 내용증명우편으로 등록사실 등에 대한 통지를 발송하였으나 소재 불명 등으로 반송된 때에는 채무자의 주소지를 주된 보급지역으로 하는 2개 이상의 일간신문(전국을 보급지역으로 하는 일간신문이 1개 이상 포함되어야 함)과 발행은행의 인터넷 홈페이지에 등록사실 등을 공고함으로써 그 공고일에 통지를 한 것으로 보아 등록사실 등에 대한 대항요건을 갖춘 것으로 본다고 규정하고, 이 경우 발행은행을 양도인으로 그리고 기초집합자산 감시인을 양수인으로 본다고 규정하고 있으며,[215] 제3자에 대해서는, 기초자산집합을 금융위원회에 등록을 한 때에 등록사실 등에 관하여 대항요건을 갖춘 것으로 본다고 규정하고 있다.[216]

그리고 기초자산집합에 포함된 기초자산으로서 근저당권으로 담보된 채권을 처분하는 경우에는 해당 근저당권으로 담보된 채권의 원본 확정 전에도 그 피담보채권과 함께 해당 근저당권을 양도할 수 있다.[217]

---

213 「이중상환청구권부 채권발행에 관한 법률」 제13조 제3항에 규정된 경우, 즉 (i) 발행은행이 지급기일에 우선변제권자의 채권의 전부 또는 일부를 변제하지 못하는 경우, (ii) 금융위원회에 등록한 기초자산집합의 처분사유가 발생한 경우, 또는 (iii) 우선변제권자의 채권에 대한 기한 이익 상실 사유가 발생한 경우를 말한다.

214 (i) 금융위원회에 등록한 기초자산집합에 관한 등록서류에 적혀 있는 채무자의 주소(등기부에 적혀 있는 주소가 채무자의 최후의 주소가 아닌 경우 발행은행 또는 감시인이 채무자의 최후의 주소를 알고 있을 때에는 그 최후의 주소를 말함), 또는 (ii) 금융위원회에 등록한 기초자산집합에 관한 등록서류에 채무자의 주소가 적혀 있지 아니한 경우로서 발행기관 또는 감시인이 채무자의 최후의 주소를 알고 있을 때에는 그 최후의 주소를 말한다 (「이중상환청구권부 채권발행에 관한 법률」§15③i,ii).

215 「이중상환청구권부 채권발행에 관한 법률」§15①②

216 「이중상환청구권부 채권발행에 관한 법률」§15③

217 「이중상환청구권부 채권발행에 관한 법률」§16②; 근저당권으로 담보된 채권을 근저당권의 피담보채권이 확정되기 양도하는 경우 근저당권도 함께 이전되는지에 대해서는 다툼이 있는바, 우리 판례는 근저당권이라고 함은 계속적인 거래관계로부터 발생하고 소멸하

이중상환청구권부 채권의 소지인이 우선변제권에 따라 채권 원리금의 전부 또는 일부를 변제받지 못한 경우에는 발행은행의 다른 재산으로부터 변제받을 수 있으며, 그 변제받지 못한 채권의 범위에서 발행기관의 파산절차나 회생절차에 참여할 수 있다.[218] 또한, 발행은행의 다른 재산에 대하여 기초자산집합보다 먼저 파산절차를 통한 배당 또는 회생절차를 통한 변제가 실시되는 경우에 이중상환청구권부 채권 소지인은 이중상환청구권부 채권의 총채권액(상환된 금액은 제외)으로 해당 절차에 참여하여 배당을 받거나 변제받을 수 있다.[219] 한편, 기초자산집합 감시인은 기초자산집합의 처분 또는 집행으로 취득한 금원 중 이중상환청구권부 채권의 변제에 충당한 후 잔여분이 있는 경우에는 발행은행, 파산관재인이나 회생절차 관리인에게 이전하여야 한다.[220]

Ⅴ. 맺음말

커버드본드의 담보구조는 결국 (i) 담보자산에 대해 커버드본드 소지인들이 우선변제권을 가질 것(우선변제권 요건), 그리고 (ii) 커버드본드 발행은행이 도산하더라도 커버드본드가 기한의 이익을 상실하지 않고 발행조건에 따라 계속해서 원리금지급이 되도록 할 것(발행조건상의 일정에 따른 원리금지급 요건)이라는 두 가지 요건을 충족시키는 구조가 되어야 한다. 독일의 Pfandbrief 등 법정커버드본드의 경우에는 특별법에 의해 위와 같은 담보구조를 만들어 내고 있으나, 위와 같은 특별법을 가지고 있지 아니한 영국이나 미국의 은행들의 경우에는 자국의 계약법 등 일반법제도에 기초하여 구조화기법을 활용함으로써 법

는 불특정다수의 장래채권을 결산기에 계산하여 잔존하는 채무를 일정한 한도액의 범위 내에서 담보하는 저당권이어서, 거래가 종료하기까지 채권은 계속적으로 증감변동하는 것이므로, 근저당 거래관계가 계속중인 경우, 즉 근저당권의 피담보채권이 확정되기 전에 그 채권의 일부를 양도하거나 대위변제한 경우 근저당권이 양수인이나 대위변제자에게 이전할 여지는 없다라는 입장을 취하고 있으므로(대법원 2002. 7. 26. 선고 2001다53929 판결), 이 조항은 근저당권의 양도에 관한 특례를 규정하여 기초자산집합의 처분을 용이하게 하는 데 그 목적이 있다.

218 「이중상환청구권부 채권발행에 관한 법률」§13④.

219 「이중상환청구권부 채권발행에 관한 법률」§13⑤.

220 「이중상환청구권부 채권발행에 관한 법률」§13⑥.

정커버드본드와 유사한 법적·경제적 효과를 가진 담보구조를 가진 구조화커버드본드를 성공적으로 발행하였다.

우리나라에서는, 위에서 설명한 바와 같이, 「이중상환청구권부채권의 발행에 관한 법률」의 제정 이전에는 「자산유동화에 관한 법률」등을 활용하여 복잡한 구조화과정을 거쳐 법정커버드본드와 유사한 법적·경제적 효과를 가진 담보구조를 만들어 내었으나, 이제 「이중상환청구권부채권의 발행에 관한 법률」에 의해 커버드본드 담보구조의 두 가지 요건, 즉 담보자산에 대해 커버드본드 소지인들이 우선변제권을 가져야 한다는 우선변제권 요건과 커버드본드 발행은행이 도산하더라도 커버드본드가 기한의 이익을 상실하지 않고 발행조건에 따라 계속해서 원리금지급이 되도록 할 것이라는 발행조건상의 일정에 따른 원리금지급 요건을 모두 충족시키는 담보구조를 만들어 낼 수 있게 됨으로써, 독일의 커버드본드인 Pfandbriefe의 담보구조와 같은 단순하고 간명한 담보구조에 의한 법정커버드본드를 발행할 수 있게 되었다. 따라서, 우리나라 커버드본드의 법적 안전성과 투명성이 크게 제고할 수 있게 되었고, 또한 복잡한 구조화과정에서 발생하는 비용을 절감할 수 있는 효과를 가져올 수 있게 되었으나,[221] 우리나라 커버드본드의 법적 안정성을 위해서는 다음과 같은 두 가지 사항에 대해서는 추가적인 검토 및 보완이 필요한 것으로 보인다.

첫째, 기초집합자산 감시인의 선임에 관한 사항이다. 현행 「이중상환청구권부채권의 발행에 관한 법률」에서는 기초집합자산 감시인을 발행은행이 하도록 하고 있는데,[222] 기초자산집합 감시인은 이중상환청구권부 채권 소지인의 이익을 보호하는 기관으로서의 성격을 가지며, 특히 「이중상환청구권부채권의 발행에 관한 법률」 제13조 제3항에 따른 기초자산집합의 처분사유가 발생하여 기초집합자산 감시인이 기초집합자산 전부를 처분하여 이중상환청구권부 소지인 등 우선변제권자의 채권 변제에 충당하는 업무는 기초집합자산의 청산업무라 할 수 있는바, 그 독립성이 보장이 더욱더 요구된다 할 것이다. 따라서, 현행법

221 「이중상환청구권부채권의 발행에 관한 법률」의 제정의 취지 및 효용 일반에 대해서는 김용호·윤수진·최용호, 「이중상환청구권부 채권 발행에 관한 법률」의 제정과 커버드본드의 법률관계, BFL 제65호(2014. 5), 서울대학교 금융법센터, 그리고 이미현, 커버드본드 법제화의 효용과 한계, 상사법연구 제33권 제3호(2014), 한국상사법학회 참조.

222 「이중상환청구권부 채권발행에 관한 법률」§9①.

에서도 발행은행이 기초자산집합 감시인을 선임할 때에는 금융위원회의 승인을 받도록 하고 있으나, 그 선임 자체를 금융위원회가 하도록 하고, 「이중상환청구권부채권의 발행에 관한 법률」 제13조 제3항에 따른 기초자산집합의 처분사유가 발생하여 기초자산집합 전부를 처분하게 되는 때에는 독일에서와 같이 기초자산집합감시인과는 별도의 특별관재인을 법원 또는 예금보험공사가 선임하는 방안을 고려해 볼 수 있을 것이다.

둘째, 기초자산집합의 처분과 관련한 채권양도의 대항요건 특례에 관한 사항이다. 현행 「이중상환청구권부채권의 발행에 관한 법률」에 의하면, 기초집합자산의 처분사유가 발생하는 경우,[223] 채무자에 대해서는 발행은행 또는 감시인이 기초자산집합의 등록사실과 감시인의 처분권한에 관한 내용(이하 "등록사실 등"이라 한다)을 해당 기초자산집합에 포함되는 채권의 채무자에게 통지하거나 채무자가 승낙하면 등록사실 등에 관하여 대항요건을 갖춘 것으로 보며,[224] 제3자에 대해서는 기초자산집합을 금융위원회에 등록을 한 때에 등록사실 등에 관하여 대항요건을 갖춘 것으로 본다고 규정하고,[225] 이 경우 발행은행을 양도인으로, 감시인을 양수인으로 본다고 의제하고 있다. 그런데 위 특례조항의 문언대로라면 대항요건구비의 대상이 '채권양도'가 아니라 '기초자산집합의 등록사실과 감시인의 처분권한에 관한 내용(등록사실 등)'이기 때문에 채권양도에 대한 대항요건을 갖춘 것으로 볼 수 없으며, 또한 발행은행을 양도인으로 감시인을 양수인으로 본다고 의제하는 문언과도 모순된다. 기초집합자산의 처분사유가 발생하여 그 전부를 청산하여야 하는 경우에는 그 기초집합자산에 포함되어 있는 대출채권 및 그 담보권이 제3자에게 양도될 예정에 있게 되므로, 이러한 사실을 그 대출채권의 채무자 및 담보권설정자에게 미리 통지하는 방식으로 이들에게 예측가능성을 부여하고 나아가 대출채권양도의 대항요건을 갖추는 이중의 효과를 목적으로 하는 특례조항이라 할 수 있는데, 대출채권의 양수인이 확정

223 「이중상환청구권부 채권발행에 관한 법률」 제13조 제3항에 규정된 경우, 즉 (i) 발행은행이 지급기일에 우선변제권자의 채권의 전부 또는 일부를 변제하지 못하는 경우, (ii) 금융위원회에 등록한 기초자산집합의 처분사유가 발생한 경우, 또는 (iii) 우선변제권자의 채권에 대한 기한 이익 상실 사유가 발생한 경우를 말한다.

224 「이중상환청구권부 채권발행에 관한 법률」§15①②.

225 「이중상환청구권부 채권발행에 관한 법률」§15③.

되기도 전에 그 양도예정사실을 통지하는 것만으로는 그 대출채권의 채무자 및 담보권설정자를 보호하는 실질적인 효과는 없다고 할 것이다. 따라서 이 특례조항은 민법상의 채권양도 대항요건구비 방식대로 대출채권이 양도된 후에 채무자에게 통지하거나 또는 채무자의 승낙을 받는 방식으로 하되, 그 발행은행뿐만 아니라 기초자산집합 감시인도 통지인이 될 수 있다는 정도만 특례조항으로 하는 것을 검토해 볼 필요가 있다 할 것이다.

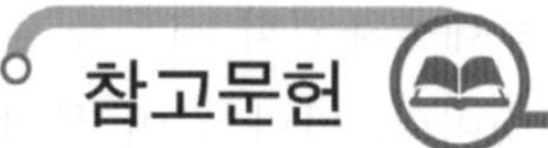

참고문헌

R·E·F·E·R·E·N·C·E·S

구기성, 이중상환청구권부채권 발행에 관한 법률안 검토보고서(2013. 4), 국회 정무위원회.

김신근, Covered Bond에 대한 이해, KBP Fixed Income Weekly 제08－31호(2008. 8. 11), 한국채권평가.

김용호, 자산유동화 실무상의 몇 가지 문제, 『금융거래법강의 II』, 법문사, 2001.

김용호/선용승, 국제금융을 위한 담보수단 개관 및 몇 가지 관련문제, BFL 제10호(2005. 3), 서울대학교 금융법센터.

김용호·윤수진·최용호, 「이중상환청구권부 채권 발행에 관한 법률」의 제정과 커버드본드의 법률관계, BFL 제65호(2014. 5), 서울대학교 금융법센터.

김재형, 자산유동화에 관한 법률의 현황과 문제점, 『금융거래법강의 II』, 법문사, 2001.

김필규, covered bond 도입에 대한 논의와 관련하여, 자본시장 Weekly 2008－34호(2008. 8. 19~8. 25), 한국증권연구원.

김형준, Covered Bond 발행 구조, Issue Report(2008. 7. 2), 한국기업평가.

유윤주, 『주택저당대출자산 유동화 시스템 개선 방안』, 한국증권연구원, 2005.

이미현, 담보부사채발행의 활성화, BFL 제31호(2008. 9), 서울대학교 금융법센터.

이미현, 커버드본드 법제화의 효용과 한계, 상사법연구 제33권 제3호(2014), 한국상사법학회.

자산유동화 실무연구회, 『금융혁명 ABS』, 한국경제신문사, 1999.

정소민, 유럽의 커버드본드제도에 관한 고찰, BFL 제30호(2008. 7), 서울대학교 금융법센터.

조영희, 파산절연과 자산유동화에 관한 법률 제13조에 관한 소고, BFL 제31호(2008. 9), 서울대학교 금융법센터.

한국은행, 금융안정보고서 제12호(2008. 10).

한민/박종현, 신탁과 도산법 문제, BFL 제17호(2006. 5), 서울대학교 금융법센터.

ABN AMRO, Liquid covered bonds(6th edition), 2006.

American Securitization Forum, U.S. Covered Bonds A Discussion Paper for the Federal Deposit Insurance Corporation, available at http://www.americansecuritization.com/

uploadedFiles/ASF%20Covered%20Bonds%20Discussion%20Paper%20Final.pdf

Bernd Volk, RMBS vs. Covered Bonds, in European Covered Bond Fact Book(3rd edition, August 2008), European Covered Bond Council, available at http://ecbc.hypo.org/Content/Default.asp?

Cadwalader, What are Covered Bonds and Why Should You Care, Clients & Friends Memo (September 10, 2008), available at http://cwt.com/assets/client_friend/091008CoveredBonds.pdf

Carrick Mollenkamp & Mark Whitehouse, Old-School Banks Emerge Atop New World of Finance, Wall Street Journal, September 16, 2008.

Clifford Chance, Japanese Trust Law Brought Up-to Date: The Security Trust and Other Amendments, Client briefing(June 2007), available at http://www.cliffordchance.com/showimage/showimage.aspx?LangID=UK&binaryname=/client_briefing_-_japanese_trust_law_eng_june2007.pdf

Cristina Costa, The economics & financial importance of mortgage bonds, in Mortgage Banks and the Mortgage Bond in Europe(4th edition, November 2003), European Mortgage Federation, available at http://212.3.246.147/docs/1/OCFBNBJBOOFKBBMENKMJJMNMPDB69DBKPWTE4Q/EMF/Docs/DLS/2003-00428.pdf

Dieter Bellinger, Historical development of the mortgage bond system, in Mortgage Banks and the Mortgage Bond in Europe(4th edition, November 2003), European Mortgage Federation, available at http://212.3.246.147/docs/1/LGAPGOKDOBAFMFDALMNAONKLPDB69DBKPWTE4Q/EMF/Docs/DLS/2003-00428.pdf

Douglas J. Lucas, Frank J. Fabozzi, Laurie S. Goodman, Andrea Montanari, and Armin Peter, Covered Bonds: A New Source of U.S. Mortgage Loan Funding?, The Journal of Structured Finance, Fall 2008.

European Central Bank, Covered Bonds in the EU Financial System(December 2008), available at http://www.ecb.int/pub/pdf/other/coverbondsintheeufinancialsystem200812en_en.pdf

European Commission, Report of the Mortgage Funding Expert Group (December 22, 2006), available at http://ec.europa.eu/internal_market/finservices-retail/docs/home-loans/mfeg/final_report-en.pdf

European Covered Bond Council, About Covered Bonds, available at http://ecbc.hypo.org/content/default.asp?PageID=311

European Covered Bond Council, 2016 ECBC European Covered Bond Fact Book(11th edition, August 2016).

Fitch Ratings, ABCs of U.S. Covered Bonds, U.S. and Canada Special Report(September 3, 2008), available at www.fitchratings.com

Fritz Engelhard, Covered Bonds and the EU Capital Requirements Directive, in European Covered Bond Fact Book(3rd edition, August 2008), ECBC, available at http://ecbc.hypo.org/Content/Default.asp?

Fritz Engelhard, The Issuer's perspective United Kingdom, in European Covered Bond Fact Book(3rd edition, August 2008), ECBC, available at http://ecbc.hypo.org/Content/Default.asp?

Jeremy Jennings-Mares and Peter Green, Finance: Covering your assets, legalweek.com, September 18, 2008, available at http://www.legalweek.com/Articles/1163513/Finance+Covering+your+assets.html

Jochen Seitz, Peter Maier & Ralf Burmeister, Case Study: Security mechanism for Pfandbrief creditors and regulator's options to intervene in case of (imminent) insolvency of a Pfandbrief Bank, in German Pfandbrief 2006 Recent developments and international comparison(July 2006), Bundesverband Offentlicher Banken Deutschlands, available at www.voeb.de/download/publikation_pfandbrief2006-en.pdf

Louis Hagen, Covered Bond The Unknown Species, in The Pfandbrief Europe's biggest bond market(8th edition, 2003), Association of German Mortgage Banks, available at http://www.pfandbrief.org/d/bcenter.nsf/0/A6F65D0CD89DFF77C12570FA0058096C/$FILE/fbpfandbrief_2003_e.pdf

Louis Hagen, The Legal Framework for Issuing Pfandbriefe, in The Pfandbrief 2008/2009 Facts and Figures about Europe's Covered Bond Benchmark(13th edition), Association of German Pfandbrief Banks, 2008.

Mayer Brown, UK Regulated Covered Bond Regulations 2008, Finance Legal Bulletin (March 2008), available at http://www.mayerbrown.com/publications/article.asp?id=4305&nid=6

Mayer Brown, US Treasury Issues Best Practices for Residential Covered Bonds, Capital Market Update(July 30, 2008), available at http://www.mayerbrown.com/publications/article.asp?id=5320&nid=6

Michelle Bradley, General Law Based Frameworks: Structured Covered Bonds, in European Covered Bond Fact Book(3rd edition, August 2008), ECBC, available at http://ecbc.hypo.org/Content/Default.asp?

Office of Thrift Supervision, OTS Fact Sheet on Washington Mutual Bank(September 25, 2008), available at http://files.ots.treas.gov/730021.pdf

Orazio Mastroeni, Pfandbrief-style products in Europe, in BIS Papers No. 5(2001), BIS, available at http://www.bis.org/publ/bppdf/bispap05b.pdf

Ralf Grossmann, Overview of Covered Bonds, in European Covered Bond Fact Book(3rd edition, August 2008), ECBC, available at http://ecbc.hypo.org/Content/Default.asp?

Sabine Winkler, The Issuer's perspective United States, in European Covered Bond Fact Book(3rd edition, August 2008), ECBC, available at http://ecbc.hypo.org/Content/Default.asp?

Sabine Winkler, The US covered bond market: A long way from infancy to maturity, in The Pfandbrief 2007/2008(12th edition, 2007, Berlin), Association of German Pfandbrief Banks, available at http://www.pfandbrief.org/d/bcenter.nsf/0/C5BD9AB6096E0178C125735D00546DD5/$FILE/EN%20_PBFB%202007.pdf

Thomas W. Albrecht & Sarah J. Smith, Corporate Loan Securitization: Selected Legal And Regulatory Issues, 8 Duke J. of Comp. & Int'l L. 1998, available at http://www.law.duke.edu/shell/cite.pl?8+Duke+J.+Comp.+&+Int'l+L.+411

UK HM Treasury, EXPLANATORY MEMORANDUM TO THE REGULATED COVERED BOND REGULATIONS 2008(2208 No. 346), available at http://www.opsi.gov.uk/si/si2008/em/uksiem_20080346_en.pdf

UK HM Treasury, Proposals for a UK Recognized Covered Bonds legislative framework, July 2007, available at http://www.hm-treasury.gov.uk/d/consult_coveredbonds230707.pdf

US Department of Treasury, Best Practices for Residential Covered Bonds, at 7-8, available at http://www.treas.gov/press/releases/reports/USCoveredBondBestPractices.pdf

Ute Foshag, Legal Framework of the German Pfandbrief, in German Pfandbrief 2006 Recent developments and international comparison(July 2006), Bundesverband Offentlicher Banken Deutschlands, available at www.voeb.de/download/publikation_pfandbrief2006-en.pdf

Wolfgang Klberer & Otmar Stcker, The Issuer's perspective Germany, in European Covered Bond Fact Book(3rd edition, August 2008), ECBC, available at http://ecbc.hypo.org/Content/Default.asp?

제 4 장 옵션부 이종통화예금에 대한 자본시장법상 고찰

Ⅰ. 머리말

2009년 2월 4일 "자본시장과 금융투자업에 관한 법률"(이하 "자본시장법")이 시행됨에 따라 기존 증권회사들이 증권거래법상 영위하던 증권업외에 은행이 별도의 근거법령 없이 영위하던 파생거래업무나 신탁업법에 의하여 영위하던 신탁업무, 간접투자자산운용업법에 의하여 영위하던 펀드판매 업무 등도 금융투자업에 포함되어 은행은 겸영금융투자업자로서 동법의 규율을 받게 되었다. 또한 자본시장법은 동법의 적용을 받게 되는 금융투자상품의 정의를 포괄적으로 정의함에 따라 고객이 금융기관에 지급한 금액이 약정한 반환시기에 지급받게 되는 금액보다 크게 되는 모든 경우를 투자성이 있는 금융투자상품을 의미하는 것으로 해석되게 되었다.

금융투자상품을 포괄주의로 규율함에 따라 지금은 예상할 수 없으나 향후 출현할 수 있는 투자성 있는 상품도 동법의 규율범위에 포함시키고 감독의 사각지대를 없애는 것이 동법의 전도적 기능에 해당한다. 이와 더불어 투자상품과는 별개의 법리로 규율되는 예금이나 보험 중에서는 일부 투자성상품의 성향

---

* 김효연 집필.
*「은행법연구」 제2권 제2호(2009. 11)에 게재된 내용을 다소 수정·보완한 것이다.

이 결합하는 복합상품이 존재하기 때문에, 예금이나 보험이 금융투자상품과 어떻게 구별할 것인가가 중요한 논제가 된다. 실제로 이 경계선상에 있는 상품이 이 글에서 소개하고자 하는 "옵션부 이종통화예금"이다.

자본시장법이 시행되기 전부터, 외국계 은행지점 및 시중은행 일부에서 "옵션부 이종통화예금"을 은행법상 규율하에 판매하여 왔다. 동 상품은 약정기간을 1 내지 3개월의 단기로 정하여 원화 또는 외화를 정기예금으로 예치하고, 예치통화와 관련하여 옵션을 매도하여 동 옵션의 행사기간이 만료되면 미리 정한 행사가격과 반환시점의 시장환율을 비교하여 은행은 예치된 통화를 다른 통화로 교환하여 반환할 수 있는 예금을 말한다. 환율변동에 따라 옵션 행사시점의 행사환율이 시장환율보다 고객에게 불리해질 가능성이 있기 때문에 이를 투자성 있는 금융투자상품으로 보아야 하는가가 핵심적인 이슈로 제기되었다.

따라서 이 글에서는 "옵션부 이종통화예금"의 구조를 분석하고, "자본시장법"이 규율하는 투자성 있는 금융투자상품의 정의, 기존 은행이 취급하던 예금과의 경계가 되는 "투자성"이 무엇인지 짚어 보기로 한다. 그 다음, 투자성과 예금이 결합되었을 때 동 결합상품이 "금융투자상품"으로 규율해야 하는지 예금으로 규율해야 하는지에 대한 정책적 목적을 살펴보기로 한다. 마지막으로 "자본시장법"은 제77조(투자성 있는 예금·보험)이라는 규정만을 두고 있을 뿐 아직 그 명확한 정의나 해석이 정립되지 않은 상황에서 동조의 취지와 기존의 결합상품의 권원을 분석하여 향후 동조의 적용에 도움이 될 수 있는 개선방안을 모색하고자 한다.

Ⅱ. 옵션부 이종통화예금의 구조 및 문제의 제기

1. 기본구조

옵션부 이종통화 예금은 그 예치기간을 1개월부터 6개월 미만의 단기 약정 정기예금과 통화옵션(고객의 매도포지션)이 결합된 상품으로서 만기 시 행사가격과 시장가격을 비교하여 옵션매수권자인 은행은 만기 원리금의 지급을 기준통화가 아닌 대체통화로 지급할 권리를 보유하고, 고객은 통화옵션의 매도 프리미엄을 정기예금에 대한 이자와 함께 수취하게 되는 구조를 갖는다.

(1) 판매과정의 각 단계별 계약 조건 결정 구조

1) 상품가입단계

은행의 권유 또는 은행지점으로 직접 내방한 고객을 상대로, 은행은 이종통화예금에 대한 설명을 하고 고객은 동 예금에 가입을 결정하는데, 기준통화, 대체통화, 행사가격, 예치기간을 고객이 정하도록 되어 있고, 고객이 정한 4가지 조건에 따라 수익률(정기예금금리 및 옵션 프리미엄)과 행사환율이 결정된다.

2) 상환통화 결정일

상환통화 결정일은 만기일 직전 2영업일로서 은행은 옵션 매수자로서 동 시점의 시장가격인 만기환율과 상품가입 당시 고객이 정한 행사환율을 비교하여 행사환율 대비 시장환율상 기준통화가 약세인 경우에는 지급통화를 기준통화로 반환하며, 행사환율 대비 시장환율상 기준통화가 강세인 경우에는 지급통화를 행사환율을 적용하여 대체통화로 교환하여 반환하게 된다.

3) 만기시점

옵션 행사 여부가 결정된 후 만기일에는 만기일 직전 2영업일에 결정된 통화로 원리금을 지급하는데 그 금액은 원금+(원금×수익률×예금일수÷연간일수)로 산정된다.

(2) 실제 사례 분석

1) 예치통화가 미화인 경우

예를 들어, 기준통화를 미화(USD)로, 대체통화를 원화(KRW)로 하고 예치원금은 미화 10만 달러(USD 100,000)를 지급하고 예치기간은 1개월(32일)로 정하되 예금 가입 시 시장환율이 1,085원/$이라고 가정하여 고객 입장에서는 행사환율을 가입당시의 시장환율보다는 반드시 유리하게 설정[1]하므로 행사환율을 1,095원/$로 정하였다고 가정하여 보자.

---

1 고객이 이러한 경제적 변수들에 대하여 문외한이거나 지식이 충분하지 못한 경우에는 자신에게 유리한 방향으로 결정하지 않을 수 있으나, 이를 판매하는 은행직원들은 동 상품가입에 대한 설명 및 행사가격 등을 산정함에 있어 조력하게 되므로 가입시점에서는 항상 유리하게 결정된다. 만일 은행직원이 이러한 결정을 명백히 잘못된 방향으로 조력하였다면 이는 개별적으로 민사 손해배상책임을 청구하는 방법으로 해결될 수 있다.

이때의 수익률은 정기예금금리 2.5% 및 옵션 프리미엄 6.8%[2]를 합산하여 총 9.3%의 연 수익률로 책정되게 되며 고객은 만기 시 지급 원금과 동 수익을 합하여 반환받는데 반환되는 통화가 예치통화냐 대체통화냐 여부는 은행의 옵션행사에 따라 달라진다.

① 예치통화(기준통화)가 약세인 경우

만기환율과 행사환율을 비교하여 기준통화가 약세라는 의미는 예를 들어 만기 시 환율이 1,090원/$으로서 행사환율인 1,095원/$과 비교하였을 때 기준통화인 달러의 시장가격이 행사가격보다 약한 것을 말하고, 은행 입장에서는 약한 기준통화를 그대로 고객에게 내어주는 것이 이득이고 대체통화로 변경할 경제적 유인이 없으므로, 옵션을 행사하지 않게 되는바, 고객이 수취하게 되는 최종 반환금은 원금 미화 10만 달러(USD 100,000)와 수익금 826.67달러(USD 826.67)를 합한 미화 100,826.67달러가 세전으로 지급되게 된다.

<계산식>
원금 : USD 100,000
이자 : USD 100,000 × 9.30% × 32/360 = USD 826.67
원리금 : USD 100,000 + USD 826.67 = USD 100,826.67(세전)

② 예치통화(기준통화)가 강세인 경우

만기환율과 행사환율을 비교하여 기준통화가 강세라는 의미는 예를 들어 만기 시 환율이 1,098원/$으로서 행사환율인 1,095원/$을 비교하였을 때 기준통화인 달러의 시장가격이 행사가격보다 강한 것을 말하고, 은행 입장에서는 강한 기준통화로 반환하기 보다는 약한 대체통화로 변경할 경제적 유인이 있으므로 옵션을 행사하게 되고 이때 고객이 수취하게 되는 최종 반환금은 원금 미화 10만 달러(USD 100,000)와 수익금 826.67달러(USD 826.67)를 합한 미화 100,826.67달러를 행사가격 1,095원/$으로 하여 대체통화인 원화로 교환하여 금 110,405,203

2 시장의 변동성을 감안하여 시장환율의 변동성이 높을수록 옵션 프리미엄이 높아지고 시장환율의 변동가능성이 낮을수록 옵션프리미엄은 적게 책정된다. 정기예금 금리는 시장에 따라서 은행의 내부기준으로 달라질 수 있고 본 예제는 2008년 하반기 시점의 환율을 반영한 예제에 해당한다.

원을 세전으로 지급하게 된다.

<계산식>
원금 : USD 100,000 이자 : USD 100,000×9.30% × 32/360=USD 826.67 원리금 : USD 100,000+USD 826.67=USD 100,826.67 대체통화로 교환 : USD100,826.67×행사환율(1,095원/$)=KRW 110,405,203(세전)

③ 고객에게 발생할 수 있는 경제적 불이익

솔직히 동 상품의 구조는 고객이 합리적으로 행사가격 등을 정하였다면 절대적으로 경제적 불이익(자본시장법에서 말하는 투자손실)이 발생되지 않는 구조이다.

위 사례를 살펴보면, 기준통화가 약세가 되는 경우에는 은행이 옵션을 행사하지 않게 되므로 고객입장에서는 약정한 기간(통상 1개월) 만에 원금 외에 이자와 옵션 프리미엄을 고스란히 수취하게 되어 불이익이 없다.

한편, 기준통화가 강세인 경우, 은행이 옵션을 행사하여 예치한 달러를 원화로 교환 지급받았다고 하더라도 가입당시 환율(1,085원/$)로 원화 환산 금액과 만기시 행사환율(1,095원/$)로 변경한 원화 환산 금액을 비교한다면 가입당시의 금액(KRW 108,500,000원)보다 절대적으로 많은 금액(원금 USD 109,500,000 및 이자 및 프리미엄 USD 905,203.65)을 수취하게 된다.[3]

다만, 상대적인 경제적 불이익이 있다고도 볼 수 있는데, 이는 기준통화가 강세여서 은행이 옵션을 행사하게 되었을 때, 만일 고객의 예치금액 USD 100,000 및 수익금 USD 826.67이 만기 환율(1,098원/$)로 변경되었다면 도합 원화 110,707,683.66원을 수취할 수 있음에도 행사환율(1,095원/$)로 변경되어 도합 원화 110,405,203.650원을 수취하게 되었으므로 시장환율과 비교하여 상대적인 손실이 있는 것으로 볼 여지가 있는 것이다.

혹은 대체통화로 변경되어 수취된 금액 원화 110,405,203.65원을 만기 시

---

3 가입당시 예치금 USD 100,000을 가입당시 환율로 원화 교환하면 KRW 108,500,000이 되고 만기시점 옵션행사로 예치금 USD 100,000과 이자 및 프리미엄 USD 826.67을 행사환율로 원화 교환하면 USD 109,500,000 및 USD 905,203.65이 된다.

실제 환율인 1,098원/$을 적용하여 예치 시와 같은 통화인 미화로 환전한다면 미화 100,551.19 달러로서 실제 원리금을 합한 금액보다 적어질 가능성은 잠재되어 있다.

즉, 이 부분에 있어서 자본시장법상 금융투자상품의 본질적 특성인 "투자성"이란 단순히 지급금액과 반환금액의 차이를 말하는 것인지(지급시점과 반환시점의 금액을 단순 비교하여 그 반환금액이 적어지는 경우를 투자성으로 볼 것인지), 지급한 금액보다는 반환금액이 높지만 반환시점의 해당 통화의 시장가격을 비교하여 실제 반환되는 금액과의 차이로 인한 손실도 투자성의 한 요소가 되는지 여부가 쟁점이 된다. 옵션부 이종통화예금이 금융투자상품에 해당하는지를 판단하기 위한 논의의 전제가 된다.

2) 예치통화(기준통화)가 원화인 경우

이종통화예금은 4개의 통화(원화, 미화, 일본엔화, 유로)를 기준통화 또는 대체통화로 설정할 수 있고, 위에서 든 사례를 기준통화는 원화, 대체통화는 미화로 바꾸는 경우에도 동일하게 고객 입장에서는 경제적 손실이 없는지를 확인해 보도록 한다.

원화 1천만원을 기준통화로 예치하면서 예치시점의 환율은 1,085원/$이고 대체통화는 미화로 설정하고 옵션을 매도하는 고객입장에서는 행사환율을 1,075원/$으로 설정하여 원화 환율이 상승하는 경우에는 기준통화가 약세이므로 은행이 옵션을 행사하지 않게 되고 원화환율이 적어도 1,075원/$ 아래로 하락하는 경우에 기준통화가 강세이므로 은행은 이를 행사가격인 1,075원/$으로 교환하게 될 것이다.

만일 만기시점에 원화환율이 1,065원/$으로 하락하게 되는 경우 은행은 동 옵션을 행사하게 되어 원화 1천만원을 1,075원/$ 기준으로 교환하여 미화 9,302.33 달러를 지급하게 된다. 이 때, 고객입장에서 단지 지급시점(원화 1천만원=미화 9,216.59달러)과 만기시점(미화 9,302.33달러)을 비교하여 대체통화 기준으로 한 절대적 금액만을 고려한다면 손실이 발생한 것으로 보기 어렵다. 다만 옵션을 매도하지 않고 그대로 보유하고 있다가 만기시점에 원화 1천만원을 시장가격인 1,065원/$ 기준으로 교환하여 미화 9,380.67달러로 바꿀 수 있었을 가능성을 감안한다면 이는 손실로도 볼 수 있고, 대체된 미화 9,302.33달러를 만기 시 환율 1,065원/$를 기준으로 다시 원화로 변경한다면 그 금액은 처음의 1천만원이 아닌 원화 9,906,981.45원(미화 9.302.33×1,065원/$)이 되므로 손실이 있다고 볼 수 있다.

(3) ELD(Equity-linked Deposit)와의 비교

고객이 예치한 금원으로 주식을 기초자산으로 하는 파생상품을 연계하여 투자수익이 결정되는 신종금융상품으로서 주가연계상품의 대표적인 예는 ELS, ELF, DLS, ELW 등이 존재하며, 이 중 은행이 취급하고 있는 ELD와 이종통화예금을 비교해보기로 한다.

ELD는 투자원금 중 일부를 원금이 보장되는 이자율로 정기예금에 넣은 뒤 나머지 일부로 주가지수 옵션 등에 투자하여 만기 때 원금을 보장하면서도 이자수익으로 주가지수에 연동하여 추가수익 규모가 확정되는 구조화 상품에 해당한다.

ELD 상품의 예시를 든다면, "주가지수가 만기일에 투자일의 지수보다 25%까지 상승 시에는 상승률의 50%(참여비율)로 수익률이 결정되나 25% 이상 상승 시에는 수익률 0%로 확정"되는 상품의 경우, 예금 1백만원을 만기 1년으로 투자하였다면 1년 뒤 주가지수가 25% 상승 시 투자수익률 10%로 110만원을 반환받고, 1년 뒤 주가지수가 25% 이상 상승 시 투자수익률은 0%로 100만원을 받는 구조로서 원금손실을 없앤 구조이다.

이종통화예금과 비교한다면, ELD는 주가연계 옵션의 매수형태를, 이종통화예금은 통화옵션을 매도하는 형태에 해당할 뿐 전체적인 구조는 유사하다고 할 수 있다. 그러나 ELD는 예금에 해당하고 금융투자상품에는 해당하지 않는 것으로 논란이 없으나, 이종통화예금은 금융투자상품에 해당하는가에 대하여 논란의 여지가 있다.

설사 금융투자상품에 해당한다고 하더라도 이러한 투자성 있는 구조화예금을 은행이 판매할 수 있느냐 여부는 은행법에 의하여 해석되어야 한다는 반론이 있는데, ELD가 은행법상 명시규정이 없이 은행 라이선스로 허용된다면 이종통화예금도 현행 은행법상 허용되는 것으로 보아야 함이 타당하다.

(4) 소 결

위에서 이종통화예금 상품의 가입단계에서 합리적인 고객이라면 항상 고객에게 유리한 구조로 상품의 조건을 구성하게 됨을 살펴보았다.

(2) 실제 사례분석 중 미화로 예금을 예치함에 있어서, 고객이 환율 하락을 예상하는 경우에는 행사가격(1,095원/$)을 가입시점(1,085원/$)보다 높은 가격으로 설정하여 놓고 이자와 프리미엄을 수취할 수 있게 되고, 환율 인상을 예상하는 경우에도 환율이 행사가격(1,095원/$)보다 높지 않다면 이자와 프리미엄을 그대로 수취할 수 있다. 나아가 환율이 행사가격보다 높게(예: 1,098원/$) 되는 경우에도 가입 시의 원금(원화기준 108,500,000원)과 행사 시 원금(원화기준 109,500,000원)을 비교하면 절대적인 금액으로는 손실이 없는 상품으로서 고객 입장에서 투자손실이 없다고 볼 수 있는 반면, 만기시점을 기준으로 시장환율과 행사환율의 차이를 투자 손실로 볼 것인지, 기준가격을 원화기준으로만 볼 것인지 또는 어느 통화로든 환전을 통해 최초 위탁금액의 손실이 발생하면 이를 투자 손실로 볼 것인지 등이 문제다.

특히 기업고객의 경우 업무상 외화 등의 수요가 항상 수반되는데, 동 예금을 원화로 가입하여 놓고 행사환율을 적정히 설정하여 놓는다면 예치통화가 약세인 경우에도 원화에 대한 고수익(이자 및 프리미엄)을 취할 수 있고, 예치통화가 강세인 경우에도 필요한 외화로 별도의 수수료 없이 환전될 수 있으므로 기능적으로도 보탬이 되므로 정책적으로도 권장할만한 상품에 해당된다.

그런데, 자본시장법이 지나치게 금융투자상품을 포괄적으로 정의하여 놓은 채 (i) 원화표시 양도성예금증서, (ii)관리신탁만을 명시적으로 제외함에 따라 모든 손실가능성 있는 것은 투자상품에 해당하는 것으로 규정함으로써 은행이나 보험 등의 복합구조 상품의 판매를 제한하게 되는 부작용이 발생하고 있는 것이다.

뒤에서 살펴보게 되겠지만 우리와 유사한 규제법령을 갖추고 있는 일본의 경우에도 일본 은행법에서 은행은 예금업무가 가능하다고 하여 우리와 유사한 규정을 두고 있고, 별도의 예금을 특정함이 없이 구조화예금(ELD나 본건 통화예금이 이에 포함)은 금융상품판매법에 따른 고객보호절차를 준수하도록만 하고 있지 그러한 예금의 판매 자체를 막지 않고 있다. 즉 판매절차에 대한 규제로 영업에 대한 인허가를 좌우하고 있지는 않다.

2. 옵션부 이종통화예금의 국내 판매 역사

(1) 은행법상 약관심사 및 공시의무 규정 준수

동 예금상품을 금융감독당국이 어떻게 이해하여 왔는지를 살펴볼 필요가 있는데, 현행 은행법[4]에 의하여 은행은 은행이 취급하는 금융상품을 새로 출시하기 위해서는 이에 대한 금융감독원의 약관심사를 받아야 하고 필요한 공시의무를 준수하여야 한다.

"옵션부 이종통화예금"은 예금과 통화옵션이 결합된 구조화 상품이기에 동 상품을 취급하였던 글로벌 은행들은 해외에서 ELD 등 다른 구조화 상품과 동일하게 펀드 판매 시와 유사한 판매절차(적합성 원칙, 위험의 고지, 설명 의무 등)를 준수하여 판매하여 왔고, 동 외국계 은행들은 국내에서도 동일한 판매가이드를 가지고 판매하여 왔다. 이들 은행들은 은행업 법령에 의하여 약관심사를 받음에 있어서도 예금 또는 구조화 상품[5]으로 이해하여 심사를 받았던 것으로 파악되고 있으며, 그 최초판매는 1999년 씨티은행 서울지점 시절부터 이루어진 것으로 확인된다.

실제 판매 시에도 이들 외국계 은행들의 해외 글로벌 계열 금융기관에서 동 상품의 판매노하우나 구축된 내부 정책 등이 존재하여 왔고, 우리나라의 "자본시장법"이 시행되기 이전부터 고객에 대한 상품설명의 충실의무, 펀드나 투자상품에 대한 고객판매 절차를 세분하여 철저하게 고객의 투자성향분석 및 투자상품의 분류, 설명절차에 대한 내부통제가 비교적 충실하게 이루어졌기 때문

---

4 은행법 제52조(약관의 변경 등) ① 금융기관은 이 법에 의한 업무를 취급함에 있어서 금융기관 이용자의 권익을 보호하여야 하며, 금융거래와 관련된 약관을 제정 또는 변경하고자 할 때에는 미리 금융위원회에 보고하여야 한다. 다만, 이용자의 권익이나 의무에 불리한 영향이 없는 경우로서 금융위원회가 정하는 경우에는 약관의 제정 또는 변경 후 10일 이내에 금융위원회에 보고할 수 있다.
② 금융위원회는 건전한 금융거래질서의 유지를 위하여 필요한 경우에는 금융기관에 대하여 제1항의 규정에 의한 약관의 변경을 권고할 수 있다.

5 동 상품을 한국씨티은행은 예금의 명칭을 사용하지 않은 채 "Premium Account"로 명명하여 왔고, HSBC는 "통화플러스 정기예금"의 명칭으로 판매하여 왔으며, 옵션행사로 인하여 환차손이 발생하는 등의 기회손실가능성을 판매 시 고객에게 고지하여 왔다고 한다.

에 국내에서 동 상품을 시판한 외국계 은행에서는 아직까지 고객민원이 발생한 사례가 없었던 것으로 파악되었다.

(2) 파생결합상품에 대한 은행법령의 규율

한편, 은행법으로는 은행이 영위할 수 있는 업무의 범위에 파생상품거래가 허용되어 왔고, 예금과 파생상품이 결합된 파생결합상품에 대하여는 감독당국에서 은행이 취급할 수 있는 거래임을 확인[6]하여 준 것으로 파악되고 있었으며, 예금자보호법상의 문제도 제기되었으나, 당시 예금자보호법상 외화예금이 배제되었으므로 이종통화예금의 경우에 적용되지 않는 것으로 해석된 바가 있었으며, 개별 은행에 따라서는 예금자보호법을 적용하는 것으로 취급한 사례도 파악되고 있다.

3. 문제의 제기

(1) Stand Still 원칙

자본시장법에 의하여 기능별 통합규제를 대원칙으로 하여 업권에 구애됨이 없이 동일한 기능을 하는 경우에는 동일한 인허가 및 감독을 하도록 한바, 은행은 전업계 금융투자회사와 함께 금융투자업 관련 라이선스를 재갱신받았으며, 이때 금융감독당국은 "Stand Still" 원칙에 의하여 자본시장법 시행 이전부터 적법한 권원에 기하여 수행하여 오던 업무는 유효한 재인가를 내준다는 방침을 천명한 바 있었다. 장외파생상품을 규율하는 독립된 법령이 없이 오다가 자본시장법의 시행으로 동법의 규율영역에 포섭된 후, 국내 장외파생거래의 대부분을 수행하던 은행의 경우에는 은행업 부수업무지침에 의하여 파생상품업무를 할 수 있었던 권원을 감안하여 자본시장법상 주식 외의 "장외파생상품 투자매매업" 라이선스 갱신을 받았음은 알려진 사실이다.

이종통화예금의 경우도 동 상품이 예금에 해당한다면 은행이 영위할 수 있는 업무가 될 것이다. 파생상품으로 본다고 하더라도 "Stand Still" 원칙에 의하여 장외파생상품 투자매매업을 영위할 수 있는 업무로 인정됨을 감안한다면 이전부터 수행하여 오던 파생결합예금의 판매로서 본건 예금은 당연히 은행이 계

---

6 금융감독원 1999. 7. 16. 은이금 9314-476; 금융감독원 2008. 9. 29. 은일총-00423.

속적으로 영위할 수 있는 업무로 허용하여 줄 필요가 있다.

(2) 파생결합증권 발행 라이선스가 필요한지 여부

그러나 현재 일부에서는 옵션부 이종통화예금은 투자성이 존재하며 동 투자성 즉 가능한 최대손실액은 지급된 금액 범위 내의 손실이므로 "파생결합증권"에 해당하고, 파생결합증권의 발행은 전업 금융투자회사만이 영위할 수 있는 업무이고, 이종통화예금은 금융투자상품의 분류 중 "파생결합증권"에 해당하는 이상, 은행이 이러한 "파생결합증권" 또는 "파생결합예금" 업무[7]를 영위할 수 있다는 법적 근거가 없으므로 은행이 본건 예금을 판매하는 것은 허용될 수 없다는 입장에 있다.

물론 옵션부 이종통화예금이 투자성이 있는지 여부, 전업계 증권사에게만 업무를 허용해준 "파생결합증권"으로 분류되는지 여부, 은행법상 동 상품을 취급할 수 있는 근거가 별도로 존재하여야 하는지 여부 등의 문제가 제기되며 이를 아래에서는 살펴보기로 한다.

Ⅲ. 자본시장법상 쟁점에 대한 논의

1. 본건 예금을 하나의 파생결합상품으로 규율해야 하는 이유

본건 논의과정에서 혹자는 동 상품을 파생결합상품으로 판매하지 않고 고객에게 정기예금과 통화옵션을 별개로 나누어 판매한다면, 은행은 은행법에 의하여 원금이 보장되는 정기예금을 취급할 수 있고, 역시 은행은 자본시장법상 "장외파생상품 매매업"허가를 받았으므로 통화옵션을 취급할 수 있으니 결국 정기예금과 통화옵션이라는 두 가지 상품을 판매하여 동일한 효용을 고객에게 부여할 수 있지 않느냐는 의문을 던질 수도 있다.

그러나 이를 파생결합상품이 아닌 정기예금과 통화옵션으로 분리하여 판매하게 되는 경우 마케팅 사업적 관점에서도 기능적으로 결합된 상품을 분리하

7 자본시장법 시행령 <별표 1> 비고는 "제7조 제1항 각 호의 파생결합증권의 발행은 1−1−1 또는 1−1−2의 금융투자업 인가를 받은 자가 1−3−1 또는 1−3−2의 금융투자업인가를 받은 경우만 해당한다"라고 규정하여 파생결합증권은 모든 증권 매매라이선스 있는 전업계 금융투자업자가 장외파생상품 매매 라이선스를 보유하고 있는 경우로 국한하고 있다.

여 판매하고 운용함으로써 전체적인 기능적 효용성이 떨어지게 된다. 앞에서 살핀 바와 같이 기업고객에게 동 예금의 사업적 가입수요가 있음에도 양 상품을 함께 검토하게 되는 경우 설명이 복잡하여지고, 가입 유인이 약하게 될 뿐 아니라, 고객이 매도한 옵션의 이행 담보로 해당 정기예금의 지급제한을 거는 경우 이는 구속성 예금[8]으로 평가될 우려가 있다. 나아가, 보다 근원적인 이유로는 고객의 옵션매도는 헤지 목적으로 인정되기 어려워 은행이 이를 일반투자자에게 판매할 수 없게 되는 난점[9]이 발생된다.

해석적으로도 자본시장법은 투자상품이나 투자업의 규제에 있어서 포괄주의를 천명하고 있고, ELS, ELW와 같이 파생상품이 결합된 금융투자상품을 증권과 파생상품으로 구분하여 규제하는 것이 아니라 “파생결합증권”으로 별도의 진입 및 영업행위 규제를 하고 있으며, ELD[10] 역시 파생결합상품으로서 감독당국의 규제를 받고 있음에 비추어 옵션부 이종통화예금의 경우에도 ELS, ELW, ELD와 그 구조적 측면에서 다르지 않다는 점에서 이를 하나의 상품으로 규제함이 보다 적절하다.

---

8 은행업감독업무시행세칙 제67조(예금의 구속행위)

① 규정 제88조제1호에서 차주의 의사에 반하는 예금의 구속행위라 함은 중소기업에 대한 여신과 관련하여 다음 각 호의 1에 해당하는 것을 말한다.

1. 여신실행일 전후 1월이내에 월수입금액(일시에 수취하는 경우 월수입금액으로 환산하여 적용)이 대출금액의 100분의 1을 초과하는 예·적금, 상호부금, 금전신탁 등(이하 “예금”이라 한다)을 수취하거나, 공제에 가입시키거나, 양도성예금증서·금융채·환매조건부채권 등 유가증권을 매각하는 행위. 다만 여신실행일 전에 수취된 예금으로서 동 예금금액 범위 내에서 예금담보대출을 취급한 경우는 제외한다.
2. 차주의 동의없이 담보권을 설정하거나 정당한 사유 없이 주의 또는 사고계좌로 전산등록을 하는 방법으로 예금, 공제 및 양도성예금증서·금융채·환매조건부채권 등 유가증권의 해약 또는 인출을 제한하는 행위

② 제3자 명의를 이용하거나 여신거래영업소 이외의 다른 영업소 또는 다른 금융기관을 통하여 이루어진 거래 또는 제1항 각호의 1에 해당하지 않는 행위로서 실질적으로 여신거래처의 자금사용을 제한하는 경우에는 이를 제1항에서 정하는 예금의 구속으로 본다.

9 자본시장법 제166조의2(장외파생상품의 매매 등)는 은행이든 전업 금융투자회사이든 일반투자자에게 장외파생상품을 판매함에 있어서 헤지목적으로만 판매토록 하고 있고, 옵션의 매도는 투자자가 프리미엄을 수취하고 파생상품을 매도하는 쪽이므로 명백하게 “헤지목적”이 아닌 사례에 해당한다.

10 금융감독원, 「파생결합상품 투자 안내서」(금융감독원파생감독팀, 2007. 7. 5)

2. 투자성의 존재 여부

(1) 자본시장법 제3조 제1항

자본시장법 제3조 제1항은 금융투자상품을 정의하기를 "이익을 얻거나 손실을 회피할 목적으로 현재 또는 장래의 특정 시점에 금전, 그 밖의 재산적 가치가 있는 것을 지급하기로 약정함으로써 취득하는 권리로서, 그 권리를 취득하기 위하여 지급하였거나 지급하였어야 할 금전 등의 총액(판매수수료 등 제외)이 그 권리로부터 회수하였거나 회수할 수 있는 금전 등의 총액(해지수수료 등 포함)을 초과하게 될 위험('투자성')이 있는 것"을 의미한다고 규정하고 있다.

동 정의에서는 4가지 요소, 첫째, 이익을 얻거나 손실을 회피할 목적, 둘째, 금전 등의 지급, 셋째, 계약상의 권리, 넷째, 투자성의 요소를 보유하여야 하며, 옵션부 이종통화예금의 경우 첫째, 둘째, 셋째 요소를 모두 명백히 충족하고 있으므로, 가장 이슈가 되고 있는 투자성을 보유하고 있는지를 밝혀 보기로 한다.

(2) 투자성이란

투자성이란 단적으로 표현하여 "원본의 손실 기타 추가지급의 가능성이 있는 것"을 말하며 옵션부 이종통화예금을 위 자본시장법 제3조 제1항의 정의조항에 맞추어 본다면 "현재시점에 예금반환청구권을 얻기 위하여 지급한 금액이 이후 만기시점에 예금반환 시 회수가 가능한 금액을 초과할 위험"이 있느냐를 살펴야 하는데, Ⅱ. 1.에서 본 바와 같이 동 상품의 경우에는 지급시점과 반환시점의 단순비교로는 원본손실의 가능성이 없을 수 있으며, 반환시점 시장가격 금액과 실제로 받게 되는 가격의 액수의 차이가 발생한다는 점이 투자성에 해당하는지가 논란이 될 수 있다.

투자성을 인정하기 위한 액수의 비교가 이렇게 지급시점과 반환시점으로는 절대적 금액을 비교하는 경우에는 투자성이 없으나 반환시점에서의 금액(시장가격－행사가격)만을 비교하였을 때 그 차이가 발생되는 통화가치의 하락으로 인한 환손실도 투자성에 해당하는지에 대한 심도 있는 연구가 향후 필요할 것이다.

(3) 손실의 산정

투자성, 즉 손실가능성이라는 것은 예치시점의 금액과 만기시점의 금액을 단순비교하고 그 기준이 되는 통화로 지급되었을 때의 통화와 만기시점의 같은 통화를 기준으로 하되 다각적으로 그 손실의 내용을 검토해 봄이 타당하며, 아래의 사례는 세 종류의 손실 개념이 가능함을 알 수 있다.

〈예시 – II. 1. (2) 실제 사례분석에서 옵션이 행사된 경우 〉

[기준통화 미화 USD 100,000 예치, 예치기간 1개월, 가입시 환율 1,085원/$, 행사환율 1,095원/$, 수익률 정기예금이자 2.5% 및 프리미엄 6.8%] 만기시 환율이 1,200원/$으로 환율인상되어 기준통화가 강세여서 은행이 옵션을 행사하게 되었을 때 ① 고객 지급금 : USD 100,000+USD 826.67=USD 100,826.67 ② 옵션행사로 원화환산 지급 : KRW 109,500,000+KRW 905,203.65 = KRW 110,405,203.65 ③ 실제 시장환율로 전환시 : KRW 120,000,000원+KRW 992,004 =KRW 120,992,004 ④ 지급된 원화로 예치통화로 변경시 : USD 91,250+USD 754.34=USD 92,004.34 ⑤ 예치시점 기준 예치금의 원화환산 : KRW 108,500,000

(A) 이때 자본시장법상 투자손실을 따져본다면 예치시의 원화환산금액(⑤)과 만기지급시점의 원화환산금액(②)을 비교하면 ⑤<②로써 만기지급시점의 금액이 언제나 크게 된다.

(B) 예치시의 외화금액(USD 100,000)과 옵션 행사로 인하여 원화로 환산됨 금액으로 환산 시점의 시장환율로 다시 외화로 환전하는 경우(④, 환전수수료는 전부 0로 가정), 예치통화 기준으로 한다면 예치시의 외화금액과 외환환전금액의 차이(USD 100,000−④=USD 7,995.66)가 손실로 규정될 수 있다.

(C) 기회손실 측면으로 본다면, 실제 시장환율로 전환시 금액(③)과 만기시 대체통화인 원화로 환산된 금액(②)를 비교한다면, 이때의 차이(③−②= KRW 10,586,800.35)가 기회이익의 손실이 된다.

여기서 대체통화(원화)를 기준으로 하여 비교한다면 원금손실가능성이 전혀 없게 되는 반면, 예치통화(미화)를 기준으로 하는 경우(B)와 기회손실을 기준으로 하는 경우(C)로 본다면 원금손실이 어느 정도 있다고 볼 수 있게 된다.

실제 법원에서 민사상의 손해배상의 지표로 삼는 것은 금전배상을 원칙으로 하고 있다.[11] 이러한 금전채권의 통화와 관련하여 당사자 간의 특별한 의사표시가 없는 한 원화배상이 원칙이고 외국통화로 지급할 것으로 약정한 경우에는 외화채권으로 본다고 판시하고 있음에 비추어, 본건의 경우 반환되는 금액에 대하여 특별히 옵션 약정으로 통화변경권을 부여하고 있으므로, 반환되는 대체통화를 기준으로 변제금액을 확정해야 한다는 견해도 가능하며, 고객이 제공한 금원인 예치통화를 기준으로 한다는 견해도 가능할 수 있다.

실제로 통화를 기준으로 한다는 것도 비통화자산에 대하여 절대적 가치를 측정하는 잣대가 될 수 있는 것일 뿐, 통화가치 자체로만 판단하면 현재와 같은 변동환율제 하에서는 통화가치가 나날이 변화하고 있기 때문에 오늘 예금한 원화 1천만원이 실제로 1년 뒤 1천만원을 고스란히 찾는다고 하더라도 환율이 예금가입시점에서는 1,000원/$이었지만 만기 시는 1,500원/$으로 환율인상되었음을 감안하여 1천만원의 정기예금은 투자손실이 있는 것으로 보아야 한다는 강력한 비판이 제기될 수 있는 것이다.

(4) 소 결

즉 본건과 같이 2개 이상의 통화가 교차하는 경우에는 통화의 가치기준 자체를 비교하여 투자성 여부를 판단하기 위한 객관적인 평가지표로 적당하지 않을 수 있으며(금이 가장 안정적인 물가지수를 나타내기 때문에 금환산가격으로 결정하자는 주장도 가능할 것임), 객관적인 지표라고 할 수 있는 기회손실(C) 측면으로 본다면 본건 상품의 그 손실가능성은 언제나 내재되는 것이다.

그러나 기회손실이 있는 것으로 본다고 하더라도 위 사례에서와 같이 원화기준으로 할 때 금전적 가치로는 손실이 발생되지 않으므로 이를 반드시 금융투자상품이냐 아니냐의 잣대로 규율하기보다는 오히려 기능적으로 기업이 이러한 리스크를 제대로 알고 활용하도록 한다면, 외화가 상시적으로 필요한 기업

---

11 민법 제394조(손해배상의 방법)는 "다른 의사표시가 없으면 손해는 금전으로 배상한다"라고 규정하고 있고, 대법원은 "동조의 금전이라 함은 우리나라의 통화를 가리키는 것이어서 채무불이행으로 인한 손해배상을 구하는 채권은 당사자가 외국통화로 지급하기로 약정하였다는 등의 특별한 사정이 없는 한 채권액이 외국통화로 지정된 외화채권이라고 할 수 없다(대법원 1997. 5. 9. 96다48688)"라고 판시한 바 있다.

에게 매우 매력적인 상품이 아닐 수 없다.

종국적으로는 이를 일관되게 규율하고 투자자에게 맞춤형 상품을 제공하기 위해서는 자본시장법상 금융투자상품을 분류하기 위한 요소인 "투자성" 판단을 위한 기준이 되는 통화, 손실의 비교시점, 기회손실 개념의 포함여부가 정립될 필요가 매우 절실하다.

3. 자본시장법 제77조에 대한 해석 논의

위에서 밝힌 바와 같이 옵션부 이종통화예금은 원금자체의 손실가능성이 없는 측면이 있어 금융투자상품에 해당하지 않을 여지도 있으나, 자본시장법은 그 형태를 불문하고 투자성과 투자상품을 포괄적으로 판단하고 있고, 이를 고려하여 예금이나 보험과 중복되는 부분을 해결하기 위하여 제77조(투자성 있는 예금·보험에 대한 특례)를 두었던 것으로 보이며, 본건과 같은 금융투자상품은 동조의 규율을 받아야 할 것이다.

(1) 자본시장법 제77조

동조는 "은행이 투자성 있는 예금계약을 체결하는 경우에는 제12조[12]에 따라 투자매매업에 관한 금융투자업인가를 받은 것으로 본다. 이 경우 제15조, 제39조부터 제45조까지, 제49조 제3호, 제56조, 제58조, 제61조부터 제65까지 및 제2편 제2장·제3장·제4장 제2절 제1관을 적용하지 아니하며, 제3편 제1장은 투자성 있는 외화예금계약을 체결하는 경우에 대하여는 적용하지 아니한다"라고 규정하고 있다.

동조의 의미에 관련하여 은행이 투자성 있는 예금을 판매하여 온 것을 고려하여 자본시장법과 은행법의 충돌을 피하기 위하여 만든 규정으로서 은행은 자본시장법상 인가를 별도로 받지 않아도 좋으나 투자판매에 있어서의 투자자보호규제, 발행공시규제 등은 면제시키지 않는다고 보는 견해가 다수로 보이는데, 은행법상 은행이 동 "투자성 있는 예금"을 판매할 수 있는가 여부에 대하여는 견해의 대립이 있다.

---

12 자본시장법 제12조(금융투자업의 인가) ① 금융투자업을 영위하려는 자는 다음 각호의 사항을 구성요소로 하여 대통령령으로 정하는 업무 단위의 전부나 일부를 선택하여 금융위원회로부터 하나의 금융투자업 인가를 받아야 한다(이하 생략).

(2) 논의의 대립

부정설(은행은 투자성 있는 예금을 판매할 수 없다는 견해)은 은행법상 예금에 대한 명시적인 정의규정은 없으나 일반적으로 "금융기관이 불특정다수인으로부터 일정한 기간을 정하거나 또는 정하지 않고 예금증서와 교환하여 금전의 예입을 받는 것"으로서 민법상 금전소비임치계약으로 정의되고 있고, 따라서 투자성 있는 예금은 정의상 원본지급이 보장되지 않으므로 은행법상 예금에 해당할 수 없다는 견해에 기초하며[13] 동 견해에 따르면 자본시장법 제77조에 불구하고 은행이 "투자성 있는 예금"을 취급하기 위해서는 은행법상 허용근거가 먼저 설치되어야 한다. 나아가, 자본시장법 시행령 <별표 1>의 비고란에 기재된 바와 같이 파생결합증권은 전업 금융투자업자만이 이를 발행할 수 있는데 옵션부 이종통화예금은 파생결합증권으로서 은행에게 그 라이선스를 부과할 수 없으며, 자본시장법 제77조의 "투자성 있는 예금"을 은행에게 인정할 수 없다는 견해이다.

긍정설(은행은 현행 은행법상 투자성 있는 예금을 판매할 수 있다는 견해)은 은행법상 예금에 대한 명시적인 정의 규정이 없으며, 학계에서 예금을 금전소비임치계약으로 정의하는 것은 통상적인 은행의 일반예금상품이 예치된 금액에 약정한 이자를 붙여 그대로 액수의 손실 없이 원금을 고스란히 반환하는 관계에 기초한 일반적인 정의를 풀이하고 있는 것이며 파생조건이 일부 붙은 예금 즉 예금의 본질을 변경하지 않고 부수적인 조건에 불과한 경우에는 은행법상의 예금으로 보아야 하며, 예금과 관련하여 고객과 은행 사이에 예금반환에 대한 약정을 달리하는 범위에서 변형된 예금이 가능하도록 하여 금융상품의 다각화에 기여할 수 있다는 견해이다.

동 견해에 따르면 은행은 은행법에 의하여 파생결합예금, 투자성 있는 예금을 발행 또는 판매할 수 있고, 자본시장법 제77조는 이를 감안하여 "투자성 있는 예금"에 대하여는 별도의 자본시장법상 인가를 면제한 규정으로 보고 있다.

---

13 김건식·정순섭, 「자본시장법」(두성사, 2009년), 56면.

(3) 일본의 사례

일본의 경우 옵션부 이종통화예금을 10여 년이 넘는 기간 동안 시중 은행들이 일반 고객들에게 판매하여 오고 있는바, 일본 은행법은 우리의 은행법과 마찬가지로 별도의 예금에 대한 정의가 없고 예금을 취급할 수 있다는 은행업 인가 조항(일본 은행법 제10조)으로부터 이종통화예금을 포함한 구조화예금의 판매권원이 도출되는 것으로 해석되고 있다.[14] 다만 동 일본 은행법 제13조의4는 "금융상품판매법"상 "투자자보호조항" 등은 은행의 특정예금에 준용됨을 명시하고 있고,[15] 우리나라의 자본시장법과 유사한 기능을 행하는 일본의 "금융상품판매법"이 적용되는 특정예금이란 "금리, 통화의 가격, 금융상품 시장에 있어서 시세 그 밖의 지표에 관계된 변동에 의하여 그 원본에 관하여 손실이 생기는 우려가 있는 예금 또는 정기 적립금 등으로서 내각부령[16]으로 정한 것의 인수를 내용으로 한 계약"을 말하고 있다.

이때 일본에서도 옵션부 이종통화예금은 은행법 시행규칙 제14-11-4, 3항에 명시된 "특정예금"에 포함되며 이러한 특정예금의 종류는 1) 원금 손실가능성이 있거나, 2) 외국환으로 표시되거나(엔화 배제), 3) 예금에 파생계약이 수반되는 등의 특징이 있는 경우 등 이 중 한 가지 이상의 특징만 있어도 특정예금에 포섭되는 것으로 해석[17]하고 있다. 즉 우리 은행법과 유사한 구조를 갖고

---

14 일본 은행법 제10조(업무의 범위) (1)은행은 다음에 언급한 업무를 운영한 것을 할 수 있다.
  1. 예금 또는 정기 적립금 등의 인수

15 일본 은행법 제13조의4(금융상품거래법의 준용) … 금융상품거래법 중 … 조항들은 은행이 행한 특정 예금등 계약(특정 예금등(금리, 통화의 가격, 동법 제2조 제14항에 규정한 금융상품 시장에 있어서 시세 그 밖의 지표에 관계된 변동에 의하여 그 원본에 관하여 손실이 생기는 우려가 있는 예금 또는 정기 적립금등으로서 내각부령으로 정한 것을 말한다.)의 인수를 내용으로 한 계약을 말한다. 이하 동일.)의 체결에 관하여 준용한다.

16 일본 은행법 시행규칙 제14조의11의4(특정 예금 등)법 제13조의4에 규정한 내각부령으로 정한 것은 다음에 언급한 것으로 한다.
  1. 예금자 등이 예입 기간 중도에 해약을 한 경우에 위약금 그 밖에 이것에 준한 것(이하 이 호에 있어 「위약금등」이라고 한다.)을 지급한 것이 된 예금 등으로서, 해당 위약금등 금액을 해당 해약시점에 있어 해당 예금등의 잔액으로부터 공제한 금액이 금리, 통화의 가격, 금융상품 시장에 있어서 시세 그 밖의 지표에 관계된 변동에 의하여 예입금액을 밑돌 우려가 있는 것
  2. 예금등 중, 외국 통화로 표시된 것
  3. 예금등 중, 그 인수를 내용으로 한 거래에 금융상품 거래법 제2조 제22항 제3호(로항을 제외한다)에 언급한 거래(통화의 매매에 관계된 것에 한한다)가 부수된 것

있는 일본 은행법의 경우에도 예금에 대한 정의 조항을 두지 않은 채 예금 중 금융상품판매법이 적용이 필요한 예금에 대하여 동법 적용을 명시하고 있고, 이러한 "특정예금"에는 외화예금, 원본 손실이 가능한 예금 등을 내각부령에서 열거하고 있음을 알 수 있다.

(4) 소 결

일본 은행법령과 같이 우리 은행법의 경우에도 예금의 종류를 특별히 명시하지 않고 있으며, 이러한 명시규정이 없다고 하더라도 은행법상 예금업무를 취급할 수 있는 근거규정에 의하여 양도성 예금증서, 외화예금, ELD 등의 예금업무를 취급하고 있는 현실을 감안할 때 옵션부 이종통화예금과 같이 원본손실의 가능성 있는 "투자성 있는 예금"은 별도의 근거없이 은행법상 가능한 것으로 보인다.

은행이 투자성 있는 예금을 취급할 수 있는가의 문제는 법논리적인 것을 떠나 정책적인 판단의 문제로 생각된다. 이는 자본시장법 제77조가 존재하지 않아왔던 시기에도 은행은 은행법상 예금업무를 취급할 수 있었고, 더불어 부수업무로 파생상품을 취급할 수 있었기에 본건과 같은 파생결합예금[18]을 취급함에 아무런 문제가 없었다. 그러함에도 금융당국은 새롭게 자본시장법의 시행으로 파생결합증권은 일부 요건을 갖춘 전업 금융투자회사에게만 허용한다는 정책을 관철하기 위하여 파생결합증권과 유사한 구조를 갖는 "투자성 있는 예금"에 대하여 은행에게 더 이상 허용하여 줄 수 없다는 입장이다. 이러한 연유

17 일본 HSBC 금융부 및 씨티은행 일본 법무팀에 확인한 결과, 일본은행은 파생연계예금상품을 일본은행법에 근거하여 판매가능하며, 연계된 파생상품의 기초자산이 통화일 경우 상품의 제조 및 판매를 모두 할 수 있고, 기초자산이 주가, 주식 또는 채권 등일 경우에는 판매만 가능하고 제조는 증권회사를 통해서만 이루어지도록 규제된다고 하고 있다.

18 은행법 시행령 제18조의2(은행업무의 범위) 법 제27조의 규정에 의한 은행업무의 범위는 다음 각호와 같다. <개정 2008. 2. 29>
1. 예금·적금의 수입 또는 유가증권 기타 채무증서의 발행
2. 자금의 대출 또는 어음의 할인
3. 내·외국환
4. 제1호 내지 제3호의 업무에 부수되는 업무로서 금융위원회가 정하여 고시하는 업무
 * 은행업감독업무시행세칙 제74조(복합금융상품의 공시방법) 금융기관은 복합금융상품의 거래조건 등을 공시할 때에는 복합금융상품을 구성하는 개별금융상품의 해당 필요공시사항 및 거래조건의 표시방법을 준수하여 공시한다.

로 은행이 "투자성 있는 예금"에 대한 별도의 인가를 요하지 않는 자본시장법 제77조에도 불구하고 은행법상 별도근거가 있어야 한다는 논리는 부당하지 않을 수 없다.

일본의 경우 외화예금은 특정예금으로 판단되고 있음과 달리, 우리 감독당국은 자본시장법 시행단계에서는 외화예금이 "투자성 있는 예금"에 해당하는 것으로 유권해석하여 왔으나, 현재는 외화예금이 예금자보호법상 보장대상으로 포함되는 점, 이를 투자성 있는 예금"으로 보게 될 때 외화예금 가입시마다 고객의 "투자성향분석표"의 작성 동 외화예금에 대한 투자등급의 설정 및 이에 대한 자본시장법상 투자상품에 대한 고객설명의무 등을 시행하여야 하는 상당히 부당하고도 불편한 점을 인식하였던 것인지, 현재는 "투자성 있는 예금"으로 포함되지 않는 것으로 해석하고 있다.[19]

초기에 발간된 자본시장법 해설서[20]도 "은행이나 보험 등 금융투자업 이외의 금융영역에서 취급하고 있는 금융상품 중에도 투자성을 가진 상품이 존재할 수 있다. 자본시장통합법의 원칙은 이러한 타금융업종에서 취급하는 금융투자상품(투자성 있는 예금, 장외파생상품)에 대해서도 금융투자상품과 동일한 규제를 적용한다는 것이다. 상품개념의 중복가능성 문제는 금융투자상품의 개념 요소로서 '투자성'의 의미를 구체적으로 규정하여 예금 및 보험상품과의 구분기준을 명확히 함으로써 해결되었다고 볼 수 있다. 이와 함께 자본시장통합법에서는 투자성 있는 예금이나 보험에 관하여는 인가를 받은 것으로 간주하고 그 자본시장통합법의 적용범위를 영업행위 규제에 한정함으로써 이와 관련한 법적 불확실성의 완전한 제거를 시도하고 있다"라고 설시하고 있는바, 동 설시내용에 따른다고 하더라도 "투자성 있는 예금"에 대하여는 인가를 받은 것으로 간주해야 하므로 별도의 인가가 없고 은행법에 의하여도 동 업무를 수행하여 왔으므로 그대로 인정함이 타당하며, 본건 상품이 "투자성 있는 예금"으로서 자본시장법상 규율을 적용받는가 여부, 그 판단을 위한 "투자성" 판단도 실제적인 규제

19 외화예금이 동법 제77조에서 말하는 "투자성 있는 외화예금"에 해당하는 것으로 해석한 자료들로는 "다만 외화예금에 대해서는 모두 금융투자상품으로 규율하되 다른 예금과는 달리 발행공시규제의 대상에서는 정책적으로 제외하고 있다"(자본시장법 김건식 정순섭 저) 56면 주64, 자본시장통합법해설(2007), 40면(최원진 집필 부분) 참조.

20 한국증권업협회, 「자본시장통합법 해설서」(2007. 12), 112면.

의 효용성 또는 고객보호의 필요성 정도를 감안하여 고려할 문제라고 생각된다.

부연하자면, 은행이 파는 투자성 있는 예금과 금융투자회사가 파는 파생결합증권은 정책적으로 분리함이 타당하고, 이는 대표적인 파생결합증권인 ELW 역시 option매수의 형태임에도 파생상품으로 분류되는 옵션과는 별도로 증권으로 규율하고 있는 것과 마찬가지로 은행의 파생결합예금과 파생결합증권이 기능적으로 동일하게 활용될 수 있다고 하여 함께 취급할 수는 없다고 본다.[21]

4. 증권의 모집에 해당하는가 여부

(1) 증권에 해당하는가 여부

위에서 살핀 바와 같이 기회손실을 이유로 통상 예치금액과 회수금액을 비교하여 회수가능한 금액이 더 적어질 가능성이 있고 그러한 경우 투자성이 있는 것으로 보아야 하고, 금융투자상품의 분류 중 증권, 파생상품 중 어느 쪽으로 분류되느냐에 따라서 그 규제가 달라지게 된다. 이때 본건 예금의 손실가능성은 원금 범위 내의 손실에 해당하므로 금융투자상품 중 "증권"으로 분류될 것이며 증권 중에서는 "파생결합증권"으로 분류가 될 것으로 보인다.

또한 자본시장법 제77조가 투자성 있는 예금에 대하여 발행공시 규제를 적용하도록 명시하고 있는 점을 살펴보면 투자성 있는 예금이 금융투자상품 중 증권으로 분류될 것을 고려한 것으로도 보여진다.

(2) 모집에 해당하는가 여부

만일 옵션부 이종통화예금이 자본시장법 제77조에 의한 "투자성 있는 예금"에 해당할 것이며 동조에 의하여 투자자 보호절차 규제, 발행공시규제 등을 준수하여야 하는데, 사실 투자자 보호절차 규제는 본건 상품을 판매하여 왔던 기존의 은행들이 이미 엄격한 절차를 마련하여 준수하여 온 만큼 새로운 규제

21 ELW는 옵션의 매수형태로서, 옵션의 매수방향은 원본초과손실 가능성이 없으므로 '증권'이 아닌가 하는 논의가 있고 이에 대하여 옵션이란 매수자와 매도자의 양방향성을 띠므로 한쪽은 파생으로 한쪽은 증권으로 규율함은 규율의 일관성이 없으므로 함께 파생상품으로 보아야 한다는 견해가 있다. 나아가 옵션부 이종통화예금은 사실상 양도되지 않고 증권사와의 계약처럼 운용되는 ELS와 동일한 유형이 될 수 있으므로 이는 파생결합증권을 취급할 수 있는 증권사가 수행하여야 한다는 견해도 있다. 그러나 증권사가 취급하는 CMA가 은행의 예금과 동일한 기능을 수행한다고 하여도 별도로 논의되고 있고, CMA가 은행법상 인가가 필요하지 않듯이 취급 기관에 따라 유연하게 적용함이 필요하여 보인다.

는 발행공시규제 그중에서 특히 증권신고서의 제출의무가 큰 부담이 아닐 수 없다.

그렇다면 본건 예금의 판매광고 및 상담이 증권의 모집에 해당하는지 여부가 쟁점이 되는데, 자본시장법에서는 동종의 증권을 50 이상의 자에게 모집권유하기 위해선 증권신고서의 제출을 의무화하고 있고, 은행이 지점 등을 통하여 판매광고 및 권유하는 경우에 모집에 해당하는가 여부에 대하여 견해 대립이 존재한다.

1) 모집에 해당하지 않는다는 견해

모집을 부정하는 견해에 따르면, 이종통화예금의 경우 상품가입 시 고객이 기준통화, 대체통화를 결정하고 예치기간과 행사환율을 결정하게 되는 구조이므로 모든 고객에게 균일하고 유사한 조건이라고 보기 어려운바, 일정기간 동안 50인 이상의 고객들에게 같은 증권을 모집권유한다고 보기 어려운 점이 있다고 한다.

2) 모집에 해당한다는 견해

모집을 긍정하는 견해에 따르면, 실무상 "모집"에 해당하는가 여부에 대한 판단시 증권신고서 제출 없이 과거 1년간 행하여진 "같은 종류의 증권"에 대한 취득의 청약을 합산하고 있고, 이때의 "같은 종류의 증권"이란 발행조건이 동일한 증권을 의미하는 것이 아니고, 자본시장법상 증권의 분류 및 분류별 예시를 기준으로 같은 종류의 증권인지 여부를 판단하고 있는바, 본건 예금은 예금자별로 옵션조건(상환통화, 행사환율) 등 발행조건이 상이할 수 있지만 파생결합증권이라는 점에서 같은 종류의 증권에 해당하여 과거 1년간 본건 예금과 같은 파생결합증권의 취득청약을 50인 이상에게 권유하고 모집가액이 10억원 이상이라면 증권신고서의 제출이 필요하다는 견해이다.

3) 소 결

그러나 사견으로는 동 예금의 판매나 권유가 모집에 해당한다고 한다면 동 예금의 속성상 예치기간이 1월~2월로서 단기적으로 거래가 종결되고 상환이 완료되는 점, 은행이 판매하는 모든 투자성 있는 예금은 전부 같은 종류의 증권으로 분류될 우려가 있는 점 등 이는 잦은 신고서 제출 및 발행실적 보고 등의 공시업무 부담이 지나치게 가중되어 시장성이 사라지게 되어 동 상품을 팔 수 있는 여건이 되지 못하게 된다.

이러한 점에서 설사 동 상품이 투자성 있는 예금으로서 자본시장법상의 모집의 정의에 부합하게 된다고 하더라도 공시규제에서 면제되는 내용으로 자본시장법 시행령 등의 규정을 개선할 필요가 있게 된다.[22] 즉, 자본시장법 제118조는 대통령령으로 정하는 증권의 경우로서 투자자 보호가 이루어지고 있는 경우에는 증권신고서 제출의무를 면제하고 있고, 옵션부 이종통화예금은 은행법에 의하여 약관심사를 받을 뿐 아니라 은행업감독규정 등에 의하여 금융상품의 거래조건 공시규제를 준수하는 등 이미 은행법상 "투자자 보호" 시스템이 작동되고 있으므로 이를 감안하여 자본시장법 시행령에 은행의 "투자성 있는 예금"의 경우에는 증권신고서를 면제한다는 규정을 넣을 필요가 있는 것이다.

5. 옵션부 이종통화예금이 "외화예금"으로 해석될 수 있는지 여부

한편, 자본시장법 제77조에서 "… 제3편 제1장은 투자성 있는 외화예금계약을 체결하는 경우에 대하여는 적용하지 아니한다"라고 하여 투자성 있는 외화예금은 발행공시규제에서 제외하고 있고, 옵션부 이종통화예금이 "외화예금"으로 분류될 여지가 없는지를 살펴보기로 한다.

(1) 외화예금에 대한 정의

외화예금에 대한 정의를 살펴보면, 자본시장법이나 은행법에는 별도의 외화예금에 대한 정의를 찾을 수 없고, 외국환거래법 제3조 제1항 제14호 다목에서 외국환업무 중 하나로 "외화로 표시되거나 지급되는 예금"을 열거하고 있는바, 이에 의하면 "외화로 표시되거나 지급되는 예금은 일응 외화예금에 해당"한다고 볼 수 있다.

(2) 옵션부 이종통화예금의 외화예금 포섭가능성

본건 예금이 외화로 지급 또는 반환되는 가능성을 살펴보면 ㄱ) 외화로 예

---

22 자본시장법 제118조(적용범위) 이 장은 국채증권, 지방채증권, 대통령령으로 정하는 법률에 따라 직접 설립된 법인이 발행한 채권, 그 밖에 다른 법률에 따라 충분한 공시가 행하여지는 등 투자자 보호가 이루어지고 있다고 인정되는 증권으로서 대통령령으로 정하는 증권에 관하여는 적용하지 아니한다.

금하고 외화 또는 원화로 지급받는 경우, ㄴ) 원화로 예금하고 외화로 지급받는 경우 등을 살펴볼 수 있는데 이러한 ㄱ), ㄴ)의 경우에는 "투자성 있는 외화예금"에 포섭되는 것으로 보인다.

ㄷ) 원화로 예금하고 원화로 지급받는 경우가 문제인데, 투자위험 측면에서 다른 외화예금과 동일하고, 고객입장에서 외화로 지급받을 가능성에 노출되어 있고, 대체통화는 외화로 표시되었다는 측면에서 외국환거래법상 "외화예금"으로 포함될 가능성이 있는바, 충분히 외화예금으로서 증권신고서 의무조항을 면제받을 여지가 있다고 사료된다.

6. 소결 – 은행이 이종통화예금을 판매하기 위하여 별도의 은행법상 근거가 필요한지 여부

그렇다면 위에서 살펴본 바와 같이 옵션부 이종통화예금이 투자성 있는 예금으로서 자본시장법 제77조를 적용받는 것으로 본다면, "투자성 있는 외화예금"으로 보아 증권신고서 제출의무의 면제대상이 될 수 있다. 이에 대한 시장진입의 규제는 자본시장법상 별도로 존재하지 않는바, 은행이 동 예금을 판매할 권원이 없다는 견해에 대하여 이를 설득할 수 있는 논리적 방안이 필요해 보인다.

다시 그 견해의 요지를 살펴보면, (1) 은행법상 권원이 없다는 점과, (2) 자본시장법 시행령 <별표 1>에서 파생결합증권을 판매할 수 있는 금융투자회사는 모든 대상증권에 대한 금융투자매매업 인가를 받은 회사만이 판매할 수 있도록 라이선스를 부여하고 있으므로 은행이 전업 금융투자매매업자가 아니므로 이를 허용할 수 없다는 점 등으로 나뉜다.

(1)과 관련하여, 은행은 은행법상 예금의 별도 정의가 없음에도 예금업무에 기초하여 정기예금, 저축예금, 외화예금, 양도성 예금증서 등 다양한 예금을 판매하여 왔다. 자본시장법은 외화표시 양도성 예금증서는 금융투자상품에 포함시키고 있는데 같은 논리를 적용하면 은행은 은행법상 명시규정이 없으므로 외화표시 양도성 예금증서를 발행할 수 없게 된다. 해외사례에서 일본 은행법은 은행법상 별도의 명시된 예금 취급근거가 없어도 옵션부 이종통화예금을 시중은행들이 판매하는 것에 비추어 은행이 파생결합예금 나아가 투자성 있는 예금을 판매함에 있어 은행법상 명시적인 근거조문을 반드시 요하는 것으로 보이

지 않는다.

(2)와 관련하여, 이는 자본시장법상 재인가원칙인 "Stand Still" 원칙에 위배되는데, 1999년 씨티은행 서울지점은 이를 발행개시하였고 이때 금융감독원은 "외화예금거래와 옵션거래가 결합된 복합상품으로 상품약관 심사"를 하였으며, 그 후에도 지속적으로 약관의 변경이 있거나 상품의 구조가 바뀌는 경우 감독당국의 심사를 거쳐왔음에도 자본시장법 시행으로 동 상품이 출시될 수 없다는 것은 사후적인 권리의 박탈에 해당한다. 동 논리에 따르면 자본시장법 제77조에도 불구하고 은행이 발행하는 모든 "투자성 있는 예금"은 모두 파생결합증권으로 분류되어 향후 은행은 어떠한 투자성 있는 예금도 팔 수 없게 된다는 결론에 이르게 될 것이다.

Ⅳ. 그 외 옵션부 이종통화예금이 갖는 이슈

1. 고객보호절차

(1) 발행공시 규제

증권신고서를 제출하여야 하는 경우에는 증권신고서 및 투자설명서를 금융감독기관에 제출하여야 하며, 증권신고서의 효력이 발생된 이후 판매할 수 있고 이때 판매 시 등록된 투자설명서와 동일내용을 배부하여야 하며 증권신고서 내에 모집금액을 명시하여야 하고 모집금액이 변경될 때마다 재공시해야 하며 수정된 공시서류를 이미 투자한 투자자에게 다시 제공해야 하게 되는 번거로움이 발생한다.

일괄신고서 제도를 이용할 수 있으나 이때도 판매시마다 일괄추가서류를 제출하여야 하고 추가서류 제출 시 모집금액이 변경될 때마다 재공시해야 하며 별도의 증권발행실적 보고서도 제출해야 한다. 본 예금의 속성상 납입이 계약체결시마다 이루어져야 하므로 개별고객의 예금 납입시마다 증권모집을 마감하여 발행실적 보고를 하고 추가모집절차를 밟아야 하는 등 실제로 증권신고서 제도를 준수하여 동 예금상품을 판매하는 것은 사실상 불가능하여 보인다.

(2) 투자자 보호절차

고객의 성향을 분석하기 위하여 투자성향 분석표를 작성하도록 하여야 하고, 동 예금이 파생결합증권으로서 본건 예금의 위험등급을 분류한 후 고객의 성향분석표에 맞는 상품인지를 판단하여 투자권유하여야 하며, 고객이 분석표를 통하여 나타난 투자 성향보다 동 예금이 위험한 것으로 나오면 투자권유 없이 고객이 구매를 요청한 것임을 확인하는 확인서를 별도로 작성하는 등의 여러 차례 단계를 밟게 된다.

(3) 판매자격 문제

그 외에 동 상품이 파생결합증권에 해당한다면 이를 판매하기 위해서는 금융투자협회가 제정한 "파생상품 판매자격"을 갖추어야 한다. 옵션부 이종 통화 예금에 대한 감독당국의 입장이 정리되지 못한 상황에서는 판매자격에 대한 규율을 담당하고 있는 금융투자협회가 역시 동 상품 판매에 필요한 자격을 결정하기 어렵다. 다만 본건 상품이 아니더라도 자본시장법 제77조가 "투자성 있는 예금" 부분을 규정하고 있으므로 미리 투자성 있는 예금을 파는 경우의 자격에 대하여도 미리 검토하여 규율영역에서 제외하거나 적절한 가이드를 마련하는 것이 필요하다.

2. 이자소득의 원천징수 문제

동 상품의 가입 시 고객이 수취하는 프리미엄 부분은 비과세 소득인지 이자 소득인지 여부가 불분명하여 이자소득으로 취급됨을 전제로 원천징수하고 있다. 이에 대한 투자자의 확인서를 징구하고 있는 것이 해당 은행들의 현실이며 이때 고객들에게는 추후 이자 소득 징구대상이 아닌 것으로 확인되는 경우 환급가능성이 있음을 알려주는 방안을 택할 수 있다.

이와 관련하여 과세관청은 "고객이 외화예금거래와 외화의 선물환거래(일정한 환율에 외화를 매도하기로 한 거래)가 통합된 거래로 운영되어 금융기관에게는 금전사용의 기회가 되고 고객에게는 이에 따른 대가가 지급되는 경우 은행 외화예금과 선물환 거래로부터 발생하는 이익 전체는 소득세법상 이자소득에 해당한다[23]"라고 밝힌 바가 있다.

23 재소득-114, 2005. 3. 30. 외 다수.

3. 예금자 보호법의 적용문제

본건 예금을 외화예금과 옵션의 단순결합으로 본다면 이 중 외화예금에 대하여는 예금자 보호의 대상으로 볼 여지가 있다. 예금자보호법의 적용대상인가의 판단은 시대적 상황에 따라 그 적용범위에 변화가 있어 왔는데, 이전까지 예금자보호의 대상이 되었던 외화예금은 2001년 1월 1일 이후로 보호대상에서 제외되었고, 2008년 2차 금융위기 발발로 외화예금이 다시 보호대상으로 포함되게 된 점에 비추어 파생이 결합된 예금이라고 하여 이를 예금자보호법 적용대상에서 반드시 배제되는 것으로 볼 필연적인 이유는 없어 보인다.

즉 옵션부 이종통화예금의 경우 금융기관의 파산 등 예금자보호법상의 보험사고가 발생되는 경우 예금에 대한 보험금을 행사하여야 한다. 이때 지급방법으로 옵션을 행사하여 대체통화로 지급하거나 옵션행사하지 않고 기준통화로 지급하는 두 가지 방법이 있을 수 있는데 보험사고 발생의 경우는 지급여력이 저하된 상태이므로 그 옵션 행사 여부에 따라 반환하여야 하는 통화를 반환하면 될 것이고, 외화예금의 경우에도 이를 보호대상으로 삼고 있는 한 특별한 문제는 없을 것으로 사료된다.

4. 지급준비율 적용 문제

본건 예금이 금융투자상품에 해당하는가의 이슈와 맞물려 있는 부분이 한국은행법 및 은행법이 규율하고 있는 예금에 대한 지급준비율(지준율) 문제이다. 지급준비제도는 본래 예금자보호를 목적으로 도입되었으나 역사적으로 지준율 변경을 통한 통화량을 조절하는 정책의 한 수단으로 활용되고 왔다. 1980년대 이후에는 금리자유화 등의 금융자율화로 지준율은 개별 금융기관의 자율적 자금운용을 제약하고 그 역할이 축소되면서 지준율이 크게 인하되거나 폐지되는 것이 전반적인 흐름이다.

우리나라의 경우에도 역사적으로 예금자보호 및 통화량 조절의 일부기능을 담당하면서 은행이 발행하는 모든 예금에 대하여 지준율을 은행법 및 한국은행법[24]으로 규율하고 있다.

---

24 은행법 제30조(예금지급준비금) 제1항은 "금융기관은 예금채무에 대한 지급준비를 위하여 한국은행법 제4장 제2절의 규정에 의한 최저율 이상의 예금지급준비금과 예금지급준비자

한국은행법 제4장 제2절에 따라 금융기관의 예금채무에 대한 지급준비에 관하여 필요한 사항을 정한 「금융기관 예금지급준비규정」은 다음과 같이 규정하고 있다.

제2조(예금지급준비금의 최저율) ① 「한국은행법」제56조 및 제58조에 따라 각 금융기관이 보유하여야 할 예금종류별 예금지급준비금의 최저율은 다음 각호와 같다. 1. 근로자재산형성저축, 근로자장기저축, 근로자주택마련저축, 장기주택마련저축, 가계장기저축, 근로자우대저축에 대하여는 0% 2. 정기예금, 정기적금, 상호부금, 주택부금, 양도성예금증서에 대하여는 2.0% 3. 기타예금에 대하여는 7.0% ② 한국은행에 예금지급준비금 예치의무가 있는 금융기관을 상대로 발행된 양도성예금증서발행채무는 예금지급준비금보유대상 예금채무에서 제외한다.

실제로 시중은행들은 신한국은행금융결제망(BOK wire)을 통하여 정해진 지준율을 적용받고 있으며, 외화예금의 경우에도 지준율의 적용대상이며, 동 결제망을 통한 외화예금에 대한 지준비율을 그 성격별로 살펴보면 다음과 같다.

[한국은행 금융결제망 외화예금 지준율 안내]

* 지준율 5% 적용예금(1) : 당좌예금, 보통예금, 통지예금 기타 거주자, 별단 예금, 정기예금 1개월 미만, 정기적금 6개월 미만 2006년 12월 상반월까지
* 지준율 7% 적용예금(1) : 당좌예금, 보통예금, 통지 예금 기타 거주자, 별단예금, 정기예금 1개월 미만, 정기적금 6개월 미만 2006년 12월 하반월까지
* 지준율 2% 적용예금(2) : 정기예금 1개월 이상, 정기적금 6개월 이상
* 지준율 1% 적용예금(3) : 대외계정, 외국환은행이 개설한 거주자계정, 해외이주자계정

산을 보유하여야 한다"라고 규정하고 있으며, 한국은행법 제55조 제1항은 "금융기관은 예금채무에 대하여 제56조의 규정에 의한 예금지급준비율에 상당하는 금액 이상의 금액을 예금지급준비금으로 보유하여야 한다", 제56조(예금지급준비율의 결정 등) 제1항은 "금융통화위원회는 각 금융기관이 보유하여야 할 예금지급준비금의 최저율을 정하며, 필요하다고 인정할 때에는 이를 변경할 수 있다", 제58조(예금종류별 예금지급준비율)은 "금융통화위원회는 필요하다고 인정하는 때에는 제55조 및 제57조의 범위 안에서 예금의 종류별로 예금지급준비율을 달리 정할 수 있다"라고 규정하고 있다.

본건 예금이 은행법상 예금에 해당하느냐에 대하여 논란이 있음을 앞에서 살펴본 바 있다. 은행법은 예금의 정의에 대한 특별한 규정없이 "예금업무"를 수행할 수 있도록 하고 있고, 한국은행법은 이러한 예금에 대하여 예금준비금을 지정된 비율만큼 한국은행에 예치하도록 하고 있다. 이러한 예금에는 투자성이 있다고 보이는 양도성 예금증서에도 지준율을 명시하고 있고, 외화예금에 대하여도 지준율이 적용되며, 현행 자본시장법상 금융투자상품에 포함되는 "외화표시 양도성 예금증서"도 이에 해당되는 것으로 해석함이 타당하다.

본건 예금 역시 그 만기에 따라 상이한 지준율을 적용하여 한국은행에 그 비율만큼 예치하여 왔다. 예금의 종류 중 정기예금으로 분류되어, 1개월 미만 만기의 경우 지준율 7% 적용예금 (1)에 해당하고, 1개월 이상은 지준율 2% 적용예금 (2)에 해당하여 각 적용되었으며, 법인이 본건 예금을 가입하는 경우 비즈니스 목적으로 1개월 이상 만기를 가져가는 사례도 존재했다.

만일 본건 예금이 은행법상 허용되는 예금이 아니라면 지준율 적용에서도 배제되는지에 대하여 정책적으로 일관되게 검토해야 할 부분이라고 생각한다.

V. 맺음말

지금까지 옵션부 이종통화예금의 판매에 얽혀 있는 자본시장법상 이슈를 짚어 보았다. 은행법 등에 근거하여 은행이 영위하여오던 파생결합 예금은 자본시장법 제77조에 대한 해석 및 파생결합증권의 허용인가에 대한 논의로 더 이상 판매가 중지된 상태에 있다. 자본시장법상 은행 예금과 금융투자상품을 분류하기 위한 투자성 판단의 기준이 보다 구체적으로 정립될 필요가 있다. "투자성"의 요소를 판단하는 객관적인 잣대를 마련하고, 자본시장법 제77조의 해석에 있어서 전업계 금융투자회사에게 허가된 파생결합증권의 매매와 은행이 영위할 수 있는 "투자성 있는 예금"은 분명히 독립된 영역으로 규율될 필요가 있으므로, 이를 지속적으로 재진단하고 보다 긍정적이고 발전적인 지침이 마련되기를 바란다.

참고문헌 R·E·F·E·R·E·N·C·E·S

곽윤직, 「채권각론」, 박영사, 2003. 6.

금융감독원, 「금융감독실무개론」, 2006.

금융감독원·전국은행연합회, 「은행회계해설」, 2007. 7.

금융감독원 파생상품감독팀, 「파생결합상품 투자 안내서」 2007. 7.

김건식, 「증권거래법」, 두성사, 2006. 4.

김건식·정순섭, 「자본시장법」, 두성사, 2009. 3. 27.

김건식·남효순, 「금융거래법강의」, 법문사, 1999. 3.

송지영, 「금융시장과 금융상품의 이해」, 청록출판사, 2007. 8.

윤광균, 「증권거래법 원론」, 육법사, 2006. 6.

이철송, 「회사법」, 박영사, 2000. 8.

자본시장통합법연구회, 「자본시장통합법해설서」, 한국증권업협회, 2007. 12.

정찬형, 「주석 금융법 I (은행법)」, 한국사법행정학회, 2007. 1.

정찬형·도제문, 「은행법」, 박영사, 2003. 9.

지원림, 「민법 강의」, 홍문사, 2006. 1.

한국은행, 「우리나라의 금융제도」, 2006. 1.

한국증권법학회, 「자본시장법 주석서」, 박영사, 2009. 10.

제 5 장 전자금융거래법 제9조와 보이스피싱

Ⅰ. 서 론

사회적으로 보이스 피싱이 사회문제가 되고 있다.[1] 보이스피싱은 보이스피싱 전화를 하는 담당자(a)와 그 돈을 인출하는 담당자(b), 그리고 그 돈을 해외로 반출하는 담당자(c)로 역할을 나누어 일을 하는 경우가 대부분인 것으로 보인다. 이 과정에서 피해자에게 돈을 입금하도록 할 때 그 입금통장의 명의를 제공하는 사람(d)이 소위 '대포통장'[2]을 제공함으로써 범죄의 추적을 어렵게 한다.

* 최승재 집필.

*「은행법연구」 제8권 제1호(2015. 5)에 게재된 내용을 다소 수정·보완한 것이다.

1 보이스피싱에 대한 연구로는 윤해성·곽대경, "보이스피싱의 예방과 대책마련을 위한 연구", 형사정책연구원 연구총서 09－15(2009. 12) 참조(제3장에서 실태와 문제점을 기술하고 있는바, 이를 요약하면, 보이스피싱범죄의 특징은 크게 범죄조직의 특징과 범죄피해자의 특징으로 가지고 있다. 우선 범죄조직의 특성으로 첫 번째, 중국·대만의 외국인 범죄조직과 연계된 국제적인 범죄라 수사가 어려운 특징을 가지고 있다. 두 번째, 중국·대만·한국과 연계된 국제적 범죄조직이 點조직화를 띠고 있어 적발하기 쉽지 않다. 세 번째, 보이스피싱범죄를 시도할 때 사용되는 국제전화를 인터넷전화와 같은 최신 기기 등을 사용하여 추적을 어렵게 하는 복잡한 발신경로를 지니고 있어 추적하기 어려운 특징을 가지고 있다. 네 번째, 전화기기를 이용한 범죄를 저지르기 때문에 비대면성으로 인한 죄의식의 결여 등 보이스피싱범죄를 저지르는 범죄조직의 특징이 있다고 한다).

2 '대포통장'이라는 용어는 실제 여러 가지 의미로 사용된다. 보이스피싱 관련해서는 명의대여통장의 개념으로 사용하고 있고, 전자금융거래법에서는 전자금융매체를 양도 양수 대여하는 일체의 행위를 금하고 있고 3년 이하의 징역이나 2천만원 이하의 벌금으로 처벌하고

민사적으로는 보이스피싱 피해자(e)가 예금 등을 관리하는 금융기관(f)의 책임을 문제삼아 그 손해배상을 구하는 경우가 등이 있고, 이런 보이스피싱이 전자금융거래방식으로 이루어질 경우 전자금융거래법이 문제된다.

전자금융범죄는 주로 동일성 도용 범죄(identity theft crime)의 진화에 따라 범죄수법이 다양해지고 있다. 피싱(phishing), 파밍(pharming), 스미싱(smishing) 등의 범행이 종래 고령층이나 금융거래에 대한 이해가 낮은 층을 중심으로 이루어지다가 점차 사회전반을 대상으로 이루어지고 있다.[3]

특히 개인정보유출사고가 지속적·대량적으로 발생하고 있는 우리나라의 경우 이에 대한 대비가 더욱 필요하다. 동일성도용범죄는 전자적인 정보에 의한 동일성이 실존에 우월한 지위에 있는 경우가 많은 정보사회에서 개인의 삶에 전반적으로 엄청난 피해를 야기하므로[4] 법제의 정비와 대국민교육이 동시에 이루어져야 한다. 한편 법리적인 측면에서도 다양한 문제를 야기하고 있으며 향후에도 이런 문제가 계속 발생할 것으로 예상한다.[5]

전자금융거래와 관련하여 보이스피싱 범죄 피해자인 이용자가 금융기관을 상대로 하는 소제기가 다수 이루어졌고, 전자금융거래법 제9조의 해석과 관련된 판단기준의 제시가 필요했다. 대상판결은 대법원이 전자금융거래법 제9조의 해석과 관련하여 금융기관의 전자금융거래법에 근거한 접근매체 위조에 따른 손해배상책임과 관련하여 법상 금융기관의 면책사유인 '이용자의 고의 또는 중대한 과실'인정 여부에 대한 판단기준을 명시적으로 설시한 최초의 대법원 판결이다.[6]

있다. 실무상 사안을 보면 대포통장을 만들기 위해서 카드를 만들면 돈을 준다고 하거나 대출을 받도록 알선해 준다고 하거나, 취직을 시켜준다고 하는 등 다양한 수법이 사용되고 있다.

3 전자금융범죄에 대한 개론은 손경한 외(최승재 집필부분), 『과학기술법』(진원사, 2011) 참조.

4 2013년 영화인 <Identity Thief>라는 영화를 보면, Sandy Patterson이 자신의 명의를 도용하여 다양한 금융거래 등을 하면서 자신에게 피해를 주는 가해자를 찾아다니는 영화로 동일성 범죄로 인해서 발생하는 문제점들을 잘 알 수 있다.

5 양진수, "미국에서의 신원도용에 관한 연구", 재판자료 제128집: 외국사법연수논집(2014), 137면 이하 참조.

6 대법원 2013. 3. 28. 선고 2012다117898 판결의 원심은 해당 원고가 전자금융거래에 사용되는 보안카드를 스캔하여 자신의 웹메일에 보관하고 있다가 해킹당한 사안에서 해당 원고에게 중과실이 있다고 판단한 사안이 있었지만, 이 사건은 심리불속행 기각된 사안으로 법

Ⅱ. 사실관계

1. 사안의 개요

이 사건은 원고(예금주)는 피고은행에 예금계좌를 개설하여 금융거래를 하면서 인터넷뱅킹서비스를 이용하여 왔다. 성명불상자가 2012. 3. 30. 원고에게 전화를 걸어 자신을 서울지방검찰청 검사라고 속이고 원고로 하여금 허위 대검찰청 인터넷 사이트에 접속하게 한 후 원고의 계좌번호, 계좌비밀번호, 주민등록번호, 보안카드번호, 보안카드비밀번호를 각 입력하게 하였다. 원고는 위 사이트에 입력하여 제3자에게 접근매체인 공인인증서 발급에 필수적인 계좌번호, 계좌비밀번호, 주민등록번호, 보안카드번호, 보안카드비밀번호를 모두 알려주었다. 위 성명불상자는 2012. 3. 30. 원고가 입력한 금융거래정보를 이용하여 원고에게서 취득한 금융거래정보를 이용하여 원고명의의 공인인증서를 재발급 받아 다른 금융기관들로부터 대출서비스 등을 받았다. 그리고 대출받은 돈을 제3자 명의의 예금계좌로 송금하였다.

2. 소송의 경과

이 사건의 1심(광주지방법원 2013. 8. 20. 선고 2012가단62740 판결)과 원심(광주지방법원 2013. 10. 18. 선고 2013나9358 판결) 모두에서 원고의 청구를 기각하였다. 원심은 다음과 같은 이유로 해서 원고의 청구를 기각하였다.

(1) 전자금융거래법 제9조 제1항에 따른 책임의 성부

전자금융거래법에 따른 손해배상책임의 인정 여부에 대해서 보면, 공인인증서는 전자금융거래법 제9조 제1항에 규정된 '접근매체'에 해당한다고 할 것이고, 성명불상자가 원고의 정보를 부정하게 이용하여 공인인증서를 재발급받는 행위도 전자금융거래법 제9조 제1항에서 말하는 '접근매체의 위조'에 포함된다고 할 것이므로, 이 사건 금융사고는 전자금융거래법 제9조 제1항에서 규정한 '접근매체의 위조로 발생한 사고'에 해당된다는 것이 원심의 판단이었다. 그러므로 금융기관인 피고들은 특별한 사정이 없는 한 전자금융거래법 제9조 제1항

리가 설시된 사건으로 대상판결이 처음이다.

에 따라 원고에게 이 사건 금융사고 때문에 발생한 손해를 배상할 책임이 있다.

(2) 금융기관의 면책 여부

전자금융거래법 제9조 제2항은 일정한 경우 금융기관의 면책을 규정하고 있는바, 피고들은 이 사건 금융사고가 원고의 중대한 과실로 인해 발생한 것이므로 전자금융거래법 제9조 제2항 제1호에 따라 피고들의 책임이 면제된다고 항변하였다. 이에 대해서, 원심은 이 사건 금융사고 발생에 전자금융거래법 제9조 제2항 제1호가 규정한 이용자의 중대한 과실이 있다고 보았다. 그 이유로는 ① 이 사건 금융사고 당시에는 이른바 전화금융사기가 빈발하여 이에 대한 사회적인 경각심이 높아진 상태였던 점(사회적인 인식의 정도), ② 원고는 이 사건 금융사고 당시 만 33세로서 공부방을 운영하는 등 사회경험이 있었고 1년 이상 인터넷뱅킹을 사용해왔던 점(피해자의 경험), ③ 원고는 관련 형사 사건의 조사과정에서 성명불상자로부터 '001'로 시작되는 국제전화를 받아 순간 이상하다는 생각을 하였다고 진술하고 있는 점(사고 당시의 정황), ④ 그럼에도 원고는 제3자에게 접근매체인 공인인증서를 발급에 필수적인 계좌번호, 계좌비밀번호, 주민등록번호, 보안카드번호, 보안카드비밀번호를 모두 알려준 점(행위의 태양·내용) 등을 들 수 있다(꺾쇠 표시부분들은 필자가 기재한 것임).

원심은 이러한 사정들을 기초로 하여, 이 사건 원고는 제3자가 권한 없이 접근매체를 이용하여 전자금융거래를 할 수 있음을 알았거나 쉽게 알 수 있었음에도 이를 노출하였다고 볼 것이므로, 결국 원고의 위와 같은 금융거래정보 노출행위는 전자금융거래법 제9조 제2항, 제3항, 같은 법 시행령 제8조 제2호, 피고들의 전자거래 기본약관 제20조 제2항 제3호가 규정한 금융사고 발생에 이용자의 '중대한 과실'이 있는 경우에 해당한다 할 것이라고 보고 피고들의 면책항변(이용자의 중과실)을 받아들였다.

(3) 과실에 의한 불법행위방조책임 성립 여부

원고는, 공인인증서가 재발급될 경우 이용자에게 이를 통지하여야 할 주의의무가 있음에도 피고들이 이를 게을리하여 원고가 이 사건 금융사고를 방지하지 못하게 하였으므로, 민법 제760조 제3항이 규정한 과실에 의한 불법행위방조책임에 따라 원고가 입은 손해를 배상할 책임이 있다고 주장하였다.

이에 대해서 원심은 ① 피고들에게 공인인증서 재발급시 원고에게 이를 문자메시지 등을 이용하여 통지할 주의의무가 존재한다고 보기 어렵고, ② 오히려 문자메시지 등을 이용한 통지는 피고들이 이용자의 요청에 따라 제공하는 서비스로 보이는데 원고는 인터넷뱅킹 신청 당시 보안SMS 신청을 하지 않은 사실이 인정되며, ③ 설령 피고들에게 그러한 주의의무가 있다고 하더라도 이를 이행하지 않음으로써 이 사건 금융사고가 발생하였다고 단정하기도 어려우므로, 원고의 위 주장은 이유 없다고 보았다.

3. 대법원의 판단

대법원은 "전자금융거래법 제9조, 전자금융거래법 시행령 제8조 등에서 정하는 '고의 또는 중대한 과실'이 있는지 여부는 접근매체의 위조 등 금융사고가 일어난 구체적인 경위, 그 위조 등 수법의 내용 및 그 수법에 대한 일반인의 인식 정도, 금융거래 이용자의 직업 및 금융거래 이용경력 기타 제반 사정을 고려하여 판단할 것이다"라고 하여 전자금융거래법 제9조 위반 여부에 대한 판단기준을 제시하였다.[7]

Ⅲ. 전자금융거래법 제9조 관련 종래 법원의 태도

1. 보이스피싱

(1) 의 의

보이스피싱(Voice Phishing, 전화금융사기)이라는 전화를 이용한 다양한 형태의 금융사기의 한 그룹을 총체적으로 지칭하는 용어이다. 이 사건과 같이 검사와 같은 수사기관을 사칭하거나 금융감독원과 같은 국가기관을 사칭하여 수사나 조사 등에 필요하다고 하면서 접근매체와 관련된 정보를 취득하여 예금 등을 인출하는 방식으로 피해를 끼치는 경우가 많이 발생하였다.

7 대상판결에서 대법원은 원고가 금융기관인 피고은행 등에서 금융거래를 하면서 인터넷뱅킹서비스를 이용했는데, 병이 전화금융사기를 통하여 원고에게서 취득한 금융거래정보를 이용하여 원고 명의의 공인인증서를 재발급 받아 다른 금융기관들로부터 대출서비스 등을 받은 사안에서, 원고의 금융거래정보 노출행위가 금융사고의 발생에 이용자의 '중대한 과실'이 있는 경우에 해당한다고 보았다(대법원 2014. 1. 29. 선고 2013다86489 판결).

(2) 전자금융거래법의 입법

이런 피해를 입은 피해자의 경우에 보이스피싱이 외국에 기초를 둔 범죄조직을 통해서 이루어지는 경우가 많아서 피해구제가 쉽지 않았다. 그렇게 되자 피해자들이 금융기관을 상대로 하여 금융기관의 과실책임을 구하는 소가 제기되는 경우들이 발생하였다. 이에 대해서는 민법상의 과실불법행위책임에 대한 법리로 대응하는 방법도 있을 것이나 다수의 범죄가 사회현상화되면서 발생하자 이에 대한 대응입법이 강구되었고, 그 결과물이 전자금융거래법이다.

전자금융거래법은 전자금융과 관련된 사법적 규정과 규제와 감독에 대한 공법적 규율이 하나의 법률에 통합하는 형태의 법이 되었다. 전자금융거래의 수단으로 활용되는 접근매체를 양도 및 양수하는 행위에 대한 처벌규정도 입법되었다.

(3) 전자금융거래법에 의한 '접근매체'

보이스피싱범죄의 실행과정에서 타인명의 통장을 절취 또는 대여·양수하여 사용되었다. 이런 통장을 이른바 '대포통장'이라고 부르는바, 이런 대포통장을 활용한 범죄에 대한 대처를 위하여 접근매체를 양도, 양수, 부정대여 또는 질권 설정행위를 하거나 이런 행위를 알선하는 행위를 금지하고 이를 위반한 자에 대한 처벌을 강화하여 왔다.[8]

이 법의 적용과 관련하여, 접근매체의 개념이 문제된다. 전자금융거래법 제2조 제10호는 '접근매체'를 전자금융거래에 있어서 거래지시를 하거나 이용자 및 거래내용의 진실성과 정확성을 확보하기 위하여 사용되는 다음 각 목의 어느 하나에 해당하는 수단 또는 정보를 말한다고 정의하여 다섯 가지 유형으로 분류하고 있다.[9] ① 전자식 카드 및 이에 준하는 전자적 정보, ② 「전자서명법」

8 김병태, "예금통장(대포통장)은 전자금융거래법상의 접근매체인가-대법원 2010. 5. 27. 선고 2010도2940판결-", 「선진상사법률연구」 통권 제54호(법무부, 2011. 4), 117면.

9 접근매체는 문리적으로는 "(시스템에) 접근하기 위한 매체"를 의미한다. 시스템에 접근할 수 있다는 것은 시스템에 접근함으로써 거래지시를 할 수 있다는 의미이다. 따라서 접근매체는 전자금융거래법에서 최소한 "(시스템에 접근하여) 거래지시를 하기 위한 수단이나 정보"로 정의된다. 그런데 전자금융거래법은 여기서 더 나아가 "이용자 및 거래내용의 진실성과 정확성을 확보하기 위한 수단 또는 정보"로서도 접근매체를 정의한다. 따라서 전자금융거래법상의 접근매체는 ① 시스템에 접근하여 거래지시를 하기 위한 수단 또는 정보(접근매체로서의 기능), ② 이용자의 진실성과 정확성을 확보하기 위한 수단 또는 정보(본

제2조 제4호의 전자서명생성정보 및 같은 조 제7호의 인증서, ③ 금융회사 또는 전자금융업자에 등록된 이용자번호, ④ 이용자의 생체정보, ⑤ 전자식 카드 및 이에 준하는 전자적 정보 또는 「전자서명법」 제2조 제4호의 전자서명생성정보 및 같은 조 제7호의 인증서의 수단이나 정보를 사용하는 데 필요한 비밀번호가 그 다섯 가지 유형이다.[10]

대법원은 전자금융거래법 제2조는 제10호에서 규정하는 접근매체의 해석과 관련하여, 제7호에서 '이용자'라 함은 전자금융거래를 위하여 금융기관 또는 전자금융업자와 체결한 계약('전자금융거래계약')에 따라 전자금융거래를 이용하는 자를 말한다"고, 제17호에서 "'거래지시'라 함은 이용자가 전자금융거래계약에 따라 금융기관 또는 전자금융업자에게 전자금융거래의 처리를 지시하는 것을 말한다"고 각 규정하고 있는바, 위 각 규정의 내용과 법이 '전자금융거래의 법률관계를 명확히 하여 전자금융거래의 안전성과 신뢰성을 확보함'을 그 목적으로 하고 있는 점(제1조) 등을 종합하여 보면, 법 제2조 제10호 소정의 '접근매체'라고 하기 위해서는 전자금융거래계약의 체결이 전제되어야 한다고 봄이 상당하다고 하면서 금융기관의 창구에서 입출금 및 통장정리만이 가능할 뿐 전자적인 방법으로 금융거래를 할 수 없는 통장은 전자금융거래법상의 접근매체에는 해당하지 않는다고 판시하였다.[11]

인확인 수단으로서의 기능) 및 ③ 거래내용의 진실성과 정확성을 확보하기 위한 수단 또는 정보(거래 무결성의 확인수단으로서의 기능)라는 세 가지 기능을 가질 수 있는 매체로 정의되고 있음을 알 수 있다[서희석, "전자금융거래법상 '이용자의 중과실'의 판단기준－대법원 2014. 1. 29. 선고 2013다86489 판결의 비판적 고찰－", 「비교사법」 제21권 2호(한국비교사법학회, 2014)].

10 실무에서는 전자금융거래법 제2조 제10호의 법문상 저자금융거래법에서 인정하는 접근매체를 함께 사용하도록 요구하지만 제2조 제10호의 법문상 전자금융거래법에서 인정하는 접근매체는 위의 5가지 유형 중 어느 하나에 해당하는 수단 또는 정보로서 충분하고 반드시 충첩적인 접근매체의 성립을 전제로 하는 것은 아니다(김병태, 앞의 논문, 125면).

11 이 사건 통장 등은 해약환급금을 입금하기 위하여 만들어진 통상적인 통장과 그 계좌 입출금에 필요한 비밀번호에 지나지 않아 그 자체에는 전자금융거래를 할 수 있는 기능이 들어있지 아니한데, 이 사건 통장 관련 계좌에 관하여 별도의 CD/ATM 신청이 없었기 때문에 이 사건 통장 등으로는 금융기관의 창구에서 입출금 및 통장정리만이 가능할 뿐 법 제2조 제8호 소정의 전자적 장치를 통한 거래는 할 수 없는 사실을 인정한 다음, 이 사건 통장 등으로 전자금융거래를 하는 것은 현실적으로 불가능하여 이를 법에서 말하는 접근매체라고 볼 수 없다는 이유로, 이 사건 통장 등이 전자금융거래의 접근매체에 해당함을 전제로 하는 이 사건 공소사실은 범죄로 되지 않거나 범죄의 증명이 없는 경우에 해당한

(4) 접근매체의 양도 등의 해석과 형사책임

전자금융거래법은 접근매체의 양도를 금지하고 이를 위반하면 전자금융거래법이 형사처벌을 하고 있다. 대법원은 접근매체의 양도 등의 해석과 관련하여 접근매체에 대한 일시사용을 허용한 행위가 전자금융거래법위반이 아니라고 보았다. 대법원은 '접근매체의 양도' 여부가 구성요건해당성 판단의 핵심을 이루는 사건에서 "피고인은 대출회사 상담원을 가장한 자의 대출을 해주겠다는 말에 속아 이 사건 7개 금융계좌에 관한 접근매체를 일시 사용하도록 위임한 것일 뿐, 접근매체를 양도하였다고 할 수 없다고 판단"하였다.[12] 이러한 태도는 이후 하급심에서도 유지되고 있다.[13]

다고 판단하였는바, 이러한 원심의 인정 및 판단은 앞서 본 법리와 기록에 비추어 수긍할 수 있고, 거기에 상고이유로 주장하는 바와 같은 전자금융거래법 소정의 접근매체에 관한 법리오해의 위법이 없다.(대법원 2010. 5. 27. 선고 2010도2940 판결[전자금융거래법위반]).

12 대법원 2010. 9. 30. 선고 2010도2593 판결("전자금융거래법 제49조 제4항 제1호는 동법 제6조 제3항 제1호를 위반하여 접근매체를 '양도'하거나 '양수'하는 행위를 금지하고 있는바, ① 형법법규의 해석은 엄격하여야 하고 명문규정의 의미를 피고인에게 불리한 방향으로 확장해석하거나 유추해석하는 것은 허용되지 않는 점, ② 현행 전자금융거래법은 제49조 제4항 제2호, 제6조 제3항 제2호에서 대가를 주고 접근매체를 대여 받거나 대가를 받고 접근매체를 대여하는 행위를 처벌하는 규정을 신설함으로써 대가를 받지 아니하고 접근매체를 대여하는 행위는 처벌 대상이 되지 않음이 명확하고, 또 동법 제6조 제3항 제3호에서 접근매체의 '양도', '유상 대여'와는 별도로 접근매체의 질권설정 행위를 처벌하는 규정을 두고 있어 접근매체의 처분행위와 관련하여 처벌 대상이 되는 각각의 행위태양을 구분하고 있는 점, ③ 동법 제49조 제1항 제5호는 강제로 빼앗거나, 횡령하거나, 사람을 속이거나 공갈하여 획득한 접근매체를 '사용'한 자를 처벌하는 규정을 두고 있으며, 동법 시행령 제8조는 동법 제9조 제3항에 따른 고의나 중대한 과실의 범위를 규정하면서 접근매체를 제3자에게 대여하거나 그 사용을 위임한 경우 또는 양도나 담보의 목적으로 제공한 경우 등 행위태양을 구분하고 있는 점 등을 종합하여 보면, 전자금융거래법 제49조 제4항 제1호의 규정에 따라 처벌 대상이 되는 접근매체의 '양도'는 타인에게 접근매체의 소유권 내지 처분권을 확정적으로 이전하여 주는 것을 의미하고 무상의 대여나 일시적인 사용을 위한 위임 등은 포함되지 아니한다고 봄이 상당하다").

13 일시적 사용을 허락한 것이지 양도한 것이 아니라고 봐서 전자금융거래법위반의 점에 대해서 무죄를 선고한 사건으로 광주지방법원 2010. 10. 20. 선고 2010노1887 판결[확정]("이 사건 기록에 의하면, ① 피고인은 대출을 해 준다는 문자메시지를 보고 성명불상자에게 연락하여 대출에 관한 상담을 한 사실, ② 피고인은 위 성명불상자로부터 두 곳의 금융기관으로부터 신규계좌를 개설하여 통장과 현금카드를 보내주면 거래실적을 늘려 대출을 해주고 위 계좌에 대출금을 입금한 후 위 통장과 현금카드를 돌려주겠다는 말을 듣고, 대출을 받기 위하여 ○○은행 및 △△은행 계좌를 개설하여 통장과 현금카드를 발급받은 다음 이를 위 성명불상자에게 택배로 송부해 준 사실을 인정할 수 있는바, 사실관계가 이와 같다면, 피고인은 대출업자를 가장한 성명불상자가 대출해 주겠다는 말에 속아 그로 하여금

2. 전자금융거래법 제9조

전자금융거래법 제9조(금융회사 또는 전자금융업자의 책임)는 제1항에서 "금융회사 또는 전자금융업자는 다음 각 호의 어느 하나에 해당하는 사고로 인하여 이용자에게 손해가 발생한 경우에는 그 손해를 배상할 책임을 진다"고 하면서 그 사고의 유형으로 ① 접근매체의 위조나 변조로 발생한 사고, ② 계약체결 또는 거래지시의 전자적 전송이나 처리 과정에서 발생한 사고, ③ 전자금융거래를 위한 전자적 장치 또는 「정보통신망 이용촉진 및 정보보호 등에 관한 법률」 제2조 제1항 제1호에 따른 정보통신망에 침입하여 거짓이나 그 밖의 부정한 방법으로 획득한 접근매체의 이용으로 발생한 사고를 열거하고 있다.

전자금융거래법 제9조의 입법 취지는 복잡하고 전문적인 특성을 지녀 원인 규명이 어려운 전자금융사고에 대한 책임부담 원칙을 명확히 규정하려는 것이고, 해킹, 전산장애 등 이용자의 고의·중과실에 의하지 아니한 전자금융사고로 인하여 이용자에게 손해가 발생한 경우에는 금융기관 또는 전자금융업자가 책임을 부담하도록 하려는 것에 있다.[14]

한편 제2항은 면책규정으로, 소송에서 피고가 되는 금융회사 또는 전자금융업자가 제2항에 의한 면책을 주장한다. 제2항은 "제1항의 규정에 불구하고 금융회사 또는 전자금융업자는 다음 각 호의 어느 하나에 해당하는 경우에는 그 책임의 전부 또는 일부를 이용자가 부담하게 할 수 있다"고 규정하고 있다. ① 사고 발생에 있어서 이용자의 고의나 중대한 과실이 있는 경우로서 그 책임의 전부 또는 일부를 이용자의 부담으로 할 수 있다는 취지의 약정을 미리 이용자와 체결한 경우, ② 법인(「중소기업기본법」 제2조 제2항에 의한 소기업을 제외한다)인 이용자에게 손해가 발생한 경우로 금융회사 또는 전자금융업자가 사고를 방지하기 위하여 보안절차를 수립하고 이를 철저히 준수하는 등 합리적으로 요구

피고인을 위하여 대출실행 시까지 위 통장 및 현금카드를 일시 사용하도록 위임한 것으로 보일 뿐, 이를 양도하였다고는 할 수 없고, 달리 이를 인정할 증거가 없다. 따라서 이 사건 공소사실은 범죄의 증명이 없는 경우에 해당하여 무죄를 선고하여야 함에도 불구하고, 원심은 이 사건 공소사실을 유죄로 인정하였으니, 원심판결에는 사실을 오인함으로써 판결에 영향을 미친 위법이 있다").

14 2006. 4. 국회 제정경제위원회 작성 전자금융거래법안 심사보고서 참조.

되는 충분한 주의의무를 다한 경우가 이에 해당한다고 보고 있다. 법 제9조 제3항은 제2항 제1호 규정(사고 발생에 있어서 이용자의 고의나 중대한 과실이 있는 경우로서 그 책임의 전부 또는 일부를 이용자의 부담으로 할 수 있다는 취지의 약정을 미리 이용자와 체결한 경우)에 따른 이용자의 고의나 중대한 과실은 대통령령이 정하는 범위 안에서 전자금융거래에 관한 약관[15]에 기재된 것에 한한다고 규정하고 있다. 이에 대한 대통령령인 전자금융거래법 시행령 제8조[16]에서 법에서 위임한 사항을 규정하고 있다.

결국 전자금융거래법 제9조는 접근매체의 위조[17]나 변조로 발생한 사고로

15 본고에서 약관은 별도의 표시가 없으면 전자금융거래에 관한 약관을 의미한다. 이 사건의 경우에도 해당 금융회사의 전자금융거래 기본약관 제20조(손실부담 및 면책)는 면책규정을 두고 있다. 그 내용은 아래와 같다.
① ○○은 접근매체의 위조나 변조로 발생한 사고, 계약체결 또는 거래지시의 전자적 전송이나 처리과정에서 발생한 사고로 인하여 이용자에게 손해가 발생한 경우에는 그 금액과 1년 만기 정기예금 이율로 계산한 경과이자를 보상한다.
② 제1항의 규정에도 불구하고 ○○은 다음 각 호에 해당하는 경우에는 이용자에게 손해가 생기더라도 책임의 전부 또는 일부를 지지 아니한다.
3. 제3자가 권한 없이 이용자의 접근매체를 이용하여 전자금융거래를 할 수 있음을 알았거나 쉽게 알 수 있었음에도 불구하고 이용자가 자신의 접근매체를 누설 또는 노출하거나 방치한 경우

16 전자금융거래법 시행령 제8조(고의나 중대한 과실의 범위) 법 제9조 제3항에 따른 고의나 중대한 과실의 범위는 다음 각 호와 같다. <개정 2013.11.22.>
1. 이용자가 접근매체를 제3자에게 대여하거나 그 사용을 위임한 경우 또는 양도나 담보의 목적으로 제공한 경우(법 제18조에 따라 선불전자지급수단이나 전자화폐를 양도하거나 담보로 제공한 경우를 제외한다)
2. 제3자가 권한 없이 이용자의 접근매체를 이용하여 전자금융거래를 할 수 있음을 알았거나 쉽게 알 수 있었음에도 불구하고 접근매체를 누설하거나 노출 또는 방치한 경우
3. 금융회사 또는 전자금융업자가 법 제6조제1항에 따른 확인 외에 보안강화를 위하여 전자금융거래 시 요구하는 추가적인 보안조치를 이용자가 정당한 사유 없이 거부하여 법 제9조 제1항 제3호에 따른 사고가 발생한 경우
4. 이용자가 제3호에 따른 추가적인 보안조치에 사용되는 매체·수단 또는 정보에 대하여 다음 각 목의 어느 하나에 해당하는 행위를 하여 법 제9조 제1항 제3호에 따른 사고가 발생한 경우
가. 누설·노출 또는 방치한 행위
나. 제3자에게 대여하거나 그 사용을 위임한 행위 또는 양도나 담보의 목적으로 제공한 행위

17 위조란 넓게는 유형위조와 무형위조를 포함하는데, 유형위조는 권한 없이 타인 명의의 문서를 작성하는 경우를, 무형위조는 권한 있는 자가 진실에 반하는 내용의 문서를 작성하는 경우를 말한다. 그리고 형법의 문서에 관한 죄에서 유형위조는 '위조'라는 용어로, 무형위조는 '작성'이라는 용어를 사용하고 있으며, 전자기록 등 특수매체기록에 대하여 위조·변

인한 손해배상 책임을 금융기관 또는 전자금융업자가 부담하되, 사고 발생에 있어서 이용자의 고의나 중대한 과실이 있는 경우로서 그 책임의 전부 또는 일부를 이용자의 부담으로 할 수 있다는 취지의 약정을 미리 이용자와 체결한 경우 등에 한하여 책임의 전부 또는 일부를 사용자가 부담하게 할 수 있도록 규정하고, 전자금융거래법 시행령 제8조는 이용자의 고의나 중대한 과실을 접근매체를 제3자에게 대여, 그 사용을 위임, 양도나 담보의 목적으로 제공하거나, 접근매체를 누설, 노출, 방치한 경우로 한정하고 있다.

한편 법 제9조 제4항은 "금융회사 또는 전자금융업자는 제1항의 규정에 따른 책임을 이행하기 위하여 금융위원회가 정하는 기준에 따라 보험 또는 공제에 가입하거나 준비금을 적립하는 등 필요한 조치를 하여야 한다"고 하여 책임부담을 확보하기 위한 수단을 규정하고 있다.

3. 하급심 법원의 태도

(1) 대구지방법원 2012.5.17. 선고 2011가합12648 판결(=확정[부당이득반환])

갑이 을 명의의 보통예금통장에 관한 공인인증서 및 보안카드를 가지고 있음을 기화로 을 명의의 전자기록을 위작하여 허위 외상매출채권을 담보로 병 은행과 전자대출약정을 체결한 후 대출을 받았는데, 을이 병 은행에 대출원리금 일부를 변제한 뒤 병 은행을 상대로 대출 약정이 무효임을 이유로 부당이득반환을 구한 사안에서, 을이 제3자인 갑에게 접근매체인 통장, 공인인증서, 보안카드의 사용을 위임하거나 누설하여 대출이 발생하였고 이는 을의 고의 또는 중대한 과실에 의한 사고발생에 해당하므로, 전자금융거래법 제9조 제2항 제1호, 동 시행령 제8조, 외상매출채권거래기본약관 규정에 따라 병 은행은 대출과 관련하여 어떠한 책임도 없다고 할 것이어서 병 은행이 을에게서 변제받은 대출원리금은 정당하다는 이유로, 병 은행이 수령한 대출원리금이 법률상 원인 없는 부당이득임을 전제로 한 을의 청구는 이유 없다고 판단하였다.

조에 대응하는 개념으로 사용되는 '위작·변작'이란 시스템 운영주체의 의사에 반하여 권한 없이 또는 권한을 남용하여 전자기록을 작성하거나 변경하고, 허위내용의 전자기록을 만드는 경우를 모두 포함하는 개념이다.

(2) 서울중앙지방법원 2012. 3. 28. 선고 2011가단105339 판결[18]

1) 사실개요

원고는 2008. 5. 9. 피고에 CMA계좌를 개설하고, 피고 보조참가인 주식회사 코스콤으로부터 발급받은 공인인증서를 사용한 인터넷뱅킹 등을 통하여 금융거래를 하여 왔다. 그런데 성명불상자가 권한 없이 2010. 8. 13. 원고의 인터넷뱅킹 아이디, 비밀번호 등을 이용하여 피고 보조참가인 주식회사 코스콤으로부터 공인인증서를 재발급받아 인터넷뱅킹을 이용하여 같은 날 14:44경 원고의 계좌에서 34,000,000원을 소외 이용한의 ○○중앙회 계좌로 이체하여 인출하였다.

2) 당사자의 주장

원고는, 이 사건 사고가 접근매체인 공인인증서의 위조나 변조로 발생한 사고이므로, 금융기관인 피고는 전자금융거래법 제9조 제1항에 의하여 이용자인 원고에게 그 손해를 배상할 책임이 있다고 주장한다. 이에 대하여 피고는 이 사건 사고는 부당하게 발급된 접근매체를 이용한 사고에 해당할 뿐 접근매체 자체의 위조나 변조에는 해당하지 않으므로, 위 조항에 따른 책임이 없다고 주장한다.

3) 법원의 판단

이용자의 고의·중과실에 의하지 아니한 전자금융사고의 책임을 금융기관 또는 전자금융업자가 부담하도록 하려는 전자금융거래법의 입법 취지, 위조·변조의 개념은 넓은 의미로 해석될 수 있고 형법의 문서에 관한 죄에서도 용어만 달리할 뿐 넓은 의미의 위조·변조를 처벌하고 있는 점, 전자금융거래법은 사고 발생에 있어서 접근매체의 관리에 이용자의 고의나 중대한 과실이 있는 경우에만 이용자가 책임을 부담하는 점 등에 비추어 보면, 본조의 '접근매체의 위조'의 개념은 유형위조와 무형위조를 모두 포함하는 넓은 의미로 볼 것이고, 공인인증서와 같은 특수매체의 경우에는 시스템 운영주체의 의사에 반하여 권한 없이 전자기록을 작성하거나 허위내용의 전자기록을 만드는 경우도 포함하는 것으로 볼 것이다. 따라서 권한 없는 성명불상자에 의하여 접근매체인 공인인증서가 부정하게 재발급된 것은 시스템 운영주체의 의사에 반하여 권한 없는 자의 신

18 이 사건은 2012. 12. 서울중앙지방법원 2012나19528 강제조정으로 종결됨.

청에 의하여 공인인증서가 재발급되어 만들어진 것으로, 본조의 '접근매체의 위조'에 해당한다.

그렇다면, 금융기관인 피고는 전자금융거래법 제9조 제1항에 의하여 원고에게 부당하게 인출된 34,000,000원 및 이에 대하여 이 사건 사고 발생일인 2010. 8. 13.부터 이 사건 소장 송달일인 2011. 4. 18.까지는 민법에 정한 연 5%의, 그 다음날부터 다 갚는 날까지는 소송촉진 등에 관한 특례법에 정한 연 20%의 각 비율에 의한 지연손해금을 지급할 의무가 있다.

한편, 피고는 원고에게 접근매체의 보관상 중대한 과실이 있다고 주장하고, 갑 4호증의 기재에 의하면 원고가 컴퓨터를 사용하여 보안카드 코드표를 만들어 출력하여 소지한 사실은 인정된다. 그러나 별도의 코드표를 만들어 소지하였다는 사정만으로 원고가 접근매체를 노출 또는 방치한 경우에 해당한다고 보기는 어렵다. 피고의 주장은 이유 없다.

(3) 소 결

앞에서 본 내용을 표로 정리하면 아래와 같다.

법원	전자금융이용자의 행위	법원의 판단
대구지방법원 2011가합12648 판결	이용자가 제3자에게 접근매체인 통장, 공인인증서, 보안카드의 사용을 위임하거나 누설함	중과실 긍정
서울중앙지방법원 2011가단105339 판결	별도의 코드표를 만들어 소지함	중과실 부정
광주지방법원 2012가단62740 판결[대상판결의 1심]	제3자에게 접근매체인 공인인증서를 발급에 필수적인 계좌번호, 계좌비밀번호, 주민등록번호, 보안카드번호, 보안카드비밀번호를 모두 알려줌	중과실 긍정

대법원 판결 이전의 하급심 판결들은 대체적으로 이용자가 접근매체에 대하여 상대적으로 적극적으로 정보를 제공한 경우에는 중과실을 긍정하는 태도를 보였고, 자신의 기억을 보완하기 위해서 코드표를 만드는 정도로는 중과실을 부정하는 태도를 보였다. 그런데 이러한 기준은 명확한 것은 아니고 상대적인 기여의 정도에 따라서 결과가 달라진 것으로 보이므로, 일응 사안에 따라서

상충되는 것처럼 보일 여지도 있었다. 따라서 대법원이 이용자의 중과실에 대한 판단기준을 제시할 필요가 있었다.

Ⅳ. 전자금융거래법 제9조의 '이용자의 중과실'에 대한 판단기준

1. 대법원이 대상판결에서 제시한 이용자의 중과실 판단기준

본 판결은 보이스피싱 등 전자금융사기로 인한 전자금융거래 이용자의 손해에 대한 금융기관의 법적 책임이 문제된 최초의 대법원 판결이라는 점에서 중요한 의의가 있다. 대법원은 전자금융거래법 제9조, 전자금융거래법 시행령 제8조 등에서 정하는 바에 의하여 금융기관이 면책되기 위한 요건으로서의 이용자의 고의 또는 중대한 과실의 판단기준으로 접근매체의 위조 등 금융사고가 일어난 구체적인 경위, 그 위조 등 수법의 내용 및 그 수법에 대한 일반인의 인식 정도, 금융거래 이용자의 직업 및 금융거래 이용경력 기타 제반 사정을 고려하여 판단할 것이라고 하여 대상판결의 사안과 같이 접근매체를 제공한 자가 적극적으로 이용에 기여한 경우, 즉 필요한 정보를 제공한 경우에는 중과실을 인정하고 있다.

2. 대법원 판결이 제시한 판단기준에 대한 비판론과 이에 대한 검토

이 판결에서 대법원이 제시한 이용자의 중과실 판단기준에 "금융기관의 전반적인 정보보안의 수준"을 추가하여야 한다는 견해가 있다.[19] 금융거래정보 노

19 이 견해는 "본 판결에서 대법원은 전자금융거래법상 금융기관의 면책요건으로 규정된 "이용자의 고의 또는 중과실"이 있는지 여부는 "접근매체의 위조 등 금융사고가 일어난 구체적인 경위, 그 위조 등 수법의 내용 및 그 수법에 대한 일반인의 인식 정도, 금융거래 이용자의 직업 및 금융거래 이용경력 기타 제반 사정을 고려하여 판단"하여야 한다는 판단기준을 제시하고, 이 기준에 따라 본 사안에서 이용자에게는 중과실이 있고 따라서 금융기관은 면책된다고 판단하였다. 그러나 본 판결에 대하여는, 금융거래정보 노출을 접근매체의 노출과 동일시하고 있으나 이것은 전자금융거래법의 문리적 해석범위를 넘는 것이라는 점, 제3자의 사기행위에 대한 평가가 거의 이루어지지 않았고 더욱이 금융기관의 보안수준은 아예 고려하지도 않았다는 점에서 찬성하기 힘들다. 향후에 대법원이 제시한 이용자의 중과실 판단기준에는 "금융기관의 전반적인 정보보안의 수준"이 추가되는 것이 타당하다고 생각한다. 이 기준이 추가된다면 금융기관의 정보보안이 취약할 경우에는 이용자의 중과실도 보다 신중하게 판단하도록 제어하는 역할을 하게 될 것이기 때문이다"라고 그

출을 접근매체의 노출과 동일시하고 있으나 이것은 전자금융거래법의 문리적 해석범위를 넘는 것이라는 점, 제3자의 사기행위에 대한 평가가 거의 이루어지지 않았고 더욱이 금융기관의 보안수준은 아예 고려하지도 않았다는 점에서 찬성하기 힘들다고 대법원 판결을 비판한다.[20]

(1) 접근매체의 노출이 있었는지 여부

비판론은 대법원은 전자금융거래법에서 이용자의 중과실의 범위로 규정하는 이용자에 의한 접근매체의 노출이 있었다고 보아 이로부터 원고의 중과실을 인정하고 있는데[21] 본 사안에서 원고는 공인인증서 자체는 노출하지 않았으므로 접근매체의 노출이 있었다고 보기 어렵다고 하면서, 대법원이 금융거래정보의 노출을 접근매체의 노출과 동일시하고 이를 근거로 원고의 중과실을 이끌어내고 있는데, 이런 결론은 보이스피싱을 한 자가 원고(피해자)로부터 제공받은 금융거래정보를 이용하여 공인인증서를 발급받고 이를 이용하여 (무권한의) 전자금융거래를 할 수 있음을 원고가 쉽게 알 수 있었음에도 금융거래정보를 노출하였다는 점으로부터 원고의 중과실을 이끌어내고 있는 것인데, 접근매체인 공인인증서 및 그 비밀번호의 노출이 없었음에도 불구하고 공인인증서의 발급에 필수적이라는 이유로 금융거래정보의 노출이 곧 접근매체의 노출이라는 해석이 가능한 것인지 의문이라고 대법원의 판결을 비판한다.[22]

이 문제제기는 전자금융거래법 시행령 제8조 제2호에서 규정하고 있는 "제3자가 권한 없이 이용자의 접근매체를 이용하여 전자금융거래를 할 수 있음을 알았거나 쉽게 알 수 있었음에도 불구하고 접근매체를 누설하거나 노출 또는 방치한 경우"의 해석과 관련된 문제로 생각된다. 비판론은 원고의 정보제공행위가 공인인증서의 재발급을 가능하게 할 수는 있지만, 공인인증서 자체가 제공되지 않은 이상 접근매체의 노출이라고 평가할 수 없으므로 전자금융거래법

논거를 제시하고 있다(서희석, 앞의 논문, 781면 이하 참조).

20 서희석, 위의 논문, 790~791면.

21 원심 및 대법원은 "제3자에게 접근매체인 공인인증서의 발급에 필수적인 계좌번호, 계좌비밀번호, 주민등록번호, 보안카드번호, 보안카드비밀번호를 모두 알려준 점 등에 비추어 보면, 원고가 제3자가 권한 없이 접근매체를 이용하여 전자금융거래를 할 수 있음을 알았거나 쉽게 알 수 있었음에도 이를 노출하였다고 볼 것"이라고 하고 있다.

22 서희석, 위의 논문, 위 같은 면.

시행령 제8조 제2호에서 말하는 고의나 중대한 과실이 있다고 볼 수 없다는 주장으로 이해된다.

전자금융이용자의 보호라는 관점에서 비판론은 충분히 고려해볼 주장이나 대법원의 판단이 잘못된 것인지는 아래와 같은 점에서 의문이 있다. ① 대법원의 해석이 문리해석상 오류인지 본다. 접근매체의 노출이라는 문언의 의미(접근매체에 대한 전자금융거래법 제2조 제10호의 문언해석 포함)를 공인인증서 자체를 노출시킨 것으로 엄격하게 제한하여 보면 비판론과 같이 해석할 수 있다. 그러나 죄형법정주의가 문제되는 형사사건의 구성요건 해당성의 판단과 달리 전자금융거래법 제9조 제2항의 중과실인지 여부를 판단함에 있어서 공인인증서를 재발급받기 위하여 필요한 모든 정보를 제공하였음에도 공인인증서 자체를 노출하지 않았으므로 중과실이 없다고 해석하는 것은 지나치게 제한적인 해석이라고 생각된다.

한편 ② 입법자가 고의 및 중과실을 열거적으로 규정한 시행령 제8조의 해석에서 입법자가 제시한 판단기준을 고려하여 가능한 제한적으로 해석하는 것은 필요하다. 그러나 전자금융거래의 급속한 발달에 따라서 과연 시행령 제8조에서 입법자가 예상하지 못한 방식의 이용자의 고의 또는 중대한 과실이 있을 수 있을 것인데, 전자금융이용자와 금융회사의 이익형량이라는 관점에서 대법원이 제시한 것과 같이 접근매체의 위조 등 금융사고가 일어난 구체적인 경위, 그 위조 등 수법의 내용 및 그 수법에 대한 일반인의 인식 정도, 금융거래 이용자의 직업 및 금융거래 이용경력 기타 제반 사정을 고려하여 이용자의 고의 또는 중대한 과실을 판단할 것이지 이와 동일시 될 수 있다는 어떤 다른 이용자의 고의 또는 중대한 과실이 있을 수 없다고 보는 것이 타당한지도 의문이다.

결국 전자금융거래법 제9조 제2항의 해석에 있어 사고 발생에 있어서 이용자의 고의나 중대한 과실이 있는 경우는 이런 관점에서 해석되는 것이 타당하다고 판단된다. 대법원의 판례나 비판론 모두 타당성을 가지고 있으나 대법원의 판단이 잘못되었다고 할 것은 아니라고 본다.

(2) 성명불상자의 기망행위에 대한 평가의 문제

비판론은 원심 및 대법원의 판결은 본 사안에서 성명불상자에 의한 전자금융사기 수법 내지 기망행위에 대한 법적 평가가 누락되어 있는 것은 아닌지 검토의 여지가 있다고 하면서 일반인이 검사를 사칭하는 자로부터 전화를 받고 자신의 금융거래정보를 검사사칭자의 지시대로 허위의 대검찰청 사이트에 입력한 원고의 행위를 과실에 기한 행위로 볼 수는 있더라도, 그것을 중과실로까지 평가할 수 있는지는 의문이라고 주장한다.[23]

비판론의 주장과 같이 일반인이 검사를 사칭하는 자로부터 전화를 받고 이런 소위 보이스피싱 전화에 속아서 자신의 금융거래정보를 노출한 행위가 중과실인지 여부에 대하여는 관점의 차이가 있을 수 있을 것이다. 그러나 법원은 보이스피싱 전화를 받은 당사자의 사정을 중과실 판단에 고려하기 위해서 당시의 사회적인 정황에 대한 점("이 사건 금융사고 당시에는 이른바 전화금융사기가 빈발하여 이에 대한 사회적인 경각심이 높아진 상태였던 점"), 피해자의 구체적인 지식과 관련거래경험("원고는 이 사건 금융사고 당시 만 33세로서 공부방을 운영하는 등 사회경험이 있었고 1년 이상 인터넷뱅킹을 사용해왔던 점"), 피해 당시 피해자의 인식("원고는 관련 형사 사건의 조사과정에서 성명불상자로부터 '001'로 시작되는 국제전화를 받아 순간 이상하다는 생각을 하였다고 진술하고 있는 점") 등을 종합적으로 고려하였다. 물론 상당한 경험과 지식을 가진 사람도 순간적으로 보이스피싱 전화를 받게 되면 당황하여 자신이 기망당하고 있다는 사실을 모르고 전문적으로 이와 같은 범죄만을 기획하고 이를 통하여 타인의 재물을 사취하는 자에게 속아서 요구하는 대로 행위를 할 수 있다. 그리고 이런 전자금융이용자(거래자)를 보호할 필요성은 충분히 있고, 이러한 보호의 필요성 때문에 전자금융거래법이 제정되었다고 할 수 있다.

그러나 ① 민사적인 중과실의 판단에서 이런 이익형량을 하여야 할 사항은 현실적으로 만일 이용자가 그 피해의 구제를 바란다면 1차적으로는 가해자인 보이스피싱행위를 한 자(기망행위자)를 상대로 하여 피해의 구제를 받아야 할 것인데, 전자금융거래법이 제9조 제1항에서 금융기관의 책임을 용이하게 인정하면서도 예외적으로 제9조 제2항의 면책규정을 통하여 이용자와 금융기관 간의 이익균형을 달성하려고 하는 것이므로 그 판단에서 단순히 이용자가 보이스피싱 피해를 입었다는 점만으로 단순한 (경)과실만 있다고 할 것은 아니고 그에

23 서희석, 위의 논문, 791~792면.

더해서 다른 징표를 종합적으로 고려하여 중과실 여부를 판단하는 것이 옳다고 본다. 예를 들어 위와 같은 기준에 의하면 예를 들어 전혀 전자금융거래 경험이 거의 없고, 관련 지식이나 사회경험도 없는 전자금융취약계층을 상대로 하여 동일한 범죄를 하였고, 대상판결과 같은 행위를 이용자가 하였을 경우에도 중과실을 인정할 것인가는 사안에 따라서는 그 결론이 반드시 동일하지 않을 수 있다고 본다.

더구나 ② 금융기관의 기망행위가 문제가 되는 것이 아니라 제3자의 기망행위가 있었고, 그 제3자의 기망행위에 대응하여 반응한 이용자의 과실 여부를 판단함에 있어서 제3자의 기망행위를 고려하는 지점은 상대적으로 주의의무 위반 판단의 하나의 요소가 될 수는 있을지라도 이를 통해서 그 결론을 달리할 수 있는 중대한 요소라고 보기는 어렵다고 생각한다.

(3) 이용자의 주의의무의 내용과 수준

주의의무의 수준을 결정함에 있어서 중요한 요소는 누가 적은 비용을 부담하면서도 사회적으로 바람직한 수준의 주의의무가 기울여지도록 할 수 있는가에 있다. 금융기관의 입장에서 정보보안의 수준을 높이는 것과 이용자의 입장에서 보이스피싱에 대한 주의를 잘 하도록 하는 것 중에서 어느 쪽이 적은 비용이나 노력을 들이고 효과적으로 피해를 줄일 수 있을 것인가 하는 점이 이 경우의 질문이 된다.[24]

법경제학의 이런 시각은 법에도 반영되어 있다. 금융기관의 정보보안수준에 대해서는 전자금융거래법 제9조 제2항 제2호는 “금융회사 또는 전자금융업자가 사고를 방지하기 위하여 보안절차를 수립하고 이를 철저히 준수하는 등 합리적으로 요구되는 충분한 주의의무를 다한 경우”라는 면책사유를 규정하고 있다. 이 때 합리적인 주의의무 내지 충분한 주의의무(due care)의 수준은 경제적인 실행가능성(economic feasibility)외에 이용자와 금융기관 중 어느 편의 지배영역에 있는지, 금융기관과 이용자 간의 전문성의 차이를 감안한 위험의 회피가능성을 포함한 사회적인 관점에서 금융기관의 공익적 기능을 감안할 때 주의의무의 분배 및 수준을 어떻게 정하여야 하는지 등이 종합적으로 고려되어야 한다.

---

24 Marcel Kahan, *Causation and Incentives to Take Care under the Negligence Rule*, 18 J. Legal Stud. 427, 428 (1989).

그리고 이 때 주의의무는 만일 일정한 의무가 부과되었을 경우, 예를 들어 이런 저런 유형의 비정상거래를 걸러내고 이를 이용자에게 통지하는 전자적인 전자금융거래 감시시스템 구축의무를 부담시킬 경우 그 가상적인 시스템이 금융회사에게 지우게 되는 부담과 그 결과를 감안하여 결정하여야 한다.[25]

이런 점에서 보면 사안의 경우가 단순한 과실인지 중과실인지, 다시 말해 이용자에게 어느 정도의 주의의무를 부담하도록 할 것인지를 살펴보면, ① 이용자가 주의하여야 하는 것은 자신의 접근매체 및 그 접근매체와 관련된 정보가 제공되지 않도록 하여야 한다. 전자금융거래법 제6조 제3항 및 제49조 제4항도 이용자에게 접근매체 사용 및 관리에 있어서 접근매체를 양도하거나 양수하는 행위, 대가를 주고 접근매체를 대여받거나 대가를 받고 접근매체를 대여하는 행위, 접근매체를 질권의 목적으로 하는 행위 및 이러한 행위를 알선하는 행위를 형사처벌의 대상으로 하고 있다. 이용자에게 이런 의무를 부과하는 것은 기본적으로 이런 정보 및 매체들은 이용자의 지배영역하에 있으며 이용자로서는 적은 비용으로 쉽게 예방할 수 있는 반면 만일 이런 정보가 담보의 목적이 되거나, 양도의 대상이 되었음에도 접근매체 등을 이용하는 경우 금융기관으로서는 그 접근매체의 사용자의 권리의 내용 및 주관적 의사를 정확하게 파악하기 어렵기 때문이다. 그리고 이를 형사처벌의 대상으로 하는 것은 대포통장의 경우처럼 이러한 행위들이 개인적인 법익 침해의 우려뿐만 아니라 사회적인 법익을 침해한다는 점을 입법자가 인식하였기 때문이라고 본다.

따라서 ② 보이스피싱에 의한 금융사기에 있어서 이용자에게 중과실이 있는지 여부를 판단하는 경우에도 법원이 적절하게 인정한 바와 같이 이미 사회적으로 보이스피싱 사고가 지속적으로 발생하고 있고 상당한 정도의 지식과 경험을 가진 이용자가 쉽게 제3자의 기망행위에 속아 접근매체를 재발급받을 수 있게 하는 정보를 제공한 것은 이용자가 스스로 자신의 주의의무를 중대하게 해태한 것이라고 볼 수 있다고 본다. 금지행위 자체가 아니라고 하더라도 사실상 이와 같은 평가를 할 수 있는 행위의 경우에는 형사처벌의 대상은 아니라고 하더라도 이를 경과실로 보기는 어려울 것으로 본다.

만일 이를 (경)과실이라고 봐서 금융기관이 책임을 지는 것으로 구성하게

25 *Id*, 442.

된다면 법이 금지행위로 형사벌의 대상으로 하고 있지는 않더라도 사실상 이와 같은 행위를 가능하게 하는 행위(형사상 방조범에 까지는 이르지 않는 행위라고 하더라도)에 대한 법적 평가는 중과실로 보는 것이 타당할 것이다. 다만 과실 여부에 대한 판단은 일의적일 수는 없고, 당해 행위자의 구체적인 속성 및 행위속성, 그리고 보이스피싱을 둘러싸고 있는 상황이 전정황적으로 고려되어야 한다.

3. 금융기관의 정보보안 수준의 고려

(1) 금융기관의 본인확인의무

비판론은 금융기관의 정보보안 수준이 낮으면 이용자의 중과실을 덜 인정하여야 한다는 취지로 주장한다.[26] 금융기관의 정보보안수준이 낮다고 해서 이용자의 과실이 중과실이었다가 경과실이 된다는 것은 법리적으로 타당한지는 의문이 있다. 과실 여부의 판단은 행위당시 행위자가 자신에게 부과된 주의의무수준에 비추어 어떤 주의를 하지 않았다는 점에 대한 법적 평가라는 점에서 보면 수범자의 준비정도가 낮을수록 과실인정을 하지 않는 것은 결국 수범자가 주의를 해태하도록 유도하는 것이 된다. 그러나 다른 면에서 금융기관이 자신에게 부여된 주의의무를 다하지 못했다면 면책을 주장할 수 없다고 이론구성을 할 수는 있다고 본다. 다만 현행법상으로는 제1호 면책은 이용자의 중과실만 있으면 되고, 제2호 면책은 금융회사가 충분한 주의의무를 다한 경우에 되는 것이

26 "원심 및 대법원의 판단 중에서 가장 이해할 수 없는 점은 본 사안에서 금융거래정보 및 보안카드 관련정보의 노출이 어떻게 공인인증서의 재발급으로 연결될 수 있는지에 관하여 아무런 언급이 없고 다만 이를 소여의 전제로 삼고 있다는 점이다. 전술한 바와 같이 시스템거래로서의 전자금융거래에서 접근매체의 중요성(본인효과 귀속성)으로부터 그 발급은 대면에 의한 본인확인을 거쳐 철저하게 이루어져야 함에도 불구하고 원심 및 대법원의 판결에는 이에 관한 판단이 전혀 없기 때문이다. 그러나 전술한 바와 같이 공인인증서의 발급절차로서 정보통신망을 통하여 비대면의 방법으로 본인확인을 거치도록 허용하는 전자서명법 시행규칙의 개정(2006년)에 따라 몇 가지 금융거래정보만으로도 정보통신망상에서 공인인증서를 쉽게 발급할 수 있게 되었다. 따라서 '금융거래정보'의 노출을 '접근매체'의 노출과 동일시하는 원심 및 대법원의 판단은 이와 같은 입법 및 실무관행을 전제로 한 것이라고 선해할 수는 있을 것이다. 문제는 이와 같은 입법 및 실무관행을 전제로 할 경우 전자금융거래의 보안수준에는 심각한 문제가 발생한다는 점이다. 즉 현행 전자금융거래에서 (예금인출 거래가 아닌 한) 가장 중요한 접근매체인 공인인증서의 (재)발급이 대면에 의한 본인확인 절차 없이도 정보통신망상에서 쉽게 이루어지고 따라서 이를 악용한 전자금융사기가 발생한다면 그 책임은 누구에게 물어야 할 것인가가 문제되는 것이다"(서희석, 앞의 논문, 815~816면).

고 양자가 동시에 구비되어야 하는 것은 아닌 형태로 규정되어 있어 논의의 평면이 현행법상으로는 구분된다. 그러나 비판론을 반영하려면 제1호의 이용자의 과실을 인정하려면 제2호의 금융회사의 보안상의 주의의무가 충분히 이루어진 경우도 동시에 구비되어야 하는 것으로 해석되어야 할 것인데, 이런 해석은 문언해석에서 바로 도출하기는 어렵다고 본다.

이용자의 정보가 누출되더라도 금융기관이 손쉽게 금융사고를 예방할 수 있는 방안이 있다면 이를 예방하는 것이 공익적인 기능을 가지고 있는 금융기관의 역할이다. 중세 은행의 발전사에서 보면 자신이 예금자라는 것의 증명은 금융기관에서 가장 중요한 일 중의 하나이고, 이를 위해서 필요한 증표나 수단을 강구하여 본인확인절차를 철저하게 하여야 한다. 또 금융기관은 단순히 고객과의 동일성을 증표를 가지고 와서 자신이라고 주장한다고 하더라도 만일 합리적인 의심을 가지게 된다면 그 거래를 유예하고 본인임을 확인하거나 대리인의 경우에게 본인에게 그 거래를 이행한 권한이 대리인이라고 주장하는 자에게 있는지 여부를 확인하는 절차를 거쳐야 한다(본인확인의무). 이런 본인확인의무는 금융기관이 부담하는 기본적인 자신의 위험영역내의 주의의무의 핵심이다.

(2) 금융기관의 본인확인의무 위반이 문제된 사례[27]

서울중앙지방법원은 보이스피싱 전화에 속아서 자신의 개인정보를 알려줘서 그 개인정보에 기초하여 공인인증서가 발급된 사안[28]에서 보이스피싱 피해

---

27 이 사례는 서울중앙지방법원 2015. 3. 18. 선고 2014가단181457 판결의 사례이다{원고의 피고들에 대한 각 2014. 7. 11.자 금전소비대차계약에 기한 채무는 존재하지 아니하고 그 확인을 구할 이익도 인정되므로, 주문과 같이 판결한다(피고들은 원고에게 대출계약의 당사자 본인으로서의 책임이나 명의대여, 표현대리에 따른 계약상 책임이 인정되지 아니하더라도 금융거래에 필요한 접근매체의 관리 소홀에 따른 불법행위책임을 면할 수 없다고도 주장하나, 이 부분은 원고가 이 사건으로 부존재의 확인을 구하는 대출계약상 책임과 별개의 것이어서 위 결론에 방해가 되지 아니한다)}.

28 이 사건의 원고(보이스피싱 피해자)는 이 사건 대출이 이루어지기 직전인 2014. 7. 11. 11:00경 '○○캐피탈' 직원을 사칭한 성명불상자로부터 대출을 해 주겠다며 거래 은행의 3개월분 거래내역, 계좌번호 및 비밀번호를 알려달라는 전화를 받고 그 요청에 따라 해당 정보 및 원고의 주민등록등본, 신분증사본을 위 성명불상자에게 송부하고 아울러 '보안카드 위쪽에 기재된 7자리 숫자 중 2자리, 보안카드 12번에 기재된 숫자'를 알려주었다. 같은 날 오후 16:46과 16:53경 피고들로부터 각각 원고 명의의 기업은행 계좌로 300만원씩, 합계 600만원이 입금되었으나, 위 돈은 17:01경부터 17:02경 사이에 ○○○ 명의의 ○○○금고중앙회 계좌로 모두 출금되었다. 원고는 이른바 '○○캐피탈'로부터 약속한 대출이 이루어

자(이용자)의 대출채무를 부존재한다는 판결을 하였다. 보이스피싱 피해는 예금이 인출되는 것에서 그치지 않고 이 사건처럼 대출이 이루어지거나 하는 경우도 있을 수 있고, 이 때 이용자가 부주의하였으므로 대출채무도 부담한다고 할 것인지 아니면 대출채무가 금융기관과 피해자 간에 성립되지 않는 것으로 볼 것인지의 판단에서 금융기관의 주의의무가 중요한 역할을 한다고 본다.

서울중앙지방법원은 전자문서에 의한 거래에서 금융기관이 공인인증서를 통해 거래상대방이 본인임을 확인한 때에는 그 공인인증서가 본인이 아닌 제3자에 의하여 위조나 그 밖의 부정한 방법으로 발급되었다는 등의 특별한 사정이 없는 한 전자문서법 제7조 제2항 제2호에 따라 '수신된 전자문서가 작성자 또는 그 대리인의 의사에 기한 것이라고 믿을 만한 정당한 이유가 있는 자에 의하여 송신된 경우'에 해당하고, 이 경우 위 전자문서에 의한 거래에 따른 법률효과는 그 명의인에게 유효하게 귀속된다고 보았다.[29]

피고들과의 전자문서에 의한 대출계약 체결에 사용된 원고 명의의 공인인증서는 원고 본인의 의사에 기하지 않은 채 제3자가 대출을 빌미로 원고를 기망하여 그의 금융거래 관련 인적 정보를 취득한 후 이를 이용하여 ○○은행으로부터 발급받은 것으로 추인되고, 따라서 피고들과의 위 대출계약은 제3자가 부정한 방법으로 발급받거나 위조한 공인인증서를 이용하여 전자거래의 방법으로 체결된 것이어서 원고의 의사에 기하여 유효하게 체결된 계약으로 볼 수 없으므로 그 법률효과인 대출금반환채무도 원고에게 귀속되지 아니한다는 것이

지지 않고 오히려 피고들로부터 돈이 입금되었다가 바로 제3자에게 인출된 것을 알게 되자, 2014. 7. 14. 수서경찰서에 대출사기의 피해신고를 하였다. 피고들과의 전자문서에 의한 대출계약 체결에 사용된 원고 명의의 공인인증서는 해당 대출거래가 이루어진 당일인 2014. 7. 11. ○○은행으로부터 발급된 것으로서 명의인의 주민등록번호, 계좌번호, 비밀번호, 보안카드(또는 OTP카드) 번호만 알면 본인 아닌 제3자도 발급받을 수 있다.

29 전자문서 및 전자거래 기본법(이하 '전자문서법'이라 한다) 제7조 제2항 제2호는 '수신된 전자문서가 작성자 또는 그 대리인과의 관계에 의하여 수신자가 그것이 작성자 또는 그 대리인의 의사에 기한 것이라고 믿을 만한 정당한 이유가 있는 자에 의하여 송신된 경우 그 전자문서의 수신자는 전자문서에 포함된 의사표시를 작성자의 것으로 보아 행위할 수 있다'라고 규정하고 있고, 제11조는 '전자거래를 함에 있어서 전자서명에 관한 사항은 전자서명법이 정하는 바에 따른다'라고 규정하고 있으며, 전자서명법 제18조의2는 '다른 법률에서 공인인증서를 이용하여 본인임을 확인하는 것을 제한 또는 배제하고 있지 아니한 경우에는 이 법의 규정에 따라 공인인증기관이 발급한 공인인증서에 의하여 본인임을 확인할 수 있다'라고 규정하고 있다.

서울중앙지방법원의 판단이었다.[30]

(3) 금융기관의 주의의무 판단에서 추가적 고려요소

금융기관의 주의의무는 사회통념의 변화, 기술적인 변화 등에 따라서 동태적으로 달라져야 한다. 예를 들어 인영이나 인감의 위조가 쉬워져서 예전에는 전문가들만이 할 수 있었던 위조가 평범한 사람들도 쉽게 할 수 있게 되었음에도 여전히 이들의 위조가 어려운 시대의 주의의무 수준만을 요구하면 이는 금융회사들에게 현저하게 낮은 수준의 주의의무를 요구하는 것이 된다.[31] 판단기준은 시대상황에 따라서 변화하여야 하며 고정화되어서는 안된다. 전자금융거래와 관련해서 시스템적으로 보안수준을 높여야 한다. 이와 관련해서는 2가지 유형이 있다. ① 해킹과 같은 제3자의 은행전산시스템 침해행위에 대한 대비라는 면에서의 보안수준의 강화가 있다. 이 경우 예금자 등은 간접적 피해자이다. ② 보이스피싱과 같은 금융범죄에 대한 예금자보호를 위한 장치라는 면에서의 수단이 있다. 이 경우 예금자 등은 직접적 피해자이다.[32]

이용자가 자신에 대한 금융거래정보가 누출되지 않도록 하는 여러 주의의무를 부담한다고 하는 것과는 별도로, 금융기관은 금융업을 전문적으로 영위하는 자로서 보이스피싱과 같은 금융사고를 이용자보다 훨씬 쉽게 그리고 다양한 사고사례 및 유형에 대해서 상세하게 인지하고 있어야 하며, 그 대응방안을 이용자에게 알리고 숙지시키기 위해서 노력하여야 할 의무가 있다. 특히 비대면거래의 특질을 가지고 있는 전자금융거래의 경우에는 그 속성의 하나가 그 상대방이 누구인지를 알기 어렵다는 점에 있으므로 본인확인절차에 대한 금융기관의 주의의무의 한 내용으로 경제적으로 합리성이 인정되는 범위에서 최상의

---

30 이 사건에서 피고 금융기관들은 원고의 명의대여나 표현대리책임에 관한 피고들 주장을 하였다. 이에 대하여 법원은 "피고들은 원고가 실제 대출계약 체결행위를 하지 않았더라도 명의대여자 또는 민법 제126조의 표현대리에 의한 책임을 면할 수 없다고 주장하나, 위 인정사실에 의하면 원고는 대출을 해주겠다며 접근한 성명불상의 제3자에게 기망당하여 금융거래에 필요한 원고의 인적 정보를 제공한 것에 불과할 뿐, 위 제3자에게 원고의 명의로 대출계약 등의 법률행위를 하도록 동의·허락하거나 그 밖의 어떠한 대리권을 수여한 바도 없으므로 이 부분 피고들의 주장은 모두 받아들일 수 없다"고 하여 이 주장을 배척하였다.

31 高見澤昭治, 齊藤雅弘, 野間啓(編著), 預金資保護法 ハンドフッワ, 日本評論社, 2006, 197面.

32 후자의 경우에는 예를 들어 앞서의 인영위조의 경우라면 더 높은 수준의 인영대조기술을 갖추어야 하는 것이다(高見澤昭治 外, 上揭書, 198면).

본인확인장치를 마련하여야 할 의무를 부담한다. 이처럼 무권한자에 의한 반환청구가 있을 가능성이 높은 거래의 경우 사회통념상 기대되는 금융기관의 주의의무의 내용은 달라져야 한다. 보이스피싱이 문제되는 경우가 아니더라도 고액거래의 경우나 특이한 거래의 경우에는 무권한자의 거래일 가능성이 높은 경우라고 볼 수 있으므로 이런 경우에는 피해발생의 위험성이 높을 것이라고 추정하고 예금자에게 이를 의무적으로 알리도록 할 사회통념상의 주의의무를 인정하는 방법을 생각하여 볼 수 있다.[33]

일면 전자금융거래의 이용자는 비대면거래로 인한 자신의 거래편의성을 위해서 위험성을 감수하였다는 주장도 생각할 수 있을 것이라고 본다. 그러나 그 위험성의 감수정도는 개별적인 이용자가 아니라 전자금융거래에 대한 사회적인 관점에서의 수준을 정하는 것이 필요하다.

전자금융거래의 경우에는 시스템적으로 이상거래를 차단하고 예금주에게 알리는 장치를 할 수 있다. 그리고 이러한 의무를 부담하도록 하는 것은 금융감독기관에서 소비자보호의 관점에서 규율할 수 있고, 이런 규율은 그 명칭이 지침이건 가이드라인이건 금융회사의 과실판단에 고려될 수 있다고 본다. 물론 이런 지침 등이 없다고 해도 법원은 당시의 보안수준을 고려하여 금융회사의 면책주장의 허부를 판단함에 있어서 고려할 수 있다.

(4) 금융회사 이용자의 보호를 위한 기술적·관리적 보호조치와 의미

전자금융거래법 제9조 제2항 제2호에서 규정하고 있는 금융회사 또는 전자금융업자가 사고를 방지하기 위하여 보안절차를 수립하고 이를 철저히 준수하는 등 합리적으로 요구되는 충분한 주의의무는 이런 의무를 법정화한 것으로 이해하면 된다고 본다. 다만 이 때 금융기관이 다양한 지식과 경험을 가진 이용자들을 이해시키고 구체적인 대응방안을 숙지시킬 의무까지 있는 것은 아니다.

다만 금융기관의 경우에도 금융감독원과 같은 감독기관이 제시하고 있는

---

33 高見澤昭治 外, 上揭書, 199~200면. 동경고등재판소는 2003년 1월 30일 판결에서 4,500만원에 이르는 고액의 예금 거의 전액에 가까운 금액을 인출하려고 한 경우 이러한 예금인출요구에 대해서 부정한 예금인출요구가 아닌지 담당자가 확인할 의무를 인정하였고, 나고야고등재판소도 2003년 1월 21일 개점시간인 오전 9시부터 30분 이내에 예금 거의 전액에 가까운 금액을 인출한 경우 과거거래이력에 비추어보면 특이한 거래로 주의를 하였어야 한다는 점을 지적하였다.

기준이 있다면 이와 같거나 높은 수준의 정보보안을 하고 있다면 금융기관의 정보보안수준을 기초로 하여 면책주장을 배척하는 것은 쉽지 않아 보인다. 대법원은 2015년 정보통신서비스제공자가 구 정보통신망 이용촉진 및 정보보호 등에 관한 법률 제28조 제1항이나 정보통신서비스 이용계약에 따른 개인정보의 안전성 확보에 필요한 보호조치를 취하여야 할 법률상 또는 계약상 의무를 위반하였는지 판단하는 기준을 제시하면, 정보통신서비스제공자가 구 정보통신망 이용촉진 및 정보보호 등에 관한 법률 시행규칙에 따라 정보통신부장관이 마련한 '개인정보의 기술적·관리적 보호조치 기준'에서 정하고 있는 기술적·관리적 보호조치를 다한 경우, 개인정보의 안전성 확보에 필요한 보호조치를 취하여야 할 법률상 또는 계약상 의무를 위반하였다고 볼 수 없다고 판시하였다.[34]

4. 전자금융거래법 제9조에 의한 면책과 책임제한의 가능성

전자금융거래법 제9조 제2항은 법문상 면책규정형식으로 되어 있어 책임을 면하거나, 책임을 지거나 둘 중의 하나를 선택하여야 하는 구조이다. 이 문언은 ① [1안]은 일부를 부담하도록 하고 있으므로 이러한 문언에서 일부라는 규정을 책임제한의 의미로 읽을 수 있다고 본다. 따라서 다시 책임제한을 하는 것은 2중으로 금융기관의 과실을 고려하는 것이 되기 때문에 타당하지 않다는 생각을 할 수 있다. 또는 ② [2안]으로 일부에 대해서만 면책을 한 경우라도 책임제한의 이유가 손해의 공평한 분담이라는 관점에서 인정되고 있다는 점을 생각하면 책임제한사유가 있다면 책임제한을 추가로 하는 것이 타당하다는 견해를 생각할 수도 있다.

전자금융거래법 제9조는 책임제한을 하지 못하도록 하는 규정은 아니며, 따라서 책임제한도 가능하다고 생각된다. 다만 일부면책을 하려면 결국 책임제한의 요소를 고려하여야 할 것이기 때문에 실제로는 일부만 책임을 지도록 한 경우 책임제한을 다시 하여야 하는 경우는 생각하기 어렵다고 본다. 하급심 판결 중에서 의정부지방법원 2013. 7. 12. 선고 2012가단50032 판결은 이용자에게 고의가 있는 경우에는 금융기관이 면책되고 중과실이 있는 경우에는 금융기관의 책임이 제한된다는 취지로 판단하였다. 이런 법리에 따라서 법원은 피고 금

34 대법원 2015. 2. 12. 선고 2013다43994 판결.

융기관의 책임을 30%로 제한하였다.[35] 이론적으로는 위와 같이 구분하여 처리하는 것도 가능하다고 본다.

5. 금융기관의 전자금융거래법 제9조 책임과 불법행위 방조책임

이 사건 원고는 피고들에게 공인인증서가 재발급된 경우 최소한 이를 원고에게 휴대전화 문자메시지 등을 이용하여 통지하여야 할 주의의무가 있다고 주장하면서 이런 주의의무를 위반한 피고는 원고에게 방조책임이 있다고 주장하였다.

우선 피고 금융기관에게 법적인 의무가 존재하는지 여부를 살펴본다. 당시 전자금융감독규정 제34조 제2항 제2호에 따르면 금융기관이 전자금융사고를 예방하기 위하여 이용자가 요청하는 경우 중요거래정보에 대한 문자메시지 및 이메일 통지 등의 서비스를 제공할 수 있도록 시스템을 갖출 것을 전자금융거래와 관련한 금융기관의 준수사항으로 규정하고 있을 뿐인데, 원고는 이러한 신청을 하지 아니하였다. 그 외 달리 피고의 주의의무 위반을 인정하기 위한 기초로서 법적 주의의무 위반을 인정할 근거는 없었다.

이 사건 금융사고 발생 이후에 시행된 제도로 '전자금융사기 예방서비스'가 있다. 이런 서비스의 존재 및 실시는 금융기관의 주의의무에 고려될 수 있다. 하지만 이런 서비스가 가능하다고 하더라도 그 선택이 이용자에게 있는 것이라면 이런 서비스의 고지의무 내지 시행을 권유할 의무가 있는 것인지는 의문이다. 혹 특정 금융회사가 무상으로 이런 서비스를 제공했다고 하더라도 이러한 사례가 다른 금융회사의 과실판단의 근거가 되기는 어렵다고 본다.

V. 결 론

전자금융거래법 제9조 제2항, 제3항 및 동법 시행령 제8조는 입법형식이라는 면에서 매우 특이한 유형이라고 생각한다. 왜냐하면 법문에서 과실유형을 열거하고 있기 때문이다. 사실 일부면책의 대상이 되는 사용자의 고의나 과실을 법에 명문의 규정(제9조 제3항)을 두어 한정하는 방식은 입법기술적으로 바

35 현재 이 사건은 의정부지방법원 2013나9919호로 계속 중이다.

람직한 방식으로 생각되지는 않는다. 고의나 과실과 같은 주관적 구성요건은 개별적인 사안에 따라서 구체적으로 판단하여야 할 것이지 사전에 입법적으로 금융기관의 면책대상이 되는 사유를 일부 또는 전부에 대하여 규정할 것은 아니다.

하지만 현행법인 이상 전자금융거래법 제9조가 금융기관에게 무과실책임을 지우면서도 예외적으로 일정한 경우에는 입법적으로 면책규정을 두어 제한된 경우에만 금융기관의 면책을 허용하려는 입법의도는 명확하므로 이런 점에서 동법 시행령 제8조와 결합하여 예외적인 면책규정의 해석하는 것이 타당한 해석론이라고 본다. 이런 점에서 이 사건 대법원의 판결은 법 제9조 및 시행령 제8조에서의 고의·중과실의 해석에서 중요한 판단기준을 제시한 것으로 생각된다.[36]

36 약관에 법 제9조 및 시행령 제8조에서 규정된 것 외의 사항이기는 하지만 대법원이 제시한 판단기준에 비추어 면책을 인정할 정당한 사유가 있다고 판단되는 사안에서도 여전히 법 제9조 및 시행령 제8조에 의한 면책을 부정할 것인지는 의문이다. 법 제9조 및 시행령 제8조은 간취된 입법취지에 따라서 제한적으로 해석하여 시행령 제8조에는 해당하지 않는 것으로 보아 해석하더라도 기타 정당화사유로 봐서 면책을 허용하는 것이 타당할 경우가 있을 것으로 본다.

참고문헌 R·E·F·E·R·E·N·C·E·S

[문헌]

김병태, "예금통장(대포통장)은 전자금융거래법상의 접근매체인가 - 대법원 2010. 5. 27. 선고 2010도2940판결 -", 「선진상사법률연구」 통권 제54호(법무부, 2011. 4).

서희석, "전자금융거래법상 '이용자의 중과실'의 판단기준 - 대법원 2014. 1. 29. 선고 2013다86489 판결의 비판적 고찰 -", 「비교사법」 제21권 2호(한국비교사법학회, 2014).

손경한 외(최승재 집필부분), 『과학기술법』(진원사, 2011).

양진수, "미국에서의 신원도용에 관한 연구", 「재판자료」 제128집: 외국사법연수논집(2014).

윤해성·곽대경, 「보이스피싱의 예방과 대책마련을 위한 연구」(형사정책연구원 연구총서 09-15, 2009. 12).

Marcel Kahan, Causation and Incentives to Take Care under the Negligence Rule, 18 J. Legal Stud. 427, 428 (1989).

高見澤昭治, 齊藤雅弘, 野間啓(編著), 預金資保護法 ハンドフッワ, 日本評論社, 2006.

[판례]

대법원 2013. 3. 28. 선고 2012다117898 판결.

대법원 2015. 2. 12. 선고 2013다43994 판결.

대법원 2010. 9. 30. 선고 2010도2593 판결.

대법원 2010. 5. 27. 선고 2010도2940 판결.

광주지방법원 2010. 10. 20. 선고 2010노1887 판결.

대구지방법원 2012. 5. 17. 선고 2011가합12648 판결.

서울중앙지방법원 2012. 3. 28. 선고 2011가단105339 판결.

서울중앙지방법원 2015. 3. 18. 선고 2014가단181457 판결.

제 6 장 僞造된 공인인증서에 기해 체결된 전자대출 약정에 따른 대출금채무의 歸屬에 관한 연구

Ⅰ. 머리말

보이스피싱[1] 등 전자금융사기 사례는 2006년 국내에 처음 보고된 이래 큰 사회문제가 되었고, 피해건수와 액수는 감소하지 않고 지금까지 꾸준히 증가추세에 있다.[2] 나아가 단순히 보이스피싱 방법에 머물던 전자금융사기의 태양은 스미싱(smishing), 파밍(pharming), 해킹(hacking) 등 다양한 방법으로 진화하고 있다. 이러한 전자금융사기의 확산에 대응하기 위한 조치의 일환으로 입법적으로는 전자금융거래법이 개정되고, 전기통신금융사기 피해 방지 및 피해금 환급에 관한 특별법이 제·개정되었으며, 금융감독원 및 한국인터넷진흥원(KISA) 등 유관기관들은 수많은 대책 및 가이드라인들을 쏟아내면서 관련 규제를 강화함

* 문동주 집필.

*「은행법연구」 제8권 제2호(2015. 11)에 게재된 내용을 다소 수정·보완한 것이다.

1 음성(Voice)+개인정보(Private Data)+낚시(Fishing)을 조합한 신조어로서, '전화를 통해 개인정보를 낚아 올린다'는 뜻의 '전자금융사기' 방법으로 공공기관, 수사기관 등을 사칭하여 세금환급, 출석요구 등을 빌미로 송금을 요구하거나 개인정보 및 금융거래정보를 탈취하는 수법을 말한다[한국정보보호진흥원 보도자료, 『정보통신업계, 전화금융사기 발벗고 나선다!』(2007. 7. 31), 1면; 윤해성·곽대경, "보이스피싱의 예방과 대책마련을 위한 연구", 『한국형사정책연구원 연구총서』 09-15(한국형사정책연구원 2009. 12), 20면].

2 금융감독원에 따르면 피싱사기로 인한 피해액(억원)은 ('12년) 1,154 → ('13년) 1,365 → ('14년) 2,165, 대출사기 피해상담(건수)는 ('12년) 22,537 → ('13년) 32,567 → ('14년) 33,410으로 전화금융사기로 인한 사회적 비용은 꾸준히 증가하고 있다[금융감독원 보도자료, 『보이스피싱 등 금융사기 척결 특별대책』(2015. 4. 13), 2면].

과 아울러 피해방지를 위한 대국민 홍보에 주력해 오고 있다.

이와 같은 전자금융사기의 증가는 필연적으로 전자금융거래 이용자와 금융회사 간의 민·형사상의 법적 분쟁의 증대를 불러왔고, 대법원은 전자금융거래약정 체결 없이 발급된 예금통장이 전자금융거래법상의 '접근매체'에 해당하는지 여부,[3] 접근매체 일시 사용 위임이 접근매체 '양도'의 구성요건에 포섭될 수 있는지[4]에 대해서 판시한 바 있다(형사판결). 비교적 최근인 2014. 1. 29.에는 성명불상자가 보이스피싱의 방법으로 전자금융거래 이용자(피해자)의 개인정보 및 금융거래정보를 획득하고, 이를 기화로 이용자의 공인인증서를 재발급 받은 후 전자자금이체거래를 실행하여 발생한 전자금융사고에 대한 금융기관의 전자금융거래법상 손해배상책임이 문제된 사안에서, 금융기관의 면책요건으로서의 '이용자의 고의 또는 중과실'의 의미와 범위에 대한 선례적인 판결[5]을 내린 바 있다(민사판결).

그러나 보이스피싱 사례에서 성명불상자가 (재)발급 받은 이용자의 공인인증서를 통해 그를 사칭하여 금융회사와 전자대출약정을 체결하고, 그에 따라 실행된 대출금을 편취함으로써 야기되는 피해자와 금융회사 간의 대출금채무 귀속과 관련된 민사적 분쟁의 경우에는 아직 선례가 될 만한 대법원 판결이 없고, 이에 대한 학계의 논의도 활발하지 않은 것으로 보인다.[6]

---

3 대법원 2010. 5. 27. 선고 2010도 2940 판결.

4 대법원 2010. 9. 30. 선고 2010도 2593 판결; 대법원 2012. 7. 5. 선고 2011도 16167 판결.

5 대법원 2014. 1. 29. 선고 2013다 86489판결.

6 전자금융사기 특히, 보이스피싱 사안에서의 민사법적 논의는, 주로 무권한자가 이용자의 공인인증서를 재발급 받은 후 이를 통해 실행한 전자자금이체에 기해서 이용자에게 발생한 손해가 '접근매체의 위조로 발생한 사고'에 기한 손해에 해당하여 금융회사의 손해배상책임이 발생하는지 여부 및 공인인증서 재발급의 원인이 된 이용자의 개인금융정보 노출 내지 누설행위가 금융회사의 면책요건으로서의 이용자의 고의·중과실에 기한 행위로 평가할 수 있는지 대해서 전자금융거래법 제9조 제1항 내지 제3항 및 동법 시행령 제8조 제2항의 해석론을 중심으로 이루어져 왔으나, 각주2)에서 보는 바와 같이 전자대출사기 피해 역시 그 수와 피해금액이 적지 않으며 공식적으로 피해접수가 되지 않은 것까지 고려하면 훨씬 더 많을 것으로 추정된다. 실제 대법원 2013다 86489판결의 경우도 그 사실관계를 살펴보면, 성명불상자는 원고의 공인인증서를 재발급 받은 다음, 대출 금융회사들로부터 원고를 사칭하여 인터넷 대출을 받은 후, 실행된 대출금과 기존에 원고의 은행계좌에 있던 예금 잔액을 함께 제3자 명의의 예금계좌(소위 '대포통장')로 송금하여 편취하였다. 다만, 원고는 대출실행 금융기관에 대해서 당해 대출의 효력을 다투지는 않고, 전자자금이체를 실행한 은행을 상대로 전자금융거래법상 손해배상책임을 구하는 소송만을 제기하였다.

본고는, 위와 같이 보이스피싱을 통해서 알아낸 피해자의 금융거래정보 등을 이용해서 권한 없는 제3자가 피해자의 공인인증서를 발급 내지 재발급 받은 후, 이를 통해서 그의 명의를 모용하여 금융기관과 전자대출약정을 체결하는 경우, 동 전자대출약정이 피해자에 대한 관계에서 법적 효력이 발생하여 대출금 채무를 그에게 귀속시킬 수 있는지 여부에 관한 문제에 대하여 나름의 법리적 기준을 제시하려는데 그 목적이 있다.

이를 위해서 우선 전자대출약정을 포함한 전자금융거래 접근매체로서 본인확인수단으로 기능함과 아울러 전자문서에 있어서 공인전자서명수단으로서의 기능을 함께 가지고 있는 공인인증서의 법적 의미를 살펴보고, 은행의 현행 공인인증서 발급실무를 통해서 현행 본인확인절차와 관련한 문제점을 비판적으로 검토한 후, 권한 없는 제3자에 의해 (재)발급된 공인인증서가 접근매체로서의 공인인증서 위조에 해당함을 논증하며, 마지막으로 전자문서의 방식으로 이루어진 전자대출약정의 귀속과 관련하여 전자문서 및 전자거래기본법 제7조 제2항 및 제3항의 의미를 동 조항의 입법적 모델이 된 UNCITRAL 전자상거래모델법[7] 제13조 및 관련 하급심 판결을 토대로 고찰하기로 한다. 필자가 본고를 통해 논의하고자 하는 핵심 쟁점은 전자문서 및 전자거래기본법 제7조 제2항 및 제3항에 관한 해석론이나 이를 올바르게 이해하기 위해서는 이에 앞서 언급한 논점들에 대한 검토가 그 순서대로 선행되어야 한다.

Ⅱ. 공인인증서의 법적 의미

1. 공인전자서명수단으로서의 공인인증서

(1) 서 설

구전자서명법(2001. 12. 31. 법률 제6585호로 일부 개정되기 전의 것)은 공개키 기반구조(PKI, Public Key Infrastructure)의 비대칭 암호화방식에 따른 디지털서명을 전제로, 전자서명을 "전자문서를 작성한 자의 신원과 전자문서의 변경 여부를 확인할 수 있도록 비대칭 암호화 방식[8]을 이용하여 전자서명키로 생성한

7 UNCITRAL Model Law on Electronic Commerce(1996).

8 ABA(American Bar Association), 『Digital Signature Guidelines』(1996. 8. 1), 9면에서는 '비대

정보로서 당해전자문서에 고유한 것"(제2조 제2호)으로 정의했다. 그러나 전자서명을 위한 기술을 전자서명키 등 특정기술로 한정하고 있으므로, 향후 전자서명 및 인증기술의 발전추세에 대비하여 보다 다양한 기술을 수용할 수 있도록 전자서명 등의 개념을 새로이 정의할 필요가 대두되었고,[9] 2001년 제정된 UNCITRAL 전자서명모델법[10] 등을 반영하기 위하여 2001년 12월 31일 법률 제6585호로 개정되었다. 개정 전자서명법은 구전자서명법상의 비대칭 암호화방식의 디지털서명에 한정되던 기존의 전자서명의 개념을 확대하여, 전자서명을 "서명자를 확인하고 서명자가 당해 전자문서에 서명을 하였음을 나타내는데 이용하기 위하여 당해 전자문서에 첨부되거나 논리적으로 결합된 전자적 형태의 정보"(제2조 제2호)로 정의하고, 이에 따라 구법상의 전자서명생성키 및 전자서명검증키를 각각 '전자서명생성정보'(전자서명을 생성하기 위하여 이용하는 전자적 정보, 동조 제4호), '전자서명검증정보'(전자서명을 검증하기 위하여 이용하는 전자적 정보, 동조 제5호)라는 용어로 개정하였다.

UNCITRAL 전자상거래모델법 제7조 (1)항은 서명의 요건과 관련하여, "어떤 법률에서 사람의 서명에 관한 요건을 요구하는 경우, 데이터 메시지와의 관계에서 특정인을 식별하고 그 데이터 메시지에 포함된 정보를 그 사람이 승인했다는 사실을 나타내는데 이용되는 수단에 의할 것, 그 수단이 데이터 메시지가 당사자 간의 합의를 포함한 모든 제반 여건을 고려해서 생성 및 송·수신된 목적에 적합하고 신뢰할 수 있는 경우에는 그 요건을 충족한 것으로 본다."고 규정함으로써 전자서명에 대한 일응의 요건을 제시하고 있다.[11] 한편, 이후 제

칭 암호화방식(asymmetric cryptosystem)'에 대하여, "디지털서명을 생성하거나 데이터메시지를 해독 불가능한 형태로 전환하는 키와 디지털 서명을 검증하거나 메시지를 평문으로 전환하는 키, 이 두가지 키(키쌍)를 이용하는 컴퓨터 장치 또는 소프트웨어를 포괄하는 용어"로 정의하고 있다; 비대칭암호화 방식은 발신원의 진정성을 확보할 수 있고 변조를 배제할 수 있다는 점, 거래 상대방 역시 이를 악용할 수 없다는 점에서 대칭적 암호화방식에 비해 보안성이 월등하다고 평가할 수 있다[정경영, 『전자금융 거래와 법』(박영사, 2007), 563면].

9 법제처, 전자서명법[법률 제6585호, 2001. 12. 31. 일부개정] 개정이유 참조

10 UNCITRAL Model Law on Electronic Signatures(2001).

11 UNCITRAL 전자상거래모델법 제7조는 종이문서를 기본으로 하는 환경에서의 자필서명(handwritten signature)의 기본적 기능에 대한 인식을 기초로, 동조 제1항 (a)호는 문서의 작성자가 누구인지 특정하고, 당해 문서의 내용을 당해 작성자가 승인했음을 확인할 수 있다는 서명의 기본적인 기능은 전자적 환경(electronic environment)에서는 이를 수행할 수

정된 UNCITRAL 전자서명모델법은 UNCITRAL 전자상거래모델법에서 정한 서명의 요건을 기초로 전자서명을 "데이터 메시지에 첨부되거나 논리적으로 결합된 전자적 형태의 정보로서, 특정인을 식별하고 데이터 메시지에 포함된 정보를 그 사람이 승인했다는 사실을 나타내는데 이용되는 것"(제2조 (a)호)으로 정의하고 있다. 서명의 준수요건과 관련하여서는, 전자서명은 특정인을 식별하고 데이터 메시지에 포함된 정보를 그 사람이 승인했다는 사실을 나타내는데 이용되는 수단에 의하고, 그 수단이 당사자 간의 합의를 포함한 모든 제반 여건을 고려해서 생성 및 송·수신된 목적에 적합(appropriate)하고 신뢰(reliable)할 수 있는 경우에는 데이터 메시지와 관련된 전자문서를 요구하는 법률의 요건을 충족한다고 규정하면서(제6조 제1항), 이에 부합하는 전자서명을 '신뢰할 수 있는(reliable) 전자적 서명'으로 별도로 명명하고, 이를 위한 요건으로 다음 네 가지를 들고 있다. (a) 서명생성정보가 그것이 사용되는 전자문서와의 관계에서 서명자에게 귀속되고 그 외의 다른 누구에게도 귀속되지 아니할 것, (b) 서명생성정보가 서명 당시 서명자의 지배하에 있고 그 외의 다른 누구의 지배하에 있지 아니할 것, (c) 서명 후에 전자서명의 변경 여부를 확인할 수 있을 것, (d) 법이 서명에 대한 요건을 요구하는 목적이 그 서명과 연관된 정보의 무결성을 보장하는데 있는 경우, 서명 후에 그 정보에 가해진 어떠한 변경을 확인할 수 있을 것[제6조 제3항].

요컨대, UNCTRAL 전자서명모델법은 UNCITRAL 전자상거래모델법 제7조 제1항이 제시한 서명의 요건 중 첫 번째 요건(특정인을 식별하고 데이터 메시지에 포함된 정보를 그 사람이 승인했다는 점을 나타내는데 사용되는 수단)을 전제로 데이터 메시지에 첨부되거나 논리적으로 결합된 전자적 정보로 전자서명의 개념을 구체화하면서, 두 번째 요건(그 수단이 데이터 메시지가 당사자 간 합의를 포함한 모든 제반 여건을 고려해서 생성 및 송·수신된 목적에 적합하고 신뢰할 수 있는 경우)을 충족하기 위한 네 가지 기술적 요건을 제시함과 아울러, 나아가 이 요

있는 '수단'(method)에 의해서 구현된다는 원칙을, 동항 (b)호는 그 수단에 의해서 달성될 수 있는 보안수준에 대해서, 데이터 메시지 생성 및 송·수신목적에 적합하고 신뢰할 수 있는 정도이면 충분하다는 '융통성 있는 접근법'(flexible approach)이라는 원칙을 각 확립하고 있다[United Nations, 『UNCITRAL Model Law on Electronic Signatures with Guide to Enactment 2001』(2002), 35면].

건을 모두 충족하는 경우에는 그 전자서명은 신뢰할 수 있다고 규정하고 있다. 결국, '신뢰할 수 있는 전자서명'의 경우에는 UNCITRAL 전자상거래모델법 제7조 제1항이 정한 서명의 요건을 충족한 것이 되고, 그 법적 효과에 있어서도 종이문서상의 서명과 동일한 가치를 부여받게 된다. 따라서 UNCITRAL 전자서명모델법은 단순한 '전자서명'과 '신뢰할 수 있는 전자서명'을 그 요건과 법적 효과 면에서 구별하여 달리 취급하고 있다고 평가할 수 있다.[12]

(2) 공인전자서명의 의의와 법적 효력

개정 전자서명법은 전자서명기술의 발전 및 기술중립성 원칙에 입각한 UNCITRAL 전자서명모델법을 반영하여 포괄적으로 정의했음은 앞서 본 바와 같고, 나아가 공인인증기관이 발급한 공인인증서를 이용한 전자서명인 공인전자서명의 정의규정을 신설하였다. 공인전자서명의 정의는 다음과 같다(제2조 제3호).

"다음 각목의 요건을 갖추고 공인인증서에 기초한 전자서명을 말한다. 가. 전자서명생성정보가 가입자에게 유일하게 속할 것, 나. 서명 당시 가입자가 전자서명생성정보를 지배·관리하고 있을 것, 다. 전자서명이 있은 후에 당해 전자서명에 대한 변경 여부를 확인할 수 있을 것, 라. 전자서명이 있은 후에 당해 전자문서의 변경 여부를 확인할 수 있을 것" 이와 같이, 개정 전자서명법은 앞서 살펴본 UNCITRAL 전자서명모델법상의 '신뢰할 수 있는 전자서명'의 개념을 그대로 차용하여 공인전자서명을 정의하고 있다. 따라서 '전자문서에 공인전자서명을 한다'는 말의 실제적 의미는 작성자가 전자적 형태의 정보인 전자문서에 역시 전자적 형태의 정보인 공인인증기관이 발급한 공인인증서를 첨부하는 것이고, 작성자가 이와 같은 전자문서를 송신하면 수신자는 당해 공인인증서에 포함된 전자서명검증정보를 통해 공인인증기관으로부터 전자서명생성정보를 확인·검증받고 암호화되어 전송된 전자서명을 복호화한 후 문서의 내용을 확

---

12 UNCITRAL 전자서명모델법에 대해서 전자서명의 유형과 효력을 이원적으로 구성하는 이원구조 입법으로 평가하는 견해가 있다. 이 견해는 우리나라의 2001년 개정 전자서명법 역시 위 모델법을 참고하여 전자서명과 공인전자서명을 구분하여 정의하고 그 법적 효력에 있어서도 차등을 둔 것으로 평가한다[서희석, "전자금융거래에서 공인인증서의 발급 및 관리책임", 『선진상사법률연구』 통권 제68호(법무부 상사법무과, 2014. 10), 187~188면](이하 '서희석, 제1 전게논문'이라고 한다).

인하게 된다.[13]

전자서명법은, 공인전자서명 외의 전자서명은 당사자 간의 약정에 따른 서명, 서명날인 또는 기명날인으로서의 효력만을 인정함에 반하여(제3조 제3항),[14] 공인전자서명의 경우 다른 법령에서 문서 또는 서면에 서명, 서명날인 또는 기명날인을 요하는 경우[15]에 전자문서에 공인전자서명이 있는 경우에는 이를 충족한 것으로 보고(제3조 제1항), 공인전자서명이 있는 경우에는 당해 전자서명이 서명자의 서명, 서명날인 또는 기명날인이고, 당해 전자문서가 전자서명된 후 그 내용이 변경되지 아니하였다고 추정된다(제3조 제2항). 즉, 서명자의 전자서명으로서의 추정력(신원의 진정성, authenticity)과 원래의 문서가 작성 후 전송단계에서 위·변조되지 않았다는 점에 대해 추정력(전자문서의 무결성, integrity)[16]이 각 인정되는 것이다.

(3) 소 결

본고에서 다루고자 하는 보이스피싱 사례를 전제로 살펴보면, 권한 없는 성명불상의 제3자가 보이스피싱 피해자의 공인인증서를 (재)발급 받은 후 그를 사칭하여 전자대출거래약정서를 작성하고, 위와 같이 (재)발급 받은 피해자 명

---

13 공인인증서와 전자서명생성정보의 관계는 국가기관(미래창조과학부)의 심사를 통해 '지정'된 공인인증기관만이 공인인증서를 발급할 수 있고, 공인인증서상의 전자서명검증정보로 전자문서에 첨부된 전자서명을 생성한 당해 '전자서명생성정보'가 가입자에게 유일하게 속한다는 점을 확인·검증한다는 측면에서 인감증명서와 인감의 관계와 대비될 수 있다. 인감증명서상 등록된 인감(또는 그 인영)이 전자서명검증정보(공개키)이고, 인감증명서상의 인감과 대조·확인의 대상이 되는 계약서나 신청서 등 서면에 날인된 인감(또는 그 인영)이 전자서명생성정보(개인키)라고 할 수 있다.

14 이러한 비공인전자서명의 법적 효력을 당사자 간의 '채권적 효력'이라고 설명하는 견해도 있다[이준호, 『「전자문서 및 전자거래 기본법」상 전자문서의 형식요건에 관한 연구』(한국법제연구원, 2013. 10), 65면].

15 예컨대, 민법상 지시채권의 배서(제510조), 서면에 의한 증여계약(제555조), 자필증서에 의한 유언(제1066조), 건축사법상 설계도서 등의 기명날인(제21조) 등.

16 전자서명은 문서의 해쉬값(hash value)을 개인키로 암호화한 것으로, 개인키 없이는 동일한 서명데이터를 만들 수 없다(김기창, "공인인증서와 전자금융 거래의 안전", 『Law & Technology』 제6권 제3호(서울대학교 기술과 법 센터, 2010. 5), 17면); 동일한 해쉬함수(hash function) 적용을 전제로, 메시지 원본에 가해지는 어떠한 변경은 불가결하게 상이한 해쉬값을 생성하게 되므로, 그 해쉬값으로부터 원본(original message)를 도출할 수 없다. 따라서 해쉬값의 동일성을 통해 전자서명 후에 전자문서 원본에 어떠한 수정도 가해지지 않았다는 사실을 입증하게 된다(유엔, 전게 전자서명 모델법 가이드, 23~24면).

의 공인인증서를 동 대출약정서에 첨부하는 방법으로 금융회사에 대출청약의 의사표시를 한 경우 전자서명법에 따른 피해자 본인의 공인전자서명으로서의 효력은 발생하지 않는다. 왜냐하면 위와 같이 성명불상자가 첨부한 공인인증서는, 앞서 살펴본 공인전자서명으로 인정되기 위한 네 가지 요건 중 '전자서명생성정보가 가입자에게 유일하게 속할 것'(전자서명법 제2조 제3호 가목), '서명 당시 가입자가 전자서명생성정보를 지배·관리하고 있을 것'(동호 나목)이라는 두 가지 요건을 갖추고 있지 못할 뿐만 아니라, 공인전자서명은 당해 전자서명이 '서명자'의 서명, 서명날인 또는 기명날인으로 추정(제3조 제2항)될 뿐이고 '가입자'의 그것으로 추정되는 것은 아니기 때문이다.[17]

그렇다면 이와 같이 위조[18]된 공인인증서에 기해서 제3자가 금융기관과 체결한 전자대출약정의 효력은 그 위조사실이 입증된다면 대면거래의 방식으로 그 약정이 체결된 경우와 마찬가지로 피위조자인 보이스피싱 피해자에 대한 관계에서 민법 제126조의 표현대리책임[19]이 유추적용될 수 있는 경우를 제외하고는 언제나 그 효력이 부인되는 것인가? 결론적으로 그렇지 않다. 그 이유는 본

---

17 서명자는 '전자서명생성정보를 보유하고 자신이 직접 또는 타인을 대리하여 서명을 하는 자', 가입자는 '공인인증기관으로부터 전자서명생성정보를 인증 받은 자'로 각 정의되어 있다(전자서명법 제2조 제11호 내지 제12호). 보이스피싱을 통해 성명불상자가 피해자의 공인인증서를 (재)발급 받은 후, 이를 이용해서 금융회사와 피해자 명의로 전자문서인 전자대출약정서에 공인전자서명을 하는 경우, 당해 전자서명의 가입자는 보이스피싱 피해자이고 서명자는 성명불상자로 상이하다.

18 권한 없는 제3자가 이용자의 공인인증서를 (재)발급하는 행위를 접근매체의 위조로 볼 수 있는지에 대해서는 이를 부정하는 견해와 하급심 판결이 있으나, '위조'의 개념에 포섭된다고 본다. 이 점에 대해서는 'Ⅳ.'에서 상세히 논증한다.

19 보이스피싱을 통해 재발급 받은 이용자(피해자)의 공인인증서를 접근매체로 해서 성명불상자가 금융회사와 체결한 전자대출약정 체결행위의 경우 대리행위를 표시하지 않고 직접 이용자의 성명을 모용하여 마치 성명불상자가 이용자 본인인 것처럼 금융회사를 기망한 경우로서 전형적인 월권대리와 그 모습을 달리한다. 그러나 대법원 판례에 따르면 이와 같은 경우에도 민법 제126조 소정의 표현대리책임이 유추적용될 수 있다(대법원 2002. 6. 28. 선고 2001다 49814 판결).; "… 이와 같이 대리행위의 표시를 하지 아니하고 단지 본인의 성명을 모용하여 자기가 마치 본인인 것처럼 상대방을 기망하여 본인 명의로 직접 법률행위를 하는 경우에는 특별한 사정이 있는 경우에 한하여 민법 제126조 소정의 표현대리의 법리를 유추 적용할 수 있다고 할 것인데, 여기서 특별한 사정이란 본인을 모용한 사람에게 본인을 대리할 기본대리권이 있었고, 상대방으로서는 본인을 모용한 사람에게 본인을 대리할 기본대리권이 있었고, 상대방으로서는 위 모용자가 본인 자신으로서 본인의 권한을 행사하는 것으로 믿은 데 정당한 사유가 있었던 사정을 의미한다고 할 것 …"

인확인수단[20]이자 다음 항에서 살펴보는 바와 같이, 전자금융거래수단이 되는 접근매체로서의 공인인증서가 가지는 기능, 공인인증서는 은행의 대면에 의한 이용자 본인확인절차를 거친 후에 비로소 발급되고,[21] 이렇게 발급된 공인인증서에 대한 사용·보관상의 관리책임은 이용자 스스로가 부담하는 점, 나아가 'Ⅴ.'에서 후술하는 '작성자의 명의가 모용된 전자문서의 귀속문제' 간의 논리적 흐름에서 찾을 수 있다.

2. 전자금융거래수단인 접근매체로서의 공인인증서

(1) 접근매체의 의의

전자금융거래는 금융회사 또는 전자금융업자가 전자적 장치를 통하여 금융상품 및 서비스를 제공하고, 이용자가 금융회사 또는 전자금융업자의 종사자와 직접 대면하거나 의사소통을 하지 아니하고 자동화된 방식으로 이를 이용하는 거래를 의미한다(전자금융거래법 제2조 제1호). 인터넷뱅킹·모바일뱅킹, 폰뱅킹, 현금카드, 신용카드 또는 자동화기기통장을 이용한 ATM(CD)기 거래 등이 대표적이며 '비대면 거래'를 그 개념적 징표로 한다. 따라서 금융기관 대표번호로 전화를 하여 상담원과의 유·무선 의사소통 등을 통한 대출신청 등의 금융거래는 ARS(Audio Response System)에 의한 것과는 달리 전자금융거래에 해당하지 않으며,[22] 자동화기기 통장 등록을 하지 않은 예금통장과 그 비밀번호는 전자금융거

20 개정 전자서명법은 제18조의2를 신설하여 '일반적인' 본인확인수단으로서의 공인인증서의 기능을 인정하고 있다. 즉, 다른 법률에서 공인인증서를 이용하여 본인임을 확인하는 것을 제한 또는 배제하고 있지 않는 한 전자서명법에 따라 공인인증기관이 발급한 공인인증서가 본인확인의 수단으로서 활용될 수 있다. 이것은 전자서명과는 무관하게 특히 일정한 전자적 시스템에 접근할 때 공인인증서가 본인확인의 수단으로 활용될 수도 있음을 의미한다.

21 금융당국은 전자금융감독규정에 따른 접근매체 발급 시 요구되는 '실명확인증표확인'은 고객의 영업점 방문을 전제로 한 '대면'에 의한 확인을 의미한다는 해석을 유지해오다가, 2015년 5월 보도자료를 통해서 비대면확인 방식도 가능한 것으로 실무해석을 변경하였다[금융위원회, 보도자료, 『이제 집이나 직장에서 은행·증권사 계좌를 열 수 있습니다』(2015. 5. 18), 4면]. 다만, 은행권에 비대면 실명확인을 통한 금융계좌 개설 및 비대면 본인확인절차에 따른 전자금융거래신청과 접근매체 발급이 허용된 지 얼마 되지 않았을 뿐더러(2015. 12), 대부분의 금융계좌개설과 접근매체 발급은 여전히 은행 지점망에서 대면확인을 통해서 이루어지고 있으며, 아직 비대면 실명확인을 통해 개설된 예금계좌 및 접근매체로부터 파생된 법적분쟁사례를 찾기 어려운 점 등을 감안해서, 본고에서는 대면을 통한 실명확인절차 및 접근매체 발급을 전제로 주된 논의를 전개하기로 한다.

22 전자금융거래는 "금융회사가 전자적 장치를 통하여 금융상품 및 서비스를 제공하고, 이용

래법상 접근매체에 해당하지 않으므로 이를 ATM(CD)기에서 사용할 수 없다.

이와 같은 전자금융거래는 논리적으로 금융회사나 전자금융업자가 운용하는 시스템에 접근한 후, 거래상 이용자 본인 및 그의 거래지시 내용을 확인할 수 있는 '수단'을 전제로 하는데 이것이 바로 '접근매체'이다.[23] 전자금융거래법(제2조 제10호)은 접근매체를 "전자금융거래에 있어서 거래지시를 하거나 이용자 및 거래내용의 진실성과 정확성을 확보하기 위하여 사용되는 다음 각 목의 어느 하나에 해당하는 수단 또는 정보를 말한다. 가. 전자식 카드 및 이에 준하는 전자적 정보, 나. 전자서명법 제2조 제4호의 전자서명생성정보 및 같은 조 제7호의 인증서, 다. 금융회사 또는 전자금융업자에 등록된 이용자번호, 라. 이용자 생체정보, 마. 가목 또는 나목의 수단이나 정보를 사용하는데 필요한 비밀번호"로 정의하고 있는데, 공인인증서와 전자서명생성정보(개인키)는 동호 나목에서, 개인키의 비밀번호는 마목에서 접근매체의 하나로 각 규정하고 있다.[24]

자가 금융회사의 종사자와 직접 대면하거나 의사소통을 하지 아니하고 자동화된 방식으로 이를 이용하는 거래"를 의미한다(전자금융거래법 제2조 제1호); '금융감독원, 보도자료, 『"전기통신금융사기 피해 방지 및 피해금 환급에 관한 특별법 시행령" 개정안 국무회의 통과』(2014. 7. 22), 5면'은 이 점을 분명히 하고 있다.

23 전자금융거래법상의 접근매체는 ① 시스템에 접근하여 거래지시를 하기 위한 수단 또는 정보(접근매체로서의 기능), ② 이용자의 진실성과 정확성을 확보하기 위한 수단 또는 정보(본인확인 수단으로서의 기능), ③ 거래내용의 진실성과 정확성을 확보하기 위한 수단 또는 정보(거래 무결성 확인수단으로서의 기능)이라는 세 가지 기능을 가질 수 있는 매체로 정의할 수 있다[서희석, "전자금융거래법상 '이용자의 중과실'의 판단기준 - 대법원 2014. 1. 29. 선고 2013다 86489 판결의 비판적 고찰 - ", 『비교사법』, 제21권 제2호(한국비교사법학회, 2014. 5), 796면].

24 한편, 전자금융거래법 제2조 제10호는 일회용 비밀번호, 즉 보안카드 비밀번호와 OTP단말기에서 생성되는 일회용 비밀번호를 독립적인 접근매체의 하나로 열거하고 있지 않으며, 동법 시행령[2013. 11. 22. 대통령령 제24880호로 일부 개정된 후의 것] 제8조 제3호에서는 '금융회사 또는 전자금융업자가 접근매체에 따른 본인확인 외에 보안강화를 위하여 전자금융거래 시 요구하는 추가적인 보안조치'의 일환으로 규정하고 있을 뿐이다. 그러나 구 전자금융감독규정[2016. 6. 30. 금융위원회고시 2016. 3. 30. 제2016-24호로 일부개정되기 전의 것] 제34조 제2항 제3호는 "전자금융거래에 사용되는 일회용 비밀번호(OTP를 포함한다. 이하 이조에서 같다) 등의 접근매체를 …"이라고 규정하여, 명시적으로 접근매체의 하나로 보고 있었고, 다른 접근매체의 발급과 마찬가지로 보안카드 및 OTP단말기는 실명증표를 통한 본인 확인절차를 거친 후에만 발급할 수 있도록 규정하고 있으며, 후술하는 바와 같이 이용자가 은행과 전자금융서비스이용약정 체결단계에서 이용자 개인별로 그 발급 내지 사용 등록이 이루어지고 이를 통해서만 당해 은행으로부터 공인인증서를 발급받아 그 은행과의 전자금융거래에서 이용할 수 있는 점 등의 사정에 비추어 볼 때, 일회용 비밀번호는 시스템 접근수단으로서의 기능, 본인확인수단으로서의 기능, 거래내용 무결성 확

(2) 접근매체의 발급 및 보관의무

1) 서 설

앞서 살펴본 바와 같이, 비대면 거래를 그 개념적 징표로 하는 전자금융거래를 이용하기 위해서는 먼저 이용자에게 그 수단이 되는 접근매체가 발급되어야 하는데, 접근매체가 가지는 ① 시스템 접근수단(매체)으로서의 기능, ② 이용자(전자금융거래를 위하여 금융회사 또는 전자금융업자와 체결한 계약에 따라 전자금융거래를 이용하는 자, 제2조 제7호) 본인확인 수단으로서의 기능, ③ 거래내용의 무결성 확인수단으로서의 기능적 의미와 중요성에 비추어 볼 때 금융회사 또는 전자금융업자(이하 '금융회사'라고 한다)는 이용자 본인확인절차를 거쳐 이용자 '본인'으로 확인된 자에게만 접근매체를 발급하여야 하며, 이용자는 본인확인절차를 거쳐서 발급 받은 접근매체를 사용하고 관리함에 있어 적절한 주의의무를 다하여야 한다.

2) 금융회사의 접근매체 발급상 주의의무

이러한 전제에서 전자금융거래법은 금융회사가 전자금융거래를 위하여 접근매체를 선정하여 사용 및 관리하고 이용자의 신원, 권한 및 거래지시의 내용 등을 확인하여야 한다고 규정(제6조 제1항)하는 한편, 금융회사가 접근매체를 발급할 때에는 이용자의 신청이 있는 경우에 한하여 본인임을 확인한 후에 발급하는 것을 원칙으로 하고 있다(동조 제2항 본문).[25] 다만, 접근매체의 갱신 또는

인수단이라는 접근매체로서의 기능적 특질을 모두 내재하고 있으므로, 공인인증서에 부수하는 추가적인 보안조치일 뿐만 아니라 그 자체로 독립된 접근매체의 하나로 볼 것이다. 같은 취지로는, 김시홍, "전자지급수단의 법적 규제방안", 박사학위논문(가천대학교 대학원, 2015. 12), 228면. OTP 단말기 또는 보안카드 각 비밀번호를 명시적으로 접근매체로 인정한 하급심 판결로는, 서울중앙지방법원 2015. 1. 15. 선고 2013가합 70571, 61065, 52696, 82574, 72102 판결; 서울중앙지방법원 2013. 4. 4. 선고 2012나 42481 판결.

25 우리 사법의 지배원칙인 '사적자치의 원칙'에서 파생되는 '계약자유의 원칙'상 계약당사자간 계약의 체결은 개별법에서 강행규정으로 그 형식을 미리 정하고 있지 않은 이상 특정한 형식에 의하지 않았다거나 구두계약의 방법으로 체결되었다는 이유만으로 그 효력이 부인되어서는 안 된다. 그런데, 이용자의 신청이 없는 경우에도 금융회사가 접근매체를 이용자에게 발급할 수 있다면 이는 금융거래의 일방 당사자에 불과한 금융회사가 이용자와의 금융거래 방식을 전자금융거래로 미리 정하여 이용자에게 이를 사실상 강제하는 것으로서 금융소비자의 이익에 반할 뿐만 아니라, 계약자유의 원칙에 비추어 보더라도 허용될 수 없다(개별법상 서면주의가 요구되는 예로는 각주 15번 참조).

대체발급 등을 위하여 대통령령이 정하는 바에 따라 이용자의 동의를 얻은 경우(동항 제2호)의 경우에는 이용자의 신청 또는 본인확인이 없어도 접근매체를 발급할 수 있다고 규정하고 있다.

여기서 금융회사가 이용자에게 접근매체 발급 시 요구되는 본인확인절차는 반드시 '대면'에 의한 확인을 의미하는가? 이에 대해서는 전자금융거래법에 명시적인 근거는 없으나, 앞서 살펴본 바와 같이, 금융 감독당국은 2015년 5월에 실무해석 변경을 통해 비대면 본인확인을 허용하기 전까지는 인터넷뱅킹, 모바일뱅킹, 텔레뱅킹 방식의 전자금융거래를 위한 접근매체의 발급은 이용자의 신청행위와 결합하여, 실명 확인증표를 소지한 이용자(고객)가 직접 은행 영업점을 방문하고 은행 직원이 그 실명증표를 통해서 이용자 본인여부를 '대면' 확인 후에 이루어져야 하는 것으로 해석해왔다.[26] 전자서명법 제15조 제6항 및 동법 시행규칙 제13조의2 제1항 및 제2항이 전자금융거래를 위한 접근매체중 하나인 '공인인증서'를 발급하기 위해서는 원칙적으로 이용자 대면확인절차를 거치도록 규정하고 있는 점 및 전자금융거래에서 접근매체가 가지는 중요성에 비추어 볼 때 전자금융거래법 제6조 제1항의 본인확인 및 구 전자금융거래감독규정(금융위원회 고시, 2016. 6. 30. 제2016-24호로 일부개정되기 전의 것) 제34조 제2항 제3호의 '본인 실명증표 확인'은 '이용자를 대면하고 실명확인 증표를 통해서 그의 실지명의를 확인하는 것'이라는 기존의 해석론은 타당했다고 본다. 나아가, 이 때 금융회사에 요구되는 주의의무의 정도는 '거래의 상대방이 주민등록증을 소지하고 있는지 여부에 대한 확인 및 충분한 주의를 다하여 주민등록증의 진정 여부 등을 그에 부착된 사진과 실물을 대조하여야 하는 정도'에 이르러야 할 것이다.[27]

26 금융감독원, 『전자금융거래 보안 종합대책(은행부분)』(2005. 9), 3·23·27 각 면; 한편, 현행 전자금융감독규정[금융위원회고시 제2016-24호, 2016. 6. 30. 일부개정]은 접근매체 발급·교부를 위한 금융회사의 '본인 실명증표 확인의무'를 '실명확인의무'로 완화하여 실명확인증표 사본을 통한 비대면 본인확인의 방법뿐 아니라 영상통화, 금융실명법상 실명확인을 거쳐 거래자 명의로 금융회사에 이미 개설된 계좌와의 거래를 통한 확인, 생체정보 검증 등의 다양한 비대면 실명확인방법도 허용하고 있다.

27 대법원은 권한 없는 제3자에 의해 폰뱅킹의 방법으로 이루어진 전자자금이체의 법적 효력이 문제된 사안에서, "한편, 은행이 거래상대방의 본인 여부를 확인할 필요가 있는 경우에 담당직원으로 하여금 그 상대방이 거래명의인의 주민등록증을 소지하고 있는지 여부를 확인하는 것만으로는 부족하고 그 직무수행상 필요로 하는 충분한 주의를 다하여 주민등록

그렇다면 공인인증서 발급을 위한 본인확인절차에 있어서, 은행 직원이 동 절차에 필요한 주의의무를 다하지 못해서 애초에 이용자를 사칭한 제3자에 의해 이용자 본인확인이 이루어지고, 이 제3자가 이용자 명의의 공인인증서를 발급받은 후 이를 이용해서 금융회사와 이용자 명의로 전자대출약정을 체결한 경우는 어떠한가? 보이스피싱에 의한 전자금융사기의 경우, 이용자 본인이 은행의 대면 확인절차를 거쳐서 공인인증서를 이미 발급받았거나, 아직 공인인증서를 발급받기 전이라도 적어도 은행 계좌를 개설하고 발급에 필수적인 보안카드 또는 OTP 단말기[28]를 보유한 이용자로부터, 성명불상자가 공인인증서의 (재)발급에 필요한 금융거래정보, 주민등록번호 등의 일체의 정보를 획득하고 이를 통해 공인인증서를 (재)발급 받은 다음, 이용자를 사칭해서 금융회사와 전자대출약정을 체결한다는 점에서 애초에 제3자가 이용자 본인을 사칭하여 공인인증서 발급에 필요한 대면에 의한 본인확인을 거치는 경우와는 구별된다. 전자금융거래에 있어 접근매체가 가지는 기능적 중요성, 이를 고려하여 전자금융거래법과 전자서명법이 금융회사에 접근매체인 공인인증서 발급에 이용자 본인확인의무를 부과하고 있는 점, 폰뱅킹 및 PC뱅킹 등록절차에 있어 본인확인의무를 다하지 못한 은행의 과실이 성립함을 전제로, 폰뱅킹이나 PC뱅킹의 방법으로 이루어진 명의인 외 제3자에 의한 예금인출은 채권의 준점유자에 대한 변제가 아니라고 판단한 대법원 판례의 태도[29] 등에 비추어 볼 때 그와 같이 체결된 전자대

증의 진정 여부 등을 확인함과 아울러 그에 부착된 사진과 실물을 대조하여야 할 것" 이라고 판시하였다(대법원 1998. 11. 10. 선고 98다20059 판결).

28 기존에는 토큰형 단말기만 이용되었으나, 전자금융거래감독규정 개정[금융위원회고시 제2015-3호, 2015. 2. 3. 일부개정]으로 전자금융거래수단이 되는 매체와 거래인증수단이 되는 매체의 분리원칙이 폐지된 이후에는 NFC(Near Field Communication)OTP 뿐만 아니라, 유심 스마트OTP, TZ OTP, 어플리케이션 OTP 등 다양한 소프트웨어형 OTP도 등장하고 있다.

29 대법원은 각주 27) 사례에서, 사기범인 소외 3이 소외 2를 사칭하여 소외 2 명의의 입금계좌 및 폰뱅킹 등록 시 피고은행 직원이 본인대조를 제대로 하지 못한 과실이 있으므로 사기범 일당이 폰뱅킹으로 소외 2 명의 입금계좌에서 1억여 원을 인출한 것은 은행이 채권의 준점유자에 한 변제로 볼 수 없다는 이유로 원고의 예금채권 양수금 청구를 인용한 원심을 정당하다고 판시하였다. 한편, 피씨(PC)뱅킹 사례(대법원 2006. 12. 21. 선고 2004다41194 판결)에서도, 피고은행 직원인 소외 2가 예금주인 OO금고의 사전승낙 없이 임의로 예금주 명의로 피씨뱅킹 서비스에 등록한 점, 예금주에 대해서 사용방법이나 보안카드 등의 교부 또한 이루어지지 않은 점 등을 이유로 소외 2가 피씨뱅킹의 방법으로 예금주 명의 계좌로부터 25억여 원의 예금을 인출한 것은 피고은행의 과실 없이 이루어진 채권의 준점

출약정의 사법상 효력은 부인된다고 볼 것이다.

3) 이용자의 접근매체 사용·관리상 주의의무

이용자는 금융회사가 적절한 본인확인절차를 거쳐 이용자 본인에게 발급한 접근매체를 사용 및 관리함에 있어 그 주의의무를 다하여야 한다. 구체적으로 접근매체를 양도·양수하거나, 범죄에 이용할 목적으로 대여하는 등의 행위를 해서는 안 되고, 이를 위반하는 경우에는 형사 처벌대상이 된다(전자금융거래법 제6조 제3항, 제49조 제4항). 나아가 이용자가 접근매체를 제3자에게 대여 또는 그 사용을 위임하거나, 제3자가 권한 없이 이용자의 접근매체를 이용하여 전자금융거래를 할 수 있음을 알았거나 쉽게 알 수 있었음에도 불구하고 접근매체를 누설하거나 노출 또는 방치하였고, 이 점에 이용자에게 고의 또는 중대한 과실이 있는 경우에는 전자금융거래로 인해 발생한 손해에 대해서 금융회사에 손해배상책임을 물을 수 없게 된다(동법 제9조 제1항 내지 제3항 및 동법 시행령 제8조).

뿐만 아니라, 전자서명법은 전자금융거래법이 접근매체로 정하고 있는 전자서명생성정보의 관리에 대해서 별도의 규정을 두고 있다(동법 제21조). 이에 의하면 가입자는 전자서명생성정보를 보관·관리하고, 분실·훼손 또는 도난·유출 시에는 이를 공인인증기관에 지체 없이 통보해야 하고(동조 제1항), 공인인증기관은 가입자의 신청이 있는 경우 외에는 가입자의 전자서명생성정보를 보관하여서는 아니 되며, 신청에 의해 보관하는 경우 당해 가입자의 동의 없이 이를 이용 또는 유출하여서는 아니 된다(동조 제3항). 따라서 전자서명생성정보의 사용·관리상의 주의의무는 기본적으로 이용자 본인에게 있다. 개인키(파일)는 공인인증서 발급신청 과정 중 신청자의 컴퓨터에서 생성되는 전자적 정보로서, 전자서명에서 인감과 같은 역할을 하는 점 등에 비추어 볼 때 이용자 스스로 본인의 개인키 보관 및 사용에 요구되는 주의의무를 다해야 하는 것은 당연하다고 할 것이다.

유자에 대한 변제로 볼 수 없다고 하고 판시한 바 있다.

Ⅲ. 은행의 공인인증서 발급실무와 그 절차상의 문제점

1. 은행의 공인인증서 발급실무

(1) 공인인증서 등록대행기관으로서의 지위

이용자가 전자금융거래 그중 특히 인터넷뱅킹과 모바일뱅킹 서비스 이용을 위해서는 접근매체이자 본인확인수단이 되는 공인인증서를 반드시 발급받아야 하는데, 공인인증서는 미래창조과학부장관으로부터 공인인증기관으로 지정받은 자만이 발급할 수 있다(전자서명법 제2조 제10호, 제4조).[30] 그러나 일반적으로 공인인증서는 금융회사와의 전자금융거래 목적으로 발급되고, 전국의 소비자들을 대상으로 대면확인을 통해 공인인증서를 발급하기 위해서는 전국적인 영업망을 필요로 하나, 공인인증기관들은 이에 필요한 지점망을 구축하고 있지 못한 데 반해, 시중은행들은 이에 필요한 전국적 지점망을 이미 보유하고 있어서 공인인증서 발급이 필요한 이용자들에게 편리한 접근성을 제공할 수 있는 점 등의 이유로 공인인증서의 발급은 대부분 등록대행기관인 금융회사,[31] 그중에서도 특히 은행을 통해서 이루어지는 실정이다.[32]

전자서명법 및 동법 시행령은 등록대행기관에 대해서 별도의 정의규정을 두고 있지 않고, 전자서명인증업무지침(미래창조과학부 고시 제2014－30호, 2014. 4. 24. 일부개정)에서 "공인인증기관을 대신하여 가입자에 대한 신원확인을 수행하고 공인인증서 발급, 효력정지, 효력회복 또는 폐지 등의 신청을 접수·등록하

30 공인인증기관으로는 현재 한국정보인증(주), 비영리 사단법인인 금융결제원, (주)코스콤, 한국전자인증(주), (주) 한국무역정보통신, 총 5군데가 있다(2016. 8. 25. 최종확인).

31 은행 18개, 증권·선물사 45개, 저축은행(중앙회 포함) 68개, 기타 증권금융, 신협, 산림조합, 우체국, 새마을금고(중앙회)가 이에 해당하고, 카드사와 보험사는 고객과 사전에 약정된 계좌로만 자금이체거래를 하므로 공인인증서를 발급 대행하는 등록대행기관이 아니다(금융감독원, 보도자료, 『「전자금융사기 예방서비스」 전면시행 안내』(2013. 9. 16), 붙임 4면).

32 시중은행 6곳(우리·신한·KB국민·SC·한국씨티·KEB하나)을 확인한 바에 따르면, 공통적으로 (사) 금융결제원과 공인인증서 등록대행을 위한 업무제휴계약을 맺고 있으며, KB국민은행은 한국전자인증(주) 및 (주)코스콤과, 우리은행 및 SC은행은 한국정보인증(주)과, 신한은행은 ㈜코스콤과, KEB하나은행은 ㈜ 코스콤, 한국전자인증(주), 한국정보인증(주)과 추가로 업무제휴계약을 각 체결하고 있다. 따라서 복수의 공인인증기관과 제휴관계에 있는 은행의 전자금융거래 이용자는 그 중 하나를 선택할 수도 있고, 공인인증기관별로 공인인증서를 각각 발급받을 수도 있다(위 각 은행 홈페이지 공인인증센터 참조, 2016. 8. 25. 최종확인).

는 자"로 정의하고 있다(위 업무지침 제2조 제2호). 이러한 공인인증기관과 등록대행기관간의 법률관계는 기본적으로 민법상 위임관계이다(민법 제680조).[33]

(2) 공인인증서 발급을 위한 본인확인

공인인증서 등록대행기관인 은행은 공인인증서를 발급받고자 하는 자의 신원을 확인하여야 하는데(전자서명법 제15조 제1항 후단), 신원확인방법은 발급신청자를 직접 대면하여 그 자의 신원확인증표에 의하여 실지명의인지 여부를 확인함이 원칙이다(전자서명법 시행규칙 제13조의2 제1항, 제2항, 제13조의3). 전자서명법 시행규칙 제13조의2 제2항은 2006년 개정으로 대면확인한다는 문구("직접 대면하여")를 삽입한 것으로, 실무상 개정 전 시행규칙하에서도 공인인증서 발급 시 직접 대면하여 실명확인을 하여 왔으나 이에 대한 명확한 근거규정이 없었던 점을 고려하여 전자서명의 안전한 이용을 보장하고, 전자거래 전반에서 신원확인의 수단으로 사용되고 있는 공인인증서의 신뢰성과 안전성을 높이기 위해 개정된 조항이다.[34]

한편, 동조 제4항은 대면에 의한 본인확인원칙에 대한 예외로서 금융실명거래 및 비밀보장에 관한 법률(이하, '금융실명법'이라 한다)에 따라 금융기관에서 실지명의가 확인된 전자금융거래 가입자의 경우 정보통신망을 통하여 신원을 확인할 수 있다고 규정하고 있다. 이는 금융실명법 제2조 제1호에 따른 금융기관에서 실지명의가 확인된 전자금융거래 가입자의 경우 이용자인 그 전자금융거래 가입자의 편의성을 높이기 위해 공인인증서 발급을 위한 신원 확인을 정보통신망을 통하여 할 수 있게 위해 신설된 조항이다.[35]

은행의 고객이, 전자금융거래, 특히 그중 공인인증서 사용이 필수적인 인터넷뱅킹을 이용하고자 하는 목적은 일반적으로 당해 은행에 개설한 예금계좌 조회하고 자금이체서비스를 이용고자 함에 있는 점, 금융실명법에 따라 거래자가 은행에서 예금계좌를 개설하기 위해서는 반드시 '대면'에 의한 실지명의확인을 거쳐야 했던 점,[36] 공인인증서를 발급받거나 이미 다른 은행을 통해 발급받

33 이정현, "전자서명·인증제도에 관한 법적 연구", 박사학위논문(경희대학교 대학원, 2012. 2), 52면.

34 법제처, 전자서명법 시행규칙[정보통신부령 제196호, 2006. 6. 30. 일부 개정] 개정이유 참조.

35 법제처, 전게 시행규칙 개정이유 참조.

36 금융실명법은, 금융회사가 금융거래 상대방의 실지명의확인을 반드시 대면확인의 방법으

은 공인인증서를 당해 은행에 등록한 후 그 은행과의 전자금융거래에 사용하기 위해서는, 앞서 살펴본 바와 같이 이용자가 그 은행 영업점을 방문하여 실명확인증표로 대면확인 후 '전자금융서비스 이용신청서'를 작성하여 제출하고, 접근매체인 일회용 비밀번호를 생성하기 위해 보안카드 또는 OTP 단말기를 발급받거나 등록(OTP 단말기를 이미 타행에서 발급받은 경우)해야 하는 점 등의 사정에 비추어 볼 때 공인인증서 발급과정에서 대면에 의한 본인확인의 원칙은 정보통신망을 통한 신원확인에서도 사실상 관철되고 있었다고 볼 수 있고, 특별히 공인인증서 발급에 있어서의 '대면에 의한 본인확인원칙'에 대한 중대한 예외였다라고 볼 것은 아니다.[37] 나아가 공인인증서는 이용자가 등록대행기관인 은행의 영업점을 방문해서 대면 본인확인 후, 바로 HSM 내지 USB 등의 이동식 매체에 저장된 것을 교부받는 방식으로 '직접' 발급받는 것이 아니라 은행에서 대면에 의한 본인확인절차를 거친 이용자가 본인 PC를 통해 은행의 공인인증센터에 접속하여 발급에 필요한 프로그램을 다운로드 받은 후 스스로 발급받아 이를 하드디스크 또는 이동식 저장매체 등에 저장하는 방식으로 이루어진다는 점을 감안할 때 더욱 그러하다.

실무적으로 은행의 공인인증서 발급대행은 예외 없이 정보통신망을 통한 신원확인의 방법으로 이루어지고, '대면'에 의한 본인확인원칙은 그야말로 원칙을 선언한 것 이상의 의미를 가진다고 보기 어렵다. 다만, 이와 같이 정보통신망을 통한 신원확인에 의해 이루어지는 공인인증서 '재발급'의 경우에는 신규발급과는 달리, 접근매체의 대체발급에 대한 본인확인의 예외를 인정한 전자금융거래법제6조 제2항 제2호 및 동법 시행령 제6조과 함께 접근매체 발급에 있어서의 대면에 의한 본인확인원칙에 대해 중대한 공백으로 작용하고 있는데,

---

로 해야 한다고 명시적으로 규정하고 있지는 않다. 대면에 의한 실명확인원칙은 1993년 8월 금융실명제 도입 당시유권해석에 의해서 관행으로 굳어져 왔으나, 금융당국은 2015년 5월에 핀테크 발전추세, 비대면 거래를 인정하는 해외사례 등에 대한 반영하고 인터넷전문은행의 도입을 위해서, 일정한 요건하에 비대면 실명확인도 허용하는 것으로 해석을 변경하였다(각주 21) 보도자료, 2면).

37 전자서명법 시행규칙 제13조의2 제4항은 전자금융거래에서 접근매체의 중요성(본인효과 귀속성)을 고려하여 접근매체는 대면에 의한 본인확인절차를 철저히 거친 후 발급되어야 한다는 대원칙을 생각할 때 대단히 위험한 발상에 의한 규정이라고 평가하는 견해가 있다. 다만, 이 견해는 공인인증서의 발급과 재발급을 구분하여 논의하고 있지 않다(서희석, 제1전게논문, 200면).

(3) 은행의 공인인증서 발급 절차 개관

[그림 1] 은행의 대면 공인인증서 발급(대행)절차

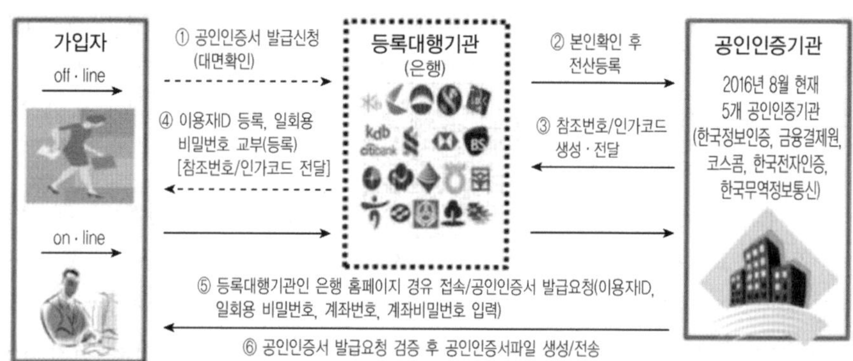

이에 관해서는 Ⅲ－2.에서 살펴본다.

은행의 공인인증서 발급과정은 위 [그림 1]과 같이 간략히 도식화할 수 있는데, 이를 논리적/시간적 순서에 따라 구체적으로 분설하면 다음과 같다.

① 해당 은행에 예금계좌를 旣개설한 이용자는 동 은행 영업점을 방문해서 공인인증서 발급신청을 한다.

② 은행 영업점에서는 대면에 의해 이용자 본인확인 후 공인인증기관 전산에 이용자를 등록한다.

③ 은행은 공인인증기관으로부터 이용자 식별을 위해 발급하는 임시번호인 참조번호/인가코드를 전달 받는다.

④ 이용자는 전자금융서비스 이용신청서(이용자ID 포함)를 작성하여 제출하고, 보안카드 또는 OTP 단말기를 발급받는다. 이 때 공인인증기관으로부터 전달받은 참조번호/인가코드를 이용자에게 전달한다.[38]

⑤ 위와 같이 대면확인을 거친 이용자는 본인의 PC에서 등록대행기관인 해당 은행이 운영하는 공인인증서 발급용 웹페이지(이른바 '공인인증센터')에 접속하여 공인인증기관의 공인인증서 발급에 필요한 프로그램을 다운로드하여

---

38 참조번호와 인가코드는 공인인증서 생성단계에서 자동으로 입력하도록 하고 있어 실제로는 가입자가 이를 인식하지 못한다.

PC에 저장한다.

⑥ 이용자는 전자금융거래를 위해 은행이 마련한 3가지 약관(전자금융거래 기본약관, 전자금융서비스이용약관, 공인인증서서비스이용약관)에 대한 동의절차를 거친 후, 전자서명법 시행규칙 제13조의2 제4항이 정한 정보통신망을 이용한 신원확인을 위해 사용자계정(이용자ID), 주민등록번호, 보안카드 일련번호/비밀번호, 출금계좌번호와 그 계좌비밀번호 등을 모두 입력하고, 나아가 추가인증[39]을 수행한다.

⑦ 위 ⑤의 프로그램은 이용자의 PC에 전자서명키쌍(공개키 파일, 개인키 파일)을 생성하고, 가입자는 공개키를 가입자의 개인키(전자서명생성키)로 전자서명[40]한 후 공인인증서 발급요청파일을 만들어 공인인증서버에 전송한다.

⑧ 공인인증서버에서 가입자의 발급요청파일에 포함된 가입자 전자서명의 오류 유무를 검증하고, 오류가 없는 경우 공인인증기관의 전자서명이 된 공인인증서 파일을 생성하여 신청자에 전송한다.

⑨ 이용자가 서버로부터 전송받은 공인인증서 파일을 PC에 저장하면 'NPKI' 폴더가 생성되고 동 폴더 안에는 공인인증서 파일은 'signCert.der', 개인키 파일은 'signPri.key'라는 이름으로 각 저장된다.

2. 공인인증서 재발급과 본인확인절차

공인인증서의 재발급이란 "가입자의 전자서명생성정보가 분실·훼손 또는 도난·유출된 경우 해당 인증서를 폐지하고 새로운 전자서명생성정보를 생성하여 인증서를 발급하는 것"을 말한다(전자서명인증업무지침 제2조 제6호). 기존에 유효하게 발급된 공인인증서를 전제로 한다는 점에서 '신규' 발급과 구별되고,

---

39 추가인증은 전자금융사기 예방서비스의 일환으로 2013년 9월 26일부터 전면 시행된 것으로 이용자가 단말기를 미리 지정한 경우에는 생략이 가능하나, 그렇지 않은 경우에는 ① 휴대폰 문자(SMS) 인증, ② 전화(ARS) 인증, ③ 영업점에서 발급받은 1회용 인증번호 6자리 인증번호 입력 중 이용자가 하나를 선택해서 반드시 그 인증절차를 거쳐야만 공인인증서 (재)발급 또는 1일 300만원 이상의 이체거래가 가능하다[각주 31)번의 보도자료, 4면].

40 신원확인에 필요한 모든 정보를 입력 및 추가인증을 거치면 최종적으로 영문, 숫자 및 특수기호를 조합한 8~10자리 이상의 비밀번호를 입력하라는 창이 뜨는데 이 때 이용자가 입력해야 하는 비밀번호가 바로 개인키의 비밀번호이고 이의 입력을 통해서 전자서명이 이루어진다.

개인키의 분실·훼손 등의 旣발급된 공인인증서를 유효하게 사용할 수 없는 사정을 요건으로 하는 점, 재발급시 유효기간은 기존의 공인인증서 유효기간과 동일하다는 점 및 재발급으로 인해 기존에 발급된 공인인증서는 폐기된다는 점에서 인증서 유효기간 연장을 위해 새로 인증서를 발급받는 '갱신발급'과 구별된다.[41] 갱신발급은 갱신 후에도 기존의 공인인증서는 당해 유효기간의 만료일까지는 그 효력을 잃지 않는다.

금융실명법에 따라 계좌 개설시 은행에서 이미 실명확인된 가입자는 정보통신망을 통한 신원확인으로 공인인증서 발급을 위해 필요한 대면에 의한 본인확인을 갈음할 수 있고, 이용자의 동의(공인전자서명에 의한 동의 포함)가 있는 경우에는 접근매체의 재발급은 별도의 '추가'적인 대면에 의한 본인확인절차 없이 가능하다(전자금융거래법 제6조 제2항 제2호, 동법 시행령 제6조). 그런데 이용자가 공인인증서를 발급받기 위해서 반드시 동의해야만 하는 은행의 전자금융거래기본약관에는 예외 없이 '공인인증서의 갱신 또는 대체발급의 경우 이용자의 신청이나 본인확인이 없는 때에도 발급할 수 있다'는 취지의 조항[42]이 포함되어 있고, 이용자는 공인인증서 발급과정에서 본인 명의의 개인키로 공개키를 전자서명한 후 공인인증서발급신청을 하게 되므로 결과적으로 위 조항을 포함한 위 약관 전체에 대해 공인전자서명의 방법으로 동의한 것이 된다.

따라서 현행 제도하에서는 전자금융서비스 이용신청 및 일회용 비밀번호를 교부받기 위해서 영업점 방문하여 대면 확인한 후 공인인증서를 발급받고 난 이후에는, 이용자가 보안카드나 OTP 단말기를 분실하여 새로 이를 발급받을 필요가 있는 등 예외적인 경우를 제외하고는 정보통신망을 통한 신원확인 방법으로 반복적으로 갱신 내지 재발급하면서 추가적인 대면에 의한 본인확인절차 없이 공인인증서를 사실상 영구적으로 사용할 수 있게 된다.[43] 실제 보이스피싱 사례는 대부분 권한 없는 제3자에 의한 공인인증서 '재'발급을 통해서 자행되는 실정이며, 전자금융거래에 있어서의 가장 중요한 접근매체라고 할 수 있는 공

41 전자서명인증업무지침 제2조 제5호는 갱신발급에 대해서 "인증서의 유효기간 만료에 따라 만료 시점 이전에 유효기간을 연장하여 인증서를 발급하는 것을 말한다"고 정의하고 있다.

42 각주 32)에서 언급한 여섯 군데 시중은행의 각 전자금융거래기본약관 제5조 제2항(2016. 8. 25. 최종확인).

43 공인인증서 재발급의 경우 앞서 살펴본 [그림 1]의 ① 내지 ④번 절차는 생략된다.

인인증서가 최초 단 1회의 대면 확인절차만으로 제한 없이 갱신·재발급될 수 있다면 계좌번호, 계좌비밀번호, 보안카드 번호 이상의 어떠한 추가적인 보안을 제공한다고 보기 어렵다.[44] 금융감독원은 이러한 공백을 메우기 위해서 2013년 9월에 공인인증서 (재)발급에 추가인증을 도입하여 공인인증서 (재)발급의 경우 이용자의 휴대전화를 통한 SMS 문자인증, ARS 전화인증의 방법을 추가하였으나, 보이스피싱을 통해 피해자의 신분증까지 불법 취득한 성명불상자가 피해자를 사칭하여 그 명의 휴대전화까지 신규 개통하고 은행 콜센터를 통해서 휴대전화번호 변경 등록한 경우에는 새로운 휴대전화번호로 이용자 추가인증까지 마칠 수 있고, 실제 그런 사례[45]들이 발생하고 있는 점에 비추어 볼 때 위와 같은 강화된 추가인증방법이 보이스피싱으로 인한 전자금융사기의 위험성을 완전히 제거할 수 있다고 보기 어렵다.

이 문제는 결국 전자금융거래에 있어 이용자의 편의성 증대와 거래 안전성 보장이라는 대립되는 이익이 서로 충돌하는 국면에 놓여 있고, 어느 하나를 중시한다면 필연적으로 다른 하나는 다소 희생될 수밖에 없다. 2006년 전자서명법 시행규칙이 전자금융거래가입자의 편의성을 높이기 위해 공인인증서 발급을 위한 신원 확인을 정보통신망을 통하여 할 수 있게 정하였고, 그것이 신규 발급의 경우 특별히 부당하고 볼 수 없다는 점은 앞서 살펴본 바와 같지만, 전자금융거래에서의 접근매체로서의 공인인증서의 기능과 중요성, 보이스피싱 범죄가 여전히 기승을 부리고 있는 현실을 감안한다면 적어도 재발급 절차에 있어서만큼은 대면에 의한 별도의 '추가' 본인확인이 필요하다고 생각한다.

다만 각론에 있어서, 공인인증서 재발급 신청 시마다 예외 없이 이용자들이 직접 은행 영업점을 내방해서 대면확인을 거치도록 강제한다면, 이는 전자금융거래의 안전성 및 금융기관의 편의만을 과도하게 고려한 조치임에 반해, 이용자의 편의성을 도외시한 것으로서 '국민의 금융편의를 꾀하고'자 하는 전자금융거래법의 목적(동법 제1조)에도 부합할 수 없을 것이다. 공인인증서의 유효기간이 일반적으로 1년인 점[46]을 감안할 때, 동 기간 내 재발급 신청횟수에 따

44 같은 취지로는 김기창, 전게 논문, 12면.

45 서울중앙지방법원 2014. 11. 7. 선고 2013가합 48857, 11982, 564646 판결; 서울중앙지방법원 2015. 6. 10. 선고 2015나 9836, 17011 판결.

46 전자거래법 제16조 제1항 본문 및 제1호는 '공인인증서의 유효기간이 경과한 경우에는 공

른 제한(예: 3회 이상 반복적으로 재발급신청을 하는 경우) 내지 재발급 금지기간 설정에 따른 제한(예: 공인인증서 재발급 후 일정기간이 도과하지 않았음에도 다시 재발급 신청을 하는 경우) 등 공인인증서 재발급에 대한 합리적인 기준을 설정하여, 이 기준을 넘어서는 경우 정보통신망을 통한 신원확인방법만으로 이용자가 공인인증서를 재발급 받을 수는 없고, 직접 은행 영업점을 방문하여 대면에 의한 신원확인을 거쳐 새로운 보안카드를 교부받은 후 이를 통해 공인인증서를 재발급 받을 수 있게 한다면 보이스피싱 등 전기통신금융사기 방지를 통한 전자금융거래의 안전성 재고와 이용자의 편의성 증대라는 상충되는 이익을 적절히 조화시킬 수 있을 것이다.[47]

Ⅳ. 공인인증서 (재)발급과 접근매체의 위조

1. 서 설

Ⅲ.장에서 공인인증서 발급과 관련한 전자서명법이 정한 본인확인방법과 은행의 공인인증서 발급실무에 대해 살펴보았고, 또 현행 정보통신망에 의한

인인증서의 효력이 상실 된다'고만 규정하고 있을 뿐이고 그 유효기간 자체에 대해서는 별도로 정하거나, 그에 대한 기준을 설정하고 있지 않다. 각 공인인증기관들은 내부 공인인증업무규칙에서 개인용 공인인증서의 유효기간을 원칙적으로 1년으로 운용하고 있다. [금융결제원, 「yessign 공인인증서업무준칙 version 4.0」, 13면; (주) 한국전자인증, 「공인인증업무준칙 version 2.7」, 21면; (주) 코스콤, 「SignKorea 공인인증업무준칙 version 3.3」, 12면 각 참조](2016. 8. 25. 최종확인).

47 은행업감독규정[금융위원회고시 2016. 6. 28. 제2016-21호로 일부개정된 것] 제102조 제1항은 인터넷전문은행을 "금융위원회가 은행법 제8조 제1항 및 제4항에 따라 전자금융거래법 제2조 제1호에 따른 전자금융거래의 방법으로 은행업을 영위할 것 등을 조건으로 인가한 은행"으로, 제20대 국회에 발의된 은행법 일부개정 법률안(강석진의원안[의안번호 296]) 역시, 인터넷전문은행을 "은행업을 전자금융거래(「전자금융거래법」 제2조제1호에 따른 거래를 말한다)의 방법으로 영위하는 은행"으로 각 정의하고 있다. 따라서 애초에 인터넷전문은행에서 비대면 실명확인의 방법으로 공인인증서를 발급받은 고객에 대하여 예외적으로 공인인증서 재발급을 위한 대면 실명확인절차가 필요한 경우, 이를 어떻게 이행할 수 있느냐는 문제제기가 있을 수 있다. 그러나 금융회사가 타 금융회사에 실명거래의 확인업무를 위탁하는 것이 명시적으로 허용되고 있는 점에 비추어 볼 때(금융실명법 제3조 제7항, 동법 시행령 제4조의2 제2항), 전자금융거래법상의 접근매체 발급과 관련된 이용자 본인확인업무 역시 이에 부수하여 대면 영업망을 갖춘 다른 시중은행에 동 업무를 위탁할 수 있다고 본다.

신원확인의 방법은 보이스피싱을 통한 공인인증서 재발급에 대단히 취약하다는 점을 확인하였다. 본장에서는, 이와 같이 성명불상자에 의해 (재)발급된 이용자의 공인인증서가 접근매체로서의 공인인증서 위조에 해당함을 논증한다. 그 이유는 바로 위조된 공인인증서로 전자서명된 전자대출약정은 결과적으로 당해 전자문서가 위조된 것이고, Ⅴ.장에서 살펴볼 바와 같이 타인의 명의를 모용한 전자문서의 귀속에 관한 논의의 전제가 되기 때문이다. 권한 없는 제3자가 이용자의 공인인증서를 (재)발급받는 것이 접근매체로서의 공인인증서 위조에 해당하는지 여부와 관련해서는, 공인인증서의 발급은 공인인증기관의 역무로서, 성명불상자는 보이스피싱을 통해 지득한 공인인증서 발급에 필요한 이용자 정보를 입력할 뿐 스스로 공인인증서 자체를 작출하는 것은 아니라는 점에서 견해의 대립이 있다.[48]

2. 판례의 태도

대법원 2014. 1. 29. 선고 2013다 86439판결은 이 점에 대한 명확한 판시를 하지 않고 위조에 해당한다는 점을 전제로 판단하였고, 동 대법원 판결의 원심판결(광주지방법원 2013. 10. 18. 선고 2013나 9358 판결)은 “공인인증서는 전자금융거래법 제9조 제1항에 규정된 ‘접근매체에 해당한다고 할 것이고, 앞서 인정한 바와 같이 성명불상자가 원고의 정보를 부정하게 이용하여 공인인증서를 재발급 받은 행위도 전자금융거래법 제9조 제1항에서 말하는 ‘접근매체의 위조’에 포함된다고 할 것이므로, 이 사건 금융사고는 전자금융거래법 제9조 제1항에서 규정한 ‘접근매체의 위조로 발생한 사고’에 해당한다”라고 판시하고는 있으나, 그 구체적인 논거나 법리를 제시하고 있지는 않다. 다만 몇몇 하급심 판결에서 권한 없는 제3자에 의해 발급된 공인인증서가 접근매체의 위조에 해당하는지

---

48 접근매체의 위조·변조의 범위를 넓게 판단하면 전자금융거래법 내에서 위조·변조의 의미가 조문에 따라 여러 가지로 사용될 수 있는 점, 전자금융거래법 제10조 제2항은 “동조 제1항 및 제9조의 규정에 불구하고 다른 법령에 이용자에게 유리하게 적용될 수 있는 규정이 있는 경우에는 그 법령을 우선 적용한다”고 규정하고 있는데 이 규정은 전자금융거래법에 따라 금융기관 등이 책임을 부담하게 되는 범위에 제한이 있음을 전제로 하고 있다는 점 등을 근거로 위조를 부정하는 견해로는 ‘강희주·이상민, “전자금융거래법 제9조에 따른 금융기관 등의 책임 –하급심 판결을 중심으로–”, 『증권법연구』 제15권 제1호(한국증권법학회, 2014. 4), 258~259면.’

여부에 대한 법리를 설시하고 있어 이를 중심으로 살펴본다.

(1) 접근매체의 위조에 해당하지 않는다고 판시한 하급심 판결

① 전자금융거래법 제9조가 접근매체의 '위조'와 '부정한 방법으로 접근매체를 획득한 후 이를 이용하여 전자금융거래를 한 경우'를 구별하고 있고, 형법상 위조란 작성권한이 없는 자가 타인의 명의를 모용하여 타인 명의의 문서를 작성하는 것을 말하므로, 그 개념에 비추어 볼 때 공인인증서의 위조로 볼 수는 없다는 견해(서울고등법원 2014. 5. 15. 선고 2013나44227 판결; 의정부지방법원 2014. 5. 29. 선고 2013나9919 판결)

② 공인인증서 발급과정에서 저장매체에 생성되는 NPKI 폴더에는, 공인인증서 파일과 개인키 파일이 일괄적으로 자동 생성되는 것으로 이용자가 스스로 별도 방식으로 개인키 파일을 생성하는 것이 아니므로 개인키 파일이 공인인증서 발급과정에서 독자적인 의미를 가진다고 볼 수 없을 뿐만 아니라, 구 전자금융거래법은 접근매체의 위조행위를 형사처벌하고 있으므로, 죄형법정주의 원칙상 위조의 개념을 엄격하게 해석할 필요가 있는데 동법 제49조 제1항 제1호 및 제4호가 '접근매체를 위조한 자'와 '전자금융거래를 위한 전자적 장치 또는 정보통신망에 침입하여 허위 그 밖의 부정한 방법으로 접근매체를 획득하거나 이를 이용하여 전자금융거래를 한 자'를 구별하여 처벌하고 있는 점에 비추어 볼 때 접근매체의 위조로 볼 수 없다는 견해(서울고등법원 2015. 9. 9. 선고 2015나2011609, 2011616, 2011623, 2011630, 2011647 판결)

(2) 접근매체의 위조에 해당한다고 판시한 하급심 판결

① 전자금융거래법 제9조 제1항은 금융회사 등에게 무과실책임을 지도록 함으로서 이용자 보호에 중점을 두고 있는 점, 특히 이는 민사상 책임에 관한 규정이므로 위조의 개념을 형법에서와 같이 엄격하게 해석할 필요가 없는 점, 나아가 형법에서도 명의인을 기망하여 문서를 작성케 하는 경우는 서명, 날인이 정당히 성립된 경우에도 기망자는 명의인을 이용하여 서명 날인자의 의사에 반하여 문서를 작성케 하는 것이므로 사문서위조죄의 성립한다는 점, 전자금융거래법(법률 제11814호, 2013. 5. 22. 일부개정)이 제9조 제1항상의 접근매체의 위조나 변조로 발생한 사고 외에 새로, 부정한 방법으로 획득한 접근매체의 이용

으로 발생한 사고를 적용대상으로 추가한 점 등에 비추어 공인인증서 위조에 해당한다고 보는 견해(서울동부지방법원 2013. 9. 12. 선고 2012가단 42162 판결)

② 위조는 유형위조와 무형위조를 포함하는 개념인데, 유형위조는 권한 없이 타인 명의의 문서를 작성하는 경우를, 무형위조는 권한 있는 자가 진실에 반하는 내용의 문서를 작성하는 경우를 말하고, 접근매체의 위조의 개념은 유형위조와 무형위조를 모두 포함하는 넓은 의미로 볼 것이고 공인인증서와 같은 특수매체의 경우 시스템 운영주체의 의사에 반하여 권한 없이 전자기록을 작성하거나 허위내용의 전자기록을 만드는 경우도 그 위조로 보아야 한다는 견해(서울중앙지방법원 2012. 3. 28. 선고 2011가단 105339 판결)

③ 타인의 정보를 부정하게 이용하여 공인인증서를 발급 또는 재발급 받는 경우는 공인인증서 파일과 동시에 전자서명생성정보인 개인키 파일까지 임의로 생성하는 것인데 공인인증기관이 생성하여 발급하는 공인인증서 파일과는 달리, 개인키 파일은 발급을 신청하는 신청자의 컴퓨터에서 생성되는 전자적 정보라는 점, 공인인증서 재발급은 기존의 공인인증서를 폐기함과 동시에 새로운 공인인증서를 발급 받는 것이라는 점 등에 비추어 위조를 긍정하는 견해(서울중앙지방법원 2015. 1. 15. 선고 2013가합 70571, 61065, 52696, 82574, 72102 판결[49])

3. 소 결

구 전자금융거래법(2013. 5. 22.에 법률 제11814호로 일부개정된 것)이 정보통신망에 침입하여 거짓이나 그 밖의 부정한 방법으로 획득한 접근매체의 이용으로 발생한 사고에 대해서도 금융기관이 책임을 부담하는 것으로 제9조 제1항 제3호를 신설하였는데, '법제처, 전자금융거래법(법률 제11814호, 2013. 5. 22. 일부개정) 개정이유'에서는 위 신설조항의 취지를 '해킹'에 대해서 전자금융사업자 등이 이용자에게 손해를 배상토록 하는 것이라고 설명하고 있을 뿐이고, 애초에 보이스피싱을 염두에 둔 입법은 아닌 점, 제9조 제1항은 각 호의 요건에 해당하는 사고 발생 시 금융회사의 무과실책임을 정한 규정이고 이는 금융이용자 보호에 그 입법취지가 있는 점에 비추어 볼 때 전자적 정보인 공인인증서의 위

---

49 앞서, 접근매체의 위조에 해당하지 않는다고 판시한 하급심 판결로 소개된 것 중 두 번째 판결의 원심판결이다.

조를 형법상 문서위조와 동일선상에서 엄격하게 평가할 필요는 없으며, 권한 없는 제3자가 이용자 명의의 공인인증서를 재발급 받는 것은 앞서 Ⅲ－2.에서 살펴본 바와 같이, 이용자가 공인인증기관으로부터 정상적으로 旣 발급받은 유효한 이용자의 공인인증서를 임의로 '폐기'하고 새로이 발급하는 것인 점, 공인인증서는 이용자가 선택한 저장매체에 NPKI 폴더 형태로 저장되고 동 폴더에는 공인인증서 파일과 개인키 파일(전자서명생성정보)이 각각 생성되는바, 공인인증서 파일과는 달리 개인키 파일은 이용자 PC에서 자체 생성되는 점[50] 등의 사정들을 종합적으로 고려할 때 성명불상자가 보이스피싱을 통해 획득한 이용자의 정보를 이용하여 은행 홈페이지의 공인인증센터에 접속한 후 이용자 명의의 공인인증서를 (재)발급받는 행위는 바로 이용자의 접근매체인 공인인증서를 위조하는 것으로, 앞서 각주 13)에서 살펴본 바와 같이 전자서명생성정보는 인감과 같은 기능을 가진 전자적 정보임에 비추어 볼 때 이용자의 인감도장을 임의로 각인(刻印)하는 것과 동일하게 평가할 수 있다. 이와 같은 행위태양은 접근매체의 위조(전자금융거래법 제49조 제2항 제1호)뿐만 아니라, 전자금융거래를 위한 전자적 장치에 침입하여 부정한 방법으로 접근매체를 획득한 행위(동항 제4호)의 각 구성요건을 모두 충족하게 되는데, 후자의 구성요건에 해당하는 범죄태양이라고 해서 논리적으로 반드시 전자의 구성요건에서 배제되어야 하는 것은 아니라고 본다.

Ⅴ. 명의가 모용된 전자대출약정의 효력과 그 귀속의 문제

1. 서 설

본장에서는 앞서 살펴본 바와 같이, 성명불상자가 전자금융거래 이용자의 공인인증서를 위조하고 이를 통해서 그를 사칭하여 금융기관과 전자대출약정을

50 전자서명법 제15조 제2항은 공인인증기관이 발급하는 공인인증서에 반드시 포함되어야 하는 사항을 각 호에서 열거하여 규정하고 있는데, 전자서명생성정보는 그중 하나로 명시하고 있지 않다. 한편, 각 공인인증기관의 공인인증업무준칙 중 공인인증서 발급신청과 관련된 조항(3.2.2)은, 가입신청자가 공인인증서 관리 프로그램을 사용하여 먼저 전자서명생성정보를 '생성'한 후, 공인인증기관에 공인인증서 발급을 신청하는 것으로 설명하고 있다 [각주 46) 금융결제원 업무준칙 19면, 한국전자인증(주) 업무준칙 31면, ㈜ 코스콤 업무준칙 17면 각 참조](2016. 8. 25. 최종확인).

체결하는 경우, 그 약정에 따른 대출금채무를 위 대출약정의 피모용자(이용자)에게 귀속시킬 수 있을지에 대해서 전자문서에 관해 규율하고 있는 전자문서 및 전자거래기본법(이하 '전자거래기본법'이라 한다)과 동법의 입법 모델이 된 UNCITRAL 전자상거래모델법을 중심으로 검토한다.

전자문서는 컴퓨터와 같이 연산작용을 하는 정보처리장치에 의하여 생성된 디지털 메시지로, 필요에 의하여 나중에 재현하거나 열람할 수 있는 전자적 기록을 말하며,[51] 반드시 전자서명이 있을 필요도 없으며 특별한 형식을 요하지 않는다. 전자거래기본법 제2조 제1호는 전자문서를 "정보처리시스템에 의하여 전자적 형태로 작성, 송신·수신 또는 저장된 정보"로 규범적 측면에서 정의하고 있다. 서면이 그 서면에 기재(표시)된 표의자의 의사표시를 매개하는 수단이 되는 것과 마찬가지로 전자문서는 전자적 의사표시를 매개하는 수단이라고 할 수 있다.[52]

인터넷뱅킹을 통해 이용자와 금융회사 간에 체결되는 전자대출약정의 프로세스를 구체적으로 살펴보면, 이용자가 공인인증서를 접근매체로 본인확인 후 전자대출거래약정서를 작성하고, 이를 공인인증서로 전자서명한 다음 동 약정서를 금융회사에 송신하는 방법으로 대출청약의 의사표시를 하면, 당해 금융회사는 이를 수신하여 소정의 대출 심사과정을 거친 후 신청자에게 그 승낙의 의사표시를 함과 동시에 대출금을 실행하는 순서로 이루어진다. 이 때 이용자의 대출 청약의 의사표시를 매개하는 '전자대출거래약정서'가 바로 전자문서에 해당한다. 따라서 전자문서를 수단으로 이루어지는 전자금융거래의 효력이 현행법 하에서 어떻게 규율되고 있는지 살펴볼 필요가 있다.

전자금융거래법 제5조 제1항에 따라, 전자금융거래를 위하여 사용되는 전자문서에 대해서는 전자거래기본법 제4조부터 제7조, 제9조 및 제10조가 적용되는데, 전자거래기본법 제7조 제2항은 전자문서가 작성자의 것이었는지를 확

51 이준호, 전게서, 20면.

52 이와 같은 전자문서의 역할을 고려할 때 그 상위개념인 전자적 의사표시에 법적 효력을 인정할 필요성이 제기되어 2010년 개정(안) 제2조 제1호에 전자적 의사표시의 개념이 도입되었다(동 개정안에서 정의한 전자적 의사표시란 "당사자가 전자문서의 방법으로 행한 의사표시"를 말한다)[최승원 외, "전자거래기본법 개정방안 연구", 『정보통신산업진흥원 정책연구』 10-04(정보통신산업진흥원, 2010. 11), 20면]. 그러나 위 개정(안)대로 전자거래기본법 개정이 실제 이루어지지는 않았다; 위 개정(안)과는 별개로 전자(적)의사표시를 '컴퓨터에 문자 대응 전자 메시지 형태로 입력되어 폐쇄적 또는 개방적으로 연결된 통신회선을 통해 상대방에게 표시된 의사표시'로 정의하는 견해도 있다[정경영, 전게서, 549면].

인하기 위하여 수신자와 미리 작성자와 합의한 절차를 따른 경우(제1호) 또는 수신된 전자문서가 작성자 또는 그 대리인과의 관계에 의하여 수신자가 그것이 작성자 또는 그 대리인의 의사에 기한 것이라고 믿을 만한 정당한 이유가 있는 자에 의하여 송신된 경우(제2호)에는, 수신자가 전자문서에 포함된 의사표시를 작성자의 것으로 보아 행위 할 수 있다고 있다고 규정하고 있다. 한편, 공인인증서는 전자서명과는 별개로, 일정한 전자적 시스템 접근을 위한 '일반적인' 본인 확인수단으로 활용될 수 있음은 앞서 살펴본 바와 같다(전자서명법 제18조의 2).

2. 전자거래기본법 제7조 제2항과 전자문서에 포함된 의사표시의 귀속 문제

(1) UNCITRAL 전자상거래모델법의 완전한 수용

현행 전자거래기본법 제7조는 UNCITRAL 전자상거래모델법 제13조 제1항 내지 제4항을 거의 원문 그대로 번역하여 수용한 규정이다. UNCITRAL 전자상거래모델법 제13조는 제1항에서 전자문서가 작성자에 의해 송신된 경우 작성자의 것이라고 규정하면서 제2항에서 전자문서가 작성자의 그것으로 간주되는 경우를 열거하고, 제3항은 전자문서가 작성자의 것인지 확인하기 위하여 수신자와 작성자 간에 사전에 합의한 방식을 적용하는 경우(a호)와 작성자가 자신의 메시지라는 것을 증명하기 위한 수단에 접근할 수 있는 자의 행위에 의한 경우(b호)에는 수신자는 그 전자문서를 작성자의 그것으로 보고 행위 할 수 있다고 규정하면서 제4항에서는 제3항 적용배제사유를 두고 있다.

그런데 구 전자거래기본법[2002. 1. 19. 법률 제6614호로 전부개정되기 전의 것] 제10조는 본문에서 작성자의 대리인 또는 작성자를 대신하여 자동으로 전자문서를 송·수신하도록 구성된 컴퓨터프로그램에 의해 송신된 전자문서는 작성자가 송신한 것으로 본다고 규정하면서(UNCITRAL 전자상거래모델법 제13조 제1 내지 2항에 해당) 이의 적용배제사유로 '수신자가 작성자의 의사에 반하여 그 전자문서가 송신되었음을 당해 전자문서의 수신과 동시 또는 상당한 시간 내에 통지받은 경우'(제1호)와 '수신자가 소정의 확인절차에 따르거나 상당한 주의를 하였더라면 전자문서가 작성자의 의사에 반하여 송신되었음을 알 수 있었던 경우'(제2호)를 들고 있다(UNCITRAL 전자상거래모델법 제13조 제4항에 해당).

[표 1] UNCITRAL 전자상거래모델법 제13조, 구 전자거래기본법 제10조 및 (현행)전자거래기본법 제7조 조문 비교·대조

<table>
<tr><th>UNCITRAL 전자상거래모델법</th><th>구 전자거래기본법</th><th>(현행)전자거래기본법</th></tr>
<tr><td>Article 13(Attribution of data messages)</td><td>제10조(작성자가 송신한 것으로 보는 경우)</td><td>제7조(작성자가 송신한 것으로 보는 경우)</td></tr>
<tr><td>(1) A data message is that of the originator if it was sent by the originator itself.</td><td rowspan="3">작성자의 대리인 또는 작성자를 대신하여 자동으로 전자문서를 송·수신하도록 구성된 컴퓨터프로그램 기타 전자적 수단에 의하여 송신된 전자문서는 작성자가 송신한 것으로 본다. 다만, 다음 각 호의 1에 해당하는 경우에는 그러하지 아니하다.</td><td rowspan="2">① 다음 각 호의 어느 하나에 해당하는 전자문서에 포함된 의사표시는 작성자가 송신한 것으로 본다.
1. 작성자의 대리인에 의하여 송신된 경우
2. 자동으로 전자문서를 송신·수신하도록 구성된 컴퓨터프로그램이나 그 밖의 전자적 수단에 의하여 송신된 전자문서</td></tr>
<tr><td>(2) As between the originator and the addressee, a data message is deemed to be that of the originator if it was sent;
(a) by a person who had the authority to act on behalf of the originator in respect of that data message; or
(b) by an information system programmed by, or on behalf of, the originator to operate automatically.</td></tr>
<tr><td>(3) As between the originator and the addressee, an addressee is entitled to regard a data message as being that of the originator, and to act on that assumption, if:
(a) in order to ascertain whether the data message was that of the originator, the addressee properly applied a procedure previously agreed to by the originator for that purpose; or
(b) the data message as received by the addressee resulted from the actions of a person whose relationship with the originator or with any agent of the originator enabled that person to gain access to method used by the originator to identify data message as its own.</td><td>② 전자문서의 수신자는 다음 각 호의 어느 하나에 해당하는 경우에는 전자문서에 포함된 의사표시를 작성자의 것으로 보아 행위 할 수 있다.
1. 전자문서가 작성자의 것이었는지를 확인하기 위하여 수신자가 미리 작성자와 합의한 절차를 따른 경우
2. 수신된 전자문서가 작성자 또는 그 대리인과의 관계에 의하여 수신자가 그것이 작성자 또는 그 대리인의 의사에 기한 것이라고 믿을 만한 정당한 이유가 있는 자에 의하여 송신된 경우</td></tr>
<tr><td>(4) Paragraph (3) does not apply;
(a) as of the time when the addressee has both received notice from the originator that the data message is not that of the originator, and had reasonable time to act accordingly; or
(b) in a case within paragraph(3)(b), at any time when the addressee knew or should have known, had it exercised reasonable care or used any agreed procedure, that the data message was not that of the originator.</td><td>수신자가 작성자의 의사에 반하여 그 전자문서가 송신되었음을 당해 전자문서의 수신과 동시 또는 상당한 시간 내에 통지받은 경우
수신자가 소정의 확인절차에 따르거나 상당한 주의를 하였더라면 전자문서가 작성자의 의사에 반하여 송신되었음을 알 수 있었던 경우</td><td>③ 다음 각 호의 어느 하나에 해당하는 경우에는 제2항을 적용하지 아니한다.
1. 수신자가 작성자로부터 전자문서가 작성자의 것이 아님을 통지받고 그에 따라 필요한 조치를 취할 상당한 시간이 있었던 경우
2. 제2항 제2호의 경우에 전자문서가 작성자의 것이 아님을 수신자가 알았던 경우 또는 상당한 주의를 하였거나 작성자와 합의된 절차를 따랐으면 알 수 있었을 경우</td></tr>
</table>

즉, 구 전자거래기본법은 UNCITRAL 전자상거래모델법 제13조 제1 내지 제2항의 내용을 제10조 본문에서 원칙으로 취하면서도 그 각호에 위 모델법 제1, 2항과 상관없고 제3항의 적용배제사유인 제4항을 잘못 수용한 것이었다.[53]

개정 전자거래기본법(법률 제6614호, 2002. 1. 19. 전부개정)은 위와 같은 오류를 바로잡아 UNCITRAL 전자상거래모델법 제13조 제1항 및 제2항을 제7조 제1항에서 원칙으로 취하면서, 위 모델법 동조 제3항을 제2항으로 새롭게 추가하였고, 모델법 동조 제4항에 상응하는 구 전자거래기본법 제10조 단서의 각호를 제7조 제3항으로 편성하여 구법이 위 전자상거래모델법을 부적절하게 수용했던 것을 입법적으로 바로잡았다. UNCITRAL 전자상거래모델법 제13조, 2002년 개정 전 구 전자거래기본법 제10조 및 현행 전자거래기본법 제7조를 표로 정리하면 <표 1>과 같다.

(2) 전자거래기본법 제7조 제2항의 의의

1) 서 설

전자거래기본법 제7조는 '작성자가 송신한 것으로 보는 경우'라는 제목하에 제1항에서는 대리인(제1호) 또는 자동으로 송·수신하도록 구성된 컴퓨터프로그램에 의해 송신된 경우(제2호)는 작성자가 송신한 것으로 보고, 제2항에서는 전자문서가 작성자의 것이었는지를 확인하기 위해 수신자가 미리 작성자와 합의한 절차에 따른 경우(제1호) 또는 수신된 전자문서가 작성자와의 관계에서 수신자가 그것이 작성자의 의사에 기한 것이라고 믿을 만한 정당한 이유가 있는 자에 의하여 송신된 경우(제2호)에는 그 전자문서에 포함된 의사표시를 작성자의 것으로 보아 행위 할 수 있다고 각 규정하고 있다.

동조 제1항 제1호는 당연한 것을 규정한 의제조항일 뿐이고, 본고에서 주로 다루고자 하는 사안, 즉 성명불상자가 보이스피싱의 방법으로 피해자의 금융정보를 획득하고 이를 기화로 이용자의 공인인증서를 은행으로부터 (재)발급받는 방법으로 위조한 후, 이용자의 명의를 모용하여 당해 은행 내지 타 금융회사와 전자대출약정을 체결한 경우에는 성명불상자가 이용자(작성자)의 대리인으로 대출청약의 의사표시를 하거나 그를 대신하여 자동으로 전자대출약정서를

53 오병철, "2001년 개정 전자거래기본법의 이론적 검토", 『연세법학연구』 제8집 제2권(연세대학교 법과대학 법률문제연구소, 2002. 2), 205면.

송·수신하도록 구성된 컴퓨터프로그램을 통해서 위 의사표시를 송신한 것(동항 제2호)이 아니므로 제1항이 적용될 여지는 없다. 결국 제2항 내지 제3항이 적용되므로 이 조항들의 의의를 먼저 살펴보아야 한다.

2) 전자거래기본법 제7조에 제2항에 대한 해석론[54]

동 조항의 의미와 관련해서는, '… 것으로 보아'라는 표현에 중점을 두면 간주규정으로 볼 수 있으나, 이 조항을 충족시키는 전자문서에 포함된 의사표시를 받은 수신자가 그러한 의사표시를 신뢰하고 이행행위 등을 할 수 있다는 권한을 부여한 것이고 이러한 행위를 하기 전에는 작성자가 전자문서에 의한 의사표시를 철회할 수 있다고 해석할 여지가 있다는 견해,[55] '… 행위할 수 있다'라는 조문의 문언에 비추어 볼 때 전자적 의사표시의 송신의제가 아니라 효력의 의제로 볼 여지가 있다는 견해,[56] 명의도용 또는 명의불명 등의 전자문서와 같이 작성자와는 관계없는 전자문서가 이른바 작성자에게 법적으로 귀속되기 위한 법적 요건을 명시한 것으로 전자문서의 귀속(attribution)에 관한 것이라는 견해[57] 등이 있다.

3) 소 결

앞서 살펴본 첫 번째 해석론도 동법 제7조 제2항 본문을 '작성자는 전자문서가 자신의 의사에 반하여 송신되었음을 수신자에게 대항할 수 없다'고 규정하는 것이 바람직하다는 입법론을 제시하고 있고,[58] 두 번째 해석론 역시 동 조항

54 2002년 개정 전자거래기본법 제7조는 2012년에 또 한 번 개정되었다(법률 제11461호, 2012. 6. 1. 일부개정) 그러나 본 개정은 종전 법률의 제1항을 본문과 단서로 분설하고(제1항), '다음 각 호의 1'을 '다음 각 호의 어느 하나'로 자구를 수정한 것에 불과하므로(제2항 내지 3항), 2002년 개정 당시 논의를 살펴보는 것으로 충분하다.

55 김재형, "전자거래기본법에 관한 개정논의 —사법적 측면을 중심으로—", 『법학』 42권 4호(서울대학교 법학연구소, 2001. 12), 164면.

56 최승원 외, 전게 논문 제54면. 동 견해는 2010년 전자거래기본법 개정(안) 제6조 제2항에 관한 해석론이나 개정 전자거래기본법 제7조 제2항의 '의사표시'를 '전자적 의사표시'로 수정한 것 외에는 완전히 일치하고, 위 개정(안)상의 '전자적 의사표시'의 개념은 민법상 의사표시 일반론과 구별되는 별개의 것이 아니라 '전자문서의 방법으로 행한 의사표시'에 불과한 점은 이미 살펴본 바와 같으므로, 이를 개정 전자거래기본법 제7조 제2항의 해석론으로 원용하는 데 문제가 없다.

57 오병철, 전게 논문, 206면.

58 김재형, 전게 논문, 164면.

을 효력의제조항으로 보는 점에 비추어 볼 때 동 조항에 대한 해석론들은 모두 그 조문의 제목에도 불구하고 송신의제조항이 아닌 의사표시의 귀속에 관한 조항으로 보는 것으로 판단된다.

동 조항의 입법적 모델이 된 UNCITRAL 전자상거래모델법 제13조의 제목이 '전자문서의 귀속'(Attribution of data messages)으로 명시되어 있는 점, 동 모델법의 해설서 역시 제13조의 조문 취지에 대해서, 전자문서가 작성자로 표시된 사람에 의해 발송된 것인지 여부가 문제될 때 적용하기 위한 조문이라는 점을 분명히 하면서, 서면에 기초한 의사표시(paper-based communication)의 경우 작성자의 서명이 위조되어 문제가 발생하는 것처럼 전자적 환경(electronic environment)에서는 권한 없는 자(unauthorized person)가 발송한 전자문서의 경우에도 그 발송을 위한 암호(code), 암호화(encryption) 또는 그와 같은 것에 의해 이루어진 인증(authentication)은 정확할 수 있음에 착안하여 만들었다고 설명하고 있는 점,[59] 구 전자거래기본법 제10조 본문은 '… 전자문서는 작성자가 송신한 것으로 본다'고 규정하고 있었음에 반해, 개정법 제7조 제2항 본문은 '전자문서의 수신자는 다음 각 호의 전자문서에 포함된 의사표시를 작성자의 것으로 보아 행위할 수 있다'로 구법 제10조 본문을 수정하면서 각 호에서, '작성자와 수신자가 미리 전자문서가 작성자의 것인지 확인하기 위한 절차를 정한 경우'(제1호) 또는 '수신된 전자문서가 작성자와의 관계에서 작성자의 의사에 기한 것으로 믿을 만한 정당한 이유가 있는 자에 의하여 송신된 경우'(제2호)를 열거하고 있는 점에 비추어 볼 때, 이는 그 문리해석상 수신자가 수신한 전자문서가 작성자의 명의를 모용한 권한 없는 제3자에 의해 발송된 것이고, 당해 전자문서에 나타난 의사표시 역시 작성자가 의욕 내지 표시한 것이 아니라고 하더라도 제1호 내지 제2호의 요건을 충족하는 특수한 경우에는, 수신자는 그 전자문서에 포함된 의사표시를 작성자가 의욕하고 표시한 진정한 것으로 '의제'하고 그 의사표시에 기초하여 법률행위를 성립시킬 수 있다는 취지로 해석할 수밖에 없다.

결론적으로, 전자거래기본법 제7조 제2항은 전자문서 자체의 송신여부에 관한 문제가 아니라 전자문서에 포함된 의사표시가 누구의 것인지에 관한 규정

---

59 United Nations, UNCITRAL Model Law on Electronic Commerce with Guide to Enactment 1996 with additional article 5 bis as adopted in 1998(1999), 49면.

이고, 구체적으로는 어떤 자가 함부로 타인을 사칭하여 의사표시를 한 경우에 그 타인에게 의사표시를 귀속시킬 수 있을 것인지에 관한 규정으로 사료된다.[60]

3. 전자대출약정에 사용된 전자문서의 귀속에 관한 법원의 판결례

(1) 서 설

전자금융거래의 일종인 전자대출약정을 위하여 사용된 전자문서('전자대출거래약정서')가 권한 없는 제3자에 의해 체결된 경우, 그 전자문서가 매개하는 대출청약의 의사표시의 귀속에 관한 논의를 정면으로 다룬 대법원 판결은 아직 없다. 다만 몇몇 하급심 판결들이 이 문제를 다루고 있는데 전반적으로, 이용자가 보이스피싱을 당하기 이전에 대출을 신청한 금융회사와 신용카드 또는 전자금융거래 등의 기존 거래관계가 있었고 이 과정에서 관련 신용카드약관(신용카드 개인회원 표준약관)[61] 내지 인터넷뱅킹의 이용자 본인확인은 이용자에게 발급

---

60 같은 취지로는 지원림, "전자거래기본법의 과제 -사법규정을 중심으로-", 『인터넷법연구』 제1호(한국인터넷법학회, 2002. 6), 121면.

61 여신전문금융업협회가 여신전문금융업법 제64조 제8호에 근거해서 제·개정하고 모든 카드사(회원사)들이 공통으로 사용하는 '표준'약관으로, 동 약관(2016. 3. 28. 일부개정)은 '카드사는 현금서비스 및 카드론 등 비밀번호를 이용하는 거래를 할 경우 입력된 비밀번호와 카드사에 신고된 비밀번호가 같음을 확인하고 조작된 내용대로 거래를 처리한 경우에는 도난, 분실 기타 사고로 회원에게 손해가 발생하더라도 책임을 지지 아니한다.'는 취지의 규정을 두고 있다(제41조). 나아가 대법원 2009. 10. 15. 선고 2009다 31970 판결은 "신용카드회원약관에서 비밀번호가 회원으로부터 타인에게 유출되어 발생하는 모든 책임은 회원에게 귀속되고, 카드 비밀번호 유출로 인한 부정사용의 경우에는 부정사용대금에 대하여 보상에서 제외된다고 규정하는 경우, … 그리고 신용카드업자와 회원 사이의 거래약관인 위 회원약관 규정에 의할 때, 회원은 신용카드의 이용·관리 및 비밀번호의 관리에 선량한 관리자의 주의의무를 다할 의무가 있으며, 신용카드를 분실·도난당하여 제3자가 신용카드를 부정사용한 경우에 신용카드 회원이 그 책임을 면하기 위해서는 회원에게 신용카드의 분실·도난 및 비밀번호 누설에 있어 아무런 과실이 없는 경우라야 하고, 이 점에 대한 입증책임은 회원에게 있다."고 판시하고 있다. 따라서 보이스피싱을 당한 신용카드 회원이 성명불상자에게 신용카드번호, 비밀번호 및 CVV번호를 알려주고, 이를 통해 성명불상자가 인터넷뱅킹의 방법이 아니라, 카드 명의인인 회원을 사칭하여 카드사 콜센터에 전화를 한 후 상담원과의 대출상담을 통해서 현금서비스 내지 카드론 대출을 받은 경우에는 피해자인 카드회원이 당해 대출약정의 효력을 부인하는 것은 사실상 불가능하다. 상담원과의 유선통화의 방법에 의한 대출약정은 전자금융거래가 아니므로 전자금융거래약관이 적용될 여지도 없고, 결국 당해 대출약정의 효력 및 대출채무 귀속 여부는 신용카드 개인회원 표준약관상의 위 면책조항에 따라 정해질 수밖에 없는데, 위 표준약관은, 신용카드 회원이 카드 발급 신청 시 회원 본인의 동의에 기초해 신용카드 계약의 내용으로 이미 편입되었기 때문이다.

된 접근매체에 의한다는 취지의 약관[62]에 동의한 경우와 그렇지 않은 경우를 구분하여 피모용자에 대해 대출금채무 귀속의 법적 효과가 미치는지 여부를 달리 판단하는 것으로 보인다.

한편, 전자금융거래에 사용되는 전자문서의 귀속 및 전자거래기본법 제7조 제2항의 적용에 관한 문제는 비단 권한 없는 제3자에 의해서 차주의 명의가 모용되어 체결된 전자대출약정에만 국한된 것이 아니라, 전자자금이체거래의 경우에도 마찬가지로 적용된다. 전자지급거래 실행을 위한 (전자)지급수단 중 하나인 전자자금이체 역시, 전자문서의 형태로 이루어지기 때문이다. 다만, 현재 대법원 판례에 따르면 공인인증서 발급 시 대면에 의한 이용자 본인확인이 적법하게 이루어지면, 이후 이용자를 사칭한 성명불상자의 지급지시[63]에 의해 전자자금이체거래가 성립한 경우에도 채권의 준점유자 법리(민법 제470조)에 따라 곧바로 채무소멸의 효과가 발생하기 때문에 피모용자가 의사표시의 귀속을 다투면서 은행에 대해서 예금의 반환을 청구하는 것은 법리적인 측면에서 실익이 없다.[64] 따라서 보이스피싱과 관련된 전자자금이체를 둘러싼 피해자와 은행 간

62 각주 32)에서 언급한 여섯 군데 시중은행 모두 전자금융서비스이용약관에서 전자금융거래에 있어서의 이용자 본인확인방법에 대해서 정하고 있다(2016. 8. 25. 최종확인). 예컨대, '우리은행 인터넷뱅킹서비스 이용약관 제5조'는 아래와 같다.

제5조(본인확인방법) 은행은 이용자가 서비스 종류별로 은행이 요구하는 해당 항목을 이용자가 입력했을 때 동 내용이 은행에 등록된 것과 일치할 경우 본인으로 간주하여 서비스를 제공합니다.

1. 인터넷뱅킹: 이용자 ID, 이용자비밀번호, 계좌비밀번호, 자금이체비밀번호, 보안카드 비밀번호, OTP생성기비밀번호, 공인인증서 암호, 생체인증, 스마트보안카드 인증번호 등
2. 기타서비스: 이용자 ID, 이용자비밀번호, 공인인증서 암호, 서비스별 비밀번호 등

63 지급지시의 법적 성질에 대해서는 단독행위로 보는 견해와 원칙적으로는 단독행위이나 예외적으로 위임계약으로 보는 견해가 대립되고 있으나(정경영, 전게서, 200면), 금융회사에 대하여 하는 것으로 상대방 있는 단독행위로 보면 족하다. 같은 취지로는 '손진화, 『전자금융거래법』(법문사, 2006. 10), 82면'; 미국 통일상법전(U.C.C Article 4−103)에서는 지급지시(Payment Order)를 "발신인이 송금은행에 대하여, 구두·전자적인 방법에 의한 전송 또는 문서로써 정액 또는 확정 가능한 금액을 수취인에게 지급할 것 또는 다른 은행에 지급하게 할 것을 지시하는 것"으로 정의하고 있다.

64 대법원은, "은행 직원이 단순히 인감 대조 및 비밀번호 확인 등의 통상적인 조사 외에 다른 방법으로 예금청구권자가 정당한 예금인출권한을 가지는지를 조사하여야 할 업무상 주의의무를 부담하는 것으로 보기 위해서는 그 예금의 지급을 구하는 청구권자에게 정당한 변제수령권한이 없을 수 있다는 의심을 가질 만한 특별한 사정이 인정되어야 하고, 인감대조 및 비밀번호 확인 등 통상적인 조사만으로 예금을 지급하는 금융거래의 관행이 금융기관이 대량의 사무를 원활하게 처리하기 위한 필요에서 만들어진 것이기도 하지만, 다른 한편으로는 예금인출의 편리성이라는 예금자의 이익도 고려된 것인 점, 비밀번호가 가지는

의 민사 분쟁의 모습은 대부분 피해자가 은행을 상대로 전자금융거래법 제9조 및 동법 시행령 제8조에 근거한 손해배상청구소송을 제기하는 형태로 나타난다.

(2) 하급심 판결의 유형 분석

1) 서울고등법원 2014. 5. 15. 선고 2013나44227 판결[65]

원고는 'KB국민은행입니다 포털사이트정보유출로 보안승급 후 이용해주세

성질에 비추어 비밀번호까지 일치하는 경우에는 금융기관이 그 예금인출권한에 대하여 의심을 가지기는 어려운 것으로 보이는 점, 금융기관에게 추가적인 확인의무를 부과하는 것보다는 예금자에게 비밀번호 등의 관리를 철저히 하도록 요구하는 것이 사회 전체적인 거래비용을 줄일 수 있는 것으로 보이는 점 등을 참작하여 신중하게 판단하여야 한다."고 판시하고, 이러한 전제 하에 ① 갑이 사실혼관계에 있던 을의 동의 없이 병 은행에서 예금청구서에 위조한 을 명의의 도장을 날인하여 을 명의 예금통장과 함께 제출하고, 비밀번호를 입력하여 예금을 인출한 사안에서 병 은행 담당 직원에게 어떠한 과실이 있다고 할 수 없다는 이유로 병 은행의 갑에 대한 예금 지급은 채권의 준점유자에 대한 변제로서 유효하다고 판시하였다(대법원 2013. 1. 24. 선고 2012다 91224 판결). 한편, ② 절취한 예금통장에서 제1예금인출이 행하여진 후 단시간 내에 거래지점을 바꿔가면서 행해진 제2 내지 제3의 예금인출에 따른 예금지급 역시 채권의 준점유자에 대한 변제로서 유효하고 은행에 인감 대조 및 비밀번호 확인 등의 통상적인 조사 외에 추가적인 조사를 해야 할 주의의무가 있다거나 이를 위반한 과실이 있다고 할 수 없다고 다고 판시한 바 있다(대법원 2007. 10. 25. 선고 2006다 44791 판결).

이러한 법리에 비추어 볼 때, 전자자금이체거래에 있어서 공인인증서 비밀번호 입력 및 보안카드 비밀번호 또는 OTP 단말기가 생성하는 일회용 비밀번호(1일 이체한도 300만원 이상 이체 시에는 추가 인증까지)의 일치여부를 확인하는 것 이상으로 이체거래의 지시자가 적법한 권한을 가진 자인지 확인해야 할 은행의 주의의무가 존재한다고 보기 어렵다. 따라서 보이스피싱의 방법으로 피해자(예금명의인)의 공인인증서를 위조한 다음, 이를 이용해서 성명불상자가 실행한 제3의 계좌(소위 '대포통장')로의 자금이체(송금)는 채권의 준점유자에 대한 변제로서 유효하다고 할 것이다. 뿐만 아니라, 전자금융거래의 유형인 폰뱅킹이나 PC뱅킹에 의한 자금이체신청의 경우 그것이 채권의 준점유자에 대한 변제로서 은행에 요구되는 주의의무를 다했는지 여부를 판단하기 위해서는 자금이체시의 사정만이 아니고 그 등록 시의 본인확인에 필요한 주의의무를 다했는지를 총체적으로 고려하여야 하는데(대법원 1998. 11. 10. 선고 98다 20059 판결; 대법원 2006. 12. 21. 선고 2004다 41194 판결) 보이스피싱 사례의 경우, 전자금융거래신청 시 대면에 의한 본인확인은 이용자 스스로 거친 점에 비추어 볼 때 이용자가 성명불상자의 지급지시에 의해 실행된 전자자금이체의 효력을 부인할 수는 없는 것이다.

65 본 사안은 피해자(원고)가, 허위의 문자메시지를 통해 안내받은 피고은행의 공식 홈페이지를 사칭한 인터넷 사이트에 접속한 후, 공인인증서 재발급에 필요한 본인의 금융거래정보 등을 입력한 스미싱 사례로 전형적인 보이스피싱과는 구체적인 범행방법에 있어 차이가 있다. 그러나 성명불상자가 기망에 빠진 피해자로부터 취득한 금융거래정보를 통해서 공인인증서를 재발급 받은 후 피해자를 사칭해서 전자문서인 '전자대출거래약정서'를 통해 금융회사와 전자대출약정을 체결한 점에 있어 보이스피싱과 다르지 않으므로, 당해 전자대출약정의 효력 및 대출금채무 귀속 문제에 관한 적용 법리를 달리 볼 것은 아니다.

요 www.card-kr.com'이라는 내용의 휴대전화 문자메시지를 받고 동 사이트에 접속하여 공인인증서 재발급에 필요한 보안카드번호와 비밀번호 등의 금융정보를 모두 입력하였는데, 성명불상자가 같은 날 동 사이트에서 확보한 위 금융정보를 이용하여 KB국민은행의 인터넷 홈페이지에 접속해서 원고의 공인인증서를 재발급 받은 후 원고 명의로 마이너스대출을 포함하여 4,500여만원을 대출받아 이를 편취하였고, 원고는 위 대출금 중 일부를 변제한 후 KB국민은행을 상대로 대출금채무부존재확인소송을 제기한 사안에서, 원고가 이 사건 대출신청 이전에 이미 피고은행과 전자금융거래계약을 체결하였고 당시 공인인증서와 금융정보를 통해 전자금융거래의 작성자를 확인하기로 하는 조항이 포함된 전자금융거래기본약관과 전자금융서비스 이용약관을 계약 내용으로 하는 데 합의하였고, 이 사건 대출신청은 원고의 금융정보와 공인인증서에 의해 이루어졌으므로 피고은행은 구 전자금융거래법 제5조 제1항 및 구 전자거래기본법 제7조 제2항 제1호에 의하여 대출신청을 원고가 한 것으로 처리할 수 있고, 설령 다른 사람이 하였다고 하더라도 그 효력은 원고에 미친다는 점을 근거로 원고의 청구를 기각하였다.

2) 대구지방법원 2012. 5. 17. 선고 2011가합12648 판결[66]

원고가 국민은행에서 예금통장을 개설 및 인터넷뱅킹에 의한 전자금융이

66 동 판결은 소외 갑이 권한 없이 원고 명의를 모용하여 피고(국민은행)와 체결한 전자대출약정에 따른 채무의 귀속과 관련하여 전자금융거래법 제9조 제1항 및 동법 시행령 제8조를 원용하여 위 약정에 따라 피고가 원고로부터 수령한 대출원리금이 법률상 원인이 없는 부당이득이라고 할 수 없다고 판시하고 있다. 그러나 본 사안은 원고가 접근매체인 공인인증서 및 보안카드를 임의로 소외 갑에게 교부한 사안으로, 소외 갑이 원고 명의로 피고와 전자대출약정을 체결함에 있어 원고의 공인인증서를 위조 내지 변조한 바 없으므로 구 전자금융거래법 제9조 제1항이 적용될 여지가 애초에 없을 뿐만 아니라, 동 조항은 접근매체의 위·변조, 계약체결 또는 거래지시의 전송이나 처리과정에서 발생한 사고에 대한 금융회사의 손해배상책임에 관한 규정으로, 동 조항을 전자대출약정의 존부 및 그 채무의 귀속문제에 원용하는 것은 적절하지 않다고 생각한다. 나아가 동 판결이 원고의 청구를 기각하는데 또 하나의 논거로 들고 있는 '전자외상매출채권거래기본약관'은 소외 갑이 원고 명의로 피고와 전자대출약정을 체결하는 과정에서 원고를 사칭하여 동의한 것에 불과하고, 원고 본인이 이전에 동의한 바 없으므로 이를 논거로 원고의 청구를 배척한 것은 법리적으로 타당하다고 볼 수 없다. 결론적으로, 원고가 국민은행에 공인인증서 발급 신청 시 동의한 전자금융서비스이용약관상의 본인확인방법에 관한 근거조항 및 전자거래기본법 제7조 제2항 제1호에 따라 원고의 청구를 기각하면 충분한 사안이다.

용신청을 하여 공인인증서 및 보안카드를 발급 받은 뒤, 소외 갑에게 본인 명의 통장 및 공인인증서, 보안카드를 주었는데 소외 갑은 이를 기화로 원고 명의의 전자기록을 위작한 후 허위의 외상매출채권을 담보로 국민은행과 원고 명의로 전자대출약정을 체결하여 대출금을 편취하였고, 원고는 국민은행에 위 채무를 모두 변제한 후에 동 은행을 상대로 대출금채무 부존재를 원인으로 부당이득반환청구소송을 제기한 사안에서, 원고가 접근매체인 통장, 공인인증서, 보안카드를 제3자인 소외 갑에게 사용을 위임하거나 누설하여 이 사건 대출이 발생하였고 이는 원고의 고의 또는 중대한 과실에 의한 사고발생에 해당한다고 할 것이므로, 전자금융거래법 제9조 제1항 제1호, 동 시행령 제8조, 외상매출채권거래기본약관 제18조 제5항에 따라 피고(A은행)는 이 사건 대출과 관련하여 어떠한 책임도 없고 피고가 원고로부터 변제받은 이 사건 대출 원리금은 정당하다고 할 것이어서 피고가 수령한 위 대출 원리금이 법률상 원인 없는 부당이득을 전제로 한 원고의 청구는 이유 없다고 판시하였다.

3) 서울중앙지방법원 2015. 3. 18. 선고 2014가단181457 판결

원고는 씨티캐피탈 직원을 사칭한 성명불상자로부터 대출알선 전화를 받은 후, 그에게 거래은행인 기업은행 3개월분 거래내역, 예금계좌번호 및 그 비밀번호, 인터넷뱅킹용 보안카드 일련번호 및 비밀번호를 알려줌과 아울러, 본인의 주민등록등본 및 신분증사본을 송부해 주었고, 성명불상자는 이를 이용해서 기업은행으로부터 원고 명의의 공인인증서를 발급받아 원고와 기존거래관계가 없던 미즈사랑대부(주) 및 아프로파이낸셜대부(주)와 원고 명의로 각 전자대출약정을 체결한 뒤, 대출금을 편취한 데 대해 원고가 위 대부업체들을 상대로 채무부존재확인소송을 제기한 사안에서, 피고들과 전자문서에 의한 대출계약 체결에 사용된 원고 명의 공인인증서는 원고 본인의 의사에 기하지 않은 채 제3자가 대출을 빌미로 원고를 기망하여 그의 인적 정보를 취득한 후 이를 이용하여 기업은행으로부터 발급받은 것으로 추인되고, 따라서 피고들과의 대출계약은 제3자가 부정한 방법으로 발급받거나 위조한 공인인증서를 이용하여 전자거래의 방법으로 체결된 것이어서 원고의 의사에 기하여 유효하게 체결된 계약이 아니고 대출금반환채무도 원고에게 귀속하지 아니한다고 판시하는 한편, 피고

들의 민법 제126조 표현대리 주장에 대해서도 원고가 성명불상자에게 어떠한 대리권을 수여한 바 없다는 이유로 배척하였다.

4) 서울중앙지방법원 2014. 11. 7. 선고 2013가합48857, 2014가합11982, 2014가합564646 판결

원고가 신한은행 직원을 사칭한 성명불상자로부터 대출권유 전화를 받고 동 은행 신규계좌 개설을 한 다음, 신규계좌 통장 사본, 동 은행 인터넷뱅킹용 보안카드 사본 및 운전면허증 사본을 성명불상자에게 팩스로 송부하고 위 계좌 비밀번호, 하나은행 계좌정보, 신용카드번호, CVV 등의 금융정보도 알려주었는데, 성명불상자는 이를 이용해 원고 명의의 휴대전화를 개통한 후 10여 군데의 금융회사(피고들)에 콜센터 전화 또는 인터넷 뱅킹의 방법으로 원고 명의로 대출을 받아 대출금을 편취하였고, 원고는 위 금융회사들을 상대로 채무부존재확인소송을 제기한 사안에서, 원고가 본 보이스피싱 범행 이전부터 거래관계를 맺고 또 그 계약 체결 당시 관련 약관에 동의를 했었던 피고들의 경우에는 당해 약관 및 전자금융거래법 제5조 제1항, 전자서명법 제18조의2, 전자거래기본법 제7조 제2항 제1호 등에 따라 대출계약을 원고가 아닌 성명불상자 등 다른 사람이 하였다고 하더라도 그 효력은 원고에게 미친다고 판시하였다. 반면, 기존에 원고와 거래관계가 없었던 피고들의 경우에는 비대면 거래의 특성을 원용하여 거래관계의 성립을 논하기 어렵고 특별한 사정이 없는 한 대출계약이 성립하지 않았다고 봄이 타당하다는 점을 근거로 원고의 대출금채무부존재 주장(청구원인)을 수긍한 후, 피고들의 민법 제126조의 표현대리 항변을 받아들여 원고의 청구를 기각하였다. 피고 항변에 관한 설시내용을 구체적으로 살펴보면, 원고는 성명불상자에게 대출권유 전화를 받고 대출을 받을 목적으로 그에게 금융거래 정보를 알려준 것이므로 기본대리권의 수여가 있고, 성명불상자가 대출계약 체결과정에서 원고가 알려준 정보를 이용하여 공인인증서를 발급받고 휴대전화를 개설하여 본인인증을 받고 오류 없이 해당 홈페이지에 관련 정보를 기입한 점 등에 비추어 볼 때 피고들은 성명불상자가 원고 본인으로서 각 대출계약을 체결한 것으로 믿은데 정당한 이유가 있다고 판시하였다.

5) 서울중앙지방법원 2015. 6. 10. 선고 2015나9836, 2015나17011 판결

원고가 신한은행 직원을 사칭한 성명불상자로부터 대출알선 전화를 받은 후, 그에게 동 은행 인터넷뱅킹용 보안카드번호, 통장비밀번호, 현대카드 및 한국씨티은행으로부터 발급받은 신용카드의 카드번호, 그 비밀번호 및 CVV번호를 알려주고, 통장사본 및 신분증은 팩스로 송부하였고, 성명불상자가 이를 이용하여 원고 명의로 인터넷대출 및 신용카드 현금서비스를 받아 편취한 데 대해, 원고가 피고 금융회사들(현대카드, 한국씨티은행 및 예가람저축은행)을 상대로 채무부존재확인소송을 제기한 사안에서, 피고 카드사들에 대한 청구에 대해서는 원고가 신용카드 이용계약 체결시 동의한 약관에서 비대면 거래의 경우 비밀번호가 일치하면 거래가 성립하는 것으로 보는 점, 성명불상자는 원고의 신용카드번호, 비밀번호, CVV번호, 원고 명의 휴대전화로 전송된 인증번호를 정확히 입력하고, 원고 명의의 공인인증절차를 거친 점 등을 이유로 원고가 아닌 성명불상자에 의한 거래의 효력은 원고에게 미친다고 판시하였다. 그러나 피고 저축은행에 대한 청구에 대해서는 원고의 공인인증서로 본인확인을 거친 후 대출신청이 된 사실, 성명불상자에 의한 대출약정 이전에 이미 원고가 피고 저축은행으로부터 대출을 받은 이력이 있는 점, 성명불상자에 의한 대출시 원고가 동 저축은행에 등록했던 휴대전화번호로 본인확인이 이루어졌고, 여전히 원고가 동 번호를 사용하고 있는 점 등을 근거로 원고 명의의 대출신청서는 원고 또는 그 대리인의 의사에 기한 것이라고 믿을 만한 정당한 이유가 있는 자에 의하여 송신된 경우(전자거래기본법 제7조 제2항 제2호)에 해당하고,[67] 달리 위 대출약정서가 부정한 방법으로 발급받거나 위조한 공인인증서를 이용하여 작성되었다는 점을 인정할 증거가 없다는 이유로 원고의 청구를 기각하였다.

6) 서울중앙지방법원 2013. 2. 15. 선고 2012가단5088900, 2012가단340108 판결

원고들은 검찰직원을 사칭한 성명불상자의 전화를 받고, 그가 알려준 인터

67 동 판시내용은 성명불상자에 의해 원고와 피고 저축은행 간에 체결된 전자대출거래약정서가 전자거래기본법 제7조 제2항 제2호에 근거해 원고에 대한 관계에서 유효하다는 취지가 아니라, 원고의 보이스피싱 주장에도 불구하고 여러 제반 증거에 비추어 볼 때 원고 본인이 직접 위 약정서를 작성하여 피고 저축은행에 송신한 것으로 보인다는 취지이다.

넷 사이트(e-금융민원센터)에 접속한 후 성명, 주민등록번호, 거래은행의 계좌번호 및 그 비밀번호, 공인인증서 비밀번호, OPT 번호 내지 보안카드번호 등 공인인증서 발급에 필요한 모든 정보를 입력하였는데, 성명불상자는 이를 이용하여 원고들의 공인인증서를 '재발급' 받은 후 원고들과 거래관계가 없었던 피고 금융회사와 인터넷뱅킹을 통해 원고들 명의로 각 대출약정을 체결하여 대출금을 편취하였고, 이에 원고들은 피고 금융회사를 상대로 채무부존재확인소송을 제기한 사안에서, 원고들은 피고 회사와 종전에 거래한 적이 없으므로 피고에 대하여 특별한 사정이 없으면 각 대출약정에 기한 채무를 부담하지 않는다고 하는 한편, 민법 제126조 표현대리책임 성부에 관해서도 성명불상자에게 원고들을 대리할 기본대리권이 없을 뿐만 아니라, 2006년경부터 보이스피싱이나 해킹에 의한 금융사고 발생이 빈번한 점, 각 대출계약의 신청서상에 입력된 원고들의 집주소와 전화번호의 지역번호가 일치하지 아니하고 직장주소와 직정전화번호의 지역번호가 일치하지 아니하는 등의 점을 종합해 볼 때 피고 회사는 성명불상자가 원고들 본인으로서 권한을 행사하는 것으로 믿은 데 정당한 사유가 없으므로 각 대출약정은 원고들에 대하여 효력이 없다고 판시하였다.

7) 서울동부지방법원 2013. 9. 27. 선고 2012가단24812

원고가 금융감독원 직원을 사칭한 성명불상자로부터 전화를 받은 후, 그의 안내에 따라 '금융보호원(fclwpb.com)'이라는 인터넷사이트에 접속하여 국민은행 공인인증서 재발급을 위해 필요한 금융거래정보 일체를 입력하는 방식으로 제공하였고, 성명불상자는 이를 이용하여 원고의 국민은행 공인인증서를 재발급 받아 같은 날 동 은행으로부터 3,000만원 한도대출을 받은 후 이를 제3의 계좌로 송금하는 방식으로 편취한 사안에서, 전자거래기본법 제7조 제2항 제1호 및 동 은행 전자금융서비스이용약관 제6조 제3항('이용자가 인터넷뱅킹을 통하여 대출을 이용할 때에는 은행은 일회용 암호 또는 계좌이체승인 암호, 공인인증서 암호 등을 확인한다.'고 규정하고 있음)에 근거해서 성명불상자의 이체지시에 따른 대출신청의 의사표시는 원고가 한 것으로 간주된다고 판시하면서 피고 국민은행과 대출계약이 성립되지 않았다는 원고의 주장을 배척하였다.

8) 서울동부지방법원 2012. 9. 12. 선고 2012가단42162 판결

원고는 신한은행으로부터 인터넷 뱅킹을 통해 한도대출을 받는 등 동 은행과 거래관계를 지속해 오던 중, 검찰청 직원을 사칭한 성명불상자의 전화를 받은 다음 그의 안내에 따라 가상의 사이트(www.spgetss.com)에 접속하여 위 은행의 계좌번호, 주민번호 뒷자리, OTP단말기 일련번호를 입력함과 아울러, 1시간 50여 분간 통화를 계속하면서 OTP단말기에서 생성되는 일회용 비밀번호를 반복해서 알려주었고, 성명불상자는 이를 기화로 신한은행으로부터 원고의 공인인증서를 재발급 받은 후 곧바로 인터넷뱅킹의 방법으로 동 은행으로부터 원고 명의로 예·적금담보대출을 받아 이를 편취한 데 대해, 원고가 위 대출금을 일단 변제 후 신한은행을 상대로 대출금채무 부존재를 원인으로 하는 부당이득반환청구소송을 제기한 사안에서, 원고가 본건 보이스피싱 이전에 피고 신한은행으로부터 마이너스 대출을 받을 당시 동의한 '신한온라인서비스이용약관'에 따르면 피고은행이 요구하는 공인인증서, 계좌번호, 계좌비밀번호, 이체비밀번호, 보안매체 비밀번호가 모두 입력되었고 그 내용이 피고은행에 등록된 자료와 일치하면 대출계약이 체결된 것으로 보아야 한다는 점을 근거로 피고은행에 대한 원고의 청구를 기각하였다.

(3) 소 결

위에서 살펴본 하급심 판결들은, 전반적으로 성명불상자가 이용자의 명의를 모용하여 금융회사와 전자대출약정을 체결하기 전에 이용자 본인과 당해 금융회사 간에 인터넷뱅킹에서의 본인확인방법에 대해서 합의한 적이 있는지 여부에 따라, 그와 같은 선행 합의가 이루어진 경우에는 전자거래기본법 제7조 제2항 제1호에 의거해서 이용자 본인에 의한 전자대출약정으로 간주하고, 성명불상자에 의해 체결된 전자대출약정의 효력이 이용자에게 미친다고 보는 반면에,[68] 합의가 없는 경우에는 전자대출약정이 권한 없는 제3자에 의해 체결되었

68 이러한 법리에 비추어 보더라도 현행 공인인증서 재발급절차는 재고의 필요성이 크다. 왜냐하면, 전자금융거래에 있어서의 접근매체에 의한 본인확인방법을 정한 약관조항은 공인인증서 발급과정에서 이용자의 동의에 의해 전자금융거래약정의 계약 내용으로 편입되는데, 이용자가 일단 공인인증서를 최초에 발급받게 되면 그 과정에서 위 약관은 계약의 내용으로 자동으로 편입된다(동의하지 않으면 공인인증서 발급절차 진행이 불가능하여 공인인증서를 발급받을 수 없음). 예컨대, 이용자가 A은행으로부터 발급받은 공인인증서가 보

다는 점을 근거로 원칙적으로 당해 대출약정에 따른 대출금채무의 귀속을 부정하면서, 민법 제126조의 표현대리책임을 유추적용하여 이용자가 성명불상자에게 기본대리권을 수여한 바 있는지, 나아가 금융회사가 성명불상자를 원고 본인으로 보고 대출약정을 체결한 데 정당한 이유가 있는지 여부를 살피고 이에 따라 대출금채무의 이용자 귀속 여부를 판단하고 있는 것으로 보인다.[69] 이러한 하급심 판결의 태도에 비추어 볼 때, 법원은 아직까지 보이스피싱에 기해 성명불상자가 작성자의 공인인증서를 위조하고 이를 이용하여 작성자의 명의를 모용하여 금융회사에 전자대출거래약정서를 송신한 경우에는 전자거래기본법 제7조 제2항 제2호를 근거로 당해 대출금채무를 작성자에게 귀속시키고 있지는 않은 것으로 평가할 수 있다.

4. 하급심 판결례에 대한 비판적 검토

전자거래기본법 제7조 제2항 본문 및 제2호에 따르면, 수신된 전자문서가 작성자와의 관계에 의하여 수신자가 그것이 작성자의 의사에 기한 것이라고 믿을 만한 정당한 이유가 있는 자에 의하여 송신된 경우에는 전자문서의 수신자는 당해 전자문서에 포함된 의사표시를 작성자의 그것으로 보아 행위 할 수 있는 바, 결국 성명불상자가 보이스피싱의 방법으로 작성자의 공인인증서를 위조한 후, 이를 수단으로 작성자를 사칭하여 금융회사에 전자대출거래약정서를 송신한 경우를 '수신된 전자대출거래약정서(전자문서)가 피모용자(작성자)와의 관계에 의하여 금융회사(수신자)가 그것이 피모용자의 의사에 기한 것이라고 믿을

이스피싱에 의해 성명불상자에 의해 재발급 되고, 그가 이를 통해 A은행으로부터 대출을 받거나, 혹은 그 재발급된 공인인증서로 B은행으로부터 대출을 받았는데 마침 이용자가 그 B은행에 A은행으로부터 발급받은 공인인증서를 사용등록(타행 발급 공인인증서 사용등록을 위해서도 공인인증서 발급과 동일하게 위와 같은 약관에 대한 동의는 필수적임)까지 해 두었던 경우에는 이미 공인인증서 발급시 동의한 약관조항에 구속되기 때문에 이용자가 대출금채무의 귀속으로부터 벗어나는 것이 법리상 불가능하기 때문이다.

69 개인정보 유출형 전기통신금융사기거래 유형 중 대출계약에 대한 법원의 판결례에 대해서, '이용자와 금융회사 간에 사전에 합의된 본인확인절차에 따라 이루어진 금융거래는 원칙적으로 유효한 것으로 보지만, 본인이 권한을 행사한 것으로 볼 수 없는 특별한 사정이 있는 경우에는 금융회사로 하여금 보다 엄격한 본인확인의무를 부담하게 하여 금융회사가 본인확인의무를 이행하는 데 있어 과실이 있는 경우에는 유효한 행위로 보지 않고 있다'고 평가하는 견해도 있다[노태석·이성우, "전기통신금융사기 피해자의 민사적 구제 방안에 관한 연구", 『금융법연구』 제10권 제1호(한국금융법학회, 2013. 8), 400면].

만한 정당한 이유가 있는 자에 의하여 송신된 경우'에 해당하는 것으로 볼 수 있는지 여부가 문제된다.

이 점에 대해 지금까지 구체적인 법리를 설시한 하급심 판결이 없어 단언하기는 어려우나 추측컨대, 법원은 보이스피싱 사안의 경우 성명불상자와 작성자는 각각 사기범행의 가해자와 피해자의 관계에 있을 뿐이어서, 성명불상자가 작성자의 명의를 모용하여 금융회사에 전자대출거래약정서를 송신하는 행위를 정당화 할 수 있는 양자 간의 어떠한 내부적인 '관계'(relationship)를 인정하기 어렵다는 점에 근거해서 전자거래기본법 제7조 제2항 제2호를 적용하지 않는 것으로 보인다. 그러나 물리적 서면을 전제로 하지 않는 비대면 거래라는 전자금융거래의 본질적 특성은 전자금융거래의 수단으로 기능하는 전자문서와 그에 포함된 의사표시의 귀속에 관한 해석에 있어서도 충분히 고려되어야 한다는 점에 비추어 볼 때, 이와 같은 법원의 해석론은 동의하기 어렵다. 그 구체적인 논거는 다음과 같다.

첫째, 전자금융거래는 시스템 접근수단이자 이용자 본인확인수단으로 기능하는 접근매체를 통해 이루어지며, 이와 같은 접근매체는 은행의 대면에 의한 본인확인절차를 거쳐 이용자 '본인'에게만 발급되므로, 전자대출약정의 상대방 당사자인 금융회사로서는 이와 같이 작성자 명의로 발급된 접근매체를 통해 대출청약의 의사표시를 하는 자를 작성자 '본인'으로 볼 수밖에 없다. 뿐만 아니라 금융회사는 모용자와 작성자 양자 사이의 관계에 있어, 모용자가 작성자의 접근매체에 접근하여 이를 획득한 후 그의 명의를 모용하여 금융회사에 전자대출거래약정서를 송신하는 것이 가능할 정도의 관계(예컨대, 동거하는 가족 내지 같은 직장에서 함께 근무하는 동료)를 작성자와 맺고 있는지 여부를 당해 전자문서 수신시 확인하거나 사후에 이를 검증할 유효한 방법을 가지고 있지 않고, 이는 현실적으로 가능하지도 않다. 따라서 전자거래기본법 제7조 제2항 제2호상의 작성자와 모용자 간의 '관계'는 양자 간의 친소관계나 물리적 거리가 아니라, 작성자가 모용자로 하여금 본인의 접근매체에 접근을 허용했는지 또는 접근을 용이하게 하였는지 여부를 기준으로 판단할 문제로 보인다.

둘째, 대면에 의한 본인확인 후 이용자에게 발급된 접근매체의 사용·관리상 주의의무는 이용자 본인에게 있는데, 보이스피싱에 의한 전자대출사기는 이용자가 성명불상자에게 공인인증서 (재)발급에 필요한 본인의 금융거래정보, 고유식별정보인 주민등록번호 및 접근매체인 일회용 비밀번호를 모두 누설 내지 노출하였을 뿐만 아니라 그로 하여금 휴대전화를 이용한 추가인증까지 가능하게 해주었기 때문에 발생하게 된다. 이와 같이 성명불상자에 의한 전자대출사기에 이르기까지의 이용자 본인의 접근매체(공인인증서와 일회용 비밀번호) 사용·관리상 주의의무 위반 및 그 귀책의 정도에 비추어 볼 때, 이용자 본인에게 대출금채무의 귀속이라는 법적 책임을 지우는 것이 부당하다고 볼 수 없고,[70] 이러한 사정은 동 조항상의 '수신자가 그것이 작성자의 의사에 기한 것으로 믿을 만한 정당한 이유가 있는 자에 의하여 송신된 경우'에 해당하는지 여부를 해석함에 있어서 충분히 고려되어야 할 것이다.

셋째, 접근매체에 의한 이용자 본인확인방법 및 그에 따른 책임의 귀속을 정하고 있는 은행을 포함한 금융회사의 전자금융서비스 이용약관이 이용자 동의에 근거해 전자금융거래약정에 편입되는 과정을 살펴볼 때, 이용자가 그 약관에 사전에 동의했는지 여부에 따라 위조된 공인인증서를 통해서 권한 없는 제3자에 의해 이루어진 전자대출약정의 효력 여부를 달리보아야 할 합리적인 이유를 찾기도 어렵다.

넷째, 이용자가 대출 금융회사와 전자금융거래약관에 사전 동의하지 않은 경우 전자거래기본법 제7조 제2항 제2호의 적용을 배제하고, 민법 제126조의 표현대리책임의 성부만을 검토하고 있는 현재까지의 하급심 판결례에 따르면, 성명불상자가 대출권유 내지 알선을 미끼로 이용자의 금융거래정보를 획득하는 경우에는 이용자가 성명불상자에게 본인 명의로 금융회사와의 전자대출약정 체결할 권한(기본대리권)을 준 것이 되어 금융회사가 성명불상자를 이용자 본인으로 믿은데 정당한 이유가 인정되는 경우에는 이용자에게 대출금채무 귀속이라

---

70 유엔, 전자상거래 모델법 가이드, 50면은, 'UNCITRAL 전자상거래모델법 제13조 제3(b)항[전자거래기본법 제7조 제2항 제2호에 해당]의 효과는 동조 제4(b)항[전자거래기본법 제7조 제3항 제2호에 해당]과 함께 해석되어야 하고, 상황에 따라서는, 작성자 또는 수신자가 어느 일방 당사자의 과실(negligence)에 기인해서 무권한자에 의해 발송된 데이터 메시지(unauthorized data message)에 대해서 책임을 져야 한다'고 설명하고 있는데 이는 결국 무권한자가 작성자의 명의로 송신한 전자문서에 대해서 작성자의 과실이 있는 경우에는 당해 전자문서에 포함된 의사표시가 작성자 본인에게 귀속된다는 취지이다(위 꺾쇠부분은 필자가 표시한 것임).

는 법적 효과가 나타나는 데 반해서, 수사기관 또는 금융 감독당국 직원을 사칭하면서 이용자를 기망하거나 겁박하여 위 정보를 획득하는 경우에는 대출약정 체결을 위한 기본대리권을 수여한 바 없어, 법리상 이용자에게 대출금채무가 귀속될 수 없다. 그런데 앞서 살펴본 '비대면성'이라는 전자금융거래의 본질적 특성에 비추어 볼 때 전자대출약정의 상대방인 금융회사가 전혀 그 사정을 확인할 수 없는 보이스피싱 범행의 구체적인 범죄태양에 기초해서 대출금채무의 귀속에 대한 결론을 달리하는 것이 타당하다고 보기는 어렵다.

마지막으로, 금융회사는 고객과 비대면의 전자대출약정을 체결하기 위해서는 이에 선행하는 접근매체 발급과 관련된 대면에 의한 이용자 본인확인절차 외에 『특정 금융거래정보의 보고 및 이용 등에 관한 법률』(이하, '특정 금융거래정보법'이라 한다) 및 『전기통신금융사기 피해 방지 및 피해금 환급에 관한 특별법』(이하 '전기통신금융사기방지법' 이라 한다)에 근거해서 당해 전자대출약정 체결과정에서 별도의 본인확인절차를 거쳐야 한다. 이러한 절차까지 모두 거친 후 체결된 전자대출약정의 효력은 쉽게 부인되어서는 안 되며, 이용자와 금융회사 간에 전자대출약정상의 본인확인방법에 관한 '사전' 합의가 없어서 전자거래기본법 제7조 제2항 제1호가 적용될 수 없는 경우라 할지라도, 특정 금융거래정보법 및 전기통신금융사기방지법에 근거해서 전자대출약정 체결 시 금융회사에 요구되는 고객(대출신청자) 본인확인절차가 정상적으로 이행된 경우에는 당해 대출약정의 효력 및 피모용자인 작성자에게 그에 따른 대출금채무 귀속되는지 여부에 관하여 동항 제2호를 적용할 수 있다고 생각한다. 특정 금융거래정보법 및 전기통신금융사기방지법상의 각 본인확인절차에 대해서는 항을 바꾸어 살펴본다.[71]

71 자금세탁 및 테러자금조달행위 규제 목적으로 제정된 특정 금융거래정보법은 금융회사에 대하여 비대면 거래에 있어 강화된 고객확인의무를 부과하고 있을 뿐만 아니라, 아래 V−5.에서 살펴보는 바와 같이 감독당국이 은행에 대하여 인터넷대출을 위한 구체적인 고객확인 프로세스를 제시하고 있어서, 보이스피싱 등 전자통신금융사기를 억지하는 부수적인 효과까지 수반하고 있다.

5. 전자대출약정 체결과정에서의 금융회사의 본인확인절차

(1) 특정 금융거래정보법에 따른 본인확인

금융회사 등은 금융거래를 이용한 자금세탁행위 및 공중협박자금조달행위를 방지하기 위하여 합당한 주의로서 고객이 계좌를 신규로 개설하거나 일정금액 이상(외국통화로 표시된 외국환거래의 경우 1만 미합중국달러 또는 그에 상당하는 다른 통화로 표시된 금액, 그 외의 금융거래의 경우 2천만원)의 일회성 금융거래[72]를 하는 경우에는 '실지명의, 주소, 연락처'를 통해서 거래상대방의 신원을 확인하여야 하고, 실제 거래당사자 여부가 의심되는 등 고객이 자금세탁행위나 공중협박자금조달행위를 할 우려가 있는 경우에는 추가적으로 실제 당사자 여부와 금융거래 목적을 확인하여야 한다(동법 제5조의2 제1항, 동법 시행령 제10조의2 내지 제10조의4). 그리고 거래당사자 신원확인의 대상이 되는 금융거래인 '계좌 신규 개설'에는 대출계약의 체결도 포함된다.[73] 한편, 동법상의 '실지명의'는 금융실명법에 의한 실지명의를 의미하므로(동법 시행령 제7조 제3항), 결국 개인고객에 있어 신원확인의 대상이 되는 사항은 '성명과 주민등록번호의 확인, 실명확인증표에 첨부된 사진에 의한 명의인 본인 여부(실지명의 확인)' 및 주소, 연락처 확인을 의미한다.

제도의 취지와 해석상 동법상의 고객 신원확인은 '대면'에 의한 것이 원칙이기는 하나 금융실명법상 대면에 의한 실명확인원칙과는 달리, 동법의 하위법령인 '자금세탁방지 및 공중협박자금조달금지에 관한 업무규정'은 비대면에 의한 새로운 금융거래 개설 및 이를 위한 비대면에 의한 고객 신원확인 방법도 명시적으로 허용하고 있다.[74] 구체적으로 금융 감독당국은 금융실명법의 적용을 받지 않으면서 자금세탁의 위험성이 상대적으로 낮은 (전자)대출에 대해 신용카드,

---

72 금융회사 등에 개설된 계좌에 의하지 아니한 금융거래를 의미하고(동법 시행령 제10조의2 제2항), 자기앞수표 발행 및 지급, 무통장입 입금(송금) 등이 이에 해당한다(자금세탁방지 및 공중협박자금조달금지에 관한 업무규정[금융정보분석원 고시 제 2010-3호(2010. 12. 28)] 제23조 제1항 제1호 내지 제2호).

73 위 업무규정 제22조 제2호.

74 위 업무규정 제35조(비대면거래) ① 금융기관 등은 비대면 거래와 관련된 자금세탁 등의 위험에 대처하기 위한 절차와 방법을 마련하여야 한다.
② 금융기관 등은 비대면에 의해 고객과 새로운 금융거래를 하거나 지속적인 고객확인을 하는 경우에 제1항에 따른 절차와 방법을 적용하여야 한다.

[그림 2] 비대면채널 고객확인 이행절차(예시) – 인터넷 대출의 경우[75]

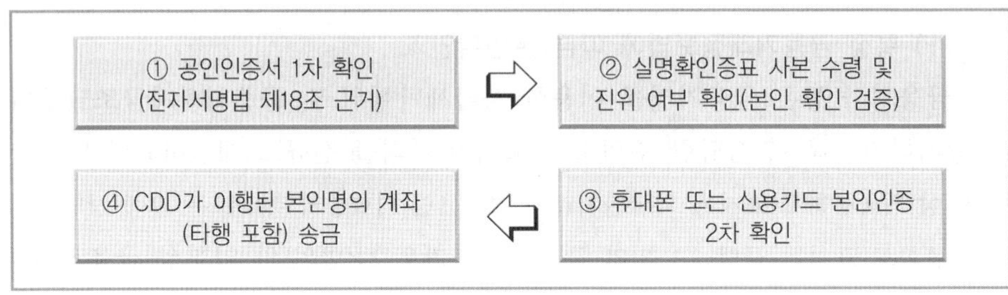

보험과 마찬가지로 '대면'에 의한 실지명의확인의 원칙을 완화하여 해석하고 있으며, 금융회사는 이에 따라 [그림 2]와 같이 실명확인증표 사본 수령 및 진위 여부 확인 및 추가적인 보완조치를 통해 대면에 의한 고객본인확인절차를 갈음할 수 있다.

(2) 전기통신금융사기방지법에 따른 본인확인

구 전기통신금융사기 피해금 환급에 관한 특별법(2015. 1. 28. 법률 제12384호로 일부개정되기 전의 것)은 전화 또는 인터넷메신저 등 전기통신수단을 이용한 금융사기가 급증하고 전기통신금융사기는 성명불상자 등의 범죄조직에 의해 순식간에 이루어지는 특징이 있어 피해사가 통상의 민사소송절차로 피해를 회복하는데 어려움이 있는 점을 감안하여 금융사기의 피해자가 소송절차를 거치지 않고 피해금을 신속히 돌려받을 수 있도록 채권 소멸절차와 피해금 환급절차 등을 마련하기 위해 2011년 3월에 제정된 법률이었다.[76] 그런데 구법이 피해금 환급절차 위주로 규정되어 있어 적극적인 전기통신금융사기 피해방지를 위한 제도적 조치가 미흡하여 그 보완의 필요성이 대두되었고, 2011년 말부터 금융감독원은 은행에 인터넷·전화(ARS)를 통한 대출신청 시에 전화 내지 휴대폰 인증번호를 통해 본인확인을 거치도록 행정지도[77]를 해 오던 중 2014년 1월에 동법이 개정되어, 그해 7월부터 시행되었다. 개정 법률의 내용을 구체적으로 살

75 금융정보분석원, 『비대면채널을 통한 금융거래 고객확인 방안 통보』(2012. 1. 30), 3면.
76 법제처, 전기통신금융사기 피해금 환급에 관한 특별법(법률 제10477호, 2011. 3. 29. 제정) 제정이유 참조.
77 금융감독원 은행감독국, 『비대면매체를 통한 금융거래 본인확인 절차 강화 등 요청』(2011. 12. 30), 2면.

펴보면, 전기통신금융사기의 범위가 확대되고, 그간 행정지도를 통해 이루어지던 본인확인의무 강화조치를 법률에 명문화하여 비대면의 전자금융거래를 통한 대출 신청의 경우 대통령령으로 정하는 금융회사가 별도의 본인확인절차를 거치도록 의무화했고, 법률의 명칭도 '전기통신금융사기 피해방지 및 피해금 환급에 관한 특별법'으로 변경되었다.[78]

동 법률 제2조 제2호에 따르면, 전기통신금융사기는 '전기통신기본법 제2조 제1호에 따른 전기통신을 이용하여 타인을 기망·공갈함으로써 재산상의 이익을 취하거나 제3자에게 재산상의 이익을 취하게 하는 자금을 송금 이체하도록 하는 행위'(가목) 또는 '개인정보를 알아내어 자금을 송금·이체하는 행위'(나목)를 말한다. 다만 재화의 공급 또는 용역의 제공 등을 가장한 행위는 제외하되, 대출의 제공·알선·중개를 가장한 행위는 포함한다. 성명불상자가 피해자와의 전화통화를 통해 그의 개인정보를 알아낸 뒤 공인인증서를 위조하고, 그의 자금을 이체하는 방법으로 이루어지는 보이스피싱은 전형적인 '전기통신금융사기'의 유형에 해당한다. 나아가, 이와 같은 자금의 송금·이체행위는 피해자 명의의 사기대출과 결합되어 이루어진다는 점을 고려해서 동법 제2조의4 제1항 본문 및 제1호는 이용자가 금융회사에 '전자금융거래'에 의한 대출을 신청하는 경우[79]에는 전기통신금융사기 피해 방지를 위하여 이용자 본인확인조치를 이행하여야 한다고 규정하고 있으며, 금융회사가 이 조치를 위반하여 이용자에게 손해가 발생한 경우에는 그 손해를 배상할 책임을 진다(동법 제2조의4 제2항). 한편 이용자 본인확인조치의 구체적인 방법으로 금융회사에 등록된 이용자의 (휴대)전화를 이용하는 방법과 이용자와 대면하여 확인하는 방법이 있다(동법 시행령 제2조의3).

---

78 법제처, 전기통신금융사기 피해방지 및 피해금 환급에 관한 특별법(법률 제12384호, 2014. 1. 28. 일부개정) 개정이유 참조.

79 전기통신금융사기방지법 제2조의4 제1항 조문상에는 '전자금융거래'에 의한 대출 신청으로 한정하고 있지는 않으나 대면이나 상담원과의 유·무선 의사소통에 의한 대출신청의 경우, 상담과정에서 본인확인과정이 당연히 수반되므로, 동법이 정한 이와 같은 본인확인절차는 비대면의 전자금융거래를 전제로 한 것이다[각주 22)번 보도자료, 2면].

6. 소 결

앞서 살펴본 바와 같이 금융회사는 특정 금융거래정보법령 및 감독당국의 행정지도에 근거해서 이용자의 공인인증서를 통해 1차적인 고객 본인확인을 한 후 그의 신분증 사본을 수령하여 그 진위를 확인하고, 휴대폰 또는 신용카드를 통한 추가적인 인증을 할 뿐만 아니라 고객 본인확인절차(Customer Due Diligence)[80]를 거친 본인명의의 은행 계좌로만 대출금을 입금시키는 방법을 통해 전자대출약정 체결 및 그에 따른 대출 실행에 엄격한 본인확인절차를 적용하고 있다. 나아가 전기통신금융사기방지법 역시 (휴대)전화 내지 대면 확인방법을 전자대출약정 시 금융회사의 본인확인조치방법으로 규정하고 있고, 비대면의 전자대출약정이라는 특성상 휴대폰 인증이 대부분을 차지하고 있으며, 위 특정 금융거래정보법상의 휴대폰을 통한 추가인증절차와 함께 하나의 절차로 본인확인이 이루어진다.

정리하면, 보이스피싱을 통한 전자대출사기는 성명불상자가 이용자의 공인인증서를 위조하고 이를 이용해서 이용자를 사칭하여 금융회사에 전자대출청약의 의사표시를 하였을 뿐만 아니라, 금융회사가 자금세탁방지 및 전기통신금융사기 방지를 위해 전자대출약정 체결 시 관련 법령에서 요구하고 있는 고객 본인확인절차까지 모두 거쳤음에도 불구하고 발생하게 된다. 이와 같은 전자대출사기 발생에 기여한 이용자의 귀책사유를 자세히 살펴보면, 이용자는 성명불상자에게 접근매체인 일회용 비밀번호, 고유식별정보인 주민등록번호, 예금계좌번호 및 그 비밀번호 등 본인 명의의 공인인증서 (재)발급에 필요한 일체의 금융거래정보를 노출 내지 누설하고, 본인의 실명확인증표 사본까지 제공하였으며, 나아가 성명불상자로 하여금 본인 명의의 휴대전화를 통한 추가적인 본인인증까지 용이하게 해주었을 뿐만 아니라, 경우에 따라서는 본인의 신용카드정보(신용카드번호, 그 비밀번호 및 CVV번호)도 알려준 것이 된다. 결론적으로, 금융

80 나아가 비대면 거래의 경우에는 당해 거래의 대상이 되는 금융상품의 종류를 불문하고, 강화된 고객확인의무(Enhanced Due Diligence)가 적용된다. 따라서 금융기관이 고객과 전자대출약정을 체결하기 위해서는 고객의 실지명의 등 신원에 대한 확인(Customer Due Diligence) 뿐만 아니라, 고객의 직업, 금융거래의 목적, 거래자금의 원천 등에 대한 추가적인 정보를 확인하여야 한다(특정 금융거래정보법 제5조의2 제1항 제2호, 각주 72) 업무규정 제20조 제3항, 제31조 제3항 제3호, 제42조 제1 내지 2항, 제55조).

회사가 성명불상자를 전자대출거래약정서를 송신한 작성자 본인으로 오인하고 당해 대출 실행한데 대해 이용자에게 중대한 과실이 있다고 할 것이다.

이와 같이 금융회사가 관련 법령 및 금융 감독당국의 행정지도 등에 따른 고객 본인확인절차를 정상적으로 모두 이행하였음에도 불구하고, 피모용자를 사칭한 성명불상자가 위 확인절차를 통과하였고, 이 점에 관하여 피모용자 본인에게 상당한 귀책사유가 있는 경우에는, 비록 전자문서인 전자대출거래약정(청약)서를 차주인 피모용자가 아니라 성명불상자가 송신한 것이라고 하더라도 당해 약정서는 전자거래기본법 제7조 제2항 제2호에서 규정하고 있는 '수신된 전자문서가 작성자와의 관계에서 수신자가 그것이 작성자의 의사에 기한 것이라고 믿을 만한 정당한 이유가 있는 자에 의하여 송신된 경우'로 보고 그에 따른 이용자에 대한 대출금채무 귀속이라는 법적 효과를 인정하는 것이 타당하고, 이러한 해석은 동 조항의 입법적 모델이 된 UNCITRAL 전자상거래모델법 제13조 제3(b)항의 취지에도 부합한다.

한편, 전자거래기본법 제7조 제3항은 제2항 적용배제조항으로서 작성자에게 전자문서상의 의사표시가 귀속되지 않는 예외적인 경우를 규정하고 있다. 구체적으로 살펴보면, 수신자가 작성자로부터 전자문서가 작성자의 것이 아님을 통지받고 그에 따라 필요한 조치를 할 상당한 시간이 있었던 경우(제1호), 제2항 제2호의 경우 전자문서가 작성자의 것이 아님을 수신자가 알았던 경우 또는 상당한 주의를 하였거나 작성자와 합의된 절차를 따랐으면 알 수 있었을 경우(제2호)를 들고 있다. 보이스피싱에 의해 성명불상자가 작성자를 사칭하여 금융회사에 전자대출약정의 청약의 의사표시를 한 경우에는 당해 전자대출거래약정서가 작성자의 것이 아님을 통지받거나 필요한 조치를 할 상당한 시간이 있었던 경우도 아니고 동 약정서가 성명불상자에 의해 모용된 것이라는 것을 알았던 경우에 해당하지도 않는다. 그리고 전자대출약정은 당해 약정서 및 여신거래약관 기타 전자금융거래와 관련된 약관에서 정한 프로세스대로 이루어지므로 금융회사가 작성자와 합의된 절차를 따르지 않은 경우도 아니다. 결국 피모용자인 작성자로서는, 금융회사가 상당한 주의의무를 다하였다면 전자대출약정서가 작성자 본인이 작성한 것이 아니라 타인에 의해 위조된 문서임을 알 수 있었다고 볼 수 있는 경우에만 동조항의 적용을 통해 전자대출약정의 효력을 부인할 수 있을 것이다.

금융회사(수신자)가 수신한 전자대출거래약정(청약)서가 전자금융거래 이용자(작성자)의 것이 아님을 상당한 주의를 기울였다면 알 수 있었던 경우가 보이스피싱 사례에서 구체적으로 어떤 경우인가에 대한 문제를 다룬 판결례나 해석론은 아직까지는 없는 실정이다. 다만, 금융회사가 전자대출약정 체결을 위해 요구되는 모든 법령상의 본인확인의무 및 법령상의 요건을 구체화함과 아울러 금융회사에게 전자금융사고 방지를 위한 강화된 의무를 부과하고 있는 금융 감독당국의 행정지도상의 요구조건, 나아가 이러한 요건을 최소한의 기준으로 해서 정한 금융회사의 내부규정 및 전자거래약정서상에서 정한 요건을 모두 충족한 경우에는 전자거래기본법 제7조 제2항 제2호상의 '정당한 이유가 있는 자에 의하여 송신된 경우'에 해당되고, 이에 따라 작성자에게 대출금채무귀속의 법적 효과가 발생할 수 있다는 필자의 해석론에 비추어 볼 때 설령, 위 요건들을 모두 지켰다고 하더라도 객관적인 제반정황에 비추어 이용자 본인이 대출신청을 한 것이 아니라는 합리적인 의심이 들 수 있는 경우임에도 불구하고 추가적인 확인조치를 취하지 않은 채 만연히 이용자의 대출신청으로 단정하고 대출을 실행한 때에는, 전자문서의 수신자인 금융회사로서는 상당한 주의를 하였다면 작성자가 전자대출거래약정서를 작성한 것이 아니라는 사실을 알 수 있었던 때에 해당한다고 볼 수 있을 것이다.[81]

---

81 서울중앙지방법원 2013. 2. 15. 선고 2012가단 5088900, 2012가단 340108 판결은, '대출계약의 신청서에 입력된 원고(작성자)들의 집주소와 전화번호의 지역번호가 일치하지 아니하고 직장주소와 직장전화번호의 지역번호가 일치하지 아니하거나 집 주소로 입력된 번지가 통상적이지 않은 점(서울 **구 **2동 636-641640-11번지, 전남 **포시 *동 1-300849-3번지, 인천 *구 **4동 165-171167-20번지) 등에 비추어 제3자에 의한 행위임을 쉽게 의심할 수 있음에도 피고 금융회사는 본인 확인을 위한 다른 절차를 전혀 취하지 않은 점을 근거로 피고가 성명불상자가 본인 자신으로서 본인의 권한을 행사하는 것으로 믿은 데 정당한 사유가 있다고 인정할 수 없다'고 판시한 바 있다. 본 판시는 민법 제126조 표현대리책임의 성부와 관련하여 피고(대출 금융기관)에게 '정당한 사유'를 인정할 수 있는지에 대한 부분이나, 전자거래기본법 제7조 제3항 제2호의 '수신자가 상당한 주의를 다 하였는지 여부'를 판단함에 있어 원용할 수 있을 것이다.

Ⅵ. 맺음말

공인인증서는 전자금융거래를 위한 접근매체의 하나로 기능할 뿐 아니라 공인전자서명 및 일반적인 본인확인수단으로서의 기능을 법률에 따라 보장받고 있으며, 최근 공인인증서 의무사용정책[82]이 폐지되었음에도 불구하고, 인터넷뱅킹과 모바일뱅킹의 폭발적인 증대와 맞물려 발급 및 그 사용건수도 지속적으로 증가하고 있다.[83] 그러나 공인인증서는 소프트파일 형태로 복제가 쉬울 뿐만 아니라, 정보통신망을 통한 신원확인을 통해 발급이 가능하고, 특히 재발급 시에 별도의 대면 신원확인절차를 요구하지 않는 현행 규정의 맹점으로 말미암아 역설적으로 보이스피싱 범죄의 피해자들을 양산하고 전자금융거래의 안전성을 위협하는 기재로 작용하고 있다는 점도 부인하기 힘들다.

성명불상자에 의해 위조된 공인인증서를 통해 이루어지는 전자대출약정은 전자문서에 의한 의사표시의 귀속을 규정하고 있는 전자거래기본법 제7조 제2항의 해석론을 통해서 보이스피싱 범죄의 피해자인 전자금융거래 이용자로 하

82 구 전자금융거래법(2015. 10. 16. 시행, 법률 제12837호로 2014. 10. 15. 일부개정된 것) 제21조 제3항이 '금융위원회가 금융회사의 전자금융거래 안전성 기준과 관련하여 특정 기술 또는 사용을 강제하여서는 안 된다'고 개정되고, 구 전자금융감독규정(금융위원회고시 제2015-7호, 2015. 3. 18. 일부개정) 제37조도 종전의 공인인증서 사용기준을 폐지하고 금융회사가 자율적으로 전자금융거래의 종류·성격·위험수준을 고려하여 안전한 인증방법을 사용하도록 규정하여, 전자금융거래에서의 공인인증서 의무사용정책은 원칙적으로는 폐지되었다. 그러나 전자서명법이 여전히 (일반) 전자서명과 구별되는 공인전자서명의 효력을 특별히 규정하면서 일반적인 본인확인수단으로서의 공인인증서의 기능을 인정하고 있을 뿐 아니라, 여신전문금융업법 제14조 제4항 제2호 및 동법 시행령 제6조의7 제4항은 공인전자서명을 통하여 본인 여부를 확인하지 않은 인터넷 신용카드모집을 원칙적으로 금지하고 있고, 신용정보의 이용 및 보호에 관한 법률 제32조 제1항 본문 및 제2호에 따르면 신용정보제공·이용자인 금융회사가 개인신용정보주체로부터 전자문서의 방법으로 개인신용정보의 제공·활용에 대한 동의를 받기 위해서는 공인전자서명을 요구하고 있는 등 개별법령에서 이용자가 금융회사에 전자적 형태의 문서를 제출할 필요가 있는 경우, 공인인증서는 여전히 유효한 인증수단으로 기능하고 있는 점 등을 고려할 때, 실제 위와 같은 공인인증서 의무사용정책의 폐지가 시중은행을 포함한 금융회사 전반의 전자금융거래실무에 큰 변화를 가져온 것으로 평가하기는 아직 이르다.

83 한국은행 보도자료 『2016년 1/4분기 국내 인터넷뱅킹서비스 이용현황』(2016. 5. 25), 1-2면; 2016년 3월말 현재 인터넷뱅킹용 공인인증서 발급건수는 2,976만 개로 전분기말 대비 1.4% 증가했으며, 인터넷뱅킹서비스(모바일뱅킹 포함) 등록고객 수는 1억 1,977만 명으로 전분기말 대비 2.5% 증가했다.

여금 그 사법상 효력을 부인할 수 없거나 이를 대단히 힘들게 한다는 점은 앞서 살펴본 바와 같다.

견해에 따라서는 이러한 해석론이 금융소비자의 이익에 반하는 것으로 부당하다고 생각할 여지가 없지 않다. 그러나 전자금융거래는 신속하게 대량의 금융거래를 정형적으로 처리할 수 있다는 금융회사의 이익뿐만 아니라, 이용자로 하여금 시간과 장소에 구애됨이 없이 편리하게 금융거래를 이용할 수 있게 한다는 이용자의 이익과 편의성도 함께 고려되어 고안된 시스템인 점, 전자금융거래법과 전자서명법은 접근매체인 공인인증서의 사용·관리상의 주의의무를 이용자에게 부과하고 있으며, 보이스피싱을 통한 전자대출사기는 근본적으로 위 주의의무를 해태한 이용자의 귀책사유에 기인하고 있는 점, 전자금융거래의 이용자에게 공인인증서 등 접근매체를 보다 철저히 관리하도록 요구하고 성명불상자에 의한 전자대출사기에 중대한 귀책사유가 있는 이용자 본인에게 그에 따른 대출금채무의 귀속이라는 법적 효과를 지우는 것이 전자금융거래에 수반되는 사회 전체적인 거래비용을 줄일 수 있다는 점 등의 사정을 종합적으로 고려할 때, 앞서Ⅴ-6.에서 제시한 필자의 해석론이 보다 타당하다고 생각한다.

한편, 2015년 12월부터는 은행권에 비대면 계좌개설 및 전자금융거래신청이 허용되었고, 전자금융거래의 방법만으로 은행업을 영위하는 소위 '인터넷전문은행'의 출범도 목전에 두고 있다.[84] 이러한 전자금융거래환경을 둘러싼 급격한 혁신과 발전은 본고에서 논한 위조된 공인인증서와 그에 기해 체결된 전자대출약정의 효력문제에 관한 기존 법원의 해석론에도 분명한 변화를 가져올 것으로 생각된다. 왜냐하면 지금까지의 보이스피싱 사례는 모두 '대면'에 의한 실지명의확인을 거쳐 개설된 이용자의 은행계좌와 이용자 개인별로 '발급'된 접근매체인 공인인증서와 일회용 비밀번호를 전제로 한 것이고, 대법원 판례 역시 이와 같은 은행직원에 의해 이루어지는 대면 확인절차에 적지 않은 의미를 부여하고 있기 때문이다.

만약 보이스피싱을 통해서 계좌 개설 등 금융거래 설정에 필요한 이용자의

84 2015년 11월 한국카카오(주)와 케이뱅크 준비법인(주)가 금융위원회로부터 은행업 예비인가를 득하였고, 현재 금년 하반기 본인가 신청(케이뱅크 8~9월, 카카오뱅크 11~12월)을 목표로 은행 설립 작업 진행 중에 있다[금융위원회 각 보도자료, 『인터넷전문은행 예비인가 결과』(2015. 11. 29), 1면; 『제2차 「인터넷전문은행 현장간담회」 개최』(2016. 7. 6), 1면].

개인정보 일체를 취득한 권한 없는 제3자가 비대면 실명확인절차를 이용하여 이용자를 사칭하여 그 명의로 은행 계좌를 개설하고 공인인증서를 (재)발급 받은 다음, 대출 금융기관과 전자대출약정을 체결한 후, 실행된 대출금을 계좌이체 또는 출금 등의 방법으로 편취하였는데, 만약 이와 같은 일련의 범행이 피해자의 고의에 가까운 중과실에 기인한 개인정보 누설에 기인해 이루어진 반면, 은행은 비대면 본인확인절차와 관련하여 개별 금융거래에 요구되는 주의의무를 다한 것으로 평가할 수 있는 경우, 과연 이와 같이 체결된 전자대출약정의 효력을 인정하여 이용자에게 대출금채무의 귀속이라는 법적 효과를 부담시키는 것이 법리적으로 타당한 것인가라는 문제에 대해서는 결론을 내리기 쉽지 않다. 결국 이 문제는 향후, 법적 분쟁 사례의 집적과 이에 대한 법원의 해석론에 따라 정리되어야 할 문제라고 본다.

참고문헌 R·E·F·E·R·E·N·C·E·S

1. 국내문헌

강희주·이상민, “전자금융거래법 제9조에 따른 금융기관 등의 책임 －하급심 판결을 중심으로－”, 『증권법연구』 제15권 제1호(한국증권법학회, 2014. 4).

김기창, “공인인증서와 전자금융 거래의 안전”, 『Law & Technology』 제6권(서울대학교 기술과 법 센터, 2010. 5).

김시홍, “전자지급수단의 법적 규제방안”, 박사학위논문(가천대학교 대학원, 2015. 12).

김재형, “전자거래기본법에 관한 개정논의 －사법적 측면을 중심으로－”, 『법학』 제42권 제4호(서울대학교 법학연구소, 2001. 12).

서희석, “전자금융거래법상 ‘이용자의 중과실’의 판단기준 －대법원 2014. 1. 29. 선고 201386439 판결의 비판적 고찰－”, 『비교사법』 제21권 2호(한국비교사법학회, 2014. 5).

______, “전자금융거래에서 공인인증서의 발급 및 관리책임”, 『선진상사법률연구』 통권 제68호(법무부 상사법무과, 2014. 10).

손진화, 『전자금융거래법』(법문사, 2006).

오병철, “2001년 개정 전자거래기본법의 이론적 검토”, 『연세법학연구』제8집 제2권(연세대학교법과대학 법률문제연구소, 2002. 2).

윤해성·곽대경, “보이스피싱의 예방과 대책마련을 위한 연구”, 『한국형사정책연구원 연구총서』 09－15(한국형사정책연구원, 2009. 12).

이정현, “전자서명·인증제도에 관한 법적 연구”, 박사학위논문(경희대학교 대학원, 2012. 2).

이준호, 『「전자문서 및 전자거래 기본법」상 전자문서의 형식요건에 관한 연구』(한국법제연구원, 2013. 11).

정경영, 『전자금융 거래와 법』(박영사, 2007).

지원림, “전자거래기본법의 과제: 사법규정을 중심으로”, 『인터넷법연구』 제1호(한국인터넷법학회, 2002. 6).

최승원 외, “전자거래기본법 개정방안 연구”, 『정보통신산업진흥원 정책연구』 10－04(정보통신산업진흥원, 2010. 11).

금융감독원, 『전자금융거래 보안 종합대책(은행부문)』(2005. 9).

금융감독원 은행감독국, 『비대면매체를 통한 금융거래의 본인확인 절차 강화 등 요청』(2011. 12).

금융정보분석원 제도운영과, 『비대면채널을 통한 금융거래 고객확인 방안 통보』(2012. 11).

금융감독원 보도자료, 『전자금융사기 예방서비스 전면시행 안내』(2013. 9).

__________, 『전기통신금융사기 피해 방지 및 피해금 환급에 관한 특별법 시행령 개정안 국무회의 통과』(2014. 7).

__________, 『보이스피싱 등 금융사기 척결 특별대책』(2015. 4).

금융위원회 보도자료, 『인터넷전문은행 예비인가 결과』(2015. 11. 29).

__________, 『제2차 인터넷전문은행 현장간담회』(2016. 7. 6).

한국은행 보도자료, 『2016년 1/4분기 국내 인터넷뱅킹서비스 이용현황』(2016. 5).

2. 외국문헌

ABA(American Bar Association), 『Digital Signature Guidelines』(1996. 8. 1).

United Nations, UNCITRAL Model Law on Electronic Commerce with Guide to Enactment 1996 with additional article 5 bis as adopted in 1998(1999).

United Nations, UNCITRAL Model Law on Electronic Signatures with Guide to Enactment 2001(2002).

제 7 장 전자금융거래법상 금융기관·전자금융업자의 책임의 법적 성격

I. 서 론

전자금융거래법이 오랜 기간의 논의를 거쳐 국회를 통과하여 지난 2006. 4. 28. 공포되어 2007. 1. 1. 시행을 앞두고 있다. 이 법은 전자금융거래의 법률관계를 명확히 하여 전자금융거래의 안전성과 신뢰성을 확보함과 아울러 전자금융업의 건전한 발전을 위한 기반조성을 함으로써 국민의 금융편의를 꾀하고 국민경제의 발전에 이바지함을 목적으로 하는데(동법 제1조), 이 법은 전자지급거래에 관한 기본 법리를 규정하고 있는 것이므로 전자금융업 자체뿐 아니라 전자지급거래를 필수적 요소로 하고 있는 전자거래 일반에 미치는 영향도 지대하다 할 것이다.[1]

그 중요성 때문에 오랜 기간의 준비에도 불구하고[2] 이 법의 제정과정에는

---

* 김제완 집필.

* 「상사법연구」(한국상사법학회) 제25권 제2호(51호)(2006. 8)에 게재된 내용을 다소 수정·보완한 것이다.

1 우리나라의 인터넷뱅킹 등록고객 수는 2,543만 명이고, 은행의 입출금 처리형태 중 인터넷뱅킹이 차지하는 비율은 30.5%로서 창구를 통한 입출금 29.8%를 이미 추월하였다고 한다(2005. 9. 통계 기준). 「전자금융거래법안 설명자료」(재정경제부, 2005. 11), 1면.

2 전자자금이체 관련법의 제정 필요성이 제기된 것은 이미 1993년의 일이고, 1997년에는 본격적으로 '전자자금이체법' 제정 논의가 있었으나, 당시 금융개혁위원회에서는 약관을 우선 정비키로 하고 법 제정은 유보하였다. 그 후 2001년 재정경제경부를 중심으로 금융감독

많은 논란이 있었다.3

이 글은 그중에서 전자금융거래법 제9조상의 '금융기관 또는 전자금융업자의 책임'에 관한 논의에 관한 것이다.4 이 조항은 전자금융거래에 있어서 접근매체의 위조 또는 변조로 인하여 발생한 사고에 관하여 금융기관 또는 전자금융업자(이하 '금융기관'으로 약칭한다)에 대하여 일정한 제한하에 무과실책임(無過失責任)을 부과하는 것으로 이해할 수 있다. 이 조문에 대하여 금융기관에게 무과실책임을 인정하는 것이 민법의 기본원칙인 과실책임주의로부터의 일탈로서 타당하지 않다는 많은 비판이 있었는데, 필자는 제한적으로 무과실책임을 부과하는 우리 입법의 태도가 타당하다는 입장에 서 있다.

이 글에서는 전자금융거래법상 금융기관의 책임의 법적 성격이 어떤 것인지를 살펴봄으로서 제한적인 무과실책임의 타당성의 하나의 근거를 제시

원, 정보통신부, 한국은행, 금융결제원, 금융연구원 등 참여하여 법안을 준비해 2003. 8. 25. 국회에 '전자금융거래법안'을 제출하였으나 제 16대 국회 종결로 자동 폐기되었다. 조속한 법제정의 필요성이 커지자 2004. 8. 재입법예고를 한 후 이번에 입법이 이루어진 것이다. 재정경제부, 전자금융거래법안 설명자료(2005. 11), 2면. 전자금융거래법의 입법경위에 관하여는, 이용준, "전자금융거래법의 입법과정", 금융법연구 제1호(2004) 참조.

3 이 법 제정과정상의 세부 논의에 관한 주요 논문으로는, 정경영, "전자금융거래법의 도입에 따른 법적 과제", 금융법연구 제1권 제1호(2004); 손진화, "전자금융거래법 입법상의 쟁점과 전망" 상사법관련학회 공동학술대회자료집 「기업환경의 변화에 따른 상사관련법의 과제와 전망」(2005. 7); 박훤일, "전자금융거래와 무과실책임", 경희법학 40권 1호(2006); 이용준, 전계논문(주2) 등 참조.

4 최종적으로 국회를 통과한 내용은 다음과 같다.

제9조(금융기관 또는 전자금융업자의 책임) ① 금융기관 또는 전자금융업자는 접근매체의 위조나 변조로 발생한 사고, 계약체결 또는 거래지시의 전자적 전송이나 처리과정에서 발생한 사고로 인하여 이용자에게 손해가 발생한 경우에는 그 손해를 배상할 책임을 진다.

② 제1항의 규정에 불구하고 금융기관 또는 전자금융업자는 다음 각 호의 어느 하나에 해당하는 경우에는 그 책임의 전부 또는 일부를 이용자가 부담하게 할 수 있다.

1. 사고 발생에 있어서 이용자의 고의나 중대한 과실이 있는 경우로서 그 책임의 전부 또는 일부를 이용자의 부담으로 할 수 있다는 취지의 약정을 미리 이용자와 체결한 경우
2. 법인(「중소기업기본법」제2조제2항에 의한 소기업을 제외한다)인 이용자에게 손해가 발생한 경우로 금융기관 또는 전자금융업자가 사고를 방지하기 위하여 보안절차를 수립하고 이를 철저히 준수하는 등 합리적으로 요구되는 충분한 주의의무를 다한 경우

③ 제2항 제1호의 규정에 따른 이용자의 고의나 중대한 과실은 대통령령이 정하는 범위 안에서 전자금융거래에 관한 약관(이하 "약관"이라 한다)에 기재된 것에 한한다.

④ 금융기관 또는 전자금융업자는 제1항의 규정에 따른 책임을 이행하기 위하여 금융감독위원회가 정하는 기준에 따라 보험 또는 공제에 가입하거나 준비금을 적립하는 등 필요한 조치를 하여야 한다.

하고자 한다.

이 글은 다음과 같은 한계가 있다.

우선 논의의 범위를 전자지급거래[5] 및 그 대표적인 유형으로서의 전자자금이체[6]에 한정하기로 한다. 전자금융거래법상 전자금융거래를 크게 전자지급거래와 전자채권거래로 대별하며, 전자지급거래도 전자자금이체뿐 아니라 직불전자지급수단, 선불전자지급수단, 전자화폐, 신용카드 등 다양한 유형의 거래가 있다.[7] 이와 같은 각각의 유형은 그 성격이 다르고 저마다의 특성을 가지고 있으므로 하나의 잣대가 적용되는 것은 적절하지 않다. 그러나 전자금융거래에 있어서 기본유형은 전자자금이체라고 생각되고, 이 법에서도 주로 이 문제에 관하여 규율하고 있는 것으로 이해되고 있다. 뿐만 아니라, 이 글에서 논의하고자 하는 법제9조상의 금융기관의 책임 문제를 살펴봄에 있어서 가장 문제가 되는 분쟁유형도 위조 또는 변조된 접근매체에 의하여 전자자금이체가 이루어지는 상황이라고 생각되므로, 논의를 집중한다는 의미에서 전자자금이체를 중심으로 살펴보는 것으로 한다. 나머지 유형의 거래에 관하여는 기본이 되는 법리는 동일하지만 각론적으로 조금씩 달라질 수는 있으며, 이에 대하여는 차후 별도의 검토가 필요할 것으로 생각된다.

다음으로 위조 또는 변조의 개념이나 그에 관한 증명책임의 문제는 이 글에서 논의하지 않는 것으로 하였다. 구체적으로 어떤 사안을 두고 그 경우가 위조 또는 변조에 해당하는지를 판단하는 것은 간단한 문제가 아니다.[8] 그에 대한 입증책임을 누가 부담할 것이며, 입증의 정도는 어느 정도여야 하는 것인지에 관하여도 법에서 분명히 한 바가 없다.[9] 그러나 이와 같은 문제는 법리 자체를

5 전자금융거래법상 "전자지급거래"라 함은 자금을 주는 자(지급인)가 금융기관 또는 전자금융업자로 하여금 전자지급수단을 이용하여 자금을 받는 자(수취인)에게 자금을 이동하게 하는 전자금융거래를 말한다(동법 제2조 제2호 참조).

6 전자금융거래법상 "전자자금이체"란 지급인과 수취인 사이에 자금을 지급할 목적으로 금융기관 또는 전자금융업자에 개설된 계좌에서 다른 계좌로 전자적 장치에 의한 지급지시 또는 추심지시에 의해 자금을 이체하는 것을 말한다(동법 제2조 제12호 참조).

7 전자금융거래의 분류에 관하여는, 정경영, 전게논문(주2), 15~16면 참조.

8 이는 전자금융거래상 접근매체에서만 문제되는 것이 아니고, 전자거래 및 사이버(cyber) 법 일반에서 문제된다. 전자문서는 무한복제가 가능하고 복제와 원본의 질적 차이가 없다는 특성이 있으므로, 위조 또는 변조 여부를 판단하는 데에 일반적인 법원리가 그대로 적용되기는 어려울 것이다.

분명히 하는 것과는 별개의 문제이다. 이 글에서는 제3자에 의하여 접근매체가 위조 또는 변조되었음을 전제로 하고, 그에 대한 금융기관의 책임에 관한 문제로 논의를 한정하였다. 이는 논의의 집중을 위한 것이다. 위조 또는 변조의 해당여부나 증명책임 등의 문제가 중요하지 않기 때문이 아니다. 접근매체의 위조 또는 변조의 유형과 그 증명책임 문제는 금융업자의 책임에 관하여 무과실책임을 기본법리로 인정하든지 또는 과실책임을 기본법리로 인정하든지 상관없이, 다음 단계에서 검토하여야 하는 중요한 영역이다. 이 점은 필자도 결코 부정하지 않는다. 다만, 각자 중요한 비중을 가진 이 두 개의 문제를 한꺼번에 거론하다 보면 논의의 초점이 흐려지고 순환논리에 빠질 수밖에 없어 효율적인 논의가 불가능하게 된다고 생각하였다. 그리고 위조 또는 변조의 해당여부나 증명책임 등의 문제들도 가능한 한 법규정에서 미리 구체적으로 정하면 좋겠지만, 구체적인 사안에 따라 법원의 판단 및 전자금융업계의 관습 형성에 맡겨야 하는 측면도 있다고 생각하였다.

마지막으로 필자는 이 법의 제정과정 막바지에 재정경제부의 요청에 따라 몇 가지 의견을 제공한 바가 있으나, 이 글은 필자의 개인적인 견해일 뿐 재정경제부의 공식적인 견해가 아님을 분명히 한다. 필자는 제한적 무과실책임을 부과한 원칙에 관하여는 찬성하지만, 뒤에서 지적하듯이 이 법 조문의 내용이나 표현이 적절하지 않는 부분이 있어 향후 보완되어야 할 것으로 비판하는 부분도 있다.

Ⅱ. 금융기관의 무과실책임 부과에 관한 논의

1. 문제의 제기

가상적인 사례를 통하여 접근매체의 위조 또는 변조에 있어서 금융기관의 책임에 관한 논의를 시작해 보기로 한다.

---

9 그러한 측면에서는 금융기관으로서 법 시행을 앞두고 불안감을 호소하는 것도 충분히 이해될 수 있다고 생각한다.

<사안 1>

A는 K은행에 금 1억원을 예금하였고, 전자금융거래를 하고 있다. 그런데 B가 A의 전자서명(공인인증서)을 위조하고 계좌번호와 비밀번호 등을 알아낸 뒤 1억원을 B통장으로 이체하여 인출한 후 도주하였다. K은행으로서는 당시의 보안수준으로 B의 위조 사실을 통상적인 정도의 주의를 기울여서는 쉽게 알아낼 수 없었다. A가 1억원의 인출을 신청하자 K은행은 전액 적법하게 인출되어 잔고가 없다고 주장한다. 이 사안에서 A와 K 중 누가 불이익을 부담하는 것이 원칙인가?

이 사안에 관하여 많은 사람들은 "B가 어떻게 위조하였고 비밀번호 등을 알아냈느냐"에 관심을 가질 것으로 생각된다. 아마도 그와 같은 행위가 A의 영역에서 이루어졌으면 A가, K은행의 영역에서 이루어졌으면 K은행이 책임져야 하는 것이 아닐까 하는 생각을 해 볼 수 있을 것이기 때문이다. 그러한 원칙적인 방향에는 필자도 찬성한다. 그러나 실제에 있어서 그와 같은 경위가 분명히 밝혀지지 않거나 다투어지는 사안이 대부분이며, 또한 온라인상에서 거래가 이루어지는 마당에 'A와 K은행의 영역'이라는 것도 사실 그 경계가 분명하지는 않다. 이 문제도 앞서 지적한 위조 또는 변조의 해당 여부나 입증책임 등의 문제 등과 함께 향후 법원과 전자금융업계의 법 적용 또는 형성 작용에 기대하여야 할 문제이다.

금융기관의 책임에 관한 원칙, 즉 과실책임이 원칙인가 무과실책임이 원칙인가를 살펴보려면, 사안과 같이 A이든 K은행이든 모두 과실 없는 피해자인 상황을 상정하는 것이 옳을 것이다. 물론 그 의미가 위조의 경위와 영역 등에 따라 예외를 두어야 한다는 것을 부정하는 것이 아니다. 이 글에서는 무엇을 '원칙'으로 하고 무엇을 '예외'로 하는 것이 옳으냐의 문제를 생각해 보자는 것일 뿐이다.

2. 입법과정상의 논의

최초에 재정경제부가 처음으로 제안할 당시의 정부안의 내용은 다음과 같다.

<정부안>

제8조(금융기관 또는 전자금융업자의 책임)

① 금융기관 또는 전자금융업자는 접근매체의 위조나 변조로 발생한 사고, 계약체결 또는 거래지시의 전자적 전송이나 처리과정에서 발생한 사고로 인하여 이용자에게 손해가 발생한 경우에는 그 손해에 대하여 책임을 진다.

② 금융기관 또는 전자금융업자는 제1항의 규정과 상관없이 사고발생에 대하여 이용자의 고의나 중대한 과실이 있는 경우에는 그 책임의 전부 또는 일부를 이용자의 부담으로 할 수 있다는 취지의 약정을 이용자와 체결한 때에는 그 이용자에 대하여 약정에 따른 책임을 부담하게 할 수 있다.

③ 제2항의 규정에 따른 이용자의 고의나 중대한 과실은 대통령령이 정하는 범위 안에서 전자금융거래에 관한 약관(이하 "약관"이라 한다)에 기재된 것에 한한다.

④ 금융기관 또는 전자금융업자는 제1항의 규정에 따른 책임을 이행하기 위하여 금융감독위원회가 정하는 기준에 따라 보험 또는 공제에 가입하거나 준비금을 적립하는 등 필요한 조치를 하여야 한다.

이에 대하여 금융기관에 대해 무과실책임을 부과하는 것은 민법상의 대원칙인 과실책임주의(過失責任主義)로부터 벗어나는 것으로서 받아들일 수 없는 잘못이라는 강한 비판이 금융업계 등을 중심으로 제기되었다. 면책이 범위가 지나치게 좁고, 면책에 관한 약정의 효력에 관하여도 비판이 있었다. 그와 같은 논의를 바탕으로 국회 재정경제위원회 수석전문위원이 법안심사소위원회에 수정안을 제출하였는데, 그 내용은 다음과 같다.

<국회 재정위 수정안>

제8조(금융기관 또는 전자금융업자의 책임)

① 〈정부안과 같음〉

② 금융기관 또는 전자금융업자는 제1항의 규정에 불구하고 다음 각 호의 어느 하나에 해당하는 경우에는 그 책임의 전부 또는 일부를 이용자가 부담하게 할 수 있다.

1. 사고발생에 대하여 이용자의 고의나 중대한 과실이 있는 경우로서 그 책임의 전부 또는 일부를 이용자의 부담으로 할 수 있다는 취지의 약정을 이용자와 미리 체결한 경우
2. 접근매체의 위조나 변조로 발생한 사고에 대하여 금융기관 또는 전자금융업자가 사고의 방지를 위한 보안절차의 수립과 이의 철저한 준수 등 합리적으로 요구되는 수준의 충분한 주의의무를 다하였음을 입증하는 경우

③ 제2항 제1호의 규정에 따른 …… 〈이하 정부안과 같음〉

④ 〈정부안과 같음〉

그 후 기업과 중소기업에 관한 특례의 필요성 등이 반영되어 현재와 같은 내용으로 입법이 이루어진 것이다.

Ⅲ. 우리 민법상 과실책임주의의 원칙과 과실의 의미

1. 과실책임주의원칙의 적용범위

전자금융법에 대한 금융업계의 가장 큰 비판은 이 법이 우리 사법의 기본원칙인 과실책임주의원칙에서 일탈하고 있다는 점이다. 그런데 이 비판의 문제점은 우리가 논의하고자 하는 '접근매체가 위조된 경우 누가 불이익을 부담할 것인가'의 문제가 과실책임주의 원칙이 적용되는 분야가 아니라는 점을 간과하고 있다.

과실책임주의가 근대 민법의 3대 원칙으로 민법 교과서에 언급되고 있는 것은 사실이다. 그러나 과실책임주의는 민법의 모든 영역에 적용되는 일반원칙이 아니다. 이 원칙은 대표적으로 물권법에는 적용 여지가 거의 없다.[10] 채권법 중에서도 주로 채무불이행이나 불법행위의 경우 '손해배상'을 인정하는 과정에서 적용되는 원칙이다.[11]

이와 같은 논의를 분명히 하기 위해서는 우선 '본래의 급부'와 '손해배상'을

10 예컨대, 물권적청구권을 행사함에 대하여 물권을 방해하고 있는 자가 자신의 과실 없음을 이유로 방해배제청구를 거부하는 항변을 할 수는 없을 것이다.

11 김형배,「민법학 강의」(신조사, 2006), 13면; 지원림,「민법강의」(홍문사, 2004), 19면 등 참조.

구분하여야 한다. 본래의 급부가 금전채권인 경우에는 특히 이 문제에 대해 착오를 일으키기 쉽다. 계약상 '본래의 급부'에 대한 이행을 구함에 있어서는 과실책임주의가 적용되는 것이 아니고, '손해배상'을 청구함에 있어서 비로소 과실책임주의가 적용된다.

이해의 편의를 위해 몇 가지 예를 들어 보면 다음과 같다.

> **<사안 2>** A가 B에 대해 매매를 원인으로 하여 X물건에 대한 인도청구권을 가지고 있다. 그런데 B는 이를 이행하고자 하나 C가 B의 이행을 방해하고 있다. 이 경우 A가 B에게 X물건의 인도를 소로써 청구함에 대해, B가 "이행하지 못하고 있는 원인은 C의 방해에 의한 것이고 B로서는 과실이 없다"는 이유로 A의 인도청구의 기각을 구한다면, 법원으로서는 어떤 판결을 내려야 할까?

> **<사안 3>** 위 사례에서 C에 의해 X물건의 인도가 불가능한 것으로 확정된 경우, 이에 A가 B에게 손해배상을 청구함에 대해, B가 "불능으로 된 원인은 C의 행위에 의한 것이고 B로서는 과실이 없다"는 이유로 A의 손해배상청구의 기각을 구한다면, 법원으로서는 어떤 판결을 내려야 할까?

<사안 2>는 급부가 불능으로 확정되지 않은 상태에서 계약상의 '본래의 급부'의 이행을 구하는 것이고, <사안 3>은 이행불능을 원인으로 한 손해배상을 구하는 것이다. 일반적으로 채무불이행에 대한 구제수단으로서 강제이행, 손해배상, 계약에 의한 채무의 경우 계약의 해제 등을 들고 있는데, 이 분류에 의하자면 구제수단으로서 <사안 2>는 강제이행을, <사안 3>은 손해배상을 택한 것이라고도 할 수 있다. 본래의 급부에 대하여 강제이행을 구함에 있어서는 손해배상과는 달리 상대방의 고의 과실이 요건이 아니다. 따라서 <사안 2>의 경우는 B의 무과실항변이 받아들여지지 않을 것이고, <사안 3>의 경우는 받아들여질 것이다.

2. 금전채권과 과실책임주의와의 관계

본래의 급부의무가 금전채권인 경우에 대해서는 특히 유의할 필요가 있다.

금전채권은 성질상 이행불능이 인정되지 않는다.[12] 나아가 금전채권에 있어서는 채무자가 무과실의 항변을 하지 못한다(민법 제397조 제2항).[13]

그렇다면 금전채권의 경우 <사안 2>와 같은 맥락에서 본래의 급부를 구하는 경우 상대방이 무과실의 항변을 할 수 없음을 알 수 있다. 나아가 이행불능이 인정되지 않으므로 <사안 3>과 같이 '본래의 급부로서의 금전채권'의 이행에 갈음하여 '손해배상으로서의 금전채권'을 청구하는 상황이란 있을 수 없다는 점도 알 수 있다.

이와 관련하여, 본래의 급부로서의 금전채권청구에 관하여 과실상계(過失相計)가 적용될 수 있는가 하는 문제가 있다. 우리 대법원은 본래의 급부로서의 금전채권을 구함에 대하여 과실상계를 주장할 수 없음을 수차에 거쳐 분명히 한 바 있다. 예를 들어 보면 다음과 같다.

> **<사안 4>** A가 B에게 건물을 임대하였는데, A의 친지 C가 거주하여 왔다. 계약기간이 끝나고 보증금을 반환하는 과정에서 A가 착각하여 임차인이 아니고 친지에 불과한 C에게 임대보증금을 반환하였고, C는 도주하였다. C에게 표현대리나 표현수령권이 인정되지 않는 상황이다. B가 임차보증금의 반환을 청구함에 대하여 A로서 "채권자 B측에도 과실이 있다"고 하면서 과실상계에 의한 감액을 주장할 수 있을까?

이와 같은 사안에 대해, 대법원은 "과실상계는 본래 채무불이행 내지 불법행위로 인한 손해배상책임에 대해 인정되는 것이고, 채무 내용에 따른 본래의 급부의 이행을 구하는 경우에 적용될 것이 아니다"고 판시한 바 있다.[14] 우리 대법원은 이와 같이 본래의 금부에 대하여 과실상계가 적용되지 않는다는 논리를 임대보증금 사안에 한하지 않고, 물품대금 사건,[15] 대여금 사건,[16] 보증채무 사건[17] 등 다양한 유형의 금전채권 사건에서 반복적으로 선언하여 왔다. 그중에

12 금전채권이 이행불능으로 되는 상황이란 금전제도 자체가 소멸하는 경우일 것이다.

13 우리 대법원은 다른 나라의 모라토리움(moratorium) 선언조차도 채무자의 무과실항변 사유가 되지 않는다고 판시한 바 있다(대법원 2003. 4. 8. 선고 2001다38593 판결).

14 대법원 1996. 5. 10. 선고 96다8468 판결.

15 대법원 2000. 4. 7. 선고 99다53742 판결.

16 대법원 1996. 2. 23. 선고 95다49141 판결.

17 대법원 1987. 3. 24. 선고 84다카1324 판결.

는 금융기관에 대한 예금반환 청구사건도 있는데, "예금주가 예금행위자에 대한 관리·감독을 적절하게 하지 아니한 과실이 있다 하더라도, 채무불이행이나 불법행위로 인한 손해배상청구가 아니고 예금계약에 기한 예금반환 청구사건에 있어 위 과실을 들어 은행의 채무액을 감경하거나 과실상계할 여지는 없다"는 것이다.[18]

결국 같은 금전채권이라 하더라도, 본래의 급부로서의 금전채권인지 또는 손해배상으로서의 금전채권인지는 과실책임주의의 적용 여부를 판단하는 기준이 된다.

반드시 일치하는 것은 아니지만 참고로 영미법상의 개념으로 설명하자면, 계약당사자가 계약의 내용에 따른 급부로서 금전을 지급하는 것은 과실책임(negligence)의 문제가 아니라 무과실의 엄격책임(strict liability) 문제이다.

3. 채권의 준점유자에 대한 변제 제도와 과실책임주의

<사안 1>로 돌아가 생각해 보자. 여기서 예금주 A가 예금을 돌려달라고 청구함에 대해, 만일 위조 사고가 밝혀졌다면, K은행으로서 "우리는 아무 잘못이 없으니 예금을 돌려줄 수 없다"고 항변할 수 있겠는가?

A가 청구하는 것은 본래의 급부의 이행이다. 손해배상을 해 달라는 것이 아니고 자신이 예금계약에 따라 예탁한 돈을 돌려달라는 것이다. 따라서 여기에 대해 K은행으로서 과실 없음을 항변할 수 없음은 민법상 당연하다.

다만, 여기서 고려되어야 하는 문제는 채권의 준점유자에 대한 변제 제도이다. 민법에서는 채권의 준점유자, 즉 채권을 사실상 행사하는 자에 대하여 변제한 경우, 변제자가 선의이며 과실 없이 때에 한하여 효력이 있다고 정하고 있다(민법 제470조). 외관을 신뢰하여 변제한 선의 무과실의 변제자를 보호하기 위한 것이다. 이와 같은 채권의 준점유자 가운데에는 개념상 위조된 인감을 가지고 있는 자도 포함되어 있는 것으로 이해되어 왔으며, 실제로 과거에는 이와 같은 유형의 사건이 많이 있었다. 따라서 이에 대한 법리는 이 글에서 논하고자 하는 전자금융거래에서 접근매체가 위조된 경우 금융기관의 책임 문제를 살핌에 있어서 출발점이 된다고도 할 수 있다.

---

18 대법원 1999. 2. 5. 선고 97다34822 판결.

채권의 준점유자에 대한 변제제도가 필요하다는 점을 부인할 수는 없다. 문제는 본래의 급부로서의 금전채권의 경우 무과실책임이라는 원칙과 채권의 준점유자에 대한 원칙과의 관계 내지 위상을 어떻게 설정할 것인가 하는 점이다. 우리 민법에서는 외관에 따른 거래의 안전을 보호하는 다른 제도와는 달리 채권의 준점유자에 대한 변제 제도에는 요건상 채권자 측의 사정, 예컨대 채권자측의 과실 내지 외관 부여가 요건으로 적시되어 있지 않다는 문제점이 있기 때문이다.

따라서 두 가지 유형의 문제가 생긴다. 첫 번째로는 예컨대 채권자와 채무자 어느 쪽도 잘못이 없는 경우 이를 유효한 변제로 인정하여야 하는가 하는 문제이다. 두 번째로는 양쪽 모두 조금씩 잘못이 있는 경우에는 어떻게 되는가 하는 점이다. 두 번째 문제는 비교적 간단하다. 변제자 측에 과실이 있는 경우에는 준점유자에 대한 변제로서 유효한 변제로 되지 않는다. 이에 대해 채권자 측의 과실을 고려하여 과실상계로써 감액할 수 있느냐의 문제가 있으나, 감액되지 아니함은 앞서 살펴 본 바와 같다. 문제는 양쪽 모두 잘못이 없는 경우이다. <사안 4>에서 만일 양쪽 다 잘못이 없을 경우, 보증금을 돌려달라고 할 수 있을까? 형식논리적으로 따지자면 채무자인 임대인으로서는 과실 없이 변제하였으니 유효한 변제라고 할지 모른다. 그러나 임차인 또한 아무 잘못이 없는데 보증금을 돌려받지 못할 이유가 없다. 이는 결국 어느 제도가 원칙이고 어느 제도가 예외인지에 관한 판단 문제로 돌아간다. 우리 민법은 권한 없는 자에 대한 변제는 채권자가 이익을 받은 한도 내에서만 효력이 있는 것이 '원칙'이다(민법 제472조). 채권의 준점유자에 대한 변제는 "변제자가 선의이며 과실 없는 경우에 한하여" 효력이 있는 것으로 하고 있어(민법 제470조), 채권의 준점유자에 대한 변제가 유효하게 되는 것을 '예외'로 삼고 있다고 할 수 있다.

4. 채권의 준점유자에 대한 변제에 있어서 과실의 위상

여기에서 과실책임주의 원칙에 관하여 다시 한 번 생각해 보자. 민법 제470조에서 "변제자가 선의이며 과실 없는 경우에 한하여" 변제수령권이 없는 자에 대한 변제를 유효하게 인정한 것을 두고, 이를 과실책임주의 원칙의 표현이라고 할 수 있는가? 뒤집어 말하면, 만일 어느 특별법에서 "이 법에서 변제자가 무권한자에게 변제한 것은 설사 변제자에게 과실이 없는 경우에도 효력이 없다"고 규정한다면 이를 과실책임주의 원칙에서 벗어난 것이라고 비판할 수 있을까?

앞서 지적한 바와 같이 본래의 급부로서의 금전채권에 있어서는 무과실의 항변이 있을 수 없는 것이므로, 변제자가 자신의 과실 없이 잘못 변제하였다 하여 채권의 소멸을 주장할 수는 없는 것이 '원칙'이다. 민법 제470조에서 과실의 위상은 과실책임주의를 반영한 것이라기보다는 예외적으로 선의의 변제자가 보호받기 위한 요건으로서의 과실을 규정한 것이다. 즉, '책임요건' 내지 귀책사유로서의 과실이 아니고, 예외적인 혜택을 받는데 필요한 '면책요건'으로서의 과실이라는 말이다.

따라서 만일 어느 특별법에서 "이 법에서 변제자가 무권한자에게 변제한 것은 설사 변제자에게 과실이 없는 경우에도 효력이 없다"고 규정한다 하더라도 이는 민법상 과실책임주의의 원칙에서 벗어난 것이라고 말할 수는 없다. 정확히 말하자면 무과실을 요건으로 하여 인정해 주던 예외 사유를 없애고, 본래의 급부로서의 금전채권에 적용되던 무과실항변 배제의 원칙으로 돌아간 것에 불과한 것이다. 더구나 무과실을 요건으로 하여 인정해 주던 예외를 완전히 없앤 것이 아니라 일정 범위 내로 줄였다면, 이는 금전채권에 있어서 적용되던 예외의 범위를 축소한 것에 불과한 것이다. 어느 모로 보나 이를 두고 "민법상의 대원칙인 과실책임주의의 원칙에서 벗어난 것이다"라고 비판하는 것은 과실책임주의의 적용범위나 본래의 급부로서의 금전채권의 법리에 대한 오해에 기인한 것이라 아니할 수 없다. 사견으로는 전자금융거래법 제9조의 법적 성격도 같은 맥락에서 이해되어야 한다고 생각한다.

5. 위조된 인영(印影)에 의한 예금출금에 대한 종래의 대법원판례의 경향

<사안 1>로 돌아가 살펴보자. 위조에 대하여 A나 K은행이 모두 선의이고 과실이 없다면 어떻게 되어야 할까? 형식적으로 보자면 K은행으로서는 민법 제470조의 요건을 갖춘 것이라고 보아[19] 변제의 유효성을 주장할 수 있을지 모른

19 일반적으로 예금에 있어서 인영이 위조된 경우 채권의 준점유자라고 설명되고 있다. 그런데, 진정한 인장(또는 접근매체)이 별도로 있어 이를 진정한 권리자가 가지고 있는 상황에

다. 그러나 그와 같이 되면 양쪽 다 잘못이 없는 상황에서 불이익 내지 위험을 채권자 A가 부담하는 셈이 된다. 만일 민법 제470조를 이와 같이 운용한다면, 금전채권에 있어서 무과실의 항변을 부인하는 원칙이 사실상 형해화(形骸化)될 것이다. 달리 말하면 금전채권에 관하여도 채무자가 자신의 과실 없이 불능으로 되었음을 주장할 수 있게 되는 것을 의미하며, 오히려 이것이야말로 우리 사법(私法) 체계의 큰 틀을 흔드는 것이 된다.

민법 제470조가 남용되지 않을 가능성은 과실의 정도 문제에서 찾을 수 있다. 채무자로서는 무과실을 입증하여야 하는데, 사실 금융사고가 난 상황에서 완전한 무과실이라는 것은 여간해서 있기 어렵기 때문이다. 과거 예금지급청구서상 날인된 인감이 위조된 경우에 관한 우리 대법원판례의 경향을 살펴보면 이를 잘 알 수 있다.

통상적으로 은행에 계출된 인영과 예금지급청구서상의 인영을 대조하는 과정에서 그 대조의무의 정도는 은행으로서 육안으로 식별하면 족하고 특별히 의심이 가는 경우가 아니면 확대경이나 현미경 등의 방법으로 면밀하게 조사 확인할 필요까지는 없다고 인정되나, 거기에서 요구되는 주의의 정도는 일반인에게 요구되는 것보다 더 크고, 나아가 "충분한 주의"로서 "인감대조에 숙달된 정도의 은행원으로서의 주의"[20]라고 보아 왔다.[21]

이와 같은 판례의 태도에 대해서는 많은 비판이 있어 왔다. 수많은 출금거래를 담당하는 은행직원으로서 어떻게 일일이 충분한 주의로 확인을 할 수 있

서, 위조된 인장(또는 접근매체)을 가지고 있는 자에 대해 이를 "예금채권을 사실상 행사하는 자"로 볼 수 있는지는 의문의 여지가 있다고 생각한다. 양자가 동시에 占有者가 될 수 있는지 의문이기 때문이다. 인장(印章)이 盜用된 경우와 인장 자체가 위조된 경우를 비교할 때, 그 예금청구서상의 인영(印影)이 위조되었다는 점은 동일할 것이다. 그러나 채권의 준점유자의 법리가 적용될 수 있는지는 양자에 대해 달리 생각하여야 하는 것이 아닐까 하는 의문을 가질 수 있다고 생각된다. 이 문제에 관하여는 다음 기회에 논하기로 한다.

20 "은행이 예금청구자에게 예금 수령의 권한이 있는지 없는지를 판별하는 방편의 하나로 예금청구서에 압날한 인영과 은행에 신고하여 예금통장에 찍힌 인감을 대조 확인할 때에는 인감 대조에 숙련된 은행원으로 하여금 그 직무수행상 필요로 하는 충분한 주의를 다하여 인감을 대조하도록 하여야 할 것이고, 그러한 주의의무를 다하지 못하여 예금수령의 권한이 없는 자에게 예금을 지급하였다면 은행으로서는 그 예금 지급으로서 채권의 준점유자에 대한 변제로서의 면책을 주장할 수 없다." 대법원 1992. 2. 14. 선고 91다9244 판결; 대법원 2001. 6. 12. 선고 2000다70989 판결도 同旨.

21 「민법주해[XI]」, 132면(김대휘 집필부분).

느냐 하는 측면에서 은행실무에서 떨어져 있다는 지적 등이다.[22] 그럼에도 불구하고 실무상 은행의 면책은 거의 인정되지 않았다. 이는 약관에 의하여도 인정되지 않았다. 과거에 은행 측으로서는 면책을 위하여 은행과 예금주 사이에 "은행이 인감을 대조한 후 통장을 지참한 자에게 예금을 내어주면 그 효력이 있다"는 면책특약을 두기도 하였는데, 이에 대해 대법원은 "이와 같은 면책특약이 은행업무상 요구되는 통상의 주의를 하였더라면 정당한 예금청구인인가 아닌가를 식별할 수 있는 것을 고의 또는 과실로 이를 알지 못하고 권한 없는 자에게 지급했을 때까지 무조건 그 지급이 유효하다는 것은 아니라고 해석된다"고 판시하여 면책을 제한하였다.[23] 이에 대해 은행으로서는 다시 인감의 진정성 여부에 대한 판단권을 은행에서 보유하기로 하는 특약을 두기도 하였으나, 법원은 이와 같은 약관에 의하여 면책되는 것도 부정하였다.[24]

한편 대법원은 위조수표에 대해 지급은행이 선의 무과실로 지급한 경우 수표금의 지급이 유효한 것으로 본 사례가 있다.[25] 그러나 이 판례는 특별법규, 면책약관 또는 상관습이 있는 경우로 제한됨에 유의하여야 한다. 달리 말하면 이 사안에서 은행이 면책된 이유는 자금이체계약의 본래적 효력 내지 위조수표의 법리의 결과가 아니고 오히려 당해 거래영역에서 유효하게 인정되는 면책약관의 효력 때문이었던 것으로 이해되어야 한다.[26]

---

22 이 문제에 관하여는 이준상, "은행의 어음 수표처리업무의 실제와 판례의 반영", 재판자료 31집; 전경근 "채권의 준점유자에 대한 변제에 관한 일고찰－예금의 지급과 관련하여", 인권과 정의 2001년 2월호 등 참조.

23 대법원 1975. 5. 27. 선고 74다2083 판결.

24 "예금청구서에 날인된 인감과 암부호를 이미 계출한 것과 대조하여 틀림없다고 인정하고 취급한 경우에는 어떤 경우에도 유효한 취급으로 보기로 하는 특약이 있다 하더라도 이러한 특약이 은행이 통상의 주의를 다하지 못한 것으로 인정된 경우에까지 은행의 면책을 인정하는 근거가 될 수는 없다"(대법원 1992. 6. 23. 선고 91다14987 판결).

25 "다른 사람이 위조한 무효의 수표에 대한 은행의 변제가 유효로 되는 것은 특별법규, 면책약관 또는 상관습이 있는 경우에 한하고 이 경우 채권의 준점유자에 대한 변제의 법리는 적용되지 않는다"(대법원 1971. 3. 9. 선고 70다2895 판결).

26 따라서 이 판결을 이유로 하여 우리 대법원이 위조수표 문제에 관하여 '이용자책임설'을 따르고 있다고 단정하기는 어렵다고 생각한다. 사견으로 대법원의 입장은 오히려 '지급은행책임설'을 원칙으로 삼고 있으면서, 예외적으로 경우에 따라 은행을 면책시키는 약관을 유효한 것으로 보는 것에 가깝다고 생각한다.

6. 민법상 과실의 유형과 정도

위조된 인영에 의한 예금지급에 있어서 은행의 면책을 엄격히 제한한 법원의 입장은 금융기관으로서는 부당하다고 느꼈을지 모른다. 그러나 ① 금전채권에 있어서 무과실의 항변을 부정하는 원칙과 ② 준점유자의 변제 제도와의 관계에 대해 전자가 원칙이고 후자가 예외라는 점을 생각한다면, 비록 그 근거나 논리에 대한 설명은 다소 부족하긴 하지만, 민법 제470조가 남용되어 예외와 원칙이 뒤바뀌는 상황을 막았다는 결과론적인 측면에서 대법원의 입장을 충분히 수긍할 수 있다고 생각한다.

이에 대하여, 은행에게 통상의 과실의 정도를 넘어 엄격한 주의의무를 부과하는 것은 부당한 것이 아니냐는 비판이 있을 수 있다. 이 문제에 대하여 대법원은 명확히 답변한 바는 없다. 그러나 사견으로는 통상의 과실에 있어서의 주의의무보다 가중된 주의의무를 부과한다고 하여 이를 부당하다고 단정할 수는 없다고 생각한다. 그 이유는 민법상 과실은 서로 다른 유형이 있으며, 그 유형에 따라 인정 정도도 크게 다르기 때문이다.

가장 간단한 유형론으로 ① '귀책사유'로서의 과실과 ② '과실상계'에 있어서의 과실의 구별을 들 수 있다. 이 문제에 관하여는 이미 대법원에서도 여러 차례 확인한 바 있다. 전자는 '의무위반'의 좁은 개념인 반면, 후자는 '약한 의미의 부주의'를 포함하는 넓은 개념이라는 것이다.[27] 이는 귀책사유를 따질 때에는 과실이라고 인정되지 못하는 정도의 부주의가 과실상계를 따질 때에는 과실이라고 인정될 수도 있다는 것을 의미한다.

그렇다면 본래의 급부로서의 금전채권에 대하여 권한 없는 자에게 변제하였을 경우 채무자가 면책될 수 있는 요건으로서의 무과실을 판단할 때의 과실은 어느 정도를 의미할까? 이에 대하여 본격적인 논의가 이루어진 바는 없다. 그러나 사견으로 제시할 수 있는 것은, 여기에서의 과실이란 과실상계에 있어

---

27 "채무불이행 또는 불법행위에 있어서의 가해자의 과실이 의무위반의 강력한 과실임에 반하여, 과실상계에 있어서 과실이란 사회통념상, 신의성실의 원칙상, 공동생활상 요구되는 약한 부주의까지를 가리키는 것이라 할 것이다"(대법원 1992. 2. 14. 선고 91다4249 판결; 대법원 2001. 3. 23. 선고 99다33397 판결; 대법원 1983. 12. 27. 선고 83다카644 판결; 대법원 1995. 9. 15. 선고 94다61120 판결; 대법원 1999. 7. 23. 선고 98다31868 판결 등).

서의 과실보다는 더 넓은 의미여야 하지 않을까 하는 생각이다. 과실상계에서의 과실은 채권자의 채권을 '감액'시키는 의미의 '채권자측의 과실'이다. 그렇다면 채권자의 채권을 '소멸'시키는 의미의 '채무자의 무과실'은 적어도 이보다는 훨씬 더 엄격할 필요가 있다. 이는 채무자에게 넓은 의미의 부주의보다도 더 가벼운 부주의가 있는 경우에도, 이를 두고 채무자가 면책의 혜택을 받을 수 있는 "무과실" 요건을 갖추었다고 하기 어려운 경우가 있을 수 있음을 의미한다.

결국 민법상 과실에는 ① 귀책사유로서의 과실, ② 과실상계에 있어서의 과실, ③ 채권의 준점유자에 대한 변제가 유효하기 위한 소극적 요건으로서의 과실 등이 있는데, 이 중에서 가장 넓은 개념은 ③ 채권의 준점유자에 대한 변제가 유효하기 위한 소극적 요건으로서의 과실이라고 할 수 있다. 이 점에 관하여 대법원판례에서 명시적으로 밝히고 있지는 않다. 하지만, 사견으로는 앞서 살핀 바와 같이 대법원은 위조로 인한 금융사고 사건에 있어서 과실을 매우 광범위하게 인정하여 금융기관이 무과실로서 면책되는 경우를 극히 제한하고 있다는 점에서, 대법원도 이미 이 원칙을 인식하여 적용하고 있는 것이라고 생각한다.

이와 같은 점을 고려할 때, 위조된 인영에 의하여 출금된 예금에 관하여 우리 대법원에서 금융기관의 과실을 대단히 넓게 인정하는 것을 두고 '통상의 주의의무 이상의 엄격한 주의의무를 부과하는 것이 부당하다'는 취지로 비판하는 견해는, 우리 민법상 과실의 개념이 다양하다는 점과 각각 그 정도가 다르다는 점에 관한 오해에서 기인한 것이라고 생각한다.

Ⅳ. 무과실책임과 전자금융거래법 제9조의 법적 성격

1. 무과실책임의 필요성

이상 살핀 금전채권의 특성과 준점유자제도와의 관계, 과실의 개념, 대법원판례의 경향 등을 종합해 보면, 전자금융거래법 제9조와 같은 규정이 만들어지지 않고 현재의 민법 규정과 약관을 가지고 있는 상태를 가정한다고 하더라도 위조 변조 사건이 발생하였을 경우에 법원으로서 쉽사리 금융기관의 면책을 선고하였을 것으로 생각되지는 않는다. 위조 변조 사건에 있어서 은행이 조그만 부주의조차 전혀 없는 경우는 드물기 때문이다.

물론 전자자금이체 실행단계에 있어서는 인간의 과실(human error)이 개입할 여지는 없으므로 금융기관으로서 무슨 과실이 있을 수 있느냐고 할지 모른다. 그러나 이와 같은 유형의 비대면거래(非對面去來)에 있어서는 실행단계에서의 과실만이 문제되는 것이 아니고 그 전후 일련의 과정을 과실유무를 판단하는 대상으로 삼아야 한다.[28] 판례도 폰뱅킹에 관하여 같은 입장을 취하였던 바 있다.[29] 결국 금융기관이 일련의 과정을 통하여 조그만 부주의조차 전혀 없었던 경우에 한하여 면책될 수 있는 것인데, 대법원판례의 경향을 볼 때 대부분의 위조 사안에서 면책은 매우 어려울 것으로 예상된다. 따라서 전자금융거래법이 제정되었다고 하여 금융기관으로서 이 법이 없었던 때보다 패소율이나 부담이 크게 증가한다고 단정하기는 어렵다고 생각한다.

오히려 문제는 양 당사자 모두 과실이 없는 경우일 것이다. 기존에는 대면거래에 있어서는 위조사고의 경우에 양 당사자, 특히 금융기관 측에 아무 과실이 없는 경우는 찾아보기 힘들었다. 그러나 위조기술의 발달에 따라 전자금융거래에서 일련의 과정 전부에 거쳐 금융기관으로서는 위조사고에 대하여 조금의 부주의도 없는 사안이 있을 수도 있게 된다. 이와 같은 경우에 대하여 어떻게 처리하여야 하는지에 대하여는 원칙이 없다. 형식적으로는 준점유자의 변제를 인정하여야 할지 모르나, 그와 같은 논리는 금전채권제도 자체의 특성을 부정하는 문제가 있음은 앞서 지적한 바와 같다.

게다가 한편으로는 전자금융거래에 있어서의 특징 중의 하나로 채권의 준점유자의 변제에서는 문제되지 않았던 요소인 채권자 측의 과실이 개입될 수 있는 소지가 많아진다는 문제점이 있다. 접근매체의 대여, 양도, 관리부실 등으로 인하여 위조가 이루어진 사안이 그 예이다. 그런데 예를 들어 위조 사고에 있어서 예금주와 은행 양쪽 모두 조금씩 과실이 있는 경우에는 어떻게 될까? 언뜻 생각하기에 양 당사자가 일부씩 책임을 부담하여야 한다고 생각하기 쉽다. 그러나 민법에 의하면 그렇지 않다. 앞서 살핀 바와 같이 이는 본래의 급부에

28 전경근, 전게논문(주22) 114면 참조.

29 대법원 1998. 11. 10. 선고 98다20059 판결.

관한 것이므로, 채권자의 과실은 문제되지 않는 반면 은행의 과실이 있으면 준점유자의 변제가 부정된다. 따라서 은행으로서는 전액 지급하여야 한다. 이와 같은 점을 고려한다면 금융기관으로서도 전자금융거래법 제9조와 같은 종류의 규정이 필요하다는 점을 알 수 있다.

결국 금융기관 측으로서는 과실 유무를 불문하고 위조사고에 대하여 책임을 부담하되, 채권자 측의 잘못이 있는 경우에는 이를 반영하여 책임을 감경 또는 면제하는 것이 합리적이라는 결론에 이른다. 전자금융거래법과 같은 특별법 없이 민법을 적용하면 예금자와 금융기관 중 어느 한쪽이 전부 승소할 수밖에 없는데, 이는 서로에게 부담이고 합리적이지도 않다.

민법분야에 있어서 무과실책임은 이제는 '예외'라고 말하기 어색할 정도로 중요한 비중을 차지하고 있다. 민법상 물권법 분야에 무과실책임이 원칙임은 물론이고, 채권법 중에서 불법행위 분야에서 가장 빈번히 사용되는 사용자책임(756조)이나 공작물 소유자 점유자의 책임(758조), 책임무능력자의 감독자의 책임(759조) 등은 무과실책임의 성격을 띠고 있다. 민법총칙에서 무권대리인의 책임(135조), 표현대리에 관한 본인의 책임(125조, 126조, 129조), 법인의 불법행위책임(35조)도 무과실책임이다. 계약법 분야 중 실제 거래에서 가장 많이 사용되는 담보책임도 무과실책임에 기초하고 있음은 주지의 사실이다. 금전채권에 무과실책임이 적용됨은 이미 논한 바 있다. 특별법상으로 우리의 일상생활에 가장 많이 활용되는 자동차손해배상보장법이나 제조물책임법도 무과실책임의 원리에 서 있다. 어떤 측면에서 보면, 민법상 과실책임주의의 원칙이란 오늘날에 있어서는 채무불이행과 불법행위로 인한 손해배상제도 영역에 한하여 적용되는 제도라고 설명하는 것이 더 현실에 부합하는 것이 아닌가 하는 생각이 들 정도이다.

2. 무과실책임과 책임보험: 법경제학적 고찰

양 당사자의 과실 없이 사고가 발생하는 경우에 소비자보다는 공급자 측에 책임을 부과하는 것은 단지 소비자의 보호라는 정책적 고려 때문만은 아니다. 보다 중요한 것은 법경제학적 고려 때문이라고 생각된다.

위조로 인한 금융사고를 막기 위해서는 누구에게 책임을 부과하는 것이 경제적일까? 예금주에게 불이익을 부과하면 예금주가 노력할 것이다. 반대로 금융기관에 불이익을 부과하면 금융기관이 최선의 노력을 함은 당연하다. 문제는 이와 같은 주의 내지 노력에는 돈이 든다는 점이다. 그렇다면 각각의 예금주가 노력을 하는 경우와 은행이 노력하는 것을 비교하여, 사회 전체적으로 보았을 때 어느 것이 경제적인가를 판단하여야 한다. 경제적이라는 말은 비용과 효과를 모두 고려한 것이다.

전자금융에 있어서 위조기술이 복잡해질수록 보안을 위해 상당한 비용을 지출하여야 하고, 어떤 의미에서는 웬만한 투자와 전문적인 노력으로는 효과적으로 위조로 인한 금융사고를 막기 힘들 것으로 생각된다. 이와 같은 사회 전체적으로 투입해야 하는 비용의 규모나 효과 등을 고려한다면, 그와 같은 활동은 예금주 개인보다는 금융기관이 하도록 하는 것이 경제적이라는 것이 필자의 생각이다.

문제는 금융기관으로서도 돈이 든다는 점이고, 금융기관으로서도 막을 수 없는 상황도 있다는 점이다. 따라서 사회 전체적으로 경제적이라는 이유만으로 금융기관에 부담을 주는 것은 적절하지 않으며, 이는 장기적으로 우리나라 금융기관의 경쟁력을 약화시키는 것이라는 반론이 있을 수 있다. 이와 같은 반론에 대해 필자는 다음과 같은 점을 지적하고자 한다.

우선 금융기관으로서 지출하는 비용은 종국적으로 금융기관이 부담하는 것이 아니다. 그 비용은 원가의 일부로서 이용자들에게 전가할 수 있다. 따라서 이는 금융기관이 일단 선지출하도록 하는 것에 불과한데, 이것이 그렇게 부당하다고 생각되지는 않는다.

다음으로 금융기관으로서도 막을 수 없는 상황에 대하여 책임을 묻는 것은 부당하지 않느냐의 문제에 관하여, 금융기관으로서도 막을 수 없다면 금융이용자들로서는 더더욱 막을 수 없었을 것이라는 점도 생각하여야 한다. 그렇다면 이와 같은 상황은 결국 보험으로 처리되어야 할 성격의 것이다. 다만 문제는 그 보험을 누가 가입하고 부담하느냐 하는 점이다. 보험 또한 개개의 이용자보다는 금융기관이 가입하고, 이를 금융소비자에게 비용으로 분담시키는 것이 경제적이라고 생각된다.

이와 같은 논리는 제조물책임이나 자동차손해배상보장법 영역에서는 이미 일반화되어 있는 일이다. 운수회사는 자신으로서는 무과실이라 하더라도 원칙적으로 사고로 부상당한 승객에 대하여 손해배상책임을 부담하게 된다(자동차손해배상보장법 제3조). 그리고 운수회사는 보험에 가입하며, 보험료는 비용으로 일반 소비자 내지 잠재적 피해자에게 분산된다. 만일 무과실사고에 대해 운수회사가 보상하지 않는다고 가정해 보자. 그렇다면 합리적인 승객이라면 차를 탈 때마다 각자가 보험에 가입하지 않을 수 없다. 이는 사회적 낭비와 비효율을 초래할 것이다. 이와 마찬가지로 쌍방무과실 금융사고에 대해 금융기관이 책임지지 않는 것으로 되면, 합리적인 예금자로서는 은행에 돈을 맡기면서 각자 보험에 들지 않을 수 없다. 물론 보험에 가입할 것인지 여부는 이용자의 선택이라고 말할지 모른다. 그러나 이와 같은 주장은 마치 무보험차량이 횡행하는 것과 같이, 사회적 위험이 효과적으로 관리되지 않는 사회로 되어도 상관없다는 식의 무책임한 주장이라고 생각한다. 모든 승객과 보행자가 각자 생명보험에 가입하는 것보다 모든 차량이 종합보험에 가입하는 것이 바람직한 것처럼, 모든 금융 이용자가 각자 손해보험에 가입하는 것보다는 모든 금융기관이 책임보험에 가입하는 것이 위험이 적절히 관리되는 바람직한 선진 사회의 모습이다.

다음으로 금융기관이 설사 이를 비용으로 분산한다 하더라도, 결국은 원가상승요인이 되므로, 우리나라에서 전자금융거래를 위축시키거나, 우리나라 금융기관의 국제경쟁력을 감소시킬 수 있다는 점을 지적하면서 금융기관의 무과실책임을 반대하는 주장이 있다. 그러나 필자의 생각은 다르다. 고객의 잘못이 없는 위조사고가 발생한 경우에 은행측에서 자신들도 과실이 없다는 이유로 예금을 돌려주지 않는다면, 그 금융기관이 국제적 경쟁력을 가질 수 있을까? 수수료를 좀 더 받더라도 무과실의 경우에도 배상해 주는 금융기관과 수수료가 싸지만 무과실의 경우 예금을 찾을 수 없게 되는 금융기관을 비교할 때, 고객들, 특히 해외의 중요한 금융고객들은 어느 쪽을 택할지 명확하다고 생각한다. 무과실사고에 대해 금융기관이 무과실책임을 지는 것을 분명히 하는 것은, 오히려 우리나라에서 전자금융거래를 활성화하고 우리나라 금융기관의 국제경쟁력을 가지기 위해 필수적인 제도이다.30 선진국의 경우도 세부 내용은 차이가 있

30 만일 이와 같은 필자의 주장이 옳다면, 이와 같은 입법이 없더라도 금융기관으로서는 영업목적상 관행적으로 고객에게 무과실책임을 부담할 것이므로 굳이 입법이 필요한 것이 아

으나 금융기관측이 과실이 없다는 이유로 무조건 면책시키는 입법례는 없는 것으로 보인다.[31]

다음으로 금융기관에 대해 무과실책임을 부과하고 이를 책임보험으로 처리할 경우, 금융기관으로서는 어차피 면책의 가능성이 없으므로 위조 사고를 막기 위한 노력에 투자하는 대신 보험가입만으로 자신이 할 일을 끝내려고 할 것이므로, 오히려 사고감소를 위해 노력할 동기부여가 되지 않아 결과적으로 사고를 감소시킬 수 없다는 반론도 있다. 그러나 우리나라의 금융기관들이 그와 같은 태도를 취할 것인지는 현실적으로 검토하여 보아야 한다. 금융사고의 발생은 책임보험료의 할증사유가 될 뿐 아니라, 금융기관의 명성과 신용에 결정적 영향을 미친다. 따라서 보험에 가입하였다는 이유로 위조사고 방지를 위한 노력을 포기할 은행은 실제로는 그리 많지 않을 것으로 보인다. 이는 마치 자동차종합보험에 들었다는 이유로 안전운전 기술을 익히기를 포기한 채 마구 사고를 내고 다니는 운전자가 별로 없는 것과 마찬가지이다.

마지막으로 전자금융거래법 제9조가 금융 이용자를 과도하게 보호하게 되어 이용자의 접근매체 관리 소홀, 공모에 의한 사고유발 등 도덕적 해이(moral hazard)를 야기한다는 지적이 있을 수 있다. 그러나 필자는 이 주장에도 동의하기 어렵다. 금융이용자를 과도하게 보호하는 것이 아님은 이미 살핀 바와 같고, 도덕적 해이를 일으키는 것 또한 일반화되기 어렵다. 물론 자동차보험에서도 가짜 환자들이 보험사기를 행하는 일이 있기는 하다. 그러나 이것이 자동차손해배상보장법 제도 자체를 비난하는 근거가 될 수는 없다. 이와 같은 예외적인 범법자들은 적발하여 처벌하면 된다.

니지 않은가 하는 반론을 제시하는 사람이 있을 수도 있다. 이에 대해서는, 만일 입법이 이루어지지 않고 금융기관의 정책에 맡긴다면, 금융기관으로서는 자신의 영업상의 중요성이 큰 일부 고객(대기업, 금융자산가 등)에게만 무과실책임을 부담해 줄 수 있다는 점을 고려해야 한다고 생각한다. 반면 영업상 중요성이 적은 서민 등 일반 고객들에게는 은행측이 면책을 주장함으로서, 대기업 등 주요 고객에게서 입은 손실을 서민들에게서 만회하려 할 것으로 예상된다. 따라서 이 문제를 입법이 아닌 자율에 맡겨 둘 경우, 그 결과가 대다수의 일반 금융소비자들에게 불리하게 될 수 있다.

31 미국의 전자자금이체법(Electronic Fund Transfer Act)과 통일상법전(Uniform Commercial Code: UCC)의 세부 내용 등에 관하여는, 박훤일, 전게논문(주2); 정경영, 전게논문(주2) 등 참조.

3. 전자금융거래법 제9조의 성격과 문제점

법제9조는 제정과정상 제기된 문제점을 반영하여 절충적인 입장을 취하게 되었다. 접근매체의 위조나 변조로 인한 사고에 관하여 금융기관은 원칙적으로 책임을 지되(제1항), 사고 발생에 있어서 이용자의 고의나 중대한 과실이 있는 경우로서 그 책임의 전부 또는 일부를 이용자의 부담으로 할 수 있다는 취지의 약정을 미리 이용자와 체결한 경우(제2항 제1호)나 소기업이 아닌 법인 이용자에게 손해가 발생한 경우로서 금융기관이 사고를 방지하기 위하여 보안절차를 수립하고 이를 철저히 준수하는 등 합리적으로 요구되는 충분한 주의의무를 다한 경우(제2항 제2호)에는 금융기관이 전부 또는 일부 면책되는 것으로 되었다.

"이용자의 고의나 중대한 과실"이 무엇인지는 여전히 중요한 주제인데, 이에 관하여는 대통령령이 정하는 범위 안에서 전자금융거래에 관한 약관에 기재된 것에 한하는 것으로 하였다(제3항). 대통령령은 아직 정하여지지는 아니하였으나, 종전의 전자금융거래약관을 참고할 경우 ① 접근매체의 양도, 위임, 대여, ② 이용자의 접근매체 노출 등이 이에 해당할 것으로 생각된다. 각각에 대한 입증책임 등은 학자들과 금융 및 법조 실무가들 간에 좀 더 논의되어야 할 필요가 있다.

이와 같은 내용의 규정을 두고 "무과실책임을 금융기관에게 신설함으로써 민법상의 대원칙에서 벗어난 것"이라고 주장한다면, 적어도 전자자금이체 거래에 관한 한 적절하지 않은 주장이다. 오히려 이는 민법상 본래의 급부로서의 금전채권에 관한 원칙을 유지하면서, 그 예외사유가 되는 채권의 준점유자에 대한 변제가 유효하기 위한 요건을 보다 합리적으로 조정하고 명백히 하려 한 것으로 이해하여야 할 것이다.

앞서 살핀 바와 같이 본래의 급부를 청구함에 있어서는 설사 이용자 측의 과실이 있다 하여도 이는 감액사유가 되지 않는 것이 원칙이다. 그럼에도 이 법에서는 합리적 조정을 위하여 무과실책임을 인정하는 대신에 이용자 측의 고의 또는 중과실을 책임감면의 사유로 삼았다는 점에서, 오히려 민법 원리에서 살핀다면 이용자 측에서 양보한 측면도 있다고 생각된다.

다만, 이 법안에서 '손해배상'이라는 표현을 사용한 것은 적절하지 않다고 생각된다. 전자금융에서 예금자가 자신이 맡긴 예금을 돌려달라고 하는 것이 손해배상청구인가? 설사 제3자가 위조를 하여 출금이 된 경우라 하더라도 이는 그 법적 성질이 본래의 급부로서의 예금반환청구이지 손해배상이 될 수는 없다.[32] 위조로 인한 출금이 이루어진 경우에 그 출금이 채권의 준점유자에 대한 변제로서 유효한 것인가 여부에 따라 본래의 급부로서의 예금채권이 존속하고 있는지 여부가 결정될 뿐이다.

예금자가 금융기관에 대해 배상을 청구할 손해가 있다고 주장하기 위해서는 예금채무가 소멸하였어야 한다. 그런데 이는 금융기관으로서 변제가 유효한 것으로 된 경우일 것이기 때문에, 이 경우에 금융기관에 손해배상을 청구할 수 있다고 하는 것이 모순이다. 설사 모순이 아니라고 하여도 "기존의 예금채무가 소멸되었고 이를 이유로 동액의 손해배상채권을 가진다"고 하기보다는 기존의 예금채무의 존속 여부로 설명하는 것이 보다 간명하다.[33]

법규정에서 비록 손해배상이라는 표현을 사용하고 있기는 하나, 이는 성질상 본래적 의미의 손해배상을 뜻하는 것은 아니고 책임을 부담한다는 의미로

---

32 이 글에서 주로 검토하는 것은 자금이체거래에 있어서 접근매체가 위조된 경우이다. 그런데 자금이제거래의 법적성격에 관하여는 위임계약설이 통설이며, 단순한 소비임치계약과 같이 볼 수 없다는 지적이 있을 수 있다. 그러나 그 법적 성격이 위임계약이라는 점은 접근매체가 위조된 사안에서는 결론에 별다른 영향을 미치지 못한다고 생각한다. 은행 측에서 행한 이체는 예금자로부터 적법한 이체지시를 받지 않은 것이기 때문에 은행을 면책시킨다는 약관 등 특단의 사정이 없는 한 원칙적으로 예금자에 대하여는 효력이 없기 때문이다. 이에 대하여 은행측에게 민법 제668조 제3항에 의한 위임계약상의 비용상환청구권을 인정함으로서 결과적으로 예금자가 손해를 부담하여야 한다는 견해가 있을 수 있다. 민법 제668조가 적용될 수 있는지에 관하여는 좀 더 깊은 논의가 필요하다고 생각된다. 위조수표 문제에 관하여 위임계약상의 비용상환청구권론을 적용한 예로는, 정경영, "위조수표에 대해 선의로 지급한 지급은행의 책임", 금융법연구 제2권 제2호(2005), 109면 이하 참조. 위임계약상의 비용상환청구권은 은행이 예금자에게 청구하는 것이므로 예금자가 은행에 청구하는 법제9조상의 청구권과는 다르다.

33 법제 9조에서의 손해배상을 책임부담이 아닌 표현 그대로 손해배상이라고 이해할 방법이 없는 것은 아니다. 예컨대 ① 위조사고에 대해 쌍방무과실인 경우 채권의 준점유자에 대한 변제로서 예금은 적법하게 소멸되었고, ② 이와 같은 결과가 부당하므로 법에서 소비자보호 등 차원에서 무과실책임을 금융기관에 부과한 것이며, ③ 그에 따라 위조사고로 인하여 소멸한 예금만큼 은행은 손해배상을 해 주어야 한다 등의 논리전개가 불가능한 것은 아니다. 그러나 이는 지극히 모순적이고 부자연스럽다. 우선 민법상 금전채권의 기본법리가 무시되는 것이고, 적법하게 소멸한 것을 두고 손해라고 하는 것도 모순이며, 어차피 그만큼 손해배상을 해 주어야 한다면 애당초 소멸하지 않은 것으로 보는 것과 비교할 때 아무런 이익이 없다.

이해되어야 한다고 생각한다.[34] 사견으로는 법문상 손해배상이라는 용어를 잘못 사용함으로 인해 불필요하게 과실책임주의 논란을 일으킨 것이 아닌가 하는 추측도 하게 된다. 그러나 이는 단순한 명칭의 문제에 그치는 것은 아니다. 여기서의 손해배상의 법적 성질을 어떻게 볼 것인가의 문제는 소멸시효의 기산점과 시효기간, 담보의 소멸 여부 등의 문제에도 영향을 미칠 수 있을 것으로 생각된다. 사견으로는 이들 문제를 설명함에 있어서도 법제9조에 의한 권리를 손해배상청구권으로 볼 것이 아니고 본래의 급부로 보아야 한다고 생각한다.

V. 결 론

다시 <사안 1>로 돌아와 생각해 보자. 만일 전자금융거래법이 제정되지 않았다고 가정할 때, K은행에서 자신들이 선의 무과실임을 이유로 예금지급을 거절한다면, 이에 대해 마찬가지로 아무 잘못도 없는 예금주 A가 수긍할까? A로서는 모든 주장을 동원하여 돈을 돌려받으려 시도할 것이다. 그중 가장 유력한 것은 물론 전자금융거래를 시작하면서부터 현재에 이르기까지의 일련의 과정에 있어서 금융기관에 발생한 사소한 부주의를 하나라도 찾아내 채권의 준점유자에 대한 변제의 효력을 부인하는 것일 것이다. 그러나 그것 이외에도 이용자로서는 무과실책임으로서 시스템이나 전산망의 결함(defects)을 원인으로 한 제조물책임(product liability) 또는 심지어 민법상 공작물의 설치 보존상의 하자로 인한 책임을 주장할지도 모른다. 이와 같은 주장은 그 하나하나가 민법상 매우 비중 있는 복잡한 논의를 포함하고 있어 승패를 가늠하기 어렵다.[35] 필자로

34 사견으로는 제1항의 문안이 다음과 같이 표현되었으면 더욱 좋았을 것으로 생각한다.

현행 규정	私見
금융기관 또는 전자금융업자는 접근매체의 위조나 변조로 발생한 사고, 계약체결 또는 거래지시의 전자적 전송이나 처리과정에서 발생한 <u>사고로 인하여 이용자에게 손해가 발생한 경우에는 그 손해를 배상할 책임을 진다.</u>	금융기관 또는 전자금융업자는 접근매체의 위조나 변조로 발생한 사고, 계약체결 또는 거래지시의 전자적 전송이나 처리과정에서 발생한 <u>사고에 대하여 과실 없음을 이유로 면책을 주장하지 못한다.</u>

35 제조물책임의 성립 가능성에 관한 참고자료로는, 김제완, 「전자거래의 유형에 따른 제조물 결함사고에 대한 소비자보호」, 한국법제연구원 현안분석보고서(2002); 김제완, "제조물책

서는 기존의 대법원의 경향이나 금전채권의 특성과 과실의 의미 등 앞서 살핀 법적 특성을 생각할 때, 이용자가 승소할 가능성이 훨씬 크다고 생각한다.

그럼에도 불구하고 금융기관으로서는 이 법이 제정됨으로 인해 재판할 여지도 없이 무과실책임을 부담하는 것이니, 조금이나마 면책의 가능성이 있었던 과거의 법제가 더 낫지 않느냐고 말할지 모른다. 그러나 이는 중요한 고려사항을 놓치고 있는 주장이다. 이 법 조항과 같이 제도가 정비되지 아니하였다면, 금융기관으로서는 분쟁의 방어와 해결을 위하여 많은 비용을 지출하여야 하였을 것이다. 이는 우리 사회로서는 큰 낭비이다. 과실책임으로 해결할 경우의 중요한 단점 중의 하나로는 구상의 문제를 들 수 있다. 과실책임주의하에서는 은행 측이 패소할 경우 필수적으로 누군가의 과실 내지 부주의가 지적되게 되므로 모든 패소 사례에서 금융기관의 임직원들이 소속 금융기관으로부터 구상을 당하는 문제가 남게 된다. 이 또한 우리나라의 금융산업의 발전을 위하여 바람직한 상황이라고 할 수 없다. 전자금융거래법의 제정 없이 민법상 과실책임으로 해결하려 하였다면 금융기관의 임직원들이 예외 없이 배상책임보험을 들어야 하는 번거롭고 비경제적인 상황이 되었을 것이다.

전자금융거래법 제9조는 중과실의 유형이나 위조 또는 변조의 개념과 유형, 입증책임 등을 둘러싸고 더 많은 논의가 이루어져야 하며, 현재로서는 출발점에 서 있는 것이라고 할 수 있다. 특히 현재로서는 그간 이미 이용되어 오던 약관이 법제화된 성격이 강하기 때문에 금융기관으로서 감당할 수 없는 많은 문제가 갑자기 발생할 것으로 생각되지는 않는다.

필자로서 지적하고자 한 것은 전자금융거래법 제9조가 민법상의 대원칙으로서의 과실책임주의를 일탈하고 있다는 비판은 오해에서 기인한 것이라는 점이다. 오히려 민법적으로는 기존의 판례와 이론에 부합하며 합리적 이해 조절을 시도한 것으로 이해되는 것이 옳다고 생각한다.

임법에 있어서 설계상의 결함의 판단기준 —합리적 대체설계(Reasonable Alternative Design)의 입증책임문제를 중심으로", 법조(2005. 4) 등 참조.

참고문헌 R·E·F·E·R·E·N·C·E·S

■ 단행본

「전자금융거래법안 설명자료」(재정경제부, 2005. 11).

「민법주해[XI]」(박영사, 1992).

김제완, 「전자거래의 유형에 따른 제조물결함사고에 대한 소비자보호」, 한국법제연구원 현안분석보고서(2002).

김형배, 「민법학 강의」(신조사, 2006).

지원림, 「민법강의」(홍문사, 2004).

□ 논문

김제완, "제조물책임법에 있어서 설계상의 결함의 판단기준 – 합리적 대체설계(Reasonable Alternative Design)의 입증책임문제를 중심으로", 법조(2005. 4).

박훤일, "전자금융거래와 무과실책임", 경희법학 40권 1호(2006).

손진화, "전자금융거래법 입법상의 쟁점과 전망", 상사법관련학회 공동학술대회자료집 「기업환경의 변화에 따른 상사관련법의 과제와 전망」(2005. 7).

이용준, "전자금융거래법의 입법과정", 금융법연구 제1호(2004).

이준상, "은행의 어음 수표처리업무의 실제와 판례의 반영", 재판자료 31집.

전경근 "채권의 준점유자에 대한 변제에 관한 일고찰 – 예금의 지급과 관련하여", 인권과 정의 2001년 2월호.

정경영, "전자금융거래법의 도입에 따른 법적 과제", 금융법연구 제1권 제1호(2004).

______, "위조수표에 대해 선의로 지급한 지급은행의 책임", 금융법연구 제2권 제2호 (2005).

〈후기〉

이 논문 작성 이후 금융기관의 무과실책임과 관련하여 실무상 적지 않은 사건 사고가 있었는데, 필자로서 가장 인상적이었던 사건은 이른바 '북한에 의한 농협 전산망 해킹사건'이다. 2011년 4월 12일 농협 전산망에 있는 자료가 대규모로 손상되어 수일에 걸쳐 전체 또는 일부 서비스 이용이 마비된 사건인데, 사건 초기에는 협력 업체에 의한 사고 가능성이 제기되었으나, 이후 농협 측에서는 내부 전문가의 사이버 테러일 가능성이 높다고 발표했는데, 그 후 검찰은 이 사건이 조선민주주의인민공화국의 소행이라고 발표했다. 그 후 18일 만인 4월 30일에 정상화되었지만, 만일 실제로 북한에 의한 불법인출이 이루어졌을 경우, 농협 측으로서 자신들에게 과실이 없다는 이유로 피해고객의 예금반환청구를 거부할 수 있었을까?

전자금융거래법이 정착되는 과정에 실무상으로는 주로 '이용자의 고의나 중대한 과실'에 해당하는지 여부, '사고'의 의미 등으로 논의의 초점이 옮겨갔다. 이 문제에 관한 주요 판례와 이 논문에서 인용하지 못한 그 이후 학자들의 주요 연구성과들은 다음과 같다.

대법원 2015. 5. 14. 선고 2013다69989, 69996 판결
대법원 2014. 1. 29. 선고 2013다86489 판결

서희석, "전자금융거래법상 '이용자의 중과실'의 판단기준: 대법원 2014.1.29. 선고 2013다86489 판결의 비판적 고찰", 비교사법 제21권 2호(통권 제65호, 2014).

제철웅, "전자지급거래의 법적 규율에 관한 비교법적 검토: 지급서비스제공자와 이용자 간의 관계를 중심으로", 비교사법 18권 2호(통권53호, 2011).

정찬형, "전자금융거래법상 전자자금이체에 관한 연구", 고려법학 51호(2008).

김홍식, "모바일 지급결제에 있어서 이동통신사업자의 책임에 관한 소고: USIM 카드기반 결제를 중심으로", 법학연구 49권 1호(59호)(부산대학교, 2008).

정경영, "전자금융거래에서 은행의 주의의무", 상사판례연구 Ⅶ권(2007).

______, "지급결제제도의 법적 문제점과 과제: 무권한 전자금융거래에서 금융기관의 책임", 금융법연구 3권1호(2006).

손진화, "전자금융거래 당사자의 책임", 경영법률 17집 1호(2006).

제 8 장 선박금융의 법적 구조에 관한 연구

Ⅰ. 서 론

해운업[1]은 세계에서 가장 자본집약적인 산업 중의 하나이다. 해운업에 있어서 중요 자산이 선박이기 때문이다.[2] 예를 들면, 컨테이너선과 탱커선의 가격은 각각 1억 2,500만 달러에 이른다. 가장 비싼 선박인 LNG탱커선의 경우 그 가격은 2억 5,000만 달러에 달한다. 미국이 수입하는 석유를 운송하는 탱커선의 대체원가(replacement cost)만 1,500억 달러에 달한다.[3]

선박, 특히 대형선박의 건조에는 거액의 자금이 필요하고, 그 자금의 회수에는 장기간이 소요되는 경우가 많다. 한편, 선박은 고가의 동산으로서 세계의 어느 곳에서도 매각할 수 있기 때문에 환가성이 높고, 용선료(hire) 등에 의한

---

* 정대 집필.

* 「법과 정책」(제주대학교 법과정책연구소) 제18집 제2호(2012)에 게재된 내용을 다소 수정·보완한 것이다.

1 해운법상 해운업이란 해상여객운송사업, 해상화물운송사업, 해운중개업, 해운대리점업, 선박대여업 및 선박관리업을 말한다(해운법 제2조 제1호).

2 해운기업은 운송과 용선을 통하여 영업수익을 극대화하게 되는데, 이러한 운송과 용선을 위한 운송수단이 바로 선박이라고 할 수 있다. 즉 선박이라는 물적 설비를 이용하여 화물을 운송하는 것이다. 이러한 의미에서 선박은 해운기업에 있어서 가장 중요한 자산이 되는 것이다. 김인현, 제2판「해상법」, 법문사, 2007, 71면.

3 Martin Stopford, *Maritime Economics*, Second Edition, London: Routledge, 1997, p.194.

계속적인 현금흐름(cash flow)의 유입도 기대할 수 있으므로 금융(finance)의 대상으로서는 매력적일 수 있다.

또한, 조선업은 각국의 산업에서 중요한 지위를 차지하고 있다. 예를 들면, 우리나라의 조선업은 2003년부터 2008년까지 조선의 3대 지표(선박수주·건조·수주잔량)에서 모두 세계 1위를 기록했다. 나아가 선박의 수출은 1986년 이래 우리나라 전체 수출액의 4~12%를 차지하면서 5대 수출상품의 자리를 유지해 왔으며, 2008~2009년에는 품목 중 수출금액 1위를 기록했고, 2010년의 경우에는 반도체에 이어 2위를 기록했다. 조선산업의 국민경제상 위상을 보면, 2009년 기준으로 제조업에 대한 조선산업의 생산액 비중은 4.8%, 고용비중 4.3%를 점하고 있다.[4]

이와 같이 해운업과 조선업은 상호 유기적인 관련성을 갖고 있고, 따라서 선박의 건조와 선박의 건조에 소요되는 자금의 조달의 문제는 해운회사의 최고경영자에게 있어서는 대단히 중요한 경영판단의 문제가 된다. 그런데 우리나라의 경우 선박의 건조에 소요되는 자금조달의 문제, 즉 선박금융에 대한 법적인 측면에서의 연구는 부족한 실정이다. 이러한 관점에서 본 논문에서는 첫째, 선박금융의 개념, 특징 및 유형에 대해 검토한 후(II), 둘째, 선박금융의 법적 구조에 대해 분석해 보고자 한다(III). 이를 통해 선박금융을 둘러싸고 발생할 수 있는 다양한 법적 문제의 해결에 중요한 실마리를 제공하고자 한다.

Ⅱ. 선박금융의 의의

1. 개 념

선박금융(ship finance, shipping finance)이라는 용어는 다양하게 정의되고 있다. 첫째, 선박금융이란 선박자체의 자산가치 및 선박으로부터 발생하는 미래수익을 담보로 이루어지는 대표적인 자산담보 형태의 금융이라고 한다.[5] 둘째, 선박금융이란 선주가 신조선 발주, 중고선 매입, 선박수리나 개조 등을 위하여 자금을 은행을 비롯한 여러 가지 형태의 자금제공자로부터 조달하는 것을 의미

4 「2010 지식경제백서」, 지식경제부, 2011.

5 정우영·현용석·이승철, 「해양금융실무」(한국금융연수원, 2011), 138면.

[그림 1] 선박금융의 기본구조[6]

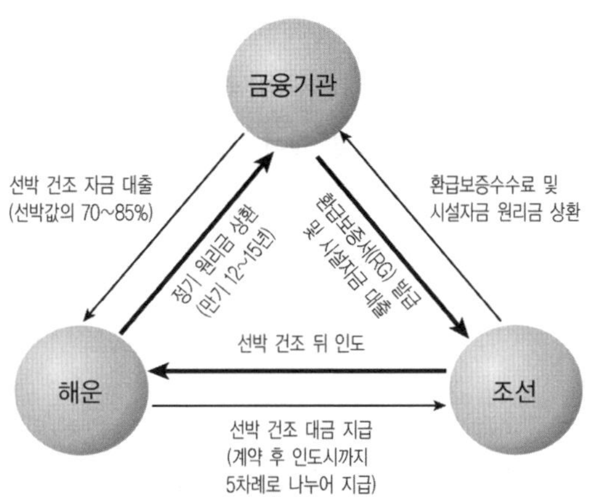

한다고 한다.[7] 셋째, 선박금융이란 여러 가지 금융기법을 통하여 얻은 자금으로 조달한 선박을 선사의 사업에 투입시키는 것으로 자산금융의 한 유형을 말한다고 한다.[8] 넷째, 선박금융이란 선박을 담보로 제공한 후, 그 선박이 창출하는 경제적 이익으로 원리금을 상환하는 프로젝트 파이낸스(Project Finance)의 일종이며, 본선담보가 제공된다는 점에서 자산담보부금융(Asset-Based Finance)이고, 또한 실선주 등의 지급보증이 제공되는 기업재무의 성격이 종합된 금융이라고 한다.[9]

선박의 건조에 관한 선박금융의 구조를 단순화하여 보면([그림 1] 참조), 해운기업(차주)은 선박의 확보에 필요한 자금을 금융기관(대주) 등으로부터 조달하여, 이를 다시 선박을 건조하는 조선소에 선박건조자금으로 통상 5차례로 나누어 지급하게 된다. 이 때, 해운기업은 조선소에 선수금(advance payment)으로 지급한 금액에 대해 조선소에 선수금환급보증서(Refund Guarantee; RG)의 발급을 요구하게 되는데, 조선소는 금융기관으로부터 선수금환급보증서를 발급받아 해운기업에 제공하게 된다. 조선소는 선박을 건조한 후, 해당 선박을 해운기업에 인도하고, 해운기업은 대주인 금융기관에 대해 선박저당권을 설정해 주고,

6 이기환·오학균·신주선·이재민, 개정판 「선박금융원론」(두남, 2016), 29면.
7 김규형·김상진·박찬재, 「선박금융론」(박영사, 2009), 3면.
8 김도경, "선박금융과 국내선사의 도산", 「선진상사법률연구」 제55호(법무부, 2011), 81면.
9 이기환·오학균·신주선·이재민, 전게서, 30면.

선박으로부터 발생하는 수익으로 선박건조자금의 원리금을 금융기관에 상환하게 된다.[10]

이렇게 보면, 선박금융의 개념은 첫 번째 견해가 가장 타당한 것처럼 보인다. 첫 번째 견해를 기초로 이를 보완하여 선박금융을 정의한다면, 선박금융이란 선박건조계약, 선체용선계약 등과 같은 선박거래와 관련하여 선박의 자산가치 및 선박으로부터 발생하는 미래수익을 담보로 이루어지는 자금의 융통이라고 할 수 있을 것이다.

2. 특 징

첫째, 일반적으로 해운기업은 수익성이 불확실하고, 재무구조가 체계적이지 않으며, 정보공시의 수준이 낮으며, 소유구조가 불명확하다는 특징을 갖기 때문에 금융기관이 해운기업의 신용을 파악하기 곤란하고, 나아가 그런 이유로 대출을 꺼리게 되는 결과를 초래한다.[11]

둘째, 선박의 가격이 고가이므로 대출금의 규모가 거대화된다는 특징이 있다. 예를 들면, 컨테이너선의 가격이 1억 달러를 초과하는 경우가 일반적이기 때문이다.[12] 따라서 고가의 대형선박의 거래의 경우 세계 여러 금융기관들이 협조융자(syndicated loan)형태로 자금을 제공하게 된다.[13]

셋째, 선박금융의 원리금상환재원이 해당 선박이 창출하는 경제적 이익이므로 선박의 사용연수 및 수익력 등을 고려한 10년 이상의 장기금융이 대부분이다.[14]

넷째, 일반적으로 조세피난처에 설립되는 특수목적법인(Special Purpose company; SPC)이 선박을 소유하는 형태를 취한다는 점에서 선박별로 독립적인 소유구조(즉 1사 1척의 원칙)를 갖는다는 특징이 있다.[15]

다섯째, 용선계약의 종류에 따라 금융조건이 다양화된다고 하는 특징이 있

---

10 이기환·오학균·신주선·이재민, 상게서, 28~29면.

11 Martin Stopford, *Maritime Economics*, Second Edition, London: Routledge, 1997, p.194.

12 정우영·현용석·이승철, 전게서, 138면.

13 이기환·오학균·신주선·이재민, 전게서, 30면.

14 이기환·오학균·신주선·이재민, 상게서, 30면; 정우영·현용석·이승철, 전게서, 138면.

15 정우영·현용석·이승철, 상게서, 139면.

다. 즉 해당 선박을 둘러싸고 선체용선계약, 정기용선계약, 항해용선계약 등이 체결되고, 그에 따라 금융조건이 다르게 된다.

여섯째, 선박건조계약과 관련한 조선소의 채무불이행의 위험에 대비하기 위한 목적으로 선수금환급보증서가 발행된다는 특징이 있다.[16]

마지막으로 이상과 같은 특징들로 인해 선박금융을 둘러싼 계약의 구조가 복잡하게 된다는 특징이 있다.[17]

3. 유 형[18]

(1) 선박금융자금조달의 방법에 따른 구분

1) 대상 선박을 소유하는 해운회사 자체의 신용력에 기초한 기업금융 (Corporate Finance)

기업금융은 해운회사 자체의 신용력을 기초로 주식 또는 채권 등을 발행하여 선박금융자금을 조달하는 방법이다. 이러한 선박금융자금을 낮은 비용으로 조달하기 위해서는 해운회사 자체의 신용력이 충분해야 하고, 해운회사의 재무 및 경영상태 등의 공시가 충분히 행하여질 것이 필요하다. 이러한 이유로 기업금융만에 의한 자금조달이 가능한 경우는 소수의 대형 해운회사에 한정될 것이다.[19]

2) 대상 선박의 자산가치에 기초한 자산담보부 금융(Asset-Based Finance)

자산담보부금융의 전형적인 형태로서는 대상 선박에 저당권이나 양도담보를 설정하는 방법으로 자금을 조달하는 방법이다. 이러한 경우 선박은 해난 등에 의한 멸실·훼손의 리스크를 부담하기 때문에 그와 같은 사태가 발생한 경우에도 당해 선박의 담보가치를 계속해서 파악할 필요가 있다. 그래서 대상 선박에 부보된 선박보험 및 P&I보험 등의 보험금청구권에 대한 담보설정도 많이 이

---

16 정우영·현용석·이승철, 상게서, 139면.

17 정우영·현용석·이승철, 상게서, 139면.

18 선박금융자금을 제공하거나 주선하는 주된 금융기관으로는 상업은행(commercial bank), 투자은행(investment bank), 리스회사(leasing company) 등을 들 수 있다. Martin Stopford, op. cit., p.204; 선박금융의 유형은 매우 다양한데 이에 관한 상세한 내용은 이기환·오학균·신주선·이재민, 전게서, 219~408면 참조.

19 森田 果, "造船とファイナンス", 江頭憲治朗·落合誠一 編 「海法大系」(商事法務, 2003), 138~139面.

루어지고 있다. 다만 이러한 자산담보부 금융은 대상 선박이 존재하지 않으면, 이용하기가 어렵다는 문제점이 있다. 따라서 실무적으로는 선박이 건조된 후에 담보를 제공하겠다고 하는 취지의 약속을 행한 후에 선박금융자금을 조달하게 된다.[20]

3) 대상 선박의 운항이익에 기초한 프로젝트 파이낸스(Project Finance)[21]

프로젝트 파이낸스는 대상 선박이 운항됨으로써 획득하는 이익에 기초한 것이다. 선박의 시장가액은 그 시점의 해운업의 호·불황에 따라 크게 변화하기 때문에 자산(Asset)으로서의 선박만을 담보로 파악할 경우 자금의 회수가 불충분하게 될 가능성이 높아진다. 그래서 자산담보부 금융에서는 프로젝트 파이낸스적 측면이 부가되는 경우가 많다. 해운회사가 다른 회사와 정기용선계약을 체결하여 그 용선료채권에 담보를 설정하는 경우가 전형적인 경우이다. 이러한 프로젝트 파이낸스도 자산담보부 금융과 같이 대상 선박이 존재하지 않으면 이용이 곤란하다는 문제점이 있다.[22]

4) 소 결

선박금융에 있어서 기업금융, 자산담보부 금융 또는 프로젝트 파이낸스가 각각 단독의 형태로 실행되어 자금조달이 이루어지는 경우는 없다. 일반적으로는 세 가지 방법이 복합된 선박금융이 이루어지며, 선박금융자금의 성질 및 선박의 종류에 따라 다양한 조합이 있을 수 있다.[23]

(2) 선박금융자금의 성질에 따른 구분

1) 주식금융(Equity Finance)

주식금융은 선박금융자금이 주식의 발행을 통해 조달된 경우를 말한다.[24]

---

20 森田 果, 上揭論文, 139面.

21 금융기법의 하나로서 이해할 때, 프로젝트 파이낸스는 프로젝트 자체의 현금흐름(cash flow)을 상환재원으로 하고, 프로젝트 자산을 담보로 제공하지만, 사업주(sponsor)에 대한 소구권(recourse)은 제한하면서 특수목적회사(SPC)에 제공되는 금융을 의미한다(협의의 프로젝트파이낸스). 반기로, 「프로젝트 파이낸스」(한국금융연수원, 2009), 4면.

22 森田 果, 前揭論文, 139面.

23 森田 果, 上揭論文, 140面.

24 森田 果, 上揭論文, 140面.

2) 부채금융(Debt Finance)

부채금융은 확정된 원본하에 이자지급을 하는 유형이라고 할 수 있는데, 이것은 오래전부터 가장 일반적으로 이용되고 있는 방법이라고 할 수 있다. 예컨대, 하나의 선사를 설립하고 그 소유선박에 저당권을 설정하는 형태로 행하여지는 것이 대표적인 경우이다. 또한, 해운회사가 채권을 발행하여 선박금융자금을 조달하거나 다수의 금융기관으로부터 협조융자를 받는 경우도 이에 해당한다.[25]

3) 메자닌금융(Mezzanine[26] Finance)

메자닌금융은 부채금융과 주식금융의 중간형태라고 할 수 있다. 주식금융보다는 리스크가 낮지만, 부채금융보다는 높은 수익(return)이 예상되는 경우에 양자와 병용되어 선박금융자금의 일부에 이용된다. 예컨대, 전환사채, 신주인수권부 사채 등과 같이 주식의 성질을 갖는 권리를 취득하는 대가로 대출을 하거나 후순위 저당권부 대출을 하는 경우 등이 이에 해당한다. 다만 메자닌금융은 번잡하기 때문에 널리 이용되지는 않는다.[27]

Ⅲ. 선박금융관련 계약의 내용

1. 선박금융의 기본적 거래구조

(1) 개 관

신조선에 관한 선박금융의 기본적 거래구조([그림 2])를 설명하면 다음과 같다. 첫째, 해운시장에서의 선박의 수요와 해운회사의 장래의 영업전망 등을 고려하여 선박의 건조에 관한 경영판단을 한 해운회사는 조선소와 선박건조계약의 협상을 진행한다. 둘째, 선박건조계약에 관한 제조건에 대한 합의를 한 후, 해운회사는 조선소와 선박건조계약을 체결한다. 그리고 조선소는 보증기관(즉 금융기관)으로부터 선수금환급보증서(RG)를 발급받아 해운회사에 제공한다. 셋째,

25 森田 果, 上揭論文, 140面.
26 메자닌이란 건물의 1층과 2층 사이에 있는 라운지 등의 공간을 의미하는 이탈리아어이다.
27 森田 果, 前揭論文, 141面.

[그림 2] 신조선 선박금융의 거래 구조도

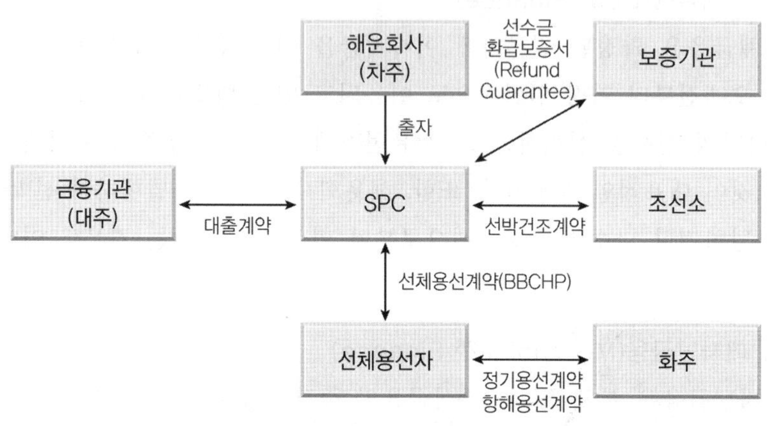

해운회사는 대주단과의 협상을 통해 주요 금융조건에 대하여 합의를 하게 되는데, 이 때 해운회사는 편의치적국에 특수목적법인(SPC)을 설립하고, 선박건조계약 및 선수금환급보증서상의 발주자의 지위를 특수목적법인으로 이전한다. 넷째, 특수목적법인(SPC)은 대주단과 대출계약을 체결하게 되고, 선체용선자와 선체용선계약을 체결한다. 특수목적법인(SPC)은 선체용선료의 수입을 재원으로 하여 대출원리금을 상환하게 된다.[28]

(2) 특수목적법인(SPC)의 설립 목적

본래 특수목적법인은 금융대상사업의 수익(revenue)을 기초로 하여 금융을 제공하는 프로젝트 파이낸스의 경우 그 실질 운영자의 다른 수익(revenue) 및 위험(risk)과 혼재되는 것을 회피할 목적으로 설립되는 것이 일반적이다.[29]

선박금융에 있어서 특수목적법인(SPC)이 많이 이용되는 이유는 선박의 소유와 운영을 분리하는 해운업의 오랜 전통 때문이다. 즉 해운업은 위험기업으로 선박의 소유에 따른 위험이 해운회사의 기타 자산에까지 확산되는 것을 방지할 목적으로 특수목적법인(SPC)이 설립된다. 이러한 이유로 1선박 1선주(SPC)의 원칙은 해운업계의 확고한 전통이라고 할 수 있다.[30]

28 김도경, 전게논문, 84~85면.
29 정우영, "선박금융의 실무 소개", 「BFL」 제19호(서울대금융법센터, 2006), 92면.
30 정우영, 상게논문, 93면.

(3) 편의치적의 배경과 이유

선박은 선명, 국적, 선적항, 선급, 톤수 등에 의하여 그 개성이 식별된다는 점에서 사람과 비슷한 인격자유사성이 있다. 즉 한국선박[31]은 선명을 붙여야 하고(선박법 제11조), 선박의 국적취득에 관하여는 선박소유자국적주의를 따르고 있다(선박법 제2조). 한국선박으로서의 요건을 갖춘 경우 한국선박의 소유자는 선박등기부에 선박을 등기하고, 선적항을 관할하는 지방해양항만청장에게 당해 선박의 등록을 신청해서 선박원부에 등록하고 선박국적증서를 교부받아야 한다(선박법 제8조). 이것을 선박등록제도라고 한다.

그런데 현대해운업계에서는 국제적 선박등록의 방식으로 편의치적을 활용하는 것이 일반적이다. 예컨대 선박보유상위 10개국의 편의치적의 비율은 70%에 이를 정도이다. 편의치적(Flag of Convenience)이란 선박운영경비, 세금절감, 저임금의 선원고용 등의 편의를 목적으로 등록에 따른 수입을 목적으로 하는 제3국에 선적을 두는 제도를 말한다.[32]

선박금융에 있어서는 특수목적법인(SPC)을 편의치적국에 설립하는 것이 통상이다. 이와 같이 특수목적법인(SPC)의 설립과 편의치적제도를 연계하면, 다음과 같은 편의치적제도의 장점을 향유할 수가 있다. 첫째, 조세부담이 완화될 수 있다. 편의치적국의 경우 선박등록절차가 간단하며, 선박의 소득세나 법인세가 부과되지 않거나 부과되어도 저율일 뿐만 아니라 통상 최초의 등록비와 매년의 톤세만을 징수하기 때문이다.[33]

둘째, 임금이 저렴한 선원을 자율적으로 활용할 수 있다.[34] 편의치적국은 등록선박에 대한 자국민의 승선요건을 부과하지 않으므로 해운회사는 선원고용

31 선박법상 한국선박은 ① 국유 또는 공유의 선박, ② 대한민국국민이 소유하는 선박, ③ 대한민국의 법률에 의하여 설립된 상사법인이 소유하는 선박, ④ 대한민국의 법률에 의하여 설립된 상사법인 이외의 법인으로서 대한민국에 주된 사무소를 두고 그 대표자(공동대표의 경우에는 전원)가 대한민국 국민인 경우 그 법인이 소유하는 선박을 말한다(선박법 제2조).

32 우보연, "편의치적선에 대한 법적 규제와 대응에 관한 고찰", 「외법논집」 제34권 제1호(한국외대 법학연구소, 2010), 373면.

33 우보연, 상게논문, 374면; 정우영, 전게논문, 94면.

34 선진국의 해운회사는 선원의 고임금과 엄격한 노동기준 때문에 외국선적(foreign flag)을 선택하게 된다고 한다. See Jan Hoffmann, Ricardo J. Sanchez & Wayne K. Talley, "Determinants of Vessel Flag", Kevin Cullinane ed., *Shipping Economics*, Elsevier, 2005, p. 205.

의 자율성을 확보할 뿐만 아니라 저렴한 비용으로 선원을 확보할 수 있기 때문이다.[35]

셋째, 금융상의 이점을 향유할 있다. 편의치적제도는 금융기관의 선박에 대한 저당권의 설정 및 저당권의 실행 등을 용이하게 해주기 때문에 금융기관이 선호한다. 이러한 이유로 금융기관이 선박금융자금을 제공할 때, 대상 선박을 편의치적할 것을 조건으로 하는 것이 일반적이다.[36]

2. 선박건조계약

(1) 의 의

선박건조계약(shipbuilding contract)은 조선소와 특수목적법인(SPC) 간에 체결되며, 그 주요 내용[37]은 선박의 건조, 선박건조가격 및 선박건조대금의 지급방법, 건조기간, 선박건조에 대한 감독방법, 불가항력 사유, 계약해지사유, 분쟁해결방법 등이다.[38]

특히 선박건조대금은 선박인도시에 일시에 지급되는 경우는 거의 없고, 선박건조의 진행 단계에 따라 통상 5회에 걸쳐 나누어 지급되는 것이 통상이다. 예를 들면, 계약체결(Contract) 직후 20%, 강재절단(Steel Cutting)시 20%, 용골거치(Keel Laying)시 20%, 진수(Launching)시 20%, 인도(Delivery)시 20% 등 5회에 걸쳐 지급하는 형식을 취하게 된다.[39]

(2) 법적 성질

선박건조계약의 법적 성질이 매매인지 도급인지에 관한 깊이 있는 연구는 많지 않지만, 선박건조계약을 도급계약의 특수한 형태로서의 제작물공급계약으로 이해하는 견해가 있다.[40] 제작물공급계약이란 당사자의 일방이 상대방의 주

---

35 우보연, 전게논문, 374면; 정우영, 전게논문, 94면.

36 우보연, 상게논문, 374면; 정우영, 상게논문, 94면.

37 선박건조계약의 구체적인 내용에 대해서는 김연신 지음·박수만 감수, 「영문 선박건조계약서 작성실무」(박영사, 2008) 참조.

38 정우영, 전게논문, 94면.

39 정우영, 상게논문, 94면.

40 김인유, "건조중인 선박에 관한 법률관계", 「한국해법학회지」 제32권 제1호(한국해법학회, 2010), 17면.

문에 따라 자기 소유의 재료를 사용하여 만든 물건을 공급하기로 하고 상대방은 그 대가를 지급하기로 하는 계약을 말하고, 그 법적 성질은 ① 계약에 의하여 제작·공급하여야 할 물건이 대체물인 경우에는 매매이고, ② 그 물건이 특정의 주문자의 수요를 만족시키기 위한 부대체물인 경우에는 도급이라고 한다.[41] 따라서 선박건조계약은 부대체물의 제작물공급계약이라는 것이다. 그리고 선박건조계약의 경우 명시적인 약정으로 또는 묵시적으로도 선박의 소유권은 도급인(즉 발주자 또는 주문자)에게 귀속되는 것이 일반적인 거래관행이다.[42]

3. 선수금환급보증계약

(1) 선수금환급보증의 의의

국제거래에 있어서 독립적 은행보증(first demand bank guarantee, independent bank guarantee)[43]은 수익자가 보증의 요건이나 서류에 관한 조건에 따라 서면에 의해서 지급을 요구하거나 보증에서 요구되는 서류를 제시하여 지급을 요구하는 경우에 은행이나 그 밖의 금융기관 또는 보증인이 수익자에게 일정한 금액을 일정한 기간 내에 지급하도록 하는 독립적인 확약이라고 할 수 있다.[44] 이와 관련하여 대법원은 독립적 은행보증이란 주채무자(보증의뢰인)와 채권자(수익자) 사이의 원인관계와는 독립되어 그 원인관계에 기한 사유로서는 수익자에게 대항하지 못하고 수익자의 청구가 있기만 하면 보증인의 무조건적인 지급의무가

41 대법원 1996. 6. 28. 선고 94다42976 판결; 대법원 1987. 7. 21. 선고 86다카2446 판결; 김준호, 신정3판 「민법강의」(법문사, 2002), 1355면.

42 선박건조계약의 법적 성질에 관한 상세한 논의는 김인유, 전게논문, 13~26면.

43 독립적 은행보증은 은행보증(bank guarantee), 독립적 보증(independent guarantee), 요구불 보증(demand guarantee) 등으로 불리기도 하는데, 주로 은행이 보증업무를 한다는 점에서 독립적 은행보증이라고 한다. 독립적 은행보증이 국제거래에 있어서 본격적으로 등장한 것은 1960년대이지만, 널리 이용되기 시작한 것은 1970년대부터이다. 즉 1970년대 중동의 산유국들이 대규모의 석유판매대금을 바탕으로 도로, 항만, 병원 등의 건설과 같은 각종의 프로젝트를 발주하였는데, 이때부터 독립적 은행보증이 널리 활용되기 시작하였다. 최준선, 제8판 「국제거래법」(삼영사, 2013), 354면; 독립적 은행보증의 유형으로는 입찰보증(tender guarantee, bid bond), 이행보증(performance guarantee, performance bond), 선수금환급보증(advance payment guarantee, repayment bond), 유보금보증(retention guarantee), 하자담보보증(maintenance or warranty guarantee) 등이 있다. 이기수·신창섭, 제6판「국제거래법」(세창출판사, 2015), 456면; 서헌제, 제4판 「국제거래법」(법문사, 2006), 360면.

44 이기수·신창섭, 상게서, 449면.

[그림 3] 선수금환급보증의 법률관계

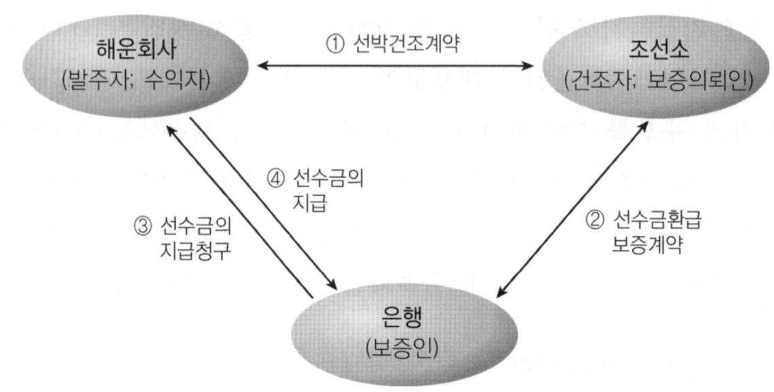

발생하는 것이라고 판시하고 있다.[45]

이러한 독립적 은행보증의 일종으로서 선수금환급보증은 선박건조계약에 있어서 건조자(보증의뢰인, 매도인)의 요청으로 금융기관(보증인)이 발주자(수익자, 매수인)에 대해 선수금의 지급약속을 보증한 것이라고 할 수 있다. 따라서 보증인으로서 금융기관은 발주자에게 선수금환급보증서를 발행하게 된다. 즉 선수금환급보증서는 금융기관이 건조자의 요청에 따라 발주자에게 발행하여 교부하는 증서로서 선박건조계약상 발주자가 어떠한 이유로든지 건조자로부터 선수금[46]을 반환받아야 할 사유가 발생한 경우에 금융기관이 선수금의 환급을 약속한 증서라고 할 수 있다.[47]

일반적으로 금융기관이 발행하는 선수금환급보증서는 발주자가 선박건조대금으로서 분할하여 지급할 금액 중 인도대금을 제외한 나머지 금액 전액과 이에 대한 일정한 이자의 지급을 약속하며, 건조자가 취득하여야 할 선수금환급보증서의 초안을 선박건조계약에 첨부하는 것이 실무라고 할 수 있다. 금융기관이 선수금환급보증서를 발행하는 경우에는 신용장 양식(advance payment standby letter of credit)으로 발행하기도 한다.[48]

45 대법원 1994. 12. 9. 선고 93다43873 판결.

46 선박건조계약상 선박의 인도 전에 발주자가 조선소에 지급하는 선박건조대금을 선지급금이라고 하는데, 이를 조선소의 입장에서 보면 선수금이 된다. 서영화, “선박건조계약과 관련한 몇 가지 법률문제들”, 「한국해법학회지」 제32권 제1호(한국해법학회, 2010. 4), 49면.

47 서영화, 상게논문, 49면.

48 서영화, 상게논문, 49면.

(2) 선수금환급보증의 법률관계

1) 보증의뢰인과 보증은행의 관계

보증의뢰인인 건조자와 보증인인 은행의 관계는 민법상의 위임계약에 해당한다고 할 수 있다. 선수금환급보증의 사안은 아니지만, 독립적 은행보증에 관한 사건에서 대법원은 보증의뢰인과 보증인 사이의 은행보증서의 발행을 위한 보증의뢰계약은 그 보증에 따른 사무처리를 내용으로 하는 민법상의 위임계약에 해당한다고 판시하였다.[49] 따라서 보증인은 그 수임인으로서 상대방인 보증의뢰인의 당해 보증서에 관한 이익을 보호하여야 할 의무를 부담한다. 특히 보증인은 수익자의 보증금 지급청구가 권리남용임이 객관적으로 명백할 때에는 보증의뢰인에 대한 관계에 있어서 그 지급을 거절하여야 할 보증의뢰계약상의 의무를 부담하게 되는데, 이러한 경우 보증의뢰인은 보증인에 대한 수익자의 청구가 권리남용임이 명백하다는 것을 입증하여 그 보증금의 지급거절을 청구할 수 있는 권리를 갖는다.[50]

2) 보증의뢰인과 수익자의 관계

보증의뢰인인 건조자와 수익자인 발주자는 기본계약인 선박건조계약의 당사자 관계에 있다고 할 수 있다. 선박건조계약상 건조자는 발주자에게 선수금환급보증을 제공할 의무를 부담하고 있기는 하지만, 선수금환급보증에 있어서 건조자와 발주자는 직접적인 법률관계를 갖지는 않는다고 할 수 있다.[51]

3) 보증은행과 수익자의 관계

선수금환급보증에 있어서 보증은행은 건조자의 발주자에 대한 선수금환급채무를 보증하는 것이 아니라 주채무자로서 선박건조계약상 발주자인 수익자에게 지급하여야 할 선수금을 환급할 의무를 부담하게 된다. 다시 말하면 비록 선수금환급보증서의 명칭에 보증이라는 용어를 쓰고 있지만, 그 내용상 보증은행의 의무는 보증책임이 아니라 선수금환급보증서에 의하여 창설된 주채무자로서 부담하는 채무라고 할 수 있다. 이러한 측면에서 선수금환급보증서는 신용장과

49 대법원 1994. 12. 9. 선고 93다43873 판결.

50 대법원 1994. 12. 9. 선고 93다43873 판결.

51 김상만, "선박수출거래에서 환급보증의 특성과 문제점에 대한 연구", 「서울대학교 법학」 제52권 제3호(서울대 법학연구소, 2011. 9), 460~461면.

일치하는 성격을 갖는다고 할 수 있다.[52]

따라서 보증은행이 선수금환급보증을 제공하면, 수익자는 선수금환급보증상의 권리를 행사할 수 있게 된다. 즉 수익자는 선수금환급보증서가 요구하고 있는 서류를 갖추어 선수금의 지급을 청구할 수 있다.[53]

선수금환급보증의 수익자는 발주자가 되는 것이 일반적이지만, 원활한 선박금융을 위해 금융을 제공하는 대주(lender)를 수익자로 정하거나 선수금환급보증서를 그 대주에게 양도하기도 한다. 이러한 경우 대주도 선수금환급보증상의 권리를 행사할 수 있게 되며, 선수금환급보증의 양도를 위해 선수금환급보증서에 양도가능(assignable)이라고 명시한다.[54]

(3) 선수금환급보증과 독립추상성의 원칙

1) 독립추상성의 원칙의 의의

독립적 은행보증은 원인관계와 관련된 수익자의 이익을 보호하기 위한 것이지만 추상적인 지급약속이라는 점에서 원인관계로부터 독립되어 있다.[55] 따라서 독립적 은행보증의 일종인 선수금환급보증은 기본계약(underlying contract)인 선박건조계약과 독립적이며, 일반 보증과는 달리 원칙적으로 부종성이나 보충성이 없다. 따라서 수익자의 선수금환급청구가 있으면 보증은행은 선수금환급보증서상의 지급조건의 충족 여부만을 기준으로 선수금의 지급 여부를 결정하게 된다.[56]

이와 관련하여 대법원은 "주채무자(보증의뢰인)와 채권자(수익자) 사이의 원인관계와는 독립되어 그 원인관계에 기한 사유로서는 수익자에게 대항하지 못하고 수익자의 청구가 있기만 하면 보증인의 무조건적인 지급의무가 발생하게 되는 이른바 독립적 은행보증(first demand bank guarantee)이라고 할 것이고, 따라서 이러한 은행보증의 보증인으로서는 수익자의 청구가 있기만 하면 보증의

52 서영화, 전게논문, 50~51면.

53 김상만, 전게논문, 461면.

54 김상만, 상게논문, 461면.

55 서헌제, 전게서, 354면; 독립성이란 독립적 은행보증서가 원인거래에 기초하여 발행되지만 독립적 은행보증을 중심으로 한 당사자 간의 법률관계는 그러한 원인거래에 영향을 받지 않는 별개의 거래라는 것을 말한다. 김선국, "독립적 은행보증의 법리", 「재산법연구」 제25권 제1호(한국재산법학회, 2008. 6), 310면.

56 김상만, 전게논문, 457면.

뢰인이 수익자에 대한 관계에 있어서 채무불이행책임을 부담하게 되는지의 여부를 불문하고 그 보증서에 기재된 금액을 지급할 의무가 있다고 할 것이며, 이 점에서 이 은행보증은 수익자와 보증의뢰인과의 원인관계와는 단절된 추상성 내지 무인성을 가진다"고 판시하고 있다.[57]

한편, 선수금환급보증에 있어서 보증은행이 수익자로부터 선수금의 지급청구를 받게 되는 경우 보증은행은 서류심사에 의해서만 선수금의 지급 여부를 판단하게 되는데, 이러한 원칙을 추상성의 원칙이라고 한다.[58] 선수금환급보증의 내용에 따라 선수금의 지급청구의 조건으로 일정한 증빙서류의 제출을 요구하는 경우도 있고, 수익자의 절대적 판단에 따라 선수금의 지급청구을 하면 무조건적으로 지급해야 하는 경우도 있다. 보증은행의 서류심사는 제시된 서류가 문면상 선수금환급보증의 조건과 일치하는지의 여부만을 판단하며, 서류가 실질적으로 진정한 것인지 또는 선박건조계약에 따른 의무를 이행하지 않았는지의 여부 등을 조사할 의무는 없다.[59]

2) 독립추상성의 원칙의 예외

독립적 은행보증의 독립추상성의 원칙에도 불구하고 수익자의 부당한 지급청구에 대해서는 보증은행이 보증금의 지급을 거절할 수가 있다.[60] 대부분의 국가에서는 독립적 은행보증의 독립추상성을 존중하면서도 수익자의 "명백히 불공정한(manifestly unfair)" 지급청구에 한해서 보증은행의 지급거절을 인정하고 있다. 지급거절의 사유로는 첫째 보증조건의 불이행을 들 수 있다. 예를 들면, 지급개시일 이전의 지급청구 또는 유효 기일 이후의 지급청구 등을 들 수 있다. 둘째, 명백한 사기(manifest fraud)를 들 수 있다. 예를 들면, 수익자의 명백한 사기가 있고 보증은행이 이러한 사실을 알았을 경우에는 보증금의 지급을

57 한국외환은행이 수급인인 건설회사의 보증의뢰에 따라 도급인인 사우디아라비아 왕국 보건성을 수익자로 하여 발행한 지급보증서를 둘러싼 법적 분쟁을 다룬 사건이었다(대법원 1994. 12. 9. 선고 93다43873 판결).

58 추상성(abstraction)이란 독립적 은행보증거래가 서류에 의한 거래이므로 거래의 당사자들은 서류에 의해서만 당사자들의 권리 및 의무 요건의 충족여부를 판단하여야 한다는 것을 의미한다. 김선국, 전게논문, 309면.

59 김상만, 전게논문, 457~458면.

60 독립추성성의 예외 사유에 관한 미국, 영국 및 독일의 판례의 입장에 대한 상세한 설명은 김선국, 전게논문, 312~319면.

거절할 수 있다.[61] 이와 관련하여 대법원[62]은 수익자의 보증금 지급청구가 권리 남용임이 객관적으로 명백할 때 보증은행은 보증금의 지급을 거절할 수 있다고 판시하고 있다.[63]

4. 해상운송계약

(1) 서 설

선박금융의 법률관계에서는 특수목적법인(SPC)이 해운회사와 선체용선계약을 체결하고, 다시 그 선체용선자가 대량의 화주와 정기용선계약 또는 항해용선계약 등을 체결하는 것이 일반적이다. 대주인 금융기관이 선박건조자금의 대출여부를 판단할 때, 차주인 해운회사가 용선계약을 통해 취득하는 용선료의 수입 전망을 고려하게 된다. 차주인 해운회사가 용선료를 대출금의 상환의 재원으로 하기 때문이다. 이러한 의미에서 해상운송계약은 선박금융의 법률관계에 있어서 핵심적 역할을 하게 된다고 할 수 있다.

(2) 선체용선계약

선체용선계약(Bareboat Charter)[64]이란 용선자의 관리·지배 하에 선박을 운항할 목적으로 선박소유자가 용선자에게 선박을 제공할 것을 약정하고 용선자가 이에 따른 용선료(hire)를 지급하기로 약정함으로써 그 효력이 생기는 계약이다(상 제847조 제1항). 선체용선계약의 법적 성질은 민법상의 임대차계약이라고 할 수 있으며, 선체용선계약에는 그 성질에 반하지 않는 한 민법상 임대차에 관한 규정이 준용된다(상 제848조).

---

61 서헌제, 전게서, 367면.

62 한국외환은행이 수급인인 건설회사의 보증의뢰에 따라 도급인인 사우디아라비아 왕국 보건성을 수익자로 하여 발행한 지급보증서를 둘러싼 법적 분쟁을 다룬 사건이었다(대법원 1994. 12. 9 선고 93다43873 판결).

63 윤진수, "독립적 은행보증의 경제적 합리성과 권리남용의 법리", 「법조」 제692권(법조협회, 2014), 59면; 김인현, "독립적 보증으로서의 선수금 환급보증과 권리남용", 「국제거래법연구」, 제24집 제2호(국제거래법학회, 2015), 161면; 정대, "선수금환급보증과 권리남용의 판단기준", 「국제거래와 법(Dong-A Journal of International Business Transactions Law)」 제15권(동아대 법학연구소, 2016), 137면.

64 선체용선계약의 표준서식으로는 발틱국제해사위원회(Baltic and International Maritime Council; BIMCO)에서 작성한 Barecon 2001(BIMCO STANDARD BAREBOAT CHARTER CODE NAME: BARECON 2001)이 사용되고 있다.

이러한 선체용선계약은 ① 용선계약이 종료된 후에 용선자가 선박을 매수 또는 인수할 권리를 갖는 국적취득조건부 또는 소유권취득조건부 선체용선계약(Bareboat Charter Hire Purchase; BBCHP)[65](상 제848조 제2항 전단)과 ② 그렇지 않은 단순선체용선계약(Bareboat Charter; BBC)(상 제847조 제1항)으로 구분할 수가 있다.

(3) 정기용선계약

정기용선계약(Time Charterparty)[66]이란 선박소유자가 용선자에게 선원이 승무하고 항해장비를 갖춘 선박을 일정한 기간 동안 항해에 사용하게 할 것을 약정하고, 용선자가 이에 대하여 기간으로 정한 용선료(hire)를 지급하기로 약정함으로써 그 효력이 생기는 계약이다(상 제842조).

정기용선계약의 법적 성질에 관해서는 다양한 학설이 존재한다. 과거의 판례와 다수설은 혼합계약설[67]이었지만, 현재의 다수설은 운송계약설[68]이라고 할 수 있고, 현재의 판례는 해기상사구별설[69]의 입장이라고 볼 수 있다.[70]

(4) 항해용선계약

항해용선계약(Voyage Charterparty)[71]이란 특정한 항해를 할 목적으로 선박소유자가 용선자에게 선원이 승무하고 항해장비를 갖춘 선박의 전부 또는 일부를 물건의 운송에 제공하기로 약정하고, 용선자가 이에 대하여 운임을 지급하

65 BBCHP의 법적 성질은 ① 소유권취득조건부 임대차계약설, ② 금융리스계약설, ③ 할부매매계약설로 구분된다. 이에 관한 상세한 내용은 정대, "선박금융의 법적 구조상의 BBCHP의 법적 성질에 관한 연구", 「국제거래와 법(Dong-A Journal of International Business Transactions Law)」 제13권(동아대 법학연구소, 2015), 116~121면.

66 정기용선계약의 표준서식으로는 ① New York Produce Exchange(NYPE), 1946, ② New York Produce Exchange(NYPE), 1993, ③ BALTIME Form-1939, ④ SHELL TIME Form 4 등이 사용되고 있는데, 이 가운데 ①, ②, ③은 Dry Bulk Carrier용선계약에 사용되고, ④는 Wet Bulk Carrier 용선계약에 사용된다.

67 정기용선계약을 선박임대차와 노무공급의 혼합계약이라고 이해하는 견해이다.

68 정기용선계약을 운송계약의 일종으로 이해하는 견해이다.

69 선박이용의 내용을 해기사항과 상사사항으로 구분하여, 해기사항은 선박소유자의 부담으로 하고, 상사사항은 정기용선자의 관리하에 있는 것으로 보는 견해이다. 대법원의 입장이라고 할 수 있다. 대법원 2003. 8. 22. 선고 2001다65977 판결.

70 상세한 각 학설의 평가는 정영석, 「해상법원론」(텍스트북스, 2009), 327~332면 참조.

71 항해용선계약의 표준서식은 화물별로 다양하지만, 일반적으로는 "GENCON" Charter 1994가 널리 사용되고 있다.

기로 약정함으로써 그 효력이 생기는 계약이다(상 제827조 제1항).

이러한 전통적인 항해용선계약이 아닌 변형된 항해용선계약으로 대표적인 것이 ① 연속항해용선계약(Consecutive Voyage Charter; CVC)과 ② 장기해상운송계약(Contract Of Affreightment; COA)이다. 첫째, 연속항해용선계약(CVC)이란 원계약(Head Charterparty)하에서 특정 선박이 같은 항차를 연속적으로 중단없이 수행하는 계약을 말한다. 예컨대 호주에서 한국으로 연간 100만 톤의 대량의 철광석을 운송하여야 하는 경우 특정한 한 선박이 연속적으로 운송을 수행하는 계약을 들 수 있다. 둘째, 장기해상운송계약(COA)이란 통상 최저 1~2년에서 최고 10년 이상까지 단일화된 운임으로 특정 화물을 운송하는 계약을 말한다.[72]

(5) 소 결

선체용선계약, 정기용선계약 및 항해용선계약의 내용을 비교하면 <표 1>과 같다.

〈표 1〉 용석계약의 내용 비교[73]

유형 / 내용	항해용선계약	정기용선계약	선체용선계약
법적 성질	운송계약 (도급계약)	운송계약 (도급계약)	임대차계약
운항주체	선박소유자	선박소유자	선체용선자
선박의 점유권자	선박소유자	선박소유자	선체용선자
선장·해원의 선임감독권자	선박소유자	선박소유자	선체용선자
항해지휘권자	선박소유자	선박소유자	선체용선자
상사지휘권자	용선자	용선자	선체용선자
선박소유자 부담경비	간접선비 직접선비 운항비	간접선비 직접선비	간접선비 선박보험료
용선자부담경비	없음	운항비	직접선비 운항비 선박보험료

72 「해상보험기초과정」(보험연수원, 2012), 214면.

73 정영석, 전게서, 332면.

5. 해상보험계약

(1) 서 설

선박금융의 법적 구조에서 해상보험계약이 갖는 의의는 선박의 멸실·훼손 등의 리스크를 담보한다는 점이다. 대주인 금융기관의 입장에서는 선박이 유일한 담보목적물이기 때문에 선박의 멸실·훼손 등의 리스크 발생을 고려해야만 한다. 따라서 금융기관이 대상 선박에 부보된 선박보험 및 P&I보험 등의 보험금청구권에 대해 담보를 설정하는 것이 일반적이다.

(2) 선박건조보험

선박건조보험이란 보험자가 선박의 건조, 재건조 또는 개조과정에서 건조자가 입을 위험(risk)을 인수하는 보험이다. 그런데 선반건조계약에 의해 건조자가 선박을 건조하여 선박소유자에게 선박을 인도하기 전까지 선박에 노출되어 있는 위험은 건조자가 부담하게 되므로 건조자는 건조 중의 선박을 부보하기를 원하게 된다.[74] 이러한 의미에서 선박건조보험은 건조자인 조선소가 선박을 건조하여 발주자에게 인도하기 전까지의 건조 중 선박에 노출되어 있는 위험을 담보하는 보험이라고 할 수 있다. 우리나라에서는 영국의 런던보험자협회에서 제정한 협회선박건조보험약관(Institute Clauses for Builders' Risks)이 선박건조보험계약의 표준약관으로 사용되고 있다.[75]

(3) 선박보험

선박보험이란 보험의 목적인 선박의 소유자로서의 피보험이익에 관한 보험이다. 선박보험에는 선박 자체 이외에 선박의 속구, 연료, 양식 기타 항해에 필요한 물건은 보험의 목적에 포함된 것으로 한다(상 제696조 제2항). 실무상으로는 영국의 런던보험자협회에서 제정한 협회기간약관(Institute Time Clauses－Hulls)이 선박보험계약의 표준약관으로 사용되고 있다.

---

74 Robert H. Brown, *Marine Insurance-Vo1.3－Hull Practice*, London: WITHERBY & CO LTD, 1974, p.16.

75 선박건조보험약과에 대한 상세한 분석으로 홍성화, “선박건조보험약관에 관한 연구”, 「해사법연구」 제23권 제1호(한국해사법학회, 2011), 97~123면 참조.

(4) 선주책임상호보험(P&I보험)

선주책임상호보험이란 해상보험계약에 의해 인수되지 않는 위험을 담보하기 위해 선박소유자, 선체용선자, 용선자 기타 선박운항업자 등이 조합원 자격으로 선주책임상호보험조합(P&I Club, Protection & Indemnity)을 결성하여 영위하는 보험을 말한다. 즉 선박소유자, 선체용선자, 용선자 또는 선박운항자 등이 선박의 운항과 관련하여 발생하는 여러 배상책임 중에서 제3자, 선원 및 하주에 대하여 부담할 배상책임 및 비용을 피보험이익으로 하는 보험이라고 할 수 있다.[76]

6. 대출계약

(1) 대출계약의 주요 내용

선박금융협상은 해운회사가 자금조달을 요청하는 제안서를 은행에 제출하면서 시작된다. 은행이 대출가능 여부에 대한 1차적인 판단을 하면, 해운회사와 대출협상을 위해 필요한 대출조건명세서(Term Sheet)를 작성하게 된다.[77]

대출조건명세서는 은행과 차주 사이에 이루어지는 대출조건을 협상하는데 기본이 되는 서류이다. 대출조건명세서에는 선박의 종류, 계약금액, 관련 당사자의 정의, 대출금액, 대출기간, 이자율, 수수료, 대출금의 상환방법 및 채권보전방법 등에 관한 내용이 담겨져 있다. 신조선박일 경우에는 조선소, 선박건조일정에 따른 선박건조대금의 인출일, 선수금환급보증서(RG) 등의 내용과 용선계약이 체결될 경우 용선자, 용선계약의 내용 및 선박관리계약 등의 내용이 대출조건명세서에 추가적으로 명시된다.[78]

은행은 차주의 채무불이행(default)의 위험을 최소화하고, 대주의 권리를 최대한 보호할 수 있는 조건들을 대출조건명세서에 반영하고자 한다. 이를 위해 선박저당권의 설정, 보험금 및 용선료채권 등에 대한 담보권의 설정, 용선자의 선박가치유지의무 및 용선자의 재무관련 준수사항 등에 관한 조항들을 두게 된다.[79]

대출조건명세서의 내용에 관해 은행과 차주 간의 합의가 있게 되면, 은행

---

76 박세민, 「보험법」(박영사, 2011), 545면.
77 이기환·오학균·신주선·이재민, 전게서 249면.
78 이기환·오학균·신주선·이재민, 상게서 255면.
79 이기환·오학균·신주선·이재민, 상게서 255면.

은 해운회사로부터 대출조건명세서가 첨부된 공식적인 대출신청서를 받게 되고, 최종적으로 정식대출계약서를 작성하게 된다.[80]

(2) 선박인도 전의 담보

1) 선박인도 전의 담보의 특수성

선박인도 전의 담보의 특수성은 다음과 같다. 첫째, 선박이 건조 중에 있기 때문에 저당재산으로서의 선체가 존재하지 않는다. 따라서 선체 내지 그에 기한 운항수익을 담보로서 이용할 수 없다. 둘째, 대주인 금융기관은 발주자(선사)의 신용리스크, 해당 프로젝트의 리스크 및 건조자인 조선소의 신용리스크에 대해서도 고려하지 않으면 안 된다.[81]

2) 선박인도 전의 담보의 내용

선박인도 전의 담보의 내용은 다음과 같다. ① 선박건조계약상의 발주자인 지위를 양도담보로 제공한다. ② 분할지급의 선수금반환청구권에 담보권을 설정하거나 선수금환급보증서(RG)를 수취한다. ③ 건조자인 조선소의 선박건조보험계약에 기한 보험금청구권에 담보권을 설정한다.[82] ④ 선박건조가 완료되어 인도하는 시점에 선박저당권·용선료채권의 양도담보 등을 설정한다는 취지의 각서를 징구한다.[83] ⑤ 보증·주식질권설정 등 그 밖의 담보가 활용된다.[84]

3) 건조 중의 선박에 대한 저당권

선박은 사법상 유체동산에 불과하지만, 그 가격이 고가이고 또 그 용적이 크다는 이유 등으로 법적으로 부동산과 유사하게 취급한다. 그래서 ① 총톤수 20톤 이상의 기선 및 범선, ② 선박계류용, 저장용이 아닌 총톤수 100톤 이상의

80 이기환·오학균·신주선·이재민, 상게서 255~256면.

81 森田 果, 前揭論文, 157面.

82 선박건조 중에 사고 등에 의해 건조 중의 선박이 훼손·멸실된 경우 보험자로부터 피보험자인 조선소에 대해 지급될 보험금청구권에 담보를 설정하는 것인데, 담보설정방법으로는 질권과 양도담보가 있다. 森田 果, 上揭論文, 162~163面.

83 예를 들면, "선박완성의 시점에 발주자(차주)가 대주에게 담보를 제공한다"고 하는 취지의 각서가 이용된다. 선박인도 후에 선박저당권을 설정할 예정이라면 선박완성 후에 제1순위 저당권을 설정한다는 취지의 각서가 징구된다. 만약 이 각서에 위반하여 선박저당권을 설정하지 않으면, 발주자(차주)는 대주에 대해 채무불이행책임을 부담하게 된다. 森田 果, 上揭論文, 163面.

84 森田 果, 上揭論文, 158面.

부선은 등기하도록 하고 있는데, 이를 선박등기제도(상 제743조)라고 한다.[85]

그리고 등기한 선박(즉 등기선)은 저당권의 목적이 되고, 선박의 저당권은 그 속구에 미치며, 나아가 선박의 저당권에는 민법의 저당권에 관한 규정이 준용된다. 이를 선박저당권제도(상 제787조)라고 한다. 따라서 선박은 부동산과 동일한 방법으로 강제집행을 할 수 있다(민사집행법 제172조). 이러한 선박저당권은 금융의 편의상 건조 중의 선박에도 준용된다(상 제790조).[86]

건조 중의 선박이라고 말할 수 있기 위해서는 단순하게 건조공사에 착수하였다는 것만으로는 충분하지 않고, 용골을 거치했다거나 그와 동일시할 수 있는 상태가 된 단계(특정성을 구비하기에 이른 단계)로부터 저당권설정·등기의 대상이 된다.[87]

(3) 선박인도 후의 담보

1) 선박인도 후의 담보의 개요

선박인도 후의 담보의 내용은 다음과 같다. 첫째, 가장 일반적인 것은 대상선박에 제1순위 저당권을 설정하는 것이다. 둘째, 대상선박에 설정된 해상보험계약에 기초한 보험금청구권을 담보로 취득하는 방법이 있다. 셋째, 용선료채권에 담보를 설정하는 방법이 있다.[88] 그 밖에 특수목적법인(SPC)의 발행 주식에 대한 질권설정의 방법 등이 있다.[89]

2) 선박저당권의 설정

선박저당권이란 등기선박을 목적으로 하여 계약에 의하여 설정되는 상법상의 특수한 저당권이다(상 제787조 제1항). 따라서 등기선박은 질권의 목적으로 하지 못한다(상 제789조). 선박저당권의 등기는 선박등기법상의 선박등기부에 하게 되고, 선박저당권에 대하여는 부동산의 저당권에 관한 규정이 준용된다(상 제787조 제3항).

---

85 정영석, 전게서, 70면, 74~87면.

86 건조 중의 선박에 대한 저당권의 문제를 상세히 다루고 있는 것으로 김인유, 전게논문, 27~36면.

87 森田 果, 前揭論文, 159面; 김인유, 상게논문, 37면.

88 森田 果, 上揭論文, 143~144面.

89 정우영, 전게논문, 97면.

선박저당권의 목적물은 등기선박이고, 선박저당권의 효력은 그 속구에도 미친다(상 제787조 제2항). 선박저당권은 다른 일반채권에 대해서는 언제나 우선하지만, 선박우선특권보다 언제나 후순위이다(상 제788조). 선박저당권자는 담보된 선박과 속구에 대한 경매권(민 제363조)과 우선변제권(민 제356조)이 있다.

선박에 대한 강제집행절차는 민사집행법에 규정되어 있는데, 등기할 수 있는 선박에 대한 강제집행은 특별한 규정이 있는 경우를 제외하고는 부동산의 강제집행에 관한 규정에 의하게 된다(민사집행법 제172조).[90]

한편, 선박을 둘러싼 법률관계에 대해서는 우리 법만으로 완결되지 않기 때문에 국제사법적 처리를 고려할 필요가 있다. 예컨대 국제사법에 의하면, 선박의 소유권 및 저당권에 관한 사항은 선적국법에 의하게 된다(국제사법 제60조 제1호). 따라서 대상 선박이 편의치적되어 있을 경우 선박저당권의 준거법은 파나마, 라이베리아 등과 같은 편의치적국의 법이 될 것이다.[91]

3) 보험금청구권에 대한 담보의 설정

대주인 금융기관이 선박보험, P&I보험과 같은 해상보험계약에 기초한 보험금청구권에 대하여 담보를 설정하는 것이 통상이다. 보험금청구권에 담보를 설정하는 방법으로서는 양도담보와 질권이 이용된다. 영국 및 미국에서는 양도담보의 형식으로 담보를 설정하는 것이 일반적이다. 우리나라에서는 두 가지 방법 모두 이용될 수 있다. 양자의 차이는 ① 질권의 경우에는 보험증권을 점유할 필요가 있음에 대해(민법 제347조),[92] ② 양도담보의 경우에는 보험증권의 점유취득은 담보의 성립요건이 아니라는 점이다. 어느 방법에 의하든지 대항요건으로 보험자에 대한 통지 또는 보험자의 승낙이 필요하다(민법 제349조, 제450조).[93]

4) 용선료채권에 대한 담보의 설정

용선료채권에 대한 담보의 설정은 대상선박의 현금흐름(cash flow)을 직접 파악하고자 하는 것으로 프로젝트 파이낸스(project finance)적 성격을 갖는다.

---

90 정영석, 전게서, 544~549면.

91 森田 果, 前揭論文, 159面.

92 보험금청구권에 질권을 설정하기 위해서는 첫째, 질권자(채권자)와 질권설정자(채무자) 사이에 질권설정의 합의가 존재하여야 하고, 둘째 채권증서(보험증권)가 있는 경우에는 이를 질권자(채권자)에게 교부할 것을 요한다(민법 제347조).

93 森田 果, 前揭論文, 147~148面.

선박소유자는 선박을 자사에서 운항하는 경우와 제3자에게 용선하는 경우가 있는데, 후자의 경우에 이 방법을 이용할 수가 있다.[94]

첫째, 질권자(채권자, 대주)와 질권설정자(채무자, 선박소유자) 사이에 용선료채권에 대한 질권설정의 합의가 필요하다. 둘째, 대항요건으로 통상의 채권양도와 같이 제3채무자인 용선자에게 확정일자가 있는 통지를 하거나 승낙을 받으면, 제3채무자 및 그 밖의 채권자에게 대항할 수 있다(민법 제349조).[95]

실무상으로는 용선료채권을 제3채무자가 지급하기 위한 계좌를 개설하고, 그 계좌에 대한 지급으로부터 대주가 자금을 회수하게 된다. 그러나 용선자가 당해 용선계약을 해지해 버리면, 용선료로부터의 투하자금의 회수는 불가능하게 된다. 그래서 대주·용선자 사이 및 대주·차주 사이에 용선계약을 유지한다는 취지의 합의를 하게 된다.[96]

Ⅳ. 결 론

선박금융은 해운업, 조선업, 은행업과 상호 유기적인 관계를 갖고 있다. 우리나라의 경우 해운업과 조선업은 수출주도의 경제성장에 있어서 중요한 역할을 담당해 오고 있는 핵심적인 산업이라고 할 수 있다. 따라서 이러한 산업과 밀접한 관계가 있는 선박금융의 중요성은 아무리 강조해도 지나치지 않다.

그런데 선박금융을 둘러싼 법률문제는 대단히 다양하고 복잡하다. 또한, 외국계 금융기관이 선박금융 자금조달의 주된 역할을 하고, 편의치적과 같은 해운업의 특수한 현상 등이 선박금융의 문제를 국제적인 성격의 것으로 만든다. 기본적으로 신조선과 관련된 선박금융은 대출계약, 선박건조계약, 선수금환급보증계약, 해상운송계약, 해상보험계약 등으로 복잡하게 얽혀 있다. 선박금융을 둘러싼 법적 분쟁과 관련하여 개별적인 계약의 문제로 접근하는 것도 중요하지만 보다 합리적이고 타당한 법적 해결을 위해서는 선박금융의 법적 구조를 전체적으로 이해할 필요가 있다.

---

94 森田 果, 上揭論文, 148面.

95 森田 果, 上揭論文, 148面.

96 森田 果, 上揭論文, 149面.

향후 경제사정의 변동의 영향으로 해운회사 또는 조선소의 경영악화가 초래될 경우에는 선박금융과 관련한 다양한 법률문제들이 발생할 수 있다. 이러한 관점에서 본 논문이 선박금융과 관련된 법적 분쟁의 해결에 실마리를 제공하고, 나아가 이 분야에 대한 깊이 있는 법적 연구를 위한 토대가 될 수 있기를 기대한다.

R·E·F·E·R·E·N·C·E·S

Ⅰ. 국내문헌

1. 단행본

김규형·김상진·박찬재, 「선박금융론」(박영사, 2009).

김연신 지음·박수만 감수, 「영문 선박건조계약서 작성실무」(박영사, 2008).

김인현, 제2판 「해상법」(법문사, 2007).

김준호, 신정3판 「민법강의」(법문사, 2002).

박세민, 「보험법」(박영사, 2011).

반기로, 「프로젝트 파이낸스」(한국금융연수원, 2009).

서헌제, 제4판 「국제거래법」(법문사, 2006).

이기수·신창섭, 제6판 「국제거래법」(세창출판사, 2015).

이기환·오학균·신주선·이재민, 개정판「선박금융원론」(두남, 2016).

정영석, 「해상법원론」(텍스트북스, 2009).

정우영·현용석·이승철, 「해양금융실무」(한국금융연수원, 2011).

최준선, 제8판 「국제거래법」(삼영사, 2013).

「2010 지식경제백서」(지식경제부, 2011).

「해상보험기초과정」(보험연수원, 2012).

2. 논문

김도경, "선박금융과 국내선사의 도산", 「선진상사법률연구」 제55호(법무부, 2011).

김상만, "선박수출거래에서 환급보증의 특성과 문제점에 대한 연구", 「서울대학교 법학」 제52권 제3호(서울대 법학연구소, 2011).

김선국, "독립적 은행보증의 법리", 「재산법연구」 제25권 제1호(한국재산법학회, 2008. 6).

김인유, "건조중인 선박에 관한 법률관계", 「한국해법학회지」 제32권 제1호(한국해법학회, 2010).

김인현, "독립적 보증으로서의 선수금 환급보증과 권리남용", 「국제거래법연구」 제24집 제2호(국제거래법학회, 2015).
서영화, “선박건조계약과 관련한 몇 가지 법률문제들”, 「한국해법학회지」 제32권 제1호 (한국해법학회, 2010).
우보연, “편의치적선에 대한 법적 규제와 대응에 관한 고찰”, 「외법논집」 제34권 제1호 (한국외대 법학연구소, 2010).
윤진수, “독립적 은행보증의 경제적 합리성과 권리남용의 법리”, 「법조」 제692권(법조협회, 2014).
정 대, “선수금환급보증과 권리남용의 판단기준”, 「국제거래와 법(Dong－A Journal of International Business Transactions Law)」 제15권(동아대 법학연구소, 2016).
______, “선박금융의 법적 구조상의 BBCHP의 법적 성질에 관한 연구”, 「국제거래와 법(Dong－A Journal of International Business Transactions Law)」 제13권 (동아대 법학연구소, 2015).
______, “선박금융의 법적 구조에 관한 연구”, 「법과 정책」 제18집 제2호 (제주대 법과정책연구소, 2012).
정우영, “선박금융의 실무 소개”, 「BFL」 제19호(서울대금융법센터, 2006).
홍성화, “선박건조보험약관에 관한 연구”, 「해사법연구」 제23권 제1호(한국해사법학회, 2011).

Ⅱ. 외국문헌

森田 果, “造船とファイナンス”, 江頭憲治朗·落合誠一 編「海法大系」(商事法務, 2003).
Jan Hoffmann, Ricardo J. Sanchez & Wayne K. Talley, “Determinants of Vessel Flag”, Kevin Cullinane ed., *Shipping Economics*, Elsevier, 2005.
Martin Stopford, Maritime Economics, Second Edition, London: Routledge, 1997.
Robert H. Brown, *Marine Insurance-Vo1.3－Hull Practice*, London: WITHERBY & CO LTD, 1974.

제 5 편

금융소비자보호법

제 1 장 총 설

Ⅰ. 금융소비자의 보호 필요성

금융산업은 위험을 수반한 영역이기 때문에 규제와 감독과는 불가분의 관계에 있다. 즉 금융규제의 가장 중요한 목적은 금융시스템의 안전(safety)과 건전성(soundness)의 확보이며 이를 달성하기 위해 금융규제는 통상 금융회사의 건전성 및 영업행위의 규제와 시장안정화(market stability protection)조치[1]들을 포함한 금융법제도를 활용한다.

금융소비자의 보호 역시 규제 및 감독의 주된 목적이 된다. 금융소비자는 금융불안정과 금융회사 파산 등 거시·미시건전성에 의해 영향을 받으며 금융

* 안수현 집필.

1 시장안정화조치는 금융회사 규제 및 금융소비자 보호 외에 시장의 안정성 확보를 주로 고려하는 것으로 유연한 시장 운용을 위하여 인프라 확보와 유지에 초점을 두고 있다고 할 수 있다. 예컨대 지급결제시스템 유지, 자금흐름의 원활 확보, 위기시 개입 및 최종대부자로서의 역할 수행 그리고 금융 위기시 유동성 공급 등이 해당된다. 이 같은 시장안정조치는 건전성 규제와 영업행위 규제와는 목적면에서 큰 차이가 있다. 이들 조치가 요구되는 시기는 정부가 직접 개입하여 금융시장에서 거래의 상대방이 되는 결과를 가져오기 때문이다. 이러한 역할은 통상 중앙은행이 맡으며 다른 역할과 독립하여 이러한 역할을 수행하는 경우가 많다. 그런데 최근의 금융위기에서 경험하였듯이 시장의 안전한 운영, 즉 최종대부자로서 개입을 필요로 하고 금융회사에게 유동성을 공급하는 유동성공급자로서의 지위가 금융소비자 보호는 물론 금융회사의 건전성과 별개가 아니라 긴밀하게 연관되어 있음이 분명해졌다.

상품의 구입 이후 불완전 판매가 분쟁으로 이어진 경우 신속한 해결이 요구된다. 물론 이러한 사후적 구제 못지않게 중요한 것이 사전적으로 금융소비자를 보호하는 것이다. 특히 갈수록 금융소비자와 금융회사와의 관계에서 공정성의 이슈가 강하게 부각되고 있는데, 금융소비자의 제한된 합리성(Bounded Rationality)[2]을 고려하여 공정성이슈를 새롭게 인식할 필요성이 제기되고 있다. 이처럼 공정성이 이슈화되는 이유는 가계와 기업의 금융서비스에 대한 수요 변화와 기술 혁신 및 금융거래의 자유화·복잡화에 수반하여 금융기능이 앞으로 위험의 적절한 평가와 중개를 무엇보다 중요시하지 않으면 안된다는 것을 의미한다. 상품 그 자체의 질(quality)이나 내재한 위험은 상품제조자가 특히 잘 아는 구조이지만 제조자가 직접 판매하는 비율은 많지 않고, 대체로 다양한 판매채널을 통해 판매되는 경향이 있어 시장에서 이들 상품을 중개하는 자들의 역할이 무엇보다 중요하기 때문이다. 여기에 상품제조자의 역할도 중요한데, 상품에 대한 투명한 정보제공과 질의 담보는 상품제조자의 몫이기 때문이다. 때문에 상품제조자와 판매자중 어느 일방에게만 책임을 묻는 방식은 금융소비자의 보호에 완전하지 않은 보호방식이 된다.

이처럼 금융규제의 주된 목적이 금융소비자의 보호에 있다는 것은 금융소비자의 관점에서 금융시장에서의 불균형의 시정을 의미한다. 즉 금융소비자들이 금융회사와 공정하게 협상할 수 있는 기반을 확보하는 것이 된다. 이는 궁극적으로 금융소비자의 후생 증진으로 금융산업의 수익기반 확대 및 국가경쟁력 증대에 기여한다.

---

2 행동경제학의 핵심개념은 휴리스틱(Heuristics)과 편향(bias)으로, 전통경제학에서는 사람의 판단이 흐려지는 것은 감정에 치우쳐서 나타난 것이며 이성적으로 사고하면 올바른 판단을 할 수 있다고 일반적으로 받아들여지지만, 행동경제학에서는 인간의 사고 자체의 과거의 경험이나 임기응변식 방법으로 이루어지기 때문에 잘못된 판단이나 편향이 일어난다고 본다. 즉 인간의 사고처리가 완벽한 논리성을 갖는 것이 아니고 자기발견적, 임기응변적 방식으로 처리된다고 주장한다. 이러한 휴리스틱스의 특징으로 이용가능성, 대표성, 기준점효과와 조정 등을 들 수 있다. 자세한 내용은 배순영, "행동경제학의 논거가 소비자정책에 주는 시사점", 소비자정책동향 제4호, 2008. 6. 20, 2면.

Ⅱ. 현행 업법과 금융소비자 보호의 한계

최근 몇 년간 다양한 금융업법의 제·개정을 통해 금융업자의 정보제공을 의무화하는 조치들이 보완된 바 있다. 대표적으로 2007년 『자본시장과 금융투자업에 관한 법률(이하 '자본시장법'이라 한다)』의 제정을 통해 설명의무 위반시 손해배상책임을 추정하는 규정의 신설과 보험업법상의 설명의무와 적합성원칙의 규정 등이 추가되는 등 적지않은 변화가 있었다.

그러나 이러한 개별 업법의 제개정으로는 여전히 규제차익과 규제공백이 해소되지 않고 있다[3]는 지적이 끊이지 않고 있다. 예컨대 규제차익의 대표적인 사례로 은행이 취급중인 ELD(주가연동예금)상품은 투자실적에 따라 수익률이 달라지는 상품이지만 원금보장이 되는 예금이라는 이유로 투자위험성 등에 대해 설명하라는 의무 규제가 명시화되어 있지 않다. 한편, 보험업법상 신용카드사용자가 사망하는 경우 신용카드회사가 신용카드 채무를 면제·이연하는 서비스인 DCDS(Debt Cancellation/Debt Suspension) 상품을 부가서비스 형태로 판매하는 행위는 보험업에서 제외되어 있어 이러한 DCDS에 대해서는 설명의무 등 보험업법의 규제가 배제되어 있다. 이외에도 동일한 규제 위반임에도 불구하고 업권별로 제재수준이 상이한 경우가 많다. 대표적으로 부당광고의 경우 은행의 경우 3천만원 이하의 벌금인데 반해 금융투자회사의 경우에는 1년 이하 징역 또는 3천만원 이하 벌금이 부과되며, 보험회사의 경우에는 수입보험료 20% 이하의 과징금이 부과되는 등 상이하다.

이와 달리 규제공백의 사례도 적지 않았는데, 이는 대규모의 금융소비자 피해로 이어지기도 하였다. 대표적으로 저축은행 등이 후순위채를 직접판매하는 경우 자본시장법에 마련된 적합성 원칙과 설명의무 등의 규제가 적용되지 않으며, 대출상품의 경우 은행, 보험회사, 저축은행 등 대부분의 금융회사가 취급하고 있으나, 대출행위를 인·허가를 요하는 '금융업'으로 규정하고 있지 않아[4] 대출상품에 대한 규제체계가 부재인 상태이다. 그밖에 상조회사가 제공하

---

3 금융위원회, 금융소비보호에 관한 법률제정안 주요내용, 보도자료, 2011. 11. 17. 6면; 구기성, 금융소비자 보호에 관한 법률안【정부제출】 검토보고서, 2012. 9. 55면.

4 대부분의 금융법에서는 부수업무 또는 자산운용행위로 규정되어 있다.

는 상조서비스와 연계한 상조예·적금, 상조보험의 경우 상조회사의 도산 등에 따른 서비스 지급제한 사유, 책임소재 등에 대한 설명 또한 매우 미흡하다고 할 수 있다.

더구나 금융업법 전체를 볼 때 정보제공의무 내지 판매권유규제 위반을 이유로 바로 민사상 손해배상책임이 발생한다고 당연히 보지는 않으며, 금융거래시 정보개시(예컨대 계약체결단계에서의 서면교부, 중요사실에 대한 부실고지 금지 내지 불고지금지 등을 포함)의무의 경우 모든 금융업자에게 요구되고 있지는 않다. 이외 금융상품에 대한 이해도가 낮은 고령자와 사회적 취약계층을 고려한 판매행위에 대해서도 적절한 고려가 필요한 시점이다.

Ⅲ. 금융소비자보호기본법(안)의 제정 노력과 경과

1. 그간의 경과 — 3차례의 정부 제정안 발표

정부는 현행 업법중심의 금융소비자 보호장치로는 규제차익과 규제사각지대가 있음을 인식하여 금융소비자보호법을 제정하려는 시도를 지속적으로 해왔다. 대표적으로 2011년 11월 금융위원회는 『금융소비자보호에 관한 법률제정안』과 『금융위원회 설치 등에 관한 법률개정안』을 입법예고[5]하였으나 국회에서 제대로 논의되지도 못하고 폐기되었다. 이후 다시 2012년 7월 3일 재추진되어 『금융소비자보호에 관한 법률제정안(의안번호 573)』과 『금융위원회 설치등에 관한 법률개정안』이 국회에 제출되었다. 경과과정에서 일부 수정이 있었지만 그 골격은 1차 발의안이 유지되었다.[6] 당시 이러한 정부안 외에도 의원입법안이 다수 제출되어 있으나[7] 결국 19대 국회 회기만료로 폐기되었

5 금융위원회, 금융소비자보호에 관한 법률제정안 주요내용, 2011. 11. 21.

6 동 법안은 국무회의를 통과하면서 2012년 7월에 입법예고된 정부안과도 다소 차이를 보이고 있다. 대표적으로 제9조 해석기준이 신설되었고 제15조 제2항 설명의무와 관련하여 소비자가 명시적으로 수령을 거부하는 경우 등을 고려하여 설명서 발급에 예외를 인정하였으며, 제27조 제2항, 제3항 등의 금융소비자교육과 관련하여 다양한 교육자원을 활용할 수 있게 한 점, 제33조의 조정위원의 제척 기피 및 회피와 관련하여 해촉에 관한 규정을 추가하는 등 내용이 변경되었다.

7 정부안 외에 다수의 의원입법안도 발의된 상태이다. 대표적으로 김기준의원이 대표발의한 『금융소비자위원회 설치 및 운영에 관한 법률안(의안번호 1902513)』의 주요내용은 금융소

다.[8] 정부는 2016년 다시 제명을 수정하여 『금융소비자보호기본법』으로 변경, 같은 해 6월 28일 입법예고를 하였고, 8월 8일까지 의견제출을 받은 바 있다.

2. 2016. 6. 28. 입법예고된 금융소비자보호기본법(안)의 주요내용

(1) 제정이유와 구성

무엇보다 2016년 6월 입법예고된 정부발의의 제정안은 관련법에 산재한 「판매규제－분쟁조정－금융교육」 등 금융소비자 관련 제도를 단일법에 담아 금융소비자 보호에 관한 내용을 일관되게 추진할 수 있는 제도적 기반을 마련하기 위함이라고 밝히고 있다. 입법목적을 보면 금융소비자의 권익 증진과 금융상품판매업 및 금융상품자문업의 건전한 시장질서 구축을 위하여[9] 금융상품판매업자 및 금융상품자문업자의 영업에 관한 준수사항과 금융소비자 권익 보호를 위한 금융소비자정책 및 금융분쟁조정절차 등에 관한 사항을 규정함으로써 금융소비자 보호의 실효성을 높이고 국민경제 발전에 이바지함을 목적으로 한다. 아울러 이같은 목적을 달성하기 위하여 총 8장 75개 조문의 본칙과 부칙 13개 조문을 마련하고 있다.[10]

비자보호와 관련한 정책과 금융감독기구의 금융소비자 관련 업무에 대한 견제·감시를 전담할 금융소비자위원회를 독립적으로 신설하는 내용을 담고 있다. 정호준의원이 대표발의한 『금융소비자보호법안(의안번호 4023)』은 약탈적 대출에 대한 규제, 투자성상품 등에 대한 위험등급 분류제도, 징벌적 손해배상제도, 집단소송제도 등을 도입함으로써 금융소비자의 사전·사후 구제절차를 강화하고 개별 금융법령에 산재되어 있는 금융상품 판매행위에 대한 규제, 분쟁조정 등 금융소비자보호에 관한 법률을 제정하는 것을 내용으로 하고 있다. 민병두의원이 대표발의한 『금융상품 판매 및 금융소비자보호에 관한 법률안(의안번호 5451)』의 주요내용은 금융소비자에 대한 개념 정의, 금융소비자의 권리 및 금융소비자 보호에 대한 국가 등의 책무, 금융상품의 등급분류, 금융상품판매업자의 영업행위 준수사항, 금융소비자 정책기본계획 수립 등 금융소비자보호를 위한 전반적인 사전규제와 징벌적 손해배상제도, 집단소송제도 등 금융피해의 사후적인 구제를 내용으로 하는 금융소비자보호에 관한 법률을 제정함으로써 금융상품의 불완전판매를 방지하고 금융상품 전반에 대한 체계적인 금융소비자보호체계를 구축하는 것을 담고 있다.

8 그간의 금융소비자보호법안의 내용과 특징 등에 대해서는 안수현, 『금융소비자보호법』제정안의 판매관련 금융소비자 보호의 의의와 한계, 금융법연구 제11권 제1호(통권 제21호), 한국금융법학회, 2014년, 3~53면 참고.

9 2012년 정부발의 제정안에서는 동법의 입법목적으로서 "금융소비자의 권익 증진과 금융상품 판매 및 자문업의 건전한 육성을 위하여"라는 문구가 있었으나 이번 제정안에서는 금융상품판매업 및 금융상품자문업의 건전한 시장질서 구축을 위하여라고 기술하고 있는 점에서 차이를 보이고 있다.

10 2012년 정부안은 총 7장 61개 조문의 본칙과 부칙 11개 조문으로 구성되어 있다.

(2) 특 징

1) 금융소비자 보호에 관한 기본법

제정안은 사전정보 제공 — 금융상품 판매 — 사후피해 구제까지 금융소비자보호를 위한 전 과정을 포괄하는 금융소비자보호에 관한 일반법이자 기본법을 구축하는 것을 목표로 하고 있다. 이를 위해 현재 개별법에 산재되어 있는 금융소비자 관련 제도(판매규제 – 분쟁조정 – 금융교육)를 포괄하여 동법에 규정하고, 금융상품판매업등에 관하여 다른 금융 관련 법률 및 소비자보호 관련 법률에 특별한 규정이 있는 경우를 제외하고는 이 법을 따르도록 함으로써 이 법이 금융소비자보호에 관한 기본법으로 기능할 수 있도록 하고 있다.

2) 기능별 규제체계

이러한 목적으로 금융상품 및 판매행위 속성을 재분류·체계화하여 동일 기능에 대해서는 동일 규제가 적용되도록 하는 '기능별 규제'체계로 하고 있다. 즉 동법안은 금융회사와 금융소비자 간의 법률관계를 기초로 횡단적으로 금융소비자 구제가 용이한 방식으로 법제를 정비하는 것을 목표로, 이를 달성하기 위하여 '금융상품', '금융상품판매업', '금융상품자문업', '금융소비자'등을 포괄적으로 정의하고 있으며 아울러 이 법의 적용범위와 다른 법률과의 관계 등을 명시[11]하여 이 법이 금융소비자보호에 관한 기본법임을 명시하고 있다. 이러한 규제기법은 금융회사가 어떠한 금융상품을 판매하는지 상관없이 금융소비자 입장에서는 동법의 적용을 받게 된다는 이점이 있다.

또한 개별 금융업법에 산재하고 있는 금융상품의 판매채널을 행위유형과 판매주체의 지위에 따라 '금융상품판매업자(직접판매업자와 판매대리·중개업자로 재분류)'와 '금융상품자문업자'로 분류하여 "동일기능 – 동일규제"체계를 도입함으로써 규제공백이나 규제차익을 방지하고 있다. 즉 모든 금융상품과 판매채널은 이들 금융상품 유형과 판매채널 유형 중 어느 하나에는 반드시 속하도록 하고 있어 규제공백의 문제를 해소하는 이점을 기대하게 한다. 즉 설명의무 등 개별 금융법상에 마련된 판매행위 관련 규제를 망라하고 상품유형과 업자별 속성에 따른 영업행위 규제를 체계화하여 규정함으로써 규제공백이나 규제차익의

11 제5조(다른 법률과의 관계) 금융소비자의 보호에 관하여 다른 법률에서 특별한 규정을 두고 있는 경우를 제외하고는 이 법을 적용한다.

발생을 방지하고 있다.

한편, 금융상품을 그 속성에 따라 (i) 보장성상품, (ii) 투자성상품, (iii) 예금성상품, (iv) 대출성상품으로 구분하고, 개별 금융상품이 둘 이상의 상품유형에 해당하는 속성이 있는 경우 해당 상품유형에 각각 속하는 것으로 하고 있다(제3조 제1항). 더욱이 보장성상품, 투자성상품, 예금성상품, 대출성상품에 대해서 각각에 관해 정의하면서 이외 유사한 것으로 대통령령으로 정하는 금융상품으로 정의하여 그 대상을 대폭 확대하고 있다(제3조 제1항 제1호~제4호).

3) 금융소비자 유형 및 전환

한편, 제정안은 금융소비자를 정의함에 있어 금융상품계약 체결등에 관한 금융상품판매업자 또는 금융상품자문업자(이하 '금융상품판매업자등'이라 한다)의 거래상대방이라고 정의하고 있고(제2조 제6호), 금융소비자의 유형도 구분하여 금융상품에 관한 전문성, 소유자산규모 등에 비추어 금융상품계약에 따른 위험감수능력을 갖추었는지 여부에 따라 '전문금융소비자'와 '일반금융소비자'로 구분하고 있다(제2조 제7호, 제8호). 이는 현행 자본시장법과 보험업법상의 규제기법과 취지와 동일하게 한정된 규제자원을 일반금융소비자에게 집중할 수 있도록 하기 위함으로 이해된다.

이와 관련하여 전문금융소비자는 법에서 열거하고 있는 자[12]가 되며, 다만 전문금융소비자 중 대통령령으로 정하는 자가 일반금융소비자와 같은 대우를 받겠다는 의사를 금융상품판매업자등에게 서면으로 통지하는 경우에는 금융상품판매업자등은 정당한 사유가 있는 경우를 제외하고는 이에 동의하여야 하며, 금융상품판매업자등이 동의한 경우에는 해당 금융소비자는 일반금융소비자로 본다(제2조 제7호 단서).

(3) 주요내용

1) 금융소비자의 권리와 책무 및 국가와 금융회사등의 책무

제정안에서는 금융소비자의 기본적 권리를 규정[13]함은 물론 책무도 함께

---

12 국가, 한국은행, 대통령령으로 정하는 금융회사, 주권상장법인(투자성상품 가운데 대통령령으로 정하는 금융상품계약체결등을 할 때에는 전문금융소비자와 같은 대우를 받겠다는 의사를 금융상품판매업자등에게 서면으로 통지하는 경우로 한정한다), 그밖에 대통령령으로 정하는 자가 된다(제2조 제7호 가목~마목).

규정함으로써 금융회사등과 더불어 자유시장경제를 구성하는 주체임을 인식하여 금융상품을 바르게 선택할 책무를 짐을 선언하면서 금융소비자의 기본적 권리를 정당하게 행사할 책무가 있음을 밝히고 있다(제7조). 아울러 금융소비자의 기본적 권리가 실현되도록 국가와 금융회사의 책무가 있음도 함께 규정하였다(제8조, 제9조).

2) 판매행위 규제

① 의 의

금융회사와 금융소비자 간의 분쟁은 대부분 판매단계에서 발생하는 경향이 있다. 그러나 그렇다고 해서 제도개선의 초점이 판매시만 한정될 필요는 없다. 이러한 점을 인식하여 동법안에서는 판매를 중심으로 사전예방적으로 보호하는 장치를 마련함과 동시에 사후보호를 위하여 소송중지제도와 소액분쟁사건에 대한 특례를 규정함과 동시에 금융소비자 피해에 대한 사후적 구제제도로서 분쟁조정제도의 실효성을 강화하는 한편, 판매행위 규제 위반에 대한 과징금제도를 도입하여 판매행위 규제 위반을 통해 형성한 부당이득을 환수할 수 있도록 하여 규제의 실효성을 제고하고자 하는 노력을 하고 있다.

한편, 제정안은 판매행위 규제와 관련하여 적합성원칙(제17조)과 적정성원칙(제18조), 설명의무(제19조), 구속성계약 체결 금지등(제20조), 부당권유행위 금지(제21조)와 광고규제(제22조) 및 계약서류의 제공의무(제23조) 등과 같이 금융소비자보호를 위해 공통적으로 적용되어야 할 판매행위 규제를 규정하면서[14] 한편으로 금융상품에 내재한 위험이나 특성을 감안하여 판매행위규제의 구체적인 내용을 차별화할 수 있게 하고 있다.

---

13 동법안에서는 금융소비자의 권리로 6가지 권리를 규정하고 있다(제6조 제1호~제6호).
1. 금융상품으로 인해 발생할 수 있는 재산상 손해로부터 보호받을 권리
2. 금융상품을 선택하고 소비하는 과정에서 필요한 지식 및 정보를 제공받을 권리
3. 금융소비생활에 영향을 주는 국가 및 지방자치단체의 정책에 대하여 의견을 반영시킬 권리
4. 금융상품의 소비로 인하여 입은 피해에 대하여 신속·공정한 절차에 따라 적절한 보상을 받을 권리
5. 합리적인 금융소비생활을 위하여 필요한 교육을 받을 권리
6. 금융소비자 스스로의 권익을 증진하기 위하여 단체를 조직하고 이를 통하여 활동할 수 있는 권리

14 현재 이들 영업행위 준수사항들은 개별 금융업법상 상이한 규제를 받고 있다.

② 적합성·적정성원칙

적합성원칙의 경우에는 투장성상품, 대출성상품, 대통령령으로 정하는 보장성상품에 적용되며, 예금성상품은 운용실적에 따라 그 수익률 등의 변동가능성이 있는 경우로 제한된다(제17조 제2항). 마찬가지로 적정성원칙도 투자성상품과 대출성상품 및 보장성상품 일부에만 적용된다(제18조 제1항).

한편 적합성원칙의 준수를 위해서 금융상품판매업자등은 금융소비자가 일반소비자인지 전문금융소비자인지를 확인하여야 하며(제17조 제1항), 일반금융소비자인 경우 면담·질문 등을 통해 관련 정보를 파악하고 일반금융소비자로부터 서명, 기명날인, 녹취, 그밖에 대통령령으로 정하는 방법으로 확인을 받아 이를 유지·관리하여야 하며 확인받은 내용을 지체없이 제공하여야 한다(제2항).

③ 설명의무

이와 달리 설명의무는 모든 금융상품에 적용되며 일반금융소비자에게 구매권유(자문 포함)하는 경우 및 일반금융소비자가 요청하는 경우에는 금융상품에 관한 중요한 사항(일반금융소비자가 요청하는 경우에는 요청한 사항에 한한다)을 일반금융소비자가 이해할 수 있도록 설명하여야 한다(제19조 제1항).

〈표〉 금융업권별 영업행위 준수사항의 규정 현황

구 분	자본 시장법	보험업법	은행법	여신전문 금융업법	상호저축 은행법
적합성원칙	○	○	×	×	×
적정성원칙	○	×	×	×	×
설명의무	○	○	○	○	×
구속성상품계약 체결의 금지	○	○	○	×	×
부당권유행위 금지	○	○	×	○	×
광고규제	○	○	○	○	×

〈표 1〉 금융상품별 설명의무 사항

	보장성상품	투자성상품	예금성상품	대출성상품	연계·제휴된 상품·서비스
설명사항	보장성 상품의 내용	투자성 상품의 내용	예금성 상품의 내용	금리 및 변동 여부, 중도상환수수료(금융소비자가 대출만기일이 도래하기 전 대출금의 전부 또는 일부를 상환하는 경우에 부과하는 수수료를 의미한다. 이하 같다) 부과 여부·기간 및 수수료율 등 대출성 상품의 내용	연계·제휴서비스 등의 내용
	위험보장을 위하여 일반금융 소비자가 지급하는 금전 및 권리 등	투자에 따른 위험	이자율, 수익률 및 중도해지이율	상환방법에 따른 상환금액·이자율·시기	연계·제휴서비스 등의 이행책임에 관한 사항
	위험보장의 범위	금융소비자가 부담해야 하는 수수료	그 밖에 대통령령으로 정하는 사항	저당권 등 담보권 설정에 관한 사항, 담보권 실행사유 및 담보권 실행에 따른 담보목적물의 소유권 상실 등 권리변동에 관한 사항	연계·제휴서비스 등의 제공 기간
	그 밖에 대통령령으로 정하는 사항	대통령령으로 정하는 기준에 따라 금융상품 직접판매업자가 정하는 위험등급		대출원리금, 수수료 등 금융소비자가 대출계약을 체결하는 경우 부담해야 하는 금액의 총액	그 밖에 대통령령으로 정하는 사항
		그 밖에 대통령령으로 정하는 사항		그 밖에 대통령령으로 정하는 사항	
				계약 철회의 기한·행사방법·효과에 관한 사항	

④ 광 고

금융상품판매업자등이 아닌 자 및 대통령령으로 정하는 금융상품판매업자등은 금융상품판매업자등의 영위업무 또는 금융상품에 관한 광고(이하 "금융상품등에 관한 광고"라 한다)를 하여서는 아니되며, 금융상품판매업자등이 금융상품등에 관한 광고를 하는 경우에는 금융소비자가 금융상품의 내용을 오해하지 아니하도록 명확하고 공정하게 전달하여야 한다고 규정하였다(제22조 제1항, 제2항).

3) 금융소비자보호 정책 수립등

한편, 금융위원회는 금융소비자의 권익 보호와 금융상품판매업등의 건전한 시장질서 구축을 위하여 금융소비자정책을 수립하여야 하며(제29조 제1항), 3년마다 금융소비자정책에 관한 종합계획을 수립하여야 한다(제30조). 이를 위하여 금융소비자의 권익보호 및 합리적 금융생활 영위에 관한 기본적인 정책을 심의·의결하기 위하여 금융위원회에 금융소비자정책위원회를 설치하는 것으로 하고 있다(제31조).

4) 금융교육

한편, 금융교육에 관해서도 금융위원회가 지원하며, 교육프로그램을 개발과 교육시책을 수립·시행하도록 하고 있으며, 3년마다 금융소비자의 금융역량에 관한 조사를 실시하고, 이를 금융교육에 관한 정책 수립에 반영하도록 하고 있다(제35조 제1항~제4항). 다만 금융교육에 필요한 사항을 금융감독원장 또는 금융교육 관련 기관·단체에게 위탁할 수 있도록 하였다(제35조 제5항).

5) 분재조정제도

제정안은 금융감독원내에 금융분쟁조정위원회를 두는 것으로 하고(제38조), 분쟁조정의 절차와 방법 등을 규정하는 한편(제40조~제43조), 조정의 당사자가 수락한 조정안에 재판상 화해와 동일한 효력을 부여하고(제43조 제1항), 당사자가 조정에 불복하여 1개월 내에 소송을 제기한 경우 시효의 중단 및 제소기간의 계산에서 조정신청을 재판상의 청구로 보는 규정을 마련하고 있다(제2항). 한편, 조정이 신청된 사건에 대해서는 수소법원이 소송절차를 중지할 수 있도록 하고(제44조),[15] 일반금융소비자가 신청한 2000만원 이하의 소액분쟁사건[16]

15 금융위원회의 설치 등에 관한 법률 제53조에서는 분쟁조정의 신청내용이 이미 법원에 제소된 사건이거나 분쟁조정을 신청한 후 소를 제기한 경우에 금융감독원장은 합의권고나 조정위원회에 회부를 하지 아니할 수 있도록 하고 있고, 같은 법 제56조는 조정신청사건의 처리절차 진행중에 일방당사자가 소를 제기한 경우에는 그 조정의 처리를 중지하도록 함에 따라 금융회사 등은 불리한 조정결정이 내려질 것이 예상되면 분쟁조정 초기단계에서 법원에 민사조정이나 소송을 제기하는가 하면, 분쟁조정의 신청이 있은 후 조정안 결정통지 전 단계에서 법원에 채무부존재 확인소송을 제기하여 분쟁조정을 중단시키는 사례가 다수 발생하고 있어 문제점이 제기되고 있다.

에 대하여는 금융회사가 조정절차 진행중에 소를 제기하지 못하도록 특례(제45조)도 마련하였다.

6) 대출등의 계약 철회

특히 이번 제정법안에서는 금융상품판매업자등과 대통령령으로 정하는 대출성 상품에 관한 계약 또는 금융상품자문에 관한 계약을 체결한 일반금융소비자에 대하여 일정 기간(거래 당사자 사이에 법정철회기간보다 긴 기간으로 약정한 경우에는 그 기간) 이내에 그 계약을 철회할 수 있는 권리를 부여하고 있다. 즉 (i) 대출성 상품에 관한 계약의 경우에는 계약서류를 제공받은 날(계약서류를 제공받은 날보다 계약에 따른 금전이나 재화의 지급이 늦게 이루어진 경우에는 그 실행일)로부터 14일 이내에 철회가 가능하며, (ii) 금융상품자문에 관한 계약의 경우의 경우에는 계약서류를 제공받은 날로부터 7일 이내에 가능하다.

7) 위법계약의 해지

아울러 동 제정법안에서는 금융소비자에 대하여 금융상품판매업자등이 판매행위 규제를 위반하여(제17조부터 제21조까지) 금융상품과 관련한 계약을 체결한 경우, 5년 이내의 대통령령으로 정하는 기간 내에 서면등으로 해당 계약을 해지할 수 있도록 하였다(제51조 제1항) 이 경우 금융싱품판매업자등은 수수료, 위약금 등 계약의 해지와 관련된 비용을 요구할 수 없음을 명문으로 규정하였다(제2항).

8) 판매중지명령권

이외에도 금융위원회는 금융상품으로 인하여 금융소비자의 현저한 재산상 피해가 발생할 우려가 있다고 명백히 인정되는 경우로서 대통령령으로 정하는 경우에는 그 금융상품을 판매하는 금융상품판매업자에 대하여 해당 금융상품의 구매권유 금지 또는 판매제한·금지를 명할 수 있다(제53조).

9) 징벌적 과징금 부과

한편, 판매행위에 관한 규제 위반시 그 위반행위로 인한 수입 또는 이에 준하는 금액의 100분의 50을 곱한 금액의 범위에서 과징금을 부과할 수 있도록

16 다만 구체적인 금액은 2000만원의 범위 내에서 시행령으로 정해질 예정이다.

하였다(제62조 제2항). 다만, 그 위반행위를 한 자가 수입이 없거나 수입의 산정이 곤란한 경우로서 대통령령으로 정하는 경우에는 10억원을 초과하지 아니하는 범위에서 과징금을 부과할 수 있다.

(3) 2012년 정부안과의 차이

2016년에 입법예고된 정부제정법안은 종래 1차, 2차 때 국회에 발의한 내용에 비해 상당히 다양한 금융소비자보호 장치들이 포함되었다고 평가할 수 있다. 대표적으로 (i) 금융상품판매업자등으로 하여금 금융상품에 관한 계약을 체결하는 경우 정당한 사유 없이 성별·학력·사회적 신분 등을 이유로 계약조건에 관하여 금융소비자를 부당하게 차별하여서는 아니 된다는 규정을 마련한 점과(제15조) (ii) 대출 등의 계약철회권 인정 및 (iii) 위법계약의 해지와 (iv) 판매행위 중지명령권 등의 도입 등 사전·사후적 보호장치들을 보완한 점에서는 의미가 있다고 평가할 수 있다.

Ⅳ. 향후 전망과 기대

정부는 그간 지속적으로 보완하면서 금융소비자보호에 관한 법률제정안 마련에 노력을 기울여 왔다. 이는 금융소비자 보호를 위하여 금융상품의 판매와 관련한 제도개선을 소프트웨어와 하드웨어 양 측면에서 제공하고자 노력한 점에서 일응 긍정적이라고 평가할 수 있다. 특히 금융소비자 보호에 관한 기본법 및 통합법을 마련한다는 것은 규제사각지대를 불식시킨다는 점에서 의미가 적지 않다. 다만 이러한 법의 목적이 금융소비자를 사전적·사후적으로 충실히 보호하고자 함에 있음을 고려할 때 사전적 보호장치로서 마련된 일련의 의무위반으로 인하여 발생한 피해에 대해서는 사후적으로 구제가 매우 용이하도록 할 필요가 있다. 현재 입법예고된 법안에서 이러한 효과를 일부 기대할 수 있으나 보다 집단적 피해구제가 효과적으로 실현될 수 있는 제도들이 강구되기를 희망한다.

제 2 장 외화대출과 금융소비자 보호

Ⅰ. 서 론

최근 3년간 은행의 외화대출은 2013년 대폭 증가한 이후 점차적으로 감소하고 있는 것으로 나타나고 있다.[1] 이는 2010년 6월 외화대출의 자금용도를 해외 실수요 목적 및 중소제조업체의 국내시설 자금용도로 제한함에 따라 감소세를 보여 온 것과는 다소 다른 추이를 보인다. 2013년과 비교해보면 2013년에는 엔화가 약세를 보임에 따라 기존 엔화대출 차입자들이 상환부담을 줄이고자 종래 받은 엔화대출을 상환하거나 원화대출로 전환하는 경향이 강했다.[2] 그리고 기업들의 해외플랜트 건설, 선박 제작 및 에너지업체의 수입결제 자금 등의 수요가 늘면서 미달러화 대출이 큰 폭으로 증가하였다. 여기에 미달러화대출 및 엔화대출의 평균금리는 모두 하락하였는데, 이는 기준금리보다 가산금리의 하락에 기인한 것으로 분석되고 있다. 반면에 종래 엔화대출의 환차손이 컸던 것과는 달리 최근 미달러화대출의 환차손규모는 소폭 증가한 모습이다.[3] 이와 달

---

* 안수현 집필.

*「은행법연구」 제6권 제2호(2013. 11)에 게재된 내용을 다소 수정·보완한 것이다.

1 이데일리, 저금리에 은행 외화대출 연일 '증가' … 엔화대출만 '급감', 2013. 9. 3자 기사.

2 금융감독원, '13. 3월말 국내은행의 거주자 외화대출 동향, 2013. 6. 5 보도자료.

3 달러화대출 차주의 환차손 추정액(조원)의 경우 2013.3월말 '12년말대비 0.8조원 늘어난 것으로 나타나고 있다. 금융감독원, 전게보도자료, 2면.

리 2015년말 현재 외화대출은 과거에 비해 감소하고 있는 것으로 나타나고 있는데[4] 이는 달러화의 대출의 경우 수입감소로 인한 수요감소와 엔화대출의 경우 엔화대출 상환과 국내경기회복 지연 등에 따른 대출수요 감소의 여파로 분석되고 있다.[5]

그런데 이러한 외화대출은 은행의 업무 다각화차원에서 허용된 것이지만 부실대출의 경우 차입자는 물론 은행의 건전성에도 영향을 미친다. 더욱이 외화대출은 세계금융시장과 환율의 변동, 우리나라 및 대출은행의 신용도 등 일반 대출보다 다양한 요인에 의하여 금리와 이자 액수가 변동되고 금리변동 폭이 매우 커[6] 일반인에게는 생소한 대출상품이라 할 수 있다.[7] 또한 환율과 세계금융시장의 변동이 동시에 올 경우 원화로 지급하여야 할 이자가 최초 계약 당시 예상한 범위를 초과하여 수배 이상 확대될 위험성도 있다. 특히 우리나라는 1997년경 IMF경제위기를 겪은 경험도 있기 때문에 외화와 관련한 거래의 경우 급격한 환율과 신용도 변경 등과 관련된 내용이 차입자에게는 차입 여부의 판단에 있어 중요한 영향을 미치는 사항이 된다.[8] 이 경우 단순히 통화변동 가능성에 대한 정보가 중요한 것이 아니라 약정이자율에 영향을 미치는 중요한 정보를 제공하지 않았다면 외화대출을 받은 차입자에게는 예상하지 않은 불이익이 발생할

4 2015년말 현재 1년전 대비 외화대출은 12.3% 감소한 것으로 나타나고 있다. 금융감독원, '15 국내은행의 거주자 외화대출 동향, 2016. 3.30 보도자료.

5 거주자 외화대출현황은 다음과 같다.

〈표〉 국내은행(본점)의 거주자 외화대출 현황

(단위 : 억달러, %)

구 분	'13년말	'14년말(A)	'15년말(B)	증 감[률](B－A)	
외화대출 잔액	251.7	225.4	197.6(100.0)	△27.8	[△12.3]
달 러 화	173.4	172.5	163.1(82.5)	△9.4	[△5.4]
엔 화	76.1	49.7	31.4(15.9)	△18.3	[△36.8]
기타통화	2.2	3.2	3.1(1.6)	△0.1	[△3.1]

* 주: 1) 엔화 및 기타통화는 연말 해당환율을 달러로 환산하여 표기
2) ( )내는 전체에서 차지하는 비중임

6 달러화 대출 차주의 경우 미 연준의 기준금리 인상과 달러화 환율상승시 이자부담증가 및 환차손이 발생하게 된다.

7 서울고등법원 2013. 4. 4. 선고 2011나76114 판결, 6면.

8 서울고등법원 2013. 4. 4. 선고 2011나76114 판결, 7면.

수 있으며 이는 결과적으로 대출은행에게도 부실대출로 돌아와 불리하다.

그런데 이러한 외화대출과 관련하여 금융회사에서의 거래관행과 실무에서의 취급이 외부에 잘 알려지지 않는 경향이 있다. 이러한 기회에 엔화대출을 둘러싼 분쟁과 관련하여 고등법원이 판시한 판결(서울고등법원 2013. 4. 4. 선고 2011나76114 판결)은, 비록 대법원에서의 최종판단을 받아 보아야 하겠지만, 일반적으로 차입자에 대한 외화대출은행의 설명의무를 인정함으로써 기존 외화대출관행에 문제의식을 제기하고 있는 점에서 시사점이 크다.

이러한 인식하에 이하에서는 엔화대출을 둘러싸고 판시된 판결의 의미와 외화대출로 인한 분쟁이 빈발함에 따라 2010년 금융감독원이 제정하여 행정지도의 방식으로 금융기관에게 준수하도록 하고 있는 "외화대출 관련 금융소비자 보호 강화 및 여신심사체계 개선을 위한 모범규준"상의 금융소비자 보호조치 및 이와 함께 2012년에 정부가 국회에 제출한 『금융소비자보호에 관한 법률 案』상의 차입자를 위한 보호조치 및 2016년 6월 28일에 다시 입법예고(금융위원회 공고 제2016-197호)한 『금융소비자보호기본법 제정안』에 포함된 대출 관련 금융소비자의 보호방안을 특히 외화대출을 소재로 검토해 보기로 한다.

Ⅱ. 외화대출 개관

1. 대출의 법적 성격

(1) 은행업 업무

은행업이란 예금을 받거나 유가증권 또는 그밖의 채무증서를 발행하여 불특정다수인으로부터 채무를 부담함으로써 조달한 자금을 대출하는 것을 업으로 하는 것을 말한다.[9] 이러한 은행업을 규칙적으로 조직적으로 영위하는 법인이 은행이 된다(은행법 제2조 제1항 제1호, 제2호).

(2) 여신거래행위

여신거래행위란 금융기관이 상대방에게 '신용을 공여하는' 행위를 말하며,

9 은행 외에 보험사업자도 대출 및 어음할인의 방법으로 재산을 운용할 수 있어(보험업법 제19조 제1항) 여신을 업무로서 취급할 수 있으며, 상호저축은행도 자금의 대출업무와 어음의 할인업무 등 여신업무를 할 수 있다(상호저축은행법 제11조 제4항, 제5항).

이는 상법상의 기본적 상행위에 해당한다(동법 제46조 제8호). 은행은 대표적인 신용공여기관으로서 신용공여방식은 금전소비대차 방식에 의한 대출행위에 한정되지 않는다.[10]

이러한 금융기관의 여신거래행위는 상행위로서 상법이 적용되고, 상법에 특칙이 없는 경우 민법이 적용된다. 이자채권의 경우 상법은 상인간의 금전소비대차의 경우에는 약정이 없더라도 대여자는 법정이자를 청구할 수 있다(상법 제55조 제1항). 다만, 이는 당사자 쌍방이 모두 상인인 경우이여야 한다. 민법상으로는 소비대차에 관하여 특약이 없으면 이자를 붙일 수 없다(동법 제598조).

그런데 통상 은행은 여신거래약정서에서 반드시 약정이자율에 의한 이자를 지급하도록 정하고 있어 상인이 아닌 채무자에게 여신을 취급하더라도 약정된 이자의 지급을 청구하는 것에는 문제가 없다.[11]

한편, 당사자간에 이자율에 관한 약정이 있을 경우에는 이에 따르며, 특히 민법상의 폭리행위(동법 제104조)에 해당하지 않는 범위 내에서 당사자는 자유롭게 이자율을 결정할 수 있다. 다만 이러한 약정은 이자의 적정한도를 정하도록 한 이자제한법[12]상 동법에서 허용한 범위 내에서만 가능하다. 한편, 상법상 법정이율은 년 6%이지만(동법 제54조), 은행의 여신실무상 여신계약시에 약정이자율을 정하도록 하고 있어 법정이자율이 적용되는 사례는 대부분 발생하지 않는다.[13]

(3) 대출은행과 차입자의 법률관계

은행과 은행이용자인 고객과의 사이에 어떠한 법률관계가 형성되는가에

---

10 즉 당좌대출과 같은 준소비대차방식, 할인어음과 같은 매매방식, 지급보증과 같은 보증의 방식 또는 대여유가증권과 같은 임대차방식 등 다양하다.

11 한상문, 「여신실무법률(상) 6판」, 한국금융연수원(2001.4), 7면.

12 이자제한법은 종래 폐지되었다가 2007년 6월 다시 제정되어 10만원 이상의 금전대차인 경우 최고이자율은 40%로 되어 있으나 동법시행령에서 정한 최고이자율은 연 30%로 정하고 있어 실제 최고이율은 30%에 해당되었다가 이후 또 개정되어 최고이자율이 25%(동법 제2조 제1항)로 되었다. 따라서 최고이자율이 25%를 초과하는 부분은 무효가 된다(동법 제2조 제3항).

13 현실적으로 금융기관의 이자는 은행법 및 한국은행법에 의하여 통제되고 있다. 사법연수원, 「금융거래법」, 2010, 72면. 즉 한국은행의 금융기관에 대한 재할인 및 기타 여신업무의 기준 및 이자율을 조절하여 경제전반의 자금수급을 조절하지만 이를 통해 간접적으로 금융회사의 이자도 통제받고 있다고 할 수 있다.

대해 국내외적으로 채무자와 채권자의 법률관계가 형성된다는 해석이 일반적이다. 즉 예금의 경우에 고객은 은행에 금전을 임치한 자로서 채권자의 지위에 있게 되고, 은행은 수치인으로서 금전에 대한 반환의무를 부담하는 채무자가 된다는 것이다. 오늘날 예금행위는 예금주가 금융기관에 금전을 보관시킨다는 면과 여유자금을 금융기관에 빌려준다는 양면성을 갖고 있다. 따라서 이러한 양면적 성격중 보관시킨다는 점을 중시하면 예금계약은 소비임치계약으로 볼 수 있는 반면, 여유자금을 금융기관에 빌려주는 면을 중시하면 예금계약은 소비대차계약으로 볼 수도 있다.

그러나 연혁적으로 볼 때 예금은 금전의 보관을 위탁하는데서 출발하였고 그러한 성질이 오늘날에도 변한 것은 없다. 특히 반환기한의 약정이 없는 보통예금이나 저축예금의 경우 소비대차계약으로 볼 경우 대주인 예금주가 상당한 기한을 정하여 그 예금의 반환을 최고하여야만 예금을 반환받게 되므로 이는 거래실제에 불합리한 결과를 가져옴을 고려[14]할 때 예금계약은 소비임치계약으로 보는 견해가 통설이고 판례[15]의 입장이다.

대출 역시 역할은 바뀌었지만 마찬가지로 채권채무관계에 있게 된다. 즉 은행이용자인 차입자와 은행과의 사이에서는 각각 채무자와 채권자의 지위에 있다.[16] 다만 이 경우에는 소비대차계약을 한 것으로 본다. 이렇게 은행과 고객과의 관계를 채권-채무관계로 이해하는 것은 은행업의 발전을 지원하는 측면이 있다. 왜냐하면 채권-채무관계로 이해하여야만 은행의 입장에서는 다수로부터 조달받은 금전을 제약받지 않고 자유롭게 투자하고 사용할 수 있기 때문이다. 즉 채권채무관계가 아닌 다른 법리로 이해할 경우에는 은행업의 발전에 지장이 야기할 수 있다고 보고 있다. 예컨대 금융기관에 기대하는 신뢰를 고려하여 신탁의 법리로 이해할 경우 수탁자인 금융기관의 행동에 제한이 가해질 수 있는 점에서 은행업의 발전에 지장이 있는 것으로 전망된 것이다.[17]

---

14 오학성·임승서, 「수신법률기초 1」, 한국금융연수원, 2009, 9면.

15 대법원 1985. 12. 24. 선고 85다카880 판결.

16 Foly v. Hill (1848) 2 HLC 28, 9 E. R. 1002.

17 은행과 은행이용자간의 법률관계를 설명하면서 채권채무관계로 보는 견해가 은행의 발전을 뒷받침하고 있다는 견해로는 Alan Tyree, Banking Law in Australia 5th ed., LexisNexis Butterworths, 2005, at. 39. 참조.

그런데 예금의 경우 적용되는 채권채무관계는 일반적인 채권채무와 차이가 있다. 즉 일반적으로 채무자에게 채권자를 찾아서 변제할 의무가 부과되지만 이러한 것이 은행에게는 적용되지 않기 때문이다.[18] 때문에 채권자인 고객이 채무자인 은행을 찾아가야 된다.[19] 반면, 대출시에는 일반적인 채권채무와 다를 바 없는데, 즉 채무자인 고객이 채권자인 은행을 찾아가 변제하여야 한다.

다만, 은행과 은행이용자인 고객과의 관계를 채권채무의 법률관계로 보더라도 다른 법률관계를 인정하지 못하는 것은 아니다. 왜냐하면 수표취급업무의 경우 통상 은행이 고객의 대리인으로서 행동하고 있고 은행업의 핵심업무 이외의 업무(예: 귀중품보관업무 내지 투자자문업무)도 취급하는 경우가 많기 때문에 이러한 경우에는 그에 해당되는 법리가 함께 적용되기 때문이다.

더욱이 최근에는 업무 확대 및 위험성 있는 상품의 취급도 은행에 허용되고 있음을 고려하여 비록 대출의 경우에는 채권자의 지위에서 일반적인 채권채무관계의 법리와 동일하지만 금융기관에게 부과되는 고객보호의무를 통해 거래상대방을 보호하려는 경향이 강화되고 있다. 특히 부당 내지 가혹한 대출에 대해서는 금융소비자 보호를 위해 국내외에서 별도의 입법[20] 혹은 법원의 판결을 통해 보호조치를 제공하는 경향이 강하다.

2. 외화대출

(1) 개 념

외화대출은 금융기관이 국내 거주자에 대하여 미달러, 엔화, 유로화 등 외화로 실행하는 대출을 말한다. 현재 이러한 외화대출의 용도는 원칙적으로 해외사용목적, 즉 해외 실수요로 제한되고 있는데,[21] 해외 실수요의 예로는 수

18 Kaith Pond, Retail Banking, GLOBAL professional publishing, 2007, at. 75.

19 은행과 은행고객과의 법률관계를 채무자-채권자로 보더라도 일반의 채권자-채무자의 관계와는 다르다는 외국판결로는 Wafton v. Mascall (1844) 13 M& W 452, at 458.(Alan Tyree, Banking Law in Australia 5th ed., at 41)

20 이른바 약탈적 대출 혹은 공정대출이라는 표현으로 과잉대출과 대출자격 심사의무 등에 포커스를 둔 논의들이 해당된다.

21 외화대출의 용도제한은 외국환거래규정, 외국환거래업무취급세칙(제4-3조) 및 외국환거래업무취급절차 등에서 규정하고 있다. 2001. 10. 외화여수신 규정이 폐지된 이후 외화대출 용도제한이 없어졌으나 2000년 중반부터 원화대비 낮은 금리로 인해 원화대출중 상당한 금액이 외화대출로 전환되었고, 이로 인한 외화차입 증가로 원화절상 압력이 가중되어 환

출·수입 등 무역대금 결제와 기계설비 수입대금 결제 등이 해당된다.[22]

이러한 외화는 금융기관들이 자신의 신용으로 국제금융시장에서 리보(LIBOR, London Interbank Offered Rate, 런던은행간 금리)[23]금리에 스프레드(Spread)[24]를 가산한 이율로 외화를 조달한 다음 국내 대출자에게 대출해 주고 있다. 이 경우 스프레드는 금융기관들의 국제금융시장에서의 신용도[25]에 따라 결정된다.

(2) 외화 대출금리 조건과 결정방법

1) 외화대출의 금리 조건

외화대출은 크게 변동금리외화대출과 고정금리외화대출로 구분되며, 변동금리 외화대출은 대출기간중 금리변동주기마다 기준금리의 변동폭 만큼 대출금리가 변동하는 반면, 고정금리 외화대출은 대출기간중에는 대출금리의 변동이 없는 외화대출을 말한다.

2) 외화대출의 금리구조[26]

변동금리 외화대출의 대출금리는 일반적으로 기준금리와 가산금리로 구성되며, 이중 기준금리는 대출기간중 금리변동주기[27]마다 변동하여 대출금리에

율변동위험이 증가하게 되었다. 이에 2007. 8월 한국은행은 외화대출 용도제한을 실시하기로 하고 「외국환거래업무 취급세칙」 및 동 「절차」를 개정하여 2007. 8. 10부터 외국환은행의 거주자에 대한 외화대출을 해외사용 실수요목적 자금과 제조업체에 대한 국내 시설자금으로 제한하였다. 이에 따라 원화사용 목적자금(국내 제조업체의 시설자금 제외)과 기타 해외에서 사용함을 목적으로 하지 않는 자금(대내외화차입금 원리금상환자금 등)에 대한 외화대출이 금지되어 있다.

22 다만 예외적으로 외화대출의 만기 연장, 중소 제조업체의 국내 시설자금 용도 외화대출이 가능하다.

23 국제금융시장인 런던에서 우량은행끼리 단기자금을 거래할 때 적용하는 금리를 말한다. 런던 은행 간 금리(London Inter-Bank Offered Rate)의 머리글자를 따서 리보(LIBOR)라 부른다. 국제금융시장의 기준금리로 활용되고 있으며, 금융기관이 외화자금을 들여올 때 기준이 되는 금리이다.

24 채권이나 대출금리를 정할 때 신용도에 따라 기준금리에 덧붙이는 가산금리를 의미한다.

25 국제금융시장에서의 신용도를 반영하는 지표로는 CDS(Credit Default Swap) 프리미엄이 있다. 대출이나 채권 투자에도 부도·파산·지급불이행 등 신용자산의 가치가 감소하는 위험이 존재하는데, CDS 또는 신용 디폴트 스왑은 이러한 손실을 다른 투자자가 대신 보상해 주는 파생상품을 일컫는다.

26 전국은행연합회, 외화대출 안내, 2010, 1면.

27 금리변동주기란 변동금리 외화대출의 기준 금리변동이 대출금리에 반영되는 주기를 의미한다(예: 1개월, 3개월 등).

영향을 미칠 수 있는 반면, 가산금리는 대출조건이 변동되지 않는 한 대출기간 중에는 변동하지 않는다. 한편, 차입스프레드는 가산금리와 달리 외부환경에 의하여 결정되고 일정 기간별로 변동하는 것으로 일반적으로 기준금리에 포함시키고 있다.

3) 외화대출의 금리결정방법[28]

외화대출금리는 일반적으로 금융기관들이 국제금융시장에서 외화를 조달하는데 소요되는 비용(외화조달금리)과, 대출 실행시 금융기관들이 각종 법규에 따라 납부하거나 적립하여야 하는 비용(제세금), 개별 대출자의 신용도에 따라 달라지는 대출위험도, 대출로 인하여 금융기관들이 얻는 이익 및 영업을 유지하는데 필요한 비용(가산금리) 등이 복합적으로 작용되어 결정되는 경향이 있다. 이 경우 국제금융시장에서 외화를 조달하는데 적용되는 금리는 통상 LIBOR금리를 이용하는 경향이 있고, 외화대출 실행시 금융기관들은 각종 법규에 따라 납부하거나 적립하는 제세금 등의 비용이 소요되는데 이들 금리구성요소들은 국내 금융기관이 결정에 관여할 수 없는 성격의 비용들이라 할 수 있다. 반면, 가산금리는 대출자의 신용도 및 금융기관의 경영환경에 따라 적용이 달리 될 수 있기 때문에 금융기관별로 차이가 있을 수 있고 차입자에 따라서 각각 다른 가산금리가 적용될 수 있다.

〈표 1〉 대출금리 결정요소

가산금리	개별 대출자의 신용도 및 은행의 경영환경에 따라 결정되는 부분	
제세금	교육세, 신용보증기금출연금 등 각종 법규에 의하여 결정되는 부분	
엔화 조달금리	스프레드 (Spread)	국내 은행이 국제금융시장에서 엔화 자금을 조달할 때 리보(LIBOR)에 더해서 추가로 지불하는 금리로서 국내 은행의 국제금융시장에서의 신용도에 따라 결정됨
	리보(LIBOR)	국제금융시장에서 통용되는 금리

28 서울중앙지방법원 2011. 7. 7. 선고 2009가합27488·2009가합121236(병합) 판결문, 6면.

(3) 외화대출의 위험 요인

외화대출은 무엇보다 환위험 및 금리위험 등 외화대출에 고유한 위험특성을 갖고 있다. 즉 환율이 상승할 경우 원화로 환산하는 외화대출의 원금 및 이자가 증가하며, 변동금리시 외화대출의 기준금리가 상승하는 경우 대출기간중 금리변동주기마다 외화대출의 대출금리가 상승하며, 환율변동이 없더라도 이자가 증가된다. 더욱이 환율상승으로 원화로 환산한 외화대출의 원금이 증가하면서 외화대출을 받는 차주의 부채비율 상승 내지 외화관련 평가손실의 증가로 신용도가 하락하고 이로 인해 만기 연장시 가산금리 상승으로 대출금리 상승 및 이자가 증가할 수 있다. 이밖에 은행의 외화조달비용의 상승으로 가산금리가 상승함에 따라 이자 증가로도 이어질 수 있다.[29] 더욱이 기준금리가 LIBOR 등 시장금리가 아닌 '은행의 외화조달원가'인 경우 변동금리 외화대출의 경우 은행의 외화조달원가가 상승하면 대출기간중에도 금리변동주기마다 이자가 증가할 수 있다.[30] 일부 은행의 경우 LIBOR나 엔LIBOR 등 시장금리 외에 은행의 외화조달원가(3개월 평균등)를 외화대출의 기준금리로 선택하는 경우가 있다.

이처럼 외화대출은 일반대출과 다른 특유한 위험요인이 있다고 할 수 있다. 특히 변동금리의 경우 기준금리가 무엇인지, 이자율이 얼마인지는 대출거래의 핵심조건이 되는데 외화대출의 경우에는 이외에 단순히 환위험이 추가되는 데 그치는 것이 아니라 환변동에 따라 → 원금 증가 → 외화대출을 받는 차주의 부채비율 상승 내지 외화관련 평가손실의 증가 → 신용도 하락 → 이로 인해 만기 연장시 가산금리 상승 등으로 대출금리 상승 및 이자 증가의 위험이 내재되어 있다.

(4) 최근 10년간 외화대출관련 외화 변동 추이

1) 엔화의 변동과 엔화대출[31]

2008년 하반기에 발발한 세계적인 금융위기로 인하여 차입자들은 국제금융시장에서 엔화 자금을 조달하는 데 드는 비용이 대폭 증가하였다. 즉, 금융위

---

29 은행연합회, 전게 자료, 3면.

30 은행연합회, 전게 자료, 7면.

31 이하의 서술은 서울중앙지방법원 2009가합27488·2009가합121236판결(병합), 7면의 판시 내용에 주로 의존하였다.

기 이전인 2007년경에는 국내 금융기관의 외화표시채권 발행금리가 2%대였으나, 2008년 후반에는 4%대로, 2009년 초반에는 8%대까지 각 상승하였다. 2006. 1.경부터 2010. 12.경까지 엔화 환율의 변동은 다음 그래프에서 보는 바와 같은데, 2006. 1.경 100엔당 800원대를 형성하던 환율은 2006. 11.경 100엔당 790원대로 하락하였고, 2007. 6.경 최저점인 100엔당 750원대를 거쳐 2007. 8.경 100엔당 800원대로 다시 상승하였으며, 2008. 3.경에는 100엔당 1,000원대를 넘어 2008. 9.경에는 100엔당 1,100원대, 2009. 1.경에는 100엔당 1,500원대로 상승하였다. 엔화대출은 2006년 일본의 저금리 및 엔화 하락추세의 영향으로 대폭 늘어났으나 2007년부터 엔화가 급격히 상승하기 시작하였다.

이처럼 엔화환율의 상승으로 차입자의 경우 엔화대출 원금의 변동은 없으나 원화로 환산한 대출원금은 큰 폭으로 증가하였다. 더욱이 대출금리가 변동되지 않더라도 원화로 환산한 이자 역시 큰 폭으로 증가하였으며, 여기에 차입자의 신용등급마저 떨어졌고, 실제 신용등급이 떨어진 경우 가산금리의 인상까지 가져왔다.[32] 왜냐하면 차입자의 신용도 하락 등은 대출 연장시 대출조건에 반영되기 때문이다. 이로 인해 차입자들은 환차손 뿐 아니라 금리상승이라는 이중고를 겪어야 했다. 특히 2008년 전에 받은 대출시 원/엔 환율이 1,000원선 이하였기 때문에 최소 30%이상, 최대 2배 이상의 원금상환부담이 증가하여 차입자들은 엔화대출을 바로 상환하기보다는 원/엔 환율이 하락하기를 기다리면서 기한을 연장하는 방법을 사용하는 경우가 대부분이다. 다만, 2012년 10월부터 일본 정부의 의도적인 엔화 약세정책으로 엔화가 하락하면서 엔화차입자 및 차입기업의 부담은 줄어드는 추세이다. 최근에는 정부가 오히려 엔화약세의 영향 및 대응방안을 검토하고 있을 정도이다.[33]

2) 달러대출

글로벌 금융위기 이후 국내외 은행들의 단기 외화조달은 순조롭지 않은데 특히 원달러 환율변동이 급등하면서 차입자들의 부담이 커졌다. 2010년[34]에는

32 YTN, 엔고행진에 엔화 대출자 피해 우려, 2012. 8. 2.

33 기획재정부, 최근 엔화약세의 영향 및 대응방안, 2013. 4. 1. 보도자료.

34 2015년 12월 기준금리 인상(기준금리 0~0.25% →0.25~0.5% 인상) 및 원/달러 환율(평균환율은 1,095(2013년)→1.131.5(2015년))이 상승경향으로 현재 달러화 대출 차주는 이자부담 증가 및 환차손으로 부담이 높아지고 있다.

북한리스크로 원/달러 환율이 급등하면서 금융위기라는 해외요인 외에 지정학적 리스크도 대출에 영향을 미쳤다. 비록 2009년 2/4분기 이후 하락하였지만 2015년 미국의 양적 완화 정책 종료로 금리와 환율이 상승 영향으로 외화대출에도 상당한 부담이 되고 있다. 더구나 환율변동성도 높은 편이라 불확실성이 높다.[35]

〈표 2〉 원달러 환율수준의 변동추이

	외환위기 이전 (1990. 3~1997. 12)	리먼사태 이전 (1998. 1~2008. 9. 12)	글로벌 금융위기 (2008. 9. 15~2009. 3)	2009. 4~2010. 12 (2009. 4~2010. 12)	2011. 12. 31	2013. 9. 17	2016. 8. 31
원/달러 환율	794.3	1,139	1,371.8	1,188.60	1,151.80	1,102.46	1,115

(5) 정부의 외화대출 관련 규제 경과와 내용

1) 개 관

글로벌 금융위기후 금융기관들의 자금조달 비용증가 및 엔화대출 원리금 증가에 따른 차입자들의 신용도 하락 등을 고려하여 2007년 8월 한국은행은 외화대출 용도제한을 실시하였으며,[36] 금융감독원도 외화대출 리스크 관리 강화 및 지도 등을 실시하였는데 이들 조치후 2009년 2/4분기~2010년 3/5분까지 외

35 서영경·성광진·김동우, “원/달러 환율변동성이 큰 배경과 시사점”, 한국은행, 경제브리프, 2011−1, 3면.

36 한국은행은 2007. 8. 10 해외사용 실수요목적 및 제조업체 국내시설자금으로 대출용도를 제한하였다. 이후 2008. 1. 28. 비제조업체 국내시설금융도 외화대출을 허용하였으며, 2008. 3. 25. 운전자금 외화대출 만기연장 허용, 2008. 10. 27. 국내 수출기업의 KIKO 등 통화옵션 거래 결제자금 외화대출 허용, 운전자금 외화대출의 추가만기 연장 허용, 2008. 12.1 용도제한 조치 이전에 실행된 운전자금 외화대출에 대한 만기연장 제한을 폐지, 2010. 6.13. 자본유출입 변동완화방안을 통해 해외사용 실수요 목적만으로 다시 외화대출 용도를 제한하였다. 자세한 것은 하나금융경영연구소, “엔/달러 환율전망과 엔화대출 리스크 관리방안”, 금융연구시리즈, 2011. 4. 30. 36면. 참조; 2010년 외화대출의 용도제한은 국내 경기 회복시 외화대출의 증가 및 국내 시설자금으로 이어져 발생하는 금융회사들의 과도한 외화차입을 막고 불필요한 외화유입을 줄여 환율변동성을 완화하고자 하기 위함이다. 자세한 것은 노형식·서병호, “금융위기 이후 은행의 외환업무 관련 효율화방안”, 금융 VIP시리즈 2011−06, 2011. 5, 13면. 참조.

화대출이 감소되는 경향을 보였다.[37] 그러나 엔화대출과 관련한 기업과 차입자들의 원리금 상환 부담증가에 대한 분쟁이 지속되면서 금융감독원은 2010년 8월 30일 "외화대출 관련 금융소비자 보호강화 및 여신심사체계 개선을 위한 모범규준"을 마련하여 시행하였다.[38]

이하에서는 2010년 8월 30일부터 시행된 금융감독원의 외화대출과 관련하여 행정지도로 행해지고 있는 외화대출 관련 금융소비자보호 강화 및 여신심사체계 개선을 위한 모범규준의 내용을 논의상 필요한 범위 내에서 소개, 검토하기로 한다.

2) 금융감독원의 "외화대출 관련 금융소비자보호 강화 및 여신심사체계 개선을 위한 모범규준"

① 주요내용

"외화대출 관련 금융소비자보호 강화 및 여신심사체계 개선을 위한 모범규준"은 총 3장으로 제1장에서 총칙, 제2장은 금융소비자 보호강화, 제3장은 여신심사체계 개선으로 구성되어 있다. 동 모범규준은 특히 금융소비자 보호 강화를 위하여 다음과 같은 조치를 취하도록 요구하고 있다.

(i) 사전 위험고지

은행은 차주에게 외화대출 관련 리스크를 사전에 고지하고, 대출 실행이후에도 차주가 관련 리스크를 관리할 수 있도록 다음과 같은 절차를 통해 필요한 정보를 제공하여야 한다.

– 은행은 대출 실행 이전에 외화대출의 구조 및 리스크를 충분히 설명하고 리스크 요인에 대한 질문 형식의 위험고지 확인서를 차주의 자필 서명을 포함하여 제출받아야 하며, 외화대출의 리스크 요인을 구체적으로 설명한 안내책자(handbook)를 차주에게 교부하여야 한다.

37 감소요인으로 엔화대출 부실사태의 부작용과 외화대출용도를 제한하는 조치 등이 기여한 것으로 분석되고 있다. 노형식·서정호, 전게논문, 21면.

38 금융감독원 문서번호 은외시－00070, 시행일자 2010. 7. 30로 제공된 공문인 외화대출 모범규준에서는 동 지도공문이 행정지도에 해당하며 2011. 7. 29까지 행정지도로서 효력이 존속한다고 되어 있다.

[예시1] 질문지 형식의 위험 고지 확인서

[대출기간 중 리스크 요인]

1. 원금 및 이자 납입 시점의 (환율)이 대출 실행시점 대비 (2배) 상승한 경우 원화로 환산한 외화대출의 (원금) 및 (이자) 상환액이 대출 실행시점 대비 (2배) 상승할 수 있다는 사실에 대해 충분히 설명을 듣고 이해하였는지요?
   (충분히 설명을 듣고 이해하였음)

2. 변동금리 외화대출의 경우 이자 납입시점에 기준금리인 (LIBOR 금리)❑가 대출 실행시점 대비 (2배) 상승할 경우 외화대출의 (이자) 상환액이 대출 실행시점 대비 (2배) 상승할 수 있다는 사실에 대해 충분히 설명을 듣고 이해하였는지요? (충분히 설명을 듣고 이해하였음)

   ❑ 변동금리 외화대출의 기준금리를 구체적으로 기재(LIBOR, 엔LIBOR 등)

[만기연장시 리스크 요인]

3. 만기연장 시점의 은행의 외화자금 (조달원가)가 최초 대출 실행시점 대비 상승할 경우 (만기연장시 대출금리)가 최초 대출 실행시점 대비 (상승)할 수 있다는 사실에 대해 충분히 설명을 듣고 이해하였는지요? (충분히 설명을 듣고 이해하였음)

4. 대출기간 중 (환율)이 상승하는 경우 원화로 환산한 외화대출 잔액이 증가하고 결과적으로 귀사의 (신용도)에 부정적인 영향을 미치게 되어 (만기연장시 대출금리)가 (상승)할 수 있다는 사실에 대해 충분히 설명을 듣고 이해하였는지요?
   (충분히 설명을 듣고 이해하였음)

- 은행은 외화대출의 위험 고지가 적정하였는지 여부에 대해 사후 점검하여야 하며, 점검 결과 위험 고지가 미흡하다고 판단되는 경우에는 지체 없이 차주에게 보완 설명을 하여야 한다.

- 은행은 외화대출 차주가 원하는 경우 대출기간 중 환율 및 금리 변동현황 등 차주의 환리스크 관리에 필요한 정보를 주기적으로 제공하여야 한다.

[예시 2] '외화대출 리스크 변동사항 알리미 제도'

❑ **'외화대출 리스크 평가서' 발송**

- 은행이 환율·금리 변동 현황 등에 대한 '평가서'를 정기적으로 작성하여 우편·이메일 등을 통해 차주에게 발송

* 은행별로 '외화대출 리스크 변동사항 알리미 제도'를 달리 운영할 수 있다.

(ii) 환헤지 안내

은행은 환헤지 상품을 이용할 경우 환리스크를 축소할 수 있다는 사실을 차주에게 충분히 설명하고, 「자본시장과 금융투자업에 관한 법률」 등에서 정하는 바에 따라 환헤지 상품의 종류, 특성, 비용 및 환헤지 효과를 차주에게 안내하여야 하며, 차주가 원하는 경우 차주의 환리스크 축소를 위하여 노력하여야 한다.

[예시 3] 통화전환옵션 안내

❑ **(대출 상담)** 외화대출 차주에게 통화전환옵션 특약의 내용 및 효과 등을 설명하는 등 통화전환옵션 가입 안내

❑ **(사후 관리)** 통화전환옵션에 가입한 외화대출 차주에게 대출 실행일 이후 환율이 일정 수준(예: 10%) 이상 상승할 때마다 옵션 행사가 가능함을 안내

◇ '통화전환옵션'이란 대출기간 중 차주의 판단에 따라 외화대출의 전부 또는 일부를 원화대출로 전환할 수 있는 옵션을 의미

* 은행별로 환헤지 안내 절차를 달리 운영할 수 있다.

(iii) 고정금리 상품 안내

은행은 외화대출을 취급함에 있어 차주의 금리선택권 보호를 위해 고정금리 대출 상품을 제공하거나 차주가 원하는 경우 「자본시장과 금융투자업에 관한 법률」 등에서 정하는 바에 따라 별도의 금리 스왑거래를 실행하여 대출기간 중 차주가 대출금리를 고정할 수 있도록 노력하여야 한다.

(iv) 환리스크 관리능력 심사

이외에 은행은 외화대출의 심사·승인시 차주로 하여금 '외환리스크 관리 현황 및 외화대출 관리 계획'을 제출토록 하고 차주의 환리스크 관리능력을 종합적으로 평가하여 대출 승인 여부, 대출금액 및 대출금리 결정시 반영하여야 한다. 이 경우 은행은 외화대출 차주의 영업 속성, 영업 규모, 외화대출에 대한 이해도 및 리스크 관리 수준 등을 기준으로 차주의 유형을 대기업, 중소기업 등으로 구분하여 차주의 환리스크 관리능력에 대한 평가지표 및 평가절차를 차등화하여 운영할 수 있다.

〈표 3〉 외화대출 관련 금융소비자 보호 강화 및 여신심사체계 개선을 위한 모범규준 주요조치

조 치	내 용
외화대출관련 리스크 사전고지의무 강화	– 환차손 및 금리변동위험, 만기연장시점의 은행 외화자금 조달원가 상승 또는 차입기업신용도 하락에 따른 금리 상승위험의 고지의무 강화 – 외화대출 실행후 5영업일 내에 불완전 판매 여부 모니터링 의무화
리스크 변동사항 알리미제도	– 환율 및 금리변동 현황 등에 대한 평가서를 정기적으로 차주에게 발송
통화전환옵션 등 환헤지상품의 안내	– 대출시행이후에도 환율이 일정 수준 이상 상승시마다 통화전환 옵션상품을 고지
고정금리 상품 제공	– 고정금리 대출상품을 제공하거나 금리스왑거래를 통한 대출금리 고정방안을 제시하도록 노력
여신 심사시 환리스크 관리능력 심사	– 은행의 외화대출 심사 승인시 차주에게 외환리스크 관리현황 및 외화대출 관리계획서를 제출케 함

② 금융감독원 제정의 모범규준의 의미

우선, 대출은 자본시장과 금융투자업에 관한 법률상의 적용대상이 아니며 성격상 부채이기 때문에 금융투자상품과 같이 원본손실가능성을 전제로 할 수 없다. 반면, 외화대출의 경우 특유의 위험요인으로 인하여 대출자의 부담은 이중, 삼중일 가능성이 적지 않다. 더욱이 외화변동성이 갈수록 급변하는 오늘날 이에 대한 정보를 충분히 수집하고 판단하기란 일반금융소비자인 대출자로서는

쉽지 않은 일이다. 이러한 점을 고려할 때 법원이 금융기관에게 계약상의 부수적 주의의무 혹은 고객보호의무라는 법리로 은행에게 주의를 기울이게 하려는 시도는 의미가 적지 않다.

그러나 그러한 추상적 의무로는 금융소비자 보호에 한계가 있을 수 있다. 왜냐하면 어느 정도의 설명을 하여야만 설명의무를 다한 것으로 보게 되는지, 그리고 설명의 시기와 방식 등 은행이 준수하는데 필요한 구체적인 내용에 관해서는 어떠한 지침도 제공하고 있지 않기 때문이다. 따라서 이에 관해서는 이견이 적지 않을 수 있는바 이러한 점에서 금융감독원이 시행하고 있는 상술한 모범규준은 준수기관인 은행에게 준수사항들을 예측할 수 있는 점에서, 그리고 거래상대방인 금융소비자에게는 사전적으로 체계적인 보호장치가 강구되어 있는 점에서 의미가 크다.[39]

Ⅲ. 외화대출 분쟁 사례

1. 개 요

2005년~2007년 이 기간동안 저리로 많은 인기가 있었던 엔화대출이 글로벌 금융위기 이후 엔화가 큰 폭으로 상승함에 따라 이를 둘러싸고 분쟁이 빈발하였다. 시설투자를 목적으로 한 중소기업은 물론 자영업자와 개인들이 상당수 대출을 받음에 따라 대부분의 금융기관들이 엔화대출과 관련한 분쟁에 직면한 것이다.

이하에서는 엔화대출을 둘러싸고 최근에 판시된 법원의 판결과 금융감독원 분쟁조정위원회 결정사례들을 소개하고 이를 기초로 엔화대출과 관련한 쟁점사항들을 살펴보고 시사점을 찾아보기로 한다.

---

39 2010년 8월 모범규준이 시행되면서 외화대출과 관련하여 소비자보호 측면에서 제기되었던 문제들은 거의 해소되었고, 때문에 종래와 같은 문제들은 현재의 외화대출 실무상 별로 존재하지 않을 것이라는 주장으로는 이창원, 최근 은행거래법상 쟁점과 법적과제, 은행법학회 제12회 정기학술대회, 토론문, 2013. 9. 27, 83면 참조.

2. 최근의 엔화대출 관련 판결

(1) 하급심 판결(서울중앙지방법원 2011. 7. 7. 선고 2009가합27488·2009가합121236(병합) 판결)

1) 사실관계

원고들은 일본엔화 대출금리가 저렴하였던 2005년경부터 2007년 중반경까지 일본 엔화대출을 받았고, 이후 통상 1년마다 대출기간을 연장하여 왔다. 이 경우 원고들과 피고은행들간에 약정된 대출금리는 통상 'LIBOR금리+원고에 따라 적용되는 가산금리'로 약정하였다.

이러한 엔화대출과 관련하여 피고인 은행들로부터 엔화대출을 한 차입자들은 은행을 상대로 다음과 같은 주장을 하였다.

첫째, 고정금리 또는 변동금리의 선택권이 박탈되었다는 주장이다. 은행여신 거래기본약관('이사건 약관') 제3조 제2항에 의하면, 금융기관으로부터 대출을 받는 자는 대출금리를 대출기간 동안 금리의 변동이 없는 고정금리로 할 것인지 아니면 대출기간동안 금리의 변동이 있을 수도 있는 변동금리로 할 것인지 여부를 선택할 수 있음에도 불구하고, 피고들은 이 사건 엔화대출을 실행함에 있어서 고정금리를 선택할 수 없고, 변동금리에 의하여만 대출이 되는 것처럼 원고들에게 설명함으로써 원고들의 고정금리 선택권을 박탈하였다는 것이다.

둘째, 거래조건 설명의무위반을 주장하였다는 것인데, 이 사건 약관 제4조 제3항은 은행이 대출약정을 하기 전에 채무자가 미리 알 수 있도록 별도의 서면에 의하여 약정이자, 부대비용등의 항목과 금액을 설명하여야 한다고 규정하고 있는바, 위 규정에 의하면 피고들은 이 사건 엔화대출을 실행함에 있어서 대출금리가 구체적으로 어떻게 산정되고, 대출금리가 구체적으로 얼마이며, 향후 환율변동에 따라 대출금리가 어떻게 변동되는지에 관하여 원고에게 상세하게 설명해주어야 할 의무가 있음에도 불구하고 이러한 내용을 전혀 설명해주지 않았다고 주장하였다.

셋째, 환위험고지의무 위반을 주장하였다는 것인데, 피고들이 이 사건 엔화대출 당시 원고들에게 환율변동에 따른 위험성에 관하여 제대로 설명해주지 않았는바, 이는 대출채무자인 원고들에 대한 설명의무와 보호의무를 다하지 못한 것으로 불법행위에 해당한다고 주장하였다.

넷째, 이외에 부당이득반환의무의 발생을 주장하였는데, 이 사건 약관 제3조 제4항에서 이자등 이율에 관한 은행의 인상·인하는 건전한 금융관행에 따라 합리적인 범위 내에서 이루어져야 한다고 규정하고 있음에도 불구하고 피고들 은행은 이 사건 엔화대출당시의 초기 대출금리에 비하여 합리적인 범위를 벗어나 이 사건 대출금리의 인상을 단행하였는바, 이러한 합리적 범위를 벗어난 금리인상은 독점규제법 및 공정거래에 관한 법률 제23조 제1항에서 규정한 불이익제공행위(자기의 거래상의 지위를 부당하게 이용하여 그 거래조건을 설정 또는 변경하거나 그 이행과정에 불이익을 주는 행위)에 해당한다고 주장하였다.

2) 법원 판시내용

위와 같은 원고의 주장에 대하여 1심법원은 다음과 같이 판시하였다.

우선, 고정금리 또는 변동금리 선택권의 박탈이라는 주장에 대해서는 이 사건 약관 제3조 제2항에서 대출채무자가 채무이행을 완료할 때까지 은행이 대출이자율을 변경할 수 없음을 원칙으로 하는 것(고정금리) 또는 채무이행을 완료할 때까지 은행이 대출이자율을 수시로 변경할 수 있는 것(변동금리)을 선택할 수 있도록 규정하고 있는 사실, 이 사건 엔화 대출 당시 원고들과 피고들 사이에 작성된 각 여신거래약정서에 부동문자로 고정금리 또는 변동금리를 선택할 수 있음이 기재되어 있는 사실, 업무 담당자의 착오에 의하여 여신거래약정서에 고정금리 2.3%가 적용되는 것으로 기재된 사실, 이 사건 엔화 대출 당시 원고들과 피고들 사이에서 작성된 여신거래약정서 서식은 이 사건 엔화 대출뿐만 아니라 일반적인 대출에도 사용되는 서식인 사실이 인정되는바, 이에 따르면 이 사건 엔화 대출 당시에 작성된 여신거래약정서에 고정금리 선택란이 부동문자로 인쇄되어 있다고 하여 반드시 원고들이 고정금리를 선택할 수 있었다고 단정할 수 없을 뿐만 아니라 원고 박○○과 피고 ○○은행 사이의 여신거래약정서에 고정금리가 적용된다는 취지가 기재되어 있었다고 하여 위 원고가 고정금리에 따른 엔화 대출을 받았다고 볼 수 없고, 나아가 이 사건 약관 제3조 제2항에 대출채무자가 고정금리 또는 변동금리를 선택할 수 있는 권리가 있음이 규정되어 있다고 하더라도 위 약관 규정에 의하여 피고들이 이 사건 엔화 대출에 있어서도 고정금리 방식에 의한 대출방식을 운영하여야 할 의무가 발생한다고 단정할 수도 없다. 따라서 피고들이 고정금리 방식에 의한 엔화 대출을 운영하고 있었다거나 그러한 방식의 대출방식을 운영할 의무가 있음을 전제로 하는 원고들의 이 부분 주장은 이유없다. 아울러 거래조건 설명의무 위반과 관련해서는 이를 인정할 증거가 없다는 이유로 원고들의 주장이 이유없다.

또한 이 사건 대출금리 인상이 불이익제공행위에 해당한다고 볼 만한 아무런 근거가 없다. 가사 이 사건 대출금리 인상이 공정거래법에 위반된다고 하더라도 피고들이 공정거래법에 의한 행정조치를 받는 것은 별론으로 하고, 이로써 곧바로 이 사건 대출금리 인상이 사법(私法)상 효력이 없어 무효가 된다고 단정할 수 없으므로, 이 사건 대출금리 인상에 따라 피고들이 취득한 대출이자 상당액이 법률상 원인이 없다고 볼 수는 없다. 따라서 원고들의 이 부분 주장은 그 전제가 타당하지 않으므로 더 나아가 살필 필요 없이 이유 없다.

만약 이 사건 대출금리 인상이 법률상 효력이 없어 무효라고 가정할 경우 이 사건 대출금리 인상이 합리적 범위를 초과한 것인지 여부가 문제되는데, 이를 판단하기에 앞서 이 사건 약관 제3조 제4항은 '제2항 제2호(변동금리)를 선택한 경우에 이자 등의 율에 관한 은행의 인상·인하는 건전한 금융관행에 따라 합리적인 범위 내에서 이루어져야 한다.'라고 규정함으로써 변동금리가 적용되는 대출의 경우 대출이자의 변동은 합리적인 범위 내에서 이루어져야 함을 선언하고 있는바, 이러한 약관 규정의 취지가 대출기간 연장시 당사자 사이에서 대출금리를 합의하는 경우에도 적용되는지 여부가 선결문제로 제기된다. … 中略 … 살피건대 이 사건 약관 제3조 제4항은 문언상 '제2항 제2호를 선택한 경우' 즉, 변동금리가 적용됨에 따라 은행이 대출금리를 수시로 변동할 수 있는 경우에 적용됨을 전제로 하고 있는 것으로 보이고, 당사자 사이에 대출 기한을 연장하면서 인상된 대출금리를 약정한 경우에는 은행과 대출받는 자 사이에 인상된 대출금리에 대한 합의가 있었다고 볼 수 있어 이를 은행이 일방적으로 대출받는 자의 동의 없이 대출금리를 인상하였다고 단정할 수는 없으므로 대출기간을 연장하면서 당사자 사이에 대출금리를 다시 약정하는 방법으로 대출금리의 인상이 이루어진 이 사건에서는 위 약관 제3조 제4항이 적용된다고 볼 수 없다.

(2) 서울고등법원 2013. 4. 4. 선고 2011나76114 판결[40]

1) 1심과의 차이

고등법원은 "금융기관은 이와같은 대출상품을 판매할 때 신의칙상 고객의 거래목적, 거래경험, 재무상황 등의 여러 가지 사정을 고려하여 금융비전문가인 고객이 자기의 책임하에 위험성을 제대로 평가하여 합리적인 판단과 의사결정을 하도록 하기위해 대출금리를 구성하는 요소, 그 내용 및 그에 대한 위험을 명확히 설명함으로써 고객을 보호하여야 할 의무가 있다"고 판시하면서 1심과 달리 대상사건에서 원고의 주장을 인정하였다.

2) 법원 판시내용

우선, 고정금리 또는 변동금리 선택권 박탈이라는 주장과 관련하여서는 금융기관이 대출상품을 운용함에 있어 고정금리로 할 것인지, 변동금리로 할 것인지는 특별한 사정이 없는 한 금융기관의 재량에 의하여 결정할 수 있다고 할 것인데, 이 사건 약관 제3조 제2항은 대출채무자가 채무이행을 완료할 때까지 은행이 대출이자율을 변경할 수 없음을 원칙으로 하는 것(고정금리) 또는 채무이행을 완료할 때까지 은행이 대출이자율을 수시로 변경할 수 있는 것(변동금리)을 선택할 수 있도록 규정하고 있는 사실, 이 사건 엔화대출 당시 원고들과 피고들 사이에 작성된 각 여신거래약정서에 부동문자로 고정금리 또는 변동금리를 선택할 수 있다고 기재되어 있는 사실, 원고 1이 피고 ○○은행으로부터 엔화대출을 받으면서 여신거래약정서를 작성하였는데, 위 여신거래약정서의 이자율란에는 여신기간 만료일까지 고정금리 2.3%가 적용된다는 취지가 기재되어 있는 사실은 인정되나, 위 인정사실만으로는 이 사건 엔화대출을 반드시 고정금리와 변동금리중에서 금리를 선택할 수 있는 방식으로 운용하여 할 의무가 피고들에게 있다고 보기 어렵다고 판시하였다.

한편, 거래조건 설명의무 위반과 관련해서는 이 사건 엔화대출은, 세계 금융시장의 변동, 환율의 변동, 우리나라 및 대출은행 등의 신용도 등 일반대출보다 다양한 요인에 의해서 금리와 이자액수가 변동되고 금리변동의 폭이 매우 큰, 일반인에게 생소한 대출상품으로, 환율과 세계금융시장의 변동이 동시에 올

40 동판결의 기사로는 경향신문, 외화대출 금리변동 설명 부족 땐 은행 손배책임, 2013. 4. 4.

경우 원화로 지급하여야할 이자가 최초 계약 당시 예상한 범위를 초과하여 수배 이상 확대될 위험성이 있다. 특히 우리나라는 1997년경 IMF경제위기를 겪은 경험도 있기 때문에 외화와 관련한 거래의 경우 급격한 환율과 신용도 변경 등과 관련된 내용을 충분히 설명하여야 할 필요성이 크다. 따라서 금융기관은 이와같은 대출상품을 판매할 때 신의칙상 고객의 거래목적, 거래경험, 재무상황 등의 여러 가지 사정을 고려하여 금융비전문가인 고객이 자기의 책임하에 위험성을 제대로 평가하여 합리적인 판단과 의사결정을 하도록 하기 위해 대출금리를 구성하는 요소, 그 내용 및 그에 대한 위험을 명확히 설명함으로써 고객을 보호하여야 할 의무가 있다.

그 외 대출자인 원고가 엔화대출계약을 갱신하면서 변동금리를 선택한 경우 피고은행이 대출기간도중에라도 당사자 사이의 합의없이 금리를 변동시킬 권한이 있다고 할 것이므로 가산금리를 인상한 것은 약관에 따라 적법하게 변경된 것으로 무효라고 할 수 없다(다만, 금리변동은 제2항 제2호(변동금리)를 선택한 경우에 이자등의 율에 관한 은행의 인상·인하는 건전한 금융관행에 따라 합리적인 범위 내에서 이루어져야 한다는' 이 사건 약관 제3조 제4항의 제약을 받는다고 할 것인데, 원고에 대한 금리변경이 0.383%에 불과하여 위 약관을 위배하였다고 할 수 없다).

(3) 법원의 판결에 나타난 부당한 외화대출 관행

그런데 위 고등법원에서 확정된 사실에 의하면 금리에 관한 당사자 사이의 약정이 명확하지 않은 경우가 다수 발견된다.[41] 이자율의 결정요소가 되는 금리는 거래조건에서 가장 중요한 것임에도 불구하고 일부 대출은행의 경우 금리요소중 변동가능요소를 명확히 기재하지 않은 계약서를 사용하고 있기 때문이다. 일부 은행의 경우 엔화대출을 하면서 계약서에 금리에 관하여 구체적인 기재가 없음은 이에 관한 설명의무도 제대로 이행하지 않은 것이 된다. 예컨대 피고인 ○○은행의 경우 계약서에 "1월 MOR[42]+1.37%"로만 단순히 기재하여 변동가능요소인 'MOR'을 결정하는 요소가 무엇인지 알 수 없게 하고 있다. 다른 피고 ○○은행도 "3월 기준금리+○%"라고 하고 기재한 계약서를 이용하고 있는데

41 서울고등법원 2013. 4. 4. 선고 2011나76114 판결, 5~9면 참조.

42 Market Opportunity Rate는 어떤 금융기관이 대출금리를 정할 때 기준이 되는 금리를 말한다.

이는 '기준금리'를 결정하는 구체적인 금리요소가 무엇인지 알 수 없고 설명도 하였다고 보기 어렵다. 이외에 "단기외화대출 기준금리 + ○%"라고 기재한 ○○은행도 있는데 거래조건에서 가장 중요한 이자율 결정요소를 불명확하게 약정하고 계약서에 기재하는 것은 부당한 거래관행이라 할 것이다. 일반 금융소비자가 당연히 MOR이 무엇인지, 그리고 단기외화대출 기준금리가 무엇인지 안다고 보기는 어렵기 때문이다. 이처럼 현실적으로 우월적 지위를 가진 금융회사와의 사이에서 정보가 없는 일반금융소비자는 금융회사가 정한 기준에 따르는 경우가 많다.

(4) 손해배상금액 결정의 특이점

법원은 그러나 설명의무 위반에 따른 재산적 손해는 인정하지 않고 정신적 손해금액만을 재산적 손해와 유사한 차주들의 추가이자 지출금액을 기준으로 결정한 점에서 특이점이 있다.

3. 기타 외화대출관련 분쟁 사례

(1) 엔화대출의 부당상환[43]

1) 분쟁조정 신청 경위

2007년 하반기 환율의 급격한 상승으로 차입자들이 환위험에 노출되었고 특히 2007년 8월 10일 한국은행의 외화대출 용도제한조치등에 따라 해외 사용 실수요목적 자금과 제조업체에 대한 국내시설자금을 제외한 외화대출의 경우 대출만기일에 상환하거나 원화대출로 전환하지 않으면 안되었다. 이에 따라 상환(전환)대상 외화대출의 경우 환율의 급격한 변동으로 상환(전환)시점에 따라 환차손이 발생하였으며, 이는 은행과 차입자간에 빈발한 분쟁으로 이어졌다.

2) 신청 사례 개요

신청인은 2006년 6월 21일 ○○은행에서 엔화대출 6천만엔을 받았으며, 2007년 11월 이를 상환하고자 몇차례 문의를 하였다. 그러나 은행이 아무런 협의없이 신청인이 알지 못하는 제3자의 요청으로 2007년 11월 22일 오전 865원

43 김홍규, "엔화대출의 부당상환 및 상환 지연에 따른 환차손 피해", 「금융」, 한국은행연합회, 2008년 5월, 72~73면에 의존하여 서술하였다.

/100엔(5억 1천 900만원)에 원화대출로 전환함으로써 대출당시의 환율대비 2천 200만원에 상당하는 환차손을 입었다는 이유로 손실액의 배상을 은행에 요청하였다.

신청인은 2007년 11월 21일 유선으로 익일 타행대출을 이용해 본건 엔화대출을 상환할 예정이라며 환율의 우대를 요청하였다. 그런데 2007년 11월 22일 오전 타행지정 법무사 직원이 차주사의 직원이라며 원화상환금액의 확정을 요청하여 피신청인인 은행은 환율을 확정하고 상환할 금액을 안내하였고, 신청인이 더 많은 환율우대를 요청한 데 대하여 더 이상의 환율우대는 곤란하다고 답변하였다. 당일 오후 신청인은 타행대출이 예정대로 진행되지 않아 당일 상환이 어렵다며 원화대출로의 전환취소를 요청하였으나 피신청인은 적용환율 및 원화 상환금액이 확정되어 취소가 불가능하다고 안내하였고, 익일 신청인은 타행대출로 본건 전환대출을 상환하였다.

신청인은 피신청인이 신청인의 원화대출 전환의사를 명백히 확인하지 않고 임의로 원화대출로 전환해 놓았다고 주장하였으며 적용환율이 확정되었다는 이유로 취소해 주지 않아 큰 손실을 입었다고 주장하였다.

3) 분쟁조정위원회 결정

이에 대하여 분쟁조정위원회는 신청인이 본건대출을 상환한다며 환율우대를 요청한 사실이 있고, 익일 타행의 의뢰를 받은 법무사직원이 본건 대출에 대하여 원화 상환금액의 확정을 요청했으며, 타행의 사정에 의해 그 익일 동 상환자금이 송금된 사실에 비추어 정황상 2007년 11월 대출상환의사가 있었던 것으로 추정되나 이를 입증할만한 객관적인 자료가 없고 당사자간의 주장만으로 사실관계를 확정할 수 없다는 이유로 각하처리되었다.

(2) 엔화대출의 상환 지연

1) 분쟁 신청개요

신청인은 2007년 10월 ○○은행이 엔화대출 7억 2천 600만엔에 대해 만기시 기한연장 불가 및 원화대출로 전환해야 한다고 안내함에 따라 전환을 지시하였으나 ○○은행이 3개월 이상 아무런 조치를 취하지 않는 등 은행직원의 업무 처리 태만, 과실로 인하여 피해를 입었다며 이에 대한 배상을 요청하였다.

신청인은 지속적인 전환대출요구에도 피신청인이 원화대출의 사전심사 및 승인, 약정서 작성 등 전환대출에 필요한 절차를 진행한 사실이 없고 만기에 이르러 전환대출이 취급되었다고 주장하였다.

반면, 피신청인은 신청인이 2008년 1월 2일 대환대출 의사표명 전까지는 엔화대출과 원화대출의 금리차, 환율 및 주가지수 등 금융시장의 변동추이를 보며 유리한 시기를 모색하였고, 자금수급사정의 변화에 따라 엔화 대출 만기도래 전 1개월 전후에 대환대출하기로 하고, 타 금융회사의 저금리 대환대출을 시도하였으며, 과다한 후순위 담보권 설정으로 타행의 대환대출이 불가능하게 되자 피신청인에게 대환대출의사를 표명하였다고 주장하였다.

2) 분쟁조정위원회 결정

이에 대하여 분쟁조정위원회는 신청인이 대환대출의사를 표명했는지 여부에 대하여 당사자간의 주장이 상이하여 사실관계를 확정하기 곤란하며, 더욱이 당초 약정된 엔화대출의 만기시 대환대출의 취급에 따른 손실은 피신청인의 업무처리 과실이 아닌 불가측한 엔화환율의 상승에 기인한 것으로, 특약사항(엔화대출금) 제4조에 의하면 환리스크는 차주인 신청인이 전적으로 부담하기로 약정되어 있다는 이유로 각하 처리되었다.

3) 검 토

위 조정결정은 외화대출의 환위험은 전적으로 채무자의 부담이며, 피신청인은 환전에 따른 수수료를 취득할 뿐이며, 본건 분쟁은 원화대출로의 전환의사를 명확하게 표명했는지 여부가 쟁점사항이었으므로 이를 입증할 수 있는 객관적인 자료(신청서, 녹취 등)가 없는 경우 신청인의 주장을 수용할 수 없다는 태도를 취하였다.

그런데 시시각각 환율의 변화가 급변하는 상황에서 원화대출로의 전환을 서면방식으로만 인정하거나 녹취를 요구하는 경우 전자의 방식은 환율의 변화를 반영하지 못하는 문제가 있고 녹취 역시 은행이용자가 하도록 하는 것은 바람직하지 않다. 그러나 위 조정은 원화대출로의 전환에 대한 의사를 입증가능한 방법으로 은행에 대해 했는지에 대한 부담을 은행이용자에게 부담시키고 있어 은행이용자에게는 불리한 결정으로 사료된다. 이에 대해서는 향후 개선이 요구된다.

Ⅳ. 은행의 대출시 차입자에 대한 설명의무

1. 은행과 차입자와의 법률 관계 및 특징

앞서 설명한 바와 같이 은행과 차입자와의 관계는 채권자-채무자의 관계에 있다. 그러나 다음과 같이 일반적으로 금융기관과 고객과의 사이에는 고객보호의무가 인정되고 있다.

2. 차입자에 대한 은행의 설명의무

(1) 고객보호의무

기본적으로 은행과 그로부터 차입하는 차입와의 관계는 채권자와 채무자의 관계에 있다. 때문에 사적 자치 및 자기책임의 원칙상 차입자의 변제계획 및 그 실현가능성은 차입자 스스로 검토하여야 하는 것이라고 할 수 있다. 이러한 점을 고려한다면 원칙적으로 채권자가 채무자에 대해 특별한 주의의무를 진다고 보기는 어렵다고 할 수 있다. 더욱이 외화 대출시 은행의 외화변동가능성에 대한 위험고지의무와 같은 사항은 계약 체결 전에 부과되는 의무라 할 수 있다.

그러나 금융기관(은행)은 거래상대방에 대하여 신의칙에 기한 체약상 부수의무로서 거래상대방의 영업 속성, 재무상황, 금융거래수준, 당해 거래의 목적, 상품에 대한 이해정도, 위험관리능력, 상품의 종류 등을 고려하여 적합한 거래를 제안하여야 하며, 적합하지 않은 거래조건을 거래상대방이 요구할 경우 그 위험을 명확히 고지할 의무가 인정된다.[44] 더구나 고객의 자산을 관리하는 금융기관은 고객에 대하여 선량한 관리자로서의 주의의무를 부담하고 있다.[45] 특히

---

44 서울중앙지법 2009. 4. 24. 선고 2009카합393 결정.

45 대법원 2010. 11. 11. 선고 2010다55699 판결에서 고객의 자산을 관리하는 금융기관은 고객에 대하여 선량한 관리자로서의 주의의무를 부담하는 것이므로, 고객의 투자목적·투자경험·위험선호의 정도 및 투자예정기간 등을 미리 파악하여 그에 적합한 투자방식을 선택하여 투자하도록 권유하여야 하고, 조사된 투자목적에 비추어 볼 때 고객에게 과도한 위험을 초래하는 거래행위를 감행하도록 하여 고객의 재산에 손실을 가한 때에는 그로 인한 손해를 배상할 책임이 있다고 판시한 바 있다.

정보와 전문성면에서 크게 차이가 나는 계약의 경우 법원은 고객보호의무를 인정하는 경향이 있다. 상술한 고등법원판결(2013. 4. 4. 선고 2011나76114 판결) 또한 "금융기관은 이와 같은 대출상품을 판매할 때 신의칙상 고객의 거래목적, 거래경험, 재무상황 등의 여러 가지 사정을 고려하여 금융비전문가인 고객이 자기의 책임하에 위험성을 제대로 평가하여 합리적인 판단과 의사결정을 하기 위해서 대출금리를 구성하는 요소, 그 내용 및 그에 대한 위험을 명확히 설명함으로써 고객을 보호하여야할 의무가 있다"고 판시하고 있다.[46] [47]

더욱이 차입은 계속적 거래관계를 형성하는 것으로 계속적 계약에 해당한다. 때문에 계약의 기초가 된 원/엔화(혹은 달러등 외화) 환율의 내재변동성과 안정적인 환율변동 예측은 대출자는 물론 은행도 책임질 수 없는 사유로 예견할 수 없을 정도로 급변할 수 있음을 고려할 때, 원/외화의 환율이 급변함에 따라 차입자와 은행간에 현저한 불균형이 발생할 수 있다. 즉 차입자의 부담은 크게 가중될 수 있는 반면, 채권자인 은행이 지는 부담은 그에 상응하지 않을 수 있기 때문이다. 이러한 점에서 신의칙에 기한 체약상 부수의무 혹은 고객보호의무가 갖는 의미는 적지 않다.

한편, 이러한 고객보호의무를 부담하는 경우 신의칙에 기해 손해경감의무도 부담한다고 할 수 있다. 판례는 이러한 손해경감의무를 인정한 바 있다.[48] 다만 이러한 의무는 위험발생의 가능성 및 경감방법을 통지하는 소극적인 의무에 그치고 있다.

(2) 금융감독원 모범규준상의 위험고지의무와 설명의무

앞서 본 바와 같이 일반적으로 은행은 고객과의 관계에서 고객보호의무를 부담한다고 보는바, 외화대출을 하는 차입자와의 관계에서도 사정은 다르지 않다.

---

46 판결문 6면.

47 고객보호의무에 관한 판례의 법리가 주로 금융투자상품의 권유를 중심으로 발전해 오기는 하였으나 고객보호의무가 문제되는 것이 꼭 금융투자상품을 판매하는 금융투자업자에 한정되는 것은 아니며 보험상품 또한 금융투자상품 못지않게 불완전판매의 위험성이 상존하고 있어 보험계약자 보호가 필요하므로 보험상품과 관련한 고객보호의무는 투자성보험은 물론 저축성보험 및 보장성보험을 포함한 보험상품 전반의 판매과정에서 작동하고 있다고 한다. 박양준, "보험상품 판매과정에서의 고객보호의무 위반에 따른 손해배상책임", 「BFL」 제61호 서울대 금융법센터(2013. 9), 109면 참조.

48 대법원 2003. 1. 20. 선고 2000다50312 판결 참조.

이러한 점은 금융감독원이 제정한 모범규준상의 여러 조치와도 일맥상통한다.

동 모범규준에서는 외화차입자에 대하여 은행이 (i) 외화대출 실행 이전에 외화대출의 구조 및 리스크를 충분히 설명하고 외화대출 차주가 원하는 경우 대출기간 중 환율 및 금리 변동현황 등 차주의 환리스크 관리에 필요한 정보를 주기적으로 제공할 것과 (ii)환헤지 상품을 이용할 경우 환리스크를 축소할 수 있다는 사실을 차주에게 충분히 설명하고, 「자본시장과 금융투자업에 관한 법률」 등에서 정하는 바에 따라 환헤지 상품의 종류, 특성, 비용 및 환헤지 효과를 차주에게 안내하여야 하며, 차주가 원하는 경우 차주의 환리스크 축소를 위하여 노력하도록 하고 있다.[49] (iii)아울러 은행은 외화대출을 취급함에 있어 차주의 금리선택권 보호를 위해 고정금리 대출 상품을 제공하거나 차주가 원하는 경우 「자본시장과 금융투자업에 관한 법률」 등에서 정하는 바에 따라 별도의 금리 스왑 거래를 실행하여 대출기간 중 차주가 대출금리를 고정할 수 있도록 노력할 것을 제시하고 있다.

이러한 내용과 구조는 은행이 판매한 통화옵션계약과 관련한 분쟁에서도 유사하게 발견되는데, 법원[50]은 은행이 지는 고객의무의 일환으로서 설명의무에 대하여 (i)통화옵션계약의 기본구조, (ii) 통화옵션계약에 의하여 회피되는 위험의 정도 (iii) 기업이 계약체결로 인하여 새롭게 부담하게 되는 위험의 발생가능성 및 정도, (iv) 계약관계에서 탈퇴하는 방법 (v) 옵션에 관한 가격정보를 고지 및 설명하여야 한다고 판시한 바 있다. 아울러 이러한 설명은 환헤지 상품에 관한 기업의 종전 거래경험, 기업의 규모와 인적 구성 등에 비추어 환거래의 위험에 대한 인식 정도, 기업의 일반적인 재무상황 및 수출전망 등을 고려하여 설명의 정도를 달리하여야 한다고 판시하였다. 설명의무의 이행방식에 대해서도 설명의 시기는 계약체결시점 이전에 해야 하며, 설명의 형식은 관계자 대면 내지 서면 등 정식의 문서에 의해야 한다고 판시하였다.

---

49 실무에서 은행은 과거 3~5년간의 환율변동내역을 알려주는 등의 방법으로 환위험의 가능성을 고지한다고 한다. 나아가 은행은 나중에 환율이 상승하여 환차손이 발생하는 경우 차주로부터 민원이나 분쟁등이 제기될 가능성에 대비하여 차주에게 환헤지를 할 것을 경우하는 경우가 많으나 이러한 경우 외화대출에 따른 저금리의 효과가 상쇄되므로 차주가 실제 환헤지를 하는 경우는 50% 이하라고 한다. 이창원, 전게토론문, 84면.

50 서울중앙지법 2009. 4. 24. 선고 2009캅 242 결정, 19~20면.

3. 금융소비자보호법(제정안)상의 설명의무

(1) 금융소비자보호에 관한 법률 제정(안)의 의의와 경과

2010년 7월 정부는 금융소비자의 보호와 관련하여 금융산업을 횡단한 최소한의 행위규제 및 제도적 지원기반과 관련한 공통기준을 정립할 목적으로 제정되는 『금융소비자보호에 관한 법률 제정안』에 대한 공청회를 개최하였다. 이후 2012년 2월 『금융소비자 보호에 관한 법률(이하 "금융소비자보호법"으로 칭함)』이 국회에 제출되었으나 폐기되었고, 이후 2차 정부안이 발의되어 2012년 7월 국무회의를 통과하였다. 그러나 이 역시 19대 국회임기 만료로 자동폐기된 후 2016년 6월 28일 3차 정부안이 "금융소비자보호기본법(안)"으로 제명이 수정되어 다시 입법예고되었다.

이러한 금융소비자보호법의 제정목적은 기존 금융업권별 법령상의 소비자보호 관련 개별적 행위규제를 동법안을 통해 일관성과 체계성을 확보하고자 한 것이다. 왜냐하면 소비자 보호 강화를 위해 필요시마다 개별 금융법령을 모두 일관되고 체계적으로 개정·운용하는데 현실적으로 한계가 있기 때문이다.[51]

(2) 2012년 정부안의 주요 내용

1) 금융소비자와 금융회사 및 금융상품판매업자

동법안[52]은 금융소비자에 대하여 "금융상품 계약 체결등 또는 금융상품자문에 관한 금융상품 판매업자 또는 금융상품자문업자와 거래하는 상대방"으로 정의하고 있다(제2조 제6호). 이에 의하면 예금자, 투자자, 보험계약자, 대출채무자 모두 금융소비자에 포함된다. 다만, 이법의 보호대상자는 주로 전문거래자[53]를 제외한 일반금융소비자[54]라 할 수 있다.

한편, 동법안은 금융상품을 분류하고 있는데 이에는 보장상품, 투자성상품,

---

51 한국개발연구원·자본시장연구원·서울대학교 금융법센터, 금융소비자보호법 제정 기본방향 토론회 발표 주요내용, 2010. 6, 2면.

52 금융위원회 공고 제2012-100호 금융소비자보호에 관한 법률제정안

53 전문금융소비자란 금융상품에 관한 전문성, 소유자산 규모등에 비추어 금융상품 계약에 따른 위험감수능력이 있는 금융소비자로서 법령에 열거된 자를 말한다(금융소비자 보호에 관한 법률안 제2조 제7호).

54 전문금융소비자가 아닌 금융소비자를 말한다(제2조 제8호).

예금성상품, 대출성상품[55]이 해당된다(제3조 1호~4호). 아울러 금융상품 판매업무에 대해서도 직접판매, 대리, 중개, 자문으로 세분화하였으며, 직판과 대리·중개 여부는 제조업자 자체 판매조직에 의한 판매인지 여부에 따라 구분되며, 직판·대리·중개와 자문은 금융상품의 판매를 직접적인 목적으로 하는지 여부에 따라 구분하고 있다.

이러한 금융소비자보호법안은 일본의 '금융상품판매에 관한 법률'과 달리 대출성상품도 금융상품으로 보고 있으며,[56] 이러한 점에서 '구매권유'라는 표현을 사용하고 있는 점에서 자본시장법상의 투자권유보다 넓다는 특징이 있다.

2) 금융상품판매업자의 설명의무

아울러 동법안은 금융상품 판매규제에 관한 기본법으로서 금융소비자의 보호를 위하여 금융상품판매업자의 영업행위를 규제하고 있다. 이를 위하여 금융상품판매업자에게 공통적으로 적용되는 공통 영업행위 규제내용과 각 상품별로 적용되는 행위규제내용을 구분하고 있는데, 전자의 공통 영업행위규제에 속하는 것으로는 신의성실의무등,[57] 설명의무,[58] 구속성 금융상품 계약 체결 강요

---

55 이에는 은행, 저축은행, 보험회사등의 전형적인 대출상품 외에 신용카드, 할부금융 등이 포함된다.

56 일본의 금융상품판매에 관한 법률은 2000년 5월 31일 제정되었는데, 동법은 금융상품 판매업자등이 금융상품을 판매하는 경우 고객에게 설명하여야 할 사항을 정하고 해당 설명을 하지 않음으로써 고객에게 손해가 발생한 경우 금융상품판매업자에게 손해배상책임을 부과하면서 동시 판매등과 관련한 권유의 적정성을 확보하기 위한 조치를 마련하게 함으로써 고객을 보호하려는 것을 목적으로 하고 있다. 이에 따라 동법의 적용대상은 예금, 적금, 신탁, 보험, 유가증권, 파생상품 등의 판매로 규정되어 있다(동법 제2조). 이 경우 고객은 금융상품 판매의 상대방으로 정의되며 개인과 사업자 모두 된다. 다만, 이러한 고객의 범위에는 금융상품 판매업자와 적격기관투자자는 제외된다(http://www.fsa.go.jp/ordinary/kinyuusyouhin/kinyuusyouhin_d.html#q4.). 이러한 금융상품판매법의 제정과 보험산업에 미치는 영향에 대한 상세한 연구로는, 이기형, "일본 금융상품판매법의 주요 내용과 보험산업에 대한 영향", Insurance Business Report 통권 제28호, 보험연구원, 2008. 6. 참조.

57 제9조(신의성실의무 등) ① 금융상품판매업자등은 금융상품에 관한 계약의 체결, 권리의 행사 및 의무의 이행을 신의성실의 원칙에 따라 하여야 한다.
② 금융상품판매업자등은 금융상품판매업등을 영위할 때 그 업무의 내용과 절차를 공정히 하여야 하며, 정당한 사유 없이 금융소비자의 이익을 해치면서 자기가 이익을 얻거나 제3자가 이익을 얻도록 하여서는 아니 된다.

58 제15조(설명의무 등) ① 금융상품판매업자등은 일반금융소비자에게 구매권유(금융상품자문업자가 자문에 응하는 경우를 포함한다)를 하는 경우에는 다음 각 호에서 정하는 금융상품에 관한 중요한 사항을 일반금융소비자가 이해할 수 있도록 설명하여야 한다.

금지,[59] 부당권유행위 금지,[60] 부당 광고금지,[61] 계약 서류 교부의무[62] 등이 해당된다. 다만, 설명의무의 경우 상품 속성별로 구체적인 내용에 차이가 있는데,[63] 대출성상품의 경우 설명의무대상으로 금리 및 중도상환수수료 및 그밖에 대통령령으로 정하는 사항으로 하고 있다.[64] 아울러 설명에 필요한 설명서를 일반금융소비자에게 발급하도록 하고 있으며 설명한 내용을 일반금융소비자가 이해하

---

1. 보장성 상품의 경우 다음 각 목의 사항
   가. 보장성 상품의 내용
   나. 위험보장을 위하여 일반금융소비자가 지급하는 금전 및 권리 등
   다. 위험보장의 범위
   라. 그 밖에 대통령령으로 정하는 사항
2. 투자성 상품의 경우 다음 각 목의 사항
   가. 투자성 상품의 내용
   나. 투자에 따른 위험
   다. 그 밖에 대통령령으로 정하는 사항
3. 예금성 상품의 경우 다음 각 목의 사항
   가. 예금성 상품의 내용
   나. 이자율, 수익률 및 중도해지수수료
   다. 그 밖에 대통령령으로 정하는 사항
4. 대출성 상품의 경우 다음 각 목의 사항
   가. 금리 및 중도상환 수수료
   나. 그 밖에 대통령령으로 정하는 사항
5. 연계 또는 제휴된 금융상품 또는 서비스 등이 있는 경우 그 금융상품 또는 서비스 등의 이행책임에 관한 사항
6. 그 밖에 금융소비자 보호를 위하여 대통령령으로 정하는 사항

② 금융상품판매업자등은 제1항에 따른 설명에 필요한 설명서를 일반금융소비자에게 발급하여야 하며, 설명한 내용을 일반금융소비자가 이해하였음을 서명, 기명날인, 녹취, 그 밖에 대통령령으로 정하는 방법으로 확인을 받아야 한다.

③ 금융상품판매업자등은 제1항에 따른 설명을 할 때 일반금융소비자의 합리적인 판단 또는 해당 금융상품의 가치에 중대한 영향을 미칠 수 있는 사항을 거짓으로 또는 왜곡(불확실한 사항에 대하여 단정적 판단을 제공하거나 확실하다고 오인하게 할 소지가 있는 내용을 알리는 행위를 말한다)하여 설명하거나 중요한 사항을 빠뜨려서는 아니 된다.

④ 제2항에 따른 설명서의 내용, 발급 방법 등 세부내용은 대통령령으로 정한다.

59 제16조(구속성 금융상품계약 체결의 금지)

60 제17조(부당권유행위 금지)

61 제18조(금융상품의 광고 관련 준수사항)

62 제19조(계약서류의 발급의무)

63 예컨대 보장성 상품의 경우에는 보장내용·기간·중도해지 조건등이 해당되며, 투자성상품의 경우에는 원본손실 위험변수와 가능성 등이 해당된다.

64 제15조 제1항 제4호. 가목. 나목.

였음을 서명, 기명날인, 녹취, 그 밖에 대통령령으로 정하는 방법으로 확인받도록 하고 있다(제15조 제2항).

한편, 후자의 상품별로 특유의 규제로는 우선, 투자성·보장성·대출성 상품에 대해서는 적합성[65]원칙이 적용되며, 투자성·보장성상품에 대해서는 적정성원칙[66]과 수수료 공개 등이 적용된다. 아울러 이들 일부 판매행위 규제 위반시 과징금이 부과됨으로써 법위반행위에 대하여 금전적 제재가 부과될 예정이다. 다만, 설명의무와 관련하여 설명서를 발급하지 않거나 확인을 받지 않은 경우에 과징금이 부과되는 것으로 하고 있는 반면(제47조 제2항 제1호), 미설명 내지

---

65 제13조 ① 금융상품판매업자등은 금융소비자가 일반금융소비자인지 전문금융소비자인지를 확인하여야 한다.

② 금융상품판매업자등은 일반금융소비자에게 대통령령으로 정하는 보장성 상품, 투자성 상품(운용 실적에 따라 그 수익률 등의 변동 가능성이 있는 예금성 상품으로서 대통령령으로 정하는 상품을 포함한다. 이하 이 조에서 같다), 대출성 상품을 구매권유(금융상품자문업자가 자문에 응하는 경우를 포함한다. 이하 이 조에서 같다)하는 경우에는 면담·질문 등을 통하여 다음 각 호의 구분에 따른 정보를 파악하고, 일반금융소비자로부터 서명(「전자서명법」 제2조제2호에 따른 전자서명을 포함한다. 이하 같다), 기명날인, 녹취, 그 밖에 대통령령으로 정하는 방법으로 확인을 받아 이를 유지·관리하여야 하며, 확인받은 내용을 일반금융소비자에게 지체 없이 제공하여야 한다.

1. 보장성 상품: 일반금융소비자의 연령, 재산상황(자산 및 소득수준에 관한 사항을 말한다. 이하 같다), 위험보장 수요 등
2. 투자성 상품: 일반금융소비자의 투자목적, 재산상황 및 투자경험 등
3. 대출성 상품: 일반금융소비자의 소득·재산, 부채상황, 신용 및 변제계획 등

③ 금융상품판매업자등은 제2항 각 호의 어느 하나에 해당하는 정보에 비추어 그 일반금융소비자에게 적합하지 아니하다고 인정되는 구매권유를 하여서는 아니 된다.

④ 제2항에 따라 금융상품판매업자등이 금융상품의 유형별로 파악하여야 하는 정보의 세부적인 내용, 그 밖에 필요한 사항은 대통령령으로 정한다.

66 제14조(적정성원칙) ① 금융상품판매업자는 대통령령으로 정하는 보장성 상품 및 투자성 상품에 대하여 일반금융소비자에게 구매권유를 하지 아니하고 금융상품과 관련한 계약을 체결하려는 경우에는 미리 면담·질문 등을 통하여 다음 각 호의 구분에 따른 정보를 파악하여야 한다.

1. 보장성 상품: 일반금융소비자의 연령, 재산상황, 위험보장 수요 등
2. 투자성 상품: 일반금융소비자의 투자목적, 재산상황 및 투자경험 등

② 금융상품판매업자는 제1항 각 호에 따라 확인한 사항에 비추어 해당 금융상품이 그 일반금융소비자에게 적정하지 아니하다고 판단되는 경우에는 대통령령으로 정하는 바에 따라 그 사실을 알리고, 해당 일반금융소비자로부터 서명, 기명날인, 녹취, 그 밖에 대통령령으로 정하는 방법으로 확인을 받아야 한다.

③ 제1항에 따라 금융상품판매업자가 금융상품의 유형별로 파악하여야 하는 정보의 세부적인 내용, 그 밖에 필요한 사항은 대통령령으로 정한다.

부실한 설명에 대해서는 과징금이 부과되는 조항이 마련되어 있지 않으며 적합성원칙과 적정성원칙 위반행위에 대해서도 과징금이 부과되어 있지 않다.

(2) 2016년 정부안의 주요내용과 특징 및 설명의무 관련

1) 주요내용과 특징

2016년 6월 28일 입법예고한 금융소비자보호기본법 제정법률안은 종래 정부안의 내용을 보완하여 금융소비자의 권리를 보다 강화하였다는 평가를 받고 있다. 주된 변화내용을 정리하면 다음과 같다.

① 금융소비자의 권리와 책무, 국가 및 금융회사등의 책무규정

우선, 금융상품으로 인한 재산상의 위해로부터 보호받을 권리 등 금융소비자의 기본적 권리를 규정하고, 이러한 금융소비자의 권리를 실현하기 위한 국가 및 금융회사등의 책무를 규정하였다. 이로써 금융소비자 보호관련 주체들의 기본적 권리와 책무를 정함으로써 관련주체들이 자신의 역할을 보다 명확하고 구체적으로 인식할 수 있을 것으로 기대하고 있다.

② 금융소비자정책 종합계획의 수립 및 금융소비자정책위원회 설치

동법안은 국가로 하여금 금융소비자정책에 관한 종합계획을 수립하고 금융소비자의 권익 보호 및 합리적 금융생활 영위에 관한 기본정책을 심의·의결하기 위한 금융소비자정책위원회를 금융위원회에 설치하도록 규정하고 있다. 이는 중장기적 계획하에 체계적으로 금융소비자정책을 추진하고 유관부처간 금융소비자정책에 대한 의견조정 및 통합을 통해 정책적 조정기능을 활성화하고자 함으로 분석된다.

③ 금융교육관련 사항 및 금융교육협의회 설치

아울러 금융교육관련 지원근거를 마련하고 금융교육에 대한 정책을 심의·의결하기 위한 금융교육협의회를 금융위원회에 설치하도록 하고 있다.

④ 금융분쟁조정제도의 개선

현행 금융위원회의 설치등에 관한 법률에 규정된 금융분쟁조정제도를 이관하여 금융소비자보호기본법에 규정하고 분쟁조정절차와 소송이 경합하는 경우 법원의 결정에 따라 소송이 중지될 수 있도록 하며, 일반금융소비자가 제기한 2천만원 이하의 소액분쟁사건은 분쟁조정절차가 완료되기전까지 금융회사

가 법원에 소송을 제기할 수 없도록 하였다. 2012년 법안에서 500만원 이하의 소액분쟁사건에만 해당하는 것으로 한 것을 확대한 것이다.

⑤ 금융상품판매업자등의 손해배상책임 확대

동법안에서는 금융상품판매업자등이 금융상품 판매과정에서 금융소비자에게 손해를 발생시킨 경우 고의 또는 과실 여부 및 손해액에 대한 입증책임을 부담하도록 하여 금융소비자의 입증부담을 완화하였다. 다만 적합성원칙, 적정성원칙, 설명의무 위반시 금융소비자에게 손해가 발생한 경우 금융상품판매업자는 이러한 손해에 대하여 고의 또는 과실이 없음을 입증하거나 금융소비자가 금융상품에 관한 계약 체결시에 그 사실을 안 경우에는 배상의 책임을 지지 아니한다.

⑥ 대출 등 계약철회권 및 위법한 계약의 해지권 도입

금융상품판매업자등과 대통령령으로 정하는 대출성상품에 관한 계약을 체결한 일반금융소비자의 경우 대출금 수령일로부터 14일 이내에 서면 등으로 그 계약을 철회할 수 있도록 하여 체결한 계약에 대한 숙고 및 최적상품 탐색기회 등을 부여하여 금융소비자의 선택권을 강화하였다. 아울러 금융소비자가 금융상품판매업자등의 위법한 판매행위로 인하여 계약을 체결한 경우 5년 이내에 서면 등으로 계약 내용의 해지를 요구할 수 있도록 함으로써 위법한 계약의 유지 여부에 대해서도 금융소비자에게 선택권을 부여하고 있다.

⑦ 판매규제 위반시 징벌적 과징금 부과

금융상품판매업자등이 설명의무, 부당권유 등 영업행위 준수사항을 위반한 경우 해당 위반행위로 인한 수입 또는 이에 준하는 금액의 100분의 50을 곱한 금액의 범위에서 과징금을 부과하도록 하고 있다 다만 그 위반행위를 한 자가 수입이 없거나 수입의 산정이 곤란한 경우로 대통령령에서 정하는 경우에는 10억원을 초과하지 아니하는 범위에서 과징금을 부과할 수 있다.

⑧ 판매행위 중지명령권 도입

금융위원회는 금융상품으로 인하여 금융소비자의 현저한 재산상 피해가 발생할 우려가 있다고 명백히 인정되는 경우로서 대통령령으로 정하는 경우에는 그 금융상품을 판매하는 금융상품판매업자에 대하여 해당 금융상품의 구매권유 금지 또는 판매제한·금지를 명할 수 있다.

2) 설명의무관련

2016년 금융소비자보호기본법안에서도 설명의무는 2012년의 내용과 골격과 내용면에서 크게 다를 것은 없으나 판매수수료에 관하여 설명하도록 한 점과 대출 철회권 행사관련한 정보를 제공하도록 한 점에서 금융소비자의 보호를 강화하는 조치들이 추가되었다고 평가할 수 있다.

〈표 4〉 설명의무관련 2012년 정부안 v. 2016년 정부안

2012년 정부안	2016년 정부안
第16조(설명의무등) ① 금융상품판매업자등은 일반금융소비자에게 구매권유(금융상품자문업자가 자문에 응하는 경우를 포함한다)를 하는 경우에는 다음 각 호에서 정하는 금융상품에 관한 중요한 사항을 일반금융소비자가 이해할 수 있도록 설명하여야 한다. 1. 보장성 상품의 경우 다음 각 목의 사항 가. 보장성 상품의 내용 나. 위험보장을 위하여 일반금융소비자가 지급하는 금전 및 권리 등 다. 위험보장의 범위 라. 그 밖에 대통령령으로 정하는 사항	第19조(설명의무등) ① 금융상품판매업자등은 일반금융소비자에게 구매권유(금융상품자문업자가 자문에 응하는 경우를 포함한다)를 하는 경우 및 일반금융소비자가 요청하는 경우에는 다음 각 호에서 정하는 금융상품에 관한 중요한 사항(일반금융소비자가 요청하는 경우에는 요청한 사항에 한한다)을 일반금융소비자가 이해할 수 있도록 설명하여야 한다. 1. 보장성 상품의 경우 다음 각 목의 사항 가. 보장성 상품의 내용 나. 위험보장을 위하여 일반금융소비자가 지급하는 금전 및 권리 등 다. 위험보장의 범위 라. 그 밖에 대통령령으로 정하는 사항
2. 투자성 상품의 경우 다음 각 목의 사항 가. 투자성 상품의 내용 나. 투자에 따른 위험 다. 그 밖에 대통령령으로 정하는 사항	2. 투자성 상품의 경우 다음 각 목의 사항 가. 투자성 상품의 내용 나. 투자에 따른 위험 다. 금융소비자가 부담해야 하는 수수료 라. 대통령령으로 정하는 투자성 상품의 경우 대통령령으로 정하는 기준에 따라 금융상품직접판매업자가 정하는 위험등급 마. 그 밖에 대통령령으로 정하는 사항
3. 예금성 상품의 경우 다음 각 목의 사항 가. 예금성 상품의 내용 나. 이자율, 수익률 및 중도해지수수료 다. 그 밖에 대통령령으로 정하는 사항	3. 예금성 상품의 경우 다음 각 목의 사항 가. 예금성 상품의 내용 나. 이자율, 수익률 및 중도해지이율 다. 그 밖에 대통령령으로 정하는 사항

4. 대출성 상품의 경우 다음 각 목의 사항 가. 금리 및 중도상환 수수료 등 대출성 상품의 내용 나. 그 밖에 대통령령으로 정하는 사항	4. 대출성 상품의 경우 다음 각 목의 사항 가. 금리 및 변동 여부, 중도상환수수료(금융소비자가 대출만기일이 도래하기 전 대출금의 전부 또는 일부를 상환하는 경우에 부과하는 수수료를 의미한다. 이하 같다) 부과 여부·기간 및 수수료율 등 대출성 상품의 내용 나. 상환방법에 따른 상환금액·이자율·시기 다. 저당권 등 담보권 설정에 관한 사항, 담보권 실행사유 및 담보권 실행에 따른 담보목적물의 소유권 상실 등 권리변동에 관한 사항 라. 대출원리금, 수수료 등 금융소비자가 대출계약을 체결하는 경우 부담해야 하는 금액의 총액 마. 그 밖에 대통령령으로 정하는 사항
5. 연계 또는 제휴된 금융상품 또는 서비스 등이 있는 경우 그 금융상품 또는 서비스 등의 내용 및 이행책임에 관한 사항	5. 연계 또는 제휴된 금융상품 또는 서비스 등(이하 "연계·제휴서비스등"이라 한다)이 있는 경우 다음 각 목의 사항 가. 연계·제휴서비스등의 내용 나. 연계·제휴서비스등의 이행책임에 관한 사항 다. 연계·제휴서비스등의 제공기간 라. 그 밖에 대통령령으로 정하는 사항
	6. 제50조에 따른 계약 철회의 기한·행사방법·효과에 관한 사항
6. 그 밖에 금융소비자 보호를 위하여 대통령령으로 정하는 사항	7. 그 밖에 금융소비자 보호를 위하여 대통령령으로 정하는 사항
② 금융상품판매업자등은 제1항에 따른 설명에 필요한 설명서를 일반금융소비자에게 발급하여야 하며, 설명한 내용을 일반금융소비자가 이해하였음을 서명, 기명날인, 녹취, 그 밖에 대통령령으로 정하는 방법으로 확인을 받아야 한다. 다만, 금융소비자 보호 및 건전한 거래질서를 해칠 우려가 없는 경우로서 대통령령으로 정하는 경우에는 설명서를 발급하지 아니할 수 있다.	② 금융상품판매업자등은 제1항에 따른 설명에 필요한 설명서를 일반금융소비자에게 제공하여야 하며, 설명한 내용을 일반금융소비자가 이해하였음을 서명, 기명날인, 녹취, 그 밖에 대통령령으로 정하는 방법으로 확인을 받아야 한다. 다만, 금융소비자 보호 및 건전한 거래질서를 해칠 우려가 없는 경우로서 대통령령으로 정하는 경우에는 설명서를 제공하지 아니할 수 있다.

③ 금융상품판매업자등은 제1항에 따른 설명을 할 때 일반금융소비자의 합리적인 판단 또는 해당 금융상품의 가치에 중대한 영향을 미칠 수 있는 사항을 거짓으로 또는 왜곡(불확실한 사항에 대하여 단정적 판단을 제공하거나 확실하다고 오인하게 할 소지가 있는 내용을 알리는 행위를 말한다)하여 설명하거나 중요한 사항을 빠뜨려서는 아니 된다.	③ 금융상품판매업자등은 제1항에 따른 설명을 할 때 일반금융소비자의 합리적인 판단 또는 해당 금융상품의 가치에 중대한 영향을 미칠 수 있는 사항을 거짓으로 또는 왜곡(불확실한 사항에 대하여 단정적 판단을 제공하거나 확실하다고 오인하게 할 소지가 있는 내용을 알리는 행위를 말한다)하여 설명하거나 중요한 사항을 빠뜨려서는 아니 된다.
④ 제2항에 따른 설명서의 내용, 발급 방법 등 세부내용은 대통령령으로 정한다.	④ 제2항에 따른 설명서의 내용, 제공 방법 등 세부내용은 대통령령으로 정한다.

4. 검 토

(1) 설명의무의 의의

일반적으로 대출시 은행에게 설명의무를 부과하는 경우 무엇보다 대출과 관련하여 상대방의 선택과 판단이 적정하게 이루어지는 것을 담보할 수 있다. 이러한 판단은 대출자인 은행에게도 유리한 결과를 가져온다. 예컨대 통화가치의 변화로 외화대출을 한 차입자가 변제하지 못할 경우 대출자인 은행 역시 손해를 입게 되기 때문이다. 즉 변제하지 못한 금액뿐 아니라 통화가치의 변동에 따른 불이익을 입을 수 있다. 이 경우 시가로 변제하기로 한 통화만큼 매수해야 하는 경우가 발생할 수 있다. 때문에 은행들은 이들 통화변동에 대비하여 스왑계약의 체결 등을 통해 헤지하거나 외화예금의 수취 등 다른 조치들을 이용하거나 변제기를 이연시키는 방법을 취함으로써 당장 해당 통화를 지급하는 부담에서 벗어나는 조치들을 강구하기도 한다. 따라서 비록 계약으로 은행은 외화변동에 따른 위험을 차입자에게 이전시킨다고 하더라도 이러한 이전방법이 은행에 있어 최선의 조치라고 할 수는 없다.[67] 오히려 대출자인 은행이 외환거래와 관련해서는 차입자보다 훨씬 전문적이고 경험도 많음을 고려할 때 통화변동에 따른 위험을 차입자가 모두 부담하게 하는 계약구조는 적절하지 않으며, 대

67 Henry R. Zheng, Management of Lenders' Currency Exposure in Multicurrency Financings Structural and Documentational Considerations, 22 Law & Pol'y Int'l Bus. 213 (1991), at 221~222.

출자인 은행 역시 불이익을 입을 우려가 있는 점에서 위험이전방법에 대해 다양한 방법이 모색될 필요가 있다. 적어도 위험이전을 정당화시킬 수 있거나 위험이전에 대비하여 예방책을 강구하게 하는 것이 필요하다. 이러한 점에서 법원이 신의칙에 기한 고객보호의무차원에서 설명의무를 인정하고, 이러한 의무를 통해 차입자를 보호하려고 하고 있음은 일응 이해할 수 있다. 이는 궁극적으로 은행에게도 유익한 조치가 되기 때문이다.

더구나 은행은 공공적인 성격도 갖고 있다. 때문에 은행이용자는 다른 기업보다 거래상대방인 은행에게 더 강한 신뢰감을 갖고 있는 것이 보통인데, 이러한 신뢰관계를 고려한다면 더더욱 이러한 신뢰에 부합하도록 충분하고 충실하게 설명할 필요가 있다. 따라서 은행에게 설명의무를 인정하는 것은 계약상대방과의 관계에서만 의미가 있는데 그치는 것이 아니라 시장에서 공정하고 자유로운 경쟁을 하도록 지원하는 효과도 기대된다. 무엇보다 실제 약관에 의해 거래가 이루어지는 경우가 대부분인바 중요사항에 대해 명시설명의무가 인정되는 점에서 사전에 정한 정형화된 조건으로 거래하는 경우에는 구체적이고 상세하게 설명할 것이 요구된다.

다만 앞서 살펴본 판결인 고등법원 판결에서 나타난 바와 같이 외화대출과 관련하여 설명의무를 인정하되 고객보호의무 차원에서 인정한 점, 손해배상금도 재산적 손해로 인정하지 않고 정신적 손해를 인정하면서 재산적 손해와 유사한 차주들의 추가이자 지출금액을 기준으로 결정하는 점에서 여전히 대출, 그것도 복잡복합한 대출과 관련하여 설명의무의 법적 성격과 손해배상금 산정 등과 관련하여 이견이 있을 수 있음을 고려할 때 금융소비자보호에 관한 법률안과 같이 대출시 설명의무를 명시적으로 인정할 실익은 크다 할 것이다.

(2) 은행의 외화차입자 보호조치로서 고객보호의무(설명의무)의 한계

그러나 한편으로 이러한 설명의무의 부과로 통화변동에 따른 위험을 차입자가 지는데 대한 정당화 법리로 이용하는 것이 외화대출과 관련하여 은행과 차입자간의 이해를 조정하는데 있어 가장 바람직한 방법이라고 보기는 어렵다. 즉 적합성원칙·적정성원칙을 함께 고려하지 않으면 안되기 때문이다. 이러한 점을 고려할 때 금융감독원의 모범규준에서 위험고지서 외에 대출심사를 엄격히하는 방식을 병행하고 있는 것을 이해할 수 있다. 즉 금융감독원 모범규준에서는 외화대출 신규 심사시 '외환리스크 관리현황 및 외화대출 관리계획 배점표'와 '외화리스크 관리현황 및 외화대출 관리계획 평점표'를 작성케 하고 있고, 고객에게도 '외환리스크 관리현황 및 외화대출 관리계획서'를 작성케 하고 있다. 아울러 향후 금융소비자보호법안이 국회에서 통과될 경우 적합성[68]원칙의 준수를 보다 실효성 있게 요구하는 것도 효과적인 보호방안이 될 것으로 기대된다.[69] 이는 금융회사의 건전한 운영에도 도움이 되는데, 거래상대방에게 적합하지 않은 상품으로 거래하는 경우 분쟁이 발생할 소지가 크기 때문이다. 아울러 거래시 적합성을 충족하였다고 하기 위해서는 차입자의 보유자산 내지 자기자금에 부합하는 차입규모의 적합성과 같은 양적 적합성과 함께 업무 내지 매출 예상 등 시장규모에 상응하는 자금의 사용과 같은 질적 타당성 및 변제방법이 적절하게 마련되어 있는지 그리고 상품이 갖고 있는 위험의 적합성 등을 확인하도록 할 필요가 있다. 이러한 점에서 모범규준이 은행의 외화대출의 심사·승인시 차주로 하여금 '외환리스크 관리 현황 및 외화대출 관리 계획'을 제출토록 하고 차주의 환리스크 관리능력을 종합적으로 평가하여 대출 승인 여부, 대출금액 및 대출금리 결정시 반영하도록 하고 있는 것은 일종의 적합성 판단프로세스를 제시한 것으로 이해할 수 있다.

이처럼 외화대출의 경우 단순히 통화위험 뿐 아니라 시장환경 변화에 따라 최근에는 약정이자율의 기준금리가 되는 금리제도가 급격한 변동을 경험하고 있음을 고려할 때 설명의무에 의존해서만 차입자 보호를 기대하는 것은 부족하다고 할 것이다. 이러한 점에서 모범규준에서 제시된 바와 같이 통화전환옵션 내지 헤지의 의미를 구체적으로 명확하게 설명하는 것은 물론 이외에도 통화전환옵션 내지 헤지를 이용하지 않을 경우의 불이익을 비교설명하고, 이러한 조치의 이용가능성 및 이에 따른 비용 안내도 함께 제안하도록 할 필요가 있다.

---

68 2003년 7월 일본 금융청이 관계금융 기능의 강화방안으로 발표한 사무가이드라인에서는 여신거래에 관한 설명체제의 강화 및 적합성과 타당성에 관해 융자 업무시 주의를 기울이도록 요구한 바 있다.

69 그러한 점에서 금융상품판매업자에게 입증책임을 전환시키고 있는 2016년 제정안(제47조 제2항)은 금융상품판매업자로 하여금 적합성관련 서류들을 구비하게하는 효과를 가져올 것으로 기대된다.

(3) 외화대출 후 정보제공의무의 의의

한편, 금융감독원 모범규준에서는 은행으로 하여금 외화대출 차주가 원하는 경우 대출기간 중 환율 및 금리 변동현황 등 차주의 환리스크 관리에 필요한 정보를 주기적으로 제공하도록 하고 있다. 대출 이후에도 차주가 원하는 경우라는 단서가 있지만, 환율 및 금리변동현황 등 환리스크 정보제공의무를 은행에게 부과하고 있는 것이다. 이와 관련하여 (i) 어느 정도의 주기로 (ii) 그리고 환율 및 금리변동 현황에 관한 정보를 어떻게 제공하는지에 관한 정확한 가이드라인은 마련되어 있지 않다. 다만 다양한 방법으로 제공하면 되는 것으로 이해될 뿐이다. 예컨대 '외화대출 리스크 평가서'의 형식으로 이메일, 서면 등 다양하게 이용될 수 있을 것이다.

그런데 이러한 정보제공은 계약 후 정보제공의무를 지는 것으로 이해되며, 사전 위험고지의무의 연장으로 볼 수 있는가 즉 설명의무의 연장으로 볼 수 있는지가 법리적으로 문제될 수 있다. 그러나 금융투자상품의 경우에도 사후 설명의무는 인정하고 있지 않은 점에서 금융감독원 모범규준상의 환율 및 금리변동 현황에 관한 정보는 일종의 계약상 지는 손해경감의무의 일환으로 인정되는 것이라고[70] 이해할 수 있을 것이다.

이에 대해 금융거래에서 은행의 손해경감의무를 일반적으로 인정하는 것이 가능하지 않다는 반대의견[71]이 제기될 수 있을 것으로 보인다. 대출과 같은 1:1 거래에서 일방의 손해는 타방의 이익이 되는 구조이므로 환율이 유리할 때의 이익은 고객이 향수하고 불리해지면 은행의 보호의무라는 이름으로 은행에 그 위험을 전가하는 결과가 되어 합리적인 상거래가 성립될 수 있는 조건을 박탈한다는 우려가 그것이다.

그러나 고객보호의무는 정보의 비대칭 내지 전문성에 입각하여 금융기관

70 대법원 2003. 1. 20. 선고 2000다50312 판결.

71 이러한 주장은 손해가 발생하기 시작하면 대출을 조기상환할 수 있는 옵션을 부여해서 해결하면 될 것이고 사전에 통화변동으로 손해가 발생할 수 있고, 이에 대비하여 추가적인 비용을 부담하여 조기상환옵션을 매입할 수 있음을 알림으로써 선택 여부를 고객 스스로 판단하게 하면 된다고 보고 있다. 반면 이러한 의무를 부과할 경우 일방적으로 차주에게는 이익이 되고, 은행은 손실가능성이 있는 점에서 신의칙상의 부수의무나 손해경감의무로 보기는 어렵다는 지적도 있다. 따라서 이러한 의무보다는 적합성원칙의 부과로 해결하여야한다는 의견도 제기된다.

에게 인정하는 것으로 통화변동가능성과 변동 추이에 대한 정보수집과 분석능력은 금융기관이 더 잘 알 수 있는 지위에 있다고 할 것이다. 이러한 점에서 금융기관의 손해경감의무는 소극적인 의미로서 경고 내지 위험 확대를 경고하는 것으로 이해할 수 있을 것이다. 갈수록 하이브리드상품이 출시되는 상황을 고려할 때 이러한 손해경감의무는 금융소비자 보호에 있어 사전 설명의무보다 더 중요한 기능을 할 것으로 기대된다.

이러한 손해경감의무는 무엇보다 경고를 안내하는 면에서 사전에 객관적인 정보를 제공하는 설명의무와는 성격상 차이가 있으며, 전문가로서 조언을 제공하는 조언 내지 자문의무와도 차이가 있다.[72] 다만, 경고의무를 이행하기 위해서는 사전에 정보제공의무의 이행이 전제된다. 비록 경고의무의 내용은 위험 혹은 손해가 되는 사항이 될 것이어서 정보제공의무 및 조언(자문)의무와 중첩되는 부분이 발생할 수 있을 수도 있으나 경고의무는 이행시 상대방이 주의를 기울이게 하는 점에 역점을 둔다는 점에서 정보제공의무와는 차이가 있다고 할 것이다.[73]

V. 결 론

외화변동에 따른 위험을 최소화하는 것은 차입자와 대출은행 모두에게 유리하다. 설사 외화변동에 따른 위험을 차입자에게 모두 전가시켰다 하더라도 결국 차입자의 변제 부담은 이후 대출은행에게도 불이익으로 나타나기 때문이다. 따라서 차입자의 위험 노출정도와 부담을 대출은행은 지속적으로 모니터링하고 차입자가 적절하게 위험을 헤지할 수 있도록 최선의 노력을 다할 필요가 있다. 특히 외화대출관련에서는 단순히 통화변동가능성 뿐 아니라 계약으로 정한 이자율의 기초가 되는 기준금리 자체가 급변할 수 있는 특성이 있다. 때문에 비록 이러한 변화를 대출은행이 의도적으로 야기한 것은 아니라 할 것이지만 이로 인한 위험 분배에 관해 금융소비자와 은행간에 적절한 균형이 이루어질

72 이러한 경고의무를 정보제공의무와 조언의무의 중간단계에 위치한다고 보는 견해로는 後藤巻則, 消費者契約の法理論, (弘文堂, 2002年) 12~13項.

73 大澤慎太郎, フランスにおける金融機關の融資取引に關する義務と責任 (2·完), 早法 86巻 1號, (2010), 82項.

필요가 있다. 그리고 이러한 균형을 이루는 것은 통화변동에 관한 경험이 많고 전문기관인 은행의 의무라고 할 수 있다. 이 경우 어떠한 방식으로 균형을 이룰 것인지와 관련하여 금융소비자의 자유로운 선택과 판단을 존중함으로써 금융산업을 신뢰하고 계속 거래하기 위해서는 우선 거래관련 사항에 대해 충실히 설명하고 적합성원칙을 효과적으로 준수하는 것이 무엇보다 중요하다 고 할 것이다.[74] 이러한 점에서 2016년 정부가 세 번째로 입법예고한 『금융소비자보호기본법제정안』의 조기 국회 통과가 매우 중요하다고 보여진다. 아울러 갈수록 전통적인 상품보다는 복잡·복합적인 상품을 금융회사가 판매하는 경향이 강해짐을 고려할 때 손해경감의무 내지 경고의무에 대한 활용과 범위에 관해서도 보다 진지한 법적 검토가 필요할 것으로 보인다.

---

74 일본에서는 정보제공의무 외에 계약에 부수한 안전배려의무를 안전관련 서비스와 위험이 있는 상품의 공급자에게 적용하는 경향이 있다. 즉 고위험이 발생할 가능성이 있고, 고객이 손실을 부담하는 서비스상품거래에 관해서는 고객이 이러한 위험을 회피할 수 있도록 사업자에게 각별한 주의를 다하고 미리 위험을 상대방에게 고지하는 등 적절한 조치를 취하도록 할 필요가 있다는 것이다. 자세한 것은 乾昭三 = 長尾治助編, 新民法講義 1契約法, 有斐閣 (1988), 260項 以下 참조.

참고문헌  R·E·F·E·R·E·N·C·E·S

오학성·임승서, 「수신법률기초 1」, 한국금융연수원, 2009.

한상문, 「여신실무법률(상) 6판」, 한국금융연수원, 2010. 4.

김홍규, "엔화대출의 부당상환 및 상환 지연에 따른 환차손 피해", 「금융」, 한국은행연합회, 2008. 5.

노형식·서병호, "금융위기 이후 은행의 외환업무 관련 효율화방안", 금융 VIP시리즈 2011-06, 2011. 5.

박양준, "보험상품 판매과정에서의 고객보호의무 위반에 따른 손해배상책임", 「BFL」 제61호 서울대 금융법센터, 2013. 9.

서영경·성광진·김동우, "원/달러 환율변동성이 큰 배경과 시사점", 한국은행, 경제브리프, 2011-1.

이기형, "일본 금융상품판매법의 주요 내용과 보험산업에 대한 영향", Insurance Business Report 통권 제28호, 보험연구원, 2008. 6.

이창원, 최근 은행거래법상 쟁점과 법적과제, 은행법학회 제12회 정기학술대회, 토론문, 2013. 9. 27.

한국개발연구원·자본시장연구원·서울대학교 금융법센터, 금융소비자보호법 제정 기본방향 토론회 발표 주요내용, 2010. 6.

금융위원회 공고 제2012-100호 금융소비자보호에 관한 법률제정안

금융감독원, '13. 3월말 국내은행의 거주자 외화대출 동향, 2013. 6. 5. 보도자료.

전국은행연합회, 외화대출 안내, 2010.

기획재정부, 최근 엔화약세의 영향 및 대응방안, 2013. 4. 1. 보도자료.

금융감독원 문서번호 은외시-00070, 시행일자 2010. 7. 30.

後藤巻則, 消費者契約の法理論, 弘文堂, 2002.

乾昭三 = 長尾治助編, 新民法講義 1契約法, 有斐閣 1988.

大澤慎太郎, フランスにおける金融機關の融資取引に關する義務と責任 (2·完), 早法 86

卷 1號, 2010.

Alan Tyree, Banking Law in Australia 5th ed., LexisNexis Butterworths, 2005.

Kaith Pond, Retail Banking, GLOBAL professional publishing, 2007.

Basso, H.S., Calvo−Gonzles and M. Jurgilas, Financial Dollarization and the Role of the Banks and Interest Rates, European Central Bank Working Paper, No. 748, 2007.

Elisabeth Beckmann, Helmut Stix, The Impact of the Crisis on Foreign Currency Borrowing of Households in CE SEEI− Implications for Economic Policy, Journal of Economics and Business, Vol. XV− 2012, No. 1 & 2.

Henry R. Zheng, Management of Lenders' Currency Exposure in Multicurrency Financings Structural and Documentational Considerations, 22 Law & Pol'y Int'l Bus. 213 (1991).

Pinar Yeşin, Foreign Currency Loans and Systemic Risk in Europe, Federal Reserve Bank of St. Louls Review, May/June 2013.

Pellényi, G. and P. Bilek, Forign Currency Borrowing: The Case of Hungary, FINESS Working Paper D. 5.4. 2009.

제 3 장 파생결합증권을 둘러싼 금융소비자보호 강화방안

Ⅰ. 들어가는 말

2013년 5월 한국은행이 기준금리를 연 2.50%로 내리면서 초저금리 시대로 들어서게 되었으며 그 이후 계속해서 금리를 낮추어 급기야 2016년 6월 9일 한국은행이 기준금리를 연 1.25%로 내렸다.[1] 그동안 예금이자로 생활을 하던 은퇴생활자들과 안전하게 재산증식을 하기 원하던 많은 금융소비자에게 있어서 예금으로만 재산을 증식한다는 것은 물가상승률을 감안하면 실질적으로 마이너스 재산 증식이 된다.[2] 한국은행의 전년대비 물가안정목표가 2%[3]인 것을 감안하면 정기예금을 통해 얻을 수 있는 이익은 실제로 마이너스다.

이러한 저금리 시대에 ELS(Equity－Linked Securities),[4] DLS(Derivative－Linked Securities)[5] 시장은 해가 갈수록 더욱 인기를 끌고 있어 ELS의 경우 2016년 7월

---

* 배승욱·안수현 공동집필.

*「은행법연구」 제6권 제2호(2013. 11)에 게재된 논문을 수정·보완한 것이다.

1 한국은행 보도자료, "통화정책방향", 2016. 6. 19.

2 2016년 8월 정기예금의 12개월 최고 이자율이 1.6%이며, 세후이자율은 1.3%이다(KDB산업은행의 12개월 정기예금이율, 전국은행연합회 금리비교사이트 2016. 8. 28일 방문).

3 한국은행 홈페이지, 물가안정 목표제, 2016. 8. 28일 방문.

4 ELS는 "주가연계증권"으로 불리운다. ELS에 대한 자세한 개념에 대한 설명은 Ⅱ.에서 설명하겠다. 이하에서는 "주가연계증권"이라는 표현 대신에 ELS라는 표현을 쓰기로 한다.

5 DLS의 용어에 대해서는 '비주식기초 파생결합증권'과 '협의의 파생결합증권' 사이에 논란이

말 미상환잔액이 67.8조원으로 2013년 7월말 40.2조원에서 3년 동안 약 68% 시장이 성장하였고, DLS는 2016년 7월말 미상환잔액이 32.2조원으로 2013년 8월말 21.2조원에서 3년 동안 52% 시장이 성장하였다.[6] 저금리가 계속해서 유지된다면 ELS와 DLS에 대한 인기는 계속될 것으로 예상된다. 2016년 7월말 현재 ELS와 DLS를 합치면 미상환잔액이 약 100조원으로 2011년말 약 34조원에 비해 5년 만에 파생결합증권 시장이 300% 성장하였다.[7] 2005년 3월 구 증권거래법 시행령 개정시 유가증권으로 지정되어 일반 투자자도 투자할 수 있게 된 지 10여년 만에 100조원에 달하게 되었다.

그런데 ELS와 DLS 시장의 눈부신 발전에 비해 금융소비자보호 장치가 잘 마련되어 있는지는 다소 의문이다. 그 이유는 다음의 몇 가지와 같다. 첫째, ELS와 DLS의 상품별 통일된 다양한 위험에 대한 비교공시가 이루어지지 않고 있는 문제가 있다. 둘째, 판매과정에서의 불완전판매가 문제가 될 수 있다. 셋째, 발행사와 금융소비자 간의 이해상충 문제가 될 수 있는 델타헤지(delta hedge)[8]의 문제가 있다. 넷째, 중도환매수수료가 과도한 문제가 있다. 다섯째로, 발행회사의 신용문제가 있다.

이하에서는 이상의 문제점 인식과 개선방안의 제시를 위하여 다음과 같이 검토하고자 한다. 즉, Ⅱ.에서 파생결합증권의 개요를 설명하고, Ⅲ.에서는 「자본시장과 금융투자업에 관한 법률」(이하 "자본시장법"이라 한다)상 파생결합증권

있으나 이 글에서는 논의의 편의를 위해 보편적으로 쓰이는 DLS라는 표현을 그대로 사용하기로 한다.

6 '파생결합증권'은 자본시장법과 금융투자업에 관한 법률(이하 '자본시장법')의 6가지 증권 중 한 가지 유형이다. '파생결합증권'에는 ELS, DLS, ELW의 상품이 존재하지만, 본 논문에서는 ELS와 DLS에 초점을 맞추어 논의를 하였다. 본 논문에서 자본시장법상 ELS와 DLS에 대해 논의할 경우에는 '파생결합증권'이라는 용어를 사용하였고, 상품 자체에 대해 논의할 때는 'ELS·DLS'라는 용어를 사용하였다. 용어에 혼용된 사용은 이러한 이유임을 밝혀둔다.

7 금융투자협회 홈페이지(http://www.kofia.or.kr).

8 델타헤지란 주식 등 기초자산의 가격변동에 따라 금융파생상품 가격이 달라지는 데 따른 위험을 제거하는 헤지방법 중 하나이다. 예컨대 코스피200 콜옵션을 매도한 투자자가 반대의 포지션을 취하기 위해 코스피200 지수에 편입된 종목의 주식을 사거나 코스피200 선물을 매입하는 형식의 헤지거래를 의미한다. 좀 더 자세히 설명하자면 헤지 기간 동안 옵션의 계약 수를 탄력적으로 변화시켜 헤지 성과를 달성하는 전략적인 헤지 중 한 종류다. 일정기간 동안 기초자산의 가격변화에 영향을 받지 않는 포트폴리오를 구축하기 위해 현물의 포트폴리오와 함께 옵션의 포지션을 지속적으로 변화시켜 현물 포트폴리오의 손익과 옵션 포지션의 손익이 서로 상쇄되도록 하는 방법이다(네이버 지식백과 참조, http://terms.naver.com).

의 공시규제와 투자권유관련 규제에 대해 알아보기로 한다. Ⅳ.에서는 개정 자본시장법상 금융소비자보호에 관련하여 몇 가지 논의를 진행한 후 Ⅴ.에서는 파생결합증권 관련 금융소비자보호의 문제점과 개선방안을 상세히 검토해 보기로 한다. 마지막으로 Ⅵ.에서는 모든 논의를 정리하여 결론에 갈음하기로 한다.

Ⅱ. 파생결합증권의 개요

1. ELS와 DLS의 법적 개념

(1) ELS의 법적 개념

ELS(Equity-Linked Securities)는 주가연계증권이라 불리우며 자본시장법상 파생결합증권의 한 종류이다. 자본시장법상 파생결합증권이란 "기초자산[9]의 가격·이자율·지표·단위 또는 이를 기초로 하는 지수 등의 변동과 연계하여 미리 정하여진 방법에 따라 지급하거나 회수하는 금전 등이 결정되는 권리가 표시된 것"[10]을 말한다(법 제4조 제7항).[11] ELS는 유가증권시장, 코스닥시장 또는 이와 유사한 시장으로서 외국에 있는 시장에서 매매되는 특정 주권의 가격이나 주가

---

9 '기초자산'이란 금융투자상품, 통화(외국의 통화를 포함한다), 일반상품(농산물·축산물·수산물·임산물·광산물·에너지에 속하는 물품 및 이 물품을 원료로 하여 제조하거나 가공한 물품, 그 밖에 이와 유사한 것을 말한다), 신용위험(당사자 또는 제3자의 신용등급의 변동, 파산 또는 채무재조정 등으로 인한 신용의 변동을 말한다), 그 밖에 자연적·환경적 현상 등에 속하는 위험으로서 합리적이고 적정한 방법에 의하여 가격·이자율·지표·단위의 산출이나 평가가 가능한 것의 어느 하나에 해당하는 것을 말한다(제4조 제10항).

10 다만, 다음 각 호의 어느 하나에 해당하는 것은 제외한다. 1. 발행과 동시에 투자자가 지급한 금전등에 대한 이자, 그 밖의 과실(果實)에 대하여만 해당 기초자산의 가격·이자율·지표·단위 또는 이를 기초로 하는 지수 등의 변동과 연계된 증권, 2. 제5조 제1항 제2호에 따른 계약상의 권리(제5조 제1항 각 호 외의 부분 단서에서 정하는 금융투자상품은 제외한다), 3. 해당 사채의 발행 당시 객관적이고 합리적인 기준에 따라 미리 정하는 사유가 발생하는 경우 주식으로 전환되거나 그 사채의 상환과 이자지급 의무가 감면된다는 조건이 붙은 것으로서 제165조의11 제1항에 따라 주권상장법인(「은행법」 제33조 제1항 제2호 또는 제3호에 따라 해당 사채를 발행할 수 있는 자는 제외한다)이 발행하는 사채, 3의2. 「은행법」 제33조 제1항 제2호부터 제4호까지의 규정에 따른 상각형 조건부자본증권, 은행주식 전환형 조건부자본증권 및 은행지주회사주식 전환형 조건부자본증권, 4. 「상법」 제469조 제2항 제2호, 제513조 및 제516조의2에 따른 사채, 5. 그 밖에 제1호부터 제3호까지, 제3호의2 및 제4호에 따른 금융투자상품과 유사한 것으로서 대통령령으로 정하는 금융투자상품

11 이하 "법", "시행령", "시행규칙"은 자본시장법을 의미한다.

지수의 수치의 변동과 연계하여 주권의 매매나 금전을 수수하는 거래를 성립시킬 수 있는 권리를 표시하는 것을 말한다.[12] 쉽게 설명하면 ELS는 코스피200지수, 일본Nikkei225지수, HSCEI(홍콩항셍지수)지수, S&P500지수, 삼성전자 보통주식, 현대자동차 보통주식 같은 주식의 가격에 연동된 증권으로서 지수나 주식의 가격이 변동함에 따라 수익이 나기도 하고 손실이 나기도 하는 상품을 의미한다. 파생결합증권은 문자 그대로 파생상품의 위험이 결합된 금융투자상품이다. 이 경우 파생상품적인 요소를 어느 정도까지 반영할 수 있는가, 달리 말하면 파생결합증권과 파생상품을 구별하는 기준은 무엇인지가 문제된다. 자본시장법상 그 기준은 "투자자가 취득과 동시에 지급한 금전 외에 어떠한 명목으로든지 추가로 지급의무를 부담하는가 하지 않는가"에 달려 있다. 즉 추가지급의무가 부존재하는 범위까지는 증권이고 추가지급의무가 생기는 순간 파생상품으로 보게 된다.[13] [14]

---

12 2003년 2월 24일에 舊증권거래법시행령상 도입된 주가연계증권과 내용적으로 동일하다. "총리령이 정하는 기준에 따라 발행하는 증권이나 증서로서 유가증권시장·코스닥시장 또는 이와 유사한 시장으로서 외국에 있는 시장에서 매매되는 특정주권의 가격이나 주가지수의 수치의 변동과 연계하여 주권 또는 금전(그 주권·증권 또는 증서의 가치에 상당하는 금전을 말한다)의 지급청구권을 표시하는 증권 또는 증서"(구증권거래법 시행령 제2조의3 제7호), 다만 구증권거래법과는 달리 그 대상이 되는 기초자산의 범위를 매우 확대하고 있으며, 자본시장법상 금융투자상품의 입법취지에 맞게 포괄주의의 관점에서 정의되고 있다.

13 김건식·정순섭, 「자본시장법 제3판」(두성사, 2013), 66~67면.

14 이러한 견해에 대한 반대의견은, 증권과 파생상품의 개념을 추가지급의무를 기준으로 나누어서는 곤란하다고 주장한다. 왜냐하면 파생상품 중 일반적인 선도거래나 옵션거래의 매수자 및 스왑거래 등에서는 거래구조상 추가지급의무가 존재하는 경우를 찾아보기 어렵다는 점 때문이다. 결국 추가지급의무를 기준으로 파생결합증권과 파생상품을 구분 지을 경우 파생상품의 개념에 혼란을 줄 수 있기 때문에 이러한 구분보다는, 파생결합증권을 파생상품과 채무증권으로 요소별로 규제하는 방안이 필요하다고 주장한다. 이에 관해서는 류혁선, "파생상품의 법적 개념에 관한 소고", 「증권법연구」 제12권 제1호(증권법학회, 2011. 4), 29~31면 참조.

〈표 1〉 ELS(DLS)·ELF·ELT·ELD 상품간 비교

구분	ELS(DLS)	ELF	ELT	ELD
영문명칭	Equity Linked Securities	Equity Linked Fund	Equity Linked Trust	Equity Linked Deposit
법적 근거	파생결합증권(자본시장법 7조②)	증권집합투자기구(자본시장법 229조 제1호)	특정금전신탁(자본시장법시행령 103조 제1호)	주가연계예금(은행법 18조 2항 2호)
상품구조	기초자산인 주가지수, 개별주식 가격에 연동하여 제시한 수익률 실현	집합투자재산으로 ELS 매입	특정금전신탁재산을 위탁자가 지정한 특정 ELS에 운용	증권사 발행 주가지수 연계 ELS상품을 결합시킨 정기예금
운용기관	증권·장외파생상품 투자매매업자	집합투자업자	위탁자의 지정에 따라 신탁업자가 운용	은행기관
판매기관 (2012.6월말 기준)	증권사(22)	은행(18), 증권사(31), 보험사(6)	은행(11), 증권사(15), 보험사(2)	은행(8)
판매기관 파산시 원금보장 여부	무담보 채권과 동일함(보장이 안 됨)	수탁회사가 원금과 이자를 보장함, 반면 발행회사의 신용위험은 존재함(발행회사의 파산시에는 투자자에게 위험이 전가됨)	무담보 채권과 동일함(보장이 안됨), 투자회사의 신용위험까지 부담함	예금자보호법에 의해 원금은 보호됨(5천만원 한도)

출처: 금융감독원 보도자료, "고령자앞 ELS 관련상품 판매현황 및 보호방안"(2012. 11. 30) 붙임자료를 수정 보완.

ELS, ELF(Equity Linked Fund, 주가연계펀드), ELT(Equity Linked Trust, 주가연계신탁), ELD(Equity Linked Deposit, 주가연계예금)는 모두 ELS를 기초로 하는 상품이라는 공통점이 있지만, 법적인 근거나, 상품구조, 운용기관, 판매기관, 판매기관의 파산시 원금보장 여부 등 많은 차이점이 있다. 최근 은행에서 ELT를 통해 ELS를 판매하면서 규제차익이 발생하였다. 금융당국도 이 문제를 해결하기 위하여 특정금전신탁에 대한 규제차익 해소를 위한 조치를 취하였다.[15] [16]

15 금융위원회, 보도자료, "특정금전신탁의 운용현황 및 정책방향"(2013. 4. 11) 주요내용으로

하지만 특정금전신탁의 경우 구체적으로 운용방법을 개인투자자가 위탁자로서 '지시'하였다는 형식적 기준에 초점을 두어 투자자보호 조치와 수준을 판단하기보다는 '투자위험'의 정도를 기준으로 결정하는 것이 진정한 보호 및 상품과 산업 및 시장에 대한 신뢰를 담보할 수 있을 것으로 보인다. 이미 자본시장법이 금융투자상품의 '투자위험'을 기준으로 규제수위를 달리하는 것이 규제철학이고 동법 제정의 출발점이었음을 상기할 필요가 있다.[17]

(2) DLS의 법적 개념

DLS(Derivatives－Linked Securities)는 일반적으로 '협의의 파생결합증권'이라고 불리우며 자본시장법상 파생결합증권의 한 종류이다. 따라서 ELS와 법적인 개념은 동일하게 "기초자산의 가격·이자율·지표·단위 또는 이를 기초로 하는 지수 등의 변동과 연계하여 미리 정하여진 방법에 따라 지급하거나 회수하는 금전등이 결정되는 권리가 표시된 것"을 말하나(법 제4조 제7항), DLS는 주가만을 기초자산으로 하는 주식워런트증권(ELW)과 주가연계증권(ELS)을 제외한 다른 형태의 자산을 기초자산으로 하는 파생결합증권을 말한다.[18] 즉 ELS와 DLS

는 ① ELS 등이 특정금전신탁을 통해 다수 투자자에게 분할 편입되는 경우 실질은 공모이지만, 형식상 사모에 해당하여 증권신고서를 미제출하는 규제 차익이 있었다. 이에 대한 개선방법으로 특정금전신탁에 편입되는 증권의 투자자가 50인 이상인 경우 증권신고서 제출을 의무화하게 하였다. ② 투자매매업자·중개업자와 달리 신탁업자는 설명서 교부의무가 없고, 고위험의 CP, PF ABCP를 편입하면서 추가 비용부담이 없음에도 높은 신탁 보수를 취득하였다. 이에 대한 개선 방법으로는 상품설명서 교부를 의무화하고, 계약 설명서 표준안을 제시하게 하였다. ③ 일반투자자에게 파생상품, 파생결합증권(ELS)을 판매시 투자 적정성을 파악해야 하지만, 신탁상품으로 편입 시 "적정성 원칙"이 미적용된다. 또한 파생상품 등을 판매시 투자권유자의 자격이 제한되나, 신탁의 경우 파생상품 등을 제한없이 편입하는 계약 체결 가능하게 된다. 이에 대한 개선 방법으로는 (ㄱ) 적정성 원칙의 적용을 명확히 하는 것이다. 파생상품 등에 대한 투자가 부적정한 개인투자자에게 투자위험을 고지하는 등 보호장치를 강화하였다. (ㄴ) 투자권유의 자격을 제한하였다. (ㄷ) 파생상품이 편입된 신탁계약 체결 권유시 파생상품 투자권유자문인력을 사용하는 것을 의무화하였으며, (ㄹ) 일반투자자에 대한 불완전판매 소지를 원천적으로 차단하기 위해 최소 가입 금액(4,800만원) 설정하였다.

16 그 이후 금융감독원에서는 전 업권(은행, 보험, 증권 등)의 신탁채널을 대상으로 투자위험 등에 대해 충분한 설명 여부 등을 점검하여 불완전판매가 적발된 금융회사에 대해서는 불이익을 부여하였다(금융감독원 보도자료, "파생결합증권 발행현황과 대응방안", 2015. 8. 27).

17 안수현, "특정금전신탁의 금융상품화 진화에 따른 법적 과제－투자자 보호를 중심으로", 2013 한국민사법학회, 비교사법학회, 재산법학회 공동학술대회자료(2013. 6), 34면.

18 남길남, "파생결합증권의 개념 정립과 주요이슈", 「증권금융」 제309호(한국증권금융, 2009. 3), 각

의 차이는 기초자산의 차이로 ELS는 주식이나 지수를 기초자산으로 하는 것에 반해 DLS는 환율, 원자재, 신용도, 금리, 농산물 등을 기초자산으로 한다.

2. ELS와 DLS의 시장 현황과 시장구조

(1) ELS의 시장현황

2016년 7월말 기준 ELS 미상환잔액은 67.7조원으로 2013년 7월말 36.9조원보다 100% 증가하였으며 2011년 말 26조원보다 160%, 2010년 말 17.3조원보다 290% 증가한 수치이다. 이는 2010년부터 2016년까지 ELS 시장이 매년 약 21% 성장하였으며 2013년 3월 자본시장연구원 보고서의 ELS·DLS 시장 80조원을 뛰어넘는 결과이다.[19] 2015년 중반까지 매달 6조원에서 10조원까지 ELS가 발행되었지만 2015년말 홍콩지수 폭락과 2016년 브렉시트로 인해 매달 발행액이 2조원대로 줄었다. 하지만 큰 이변이 없는 한 초저금리 시대에 앞으로도 ELS·DLS 시장은 계속해서 성장할 것으로 예상된다.

[그림 1] ELS 월별 미상환잔액 현황

단위: 백만원

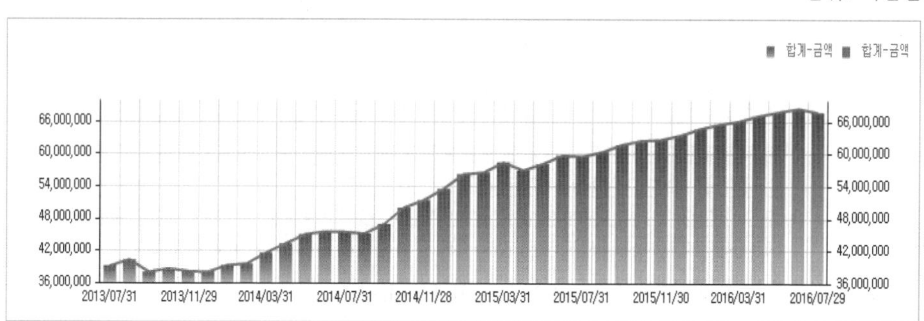

출처: 금융투자협회 자본시장시장통계자료, 2016. 8. 28(http://www.kofia.or.kr).

주2).

19 이효섭·김지태, "한국 ELS/DLS 시장의 건전한 성장을 위한 방안", 「이슈&정책」(자본시장연구원, 2013. 3), 5면.

(2) DLS의 시장현황

2016년 7월말 기준 DLS의 미상환잔액은 32조원으로 2013년 6월말 20.5조원보다 56% 증가하였고, 2011년말 8.4조원보다 280%, 2010년 말 5.3조원보다 500% 증가하였다. DLS는 2010년부터 2016년까지 매년 약 35% 증가하여 ELS보다 다소 큰 폭으로 시장이 성장하였다. 파생결합증권(ELS, DLS) 발행금액 대비 DLS가 차지하는 비중은 2010년 22.9%, 2011년 27.0%, 2012년 33.%, 2013년 30.7%, 2014년 33.4%, 2015년 33%, 2016년 32.2로 최근 들어 약33%로 수렴하고 있다. 발행금액은 ELS 시장과는 달리 2015년 원유가의 급락에도 줄지 않고 매달 2조원이 발행되고 있다.

[그림 2] DLS 월별 미상환잔액 현황

단위: 백만원

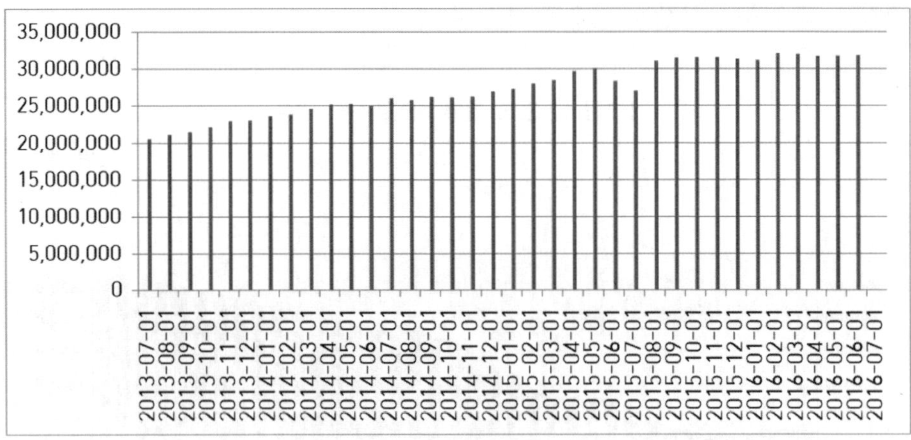

출처: 금융투자협회 자본시장시장통계자료, 2016. 8. 28(http://www.kofia.or.kr).

(3) ELS와 DLS의 시장구조

ELS·DLS의 시장구조는 크게 증권회사가 직접 발행하는 구조와 외국계 금융기관과 백투백(Back to Back) 거래를 통해 간접적으로 발행하는 구조로 나뉜다. ELS·DLS 발행 초기에는 주로 외국계 금융기관과 백투백거래를 통해 발행하는 것이 일반적이었으나, 최근에는 많은 증권회사가 ELS·DLS를 직접 발행하고 있다. 발행은 공모와 사모로 나뉘며 공모와 사모의 기준은 50인 이상에게 발행하면 공모가 되고 그 미만은 사모로 발행하게 된다. ELS·DLS를 공모로 발행하게 되면 복잡한 공시의무를 지켜야 하기 때문에 공모와 사모의 구별은 중요하다. 공모는 개인, 퇴직연금, 은행(특정금전)에 발행되며 사모는 개인(PB고객), 법인, 자산운용사에 발행된다. 은행과 자산운용사는 증권사로부터 발행받은 ELS·DLS를 ELT(주가연계신탁)나 ELF(주가연계펀드)로 개인과 법인에게 판매한다. 증권회사는 ELS·DLS를 발행하고 나서 한국거래소나 장외파생상품시장에 새로운 거래를 통해 ELS·DLS의 손실 위험을 헤지하게 된다. 이러한 거래를 델타헤지라고 한다.

ELS·DLS의 시장구조를 파악하면 '과연 증권회사는 어디서 이익을 얻는 것인가?' 하는 의문을 가질 수 있다. 증권회사는 ELS·DLS를 판매하기 전에 복잡한 공학적 계산에 의해 ELS·DLS의 상품가격을 매기고 그 가격에 일정한 수수료를 부과해 공모와 사모로 발행을 하게 된다. 예를 들면 증권회사가 ELS·DLS를 만들고 그 가격을 계산하였는데 95가 나왔다면 여기에 수수료 5를 더하여 100에 금융소비자에게 판매를 하게 된다. 한편, 증권회사는 ELS·DLS의 델타헤지를 통해 손실을 피할 수 있다. 그러나 ELS·DLS 상품가격의 계산을 잘못하게 되거나, 예상하지 못한 변수로 손해를 입을 가능성이 없지 않다. 최근 델타헤지를 둘러싸고 불공정거래에 대한 우려가 제기된 바 있는데, 이에 관한 문제는 Ⅴ.에서 자세히 살펴보기로 한다.

[그림 3] ELS·DLS 시장구조

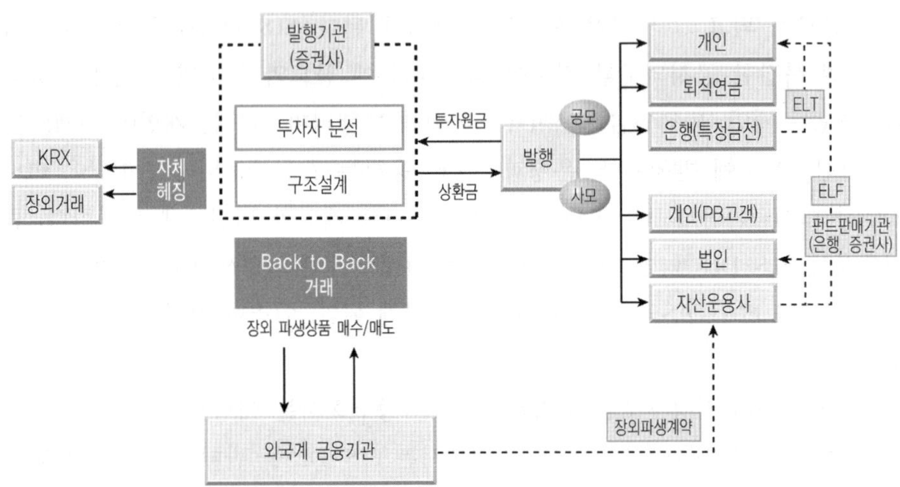

출처: 남길남·정순섭·한민, "ELS · DLS 투자자보호방안", 학술연구용역보고서(2012. 9), 70면.

〈표 2〉 ELS 발행동향

(단위 : 백만원, 건)

구분		발행실적		미상환잔고		상환현황	
		금액	건수	금액	건수	금액	건수
원금보장형	공모	231,789	99	10,973,35	2,148	465,951	160
	사모	120,526	63	6,487,342	2,208	510,447	143
원금비보장형	공모	1,338,836	535	30,956,526	8,894	1,422,115	544
	사모	930,092	438	19,376,121	8,836	997,073	443
소계	원금보장형	1,570,625 (59.9%)	307	41,929,885 (61.8%)	11,042	1,888,066	704
	원금비보장형	1,050,618 (40.1%)	947	25,863,464 (38.2%)	11,044	1,507,520	586
합계		2,621,243	1,135	67,793,349	22,086	3,395,586	1,290

* 금융투자협회, 2016년 8월말 자료(http://www.kofia.or.kr).

〈표 3〉 DLS 발행동향

(단위 : 백만원, 건)

구분		발행실적		미상환잔고		상환현황	
		금액	건수	금액	건수	금액	건수
원금보장형	공모	322,315	56	1,762,647	487	129,368	46
	사모	817,209	62	11,862,384	1,108	114,163,694	157
원금비보장형	공모	160,448	90	,138,801	1,227	285,107	128
	사모	1,311,276	155	15,447,179	1,243	879,478	102
소계	원금보장형	482,763 (18.5%)	154	4,901,448 (15.2%)	1,714	414,475	174
	원금비보장형	2,128,485 (81.5%)	217	27,309,563 (84.8%)	2,351	115,043,172	259
합계		2,611,248	371	32,211,010	4,065	115,0457,647	433

* 금융투자협회, 2016년 8월말 자료(http://www.kofia.or.kr).

(4) 원금보장형 ELS·DLS와 원금비보장형 ELS·DLS의 위험의 종류

개정 자본시장법에 따르면 원금보장형 ELS·DLS는 자본시장법상 채무증권으로 분류된다(제4조 제3항). 그러나 원금보장형 ELS·DLS도 경제적인 측면에서는 여전히 파생상품(옵션)과 채무증권이 결합된 증권이다. <표 2>와 <표 3>에서 알 수 있듯이 우리나라는 원금보장형 ELS는 60%, 원금비보장형 ELS는 40% 정도의 점유율을 가지고 있고 원금보장형 DLS는 18%, 원금비보장형 DLS는 82% 정도의 점유율을 가지고 있다. 우리나라 ELS·DLS 시장은 통계에서 나타나듯이 원금보장형 ELS와 원금비보장형 DLS가 비율상 많이 발행되고 있다. 2013년의 통계에서는 원금비보장형 ELS가 70%였던 것에 비해 원금보장형이 60%로 많이 발행되었고, 2013년 원금비보장형 DLS는 60%였던 것이 80%로 더욱 많이 발행되었다. 이런 통계의 변화는 2015년 말부터 2016년 초까지 홍콩항생지수 폭락과 2016년 6월 브렉시트 유로지수 폭락으로 인한 시장불안정이 일반투자자의 보수적인 ELS 투자수요에 반영된 것으로 보이며, 반면 원유가격 폭락과 같은 원자재가격 하락에도 불구하고 원금비보장형 DLS의 증가는 흥미로운 결과이며 이것은 DLS 기본상품속성상 초저금리로 투자처가 부족한 고위험 투자자들의 수요가 더욱 증가된 결과로 생각된다. 이러한 결과는 상품에 대한 정보비대칭이 있는 상황에서 정보수집과 분석능력이 열악한 금융소비자에게 투자위험이 노출되어 있는 점에서 검토의 여지가 있다. 즉 금융소비자는 원금보장형 ELS·DLS와 원금비보장형 ELS·DLS를 구입할 때 부담하게 되는 위험이 무엇인지를 명확히 알 필요가 있다. 원금보장형으로 상품이 출시되는 이유는 투자원금을 안전한 국채나 초우량 회사채를 구입하고 여기서 나오는 이자를 파생상품에 투자하여 이익을 내는 상품구조를 띠기 때문이다. 그러나 이러한 구조라고 해서 위험이 전혀 없는 것은 아니다. 국채나 초우량 회사채라고 평가받았다 하더라도 시장상황은 급변할 수 있기 때문이다. 또한 발행회사의 신용위험은 여전히 존재한다. 발행회사가 파산하게 된다면 ELS·DLS는 무담보채권과 같은 순위에 놓여서 원금을 돌려받지 못할 수 있다. 원금비보장형 ELS·DLS의 경우 계약상 조건이 성취되지 못할 경우 약속된 비율만큼 원금에 손해가 발생한다.[20]

Ⅲ. 자본시장법상 파생결합증권의 공시규제와 투자권유관련 규제

1. 의 의

규제기법상 자본시장법은 기능별 규제를 취하고 있다. 기능별 규제란 금융기관의 종류와 관계없이 금융기관이 수행하는 업무의 경제적 기능이나 성질을 기초로 규제하는 것을 의미한다. 자본시장법상 기능별 규제는 다음과 같은 내용으로 이루어진다. 첫째, 금융투자상품, 금융투자업, 투자자를 경제적 실질에 따라 재분류한다. 둘째, 금융기능을 금융투자상품(증권·파생상품), 금융투자업(투자매매업·투자중개업·집합투자업·투자자문업·투자일임업·신탁업), 투자자(전문투자자·일반투자자)를 기준으로 분류한다. 셋째, 각 금융기능에 대하여 진입규제, 건전성 규제, 영업행위 규제를 각각 적용한다.[21]

---

20 2013년 중 상환된 ELS 원금 41.3조원 중 손실상환된 원금은 1.3조원으로 손실상환 비중이 3.2%이었고(손실상환 비중=손실상환된 원금(1.3조원)/전체 상환원금(41.3조원)), 2014년 중 상환된 ELS 원금 55.1조원 중 손실상환된 원금은 3.6조원으로 손실상환 비중이 6.5%에 달하여 전년대비 3.3%p 증가하였다. 2014년 중 손실상환된 원금도 전년 대비 2.3조원 증가하였다(금융감독원 보도자료, "최근 주가연계증권(ELS)의 주요특징 및 투자자 유의사항", 2015. 5. 6).

21 김건식·정순섭, 앞의 책, 48면.

이 원칙에 따라 파생결합증권을 분류하면 증권(파생결합증권), 투자매매업, 일반·전문투자자(1－1－1, 1－1－2)가 된다. 다만 지분증권(지분증권과 관련된 증권예탁증권을 포함한다)의 가격이나 이를 기초로 하는 지수의 변동과 연계된 파생결합증권과 그 외의 파생결합증권으로서 발행과 동시에 투자자가 지급한 금전 등에 대한 이자 등 과실뿐만 아니라 그 금전등도 해당 기초자산의 가격·이자율·지표·단위 또는 이를 기초로 하는 지수 등의 변동과 연계된 파생결합증권의 발행을 위해서는 장외파생상품, 투자매매업, 일반·전문투자자(1－3－1, 1－3－2)의 인가를 별도로 받아야 한다(자본시장법 시행령 별표1 비고1). 따라서 ELS·DLS의 진입규제와 건전성규제는 증권에 대한 규제와 함께 장외파생상품에 대한 규제를 함께 받는다. 이하에서는 먼저 자본시장법상 공모시 공시규제를 살펴본 후, 영업행위규제 중 투자권유관련 규제에 대해 살펴보겠다.

2. 자본시장법상 파생결합증권 공모시 공시규제

자본시장법상 파생결합증권을 10억원[22]이상 모집 또는 매출(대통령령으로 정하는 방법에 따라 산정한 모집가액 또는 매출가액 각각의 총액이 대통령령으로 정하는 금액 이상인 경우에 한한다)을 하기 위해서는 발행인이 그 모집 또는 매출에 관한 신고서를 금융위원회에 제출하여 수리되지 아니하면 이를 할 수 없다(법 제119조 제1항).

증권신고서의 주요기재 사항으로는 모집 또는 매출에 관한 사항과 발행인에 관한 다음의 사항이 있다. 법 제119조 제5항에 따른 대표이사 및 신고업무를 담당하는 이사의 제124조 각 호의 사항에 대한 서명, 모집 또는 매출에 관한 사항으로는 일반사항, 증권의 권리내용, 증권의 취득에 따른 투자위험요소, 증권의 기초자산에 관한 사항(파생결합증권의 경우만 해당한다), 증권에 대한 인수인의 의견(인수인이 있는 경우만 해당한다), 주권비상장법인(설립 중인 법인을 포함한다)이 인수인의 인수 없이 지분증권(지분증권과 관련된 증권예탁증권을 포함한다)

---

22 10억원의 계산은 “모집 또는 매출하려는 증권의 모집가액 또는 매출가액과 해당 모집일 또는 매출일부터 과거 1년 동안 이루어진 증권의 모집 또는 매출로서 그 신고서를 제출하지 아니한 모집가액 또는 매출가액[소액출자자(그 증권의 발행인과 인수인은 제외한다)가 제178조에 따른 장외거래 방법에 따라 증권을 매출하는 경우에는 해당 매출가액은 제외한다] 각각의 합계액이 10억원 이상인 경우”를 말한다(자본시장법시행령 제120조 제1항 제1호).

의 모집 또는 매출(이하 "직접공모"라 한다)에 관한 신고서를 제출하는 경우에는 금융위원회가 정하여 고시하는 요건을 갖춘 분석기관의 평가의견, 자금의 사용목적 등이 있다. 발행인에 관한 사항으로는 회사의 개요, 사업의 내용, 재무에 관한 사항, 회계감사인의 감사의견, 이사회 등 회사의 기관 및 계열회사에 관한 사항, 주주에 관한 사항, 임원 및 직원에 관한 사항, 이해관계자와의 거래내용 등이 있다(시행령 제125조 제1항).

원칙적으로 파생결합증권의 증권신고서는 발행할 때마다 금융위원회에 승인을 받아야 한다. 또한 금융위원회가 증권신고서를 수리한 날로부터 15일이 경과한 후에 효력이 발생한다(시행규칙 제12조 제1항 제4호). 그러나 증권회사가 매번 증권신고서를 금융위원회에 승인을 받고 15일 동안 발행을 하지 못한다면 영업을 하는데 지장이 있다. 때문에 매출기간을 단축하고 발행편의를 도모할 수 있는 일괄신고서를 이용할 수 있도록 하였다(시행령 제121조 제1항 제4호). 일괄신고서는 증권의 종류, 발행예정기간, 발행횟수, 발행인의 요건 등을 고려하여 대통령령으로 정하는 기준과 방법에 따라 일정기간 동안 모집하거나 매출할 증권의 총액을 일괄하여 기재한 신고서(이하 "일괄신고서"라 한다)를 금융위원회에 제출하여 수리된 경우에는 그 기간 중에 그 증권을 모집하거나 매출할 때마다 제출하여야 하는 신고서를 따로 제출하지 아니하고 그 증권을 모집하거나 매출할 수 있다(법 제119조 제2항). 일괄신고서의 발행예정기간은 일괄신고서의 효력발생일로부터 2개월 이상 1년 이내의 기간이며, 발행예정기간 중 3회 이상 증권을 발행하여야 한다(시행령 제120조 제2항 제3항).

3. 자본시장법상 투자권유관련 규제

(1) 적합성의 원칙

자본시장법상 적합성의 원칙은 '투자권유'가 있는 경우에만 적용된다. "투자권유"란 특정 투자자를 상대로 금융투자상품의 매매 또는 투자자문계약·투자일임계약·신탁계약(관리신탁계약 및 투자성 없는 신탁계약을 제외한다)의 체결을 권유하는 것을 말한다(법 제9조 제4항).

적합성의 원칙의 구체적인 내용은 세 가지로 다음과 같다. ① 금융투자업자는 투자자가 일반투자자인지 전문투자자인지의 여부를 확인하여야 한다(법

제46조 제1항). ② 금융투자업자는 일반투자자에게 투자권유를 하기 전에 면담·질문 등을 통하여 일반투자자의 투자목적·재산상황 및 투자경험 등의 정보를 파악하고, 일반투자자로부터 서명(「전자서명법」 제2조 제2호에 따른 전자서명을 포함한다. 이하 같다), 기명날인, 녹취, 그 밖에 대통령령으로 정하는 방법으로 확인을 받아 이를 유지·관리하여야 하며, 확인받은 내용을 투자자에게 지체 없이 제공하여야 한다(법 제46조 제2항). ③ 금융투자업자는 일반투자자에게 투자권유를 하는 경우에는 일반투자자의 투자목적·재산상황 및 투자경험 등에 비추어 그 일반투자자에게 적합하지 아니하다고 인정되는 투자권유를 하여서는 아니된다(법 제46조 제3항). 이러한 적합성의 원칙은 파생결합증권을 판매할 때에도 반드시 지켜야 한다.

적합성 판단방식과 관련한 금융투자협회의 "2016 표준투자권유준칙"에 의하면, 금융투자회사는 장외파생상품 이외의 파생결합증권을 포함한 파생상품 등에 대한 투자권유를 하는 경우 동 준칙의 적합성 판단 방식 이외에 다음 사항을 추가로 참고하여 동 준칙의 투자권유기준을 정하도록 하고 있다. 먼저, 70세 이상을 고령투자자로 정의하고, 그중 80세 이상은 보다 강화된 판매절차를 적용하는 초고령투자자로 정의한다. 고령투자자는 가족(또는 조력자)이 동행해야 파생결합증권 등 파생 금융상품에 투자할 수 있다. 금융투자회사는 초고령투자자에게 파생결합증권 등 파생금융상품에 투자권유 및 판매를 자제해야 하며, 만약 초고령투자자의 가족(또는 조력자)이 동행하여 판매할 경우 숙려기간(1일)을 주어야 한다.[23]

(2) 적정성의 원칙

적합성의 원칙은 일반투자자를 대상으로 투자권유를 할 경우에만 적용된다. 투자권유를 수반하지 않는 경우에는 적합성 원칙은 적용되지 않는다. 이와 관련하여 영국에서는 투자권유가 없거나 투자자가 희망하는 상품을 지정해온 이른바 주문집행거래(execution only)의 경우에도 일종의 적합성과 유사한 판단이 필요하다는 적정성의 원칙을 도입한 바 있다.[24]

이를 모델로 자본시장법은 2009년 1월 개정시에 적정성의 원칙을 도입하였

23 금융투자협회, "표준투자권유준칙", 2016. 6. 27(http://www.kofia.or.kr).

24 김건식·정순섭, 앞의 책, 775면.

다. 내용은 다음과 같다. ① 금융투자업자는 일반투자자에게 투자권유를 하지 아니하고 파생상품, 그 밖에 대통령령으로 정하는 금융투자상품(이하 "파생상품 등"이라 한다)을 판매하려는 경우에는 면담·질문 등을 통하여 그 일반투자자의 투자목적·재산상황 및 투자경험 등의 정보를 파악하여야 한다(법 제46조의2 제1항). ② 금융투자업자는 일반투자자의 투자목적·재산상황 및 투자경험 등에 비추어 해당 파생상품 등이 그 일반투자자에게 적정하지 아니하다고 판단되는 경우에는 대통령령으로 정하는 바에 따라 그 사실을 알리고, 일반투자자로부터 서명, 기명날인, 녹취, 그 밖에 대통령령으로 정하는 방법으로 확인을 받아야 한다(법 제46조의2 제2항). 증권회사는 ELS·DLS를 판매할 때 적정성의 원칙을 준수하여야 한다(시행령 제52조의2 제1항 제1호). 또한 파생상품 등에 운용하는 금전신탁계약의 수익증권도 적정성의 원칙을 추가하도록 자본시장법이 2014년 8월 개정되었다(시행령 제52조의2 제1항 제5호).

(3) 설명의무

자본시장법은 종래 민법상 계약당사자 간의 보호의무를 근거로 인정되고 있는 설명의무를 명시적으로 규정하여 증권회사는 파생결합증권을 판매할 때 설명의무를 준수하여야 한다. 설명의무의 내용은 다음과 같다. ① 금융투자업자는 일반투자자를 상대로 투자권유를 하는 경우 금융투자상품의 내용, 투자에 따르는 위험, 그 밖에 대통령령으로 정하는 사항을 일반투자자가 이해할 수 있도록 설명하여야 한다(법 제47조 제1항). ② 설명한 내용을 일반투자자가 이해하였음을 서명, 기명날인, 녹취, 그 밖의 대통령령으로 정하는 방법 중 하나 이상의 방법으로 확인을 받아야 한다(법 제47조 제1항). ③ 금융투자업자는 이러한 설명을 함에 있어서 투자자의 합리적인 투자판단 또는 해당 금융투자상품의 가치에 중대한 영향을 미칠 수 있는 사항(이하 "중요사항"이라 한다)을 거짓 또는 왜곡(불확실한 사항에 대하여 단정적 판단을 제공하거나 확실하다고 오인하게 할 소지가 있는 내용을 알리는 행위를 말한다)하여 설명하거나 중요사항을 누락하여서는 아니된다(법 제47조 제3항).

설명의무를 위반한 경우에는 일반적인 행정제재 이외에 일종의 민사제재로서 손해배상책임이 추정된다(동법 제48조 제1항). 이 경우 자본시장법은 설명의무 위반의 존재만 입증하면 손해의 발생과 손해액, 그리고 의무위반과 손해

사이의 인과관계는 추정되는 것으로 하고 있다(법 제48조 제2항).

그러나 설명 정도에 관하여 구체적으로 어느 정도까지 설명하면 투자자가 '이해할 수 있도록' 설명한 것으로 인정될 수 있는지에 대한 명확한 기준은 마련되어 있지 않다. 특히 ELS·DLS와 같은 복잡한 구조의 상품에 대해 어느 정도 설명을 하여야 금융소비자가 이해할 수 있도록 설명을 받았는지 여부는 어려운 문제이다. 대법원 판결은 '고객에게 어느 정도의 설명을 하는지는 투자 대상인 상품의 특성 및 위험도의 수준, 고객의 투자 경험과 능력 및 기관투자자인지 여부 등을 종합적으로 고려하여야 한다'고 하였다.[25]

설명의무와 관련하여 독일 연방대법원은 설명의무의 정도에 있어서 '은행과 본질적으로 동일한 정도의 정보와 지식수준을 투자자가 가질 수 있는 정도의 조언의무'라는 기준을 제시한 바 있다.[26] 관련내용을 보면, "CMS 스프레드 래더 스왑계약과 같이 매우 복잡한 투자상품에 대한 투자에 관한 한, 투자자가 투자설명을 듣고 자신에게 추천된 이자내기(베팅)(Zinzwette)를 받아들일 것인지 여부에 대하여 오로지 자기의 책임하에 스스로 결정을 내려야 하기 때문에, 계약의 위험과 관련하여 투자자를 조언하는 은행과 본질적으로 동일한 정도의 정보와 지식수준을 투자자가 가질 수 있도록 설명이 보장되어야 한다"는 것이다.[27]

파생결합증권과 같은 구조화상품이나 파생상품과 같은 복잡한 구조의 상품의 판매시에는 조언의무 또는 '판매자와 동일한 정도의 정보와 지식을 가질 수 있는 정도'로 설명의무를 부과하는 것이 마땅할 것으로 보인다.[28]

Ⅳ. 개정 자본시장법상 금융소비자보호에 관련된 몇 가지 논의

1. 개정 자본시장법상 원금보장형 파생결합증권에 관한 논의

Ⅲ.에서도 살펴보았듯이 파생결합증권을 발행하기 위해서는 증권에 대한

25 대법원 2006. 5. 11. 선고 2003다51057 판결.

26 박선종, "파생상품의 설명의무에 관한 연구 -국내외 최근 판결문을 중심으로-", 「증권법연구」 제12권 제2호(증권법학회, 2011), 85면.

27 박선종, 앞의 논문, 85면.

28 설명의무의 위반시 기존의 손해배상책임에서 나아가 계약의 성립을 부인할 수 있는 근거조항의 도입이 필요하다는 견해로는 박선종, 앞의 논문, 102면 참조.

투자매매업 이외에 장외파생상품에 대한 투자매매업인가를 추가로 받도록 하고 있다. 이에 따라 지분증권·파생결합증권과 비지분증권·원금비보장·파생결합증권을 일반투자자를 대상으로 발행하기 위해서는 최소자기자본이 1,400억원이 된다.[29] 이러한 규제는 파생결합증권이 장외파생상품의 요소가 포함되어 있기 때문에 금융소비자보호를 위해 증권의 투자매매업 이외에 장외파생상품에 대한 투자매매업에 대한 인가를 받은 금융투자업자로 한정한 것이다.

하지만 2013년 5월 자본시장법이 개정됨으로 인해 파생결합증권 관련규제에 변화가 생겼다. 그 내용은 ELS·DLS와 같은 파생결합증권을 원금보장형과 원금비보장형으로 나누어 원금비보장형은 기존의 규정대로 파생결합증권으로 규제가 되지만 원금보장형은 채무증권으로 분류되어 규제가 완화된다.[30][31]

때문에 원금비보장형 파생결합증권은 기존의 발행규제대로 증권의 투자매매업과 장외파생상품에 대한 투자매매업 인가를 받지만 원금보장형 파생결합증권은 채무증권으로서 증권에 대한 투자매매업 인가만 받으면 된다.[32][33]

하지만 자본시장법의 개정은 금융소비자 보호에 문제가 생길 수 있다. 왜냐하면 원금보장형 파생결합증권이라도 파생상품의 위험을 그대로 가지고 있기 때문이다. ① Ⅴ.에서 살펴보겠지만 원금보장형 파생결합증권이라도 진정한 원

---

29 자본시장과 금융투자업에 관한 법률 시행령, 별표1.

30 제4조(증권) ⑦ 이 법에서 "파생결합증권"이란 기초자산의 가격·이자율·지표·단위 또는 이를 기초로 하는 지수 등의 변동과 연계하여 미리 정하여진 방법에 따라 지급하거나 회수하는 금전등이 결정되는 권리가 표시된 것을 말한다. 다만, 다음 각 호의 어느 하나에 해당하는 것은 제외한다. <개정 2013. 5. 28>

1. 발행과 동시에 투자자가 지급한 금전등에 대한 이자, 그 밖의 과실(果實)에 대하여만 해당 기초자산의 가격·이자율·지표·단위 또는 이를 기초로 하는 지수 등의 변동과 연계된 증권

31 금융위원회에서는 '이자연계 파생결합증권'이라는 용어를 사용하고 있다.

32 제4조(증권) ③ 이 법에서 "채무증권"이란 국채증권, 지방채증권, 특수채증권(법률에 의하여 직접 설립된 법인이 발행한 채권을 말한다. 이하 같다), 사채권(「상법」 제469조 제2항 제3호에 따른 사채의 경우에는 제7항 제1호에 해당하는 것으로 한정한다. 이하 같다).

33 상법상 파생결합사채 중 원금이 보장되는 구조인 것은 자본시장법상 채무증권에 해당하게 되는데 현행 자본시장법상 원금보장형 파생결합증권은 상법상 파생결합사채에 포섭되므로, 결국 현행법상 파생결합증권 중 원금보장형은 개정 자본시장법이 시행되면 법 문언상 명시적으로 개정법 신설 단서 제1호에 의해 파생결합증권에서 제외되고 개정법 신설조문 제4조 제3항에 의하여 사채권의 일종으로서 채무증권에 해당하게 된다(정재은·오영표, "개정상법 및 개정자본시장법상 파생결합증권의 취급", 「예탁결제」 제85호, 한국예탁결제원, 7면).

금보장이 아니라 중도환매를 할 경우에는 5~10% 정도의 환매수수료를 물게 된다. ② 원금보장형 파생결합증권이라 하더라도 발행회사는 위험회피를 위해 델타헤지라고 하는 장외파생상품에 거래를 하여야만 한다. 하지만 개정 자본시장법상 원금보장형 파생결합증권은 장외파생상품의 인가를 얻지 않아도 되는 채무증권이기 때문에 자칫 장외파생상품의 헤지능력이 없는 일반기업이 자금조달 목적으로 파생결합증권을 발행하여 발행회사의 신용문제로 발전할 가능성이 있다. 이러한 문제들 때문에 원금보장형 파생결합증권을 채무증권으로 분류하여 규제를 줄이는 것은 금융소비자보호가 약해질 수 있다.

따라서 주식이나 상품 등 특정 기초자산에 연계된 증권의 경우는 적절한 위험관리수단 및 계획을 가지고 있는 경우에 한하여 구조의 적정성을 감독받고 발행할 수 있도록 발행조건을 제한하는 등 보완적 규정이나 행정지도가 필요할 것으로 보인다.[34]

2. 개정 자본시장법상 일반회사가 원금보장형 파생결합증권을 발행할 수 있는지에 대한 논의[35]

개정 자본시장법상 원금보장형 파생결합증권은 채무증권으로 분류되기 때

34 위의 논문, 7~10면.

35 원금비보장형 파생결합증권의 발행에 있어 개정상법상 파생결합사채조항과 관련하여 투자매매업인가를 받은 금융투자업자만이 발행할 수 있는가? 아니면 일반기업도 발행이 가능할 것인가에 대한 논의가 있다. 이 논의는 상법이 개정되기 전에는 파생결합증권의 발행근거가 자본시장법에만 존재했고 자본시장법은 장외파생상품 취급인가를 받은 투자매매업자에 한해서만 파생결합증권의 발행을 허용하였으므로, 원칙적으로 그 외의 자는 이를 발행할 수 없고, 다만 자금조달 목적의 경우 주가연계증권이 아닌 원금보장형 파생결합증권의 경우만 예외적으로 허용되었다. 그런데 개정 상법의 파생결합사채의 도입으로 자본시장법상 발행자격을 갖춘 금융투자업자가 아닌 자(이하 “일반기업 등”)도 영업성만 없다면 상법상 파생결합사채 조항에 근거하여 자본시장법상 자금조달 목적으로도 발행이 금지된 주가연계증권이나 원금비보장형 파생결합증권을 발행할 수 있다고 보는 견해가 있다(윤영신, “2011 개정상법상 사채제도 해설”(상장사협의회), 14면, 정재은·오영표, 앞의 논문, 18면에서 재인용). 그러나 상법상 파생결합사채 규정을 통한 원금비보장형 파생결합증권에 대한 규제가 없다고 하여 자본시장법상 자금조달 목적으로 발행이 금지된 주가연계증권이나 원금비보장형 파생결합증권을 발행할 수 있다는 것은 무리한 해석이라 생각된다. 지분증권을 기초자산으로 하거나 원금까지 기초자산 가치에 연동되는 파생결합증권의 발행은 발행업무로서 자본시장법상 명백히 투자매매업에 속하므로(제7조 제1항, 시행령 제7조 제1항 1호, 2호), 상법개정에도 불구하고 투자매매업자 이외의 주식회사는 발행할 수 없다고 보아야 할 것이다.

문에 영업성만 없다면 일반기업도 자본시장법상 투자매매업 인가를 받지 않고도 자유롭게 발행이 가능하게 되었다(시행령 제7조 제1항 2호).[36] 하지만 원금보장형 파생결합증권이라 할지라도 파생상품이라는 성질이 있는 위험한 상품이라는 점에서 금융소비자보호방안이 필요하다. 홍콩의 경우 리먼브라더스의 미니본드 사건이후 적격요건(eligibility requirements)[37]이라는 기준을 만들어서 발행회사가 구조화금융상품(structured products)을 발행할 때는 이 적격요건을 충족시켜야 발행할 수 있도록 규정을 신설한 바 있다. 만약 발행회사가 적격요건을 충족시키지 못한다면 적격요건을 다시 충족시키기 전까지 구조화금융상품을 발행하지 못하게 하고 있는 것이다.[38] 우리나라에서도 비록 원금보장형 파생결합증권이라 할지라도 파생상품의 성질을 가지고 있다는 점에서 상법이나 자본시장법시행령에서 일정한 요건을 갖춘 회사(예: 파생상품을 다룰 수 있는 전문가가 있는 회사, 일정자본금 이상의 회사)에게만 자금조달을 목적으로 원금보장형 파생결합증권을 발행할 수 있도록 하는 개정이 필요하다고 본다.

Ⅴ. 파생결합증권 관련 금융소비자보호의 문제점과 개선방안

1. 불완전비교 공시문제와 개선방안

(1) 문제제기

2014년 11월부터 금융투자협회 전자공시시스템에 ELS·DLS 발행사, 발행사

---

36 **시행령 제7조(금융투자업의 적용배제)** ① 법 제7조 제1항에서 "대통령령으로 정하는 것"이란 다음 각 호의 어느 하나에 해당하는 것을 말한다.
1. 지분증권(지분증권과 관련된 증권예탁증권을 포함한다)의 가격이나 이를 기초로 하는 지수의 변동과 연계된 파생결합증권
2. 제1호 외의 파생결합증권으로서 발행과 동시에 투자자가 지급한 금전등에 대한 이자 등 과실뿐만 아니라 그 금전등도 해당 기초자산의 가격·이자율·지표·단위 또는 이를 기초로 하는 지수 등의 변동과 연계된 파생결합증권

37 적격요건 중 가장 혹독한 요건은 구조화증권을 발행하는 회사는 어떠한 징계절차를 받아서는 안된다는 조건이었다. 하지만 금융업계의 큰 반대에 부딪혀 SFC는 적격요건에 해당하는 징계절차에는 재정적인 상태에 관련된 징계, 허가받은 규제된 기업의 지위에 관련된 징계, 허가받은 규제된 활동능력에 관련된 징계로 한정하였다.

38 Alan Ewins, Catherine Husted, Juliana Lee and Joyce Woo, "The Lehman Aftermath: Hong Kong and Singapore Regulatory Reforms in the Structured Product Markets World", Capital Markets Law Journal Volume 5(Issue 3), 2010, pp.306~307.

신용등급, 상품명, 기초자산명, 발행일, 만기일, 예상연환산수익률, 청약시작일, 청약종료일, 간이투자설명서, 발행사 홈페이지 링크 등의 상품별 비교공시 서비스가 제공되고 있다.[39] 2014년 11월 이전에 금융감독원, 한국예탁결제원, 금융위원회, 금융투자협회, 신용평가회사에서 다양한 형식과 통일되지 않은 내용으로 공시되고 있던 것에서는 진일보하였다. 하지만 ELS·DLS의 여러 위험 요인들을 투자자가 알기 쉽게 일목요연하게 제공하는 부분에 있어서는 아쉬움이 남는다. 예를 들면 상품별 다양한 위험을 일목요연하게 비교공시하여 위험등급을 매기는 것과 같이 중요 정보를 금융소비자들에게 알기 쉽게 비교가능성이 있게 제공하는 것이 필요하다.

현재 ELS·DLS의 파생결합 증권신고서에는 ELS·DLS 기준가격에 영향을 미치는 요인별 위험이 명시되어 있으나, 일반투자자는 다양한 상품구조에 대한 위험 정도를 객관적으로 비교하기 어려운 실정이다.[40] ELS·DLS 투자의 주요위험은 기초자산 가격 하락에 따른 위험(델타위험), 기초자산 가격 변동에 따른 기준가격 하락속도 증가위험(감마위험), 기초자산 가격 변동성 변화에 따른 위험(베가위험), 시간경과에 따른 위험(세타위험), 이자율 수준에 따른 위험(로위험), 기초자산 간 상관관계 수준에 따른 위험 등이 존재하며, 파생결합 증권신고서에는 이러한 위험을 명시하도록 되어 있다.[41] 그러나 ELS·DLS 투자자는 다른 상품들과 해당 위험(델타위험, 감마위험, 베가위험, 세타위험등)들을 계량화된 수준을 비교하기 어려울 뿐 아니라, 산출된 위험 수준을 체감하기 어렵다.[42] 참고로 이하에서는 독일, 스위스, 오스트리아에서 활용되고 있는 EDG와 유럽에서 도입될 예정인 PRIPs에 대해서 살펴보고 시사점을 추출해보기로 한다.

(2) EDG(European Derivatives Group)

1) 의 의

유럽 파생상품 그룹으로 불리는 EDG(European Derivatives Group)에서는 독일, 스위스, 및 오스트리아의 50만 개 이상의 구조화 상품들에 대해 [그림 2]

39 금융투자협회 전자공시시스템(http://dis.kofia.or.kr/websquare/index.jsp?w2xPath=/wq/etcann/DISDLSSubscribing.xml&divisionId=MDIS04007001000000&serviceId=SDIS04007001000).

40 이효섭·김지태, 앞의 논문, 41면.

41 이효섭·김지태, 앞의 논문, 41면.

42 이효섭·김지태, 앞의 논문, 42면.

와 같이, VAR(Value at Risk)에 기초한 위험 등급을 산정하고 있다.[43] 구체적으로 10,000유로의 명목원금을 가정하여, 250유로 미만의 VAR 값이 산출되는 경우 가장 안전한 등급(Class 1)을 부여하고 있으며, VAR 수준이 1,750을 넘어서는 경우 가장 위험한 등급(Class 5)을 부여하고 있다.[44] Class 1 등급과 Class 5 등급 사이에 세 개의 등급을 두어 총 5개의 등급으로 위험등급을 산정하고 있다.[45] 또한 VAR에 기초한 위험등급 산정과 더불어, 비용, 거래, 발행회사의 신용등급,

〈표 4〉 VAR에 기초한 위험등급 분류 예시[46]

위험등급	VAR 범위	위험성향
1	0 ≤ var ≤ 250	Conservative
2	250 ≤ var ≤ 750	Moderately Conservative
3	750 ≤ var ≤ 1,250	moderate
4	1,250 ≤ var ≤ 1,750	Moderately Aggressive
5	1,750 ≤ var ≤ 10,000	Aggressive

[그림 4] EDG의 구조화상품 위험등급 산정 예시[47]

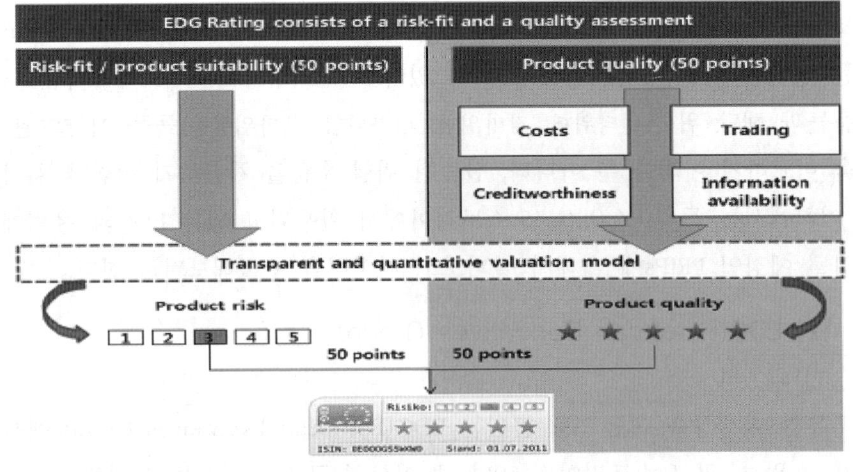

43 위의 논문, 42면.
44 위의 논문, 42면.
45 위의 논문, 42면.
46 위의 논문, 표 Ⅳ－1.
47 위의 논문, 그림 Ⅳ－1.

정보의 유용성에 따라 구조화 상품의 품질평가(Product Quality)를 수행하고 있으며 위험등급과 품질평가를 종합적으로 고려하여 구조화상품의 등급을 제시하고 있다.[48]

2) 평가 방법

EDG는 세 단계로 구조화 상품을 평가하고 있다. 우선 첫 번째 단계에서 각 인증서 품질 평가를 하고 두 번째 단계에서 위험과 이익의 제품 및 개별 위험 선호도의 관계(위험적합)에 대해서 평가한다. 여기서는 품질 평가 및 위험도를 중심으로 인증서 전체를 평가하고 평가는 지속적으로 모니터링하고 매주 업데이트 한다. 품질등급은 다음과 같이 나뉜다. class 1은 안전지향, class 2는 제한적 위험 성향, class 3은 위험 감수 성향, class 4는 상당 위험 감수 성향, class 5는 투기적 성향으로 나뉜다. 세 번째 단계로 품질 평가 및 위험 등에 맞게 전체 판정이 이루어진다. 품질 평가 점수는 0점에서 50점까지 매겨진다. 50점에 가까울수록 위험이 최댓값에 이르게 된다.[49]

[그림 5] 평가방법

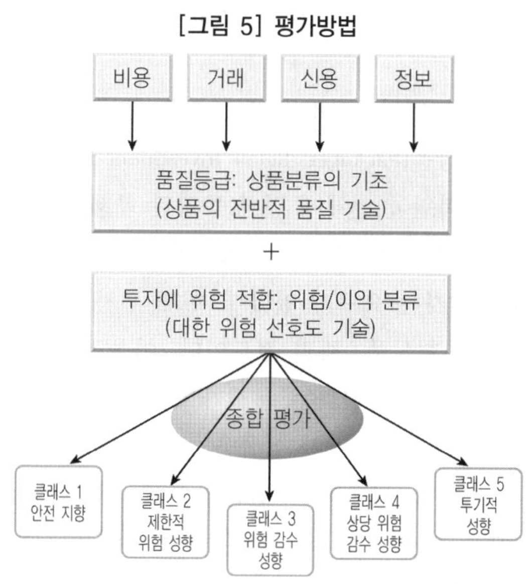

48 위의 논문, 42면.

49 European Derivatives Group, www.derivatives-group.com의 내용을 요약 정리한 내용이다.

3) 평가결과(별 및 그래프)

등급은 제로에서부터 다섯 개의 별까지 등급이 매겨진다. 각 제품은 5개 별의 수에 따라 각각의 위험을 표시하고 있다. 이러한 평가는 항상 최적의 리스크의 범주를 보여주고 있다. 별이 없다면 부적합상품이 된다. 별 하나는 부족하지만 적합, 별 둘은 평균 이하, 별 셋은 평균, 별 넷은 좋음, 별 다섯은 매우 좋음을 표시한다. 마지막으로 자체평가가 이루어지면 중립적인 금융 전문가위원회에서 각 구성 요소의 가중치를 비교하여 EDG와 토론 후에 최종적으로 결정된다.

4) 한계와 시사점

EDG는 정부기관이 아니라 일반기업에서 만든 협회라는 점에서 독일, 스위스, 오스트리아의 모든 상품을 기반으로 비교평가를 하지 못하고 파생상품협회(DDV)의 자료에 기초하여 평가를 해야만 하는 어려움이 있다. 이것은 결국 EDG가 완전한 비교가능성을 가지는 데 한계가 있다. 하지만 구조화상품을 하나의 비교공시 시스템으로 접근하였다는 점에서 높은 평가를 받고 있다.

(3) PRIPs(Packaged Retail Investment Products)

1) 주요논점

유럽집행위원회는 일반투자자를 대상으로 하는 복잡한 상품을 모두 포괄한 "패키지 소매투자상품(Packaged Retail Investment Products, 이하 PRIPs)" 이라는 범주를 설정하고 회원국 전체에 걸친 통일된 규제체계를 마련하였으며 과거 이와 관련하여 다음과 같은 문제가 논의되었다. 즉 (ㄱ) PRIPs의 규제를 받는 투자상품의 범위를 넓히자는 요구가 있었다. 현재 투자상품의 범위는 투자펀드, 투자요소가 있는 생명보험상품, 채권 정도이다. 아울러 (ㄴ) 본질적으로 복잡한 많은 상품들이 비교공시가 안 된다는 문제가 있다는 논의가 있었다. 상품들이 얼마나 위험한 것인지, 금융소비자가 상품을 구입하기에 적합한 것인지 판단하기가 어렵다는 문제가 있다. 아울러 (ㄷ) 기존의 EC의 지침은 다음과 같은 문제점이 있음이 제기되었다. 첫째, 상품별로 다른 규정이 적용되고 있어서 어떤 상품은 규제가 전혀 이루어지고 있지 못하고 있는 점이다. 이것은 상품 간의 비교를 더욱 어렵게 하고 있다. 둘째, 얼마나 복잡한 상품인가와 상관없이 금융소비자가 이해하기 쉽게 설계되어야 한다는 것이다. 아울러 당해 상품의 핵심정보를 알기 쉽게 전달해야만 한다. 셋째, 규정들이 잠재적인 소비자들에게도 좀 더 간략하고 이해하기 쉽게 전달되어야 한다는 점이다.[50] [51]

2) 제안사항

이상의 문제점에 대하여 다음과 같은 제안이 이루어졌다. (ㄱ) EU 규정은 기본적으로 모든 상품에 명확하고 비교 가능한 KID(Key Information Document)를 제공해야 한다. 이와 함께 모든 금융소비자가 상품의 위험과 비용을 비교가능하도록 해야 하며, 그들이 원하는 상품을 선택할 수 있어야 한다. (ㄴ) KID는 얼마나 복잡한 상품인가 상관없이 모든 금융소비자가 이해하기 쉽게 작성되어야 하며, 핵심정보를 쉽게 알 수 있어야 한다. (ㄷ) 금융소비자 스스로 정보검색을 통해서 상품들이 얼마나 자신들에게 적합한 것인지에 대해 알아 낼 수 있을 정도로 원하는 정보를 쉽게 얻을 수 있어야 한다.[52]

3) EU에 의한 승인

유럽의회와 위원회는 위의 제안이 포함된 2014년 11월 26일 “key information documents for packaged retail and insurance－based investment products(PRIPs)”를 통과[53]시켰으며 구체적인 도입은 2016년 12월 31일로 정하였다.[54]

(4) IOSCO(국제증권관리위원회기구, International Organization of Securities Commissions)의 2013 보고서

2013년 4월 IOSCO에서는 세계 24개국에 문서를 통해서 구조화상품에 대한 규제에 대해 조사를 하였다. 그중 공시규제에 대한 24개국의 답변내용을 종합

50 European Commission, “Citizens' summary EU proposal － clear information on investment products”, 2012. 7. 3, p.1.

51 본 논문의 내용은 기본적으로 “European Commission, “Proposal for a Regulation on a new Key Information Document for Investment Products”, 2012. 7. 3.의 EC의 2012년 연구보고서에서 새롭게 논의된 내용을 중심으로 작성되었다. 그 전의 주요 논의는 EC의 2009년의 연구보고서에 대한 내용을 소개한, 남길남, “유럽의 파생결합증권 규제와 시사점”, 「금융법연구」 제8권 제2호(한국금융법학회, 2011)을 참고하기 바란다.

52 European Commission, *op. cit.*, p.1.

53 On 26 November 2014 the Regulation (EU) No 1286/2014 of the European Parliament and of the Council on key information documents for packaged retail and insurance－based investment products (PRIIPs) was published into the Official Journal of the EU.

54 PRIPs, Article 34.

한 결과 24개국의 경우 공통된 규제 내용은 높은 수준의 공시규제가 이루어지고 있다는 것이다. 특히 공통된 내용은 공시의 내용의 명확성, 간결성, 이해가능성을 기본으로 하고 있다. 이것은 금융소비자가 상품에 대해 오해하거나 판단 실수를 하지 않을 수 있도록 필요한 모든 정보를 공개해야 한다는 내용이다. 아울러 사법기관에 대하여 발행회사들이 금융소비자들이 자신의 위험과 투자성향에 맞는 제품을 선택할 수 있도록 적절한 인도를 해야 한다고 권고하고 있다.[55]

(5) 우리나라의 시사점

국제적으로 공시규정에 대한 규제가 강화되는 추세이다. 특히 구조화상품의 특성상 각 상품별로 위험과 이익에 대한 비교 공시가 가능할 정도의 표준화된 상품정보를 공시하는 추세를 보이고 있다. 이러한 점에서 우리나라도 EDR과 같이 상품의 위험, 거래비용, 상품전반에 대한 품질 평가를 통한 통일되고 체계적인 공시시스템의 마련이 된다면 금융소비자보호에 기여할 것으로 보인다. 다만, EDR이 일반회사에서 만든 공시시스템이라는 점에서 한계가 있다면, PRIPS와 같이 표준화된 KID의 상품설명서 표준화를 시도하는 것도 좋은 방안이라고 생각된다.

또한 유럽의 다른 나라인 덴마크에서는 구조화상품에 대한 공시를 일반 금융소비자도 알기 쉽게 3가지 색으로 나누고 있다. 녹색라벨은 투자금 전체를 잃을 위험이 매우 작고, 상품에 대한 이해가 어렵지 않은 상품에 표시된다. 노란색라벨은 투자금의 전체 또는 부분을 잃을 위험이 있고, 상품에 대한 이해가 어렵지 않은 상품에 표시된다. 빨간색라벨은 투자한 금액보다 더 많은 금액을 잃을 위험이 있고, 상품을 이해하기가 매우 어려운 상품에 표시된다.[56] 이 기준에

55 IOSCO, "Regulation of Retail Structured Products", Consultation Report, 2013. 4, p.16.

56 Executive Order no.345 of 15 April 2011, pp.2~4.
① "Green" Investment product
- Danish government bonds issued in DKK and EUR.
- Treasury bills.
- Government bonds issued by euro countries in EUR and DKK.
- mortgage-credit bonds issued by Danish mortgage-credit institutions.
- Covered mortgage-credit bonds (SDRO) issued by Danish mortgage-credit institutions.
- Covered bonds (SDO) issued by Danish banks and mortgage-credit institutions.
- Junior covered bonds and senior debt issued by Danish banks and mortgage-credit institutions to finance additional capital to cover SDOs and SDROs.
- Shipping mortgage-credit bonds and bearer bonds issued by a ship finance institute.

의하면 ELS와 DLS는 노란색으로 분류될 것으로 보인다. 향후 우리나라에서도 상품설명서에 응용해서 3단계 색깔로 위험을 표시하는 방식을 적용해 보는 것도 고려해 볼 수 있을 것으로 보인다.

2. 불완전판매 문제와 개선방안

(1) 문제제기

ELS·DLS를 판매할 때 불완전판매가 발생할 가능성이 적지 않은데, 실제로 금융감독원에서 미스터리 쇼핑을 통해 ELS·DLS 상품을 구입한 결과를 보면 원금보장 수익률에 대한 언급은 100점 만점에 98점을 받았지만 가장 중요한 최대손실금액이나 적합한 상품권유는 100점 만점에 72.2와 69점이라는 다소 저조한 점수를 받았다. 또한 동일한 조사를 ELT 상품구입에도 하였는데, 원금보장이나 기초자산과 같은 설명은 90점대를 받았지만 역시 최대손실금액이나 발행사의 신용위험과 같은 설명 등은 60~70점대를 받은 바 있다.

구체적으로 금융감독원의 미스터리 쇼핑의 미흡사례를 보면 "ELS상품 가입을 요청하자 투자자 정보 및 성향 진단을 실시하지 않고 고객에게 원금 보장을 추구하는지 원금 손실이 있더라도 상품수익률이 높은 것을 원하는지 여부만 문의하는 경우, 기본적으로 ELS를 해본 적이 없는 사람은 KOSPI200지수가 우량종목이다 보니 부담이 없어서 많이들 한다고 하며 지수형 상품을 추천하는 경우

- Bonds issued by Kommune Kredit.

② "Yellow" Investment product
- Guarantor certificates.
- Cooperative share certificates.
- Shares admitted to trading on a regulated market.
- Corporate bonds admitted to trading on a regulated market.
- Certificates where no more than the amount invested can be lost.
- Exchange Traded Notes, where no more than the amount invested can be lost.
- Government bonds issued in other currencies than DKK and EUR.
- Foreign mortgage-credit bonds.
- Investment association certificates (UCITS).
- Special-purpose association certificates.
- Structured deposits.
- Rights to subscribe for investment products in the yellow category.

③ "Red" Investment product
- Hedge fund certificates regardless of the underlying investment product.

[그림 6] 미스터리 ELS·DLS 쇼핑 항목별 점수[57]

평가항목별 점수 현황

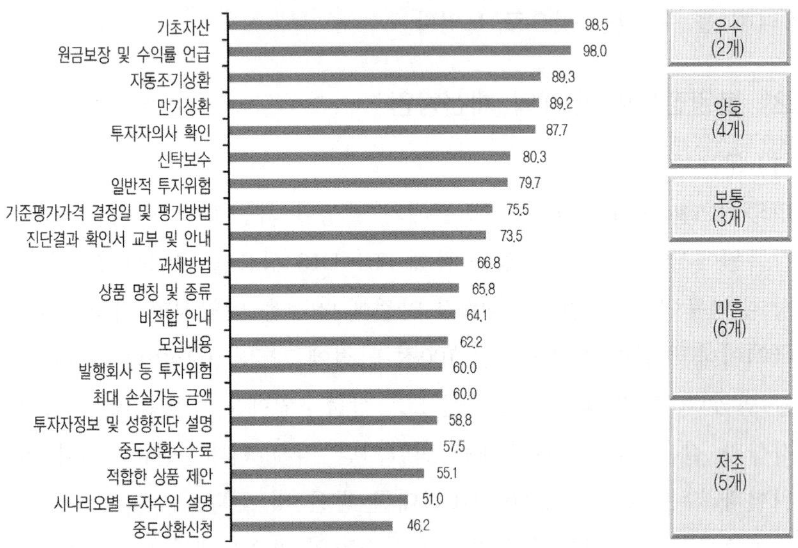

[그림 7] 미스터리 ELT 쇼핑 항목별 점수[58]

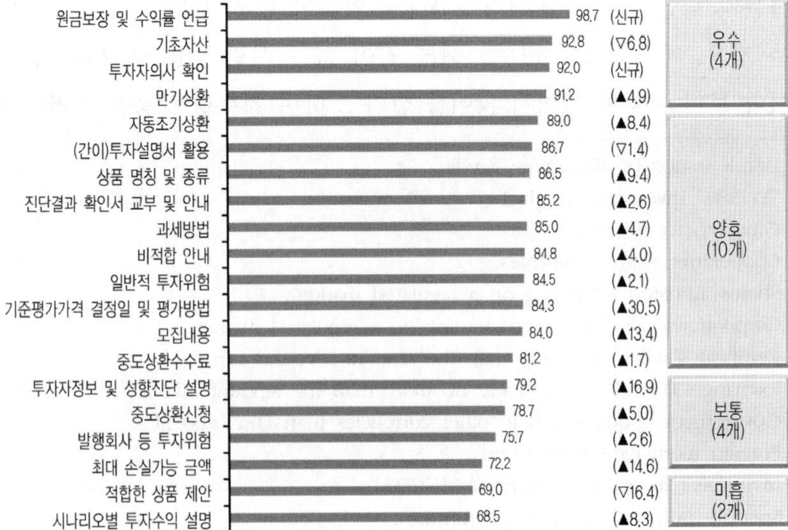

---

57 위의 금융감독원 보도자료.

58 금융감독원 보도자료. "은행 ELT 판매 만족도 조사결과"(2013. 3. 8).

도 있었다. 또한 특정상품에 대한 정확한 언급 없이 ELS 전반에 대한 기초자산, 자동조기상환조건과 시나리오별 투자수익 등 기본적인 내용을 간략히 설명하였다. 심지어 가입하려면 어떤 상품으로 하면 되는지 물어보자 손으로 지적하며 '이거 하면 됩니다'라고 설명한 경우도 있었다."[59] 물론 미스터리 쇼핑의 우수사례도 많이 있다. 하지만 아무리 우수사례가 많더라도 미흡사례가 여전히 존재한다면 아직까지 우리나라에서 불완전판매에 대해 더 개선해야 될 필요가 있다고 본다.

최근 우리나라와 비슷한 금융환경을 가진 홍콩과 싱가포르에서는 불완전판매와 관련하여 규제를 강화한 바 있는데, 이하에서는 이들 최근 규제강화 내용에 대해 살펴보기로 한다.

(2) 홍콩의 입법례

홍콩에서는 2008년 리만브라더스의 미니본드 사건[60] 이후에 구조화상품(Structured Products)에 대한 규제를 강화하였는데 그 주요 내용은 다음과 같다.

1) 숙려기간제 도입(cooling-off periods or unwind right)

1년 이상의 예정된 기간을 가지고 있는 비상장구조화상품(unlisted structured investment product)[61]은 일반투자자가 주문(order)을 한 후 5거래일 내에

---

59 금융감독원 보도자료. "증권사 ELS 판매 만족도 개선 - 5.7점 올라"(2013. 1. 21), 9면.

60 홍콩에서는 2002년부터 2008년 4월까지 미니본드(Minibond)라는 이름의 신용연계채권(Credit Linked Note; CLN)이 발행되어 소매판매되었다. 이 신용연계채권은 신용부도스왑(Credit Default Swap: CDS)을 증권화한 것으로서, 신용연계채권발행자가 단일(또는 다수) 기업을 준거기업(Reference Entity)으로 해 신용부도스왑(CDS)이 내재된 신용연계채권을 발행하고, 신용연계채권 투자자는 상대적으로 높은 이자를 지급 받는 대신 준거기업에 대한 부도나 지급불능 등의 신용사건(Credit Event) 발생시 투자 손실을 부담하는 구조로 설계된 신용파생상품 미니본드(Minibond)의 발행 주관사나 스왑 상대방, 혹은 스왑 보증인으로서의 역할을 했던 것이 바로 리만브라더스(Lehman Brothers)와 그 자회사들 2008년 9월 15일 리만브라더스(Lehman Brothers)가 파산신청을 하게 되자 홍콩에서 미니본드에 투자한 투자자들은 엄청난 손실을 입게 되었다. 피해를 본 투자자들은 홍콩 금융관리국(HKMA)과 증권감독국(SFC)에 민원을 제기하였고, 접수된 민원건수만 1만 3천여 건에 달하였음 홍콩 정부와 홍콩은행연합회의 합의에 따라 미니본드를 판매한 홍콩의 16개 은행들은 투자자 2만 9,000명에게 투자원금의 최소 60%를 보상해 주고, 65세 이상 고령의 개인 투자자들에게는 투자금 의 70%를 보상해 주기로 하였다. 보상금액은 역사상 가장 많은 1조원 정도 되었다. 자세한 내용은 김주영, "국내외 투자자 손실사례−투자자, 금융당국 및 금융기관에 주는 교훈", Money 포럼 발표자료(2013. 6. 18) 참조.

61 비상장구조화상품이란 예를 들어, 주가연계상품(equity−linked), 지수연계상품(imdex−

[그림 8] 숙려기간 예시

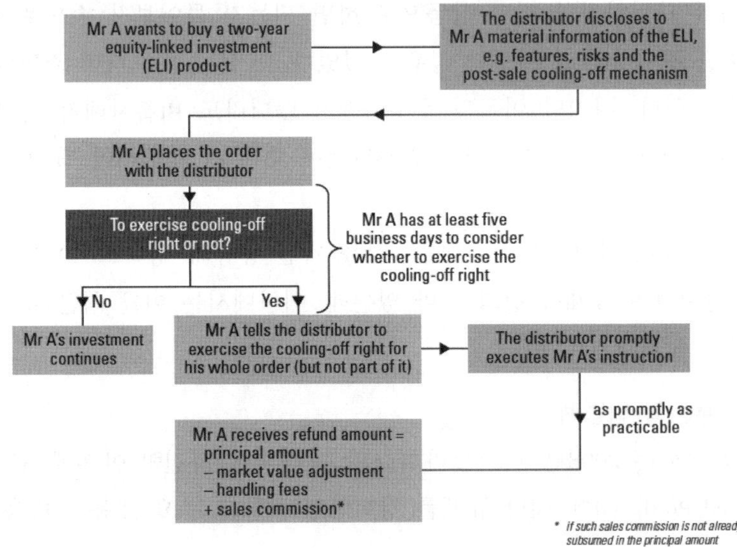

자료: 홍콩금융감독청(SFC).

주문을 철회할 수 있다. 다만 주문 철회 시 돌려받는 금액은 지불금액에서 적절한 시장가치(market value adjustment)와 처리비용(handling fees)를 제외하고 판매수수료(sales commission)를 더한 금액이다. 다만 일반투자자가 철회권(unwind right)을 행사하기 위해서는 ① 주문을 상품 전체에 관해서 하고, ② 구조화상품을 다른 사람에게 팔거나 이전하지 않아야 하며, ③ 구조화 상품이 만기가 만료되거나 종료되지 않아야 한다.62

2) 적격요건 도입(Eligibility requirements)

발행회사가 구조화상품을 발행하기 위해서는 다음의 요건을 만족시켜야 한다. (ㄱ) 회사를 설립할 때 주식회사나 다른 설립규정에 따라 적법한 절차에 의해서 회사를 설립해야 함, (ㄴ) 설립된 회사는 회사운영에 관련된 법이나 다른 규

linked), 상품연계상품(commodity–linked) or 신용연계상품(credit–linked products)을 의미한다(SFC Investor Education Service).

62 SFC, "SFC Handbook for Unit Trust and Mutual Funds, Investment–Linked Assurance Schemes and Unlisted Structured Investment Products", 2015. 1. 30.

정을 준수하여야 함, (ㄷ) 구조화상품을 발행할 경우에는 홍콩의 금융당국에 허가를 받아야 하며, 허가받은 증권신고서와 다른 내용으로 상품을 발행하여서는 안됨, (ㄹ) 발행자는 상품구조에 대해서 적법한 공시규정에 의해 적절하게 공시해야 함, (ㅁ) 구조화상품을 만들 때도 적법한 규정에 따라 상품을 만들어야 함, (ㅂ) 상품에 대한 적절한 담보물을 제공할 수 있어야 하며, 신용등급이 투자 적격수준을 유지해야 함, (ㅅ) 발행회사의 최신 회계감사 보고서의 순자산이 2백만 홍콩달러 이상이어야 한다.[63] 앞의 요건을 하나라도 충족시키지 못한다면 발행회사는 즉시 상품발행이 금지되며 다시 모든 요건을 충족해야만 상품을 발행할 수 있게 된다.[64]

3) 투자자 분류(classification of investors)

SFC는 많은 반대에도 불구하고 판매행위에 강력한 규제를 도입하였다. 상품판매자는 투자자가 일반투자자인지 전문투자자인지 반드시 구분해야 하며, 일반투자자라면 파생상품에 대한 지식을 확인하고 구조화 상품을 판매해야 한다는 것이다. 만약 투자자가 구조화상품을 구입하려 해도 파생상품에 대한 지식이 없다면, 상품판매자는 그 투자자에게 투자권유행위를 해서는 안된다.[65] 투자자에게 상품을 판매할 때는 상품에 대한 모든 위험에 대해 철저하게 공지하여야 하며, 투자자의 상태에 따라 적절하지 않은 상품이라면 판매하여서는 안된다. 또한 모든 판매행위는 녹음하도록 권고하고 있고 구조화상품 판매에 관해서 사례별로 예시규정을 만들어 지키도록 하고 있다.[66]

4) 금융분쟁조정센터(Financial Dispute Resolution Centre, 이하 FDRC)와 투자자교육협회(Investor Education Council, 이하 IEC)

FDRC는 영국, 호주, 싱가포르의 성공사례를 도입한 것이며, 싱가포르에서는 2009년 6개월 동안 83%의 금융분쟁을 해결하였다.[67] FDRC의 하는 일은 금융옴부즈만의 역할을 하는 것이다. 금융분쟁이 생기면 금융소비자는 더 이상

63 SFC, Section Ⅳ: Code on Unlisted Structured Investment Products, Article 3.1, 3.2, 3.3.
64 SFC, Section Ⅳ: Code on Unlisted Structured Investment Products, Article 3.1.
65 Alan Ewins, Catherine Husted, Juliana Lee and Joyce Woo, op. cit., p.307.
66 Ibid., p.307.
67 Ibid., p.314.

법원을 찾을 필요가 없이 편리하게 FDRC를 통해서 대부분의 분쟁을 해결할 수 있게 되었다.[68] 또한 FDRC는 금융회사들에게 중재기관을 이용할 것을 권고할 수도 있다.[69] 하지만 FDRC에 대한 불만도 있다. 첫째는, 당사자들 간의 직접적인 문제해결의 방법이 완전히 차단되었다는 것이다. 둘째는, FDRC에서 처리가 능한 금액의 제한이다. $500,000 이하의 금액까지만 FDRC에서 중재가 가능하고, 그 이상의 금액은 중재를 하지 못하게 하였다.[70] FDRC의 도입으로 홍콩 금융산업에 비용이 증가하였지만 금융소비자들은 법원에서 많은 시간과 비용이 드는 힘든 과정을 거치지 않고 편리한 FDRC를 통해 많은 문제 해결을 할 것을 기대하고 있다.[71] 한편, IEC는 미니본드 사건 이후로 금융소비자들의 금융지식을 높이기 위한 요구를 충족하기 위하여 설립되었다.[72] IEC의 목표는 금융회사에서 발행하는 복잡한 금융상품을 모든 소비자들이 위험과 이익을 분석하여 자신에게 맞는 적절한 투자를 할 수 있게 하는 것이다. IEC는 SFC의 자회사로서 설립되도록 권고되었다.[73]

(3) 싱가포르의 입법례

1) 숙려기간제 도입(cooling-off periods)

싱가포르정부는 2009. 4. 15 소비자보호법(The revised Consumer Protection Act, CPFTA)을 개정하였다.[74] 그중 가장 핵심적인 내용은 숙려기간제 도입으로 모든 소비자에게 최대 7일 동안 계약을 취소할 수 있는 권리를 인정하였다.[75] 따라서 투자자들도 판매수수료나 환매수수료 없이 언제든지 이 기간 안에 환매할 수 있다. 이러한 권리는 그동안 최대 3일 동안 계약을 취소할 수 있었던 규정에서 한 단계 더 진보한 것이다. 하지만 이러한 숙려기간제는 MAS(Monetary Authority of Singapore)의 규제하에 만들어진 금융상품에는 적용되지 않는다.[76]

68 Ibid., p.314.
69 Ibid., p.314.
70 Ibid., p.314.
71 Ibid., p.314.
72 Ibid., p.314.
73 Ibid., p.314.
74 Ibid., p.315.
75 Ibid., p.318.
76 Ibid., p.319.

왜냐하면 이러한 상품들은 이미 취소기간이 더 길게 주어져 있기 때문이다. 3개월 이상의 예정된 기간을 가지고 있는 비상장채무증서(unlisted debentures)는 숙려기간을 도입하고 있는데,[77] 이러한 숙려기간제가 도입되면서 많은 금융기관들은 모든 소비자가 환매했을 경우 치러야 할 환매비용에 대해 많은 우려를 하였지만 싱가포르 금융당국은 이러한 논란에도 불구하고 숙려기간제를 도입하였다.[78]

2) 강화된 보호장치(enhance safeguards)

MAS의 첫 번째 자문보고서에서는 복잡한 금융상품(complex investment products)을 판매하거나 마케팅을 위해서는 일정한 자격요건을 갖추는 방안을 제안하였다.[79] 하지만 MAS는 그런 제안을 받아들이지 않고 대신 MAS의 두 번째 자문보고서에서 제안된 강화된 보호장치를 받아들였다.[80] 강화된 보호장치에서는 금융상품을 두 종류로 분류한다. 한 가지는 강화된 보호장치에 포함된 금융상품(nonexcluded investment products)과 다른 하나는 강화된 보호장치에 포함이 제외된 금융상품(excluded investment products)이다.[81] 강화된 보호장치에 포함된 금융상품에는 다시 목록에 있는 보호장치에 포함된 상품(listed nonexcluded investment products)과 목록에 있지 않은 보호장치에 포함된 상품(unlisted non-excluded investment products)으로 분류된다.[82] 목록에 있지 않은 보호장치에 포함된 상품(unlisted nonexcluded investment products)이 더욱 강화된 보호조치를 받게 된다.[83]

만약 목록에 있지 않은 보호장치에 포함된 상품(unlisted nonexcluded in-

---

77 MAS, "MAS Issues Response to Feedback on Proposals to the Regulatory Regime for Listed and Unlisted Investment Products", 2010. 10. 28.

78 Alan Ewins, Catherine Husted, Juliana Lee and Joyce Woo, op. cit., p.319.

79 Ibid., p.319.

80 Ibid., p.319.

81 소매투자자에게 판매가 가능한 상품은 다음과 같다. "shares, depositary receipts, subscription rights pursuant to rights issues, company warrants, units in business trusts, units in real estate investment trusts, plain vanilla bonds (including convertible bonds), money market instruments, life insurance policies (other than investment-linked policies) and structured deposits (including dual-currency investments)."

82 Alan Ewins, Catherine Husted, Juliana Lee and Joyce Woo, op. cit., p.320.

83 Ibid., p.320.

vestment products)을 판매하기 위해서는 중재자(intermediary)는 CKA(Customer Knowledge Assessment)의 평가(assessed)를 받아야 한다.[84] 때문에 CKA는 소비자의 지식의 수준, 경험, 경제력 등을 종합하여 소비자에게 적합한 상품인지 판단한다. 또한 CKA는 금융소비자에게 개인 금융상담의 기능까지 담당하고 있다.[85]

또한 목록에 있는 보호장치에 포함된 상품(unlisted nonexcluded investment products)을 판매하기 위해서는 중재자(intermediary)는 CAR(Customer Account Review)를 통해 그런 상품의 거래가 적합할 것인지에 대해 확인을 요청하여야 한다.[86] 그러면 최소한 한 명 이상의 상급 매니저(senior management staff)가 금융상품에 대해 판매가 가능한지에 대해 확인하여야 한다.[87] 이 경우에 만약 CAR이 소비자의 지식의 수준, 경험에 대한 자료를 가지고 있지 못하다면 중재자는 이러한 소비자의 개인적인 사정을 고려하여 판매하여야 한다.[88] 또한 중재자는 소비자에게 그 상품을 판매하는 것이 소비자가 감내할 수 있는 위험수준인지 고려해야 하고, 소비자에게 충분히 상품의 구조와 위험에 대하여 설명하여야 한다.[89]

(4) 시사점

홍콩과 싱가포르의 강화된 규정은 숙려기간제[90]를 제외한다면 큰 틀에서는 대부분의 조치들이 우리나라에 도입되어 있다.[91] 하지만 구제적인 내용은 우리나라의 규정보다 좀 더 강화되어 있는 것으로 분석된다. 홍콩의 판매행위 규제에서 일반투자자가 파생상품에 대한 지식이 없을 경우 판매하지 못하게 하고 있고, 판매하는 모든 과정을 녹음하도록 권고하고 있는 점은 우리나라의 투자

84 Ibid., p.320.

85 Ibid., p.320.

86 Ibid., p.320.

87 Ibid., p.320.

88 Ibid., p.320.

89 Ibid., p.321.

90 다만 홍콩의 숙려기간제는 비상장구조화상품에 국한된 규정이기 때문에 우리나라의 상장파생결합증권에는 직접 도입여부는 좀 더 숙고할 필요가 있다.

91 우리나라 금융당국도 원리금 비보장형 ELS와 원자재를 기초자산으로 하는 DLS 등이 숙려기간제도 대상에 포함하여 2016년 말 도입을 준비하고 있다. 다만 구체적인 적용대상 상품과 투자자 범위, 숙려기간 적용방식 등은 업계와 협의한 후 정해질 예정이다(금융감독원 보도자료, "금융감독원「파생결합증권 리스크 관리 간담회」개최", 2016. 8. 25).

권유 규제보다 더 강화된 규정이라 할 수 있다. 싱가포르의 금융상품의 분류도 금융소비자에게 위험한 상품을 차단할 수 있다는 점에서 좀 더 강화된 규제라고 볼 수 있다.

우리나라에서는 2013년부터 65세 이상 고령투자자자가 주가연계증권(ELS)에 투자하려면 당일에는 가입할 수 없고 이튿날 다시 금융회사를 찾아가야 하는 '고령투자자자 투자 숙려 제도'가 시행되었다. 고령투자자자가 파생상품의 성격을 잘 이해하지 못하고 가입했다가 손해를 보는 경우를 막기 위해서다. 이 규정이 개정되어 고령투자자가 2016년부터 70세 이상으로 기준연령이 상향되면서, 80세 이상 초고령투자자에게 '초고령투자자자 투자 숙려 제도'가 적용되었다.

반면에 홍콩과 싱가포르는 금융소비자 전체에 맞추어 규제를 강화를 위하여 숙려기간제, 판매행위규제, 적격요건도입과 같은 규제들을 모든 금융소비자들을 위해 도입하였다. 노령자 중심의 규제 강화도 필요함은 말할 나위가 없으나 향후 금융소비자 일반적인 보호강화방안이 더 모색될 필요가 있다. 특히 홍콩의 숙려기간제와 판매행위 규제 중 투자권유과정을 녹음하도록 하는 방안은 향후 금융소비자보호에 큰 도움을 줄 수 있을 것으로 생각된다.

3. 발행사와 금융소비자간 이해상충문제(델타헤지에 관하여)와 개선방안

(1) 문제제기

2009년 증권사들이 ELS와 관련하여 중간조건 성취직전 몇 분 동안 델타헤지를 위해 보유하였던 주식들을 저가에 매도함으로써 금융소비자들의 조기 조건성취를 방해하였다는 의혹을 받은 바 있다. 이후 사건들은 소송으로 진행되었으며 대법원 판결이 선고된 사건들은 총 4개의 ELS 종목에 관한 소송이었다.[92] ① 대법원 판결이 선고된 ELS 종목은 대우증권이 발행하고 자체 헤지를 수행한 대우증권 195회 주가연계증권(기초자산: 삼성 SDS)에 관한 사건들로서 투자자 쪽이 최종승소를 하였으며,[93] ② 신영증권이 발행하고 비엔피파리바은행

92 법무법인 한누리 홈페이지, "(국내투자자소송) 승패가 엇갈린 ELS 판결들, 과연 무엇이 변수가 되었나", 2016. 3.

93 법무법인 한누리 앞의 글, 대법원 2015. 5. 14. 선고 2003다3811 판결.

이 헤지운용을 한 신영증권 제136회 주가연계증권(기초자산: 기아자동차)에 관한 사건으로서 은행쪽이 최종 승소를 하였다.[94] ③ 한국투자증권이 발행하고 도이치은행이 헤지운용을 한 한국투자증권 제289회 주가연계증권(기초자산: KB금융)에 관한 사건으로서 투자자들이 승소를 하였다.[95] ④ 현대증권이 발행하고 비엔피파리바은행이 헤지운용을 한 현대증권 제2007-576회 사모 주가연계증권(기초자산: 신한지주)로서 은행쪽이 S새마을금고를 상대로 최종 승소를 하였다.[96] 비슷한 ELS 수익률조작 사건들이 각기 다른 결론이 났다. 델타헤지에 관한 논란은 여전히 계속되고 있다.

금융감독원에서는 2009년 9월 델타헤지에 관련하여 다음과 같은 가이드라인을 마련한 바 있다. 즉 ① 중도상환일 하루의 종가가 아니라 그전 3영업일 이상 기간 동안의 종가의 평균가 또는 평가일의 가중평균가격을 기준으로 ELS의 중도상환 여부나 상환가격을 결정하는 내용으로 ELS 조건을 구성하고, ② ELS 관련 헤지를 제3자에 의뢰할 경우(백투백 헤지) 그 제3자의 명칭을 투자자에게 공지하거나 ELS 발행회사가 발행액의 3% 이상의 ELS를 보유하며, ③ 자체적인 델타헤지를 하는 ELS 발행회사들은 "헤지 관련 운용지침"을 마련하여야 한다는 것이다.[97]

그 이후 실제로 증권사들의 델타헤지 관련 불공정 시비는 많이 줄어들은 것으로 보이나 여전히 근본적으로 ELS는 상품구조상 발행사와 금융소비자 간에 이해상충문제가 발생할 수 있는 구조를 가지고 있다. 앞에서 설명한 바와 같이 ELS의 상품구조는 다음과 같다. ① ELS의 발행사는 판매할 때 기준가격과 판매가격간의 차이로 대략 3~5%의 판매수익을 얻고, ② ELS를 판매한 후에는 델타헤지를 통하여 손실을 회피하는 구조를 취한다. 그러나 실제 판매수익과 델타헤지 둘 다 확정된 수익이 아니라 확률에 의해 계산된 가격에 기초한다. 때문에 만약 계산이 틀려서 확률상 오차가 크게 발생하는 경우 발행사는 ELS 상품을 통해 큰 손실을 입을 수 있는 위험이 있다. 따라서 발행회사의 경우 자신들이 보유한 델타물량을 만기시점에 저가 매도하여 투자자의 ELS의 조기행사를 위한

---

94 법무법인 한누리 앞의 글, 대법원 2016. 3. 10. 선고 2013다7264 판결.

95 법무법인 한누리 앞의 글, 대법원 2016. 3. 24. 선고 2003다2740 판결.

96 법무법인 한누리 앞의 글, 대법원 2016. 3. 24. 선고 2002다108320 판결.

97 금융감독원 보도자료, "ELS 발행 및 운영 관련 제도개선 방안"(2009. 9. 11).

조건성취를 방해하고자 하는 강한 유혹이 있을 수 있다. 이러한 위험은 불공정거래로 현실화될 수 있으나 실제 정상적인 헤지인지 아니면 헤지외 목적이 있었는지 구분이 어렵다는 점에서 문제가 된다. 이 문제는 외국에서도 헤지와 관련하여 제기된 바 있다. 이하에서는 이와 관련한 EU와 미국의 입법례를 살펴보고 개선방안을 논의해보기로 한다.

(2) 해외 헤지거래 관련 입법례

1) EU의 시장남용구제지침

유럽 증권감독위원회(The Committee of European Securities Regulators)는 시세조종을 규제하는 시장남용규제지침(Market Abuse Directive)을 마련하고 있는데, 이 지침은 전형적인 시세조종의 사례를 열거하는 한편, 허용되는 시장관행에 관해서도 규정하고 있다.[98] EU의 지침은 헤지거래는 다양한 방법과 모습으로 이루어지므로 헤지라는 이유만으로 허용되는 시장관행(Accepted Market Practice; AMP)을 주장할 수 없으며 만약 그러한 헤지가 시장조작적인 방법으로 이루어진다면 '허용되는 시장관행' 자체를 논의할 필요가 없다고 규정하고 있다.[99] EU 지침에 따르면, 헤지는 다양한 동기와 방법으로 이루어지므로 헤지라는 이유만으로 허용되는 시장관행은 주장할 수 없으며, 헤지가 시세조종을 구성하는 방식으로 이루어질 경우 허용되는 시장관행이 될 수 없다.[100] 또한 ELS의 만기평가 일에 기초자산의 종가에 영향을 미치기 위해서 기초자산을 대량 매도하는 것은 '가격조성(price positioning)'의 일종인 '종가형성(mark the close)'에 해당하는 시세조종이 될 수 있다.

---

98 법무법인 한누리 상고이유서, 2013다3811 사건, 56~58면(2.11 In the view of CESR members, 'activities' are considered to be too broad to qualify for the status of accepted market practices. An 'activity' such as short selling or hedging could be under taken in many different ways. If the activity is carried out in a way which does not constitute market manipulation, then the question of giving it accepted market practice status does not arise. On the other hand, if the 'activity' is carried out in a way which would constitute market manipulation, it is unlikely that a competent authority would be prepared to accept it as an accepted market ractice Hence to give an activity a blanket accepted market practice status would neither be meaningful nor desirable).

99 법무법인 한누리 상고이유서, 2013다3811 사건, 56~58면.

100 법무법인 한누리 상고이유서, 2013다3811 사건, 56~58면.

2) 미국의 상품거래법(Commodity Exchange Act) 관련 연방규정

미국 파생상품을 규제하는 상품거래법(Commodity Exchange Act)관련 연방규정(17 CFR 1.3)은 파생상품거래에 대한 각종 규제를 면제받는 '진정한 헤지거래(bona-fide hedging)에 관하여 정의규정을 두고 있는데, 모든 헤지거래가 진정한 헤지거래로 인정되는 것이 아니라' 헤지포지션이 건전한 상업적 관행에 따라 질서 있게 구축되고 청산되어야만 진정한 헤지거래(bona-fide hedging)에 해당한다고 규정하고 있다.[101] 만약 어떤 거래의 목적이 상업적 현금 또는 스팟거래에 수반하는 가격위험을 상쇄하는 것이고, 그러한 포지션이 건전한 상업적 관행에 따라 질서 있게 구축되고 청산되며, 이 법 제4조a.에 규정된 트레이딩 및 포지션 한도에 맞추어 운용되는 등의 요건을 갖추지 못할 경우에는 어떠한 거래나 포지션도 '진정한 헤지거래'라고 분류되어서는 안된다.[102] 미국의 상품거래법 관련 조항에 의할 경우에는 위험상쇄를 목적으로 하는 헤지거래라 하더라도 그 헤지포지션이 구축되고 청산(liquidate)되는 과정이 건전한 상업적 관행(sound commercial practices)에 따라 질서 있게(in an orderly manner) 이루어져야 한다는 것이다.[103] 따라서 중간평가 종가 일에 대량으로 헤지포지션을 청산함에

101 법무법인 한누리 상고이유서, 2013다3811 사건, 63~64면(Definitions, 1.3-Definitions.(z) Bona fide hedging transactions and positions for excluded commodities. (1) General definition. Bona fide hedging transactions and positions shall mean any agreement, contract or transaction in an excluded commodity on a designated contract market or swap execution facility that is a trading facility, where such transactions or positions normally represent a substitute for transactions to be made or positions to be taken at a later time in a physical marketing channel, and where they are economically appropriate to the reduction of risks in the conduct and management of a commercial enterprise, and where they arise from: (i) The potential change in the value of assets which a person owns, produces, manufactures, processes, or merchandises or anticipates owning, producing, manufacturing, processing, or merchandising, (ii) The potential change in the value of liabilities which a person owns or anticipates incurring, or (iii) The potential change in the value of services which a person provides, purchases, or anticipates providing or purchasing. (iv) Notwithstanding the foregoing, no transactions or positions shall be classified as bona fide hedging unless their purpose is to offset price risks incidental to commercial cash or spot operations and such positions are established and liquidated in an orderly manner in accordance with sound commercial practices and, for transactions or positions on contract markets subject to trading and position limits in effect pursuant to section4 a of the Act, unless the provisions of paragraphs (z)(2) and (3) of this section have been satisfied).

102 법무법인 한누리 상고이유서, 2013다3811 사건 63~64면.

103 법무법인 한누리 상고이유서, 2013다3811 사건 63~64면.

따라서 가격을 인위적으로 하락시키는 행위를 한다면 이는 진정한 헤지거래가 아니다.[104]

(3) 시사점

델타헤지 문제는 ELS 상품의 구조상 항상 문제될 수 있다. 따라서 헤지 행위가 불공정거래에 해당할 수 있는 기준을 마련하여 규율하는 방안을 모색할 필요가 있다. EU의 시장남용구제지침이나 미국의 상품거래법(Commodity Exchange Act)관련 연방규정에서도 불공정한 헤지거래에 대해 규정을 마련하고 있는 것은 실제 헤지목적인지가 불분명한 경우가 없지 않기 때문이다.

4. 과도한 중도환매수수료 문제와 개선방안

(1) 문제제기

ELS · DLS를 중도에 환매를 하게 되면 5~10% 정도의 중도환매 수수료를 내야 한다. 판매원들이 원금보장이라고 투자권유를 하지만 실제로 중도환매의 경우 하루만 지나도 5% 이상의 수수료를 내야 한다. ELS · DLS의 발행기간이 짧게는 6개월에서 길게는 3년~5년인 상품들이 대부분일 때 몇 천만원에서 몇 억원의 돈이 최대 5년까지 묶일 수 있다. 예를 들어 1억원을 투자했다면 중도에 환매를 하기 위해 5백만원에서 1천만원의 수수료를 내야 한다. 따라서 금융소비

104 법무법인 한누리 상고이유서, 2013다3811 사건, 63~64면(Definitions, 1.3—Definitions.(z) Bona fide hedging transactions and positions for excluded commodities. (1) General definition. Bona fide hedging transactions and positions shall mean any agreement, contract or transaction in an excluded commodity on a designated contract market or swap execution facility that is a trading facility, where such transactions or positions normally represent a substitute for transactions to be made or positions to be taken at a later time in a physical marketing channel, and where they are economically appropriate to the reduction of risks in the conduct and management of a commercial enterprise, and where they arise from: (i) The potential change in the value of assets which a person owns, produces, manufactures, processes, or merchandises or anticipates owning, producing, manufacturing, processing, or merchandising, (ii) The potential change in the value of liabilities which a person owns or anticipates incurring, or (iii) The potential change in the value of services which a person provides, purchases, or anticipates providing or purchasing. (iv) Notwithstanding the foregoing, no transactions or positions shall be classified as bona fide hedging unless their purpose is to offset price risks incidental to commercial cash or spot operations and such positions are established and liquidated in an orderly manner in accordance with sound commercial practices and, for transactions or positions on contract markets subject to trading and position limits in effect pursuant to section4 a of the Act, unless the provisions of paragraphs (z)(2) and (3) of this section have been satisfied).

자들은 중도에 환매할 경우 큰 손해를 보게 된다. 하지만 비슷한 위험과 비슷한 수익률의 일반공모펀드, ELD와 비교해 보았을 때 중도환매수수료는 터무니없이 높다. 공모펀드의 경우 발행일로부터 90일내에 중도환매를 할 경우 펀드 수익의 30%를 환매수수료 내고 있고 동일한 상품이라고 할 수 있는 ELD의 경우는 0.5~1%의 중도환매수수료를 부과한다. 다음의 자료에서 알 수 있듯이 현재 대부분의 발행회사들은 중도상환가격 비율을 90%~95%로 하고 있다.

〈표 5〉 ELS 중도상환가격 비율

(2016. 8. 28.)

발행사	중도상환가격 비율
교보	공정가액(기준가)의 95% 이상(단 발행 후 6개월까지는 90% 이상)
대신	공정가액(기준가)의 95% 이상
대우	공정가액(기준가)의 95% 이상(단 발행 후 6개월까지는 90% 이상)
동부	공정가액(기준가)의 95% 이상(단 발행 후 6개월까지는 90% 이상)
유안타	공정가액(기준가)의 95% 이상(단 발행 후 6개월까지는 90% 이상)
맥쿼리	공정가액(기준가)의 95% 이상(단 발행 후 6개월까지는 90% 이상)
메리츠	공정가액(기준가)의 95% 이상
미래에셋	공정가액(기준가)의 95% 이상(단 발행 후 6개월까지는 90% 이상)
삼성	공정가액(기준가)의 95% 이상(단 발행 후 6개월까지는 90% 이상)
신영	공정가액(기준가)의 95% 이상(단 발행 후 6개월까지는 90% 이상)
신한금융	공정가액(기준가)의 95% 이상(단 발행 후 6개월까지는 90% 이상)
우리투자	공정가액(기준가)의 95% 이상(단 발행 후 6개월까지는 90% 이상)
유진	공정가액(기준가)의 95% 이상(단 발행 후 6개월까지는 90% 이상)
키움증권	공정가액의 95% 이상
하나대투	공정가액(기준가)의 95% 이상(단 발행 후 6개월까지는 90% 이상)
하이투자	공정가액(기준가)의 95% 이상(단 발행 후 6개월까지는 90% 이상)
한국투자	공정가액(기준가)의 95% 이상(단 발행 후 6개월까지는 90% 이상)
한화	공정가액(기준가)의 95% 이상(단 발행 후 6개월까지는 90% 이상)
현대	공정가액(기준가)의 95% 이상(단 발행 후 6개월까지는 90% 이상)
HMC	공정가액(기준가)의 95% 이상(단 발행 후 6개월까지는 90% 이상)
IBK투자	공정가액(기준가)의 95% 이상(단 발행 후 6개월까지는 90% 이상)
KB투자	공정가액(기준가)의 95% 이상(단 발행 후 6개월까지는 90% 이상)
NH농협	공정가액(기준가)의 95% 이상(단 발행 후 6개월까지는 90% 이상)
SK	공정가액(기준가)의 95% 이상(단 발행 후 6개월까지는 90% 이상)

출처: 금융투자협회(http://www.kofia.or.kr).

〈표 6〉 DLS 중도상환가격 비율

(2016.8.28.)

발행사	중도상환가격 비율
교보	공정가액(기준가)의 90% 이상
대신	공정가액(기준가)의 95% 이상
대우	공정가액(기준가)의 90% 이상
동부	공정가액(기준가)의 90% 이상
유안타	공정가액(기준가)의 90% 이상
맥쿼리	공정가액(기준가)의 90% 이상
메리츠	공정가액(기준가)의 90% 이상
미래에셋	공정가액(기준가)의 95% 이상(단 발행 후 6개월까지는 90% 이상)
삼성	공정가액(기준가)의 90% 이상
신영	공정가액(기준가)의 90% 이상
신한금융	공정가액(기준가)의 90% 이상
유진	공정가액(기준가)의 90% 이상
하나대투	공정가액(기준가)의 90% 이상
하이투자	공정가액(기준가)의 95% 이상(단 발행 후 6개월까지는 90% 이상)
한국투자	공정가액(기준가)의 90% 이상
한화	공정가액(기준가)의 95% 이상(단 발행 후 6개월까지는 90% 이상)
현대	공정가액(기준가)의 95% 이상(단 발행 후 6개월까지는 90% 이상)
HMC	공정가액(기준가)의 90% 이상
IBK투자	공정가액(기준가)의 90% 이상
NH투자	공정가액(기준가)의 95% 이상(단 발행 후 6개월까지는 90% 이상)
SK	공정가액(기준가)의 90% 이상

출처: 금융투자협회(http://www.kofia.or.kr).

(2) 개선방안

증권회사도 중도환매수수료 분쟁을 예방하기 위해 중도환매수수료가 없는 상품들을 출시하고 있으나 전체의 퍼센트로 따지면 아직 미미한 수준이다. 그러나 ELS와 ELD는 구조상 차이가 없으므로 중도환매수수료에서도 큰 차이를 보이지 않게 하는 것이 합리적일 것으로 보인다. 향후 중도환매수수료의 적정성 산정을 위한 공정가액 내지 산정기초에 대한 자료들에 대한 공개 내지 수수료 완화를 위한 다양한 방안들이 모색될 필요가 있다.

5. 발행사의 신용위험문제와 개선방안

(1) 문제제기

ELS·DLS는 발행회사의 신용으로 발행되는 증권으로 법률상 무담보회사채와 같다. ELS·DLS의 발행회사가 부도가 나면 먼저 담보채권자들이 회사의 자본금에서 돈을 받아가고 남은 자본금에서 일반 채권자들과 동등한 순위로 ELS·DLS를 구입한 금융소비자가 금액을 나눠가져야 한다. 이와 같은 사실을 알고 ELS·DLS에 가입하는 사람들은 <표 7>과 같이 많지 않은 것으로 나타나고 있다. 단순히 원금보장이라고 하니 사람들은 은행 예금과 같이 원금이 보장되는 줄 알지만 앞에서도 논의했듯이 중도환매시 최대 10%의 원금손실이 발생하며 또한 발행회사가 부도가 날 경우 투자한 원금을 모두 손해 볼 수 있다.

이러한 문제를 금융당국도 인지하고 2012년 9월에 ELS·DLS의 자산은 증권회사 고유재산과 구별하여 운영하도록 하고 증권사별 내부 전산시스템도 구축하도록 권고하였다.[105] 또한 증권회사의 ELS·DLS를 특별계정으로 분리하여 다른 고유재산들과 분리하도록 하였다.[106] 하지만 이러한 조치들에도 불구하고 만약 발행회사가 부도가 난다면 ELS·DLS의 원금을 다 돌려받기는 어렵다.[107] 펀드와 같이 수탁회사에게 ELS·DLS의 자금을 맡기는 방법을 생각해 볼 수 있으나

---

105 금융위원회, e-브리핑, “ELS, DLS 동향 제도개선 방안”(2012. 9. 16).

106 금융위원회 보도자료, “최근 파생결합증권 발행 및 관리 현황”, 2015. 11. 27.

107 금융투자협회에서 만든 “파생결합증권 발행 및 운용에 관한 모범규준”을 보면 ‘금융투자회사는 파생결합증권의 발행대금으로 운용하는 모든 헤지자산을 고유자산과 구분하여 관리하여야 한다’라고 하여 마치 자기신탁과 유사한 형태로 규제하고 있는 것으로 생각할 수 있다. 하지만 다음의 점에서 자기신탁과 차이가 있다. 파생결합증권 발행대금은 회사의 고유계정으로 들어온다. 이 고유계정이란 실무에서는 ‘book’라고 표현을 한다. 각 부서마다 ‘book’을 가지고 있는데 채권운용부는 채권운용book을 가지고 있고 장외파생부는 장외파생book과 파생결합증권발행대금 운용을 위한 ‘헤지book’을 가지고 있다. 헤지book의 자산은 모범규준에 나와 있듯이 고유자산과 구분하여 관리하여야 한다. 문제는 여기서 말하는 ‘구분관리’는 신탁에서 말하는 ‘분별관리’와는 다른 의미이다. 신탁은 고유재산과 신탁재산을 구분회계처리하고, 재무제표도 별도로 분리되어 있다. 결국 신탁재산은 고유재산의 재무제표에 등장을 하지 않게 된다. 그런데 모범규준에서 말하는 구분관리는 단순히 계산상 분리, 즉 고유재산인 채권운용Book, PI book 등 다른 고유재산과 계산만 분리를 하게 된다. 그래서 파생결합증권 헤지Book은 금융투자회사 고유재산의 대차대조표상 자산으로 계상되고, 부채로 파생결합증권발행대금이 계상이 된다. 결론적으로 금융투자회사가 파산을 하였을 때, 현재의 구분관리로는 헤지자산을 도산으로부터 절연할 수 없게 된다. 하지만 자기신탁으로 ‘분별관리‘를 하게 된다면 금융투자회사의 파산과는 상관없이 헤지자산은 도산으로부터 절연이 된다.

〈표 7〉 투자하고자 하는 ELS의 투자위험요소(복수응답가능)[108]

주가하락시 손실발생	시세조종 위험	발행사의 부도가능성	기초자산의 기준가조정	모름/기타
76.2% (799명)	22.4% (235명)	8.3% (87명)	9.1% (95명)	5.2% (55명)

발행회사가 델타헤지를 하는 것을 고려하면 이러한 방안이 적절하지 않다. 다른 방법으로는 개정신탁법상 자기신탁의 방법으로 자금을 운용하는 방법을 고려해볼 수 있다.

(2) 개정신탁법상 자기신탁(신탁선언에 의한 신탁)에 의한 도산절연

1) 개정신탁법상 자기신탁

신탁의 목적, 신탁재산, 수익자(공익신탁의 경우에는 신탁관리인을 말함) 등을 특정하고 자신을 수탁자로 정한 위탁자의 선언, 즉 신탁선언에 의하여 신탁을 설정할 수 있다.[109] 이러한 신탁설정은 공익신탁을 제외하고는 공정증서를 작성하는 방법으로 하여야 하며, 신탁을 해지할 수 있는 권한을 유보할 수 없다.[110] 자기신탁의 설정에 의하여 고유재산이 신탁재산으로 되는 경우에, 신탁재산에 대한 제3자 권리와 경합 문제는 세 단계로 나누어 검토할 필요가 있다.[111] 첫째, 신탁재산의 효력을 인정받기 위해 어떤 요건을 갖추어야 하는지의 문제이며, 둘째, 자기신탁에 의해서 신탁이 유효하게 설정된 후에 제3자에게 신탁재산임을 대항하기 위한 공시 단계이고, 셋째, 신탁설정 후 수탁자에 의한 신탁재산의 분별관리 의무(개정신탁법 제37조)의 이행이다.[112] 첫째는, 자기신탁의 경우 권리의 이전은 없는 것이기 때문에, 개정신탁법 제3조 제1항 제3호에 따른 요건을 갖추고 동조 제2항에 따라 공정증서에 의하여 신탁을 설정하면 자기신탁이 유효하게 설정된다.[113] 둘째는, 개정신탁법 제4조에 의한 신탁재산의 공시를 하면

108 남길남·정순섭·한민, 앞의 보고서, 표 Ⅲ－8. 금융감독원과 금융투자협회가 2010년 8월 13~26일까지 증권사 지점을 방문한 1,049명의 금융소비자에게 설문한 내용이다.

109 개정신탁법 제3조 제1항 제3호.

110 개정신탁법 제3조 제3항.

111 한민, “신탁제도 개혁과 자산유동화”, 「BFL」 제50호(서울대학교 금융법센터, 2011. 11), 63~64면.

112 한민, 앞의 논문, 63~64면.

113 한민, 앞의 논문, 63~64면.

해당 재산이 신탁재산에 속한 것임을 제3자에게 대항할 수 있다.[114] 셋째로, 개정신탁법 제37조에 따라 수탁자는 신탁재산을 수탁자의 고유재산과 분별관리하고 신탁재산임을 표시하여야 한다.[115]

2) 발행구조

개정신탁법상 자기신탁에 의한 ELS·DLS 발행의 구조는 다음과 같다. (ㄱ) 증권회사가 ELS·DLS를 투자자에게 발행하고 대금을 받고, 그 후 증권회사는 투자자에게 받은 대금을 증권회사가 위탁자 겸 수탁자로서 투자자를 수익자로 하여 자기신탁을 설정하며 증권회사 자신은 후순위수익권을 취득함, (ㄴ) 증권회사는 수탁자의 자격으로 은행 구좌를 개설하고 ELS·DLS 발행대금을 납입 받는 즉시 위 구좌에 입금함, (ㄷ) 증권회사가 수탁자로서 발행대금의 관리·운용·처분에 따라 취득한 재산은 신탁재산을 구성하며, 이들 재산은 신탁재산으로서 고유재산 및 다른 신탁재산과 분별 관리되어야 하고, 필요한 경우 신탁재산으로서 공시되어야 함, (ㄹ) 자기신탁재산(담보재산)의 관리(재산의 처분, 교제 포함)에 관한 기준을 따로 정할 필요가 있다.[116] (ㅁ) 증권회사는 헤지 상대방과 back－to－back 스왑(unfunded swap) 거래를 할 수도 있고, 자체 헤지를 할 수도 있다. 스왑 상대방에게 담보를 제공하여야 하는 경우, 증권회사는 위 자기신탁의 수익권을 제공할 수도 있다.[117] 이때 제공되는 수익권은 후순위수익권이 되고 선순위수익권은 파생결합증권에 화체하여 투자자가 보유하게 되며, ELS 양도시 수익권 역시 이전된다고 보아야 할 것이다.[118]

114 한민, 앞의 논문, 63~64면.

115 한민, 앞의 논문, 63~64면.

116 미국의 Series Trust가 좋은 예가 될 수 있다고 본다. Series Trust이란 자산을 시리즈별로 구분지을 수 있는 신탁을 의미한다. Series Trust의 장점은 ELS·DLS라는 큰 카테고리 아래에 각 계약별로 시리즈 자산을 구분지을 수 있으며, 자유롭게 한 시리즈의 자산만을 교체하거나 환매, 변제가 가능하다는 점이다. 한 영역의 series trust는 다른 series trust에 영향을 주지 않으면서 전체 ELS·DLS 자산에 대한 신탁은 유지된다는 점이다. 미국에서는 주로 펀드에 이용되었지만 최근에는 구조화금융상품의 거래에도 이용되고 있다. 자세한 내용은, Thomas E. Rutledge and Ellisa O. Habbart, “Uniform Statutory Trust Entity Act: A Review”, Business Lawyer; Volume 65, August 2010, pp.1070~1077.

117 남길남·정순섭·한민, 앞의 보고서, 135~136면.

118 위의 보고서, 136면.

[그림 9] 자기신탁 발행구조[119]

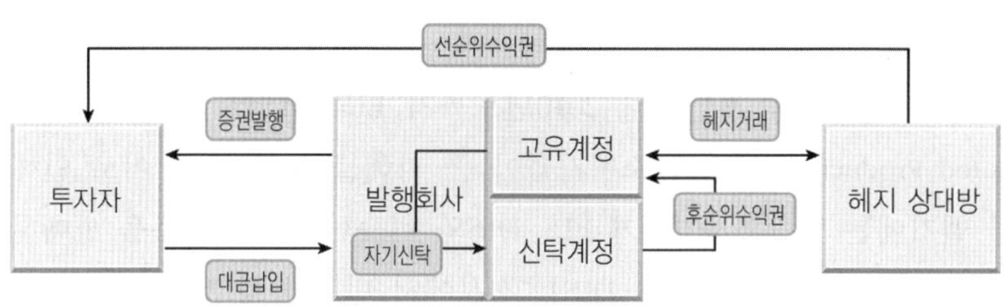

3) 자기신탁의 구조로 도산절연을 할 때 문제점

증권회사의 자기신탁으로 ELS·DLS를 발행하는 것은 다음과 같은 문제점이 있다. (ㄱ) ELS·DLS는 상법상 사채로서 "파생결합사채"에 해당한다.[120] 담보부사채신탁법 제3조는 "사채에 물상담보를 붙이려면 그 사채를 발행하는 회사와 신탁업자와의 신탁계약에 의하여 사채를 발행하여야 한다"라고 규정하고 있다. 따라서 증권회사가 담보신탁 방식으로 담보부사채를 발행하는 경우 가장 문제되는 점은 담보 제공이 위 담보부사채신탁법 제3조와의 관계에서 허용되는 것인지의 문제이다.[121] 이 점에 관하여는 판례가 보이지 아니하며 학설상의 논의도 거의 없다.[122] 현재 금융실무에 비추어 살펴보면 사채권자와의 별도 합의에 의하여 담보를 제공하는 경우에만 담보부사채신탁법이 적용되지 않는다고 보는 견해가 가장 타당해 보인다.[123] 하지만 이 설에 의하면, 사채권자가 소수인 경우에만 위와 같은 별도 합의에 의한 사채발행이 가능하므로 공모발행의 경우에는 발행할 수 없게 된다.[124] 따라서 위와 같은 구조로 ELS·DLS를 발행하기 위해서는 담보부사채신탁법을 개정하여 그 적용범위를 명확히 하거나, 자본시장법에서 ELS·DLS등 파생결합사채를 위와 같은 구조로 발행할 수 있도록 하는 특례규정을 둘 필요가 있다.[125]

119 위의 보고서, 136면 그림 Ⅶ-1 변형.
120 상법 제469조 제2항 제3호, 동법 시행령 제23조.
121 위의 보고서, 137면.
122 위의 보고서, 137면.
123 위의 보고서, 137면.
124 위의 보고서, 137면.
125 위의 보고서, 137면.

Ⅵ. 맺음말

유럽은 1990년대 후반부터 2010년도까지 ELS·DLS와 비슷한 구조화상품(Structured Products)으로 금융소비자들이 큰 피해를 보았다.[126] 이로 인해 노르웨이와 벨기에는 일반투자자에게 ELS·DLS와 비슷한 구조화상품을 판매하지 못하도록 법으로 규정하였다. ELS·DLS는 신문에서 빈번히 광고하고 있는 '중위험·중수익'을 가져다주는 보통 정도의 위험이 있는 상품이 아니라 투자금의 일부가 파생상품에 투자되며 발행사의 신용위험, 기준가격 하락의 위험, 과도한 중도환매수수료 등 다양한 위험이 있는 위험도가 높은 상품이다.

반면, 현재 금융당국은 규제 강화의 초점을 고령자 중심으로 하는 경향을 보인다.[127] 물론 모든 투자에는 자기책임이 따르며 이 원칙은 중요하고 지켜져야 한다. 따라서 복잡한 금융상품을 이해하기 어려운 고령자 중심으로 규제를 강화하는 것은 마땅하지만 고령자를 제외한 일반 금융소비자 또한 ELS·DLS와 같은 복잡한 금융상품을 얼마만큼 이해를 하고 구입하는지는 여전히 의문이라 할 수 있다. 따라서 향후 금융소비자 전체를 보호하는 방안들이 더욱 모색될 필요가 있다. 이러한 관점에서 다음과 같이 앞에서 논의한 파생결합증권의 문제점에 대한 개선방안들이 검토, 활용될 필요가 있다.

첫째 ELS와 DLS의 상품별 다양한 위험에 관한 비교공시가 이루어지지 않고 있기 때문에 금융소비자가 상품별로 위험도를 파악할 수 있도록 유럽의 EDR이나 PRIPs와 같이 상품의 위험, 거래비용, 상품전반에 대한 품질 평가를 통한 통일되고 체계적인 공시시스템을 마련할 필요가 있다.

둘째, 판매과정에서의 불완전판매가 빈번히 문제될 수 있는바, 복잡도 내지 위험도가 큰 ELS·DLS에 대해서는 홍콩과 같이 ELS·DLS와 같은 구조화 상품

---

126 대표적인 예로는 영국은 2001년부터 2002년 사이에 3~5년 만기까지 10% 정도의 높은 이자를 지급하는 이른바 "precipice bond"가 일반투자자들에게 큰 인기를 끌었으나 주가지수 폭락으로 총 25만 명이 50억 파운드의 손해를 보았다. 투자자의 평균연령이 60세 전후라는 것이 피해를 키웠다. 노르웨이는 1990년대 후반부터 글로벌 금융위기 직전까지 15만 명 정도로 추정되는 일반투자자가 70억 달러 이상을 구조화상품에 투자하였다가 큰 손실을 입고 사회문제가 되었다. 이 사건 이후 노르웨이는 일반투자자는 구조화 상품에 투자를 못하도록 하였다. 이에 대해서는 남길남·정순섭·한민, 앞의 보고서, 82~87면 참조.

127 금융감독원 보도자료, "고령자앞 ELS 관련상품 판매현황 및 보호방안"(2012. 11. 30).

을 영업점에서 직접 판매하는 것을 규제하거나 ELS를 구입한 후 숙려기간(cooling off) 기간을 주어(최소한 5일) 일정기간 내에 환매할 수 있도록 하는 방안을 모색할 필요가 있다.[128]

셋째, 발행사와 금융소비자 간의 이해상충문제가 될 수 있는 델타헤지(delta hedge) 문제에 대해서는 '헤지거래'라는 미명하에서 얼마든지 불공정거래행위가 이루어질 수 있으므로[129] 헤지거래 중 일정유형은 불공정거래유형으로 가이드라인을 제시할 필요가 있다.

넷째, 다른 상품에 비해 중도환매수수료가 과도한 측면이 있는바, 이에 대한 개선방안을 모색할 필요가 있다.

마지막으로 발행회사의 신용문제가 발생할 수 있는바, 개정 신탁법에 도입된 자기신탁(신탁선언에 의한 신탁)을 활용한 방안이 모색될 필요가 있다.

2013년 저자들은 "파생결합증권을 둘러싼 금융소비자보호 강화방안" 논문을 통해 위와 동일한 주장을 한 바 있지만, 3년이 지난 이 시점에도 파생결합증권을 둘러싼 소비자보호가 강화되지 못한 점은 아쉬움으로 남는다. 파생결합증권분야뿐만 아니라 모든 금융분야에서 소비자보호가 더욱 강화되기를 바라는 마음으로 글을 맺는다.

---

128 Alan Ewins, Catherine Husted, Juliana Lee and Joyce Woo, op. cit., p.306.

129 법무법인 한누리 상고이유서, 2013다3811 사건, 47~56면.

참고문헌  R·E·F·E·R·E·N·C·E·S

<국내문헌>

김건식·정순섭, 「자본시장법 제3판」(두성사, 2013).

김주영, "국내외 투자자 손실사례 – 투자자, 금융당국 및 금융기관에 주는 교훈", Money 포럼 발표자료(2013. 6. 18).

김형태, "주가연계증권(ELS)의 설계와 활용", 「증권예탁」 제45호(한국예탁결제원, 2003.3)

김홍기, "자본시장법상 연계불공정거래 규제체계 및 입법론, 해석론에의 시사점(주가연계증권(ELS)연계거래를 중심으로)", 「연세글로벌 비즈니스 법학연구」 제2권 제2호(연세대학교 법학연구소, 2010. 12).

나승철, "주가연계증권(ELS)에 있어서 발행사와 투자자 사이의 이해상충", 「기업법연구」 제24권 제4호(기업법학회, 2010. 12).

남길남·정순섭·한민, "ELS · DLS 투자자보호방안", 학술연구용역보고서(2012. 9).

남길남, "투자형 파생결합증권(ELS, DLS)시장의 건전화를 위한 제언: 판매방식과 정보체계의 개선 필요성", 「자본시장 Weekly」 2011–43호(자본시장연구원, 2011).

______, "ELS 시장의 현황과 발전과제"(자본시장연구원, 2010. 11).

______, "유럽의 파생결합증권 규제와 시사점", 「금융법연구」 제8권 제2호(한국금융법학회, 2011).

류혁선, "파생상품의 법적 개념에 관한 소고", 「증권법연구」 제12권 제1호(한국증권법학회, 2011. 4).

맹수석, "투자신탁자산의 운용상 주의의무와 투자고객 보호방안", 「증권법연구」 제6권 제2호(한국증권법학회, 2005).

박선종, "파생상품의 설명의무에 관한 연구 –국내외 최근 판결문을 중심으로–", 「증권법연구」 제12권 제2호(한국증권법학회, 2011).

안동현, "파생상품과 구조화상품", 법원파생상품세미나 자료(2013. 4).

______, "ELS 상품의 특성과 투자자 보호", 법원파생상품세미나 자료(2013. 4).

안수현, "DLS(Derivative–Linked Securities)의 법적 과제: 금융회사의 상품조사의무 도입

시론",「금융법연구」제8권 제2호(한국금융법학회, 2011. 12)

_____, "주가연계증권(equity-linked securities)의 증권법적 검토",「증권법연구」제5권 제1호(한국증권법학회, 2004. 6).

_____, "금융투자업자의 선관주의 위반과 책임의 범위", 한국거래소 증권전문가 초청 세미나자료(2013. 4. 2).

엄세용, "자본시장에서의 ELS 규제 및 감독방향-ELS 헤지거래 가이드라인을 위주로",「연세글로벌 비즈니스 법학연구」제2권 제2호(연세대학교 법학연구소, 2010. 12).

오영표, "한국형 대형투자은행 활성화를 위한 법적 과제", 한국기업법학회 2013년 춘계학술대회 자료집(2013).

이상훈, "주가연계증권(ELS)판매증권회사에 대하여 거래상 주의의무를 인정한 1심판결",「기업지배구조연구」vol. 36, 2010. 8.

이숭희, "ELS 분쟁의 현황과 법적 쟁점",「연세글로벌 비즈니스 법학연구」제2권 제2호(연세대학교 법학연구소, 2010. 12).

이효섭·김지태, "한국 ELS/DLS 시장의 건전한 성장을 위한 방안", 자본시장연구원, 2013. 3.

정승화, "자본시장법상 파생결합증권에 관한 법적 소고",「기업법연구」제8권 제1호(한국기업법학회, 2011. 8).

_____, "파생결합증권의 발행 및 유통제도에 관한 고찰",「증권예탁」제82호(한국예탁결제원, 2012. 2).

_____, "파생결합증권 발행제도에 관한 법적 과제",「금융법연구」제8권 제2호(금융법학회, 2011. 12).

정재은·오영표, "개정 상법 및 개정 자본시장법과 파생결합증권의 취급",「예탁결제」제85호(한국예탁결제원, 2013. 5).

정윤모, "금융소비자보호법의 주요이슈분석", 자본시장연구원 금융시장전망, vol.4, no.1. 2012.

한 민, "신탁제도 개혁과 자산유동화",「BFL」제50호(서울대학교 금융법센터, 2011. 11).

<국외문헌>

Alan Ewins, Catherine Husted, Juliana Lee and Joyce Woo, "The Lehman Aftermath: Hong Kong and Singapore Regulatory Reforms in the Structured Product Markets World.", Capital Markets Law Journal Volume 5(Issue 3), 2010.

European Commission, "Proposal for a regulation on a new Key Information Document for investment products", 2012. 7. 3.

IOSCO, "Regulation of Retail Structured Pruducts", Consultation Report, 2013. 4.

Jennifer Bethel, Allen Ferrell, "Policy Issues Raised by Structured Products", Harvard Law School, Discussion Paper No. 560, 2006.

MAS, "MAS Issues Response to Feedback on Proposals to the Regulatory Regime for Listed and Unlisted Investment Products", 2010. 10. 28.

SFC, "SFC Handbook for Unit Trust and Mutual Funds, Investment-Linked Assurance Schemes and Unlisted Structured Investment Products", 2015. 1. 30.

Thomas E. Rutledge and Ellisa O. Habbart, "Uniform Statutory Trust Entity Act: A Review", Business Lawyer; Volume 65, August 2010.

Toshiki Yotsuzuka, "Complex Financial Products in Japan: Evolution of Structured Products and Regulatory Responses, Waseda University, 2012. 2.

<기타자료>

금융감독원 보도자료. "증권사 ELS 판매 만족도 개선-5.7점 올라"(2013. 1. 21).

금융감독원 보도자료, "고령자앞 ELS 관련상품 판매현황 및 보호방안"(2012. 11. 30).

금융감독원 보도자료, "파생결합증권(ELS·DLS) 신고서 내용개선"(2012. 3. 8).

금융감독원 보도자료, "2012년 상반기 ELS 판매에 대한 미스터리쇼핑 결과"(2012. 6. 25).

금융감독원 보도자료, "ELS 발행 및 운영 관련 제도개선 방안"(2009. 9. 11).

금융위원회, e-브리핑, "ELS, DLS 동향 제도개선 방안"(2012. 9. 16).

금융위원회, 보도자료, "특정금전신탁의 운용현황 및 정책방향"(2013. 4. 11).

매일경제 "패닉에 빠진 여의도, 자본시장 살릴 해법은…M&A로 증권사 줄이고 규모 키워야"(2013. 5. 20).

법무법인 한누리 상고이유서, 2013다3811 사건.

금융투자협회, "파생결합증권 신고서 작성 가이드라인".

금융투자협회, "파생결합증권 발행 및 운용에 관한 모범규준".

조선일보, "은행 예금이탈 이어져 … 최저 1%대 예금금리 여파"(2013. 5. 27).

<해외사이트>

European Derivatives Group, www.derivatives-group.com

제 4 장 예금보험제도와 예금자 보호

Ⅰ. 서 론

2008년 발생한 글로벌 금융위기뿐만 아니라 국내에서는 2011년 이후 저축은행사태를 겪으며 예금보험제도(deposit insurance system)에 대한 관심이 높아졌다. 전 세계적으로 글로벌 금융위기를 극복하는 과정에서 뱅크런(bank run)을 막고, 부실화된 은행들의 예금자들을 보호하기 위해 예금보험제도를 강화하는 조치들을 시행하였다. 당시 많은 국가들에서 예금에 대하여 전액보호 또는 보호한도를 인상하는 조치를 취하였고, 보호대상 예금의 범위를 확대하여 불안심리에 휩싸인 예금자들이 한꺼번에 예금을 인출하는 뱅크런을 예방하였다. 또한, 부실화된 은행들을 정리하는 과정에서 예금자들에 대한 예금대지급 기간을 단축하여 예금자들의 불편을 최소화하고, 은행뿐만 아니라 금융산업에 대한 신뢰와 금융시스템 전반의 안정을 유지하는 데 기여하였다. 우리나라의 경우에도 글로벌 위기시 외화예금을 보호대상에 포함시키는 등 예금보호제도를 강화함으로써 큰 혼란없이 위기상황을 넘길 수 있었다.

이후, 2011년부터 30여 개의 저축은행이 영업정지된 저축은행사태는 국민들에게 예금보험제도의 중요성을 다시 한 번 일깨워 준 사건이라고 할 수 있다.

---

* 오승곤·김광남 공동집필.
* 본고는 저자들의 개인견해로 예금보험공사의 공식견해와는 무관합니다.

글로벌 금융위기의 여파로 인한 부동산 경기침체로 저축은행들의 부동산 관련 대출 부실화로 촉발된 저축은행사태를 수습할 수 있었던 것은 예금보험제도를 잘 갖추고 있었기 때문이다. 부실저축은행들에 대한 정리조치와 함께 예금자들에 대하여 5천만원까지 보호함으로써 예금자들의 손실을 최소화하고, 저축은행 부실이 타 업권으로 확산되는 것을 막아 금융시장의 안정을 유지할 수 있었다. 그러나, 부실저축은행들을 정리하는 과정에서 27조원 이상의 막대한 정리비용이 소요됨에 따라 예금보험기금에 큰 부담을 지우게 되었다.

또한, 부실원인으로 사전적 감시와 감독기능이 원활히 작동하지 못했다는 반성과 함께 저축은행을 비롯한 부보금융회사들이 부실화되는 것을 사전에 예방할 수 있는 조치들을 강화할 필요성이 크게 대두되었다. 그 결과 저축은행들에 대한 적기시정조치 요건이 강화되었고, 부실정리를 담당한 예금보험공사의 부실예방을 위한 사전적 감시기능이 확대되었다. 이는 전 세계적으로 과다한 부실정리비용, 특히 납세자의 세금으로 조성된 공적자금으로 부실은행을 구제한다는 비판과 함께 부실을 사전에 예방할 수 있는 조치들을 강화하는 방향성에 부응한다고 할 수 있다.

본고에서는 예금보험제도 개요와 글로벌 금융위기 이후의 예보제도의 변화추이를 소개하고, 우리나라 예금보험제도 현황과 제도 개선방안을 모색하였다. 특히, 부실화 이후의 정리보다는 부실을 예방하기 위한 예보기구의 선제적 대응능력의 중요성이 강조되는 추세를 감안하여 개선방안을 제시하였다. 본고의 구성은 다음과 같다. 제Ⅰ장 서론에 이어 제Ⅱ장에서는 예금보험제도의 개요와 글로벌 금융위기 이후 나타난 제도변화를 소개한다. 제Ⅲ장에서는 우리나라 예보제도의 현황을 소개하고 향후 선제적 대응능력을 제고하기 위한 개선방안을 검토 제시하고, 제Ⅳ장에서 맺는다.

Ⅱ. 예금보험제도 개요 및 글로벌 금융위기 이후 제도 변화

1. 예금보험제도 개요

예금보험제도는 금융회사가 부실 등으로 지급불능상태에 놓일 경우 예금보험기구가 대신하여 예금의 전액 또는 일부를 지급하는 제도이다. 전 세계적으로 예금보험제도가 처음 도입된 나라는 미국으로 1829년에 미국 뉴욕주에서 'Bank Obligation Insurance Program'이라는 제도를 도입한 기록이 있다. 이후 1930년대 대공황에 따른 금융위기를 계기로 1933년에 만들어진 은행법에 따라 연방예금보험공사(Federal Deposit Insurance Corporation, 이하 FDIC)가 설립된 것이 오늘날 예보제도의 시초라고 할 수 있다. 이후 1970년대 이후 금융위기 빈발, 금융의 자유화와 국제화 등을 계기로 예금보험제도를 도입하는 국가들이 급격히 증가하였는데, 국제예금보험기구(International Association for Deposit Insurers, 이하 IADI)에 의하면 2015년말 현재 전 세계적으로 120여 개국에서 예금보험제도를 도입한 것으로 파악하고 있다. 우리나라도 아시아 외환위기 직전인 1996년에 예금보험공사가 설립되어 금융안전망의 한 축으로서 외환위기 극복을 위한 구조조정 실무를 수행하였다.

예금보험제도의 필요성은 1929년 발생한 대공황 시기나 2007년 영국의 노던락(Northern Rock) 은행의 뱅크런 사례에서 찾을 수 있다. 은행의 예금은 선착순 지급의 특성을 가지고 있기 때문에 예금자들이 한꺼번에 예금인출을 시도할

〈표 1〉 전 세계 예금보험기구의 설립 현황

시기	내용
1829년	• 미국 뉴욕 주에서 처음으로 예금보험제도와 유사한 'Bank obligation insurance program' 채택
1920~30년대	• 대공황에 따른 금융위기를 계기로 1934년 FDIC 설립
1950년대까지	• FDIC가 유일한 예금보험기구
1960~70년대	<선진국 확산기> – 1960년대: 9개국 / 1970년대: 7개국
1980년대 이후	<급속한 팽창기> – 1980년대: 19개국 / 1990년대: 37개국/2000년대 이후: 약 40개국 ※ 확산 이유: 금융위기 빈발, 금융자유화 및 국제화 진전, IMF 권고 등
현재	• 2015년말 현재 121개 국가에서 명시적 예금보험제도 도입

자료: 예금보험공사.

경우 은행의 자산급매각(fire sale)이나 유동성 부족으로 인한 신용경색, 금융회사간 전염효과(contagion effect)로 인한 금융시장 불안정 확대, 궁극적으로는 실물경기 위축과 같은 문제로 악화될 수 있다. 따라서, 예금보험제도가 도입되면 예보기구가 보호한도까지 예금자들의 예금을 보호해줌에 따라 뱅크런이 발생하는 것을 억제하여 금융시스템이 불안정해지는 것을 막을 수 있게 된다.[1]

예보제도의 목적이 일반적으로 소액예금자 보호를 통한 뱅크런 예방과 금융시스템 안정에 기여하는 것으로, 각국의 예금보험기구는 자국의 금융환경에 따라 예금대지급형(Paybox)부터 위험최소화형(Risk-minimizer)까지 다양한 유형으로 금융안전망 역할을 수행한다. 가장 기본적인 유형은 부실화된 부보금융회사의 예금자들에게 사전 약정된 예금보험금을 대지급하는 예금대지급형으로 102개 회원기구들이 응답한 IADI의 2014년 연례조사에서 39개 기구가 이 유형에 속하는 것으로 나타났다. 예금대지급 기능에 더하여 부실정리에의 참여 정도에 따라 Paybox-plus와 손실최소화형(Loss-minimizer)으로 구분하고, 정리관련 포괄적 기능에 더하여 건전성 감시기능까지 갖출 경우 위험최소화형 예보기구로 구분한다. 전 세계적으로 금융기관의 대형화 및 복합화, 복합금융상품의 출현, IT 기술의 발전, 금융의 연계성 및 변동성 확대, 금융소비자의 위험 민감도 증가, 시스템 위험 및 급격한 부실화 가능성 증대와 같은 금융환경의 변화를 반영하여 금융안전망 기구들이 금융회사 부실을 조기에 발견하고 적기에 개입할 필요성이 증대되고 있다. 따라서 금융회사 부실시 예보기금을 투입해야 하는 예보기구의 입장에서는 기금손실을 최소화하기 위해서 금융회사의 부실위험을 감시하고 부실에 따른 손실 가능성을 사전적으로 통제할 유인이 있으며, 최근 글로벌 금융위기 이후 예보기구의 기능이 예금대지급형에서 위험최소화형으로 점점 옮겨가는 추이를 보이고 있다. 특히 1996년에 설립된 우리나라 예보는 은행뿐만 아니라 금융투자, 보험업권 등을 포괄하는 통합보호기구로서 FDIC와 함께 대표적인 위험최소화형으로 분류된다.

---

1 은행의 유동성 문제에 대하여 중앙은행이 최종대부자기능을 통해 지원하는 것이 일반적이나 반복될 경우 은행 경영진의 도덕적 해이를 야기할 우려가 있다.

[그림 1] 책무에 따른 예금보험기구의 유형과 현황

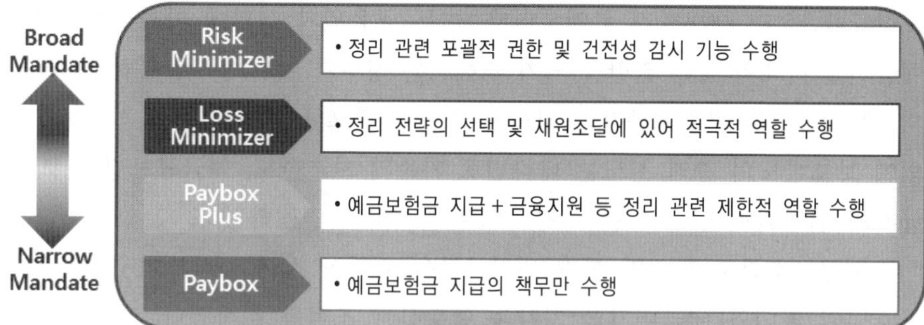

자료: 예금보험공사.

2. 글로벌 금융위기 이후 예금보험제도 변화[2]

2008년 글로벌 금융위기를 극복하는 과정에서 세계 각국은 예금자에 대한 전액보호(blanket guarantee) 또는 보호한도 인상, 보호범위 확대와 예금대지급 기간 단축 등 예금보험제도를 강화하는 조치들을 전방위적으로 취하였다.[3] 영국의 경우 2007년에 발생한 노던록(Northern Rock) 은행 예금자들의 뱅크런이 발생하자, 이미 예금보험제도를 운영하고 있던 영국 정부는 노던록 은행에만 국한하여 한시적으로 전액보호 조치를 시행하기도 하였다. 이는 뱅크런이 발생할 경우 해당 은행에만 국한되지 않고 즉각적으로 은행권 전체, 나아가서는 금융산업 전체로 위기가 전염될 뿐만 아니라(전염효과, contagion effect) 경제전반에 걸친 시스템 위기로 확산될 가능성이 매우 높기 때문에 즉각적인 대응조치를 취한 것이었다. 영국 이외에도 홍콩, 싱가포르, 말레이시아, 대만, 몽골 등 다수의 국가들이 자국의 예금자들을 보호하기 위해 전액보호제도를 도입하였고, 미국과 EU 회원국 등의 국가들은 예금보호한도를 인상하는 조치를 취하여 이번 위기에 대응하였다.

IADI & IMF(2010)에 의하면 글로벌 금융위기를 극복하는 과정에서 48개국이 예금보호한도를 증액한 것으로 나타났다. 오스트리아, 덴마크 등 19개국이

2 오승곤 외(2011), 오승곤(2015).

3 IADI and IMF(2010), 오승곤 외(2011), IADI(2012) 참조.

한시적으로 예금전액보호 조치를 시행하였고, 미국, 영국 등 29개국에서 예금보호한도를 75%~400%까지 증액하였다. 이는 금융위기 상황에 따라 예금자들의 예금인출 사태와 같은 혼란을 막기 위해서는 정부가 예보기구를 통해 예금자들의 예금을 모두 보호해준다는 강화된 약속이 필요했기 때문이다. 전액보호 이외에 보호한도의 증액 정도는 나라별로 기존의 보호한도, 예금규모별 분포, 예금자의 위험회피 정도 등을 다각적으로 분석하여 결정하였다.

예금보호한도 확대와 함께 위기극복을 위하여 각국의 예보기구들은 예금보호범위 확대와 예금대지급 기간을 단축하는 조치를 취하였다. IADI(2012)에 의하면 우리나라를 비롯한 10개국에서 보호대상 예금의 범위를 확대한 것으로

〈표 2〉 글로벌 금융위기 중 국가별 예금보호한도 인상 현황

예금전액보호	예금보호한도 증액	
	한시적	영구적
오스트리아, 덴마크, 독일,[1) 그리스,[1) 홍콩, 아일랜드,[7) 요르단, 말레이시아, 몽고,[3) 포르투갈,[1) 싱가포르, 슬로베니아,[3) 태국, 대만, 아랍에미레이트,[5) 헝가리,[1) 아이슬란드,[1) 쿠웨이트,[3) 슬로바키아[6)	호주, 뉴질랜드,[8) 스위스, 우크라이나, 미국,[4) 브라질, 네덜란드	알바니아, 벨기에, 불가리아, 크로아티아, 사이프러스, 체코, 에스토니아, 핀란드, 인도네시아, 카자흐스탄, 라트비아, 리투아니아, 룩셈부르크, 카자흐스탄,[2) 말타, 필리핀, 폴란드, 루마니아, 러시아, 스페인, 스웨덴, 영국
19	7	22

주: 1) 정부에 의한 정치적 공약
2) 70만 텡게에서 5백만 텡게로 증액. 2012.1.1 법률로 1백만 텡게로 감액할 예정
3) 자국 내의 은행 부문에 대해서 한도 없음
4) 이자미지급결제성예금에 대해서 한도 없음
5) 국가에 중대한 영향을 행사하는 국내외 은행에 대해서 한도 없음
6) 모든 자연인과 일정 범위의 법인에 대해서 한도 없음
7) 은행 시스템의 80%를 차지하는 7개 은행에 대해서 한도 없음
8) 예금당 1백만 뉴질랜드 달러까지 전액 보호(소매예금과 비은행예금 수취자)
자료: IADI & IMF(2010), 오승곤 외(2011)에서 재인용.

조사되었는데, 이는 예금보호한도 확대와 함께 예금자들이 위기상황에 대한 우려로 예금인출에 나서지 않도록 사전적으로 예방하는 효과가 있었다. 우리나라도 예금자 1인당 5천만원인 보호한도를 늘리지는 않았지만, 리만사태 직후인 2008년 11월 3일부터 이전에는 보호대상이 아니었던 국내은행의 외화예금도 5천만원까지 보호하도록 예금보호범위를 확대하는 조치를 취하였다.

반면 예금대지급 기간 단축 조치의 경우 은행이 부실화되어 파산하면 예금자들은 예보기구로부터 보호한도까지의 원리금을 지급받게 되지만, 현실적으로 상당한 시간이 지나서 예금을 돌려받게 된다. 2009년 이전까지만 하더라도 EU 국가들은 예보기구의 예금대지급이 3~9개월까지 걸림에 따라 예금자들이 유동성 제약 등으로 커다란 불편을 겪었으나, 금융위기 중 이 기간을 20일로 급격히 단축하는 조치를 시행하여 예금자들의 불편을 줄여줬다.[4]

리만사태로 정점을 치닫던 글로벌 금융위기가 어느 정도 진정되자 그동안 위기극복을 위한 국제공조를 주도하던 G20와 금융안정위원회(Financial Stability Board, 이하 FSB)는 IADI로 하여금 바젤은행감독위원회(Basel Committee for Banking Supervision, 이하 BCBS)와 공동으로 예금보험제도에 대한 국제적 기준을 마련할 것을 요청하였다. 이는 글로벌 금융위기 극복과정에서 예보기구들의 대응조치가 금융안정에 크게 기여하였고, 위기시뿐만 아니라 평상시에도 금융안정을 위해서는 예보제도가 잘 갖추어져 있어야 한다는 공감대가 형성된 결과였다. IADI와 BCBS의 공동작업 결과 2009년 6월에 「효과적 예금보험제도를 위한 핵심준칙(Core Principles for Effective Deposit Insurance Systems, 이하 핵심준칙)」, 2010년 12월에 「효과적 예금보험제도를 위한 핵심준칙의 준수 평가기준(Core Principles for Effective Deposit Insurance Systems－A methodology for compliance assessment)」이 발표되었다. 18개 조문으로 구성된 핵심준칙은 이후 2011년 4월에 FSB가 선정한 건전한 금융시스템을 위한 12개 주요 국제규범(Key Standards for Sound Financial System)의 하나로 편입되어, IMF와 세계은행이 시행하고 있는 국가별 금융평가프로그램(Financial Sector Assessment Program, FSAP)에서 대상국의 예보제도를 평가하는 기준으로 사용되고 있다. 이후 2014년 11월에 IADI는 세계경제와 금융시장의 변화와 기존 핵심준칙의 미흡한 부분을 보완한

4 이후 개정된 IADI 핵심준칙에서는 예금대지급 기간을 7일까지 단축하도록 권고하였다.

16개 조문의 개정 핵심준칙을 발표하였다.[5]

핵심준칙에는 예보제도의 목표, 예보기구의 책무 및 권한, 지배구조, 타 금융안전망 기구들과의 공조체계, 보호한도 및 대상, 예보기금 적립, 부실의 조기발견 및 적기개입, 부실정리, 대국민홍보 등 예보제도를 설계하고 운영하는 데 필요한 16개의 준칙(principles)들을 제시하고 있다. 따라서 새로이 예보제도를 도입하려는 경우뿐만 아니라, 기존에 예보제도를 운영하고 있는 국가들도 핵심준칙을 이용하여 제도를 보완할 것을 권장하였다. 글로벌 금융위기 중 제개정되어 국제규범으로 채택된 핵심준칙이야말로 예금자 보호와 금융시스템 안정을 위한 강화된 예보제도의 변화를 집약하고 있다고 할 수 있을 것이다.

〈표 3〉 개정 핵심준칙 구성과 주요내용

핵심준칙	주요 개정내용
1. 공공정책 목표	–공공정책 목표에 대한 정기적인 내·외부기관의 검토 요구 –추가적인 공공정책 목표 도입 시 기존목표와 일관성 유지(§2, 4)
2. 책무 및 권한	–보험료 부과, 예금이전 등의 권한을 추가하고 예보기구의 권한이 열거된 사항에 국한되지 않음을 명시
3. 지배구조	–예보기구의 지배구조는 이해관계 상충 가능성을 최소화 –의사결정기구 및 경영진의 '적격성 심사(fit and proper)' 기준 추가 –업무 연속성을 위해 예보위원(당연직 위원 제외)이나 임원의 임기가 일정 시차를 두도록 함(stagger system) –예보기구는 책무의 이행 정도에 대하여 정기적으로 검토받고 있음 –운영상 독립성을 유지하기 위해 타 금융안전망기구의 대표(들)는 의장이 되거나 다수를 차지할 수 없음
4. 타금융안전망 기구와의 관계	–정보보안은 명시적인 법 등을 통하여 준수되는데, 이는 금융안전망 기구 간 정보공유가 제한되는 것을 방지하기 위한 것임 –복수 예금보험기구(우리나라 해당)가 존재할 경우 이들간에 적절한 정보공유 및 공조를 위한 장치가 마련되어 있음
5. 국가 간 이슈	–예보기구가 타 국가 내 예금을 보호해야 할 경우 등 복수 예보기구가 관련되는 상황에 대비하여 보험금 지급의 책임, 보험료 결정, 대국민 홍보와 관련한 양자 또는 다자간 협약(합의)을 체결

5 IADI(2014a), Core Principles for Effective Deposit Insurance Systems.

6. 비상계획 수립 및 위기관리 시 예보기구의 역할(신설)	-예보기구는 자체적인 비상계획과 위기관리 계획을 수립 및 정기점검 -시스템 위기 대응 및 관리와 관련하여 금융안전망에 예보기구가 구성원으로서 참여하며, 정기적 비상계획 수립 및 모의훈련에도 참여 -예보기구는 포괄적이고 일관된 대국민 홍보 및 의사소통을 위하여, 모든 금융안전망 참가자를 포함하는 사전·사후 위기관리 소통계획 수립에 참여
7. 부보가입	-감독당국의 인허가 요건이나 부보요건 등이 충족되지 않은 상태에서 예보제도에 편입되는 은행은 1년 안에 이를 해소 -부보가입 취소 시 해당 예금자에게 기존예금의 일정기간 보호통지
8. 보호한도 및 보호대상	-보호대상 상품의 정의가 명확하여 신속한 보험금 지급을 저해하지 않음 -보호한도는 공공정책 목표에 부합될 수 있도록 정기적(예를 들면 최소 5년마다)으로 검토 -국적과 거주에 관계없이 동일한 보호한도 적용 및 외화예금 포함 -복수 예보기구가 운영시, 보호한도의 차이가 예보제도의 효과성과 금융의 안정성을 저해하지 않도록 함
9. 기금재원 및 사용	-예보기구 최초 설립 시 정부나 국제기구로부터의 자금지원은 가능하나, 후일 예보기구가 부보기관 보험료 경감 전에 전액 상환 -긴급 유동성 조달방안은 사전에 준비 -목표기금 규모의 정기적 검토, 목표기금 달성을 위한 합리적 기간 설정 -기금운용 시 과도한 은행투자를 제한하는 내부규정 마련 -예보기구가 정리당국이 아닌 경우, 파산 이외의 정리방식 적용을 위하여는 예보기구가 일정한 조건하에 예보기금 사용을 허가 -예보기구의 수입에 대하여 과세하는 경우 세율은 예보기금 적립을 저해할 만한 수준이어서는 안됨
10. 대국민 홍보	-대국민 홍보 관련 포괄적인 커뮤니케이션 및 다양한 홍보 수단을 구비하고 상시적인 홍보를 추진 -인지도 목표치 및 장기 전략을 마련하고 필요 예산을 배정 -예금보험관계 표시는 법에 따라 의무화
11. 법적 보호	-법적 보호는 법에 정의되어야 하며, 임직원, 대리인 등 보호대상 구체화 -손배청구나 판결로부터 법률에 의하여 보호 -법적 보호의 대상이 되는 개인은 이해상충의 사전 고지 및 행동강령 준수 등의 책임을 짐
12. 부실관련자에 대한 책임추궁	-관련 당국은 부실에 책임이 있는자에 대하여 적절한 조치를 취함 -예보기구나 관련 당국은 부실책임 추궁을 위한 정책 및 절차를 구비
13. 부실 조기 발견 및 적기개입	-조기발견 및 적기개입 체계는 적기개입 및 시정조치의 개시를 위한 계량적·비계량적 기준을 명시화

14. 부실 정리	– 정리당국은 은행의 주요기능을 유지하면서 정리할 수 있는 효과적인 정리방식을 보유. 이는 경영진의 교체 및 해임, 계약의 종료, 자산 부채의 이전 및 처분, 채권의 상각 및 출자전환, 가교금융회사 설립 등 – 국적 및 거주지를 이유로 예금자를 차별하지 않음 – 부실금융회사 정리 절차에 대한 이의제기가 있더라도 사법부는 정리 결정을 번복할 수 없음. 대신에 사법부의 법적 구제 수단은 금전적 보상으로 제한 – 정리체계는 금융거래 중단에서 정리 이행까지 소요시간을 최소화
15. 보험금 지급	– 예보기구는 7 영업일 내에 대부분의 예금자에게 보험금을 지급. 만약 예보기구가 현재 이러한 기준을 충족할 수 없다면, 제도 실행을 위한 명확한 도입 일정(예 2년 이내) 등이 있어야 함 – 신속한 보험금 지급을 위하여 부보기관에 예보기구가 지정한 형식으로 예금자 정보를 유지할 것을 요청할 수 있는 권한을 부여하고, 부보기관의 동 정보의 산출 능력을 확인하기 위한 IT 시스템 및 데이터 검사가 가능 – 보험금 지급 매뉴얼 및 영업정지 매뉴얼 등 구비 – 부실 이후 보험금 지급절차 및 정리절차의 성과와 실패를 검토 – 예대상계는 신속한 보험금 지급과 금융안정을 저해하지 않는 수준 – 미결제항목(transit items)에 대한 처리기준 제시 – 예보기구가 청파산인이 아닌 경우 청파산인의 예보기구에 대한 협조의무
16. 회수	– 예보기구는 법에 정한 채권 순위에 따라 회수할 법적 권리 보유 – 금융안전망 기구 대리인 및 전문 용역 제공업체 등은 청산인으로부터 자산매입 불가(이해상충 최소화 측면)

자료: 오승곤(2015) 일부 수정.

Ⅲ. 우리나라 예금보험제도 현황 및 개선과제

1. 우리나라 예금보험제도 현황

우리나라 예보제도는 1995년 12월 제정된 「예금자보호법」을 근거로 1996년 6월에 예금보험공사가 무자본 특수법인의 형태로 설립되었고, 1997년에 은행권을 부보대상으로 시행되며 본격 도입되었다. 이후 1997년에 발생한 아시아 외환위기를 맞아 1998년 4월부터 예보가 은행권뿐만 아니라 증권, 보험, 종금, 저축은행, 신협 등 6개 금융권을 통합 보호하는 체계로 확대되었다.[6] 이후 2003년에는 외환위기 극복과정에서 투입된 공적자금 상환을 위한 예금보험기금채권

6 예금자보호법 이전에는 보험보증기금(보험), 신용관리기금(종금 등), 연합회안전기금(새마을금고), 중앙회안전기금(신협)의 개별 보호기금들이 운영되었다. 한편, 신협은 2004년 1월부터 예보의 부보대상에서 제외되어 신협예금자보호기금에서 자체적으로 보호하고 있다.

상환기금(이하 상환기금)과 새로이 예금보험기금으로 분리하여 기금을 운영하고 있다. 2009년부터는 적정 수준의 예보기금 적립을 목표로 하는 목표기금제를 도입하였고, 2014년부터는 부보금융회사별 위험 정도에 따라 보험료율을 차등하여 부과하는 차등보험료율제도를 시행하고 있다. 한편, 2011년 발생한 저축은행사태를 정리하기 위해 예보기금 내에 상호저축은행 구조조정 특별계정을 설치하여 운영하고 있다.

〈표 4〉 우리나라 예보제도의 성립 및 발전 과정

시기	내용
1996. 6	• 예금보험공사 설립 (1995년 12월 예보법 제정)
1997. 1	• 예금보험업무 개시 (은행권)
1998. 4	• 예금보험기금 통합 (6개 금융권)
2000. 1	• 부실금융기관의 부실책임자에 대한 조사권
2000. 12	• 부실금융기관의 채무불이행자에 대한 조사권, 파산관재인으로 공사(직원) 선임
2003. 1	• 新예금보험기금 출범 [종전 기금은 예금보험기금채권상환기금(공적자금 상환)으로 전환]
2004. 1	• 신용협동조합의 부보금융기관 제외
2009. 1	• 목표기금제 시행
2011. 4	• 상호저축은행 구조조정 특별계정 설치
2014. 1	• 차등보험료율제 시행

자료: 예금보험공사.

다음으로 예보제도 실무를 담당하고 있는 예금보험공사의 주요업무를 부실발생을 기점으로 시점별로 나누어 보면 다음과 같다. 우선 부보금융회사의 부실이 발생하기 이전 평상시에는 예보기금 적립 및 관리와 금융회사의 위험 상시감시업무를 수행하고, 부실이 발생할 경우 최소비용의 원칙(least cost principle)에 입각하여 부실정리 및 경영관리 업무를 수행한다. 부실정리 이후에는 배당금 회수, MOU 관리 등의 회수업무와 부실금융회사 책임자들에 대한 조사업무를 담당한다.

[그림 2] 예금보험공사 주요기능

자료: 예금보험공사.

1) 예금보험기금의 적립

우리나라 예보제도는 부보금융회사별로 1인당 원리금에 대하여 5천만원까지 보호하는 부분보호제도를 채택하고 있다. 1인당 보호한도는 1997년 외환위기 직후부터 2000년 말까지는 한시적으로 전액보호하였으나, 2001년 이후 현재까지 5천만원을 보호하고 있다. 예금보험 적용 대상인 부보금융회사로는 6개 권역(은행, 금융투자, 생보, 손보, 종금 및 저축은행)에서 2015년말 현재 301개 회사가 영업중에 있고, 부보대상 예금 등은 총 1,752조원에 달하고 있다.

보호대상 예금은 예보법(제2조 2항)에 "예금등"으로 포괄적으로 정의하고, 예보법 시행령(제3조)에서 그 범위를 제한하는 방식으로 정하고 있는데, 예금, 투자자예탁금, 보험계약 수입보험료 등은 적용대상이나 투자상품이나 채권성격의

〈표 5〉 2015년말 현재 예보의 부보금융회사 현황

구 분	은 행	금융투자	생 보	손 보	종 금	저축은행	합 계
부보금융기관수	58	114	25	23	1	80	301
부보예금 등(조원)	1,065	26	487	138	1	37	1,752

자료: 예금보험공사.

금융상품, 정부 및 지방자치단체, 한국은행, 금융감독원, 예보 및 부보금융회사의 예금 등은 보호대상에서 제외하고 있다(<표 6> 참조). 최근 저축은행 후순위채와 동양의 기업어음(CP) 관련 금융소비자들의 피해가 사회문제로 확대된 이후, 예보는 은행뿐만 아니라 금융투자, 보험 등의 고객들에게 업권별 보호대상 금융상품과 보호되지 않는 금융상품을 사전에 충분히 알리기 위한 홍보활동을 강화하였다.

〈표 6〉 업권별 보호대상 금융상품 현황(2016년 8월 현재)

구 분	보호 금융상품	비보호 금융상품
은행	• 보통예금, 기업자유예금, 별단예금, 당좌예금 등 요구불예금 • 정기예금, 저축예금, 주택청약예금, 표지어음 등 저축성예금 • 정기적금, 주택청약부금, 상호부금 등 적립식예금 • 외화예금 • 예금보호대상 금융상품으로 운용되는 확정기여형 퇴직연금제도 및 개인형 퇴직연금제도의 적립금 • 개인종합자산관리계좌(ISA)에 편입된 금융상품 중 예금보호 대상으로 운용되는 금융상품 • 원본이 보전되는 금전신탁 등	• 양도성예금증서(CD), 환매조건부채권(RP) • 금융투자상품(수익증권, 뮤추얼펀드, MMF 등) • 특정금전신탁 등 실적배당형 신탁 • 은행발행채권 • 주택청약저축, 주택청약종합저축 등
투자매매업자·투자중개업자	• 증권의 매수 등에 사용되지 않고 고객계좌에 현금으로 남아 있는 금액 • 자기신용대주담보금, 신용거래계좌 설정보증금, 신용공여담보금 등의 현금 잔액 • 예금보호대상 금융상품으로 운용되는 확정기여형 퇴직연금제도 및 개인형 퇴직연금제도의 적립금 • 개인종합자산관리계좌(ISA)에 편입된 금융상품 중 예금보호 대상으로 운용되는 금융상품 • 원본이 보전되는 금전신탁 등	• 금융투자상품(수익증권, 뮤추얼펀드, MMF 등) • 선물·옵션거래예수금, 청약자예수금, 제세금예수금, 유통금융대주담보금 • 환매조건부채권(RP), 증권사 발행채권 • 종합자산관리계좌(CMA), 랩어카운트, 주가지수연계증권(ELS), 주가연계파생결합사채(ELB), 주식워런트증권(ELW) • 금현물거래예탁금 등
	• 증권금융회사가 「자본시장과 금융투자업에 관한 법률」 제330조 제1항에 따라 예탁받은 금전	

보험	• 개인이 가입한 보험계약/퇴직보험 • 변액보험계약 특약 • 변액보험계약 최저사망보험금·최저연금적립금·최저중도인출금·최저종신중도인출금 등 최저보증 • 예금보호대상 금융상품으로 운용되는 확정기여형 퇴직연금제도 및 개인형 퇴직연금제도의 적립금 • 개인종합자산관리계좌(ISA)에 편입된 금융상품 중 예금보호 대상으로 운용되는 금융상품 • 원본이 보전되는 금전신탁 등	• 보험계약자 및 보험료납부자가 법인인 보험계약 • 보증보험계약, 재보험계약 • 변액보험계약 주계약(최저사망보험금·최저연금적립금·최저중도인출금·최저종신중도인출금 등 최저보증 제외) 등
종금	• 발행어음, 표지어음, 어음관리계좌(CMA) 등	• 금융투자상품(수익증권, 뮤추얼펀드, MMF 등), 환매조건부채권(RP), 양도성예금증서(CD), 기업어음(CP), 종금사발행채권 등
저축은행	• 보통예금, 저축예금, 정기예금, 정기적금, 신용부금, 표지어음 • 상호저축은행 중앙회 발행 자기앞수표 등	• 저축은행 발행채권(후순위채권 등) 등

자료: 예금보험공사.

다음으로 예보는 부보금융회사가 파산할 경우 예금대지급과 부실정리를 위하여 이들 부보금융회사로부터 부보대상예금에 대하여 0.08~0.4%의 보험료율에 해당하는 보험료를 매년 납부받아 예금보험기금에 적립하여 운용하고 있다.[7] 예금보험기금은 업권별 6개 계정과 2011년에 신설한 '상호저축은행 구조조정 특별계정'이 별개로 구성되어 있다. 또한, 2002년 이전에 투입한 공적자금의 상환을 위하여 부보대상예금의 연평균 잔액의 0.1%(신협은 0.05%)를 특별기여금으로 거둬 예금보험기금채권상환기금에 적립하고 있다. 2009년부터는 업권별로 사전에 설정한 기금의 목표수준에 도달하면 보험료를 감면하거나 환급할 수 있는 목표기금제도를 도입하여 시행하고 있다. 2015년말 현재 금융투자의 경우 목표규모의 상한을 초과하여 예금보험료 납부가 면제되고 있고, 생보의 경우 목표의 하한을 초과하여 예금보험료를 5% 감액 납부하고 있다. 반면, 저축은행

7 보험료율은 은행 0.08%, 금융투자·생보·손보·종금 0.15%, 저축은행 0.40%.

사태로 대규모 손실을 기록하고 있는 저축은행 계정의 경우 기금적립률이 △4.703%로 기금건전성 회복이 시급한 실정이다.

〈표 7〉 2015년말 현재 예보의 목표기금 현황

구 분	은행·금융투자·손해보험	생명보험	저축은행	종합금융
목표규모(%)	0.825~1.100	0.660~0.935	1.650~1.925	유보
적립률(%)	은행(0.664), 손보(0.741), 금융투자(1.252),	0.831	△4.703	–

자료: 예금보험공사.

한편, 2014년부터는 부보금융회사의 경영 및 재무상황 등에 따라 개별 부보금융회사의 보험료율을 차등 적용하는 차등보험료율제도를 시행하고 있다. 현재 예보의 차등등급은 1~3등급의 3개 등급으로 나뉘어져 보험료율이 가감된다. 제도 도입 초기에 부보금융회사들이 겪을 혼란과 어려움을 감안하여 예보는 3년간의 소프트랜딩 기간을 갖고, 2020년까지 점진적으로 차등율을 조정해 가는 일정을 운영하고 있다. 차등보험료율제도의 정착시점인 2021년부터 1등급의 건전한 부보금융회사는 표준 보험료율의 10%를 감면 받는 반면, 건전성이 낮은 3등급 회사는 10% 할증된 보험료율을 납부하게 된다.

〈표 8〉 예보의 차등보험료율 현황

등급	소프트랜딩 기간		본격 가동 기간		
	2014~2015	2016	2017~2018	2019~2020	2021~
1등급(할인)	△5%	△5%	△5%	△7%	△10%
2등급(표준)	0%	0%	0%	0%	0%
3등급(할증)	+1%	+2.5%	+5%	+7%	+10%

자료: 예금보험공사.

주요국들 중 우리나라와 미국이 목표기금제도와 차등보험료율제도를 도입하고 있는 반면, 영국과 일본은 보험료율에 차등을 두지 않고 있다. <표 9>는 주요국과 우리나라의 예보제도 현황을 보여주고 있다.

〈표 9〉 주요국 예보제도 현황 비교

구분	한국	미국	영국	일본
예금보험기구	예금보험공사 (KDIC)	연방 예금보험공사 (FDIC)	금융서비스 보상기구 (FSCS)	일본 예금보험공사 (DICJ)
기관유형	공공기관 (정부산하)	정부기관	공적민간기관	공공기관 (정부산하)
예보기구 감독기관	금융위원회	의회	영업행위 감독청(FCA), 건전성 감독청(PRA)	재무성
예보기구 성격	통합예금보험기구	권역별	통합예금보험기구	권역별
부보대상	은행, 금융투자, 보험, 종금, 저축은행	은행, 저축기관 등	은행, 금융투자, 보험 등	은행, 신용조합 등
목표기금제	○	○	×	×
차등보험료제	○	○	×	×
적립방식	사전적립	사전적립	사전·사후적립	사전적립
보호한도	KRW 5,000만	USD 25만	GBP 7.5만	JPY 1,000만

자료: 예금보험공사.

2) 리스크 감시

예보는 금융회사의 리스크를 조기에 포착하고 축소시킴으로써 금융안정성을 제고하고 부실정리에 따른 예보기금의 손실을 사전적으로 최소화하기 위한 리스크 상시감시 시스템을 구축하여 운영하고 있다. 예보의 리스크 감시는 인식→평가→확인→대응 순으로 이루어지는데, 예보법 제21조(부보금융회사에 대한 자료제출 요구 등)에 근거하여 부보금융회사에 대한 리스크 관리업무를 수행하고 있다.

리스크 감시체계 각 단계별 업무를 요약하면, 1) 인식: 부보금융회사 경영정보시스템(Financial Information Analysis System, FIAS) 등을 통한 자료수집, 2) 평가: 리스크 평가(RE), 예측(RF), 지수(RI)의 3개 모형을 활용하여 부보금융회사를 일반, 우선, 중점감시의 3개 등급으로 구분, 3) 확인: 상시감시, 금감원·예보

공동검사 및 예보 단독조사 실시, 4) 대응: 금융회사에게 검사결과를 송부하여 자율시정을 유도하거나, 금감원에 시정조치를 요청하는 방식으로 상시감시체계를 운영하고 있다.

[그림 3] 예보의 리스크 상시감시체계

리스크 인식

개별금융회사 정보		시장정보	
한은, 금감원 MOU	개별 전담데스크	시장전문가 네트워크	금융위 안건
→ 부보금융회사 경영정보시스템(FIAS) 등			

⇩

리스크 평가

리스크 감시모형 평가		
리스크 평가모형(RE)	리스크 예측모형(RF)	리스크 지수모형(RI)
→ 3단계(일반, 우선, 중점감시대상)로 구분		

⇩

리스크 확인

공동검사	단독조사	예보 자율감시
금감원과 공동검사	일정기준 해당 저축은행	경영진 면담, 개선권고 등

⇩

리스크 대응

개별금융회사	정책당국	금융시장
자율시정 유도 및 금감원에 시정조치 요구	제도개선 건의 정부입법 지원	보도자료 배포 분석보고서 제공

자료: 예금보험공사.

현행 예금자보호법 제21조(부보금융회사에 대한 자료제출 요구 등)는 예보의 부보금융회사 리스크관리를 위한 자료제출 요구, 단독조사권, 공동검사 요청 등의 권한을 명시하고 있다.

〈표 10〉 선제적 리스크 관리를 위한 권한(예보법 제21조)

조항	권 한	전제 조건 등
제1항	부보금융기관에 대한 자료제출 요구권	부실(우려)금융기관 결정, 보험료 등의 산정 및 수납, 부실금융기관 정리 등의 업무 수행을 위해 필요한 범위 안에서 업무 및 재산상황 관련 자료제출 요구
제2항	부보금융기관에 대한 단독조사권	제1항에 의해 제출된 자료 등을 기초로 하여 대통령령이 정하는 기준에 따라 부실우려가 있다고 인정되거나 제5항에 의한 확인이 안되는 경우 조사 가능
제3항	금감원에 검사요청권 공동검사참여 요청권	예금자 보호 및 금융제도 안정성 유지를 위해 필요한 경우 금감원장에게 검사 실시를 요청하거나, 예보위 의결을 거쳐 금감원 검사에 공동으로 참여 요청
제4항	금감원에 자료요청권	예금자등의 보호를 위해 필요한 경우 구체적 범위를 정하여 부보금융기관에 대한 자료 송부를 요청
제5항	금감원에 대한 사실확인 요청권	보험사고 위험 여부 판단을 위하여 제4항에 의해 제공받은 자료의 사실 여부에 대한 확인이 필요하다고 인정되는 경우
제6항	금감원에 시정조치요청권	제2항에 의한 조사결과에 따라 금감원에 필요한 시정조치를 취해 줄 것을 요청가능하며, 금감원은 그 조치결과 및 조치대상기관의 이행내역을 공사에 송부
제7항	금융위에 조치요청권	제2항에 의한 조사결과 보험사고 위험이 있다고 판단되는 경우 금융위에 적절한 조치를 취해 줄 것을 요청
제8항	금감원에 시정조치요청권	제3항에 의한 검사 결과의 송부를 요청하거나, 검사결과에 따라 금감원에 필요한 시정조치를 취해 줄 것을 요청가능하며, 금감원은 그 조치결과 및 조치대상기관의 이행내역을 공사에 송부

자료: 예금보험공사.

3) 부실정리 및 사후관리[8]

부보금융회사가 부실화될 경우 우리나라 부실정리제도는 금융위원회가 부실정리방식을 결정하고 예금보험공사가 정리실무를 담당하는 이원적 시스템으로 운영되고 있다. 금융위와 예보는 금융시장 또는 금융제도의 안정과 예금자

8 부실정리 부분은 정지만·오승곤(2010)에서 발췌하여 재작성.

등의 보호를 목적으로 금융위가 「금융산업의구조개선에관한법률」(제10조)에서 적기시정조치(prompt corrective action)를 부과하고, 부실금융회사의 정리시점과 방식을 결정하여 예보에 자금지원을 통보하게 된다. 부실금융회사가 결정되면 예보는 금산법과 예보법(제38조 4항)에 따라 부실정리비용을 최소화하는 정리방식을 채택하여 부실금융기관의 퇴출, 정상화 등의 정리업무를 수행하게 된다.[9] 예보가 사용하는 정리방식에는 부실금융회사의 인허가를 취소하고 시장에서 퇴출시키는 폐쇄형 정리방식으로 청·파산, 제3자 계약이전, 가교회사를 이용한 계약이전이 있고, 해당금융회사의 인허가를 유지한 채 합병, 매각, 경영정상화를 통한 비폐쇄형 자금지원(Open Bank Assistance)의 회생형 정리방식이 있다. [그림 4]는 우리나라의 부실금융회사에 대한 부실정리체계를 요약한 것이다.

부실금융회사 정리과정에서 예보는 정리방식에 따라 보험금 지급, 출자나 출연, 자산매입 등의 방식으로 예보기금에서 지원한 자금을 회수하는 업무도 담당하고 있는바, 2015년말까지 예보기금에서 31.7조원의 자금을 지원하였다.[10] 이외에 부실금융회사에 대한 사후관리로 경영정상화이행약정(MOU) 관리, 파산재단 관리, 부실책임자에 대한 책임추궁과 같은 사후관리도 예보가 담당하는 업무이다. 우선, MOU관리를 살펴보면, 예보가 출자한 우리은행, 수협, 서울보증보험과 경영정상화이행약정(MOU)을 체결하고 이행실적을 분기별로 점검 평가한다.[11] 이행실적이 부진할 경우에는 기관 및 임직원에 대하여 조치를 취할 수 있다. 둘째, 예보는 법원의 파산선고의 의하여 구성된 파산재단의 파산관재인으로 선임되어 법원의 감독하에 파산재단 관리업무를 수행한다.[12] 공자법(제20조)와 예보법(제35조의 8②)에 의거 예보가 파산관재인일 경우에는 파산재단의 자산매각시 법원허가를 받을 의무 적용 등을 배제할 수 있다.[13] 마지막으로,

---

9 정리방식 결정시 최소비용원칙과 함께 부실에 책임이 있는 이해관계자와 손실을 공평하게 분담하는 공평한 손실분담원칙도 적용한다(예보법 제38조 5항).

10 공적자금을 담당하는 예금보험기금채권상환기금의 경우 같은 시점 기준 110.9조원을 지원하였다.

11 「공적자금특별관리법」 제17조(금융회사등과의 이행약정 체결 등)에 따라 출자금융회사를 관리한다.

12 2015년말 현재 예보기금의 파산재단 47개중 7개 종결, 40개 진행중인 반면, 상환기금의 경우에는 총 441개 파산재단 중 439개가 종결되고 2개의 파산재단만 진행중에 있다.

13 「채무자회생및파산에관한법률」 제492조는 파산관재인이 자산매각, 영업양도, 자금차입, 소

[그림 4] 부실정리관련 유관기관별 업무 체계

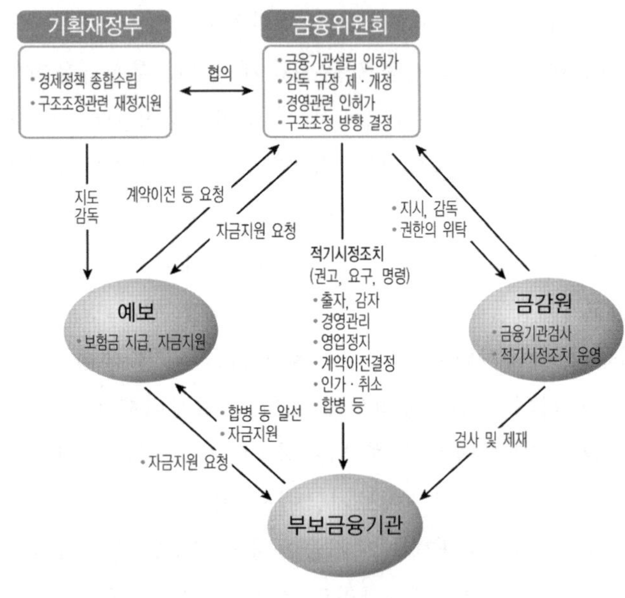

자료: 정지만·오승곤(2010)에서 재인용.

예보는 자금이 투입 또는 투입결정된 부실(우려)금융회사의 부실관련자 등에 대한 손해배상청구를 요구할 수 있고, 필요한 경우 이들에 대해 업무 및 재산상황에 대한 자료제출이나 출석요구 등의 조사가 가능하다.[14] 손해배상청구 대상은 부실금융회사의 실제 손해발생액 중 위법·위규행위와 상당한 인과관계가 있는 경우로 한정하여, 선량한 관리자의 주의의무를 다한 경우는 제외하고 있다.

2. 선제적 대응능력 제고를 위한 개선과제[15]

전술한 바와 같이 우리나라 예보는 외환위기와 저축은행사태 등을 겪으며 다양한 부실정리 노하우를 축적하였고, 전 세계적으로도 미국 FDIC와 함께 대표적인 위험최소화형 제도를 운영하는 것으로 인정받고 있다. 그러나, 최근 개정 핵심준칙에서도 강조하고 있듯이, 아무리 효율적인 부실정리체계를 갖추고

제기 등의 행위를 할 때 법원의 허가를 득하도록 규정하고 있다.

14 예보법 §21의2(손해배상청구권의 대위행사 등), §21의3(자료제공의 요구), §21의4(금융거래정보 등의 제공요구).

15 정지만·오승곤(2016)을 참고하여 재작성.

있다 하더라도 부실의 사전 예방이 예금자보호 측면이나 정리비용 측면에서 더 중요하다는 공감대가 커졌다.16 이에 따라 예보도 저축은행사태 이후 꾸준히 부실 이전의 선제적 대응능력을 제고하는 노력을 해오고 있지만, 여전히 개선해야 할 과제들을 안고 있다. 본고에서는 예금자 보호를 제고하고 부실을 선제적으로 억제하기 위한 예보의 대응능력 개선방향을 모색 제시하였다.

예보의 선제적 대응을 위해 논의될 과제로는 부보금융회사의 리스크 상시감시의 출발점인 정보공유 확대, 조사 및 공동검사를 통한 부실 및 시스템리스크의 조기 파악 및 확인, 부실화 이전의 위기대응 자금지원체제, 마지막으로 금융안전망 협조체계 강화방안을 들 수 있다.

1) 정보공유 강화

우리나라는 2009년 기획재정부, 금융위원회, 한국은행, 금융감독원, 예금보험공사 사이에 「유관기관 간 금융정보 공유에 관한 양해각서」를 체결하여 금융정보를 상호공유하고 있다. 동 양해각서에서는 정보공유를 통해 각 기관의 정책수행 기능의 효율성 제고 및 금융회사의 중복 보고에 따른 업무부담 최소화를 목적으로 법률상 제약을 제외하고는 모든 정보를 공유한다는 기본원칙을 명시하고 있다. 이에 따라 이들 5개 기관들이 생산하는 모든 정보가 공유되어야 하나, 실제 금융회사들의 정보가 거의 대부분 통합감독기구인 금융감독원에 집중되어 있는 것이 현실이다. 한국은행과 예보의 경우 정기보고서와 부보예금동향 등의 자료를 생산하여 공유하고 있으나, 정보의 양에 있어서는 금감원에 비해 매우 제한적인 수준이다.

금융안전망 기구간 원활한 정보공유를 위한 현행 방식에 대하여 그동안 정보공유의 방식, 범위, 적시성 등에 대한 문제점이 제기되어 왔다. 우선, 금감원의 정보공유 방식인 FISS(Financial Information Sharing System)는 단순 조회만 가능하고 DB화가 불가능해 이의 개선이 필요하다. 둘째, 금감원이 생산하는 정기보고서와 일부 수시정보만을 공유하고 있어, 종종 미공유된 적시성 있는 자료

16 2014년 11월 개정된 IADI 핵심준칙에서는 예보기구의 위기에 대한 선제적 대응을 강조하고 있는데 준칙6.(비상계획 수립 및 관리)에서는 시스템위기를 사전에 대비하고 선제적으로 관리(system-wide crisis preparedness and management)하기 위한 예보기구의 역할을 강조하고 있으며, 준칙13.(부실 조기발견 및 적기개입)에서는 예보기구가 부실의 조기발견 및 적기개입(early detection and timely intervention) 체계의 일원임을 명시하고 있다.

들을 이용한 시의성 있는 대응이 어려운 경우가 발생한다. 특히 금융불안정 시기에는 예보의 선제적 대응을 위해 필요한 정보의 범위가 크게 확대되고 적시성이 중요한 요소로 작용한다. 정기보고서 이외에 각 금융안전망 기구가 보유한 수시정보 및 정성적 정보, 주요 공문 등을 상호공유해야 하며, 저축은행 관련 금감원이 업무보고서 외적으로 수집하는 금융정보공유망 정보, 여신상시감시시스템 자료, 신용등급 통계 등의 공유대상 감독정보를 최대한 공유하는 것이 바람직할 것이다. 그리고 금융안전망 기구간 정보공유 MOU의 개선을 논의하기 위해 정기적인 모임 이외에도 수시로 만날 수 있는 창구를 열어둘 필요가 있다.

2) 조사 및 공동검사 강화

금융회사의 재무적 또는 비재무적 문제에 대한 정보를 확인하기 위해 조사 또는 검사와 같은 현장확인(on-site examination)이 반드시 필요하다. 현행 예보법 제21조에서는 예보의 조사 또는 검사권한을 부여하고 있으나, 2013년부터 3개년간 예보는 저축은행 단독조사 36건, 금감원과 공동검사 36건을 수행하는데 그쳤다. 따라서 부보금융회사의 리스크를 사전에 확인하기 위한 조사 및 공동검사가 일부 업권에 제한된 점, 그리고 금감원에 요청한 시정조치의 사후관리 등의 개선이 필요하다.

먼저, 단독조사의 경우 저축은행사태 이후 예보는 저축은행에 대해서는 적기시정조치 기준 BIS비율+2% 미만, 3년 연속 당기순손실 발생, 금감원과 협의된 경우 단독조사가 가능한 반면, 여타 금융업권에 대해서는 부실우려 인정기준이 적기시정조치 대상으로 한정되어 있어 조사의 실효성이 없다고 판단된다. 따라서 은행, 금투, 보험 등 비저축은행 업권에 대해서도 적기시정조치 이전 부실징후 포착시 예보가 조사를 실시할 수 있도록 조사요건을 완화하여야 하며, 시스템위기를 초래할 수 있는 대형복합금융기구에 대해서는 특별공동검사 대상에 포함하여 선제적으로 시스템리스크를 감시해야 한다.[17] 실제 예보는 공동검사 과정에서 수검 금융회사의 문제점을 적시하여 기금손실과 금융불안을 예방하는 성과를 거두기도 했다.[18]

---

17 예금자보호법 제21조 2항 및 예금자보호법시행령 제12조의2.

18 2011~2012년에는 동양증권의 계열사 회사채 불완전판매에 대해 금감원에 제보 및 공조를

둘째, 조사·공동검사의 사후관리 역시 개선이 필요한데, 조사 및 공동검사 완료 후 시정조치 등 처리기간을 단축하여 검사대상 회사의 지적된 문제점을 가능한 빨리 해소할 필요가 있다. 검사 후 적기시정조치 유예시 비저축은행권에 대해서도 예보의 의견제출을 의무화하여야 하며, 시정조치 요청에 대한 신속한 처리 및 금융회사 이행독려를 위하여 공동검사 MOU에 금감원 조치 결과 및 금융회사 이행사항에 대한 통보기한을 명시할 필요가 있다. 현행 예보법은 조사·공동검사 결과에 따라 검사대상 회사에 대하여 필요한 시정조치를 금감원에 요청할 수 있으며, 금감원은 조치결과와 금융회사의 이행내역을 예보에 송부토록 규정하고 있다.[19]

3) 선제적 자금지원체계 구축

현재 예보의 자금지원은 부보금융회사가 부실(우려)금융기관으로 결정이 된 이후에야 이루어지게 된다. 금융회사 부실의 성격상 전염효과가 강해 빠르게 다른 금융회사, 금융시장과 산업으로 전파됨에 따라, 부실(우려)금융기관 지정 전에 유동성 지원 등의 선제적 자금지원체계의 구축도 검토할 필요가 있다. 이는 선제적 자금지원을 통해 금융회사의 재무건전성을 제고함으로써 금융시스템 안정 및 예보기금 손실을 최소화하는 데 도움이 될 것으로 기대되기 때문이다. 최근 조선·해운업 구조조정 과정에서 국책은행의 자본확충펀드를 통한 자금지원 논란은 부실결정 이전 상태의 정상금융회사에 대해 선제적으로 자금을 지원할 필요성과 방안에 대한 논의를 다시 부각시켰다. 과거 글로벌 금융위기로 금융불안정이 커졌던 2009년 3월 정부는 금융시스템의 불안정을 선제적으로 방지하기 위해 구조조정기금, 은행자본확충펀드, 금융안정기금과 같은 금융회사에 대한 자금지원 방안을 마련하였던 사례가 있다. 그러나, 이들 지원방안들은 한시적 운영, 지원권역 제한, 운영체계상 논란 등의 문제점을 노출하여 금융위기에 대한 체계적 대응방안으로는 다소 미흡했다는 평가를 받고 있다.

하였고, 2012~2015년에는 조사·공동검사를 통한 취약 저축은행의 경영개선 및 증자를 유도했다. 또한 2014~2015년에는 부실을 숨겨온 골든브릿지 저축은행에 대한 금감원조치 요청 및 계약이전을 진행했다.

19 예금자보호법 제21조 6항 및 8항.

[그림 5] 글로벌 금융위기시 금융회사 자금지원 체계

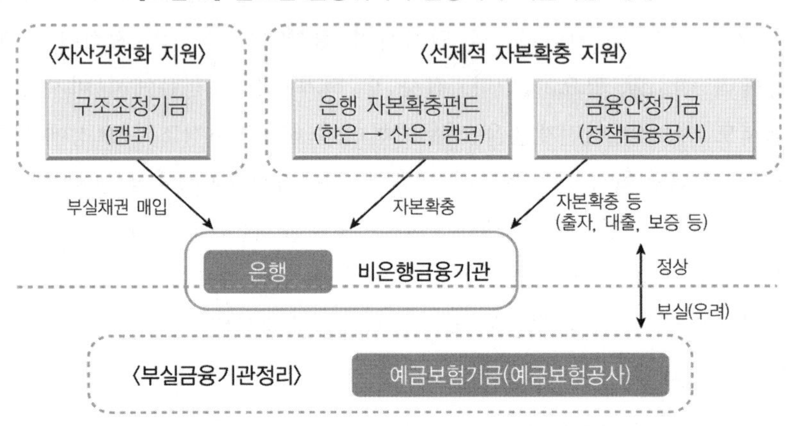

자료: 금융위원회.

미국과 일본의 경우 금융회사에 대한 선제적 자금지원체계를 갖추고 있는데, 특히 시스템 위기라고 판단되는 경우에 한하여 정상금융회사에도 유동성 지원을 할 수 있다. 우선, 미국의 경우 유동성이나 지급보증 형태로 FDIC가 정상금융회사를 지원할 수 있다. 글로벌 금융위기 중 FDIC가 제공한 한시적 유동성 보증프로그램(Temporary Liquidity Guarantee Program)이나, 모든 무이자 결제성예금 및 신규발행 선순위무보증채권 등에 대한 지급보증 사례가 있다. 아울러 부실자산구매프로그램(Troubled Asset Relief Program)의 일환으로 재무부, 연준(FRB)과 공동으로 Citi 및 BOA에 대한 보증을 제공하였으나 실행되지는 않았다. 2010년 7월 제정된 Dodd–Frank법을 통해 유동성 위기 시 FDIC가 금융회사에 채무지급보증을 제공할 수 있도록 규정하였는데, 이는 FDIC의 긴급금융안정화(Emergency Financial Stabilization) 역할을 법제화하여 유동성 위기 발생 시 뱅크런 방지를 위해 부보금융회사의 채무에 대한 지급보증을 할 수 있도록 한 것이다. 이때, 지급보증 요건은 FDIC 및 FRB 이사회 2/3 이상의 동의, 조건 및 한도 등에 대한 재무부장관의 승인, 의회승인을 위한 대통령의 조치 개시가 있어야 한다. 한편, FDIC는 SIFI 뿐만 아니라 파산 시 금융안정에 악영향을 미칠 수 있다고 재무부장관이 결정하는 모든 금융회사의 청산인으로 지명되어 정리절차를 수행할 수 있다(Title II).

〈표 11〉 일본 예금보험공사의 선제적 자금지원 체계

구분	위기대응계정		금융기능강화계정(~2017. 7. 3)
근거 법률	예금보험법(2001)	예금보험법(2014)	금융기능강화를 위한 특별조치법(2008)
목적	신용질서 유지에 중대한 위기 발생시 금융회사 자본확충 등 지원	금융시장과 실물경제의 심각한 손상을 야기하는 금융시스템의 현저한 혼란을 방지	금융회사에 대한 선제적 자금지원을 통해 중소기업 지원 및 지역경제 활성화 도모
대상 기관	부보금융회사	부보금융회사, 보험회사, 증권회사, 금융지주회사, 기타 내각이 지정한 시스템적 중요회사	부보금융회사, 은행지주회사, 농림중앙금고 등

자료: 예금보험공사.

일본의 경우 2014년 3월에 「예금보험법」 개정을 통해 금융시스템 위기 시 보호 여부와 관계없이 정상금융기관에도 자금을 지원할 수 있도록 예금보험기구(DICJ)내 "위기대응계정" 기능을 확대했다.

우리나라도 미국, 일본 등의 사례를 참고하여 시스템위기 상황에 대비한 예보의 선제적 자금지원체계를 구축하는 것이 바람직할 것이다. 금융위기가 보다 심화되기 전에 선제적으로 금융회사에 자금을 지원하여 부실확대 및 전이를 차단하는 자금지원체계를 사전에 마련하는 것이 부실정리보다 비용효율적이기 때문이다. 자금지원 요건으로는 대형금융회사나 다수의 금융회사가 시스템리스크를 유발할 것으로 우려되는 경우에 한정하여 부보금융회사를 자금지원 대상으로 설정한다. 자금지원 형태는 위기상황에 적합한 자금지원을 위해 출자, 자산매입, 채무보증, 대출 등을 통해 지원하는 다양한 방식을 활용하되, 회수가 불가능한 출연은 배제하고, 자금지원 재원은 사후 갹출, 예보기금, 또는 금융안정기금 등을 활용하는 방안을 검토할 수 있을 것이다.

정상금융회사에 대한 선제적 자금지원체계 마련은 기존 금융안정기금 등과의 관계나 재원, 지원조건 및 형태 등에 대하여 다양한 이해관계자들의 의견이 다를 수 있어 사전에 국민적 공감대 형성을 위한 충분한 논의와 합의과정을 거쳐야 할 것이다.

4) 금융안전망 협력체계 강화

글로벌 금융위기와 같은 시스템 위기가 발생하면 모든 금융안전망 기구들이 함께 위기극복에 나설 수밖에 없다는 것은 분명하다. 이 같은 경험을 바탕으로 IADI는 금융안전망 기구간 협조를 강조하였고(핵심준칙 4), 미국, 캐나다 등 선진국들은 금융안전망협의체를 구성하여 운영하고 있다.[20] 우리나라의 경우 금융안전망 기구간 협의체로서 2012년부터 거시금융경제회의를 운영하고 있다. 이는 대통령훈령 제300호를 근거하여 설치되었으며, 기재부, 금융위, 한은, 금감원, 예보의 부기관장으로 구성되어 있다.[21] 그러나, 예보가 거시금융경제회의에 참석하는 경우는 회의 안건이 유관기관 간 정보공유 및 공동검사 관련일 경우로 한정되어 있어, 위기상황에 대한 금융안전망 차원의 인식이나 대응이 지연될 개연성이 높다는 문제점이 있다. 이외에 앞장에서 소개한 '금융정보 공유에 관한 양해각서(MOU)'에 따라 5개 안전망 기구간 정보공유 실무가 이루어지고 있으나, 정보공유의 실효성을 높이기 위한 과제들을 안고 있다. 한편, 우리나라의 경우 위기상황을 가정한 위기대응훈련이 금융안전망 차원에서 이루어지고 있지는 않아, 향후 다양한 위기상황을 가정한 합동위기대응훈련을 정례적으로 실시하는 것이 바람직할 것이다.

각 기구의 부기관장들로 구성된 거시금융경제회의가 현재 우리나라 금융안전망 기구간 협의체 역할을 하고 있으나, 향후 미국이나 일본의 사례와 같이 금융안전망 기구의 수장들이 참여하는 금융안전망협의기구를 설치하여 시스템 위기대응 등 모든 금융관련 정책과 실무를 통괄하는 컨트롤 타워 역할을 하는 것이 바람직할 것이다.

---

20 미국의 경우 글로벌 금융위기 이후 Dodd−Frank법을 제정하여 시스템리스크 인식 및 대응 등을 위해 금융감독 관련 최상위 기구로서 FSOC(Financial Stability Oversight Council)를 신설하였고, 연방금융기관검사협의회(FFIEC)에서 금융기관 감독과 정보공유에 대하여 협력체계를 구축하고 있다. 캐나다의 경우에도 금융감독협의회(FISC)가 매분기 정례회의를 통해 감독정책과 정보교환 등을 관장하고 있다.

21 국내외 경제 및 금융·외환시장의 동향 및 위험요인 등 거시건전성을 효율적으로 분석·점검하고, 관계기관 간 원활한 정보교환 등을 통하여 긴밀한 협조가 이루어질 수 있도록 거시경제금융회의를 설치한다.

Ⅳ. 결 론

우리나라에 예보제도가 도입된 지 불과 20년이 지났지만 아시아 외환위기, 글로벌 금융위기, 저축은행 부실사태 등 일련의 위기상황을 극복하며 예금자를 보호하고 금융시스템 안정에 불가결한 제도로 정착하였다. 특히, 1997년 외환위기와 저축은행사태 때 예보는 각각 110조원, 27조원을 조달하여 예금대지급뿐만 아니라 부실정리와 금융구조조정을 담당함으로써 우리나라 금융산업과 금융시스템을 안정적으로 발전시키는 데 중요한 역할을 다하였다.

본고에서 살펴본 바와 같이 글로벌 금융위기 이후 전 세계적으로 예보제도를 강화하는 추세를 보이고 있다. IADI의 핵심준칙은 예금자를 보호하고 금융시스템 안정에 기여할 수 있도록 독립적이고 효과적인 예보제도 설계 준칙들을 제시하고 있다. 예보기구들은 단순히 예금대지급만을 담당하는 Paybox 유형의 소극적 책무뿐만 아니라, 충분한 기금의 사전적립을 통해 부실정리에의 참여와 부실을 조기에 발견하고 적기에 개입하는 위험최소화(risk－minimizer) 유형의 적극적 책무로 그 기능과 역할이 점점 확대되는 추이를 보이고 있다. 이는 부실을 아무리 잘 정리하더라도 예금자 손실과 불편, 금융혼란 등에 따른 사회적·경제적 비용이 부실을 잘 예방했을 때보다 훨씬 더 크기 때문이다.

우리나라 예보는 전 세계에서 미국 FDIC와 함께 대표적인 위험최소화형 예보기구로 인정받고 있다. 그러나, 본고에서 살펴본 바와 같이 그동안의 위기극복 경험에서 축적된 부실정리 노하우나 사후관리 역량에 비해, 부실 이전에 선제적으로 대응할 수 있는 역량은 더욱 강화할 여지가 있다. 이는 예보의 부보금융회사에 대한 리스크 상시감시 시스템을 보완하고, 선제적 대응능력을 강화하기 위해서는 예보 자체만의 노력으로는 한계가 있기 때문이다. 즉, 부실을 사전에 인지하기 위해서는 부보금융회사의 정보에 대한 완전한 접근이 가능해야 하나, 대부분의 정보를 금감원으로부터 얻고 있고, 현장점검(on－site examination)을 위한 조사나 공동검사도 현실적인 제약이 존재하기 때문이다. 또한, 부실(우려)금융기관 결정 이전의 정상금융회사에 대한 유동성 지원과 같은 선제적 자금지원체계를 구축하기 위해서는 재원 조달 및 관리, 지원 조건 및 방식, 지원 규모 등에 대한 다양한 이해관계자들의 합의가 우선되어야 한다는 점에서 공감대 형성을 위한 다양한 논의가 선행되어야 할 것이다. 아울러, 금융정책을 포함하여 시스템 전반에 대한 컨트롤 타워를 수행할 수 있도록 금융안전망기구간 최상위 협의체의 구성과 위기대응을 위한 합동훈련 등 금융안전망 공조체계를 보다 강화할 필요성을 제기하였다.

예금자 보호와 금융안정을 강화하기 위한 예보와 금융안전망 기구들의 노력과 함께 예금자 등 금융소비자들 스스로도 본고에서 소개한 바와 같이 예보제도 전반에 대한 이해도를 높여, 현명한 금융소비 활동을 하도록 금융이해(financial literacy)를 높이고 금융포용(financial inclusion)을 확대해 나가는 노력을 기울여야 할 것이다.

참고문헌

R·E·F·E·R·E·N·C·E·S

고동원·노태석, "국제예금보험기구협회(IADI)의 「예금보험제도 핵심원칙」에 비추어 본 우리나라 예금보험제도의 개선방향", 『금융안정연구』 제13권 제1호, 2012, pp.45~92.

예금보험공사, "부실 조기인식 및 적기개입에 관한 IADI 지침보고서의 주요 내용 및 시사점", KDIC 조사분석정보, 2015.

오승곤, "예금보험제도 운영을 위한 핵심준칙 개정과 시사점", 『금융리스크리뷰』 제12권 제2호, 2015, pp.76~101.

오승곤·이기영·김상수, "최근 글로벌 금융위기와 우리나라 예보제도 개선방안에 관한 연구", 『사회과학연구논총』 제25호, 2011, pp.125~145.

오승곤·정지만, "A Deposit Insurer's Perspective on Handling a Systemic Crisis", 경제학 공동학술대회 발표자료, 2012.

임형석, "예금보험기구의 선제적 대응 필요성과 국제논의 동향", 예금보험공사 창립 20주년 기념 국제컨퍼런스 발표자료, 2016.

전선애·오승곤, "금융소비자보호 강화에 따른 예금보험제도의 역할과 과제," 예금보험공사 외부연구지원 공모논문집, 2014, pp.1~38.

정지만·오승곤, "예금보험공사의 선제적 대응능력 제고를 위한 제도개선방안," 예금보험공사 창립 20주년 기념 국제컨퍼런스 발표자료, 2016.

______, "금융안정을 위한 금융기관 부실정리제도", 『금융안정연구』 제11권 제1호, 2010, pp.149~179.

함준호, "예금자보호 및 부실금융회사 정리제도", 서울대학교 금융경제연구원 발간자료집(한국금융의 변화와 전망), 2010, pp.267~309.

Financial Stability Board, "Thematic Review on Deposit Insurance Systems", 2012.

International Association of Deposit Insurers, "Core Principles for Effective Deposit Insurance Systems", 2014a.

______, "Integrated Protection Schemes", Research Paper, 2014b.

______, "General Guidance on Early Detection and Timely Intervention for Deposit

Insurance Systems", 2013.

______, "Handling of a Systemic Crisis", Research Paper, 2012.

IADI and IMF, "Update on Unwinding Deposit Insurance Arrangements", 2010.

찾아보기

◀ **국문 찾아보기** ▶

ㅇ

ㅈ

◀ **영문 찾아보기** ▶

[집필자 약력]

고 동 원
미국 듀크대학교 법학박사
김장법률사무소 미국변호사
(사)은행법학회 회장 역임
현) 성균관대학교 법학전문대학원 교수

김 광 남
서울시립대 박사과정(재무관리) 수료
한국산업은행 차장
건강보험공단 자금운영위원
현) 예금보험공사 부사장

김 병 태
미국 Southern Methodist University Law School 법학박사(SJD)
영산대학교 법과대학 학장
Michael Williams P.C. 소속 변호사
현) 영산대학교 법학과 교수

김 영 도
미국 University of California, San Diego 경제학박사
한국금융학회 간사
한국거래소 사외이사
현) 한국금융연구원 연구위원

김 제 완
법학박사(고려대)
변호사(사법연수원 17기, 법무법인 정평)
(사)은행법학회 부회장 역임
현) 고려대학교 법학전문대학원 교수

김 효 연
미국 웨이크포레스트 법학박사과정 수료
국회입법조사처 금융외환팀 금융정책담당
한국씨티은행 법률자문부 변호사
현) 법무법인 유원 변호사

노 태 석
성균관대학교 법학박사
성균관대학교 법학연구소 선임연구원
법무법인 중정 금융전문위원
현) 국회의원 비서관/숭실대 금융학부 초빙교수

문 동 주
연세대학교 법과대학 법학사
서울지방변호사회 청년변호사지원특위 위원
한국씨티은행 선임변호사
현) 케이뱅크준비법인㈜ 준법지원팀장(변호사)

박 준
미국 하버드대학교 법학석사(LL.M)
전) 변호사
서울대학교 금융법센터장 및 서울대학교 금융경제연구원장
현) 서울대학교 법학전문대학원 교수

배 승 욱
한국외국어대학교 법학박사수료
한국외국어대학교 법학전문대학원 교수학습법센터 연구원
현) 자본시장연구원 금융법제팀 연구원

서 문 식
미국 인디애나 로스쿨 LLM
한국은행 조사역
금융감독원 수석조사역
현) 김·장법률사무소 미국변호사

안 수 현
서울대학교 법학박사
전) 충북대 교수
금융감독원 분쟁조정위원회 위원
현) 한국외국어대학교 법학전문대학원 교수

양 기 진
서울대학교 법학박사
홍익대학교 조교수
대법원재판연구관
현) 전북대학교 법학전문대학원 부교수

오 성 근
한양대학교 법학박사
영국 케임브리지대학교 Faculty of Law 초빙교수
일본 동경(東京)대학대학원 법학정치연구과 객원연구원
현) 제주대학교 법학전문대학원 교수

오 승 곤
Texas A&M 경제학박사
한국산업은행 조사역
코리아본드웹(주) 부사장
현) 예금보험공사 선임연구위원

오 시 정
고려대학교 법학박사
한국산업은행 여신기획과장
한국금융연수원 교수
현) 한국금융법연구원 원장/고려대학교 법학전문대학원 겸임교수

오 영 표
성균관대학교 법학박사
대우증권 법무실 변호사
HMC투자증권 리스크관리부 변호사
현) 신영증권 신탁부장

이 상 제
미국 컬럼비아대학교 경제학 박사
금융위원회 상임위원
기획재정부 장관 자문관
현) 한국금융연구원 선임연구위원

이 종 호
독일 튀빙겐대학교 법학박사과정 수료
한국은행 근무
ADB 근무(Financial Sector Specialist)
현) 금융감독원 저축은행검사국 부국장

이 헌 영
미국 듀크대학교 법학석사/성균관대학교 법학박사과정 수료
한국은행/김앤장 법률사무소 근무
HSBC은행/맥쿼리은행 서울지점 사내변호사
현) 아이엔지증권 서울지점 사내변호사

이 효 경
일본 오사카대학교 법학박사
관동대학교 조교수
(사)은행법학회 편집이사
현) 충남대학교 법학전문대학원 부교수

정 대
건국대학교 법학박사
SMU School of Law, LL.M.
은행법학회 총무이사
현) 국립 한국해양대학교 해사법학부 교수

최 성 현
Boston University School of Law, LLM in Banking Law, LLM in American Law
한국자산관리공사(KAMCO) 내부고문변호사
법무법인 케이씨엘 미국변호사
현) 한국금융연수원 법률교수

최 승 재
서울대학교 법학박사
김장법률사무소 변호사
경북대학교 법학전문대학원 교수
현) 세종대학교 자유전공학부 교수
대한변호사협회 법제연구원장

간행위원회

위 원 장: 고동원 교수(성균관대학교 법학전문대학원)
위 원: 안수현 교수(한국외국어대학교 법학전문대학원)
오영표 변호사(신영증권)
이헌영 미국변호사(아이앤지증권 서울지점)
최승재 교수(세종대학교 자유전공학부)

금융법의 이론과 실무

초판인쇄 2016년 11월 5일
초판발행 2016년 11월 10일

지은이 (사)은행법학회
펴낸이 박노일

총괄기획 김중용
편 집 심성보·김인숙

펴낸곳 pnc publishing and culture 피앤씨미디어
경기도 고양시 일산동구 강송로 153 310-1501
등록 제396-2012-000203호
전 화 070)7550-3758 팩 스 02)718-8554
홈페이지 www.pncmedia.co.kr 이메일 pnc@pncmedia.co.kr
ISBN 979-11-5730-364-9 93360

정 가 40,000원